DICTIONNAIRE

DE LA

LÉGISLATION DE LA PROPRIÉTÉ

3827. — Imprimeries réunies, B, rue Mignon, 2.

DICTIONNAIRE

DE LA

LÉGISLATION DE LA PROPRIÉTÉ

CONCERNANT

LA CONSTRUCTION, LA MITOYENNETÉ, LES RÉPARATIONS,

LA SALUBRITÉ, LA VOIRIE, ETC.

COMPRENANT LES LOIS, DÉCRETS, ORDONNANCES, ETC., Y RELATIFS.

AVEC UN RÉSUMÉ DE LA JURISPRUDENCE LA PLUS RÉCENTE.

PAR

G. ROZET

ARCHITECTE

MEMBRE DE LA SOCIÉTÉ CENTRALE DES ARCHITECTES FRANÇAIS
PROFESSEUR A L'ASSOCIATION PHILOTECHNIQUE.

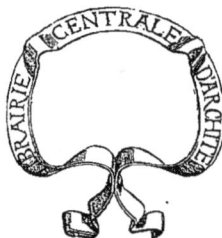

PARIS

LIBRAIRIE DES IMPRIMERIES RÉUNIES

(ANCIENNE MAISON MOREL)

13, RUE BONAPARTE, 13

—

1890.

LISTE DES ABRÉVIATIONS

arr.	arrêté et arrêt.
arr. cons.	arrêté du conseil.
arr. min.	arrêté ministériel.
bâtim. en constr.	bâtiment en construction.
brum.	brumaire.
cass.	cassation.
circ. min.	circulaire ministérielle.
C. civ.	code civil.
C. pén.	code pénal.
C. d'Ét.	conseil d'État.
C. proc. civ.	code de procédure civile.
comm.	commune.
C. de.	cour de.
C. comm.	code commercial.
C. forest.	code forestier.
ch. des req.	chambre des requêtes.
ch. civ.	chambre civile.
ch. réun.	chambres réunies.
crim.	criminelle.
déc.	décembre.
décis.	décision.
décr.	décret.
décis. min. int.	décision du ministre de l'intérieur.
décis. min. fin.	décision du ministre des finances.
dict.	dictionnaire.
établ.	établissement.
févr.	février.
frim.	frimaire.
fruct.	fructidor.
germ.	germinal.
insal.	insalubre.
instr. min.	instruction ministérielle.
janv.	janvier.
juill.	juillet.
mess.	messidor.
niv.	nivôse.
nov.	novembre.
oct.	octobre.
ord.	ordonnance.
ord. pol.	ordonnance de police.
ord. roy.	ordonnance royale.
p.	page.
pluv.	pluviôse.
prair.	prairial.
préf.	préfecture et préfectoral.
sept.	septembre.
therm.	thermidor.
t.	tome.
vendém.	vendémiaire.
vent.	ventôse.
V.	voir.

DICTIONNAIRE

DE LA

LÉGISLATION DE LA PROPRIÉTÉ

———— ❖ ————

A

ABANDON. — C. civ., art. 656, 699, 1265, 1406, 1615. Loi du 16 sept. 1807[1].

L'abandon ne forme pas un contrat spécial et déterminé; c'est une transmission de propriété, d'usufruit ou de jouissance, dont la nature est précisée, soit par une dénomination particulière, soit par la substance même et par les effets juridiques de la convention intervenue entre les parties.

L'acte passé au sujet d'un abandon est soumis à un droit fixe d'enregistrement de 7 fr. 50[2].

Tout propriétaire d'une chose peut en faire l'abandon, au profit de ses créanciers, pour se libérer de sa dette[3]; il peut également en faire l'abandon au profit d'un tiers, pour se soustraire aux obligations afférentes à ladite chose[4] : il peut, notamment, se dispenser de contribuer à l'entretien d'un mur mitoyen en abandonnant son droit de mitoyenneté, ou s'exonérer d'une servitude en abandonnant le fonds assujetti au propriétaire du fonds auquel cette servitude est due[5].

Pourtant, la faculté d'abandon ne peut être exercée par le propriétaire du fait duquel procède la nécessité de réparer[6].

De même, l'abandon ne dispense pas, celui qui le fait, des réparations rendues nécessaires par le fait de ceux dont il répond civilement : ces réparations doivent être faites préalablement et payées par lui[7]. Sauf cette circonstance, il n'y a pas d'exception à la faculté d'abandon; même pour un mur de clôture dans les villes et faubourgs où la clôture est forcée[8], que le mur ait été construit à frais communs, ou qu'il ait

été rendu mitoyen depuis sa construction[1].

L'abandon peut avoir lieu pour une partie seulement d'un mur, le surplus restant mitoyen[2]. On ne pourrait pourtant abandonner la partie inférieure d'un mur et en conserver la partie supérieure[3]. L'abandon de la mitoyenneté d'un mur comprend ce mur avec tous ses accessoires, pierres de taille, moellons, tuiles, terrain sur lequel il est assis, etc.; en un mot tout ce qui est destiné à son usage personnel[4].

Le copropriétaire à qui l'abandon est fait prend le mur dans l'état où il se trouve, avec toutes ses charges et hypothèques légalement établies[5].

L'abandon peut être admis en outre pour le desséchement des marais, au profit du propriétaire qui ne peut ou ne veut payer l'indemnité de desséchement[6], et entre copropriétaires :

1° D'une fosse commune, mais à la condition que celui qui use de la faculté d'abandon contribue au préalable aux frais de vidange et d'enlèvement de toutes sortes de terres et sables qui sont pénétrés et infectés par les matières fécales[7];

2° D'un canal, à moins toutefois que l'intérêt public ne s'y oppose;

3° D'un étang;

4° D'un puits, excepté dans les villes où les règlements obligent à avoir un puits dans chaque maison[8];

5° D'une partie de maison dont les différents étages appartiennent à des personnes différentes[9].

Cette faculté d'abandon s'applique également aux servitudes telles que celles d'a-

---

[1] V. *Expropriation.* — [2] Léon Say, *Dict. des finances.* — [3] C. civ., 1265. — [4] C. civ., 656. — [5] C. civ., 699. — [6] Frémy-Ligneville, t. II, n° 526; Demolombe, t. XI, n° 393. — [7] Toullier, t. III, n° 219; Demolombe, t. V, n° 318. — [8] Cass., 29 sept. 1819, 5 mars 1828, 3 déc. 1862, 7 nov. 1864, 27 janv. 1874.

[1] C. Perrin, n° 2956. — [2] Cass., 3 avril 1865. — [3] Manuel, t. 1er, p. 117. — [4] C. civ., 1615 : Bordeaux, 14 juin 1835. — [5] Frémy-Ligneville, t. II, n° 528. — [6] Loi 16 sept. 1807, V. *Expropriation.* — [7] Frémy-Ligneville, t. II, n° 652. — [8] Ord. pol., 20 janv. 1727, V. *Puits*; Frémy-Ligneville, t. II, n° 622. — [9] Demolombe, t. XI, n° 622.

DICTIONNAIRE

DE LA

LÉGISLATION DE LA PROPRIÉTÉ

—✦—

A

ABANDON. — C. civ., art. 656, 699, 1265, 1406, 1615. Loi du 16 sept. 1807[1].

L'abandon ne forme pas un contrat spécial et déterminé; c'est une transmission de propriété, d'usufruit ou de jouissance, dont la nature est précisée, soit par une dénomination particulière, soit par la substance même et par les effets juridiques de la convention intervenue entre les parties.

L'acte passé au sujet d'un abandon est soumis à un droit fixe d'enregistrement de 7 fr. 50[2].

Tout propriétaire d'une chose peut en faire l'abandon, au profit de ses créanciers, pour se libérer de sa dette[3]; il peut également en faire l'abandon au profit d'un tiers, pour se soustraire aux obligations afférentes à ladite chose[4] : il peut, notamment, se dispenser de contribuer à l'entretien d'un mur mitoyen en abandonnant son droit de mitoyenneté, ou s'exonérer d'une servitude en abandonnant le fonds assujetti au propriétaire du fonds auquel cette servitude est due[5].

Pourtant, la faculté d'abandon ne peut être exercée par le propriétaire du fait duquel procède la nécessité de réparer[6].

De même, l'abandon ne dispense pas, celui qui le fait, des réparations rendues nécessaires par le fait de ceux dont il répond civilement : ces réparations doivent être faites préalablement et payées par lui[7]. Sauf cette circonstance, il n'y a pas d'exception à la faculté d'abandon ; même pour un mur de clôture dans les villes et faubourgs où la clôture est forcée[8], que le mur ait été construit à frais communs, ou qu'il ait été rendu mitoyen depuis sa construction[1].

L'abandon peut avoir lieu pour une partie seulement d'un mur, le surplus restant mitoyen[2]. On ne pourrait pourtant abandonner la partie inférieure d'un mur et en conserver la partie supérieure[3]. L'abandon de la mitoyenneté d'un mur comprend ce mur avec tous ses accessoires, pierres de taille, moellons, tuiles, terrain sur lequel il est assis, etc.; en un mot tout ce qui est destiné à son usage personnel[4].

Le copropriétaire à qui l'abandon est fait prend le mur dans l'état où il se trouve, avec toutes ses charges et hypothèques légalement établies[5].

L'abandon peut être admis en outre pour le desséchement des marais, au profit du propriétaire qui ne peut ou ne veut payer l'indemnité de desséchement[6], et entre copropriétaires :

1° D'une fosse commune, mais à la condition que celui qui use de la faculté d'abandon contribue au préalable aux frais de vidange et d'enlèvement de toutes sortes de terres et sables qui sont pénétrés et infectés par les matières fécales[7];

2° D'un canal, à moins toutefois que l'intérêt public ne s'y oppose;

3° D'un étang ;

4° D'un puits, excepté dans les villes ou les règlements obligent à avoir un puits dans chaque maison[8];

5° D'une partie de maison dont les différents étages appartiennent à des personnes différentes[9].

Cette faculté d'abandon s'applique également aux servitudes telles que celles d'a-

---

[1] V. *Expropriation*. — [2] Léon Say, *Dict. des finances*. — [3] C. civ., 1265. — [4] C. civ., 656. — [5] C. civ., 699. — [6] Frémy-Ligneville, t. II, n° 526; Demolombe, t. XI, n° 393. — [7] Toullier, t. III, n° 219; Demolombe, t. V, n° 318. — [8] Cass., 29 sept. 1819, 5 mars 1828, 3 déc. 1862, 7 nov. 1864, 27 janv. 1874.

[1] C. Perrin, n° 2956. — [2] Cass., 3 avril 1865. [3] Manuel, t. Ier, p. 117. — [4] C. civ., 1615 : Bordeaux, 14 juin 1835. — [5] Frémy-Ligneville, t. II, n° 528. — [6] Loi 16 sept. 1807, V. *Expropriation*. [7] Frémy-Ligneville, t. II, n° 652. — [8] Ord. pol., 20 janv. 1727, V. *Puits*; Frémy-Ligneville, t. II, n° 622. — [9] Demolombe, t. XI, n° 622.

LISTE DES ABRÉVIATIONS

arr................... arrêté et arrêt.
arr. cons.............. arrêté du conseil.
arr. min.............. arrêté ministériel.
bâtim. en constr....... bâtiment en construction.
brum................. brumaire.
cass................. cassation.
circ. min.............. circulaire ministérielle.
C. civ................ code civil.
C. pén................ code pénal.
C. d'Ét................ conseil d'État.
C. proc. civ............ code de procédure civile.
comm................. commune.
C. de................. cour de.
C. comm.............. code commercial.
C. forest.............. code forestier.
ch. des req............ chambre des requêtes.
ch. civ............... chambre civile.
ch. réun.............. chambres réunies.
crim................. criminelle.
déc.................. décembre.
décis................ décision.
décr................. décret.
décis. min. int........ décision du ministre de l'intérieur.
décis. min. fin......... décision du ministre des finances.
dict................. dictionnaire.
établ................ établissement.
févr................. février.
frim................. frimaire.
fruct................ fructidor.
germ................. germinal.
insal................ insalubre.
instr. min............. instruction ministérielle.
janv................. janvier.
juill................ juillet.
mess................ messidor.
niv.................. nivôse.
nov.................. novembre.
oct................. octobre.
ord................. ordonnance.
ord. pol.............. ordonnance de police.
ord. roy.............. ordonnance royale.
p................... page.
pluv................ pluviôse.
prair................ prairial.
préf................ préfecture et préfectoral.
sept................ septembre.
therm............... thermidor.
t................... tome.
vendém.............. vendémiaire.
vent................ ventôse.
V.................. voir.

queduc, de passage[1], de puisage[2], de support ou d'appui[3].

Le propriétaire qui démolit son bâtiment peut faire abandon de la mitoyenneté ; mais il ne peut proposer cet abandon, tant que son bâtiment s'appuie sur le mur, même en prenant l'engagement de démolir ledit bâtiment[4]. Ce droit était reconnu par l'ancienne coutume de Paris.

Celui qui, après avoir démoli son bâtiment, fait abandon de la mitoyenneté, n'est pas tenu de faire les réparations nécessaires au mur mitoyen avant de l'abandonner; mais il doit, toutefois, la réparation des dégradations provenant de son fait, ou du fait des personnes qu'il emploie : il doit notamment boucher tous les trous que les bois ont pu laisser dans le mur en démolissant les tranchées des planchers, les arrachements qui auraient pu être faits, etc.

Le propriétaire qui a usé de la faculté d'abandon n'a plus aucun droit sur le mur ni sur le terrain qui le supporte[5], et il doit souffrir sur son propre terrain le passage des ouvriers et le dépôt momentané des matériaux nécessaires aux constructions et réparations du mur, à la condition que le propriétaire exclusif du mur ne puisse pas faire ces travaux sans s'introduire chez son voisin[6].

Celui qui a abandonné son droit de mitoyenneté peut à n'importe quelle époque l'acquérir à nouveau en payant la moitié de la valeur actuelle du mur dont il veut reprendre la mitoyenneté et de celle du terrain sur lequel cette portion de mur est assise[7].

Le propriétaire qui reçoit l'abandon est tenu de conserver, réparer et entretenir le mur; il ne pourrait le démolir, soit pour mettre le terrain en culture, soit pour le remplacer par une haie, une cloison de planches, ou simplement par un mur d'une nature inférieure, telle qu'un mur en pierres sèches. Dans le cas où il le ferait, le voisin qui a fait l'abandon aurait, malgré cet abandon, le droit de reprendre la moitié du terrain qui supportait le mur, et la moitié des matériaux qui le composaient[8].

L'acceptation de l'abandon n'est pas toujours forcée pour le propriétaire voisin : il peut, alors même que c'est lui qui a réclamé les travaux qui ont obligé son copropriétaire à lui notifier son abandon, refuser de faire seul les travaux. Il peut aussi faire abandon de la chose, qui alors se détériore et périt[1].

ABATTOIR. — Instr. min. du 22 juin 1853[2]. Décr. des 31 déc. 1866 et 14 mai 1875[3].

Les abattoirs sont placés dans la première classe des établissements insalubres.

Bien que les autres établissements de cette classe puissent être autorisés par les préfets après enquête, la création des abattoirs doit être soumise à la sanction du ministre de l'intérieur[4].

Les conditions généralement prescrites sont[5] :

Leur établissement en dehors des villes et à grande distance des églises, temples, hôpitaux, écoles, etc.;

Une canalisation d'eau permettant de la distribuer en abondance dans toutes les parties, avec écoulement souterrain conduisant les eaux de lavage dans un bassin de décantation, où elles s'épurent avant de s'écouler dans les égouts ou les rivières ;

La construction des murs en meulière et ciment ou autres matériaux analogues : leur revêtement avec des dalles de pierre ou des enduits en ciment dans les échaudoirs, brûloirs et triperies; le sol disposé en cuvette, dallé ou cimenté;

La peinture à l'huile des charpentes et bois apparents ;

La construction en fer du comble des brûloirs et fondoirs, qui seront couverts en tuiles, et éloignés des magasins à fourrages, des bouveries et des bergeries;

Etablir en fer les portes des brûloirs ;

Elever la cheminée du fondoir à 20 ou 30 mètres suivant les localités ;

Surmonter de larges hottes, entraînant les buées à la cheminée, les chaudières servant à la cuisson des issues et des tripes ;

Paver toutes les cours et rendre imperméable le sol des bouveries, bergeries et porcheries.

Il est interdit de faire travailler des enfants dans les abattoirs[6].

ANNEXE

Instruction ministérielle du 22 juin 1853.

Monsieur le Préfet, une question de compétence s'étant élevée au sein du Conseil d'Etat au sujet de la création des abattoirs et du tarif des taxes d'abatage, l'avis suivant a été émis par les sections réunies de l'Intérieur, de l'Instruction publique et des Cultes, et des Travaux

---

[1] Pardessus, t. Ier, n° 69; Toullier, t. III, n° 663. — [2] Solon, p. 370. — [3] Pardessus, t. II, n° 316. — [4] Cass., 16 déc. 1863. — [5] Frémy-Ligneville, t. II, n° 526; Demolombe, t. XI, n° 388. — [6] Pardessus, t. Ier, n°s 227-228. — [7] Pardessus, t. Ier, n° 169; Frémy-Ligneville, t. II, n° 529; Demolombe, t. XI, n° 357. — [8] Demolombe, t. XI, n° 391; Pardessus, t. Ier, n° 168.

[1] Demolombe, t. XI, n° 390; Pardessus, t. Ier, n° 168.
[2] Annexe. — [3] V. *Etabl. insal.* — [4] Instr. min., 22 juin 1853, annexe. — [5] Bunel, p. 160. — [6] Décr., 14 mai 1875, V. *Etabl. insal.*

publics, de l'Agriculture et du Commerce.
Vu le décr. du 15 déc. 1810; les ord. des
14 janv. 1815 et 18 avril 1838;
Vu le décr. du 25 mars 1852;
En ce qui concerne l'autorisation de l'abattoir;
Considérant que les abattoirs publics présentent un double caractère, celui d'établissements insalubres et celui d'établissements commerciaux entraînant, de plein droit, la suppression des tueries particulières situées dans la même localité;
Que, sous le premier rapport en tant qu'établissements insalubres, les abattoirs publics semblent, il est vrai, rentrer dans les dispositions n° 8, tableau B, du décret du 25 mars 1852, qui attribue, pour l'avenir, aux préfets le droit d'autoriser les établissements insalubres de première classe;
Mais que, sous le second rapport, l'interdiction des tueries particulières, implicitement renfermée dans la création d'un abattoir public, contient une dérogation à la liberté du commerce et de l'industrie, dérogation qui, d'après les principes et les précédents, ne peut être autorisée que par un acte de l'autorité souveraine;
Considérant, au surplus, que le mot « abattoir » n'est écrit dans aucune des dispositions du décret du 25 mars 1852, qui s'est borné à statuer, en général, sur les établissements insalubres de première classe, laissant par conséquent en dehors de ses prévisions les établissements qui n'intéresseraient pas seulement la *salubrité*, mais qui pourraient se rattacher à d'autres intérêts confiés à une autorité supérieure;
En ce qui concerne les taxes d'abatage;
Considérant que le décret du 25 mars 1852 ne fait aucune mention des taxes d'abatage, et que c'est seulement par analogie et en les assimilant aux taxes énumérées dans le numéro 34 du tableau A annexé au décret du 25 mars, que la circulaire du 5 mai 1852 les a rangées au nombre des tarifs qui peuvent être réglés par les préfets;
Considérant qu'il importe que les tarifs d'abatage soient constamment maintenus dans des limites restreintes, afin de ne point grever une denrée alimentaire de premier ordre, sur laquelle pèsent déjà le plus habituellement des taxes d'octroi; que c'est en conséquence de ce principe que le Conseil d'État a bien souvent décidé que les taxes d'abatage ne pouvaient être une source de revenus pour les villes, mais devaient seulement compenser pour elles les frais de premier établissement et d'entretien;
Qu'il importe aussi de maintenir une certaine égalité entre les taxes d'abatage des différentes villes qui établissent des abattoirs, et d'empêcher que les tarifs de cette nature ne soient combinés de manière à favoriser ou à restreindre la consommation de certaines natures de viande;
Considérant que l'examen de questions aussi complexes ne peut appartenir qu'à l'autorité centrale qui, placée au-dessus des préoccupations locales, est seule en mesure de les décider en pleine connaissance de cause; que si la fixation des tarifs d'abatage était abandonnée aux préfets, il pourrait arriver que ces magistrats

fussent bientôt entraînés à les considérer comme un moyen d'accroître les revenus des villes et d'en faire un supplément aux droits d'octroi; qu'il y aurait aussi à craindre que les taxes d'abatage ne fussent employées pour restreindre ou favoriser la consommation de certaines natures de viande;
D'après cet avis, que je crois devoir adopter, je vous invite, Monsieur le Préfet, à vous abstenir désormais de statuer tant sur la création d'abattoirs que sur les tarifs des droits d'abatage, et à m'adresser désormais les propositions des municipalités en cette matière, comme vous le faisiez avant le décret du 25 mars 1852 et la circulaire du 5 mai suivant.

ABREUVOIR. — C. civ., art. 545, 643, 696, 701.

Un abreuvoir est un lieu où l'on mène boire les chevaux et les bestiaux.
Il y a des abreuvoirs publics et des abreuvoirs privés.
Les abreuvoirs publics sont établis par les communes et entretenus par elles.
L'usage des abreuvoirs publics est déterminé par les règlements municipaux.
Les abreuvoirs privés sont entretenus par ceux qui y ont droit.
L'usage d'un abreuvoir privé doit être établi par titre, mais il peut s'acquérir par prescription[1] si, pendant plus de trente ans, le propriétaire permet, sans protestation, l'usage de son abreuvoir.
Quand cet usage est établi soit par titre, soit par prescription, il entraîne forcément le droit de passage pour conduire les bestiaux à l'abreuvoir[2]; il existe alors une servitude sur le fonds où il se trouve, et, comme pour toute servitude, le propriétaire du fonds grevé ne peut rien faire qui tende à en diminuer l'usage; de même ceux qui en jouissent ne doivent rien faire qui puisse aggraver cette servitude[3].
Si un abreuvoir est nécessaire à la généralité d'une commune, village ou hameau, le propriétaire est tenu d'en concéder l'usage moyennant indemnité convenue ou fixée par experts[4]. Mais il faut pour cela qu'il y ait nécessité réelle, et non pas seulement convenance ou utilité[5]. En cas de contradiction, c'est aux tribunaux ordinaires à décider s'il y a ou non nécessité[6].

ABSINTHE. — V. *Distillerie.*

ACCIDENT. — C. civ., art. 1382, 1383, 1384, 1385, 1386. C. pén., art. 319, 320, 471, 474. Ord. pol. du 29 avril 1704[7] et du 1er avril 1818[8].

Toute personne est civilement responsable

---
[1] C. civ., 643. — [2] C. civ., 696. — [3] C. civ., 701. — [4] C. civ., 545, 643. — [5] Cass., 4 mars 1862. — [6] C. d'Aix, 13 juin 1845.
[7] V. *Echelle.* — [8] V. *Caisse.*

du préjudice causé à autrui par un accident provenant de son fait, son imprudence, sa maladresse ou sa négligence. Elle est également responsable si cet accident est causé par le fait de personnes dont il répond ou de choses dont il a la garde ou la propriété[1].

Un propriétaire dont la construction viendrait à s'écrouler en totalité ou en partie serait responsable des dégâts que sa construction causerait en tombant. Aussi, celui, dont la propriété est menacée par la chute probable d'un ouvrage menaçant ruine, peut contraindre le propriétaire de cet ouvrage à le réparer ou à le démolir.

Cette responsabilité est non seulement spécifiée dans le code, mais elle résulte encore de diverses ordonnances de police prescrivant certaines mesures intéressant la sécurité publique.

Notamment, il est interdit de poser sur les toits, entablements, gouttières, terrasses, murs et autres lieux élevés, des caisses, pots à fleurs, vases et autres objets pouvant nuire par leur chute[2].

Les entrepreneurs sont responsables des accidents survenus sur un chantier où ils élèvent des constructions, ou aux abords mêmes de ce chantier par suite des travaux qu'ils y exécutent, soit aux ouvriers et aux personnes qu'ils emploient, soit même aux personnes étrangères[3].

Ils sont en outre responsables, qu'il y ait ou non accident, des contraventions commises aux ordonnances qui règlent la police des chantiers de construction, et qui ont été justement rendues pour prévenir et éviter les accidents[4], telles que celles relatives à la clôture des chantiers, à l'éclairage de cette clôture, à l'interdiction de déposer des matériaux sur la voie publique, à l'obligation d'avoir une personne dans la rue, pour écarter les passants lorsqu'on travaille sur les toits ou sur la façade d'une maison[5].

L'architecte, non plus que le propriétaire, ne saurait être responsable d'un accident survenu sur un chantier par suite de la non-observation de ces ordonnances de police ; la responsabilité incombe à l'entrepreneur seul[6].

Tant qu'un bâtiment n'a pas été reçu par le propriétaire, l'entrepreneur est responsable des accidents de toute nature qui pourraient s'y produire, de l'incendie, des vols, etc.[7]. Cette responsabilité est une conséquence de l'article 1384 du code civil, qui veut que l'on soit responsable des objets que l'on a sous sa garde.

L'entrepreneur ne cesse d'être responsable en cas d'accident que lorsque l'imprudence de l'ouvrier a été bien manifestement la seule et réelle cause de l'accident : il doit prévoir le danger résultant de telles ou telles dispositions du chantier[1] ; il doit prévoir les causes possibles d'accident ; il doit même prémunir ses ouvriers contre les effets de leur imprudence personnelle[2].

L'entrepreneur qui prélève sur le salaire de ses ouvriers des retenues pour en verser le montant à une compagnie d'assurances, à charge, par celle-ci, de payer à ses ouvriers une indemnité en cas d'accident, ne devient pas l'assureur de ses ouvriers. Il est tenu seulement de leur procurer le bénéfice de l'assurance contractée, et n'est responsable que de sa négligence à réclamer ledit bénéfice.

L'ouvrier, ainsi assuré, a contre la compagnie une action personnelle et directe en cas de sinistre[3].

L'allocation d'une indemnité, par la compagnie d'assurances, n'enlève pas à l'ouvrier le droit à une action en dommages-intérêts contre l'entrepreneur pour la faute commise par celui-ci[4].

L'entrepreneur est responsable, en cas d'accident, vis-à-vis d'un ouvrier embauché par un autre ouvrier travaillant à la tâche pour cet entrepreneur ; quitte à lui à exercer son recours contre l'ouvrier dont l'imprudence a été la cause de l'accident[5].

ACIDE ARSÉNIQUE (Fabrique de l') au moyen de l'acide arsénieux et de l'acide azotique[6].

1° Quand les produits nitreux ne sont pas absorbés :

Établissements insalubres de 1re classe : vapeurs nuisibles.

Ces établissements ne sont autorisés qu'à une grande distance des habitations et les gaz doivent être dirigés dans une cheminée ayant au moins 30 à 40 mètres d'élévation.

2° Quand ils sont absorbés :

Établissements insalubres de 2e classe : vapeurs nuisibles.

L'administration prescrit de surmonter les cuves, cornues et appareils de larges hottes en communication avec la cheminée de la fabrique ; d'établir au-dessus des ateliers, dont le sol sera imperméable, de hautes cheminées d'aération ; enfin de neutraliser

[1] C. civ., 1382, 1383, 1384, 1385, 1386. — [2] Ord. pol., 1er avril 1818, V. *Caisse*. — [3] C. pén., 319, 320. — [4] C. pén., 471, 474. — [5] Ord. pol., 29 avril 1704, V. *Échelle*. — [6] Manuel, t. 1er, p. 288. — [7] Cass., 28 juin 1841, 10 nov. 1849.

[1] C. de Paris, 3 févr. 1886. — [2] C. d'Amiens, 15 nov. 1883. — [3] C. de Paris, 30 sept. 1885. — [4] C. de Douai, 15 févr. 1886. — [5] C. civ., 1384. [6] Décr., 31 déc. 1866.

les eaux avant de les faire couler à l'égout [1].

Il est interdit d'y faire travailler des enfants à cause des dangers d'empoisonnement et des vapeurs délétères dégagées [2].

ACIDE CHLORHYDRIQUE (Production de l') par décomposition des chlorures de magnésium, d'aluminium et autres [4].

1° Quand l'acide n'est pas condensé :
Établissements insalubres de 1re classe : émanations nuisibles.

Ces établissements ne sont autorisés qu'à une grande distance des habitations, et la cheminée doit avoir 40 mètres au moins d'élévation.

2° Quand l'acide est condensé :
Établissements insalubres de 2e classe : émanations accidentelles.

Le sol des ateliers doit être imperméable et ventilation énergique. Les appareils doivent être recouverts d'une vaste hotte en communication avec la cheminée. Les eaux doivent être neutralisées par de la chaux ou de la craie avant de s'écouler sur la voie publique [4].

Il est interdit d'y faire travailler les enfants; émanations corrosives, dangers d'accidents [5].

ACIDE FLUORHYDRIQUE (Fabrication de l'). — Établissements insalubres de 2e classe; émanations nuisibles [6].

Les prescriptions sont les mêmes que celles indiquées ci-dessus pour l'acide chlorhydrique.

ACIDE LACTIQUE (Fabrication de l'). — Établissements insalubres de 3e classe : odeurs [7].

ACIDE MURIATIQUE. — V. *Acide chlorhydrique.*

ACIDE NITRIQUE. — Établissements insalubres de 3e classe ; émanations nuisibles [8].

Le sol des ateliers doit être imperméable et la ventilation assurée au moyen de lanternons à lames de persiennes ou de larges trémies. La cheminée sera élevée de 20 à 30 mètres suivant les localités; on y dirigera les gaz non condensés. Les eaux doivent être neutralisées avant de s'écouler sur la voie publique ou dans les égouts [9].

Il est interdit de faire travailler des enfants, en raison des vapeurs délétères dégagées [1].

ACIDE OXALIQUE (Fabrication de l') [2].

1° Par l'acide nitrique;
A. Sans destruction des gaz nuisibles :
Établissement insalubre de 3e classe : fumée;

B. Avec destruction des gaz nuisibles :
Établissement insalubre de 3e classe; fumée accidentelle.

2° Par la sciure de bois et la potasse;
Établissement insalubre de 2e classe : fumée.

Mêmes prescriptions que pour l'acide nitrique, mais en plus il est imposé de surmonter de hottes les chaudières à concentration [3].

Il est interdit de faire travailler des enfants, à cause des vapeurs délétères dégagées [4].

ACIDE PICRIQUE.

1° Quand les gaz nuisibles ne sont pas brûlés :
Établissements insalubres de 1re classe : vapeurs nuisibles.

Ces établissements ne sont autorisés qu'à une grande distance des habitations : la cheminée doit avoir 30 mètres d'élévation.

2° Avec destruction des gaz nuisibles :
Établissements insalubres de 3e classe : vapeurs nuisibles [5].

Le sol des ateliers doit être imperméable et la ventilation énergique. Les gaz doivent être dirigés au moyen d'un courant de vapeur sur une colonne de coke imbibé d'acide sulfurique. Les appareils doivent être surmontés de larges hottes et la cheminée élevée de 20 à 30 mètres suivant les localités [6].

Il est interdit de faire travailler des enfants, en raison des vapeurs délétères dégagées [7].

ACIDE PYROLIGNEUX (Fabrication de l').

1° Quand les produits gazeux ne sont pas brûlés :
Établissement insalubre de 2e classe : fumée et odeur.

2° Quand les produits gazeux sont brûlés :
Établissement insalubre de 3e classe; fumée et odeur [8].

ACIDE PYROLIGNEUX (Purification de

---

[1] Bunel, p. 152. — [2] Décr., 14 mai 1875, V. *Établ. insal.*
[3] Décr., 31 déc. 1866. — [4] Bunel, p. 153. — [5] Décr., 14 mai 1875.
[6] Décr., 12 mai 1886.
[7] Décr., 9 mai 1878.
[8] Décr., 31 déc. 1866. — [9] Bunel, p. 156.

[1] Décr., 14 mai 1875.
[2] Décr., 31 déc. 1866. — [3] Bunel, p. 157. — [4] Décr., 14 mai 1875.
[5] Décr., 31 déc. 1866. — [6] Bunel, p. 158. — [7] Décr., 14 mai 1875.
[8] Décr., 31 déc. 1866.

l'). — Établissement insalubre de 2e classe : odeur[1].

Le chantier de bois doit être éloigné des ateliers de fabrication, et le charbon emmagasiné sous des hangars en matériaux incombustibles.

Le sol des ateliers doit être imperméable et une ventilation énergique assurée au moyen de lanternons à lames de persiennes.

Les chaudières seront surmontées de larges hottes en communication avec la cheminée élevée à 30 mètres[2].

ACIDE SALYCILIQUE (Fabrication de l') au moyen de l'acide phénique. — Établissement insalubre de 2e classe : odeurs[3].

Les ateliers doivent être ventilés énergiquement et le sol en être imperméable.

Les étuves seront en matériaux incombustibles avec portes en fer.

Les gaz et vapeurs seront dirigés dans un condenseur et de là dans la cheminée de l'usine[4].

Il est interdit d'employer des enfants par suite des émanations corrosives qui se dégagent[5].

ACIDE STÉARIQUE (Fabrication de l'). 1° Par distillation :

Établissement insalubre de 1re classe : odeur, danger d'incendie.

2° Par saponification :

Établissement insalubre de 2e classe : odeur, danger d'incendie[6].

Les magasins et ateliers doivent être construits en matériaux incombustibles avec combles en fer : les ateliers seront éloignés des magasins contenant les matières premières et les produits fabriqués. La ventilation en sera énergique et le sol imperméable.

L'ouverture des foyers sera en dehors des ateliers.

Les cuves seront surmontées de larges hottes en communication avec la cheminée élevée de 20 à 30 mètres suivant les localités[7].

ACIDE SULFURIQUE (Fabrication de l'). 1° Par combustion du soufre et des pyrites :

Établissement insalubre de 1re classe ; émanations nuisibles[8].

2° de Nordhausen par décomposition du sulfate de fer :

Établissement insalubre de 1re classe : émanations nuisibles[1].

Il est interdit de faire travailler des enfants, en raison des vapeurs irritantes et des dangers de brûlures[2].

ACIDE URIQUE. — V. *Murexide.*

ACIER (Fabrication de l').—Établissement insalubre de 3e classe : fumée[3].

Les cheminées doivent être élevées de 20 à 30 mètres suivant les localités ; les ateliers ventilés au moyen de lanternons à lames de persiennes ; les cuves de trempage éloignées des fours et placées sous de larges hottes avec cheminée d'appel ; les fours, cubilots, creusets, machines soufflantes, etc., placés à la distance des maisons voisines nécessaire pour ne pas incommoder les voisins[4].

ADJUDICATION. — Décis. min. du 22 juill. 1806. Décr. du 16 déc. 1811[5]. Ord. roy. du 14 nov. 1837. Loi du 11 juin 1859. Décr. du 25 janv. 1862[8]. Arr. min. du 16 nov. 1866[8]. Décr. du 19 nov. 1882[9]. Loi du 5 avril 1884[10].

Tous les marchés de travaux ou de fournitures passés par l'État, les départements ou les communes doivent avoir lieu avec concurrence de publicité[11], c'est-à-dire être mis en adjudication.

Les règles à suivre pour l'adjudication de travaux et de fournitures à faire pour le compte de l'État, ainsi que les cas où ces travaux ou fournitures peuvent être traités de gré à gré, sont relatés dans le décret du 19 novembre 1882[12] ; pour ceux faits pour le compte des communes dans la loi du 5 avril 1884[13].

Le certificat de capacité exigé de chaque concurrent doit être signé d'un homme de l'art et ne pas avoir plus de 3 ans de date[14].

L'adjudication n'est valable qu'après approbation de l'autorité compétente, et si elle n'est pas approuvée, l'entrepreneur n'a droit à aucune indemnité[15].

Les frais d'adjudication, supportés par l'adjudicataire, comprennent les frais d'affiches et de publications, ceux de timbre et d'expédition des devis, du bordereau des prix, du détail estimatif et du procès-verbal d'adjudication, et le droit fixe d'enregistrement de un franc[16].

Les fonctionnaires chargés de procéder à

---

[1] Décr., 31 déc. 1866. — [2] Bunel, p. 159.
[3] Décr., 1er mars 1881. — [4] Bunel, p. 161. —
[5] Décr., 31 oct. 1882.
[6] Décr., 31 déc. 1866. — [7] Bunel, p. 161.
[8] Décr., 31 déc. 1866.

[1] Décr., 1er mars 1881. — [2] Décr., 14 mai 1875.
[3] Décr., 31 déc. 1866. — [4] Bunel, p. 164.
[5] V. *Route.* — [6] Annexe. — [7] V. *Bâtiments civils.* — [8] Annexe. — [9] V. *Voirie.*
— [11] Ord. roy., 14 nov. 1837, annexe : Décr., 16 déc. 1811, V. *Route.* — [12] Annexe. — [13] V. *Voirie.*
— [14] Arr. min., 16 nov. 1866, annexe. — [15] Ibid. —
[16] Ibid.

l'adjudication ont toute latitude pour apprécier la capacité des concurrents : leur décision est, d'après la jurisprudence du Conseil d'Etat, un acte de pure administration.

Si les formes prescrites dans le cahier des charges n'étaient pas observées par l'administration, les soumissionnaires évincés seraient en droit de formuler leur réclamation devant le Conseil de préfecture, avant l'approbation de l'adjudication par l'autorité compétente, et devant le Conseil d'Etat si cette approbation a été donnée.

Ces irrégularités peuvent donner lieu soit à une indemnité, soit même à l'annulation de l'adjudication.

Les réclamations doivent, sous peine de nullité, être formulées dans le mois qui suit l'adjudication ou l'approbation [1].

Dans les travaux particuliers, un entrepreneur qui, appelé à soumissionner et ayant fait le plus fort rabais, lequel est au-dessous du maximum fixé par l'architecte, ne serait pas déclaré adjudicataire, aurait droit à une indemnité calculée sur le gain qu'il aurait pu réaliser.

ADJUDICATION JUDICIAIRE ou FORCÉE. —Cette adjudication est celle qui a lieu par suite d'une décision judiciaire, ordonnant la vente d'un immeuble.

La procédure en cette matière est contenue dans les articles 673 à 749 du code de procédure civile.

ADJUDICATION VOLONTAIRE. — L'adjudication volontaire est celle faite par un particulier jouissant de tous ses droits, sans y être contraint par ses créanciers.

ANNEXES

Ordonnance royale du 14 novembre 1837.

ARTICLE PREMIER. — Toutes les entreprises pour travaux et fournitures au nom des communes et des établissements de bienfaisance seront données avec concurrence et publicité, sauf les exceptions ci-après.

ART. 2. — Il pourra être traité de gré à gré, sauf approbation par le préfet, pour les travaux et fournitures dont la valeur n'excédera pas 3,000 fr.

Il pourra également être traité de gré à gré, à quelque somme que s'élèvent les travaux et fournitures, mais avec l'approbation du ministre de l'intérieur :

1° Pour les objets dont la fabrication est exclusivement attribuée à des porteurs de brevets d'invention ou d'importation;

2° Pour les objets qui n'auraient qu'un possesseur unique;

3° Pour les ouvrages et les objets d'art et de précision dont l'exécution ne peut être confiée qu'à des artistes éprouvés;

4° Pour les exploitations, fabrications et fournitures qui ne seraient faites qu'à titre d'essai;

5° Pour les matières et denrées qui, à raison de leur nature particulière et de la spécialité de l'emploi auquel elles sont destinées, doivent être achetées aux lieux de production ou livrées sans intermédiaires par les producteurs eux-mêmes;

6° Pour les fournitures ou travaux qui n'auraient été l'objet d'aucune offre aux adjudications, et à l'égard desquelles il n'aurait été proposé que des prix inacceptables : toutefois, l'administration ne devra pas dépasser le maximum arrêté conformément à l'art. 7 ;

7° Pour les fournitures et travaux qui, dans le cas d'urgence absolue et dûment constatée, amenés par des circonstances imprévues, ne pourraient pas subir les délais des adjudications.

ART. 3. — Les adjudications publiques relatives à des fournitures, à des travaux, à des exploitations ou fabrications qui ne pourraient être sans inconvénient livrés à une concurrence illimitée, pourront être soumises à des restrictions qui n'admettront à concourir que des personnes préalablement reconnues capables par l'administration, et produisant les titres justificatifs exigés par les cahiers des charges.

ART. 4. — Les cahiers des charges détermineront la nature et l'importance des garanties que les fournisseurs ou entrepreneurs auront à produire, soit pour être admis aux adjudications, soit pour répondre de l'exécution de leurs engagements; ils détermineront aussi l'action que l'administration exercera sur ces garanties, en cas d'inexécution de ces engagements.

Il sera toujours et nécessairement stipulé que tous les ouvrages exécutés par les entrepreneurs en dehors des autorisations régulières demeureront à la charge personnelle de ces derniers, sans répétition contre les communes ou les établissements.

ART. 5. — Les cautionnements à fournir par les adjudicataires seront réalisés à la diligence des receveurs des communes et des établissements de bienfaisance.

ART. 6. — L'avis des adjudications à passer sera publié, sauf les cas d'urgence, un mois à l'avance, par la voie des affiches et par tous les moyens ordinaires de publicité.

Cet avis fera connaître :

1° Le lieu où l'on pourra prendre connaissance du cahier des charges ;

2° Les autorités chargées de procéder à l'adjudication;

3° Le lieu, le jour et l'heure fixés pour l'adjudication.

ART. 7. — Les soumissions devront toujours être remises cachetées en séance publique. Un maximum de prix ou un minimum de rabais, arrêté d'avance par l'autorité qui précède à l'adjudication, devra être déposé cacheté sur le bureau à l'ouverture de la séance.

ART. 8. — Dans le cas où plusieurs soumissionnaires auraient offert le même prix, il sera procédé, séance tenante, à une adjudication entre ces soumissionnaires seulement, soit sur de nouvelles soumissions, soit à extinction des feux.

---

[1] Décis. min., 22 juill. 1806 : Loi 11 juin 1859.

Art. 9. — Les résultats de chaque adjudication seront constatés par un procès-verbal relatant toutes les circonstances de l'opération.

Art. 10. — Les adjudications seront toujours subordonnées à l'approbation du préfet, et ne seront valables et définitives, à l'égard des communes et des établissements, qu'après cette approbation.

Art. 11. — Notre ministre de l'intérieur...

———

Arrêté ministériel du 16 novembre 1866.
Cahier des clauses et conditions générales
imposées aux entrepreneurs des
ponts et chaussées.

DISPOSITIONS GÉNÉRALES.

Article premier. — Tous les marchés relatifs à l'exécution des travaux dépendant de l'administration des ponts et chaussées, qu'ils soient passés dans la forme d'adjudications publiques ou qu'ils résultent de conventions faites de gré à gré, sont soumis, en tout ce qui leur est applicable, aux dispositions suivantes :

TITRE PREMIER. — ADJUDICATIONS.

Conditions à remplir pour être admis aux adjudications.

Art. 2. — Nul n'est admis à concourir aux adjudications, s'il ne peut justifier qu'il a les qualités requises pour garantir la bonne exécution des travaux.

A cet effet, chaque concurrent est tenu de fournir un certificat constatant sa capacité et de présenter un acte régulier de cautionnement ou au moins un engagement en bonne et due forme de fournir le cautionnement ; l'engagement doit être réalisé dans les huit jours de l'adjudication.

Certificats de capacité.

Art. 3. — Les certificats de capacité sont délivrés par des hommes de l'art. Ils ne doivent pas avoir plus de trois ans de date au moment de l'adjudication. Il y est fait mention de la manière dont les soumissionnaires ont rempli leurs engagements, soit envers l'administration, soit envers les tiers, soit envers les ouvriers, dans les travaux qu'ils ont exécutés, surveillés ou suivis. Ces travaux doivent avoir été faits dans les dix dernières années.

Les certificats de capacité sont présentés, huit jours au moins avant l'adjudication, à l'ingénieur en chef, qui doit les viser à titre de communication.

Il n'est pas exigé de certificat de capacité pour la fourniture des matériaux destinés à l'entretien des routes en empierrement, ni pour les travaux de terrassement dont l'estimation ne s'élève pas à plus de 20,000 fr.

Cautionnement.

Art. 4. — Le cahier des charges détermine, dans chaque cas particulier, la nature et le montant du cautionnement que l'entrepreneur doit fournir.

S'il ne stipule rien à cet égard, le cautionnement est fait soit en numéraire, soit en inscription de rentes sur l'État, et le montant en est fixé au trentième de l'estimation des travaux, déduction faite de toutes les sommes portées à valoir pour dépenses imprévues et ouvrages en régie ou pour indemnité de terrain.

Le cautionnement reste affecté à la garantie des engagements contractés par l'adjudicataire jusqu'à la liquidation définitive des travaux. Toutefois le ministre peut, dans le cours de l'entreprise, autoriser la restitution de tout ou partie du cautionnement.

Approbation de l'adjudication.

Art. 5. — L'adjudication n'est valable qu'après l'approbation de l'autorité compétente. L'entrepreneur ne peut prétendre à aucune indemnité, dans le cas où l'adjudication n'est pas approuvée.

Pièces à délivrer à l'entrepreneur.

Art. 6. — Aussitôt après l'approbation de l'adjudication, le préfet délivre à l'entrepreneur sur son récépissé une expédition vérifiée par l'ingénieur en chef et dûment légalisée du devis, du bordereau des prix et du détail estimatif, ainsi qu'une copie certifiée du procès-verbal d'adjudication et un exemplaire imprimé des présentes clauses et conditions générales.

Les ingénieurs lui délivrent, en outre, gratuitement, une expédition certifiée des dessins et autres pièces nécessaires à l'exécution des travaux.

Frais d'adjudication.

Art. 7. — L'entrepreneur verse à la caisse du trésorier payeur général le montant des frais du marché. Ces frais, dont l'état est arrêté par le préfet, ne peuvent être autres que ceux d'affiches et de publication, ceux de timbre et d'expédition du devis, du bordereau des prix, du détail estimatif et du procès-verbal d'adjudication, et le droit fixe d'enregistrement de 1 franc.

Domicile de l'entrepreneur.

Art. 8. — L'entrepreneur est tenu d'élire domicile à proximité des travaux et de faire connaître le lieu de ce domicile au préfet. Faute par lui de remplir cette obligation dans un délai de quinze jours, à partir de l'approbation de l'adjudication, toutes les notifications qui se rattachent à son entreprise sont valables lorsqu'elles ont été faites à la mairie de la commune désignée à cet effet par le devis ou par l'affiche d'adjudication.

TITRE II. — EXÉCUTION DES TRAVAUX.

Défense de sous-traiter sans autorisation.

Art. 9. — L'entrepreneur ne peut céder à des sous-traitants une ou plusieurs parties de son entreprise, sans le consentement de l'administration. Dans tous les cas il demeure personnellement responsable, tant envers l'administration, qu'envers les ouvriers et les tiers.

Si un sous-traité est passé sans autorisation, l'administration peut, suivant les cas, soit prononcer la résiliation pure et simple de l'entreprise, soit procéder à une nouvelle adjudication à la folle enchère de l'entrepreneur.

Ordre de service pour l'exécution des travaux.

Art. 10. — L'entrepreneur doit commencer les travaux dès qu'il en a reçu l'ordre de l'ingénieur. Il se conforme strictement aux plans, profils, tracés, ordres de service, et, s'il y a lieu, aux types et modèles qui lui sont donnés par l'ingénieur ou par ses préposés, en exécution du devis.

L'entrepreneur se conforme également aux changements qui lui sont prescrits pendant le cours du travail, mais seulement lorsque l'ingénieur les a donnés par écrit et sous sa responsabilité. Il ne lui est tenu compte de ces changements qu'autant qu'il justifie de l'ordre écrit de l'ingénieur.

Règlement pour le bon ordre des chantiers.

ART. 11. — L'entrepreneur est tenu d'observer tous les règlements qui sont faits par le préfet, sur la proposition de l'ingénieur en chef, pour le bon ordre des travaux et la police des chantiers.

Il est interdit à l'entrepreneur de faire travailler les ouvriers les dimanches et jours fériés.

Il ne peut être dérogé à cette règle que dans les cas d'urgence et en vertu d'une autorisation écrite ou d'un ordre de service de l'ingénieur.

Présence de l'entrepreneur sur le lieu des travaux.

ART. 12. — Pendant la durée de l'entreprise, l'adjudicataire ne peut s'éloigner du lieu des travaux qu'après avoir fait agréer par l'ingénieur un représentant capable de le remplacer, de manière qu'aucune opération ne puisse être retardée ou suspendue à raison de son absence.

L'entrepreneur accompagne les ingénieurs dans leurs tournées toutes les fois qu'il en est requis.

Choix des commis, chefs d'ateliers et ouvriers.

ART. 13. — L'entrepreneur ne peut prendre pour commis et chefs d'ateliers que des hommes capables de l'aider et de le remplacer au besoin dans la conduite et le métrage des travaux.

L'ingénieur a le droit d'exiger le changement ou le renvoi des agents et ouvriers de l'entrepreneur pour insubordination, incapacité, ou défaut de probité.

L'entrepreneur demeure responsable des fraudes ou malfaçons qui seraient commises par ses agents et ouvriers dans la fourniture et dans l'emploi des matériaux.

Liste nominative des ouvriers.

ART. 14. Le nombre des ouvriers de chaque profession est toujours proportionné à la quantité d'ouvrage à faire. Pour mettre l'ingénieur à même d'assurer l'accomplissement de cette condition, il lui est remis périodiquement, et aux époques par lui fixées, une liste nominative des ouvriers.

Payement des ouvriers.

ART. 15. — L'entrepreneur paie les ouvriers tous les mois ou à des époques plus rapprochées, si l'administration le juge nécessaire. En cas de retard régulièrement constaté, l'administration se réserve la faculté de faire payer d'office les salaires arriérés, sur les soldes dues à l'entrepreneur, sans préjudice des droits réservés par la loi du 26 pluviôse an II aux fournisseurs qui auraient fait des oppositions régulières.

Caisse de secours pour les ouvriers blessés ou malades.

ART. 16. — Une retenue d'un centième est exercée sur les sommes dues à l'entrepreneur, à l'effet d'assurer, sous le contrôle de l'administration, des secours aux ouvriers atteints de blessures ou de maladies occasionnées par les travaux, à leurs veuves et à leurs enfants, et de subvenir aux dépenses du service médical.

La partie de cette retenue qui reste sans emploi à la fin de l'entreprise est remise à l'entrepreneur.

Dépenses imputables sur la somme à valoir.

ART. 17. — S'il y a lieu de faire des épuisements ou autres travaux dont la dépense soit imputable sur la somme à valoir, l'entrepreneur doit, s'il en est requis, fournir les outils et machines nécessaires pour l'exécution de ces travaux.

Le loyer et l'entretien de ce matériel sont payés au prix de l'adjudication.

Outils, équipages et faux frais de l'entreprise.

ART. 18. — L'entrepreneur est tenu de fournir à ses frais les magasins, équipages, ustensiles et outils de toute espèce nécessaires à l'exécution des travaux, sauf les exceptions stipulées au devis.

Sont également à sa charge, l'établissement des chantiers et chemins de service et les indemnités y relatives, les frais de tracé des ouvrages, les cordeaux, piquets et jalons, les frais d'éclairage des chantiers, s'il y a lieu, et généralement toutes les menues dépenses et tous les faux frais relatifs à l'entreprise.

Carrières désignées au devis.

ART. 19. — Les matériaux sont pris dans les lieux indiqués au devis. L'entrepreneur y ouvre, au besoin, des carrières à ses frais.

Il est tenu, avant de commencer les extractions, de prévenir les propriétaires suivant les formes déterminées par les règlements.

Il paie sans recours contre l'administration, et en se conformant aux lois et règlements sur la matière, tous les dommages qu'ont pu occasionner la prise ou l'extraction, le transport et le dépôt des matériaux.

Dans le cas où le devis prescrit d'extraire des matériaux dans des bois soumis au régime forestier, l'entrepreneur doit se conformer, en outre, aux prescriptions de l'article 145 du code forestier, ainsi que des articles 172, 173 et 175 de l'ordonnance du 1er août 1827, concernant l'exécution de ce code.

L'entrepreneur doit justifier, toutes les fois qu'il en est requis, de l'accomplissement des obligations imposées dans le présent article, ainsi que du payement des indemnités, pour établissement de chantier et de chemin de service.

Carrières proposées par l'entrepreneur.

ART. 20. — Si l'entrepreneur demande à substituer aux carrières indiquées dans le devis d'autres carrières fournissant des matériaux d'une qualité que les ingénieurs reconnaissent au moins égale, il reçoit l'autorisation de les exploiter, et ne subit sur le prix de l'adjudication aucune réduction pour cause de diminution des frais d'extraction, de transport et de taille des matériaux.

Défense de livrer au commerce des matériaux extraits des carrières désignées.

ART. 21. — L'entrepreneur ne peut livrer au commerce, sans l'autorisation du propriétaire, les matériaux qu'il a fait extraire dans les carrières exploitées par lui en vertu du droit qui lui a été conféré par l'administration.

Qualités des matériaux.

ART. 22. — Les matériaux doivent être de la meilleure qualité dans chaque espèce, être parfaitement travaillés, et mis en œuvre conformément aux règles de l'art; ils ne peuvent être employés qu'après avoir été vérifiés et provisoirement acceptés par l'ingénieur ou par ses préposés. Nonobstant cette réception provisoire et jusqu'à la réception définitive des travaux, ils peuvent, en cas de surprise, de mauvaise qualité ou de malfaçon, être refusés par l'ingénieur et ils sont alors remplacés par l'entrepreneur.

Dimensions et dispositions des matériaux et des ouvrages.

ART. 23. — L'entrepreneur ne peut, de lui-même, apporter aucun changement au projet.

Il est tenu de faire immédiatement, sur l'ordre des ingénieurs, remplacer les matériaux ou reconstruire les ouvrages dont les dimensions ou les dispositions ne sont pas conformes au devis.

Toutefois, si les ingénieurs reconnaissent que les changements faits par l'entrepreneur ne sont contraires ni à la solidité, ni au goût, les nouvelles dispositions peuvent être maintenues; mais alors l'entrepreneur n'a droit à aucune augmentation de prix, à raison des dimensions plus fortes, ou de la valeur plus considérable que peuvent avoir les matériaux ou les ouvrages. Dans ce cas les métrages sont basés sur les dimensions prescrites par le devis. Si au contraire les dimensions sont plus faibles ou la valeur des matériaux moindre, les prix sont réduits en conséquence.

Démolition d'anciens ouvrages.

ART. 24. — Dans le cas où l'entrepreneur a à démolir d'anciens ouvrages, les matériaux sont déplacés avec soin pour qu'ils puissent être façonnés de nouveau et réemployés s'il y a lieu.

Objets trouvés dans les fouilles.

ART. 25. — L'administration se réserve la propriété des matériaux qui se trouvent dans les fouilles et démolitions faites dans les terrains appartenant à l'Etat, sauf à indemniser l'entrepreneur de ses soins particuliers.

Elle se réserve également les objets d'art et de toute nature qui pourraient s'y trouver, sauf indemnité à qui de droit.

Emploi des matières neuves ou de démolition appartenant à l'Etat.

ART. 26. — Lorsque les ingénieurs jugent à propos d'employer des matières neuves ou de démolition appartenant à l'Etat, l'entrepreneur n'est payé que des frais de main-d'œuvre et d'emploi, d'après les éléments des prix du bordereau, rabais déduit.

Vices de construction.

ART. 27. — Lorsque les ingénieurs présument qu'il existe dans les ouvrages des vices de construction, ils ordonnent, soit en cours d'exécution, soit avant la réception définitive, la démolition et la reconstruction des ouvrages présumés vicieux.

Les dépenses résultant de cette vérification sont à la charge de l'entrepreneur lorsque les vices de construction sont constatés et reconnus.

Pertes et avaries; cas de force majeure.

ART. 28. — Il n'est alloué à l'entrepreneur aucune indemnité à raison des pertes, avaries ou dommages occasionnés par négligence, imprévoyance, défaut de moyen ou fausses manœuvres.

Ne sont pas compris, toutefois, dans la disposition précédente les cas de force majeure qui, dans le délai de dix jours au plus après l'événement, ont été signalés par l'entrepreneur; dans ces cas, néanmoins, il ne peut rien être alloué qu'avec l'approbation de l'administration. Passé le délai de dix jours, l'entrepreneur n'est plus admis à réclamer.

Règlements de prix des ouvrages non prévus.

ART. 29. Lorsqu'il est nécessaire d'exécuter des ouvrages non prévus ou d'extraire des matériaux dans des lieux autres que ceux qui sont désignés dans le devis, les prix en sont réglés d'après les éléments de ceux de l'adjudication, ou par assimilation aux ouvrages les plus analogues. Dans le cas d'une impossibilité absolue d'assimilation, on prend pour terme de comparaison les prix courants du pays.

Les nouveaux prix, après avoir été débattus par les ingénieurs avec l'entrepreneur, sont soumis à l'approbation de l'administration. Si l'entrepreneur n'accepte pas la décision de l'administration, il est statué par le conseil de préfecture.

Augmentation dans la masse des travaux.

ART. 30. — En cas d'augmentation dans la masse des travaux l'entrepreneur est tenu d'en continuer l'exécution jusqu'à concurrence d'un sixième, en sus du montant de l'entreprise. Au delà de cette limite l'entrepreneur a droit à la résiliation de son marché.

Diminution dans la masse des travaux.

ART. 31. — En cas de diminution dans la masse des ouvrages, l'entrepreneur ne peut élever aucune réclamation tant que la diminution n'excède pas le sixième du montant de l'entreprise. Si la diminution est de plus du sixième, il reçoit, s'il y a lieu, à titre de dédommagement, une indemnité qui, en cas de contestation, est réglée par le conseil de préfecture.

Changements dans l'importance des diverses espèces d'ouvrages.

ART. 32. — Lorsque les changements ordonnés ont pour résultat de modifier l'importance de certaines natures d'ouvrage, de telle sorte que les quantités prescrites diffèrent de plus d'un tiers, en plus ou en moins, des quantités portées au détail estimatif, l'entrepreneur peut présenter, en fin de compte, une demande en indemnité, basée sur le préjudice que lui auraient causé les modifications apportées à cet égard dans les prévisions du projet.

Variations dans les prix.

ART. 33. — Si pendant le cours de l'entreprise, les prix subissent une augmentation telle, que la dépense des ouvrages restant à exécuter d'après le devis se trouve augmentée d'un sixième comparativement aux estimations du projet, le marché peut être résilié, sur la demande de l'entrepreneur.

Cessation absolue ou ajournement des travaux.

ART. 34. — Lorsque l'administration ordonne la cessation absolue des travaux, l'entreprise est immédiatement résiliée. Lorsqu'elle prescrit leur ajournement pour plus d'une année, soit avant, soit après un commencement d'exécution, l'entrepreneur a le droit de demander la résiliation de son marché, sans préjudice de l'indemnité qui dans ce cas comme dans l'autre peut lui être allouée s'il y a lieu.

Si les travaux ont reçu un commencement d'exécution, l'entrepreneur peut requérir qu'il soit procédé immédiatement à la réception provisoire des ouvrages exécutés, et à leur réception définitive après l'expiration du délai de garantie.

Mesures coercitives.

ART. 35. — Lorsque l'entrepreneur ne se conforme pas, soit aux dispositions du devis, soit aux ordres de service qui lui sont donnés par les ingénieurs, un arrêté du préfet le met en demeure d'y satisfaire dans un délai déterminé. Ce délai, sauf les cas d'urgence, n'est pas moins de dix jours à dater de la notification de l'arrêté de mise en demeure.

A l'expiration de ce délai, si l'entrepreneur n'a pas exécuté les dispositions prescrites, le préfet par un second arrêté ordonne l'établissement d'une régie aux frais de l'entrepreneur. Dans ce cas, il est procédé immédiatement en sa présence, ou lui dûment appelé, à l'inventaire descriptif du matériel de l'entreprise.

Il en est aussitôt rendu compte au ministre, qui peut, selon les circonstances, soit ordonner une nouvelle adjudication à la folle enchère de l'entrepreneur, soit prononcer la résiliation pure et simple du marché, soit prescrire la continuation de la régie.

Pendant la durée de la régie, l'entrepreneur est autorisé à en suivre les opérations, sans qu'il puisse toutefois entraver l'exécution des ordres des ingénieurs.

Il peut d'ailleurs être relevé de la régie, s'il justifie des moyens nécessaires pour reprendre les travaux et les mener à bonne fin.

Les excédents de dépense qui résultent de la régie ou de l'adjudication sur folle enchère sont prélevés sur les sommes qui peuvent être dues à l'entrepreneur, sans préjudice des droits à exercer contre lui, en cas d'insuffisance.

Si la régie ou l'adjudication sur folle enchère amène au contraire une diminution dans les dépenses, l'entrepreneur ne peut réclamer aucune part de ce bénéfice, qui reste acquis à l'administration.

Décès de l'entrepreneur.

ART. 36. — En cas de décès de l'entrepreneur, le contrat est résilié de droit, sauf à l'administration à accepter, s'il y a lieu, les offres qui peuvent être faites par les héritiers pour la continuation des travaux.

Faillite de l'entrepreneur.

ART. 37. — En cas de faillite de l'entrepreneur, le contrat est également résilié de plein droit, sauf à l'administration à accepter, s'il y a lieu, les offres qui peuvent être faites par les créanciers pour la continuation de l'entreprise.

TITRE III. — RÈGLEMENT DES DÉPENSES.

Bases du règlement des comptes.

ART. 38. — A défaut de stipulations spéciales dans le devis, les comptes sont établis d'après les quantités d'ouvrages réellement effectués, suivant les dimensions et les poids constatés par des métrés définitifs et des pesages faits en cours ou en fin d'exécution, sauf les cas prévus par l'art. 23, et les dépenses sont réglées d'après les prix de l'adjudication.

L'entrepreneur ne peut, dans aucun cas, pour les métrés et pesages, invoquer en sa faveur les us et coutumes.

Attachements.

ART. 39. — Les attachements sont pris au fur et à mesure de l'avancement des travaux, par l'agent chargé de leur surveillance, en présence de l'entrepreneur et contradictoirement avec lui : celui-ci doit les signer au moment de la présentation qui lui en est faite.

Lorsque l'entrepreneur refuse de signer ces attachements ou ne les signe qu'avec réserve, il lui est accordé un délai de dix jours, à dater de la présentation des pièces, pour formuler par écrit ses observations. Passé ce délai, les attachements sont censés acceptés par lui, comme s'ils étaient signés sans réserve. Dans ce cas, il est dressé procès-verbal de la présentation et des circonstances qui l'ont accompagnée. Ce procès-verbal est annexé aux pièces non acceptées.

Les résultats des attachements inscrits sur les carnets ne sont portés en compte qu'autant qu'ils ont été admis par les ingénieurs.

Décomptes mensuels.

ART. 40. — A la fin de chaque mois, il est dressé un décompte des ouvrages exécutés et des dépenses faites, pour servir de base aux payements à faire à l'entrepreneur.

Décomptes annuels et décomptes définitifs.

ART. 41. — A la fin de chaque année, il est dressé un décompte de l'entreprise que l'on divise en deux parties ; la première comprend les ouvrages et portions d'ouvrages dont le métré a pu être arrêté définitivement, et la seconde les ouvrages et portions d'ouvrages dont la situation n'a pu être établie que d'une manière provisoire.

Ce décompte, auquel sont joints les métrés et les pièces à l'appui, est présenté, sans déplacement, à l'acceptation de l'entrepreneur ; il est dressé procès-verbal de la présentation et des circonstances qui l'ont accompagnée.

L'entrepreneur, indépendamment de la communication qui lui est faite de ces pièces, est, en outre, autorisé à faire transcrire par ses commis, dans les bureaux des ingénieurs, celles dont il veut se procurer des expéditions.

En ce qui concerne la première partie du décompte, l'acceptation de l'entrepreneur est définitive, tant pour l'application des prix que pour les quantités d'ouvrages.

S'il refuse d'accepter ou s'il ne signe qu'avec réserve, il doit déduire ses motifs par écrit, dans les vingt jours qui suivent la présentation des pièces.

Il est expressément stipulé que l'entrepreneur n'est pas admis à élever de réclamations, au sujet des pièces ci-dessus indiquées, après le délai de vingt jours, et que passé ce délai le décompte est censé accepté par lui, quand même il ne l'aurait pas signé ou ne l'aurait signé qu'avec une réserve dont les motifs ne seraient pas spécifiés.

Le procès-verbal de présentation doit toujours être annexé aux pièces non acceptées.

En ce qui concerne la deuxième partie du décompte, l'acceptation de l'entrepreneur n'est considérée que comme provisoire.

Les stipulations des paragraphes 2, 3, 4, 5, 6, 7, du présent article s'appliquent au décompte général et définitif de l'entreprise.

Elles s'appliquent aussi aux décomptes définitifs partiels qui peuvent être présentés à l'entrepreneur dans le courant de la campagne.

L'entrepreneur ne peut revenir sur les prix du marché.

ART. 42. — L'entrepreneur ne peut, sous aucun prétexte, revenir sur les prix du marché qui ont été consentis par lui.

Reprise du matériel en cas de résiliation.

ART. 43. — Dans les cas de résiliation prévus par les articles 34 et 36, les outils et équipages existant sur les chantiers, et qui eussent été nécessaires pour l'achèvement des travaux, sont acquis par l'État si l'entrepreneur ou ses ayants droit en font la demande, et le prix en est réglé de gré à gré ou à dire d'experts.

Ne sont pas comprises dans cette mesure les bêtes de trait ou de somme qui auraient été employées dans les travaux.

La reprise du matériel est facultative pour l'administration dans les cas prévus par les articles 9, 30, 35 et 37.

Dans tous les cas de résiliation, l'entrepreneur est tenu d'évacuer les chantiers, magasins et emplacements utiles à l'entreprise, dans le délai qui est fixé par l'administration.

Les matériaux approvisionnés par ordre et déposés sur les chantiers, s'ils remplissent les conditions du devis, sont acquis par l'État aux prix de l'adjudication.

Les matériaux qui ne seraient pas déposés sur les chantiers ne sont pas portés en compte.

TITRE IV. — PAYEMENTS.

Payements d'acompte.

ART. 44. — Les payements d'acompte s'effectuent tous les mois, en raison de la situation des travaux exécutés, sauf retenue d'un dixième pour la garantie et d'un centième pour la caisse de secours des ouvriers.

Il est en outre délivré des acomptes sur le prix des matériaux approvisionnés jusqu'à concurrence des quatre cinquièmes de leur valeur.

Le tout sous la réserve énoncée à l'article 49 ci-après.

Maximum de la retenue.

ART. 45. — Si la retenue du dixième est jugée devoir excéder la proportion nécessaire pour la garantie de l'entreprise, il peut être stipulé au devis ou décidé en cours d'exécution qu'elle cessera de s'accroître lorsqu'elle aura atteint un maximum déterminé.

Réception provisoire.

ART. 46. — Immédiatement après l'achèvement des travaux il est procédé à une réception provisoire par l'ingénieur ordinaire, en présence de l'entrepreneur ou lui dûment appelé par écrit. En cas d'absence de l'entrepreneur, il en est fait mention au procès-verbal.

Réception définitive.

ART. 47. — Il est procédé de la même manière à la réception définitive après l'expiration du délai de garantie.

À défaut de stipulation expresse dans le devis, ce délai est de six mois, à dater de la réception provisoire, pour les travaux d'entretien, les terrassements et les chaussées d'empierrement, et d'un an pour les ouvrages d'art. Pendant la durée de ce délai, l'entrepreneur demeure responsable de ses ouvrages et est tenu de les entretenir.

Payement de solde.

ART. 48. — Le dernier dixième n'est payé à l'entrepreneur qu'après la réception définitive et lorsqu'il a justifié de l'accomplissement des obligations énoncées dans l'article 19.

Intérêts pour retards de payements.

ART. 49. — Les payements ne pouvant être faits qu'au fur et à mesure des fonds disponibles, il ne sera jamais alloué d'indemnités, sous aucune dénomination, pour retard de payement pendant l'exécution des travaux.

Toutefois, si l'entrepreneur ne peut être entièrement soldé dans les trois mois qui suivent la réception définitive régulièrement constatée, il a droit, à partir de l'expiration de ce délai de trois mois, à des intérêts calculés d'après le taux légal pour la somme qui lui reste due.

TITRE V. — CONTESTATIONS.

Intervention de l'ingénieur en chef.

ART. 50. — Si, dans le cours de l'entreprise, des difficultés s'élèvent entre l'ingénieur ordinaire et l'entrepreneur, il en est référé à l'ingénieur en chef.

Dans les cas prévus par l'article 22, par le deuxième paragraphe de l'article 23 et par le deuxième paragraphe de l'article 27, si l'entrepreneur conteste les faits, l'ingénieur ordinaire dresse procès-verbal des circonstances de la contestation et le notifie à l'entrepreneur, qui doit présenter ses observations dans un délai de vingt-quatre heures ; un procès-verbal est transmis par l'ingénieur ordinaire à l'ingénieur en chef pour qu'il y soit donné telle suite que de droit.

Intervention de l'administration.

ART. 51. — En cas de contestation avec les ingénieurs l'entrepreneur doit adresser au préfet, pour être transmis avec l'avis des ingénieurs de l'administration, un mémoire où il indique les motifs et le montant de ses réclamations.

Si dans un délai de trois mois à partir de la remise du mémoire au préfet, l'administration n'a pas fait connaître sa réponse, l'entrepreneur peut, comme dans le cas où ses réclamations ne seraient point admises, saisir desdites réclamations la justice contentieuse.

Jugement des contestations.

ART. 52. — Conformément aux dispositions de la loi du 28 pluviôse an VIII, toute difficulté entre l'administration et l'entrepreneur, concernant le sens ou l'exécution des clauses du marché, est portée devant le conseil de préfecture, qui statue, sauf recours au Conseil d'État.

Décret du 19 novembre 1882.

Concurrence, publicité, conditions exigées des adjudications.

ARTICLE PREMIER. — Les marchés des travaux, fournitures ou transports au compte de l'État sont faits avec concurrence et publicité, sauf les exceptions mentionnées à l'article 18 ci-après.

ART. 2. — L'avis des adjudications à passer est publié, sauf les cas d'urgence, au moins vingt jours à l'avance, par la voie des affiches et par tous les moyens ordinaires de publicité.

Cet avis fait connaître : 1° le lieu où l'on peut prendre connaissance du cahier des charges ; 2° les autorités chargées de procéder à l'adjudication ; 3° le lieu, le jour et l'heure fixés pour l'adjudication.

Il est procédé à l'adjudication en séance publique.

ART. 3. — Les adjudications publiques relatives à des fournitures, travaux, transports, exploitations ou fabrications, qui ne peuvent être, sans inconvénient, livrés à une concurrence illimitée, sont soumises à des restrictions permettant de n'admettre que les soumissions qui émanent de personnes reconnues capables par l'administration au vu des titres exigés par le cahier des charges et préalablement à l'ouverture des plis renfermant les soumissions.

Cahier des charges.

ART. 4. — Les cahiers des charges déterminent l'importance des garanties pécuniaires à produire :

Par les soumissionnaires, à titre de cautionnements provisoires, pour être soumis aux adjudications ;

Par les adjudicataires, à titre de cautionnements définitifs, pour répondre de leurs engagements.

Les cahiers des charges peuvent, s'il y a lieu,

dispenser de l'obligation de déposer un cautionnement provisoire ou définitif. Ils peuvent disposer que le cautionnement réalisé avant l'adjudication, à titre provisoire, servira de cautionnement définitif.

Les cahiers des charges déterminent les autres garanties, telles que cautions personnelles et solidaires, affectations hypothécaires, dépôts de matières dans les grands magasins de l'État, qui peuvent être demandés, à titre exceptionnel, aux fournisseurs et entrepreneurs pour assurer l'exécution de leurs engagements. Ils déterminent l'action que l'administration peut exercer sur ces garanties.

Cautionnements.

ART. 5. — Les garanties pécuniaires peuvent consister, au choix des soumissionnaires et adjudicataires : 1° en numéraire ; 2° en rentes sur l'État et valeurs du Trésor au porteur ; 3° en rentes sur l'État nominatives ou mixtes. Les valeurs du Trésor transmissibles par voie d'endossement, endossées en blanc, sont considérées comme valeurs au porteur.

Après la réalisation du cautionnement, aucun changement ne peut être apporté à la composition, sauf le cas prévu à l'article 9.

ART. 6. La valeur en capital des rentes à affecter aux cautionnements est calculée : pour les cautionnements provisoires, au cours moyen du jour de la veille du dépôt ; pour les cautionnements définitifs, au cours moyen du jour de l'approbation de l'adjudication.

Les bons du Trésor à l'échéance d'un an ou de moins d'un an sont acceptés pour le montant de leur valeur en capital et intérêts.

Les autres valeurs déposées pour cautionnement sont calculées d'après les derniers cours publiés au Journal officiel.

ART. 7. — Les cautionnements, quelle qu'en soit la nature, seront reçus par la Caisse des dépôts et consignations ou par ses préposés ; ils sont soumis aux règlements spéciaux à cet établissement.

Les oppositions sur les cautionnements provisoires ou définitifs doivent avoir lieu entre les mains du comptable qui a reçu lesdits cautionnements. Toutes autres oppositions sont nulles et non avenues.

ART. 8. — Lorsque le cautionnement consiste en rente nominative, le titulaire de l'inscription de rente souscrit une déclaration d'affectation de la rente et donne à la Caisse des dépôts et consignations un pouvoir irrévocable à l'effet de l'aliéner, s'il y a lieu.

L'affectation de la rente au cautionnement définitif est mentionnée au grand livre de la dette publique.

ART. 9. — Lorsque des rentes ou valeurs affectées à un cautionnement définitif donnent lieu à un remboursement par le Trésor, la somme remboursée est touchée par la Caisse des dépôts et consignations, et cette somme demeure affectée au cautionnement jusqu'à due concurrence, à moins que le cautionnement ne soit reconstitué en valeurs semblables.

ART. 10. — La Caisse des dépôts et consignations restitue les cautionnements provisoires au vu de la mainlevée donnée par le fonctionnaire chargé de l'adjudication, ou d'office aussitôt après la réalisation du cautionnement définitif de l'adjudication.

Les cautionnements définitifs ne peuvent être restitués en totalité ou en partie qu'en vertu d'une mainlevée donnée par le ministre ou le fonctionnaire délégué à cet effet.

Art. 11. — Sont acquis à l'État, d'après le mode déterminé à l'article suivant, les cautionnements provisoires des soumissionnaires qui, déclarés adjudicataires, n'ont pas réalisé leurs cautionnements définitifs dans les délais fixés par les cahiers des charges.

Art. 12. — L'application des cautionnements définitifs à l'extinction des débets liquidés par les ministres compétents a lieu aux poursuites et diligences de l'agent judiciaire du Trésor public, en vertu d'une contrainte délivrée par le ministre des finances.

Soumissions.

Art. 13. — Les soumissions placées sous enveloppes cachetées sont remises en séance publique.

Toutefois les cahiers des charges peuvent autoriser ou prescrire l'envoi des soumissions par lettres recommandées ou leur dépôt dans une boîte à ce destinée; ils fixent le délai pour cet envoi ou ce dépôt.

Lorsqu'un maximum de prix ou un minimum de rabais a été arrêté d'avance par le ministre ou par le fonctionnaire qu'il a délégué, le montant de ce maximum ou de ce minimum est indiqué dans un pli cacheté, déposé sur le bureau à l'ouverture de la séance.

Les plis renfermant les soumissions sont ouverts en présence du public, il en est donné lecture à haute voix.

Art. 14. — Dans le cas où plusieurs soumissionnaires offriraient le même prix et où ce prix serait le plus bas de ceux portés dans les soumissions, il est procédé à une adjudication soit sur de nouvelles soumissions, soit à l'extinction des feux entre ces soumissionnaires seulement.

Si les soumissionnaires se refusaient à faire de nouvelles offres ou si les prix demandés ne différaient pas encore, le sort en déciderait.

Adjudication.

Art. 15. — Les résultats de chaque adjudication sont constatés par procès-verbal relatant toutes les circonstances de l'opération.

Art. 16. — Il peut être fixé par le cahier des charges un délai pour recevoir les offres de rabais sur le prix de l'adjudication. Si, pendant ce délai, qui ne doit pas dépasser vingt jours, il est fait une ou plusieurs offres de rabais d'au moins 10 p. 100, il est procédé à une adjudication entre le premier adjudicataire et l'auteur ou les auteurs des offres de rabais, pourvu qu'ils aient, préalablement à leurs offres, satisfait aux conditions imposées par le cahier des charges pour pouvoir se présenter aux adjudications.

Art. 17. — Sauf les exceptions spécialement autorisées ou résultant des dispositions particulières à certains services, les adjudications sont subordonnées à l'approbation du ministre et ne sont valables et définitives qu'après cette approbation. Les exceptions spécialement autorisées doivent être relatées dans le cahier des charges.

Marché de gré à gré.

Art. 18. — Il peut être passé des marchés de gré à gré :

1° Pour les fournitures, transports et travaux dont la dépense totale n'excède pas 20,000 francs, ou, s'il s'agit d'un marché passé pour plusieurs années, dont la dépense annuelle n'excède pas 5,000 francs ;

2° Pour toute espèce de fournitures, de transports ou de travaux, lorsque les circonstances exigent que les opérations du gouvernement soient tenues secrètes; ces marchés doivent préalablement avoir été autorisés par le président de la République, sur un rapport spécial du ministre compétent;

3° Pour les objets dont la fabrication est exclusivement attribuée à des porteurs de brevet d'invention;

4° Pour les objets qui n'auraient qu'un possesseur unique;

5° Pour les ouvrages et objets d'art et de précision dont l'exécution ne peut être confiée qu'à des artistes ou industriels éprouvés;

6° Pour les travaux, exploitations, fabrications et fournitures qui ne sont faits qu'à titre d'essai ou d'étude;

7° Pour les travaux que des nécessités de sécurité publique empêchent de faire exécuter par voie d'adjudication;

8° Pour les objets, matières ou denrées qui, à raison de leur nature particulière et de la spécialité de l'emploi auquel ils sont destinés, doivent être achetés ou choisis aux lieux de production;

9° Pour les fournitures, transports ou travaux qui n'ont été l'objet d'aucune offre aux adjudications ou à l'égard desquels il n'a été proposé que des prix inacceptables; toutefois lorsque l'administration a cru devoir arrêter et faire connaître un maximum de prix, elle ne doit pas dépasser ce maximum;

10° Pour les fournitures, transports ou travaux qui, dans les cas d'urgence évidente amenée par des circonstances imprévues, ne peuvent pas subir les délais des adjudications;

11° Pour les fournitures, transports ou travaux que l'administration doit faire exécuter aux lieu et place des adjudicataires défaillants et à leurs risques et périls;

12° Pour les affrètements et pour les assurances sur les chargements qui s'ensuivent;

13° Pour les transports confiés aux administrations de chemin de fer;

14° Pour les achats de tabacs et de salpêtres indigènes dont le mode est réglé par une législation spéciale;

15° Pour les transports des bons du Trésor.

Art. 19. — Les marchés de gré à gré sont passés par les ministres ou par les fonctionnaires qu'ils ont délégués à cet effet. Ils ont lieu :

1° Soit sur engagement souscrit à la suite du cahier des charges ;

2° Soit sur une soumission souscrite par celui qui propose de traiter;

3° Soit sur correspondance, suivant les usages du commerce.

Tout marché de gré à gré doit rappeler celui des paragraphes de l'article précédent dont il est fait application. Les marchés passés par les délégués du ministre sont subordonnés à son approbation, si ce n'est en cas de force majeure ou sauf les dispositions particulières à certains services et les exceptions spécialement autorisées.

Les cas de force majeure ou les autorisations spéciales doivent être relatés dans lesdits marchés.

Les dispositions des articles 4 à 12 du présent décret sont applicables aux garanties stipulées dans les marchés de gré à gré.

ART. 20. — A l'égard des ouvrages d'art et de précision dont le prix ne peut être fixé qu'après l'entière exécution du travail, une clause spéciale du marché détermine les bases d'après lesquelles le prix sera liquidé ultérieurement.

Timbre et enregistrement, frais de publicité.

ART. 21. — Les droits de timbre et d'enregistrement auxquels donnent lieu les marchés, soit par adjudication, soit de gré à gré, sont à la charge de ceux qui contractent avec l'État.

Les frais de publicité restent à la charge de l'administration.

Achats des factures.

ART. 22. — Il peut être suppléé aux marchés écrits par des achats sur simple facture, pour les objets qui doivent être livrés immédiatement, quand la valeur de chacun de ces achats n'excède pas 1,500 francs.

La dispense du marché s'étend aux travaux ou transports dont la valeur présumée n'excède pas 15,000 francs et qui peuvent être exécutés sur simple mémoire.

Travaux en régie.

ART. 23. — Les dispositions du présent décret, concernant les adjudications publiques et les marchés de gré à gré, ne sont pas applicables aux travaux que l'administration est dans la nécessité d'exécuter en régie, soit à la journée, soit à la tâche.

L'exécution en régie est autorisée par le ministre ou par son délégué.

Les fournitures de matériaux nécessaires à l'exécution en régie sont néanmoins soumises, sauf les cas de force majeure, aux dispositions des articles 1 à 22.

Travaux neufs, approbation des devis.

ART. 24. — Les travaux neufs exécutés par voie d'entreprise pour les bâtiments de l'État ne peuvent avoir lieu qu'après l'approbation des devis qui en déterminent la nature et l'importance.

Devis dépassés, honoraires.

ART. 25. — Conformément aux dispositions de l'article 9 de la loi du 15 mai 1858, il ne sera accordé aucun honoraire ni indemnité aux architectes chargés des travaux au compte de l'État pour les dépenses qui excéderont les devis approuvés.

Tabacs.

ART. 26. — Le mode d'approvisionnement des tabacs exotiques employés par l'administration est déterminé par un règlement spécial.

Justification des travaux et fournitures.

ART. 27. — Les cahiers des charges, marchandises, traités ou conventions à passer pour les services du matériel doivent toujours exprimer l'obligation, pour tout entrepreneur ou fournisseur, de produire les titres justificatifs de ses travaux, fournitures et transports dans un délai déterminé sous peine de déchéance.

Colonies.

ART. 28. — Les dispositions des articles 1 à 25 ne sont pas applicables aux marchés passés aux colonies ou hors du territoire de la France et de l'Algérie.

Guerre.

A partir de l'ordre de mobilisation, les dispositions du présent décret cessent d'être obligatoires pour les départements de la guerre et de la marine.

Dispositions générales.

ART. 29. — Sont et demeurent abrogées les ordonnances du 4 décembre 1836 et les articles 68 à 81 du décret du 31 mars 1862, portant règlement sur la comptabilité publique, ainsi que toutes dispositions contraires au présent décret.

ART. 30. — Le ministre des finances et tous les autres ministres sont chargés, chacun en ce qui le concerne, de l'exécution du présent décret, qui sera inséré au *Journal officiel* et au *Bulletin des lois*.

AFFICHAGE. — Ord. pol. du 4 août 1836[1]. Loi du 29 juill. 1881[2]. Circ. min. du 9 nov. 1881[3].

Les lois et ordonnances relatives à l'affichage ont toujours été rendues à un point de vue politique, pour en restreindre ou en assurer la liberté, bien plus que pour protéger les monuments et les habitations contre les tatouages multicolores qui les défigurent.

Néanmoins, l'ordonnance de police du 4 août 1836 et la loi du 29 juillet 1881, complétée par la circulaire ministérielle du 9 novembre 1881, reconnaissent au propriétaire le droit d'interdire tout affichage sur son immeuble ; même pendant la période électorale, il a le droit d'arracher les affiches qui ont été posées, sans son autorisation, sur son immeuble.

Une instruction préfectorale du 13 septembre 1861 fixe le prix de la location des murs pignons appartenant à la ville ; mais cette instruction présente peu d'intérêt, puisque cette location se fait maintenant par voie d'adjudication.

---

[1] Annexe. — [2] Annexe. — [3] Annexe.

ANNEXES

Ordonnance de police du 4 août 1836.

ARTICLE PREMIER. — L'affichage de toute espèce d'affiches, imprimées par un procédé quelconque, soit gravées, lithographiées, à la main ou à la brosse, est expressément interdit sur les palais, monuments et édifices publics appartenant à l'État ou à la ville de Paris.

ART. 2. — L'affichage est pareillement défendu sur les édifices consacrés au culte, sans exception même des annonces relatives aux cérémonies de ces cultes.

ART. 3. — En conséquence l'interdiction, prononcée par les articles précédents, est applicable, notamment, aux monuments et édifices ci-après désignés, savoir : aux palais des Tuileries, du Louvre, du Palais-Royal, de l'Élysée-Bourbon, de la Chambre des députés, de l'Institut, du Luxembourg, de la Légion d'honneur, etc.

ART. 4. — Les concierges, portiers, gardiens et surveillants des monuments et édifices ci-dessus désignés seront tenus de faire enlever et disparaître complètement dans les trois jours de la publication de la présente ordonnance toutes les affiches, sans exception, qui se trouvent appliquées sur lesdits monuments et édifices publics.

ART. 5. — La prohibition résultant des articles 1er et 2 de la présente ordonnance aura lieu indépendamment du droit qu'a tout propriétaire de tolérer ou de défendre la pose de toute espèce d'affiches sur sa propriété et de poursuivre devant les tribunaux tout individu qui afficherait sans son autorisation.

ART. 6. — Dans tous les cas d'infraction aux dispositions ci-dessus il en sera dressé procès-verbal par les commissaires de police, et les contrevenants seront traduits devant les tribunaux compétents.

ART. 7. — Les ordonnances de police, etc.

Extrait de la loi du 29 juillet 1881.

CHAPITRE III. — § 1er. DE L'AFFICHAGE.

ART. 15. — Dans chaque commune, le maire désignera par arrêté les lieux exclusivement destinés à recevoir les affiches des lois et autres actes de l'autorité publique.

Il est interdit d'y placarder des affiches particulières.

Les affiches des actes émanant de l'autorité seront seules imprimées sur papier blanc.

Toute contravention aux dispositions du présent article sera punie des peines portées en l'article 2.

ART. 16. — Les professions de foi, circulaires et affiches électorales pourront être placardées, à l'exception des emplacements réservés par l'article précédent, sur tous les édifices publics autres que les édifices consacrés aux cultes, et particulièrement aux abords des salles de scrutin.

ART. 17. — Ceux qui auront enlevé, déchiré, recouvert ou altéré par un procédé quelconque, de manière à les travestir ou à les rendre illisibles, des affiches apposées par ordre de l'administration dans les emplacements à ce réservés, seront punis d'une amende de 5 fr. à 15 fr.

Si le fait a été commis par un fonctionnaire ou un agent de l'autorité publique, la peine sera d'une amende de 16 fr. à 100 fr. et d'un emprisonnement de six jours à un mois, ou de l'une de ces deux peines seulement.

Seront punis d'une amende de 5 fr. à 15 fr. ceux qui auront enlevé, déchiré, recouvert ou altéré par un procédé quelconque, de manière à les rendre illisibles, des affiches électorales émanant de simples particuliers, apposées ailleurs que sur les propriétés de ceux qui auront commis cette lacération ou macération.

La peine sera d'une amende de 16 fr. et d'un emprisonnement de six jours à un mois, ou de l'une de ces deux peines seulement, si le fait a été commis par un fonctionnaire ou un agent de l'autorité publique, à moins que les affiches n'aient été apposées dans les emplacements réservés dans l'article 15.

Extrait de la circulaire ministérielle du 9 novembre 1881.

Affichage.

La profession d'afficheur est entièrement libre, elle n'est assujettie à l'accomplissement d'aucune formalité. La déclaration à l'autorité municipale que l'article 2 de la loi du 10 décembre 1830 exigeait de ceux qui voulaient exercer même temporairement cette profession est supprimée. La loi supprime également les interdictions portées par les lois antérieures, relativement à certaines affiches et notamment à celles des écrits contenant des nouvelles politiques (art. 1er, loi du 10 décembre 1830).

Les articles 15 et suivants n'édictent qu'un petit nombre de dispositions pour protéger les affiches de l'autorité et les affiches électorales.

L'article 15 reproduit les prescriptions édictées par le décret des 18-22 mai 1791 pour distinguer les affiches des lois et autres actes de l'autorité de celles des particuliers. Le maire désigne, par un arrêté, dans chaque commune les lieux ou emplacements qui sont destinés à recevoir ces affiches; il est interdit d'y placarder des affiches particulières. Les affiches de l'autorité peuvent seules être imprimées sur papier blanc. Les imprimeurs doivent donc se servir exclusivement, pour les affiches des particuliers, des papiers de couleur; il résulte d'ailleurs des termes dans lesquels l'article 15 est rédigé que l'infraction à cette disposition est à leur charge comme elle l'était sous la législation antérieure.

Les professions de foi, circulaires et affiches électorales peuvent être placardées sur tous les édifices publics, en dehors des places réservées pour les affiches de l'autorité. Les édifices consacrés aux cultes sont seuls exceptés.

L'art 17 punit ceux qui enlèvent, déchirent, recouvrent ou altèrent par un procédé quelconque de manière à les rendre illisibles les affiches de l'administration et les affiches électorales régulièrement placardées. La peine varie selon que le fait a été commis par un particulier ou un fonctionnaire ; c'est une peine de simple police dans le premier cas, correctionnelle dans le second.

Il n'y aurait pas de contravention si les affiches lacérées ou travesties avaient été placardées sans droit, et dans les lieux ou emplacements prohibés. Ainsi le fonctionnaire public n'encourt aucune peine lorsqu'il enlève les affiches électorales apposées sur les emplacements réservés à l'administration ; il en est de même du particulier qui enlève des affiches apposées sur sa propriété sans son autorisation. Les particuliers sont libres d'accepter ou de refuser l'autorisation de placarder des affiches quelconques, électorales ou autres, sur leurs propriétés. Le même droit n'appartient pas aux simples locataires ; une proposition qui avait été faite pour le leur accorder a été rejetée.

AFFINAGE de l'or et de l'argent par les acides. — Établissement insalubre de 1re classe : émanations nuisibles[1].

Le sol des ateliers sera imperméable et la ventilation assurée par de larges trémies d'aération ou des lanternons à lames de persiennes.

Les eaux seront neutralisées et s'écouleront souterrainement.

Les appareils seront surmontés de hottes avec tabliers mobiles, en communication avec la cheminée centrale élevée de 30 à 40 mètres et qui recevra également le gaz et les vapeurs.

Les machines à broyer seront éloignées des murs mitoyens, pour ne pas incommoder les voisins.

Le séchoir sera en matériaux incombustibles avec porte en fer[2].

Il est interdit de faire travailler des enfants, à cause des vapeurs corrosives dégagées[3].

AFFINAGE des métaux au fourneau. — V. *Grillage des métaux.*

AGGLOMÉRÉS ou briquettes de houille (Fabrication d').

1° Au brai gras :

Établissement insalubre de 1e classe : odeur et danger d'incendie.

2° Au brai sec :

Établissement insalubre de 3e classe : odeur[4].

Les ateliers doivent être construits en matériaux incombustibles et bien ventilés ; les citernes à goudron parfaitement étanches ; les chaudières à brai munies de couvercles et surmontées de hottes pour ramener les vapeurs et les gaz sous les foyers. La cheminée des fours aura de 20 à 30 mètres suivant les localités. Les eaux de lavage seront filtrées avant leur écoulement à la rivière.

Pour la fabrication du charbon de Paris le broyage et le tamisage seront faits à vase clos.

Les étuves seront en matériaux incombustibles avec portes en fer[1].

AIRE. — Dans les maisons appartenant à plusieurs, l'aire de la cave, comme les planchers des différents étages, doit être entretenue par le propriétaire qui marche dessus.

Quelques auteurs en ont déduit que l'entretien était une charge locative ; mais les aires étant faites avec des matériaux présentant peu de résistance, et s'usant rapidement, ne sauraient être comprises parmi les réparations locatives, quand il y a usure seulement ; tandis que s'il y a eu brisure par suite de chocs, la réparation doit incomber au locataire[2].

Ce qui vient d'être dit pour les aires formant le sol même des pièces ne s'applique pas aux aires placées sous les carrelages.

Quand le carrelage et l'aire sont défoncés par un choc ou un accident du fait du locataire, la réparation de l'aire est à la charge de ce locataire[3].

ALBATRE (Sciage et polissage à sec de l'). — Il est interdit d'employer des enfants à ce travail, à cause des poussières dangereuses qui se dégagent[4].

ALBUMINE (Fabrication de l') au moyen du sérum frais du sang. — Établissement insalubre de 3e classe : odeur[5].

Le sol des ateliers doit être imperméable et l'étuve construite en matériaux incombustibles avec porte en fer[6].

ALCALI VOLATIL. — V. *Ammoniaque.*

ALCOOLS autres que le vin, sans travail de rectification. — Établissement insalubre de 3e classe : altération des eaux[7].

Il est interdit de faire travailler des enfants en raison des dangers d'incendie[8].

ALCOOLS (Distillerie agricole). — Établis-

---

[1] Décr., 31 déc. 1866. — [2] Bunel, p. 165. — [3] Décr., 14 mai 1875.
[4] Décr., 31 déc. 1866.

[1] Bunel, p. 166.
[2] Agnel, n° 569. — [3] Ibid.
[4] Décr., 3 mars 1877.
[5] Décr., 31 déc. 1866. — [6] Bunel, p. 168.
[7] Décr., 31 déc. 1866. — [8] Décr., 14 mai 1875.

sement insalubre de 3ᵉ classe : altération des eaux [1].

Même interdiction que ci-dessus pour le travail des enfants [2].

ALCOOL (Rectification de l'). — Etablissement dangereux de 2ᵉ classe : danger d'incendie [3].

Les laboratoires doivent être construits en matériaux incombustibles, isolés des magasins à esprit, bien ventilés, éclairés par la lumière du jour ou par des lampes placées extérieurement et séparées par un verre dormant. Le sol sera imperméable et disposé en cuvette. Un mur en maçonnerie doit séparer l'atelier de distillation de la chambre à recevoir l'alcool.

Les magasins de dépôt pour les alcools rectifiés seront construits en matériaux incombustibles avec porte en fer et sol en cuvette [4].

Même interdiction que ci-dessus pour le travail des enfant .

ALDÉHYDE (Fabrication de l'). — Etablissement dangereux de 1ʳᵉ classe : danger d'incendie [5].

Les prescriptions sont les mêmes que pour la fabrication de l'éther [6].

Les dépôts de ces matières fabriquées sont classés dans la première des catégories établies par le décret du 19 mai 1873 [7].

ALIGNEMENT. — Mandement du 14 mai 1554 [8]. Ord. du prévôt de Paris du 22 sept. 1600 [9]. Edit de déc. 1607 [10]. Ord. des trésoriers de France du 4 févr. 1683 [11]. Ord. roy. du 16 juin 1693 [12]. Ord. du bureau des finances du 1ᵉʳ avril 1697 [13]. Arr. du conseil du 26 févr. 1765 [14]. Ord. du bureau des finances du 6 sept. 1774 [15]. Déclaration du roi du 10 avril 1783 [16]. Décr. du 22 juill. 1791. Décr. du 4 avril 1793 [17]. Arr. ministériel du 14 janv. 1790 [18]. Loi du 16 sept. 1807 [19]. Circ. du 2 oct. 1815 [20]. Décr. du 26 mars 1852 [21]. Décr. du 13 avril 1861 [22]. Instr. préfectorale du 31 mars 1862 [23]. Loi du 4 mai 1864 [24]. Circ. min. du 12 mai 1869 [25]. Loi du 5 avril 1884 [26]. V. également *Chemins, Routes, Expropriation, Voirie.*

L'alignement est le tracé de la ligne qui sépare la propriété publique de la propriété privée, c'est-à-dire de celle sur laquelle il est permis aux citoyens de planter ou d'élever des édifices [1].

Il est interdit de faire le long d'une voie publique quelconque aucune construction, sans en avoir au préalable sollicité et obtenu l'alignement de l'autorité compétente.

Une des ordonnances les plus anciennes relatives aux alignements est un mandement du 14 mai 1554 [2], qui ordonne la démolition des maisons qui sont hors de l'alignement dans Paris; mais la nécessité de prendre l'alignement, avant de construire, n'a été établie que par l'ordonnance du 22 septembre 1600 [3], spéciale à l'ancienne prévôté de Paris.

Cette obligation se trouve répétée dans la déclaration du roi du 16 juin 1693 qui l'exprime en ces termes : « faisons défense à tous particuliers de démolir, construire ou rééditier, etc., sans avoir pris les alignements et permissions nécessaires de nosdits trésoriers de France. »

Des ordonnances du bureau des finances des 12 décembre 1747, 30 avril 1772 et 6 septembre 1774 renouvellent ces défenses qu'un arrêt du Conseil du 27 février 1765 [4] avait reproduites en les étendant à tout le royaume et en élevant l'amende à 300 livres.

Enfin elles sont rappelées et confirmées par la déclaration du roi du 10 avril 1783 [5].

Les décrets des 14 décembre 1789 et 16-24 août 1790, qui établissent la distinction entre la grande et la petite voirie, ainsi que les lois des 19-22 juillet 1791 et 16 septembre 1807 confirmèrent ces anciens règlements de voirie qui se trouvent par ce fait être encore en vigueur aujourd'hui.

C'est à celui qui veut construire à solliciter l'alignement, sans attendre qu'il en soit averti par l'administration [6].

Cette obligation, applicable aux chemins vicinaux [7], ne l'est pas aux chemins ruraux ou communaux, à moins qu'il n'existe un règlement particulier relatif au chemin rural ou vicinal au bord duquel ou voudrait construire [8].

La demande d'alignement n'est pas obligatoire non plus pour les cours ou passages ouverts par des particuliers sur leur propre terrain.

Les demandes d'alignement doivent être adressées au maire de la commune, en matière de petite voirie [9], et au préfet, par l'entremise du sous-préfet, en matière de grande voirie [10].

---

[1] Décr., 31 déc. 1866. — [2] Décr., 14 mai 1875. [3] Décr., 31 déc. 1866. — [4] Bunel, p. 170. [5] Décr., 31 déc. 1866. — [6] Bunel, p. 174. — [7] V. *Huiles de pétrole.* [8] Annexe. — [9] Annexe. — [10] V. *Voyer.* — [11] V. *Pavage.* — [12] V. *Voyer.* — [13] V. *Saillie.* — [14] Annexe. — [15] V. *Mur de face.* — [16] Annexe. — [17] V. *Expropriation.* — [18] V. *Rue.* — [19] V. *Expropriation.* — [20] Annexe. — [21] V. *Expropriation.* — [22] V. *Préfet de la Seine.* — [23] V. *Bâtir* (*Autorisation de*). — [24] V. *Route.* — [25] Annexe. — [26] V. *Voirie.*

[1] Dalloz, t. III, p. 502. — [2] Annexe. — [3] Annexe. — [4] Annexe. — [5] Annexe. — [6] Cass., 23 janv. 1841, 21 mai 1842, 17 févr. 1844, 17 nov. 1853, 19 mars 1858. — [7] Loi du 21 mai 1836. V. *Chemins vicinaux.* — [8] Cass., 12 janv. 1856, 4 juill. 1857, 11 janv. 1862. — [9] Loi du 22 juill. 1791, Loi du 5 avril 1884. — [10] Décr., 13 avril 1861.

A Paris toutes les voies publiques sont placées sous le régime de la grande voirie, et les demandes d'alignement doivent être adressées au préfet.

On peut appeler de la décision du maire au préfet, de la décision du préfet au ministre; on ne peut appeler de la décision du ministre au Conseil d'État que pour excès de pouvoir[1].

Toute demande d'alignement doit être adressée par écrit et libellée sur papier timbré : on doit y jdindre un plan des ouvrages à édifier[2].

L'obtention de cette autorisation est de règle absolue, et toute infraction qui serait commise ne saurait être excusée sous quelque prétexte que ce soit[3]. Ainsi un riverain ne pourrait échapper à la nécessité de prendre l'alignement, en érigeant des constructions sur la partie retranchable de sa propriété, avant de faire tomber l'ancien mur de clôture[4].

L'autorisation n'est valable qu'autant qu'elle est donnée par écrit[5]. Son objet est de déterminer avec précision, relativement à certains points de repère, les limites du sol de la voie publique et des terrains contigus.

L'alignement se fait toujours au rez-de-chaussée au-dessus de l'assise du soubassement ou retraite.

Pour les demandes en autorisation de bâtir, vingt jours après le dépôt des plans et coupes au secrétariat de la préfecture, le constructeur peut commencer les travaux, d'après son plan, s'il ne lui a été notifié aucune objection[6]; mais ce délai ne s'applique qu'à l'opposition que l'administration a le pouvoir de former contre la réalisation des plans qui lui sont soumis, aussi le propriétaire n'étant pas censé connaître la direction et la largeur de la rue, la pente et le niveau du sol, ne doit pas poursuivre l'érection de son bâtiment, au-dessus du niveau du rez-de-chaussée, avant d'avoir obtenu un alignement régulier[7].

L'entrepreneur qui construit sans que l'autorisation ait été obtenue est personnellement responsable de l'amende portée à l'article 471 du code pénal.

Celui qui construit sans avoir demandé l'alignement est condamné à l'amende, et quand la construction dépasse l'alignement, c'est-à-dire empiète sur la voie publique, la démolition de la construction, ainsi mal plantée, doit être ordonnée par le tribunal.

Les contraventions aux lois et règlements sur l'alignement sont jugées :

1° En matière de grande voirie, par les conseils de préfecture, et passibles d'une amende de 16 à 300 francs et de la démolition[1] ;

2° En matière de petite voirie, par les tribunaux de simple police, et passibles d'une amende de 1 à 5 francs, plus trois jours de prison en cas de récidive et de la démolition[2].

Ce n'est que vers le milieu du XVIIIe siècle que la confection des plans d'alignement devint une mesure applicable à tout le royaume[3]. Jusque-là, Paris, seul, avait un plan général indiquant les améliorations projetées.

La loi du 16 septembre 1807[4], qui consacre cette mesure, ne la rend encore obligatoire que pour les villes dont la population excède 2,000 âmes[5].

Diverses circulaires et instructions ministérielles rappelèrent cette obligation, et ce n'est qu'à dater de la loi du 18 juillet 1837, confirmée par la loi du 5 avril 1884[6], que la confection des plans d'alignement fut inscrite au nombre des dépenses obligatoires pour toutes les communes.

Les projets d'alignement sont soumis à l'examen du conseil municipal et à une enquête publique[7].

Les plans d'alignement, qui devaient être approuvés par le chef de l'État en Conseil d'État, même dans le cas d'une seule rue[8], sont maintenant soumis seulement à l'autorisation du préfet[9].

Le préfet peut ne pas approuver le plan d'alignement projeté, et provoquer une nouvelle enquête, mais il ne peut imposer un plan qui ne serait pas proposé par le conseil municipal[10].

A Paris, les plans d'alignement continuent à être approuvés dans les formes prescrites par la loi du 16 septembre 1807[11].

Pour les propriétés situées dans la zone frontière ou autour des places de guerre, les constructions ne sont autorisées qu'après avis préalable des représentants des services intéressés[12].

Les préfets doivent soumettre à l'autorité supérieure les alignements qui affectent un monument historique ou précieux sous le rapport de l'art, ou bien un bâtiment quelconque dépendant du domaine de l'État[13].

---

[1] Loi du 13 brum. an VII, art. 12. — [2] Décr., 26 mars 1852. — [3] Cass., 12 août 1841, 18 févr. 1854, 18 févr. 1860. — [4] Cass., 1er déc. 1832, 4 mai 1832. — [5] Édit de déc. 1607, Cass., 12 août 1841, 3 sept. 1846, 14 sept. 1850. — [6] Décr. du 26 mars 1852, art. 4. — [7] C. d'Et., 25 févr. 1864.

[1] Edit, déc. 1607; arr. cons., 27 févr. 1765 ; Loi 23 mars 1842. — [2] Loi 16-24 août 1790 : C. pén., 471. — [3] Arr. cons., 27 févr. 1765, annexe. — [4] V. Expropriation. — [5] Circ. min., 17 août 1813. — [6] V. Voirie. — [7] Lois 18 juill. 1807 et 5 avril 1884. — [8] Loi 16 sept. 1807. — [9] Décr., 25 mars 1852. — [10] C. d'Et., 7 janv. 1869 : instr. min., 12 mai 1869. — [11] V. Expropriation. — [12] Loi 7 avril 1851. V. Place de guerre. — [13] Circ. min., 5 mai 1852,.

L'approbation du pouvoir central est nécessaire toutes les fois qu'il y a lieu de recourir à l'expropriation pour cause d'utilité publique[1].

Les plans généraux d'alignement de grande et de petite voirie doivent, pour devenir obligatoires, avoir été publiés par affiches ou autrement, ou portés à la connaissance des intéressés, c'est-à-dire soumis à une enquête[2].

Toutes les réclamations doivent être produites pendant l'enquête et dans le cours de l'instruction. Une fois arrêtés les plans d'alignement ne peuvent plus être attaqués par voie d'opposition, de tierce opposition ou par voie administrative[3]; ils ne peuvent l'être que pour excès de pouvoir, si les formalités de l'enquête n'ont pas été suivies[4].

Les plans généraux d'alignement sont déposés à la préfecture du département[5].

Le relevé et la rédaction de ces plans ont été ordonnés par la loi du 16 septembre 1807. Plusieurs instructions et circulaires ministérielles indiquent comment ces plans doivent être dressés; elles se trouvent réunies dans l'instruction du 20 octobre 1815[6], l'instruction préfectorale du 31 mars 1862[7].

Celui dont le terrain est destiné, d'après des plans d'alignement, régulièrement approuvés, à faire partie d'une voie projetée, peut élever à l'intérieur de sa propriété des constructions nouvelles, ou réparer celles existantes tant que l'administration n'en a pas consommé l'acquisition suivant les règles prescristes par la loi du 3 mai 1841[8]. Toutefois ces constructions ou réparations sont faites aux risques et périls du propriétaire et sous réserve de l'appréciation du jury d'expropriation au moment du règlement de l'indemnité[9].

Une ville ne pourrait décréter une voie d'utilité publique, à travers un pâté de maisons, puis prétendre que les immeubles qui se trouvent sur le tracé de la voie ne peuvent être réparés ou consolidés. Le droit de la ville d'empêcher les propriétaires de consolider leur immeuble n'existe que pour les murs donnant sur la voie publique, ce qui ne peut être que si la voie existe réellement[10].

Il ne suffit pas non plus que l'administration ait acquis et fait démolir, en grande partie, les constructions couvrant l'emplacement qu'occupera la nouvelle rue, pour que la partie retranchable du surplus des terrains soit, dès ce moment, considérée comme soumise aux règlements de voirie[1].

L'administration ne pourrait refuser à un riverain une permission de voirie en raison d'un projet d'ouverture de rue, dont le tracé atteindrait l'immeuble du pétitionnaire[2].

Dans le cas où il y aurait un projet d'ouverture de rue, emportant dans son tracé le terrain pour lequel une demande d'alignement a été faite, l'administration pourrait tenter un arrangement avec le propriétaire intéressé, pour qu'il renonçât à ses travaux, moyennant une indemnité, ou qu'il consentît à une vente amiable de son immeuble[3]. Si ces tentatives échouent, l'administration devra délivrer la permission demandée, quitte à y mentionner l'existence d'un projet entraînant l'occupation de l'immeuble du pétitionnaire; mais à la condition, toutefois, que cette mention ne soit pas formulée dans des termes qui puissent compromettre les droits du constructeur[4].

L'administration doit toujours répondre à une demande d'alignement: son silence serait considéré comme un abus de pouvoir[5].

Les particuliers qui auraient à souffrir des retards apportés dans l'instruction de leur demande seraient en droit de réclamer une indemnité devant le conseil de préfecture.

Lorsqu'en l'absence de plans généraux d'alignement, il existe des plans partiels réguliers, l'administration doit se conformer à ces plans partiels en délivrant l'alignement[6].

En l'absence de plans d'alignement régulièrement approuvés, l'administration doit donner l'alignement conformément aux limites actuelles des voies publiques[7].

Dans l'intérêt de la conservation des limites des rues et chemins, le maire peut faire redresser, le cas échéant, les murs de face ou de clôture, pour éviter ou supprimer des plis ou coudes; mais il ne peut rectifier ou élargir les dimensions de la voie publique, quand bien même il se bornerait à faire résulter ce changement d'alignements partiels, c'est-à-dire donnés individuellement; il faut, pour cela, qu'il fasse approuver un plan d'alignement dans les formes prescrites[8].

[1] Loi 3 mai 1841, V. *Expropriation*. — [2] Cass., 10 févr. 1842; C. d'Et., 11 mars 1869, 22 juill. 1875. — [3] C. d'Et., 5 juin 1829, 9 juin 1824, 25 sept. 1834, 8 janv. 1836. — [4] C. d'Et., 21 avril 1866, 5 déc. 1886, 30 juin 1886. — [5] Loi du 16 sept. 1807. — [6] Annexe. — [7] V. *Bâtir* (Autor. de). — [8] Cass., 25 juill. 1829, 24 mai 1837, 28 févr. 1846, 3 juin 1858. — [9] Loi 3 mai 1841, V. *Expropriation*. — [10] Cass., 19 juill. 1861, 30 avril 1868.

[1] C. d'Et., 13 mars 1838, 28 janv. 1848, 30 avril 1868; Cass., 19 juill. 1861. — [2] C. d'Et., 2 mai 1861, 31 août 1861, 22 janv. 1863, 22 nov. 1866. — [3] C. d'Et., 23 janv. 1868. — [4] C. d'Et., 22 janv. 1863. — [5] C. d'Et., 11 janv. 1866. — [6] C. d'Et., 27 janv. 1882. — [7] Circ. min., 12 mai 1869, annexe. — [8] C. d'Et., 5 avril 1862, 27 mai 1863, 5 mai 1865. Cass., 11 déc. 1869. Instr. préf., 31 mars 1862.

Lorsqu'un décret a fixé l'assiette d'une rue nouvelle, le préfet ne peut, peu de temps après, modifier l'assiette de cette rue [1].

Les plans d'alignement doivent être observés, tant qu'ils n'ont pas été rapportés, abrogés ou modifiés par un nouveau décret rendu dans les formes voulues [2].

Dès qu'un plan d'alignement, pour le percement ou l'élargissement d'une voie publique, a été régulièrement approuvé, la servitude légale d'alignement qui en résulte au profit de la commune grève immédiatement les terrains sujets à retranchement, et cela antérieurement à tout règlement d'indemnité pouvant être due aux propriétaires et toute prise de possession effective des terrains par l'administration.

En conséquence, lorsqu'une maison n'est séparée de la voie publique que par un terrain, cour ou jardin, qui, d'après le plan d'alignement régulier, doit être incorporé à cette voie, le propriétaire de la maison ne peut, sans autorisation préalable, faire aucun travail sur sa façade contiguë audit terrain [3].

Lorsqu'un alignement vient à être modifié régulièrement, l'exécution immédiate du nouvel alignement n'est exigible que sous la réserve d'une indemnité représentative de la valeur des travaux faits depuis la délivrance du premier alignement [4].

Si l'alignement est délivré contraire au plan exécutoire approuvé, l'administration est en droit de faire démolir les ouvrages plantés suivant ces indications inexactes [5], mais le propriétaire ainsi lésé a qualité pour exercer un recours contre le fonctionnaire qui lui a donné cet alignement faux.

Si la conséquence de l'alignement est un avancement sur la voie publique ou un reculement, la valeur du terrain acquis ou cédé par le propriétaire est convenue à l'amiable entre le propriétaire et l'administration, ou fixée par le jury dans les règles suivies en matière d'expropriation pour cause d'utilité publique [6].

Si le propriétaire ne veut pas acquérir le terrain qui se trouve au devant de sa façade, l'administration peut le déposséder de son immeuble par voie d'expropriation, mais elle ne peut l'empêcher de faire à son bâtiment des réparations confortatives [7].

Lorsque le nouveau plan d'alignement doit faire avancer les constructions placées d'un côté de la rue, et reculer celles qui se trouvent sur le côté opposé, l'administration peut suspendre l'exécution de l'alignement, jusqu'après la démolition volontaire ou forcée des édifices retranchables [1].

Le propriétaire qui est obligé de reculer son bâtiment pour se mettre à l'alignement n'a droit qu'à la valeur du sol réuni à la voie publique [2].

L'indemnité due pour la dépréciation causée à la propriété par le retranchement peut être compensée par la plus-value donnée au surplus de la propriété par l'élargissement de la rue.

Lorsque le terrain est livré à la voie publique, non pas par expropriation immédiate, mais comme conséquence de la servitude *non œdificandi* (par voie d'alignement), le paiement de l'indemnité n'a pas besoin d'être effectué avant la livraison du sol; mais les intérêts courent à partir du jour où le terrain retranchable est ouvert à la circulation [3].

Le propriétaire qui a reculé sa maison à l'alignement conserve, nonobstant l'indemnité touchée par lui pour le terrain retranché, la copropriété des murs mitoyens avec la propriété voisine, et a le droit d'interdire à la ville la location de ces murs pour y apposer des affiches [4].

Toute cette jurisprudence est relatée dans l'instruction préfectorale du 31 mars 1862 [5].

Entre autres points à relever dans cette instruction on peut noter l'article 38 qui indique qu'aucun délai n'étant exigé pour se pourvoir contre un arrêté du maire ou du préfet, cette arrêté peut toujours être réformé.

ANNEXES

Extrait du mandement du 14 mai 1554.

Henri, etc...

Comme pour la décoration et aisance de nostre bonne ville et cité de Paris, salubrité des habitants d'icelle, et tenir les rues nettes, claires et aisées, au mieux qu'il serait possible, le feu roy nostre très honoré Seigneur et père (que Dieu absolve) eust voulu et ordonné que les saillies d'anciennes maisons sur rue fussent dedans certain temps abattues et ostées, et qu'en réparant et bastissant de neuf icelles maisons, il ne fust rien entrepris sur lesdites rues de passages; ce que depuis notre advènement à la couronne nous ayons aussi voulu commandé et ordonné.

Et encores à fin d'obvier à la consommation des vivres, bois de chauffage, et autres choses nécessaires pour l'usage et service des habi-

---

[1] C. d'Et., 5 déc. 1865. — [2] C. d'Et., 12 déc. 1834. — [3] Cass., 11 août 1883. — [4] C. d'Et., 1er avril 1841, 14 juin 1836, 12 déc. 1878. — [5] C. d'Et., 4 juill. 1862. — [6] Loi 16 sept. 1807; C. d'Et., 1er avril 1841; Circ. min., 23 août 1841, 30 mars 1846, 27 janv. 1853, 5 févr. 1857. — [7] C. d'Et., 21 août 1829, V. *Mur de face.*

[1] C. d'Et., 1er févr. 1826. — [2] Loi 16 sept. 1807; Cass., 7 juill. 1829, 21 févr. 1849, 4 déc. 1867. — [3] C. d'Et., 3 sept. 1836, Instr., 31 mars 1862. — [4] Cass., 8 nov. 1871. — [5] V. *Bâtir (Autorisation de).*

tants de nostredite ville, qui eust peu advenir à l'occasion du bastiment de plusieurs maisons ès faubourgs d'icelle, esquelles coustumièrement se retirent et logent gens vagabonds, oiseux et mal-vivans, qui sont cause de la retraite et perdition de plusieurs jeunes enfants : ayons aussi par édict du mois de novembre 1548[1] publié en nostredite cour le septième jour de janvier ensuyvant, voulu et ordonné que dès lors en avant il ne fust plus basty, ne édifié de neuf esdits faux bourgs, de toutes parts, par aucunes personnes, de quelque qualité ou condition qu'ils soient, ne quelque permission qu'ils en puissent avoir de nous cy après, sur peine de confiscation tant du fond que du bastiment qu'avons voulu incontinent estre démoly par les maistres des œuvres, si tost qu'ils en seraient requis par le voyer de nostredite ville, auquel nous cussions enjoint y avoir l'œil et en cela faire exécuter la teneur de nostredit édict, sur peine de privation de son office.

Toutesfois nous sommes bien et deüement avertis, et l'avons veu et aperceu à l'œil, qu'en rebâtissant lesdites maisons esquelles estoient lesdites saillies sur rue, les propriétaires d'icelles ont entrepris et avancé leurs dits bastimens plus avant esdites rues ne mesure; aussi ont été construites, basties et édifiées dans aucunes desdites rues et places publiques, certaines loges, eschoppes et boutiques, qui empeschent grandement le passage et aisance du peuple. Et entre autres lieux, en la rue de la Ferronnerie, joignant le cimetière des Innocents qui est la croisée de nostre dite ville, et nostre passage pour aller de nostre château du Louvre en nostre maison des Tournelles. Et quant auxdites maisons des faubourgs, quelques défenses qui soient portées par nostre édict cy-dessus daté, n'est pour cela cessé de continuer à bâtir esdits faubourgs, et ce par la faute du voyer de nostre dite ville, et aux autres officiers qui sur ce ont charge et regard : lesquels au lieu d'empescher telles pernicieuses entreprises, les ont tolérées, et donné lesdites permissions et congez en la faveur des particuliers entrepreneurs, qui les ont corrompus de dons et présens, ainsi qu'il est vraysemblable, souz couleur de quelques petites redevances envers nous ou autres seigneurs fonciers à nostre très-grand intérest, et de tout bien public de nostre dite ville, et à quoy nous désirons promptement estre pourveu.

Pour ce est-il, que nous désirons nostredite ville estre accommodée de toutes choses utiles et nécessaires, tant pour sa décoration que pour le bien et aisance de nos sujets habitans en icelle, voulons, vous mandons et enjoignons par ces présentes, qu'incontinent icelles recues vous informiez ou faites enquérir et informer par tel juge ou commissaire qu'adviserez estre à faire pour le mieux, desdites usurpations, entreprises et contraventions dessus dites : et ce que trouverez avoir esté fait, usurpé, entrepris et estre dommageable à la voye publique, incontinent et sans délay faites réparer, abattre et démolir récemment et de fait, spécialement

[1] Cet édit porte prohibition d'agrandir la ville, mais ne parle pas des alignements.

lesdites loges, boutiques et eschoppes, construites et dans le long de ladite rue de la Ferronnerie : nonobstant oppositions ou appellations quelconque faites ou à faire, et quelque permission ou congé qu'on pourrait avoir obtenu de nous ou nos prédécesseurs pour faire lesdits édifices : le tout aux fraiz et dépens de ceux qui le trouveront avoir fait faire iceux bastimens, édifices et entreprises avec telles condamnations d'amende qu'au cas appartient, applicable à la fortification de nostredite ville.

Et néanmoins pour l'intérest public, procédez et faites procéder sommairement et de plain à la requeste et instance de nostre procureur général, auquel par ces mêmes présentes, très expressement enjoignons poursuyvre exécution d'iscelles, et prendre telles conclusions qu'il verra estre à faire par raison, à l'encontre desdits voyers, maistre des œuvres, et autres officiers, de quelque qualité qu'ils soient, qui se trouveront avoir baillé lesdits faux alignements et permissions, pour le devoir de leurs charges ont deu faire entretenir nos dites déclarations et édicts, et empescher lesdites entreprises et abus, par privation de leurs dits estats, et amendes, et telle autre peine que le cas le requiert, sans qu'il soit plus besoin d'en faire autre déclaration, ordonnance et édict. Et à fin que nosdits vouloir et intentions, tel que dessus, soient inviolablement entretenus et gardez, sans aller au contraire, voulant cesdites présentes estre publiées et enregistrées, tant en nostre cour de parlement, qu'en nostre Chastelet de Paris, et hostel commun d'iscelle ville, pour par les officiers desdits lieux, chacun selon sa charge et regard, faire entretenir nosdits édits, tels que dessus, et le contenu en cesdites présentes, sur les peines que dessus; car tel est nostre plaisir.

Ordonnance du 22 septembre 1600.

Sur ce qu'il nous a esté remontré par le procureur du roy prenant le fait et cause pour le voyer dudit seigneur, es ville, faubourgs, prévosté et vicomté de Paris que, contre plus ordonnances du roy et réglements sur le fait de la police générale, et arrests de la cour cy-devant faits et donnez sur l'embellissement et décoration des bastimens de cette ville et faubourgs, accroissemens et ouvertures des rues, chemins et voyes publiques, plusieurs se sont licenciez et émancipez devant vingt-cinq ou trente ans, et mesmement pendant les troubles derniers, de faire entreprises sur lesdites rues, places, chemins et voyes d'iscelle ville et faubourgs, soit en bastimens de maisons, pans de mur, eschoppes, avances, étalages ou autres entreprises, et en telle sorte que lesdites rues, places, marchés et voyes de cette ville et faubourgs, sont tellement encombrez et empeschez que le public n'y peut aucunement passer, aller ne venir, soit de jour ou de nuit, sans y recevoir de grandes incommoditez et bien souvent en advient de grands dangers et inconvéniens. Nous requérant sur ce, et conformément aux dites ordonnances, réglements, arrests, y pourvoir et faire réitérer les défenses y contenues, suivant laquelle requeste, et iscelle considérée, qu'avons trouvée juste et raisonnable.

ARTICLE PREMIER. — Défenses sont faites et réitérées à tous maçons, charpentiers, menuisiers, serruriers et autres ouvriers artisans, de ne faire à l'avenir aucun bastiment, pans de murs, jambes étrières ou autres édifices sur les rues, chemins et voyes de ladite ville, faubourgs et banlieue, sans avoir au préalable pris l'alignement dudit voyer ou son commis.

ART. 2. — Et quant aux alignements des encoignures des rues estant en et au-dedans de l'étendue desdits lieux, ils seront pris par ledit voyer ou sondit commis, en la présence de nous et dudit procureur du roy, comme il a été en tout temps observé.

ART. 3. — Pareilles défenses sont faites auxdits maçons, charpentiers, menuisiers, serruriers, et tous autres ouvriers, de ne mettre, asseoir, maçonner et attacher au devant des maisons aucunes avances sortant hors-d'œuvre, ou ouvrant sur rue et voyrie, depuis le rez-de-chaussée en amont, sans avoir pris permissions et alignements dudit voyer ou son commis, pour les hauteurs et saillies d'icelles.

ART. 4. — Comme aussi semblables défenses que dessus sont faites à tous lesdits maçons, charpentiers, menuisiers et tous autres artisans, de n'innover aucune chose au devant desdites maisons, et autres lieux, ne faire d'ouvrages en icelles qui les puisse conforter, conserver ou soutenir, ne faire aucun encorbellement en avances pour porter aucun mur, pan de bois, ou autre chose en saillie, et porter à faux sur lesdits rues, ainsi le tout continuer à plomb depuis le rez-de-chaussée tout contremont.

ART. 5. — Semblables défenses sont faites à tous les susdits ouvriers de n'excéder, n'outrepasser ès-avances qu'ils feront sur la voyrie, les hauteurs et longueurs portées et contenues par les permissions et alignements qui leur en seront baillez par écrit par ledit voyer ou son commis, le tout à peine de cinquante écus d'amende et de prison contre les contrevenans et de pouvoir par ledit voyer ou son commis abattre et démolir ce qui se trouvera avoir été fait et entrepris contre et au préjudice de ce que dessus.

ART. 6. — Et aussi sont faites défenses sur les mesmes peines que dessus, à tous charpentiers, menuisiers et serruriers de ne faire asseoir ny ferrer cy-après aucunes fermetures de boutiques estans en avances ou saillies sur la voyerie, soit par le pied, ou goussets par le haut, ni de deux assemblages brisez; et s'ouvrant par le milieu en forme de trappes, l'une se soutenant par le haut et l'autre s'abattant par le bas, ains seront assis et plantés d'un droit d'alignement, après les pans de mur, jambes ou poteaux, étrières et la fermeture en fenestre et coulisse pour la commodité publique. Et ordonnons qu'à l'avenir toutes les establies que les marchands ou autres personnes désirent avoir au devant de leurs maisons et boutiques, pour étaler et faire montre de marchandises estant en icelles, seront faites et construites d'un aiz ou membrure, qui servira de coulisse à la fermeture desdites boutiques,

sans aucune avance ou saillie par le pied, ni en goussets par le haut, comme dessus est dit, et en iscelles des contr'avances en forme de battans, brisez, ferrez, ou emboistez afin qu'ils se puissent renverser ou oster à toutes occasions que le public se trouvera oppressé ou incommodé au passage et endroits où ils seront posez et assis.

ART. 7. — Et ne pourra néanmoins ledit voyer ou son commis donner ses alignements et permissions, à scavoir ès plus grandes ès plus larges rues desdites villes et faubourgs, pour les aiz ou membrures qui serviront de coulisse à la fermeture des boutiques, comme dessus est dit que de deux pouces, pour seulement servir de liaison et maintenir lesdites fermetures de boutiques et les battans et contr'avances qui seront mis en iscelles membrures ou aiz, comme dit est de cinq à six pouces. Les establies ou escoffrons ne pourront être attachez à fer ni à cloud, et les auvents seront de dix à douze pieds de longueur, deux pieds et demy de chassis en largeur, et affichez de douze pieds de hauteur du rez-de-chaussée, et aux petites rues à l'équipolent, et selon qu'il jugera pour la commodité du public.

ART. 8. — De tous lesquels alignements et permissions sus-dits, iceluy voyer et ses commis ne pourra prendre ne s'attribuer pour son droit de voyer plus grande somme que celle que nous avons trouvé cy-devant été prise par les prédécesseurs voyers ou leurs commis; à scavoir des alignements des encoignures, pans de mur ou de bois et de chacun d'iceux, soixante sols parisis, sans que pour un seul pan ledit voyer ou son commis puisse prendre plus de soixante sols parisis, encore que pour raison des coudes ou ply qui s'y pourraient trouver, il fust besoin donner audit pan de mur plusieurs estalonnemens, et pour toutes les autres permissions et alignemens qu'il donnera des choses susdites, pour ce qui sera fait et édifié de neuf, et de chacune des avances, soixante sols parisis, et de toute réfection et innovation d'icelles, trente sols parisis; le tout conformément à l'avis par nous donné à nosseigneurs de la cour du parlement, suivant l'arrest d'iscelle sur ce donné et à nous adressant.

ART. 9. — Toutes fermetures de boutiques, qui se trouvent de présent ès rues, places, marchés et voyes esdites villes et faubourgs de Paris excéder en saillie ou avance, hors des corps des pans de murs, jambes ou posteaux, estrières, soit au rez-de-chaussée ou par le haut, au-dessus des membrures d'iscelles fermetures, en goussets ou autrement; comme aussi lesdites membrures qui se trouveront excéder en avances plus de deux pouces, après lesdits corps des pans de murs, jambes ou posteaux, estriers, seront ostez, rompus ou démolis et abattus, et iceux réduits et réformez suivant les alignements et avances que dessus, dedans quinzaine du jour de la publication des présentes, sans que ledit voyer ou ses commis puissent prendre ny demander aucuns droits de voyerie pour ledit nouveau alignement et retranchement, et pour cette fois seulement, en obéissant par les propriétaires ou locataires à ce que dessus dedans le temps susdit. Et à partir de ce faire avons permis et permettons audit voyer ou ses commis les faire oster, abattre et démolir, aux frais et dépens des propriétaires ou locataires, lesquels frais lesdits locataires seront tenus avancer, sauf leur recours contre qui, et ainsi qu'ils verront estre à faire par raison.

Art. 10. — Seront aussi ostez et abattus tous estalages excédant huit pouces après le gros mur ès plus grandes rues, serpillières, rateliers, escoffroirs, selles, tonneaux, billots, troncs et pièces de bois, sièges ou autres pierres ou encombremens qui se trouveront par les rues empescher lesdites rues et voyes, soit au devant des boutiques des marchands ou autres endroits, et ce dans huitaine du jour de la publication des présentes ; à peine de confiscation des choses susdites et de dix écus d'amende applicable comme dessus. Et à faute de ce faire, avons permis audit voyer du roi et son commis, commissaires et sergens, d'enlever, prendre et confisquer tout ce qui sera par eux trouvé sur lesdites rues et voyes.

Art. 11. — Comme aussi seront ostées et abattues toutes fausses vues qui se trouveront faites dans les auvens qui sont au devant des boutiques et aux fenestres des chambres et arrière-boutiques, soit sur rue ou ailleurs, desquelles s'aident les marchands de soye et autres marchands, et dont ils tirent du faux jour pour déguiser leurs marchandises en la montre et vente d'icelles, le tout dans huitaine, à peine de dix écus d'amende contre chacun d'eux. Et à faute de ce faire avons enjoint audit voyer les faire oster et abattre par son commis, aux dépens desdits contrevenans.

Art. 12. — Défenses sont ainsi faites à toutes personnes, mêmes aux charrons, sculpteurs, marchands de bois, charpentiers et tous autres de mettre ny tenir sur les chemins, rues, voyes et voyeries, soit au devant de leurs maisons, sur les quais, chemins, rivages, bordages et avenues de rivières ou autres lieux, places et voyes publiques, aucuns carrosses, coches, charettes, chariots, troncs et pièces de bois ou autres choses qui puissent empescher ou encombrer les chemins et voyes. Et à eux enjoint d'oster et retirer ceux qui y sont de présent, dedans huitaine de jours de la publication des présentes ; et à cette fin auront granges, chantiers, cours ou autres lieux commodes pour les y retirer, le tout à peine de dix écus d'amende, et de confiscation des choses susdites qui y seront trouvées.

Art. 13. — Défenses sont aussi faites à tous teinturiers, foulons, tondeurs, fripiers et tous autres, de ne mettre seicher sur perches, soit ès fenestres de leurs greniers, ou autrement sur rues et voyes aucuns draps, toiles ou autres choses qui puissent incommoder ou empescher le public, ou offusquer les rues à peine de dix écus d'amende.

Art. 14. — Les propriétaires ou austres qui feront bastir sur les rues et voyes comme aussi les ouvriers qui entreprendront à faire lesdits bastimens ne pourront tailler leurs pierres ès dites rues, ny matériaux plus de vingt-quatre heures, ains se retireront dans les places à

bastir, comme aussi ne pourront mettre en iscelles rues et voyes aucunes vuidanges, soit de gravois, terres ou austres qui les puissent encombrer, sinon lors et à l'instant que les tombereaux les pourront charger et enlever desdits lieux à peine de dix écus d'amende.

Art. 15. — Défenses sont faites à tous revendeurs, regrattiers, fruitiers, harengères, poissonnières et autres gens de basse condition de ne vendre et installer ès-dites rues et voyes publiques aucunes marchandises ou denrées ; ains est enjoint à eux de retirer et vendre icelles ès places et marchez publics, lieux et endroits qui leur ont été et seront destinez et baillez par ledit voyer ou ses commis, sans qu'il les puisse néanmoins placer ès entrées desdits marchez ne y vendre par les dessusdits, à peine de confiscation de leurs marchandises et denrées, et de prison.

Art. 16. — Et néanmoins pour la commodité du public, et pour donner moyen aux regrattiers susdits de vivre, pourront iceux regrattiers prendre boutiques ès maisons particulières de ladite ville et fauxbourgs et en icelles vendre leurs fruits et autres denrées, ou de porter paniers à col par les rues allant et venant en icelles, sans que pour ce ils se puissent placer ou installer sur lesdites rues et voyes.

Art. 17. — Comme aussi seront les boulangers forains placez par ledit voyer ou son commis, ès-places à ce destinées, une fois pour tout l'an, au commencement de janvier, et ce en la présence du commissaire du quartier.

Art. 18. — Défenses aussi sont faites à tous propriétaires ou locataires et austres, qui ont maisons assises ès places, marchez ou austres lieux publics où il est accoutumé de tenir foires ou marchez esdites villes, et fauxbourgs, et au-dedans desquelles se vendent et estallent marchandises ou denrées par marchands forains et autres de n'empescher lesdits marchands forains et autres, au plaçage qui leur sera donné par le voyer esdits lieux, ny en la vente de leurs marchandises ou denrées, ny même en prendre ou exiger d'eux, aucune chose, sous prétexte qu'ils pourront alléguer en recevoir incommodité, à peine de vingt écus d'amende et de prison, attendu qu'au roy seul appartient la seigneurie foncière desdites rues, places, marchez, chemins royaux et publics.

Art. 19. — Autres défenses sont ainsi faites à tous artisans et gens de mestiers, comme petits merciers, ferreurs et vendeurs, esguillettes, espingles, faisans esguilles, savetiers, revendeurs, racoustreurs de bas d'estame et autres de basse condition, de poser leurs establies, selles ou billots, n'aye été veu et visité par le voyer du roy susdit ou son commis, sur la commodité ou incommodité du public et n'ayant de lui pris sa permission et congé à peine de confiscation desdits estaux, marchandises et denrées y estans et d'amende arbitraire.

Art. 20. — Ledit voyer pourvoira au pavement des rues et où il se trouvera quelque pavez cassez et rompus ou enlevez en la rue, l'ouverture soit promptement restablie aux dépens des détempteurs des maisons, et prendre garde à ce que le pavé fait de neuf soit bien fait et ne se trouve plus haut élevé que celui de son voisin.

ART. 21. — Sont faites défenses à tous charretiers menans et conduisans terraux, vuidanges de privez, boues et autres immondices, de décharger ailleurs qu'és fosses et voiries à ce destinées, et où il leur sera commandé par ledit voyer ou son commis à peine de confiscation des chevaux, charrettes et harnois, de dix écus d'amende et de prison.

ART. 22. — Comme aussi sont faites défenses à toutes personnes de jetter aucunes eaux, immondices ni ordures par les fenestres esdites rues et voyes, tant de jour que de nuit, à peine de deux écus d'amende et de prison.

ART. 23. — Lesquelles amendes ci-dessus adjugées contre les contrevenans seront baillées; à scavoir le tiers au roi et les deux tiers audit voyer, tant pour les salaires de lui et de ses commis que frais qui lui conviendra de faire pour le soutènement et manutentions de l'exécution de ces présentes, et afin que deuement et diligemment il soit par lui vacqué au fait de sa charge.

ART. 24. — Et à cette fin mandons audit voyer de tenir la main à l'exécution de tout ce que dessus, et de nous estre fait rapport par son commis és jour de police, des contraventions qui y seront faites comme des choses dépendans de sa charge et office et aux commissaires et sergens dudit Chastelet, les assister toutefois et quantes qu'ils en seront requis, et faire en sorte que le roy soit obéi, et la justice maintenue et gardée.

ART. 25. — Et à cet effet ordonnons que cette notre présente ordonnance sera leue et publiée, tant à la police, icelle tenant, que par les carrefours, de cette dite ville et fauxbourgs, et d'icelle mis affiches és potaux, places et autres lieux et endroits apparens et ensuivant desdites villes et fauxbourgs, à ce qu'aucun à l'avenir n'en prétende cause d'ignorance et aye à y obéir sur les peines que dessus et autres plus grandes s'il y échet.

Arrêt du conseil du 27 février 1765.

Le roi étant informé que l'exécution des plans pour les traverses des routes construites par ses ordres, dans les villes, bourgs et villages de quelques généralités, souffre différents retardements, et est même quelquefois totalement intervertie par des alignements donnés aux propriétaires de maisons ou autres édifices sur lesdites routes, par des officiers de justice ou prétendus voyers, qui n'ayant aucune connaissance desdits plans, s'ingèrent, sous différents prétextes, dans l'exercice d'une fonction que S. M. ne leur a pas confiée et s'étant fait rendre compte de ce qui se pratique à cet égard au bureau des finances de la généralité de Paris dans le ressort duquel, pour prévenir de pareils abus, ledit bureau a prescrit, par son ordonnance du 29 mars 1754, que tous les alignements pour constructions, reconstructions, et permissions relatives à toute espèce d'ouvrage à la face des bastiments étant sur lesdites routes, ainsi que pour établissements d'échoppes et choses saillantes, seraient

donnés par les trésoriers de France, commissaires de S. M., ou, en l'absence desdits sieurs commissaires, par un autre desdits trésoriers de France, et ce, dans l'un ou l'autre cas, conformément aux plans levés et arrêtés par ordre de S. M., qui sont ou seraient déposés par la suite, ainsi que les minutes desdits alignements et permissions, au greffe dudit bureau des finances, pour être par ledit bureau statué sur toutes les contraventions et exécution des édits et déclarations de S. M.: et ayant reconnu que les dispositions de cette ordonnance, en conservant et maintenant la compétence des bureaux des finances sur cette matière, prévient à tous les inconvénients, S. M. aurait cru, en confirmant les dispositions de la susdite ordonnance, devoir les étendre à tous les bureaux des finances du royaume. A quoi voulant pourvoir: vu la susdite ordonnance du bureau des finances de Paris du 29 mars 1754, et ouï le rapport du sieur de l'Averdy, conseiller ordinaire au conseil royal, contrôleur général des finances : le roi étant en son conseil, a ordonné et ordonne que conformément à ce qui se pratique au bureau des finances de la généralité de Paris, dont S. M. a confirmé et confirme l'ordonnance du 29 mars 1754, articles 4 et 12, les alignements pour construction ou reconstruction des maisons, édifices ou bâtiments généralement quelconques, en tout ou en partie, étant le long et joignant aux routes construites par ses ordres, soit dans les traverses des bourgs et villages, soit en pleine campagne, ainsi que les permissions pour toute espèce d'ouvrages aux faces desdites maisons, édifices et bâtiments, et pour établissement d'échoppes ou choses saillantes le long des dites routes, ne pourront être donnés en aucuns cas par autres que par les trésoriers de France, commissaires de S. M., pour les ponts et chaussées en chaque généralité, ou à leur défaut et en leur absence, par un autre trésorier de France de ladite généralité qui serait présent sur les lieux et pour ce requis; le tout sans frais et en se conformant par eux aux plans levés et arrêtés par les ordres de S. M., qui sont et seront déposés par la suite au greffe du bureau des finances de leur généralité, et dans le cas où les plans ne seraient pas encore déposés audit greffe, veut S. M. qu'avant de donner lesdits alignements ou permissions, lesdits trésoriers de France, commissaires de S. M., ou autres à leur défaut, se fassent remettre un rapport circonstancié de l'état des lieux par l'ingénieur ou l'un des sous-ingénieurs des ponts et chaussées de ladite généralité, et que dudit alignement ou de ladite permission il soit déposé minute au greffe dudit bureau des finances, à laquelle ledit rapport sera et demeurera annexé. Fait S. M. défenses à tous particuliers, propriétaires ou autres, de construire, reconstruire ou réparer aucuns édifices, pour échoppes ou choses saillantes le long desdites routes, sans en avoir obtenu les alignements ou permissions desdits trésoriers de France, commissaires de S. M., ou, dans le cas ci-dessus spécifié, d'un autre trésorier dudit bureau des finances, à peine de démolition desdits ouvrages, confiscation des matériaux, et de trois cent livres d'amende ; et contre les maçons, charpentiers et ouvriers, de pareille amende et même de plus grande peine en cas de récidive. Fait pareillement S. M. défenses à tous, sous quelque prétexte et à quelque titre que ce soit, de donner lesdits alignements et permissions à peine de répondre en leur propre et privé nom des condamnations prononcées contre les particuliers, propriétaires, locataires et ouvriers qui seront, en cas de contravention, poursuivis à la requête des procureurs de S. M. auxdits bureaux des finances et punis suivant l'exigence des cas. Enjoint S. M. aux sieurs intendants et commissaires départis dans toutes les généralités, ainsi qu'aux commissaires des ponts et chaussées, et aux officiers des bureaux des finances, de tenir, chacun en droit soi, la main à l'exécution du présent arrêt. Et sera ledit arrêt lu, publié et affiché partout où besoin sera, et exécuté nonobstant opposition ou appellation quelconques, pour lesquelles ne sera différé, et dont, si aucunes interviennent, S. M. s'est réservé la connaissance, et icelle interdit à toutes ses cours et juges.

Déclaration du roi du 10 avril 1783.

Louis...

ARTICLE PREMIER. — Ordonnons qu'à l'avenir, et à compter du jour de l'enregistrement de la présente déclaration, il ne puisse être, sous quelque prétexte que ce soit, ouvert et formé en la ville et faubourgs de Paris, aucune rue nouvelle qu'en vertu des lettres patentes que nous avons accordées à cet effet, et que lesdites rues nouvelles ne puissent avoir moins de trente pieds de largeur; ordonnons pareillement que toutes les rues dont la largeur est au-dessous de trente pieds soient élargies successivement au fur et à mesure des reconstructions des maisons ou bâtiments situés sur lesdites rues.

ART. 2. — En conséquence il sera incessamment procédé par les commissaires généraux de la voirie à la levée des plans de toutes les rues de la ville et faubourgs de Paris dont il n'en a point encore été dressé, et à l'égard de celles dont il a été déjà levé des plans, déposés au greffe de notre bureau des finances, il sera seulement procédé au recollement d'iceux pour, sur la représentation qui nous sera faite de tous lesdits plans, être par nous réglé l'élargissement à donner à l'avenir à toutes les rues.

ART. 3. — Faisons expresses inhibitions et défenses à tous propriétaires, architectes, entrepreneurs, maçons, charpentiers et autres, d'entreprendre ni de commencer aucunes constructions ou reconstructions quelconques de mur de face sur rues, sans au préalable avoir déposé au greffe de notre bureau des finances le plan desdites constructions et reconstructions, et avoir obtenu des officiers dudit bureau les alignements et permissions nécessaires, lesquels ne pourront être accordés qu'en conformité des plans par nous arrêtés, dont il sera déposé des doubles tant au greffe de notre parlement qu'en celui de notre bureau des finances.

ART. 4. — Chacun des propriétaires de maisons, bâtiments et murs de clôture situés sur les rues, sera tenu de contribuer aux frais des plans ordonnés ci-dessus, au prorata des toises de face sur la rue, et pareillement à trois sous par toise de mur de clôture, et à la moitié seulement pour les plans déjà levés et qui seront seulement recollés. N'entendons que puissent être assujettis à la dite contribution les édifices ou établissements publics, ni les maisons appartenant aux hôpitaux.

ART. 5. — La hauteur des maisons et bâtiments en la ville et faubourgs de Paris, autres que les édifices publics, sera et demeurera fixée, savoir dans les rues de trente pieds de largeur et au dessus, à soixante pieds lorsque les constructions seront faites en pierre et moellons, et à quarante huit pieds seulement lorsqu'elles seront faites en pans de bois; dans les rues depuis vingt quatre jusques et compris vingt-neuf pieds de largeur, à quarante huit pieds, et dans toutes les autres rues à trente six pieds seulement, le tout y compris les mansardes, attiques, toits et autres constructions quelconques au dessus de l'entablement, ordonnons en conséquence que les maisons et bâtiments dont l'élévation excède celles ci-dessus fixées, y seront réduites lors de leur reconstruction.

ART. 6. — Faisons défenses à tous propriétaires, charpentiers, maçons et autres de construire et adapter aux maisons et bâtiments situés en la ville et faubourgs de Paris aucun autre bâtiment en saillie et porte à faux, sous quelque prétexte que ce soit; enjoignons aux propriétaires et locataires des maisons où il a été adapté de pareilles saillies, soit en maçonnerie ou en charpente, de les supprimer et démolir dans un mois, à compter du jour de l'enregistrement de la présente déclaration.

ART. 7. — Ceux qui contreviendront à l'exécution de la présente déclaration, soit en perçant quelques nouvelles rues, soit en élevant leurs maisons au dessus des hauteurs ci-dessus déterminées, en y adaptant des bâtiments en saillie et porte à faux, soit en ne se conformant point aux alignements qui leur seront donnés, seront condamnés quant aux propriétaires, en trois mille livres d'amendes applicables à l'hôpital général, les ouvrages démolis, les matériaux confisqués et les places réunies à notre domaine; et à l'égard des maîtres-maçons, charpentiers et autres ouvriers, en mille livres d'amendes applicables comme dessus, et déchus de leurs maîtrises sans pouvoir être rétablis par la suite. Attribuons la connaissance desdites contraventions aux officiers de notre bureau des finances en ce qui concerne la voirie, à l'égard des autres contraventions aux juges qui en doivent connaître, le tout, sauf appel en notre cour de parlement.

Instruction ministérielle du 2 octobre 1815.

ARTICLE PREMIER. — Les plans de villes qui restent à lever ou à rapporter seront à deux échelles différentes, savoir : les plans généraux, à un demi-millimètre par mètre, et les plans de division, à 2 millimètres pour mètre.

ART. 2. — Les plans généraux contiendront le tracé des rues, places, etc., en lignes noires.

Ils indiqueront aussi les masses des édifices publics, les boulevards, cours et promenades, avenues, plantations. Les cours d'eau apparents seront lavés en couleur d'eau, ceux des eaux couvertes, ponctués et lavés plus pâle. Aux bordures des voies publiques, on lavera en gris ce qui est bâti, et en couleur de terre ou bistre léger ce qui ne l'est pas. On indiquera les clôtures en murs, palissades et haies. Autant que possible, les plans généraux seront en une seule feuille, pliée, quand le besoin l'exigera et placée en tête de l'atlas des plans de division. Le nord sera en haut du plan général et indiqué par une boussole linéaire.

Art. 3. — Les plans de division pour îles entourées de rues, quais, cours d'eau, seront à l'échelle de 2 millimètres pour mètre. Ils formeront un atlas dont chaque feuille aura 1 mètre de long sur 65 centimètres de hauteur, pliée en deux, de manière à en bien développer les plis. Les propriétés auront leurs faces actuelles sur les voies publiques tracées en lignes noires, ainsi que les faces des édifices publics. Les faces seront lavées en gris pour ce qui est bâti, et en couleur de terre pour ce qui ne l'est pas; les eaux, clôtures, plantations comme il vient d'être dit. On indiquera à ces faces les séparations respectives des propriétés. Chaque division aura un liseré de couleur, ou une ligne ponctuée, dont le pourtour se répétera au plan général. Il y aura à l'un et à l'autre plan un numéro correspondant à chaque feuille divisionnaire. Les plans de division auront toujours, comme le plan général, le nord placé dans la marge supérieure, et la direction de ce point de l'horizon sera retracée par une flèche.

Art. 4. — Sur l'un et l'autre plan, on écrira les noms des rues, places, etc., ainsi que de tous les édifices publics, des rivières, cours ou promenades; et sur chaque plan de division, on placera par rue, place et quai, une série de numéros sur chaque division de propriété en mettant des numéros pairs à droite et des impairs correspondants à gauche à partir du centre de la ville.

Art. 5. — Les alignements proposés seront tracés en lignes rouges. Ce dont on avancera sera laissé en rouge pâle, et ce dont on reculera, en jaune. Les projets généraux de percements et d'embellissements seront ponctués en rouge; on sera très circonspect sur les avancements, en ne visant pas à un parallélisme bon en rues nouvelles, inutile souvent dans les rues anciennes où il ne s'agit que de redressements partiels; ces avances sont très nuisibles quand l'un bâtit avant l'autre.

Art. 6. — Il sera proposé des noms aux rues, places, etc. qui n'en ont pas, le ministre statuera.

Art. 7. — En tête du volume, sera l'état des rues, et aux voies publiques, avec le procès-verbal du tracé des alignements, les largeurs proposées des voies publiques. Ces largeurs seront cotées en rouge aux plans de détail.

Art. 8. — À la fin du volume sera un autre état desdites rues avec colonnes comprenant les numéros des propriétés, les noms propres des propriétaires et la nature de chaque propriété; cela suffit, vu les fréquentes mutations qui y

surviennent. On suivra, pour ces états, la marche des subdivisions du plan général.

Art. 9. — Dans le cas où les alignements proposés seraient contestés, les variantes seront tracées en lignes bleues, et au bas du plan d'ensemble, ou même de chaque feuille, s'il est nécessaire, on fera connaître l'opinion de qui se rapporte le tracé rouge ou bleu.

Art. 10. — Les préfets feront vérifier les plans généraux et de détail, et les feront rectifier, s'ils se trouvent inexacts. Les ingénieurs, architectes ou géomètres, qui auront été chargés de les lever et rapporter, seront invités à joindre, autant que possible, à l'état précité, un tracé des polygones et autres lignes principales qui forment le fond de leur plan, avec les ouvertures d'angles et cotes des longueurs de bases.

Art. 11. — On distinguera, dans les états des rues, celles qui sont des grandes routes traversant la ville.

Art. 12. — La direction générale des ponts et chaussées proposera en même temps les alignements de ce qui est grandes routes traversant la ville, et qui doivent se raccorder aux autres voies publiques, afin de pouvoir provoquer, en même temps, une décision sur le tout, et rendre ainsi l'ensemble des alignements simultanément exécutoire.

Art. 13. — On indiquera et détaillera, dans toute leur épaisseur, les murs de face des édifices publics, leurs entrées principales donnant sur les rues, places, quais, etc., ainsi que les fontaines publiques et puits, canaux. Dans le cas où il y aurait impossibilité absolue de donner les détails de murs de face des édifices publics, on les distinguera par une teinte grise plus forte que celle des édifices particuliers.

Art. 14. — Les plans devront toujours être signés par leur auteur et certifiés véritables par les autorités locales et départementales.

___

Circulaire ministérielle du 12 *mai* 1869.

Monsieur le Préfet,

La jurisprudence du Conseil d'État a, dans ces derniers temps, consacré, en matière d'alignements, des principes qu'il m'a paru utile de signaler à votre attention.

Pour en bien déterminer le sens et la portée, il convient de rappeler, avant tout, quelques points fondamentaux.

Les anciens édits et règlements maintenus par la loi des 19-22 juill. 1791, art. 29, interdisent à tout propriétaire d'élever des constructions le long et joignant la voie publique, sans avoir préalablement obtenu l'autorisation et l'alignement.

Les règles relatives aux alignements individuels, soit quant aux alignements eux-mêmes, soit quant à l'autorité chargée de les délivrer, varient suivant le caractère des voies publiques, et selon qu'il existe ou non des plans régulièrement approuvés.

Les administrateurs appelés à donner des alignements individuels sont : 1° pour la grande voirie et pour les chemins vicinaux de grande communication, le préfet de l'arrondissement chef-lieu, et le sous-préfet dans les autres; 2° le maire, pour les rues, places et autres voies publiques dépendant du domaine communal.

Ces distinctions bien comprises donnent la solution de toutes les questions de compétence sur la matière. Ainsi, si une maison se trouve à la fois à l'angle d'une route impériale ou départementale et d'une rue, l'alignement doit être demandé pour chacune des façades à une autorité différente; si une route n'absorbe pas toute la largeur de la rue ou place qu'elle emprunte, c'est au maire qu'il appartient de délivrer l'alignement, pourvu toutefois qu'il y ait, en dehors de la traverse, une voie municipale.

Alignements individuels. — Cas où il n'existe pas de plan arrêté.

Jusqu'à ces dernières années, il avait été admis que les fonctionnaires compétents, pour délivrer les alignements, peuvent en l'absence d'un plan régulièrement approuvé de la voie publique faire avancer ou reculer les constructions riveraines.

Ce pouvoir leur était attribué en vertu de l'édit de déc. 1607, qui a chargé le grand voyer et ses commis « de pourvoir à ce que les rues s'embellissent au mieux que faire se pourra ».

Un avis des comités réunis de législation et de l'intérieur du Conseil d'Etat, en date du 3 avril 1824, avait, en outre, reconnu qu'il appartenait aux maires, même en l'absence d'un plan d'alignement, de délivrer des alignements individuels entraînant l'élargissement et le rétrécissement de la voie publique sauf recours au préfet, et successivement, devant le ministre de l'intérieur et le Conseil d'Etat.

Cette jurisprudence était enfin confirmée par les arrêts de la Cour de cassation et du Conseil d'Etat, lorsque le 5 avril 1862, un décret rendu au contentieux, sur le pourvoi du sieur Lebrun, a complètement modifié la règle suivie jusqu'alors.

En l'absence d'un plan d'alignement, les propriétaires sont tenus, aux termes du décret, de demander l'alignement pour construire le long des rues et places; mais les maires ne peuvent pas délivrer cet alignement de manière à procurer l'élargissement de la voie publique. L'alignement doit toujours être donné suivant les limites actuelles de la voie publique, et par conséquent les maires ne peuvent refuser aux propriétaires la permission d'élever de nouveaux bâtiments sur les vestiges de ceux qui ont cessé d'exister. Un décret postérieur, en date du 11 mai 1867 (Cardeau), a appliqué la même doctrine dans une affaire où le maire avait donné un alignement qui avait pour résultat de réduire la largeur d'une place publique.

En d'autres termes, il n'est plus possible d'opérer l'élargissement et la régularisation des voies urbaines que par l'application des servitudes de voirie résultant des plans partiels ou généraux d'alignement, ou bien au moyen de l'expropriation pour cause d'utilité publique.

Le Conseil d'Etat a pensé qu'en réalité le maire ne pouvait pas délivrer, en connaissance de cause, un alignement individuel, ayant pour objet de modifier la voie publique, sans faire

étudier un plan au moins pour la rue ou la portion de rue le long de laquelle il s'agit de construire. Or, il lui a paru plus conforme au texte et à l'esprit de la législation, notamment des art. 19 et 20 de la loi du 18 juill. 1837, et nécessaire pour la sauvegarde de tous les intérêts, que ce plan fût préalablement soumis à une enquête, à la délibération du conseil municipal et à l'approbation de l'autorité supérieure.

Cette nouvelle doctrine a été constamment maintenue depuis 1865 (C. d'Et., 5 mai 1865, Gibaud). Elle a été étendue à la grande voirie (10 févr. 1865, Caumartin, et 25 mars 1867, Vallareau) et appliquée enfin à la voirie vicinale (31 mars 1865, Poncelet).

J'appelle, Monsieur le Préfet, votre attention particulière sur la dernière de ces affaires. En rapprochant l'arrêt Poncelet des conclusions du commissaire du gouvernement reproduites au Recueil des arrêts au contentieux, vous reconnaîtrez que, pour assujettir les propriétés privées aux servitudes de voirie, il ne suffit pas que le chemin joignant ces propriétés soit classé comme chemin vicinal, ni même que sa largeur ait été indiquée d'une manière expresse.

Alignements individuels. — Cas où il existe un plan.

Pour faciliter l'exécution de la mission confiée aux agents de la voirie par les anciens règlements, notamment par l'édit de 1607, ci-dessus mentionné, et peut-être aussi pour garantir les citoyens contre l'arbitraire des décisions de ces agents, on reconnut plus tard la nécessité de faire dresser des plans des voies publiques. L'arrêt du conseil du roi du 17 février 1665 ordonna la rédaction des plans pour les routes entretenues aux frais de l'Etat; les lettres patentes du 10 avril 1783 prescrivirent ensuite la levée générale des rues de Paris. Cette mesure a été étendue à toutes les villes par la loi du 16 septembre 1807, art. 52. Enfin, la confection du plan d'alignement des communes constitue aujourd'hui une dépense obligatoire aux termes de l'article 30 de la loi du 18 juillet 1836.

Nonobstant toutes ces dispositions législatives, un grand nombre de communes ne possèdent pas encore de plans généraux d'alignement. Il ne vous échappera pas, Monsieur le Préfet, qu'en présence de la nouvelle jurisprudence du Conseil d'Etat en matière d'alignements individuels, il est d'un intérêt capital de combler cette lacune regrettable. J'incline même à croire que cette jurisprudence n'a été adoptée qu'en vue de hâter la confection des plans généraux.

S'il existe un plan régulièrement approuvé de la voie le long de laquelle une permission de construire est sollicitée, l'alignement individuel doit être donné conformément à ce plan.

De l'approbation des plans partiels ou généraux d'alignement.

L'autorité à laquelle il appartient d'approuver les plans d'alignement est différente, suivant le caractère des voies auxquelles ils s'appliquent. Un décret impérial est nécessaire en matière de grande voirie (routes impériales ou départementales). Il l'était également autrefois pour les rues des villes; mais depuis le décret législatif du 25 mars 1852 sur la décentralisation administrative, un arrêté préfectoral est suffisant. Enfin, c'est encore le préfet qui est chargé d'arrêter les plans des chemins vicinaux de toute catégorie.

Lorsqu'un projet de plan d'alignement de voirie urbaine a été dressé, soit qu'il s'agisse d'un plan partiel, c'est-à-dire du plan d'une ou plusieurs rues ou portions de rue, soit qu'il s'agisse du plan général de toutes les rues et places de la commune, la première formalité à remplir est de le soumettre à la délibération du conseil municipal; il est ensuite procédé à une enquête et l'approbation préfectorale survient enfin, s'il y a lieu. La circulaire du 5 mai 1852 et les autres instructions ministérielles contiennent à cet égard des indications précises auxquelles vous voudrez bien vous reporter.

A l'époque où la sanction du gouvernement était indispensable pour l'homologation des plans de voirie urbaine, il avait paru quelquefois nécessaire, par suite des observations du conseil général des bâtiments civils, auxquels ces plans étaient soumis, d'apporter des modifications aux alignements proposés par les administrations communales. Consultés au sujet de ces modifications, les conseils municipaux en reconnaissaient le plus souvent l'opportunité. Il leur arrivait cependant de se refuser à l'admettre. Dans ce cas, l'autorité supérieure ne se croyait pas arrêtée par leur détermination; elle pensait qu'il suffisait, pour satisfaire au vœu de la loi, que les conseils municipaux fussent préalablement appelés à délibérer. Après mûr examen, le plan était en conséquence approuvé avec les modifications, et les administrations communales finissaient toujours par s'incliner durant les décisions prises en dehors de toutes les rivalités et passions locales.

Cette manière de procéder n'avait pas soulevé d'objections de la part du Conseil d'Etat; il semblait même que la loi du 18 juillet 1837 l'eût consacrée, en armant l'administration supérieure du droit d'imposer d'office aux communes le prix de la confection des plans d'alignement, pour lui permettre de vaincre le refus ou la négligence des conseils municipaux.

Deux décrets rendus au contentieux, les 27 mai et 25 juillet 1863 (affaires Estienne et Lebrun), ont pour la première fois restreint les pouvoirs qui, depuis 1852, étaient dévolus aux préfets.

D'après ces décisions, il appartenait toujours aux préfets d'apporter aux plans adoptés par les conseils municipaux les modifications qu'ils jugeaient utiles dans l'intérêt de la voirie, mais à la condition que ces modifications n'entraînassent aucune augmentation de dépenses pour les communes. Dans le cas contraire, le consentement des conseils municipaux devenait indispensable. Ainsi, suivant ces arrêts, le préfet pouvait diminuer la largeur attribuée à une rue par le conseil municipal, si cette diminution ne devait occasionner aucun surcroît de dépense, mais il lui était interdit de l'augmenter.

Cette doctrine était fondée sur ce que l'art. 52 de la loi du 16 septembre 1807 et le décret du 25 mars 1852, qui établissent le pouvoir de l'administration supérieure en matière de plans d'alignement, doivent être combinés avec la disposition de l'article 19, § 1er, de la loi du 18 juillet 1837, qui a conféré au conseil municipal le droit de délibérer sur toutes les dépenses de la commune.

Le principe posé par ces décisions devait conduire à une autre conséquence.

En effet, l'article 19 de la loi du 18 juillet 1837 a, par son paragraphe 7, attribué aux conseils municipaux, en matière de plan d'alignement, un pouvoir semblable à celui qu'il leur a donné par son paragraphe 1er pour le vote des dépenses communales; c'est-à-dire qu'il les appelle à délibérer, et que, si leur délibération ne peut, aux termes de l'article 20, être exécutoire qu'en vertu de l'approbation de l'autorité supérieure, cette autorité ne peut, sauf des cas exceptionnels, comme l'acquittement des dépenses obligatoires, apporter une modification à la résolution du conseil municipal.

On devait donc arriver, en se fondant sur l'article 19, § 7, de la loi du 18 juillet 1837, à supprimer la réserve admise par les arrêts du 27 mai et 25 juillet 1863, et à ne plus reconnaître aux préfets le droit de faire subir aux plans d'alignement qui leur sont soumis des changements, même lorsqu'il n'en résulterait aucune augmentation de dépense.

Cette doctrine vient d'être consacrée par un arrêt rendu au contentieux, le 9 janvier 1869 (affaire Clément). A raison de son importance, je crois devoir vous citer quelques-uns des considérants qui ont motivé la décision du Conseil d'Etat.

« Vu la loi des 7-15 octobre 1790;

« Vu la loi des 16-24 août 1790 (titre XI, art. 3), la loi du 22 juillet 1791 (art. 29), la loi du 16 septembre 1807 (art. 52), la loi du 18 juillet 1837, et notre décret du 25 mars 1852;

« Ouï M. Aucoc, maître des requêtes, commissaire du gouvernement, en ses conclusions;

« Considérant qu'aux termes des lois ci-dessus visées, il appartient aux conseils municipaux de délibérer sur les plans d'alignement de voirie municipale;

« Que, si les préfets peuvent approuver ou refuser d'approuver lesdits plans, ils ne peuvent rendre exécutoires des alignements qui n'aient pas été proposés par les conseils municipaux;

« Que dès lors, le préfet du département de la Sarthe n'a pu, sans excéder ses pouvoirs, approuver un plan d'alignement de la petite rue de la commune de Bourg-le-Roi, dressé par les agents-voyers, mais repoussé à plusieurs reprises par le conseil municipal, et que c'est à tort que notre ministre de l'intérieur a refusé d'annuler l'arrêté du préfet. »

Ainsi, Monsieur le Préfet, la jurisprudence qui se dégage des différents arrêts que je viens de passer en revue ne laisse aucun doute sur la limite des pouvoirs attribués aux maires et aux préfets, en ce qui concerne, soit la délivrance des alignements individuels, soit l'homologation des plans d'alignement. Dans le premier cas, en l'absence des plans régulièrement approuvés, les maires sont obligés de délivrer les alignements sur la limite actuelle des propriétés. Dans le second cas, les préfets ne peuvent que donner ou refuser leur approbation aux plans délibérés par les conseils municipaux, sans avoir le droit de les modifier. Cette jurisprudence qui s'inspire d'un droit très marqué pour les droits de la propriété et pour l'initiative des conseils municipaux, s'appuie sur le texte et l'esprit de la loi du 18 juillet 1837. Elle ne peut qu'être accueillie avec faveur par les communes; je vous prie d'en signaler toutes les conséquences aux administrations municipales, et de veiller à ce qu'elle soit strictement appliquée.

ALIZARINE artificielle (Fabrication de l') au moyen de l'anthracène :
Établissement insalubre de 2ᵉ classe : odeur et danger d'incendie [1].
Les ateliers seront en matériaux incombustibles, bien ventilés, le sol en sera imperméable.
Les appareils seront surmontés de hottes, les gaz et les vapeurs dirigés à la cheminée, élevée de 30 mètres.
Les eaux seront conduites souterrainement à l'égout [2].

ALLUMETTES CHIMIQUES (Fabrication des). — Établissement dangereux de 1ʳᵉ classe: danger d'explosion ou d'incendie [3].
Tous les ateliers doivent être construits en matériaux incombustibles, éloignés d'au moins 2ᵐ 50 les uns des autres, ventilés au moyen de lanternons à lames de persiennes ou de larges trémies d'aération montant jusqu'au-dessus du comble, dans le cas d'étage au-dessus des ateliers; les chaudières seront surmontées de hottes conduisant les vapeurs au-dessus du toit.
Les portes des ateliers, étuves et magasins, seront en fer. La cheminée aura de 20 à 30 mètres d'élévation.
Le dépôt des matières fulminantes ou détonantes sera dans un local en matériaux légers éclairé par la lumière du jour et isolé des autres ateliers.
Le sol des ateliers et des étuves sera recouvert d'une couche de sable fin d'au moins cinq centimètres d'épaisseur.
Le chauffage des étuves se fera par la vapeur [4].
Il est interdit d'employer des enfants dans les locaux où l'on fond la pâte et où l'on trempe les allumettes. Dans les autres lieux leur emploi est autorisé, mais pendant six heures seulement sur vingt-quatre [5].

ALLUMETTES CHIMIQUES (Dépôt d') [6].
1° En quantité au-dessus de 25 mètres cubes :
Établissement dangereux de 2ᵐᵉ classe : danger d'incendie.

2° de 5 à 25 mètres cubes :
Établissement dangereux de 3ᵐᵉ classe : danger d'incendie.
Dans les dépôts d'allumettes, quelle qu'en soit la classe, il est interdit d'employer des enfants à cause des dangers de brûlure et d'incendie [1].

ALUN. — V. *Sulfate d'alumine.*

AMIDON GRILLÉ (Fabrication de l'). — Établissement insalubre de 3ᵐᵉ classe : od [2].
L'étuve sera en matériaux incombustibles avec porte en fer et tiroirs en fer ou en laiton. Les vapeurs seront dirigées dans la cheminée, élevée à la hauteur des souches des cheminées voisines dans un rayon de 100 mètres [3].

AMIDONNERIE [4] :
1° Par fermentation :
Établissement insalubre de 1ʳᵉ classe : odeur, émanations nuisibles et altération des eaux.
2° Par séparation du gluten et par fermentation :
Établissement insalubre de 2ᵉ classe : altération des eaux.
Les ouvertures des ateliers sur la voie publique doivent être fermées, leur sol doit être imperméable, ainsi que celui des cours, dans lesquelles les pentes et les ruisseaux seront aménagés de manière à assurer l'écoulement des eaux de fermentation.
La cheminée aura de 20 à 30 mètres d'élévation.
Les cuves seront surmontées de hottes dirigeant les vapeurs et les gaz sous les foyers.
Les étuves seront en matériaux incombustibles avec portes en fer.
Le tamisage, le blutage et la pulvérisation seront opérés en vases clos [5].

AMMONIAQUE (Fabrication en grand de l'), par la décomposition des sels ammoniacaux :
Établissement insalubre de 3ᵉ classe : odeur [6].
Les ateliers seront ventilés énergiquement; les appareils recouverts d'une hotte ayant un fort tirage; la cheminée élevée à la hauteur des souches des maisons voisines [7].

AMORCES fulminantes (Fabrication des).

---

[1] Décr., 12 mai 1886. — [2] Bunel, p. 175.
[3] Décr., 9 mai 1878. — [4] Bunel, p. 176. —
[5] Décr., 14 mai 1875.
[6] Décr., 9 mai 1878.

[1] Décr., 14 mai 1875.
[2] Décr., 20 juin 1883. — [3] Bunel, p. 178.
[4] Décr., 31 déc. 1866. — [5] Bunel, p. 178.
[6] Décr., 31 déc. 1866. — [7] Bunel, p. 179.

— Établissement dangereux de 1re classe : danger d'incendie[1].

Les ateliers et les magasins doivent être isolés les uns des autres, construits en charpente en fer, enveloppés seulement de toiles imperméables et couverts en ardoises ou feuilles de zinc de petites dimensions; ils seront entourés de talus en terre gazonnée de 3 mètres de hauteur. Au lieu de vitres, des papiers opaques.

Le séchoir sera chauffé par circulation d'eau chaude, le sol sera recouvert d'une aire en plâtre.

La poudrière sera de forme circulaire avec petite pièce formant vestibule, le sol sera recouvert de plomb; elle sera munie d'un paratonnerre.

Le sol du laboratoire servant au broyage et à la filtration sera carrelé, celui de l'atelier de grenage sera recouvert d'une aire en plâtre, celui de l'atelier servant à la préparation du fulminate sera en terre recouverte de sable.

La dissolution du mercure se fera sous une hotte ayant un fort tirage, les gaz et les vapeurs seront condensés[2].

Il est interdit d'y faire travailler des enfants, en raison des dangers d'explosion et d'incendie[3].

AMORCES FULMINANTES POUR PISTOLETS D'ENFANTS (Fabrication d'). — Établissement dangereux de 2e classe : danger d'explosion[4].

L'atelier sera en matériaux légers, éloigné des habitations, clos et divisé en deux pièces.

Les foyers seront placés à l'extérieur du séchoir, les tuyaux de chaleur recouverts d'une toile métallique assez serrée et assez éloignée des tuyaux pour empêcher les feuilles de s'enflammer[5].

Il est interdit d'y faire travailler des enfants[6].

ANILINE. — V. *Nitrobenzine.*

ANIMAUX DOMESTIQUES. — Édit de nov. 1539[7]. Ord. pol. du 25 août 1880[8].

Un édit royal datant de novembre 1539[9] fait défenses d'entretenir, dans Paris et ses faubourgs, aucun animal domestique sous quelque prétexte ou couleur que ce soit.

S'appuyant sur l'incommodité que les animaux, élevés à l'intérieur ou dans les dépendances des habitations, peuvent pro-

duire au point de vue du voisinage, et sur l'insalubrité qui peut en résulter, l'ordonnance de police du 25 août 1880[1] interdit d'élever, dans Paris, aucuns porcs, lapins, boucs, chèvres, pigeons, poules et autres animaux de basse-cour, sans en avoir sollicité et obtenu l'autorisation du préfet de police.

Le défaut d'autorisation entraînerait la saisie des animaux, sans préjudice de l'amende encourue pour contravention à un règlement de voirie.

Cette autorisation n'est donnée qu'autant que l'examen des lieux a démontré qu'il ne peut en résulter aucun inconvénient pour le voisinage.

Les locaux dans lesquels sont placés les animaux doivent être maintenus en état constant de propreté.

Ces autorisations sont toujours révocables.

Il est interdit de laisser vaguer aucun animal domestique dans les rues, places, halles et marchés, ni sur aucun point de la voie publique.

ANNEXE

Ordonnance de police du 25 août 1880.

ARTICLE PREMIER. — Il est interdit de conserver dans Paris, sans autorisation, des porcs, des vaches ou autres animaux, tels que boucs, chèvres, lapins.

ART. 2. — Il est également interdit d'élever, sans autorisation, des pigeons, poules et autres oiseaux de basse-cour, qui peuvent être une cause d'insalubrité ou d'incommodité.

ART. 3. — Toute demande en autorisation d'avoir, dans les dépendances d'une habitation, un ou plusieurs des animaux désignés dans les articles précédents, sera adressée au préfet de police.

ART. 4. — La permission ne sera délivrée qu'après visite des lieux et rapport constatant qu'il ne peut en résulter aucun inconvénient pour le voisinage.

ART. 5. — Les locaux autorisés, dans lesquels seront placés les animaux, devront être maintenus en constant état de propreté.

Les autorisations seront toujours révocables, en cas de plainte reconnue fondée.

ART. 6. — Les autorisations ci-dessus ne pourront être données, en ce qui concerne les porcs et les vaches, que pour deux animaux.

Au delà de ce nombre, il y aura lieu d'appliquer la législation spéciale sur les établissements dangereux, incommodes ou insalubres.

ART. 7. — Il est interdit d'élever et d'entretenir à Paris, dans l'intérieur des habitations, un nombre de chiens ou de chats tel, que la sûreté et la salubrité des habitations voisines se trouvent compromises.

ART. 8. — Défense est faite de laisser vaguer des poules et autres oiseaux domestiques dans

---

[1] Décr., 31 déc. 1866. — [2] Bunel, p. 181. — [3] Décr., 14 mai 1875.
[4] Décr., 31 janv. 1872. — [5] Bunel, p. 183. — [6] Décr., 14 mai 1875.
[7] V. *Fosse d'aisances.* — [8] Annexe. — [9] V. *Fosse d'aisances.*

[1] Annexe.

les rues, places, halles et marchés, enfin, sur aucun point de la voie publique.

Art. 9. — L'ordonnance de police du 3 nov. 1862 sus-visée est rapportée.

Art. 10. — La présente ordonnance sera imprimée....

APPAREILS DE CABINET D'AISANCES. —

Le locataire est tenu au menu entretien des appareils des cabinets d'aisances, c'est-à-dire qu'il doit graisser le mécanisme de manière à en assurer le fonctionnement.

Il est responsable des dégradations provenant des chocs ou autres maladresses.

Mais pour les dégradations occasionnées par la rouille ou l'oxydation dans les parties où le locataire ne peut accéder, ainsi que pour celles causées par la vétusté, la réparation en incombe au propriétaire[1].

Le locataire doit en outre nettoyer la cuvette et enlever le tartre que les eaux de lavage y déposent.

APPAREILS A GAZ.

— Les appareils à gaz et les tuyaux de distribution sont considérés comme meubles; ils peuvent être enlevés par le locataire qui les a fait poser, à charge par lui de réparer les dégradations qu'il a pu commettre.

Lorsque la canalisation du gaz a été établie par le propriétaire, la réparation des fuites et des dégradations survenues aux appareils est à la charge du locataire, pour toute la partie de la canalisation dont il jouit exclusivement; il doit en outre faire enlever les dépôts de naphtaline qui peuvent se former, graisser les robinets, épingler les becs, etc[2].

APPARTEMENT MEUBLÉ. — C. civ., 1758.
Ord. pol. du 15 juin 1832[3]. Ord. pol. du 7 mai 1878[4].

Les appartements meublés sont censés loués au mois, quand le prix est fait à tant par mois, et au jour, quand le prix est fait à tant par jour[5].

Lorsque rien ne constate que la location a été faite au mois, à la quinzaine ou au jour, l'usage, à Paris, est que la location est faite au jour[6].

L'entrée en jouissance a lieu au jour pour lequel la location a été convenue, et ce, à n'importe quel jour de l'année[7].

Les délais à observer pour se donner congé varient suivant chaque mode de location :

1° La location au jour cesse par l'avertissement donné le jour même avant midi;

2° La location à la semaine cesse par l'avertissement donné le quatrième jour après celui de l'entrée, avant midi;

3° La location à la quinzaine par l'avertissement donné le huitième jour après celui de l'entrée, avant midi;

4° La location au mois, par l'avertissement donné le quinzième jour après celui de l'entrée, avant midi[1].

Faute d'avertissement dans les délais ci-dessus, la location continue de plein droit pour une nouvelle période.

Dans le quartier latin, c'est-à-dire dans les 5ᵉ et 6ᵉ arrondissements, l'avertissement peut être donné, à quelque époque que ce soit, avant midi, à quatre jours de la huitaine ou de la quinzaine, pour faire cesser la location à l'expiration de la huitaine ou de la quinzaine franche, suivant que la location est faite à la huitaine, à la quinzaine, au mois[2].

Les militaires qui reçoivent un ordre de déplacement ne sont tenus à aucun avertissement; ils doivent seulement payer leur logement jusqu'au jour de leur départ ainsi ordonné, tandis que les personnes qui leur louent en garni sont tenues aux délais ci-dessus[3].

Quelle que soit l'heure d'entrée, la durée des locations en garni se compose :

1° Pour la semaine, de sept jours, du jour de l'entrée au jour correspondant de la semaine suivante, à midi;

2° Pour la quinzaine, de quatorze jours, du jour de l'entrée au jour correspondant de la deuxième semaine à midi;

3° Le mois se compose des jours existants entre la date du jour d'entrée et la date correspondante du jour suivant à midi[4].

Le bailleur peut exiger le paiement par avance du prix de la location.

A défaut du paiement qui doit être fait d'avance, l'usage autorise de plein droit l'hôtelier à refuser la clef.

Celui qui loue en garni doit avoir un registre de police, pour l'inscription des personnes auxquelles il loue, sous peine d'une amende variant de six à dix francs et de prison en cas de récidive[5].

Dans un hôtel meublé, comme ce n'est pas le locataire qui surveille et soigne son logement, il ne doit pas de réparations locatives proprement dites; il n'est tenu que des dégradations qu'il commet lui-même.

S'il s'agit au contraire d'un appartement ou d'un logement meublé, le locataire prenant à sa charge les meubles et le local, les réparations locatives sont dues, comme pour les appartements non meublés[6].

---

[1] Le Bègue, *Traité des réparations*, p. 56.
[2] Cahier des juges de paix, 1852.
[3] Annexe. — [4] Annexe. — [5] C. civ., 1758. —
[6] Cahier des juges de paix, année 1852. — [7] Ibid.

[1] Ibid. — [2] Ibid. — [3] Ibid. — [4] Ibid. — [5] Ord. pol. 15 juin 1832, annexe et ord. pol., 7 mai 1878, annexe. — [6] C. ann. des Juges de paix, p. 146.

De plus, dans ce cas, l'entretien des objets mobiliers est à la charge du preneur, qui doit même remplacer certaines choses qui s'usent, comme le ferait le possesseur des meubles s'il s'en servait lui-même[1].

Pour la visite des lieux après congé donné, l'usage admet plus de latitude que pour les locations ordinaires, vu la brièveté des délais pour les avertissements : le bailleur ne doit, dans l'exercice de son droit de faire visiter l'appartement garni, trouver d'autres limites que celles prescrites par les convenances eu égard à la position et aux habitudes des personnes logeant chez lui[2].

Les écriteaux pour appartements ou logements meublés doivent être en lettres noires sur fond jaune[3].

Toute chambre louée en garni doit avoir un volume d'air d'au moins 14 mètres cubes par personne, et être éclairée directement : quand cette chambre n'est habitée que par une personne, on tolère qu'elle prenne jour et air sur un vestibule ou sur un corridor éclairé lui-même directement[4].

Quand les cabinets d'aisances sont communs, il doit y en avoir au moins un par fraction de vingt habitants[5]. Celui qui loue en garni est responsable, vis-à-vis des contributions directes, de la contribution des patentes et de la cote mobilière dues par ses locataires.

ANNEXES

Ordonnance de police du 15 juin 1832.

ARTICLE PREMIER. — Sont considérés comme logeurs de profession et à ce titre sont astreints à l'exécution des dispositions législatives et réglementaires concernant les aubergistes, maîtres d'hôtels garnis et logeurs, toutes personnes qui louent en garni, soit dans les termes et délais en usage pour les locations en garni, soit dans les termes et délais déterminés par le droit commun pour les locations en général[6].

ART. 2. — Les personnes qui veulent exercer la profession d'aubergiste, maître d'hôtel garni ou logeur, sont tenus d'en faire préalablement la déclaration à la préfecture de police. Acte leur en est donné. Cette déclaration doit être renouvelée toutes les fois qu'elles viendront à changer de domicile. Elles devront, en outre, placer extérieurement et conserver constamment, sur la porte d'entrée de la maison, un tableau indiquant que tout ou partie de la maison est loué en garni. Les lettres de ce tableau ne devront pas avoir moins de 0m 08 de hauteur, elles seront noires sur fond jaune. Les aubergistes, maîtres d'hôtels garnis et logeurs sont invités à numéroter leurs appartements ou chambres.

ART. 3. — Les aubergistes, maîtres d'hôtels garnis et logeurs sont tenus d'avoir un regis-

tre en papier timbré pour l'inscription immédiate des voyageurs français et étrangers. Ce registre doit être coté et paraphé par le commissaire de police du quartier.

ART. 4. — Il est enjoint aux aubergistes, maîtres d'hôtels garnis et logeurs d'inscrire jour par jour, de suite, sans aucun blanc ni interligne, les noms, prénoms, âges, professions, domicile habituel et dernière demeure de tous ceux qui couchent chez eux même une nuit seulement. Le registre doit indiquer la date de leur entrée et celle de leur sortie. Il doit en outre mentionner s'ils sont porteurs de passeports ou autres papiers de sûreté, et quelles sont les autorités qui les ont délivrés.

ART. 5. — Les aubergistes, maîtres d'hôtels et logeurs représenteront leur registre à toute réquisition, soit aux commissaires de police, qui les viseront, soit aux officiers de paix ou autres préposés de la préfecture de police, qui pourront aussi les viser. Ils seront tenus de faire viser leurs registres à la fin de chaque mois, par le commissaire de police de leur quartier.

ART. 6. — Faute par eux de ne pas se conformer aux dispositions des art. 3, 4 et 5 de la présente ordonnance, ils encourront les peines prononcées par les lois[1]. Ils seront en outre civilement responsables des restitutions, des indemnités et des frais à ceux à qui un crime ou un délit commis par des personnes logées sans inscription aurait causé quelque dommage, sans préjudice de leur responsabilité dans le cas des art. 1952 et 1953 du Code civil[2].

ART. 7. — Il leur est défendu d'inscrire sciemment, sur leur registre, sous des noms faux ou supposés, les personnes logées chez eux sous les peines prononcées par l'art. 154 du Code pénal[3]. Il leur est pareillement défendu de donner retraite aux vagabonds, mendiants et gens sans aveu[4].

ART. 8. — Il leur est défendu aussi de recevoir habituellement des filles publiques, sous peine de 200 francs d'amende[5].

ART. 9. — Les aubergistes, maîtres d'hôtels garnis et logeurs, porteront, tous les jours, avant 4 heures, au commissaire de police de leur quartier, les passeports des voyageurs français et une note des voyageurs étrangers qui seront arrivés dans leurs auberges, hôtels garnis, appartements ou chambres meublées. En échange de chaque passeport, le commissaire de police leur remettra un bulletin avec lequel les voyageurs se présenteront, dans les trois jours de leur arrivée, à la préfecture de police, pour y retirer leurs passeports et obtenir un visa ou un permis de séjour.

ART. 10. — Les personnes, soit françaises, soit étrangères, qui, antérieurement à leur arrivée dans les maisons garnies, appartements ou chambres meublées, auront obtenu des permis de séjour, seront tenues de les remettre immédiatement au maître de la maison garnie, de l'appartement ou chambre meublée chez lequel ils viendront loger. Ce dernier est tenu

---

[1] Le Bègue, p. 73. — [2] Cahier, *ibid.* — [3] Ord. pol., 15 juin 1832. — [4] Ord. pol., 7 mai 1878. — [5] Ibid. — [6] C. civ., 1758.

---

[1] Amende depuis 6 fr. jusqu'à 10 fr. inclusivement (C. pén., 475, n° 2); en cas de récidive cinq jours de prison (C. pén., 478). — [2] C. pén., 73. — [3] Emprisonnement de six jours à un mois. — [4] Loi, 10 vendém., an IV. — [5] Ord. pol., 6 nov. 1778, art. 55.

de les représenter, dans les 24 heures, au commissaire de police de son quartier qui, s'ils sont périmés, le constatera avec injonction aux individus qui en sont porteurs de les faire régulariser ou renouveler.

Il est défendu aux aubergistes, maîtres d'hôtels garnis ou logeurs, de retenir, sous quelque prétexte que ce soit, les papiers des personnes logées chez eux.

ART. 11. — Lorsqu'un aubergiste, maître d'hôtel garni ou logeur, cessera sa profession, il devra faire immédiatement, au bureau du commissaire de police de son quartier, le dépôt de son registre avec l'acte de sa déclaration qui lui a été donné par la préfecture de police.

ART. 12. — Les passeports seront laissés à la disposition des voyageurs étrangers à la France, afin que, dans les trois jours de leur arrivée, ils puissent se faire reconnaître par l'ambassadeur, envoyé ou chargé d'affaires de leur gouvernement. Ce délai de trois jours passé, ces étrangers seront tenus de se présenter à la préfecture de police pour y recevoir, en échange de leur passeport, un permis de séjour ordinaire et indicatif de leur qualité d'étrangers.

L'hôtelier est responsable des vols commis dans l'hôtel et ses dépendances (cours, étables, écuries, etc.).

Le voyageur doit laisser la clef de son logement chaque fois qu'il sort, pour que l'hôtelier puisse y entrer s'il en est requis à une visite du commissaire ou autres agents de police.

Ordonnance de police du 7 mai 1878.

ARTICLE PREMIER. — En conformité de l'ordonnance de police du 15 juin 1832, aucune maison ou partie de maison ne pourra être livrée à la location en garni, qu'après une déclaration faite à la préfecture de police.

Dans un délai de cinq jours, à partir de la réception de cette déclaration, les locaux proposés seront visités par des agents de l'administration, qui s'assureront de l'état de salubrité des lieux et de l'exécution des prescriptions hygiéniques concernant les habitations.

Le logeur ne pourra recevoir des locataires qu'à partir du jour où il lui aura été donné acte de sa déclaration.

ART. 2. — Dans la visite prescrite par l'article précédent, il sera procédé au cubage des chambres louées en garni.

Le nombre des locataires qui pourront être reçus dans chaque chambre sera proportionnel au volume d'air qu'elle contiendra. Ce volume ne sera jamais inférieur à quatorze mètres cubes *par personne.*

Le nombre maximum des personnes qu'il sera permis de recevoir dans chaque chambre y sera affiché d'une manière apparente.

ART. 3. — Le sol des chambres sera imperméable et disposé de façon à permettre de fréquents lavages, à moins qu'il ne soit planchéié et frotté à la cire ou peint au siccatif.

Les murs, les cloisons et les plafonds seront enduits en plâtre; ils seront maintenus en état de propreté, et, de préférence, peints à l'huile, ou badigeonnés à la chaux.

Les peintures seront lessivées ou renouvelées au besoin tous les ans.

On ne pourra garnir de papiers que les chambres à un ou à deux lits, et ces papiers seront renouvelés toutes les fois que cela sera jugé nécessaire.

ART. 4. — Les chambres devront être convenablement ventilées.

Les chambrées, c'est-à-dire les chambres qui contiennent plus de quatre locataires, devront être pourvues d'une cheminée ou de tout autre moyen d'aération permanente.

ART. 5. — Il est interdit de louer en garni les chambres qui ne seraient pas éclairées directement, ou qui ne prendraient pas air et jour sur un vestibule ou sur un corridor éclairé lui-même directement.

Les chambrées et les chambres qui contiendraient plus de deux personnes devront toujours être éclairées directement.

ART. 6. Il est interdit de louer des caves en garni.

Les sous-sols ne pourront être loués en garni qu'en vertu d'autorisations spéciales.

ART. 7. — Il est absolument défendu d'admettre dans les chambrées des personnes de sexe différent.

ART. 8. — Il n'y aura pas moins d'un cabinet d'aisances pour chaque fraction de vingt habitants.

Ces cabinets, peints au blanc de zinc, et tenus dans un état constant de propreté, seront suffisamment aérés et éclairés directement. Ils seront munis d'appareils à fermeture automatique. Le sol sera imperméable et disposé en cuvette inclinée, de manière à ramener les liquides vers le tuyau de chute, et au-dessus de l'appareil automatique.

Les urinoirs, s'il en existe, seront construits en matériaux imperméables. Ils seront à effet d'eau.

ART. 9. — Les plombs seront munis d'une fermeture hermétique, lavés et désinfectés assez souvent pour qu'ils ne répandent aucune odeur.

ART. 10. — Les corridors, les paliers, les escaliers et les cabinets d'aisances devront être fréquemment lavés, à moins qu'il ne soient frottés à la cire ou peints au siccatif, ainsi que cela a été prescrit pour les chambres.

ART. 11. — Chaque maison louée en garni sera pourvue d'une quantité d'eau suffisante pour assurer la propreté et la salubrité de l'immeuble, et pour pourvoir aux besoins des locataires.

ART. 12. — Toutes les fois qu'un cas de maladie épidémique ou contagieuse se sera manifesté dans un garni, la personne qui tiendra ce garni devra en faire immédiatement la déclaration au commissaire de police de son quartier ou de sa circonscription, lequel nous transmettra cette déclaration.

Un membre du conseil de salubrité sera délégué pour constater la gravité de la maladie, et provoquer les mesures propres à en prévenir la propagation.

ART. 13. — Les personnes qui tiendront des logements en garni seront tenues de se conformer à toutes les prescriptions:

1° De l'ordonnance de police sus-visée du

23 novembre 1853, concernant la salubrité des habitations ;

2° De l'instruction du conseil d'hygiène publique et de salubrité de la Seine, annexée à ladite ordonnance.

Aussi bien qu'à toutes les prescriptions intervenues depuis cette époque.

ART. 14. — Les contraventions aux dispositions qui précèdent seront constatées par des procès-verbaux ou rapports, et déférées aux tribunaux compétents.

ART. 15. — L'ordonnance de police du 23 novembre 1853 et l'instruction du conseil de salubrité, rappelées dans l'article précédent, seront publiées et affichées en même temps que la présente ordonnance.

ART. 16. — Les sous-préfets...

APPUI. — C. civ., art. 699. Décr. du 27 déc. 1851 [1]. Arr. préf. du 7 sept. 1854 [2]. Loi du 28 juill. 1885 [3].

Le droit d'appuyer une poutre ou tout autre objet, sur la construction ou le mur de son voisin, est une servitude qui grève cette construction ou ce mur.

Ce droit peut résulter soit d'un titre, soit d'un usage non interrompu depuis plus de trente ans.

Comme toute servitude ne peut être aggravée au préjudice du fonds servant, ce droit doit être restreint à sa nature même.

Si ce droit d'appui est déterminé par des titres, ces titres doivent indiquer d'une façon très précise le nombre et la nature des ouvrages que l'on a le droit d'appuyer.

A défaut de titre, et dans le cas de possession trentenaire, le nombre et la nature des ouvrages appuyés créent la nature même de la servitude, et ils ne peuvent être augmentés.

Il y a une distinction à faire entre le droit d'appui et le droit de support.

Lorsqu'il y a droit d'appui, c'est à celui qui en use à entretenir, à ses frais, les ouvrages nécessaires à l'exercice de son droit [4].

S'il s'agit, au contraire, d'un droit de support, c'est au propriétaire du fonds grevé de cette servitude à entretenir le mur, les piliers, les poteaux, etc., qui servent à supporter l'édifice du voisin qui jouit du droit de support [5].

Celui dont le mur est grevé d'une servitude d'appui ou de support peut se libérer de cette servitude, en faisant l'abandon du mur sur lequel le voisin a un droit d'appui ou de support [6].

Les propriétaires sont tenus de souffrir l'appui des poteaux, branches et conduits nécessaires aux réverbères et aux becs de gaz.

Il en est de même pour les poteaux ou supports de fils télégraphiques ; mais, dans ce cas, le propriétaire aurait droit à une indemnité [1], ce qui semblerait résulter encore de l'arrêt du conseil d'État, du 31 août 1861, qui reconnaît aux conseils de préfecture compétence pour fixer la réparation du préjudice qui peut être causé par les travaux, et de l'article 9 du décret du 27 déc. 1851 [2] ainsi conçu : « Lorsque sur une ligne télégraphique déjà établie, la transmission des signaux sera empêchée ou gênée, soit par des arbres, soit par l'interposition d'un objet quelconque placé à demeure, mais susceptible d'être déplacé, un arrêté du préfet prescrira les mesures nécessaires pour faire disparaître l'obstacle, à la charge de payer l'indemnité qui sera fixée par le juge de paix. Cette indemnité sera consignée préalablement à l'exécution de l'arrêté du préfet. Si l'objet est mobile et n'est point placé à demeure, un arrêté du même suffira pour en ordonner l'enlèvement. » Ce droit à une indemnité, mais seulement pour le préjudice causé par les travaux d'établissement ou d'entretien des lignes télégraphiques ou téléphoniques, est inscrit dans la loi du 28 juillet 1885, article 10 [3].

Pour les appuis de croisée ou de boutique V. *Saillies*.

AQUEDUC. — Coutume de Paris, art. 14, C. civ., art. 674, 697, 698.

Un aqueduc est un canal fait de mains d'homme, qui reçoit l'eau et la dirige, à l'aide d'une pente plus ou moins rapide, au lieu de sa destination.

Les riverains des aqueducs ne peuvent faire ni plantations ni constructions qui y portent préjudice.

Celui qui veut construire un aqueduc le long d'un mur mitoyen ou non doit établir un contre-mur d'une épaisseur suffisante pour que les eaux ne puissent atteindre le mur [4].

Lorsqu'un aqueduc passe sous la propriété d'autrui, ce passage établit un droit de servitude au profit de celui auquel appartient l'aqueduc et au préjudice de celui sur le fonds duquel passe cet aqueduc.

Comme toute servitude, ce droit peut être établi soit par un titre, soit par la prescription trentenaire; et celui qui le subit ne peut rien faire qui puisse nuire à son usage.

---

[1] V. *Télégraphe*. — [2] Ibid. — [3] Ibid. — [4] Fournel, t. II, p. 510. — [5] Ibid. — [6] C. civ., 699 (Conséquence de l'art.).

[1] Arr. préf., 7 sept. 1854, V. *Télégraphe*. — [2] V. *Télégraphe*. — [3] Ibid.

[4] C. civ., 674 ; Coutume de Paris, n° 14.

Celui auquel appartient le droit d'aqueduc doit faire tous les travaux d'entretien, et celui dont le fonds est grevé de ce droit doit supporter toutes les incommodités résultant de ces travaux[1].

Si un aqueduc reçoit les eaux de plusieurs propriétés, chacun des propriétaires doit contribuer aux dépenses de la portion d'aqueduc dont il fait usage, mais à cette portion seulement. M. Solon dit, en effet, article 577[2] : « Si une partie du canal n'est utile qu'à un seul propriétaire, celui-ci doit payer seul les frais d'entretien, de réparation et reconstruction de cette partie, sans qu'il puisse être dispensé de contribuer pour sa part dans les frais que nécessite la partie du canal qui suit, et dont il use comme les autres; au reste, la répartition se fait de manière que chacun ne paye que pour la portion dont il tire servitude, et nullement pour celle dont il n'a aucun besoin. »

Il est interdit de faire une saignée à un aqueduc public sans une concession expresse de l'administration.

Le sol des voies publiques étant imprescriptible, on ne peut, sur une rue ou un emplacement public quelconque, acquérir une servitude d'aqueduc.

Les demandes en construction d'aqueduc sous la voie publique doivent être adressées au préfet.

AQUEDUC D'ARCUEIL.

AQUEDUC D'ARCUEIL. — Un arrêt du conseil, du 7 juillet 1777, défend de construire, sans une autorisation, aucun bâtiment sur tout le cours de l'aqueduc d'Arcueil, à moins de 15 toises (29m 35), à partir de la clef de la voûte, sous peine de 1,500 livres d'amende et de démolition des constructions.

On ne peut surélever un bâtiment existant dans la zone ci-dessus, sans une nouvelle autorisation, car l'administration serait en droit d'ordonner la démolition de cette surélévation faite indûment[3].

ARBITRAGE, ARBITRE.

ARBITRAGE, ARBITRE. — Décret du 24 août 1790[4]. C. civ., art. 1592. C. proc. civ., art. 44, 64, 268, 378, 480, 1003, 1006, 1007, 1012, 1013, 1014, 1016, 1017, 1018, 1020, 1023, 1028. C. comm., art. 51, 52, 53, 54, 60, 63.

L'arbitrage a été de tous les temps.

Le décret du 16-24 août 1790 considère l'arbitrage comme le moyen le plus raisonnable de terminer les contestations entre les citoyens.

Il existe entre la mission des arbitres et celle des experts une différence très marquée.

L'arbitre est celui qui a reçu des parties le droit de juger une contestation née ou à naître, dit en propres termes un arrêt de la Cour de Bordeaux du 9 janvier 1832[1]. Les experts donnent leur avis pour éclairer le tribunal, qui peut juger contrairement à cet avis; les arbitres, au contraire, sont de véritables juges dont la décision, lorsqu'elle est revêtue de l'ordonnance d'exécution délivrée par le président du tribunal, a toute l'autorité d'un jugement[2].

Ainsi la clause d'un bail portant qu'en cas de contestations, elles seront soumises à des experts qui jugeront sans appel, doit être interprétée en ce sens que les parties ont entendu se soumettre à des arbitres et non à des experts[3].

De même, les personnes désignées aux termes de l'article 1592 du Code civil, pour fixer le prix d'une vente, doivent être considérées comme des arbitres et non comme des experts[4].

La première ordonnance qui donne quelque régularité à la législation relative aux arbitrages est celle de décembre 1363.

Dans cette ordonnance, dont l'article 2 est ainsi conçu : « Si quelqu'un appelle de la sentence d'un arbitre ou amiable compositeur au jugement d'un honnête homme, il ne pourra pas porter cet appel au parlement », il n'était pas permis d'appeler d'un jugement arbitral; l'ordonnance de juin 1510 et l'édit d'août 1560 permettent, au contraire, de revenir au juge, mais seulement après exécution préalable.

Sous l'ancienne législation le recours à l'arbitrage était peu fréquent, mal vu qu'il était des parlements : il ne prit un réel essor qu'à partir de la loi du 16-24 août 1790[5], et surtout de la promulgation du Code de procédure civile qui régla définitivement les conditions des arbitrages, les droits et les devoirs des arbitres.

Il existe deux espèces d'arbitrage : l'arbitrage forcé ou légal et l'arbitrage volontaire ou de droit commun.

L'arbitrage forcé est celui qui est imposé par la loi[6].

L'arbitrage volontaire est celui qui est établi par la volonté des parties.

Toute personne, ayant le libre exercice de ses droits, peut nommer un ou plusieurs arbitres pour prononcer sur ses intérêts privés[7].

Parmi les personnes qui ne peuvent com-

---

[1] C. civ., 697-698. — [2] C. Perrin, p. 35.
[3] C. d'Ét., 12 janv. 1860.
[4] Annexe.

[1] Dalloz, t. IV, p. 387. — [2] Dalloz, t. IV, p. 381. — [3] Amiens, 15 juin 1824. — [4] Lyon, 24 août 1826. — [5] Annexe. — [6] C. comm., 51. — [7] Décr., 16-24 août 1790, art. 2 (annexe); C. proc., 1003; C. comm., 51, 63.

promettre sont : les communes, les établissements publics, les mineurs, les liquidateurs, etc.

Toutes personnes peuvent être choisies comme arbitres, à moins que, par l'effet de quelques incapacités ou infirmités, elles ne puissent pas en exercer les fonctions [1].

Les arbitres, par assimilation avec les experts et les juges, ne doivent pas être choisis parmi les personnes qui se trouvent dans les conditions suivantes :

1° Les parents ou alliés en ligne directe de l'une des parties jusqu'au degré de cousin germain inclusivement [2];

2° Celles qui ont intérêt personnel à la contestation ;

3° Celles qui, dans l'année qui a précédé, ont eu un procès criminel entre elles et l'une des parties ou son conjoint, ou ses parents et alliés en ligne directe, ou un procès civil entre elles et l'une des parties ou son conjoint;

4° Si l'un d'eux est tuteur, subrogé-tuteur ou curateur, héritier présomptif ou donataire, maître ou commensal de l'une des parties ; s'il est administrateur de quelque établissement ou société partie dans la cause [3].

Les arbitres ne peuvent être récusés que pour une cause survenue depuis le compromis [4], par exemple :

1° S'ils ont donné leur avis écrit dans l'affaire en litige, ou fourni aux frais du procès ;

2° Si, depuis la signature du compromis, ils ont bu ou mangé avec l'une ou l'autre des parties dans leur maison, ou reçu d'elle des présents [5].

Le compromis tendant à l'arbitrage peut être fait sous signature privée, par devant notaires, ou par procès-verbal devant les arbitres choisis [6].

Quand il est fait sous seing privé, il doit être fait autant d'expéditions qu'il y a de parties intéressées, plus une qui est remise au tribunal arbitral.

Quand il est fait par procès-verbal devant les arbitres, ce premier procès-verbal doit être signé par les parties; à la suite il constate l'acceptation du tribunal arbitral et sa constitution.

Le compromis peut ne pas être fait par écrit; il peut résulter de la signature par les parties du jugement arbitral [7].

L'article 1006 veut que le compromis, sous peine de nullité, désigne les objets en litige et le nom des arbitres ; mais la jurisprudence est moins restrictive, il suffit pour que le compromis soit valable :

1° Que le compromis donne aux arbitres le pouvoir de prononcer sur toutes les difficultés élevées ou qui pourraient s'élever sur l'exécution de tel contrat et de tel jugement dont il indique la date sans spécifier ces difficultés [1];

2° Lorsque le compromis porte que les parties soumettent aux arbitres un procès intenté en tel tribunal [2];

3° Lorsque le compromis déclare que les parties s'en rapportent aux écritures par elles respectivement signifiées lors du procès qu'elles veulent terminer par la voie de l'arbitrage [3];

4° Lorsque le compromis charge les experts, nommés pour visiter les lieux, de juger, comme amiables compositeurs, tant sur le procès même qui a donné lieu à cette visite, que sur tous les procès qui se sont élevés dans le cours de cette visite [4];

5° Lorsque les parties déclarent vouloir éviter un procès relativement à leurs propriétés limitrophes [5];

6° Lorsqu'elles désirent terminer le différend résultant de leurs affaires commerciales et civiles [6];

7° Lorsque les arbitres sont nommés pour régler définitivement les prétentions des parties qu'elles feront connaître aux arbitres [7].

Les parties peuvent convenir de tel nombre d'arbitres qu'il leur plaît, mais il est préférable de les désigner en nombre impair [8].

Le délai dans lequel l'arbitre doit rendre son jugement doit être fixé par les parties lors du compromis [9], et si ce délai n'a pas été spécifié, la mission de l'arbitre n'a qu'une durée de trois mois à partir du jour du compromis [10].

Les parties ont toujours le droit de proroger le délai de l'arbitrage.

Cette prorogation peut résulter de tout écrit émanant des parties, même d'une simple lettre, ou de circonstances telles que la comparution des parties devant les arbitres, la remise de pièces et de documents, etc.

L'article 3 du décret des 16-24 août 1790 dit expressément que, même le délai expiré, le compromis est valable tant que l'une des parties n'a pas signifié aux arbitres qu'elle ne tient plus à l'arbitrage.

Le compromis prend fin [11] :

1° Par le décès, refus, départ ou empêche-

---

[1] Dalloz, t. 4, p. 468. — [2] C. proc., 44, 268. — [3] C. proc., 378. — [4] C. proc., 1014. — [5] C. proc., 378. — [6] C. comm., 53; C. proc., 54. — [7] Dalloz, t. 4, p. 487.

[1] Turin, 4 avril 1808. — [2] C. de Rennes, 13 déc. 1809. — [3] Cass., 29 janv. 1812; Bordeaux, 22 mai 1832. — [4] Cass., 27 févr. 1823. — [5] Cass., 31 oct. 1811. — [6] Bordeaux, 22 mai 1832. — [7] C. de Bruxelles, 3 janv. 1829. — [8] C. de Bourges, 14 juill. 1830. — [9] Pardessus, n° 1391; Dalloz, t. 4, p. 526. — [10] C. comm., 54. — [11] C. proc., 1007, 1012.

ment de l'un des arbitres, s'il n'y a clause qu'il sera passé outre, ou que le remplacement sera au choix des parties, ou au choix de l'arbitre ou des arbitres restants ;

2° Par l'expiration du délai stipulé, ou de celui de trois mois, sauf les cas ci-dessus relatés ;

3° Par le partage, si les arbitres n'ont pas le droit de nommer un tiers arbitre, ou si les parties ne se sont pas réservé ce droit.

Dans un arbitrage ordonné par les tribunaux, le droit de nommer un tiers arbitre existe, alors même qu'il n'aurait pas été mentionné dans le jugement [1].

Le décès d'une des parties ne met pas fin au compromis, à moins qu'il n'y ait un mineur parmi les héritiers [2].

Tous les arbitres doivent assister à chaque délibération.

La sentence arbitrale doit être signée par tous les arbitres ; l'absence d'un seul, même apposerait-il ultérieurement sa signaure, suffirait à l'invalidité de la sentence. Pourtant, dans le cas où il y a plus de deux arbitres, si la minorité refuse de signer, les autres arbitres en font mention, et la sentence a le même effet que si elle était signée de tous [3].

En cas de partage, les arbitres rédigent leur avis distinct et motivé, soit dans un même procès-verbal, soit dans des procès-verbaux séparés, et nomment un tiers arbitre s'ils y sont autorisés par le compromis, ou le font désigner par les parties si elles se sont réservé ce droit ; et, dans le cas contraire, par le président du tribunal qui doit ordonner l'exécution de la sentence arbitrale, le tout à la requête de la partie la plus diligente [4].

Le tiers arbitre doit juger dans le mois à dater du jour de son acceptation, à moins que ce délai n'ait été prolongé par l'acte de la nomination : il entend les arbitres divisés, et est tenu de se conformer à l'un des avis formulés par lesdits arbitres [5], quand il est nommé par les parties ; s'il est choisi par les premiers arbitres, il peut ne pas tenir compte de leurs opinions, et prononcer seul la sentence [6].

L'article 4 du décret des 16-24 août 1790 [7] voulait que les sentences arbitrales, fussent sans appel ; l'article 1010 du code de procédure civile exige, au contraire, la renonciation préalable des parties, lors de la signature du compromis.

La sentence arbitrale est rendue exécutoire par une ordonnance du président du tribunal de première instance, ou, si les parties s'étaient interdit la faculté d'appeler de la sentence arbitrale, par le président du tribunal d'appel [1].

Les parties peuvent dispenser du dépôt de la sentence en la signant, après avoir écrit de leur main la mention : *Je déclare accepter la présente ordonnance et dispenser les arbitres (ou l'arbitre) d'en opérer le dépôt.*

L'appel des jugements arbitraux est porté devant le tribunal du degré supérieur à celui devant lequel les parties auraient eu à se pourvoir s'il n'y avait eu arbitrage. Ainsi ces appels doivent être portés devant les tribunaux de première instance pour les différends de la compétence de la justice de paix ; devant la cour d'appel pour les affaires de la compétence des tribunaux de première instance [2].

Une sentence arbitrale peut être attaquée de nullité [3], et on peut appeler du jugement qui la rend exécutoire :

1° Si la sentence a été rendue sans compromis, ou hors des termes du compromis [4] ;

2° Si elle a été rendue, le compromis ayant expiré ou étant devenu nul ;

3° Si elle l'a été par quelques-uns et non par tous les arbitres ;

4° Si le tiers arbitre, qui l'a rendue, n'a pas entendu les premiers arbitres [5].

Il ne peut y avoir recours en cassation que sur les jugements rendus sur appel d'une sentence arbitrale [6].

ANNEXE

Extrait du décret des 16-24 août 1790.

TITRE PREMIER. — DES ARBITRES.

ARTICLE PREMIER. — L'arbitrage étant le moyen le plus raisonnable de terminer les contestations entre les citoyens, les législatures ne pourront faire aucune disposition qui tendrait à diminuer, soit la faveur, soit l'efficacité des compromis.

ART. 2. — Toutes personnes, ayant le libre exercice de leurs droits et de leurs actions, pourront nommer un ou plusieurs arbitres pour prononcer sur leurs intérêts privés dans tous les cas et en toutes matières, sans exception.

ART. 3. — Les compromis qui ne fixeront aucun délai dans lequel les arbitres devront prononcer, et ceux dont le délai sera expiré, seront néanmoins valables, et auront leur exécution, jusqu'à ce qu'une des parties ait fait signifier aux arbitres qu'elle ne veut plus tenir à l'arbitrage.

ART. 4. — Il ne sera point permis d'appeler des sentences arbitrales, à moins que les par-

---

[1] Dalloz, t. 5, p. 14. — [2] C. proc., 1013. — [3] C. proc., 1016. — [4] C. proc., 1017 ; C. comm., 60. — [5] C. proc., 1018. — [6] Cass., 26 févr. 1856. — [7] Annexe.

[1] C. proc., 1020. — [2] C. proc., 1023. — [3] C. proc., 1028. — [4] C. proc., 480, 1006. — [5] C. proc., 1018. — [6] C. proc., 1028 ; C. comm., 52.

tics ne se soient expressément réservé, par le compromis, la faculté de l'appel.

ART. 5. — Les parties qui conviendront de se réserver l'appel seront tenues de convenir également, par le compromis, d'un tribunal entre tous ceux du royaume auquel l'appel sera déféré, faute de quoi l'appel ne sera pas reçu.

ART. 6. — Les sentences arbitrales dont il n'y aura pas d'appel seront rendues exécutoires par une simple ordonnance du président du tribunal de district, qui sera tenu de la donner au bas ou en marge de l'expédition qui lui sera présentée.

ARBRES. — Edit d'août 1669[1]. Arr. cons. des 26 mai 1705[2] et 3 mai 1720[3]. Décr. du 26 juill. 1790[4]. Décr. du 16 déc. 1811[5]. Loi du 12 mai 1825[6]. Arr. préf. du 20 avril 1847[7]. Instr. du 31 mars 1862[8]. Loi du 26 août 1881[9]. C. civ., art. 556, 649, 650.

La législation divisait les arbres en arbres à haute tige et en arbres à basse tige, suivant qu'ils étaient susceptibles ou non de s'élever à plus de quatre mètres de haut.

La loi des 20-26 août 1881[10], modifiant les articles 670, 671, 672 et 673 du Code civil, fait seulement une distinction entre les arbres dont la hauteur dépasse deux mètres, et ceux qui n'atteignent pas cette hauteur ou qui sont maintenus au-dessous, par des coupes.

L'arbre dont le tronc se trouve placé directement sur la ligne séparative de deux propriétés appartient, sauf preuve contraire, par moitié à chacun des deux propriétaires.

Chaque propriétaire a le droit d'exiger que les arbres mitoyens soient arrachés[11].

Quand il n'y a pas de règlements ou d'usages spéciaux, on ne peut planter à moins de deux mètres de la ligne séparative les arbres dont la hauteur dépasse deux mètres[12]. A Paris, d'après Lepage[13], confirmé par un arrêt de la Cour de Paris, l'usage permettrait de planter les arbres à un mètre seulement de la ligne séparative ; pourtant le cahier des juges de paix dressé en 1852 dit qu'il n'existe pas à Paris d'usage particulier, et ajoute : « La règle est qu'une plantation ne doit pas nuire au voisin ; en conséquence, on se décide, dans la fixation des distances à observer, selon que les arbres paraissent plus ou moins susceptibles de causer du tort aux héritages limitrophes. »

Si, entre deux propriétés, il existe un mur séparatif, les arbres, arbustes et arbrisseaux peuvent être plantés en espaliers, sans que l'on soit tenu à observer aucune distance, mais à la condition qu'ils ne dépassent pas la crête du mur[1].

Lorsque les arbres ne sont pas plantés à la distance légale, le voisin a le droit d'exiger qu'ils soient arrachés ou réduits à la hauteur prescrite, à moins qu'il n'y ait titre, destination du père de famille ou prescription trentenaire[2].

Dans ce dernier cas, si les arbres meurent, sont coupés ou arrachés, le droit établi par titre de famille ou prescription cesse *ipso facto*, et il ne peut en être planté d'autres qu'à la distance légale.

Si un arbre, bien que planté à la distance prescrite, courbé par le vent ou toute autre circonstance, vient à s'incliner sur le fonds du voisin, ce voisin peut exiger qu'il soit abattu[3].

Le voisin a également le droit d'exiger l'élagage des branches qui s'étendent sur son fonds. Quant aux racines, il peut les couper lui-même, mais ne peut obliger l'autre propriétaire à les extirper.

Le long des rivières navigables ou flottables, les arbres doivent être plantés à dix mètres du bord, pour le côté servant de chemin de halage, ou pour tous les deux quand les deux servent au halage, et à trois mètres trente-trois centimètres (3ᵐ 33) pour le côté ne servant pas au halage[4].

Pour les rivières non navigables mais flottables, la distance à observer est de un mètre trente centimètres (1ᵐ 30).

Le long des rues, places, routes, chemins et autres propriétés affectées à un usage public, général ou communal, il n'y a pas de distance à observer, sauf le cas où il y aurait un sujet des usages locaux[5].

Les arbres doivent être plantés à quatre-vingt-dix-sept centimètres (0ᵐ 97) au moins des fossés qui bordent les routes[6].

Il ne peut être fait aucune plantation privée sur les rues ou places publiques[7].

La distance se mesure toujours du milieu du tronc ou de la tige.

Sur les boulevards et les avenues, l'administration ne consent à la suppression ou au déplacement d'aucun arbre, à moins que l'impossibilité absolue de placer la porte charretière dans l'intervalle de deux arbres consécutifs ne soit manifestement démontrée[8].

Au point de vue locatif le cahier des juges de paix dressé en 1852 spécifie que « le loca-

---

[1] V. *Bois et forêts*. — [2] V. *Route*. — [3] Ibid. — [4] Ibid. — [5] Ibid. — [6] Ibid. — [7] V. *Boulevard*. — [8] V. *Bâtir (Autor. de)*. — [9] Annexe. — [10] Annexe. — [11] Loi de 1881. — [12] Ibid. — [13] Lepage, t. Iᵉʳ, p. 230.

[1] Loi de 1881. — [2] Ibid. — [3] C. Perrin, nᵒ 215. — [4] Edit, août 1669, V. *Bois et forêts*; C. civ., 556, 649, 650. — [5] Loi du 9 vent. an XIII. — [6] Arr. cons., 26 mai 1705 et 3 mai 1720, V. *Route*. — [7] Loi du 26 juill. 1790, V. *Route*. — [8] Arr. préf. du 20 avril 1847, V. *Boulevard*. Instr. 31 mars 1862, V. *Bâtir (Autor. de)*.

taire ne peut emporter les arbres qu'il a plantés, mais que le propriétaire doit lui en payer la valeur, à moins qu'il ne préfère les laisser enlever par le locataire. Pour les plantes, arbrisseaux et arbustes, le locataire peut les enlever à la fin du bail, excepté s'ils en remplacent d'autres qui existaient lors de son entrée. »

« Les arbres et arbustes doivent être rendus en même nature et même espèce qu'ils étaient au commencement du bail, et s'il en meurt quelques-uns, le locataire doit les remplacer. »

Les contestations relatives à la distance et à l'élagage des arbres sont de la compétence des juges de paix, quand le préjudice n'est pas estimé à plus de cent francs; au-dessus elles relèvent des tribunaux civils.

Si la contestation porte sur la propriété même des arbres, ou sur l'interprétation des titres, les juges de paix sont incompétents, et l'action doit être intentée devant les tribunaux civils.

ANNEXE

Loi des 20-26 août 1881.

Article unique. — Sont modifiés ainsi qu'il suit les articles 666, 667, 668, 669, 670, 671, 672, 673, 682, 683, 684 et 685 du Code civil :

Art. 666. — Toute clôture qui sépare des héritages est réputée mitoyenne, à moins qu'il n'y ait qu'un seul des héritages en état de clôture, ou s'il n'y a titre, prescription ou marque contraire.

Pour les fossés, il y a marque de non mitoyenneté lorsque la levée ou le rejet de la terre se trouve d'un côté seulement du fossé.

Le fossé est censé appartenir exclusivement à celui du côté duquel le rejet se trouve.

Art. 667. — La clôture mitoyenne doit être entretenue à frais communs; mais le voisin peut se soustraire à cette obligation en renonçant à la mitoyenneté.

Cette faculté cesse, si le fossé sert habituellement à l'écoulement des eaux.

Art. 668. — Le voisin dont l'héritage joint un fossé ou une haie non mitoyens ne peut contraindre le propriétaire de ce fossé ou de cette haie à lui céder la mitoyenneté.

Le copropriétaire d'une haie mitoyenne peut la détruire jusqu'à la limite de sa propriété, à la charge de construire un mur sur cette limite.

La même règle est applicable au copropriétaire d'un fossé mitoyen qui ne sert qu'à la clôture.

Art. 669. — Tant que dure la mitoyenneté de la haie, les produits en appartiennent aux propriétaires par moitié.

Art. 670. — Les arbres qui se trouvent dans la haie mitoyenne sont mitoyens comme la haie.

Les arbres plantés sur la ligne séparative de deux héritages sont aussi réputés mitoyens.

Lorsqu'ils meurent ou lorsqu'ils sont coupés ou arrachés, ces arbres sont partagés par moitié. Les fruits sont recueillis à frais communs et partagés aussi par moitié, soit qu'ils tombent naturellement, soit que la chute en ait été provoquée, soit qu'ils aient été cueillis.

Chaque propriétaire a le droit d'exiger que les arbres mitoyens soient arrachés.

Art. 671. — Il n'est permis d'avoir des arbres, arbrisseaux et arbustes près de la limite de la propriété voisine qu'à la distance prescrite par les règlements particuliers actuellement existants, ou par des usages constants et reconnus, et, à défaut de règlements et usages, qu'à la distance de deux mètres de la ligne séparative des deux héritages pour les plantations dont la hauteur dépasse deux mètres, et à la distance d'un demi-mètre pour les autres plantations.

Les arbres, arbustes et arbrisseaux de toute espèce peuvent être plantés en espaliers, de chaque côté du mur séparatif, sans que l'on soit tenu d'observer aucune distance, mais ils ne pourront dépasser la crête du mur.

Si le mur n'est pas mitoyen, le propriétaire seul a le droit d'y appuyer ses espaliers.

Art. 672. — Le voisin peut exiger que les arbres, arbrisseaux et arbustes, plantés à une distance moindre que la distance légale, soient arrachés ou réduits à la hauteur déterminée dans l'article précédent, à moins qu'il n'y ait titre, destination du père de famille ou prescription trentenaire.

Si les arbres meurent, ou s'ils sont coupés ou arrachés, le voisin ne peut les remplacer qu'en observant les distances légales.

Art. 673. — Celui sur la propriété duquel avancent les branches des arbres du voisin peut contraindre celui-ci à les couper. Les fruits tombés naturellement de ces branches lui appartiennent.

Si ce sont les racines qui avancent sur son héritage, il a le droit de les y couper lui-même.

Le droit de couper les racines ou de faire couper les branches est imprescriptible.

Art. 682. — Le propriétaire dont les fonds sont enclavés et qui n'a sur la voie publique aucune issue, ou qu'une issue insuffisante pour l'exploitation soit agricole, soit industrielle de sa propriété, peut réclamer un passage sur les fonds de ses voisins, à la charge d'une indemnité proportionnée au dommage qu'il peut occasionner.

Art. 683. — Le passage doit régulièrement être pris du côté où le trajet est le plus court du fonds enclavé à la voie publique.

Néanmoins, il doit être fixé dans l'endroit le moins dommageable à celui sur le fonds duquel il a été accordé.

Art. 684. — Si l'enclave résulte de la division d'un fonds par suite d'une vente, d'un échange, d'un partage ou de tout autre contrat, le passage ne peut être demandé que sur les terrains qui ont fait l'objet de ces actes.

Toutefois dans le cas où un passage suffisant ne pourrait être établi sur les fonds divisés, l'art. 682 serait applicable.

Art. 685. — L'assiette et le mode de servitude de passage pour cause d'enclave sont déterminés par trente ans d'usage continu.

L'action en indemnité dans le cas prévu par l'art. 682 est prescriptible, et le passage peut être continué, quoique l'action en indemnité ne soit plus recevable.

ARCANSONS ou résines de pins. — V. *Résines*, etc.

ARCHITECTE. — C. civ., art. 1382, 1383, 1787, 1792, 1793, 1794, 1795, 1991, 1992. Avis du conseil des bâtiments civils du 1er févr. 1800 [1]. Loi du 15 juill. 1880 [2]. Jugement du tribunal de la Seine du 17 août 1883 [3]. Arr. de la C. de Paris du 6 déc. 1883.

La responsabilité de l'architecte varie suivant la nature de la mission qui lui est confiée, en vertu de ce principe que celui qui cause un dommage à autrui, par son fait, sa négligence ou son imprudence, est tenu de le réparer [5].

L'architecte est un mandataire [6] qui répond, non seulement de son dol, mais encore des fautes qu'il commet dans sa gestion [7].

Ainsi, c'est comme mandataire que, si pendant l'exécution des travaux le propriétaire vient à décéder, l'architecte doit prendre les mesures nécessaires pour écarter le péril qui pourrait résulter de l'interruption immédiate des travaux : cette précaution prise, il doit arrêter les travaux, à moins qu'il ne reçoive des héritiers un nouveau mandat [8].

Entre la personne qui charge un architecte de dresser le projet de la construction qu'il se propose d'édifier et cet architecte, il y a un contrat de louage [9], ainsi que cela résulte de l'art. 1787 et surtout de l'art. 1795 du Code civil qui spécifie que le contrat de louage est dissous par la mort de l'ouvrier, de l'*architecte* ou de l'entrepreneur.

Trois cas se distinguent la responsabilité de l'architecte suivant que :

1° Il dresse seulement les plans et les devis;

2° Il dresse les plans et les devis et surveille l'exécution des travaux;

3° Il vérifie seulement les mémoires de travaux auxquels il a été complètement étranger.

Dans le premier cas, il est responsable des accidents provenant de l'exécution exacte de dimensions spécifiées par lui dans les plans et devis, ainsi que de l'emploi des matériaux indiqués par lui [10].

Dans le deuxième cas, la jurisprudence

est encore mal établie : les tribunaux, par une stricte interprétation du Code, confondent trop facilement l'architecte avec l'entrepreneur. Le Code fait une confusion regrettable entre l'architecte, qui dirige et surveille les travaux, et l'industriel, qui exécute les projets conçus par l'architecte. Il y a, en effet, opposition constante entre l'entrepreneur qui fait une affaire commerciale, dont il cherche, naturellement, à retirer le plus grand profit, et l'architecte qui a reçu mission, c'est à dire mandat, de son client, de surveiller les travaux, de manière que l'entrepreneur fournisse les quantités et les qualités de matériaux nécessaires pour une bonne exécution, et telles qu'elles sont portées au devis.

Cette confusion existe, notamment, dans l'article 1793 qui commence par ces mots : « Lorsqu'un architecte ou entrepreneur s'est chargé de la construction à forfait d'un bâtiment »; c'est évidemment l'entrepreneur général que le Code a désigné là sous le nom d'architecte [1].

La responsabilité encourue par l'art. 1792 ne s'applique qu'au cas où l'édifice a été construit à prix fait, c'est-à-dire quand l'architecte a fait acte d'entrepreneur général, et non au cas où il s'est borné à surveiller l'exécution des plans qu'il a dressés [2].

Le défaut de surveillance de la part de l'architecte entraîne sa responsabilité [3], mais encore faut-il qu'il soit manifeste que l'architecte pouvait et devait s'apercevoir de la faute ou de la fraude de l'entrepreneur; si ce dernier a su masquer le vice de manière à ce qu'il ne puisse être aperçu par l'architecte, l'entrepreneur serait seul responsable [4].

L'architecte est responsable s'il laisse fonder l'édifice sur un mauvais sol; s'il tolère l'emploi de matériaux impropres à l'usage auquel ils sont destinés, même dans le cas de consentement ou d'ordre écrit du propriétaire; s'il prescrit des combinaisons vicieuses au point de vue de la construction [5].

L'architecte est responsable pendant dix ans de la perte de la chose, en vertu de l'article 1792 du Code civil; mais cet article dit « si l'édifice est construit à prix fait », c'est-à-dire à forfait. Quand les travaux sont faits et réglés sur mémoires, établis d'après les prix en usage dans la localité, les articles 1382 et 1383 sont seuls applicables.

L'architecte est aussi responsable des dommages pouvant résulter de l'inobservation des lois, décrets et règlements relatifs

---

[1] Annexe. — [2] V. *Contr. dir.* — [3] Annexe. — [4] Annexe. — [5] C. civ., 1382, 1383. — [6] Manuel, t. Ier, p. 361; Cass., 6 févr. 1837, 11 déc. 1855, 5 mars 1860. — [7] C. civ., 1992. — [8] Manuel, t. Ier, p. 366; C. civ., 1991. — [9] Manuel, t. Ier, p. 343. — [10] Cass., 20 nov. 1817.

[1] Manuel, t. Ier, p. 354. — [2] Cass., 12 nov. 1844, 15 juin 1863. — [3] C. d'Et., 9 mars 1854. — [4] Cass., 12 nov. 1844. — [5] Manuel, t. Ier, p. 367.

à la construction, des servitudes et autres conventions dont le propriétaire lui a donné connaissance. Ainsi il serait responsable si des cheminées étaient adossées à des pans de bois, ou que les âtres reposassent sur des planchers en bois[1].

Mais l'architecte ne saurait être responsable des accidents survenus dans un chantier ou aux abords de ce chantier, par suite de l'inobservation des règlements de police relatifs aux chantiers[2]. Il en est de même des accidents survenus par cas fortuit.

Cette responsabilité existe quand il s'agit de réparations, tout aussi bien que quand il s'agit d'une construction neuve[3].

L'architecte est directement responsable, et c'est à lui à exercer son recours contre l'entrepreneur[4]; aussi le propriétaire ne doit-il pas payer les entrepreneurs sans que l'architecte en ait connaissance ou que les mémoires aient été vérifiés et réglés par lui[5].

Certains jugements rendent l'architecte responsable, même quand les malfaçons proviennent d'instructions données par le propriétaire, ou de matériaux fournis par lui. Un arrêt de la Cour de cassation du 1er décembre 1868 décide, au contraire, que cette responsabilité doit être partagée entre le propriétaire et l'architecte, proportionnellement à la faute de chacun.

L'architecte qui exécute les plans et devis fournis par un autre architecte encourt les mêmes responsabilités que ci-dessus.

L'architecte appelé seulement à vérifier et à régler les mémoires doit rechercher et reconnaître, autant qu'il lui est possible, si les matériaux fournis ont les dimensions spécifiées aux devis, s'ils sont de la qualité indiquée, et s'ils ont été employés conformément aux règles de l'art; enfin, il en fixe le prix suivant les localités et suivant les circonstances. Il n'est responsable, dans ce cas, que de son dol ou de son incapacité, c'est-à-dire des fausses applications de tarif ou des erreurs matérielles de calcul, et non d'une mauvaise évaluation des travaux dont le prix n'est pas porté au tarif[6] et dont l'appréciation ne repose sur aucune règle fixe.

Le propriétaire et l'entrepreneur peuvent refuser un règlement et solliciter une expertise.

Après s'être adressé à un architecte, le propriétaire peut, à tout moment, résilier le contrat qu'il a passé avec lui, mais il doit le dédommager de ses dépenses, de ses travaux et de ce qu'il aurait pu gagner[1].

La question des honoraires est une question encore mal définie.

En général les tribunaux les fixent à cinq pour cent sur le montant des mémoires réglés : ce taux, suffisant pour des travaux courants d'une certaine importance, n'est pas assez rémunérateur pour des travaux de faible importance, ou pour des travaux d'art qui demandent un effort plus grand et des études plus longues et plus coûteuses.

Quelques architectes ont proposé d'établir un tarif proportionnel, mais la chose est restée à l'état de projet, aucune société, ayant l'autorité suffisante, n'ayant pris l'affaire en mains.

Les tribunaux s'appuient sur l'avis du Conseil des bâtiments civils du 12 pluviôse an VIII (1er février 1800[2]) qui estime les honoraires dus aux architectes, pour travaux ordinaires, savoir :

pour la confection des plans et projets à. 1 1/2
pour la conduite des travaux à. . . 1 1/2
pour la vérification et règlement des mémoires à. 2

Mais cet avis ajoute qu'il leur est dû le double pour les mêmes travaux exécutés à plus de cinq kilomètres de leur résidence, plus les frais de déplacement, et que pour les travaux qui exigent des dessins et des modèles, occasionnant des dépenses extraordinaires, ces dessins et modèles doivent être estimés et payés séparément.

Les honoraires doivent être calculés sur le montant réel des travaux, c'est-à-dire avant tout rabais, qu'il s'agisse de travaux exécutés à forfait, ou de travaux exécutés sur une série de prix[3]; attendu que plus les rabais sont forts, plus la responsabilité de l'architecte est grande[4], ces rabais mettant l'architecte à la merci d'entrepreneurs incapables, imprudents ou désireux de travailler coûte que coûte[5].

L'architecte paie une patente calculée à raison d'un quinzième de la valeur locative de tous les locaux qu'il occupe[6].

ANNEXES

Avis du Conseil des bâtiments civils concernant les honoraires des architectes, 12 pluviôse an VIII (1er février 1800).

Vu la lettre adressée au ministre de l'intérieur, etc.

---

[1] Cass., 24 janv. 1876. — [2] V. *Accident.* — [3] Cass., 10 mai 1851, 8 déc. 1852, 7 juill. 1853, 3 déc. 1854, 5 févr. 1857. — [4] Cass., 25 mars 1874. — [5] Lepage, t. II, p. 35. — [6] Tribunal de la Seine, 20 sept. 1882; C. Douai, 15 nov. 1884; Cass., 11 nov. 1885.

[1] Manuel, t. Ier, p. 356 et 375; C. civ., 1382 et 1794 combinés. — [2] Annexe. — [3] C. de Paris, 9 juill. 1887; 7 févr. 1888. — [4] Tribunal de la Seine, 17 août 1881, annexe. — [5] C. de Paris, 6 déc. 1883, annexe, 9 juill. 1887. Tribunal de la Seine, 5 févr. 1888. — [6] Loi du 27 juill. 1880, V. *Contrib. directes.*

Vu enfin la lettre du ministre de l'intérieur,

Et considérant que, s'il n'existe pas de loi positive sur cette matière, *il est au moins un usage qui a toujours servi de règle et qui doit fixer à cet égard la jurisprudence des tribunaux;*

Considérant que les émoluments attachés aux fonctions d'architecte sont légitimes et qu'ils doivent être gradués en raison de l'importance de leurs travaux et de la situation des lieux où ils les font exécuter :

ARTICLE PREMIER. — Estime qu'à Paris, pour les travaux ordinaires, il est dû aux architectes pour la confection des plans et des projets dont ils sont chargés :

Un centime et demi par franc, ci... 1c 1/2

ART. 2. — Pour la conduite des ouvrages........................... 1c 1/2

ART. 3. — Pour la vérification et règlement des mémoires........... 2c

ART. 4. — Ensemble cinq centimes par franc du montant des mémoires en règlement......................... 5c

ART. 5. — Quant à la rédaction des devis d'ouvrages qui ne seraient pas exécutés, le Conseil pense qu'il doit être payé un centime par franc sur cet objet.................................. 1c

ART. 6. — Il estime en outre qu'il leur est dû le double de cette fixation pour les mêmes travaux, lorsqu'ils sont projetés et exécutés à plus de cinq kilomètres de distance des lieux de leur résidence, et les frais de voyage sont à leur charge.

Observant que, lorsque les constructions exigent, comme cela arrive quelquefois, des dessins et des modèles qui leur occasionnent ses dépenses extraordinaires, ils doivent être estimés et payés séparément.

Fait au conseil des bâtiments civils, le 12 pluviôse an VIII de la République française une et indivisible.

Extrait du jugement du tribunal de la Seine du 17 août 1887.

Considérant, en principe, que les rabais consentis dans les soumissions des entrepreneurs, pour fixer le chiffre de leurs forfaits, sont, en réalité, faits au propriétaire lui-même, dont l'architecte n'est que le mandataire. Ces décisions mettent l'architecte à la merci des réductions de prix consenties par des entrepreneurs incapables, imprudents ou désireux de travailler, coûte que coûte, soit pour occuper leur matériel, soit pour se procurer immédiatement de l'argent.

Réduire les honoraires en raison du rabais fait, c'est méconnaître le service rendu. Le propriétaire réalise un bénéfice, tout en ne courant aucun risque, puisque son architecte est responsable des vices de construction, malfaçons ou fournitures défectueuses, s'il en laissait faire. Plus les rabais sont forts et plus la responsabilité encourue par l'architecte est grande, par conséquent, plus les honoraires devraient être élevés. Ce raisonnement est applicable aussi bien aux travaux traités à forfait, qu'aux travaux exécutés sur série de prix.

Extrait de l'arrêt de la Cour de Paris du 6 décembre 1883.

Considérant, en principe, que les rabais consentis dans les soumissions des entrepreneurs pour fixer le chiffre de leurs forfaits respectifs sont, en réalité, faits au propriétaire lui-même, dont l'architecte n'est que le mandataire dans les adjudications intervenues. Ces décisions ne tiennent aucun compte de la situation respective du propriétaire et de l'architecte. Elles mettent celui-ci à la merci des réductions de prix consenties par des entrepreneurs incapables, imprudents ou désireux de travailler, coûte que coûte, soit pour occuper leur matériel, soit pour se procurer immédiatement de l'argent.

Réduire les honoraires en raison du rabais fait, c'est méconnaître absolument le service rendu. Le propriétaire réalise un bénéfice, tout en ne courant aucun risque, puisque son architecte est responsable des vices de construction, malfaçons ou fournitures défectueuses, s'il en laissait faire. Plus les rabais sont forts et plus la responsabilité encourue par l'architecte est grande, par conséquent, plus les honoraires devraient être élevés. Ce raisonnement est applicable aussi bien aux travaux traités à forfait, qu'aux travaux exécutés sur série de prix.

Extrait du jugement de la Cour de Paris du 9 juillet 1887.

Attendu que si la Compagnie défenderesse prétend que la valeur des travaux exécutés sous les ordres des demandeurs et réglés par eux ne s'élèvent qu'à 103,000 fr., rabais déduits, et que c'est sur cette somme que les honoraires doivent être établis, il appert des documents produits que le règlement desdits travaux s'élève à 157,899 fr. 40 et que les 5 p. 100 d'honoraires dus aux demandeurs doivent être perçus sur ce règlement et avant l'application des rabais auxquels les entrepreneurs ont pu consentir et qui ne peuvent être opposés à l'architecte.

ARCHITECTE COMMUNAL. — Arr. préf. du 25 déc. 1878[1].

L'architecte communal qui reçoit un traitement fixe avec un tant pour cent sur les travaux neufs doit dresser, sans indemnité, les avant-projets et études destinés à renseigner le conseil municipal, mais il n'est pas tenu de préparer l'exécution des travaux projetés[2].

Il a droit, sauf convention contraire, à des honoraires pour tous les travaux neufs : les traitements étant, en général, très minimes, on doit entendre par travaux neufs, non seulement ceux qui sont mis en adjudication, mais aussi ceux qui sont traités de gré à gré[3].

A Paris le service d'architecture de la ville est réglé actuellement par l'arrêté du

---

[1] Annexe. — [2] Cass., 1er mars 1886. — [3] Ibid.

24 décembre 1878¹ qui distingue les travaux d'entretien confiés aux architectes de la ville des travaux neufs qui sont mis au concours ou donnés à des architectes choisis par l'administration.

ANNEXE

Organisation du service d'architecture.
Arrêté préfectoral du 24 décembre 1878.

ARTICLE PREMIER. — Le service d'entretien des édifices et bâtiments municipaux et départementaux situés dans la ville de Paris est confié à des architectes permanents jouissant d'un traitement fixe et subissant une retenue leur donnant droit à la retraite. Ce service est chargé des travaux d'entretien proprement dits et des travaux de grosses réparations et d'amélioration dans les édifices et établissements existants.

ART. 2. — Les nouvelles constructions sont mises au concours pour les monuments importants, et confiées à des architectes choisis par l'administration pour les constructions ordinaires. Les choix de l'administration seront d'ailleurs portés à la connaissance du conseil municipal, au moment où il sera appelé à délibérer sur les projets.

ART. 3. — Le service d'entretien des édifices et établissements municipaux de toute nature est confié à des architectes chargés chacun de deux arrondissements municipaux. Le personnel sous leurs ordres est composé d'un vérificateur et de quatre inspecteurs, sous-inspecteurs ou conducteurs (deux par arrondissement municipal).

ART. 4. — Le service des bâtiments occupés par l'administration, y compris les annexes de l'hôtel de ville, les archives et les magasins du matériel, est confié à un architecte spécial.

ART. 5. — L'organisation actuelle du service des édifices départementaux situés dans Paris est maintenue.

ART. 6. — L'entretien des fontaines et places monumentales est attribué au service des promenades et confié, sous les ordres de l'ingénieur en chef, à l'architecte de ce service.

ART. 7. — Les architectes chargés de l'exécution des travaux neufs reçoivent, pour honoraires et frais d'agence de toute nature, une somme fixe déterminée dans le devis de chaque entreprise soumise au conseil municipal. Cette somme peut être augmentée au cas de travaux supplémentaires autorisés par le conseil municipal, et le taux de cette augmentation sera fixé par la délibération approbative du devis des travaux supplémentaires.

ART. 8. — Moyennant l'allocation de la somme fixée, conformément à l'article précédent, les architectes sont tenus de pourvoir au payement du personnel et du matériel des agences. La composition du personnel est fixée dans l'article du devis relatif aux frais d'agence.

ART. 9. — L'architecte reçoit des acomptes proportionnellement à l'avancement des travaux, mais ne peut toucher le solde des honoraires et frais d'agence qu'après avoir justifié du payement du personnel de son agence.

L'administration conserve un droit de contrôle sur le personnel et peut exiger le renvoi des employés qui donnent lieu à des plaintes fondées.

ART. 10. — Les architectes des travaux neufs sont soumis aux règlements de l'administration, en ce qui concerne la tenue de la comptabilité, la police des chantiers et le contrôle que l'administration se réserve de faire exercer par ses agents. Ils sont tenus de faire régler par un vérificateur agréé par l'administration tous les mémoires et décomptes, sauf revision par le service central des reviseurs de la ville, qui reste seul chargé de fixer le montant définitif des mémoires et des acomptes à allouer aux entrepreneurs.

ART. 11. — Le montant du devis des travaux autorisés ne peut être dépassé sans une autorisation préalable demandée au conseil municipal ou au conseil général. En conséquence, les architectes ne pourront apporter aux devis et aux projets approuvés par le préfet aucun changement de nature à augmenter les dépenses sans en avoir obtenu, au préalable, l'autorisation écrite du préfet. Le montant des excédents non autorisés restera à la charge de l'architecte.

La réception définitive de travaux neufs ne dégagera pas l'architecte de la responsabilité à laquelle il est soumis aux termes de la loi.

ART. 12. — Les travaux neufs en cours d'exécution seront achevés par les architectes et le personnel auxquels ils sont confiés, conformément aux conventions arrêtées et au mode d'exécution, de règlement et de vérification aujourd'hui en vigueur.

ART. 13. — Les architectes dont l'emploi se trouve supprimé par la nouvelle organisation sont nommés architectes honoraires et membres du conseil d'architecture. Ils pourront recevoir, dans le cas où ils n'auraient pas le temps voulu pour la retraite, un traitement de demi-solde sur lequel ils acquitteront le versement nécessaire pour constituer leur fonds de retraite.

ART. 14. — Deux architectes du service permanent, renouvelés chaque année, seront appelés à prendre part aux travaux et séances du conseil d'architecture.

ART. 15. — Les architectes jouissant actuellement d'un supplément extraordinaire de frais fixes le conserveront provisoirement, mais sans que cette mesure puisse excéder un délai de six mois.

ART. 16. — Les cadres du service permanent d'architecture et ceux du service du contrôle et de la revision sont réglés de la manière indiquée au tableau ci-après¹.

ART. 17. — Les dispositions antérieures relatives à l'organisation du service d'architecture sont et demeurent rapportées en ce qu'elles ont de contraire au présent arrêté.

ART. 18. — L'inspecteur général...

¹ Annexe.

¹ Voir le tableau ci-contre, p. 45.

SERVICE MUNICIPAL		SERVICE DÉPARTEMENTAL. Édifices situés dans Paris.	SERVICE DU CONTROLE et DE LA REVISION.
SERVICE de l'administration centrale, des annexes de l'hôtel de ville, des archives et des magasins du matériel.	SERVICE des arrondissements.		
1 architecte.	10 architectes d'arrondissements.	2 architectes.	3 contrôleurs.
2 sous-inspecteurs ou conducteurs.	20 inspecteurs, sous-inspecteurs ou conducteurs.	4 inspecteurs, sous-inspecteurs ou conducteurs.	5 reviseurs.
1 vérificateur.	10 vérificateurs.	2 vérificateurs.	3 vérificateurs.
			2 commis.
4	40	8	13

ARGENTURE DES GLACES avec application des vernis aux hydrocarbures.

Etablissement insalubre de 2° classe : odeur et danger d'incendie[1].

Les ateliers seront surmontés de trémies d'aération s'élevant à 5 mètres en contre-haut des souches des cheminées voisines dans un rayon de 100 mètres. Le sol sera imperméable et les eaux seront neutralisées avant leur écoulement à l'égout.

Les ouvertures sur la voie publique et sur les propriétés voisines seront dormantes.

Les locaux renfermant le vernis, la benzine, l'éther, ainsi que l'atelier de fabrication du vernis seront construits en matériaux incombustibles, éclairés par la lumière du jour, avec sol imperméable disposé en cuvette[2].

ARGENTURE SUR MÉTAUX. — V. *Dorure et argenture.*

ARMOIRE. — Le locataire doit l'entretien des serrures et fermetures des armoires, la consolidation desdites armoires, des planches placées et de leurs tasseaux à l'intérieur[3].

ARRÊTS. — V. *Portes.*

ARROSEMENT. — Ord. pol. du 17 mai 1834 et 20 juin 1851[4].

Une ordonnance du 17 mai 1834 enjoint aux propriétaires et locataires de faire arroser, pendant les chaleurs, deux fois par jour, le devant de leurs maisons, boutiques, etc., et de faire écouler les eaux des ruisseaux, interdisant de se servir de l'eau stagnante de ces ruisseaux.

Une ordonnance de police, du 27 juin 1843, ajoute qu'il est défendu de lancer l'eau de manière à éclabousser les passants ou à gêner la circulation.

Ces injonctions étant renouvelées tous les ans, à peu près dans les mêmes termes, nous citerons seulement l'ordonnance de police du 20 juin 1851[4].

ANNEXES

Ordonnance de police du 17 mai 1834.

ARTICLE PREMIER. — A compter du jour de la publication de la présente ordonnance, et pendant tout le temps que dureront les chaleurs, les propriétaires ou locataires seront tenus de faire arroser, à onze heures du matin et à trois heures de l'après-midi, la partie de la voie publique au-devant de leurs maisons, boutiques, jardins et autres emplacements en dépendant; ils feront écouler les eaux des ruisseaux pour en éviter la stagnation.

Cette disposition est applicable aux propriétaires ou locataires des passages publics et à ciel ouvert, existant sur des propriétés particulières, ainsi qu'aux concessionnaires des ponts, pavés et cailloutés, dont le passage est soumis à un droit de péage.

ART. 2. — Il est défendu de se servir de l'eau stagnante des ruisseaux pour l'arrosement.

ART. 3. — Les concierges, portiers ou gardiens des établissements publics et maisons domaniales sont personnellement responsables de l'exécution des dispositions ci-dessus, en ce qui concerne les établissements et maisons auxquels ils sont attachés.

ART. 4. — Les contraventions aux injonctions ou défenses faites par la présente ordonnance seront constatées par des procès-verbaux ou rapports qui nous seront adressés.

Les commissaires de police et le directeur de la salubrité feront arroser d'office et aux frais des contrevenants, qui en outre seront traduits, s'il y a lieu, devant les tribunaux, pour être punis conformément aux lois et règlements en vigueur.

[1] Décr., 9 mai 1878. — [2] Bunel, p. 187.
[3] V. *Réparations locatives.*
[4] Annexe.

[4] Annexe.

Ordonnance de police du 20 juin 1851.

ARTICLE PREMIER. — A compter du jour de la publication de la présente ordonnance, et pendant tout le temps que dureront les chaleurs, les propriétaires ou locataires seront tenus de faire arroser au moins une fois par jour, de onze heures du matin à deux heures de l'après-midi, la partie de la voie publique au-devant de leurs maisons, boutiques, jardins et autres emplacements en dépendant; ils feront écouler les eaux des ruisseaux pour en éviter la stagnation. Ces dispositions sont applicables aux propriétaires ou locataires des passages publics et à ciel ouvert existant sur des propriétés particulières.

ART. 2. — Il est défendu de se servir de l'eau stagnante des ruisseaux pour l'arrosement. Il est également défendu de lancer l'eau sur la voie publique de manière à gêner la circulation ou à éclabousser les passants.

ART. 3. — Les concierges, portiers ou gardiens des établissements publics et maisons domaniales sont personnellement responsables de l'exécution des dispositions ci-dessus, en ce qui concerne les établissements et maisons auxquels ils sont attachés.

ART. 4. — Les contraventions aux injonctions ou défenses faites par la présente ordonnance seront constatées par des procès-verbaux ou rapports qui nous seront adressés.

ARSÉNIATE DE POTASSE (Fabrication de l') au moyen du salpêtre [1].

1° Quand les vapeurs ne sont pas absorbées : Etablissement insalubre de 1ʳᵉ classe : émanations nuisibles.

2° Quand les vapeurs sont absorbées : Etablissement insalubre de 2ᵉ classe : émanations accidentelles.

Pour les prescriptions, V. *Acide arsénique* (Fabrication de l').

Il est interdit d'y faire travailler des enfants, en raison des dangers d'empoisonnement et des vapeurs délétères qui se dégagent [2].

ARTIFICES (Fabrication des pièces d').
Etablissement dangereux de 1ʳᵉ classe : danger d'incendie et d'explosion [3].

Les ateliers où se confectionnent les artifices seront placés dans des petits bâtiments n'ayant qu'un rez-de-chaussée et séparés les uns des autres par des espaces de 10 à 12 mètres, remplis par des cavaliers ou amas de terre gazonnée de 2 mètres au moins de hauteur : on peut remplacer ces cavaliers par des arbres à haute tige n'ayant entre eux qu'un mètre d'intervalle.

Les portes des ateliers seront battantes, sans fermetures et ouvrant au dehors.

L'éclairage se fera par des lampes à réflecteurs placées au dehors, le chauffage par l'air chaud ou une circulation d'eau chaude.

Les magasins où sont déposés les artifices confectionnés seront placés le plus loin possible des ateliers, les ouvertures exposées aux rayons solaires seront garnies de stores en toile, et celles sur la voie publique garnies d'un treillis métallique à mailles serrées [1].

Il y est interdit d'y faire travailler des enfants, à cause des dangers d'explosion et d'incendie [2].

ASPHALTES, bitumes, brais et matières bitumineuses (Dépôts d').
Etablissements insalubres de 3ᵉ classe ; odeur, danger d'incendie [3].

ASPHALTES ET BITUMES (Travail des) à feu nu.
Etablissement insalubre de 2ᵉ classe : odeur, danger d'incendie [4].

Les ateliers seront en matériaux incombustibles avec comble en fer ou en bois revêtu de plâtre : ils seront ventilés énergiquement au moyen de cheminées d'appel. Les chaudières auront leur foyer en dehors des ateliers, elles seront munies de couvercles et surmontées de hottes conduisant les vapeurs sous les foyers ou à une cheminée ayant au moins 30 mètres d'élévation [5].

ATELIERS de constructions de machines et wagons.
V. *Machines et Wagons.*

ATRE. — Ord. pol. des 26 janv. 1672 [6] et 10 févr. 1735 [7]. C. civ., art. 674, 1754.

Dans les planchers en bois, il doit y avoir, au-dessous des âtres et foyers, une trémie de 1ᵐ 30 de largeur sur une profondeur de 0ᵐ 90, depuis le mur jusqu'au chevêtre portant les solives : la largeur doit être augmentée suivant le nombre des tuyaux de fumée, de manière qu'il y ait toujours une distance de 0ᵐ 16, au minimum, entre lesdits tuyaux et toute pièce de bois [8].

La réparation des âtres de cheminée est une réparation locative [9], c'est-à-dire que le locataire doit remplacer les carreaux ou briques, formant âtre, s'ils sont cassés, refaire l'âtre de niveau si les carreaux sont défoncés; enfin, dans le cas d'un âtre en fonte, remplacer la plaque, si elle est cassée.

AUGE. — Le locataire répond des dégradations qui peuvent arriver aux auges de pierre placées dans les cours, pour abreuver les chevaux.

Goupy est d'une opinion contraire, mais

[1] Bunel, p. 189. — [2] Décr., 14 mai 1875.
[3] Décr., 31 déc. 1866.
[4] Décr., 31 déc. 1866. — [5] Bunel, p. 196.
[6] V. *Cheminée.* — [7] V. *Incendie.* — [8] Ord. pol., 26 janv. 1672, 10 févr. 1735. — [9] C. civ., 1754.

[1] Décr., 31 déc. 1866. — [2] Décr., 14 mai 1875.
[3] Décr., 31 déc. 1866.

Lepage dit, avec raison, que la pierre est une matière assez solide pour qu'une auge puisse servir à sa destination, sans qu'il y ait danger de détérioration, et que, si quelqu'accident survient, il doit être attribué à la négligence du locataire. C'est au locataire à fournir la preuve du contraire, c'est-à-dire à faire constater les dégradations antérieures qui pourraient exister lors de sa prise de possession[1].

AUVENT. — Edit de déc. 1607[2]. Ord. des trésoriers de France du 4 févr. 1683[3]. Ord. roy. du 16 juin 1693[4]. Ord. du bureau des finances du 1er avril 1697[5]. Ord de pol. du 18 juin 1804[6]. Note du 11 sept. 1862[7]. Arr. préf. du 29 févr. 1864[8]. Décr. du 28 juill. 1874[9]. Décr. du 22 juill. 1882[10].

Depuis l'ordonnance du 24 décembre 1823[11] il est interdit de construire en plâtre les auvents et les corniches au-dessus des boutiques.

Les auvents ne peuvent être établis qu'en bois revêtus extérieurement de métal.

Une note de la direction des travaux de Paris, en date du 11 septembre 1862, spécifie que les auvents et marquises, de 0m80 de saillie, ne pourront être établis que dans les rues ayant un trottoir d'au moins 1m30 de largeur et à 3 mètres au moins au-dessus de ce trottoir.

Actuellement les saillies autorisées sont de[1] :

1° 0m16 jusqu'à 2m60 au-dessus du trottoir ;

2° 0m50 de 2m60 à 3 mètres au-dessus du trottoir ;

3° 0m30 à plus de 3 mètres au-dessus du trottoir.

L'administration autorise, sous forme de marquises, des auvents d'une plus grande saillie[2], en tenant compte de la largeur des voies et des trottoirs, et des besoins de la circulation ; ces marquises doivent avoir, comme saillie maxima, 0m50 de moins que la largeur du trottoir, et leur partie la plus basse doit être à 3 mètres au-dessus du trottoir[3].

Les auvents ou marquises jusqu'à 0m80 de saillie sont soumis à un droit de voirie de 4 francs par mètre linéaire de longueur ; les marquises ayant une saillie plus forte payent un droit de 5 francs par mètre superficiel, la surface étant calculée suivant la projection horizontale desdites marquises[4].

B

BACHES imperméables (Fabrication des)[12] :

1° Avec cuisson des huiles :
Établissement insalubre de 1re classe : danger d'incendie.

2° Sans cuisson des huiles :
Établissement insalubre de 2e classe : danger d'incendie.

Les ateliers et hangars seront construits en matériaux incombustibles, avec combles en fer, ou en bois recouvert de plâtre : ils seront ventilés au moyen de lanternons à lames de persiennes.

Les chaudières seront munies de couvercles et surmontées de hottes mobiles pouvant les recouvrir complètement.

Les étuves seront en matériaux incombustibles, avec portes en fer, et bien ventilées.

La cheminée doit avoir de 20 à 30 mètres.

Les divers ateliers, magasins et dépôts de matières premières et de produits fabriqués doivent être isolés les uns des autres[13].

BAIL. — V. *Location.*

BAINS ET LAVOIRS PUBLICS. — Règlement du 25 juill. 1880[5]. Arr. préf. des 30 déc. 1880[6] et 15 juin 1883[7]. Décis. cons. d'hygiène publique de la Seine du 29 oct. 1886[8].

Les bains et les lavoirs publics ne peuvent être établis sans une autorisation de la préfecture de police, qui prescrit les mesures nécessaires.

Ils sont également soumis à la préfecture de police pour la tenue et les mesures intérieures à prendre : c'est en vertu de cette règle qu'une ordonnance de police récente a pu prescrire que les cabines devaient pouvoir s'ouvrir de l'intérieur.

Ils sont en outre soumis aux règlements relatifs aux chaudières[9].

Les réservoirs d'eau doivent être placés de manière à ne pas nuire aux propriétés limitrophes, c'est-à-dire avec contre-mur, s'il y a lieu.

Quand un lavoir est construit contre un

---

[1] V. *Bergerie, Etable, Porcherie.*
[2] V. *Voyer.* — [3] V. *Pavage.* — [4] V. *Voyer.* —
[5] V. *Saillie.* — [6] V. *Saillie.* — [7] V. *Banne.* —
[8] Ibid. — [9] V. *Voirie (Droits de).* — [10] V. *Saillie.*
— [11] Cette ord. est abrogée par décr. du 22 juill. 1882.
[12] Décr., 31 déc. 1866. — [13] Bunel, p. 197.

[1] Décr., 22 juill. 1882, V. *Saillie.* — [2] Ibid. — [3] Arr. préf. 29 févr. 1864, V. *Banne.* — [4] 28 juill. 1874, V. *Voirie (Droits de).*
[5] V. *Eaux de Paris.* — [6] Ibid. — [7] Annexe. — [8] Annexe. — [9] V. *Chaudière.*

mur mitoyen, on doit établir un contre-mur de 0ᵐ22 d'épaisseur et d'une hauteur suffisante pour que l'humidité ne puisse atteindre le mur mitoyen.

Les charpentes en bois doivent rester apparentes et être recouvertes d'une peinture hydrofuge, assemblées avec des boulons en fer et non à tenon et mortaise.

Le plancher haut portera en plein sur les filets et ne sera jamais assemblé. Si le lavoir est surmonté d'un séchoir à air libre, ce plancher sera en fer et d'une grande solidité à cause du poids du linge accumulé.

Le séchoir à air chaud doit être construit en matériaux incombustibles avec porte en fer.

Le nombre des places est calculé à raison de un mètre par laveuse [1].

Les établissements de bains et lavoirs publics jouissent d'un tarif réduit pour le payement des eaux de la ville consommées par eux [2].

Dans le but d'encourager la création de bains et de lavoirs publics gratuits ou à prix réduits, une loi du 3 janvier 1851 avait mis à la disposition du gouvernement une somme de 600,000 francs, pour être distribuée en subventions : cette somme est depuis longtemps épuisée, et aucun nouveau crédit n'a été voté.

Une circulaire ministérielle du 26 février 1851 signalait les services importants rendus à la classe pauvre de Rouen par un ingénieur de cette ville qui utilisait les eaux de condensation. Cette idée a été appliquée, dans ces dernières années, par la ville de Paris qui cède à certains établissements, dits écoles de natation, les eaux de condensation provenant de ses usines [3].

ANNEXES

Arrêté préfectoral du 15 juin 1883.

ARTICLE PREMIER. — La délibération du conseil municipal de Paris, en date du 21 mars 1883, sus-visée, est approuvée.

En conséquence, la concession des eaux de condensation produites par les machines à vapeur du quai de Billy, de la Villette et du quai d'Austerlitz est accordée à M. Christmann à l'effet d'établir des écoles de natation permanentes, aux conditions consignées dans le cahier des charges, rectifié conformément à la délibération du conseil municipal du 21 mars 1883, et dont la teneur suit :

CAHIER DES CHARGES.

ARTICLE PREMIER. — Objet de l'entreprise.

La présente entreprise a pour objet la concession des eaux de condensation des machines à vapeur élévatoires des usines municipales ci-après dénommées, en vue de faciliter la création à Paris d'écoles de natation permanentes.

Les eaux de condensation cédées sont celles qui sont produites par les machines et qui auront été utilisées ou non par la ville de Paris dans l'intérieur de ses usines.

ART. 2.

La concession comprend actuellement les établissements suivants :
Usine du quai de Billy;
Usine de la Villette;
Usine du pont d'Austerlitz.

ART. 3. — Durée de la concession.

La présente concession aura une durée de vingt-cinq ans à partir du 1ᵉʳ juillet 1883.

ART. 4. — Réserves relatives à la qualité et à la quantité des eaux livrées.

Elle est faite sans aucune garantie de la Ville relativement à la qualité des eaux livrées, à leur quantité, à leur température et à leur limpidité.

ART. 5.

Le concessionnaire ne pourra élever aucune plainte ni réclamation d'indemnité, s'il arrive que la Ville cesse de faire fonctionner lesdites machines temporairement ou définitivement, soit pour cause de chômage, de réparation, de modifications, usure, changement de système d'élévation de l'eau, translation des machines en d'autres lieux, soit pour quelque motif que ce soit.

ART. 6.

La ville de Paris s'engage à n'accorder à aucune autre personne, pendant toute la durée de la présente concession, l'emploi des eaux de condensation sortant des usines sus-désignées.

En cas de suppression d'une ou plusieurs machines, elle ne sera tenue que de prévenir par une lettre administrative, trois mois à l'avance, le concessionnaire qui n'aura droit en aucun cas à une indemnité quelconque à raison de ce fait.

ART. 7. — Conditions générales.

Le concessionnaire établira, à ses frais, la canalisation souterraine, conformément aux indications de l'administration.

ART. 8.

Il créera, à ses frais et risques, des établissements contenant des bassins de natation ayant environ 35 mètres de longueur, 12 à 14 mètres de largeur et une profondeur moyenne de 2 mètres.

Ces bassins seront alimentés d'eau courante, chauffée et filtrée et convenablement renouvelée.

La température devra être maintenue à un degré de chaleur suffisant pour rendre la natation praticable en toute saison.

ART. 9.

Le concessionnaire devra se conformer aux instructions de l'administration en ce qui concerne les moyens de donner pleine sécurité aux baigneurs de divers âges contre tous risques de danger.

Les agents du service municipal auront le droit de pénétrer dans les établissements en

---

[1] Décis. cons. d'hygiène, 29 oct. 1886, annexe. — [2] Règlement, 25 juill. 1880, V. *Eaux de Paris;* Arr. préf., 30 déc. 1880, V. *Eaux de Paris.* — [3] Arr. préf., 15 juin 1883, annexe.

tout temps, pour s'assurer de l'accomplissement des prescriptions ordonnées par l'administration.

Art. 10.

La ville de Paris se réserve le droit d'autoriser, quatre jours par semaine, les sociétés des caisses des écoles et les fonctionnaires du service de l'instruction publique à envoyer aux établissements de natation les élèves des deux sexes de ses écoles. A cet effet, le concessionnaire s'engage à mettre à la disposition de la ville de Paris un des trois bassins de natation qu'il s'oblige de construire par chaque établissement de la ville dont les eaux lui sont concédées.

La durée de ces bains, la fixation des quatre jours par semaine où ils auront lieu, les heures d'admission des diverses catégories de personnes appelées à bénéficier de cet avantage seront déterminées d'un commun accord.

Les trois autres jours de la semaine devront être réservés à la garnison de Paris.

Art. 11.

Le prix à payer par l'administration pour les bains pris en exécution de l'article 10 qui précède sera fixé à 15 centimes avec fourniture de linge pour les garçons et à 20 centimes avec fourniture de linge pour les filles.

Le linge comprendra caleçon et serviette pour les garçons et costume de bains et serviette pour les filles.

Art. 12.

Le public des deux sexes sera admis tous les jours de la semaine au prix de 25 centimes par personne, linge non compris, dans l'un des trois bassins.

Le troisième bassin de natation est réservé à l'exploitation commerciale du concessionnaire pour l'indemniser des bains à prix réduits auxquels il est obligé.

Les eaux concédées devront être réparties par portions égales dans chacun des trois bassins.

Art. 13.

L'administration exerçant un droit de surveillance sur ces établissements, les règlements intérieurs devront en être soumis à son approbation.

Art. 14. — Prix de la concession.

Le concessionnaire paiera à la ville de Paris une redevance annuelle de un franc par usine comme reconnaissance du droit de propriété de la ville de Paris.

Ce prix sera payé d'avance à la caisse municipale de la ville de Paris.

Art. 15. — Défense de sous-traiter sans autorisation.

Il est formellement interdit au concessionnaire de céder tout ou partie de ses établissements, sans le consentement exprès et préalable de la Ville.

Toute concession faite dans ces conditions sera réputée nulle et non avenue à l'égard de l'administration et pourra donner lieu au retrait de la concession.

Art. 16. — Faillite du concessionnaire.

En cas de faillite du concessionnaire, la concession sera résiliée de plein droit, sauf à l'ad-

ministration à accepter les offres qui lui seraient faites par les créanciers pour la continuation de l'entreprise ou à prendre telle autre décision qui lui conviendra.

Art. 17. — Délai d'exécution.

Le concessionnaire devra avoir ouvert au public deux de ses établissements, au plus tard, dans le délai de quinze mois à dater de la signature du traité de concession. Faute par lui de ce faire dans ledit délai, la concession sera annulée de plein droit, sans aucune formalité judiciaire.

Art. 18.

Si dans les deux ans de la date de la signature dudit traité, il n'a pas ouvert un troisième établissement, la concession sera de plein droit restreinte aux eaux de condensation attribuées aux deux établissements fonctionnant.

L'ouverture des établissements sera constatée par des procès-verbaux de réception dressés contradictoirement par les agents du service municipal des Travaux publics désignés à cet effet, avec le concessionnaire ou son représentant.

Art. 19.

S'il arrivait qu'un ou plusieurs établissements mis en activité vinssent, par le fait du concessionnaire, à cesser de fonctionner pendant trois mois suivant constatations faites par l'administration, la concession serait de plein droit annulée, en ce qui concerne cet ou ces établissements.

Art. 20. — Cautionnement.

En garantie de l'exécution des obligations par lui contractées, le concessionnaire sera tenu de déposer un cautionnement de quarante mille francs.

Ce cautionnement ne pourra être effectué qu'en numéraire ou en rentes sur l'Etat, ou en obligations de la ville de Paris, au cours moyen de la veille du jour du dépôt.

Si le cautionnement est fait en argent, le concessionnaire en recevra l'intérêt à 3 pour 100; s'il est fait en rentes ou en obligations, il en touchera les arrérages.

Art. 21.

Les trois quarts du cautionnement seront rendus au concessionnaire après l'ouverture du premier établissement; le dernier quart restera seul en garantie de l'exécution des clauses, charges et conditions de la concession, jusqu'à son expiration.

Dans le cas où le concessionnaire renoncerait audit traité dans les six mois de la signature, par le motif qu'il n'aurait pu réunir le capital nécessaire à l'exécution de son projet de création d'écoles de natation, le dixième du cautionnement serait acquis à la ville.

Art. 22.

Les frais d'enregistrement, de timbre, d'expédition, etc., et généralement tous ceux auxquels donnera lieu la présente concession, seront supportés par le concessionnaire.

Art. 23. — Jugement des contestations.

Toute difficulté entre l'administration et le concessionnaire sur le sens ou l'exécution des

·lauses de la concession sera portée devant le
·onseil de préfecture qui statuera, sauf recours
u Conseil d'Etat.

Art. 2. — L'inspecteur général des ponts et
haussées, etc.

_____

*Décision du conseil d'hygiène publique
du 29 octobre 1886.*

Le rapport suivant, présenté par M. Bunel,
architecte en chef à la préfecture de police, a
été approuvé par le conseil d'hygiène publique
et de salubrité du département de la Seine.

1° Rendre le sol imperméable, le cimenter
avec pentes et contre-pentes convenables pour
assurer un écoulement régulier et souterrain des
eaux dont l'évacuation, à moins de circonstances exceptionnelles, ne pourra se faire qu'à
l'égout de la rue.

2° En outre des châssis ouvrants, assurer la
ventilation par des ventilateurs mécaniques ou
par un nombre suffisant (deux au moins) de
cheminées d'aération ayant 0ᵐ40 de côté, montant jusqu'à hauteur des toits et surmontées
d'un lanternon à lames de persiennes ou de
ventilateurs perfectionnés; activer le tirage des
cheminées par des becs de gaz ou par la cheminée de la machine.

3° Prendre les dispositions nécessaires pour
que le voisinage ne puisse être incommodé par
les buées et, à cet effet, ne ouvrir des jours ni
sur les maisons voisines ni sur la voie publique.

4° Munir les cuviers de couvercles, les surmonter soit d'un lanternon, soit de larges
hottes, conduisant les buées au-dehors.

5° Dans les parties mitoyennes à des habitations, et sur toute la hauteur du lavoir, construire un contre-mur en briques ou en meulières hourdé en ciment, ou en rocaillage avec
enduit en ciment, si l'état du mur le comporte.

6° S'il y a habitation au-dessus, construire le
plancher haut en fer et le hourder plein.

7° Laisser toujours apparents sur toutes
leurs faces les bois de charpente, les assembler
par des boulons en fer et ne faire aucun assem-
blage à tenons et mortaises; soulager tous les
scellements en mur par des corbeaux saillants
en pierre ou en fer.

8° Peindre les murs et les charpentes à l'huile
en ton clair et renouveler cette peinture tous
les ans.

9° Construire de préférence en fer le plancher
du séchoir à air libre; s'il est en bois, lui donner
une très grande solidité et éviter les assemblages en faisant porter les solives en plein sur
les filets.

10° Fournir des plans à 0ᵐ05 par mètre du
plancher en fer portant les réservoirs et ne faire
travailler le fer qu'à 6 kilogrammes par millimètre carré. Joindre à l'appui les calculs et
les profils des poutrelles et des fers composant
ce plancher.

11° Construire en pierre dure, ou tout au
moins en briques de bonne qualité hourdées en
ciment, les piles extrêmes portant ce plancher,
et prendre les dispositions nécessaires pour
éviter le roulement et le déversement des réservoirs.

12° Construire en matériaux incombustibles,
avec portes en fer, le séchoir à air chaud et
disposer au-dessus des tuyaux du calorifère
un grillage en fer pour éloigner toute possibilité d'incendie, au cas où le linge viendrait à
tomber des tringles qui le supportent.

13° Fonder les essoreuses sur le bon sol, les
éloigner suffisamment des murs mitoyens, et
les disposer de telle sorte qu'elles ne puissent
incommoder le voisinage par le bruit et l'ébranlement.

14° Réserver à chaque laveuse une place
d'au moins 0ᵐ80; écarter les batteries de
3 mètres au moins et donner un cube d'air d'au moins
15 mètres cubes par laveuse.

15° Si le cube d'air du lavoir permet de placer
des laveuses sous les réservoirs, revêtir le
fond de ces réservoirs d'un voligeage en
planches jointives pour éviter la condensation
des buées sur les parois.

16° Établir des cabinets d'aisances pour les
laveuses (deux au moins), les peindre à l'huile
au blanc de zinc, les tenir dans un état constant
de propreté, les bien aérer et les éclairer directement; assurer le nettoyage par une conduite
d'eau ou un réservoir, les munir d'un appareil
à fermeture automatique avec siphon obturateur
au-dessous de cette fermeture.

Rendre le sol de ces cabinets imperméable,
le disposer en cuvette inclinée, de manière à
ramener les liquides vers les tuyaux de chute
et au-dessus de l'appareil automatique.

17° Se conformer, pour l'installation de la
chaudière à vapeur, aux formalités et aux mesures prescrites par les décrets en vigueur.

18° Élever les cheminées à une hauteur suffisante pour ne pas incommoder le voisinage
par la fumée et pour écarter tout danger d'incendie, les construire conformément à l'ordonnance du 15 septembre 1875 sur les incendies,
et à l'arrêté du préfet de la Seine du 15 janvier
1881 sur les tuyaux de fumée, et les disposer
de manière à ce qu'elles puissent être ramonées
facilement.

BALAYAGE. — Ord. pol. du 30 janv. 1350[1].
Edits de déc. 1607[2] et sept. 1608[3]. Ord.
pol. du 1ᵉʳ sept. 1853[4]. Instr. du 11 nov.
1853[5]. Loi du 26 mars 1873[6]. Décr. du 24 déc.
1873[7]. Décr. du 4 déc. 1878[8].

On peut dire que l'obligation de balayer le
devant de leurs façades jusqu'au milieu de la
rue a, de tout temps, été mise à la charge
des propriétaires et des locataires.

Une des plus anciennes ordonnances relatives à la police des rues de Paris, celle du
30 janvier 1350[9], enjoignait aux habitants de
balayer le devant de leurs maisons, aussitôt
après la pluie.

L'édit de décembre 1607[10] et celui de
septembre 1608[11], ainsi que l'ordonnance de

_____

[1] V. *Rue.* — [2] V. *Voyer.* — [3] V. *Immondices.*
— [4] V. *Matières insal.* — [5] V. *Logements insal.* —
[6] Annexe. — [7] Annexe. — [8] Annexe. — [9] V. *Rue.* —
[10] V. *Voyer.* — [11] V. *Immondices.*

police du 1ᵉʳ septembre 1853 [1], ordonnaient aux propriétaires et locataires de balayer, deux fois par jour, devant leurs façades, et d'amonceler les balayures près de leurs maisons, où elles étaient prises par les entrepreneurs du nettoiement.

Certains propriétaires ou locataires traitant avec les entrepreneurs du nettoiement, d'autres continuant à faire eux-mêmes le balayage, il en est résulté que, souvent pour ces derniers, le balayage était fait par les entrepreneurs de la Ville, comme pour les premiers, bien qu'ils ne payassent aucune redevance.

C'est pour remédier à cet état de choses, que la loi du 26 mars 1873 [2] convertit cette charge en une taxe, payable en numéraire.

Cette taxe est établie suivant un tarif, revisable tous les cinq ans et basé sur les nécessités de la circulation, de la salubrité et de la propreté de la voie publique.

Les rues de Paris furent, à cet effet, divisées en sept [3], puis en huit [4] catégories, comprenant chacune trois classes, savoir :

1° Les constructions en bordure sur la voie publique ;

2° Les propriétés bâties ne bordant pas la voie publique et closes par des murs, des grilles, etc. ;

3° Les terrains vagues clos de planches, treillages, haies, ou non clos.

La superficie est calculée suivant le développement de la façade multiplié par la moitié de la largeur de la rue, sans toutefois que cette largeur puisse excéder six mètres.

Le payement de la taxe ne dispense pas des obligations imposées, par les règlements de police, en temps de neige et de glace [5], non plus que du nettoyage de la chaussée et des trottoirs aux abords des chantiers de construction ou de démolition.

La taxe, comme la contribution des portes et fenêtres, est soldée par le propriétaire, qui se fait rembourser par les locataires des boutiques de la part leur afférant. La partie au droit de la porte d'entrée de la maison, de la loge ou des appartements donnant sur la voie publique, reste à la charge du propriétaire.

Pour ce qui concerne les pièces servant à l'habitation, les cours, passages, escaliers, corridors, l'instruction du 11 novembre 1853 [6] recommande de les balayer fréquemment, et de laver les pièces qui ne sont pas encaustiquées et frottées.

[1] V. *Matières insal.* — [2] Annexe. — [3] Décr., 24 déc. 1873, annexe. — [4] Décr., 4 déc. 1878, annexe. — [5] V. *Glaces et neiges.* — [6] V. *Logements insal.*

ANNEXES

Loi du 23 mars 1873.

ARTICLE PREMIER. — A partir de la promulgation de la présente loi, la charge qui incombe aux propriétaires riverains des voies de Paris livrées à la circulation publique, de balayer, chacun au droit de sa façade, sur une largeur égale à celle de la moitié desdites voies et ne pouvant toutefois excéder six mètres, est et demeure convertie en une taxe municipale obligatoire, payable en numéraire, suivant un tarif délibéré en conseil municipal, après enquête, et approuvé par un décret rendu dans la forme des règlements d'administration publique, tarif qui devra être revisé tous les cinq ans.

Il ne sera pas tenu compte, dans l'établissement de la taxe, de la valeur des propriétés, mais seulement des nécessités de la circulation, de la salubrité et de la propreté de la voie publique.

La taxe totale ne pourra d'ailleurs dépasser les dépenses occasionnées à la ville de Paris par le balayage de la superficie mise à la charge des habitants.

Le recouvrement de cette taxe aura lieu comme en matière de contributions directes.

ART. 2. — Le payement de ladite taxe n'exemptera pas les riverains des voies publiques des obligations qui leur sont imposées par les règlements de police en temps de neige et de glace.

Décret du 24 décembre 1873.

ARTICLE PREMIER. — Est approuvé et déclaré exécutoire, pendant cinq ans, à partir du 1ᵉʳ janvier 1874, le tarif voté par le conseil municipal de Paris dans sa délibération susvisée du 22 novembre 1873, pour la perception de la taxe de balayage créée par la loi du 26 mars 1873.

En conséquence,

1° Les voies de communication de Paris, livrées à la circulation, sont divisées en sept catégories, conformément au plan général et aux quarante tableaux de classement ci-annexés :

2° Les droits à percevoir par chaque catégorie de voies sont fixés conformément au tarif suivant :

		Par mètre superficiel.
1ʳᵉ catégorie — Prix annuel		0.70
2ᵉ —	—	0.60
3ᵉ —	—	0.50
4ᵉ —	—	0.40
5ᵉ —	—	0.30
6ᵉ —	—	0.20
7ᵉ —	—	0.10

ART. 2. — Les propriétés en bordure des voies classées dans les sixième et septième catégories obtiendront une atténuation d'un quart, quand elles seront closes uniquement par des grilles ou par des murs, même lorsqu'elles renfermeraient des habitations à l'intérieur des terrains.

Cette atténuation sera de moitié si lesdites propriétés sont à l'état de terrains vagues ou seulement closes par des planches, des treillages ou des haies.

Le ministre de l'intérieur est chargé...

Décret du 4 décembre 1878.

ARTICLE PREMIER. — Est approuvé et déclaré exécutoire pendant cinq années, à partir du 1er janvier 1879, le tarif voté par le conseil municipal de Paris, dans sa délibération du 30 juillet 1878 ci-dessus visée, pour la perception de la taxe de balayage créée par la loi du 26 mars 1873.

En conséquence :

1° Les voies de communication de Paris livrées à la circulation sont divisées en huit catégories subdivisées chacune en 3 classes A, B, C, conformément aux vingt tableaux de classement ci-annexés.

2° Les droits à percevoir pour chaque catégorie de voies sont fixés conformément au tarif suivant :

NUMÉROS des CATÉGORIES.	A CONSTRUCTIONS en bordure de la voie publique.		B PROPRIÉTÉS bâties ne bordant pas la voie publique et closes par des murs, des grilles ou autres modes de clôtures équivalentes.		C TERRAINS vagues clos de planches, de treillages ou haies ou non clos.	
1re	0fr70		0fr525		0fr35	
2e	0 60		0 45		0 30	
3e	0 50	par mètre superficiel.	0 375	par mètre superficiel.	0 25	par mètre superficiel.
4e	0 40		0 30		0 20	
5e	0 30		0 225		0 15	
6e	0 20		0 15		0 10	
7e	0 10		0 075		0 05	
8e	0 08		0 06		0 04	

ART. 2. — Le ministre de l'intérieur est chargé...

BALCON. — Instr. min. du 6 oct. 1830 [1]. Circ. du préfet de la Seine du 11 févr. 1847 [2]. Décr. du 28 juill. 1874 [3]. Décr. du 22 juill. 1882 [4]. V. également *Saillie.*

D'après l'ordonnance royale du 24 décembre 1823, l'établissement des grands balcons ne pouvait être autorisé qu'après une enquête, d'une durée de quinze jours au maximum [5].

Cette formalité, tombée, du reste, en désuétude, n'existe plus en droit depuis le décret du 22 juillet 1882 [6] qui abroge l'ordonnance de 1823.

Il était également interdit d'établir des balcons dans les rues de moins de 9m74 de largeur [7].

Depuis le décret du 22 juillet 1882 les grands balcons peuvent avoir, aire et garde-corps compris, une saillie de 0m50, dans les rues de 7m80 à 9m75, mais à la condition d'être placés à 5m75, au moins, au-dessus du trottoir : dans les rues de 9m75 et au-dessus, les grands balcons ne peuvent être placés à moins de 4 mètres au-dessus du trottoir. Entre 4 mètres et 5m75 d'élévation au-dessus du trottoir, la saillie permise est de 0m50 ; au-dessus de 5m75, elle est de 0m80.

Les petits balcons ne doivent pas avoir plus de 0m22 de saillie.

Les droits de voirie calculés au mètre linéaire de longueur, non compris les retours, sont de 20 francs pour les grands balcons, et de 10 francs pour les petits [1].

La réparation des balcons et des grilles de fer est à la charge du locataire : s'il y manque quelques pièces ou s'il y en a de cassées, la présomption est que le locataire en est cause ; il en est donc responsable, ainsi que des treillis de fil de fer ou de laiton, lorsqu'ils ont été brisés par toute autre cause que vétusté ou force majeure. A l'égard des rampes de fer, le locataire n'est tenu de les réparer que quand il est manifeste qu'elles ont été forcées ou cassées par son fait [2].

ANNEXES

Instruction ministérielle du 6 octobre 1830.

Monsieur le préfet, vous m'avez soumis le 8 septembre la question que fait naître, relativement à la construction des balcons sur la voie publique, l'art. 10 de l'ordonnance du 24 décembre 1823 sur les saillies dans la ville de Paris.

Cet article porte qu'il ne sera permis d'établir des balcons que dans les rues d'une largeur de

---

[1] Annexe. — [2] Annexe. — [3] V. *Voirie (Droits de).* — [4] V. *Saillie.* — [5] Circ. préf. 11 févr. 1847, annexe. — [6] V. *Saillie.* — [7] Instr. min. 6 oct. 1830, annexe.

[1] Décr., 28 juill. 1874, V. *Voirie (Droits de).* — [2] Agnel, n° 581.

10 mètres et au-dessus. Et la largeur de 30 pieds fixée par la déclaration du 10 avril 1783 comme *minimum* pour toutes les rues de Paris présentant avec celle de 10 mètres une légère différence en moins, il s'ensuit que si l'on s'attachait à la lettre de l'ordonnance de 1823, on ne devrait pas permettre de construire des balcons dans les rues de 30 pieds, et qu'une différence qui tient uniquement à l'expression de la largeur en mesure ancienne ou décimale changerait, selon les cas, la position et les droits des propriétaires riverains, ce qui ne serait pas moins contraire à l'équité qu'aux intentions des rédacteurs de l'ordonnance de 1823.

Dans la vue de concilier les deux règlements sur ce point, vous proposez un moyen terme qui consisterait à fixer la saillie des balcons à 0m 75 au lieu de 0m 80 dans les rues qui n'ont que 30 pieds (9m 74) de largeur.

Comme l'application rigoureuse de l'ordonnance de 1823 aurait pour objet d'interdire absolument la construction des balcons dans ces rues; que, par conséquent, une décision interprétative qui rendrait, même avec quelque restriction, aux propriétaires riverains le droit que cette ordonnance semble leur retirer, serait favorable aux intérêts des tiers, et ne semblerait dès lors susceptible de rencontrer aucune opposition fondée; j'adopte votre proposition, et je vous autorise à permettre dans les rues de 30 pieds de largeur l'établissement de balcons sur 0m 75 de saillie.

Recevez, monsieur le préfet,...

———

Circulaire du préfet de la Seine du 11 février 1847.

Monsieur le maire, j'ai remarqué que les formalités d'enquête prescrites par l'ordonnance royale du 24 décembre 1823, pour l'établissement des grands balcons au droit des propriétés riveraines de la voie publique, sont toujours fort longues.

La durée inusitée de ces enquêtes provient notamment de la négligence que mettent les propriétaires à répondre à l'invitation qui leur est faite de présenter, soit verbalement, soit par écrit, les observations auxquelles peut donner lieu l'établissement de ces sortes de constructions.

Le seul moyen de faire cesser cet inconvénient serait, selon moi, de fixer la durée des enquêtes, et je crois qu'un délai de quinze jours serait suffisant pour atteindre ce but.

Je vous invite, en conséquence, monsieur le maire, lorsque vous aurez à convoquer à votre mairie des propriétaires, pour connaître leur avis sur l'établissement de grands balcons, à vouloir bien les informer que, faute par eux de faire connaître, dans le délai de la quinzaine à partir de la date de votre lettre de convocation, s'ils consentent ou s'ils s'opposent à l'établissement de ces balcons, vous considérerez leur silence comme une adhésion.

Vous voudrez bien, monsieur le maire, à l'expiration de ce délai de quinzaine, qui sera de rigueur, m'adresser votre procès-verbal qui

constatera la clôture des formalités d'enquête relatives à ces sortes de constructions.

BALEINE (Travail des fanons de). — Etablissement insalubre de 3e classe : émanations incommodes [1].

Les ateliers doivent être ventilés énergiquement, et le sol en être imperméable.

Les cuves à macération seront placées sous des hottes surmontées d'une cheminée d'appel; il en sera de même pour les chaudières dont les vapeurs et les buées seront conduites à la cheminée.

Les eaux de macération seront écoulées souterrainement [2].

BANC. — Arr. du 16 juin 1554 [3]. Ord. des Trésoriers de France du 4 févr. 1683 [4]. Ord. pol. du 25 juill. 1862 [5]. Décr. du 22 juill. 1882 [6] Ord. pol. du 21 mars 1888 [7].

L'interdiction d'établir des bancs en saillie sur la voie publique remonte fort loin . on la trouve notamment dans l'arrêt du parlement de Paris du 16 juin 1554 [8], et dans l'ordonnance des Trésoriers de France du 4 février 1683 [9].

L'ordonnance royale du 24 décembre 1823 permettait de placer des bancs en pierre, au devant des maisons, dans les rues de dix mètres de largeur et au-dessus ; mais cette ordonnance a été abrogée par le décret du 22 juillet 1882 [10] qui, ainsi que l'ordonnance de police du 25 juillet 1862 [11], défend d'établir, remplacer ou réparer des bancs en saillie sur la voie publique.

L'ordonnance de police du 21 mars 1888 [12] interdit également de placer des bancs dans les passages publics.

BANDEAU. — Décr. du 22 juill. 1882 [13].

Tout bandeau ayant plus de 0m 16 de saillie doit être en pierre, en bois ou en métal.

Sous cette réserve, la saillie des bandeaux est fixée, suivant la hauteur à laquelle ils sont placés et suivant la largeur des rues [14], savoir :

	Jusqu'à 2m60	A plus de 2m60 au-dessus du trottoir.
Voies ayant moins de 7m80	0.04	0.25
Voies de 7m80 à 12 m.	0.04	0.50
Voies de 12 mètres et au-dessus	0.10	0.50

BANNE. — Instr. du préfet de police du 18

[1] Décr., 31 déc. 1866. — [2] Bunel, p. 295.
[3] V. *Saillie*. — [4] V. *Pavage*. — [5] V. *Bâtiment en construction*. — [6] V. *Saillie*. — [7] V. *Passage public*.
— [8] V. *Saillie*. — [9] V. *Pavage*. — [10] V. *Saillie*. —
[11] V. *Bâtiment en construction*. — [12] V. *Passage public*.
[13] V. *Saillie*. — [14] Décr., 22 juill. 1882.

juin 1824 et décision du préfet de police du 15 févr. 1850[1]. Ord. pol. du 25 juill. 1862[2]. Note du 11 sept. 1862[3]. Arr. préf. du 29 févr. 1864[4]. Rapport du 6 sept. 1872[5]. Décr. du 28 juill. 1874[6]. Décr. du 22 juill. 1882[7].

On ne peut, sans en avoir sollicité et obtenu l'autorisation, établir des bannes au-devant des boutiques.

Cette autorisation n'est accordée que sous certaines conditions, savoir :

1° Elles ne peuvent être posées que dans les rues où il existe un trottoir[8];

2° Elles ne peuvent être établies qu'à l'étage du rez-de-chaussée[9] ;

Néanmoins, on peut en installer à l'étage d'attique, sous la réserve qu'elles seront mobiles et que, développées, elles ne dépasseront pas le garde-corps[10];

3° Elles ne peuvent être garnies de joues sans une autorisation spéciale, toujours révocable ;

4 Les branches, supports, coulisseaux, et toutes les parties accessoires, ne peuvent descendre à moins de 2m50 du trottoir;

5° Leur saillie est fixée à :

Trottoir de moins de 5 mètres de largeur 1m50
Trottoir de 5 à 8 mètres 2m00
Trottoir de 8 mètres de largeur et au-dessus 3m00

Dans tous les cas, elles devront avoir, comme saillie maxima, 0m50 de moins que la largeur du trottoir[11].

Elles doivent être en toile ou en coutil, et ne peuvent, dans aucun cas, être établies sur châssis.

Elles ne doivent être mises en place, ou développées, qu'au moment où le soleil donne sur les boutiques qu'elles sont destinées à abriter; elles doivent être enlevées aussitôt que ces boutiques ne sont plus exposées aux rayons du soleil. Néanmoins, sur les quais, places et boulevards, elles peuvent être conservées toute la journée, si elles ne gênent pas la circulation[12].

L'établissement des bannes est soumis à un droit de voirie de 2 francs par mètre linéaire de longueur[13].

Les réparations partielles faites au coutil ne donnent pas lieu à la perception des droits de voirie, qui sont dus, par contre, pour le renouvellement total du coutil[14].

[1] V. Saillie. — [2] Bâtiment en construction. — [3] Annexe. — [4] Annexe. — [5] Annexe. — [6] V. Voirie (Droits de). — [7] V. Saillie. — [8] Note du 11 sept. 1862, annexe; arr. préf., 29 févr. 1864, annexe. — [9] Décis. pol., 15 févr. 1850, V. Saillie. — [10] Rapp. 6 sept. 1872, annexe. — [11] Décr., 22 juill. 1882, V. Saillie. — [12] Ord. pol., 25 juill. 1862, V. Bâtiment en constr. — [13] Décr., 28 juill. 1874, V. Voirie (Droits de). — [14] Décis.pol., 15 févr. 1850, V. Saillie.

Note relative aux autorisations d'établir des bannes, des marquises ou des auvents, du 11 septembre 1862.

Les auvents, les marquises et les bannes ont donné lieu dans ces derniers temps à de fréquents accidents qui ont motivé des plaintes réitérées de la part tant des particuliers que de la compagnie générale des omnibus.

Une circulaire du ministre de l'agriculture, du commerce et des travaux publics, en date du 20 septembre 1858, soumet, en ce qui concerne les routes, les saillies de cette nature aux prescriptions suivantes, qui paraissent propres à prévenir tous les accidents.

« ... 7° Auvents et marquises 0m80. — Ces ouvrages seront en bois ou en métal; on ne les autorisera que sur des façades devant lesquelles il existe un trottoir de 1m30 de largeur au moins et à 3 mètres au moins au-dessus de ce trottoir;

« ... 8° Bannes 1m50. — Elles ne pourront être posées que devant les façades où il existe un trottoir. La dimension maximum fixée ci-dessus sera réduite quand ce trottoir aura moins de 3 mètres, de manière que sa largeur excède toujours de 0m50 au moins la saillie des bannes.

« Aucune partie des supports ne sera à moins de 2m50 au-dessus du trottoir. »

MM. les commissaires voyers sont invités à ne proposer à l'avenir d'autorisations que pour les bannes, marquises ou auvents qui rempliraient les conditions indiquées par cette circulaire. Quant aux saillies existantes qui pourraient donner lieu à des accidents, elles devront être de la part des agents de chaque arrondissement l'objet d'un rapport proposant leur suppression ou leur modification.

———

Arrêté préfectoral du 29 février 1864.

ARTICLE PREMIER. — A l'avenir, il ne pourra être établi de marquises et bannes qu'au-devant des maisons pourvues de trottoirs.

ART. 2. — La hauteur minima et la saillie maxima des marquises et bannes sont fixées ainsi qu'il suit :

Marquises. Hauteur, 3 mètres. Saillie, 0m80
Bannes.... — 2m50 — 1m50

Les hauteurs sont mesurées du sol du trottoir à la partie la plus basse de la marquise ou banne.

Les saillies devront, dans tous les cas, s'arrêter à 0m25 en arrière de la bordure des trottoirs.

ART. 3. — Le directeur de la voirie...

———

Extrait du rapport de la Commission supérieure de voirie du 11 septembre 1872.

1° *En ce qui concerne les bannes posées dans la hauteur du rez-de-chaussée :*

Il ne semble pas qu'il y ait lieu de demander

aucune modification aux dispositions de l'ordonnance royale (*du 24 déc.* 1823); les bannes posées au-dessus des devantures de boutiques continueront à être permises dans les conditions prescrites, et on peut également continuer à accorder aux boutiquiers une tolérance de 50 centimètres dans la hauteur (2ᵐ50 *au lieu de 3 mètres*).

Les stores devront toujours être proscrits au-devant des croisées; ils ne pourraient satisfaire aux conditions légales, et ils constitueraient une grande gêne et même quelquefois un danger pour la circulation.

2° *En ce qui concerne les stores ou bannes posés au devant de l'étage (entresol et premier) qui surmonte le rez-de-chaussée:*

La Commission, considérant que cet étage est souvent réuni au rez-de-chaussée; qu'il est, dans ce cas, destiné comme lui au commerce ou à l'industrie, et qu'il a besoin d'être protégé d'une manière spéciale contre le soleil et les intempéries, et malgré l'avis d'un de ses membres qui craignait pour les passants les inconvénients que peuvent causer les bannes, savoir: la constitution d'un égout, la chute des tringles arrachées par les mouvements de la toile, quand celle-ci est enlevée par le vent, etc.;

A été d'avis qu'il y avait lieu de les permettre en les restreignant seulement à la saillie qui pouvait être permise au rez-de-chaussée.

3° *En ce qui concerne les stores posés dans les étages supérieurs:*

La Commission a été unanime pour reconnaître qu'il n'y avait aucun intérêt à les interdire, quand ils doivent être posés au-dessus des grands balcons, et à la condition de ne point dépasser lesdits grands balcons, ni en saillie, ni en longueur.

Les stores qui seraient posés devant plusieurs ouvertures, sans se trouver au-dessus d'un grand balcon, lui ont paru, au contraire, constituer un danger public, parce que s'ils venaient à se détacher, ils tomberaient alors sur la voie publique; ils priveraient, en outre, les étages inférieurs de jour et d'air, et enfin, on peut ajouter qu'ils n'ont point sérieusement raison d'être.

Par tous ces motifs, la Commission est d'avis qu'il y a lieu de continuer à les proscrire.

4° *En ce qui concerne les petits stores posés au-dessus du rez-de-chaussée, au-devant d'une seule croisée:*

La Commission, à l'unanimité, est d'avis qu'il y a lieu de les permettre, à la condition que leur développement ne dépassera pas une saillie de 0ᵐ80, et que le pavillon extérieur dans lequel ils s'enrouleront n'aura pas une saillie de plus de 0ᵐ16.

5° *En ce qui concerne les bannes ou stores posés devant l'étage d'attique (au-dessus des terrasses formées par la retraite d'un mur de face):*

La Commission est d'avis qu'il y a lieu de les autoriser, à la condition: 1° Que leur saillie n'excédera pas celle du garde-fou du grand balcon de l'entablement; 2° Que les appareils sur lesquels ils seront établis ne seront pas construits et fixés de manière à constituer une sorte de portion d'étage dépassant la hauteur légale.

BARRIÈRE. — Edit de déc. 1607[1]. Décis. pol. du 15 févr. 1850[2]. Ord. pol. du 25 juill. 1862[3]. Décr. du 28 juill. 1874[4]. Décr. du 22 juill. 1882[5].

Il est interdit d'établir, sans une autorisation préalable, des barrières au devant des maisons[6].

Cette interdiction remonte à l'édit de décembre 1607[7].

Les barrières provisoires placées, pendant la durée des travaux, au-devant des bâtiments à construire, démolir ou réparer, sont autorisées par la préfecture de police et leur saillie est fixée, suivant les lieux et les besoins de la circulation, par le commissaire de police du quartier; la saillie permise ne dépasse pas, en général, 1ᵐ50[8]; elles doivent être éclairées pendant la nuit par un nombre suffisant d'appliques[9].

Les barrières destinées à masquer des renfoncements, dont la pose a été autorisée dans un intérêt de salubrité et de sécurité publique, ne sont pas soumises aux droits de voirie[10].

Les barrières provisoires sont soumises à un droit de 0 fr. 50 par mètre linéaire, en raison de la longueur du terrain clos, plus un droit de 0 fr. 50 par trimestre et par mètre superficiel pour la superficie du sol de la voie publique temporairement occupée: le trimestre étant pris pour unité est toujours exigible[11].

Le locataire est responsable des barrières qui se trouvent dans les cours et les remises dont il a la jouissance exclusive[12].

BARYTE caustique, par décomposition du nitrate (Fabrication de la).

1° Si les vapeurs ne sont ni condensées ni détruites:

Etablissement insalubre de 1ʳᵉ classe vapeurs nuisibles.

2° Si les vapeurs sont condensées ou détruites:

Etablissement insalubre de 2ᵉ classe: vapeurs accidentelles[13].

Les prescriptions sont les mêmes que pour la fabrication de l'acide arsénieux[14].

BARYTE (Décoloration du sulfate de) au moyen de l'acide chlorhydrique à vases ouverts.

Etablissement insalubre de 2ᵉ classe: émanations nuisibles[15].

[1] V. *Voyer.* — [2] V. *Saillie.* — [3] V. *Bâtiment en constr.* — [4] V. *Voirie (Droits de).* — [5] V. *Saillie.* — [6] Décr., 22 juill. 1882, V. *Saillie.* — [7] V. *Voyer.* — [8] Des Cilleuls, p. 369. — [9] Ord. pol., 25 juill. 1862, V. *Bâtiment en constr.* — [10] Décis. pol., 15 févr. 1850, V. *Saillie.* — [11] Décr., 28 juill. 1874, V. *Voirie (Droits de).* — [12] Cahier des juges de paix, 1852.
[13] Décr., 20 juin 1883. — [14] Bunel, p. 199. — [15] Décr., 31 déc. 1866.

Les cuves seront recouvertes de hottes servant à évacuer dans la cheminée les gaz non condensés[1].

BASSIN. Pour les bassins ou jets d'eau, le locataire est tenu à la réparation des dégradations provenant de son fait : entre autres, à la réparation des conduites en fer, plomb ou grès, quand il y a laissé de l'eau et que la gelée les a fait crever, parce que cet événement a été causé par sa faute ou sa négligence[2].

Il doit également l'entretien de la robinetterie[3].

BATIMENT EN CONSTRUCTION ou en réparation. — Ord. du 22 sept. 1600[4]. Edits de déc. 1607[5] et sept. 1608[6]. Ord. des trésoriers de France du 4 févr. 1683[7]. Déclaration du roi du 10 avr. 1783[8]. Loi du 23 nov. 1798[9]. Arr. préf. du 13 janv. 1801[10]. Ord. pol. du 14 mars 1802[11]. Arr. préf. des 14 nov. 1803[12], 22 août 1809[13] et 28 févr. 1821[14]. Règlement du 1er juin 1842[15]. Décr. du 26 mars 1852[16]. Ord. pol. du 25 juill. 1862[17]. Arr. préf. du 18 janv. 1881[18].

L'interdiction de construire ou de réparer, sans autorisation, des bâtiments en bordure de la voie publique remonte à l'édit du 22 sept. 1600[19]; elle fut renouvelée à plusieurs reprises, sous l'ancien régime, notamment dans l'édit de décembre 1607[20], l'ordonnance des trésoriers de France du 4 février 1683[21] et la déclaration du roi du 10 avril 1783[22].

L'édit de 1600, ainsi que celui de décembre 1607, entre autres dispositions, confiaient aux voyers la surveillance des bâtiments en construction.

Cette surveillance, ainsi que la perception des droits de voirie, interrompues en 1790, furent rétablies par l'arrêté préfectoral du 13 janv. 1801[23]. L'arrêté préfectoral du 14 nov. 1803[24], beaucoup plus explicite, exige qu'il soit fait, au moins trois jours avant leur exécution, une déclaration des travaux de construction ou de grosse réparation à exécuter, même hors de la voie publique et dans l'intérieur des bâtiments, tels que voûtes de caves, fouilles, excavations, reprises de gros murs ou de murs de refend, pan de bois portant planchers, etc.

Cette surveillance est encore rappelée dans l'arrêté préfectoral du 22 août 1809[25],

qui institue un bureau d'inspecteurs généraux de la voirie pour traiter, à l'amiable, les contestations relatives à l'emploi des matériaux défectueux et aux vices de construction. En cas de non conciliation, l'affaire était portée devant le conseil de préfecture.

Tout constructeur doit adresser à l'administration un plan et des coupes cotés, ainsi qu'une coupe géologique des fouilles : il doit se soumettre aux prescriptions qui lui sont faites dans l'intérêt de la sûreté publique et de la salubrité[1].

Lorsqu'un bâtiment à construire ou à surélever se trouve dans la zone des carrières, le constructeur doit se munir d'une autorisation spéciale, indiquant les précautions à prendre et les travaux à exécuter[2].

L'ordonnance de police du 25 juill. 1862[3] interdit de procéder à aucune construction ou réparation des murs de face ou de clôture sur la voie publique, sans avoir justifié, au commissaire de police du quartier où se font les travaux, de la permission délivrée, à cet effet, par l'autorité compétente.

Une barrière en charpente et planches, de 2m25 de hauteur, doit être établie avant de commencer les travaux ; cette barrière doit être éclairée, pendant la nuit, par un nombre suffisant d'appliques[4].

Aussitôt les barrières et échafaudages enlevés, on doit faire les blocages et prendre les mesures nécessaires pour prévenir les accidents, en attendant la réfection du trottoir ou du pavé par les entrepreneurs de la Ville.

Les matériaux ne peuvent rester sur la voie publique, en dehors du chantier, plus de vingt-quatre heures[5].

Aussitôt les assises de retraite posées, il est procédé au recolement de l'alignement indiqué. La maison terminée, le commissaire voyer doit vérifier si elle ne s'élève qu'à la hauteur permise[6].

Lorsqu'en construisant ou en réparant, on découvre quelque carrière ou excavation souterraine, on doit en avertir la préfecture de police[7].

La construction et la réparation des bâtiments sont soumis à des droits, dits droits de voirie[8].

Les bâtiments neufs ou reconstruits ne sont imposés pour la contribution foncière que la troisième année après leur achèvement[9].

---

[1] Bunel, p. 199.
[2] Agnel. — [3] Cahier des juges de paix.
[4] V. *Alignement*. — [5] V. *Voyer*. — [6] V. *Immondices*. — [7] V. *Pavage*. — [8] V. *Alignement*. — [9] V. *Contrib. directes*. — [10] V. *Voyer*. — [11] V. *Carrière*. — [12] V. Annexe. — [13] Annexe. — [14] Annexe. — [15] V. *Voirie*. — [16] V. *Expropriation*. — [17] Annexe. — [18] V. *Carrière*. — [19] V. *Alignement*. — [20] V. *Voyer*. — [21] V. *Pavage*. — [22] V. *Alignement*. — [23] V. *Voyer*. — [24] Annexe. — [25] Annexe.

[1] Décis., 26 mars 1852, V. *Expropriation*. — [2] Arr. préf., 18 janv. 1881, V. *Carrière*. — [3] Annexe. — [4] Ord. pol., 25 juill. 1862. — [5] Edit, 22 sept. 1600 ; Edit, sept. 1608. — [6] Arr. préf., 28 févr. 1821, annexe. Règlement 1er juin 1842, V. *Voirie*. — [7] Ord. pol., 14 mars 1802, V. *Carrière*. — [8] V. *Voirie*. — [9] Loi, 24 nov. 1798, V. *Contrib. fonc*.

ANNEXES.

Arrêté du préfet de la Seine du 23 brumaire an XII (14 novembre 1803).

ARTICLE PREMIER. — Tous propriétaires qui auront à faire exécuter, même hors de la voie publique et dans l'intérieur de leurs bâtiments, des travaux de grosses constructions ou grosses réparations, tels que voûtes de caves, fouilles, excavations, reprises de gros murs ou de murs de refend, pans de bois portant planchers, etc., travaux par sous-œuvre ou autrement, seront tenus d'en faire préalablement, et trois jours au moins avant de faire commencer les travaux, la déclaration au bureau de la grande voirie à la préfecture, place de l'Hôtel-de-Ville, et d'indiquer les noms des entrepreneurs et ouvriers qu'ils entendent employer auxdits travaux, et les noms des architectes chargés de les diriger.

ART. 2. — Ces déclarations seront reçues, et il en sera délivré expédition, sans frais ni droits.

ART. 3. — Il est fait défenses à tous architectes, entrepreneurs et ouvriers, d'exécuter ou faire exécuter lesdites réparations, s'il ne leur est justifié de cette déclaration, ou s'ils ne l'ont faite eux-mêmes.

ART. 4. — Le double de cette déclaration sera remis au commissaire voyer de l'arrondissement qui sera chargé de surveiller l'exécution, et de prescrire les moyens de sûreté et de solidité.

ART. 5. — Faute par les propriétaires, architectes, entrepreneurs ou ouvriers, de faire la déclaration dans le délai prescrit, ils seront garants et responsables de tous événements, condamnés à l'amende prononcée par les règlements, et tenus de tous dommages-intérêts publics ou privés.

ART. 6. — Les commissaires voyers et les architectes inspecteurs sont chargés, chacun en ce qui le concerne, de tenir la main à l'exécution du présent arrêté, qui sera imprimé et de plus affiché dans toute l'étendue de la commune de Paris.

———

Arrêté du préfet de la Seine du 22 août 1809.

Nous, etc.;

Considérant :

1° Que l'objet desdits arrêtés (*24 nivôse an IX et 13 brumaire an XII*) a été de suppléer au service qui s'était fait, jusqu'en 1789, par la chambre dite des bâtiments ;

2° Que cependant, quelques soins qu'aient apportés jusqu'à ce jour, dans l'exercice de leurs fonctions, les inspecteurs généraux et les commissaires de la grande voirie, pour assurer l'exécution des règlements en cette partie, il reste à désirer : 1° que la forme de leurs visites soit mieux déterminée ; 2° qu'il soit procuré aux constructeurs pris en défaut un moyen de terminer amiablement les contestations dont leurs constructions sont devenues l'objet, sans qu'il soit absolument nécessaire de les soumettre, d'abord, aux lenteurs inséparables du mode de procéder, même en matière administrative ;

3° Que, pour remplir le premier objet, et attendu que du droit de surveiller les constructions dérive nécessairement celui d'inspecter les divers matériaux qui s'y emploient, tels que pierre taillée, bois façonnés, chaux, plâtre, brique, tuile et autres, dont l'inspection est en effet d'autant plus indispensable que les constructeurs pris en défaut en rejettent fréquemment le tort sur la mauvaise qualité, vraie ou prétendue, desdits matériaux, il est convenable que les inspecteurs généraux et les commissaires-voyers se fassent accompagner dans leurs visites par des entrepreneurs connus et expérimentés, par nous désignés à cet effet;

4° Qu'en ce qui concerne la terminaison à l'amiable des contestations, il est facile de procurer cet avantage aux constructeurs, en portant, d'abord, lesdites contestations, à l'instar de ce qui se pratiquait sous l'ancienne chambre de maçonnerie, devant le bureau des inspecteurs généraux de la voirie, formé en bureau de consultation présidé par nous, sauf, au surplus, en cas de non conciliation, à renvoyer les parties à se faire juger par le conseil de préfecture, dans les formes de la loi du 29 floréal an X ;

5° Que, par ce mode d'instruction amiable, qui est de plein droit en matière administrative, la reprise des constructions suspendues comme vicieuses pourra devenir plus prompte, ce qui est une chose très désirable pour les constructeurs et propriétaires, obligés, sans cela, de subir des délais que les formes purement contentieuses, non précédées de moyens de conciliation, consommeraient en pure perte ;

Avons arrêté ce qui suit :

ARTICLE PREMIER. — Les inspecteurs généraux de la grande voirie et les commissaires voyers, dont les fonctions sont déterminées par nos arrêtés des 2 nivôse an IX et 13 brumaire an XII, sont autorisés à se faire assister, dans leurs visites, par deux entrepreneurs, l'un maçon, l'autre charpentier.

ART. 2. — A cet effet, il sera par nous formé, pour chaque année, un tableau de soixante entrepreneurs, parmi lesquels, et suivant l'ordre du tableau, seront pris à tour de rôle ceux qui devront concourir auxdites visites.

ART. 3. — Les inspecteurs généraux et commissaires voyers requerront, dans le cours de ces visites, la rectification des malfaçons ou vices de construction qui auront été remarqués, et constateront dans leurs procès-verbaux, signés d'eux et des entrepreneurs par qui ils auront jugé convenable de se faire accompagner, l'adhésion des constructeurs ou propriétaires auxdites réquisitions, ou leur refus d'y satisfaire.

ART. 4. — En cas de non adhésion de la part desdits constructeurs ou propriétaires, les inspecteurs ou commissaires voyers ordonneront provisoirement la suspension des travaux, et inviteront en même temps lesdits propriétaires ou constructeurs à se trouver à la plus prochaine séance du bureau de la grande voirie à l'Hôtel de Ville, pour y être entendus sommairement sur les motifs de leur refus. Il sera également fait mention de cette invitation dans les procès-verbaux.

ART. 5. — Au jour indiqué, et tant en absence

qu'en présence des constructeurs ou propriétaires dûment invités, les procès-verbaux dressés contre eux seront examinés et discutés par le bureau de la grande voirie, formé en bureau de consultation présidé par nous, ou, à notre défaut, par le plus ancien des inspecteurs généraux.

ART. 6. — L'avis du bureau se formera à la majorité des voies des membres présents, et sera retenu sur les registres.

ART. 7. — Si l'entrepreneur ou propriétaire est présent, et s'il adhère à l'avis, il sera invité à apposer sa signature au bas de la délibération contenant ledit avis, et cette formalité dispensera de toute notification et procédure ultérieure.

ART. 8. — Dans le cas, au contraire, où l'entrepreneur ou propriétaire aurait négligé de se rendre au bureau, ainsi que dans le cas où, s'y étant rendu, il refuserait d'adhérer à l'avis du bureau, ou ne s'y conformerait pas après y avoir adhéré, les procès-verbaux de visite et autres pièces le concernant seront remis au conseil de préfecture, où le délinquant sera cité pour y procéder dans les formes ordinaires.

ART. 9. — Le présent arrêté sera imprimé et affiché.

Service de la grande voirie.
Arrêté du préfet de la Seine du 28 février 1821.

ARTICLE PREMIER. — Dans toutes constructions nouvelles, aussitôt que les assises de retraite sur les murs de fondation seron posées à demeure, il sera procédé par le commissaire voyer de l'arrondissement, en présence d'un des inspecteurs généraux de la grande voirie, au récolement de l'alignement indiqué dans la permission qui aura autorisé les travaux.

ART. 2. — Lorsque la construction d'une maison neuve ou l'exhaussement d'une maison ancienne seront terminés, le commissaire voyer, en présence d'un des inspecteurs généraux, constatera si la maison n'est élevée qu'à la hauteur déterminée dans la permission.

ART. 3. — Les procès-verbaux à rédiger, conformément aux deux articles précédents, seront signés par le commissaire voyer, par l'inspecteur général, et autant que cela sera possible, par l'architecte ou l'entrepreneur constructeur, et par le propriétaire ou son fondé de pouvoirs.

Chaque procès-verbal nous sera transmis dans les quinze jours de la date.

ART. 4. — Aussitôt que le procès-verbal de récolement nous aura été adressé, le commissaire voyer sera tenu d'indiquer par des hachures, sur le plan d'alignement déposé dans nos bureaux, les constructions neuves qui auront été l'objet du récolement, et indiquera aussi sur le même plan, mais en chiffres seulement, la superficie du terrain qui aura été abandonné à la voie publique par suite de l'alignement.

ART. 5. — Lorsque des vices de construction auront été reconnus dans des constructions neuves ou anciennes, et que la rectification aura été ou consentie à l'amiable, ou ordonnée par l'autorité, les travaux de rectification seront faits sous la surveillance du commissaire voyer de l'arrondissement, mais l'exécution sera constatée par un rapport signé de lui et d'un des inspecteurs généraux.

ART. 6. — Encore qu'il soit de principe que ni les commissaires-voyers ni les inspecteurs généraux ne peuvent faire ou diriger, soit directement, soit indirectement, dans Paris, des travaux de construction, ils pourront à l'avenir se charger des travaux ci-après indiqués, mais à la charge de nous en informer préalablement :

1° Toute espèce de travaux de construction pour le compte du gouvernement ou d'une grande administration publique;

2° Pour le compte des particuliers, toutes constructions neuves ou réparations à des bâtiments reconnus être sur l'alignement, et n'ayant que la hauteur légale;

3° Toute espèce de travaux à des bâtiments n'ayant pas ou ne devant pas avoir face ou jour sur la voie publique.

ART. 7. — Ils pourront aussi opérer comme experts dans toutes les affaires où la ville de Paris ne sera pas intéressée.

ART. 8. — Tous les ans, il y aura permutation (facultative à l'égard de M. le préfet) d'arrondissement entre les commissaires voyers; les nouvelles attributions d'arrondissements seront fixées par nous chaque année.

Au contraire les inspecteurs particuliers de la voirie seront constamment attachés au même arrondissement.

ART. 9. — Les inspecteurs particuliers remettront au bureau de la grande voirie le double signé d'eux des rapports qu'ils auront adressés à leurs commissaires voyers respectifs.

Cette remise aura lieu dans les vingt-quatre heures de la date sur apport.

ART. 10. — Au commencement de chaque année, les inspecteurs généraux nous adresseront un rapport spécial sur l'ensemble des opérations de l'année précédente, sur les abus qu'ils auront remarqués et les améliorations qui leur paraîtront possibles.

Ordonnance de police du 25 juillet 1862 concernant la sûreté, la liberté et la commodité de la circulation.

TITRE Ier. — TRAVAUX SUR LA VOIE PUBLIQUE.

CHAPITRE Ier. — FOUILLES ET TRANCHÉES DANS LE SOL DE LA VOIE PUBLIQUE. — TRAVAUX POUR L'ÉTABLISSEMENT ET L'ENTRETIEN DES CONDUITES D'EAU ET DE GAZ. — TRAVAUX D'ÉGOUT.

Ire SECTION. — Fouilles et tranchées.

ARTICLE PREMIER. — Il est défendu aux particuliers et à leurs entrepreneurs de faire aucune fouille ni tranchée dans le sol de la voie publique, sans une permission spéciale du préfet de police.

Toutefois, cette permission n'est pas exigée pour les travaux d'établissement, de renouvellement ou de réparation des conduites d'eau ou de gaz, dont la durée ne devra pas excéder quarante-huit heures. Il suffira, dans ce cas, de prévenir le commissaire de police du quartier du commencement des travaux.

Aucune fouille ni tranchée, même autorisée par le préfet de police, ne pourra être commencée avant qu'il en ait été donné avis au commissaire de police du quartier.

II° SECTION. — Travaux pour l'établissement et l'entretien des conduites d'eau et de gaz.

ART. 2. — Les fouilles et tranchées seront remblayées, autant que faire se pourra, au fur et à mesure de l'exécution des ouvrages.

ART. 3. — Les entrepreneurs chargés des travaux feront les dispositions convenables pour que moitié, au moins, de la largeur des rues où ils travailleront soit réservée à la circulation et qu'il ne puisse arriver d'accidents.

ART. 4. — Les terres provenant des fouilles seront retenues avec des plats-bords solidement fixés, de manière qu'elles ne puissent se répandre ni sur les trottoirs, ni sur le pavé réservé pour la circulation des piétons, et que l'écoulement des eaux reste toujours libre.

ART. 5. — Les terres des remblais seront pilonnées avec soin, pour prévenir les affaissements, et le pavé sera bloqué de telle sorte qu'il se maintienne partout à la hauteur du pavé environnant.

Les terres et gravois qui ne pourraient être employés dans les remblais seront enlevés immédiatement après le blocage du pavé.

ART. 6. — Les propriétaires et entrepreneurs pourvoiront au raccordement du pavé dans les quarante-huit heures de l'achèvement des travaux de pose ou réparation des conduites.

Ils seront tenus néanmoins d'entretenir les blocages en bon état jusqu'à ce que les raccordements aient été effectués.

ART. 7. — Les entrepreneurs chargés de l'entretien des conduites des eaux de la ville, les propriétaires des conduites particulières d'eau et de gaz et leurs entrepreneurs seront tenus, dans le cas de rupture des conduites, et chacun pour ce qui le concerne, de mettre des ouvriers en nombre suffisant pour que les réparations en soient effectuées, dans les vingt-quatre heures des avertissements qu'ils auront reçus des commissaires de police, agents d'administration et même de tous particuliers.

Ils seront tenus provisoirement d'arrêter et de faire arrêter sur-le-champ le service desdites conduites et de pourvoir à la sûreté de la voie publique, soit en comblant les excavations, soit en les entourant de barrières, en les éclairant pendant la nuit et en y posant au besoin des gardes.

III° SECTION. — Travaux d'égouts.

ART. 8. — On ne pourra entreprendre des travaux d'égouts sur la voie publique que vingt-quatre heures après avoir prévenu le commissaire de police du quartier, lequel s'entendra avec l'ingénieur chargé de la direction des travaux, pour donner les ordres nécessaires relativement à ce qui peut intéresser la liberté de la circulation et la sûreté publique.

ART. 9. — Les entrepreneurs seront tenus de se conformer exactement aux dispositions que l'ingénieur et le commissaire de police du quartier leur prescriront, de concert et sur place, pour la limite des fouilles ou tranchées, le passage réservé aux piétons et aux voitures, s'il y a possibilité, le lieu de dépôt des équipages et des matériaux, les endroits où devront être établis les bassins à mortier, des passerelles et des ponts à voiture, l'éclairage pendant la nuit, et pour toutes les autres mesures de précaution nécessaires à l'effet de prévenir les encombrements et les accidents.

ART. 10. — Avant l'ouverture des travaux, les parties de la voie publique exclusivement réservées pour la circulation seront déterminées sur place, et celles qui seront abandonnées aux travaux seront enceintes par des barrières en charpente à hauteur d'appui, avec courant de lisses.

ART. 11. — L'enlèvement des terres sera fait, autant que possible, à mesure des fouilles, de manière qu'il n'en reste pas sur les bords des tranchées à la fin de la journée, et que les environs soient débarrassés des terres qui tomberaient des voitures de transport.

ART. 12. — Les matériaux seront, au fur et à mesure de la décharge qui en sera faite, rangés de manière à ne point nuire à l'écoulement des eaux pluviales et ménagères.

Il sera placé au-dessus de tout dépôt un écriteau peint en noir sur un fond blanc, et indicatif des nom et demeure de l'entrepreneur à qui les matériaux appartiendront.

ART. 13. — Sous aucun prétexte, il ne pourra être formé de chantier pour la taille des pierres sur la voie publique.

Le commissaire de police du quartier fera enlever d'office les pierres de taille et pavés qui y auraient été déposés, ainsi que les pierres meulières, bassins à mortier et équipages placés à des endroits autres que ceux désignés à cet effet, ou qui resteraient sur place après l'achèvement des travaux auxquels ils étaient destinés. Les matériaux ainsi enlevés seront portés aux décharges publiques ou à la fourrière.

IV° SECTION. — Dispositions communes aux travaux faisant l'objet des trois sections qui précèdent.

ART. 14. — Il est expressément défendu de rouler des brouettes sur les dallages des trottoirs, ou d'y faire passer les roues des voitures et d'y déposer des outils, équipages ou matériaux.

Tous les trottoirs dont l'enlèvement provisoire n'aura pas été autorisé devront constamment rester libres pour la circulation des piétons.

ART. 15. — Dans le cas où il serait indispensable d'interdire momentanément la circulation aux voitures sur certains points de la voie publique, l'autorisation devra en être obtenue du préfet de police par les particuliers ou leurs entrepreneurs. Nonobstant cette autorisation, le commissaire de police du quartier devra être prévenu avant l'établissement du barrage.

On devra placer, à l'entrée des rues aboutissant aux travaux, des poteaux supportant, à la hauteur de trois mètres au moins, une inscription ainsi conçue : *Rue barrée aux voitures avec permission de l'autorité.* Ces poteaux devront être éclairés le soir, au moyen d'une ou de plusieurs appliques.

Art. 16. — Dans le cas où, en faisant des tranchées, on découvrirait des berceaux de caves, des fosses, des puits ou des égouts abandonnés, on sera tenu de déclarer immédiatement à la préfecture de police l'existence de ces caves, fosses, puits ou égouts, pour nous mettre à même de les faire visiter et de prescrire les mesures nécessaires.

Les résidus retirés des fouilles, qui seraient susceptibles de compromettre la salubrité publique, seront enlevés et transportés aux voiries dans des voitures couvertes et qui ne laissent rien répandre sur le sol.

Art. 17. — Les monnaies, médailles, armes, objets d'art ou d'antiquité et tous autres objets trouvés dans les fouilles seront remis immédiatement au commissaire de police du quartier, qui devra constater cette remise, sans préjudice, s'il y a lieu, des droits attribués par la loi à l'auteur de la découverte.

Les débris humains seront soigneusement recueillis par l'entrepreneur, pour être transportés au lieu de repos, à la diligence du commissaire de police du quartier.

Art. 18. — Les ateliers, les dépôts de meulières, de tuyaux de fonte et d'équipages, les bassins à mortier, ainsi que tous les points de la voie publique qui, par suite des ouvrages, pourraient présenter du danger pour la circulation, seront éclairés, pendant la nuit, avec des appliques placées et entretenues aux frais et par les soins de l'entrepreneur, en nombre suffisant, qui sera indiqué par le commissaire de police du quartier.

Art. 19. — L'entrepreneur sera tenu de placer sur les ateliers le nombre de gardiens nécessaires pour veiller, jour et nuit, au maintien du bon ordre.

Il fera déposer aux heures prescrites par les règlements, dans les endroits accessibles aux voitures du nettoiement, les ordures ménagères provenant des maisons riveraines des parties barrées de la voie publique.

Art. 20. — Chaque année, les travaux ne pourront être entrepris avant le 1er mars. Ils devront être terminés, le pavé rétabli et la voie publique débarrassée de tous décombres et immondices, avant le 15 du mois de novembre.

Cette disposition ne s'applique point aux travaux de simple réparation ni à ceux qui ont pour objet la pose de petites conduites transversales soit d'eau, soit de gaz.

Art. 21. — Le commissaire de police fera combler immédiatement toutes tranchées qui seraient ouvertes sur son quartier sans autorisation.

Sur sa réquisition, le pavé sera rétabli, dans les vingt-quatre heures, par les soins du directeur du service municipal, tant sur les tranchées remblayées d'office, aux frais de qui de droit, que sur toute tranchée comblée par suite de l'achèvement de travaux d'égouts ou d'établissement de conduites.

CHAPITRE II. — TRAVAUX DE PAVAGE A LA CHARGE DE LA VILLE. — TRAVAUX DE PAVAGE A LA CHARGE DES PARTICULIERS. — ENTRETIEN DES RUES NON PAVÉES. CONSTRUCTION ET ENTRETIEN DES TROTTOIRS.

Ire SECTION. — Travaux de pavage à la charge de la Ville.

Art. 22. — Les entrepreneurs du pavé de Paris seront tenus de prévenir, au moins vingt-quatre heures d'avance, les commissaires de police des quartiers respectifs, du jour où ils commenceront des travaux de pavage neuf ou de relevé à bout dans une rue.

Art. 23. — Ils ne pourront former leurs approvisionnements de matériaux que le jour même où les travaux commenceront.

Les pavés seront rangés et le sable retroussé de manière à occuper le moins de place possible.

Art. 24. — Ils seront tenus de faire éclairer pendant la nuit, par des appliques, leurs matériaux et leurs chantiers de travail, de veiller à l'entretien de l'éclairage et de prendre les précautions nécessaires dans l'intérêt de la sûreté publique.

Art. 25. — Il leur est défendu de barrer les rues et portions de rues autres que celles dont le pavé sera relevé à bout, et dont la largeur totale n'excédera pas 16m50.

Toutefois, si des circonstances nécessitaient le barrage des rues ayant plus de 16m50 de largeur, ce barrage pourra être établi après les communications d'usage entre la préfecture de la Seine et la préfecture de police.

Art. 26. — Lorsqu'il sera fait un relevé à bout aux abords des halles et marchés, des salles de spectacle, ou d'autres lieux très fréquentés désignés dans l'état qui en sera dressé annuellement par le directeur du service municipal et approuvé par le préfet de police, il ne devra être entrepris que la quantité d'ouvrage qui pourra être terminée dans la journée. Dans le cas où il aurait été levé plus de pavé qu'il n'en était besoin, il sera bloqué, en sorte que la voie publique se trouve entièrement libre et sûre avant la retraite des ouvriers.

Art. 27. — Les entrepreneurs réserveront, dans les rues ou portions de rues barrées, un espace suffisant pour la circulation des gens à pied. Ils établiront, au besoin, des planches solides et commodes pour la facilité du passage.

Ils prendront, en outre, des mesures convenables pour interdire aux voitures du public tout accès dans les rues ou portions des rues barrées. Ils placeront, à cet effet, des chevalets mobiles qui, en servant d'avertissement au public, laisseront la facilité de faire entrer et sortir les voitures des personnes demeurant dans l'enceinte du barrage.

Les mêmes précautions seront prises pour les rues latérales aboutissant aux rues barrées.

Il est défendu aux entrepreneurs de substituer des tas de pavés aux chevalets mobiles.

Art. 28. — Dans les rues qui ne seront point barrées, les entrepreneurs disposeront leurs ateliers de telle sorte qu'ils soient séparés les uns des autres par un intervalle de 15 mètres au moins, et que chaque atelier ne travaille que sur moitié de la largeur de la rue, afin de laisser l'autre moitié à la circulation des voitures.

Art. 29. — Les chantiers des travaux seront complètement débarrassés de tous matériaux, décombres, pavés de réforme, retailles, vieilles formes et autres résidus des ouvrages, dans les vingt-quatre heures qui suivront l'achèvement des travaux pour les relevés à bout et pavages neufs, et au fur et à mesure de l'exécution des ouvrages pour les réparations simples et raccordements.

Art. 30. — Il est expressément défendu de troubler les paveurs dans leurs ateliers et de déplacer ou arracher les appliques, chevalets, pieux et barrières établis pour la sûreté de leurs ouvrages.

IIᵉ SECTION. — Travaux de pavage à la charge des particuliers.

Art. 31. — Il est enjoint aux propriétaires des maisons et terrains bordant les rues ou portions de rues pavées et dont l'entretien est à leur charge, de faire réparer, chacun au devant de sa propriété, les dégradations du pavé et d'entretenir constamment en bon état le pavé desdites rues.

Art. 32. — Ces propriétaires et leurs entrepreneurs seront tenus, pour les approvisionnements de matériaux destinés aux réparations, pour l'exécution des ouvrages et l'enlèvement des résidus, de se conformer aux dispositions prescrites, en la section précédente, aux entrepreneurs du pavé à la charge de la ville.

Art. 33. — Il leur est défendu de barrer ni faire barrer les rues pour l'exécution des travaux, sans y être autorisés par le préfet de police.

IIIᵉ SECTION. — Entretien des rues non pavées.

Art. 34. — Il est enjoint aux propriétaires des maisons ou terrains situés le long des rues ou portions de rues non pavées de faire combler, chacun au droit de soi, les excavations, enfoncements et ornières, enlever les dépôts de fumier, gravois, ordures et immondices, et de faire, en un mot, toutes les dispositions convenables pour que la liberté et la sûreté de la circulation et la salubrité ne soient point compromises.

Ils seront tenus d'entretenir constamment en bon état lesdites rues, et de conserver ou rétablir les pentes nécessaires pour procurer aux eaux un écoulement facile.

Les rues non pavées, qui deviendront impraticables pour les voitures, seront barrées, de manière que tous accidents soient prévenus.

IVᵉ SECTION. — Construction des trottoirs.

Art. 35. — On ne pourra construire aucun trottoir sur la voie publique, sans en avoir obtenu la permission de M. le préfet de la Seine.

Art. 36. — Les entrepreneurs chargés de ces constructions seront tenus de prévenir, au moins vingt-quatre heures d'avance, les commissaires de police des quartiers respectifs, du jour où ils commenceront les travaux et de leur représenter les autorisations dont ils auront dû se pourvoir.

Art. 37. — La construction de deux trottoirs sur les deux côtés d'une rue ne pourra être simultanément entreprise, à moins que les ateliers ne soient séparés par un intervalle d'au moins 50 mètres.

Art. 38. — Avant de commencer les travaux, les entrepreneurs feront établir une barrière à chaque extrémité des ateliers, afin d'en interdire l'accès au public.

Art. 39. — Les matériaux destinés aux constructions seront apportés au fur et à mesure des besoins et seront rangés sur les emplacements destinés aux trottoirs, sans que la largeur en soit excédée.

Art. 40. — Les pavés arrachés, qui ne devront point servir aux raccordements, seront enlevés et transportés, dans le jour, hors de la voie publique, à la diligence des entrepreneurs de la construction des trottoirs.

Art. 41. — Il sera pris les mesures nécessaires pour que les eaux ménagères et pluviales s'écoulent sous les trottoirs au moyen de gargouilles ou conduits souterrains pratiqués à cet effet.

Art. 42. — Lorsqu'un trottoir sera coupé par un passage de porte cochère ou qu'il ne sera point prolongé au devant des maisons voisines, il sera établi des pentes douces aux points d'interruption, pour rendre moins sensible la différence de niveau entre le sol du trottoir et celui de la rue.

Art. 43. — Les propriétaires et entrepreneurs feront éclairer, à leurs frais, les ateliers pendant la nuit, au moyen d'appliques ou lanternes en nombre suffisant.

Art. 44. — Aussitôt que la construction d'un trottoir sera terminée, il sera procédé immédiatement au raccordement du pavé par l'entrepreneur du pavage municipal, sur l'avertissement qui lui en sera donné, à l'avance, par l'entrepreneur du trottoir.

Art. 45. — Les barrières, matériaux, terres, gravois et autres résidus des ouvrages, seront immédiatement enlevés aux frais et par les soins du propriétaire ou de l'entrepreneur du trottoir.

Il est défendu de livrer le trottoir à la circulation avant d'avoir pourvu au recouvrement des gargouilles et d'avoir pris les mesures convenables pour la sûreté et la commodité du passage.

Vᵉ SECTION. — Entretien des trottoirs.

Art. 46. — Les dégradations des trottoirs seront réparées, aux frais de qui de droit, à la diligence du directeur du service municipal, dans les vingt-quatre heures de la réquisition qui lui en aura été adressée par le préfet de police.

Art. 47. — Les entrepreneurs qui procéderont aux réparations seront tenus, lorsque les ouvrages ne pourront être faits dans la journée où ils auront été entrepris, de prévenir les commissaires de police des quartiers respectifs, pour les mettre à portée de prescrire les mesures nécessaires relativement au dépôt des matériaux, à l'éclairage pendant la nuit et à toutes autres précautions que pourra réclamer la sûreté publique.

TITRE II. — TRAVAUX EXÉCUTÉS DANS LES PROPRIÉTÉS RIVERAINES DE LA VOIE PUBLIQUE.

CHAPITRE Iᵉʳ. — CONSTRUCTIONS ET RÉPARATIONS.

Art. 48. — Il est défendu de procéder à aucune construction ou réparation des murs de face ou de clôture des bâtiments et terrains riverains de la voie publique, sans avoir justifié, au commissaire de police du quartier où se feront les travaux, de la permission qui aura dû être délivrée à cet effet par M. le préfet de la Seine.

ART. 49. — Dans le cas de construction, on ne devra commencer les travaux qu'après avoir établi une barrière en charpente et planches jointives ayant au moins 2^{m}25 de hauteur.

Cette barrière ne pourra être posée qu'avec l'autorisation du préfet de police.

Elle sera placée de manière à ne pas gêner le libre écoulement des eaux de la rue, disposée à ses deux extrémités en pans coupés de quarante-cinq degrés et pourvue, dans sa partie la plus apparente, d'un écriteau fixe portant en lettres noires de 8 centimètres de haut, peintes à l'huile sur fond blanc, le nom et la demeure de l'entrepreneur de la construction.

ART. 50. — Les portes pratiquées dans les barrières devront, autant que possible, ouvrir en dedans. Si l'on est forcé de les faire ouvrir en dehors, on sera tenu de les appliquer contre les barrières.

Elles seront garnies de serrures ou cadenas pour être fermées, chaque jour, au moment de la cessation des travaux.

ART. 51. — A moins de circonstances particulières, il ne sera point établi de barrières devant les maisons en réparation.

On devra, pour ces réparations, faire usage d'échafauds volants ou à bascule, sans points d'appui directs sur la voie publique et d'un mètre 25 centimètres au plus de saillie sur le mur de face, de telle sorte que la circulation puisse continuer sur le trottoir au pied de la maison.

Pour prévenir la chute des matériaux ou autres objets sur la voie publique, le premier plancher au-dessus du rez-de-chaussée sera, pendant toute la durée des travaux, formé de planches jointives et avec rebords.

Si l'échafaud doit avoir plus de deux étages, on sera tenu de garnir de planches l'étage d'échafaud au-dessous de celui sur lequel les ouvriers travailleront.

ART. 52. — Lorsque des circonstances particulières exigeront des points d'appui directs, ces points d'appui seront des sapines de toute la hauteur de la façade à réparer, afin d'éviter des entes de boulins les uns sur les autres.

Dans aucun cas, il ne pourra être établi d'échafaud de cette espèce sans la permission du préfet de police.

ART. 53. — Lorsque l'administration aura autorisé la pose d'une barrière pour des travaux de réparation, cette barrière sera établie conformément aux prescriptions des articles 49 et 50 ci-dessus.

ART. 54. — Les échafauds servant aux constructions seront établis avec solidité et disposés de manière à prévenir la chute des matériaux et gravois sur la voie publique.

Ils devront monter de fond et, si les localités ne le permettent pas, ils seront établis en bascule, à 4 mètres, au moins, du sol de la rue.

Il est défendu de les faire porter sur des écoperches ou boulins arc-boutés au pied des murs de face, dans la hauteur du rez-de-chaussée.

Les engins et appareils servant à monter et descendre les matériaux devront, autant que possible, être renfermés dans les barrières.

ART. 55. — Les barrières et les échafauds montant de fond, au-devant desquels il n'existera pas de barrières, seront éclairés aux frais et par les soins des propriétaires et entrepreneurs.

L'éclairage sera fait au moyen d'un nombre suffisant d'appliques, dont une à chaque angle des extrémités, pour éclairer les parties en retour.

Les heures d'allumage et d'extinction de ces appliques seront celles fixées pour l'éclairage public.

ART. 56. — Toutes les fois que l'autorité le jugera convenable, il sera établi, au devant de la barrière posée au droit des bâtiments en construction et à la hauteur ordinaire des trottoirs, un plancher en bois solidement assemblé, d'un mètre au moins de largeur et soutenu par une bordure en charpente solidement fixée, ayant 16 centimètres au moins de relief au-dessus du pavé.

Ce plancher sera disposé de manière à ne pas gêner le libre écoulement des eaux. Il devra se raccorder avec les trottoirs adjacents, s'il y en a, ou être prolongé jusqu'au mur de face des maisons voisines. Il sera entretenu en bon état et propre, par l'entrepreneur qui aura obtenu la permission de poser la barrière et ne sera enlevé qu'avec ladite barrière.

ART. 57. — Les travaux de construction ou de réparation seront entrepris immédiatement après l'établissement des barrières et échafaud, et devront être continués sans interruption, à l'exception des jours fériés.

Dans le cas où l'interruption durerait plus de huit jours, les propriétaires et entrepreneurs seront tenus de supprimer les échafauds et de reporter les barrières à l'alignement des maisons voisines, ou de se pourvoir d'une autorisation du préfet de police pour les conserver.

ART. 58. — Les voitures destinées aux approvisionnements ou à l'enlèvement des terres et gravois entreront dans l'intérieur de la propriété, toutes les fois qu'il y aura possibilité. Dans le cas contraire, elles se placeront toujours parallèlement à la maison et jamais en travers de la rue.

ART. 59. — Aussitôt le déchargement des voitures sur la voie publique, des ouvriers en nombre suffisant seront employés à rentrer sans interruption les matériaux dans l'enceinte de la barrière ou dans la maison.

Le sciage et la taille de la pierre sur la voie publique sont expressément défendus.

ART. 60. — Si, par suite de circonstances imprévues, des matériaux devaient rester pendant la nuit sur la voie publique, les propriétaires et entrepreneurs seront tenus d'en donner avis au commissaire de police du quartier, de pourvoir à l'éclairage et de prendre toutes les mesures de précaution nécessaires.

ART. 61. — Il est défendu à tous carriers, voituriers et autres de décharger et faire décharger sur la voie publique, après la retraite des ouvriers, aucune voiture de pierre de taille ou de moellons.

ART. 62. — L'entrepreneur des travaux de

construction ou de réparation est spécialement tenu de maintenir la propreté de la voie publique dans toute l'étendue de la façade en construction ou en réparation, pendant toute la durée des travaux et jusqu'après la suppression de la barrière et des échafauds.

ART. 63. — Il est défendu aux entrepreneurs, maçons, couvreurs, fumistes et autres de jeter sur la voie publique les recoupes, plâtras, tuiles, ardoises et autres résidus des ouvrages.

ART. 64. — Tous entrepreneurs, maçons, couvreurs, fumistes, badigeonneurs, plombiers, menuisiers et autres exécutant ou faisant exécuter, aux maisons et bâtiments riverains de la voie publique, des ouvrages pouvant faire craindre des accidents, ou susceptibles d'incommoder les passants seront tenus, s'il n'y a point de barrière au devant des maisons et bâtiments, de faire stationner dans la rue, pendant l'exécution des travaux, un ou deux ouvriers, âgés de dix-huit ans au moins, munis d'une règle de 2 mètres de longueur, pour avertir et éloigner les passants.

ART. 65. — Dans le cas de construction, la barrière sera supprimée aussitôt que le bâtiment sera couvert.

Pour les cas de réparation, les échafauds et la barrière, s'il en a été posé une, seront enlevés immédiatement après l'achèvement des travaux.

ART. 66. — Dans les quarante-huit heures qui suivront la suppression des échafauds et barrières, les propriétaires et entrepreneurs feront réparer, à leurs frais, les dégradations du pavé résultant de la pose des barrières et échafauds, et seront tenus provisoirement de faire entretenir les blocages et de prendre les mesures convenables pour prévenir les accidents.

Ils requerront l'entrepreneur du pavé de la Ville de procéder auxdites réparations, lorsque le pavé sera d'échantillon et à l'entretien de la ville.

CHAPITRE II. — DÉMOLITIONS.

ART. 67. — Il est défendu de procéder à la démolition d'aucun édifice donnant sur la voie publique, sans l'autorisation du préfet de police.

ART. 68. — Avant de commencer une démolition, le propriétaire et l'entrepreneur feront établir les barrières et échafauds qui seront jugés nécessaires, et prendront toutes les autres mesures que l'administration leur prescrira dans l'intérêt de la sûreté publique.

Ces barrières seront disposées, éclairées et pourvues d'un écriteau suivant les prescriptions des art. 49 et 50, concernant les barrières pour constructions.

ART. 69. — Lors des démolitions qui pourront faire craindre des accidents sur la voie publique, indépendamment des ouvriers munis d'une règle qu'on sera tenu de faire stationner pour avertir les passants, la circulation au pied du bâtiment sera encore défendue par une enceinte de cordes portées sur poteaux, qui comprendra toute la partie de la voie publique sur laquelle les matériaux pourraient tomber. Chaque soir, ces cordes et les poteaux seront enlevés et les trous dans les pavés bouchés avec soin.

ART. 70. — La démolition s'opérera au marteau, sans abatage et en faisant tomber les matériaux dans l'intérieur des bâtiments.

Il est défendu de déposer sur la voie publique des matériaux provenant de la démolition, sauf dans le cas de nécessité reconnue par le commissaire de police du quartier, et à la charge de les enlever au fur et à mesure du dépôt, et de n'en jamais laisser la nuit.

Il est également défendu d'opérer le chargement des tombereaux sur la voie publique à l'aide de trémies.

ART. 71. — Les prescriptions de l'article 58, concernant les voitures de transport de matériaux employés dans les cas de construction, sont applicables aux tombereaux et autres voitures mis en œuvre pour les démolitions.

ART. 72. — Dans le cas où il deviendrait indispensable d'interdire la circulation au droit d'un bâtiment en démolition, le barrage ne pourra avoir lieu sans l'autorisation du préfet de police.

ART. 73. — Les travaux de démolition devront être poursuivis sans interruption. Dès qu'ils seront terminés, et les remblais nécessaires achevés, la barrière sera enlevée et il sera immédiatement pourvu, par les soins et aux frais du propriétaire ou de l'entrepreneur, à la réparation des dégradations du pavé résultant de la pose de ladite barrière ou des travaux de démolition.

Le terrain mis à découvert par la démolition sera clos à l'alignement, par un mur en maçonnerie ou par une barrière en charpente et planches jointives, solidement établie et ayant au moins 2^{m}50 de hauteur.

ART. 74. — Pendant toute la durée des travaux, les entrepreneurs devront tenir la voie publique en état constant de propreté aux abords des démolitions et sur tous les points qui auront été salis par suite de leurs travaux, et pourvoir au libre écoulement des eaux des ruisseaux.

TITRE III. — DISPOSITIONS CONCERNANT : 1° LES CHÉNEAUX ET GOUTTIÈRES; 2° LES CAISSES ET POTS A FLEURS ET AUTRES OBJETS DONT LA CHUTE PEUT OCCASIONNER DES ACCIDENTS; 3° LES SAILLIES ET ÉTALAGES DE NATURE A NUIRE A LA SURETÉ ET A LA COMMODITÉ DE LA CIRCULATION.

CHAPITRE Iᵉʳ. — CHÉNEAUX ET GOUTTIÈRES.

ART 75. — Les propriétaires des maisons dont les toits sont disposés de manière que les eaux pluviales tombent directement sur la voie publique sont tenus de faire établir des chéneaux ou des gouttières sous l'égout de ces toits, afin de recevoir les eaux, qui seront conduites jusqu'au niveau du pavé de la rue, au moyen de tuyaux de descente appliqués le long des murs de face, avec 16 centimètres au plus de saillie.

Les gouttières ne pourront être qu'en cuivre, zinc, plomb ou tôle étamée, et seront soutenues par des corbeaux en fer.

Les tuyaux de descente ne pourront être établis qu'en fonte, cuivre, zinc, plomb ou tôle étamée, et seront retenus par des colliers en fer à scellement.

Art. 76. — Une culière en pierre devra être placée sous le dauphin des tuyaux de descente, lorsque ces tuyaux n'aboutiront pas à une gargouille ou à un conduit souterrain.

Art. 77. — Les chéneaux, gouttières, tuyaux de descente, gargouilles et culières seront constamment entretenus en bon état, de sorte que l'écoulement des eaux soit toujours parfaitement libre et régulier.

Chapitre II. — Caisses et pots a fleurs et autres objets dont la chute peut occasionner des accidents.

Art. 78. — Il est défendu à tous propriétaires et locataires de déposer, sous aucun prétexte, et de laisser déposer sur les toits, entablements, chéneaux, gouttières, terrasses, murs et autres parties élevées des maisons bordant la voie publique, des caisses et pots à fleurs, vases et autres objets quelconques.

Il ne pourra être formé de dépôts de cette espèce que sur les grands et les petits balcons et sur les appuis des croisées garnis de balustrades en fer ou de barres transversales en fer, avec grillage en fil de fer maillé, s'étendant à tout l'espace compris entre l'appui et la barre la plus élevée.

Il est, toutefois, interdit de déposer sur les balcons et appuis de croisées garnis de balustrades des caisses et pots à fleurs et autres objets qui seraient d'assez petite dimension pour pouvoir passer par les vides des balustrades.

Art. 79. — Il est également défendu de déposer des cages et garde-manger sur aucune des parties élevées des bâtiments désignés au paragraphe 1er de l'article précédent, et d'en placer en saillie des murs de face bordant la voie publique, de quelque manière qu'ils soient attachés.

Art. 80. — Toutes les précautions devront être prises pour qu'il ne résulte de l'arrosement des fleurs placées sur les balcons et appuis de croisées aucun écoulement d'eau sur la voie publique.

Art. 81. — Tous pots et caisses à fleurs, vases et autres objets déposés actuellement sur des parties élevées de bâtiment, autres que les balcons et appuis de croisées disposés conformément aux prescriptions de l'article 78 ci-dessus, seront supprimés sans délai, ainsi que les bois et fers destinés à les soutenir.

Chapitre III. — Saillies diverses et étalages de nature a nuire a la liberté et a la commodité de la circulation.

§ Ier. — Bornes, marches et bancs sur trottoir.

Art. 82. — Il est défendu d'établir des bornes, marches et bancs en saillie sur les trottoirs.

Les objets de cette nature existant actuellement seront supprimés sans délai.

Il sera permis, toutefois, par mesure de tolérance, de conserver les marches que l'administration reconnaîtra ne pouvoir être rentrées dans l'intérieur de la propriété, mais à la charge d'en arrondir les angles ou de les tailler en pans coupés.

§ II. — Décrottoirs.

Art. 83. — Il est également défendu d'établir en saillie, sur la voie publique, des décrottoirs au devant des maisons et boutiques.

Les décrottoirs existant actuellement seront supprimés sans retard.

§ III. — Tuyaux de pompes.

Art. 84. — Il est interdit de faire déboucher des tuyaux de pompes sur la voie publique.

§ IV. — Bannes.

Art. 85. — Les bannes ne seront mises en places ou développées qu'au moment où le soleil donnera sur les boutiques qu'elles sont destinées à abriter. Elles seront enlevées ou relevées aussitôt que les boutiques ne seront plus exposées aux rayons du soleil.

Néanmoins, les bannes placées au-devant des boutiques sur les quais, places et boulevards, pourront être conservées dans le cours de la journée, s'il est reconnu qu'elles ne gênent point la circulation.

Aucune banne ne devra, dans sa partie la plus basse, avoir moins de 2^m50 d'élévation au-dessus du sol.

§ V. — Lanternes et réflecteurs.

Art. 86. — Les lanternes ne pourront être suspendues à des poteaux au moyen de cordes et de poulies. Elles seront accrochées aux poteaux par des anneaux et crochets en fer, ou supportées par des tringles en fer contenues dans des coulisses et arrêtées avec serrures et cadenas.

Si elles excèdent 16 centimètres de saillie, elles ne seront mises en place que le soir et devront être retirées au moment de leur extinction, ou dès le matin.

Les lanternes ne pourront avoir moins de 3 mètres d'élévation au-dessus du sol.

Les réflecteurs destinés à éclairer les devantures de boutiques devront avoir au moins 2 mètres d'élévation au-dessus du pavé ou du dallage des trottoirs.

Ils ne seront mis en place qu'au moment où ils devront être allumés et seront retirés aussitôt leur extinction.

§ VI. — Portes, volets, persiennes. — Ecriteaux pour locations.

Art. 87. — Il est défendu de faire développer des portes sur la voie publique.

Les volets et persiennes, lorsqu'ils seront ouverts, devront toujours être maintenus par leurs arrêts.

Les arrêts et crochets placés au rez-de-chaussée devront être disposés de manière à ne pas blesser les passants.

Art. 88. — Les écriteaux servant à faire connaître au public les maisons, appartements, chambres, magasins et autres objets à vendre ou à louer, ne pourront être suspendus au devant des murs de face des maisons riveraines de la voie publique. Ils devront être attachés et appliqués contre les murs.

§ VII. — Etalages pouvant salir les passants.

Art. 89. — Il est défendu aux marchands bouchers, charcutiers, tripiers, rôtisseurs et autres de former des étalages de viandes en saillie de nu des murs de face.

Les crochets, planches et autres objets pouvant servir à des étalages de cette nature seront supprimés sans délai.

§ VIII. — Étalages de nature à gêner la circulation.

ART. 90. — Tout étalage formé de pièces d'étoffe disposées en draperie et guirlande et formant saillie est interdit au rez-de-chaussée. Il ne pourra descendre qu'à 3 mètres du sol de la voie publique.

Sont également interdits tous étalages en dehors des limites réglementaires, ainsi que tous dépôts de tonneaux, caisses, tables, bancs, châssis, étagères, meubles et autres objets sur la voie publique au devant des magasins et boutiques.

TITRE IV. — DISPOSITIONS DIVERSES INTÉRESSANT LA SURETÉ ET LA COMMODITÉ DE LA CIRCULATION.

CHAPITRE Ier. — CHARGEMENT ET DÉCHARGEMENT DES VOITURES DE MARCHANDISES, DENRÉES, ETC. — DÉCHARGEMENT ET SCIAGE DES BOIS DE CHAUFFAGE.

§ Ier. — Chargement et déchargement des voitures de marchandises, denrées, etc.

ART. 91. — Tous entrepreneurs, négociants, marchands et autres qui auront à recevoir ou à expédier des marchandises, meubles, denrées ou autres objets, feront entrer les voitures de transport dans les cours ou sous les passages de portes cochères des maisons qu'ils habitent, magasins ou ateliers, à l'effet d'y opérer le chargement ou le déchargement desdites voitures.

ART. 92. — A défaut de cours ou de passages de portes cochères, ou bien si les cours ou passages de portes cochères ne présentent point les facilités convenables, on pourra effectuer le chargement et le déchargement sur la voie publique, en y mettant la célérité nécessaire. Dans ce cas, les voitures devront être rangées de manière à ne gêner la circulation que le moins possible.

ART. 93. — Les exceptions mentionnées au précédent article ne s'étendent point aux entrepreneurs de diligences, de messageries, de roulage, aux entrepreneurs de charpentes, aux marchands de bois, aux marchands en gros, ni à tous autres particuliers tenant de grandes fabriques, de grands ateliers ou faisant un commerce qui nécessite de grands magasins. Ils seront tenus, en raison de l'importance de leurs établissements, de se pourvoir de locaux assez spacieux pour opérer et faire opérer hors de la voie publique les chargements et déchargements de leurs voitures et de celles qui leur sont destinées.

§ II. — Déchargement et sciage des bois de chauffage.

ART. 94. — Le bois destiné au chauffage des habitations ne sera déchargé sur la voie publique que dans la circonstance prévue par l'article 92.

ART. 95. — Lorsque, dans les rues de 7 mètres de largeur et au-dessus, le déchargement du bois pourra se faire sur la voie publique, conformément à l'article 92, il y sera procédé de manière à ne pas interrompre le passage des voitures.

Dans les rues au-dessous de 7 mètres de largeur, il sera toujours réservé un passage libre pour les gens de pied. Hors le cas prévu par l'article suivant, le bois devra être rentré au fur et à mesure du déchargement.

Il est défendu de décharger simultanément deux voitures de bois destinées à des habitations situées l'une en face de l'autre. Celle arrivée la dernière sera rangée à la suite de la première et attendra que celle-ci soit déchargée et le bois rentré.

ART. 96. — Il est défendu de scier et faire scier du bois sur la voie publique.

Cependant, lorsque le sciage présentera des difficultés dans l'intérieur de la maison, il sera toléré sur la voie publique, mais pour deux stères seulement. Dans ce cas, les scieurs se placeront le plus près possible des maisons, afin de ne pas accroître les embarras de la voie publique.

Le bois sera rentré au fur et à mesure du sciage.

ART. 97. — Il est expressément défendu de décharger ni scier du bois sur les trottoirs.

On ne pourra fendre ni sur les trottoirs ni sur aucune autre partie de la voie publique.

CHAPITRE II. — DÉPOTS ET PROJECTIONS SUR LA VOIE PUBLIQUE. — TRANSPORTS D'OBJETS NÉCESSITANT DES PRÉCAUTIONS.

§ Ier. — Dépôt de matériaux, meubles, marchandises, voitures, etc.

ART. 98. — Il est défendu de déposer sur aucun point de la voie publique des pierres, terres, sables, gravois et autres matériaux.

Dans le cas où des travaux à exécuter dans l'intérieur des maisons nécessiteraient le dépôt momentané de terres, sables, gravois et autres matériaux sur la voie publique, ce dépôt ne pourra avoir lieu que sous l'autorisation préalable du commissaire de police du quartier.

La quantité des objets déposés ne devra jamais excéder le chargement d'un tombereau, et leur enlèvement complet devra toujours être effectué avant la nuit.

Sont formellement exceptés de la tolérance les terres, moellons ou autres objets provenant des fosses d'aisances. Ces débris devront être immédiatement emportés, sans jamais pouvoir être déposés sur la voie publique. En cas d'inexécution, il sera pourvu d'office, et aux frais des contrevenants, soit à l'éclairage, soit à l'enlèvement des dépôts.

ART. 99. — Il est formellement interdit de déposer sur la voie publique les bouteilles cassées, les morceaux de verre, de poterie, de faïence et tous autres objets de même nature pouvant occasionner des accidents.

Ces objets devront être directement portés aux voitures du nettoiement et remis aux desservants de ces voitures.

ART. 100. — Il est défendu de déposer, sans nécessité, et de laisser, sans autorisation, sur la voie publique, les meubles, caisses, tonneaux et autres objets.

ART. 101. — Il est défendu de faire stationner, sans nécessité, sur la voie publique, aucune voiture attelée ou non attelée.

ART. 102. — Les voitures de toute espèce suspendues ou non suspendues, chariots, charrettes, haquets, etc., devront être remisées, pendant la nuit, dans des emplacements hors de la voie publique.

Sont exceptées les voitures de porteurs d'eau qui, pour raison de sûreté publique, continueront à être remisées dans des emplacements désignés par l'administration.

ART. 103. — Les matériaux, voitures, meubles, marchandises et tous autres objets laissés, pendant la nuit, sur la voie publique, par impossibilité notoire de les enlever ou de les rentrer dans l'intérieur des propriétés, seront éclairés aux frais et par les soins de ceux auxquels ils appartiennent ou auxquels ils auront été confiés.

§ II. — Projections sur la voie publique.

ART. 104. — Il est défendu de rien jeter, d'aucune partie des habitations, qui puisse blesser ou salir les passants.

ART. 105. — Il est défendu de jeter des eaux sur la voie publique. Ces eaux devront être portées aux ruisseaux pour y être versées de manière à ne pas éclabousser les passants.

§ III. — Transport d'objets nécessitant des précautions.

ART. 106. — Les personnes circulant avec des fardeaux sur la voie publique devront prendre les précautions convenables pour ne pas blesser ou heurter les passants.

Les barres de fer, les pièces de bois et tous objets trop longs pour pouvoir être tenus dans le sens vertical seront portés par deux personnes, de façon que chacune des extrémités repose sur l'épaule ou dans la main d'un porteur.

ART. 107. — Les volets et barres de fer servant à la fermeture des boutiques et magasins devront être portés de manière à prévenir tout accident.

CHAPITRE III. — TRAVAUX, JEUX, FEUX DE PAILLE, TIRS D'ARMES A FEU ET PIÈCES D'ARTIFICE. — OCCUPATION DE LA VOIE PUBLIQUE POUR L'EXERCICE D'UNE INDUSTRIE.

§ Ier. — Travaux.

ART. 108. — Il est interdit de battre ou pulvériser du plâtre sur la voie publique et d'y faire du mortier et tailler de la pierre.

ART. 109. — Il est également interdit de carder des matelas et de battre de la laine ou du crin sur la voie publique.

S'il n'existe ni cour ni passage de porte cochère pour ce travail, le commissaire du quartier pourra le tolérer sur un point de la voie publique qu'il désignera.

ART. 110. — Il est défendu aux scieurs de long, maréchaux-ferrants, charrons, layetiers, emballeurs, serruriers, tonneliers, étameurs et autres, de travailler et faire travailler sur la voie publique.

ART. 111. — Il est défendu à tout marchand de friture, marrons, beignets, gaufres, etc., d'établir des fours portatifs ou des poêles, soit en saillie des murs de face ou des devantures de boutique, soit sur la voie publique, et d'y préparer aucune espèce de friture ou d'aliments.

ART. 112. — Il est également défendu aux marchands épiciers, limonadiers et autres de brûler sur la voie publique du café et autres denrées.

§ II. — Jeux.

ART. 113. — Les jeux de palets, de tonneaux, de siam, de quilles, de volants, de toupies, sabots, bâtonnets, cerfs-volants et tous autres, susceptibles de gêner la circulation et d'occasionner des accidents, sont interdits sur la voie publique.

§ III. — Feux de paille, tirs d'armes à feu, etc.

ART. 114. — Il est défendu de brûler de la paille et autres matières inflammables sur la voie publique et d'y tirer des armes à feu, des pétards, des fusées et autres pièces d'artifice.

§ IV. — Occupation de la voie publique pour l'exercice d'une profession.

ART. 115. — Il est défendu de s'installer et de stationner, même momentanément, sur la voie publique, pour y exposer des marchandises en vente ou pour y exercer une industrie quelconque, sans être pourvu d'une permission émanée de l'autorité compétente.

ART. 116. — Les étalagistes ne pourront vendre que les marchandises indiquées dans leur permission.

Ils n'occuperont que l'emplacement qui leur aura été assigné.

Ils seront tenus à toute réquisition des commissaires, officiers et agents de police, de représenter leurs permissions et leurs patentes ou leurs certificats d'exemption de patente.

TITRE V. — DISPOSITIONS SPÉCIALES AUX BOULEVARDS, PROMENADES NON CLOSES ET VOIES PUBLIQUES ORNÉES DE PLANTATIONS.

ART. 117. — Il est défendu de parcourir à cheval ou en voiture, même avec des voitures traînées à bras, les contre-allées des boulevards de Paris et généralement toutes les parties des promenades non closes et voies publiques ornées de plantations, et autres qui sont réservées aux piétons.

ART. 118. — Il sera permis de traverser les contre-allées à cheval ou en voiture pour entrer dans les propriétés riveraines ou pour en sortir, si le sol de la traversée est disposé à cet effet, conformément aux permissions dont les propriétaires auront dû se pourvoir auprès de M. le préfet de la Seine.

Les chevaux et voitures ne pourront, sous aucun prétexte, stationner sur les contre-allées.

ART. 119. — Il ne sera déposé sur les chaussées ni sur les contre-allées aucune espèce de matériaux, lors même qu'ils seraient destinés à des travaux de construction ou de réparation à exécuter dans les propriétés riveraines.

Le transport des matériaux à travers les contre-allées qui n'auront point été disposées pour le passage des voitures ne pourra se faire à l'aide de voitures, camions ou brouettes, sans qu'on ait pris les mesures de précaution indiquées dans les permissions dont les propriétaires ou entrepreneurs seront tenus de se pourvoir.

ART. 120. — Il est défendu de faire écouler les eaux ménagères sur les contre-allées et quinconces des boulevards et de toutes promenades, à moins d'une autorisation spéciale.

ART. 121. — Il est défendu de monter sur les arbres, d'y jeter des pierres ou bâtons, d'y suspendre des écriteaux, enseignes, lanternes et autres objets, d'y tendre des cordes pour sécher du linge, des étoffes et autres choses, d'y attacher des animaux, enfin de rien faire qui soit susceptible de nuire à la liberté et à la sûreté de la circulation et à la conservation des plantations.

ART. 122. — On ne pourra combler sans autorisation les fossés et cuvettes bordant les contre-allées.

Il est fait défense d'y jeter du fumier, des débris de jardinage, ordures et immondices et autres matières et d'y faire écouler des eaux ménagères.

ART. 123. — Il est défendu d'arracher et dégrader les barrières, poteaux, dalles, bornes, inscriptions et généralement tous objets quelconques établis pour la sûreté, l'utilité, la décoration et l'agrément des boulevards, promenades et voies publiques pouvant y être assimilées.

TITRE IV. — DISPOSITIONS GÉNÉRALES.

ART. 124. — Il est défendu de dégrader, détruire ou enlever les barrières, pieux, échafauds, réverbères, appliques ou lampions et tous objets généralement quelconques établis par l'autorité ou par des particuliers, en exécution de la présente ordonnance.

ART. 125. — Les ordonnances de police susvisées, en date des 8 août 1829, 30 novembre 1831, 29 mai 1837, 23 octobre 1844 et 26 mars 1859, sont rapportées, ainsi que les dispositions de tous autres règlements qui seraient contraires à celles qui précèdent.

ART. 126. — Les contraventions à la présente ordonnance seront constatées par procès-verbaux ou rapports, et poursuivies conformément aux lois et règlements, sans préjudice des mesures administratives qui pourront être jugées nécessaires.

ART. 127. — Toutes les fois que la sûreté et la liberté de la voie publique seront compromises, soit par refus de satisfaire aux obligations imposées, soit par négligence, les commissaires de police prendront, aux frais des contrevenants, les mesures convenables à l'effet de prévenir les accidents.

ART. 128. — Dans le cas où les matériaux ou autres objets pouvant compromettre la sûreté de la circulation resteraient déposés sur la voie publique, contrairement à la présente ordonnance, ils seront immédiatement enlevés à la diligence des commissaires de police et transportés provisoirement aux lieux de dépôt à ce destinés.

ART. 129. — La présente ordonnance sera imprimée et affichée...

BATIMENT MENAÇANT RUINE. — Déclarations du roi des 13 juill. 1729[1] et 18 août 1730[2]. Observation du ministre de l'intérieur du 13 février 1806[3]. Circ. du préf. de la Seine du 30 janv. 1862[4].

Lorsqu'un bâtiment menace ruine, l'autorité municipale doit prendre les mesures que commande la sécurité publique.

Une déclaration du roi, du 18 juillet 1729[5], enjoint aux commissaires de la voirie de veiller à être promptement informés des bâtiments où il y aurait péril : cette injonction est réitérée dans l'ordonnance du 18 août 1730[6]. Les propriétaires étaient assignés devant le bureau des finances, qui ordonnait la visite du bâtiment par un expert. Sur le rapport de cet expert, le bureau des finances ordonnait, s'il y avait lieu, la démolition du bâtiment ou y faisait procéder d'office si le propriétaire ne s'était pas exécuté dans le délai fixé.

La juridiction du bureau des finances a été abrogée, et, d'après la nouvelle législation, c'est l'administration municipale qui, seule, a le droit d'ordonner la démolition des bâtiments menaçant ruine, mais les formalités qui doivent être remplies, pour arriver à cette démolition, restent les mêmes que celles prescrites par les deux ordonnances précitées[7].

Lorsque le commissaire voyer a reconnu le péril, le maire (à Paris, le préfet) enjoint au propriétaire de démolir ou de réparer les parties menaçant ruine, dans un délai déterminé : l'arrêté ne doit porter seulement que sur les parties en péril.

Dans le cas où le bâtiment n'est pas à l'alignement, la démolition doit toujours être ordonnée, puisque ce bâtiment ne peut pas être réparé.

En cas de désaccord sur l'état de péril, le propriétaire et le maire (à Paris, le préfet) nomment chacun un expert; si ces deux experts sont d'avis contraires, le préfet (à Paris, le ministre) nomme un tiers expert. Sur le rapport de ce tiers expert le maire prend, s'il y a lieu, un second arrêté pour ordonner la démolition dans un délai déterminé; ce délai écoulé, il y est procédé d'office.

Le propriétaire et la commune supportent, chacun de leur côté, les frais dus aux experts qu'ils ont nommés; quant au tiers expert désigné par l'autorité supérieure, les frais en incombent à celle des parties qui est déboutée de ses prétentions[8].

Le propriétaire a le droit de se pourvoir devant le préfet contre l'arrêté du maire, et

1 Annexe. — 2 Annexe. — 3 Annexe. — 4 Annexe. — 5 Annexe. — 6 Annexe. — 7 Circ. préf., 30 janv. 1862, annexe. — 8 Circ., 30 janv. 1862.

de recourir au ministre de l'intérieur de la décision du préfet[1].

Le conseil de préfecture et même le conseil d'Etat seraient incompétents ; à plus forte raison, les tribunaux civils ne pourraient-ils pas se prononcer sur l'existence ou l'absence de péril, ou sur tout autre objet se rapportant au péril.

En cas de pourvoi ou de recours au ministre, il doit être sursis à la démolition. Néanmoins, en cas de danger imminent, le maire doit, nonobstant tout pourvoi et tout recours, prendre les mesures qu'il juge nécessaires à la sécurité publique[2].

Les droits de l'administration municipale sont les mêmes que le bâtiment borde ou non la voie publique. Dans le premier cas, le maire agit comme officier de voirie ; dans le second cas, il agit comme magistrat chargé de veiller à la sécurité publique[3].

On peut dire qu'il y a nécessité de démolir[4] :

1° Lorsque, par suite de vétusté, un ou plusieurs trumeaux, jambes étrières ou pieds-droits sont en mauvais état;

2° Lorsque le mur est en surplomb de la moitié de son épaisseur, dans quelque état que se trouvent les trumeaux, jambes étrières ou pieds-droits;

4° Chaque fois que les fondations sont mauvaises, quand même il ne se serait manifesté, dans la hauteur du bâtiment, aucun fruit ou surplomb;

5° S'il y a un bombement égal au surplomb dans les parties inférieures du mur de face.

Si le bombement ne se manifeste que dans les étages supérieurs, et que l'on puisse réparer ces étages sans toucher aux étages inférieurs, on peut rétablir les étages supérieurs, à la condition de ne point réconforter les étages inférieurs conservés[5]. L'instruction de 1806 précitée dit, en effet, que la dégradation d'un étage supérieur ne peut être un motif pour condamner les parties inférieures.

Entre propriétaires voisins, celui dont l'héritage est menacé par un ouvrage menaçant ruine peut contraindre le propriétaire de cet ouvrage à le démolir ou à le réparer[6].

ANNEXES

Déclaration du roy du 18 juillet 1729.

ARTICLE PREMIER. — Les commissaires auront une attention particulière, chacun dans leur quartier, pour être instruits des maisons et bâtiments où il y aurait quelque péril.

ART. 2. — Aussitôt qu'ils en auront avis, ils se transporteront sur les lieux et dresseront procès-verbal de ce qu'ils auront remarqué, et qui pourrait être contraire à la sûreté publique.

ART. 3. — Ils feront assigner sans retardement, à la requête de notre procureur au Châtelet, les propriétaires au premier jour d'audience de la police de notre Châtelet de Paris.

ART. 4. — Les assignations seront données au domicile du propriétaire, s'il est connu, et s'il est dans l'étendue de notre bonne ville de Paris ou faubourgs d'icelle, sinon les assignations pourront être données à la maison même où se trouvera le péril, en parlant au principal locataire, ou à quelqu'un des locataires en cas qu'il n'y en ait point de principal, et vaudront lesdites assignations comme si elles avaient été données au propriétaire.

ART. 5. — Au jour marqué par l'assignation, le commissaire fera son rapport à l'audience, et si la partie ne compare pas, le lieutenant général de police, sur les conclusions d'un de nos avocats, ordonnera, s'il y échet, que les lieux seront visités par un expert qui sera lui-même nommé d'office.

ART. 6. — Si la partie compare, et qu'elle ne dénie point le péril, le lieutenant général de police ordonnera, sur lesdites conclusions, que la partie sera tenue de faire cesser le péril dans le temps qui sera par lui prescrit, et sera enjoint audit commissaire d'y veiller.

ART. 7. — Au cas que la partie soutienne qu'il n'y ait aucun danger, elle aura la faculté de nommer un expert de sa part pour faire la visite conjointement avec l'expert qui sera nommé par notre procureur au Châtelet; ce qu'elle sera tenue de faire sur-le-champ, sinon sera passé outre à la visite par l'expert seul qui aura été nommé par notredit procureur.

ART. 8. — La visite sera faite dans le temps qui aura été prescrit par la sentence, en présence de la partie, ou elle dûment appelée au domicile de son procureur, si elle a comparu, sinon au domicile prescrit par l'article 4 ci-dessus, et ce, soit que la sentence ait été donnée contradictoirement ou par défaut, sans qu'il soit nécessaire, même dans le cas de la sentence rendue par défaut, d'attendre l'expiration de la huitaine; et, en cas qu'il y ait deux experts, et qu'ils se trouvent de différents avis, il en sera nommé un tiers par le lieutenant général de police à la première audience, partie pareillement présente ou dûment assignée au domicile de son procureur.

ART. 9. — Sur le vu du rapport de l'expert ou des experts, la partie ouïe à l'audience, ou elle dûment appelée au domicile de son procureur, s'il y en a, ou, s'il n'y en a point, en la forme prescrite par l'article 4 ci-dessus, et ouï le commissaire en son rapport, ensemble notre avocat en ses conclusions, le lieutenant général de police ordonnera, s'il y a lieu, que, dans le temps qui sera par lui prescrit, le propriétaire de la maison sera tenu de faire cesser le péril, et d'y mettre à cet effet des ouvriers; à faute de quoi, ledit temps passé, et sans qu'il soit besoin d'autre jugement, sur le simple rapport du commissaire, portant qu'il n'y a été mis d'ouvriers, il en sera mis de l'ordonnance dudit

---

[1] Obs. minist., 13 févr. 1806, annexe. — [2] Ibidem. — [3] Circ., 30 janv. 1862. — [4] Circ., 30 janv. 1862. — [5] Des Cilleuls, p. 338. — [6] Manuel, t. Ier, p. 288; conséquence de l'art. 1386, C. civ.

commissaire, aux frais de la partie, à la diligence du receveur des amendes, qui en avancera les deniers, dont il lui sera délivré par le lieutenant général de police exécutoire sur la partie, pour en être remboursé par privilège et préférence à tous autres sur le prix des matériaux provenant des démolitions, et subsidiairement sur le fonds et superficie des bâtiments desdites maisons.

Art. 10. — Dans les occasions où le péril serait si urgent que l'on ne pourrait attendre le jour de l'audience, ni observer les formalités ci-dessus prescrites, sans risquer quelqu'accident fâcheux, en ce cas les commissaires du Châtelet pourront en faire leur rapport au lieutenant général de police en son hôtel, et y faire appeler les parties en la forme prescrite par l'art. 4 ci-dessus, lequel pourra ordonner par provision ce qu'il jugera absolument nécessaire pour la sûreté publique.

Art. 11. — Seront les sentences et ordonnances rendues à ce sujet exécutées par provision nonobstant et sans préjudice de l'appel.

Déclaration du roy du 18 août 1730.

Article premier. — Qu'en cas de périls imminents des maisons et bâtiments de notre bonne ville et faubourgs de Paris, en ce qui regarde les murs ayant face sur rue, et tout ce qui pourrait par sa chute nuire à la voie publique, les commissaires de la voirie aient une attention particulière pour s'en instruire.

Art. 2. — Aussitôt qu'ils en auront avis, ils se transporteront sur les lieux, dresseront procès-verbal de ce qu'ils y auront remarqué, et qui pourrait être contraire à la sûreté de la voie publique.

Art. 3. — Ils feront assigner sans retardement, à la requête du substitut de notre procureur général au bureau des finances, les propriétaires au premier jour d'audience dudit bureau, même à des jours extraordinaires, s'il y échet.

Art. 4. — Les assignations seront données au domicile du propriétaire, s'il est connu et s'il est dans l'étendue de notre bonne ville et faubourgs de Paris, sinon les assignations pourront être données à la maison même où se trouvera le péril, en parlant au principal locataire ou à quelqu'un des locataires en cas qu'il n'y en ait pas de principal, et vaudront lesdites assignations comme si elles avaient été données au propriétaire.

Art. 5. — Au jour marqué par l'assignation, le commissaire de la voirie fera son rapport à l'audience ; et si la partie ne compare pas, il sera, sur les conclusions de notre avocat audit bureau, ordonné, s'il y échet, que les lieux seront visités par un expert qui sera nommé par ledit bureau.

Art. 6. — Si la partie compare, et qu'elle ne dénie point le péril, ledit bureau ordonnera, sur les conclusions de notredit avocat, que la partie sera tenue de faire cesser le péril dans le temps qui sera prescrit par le jugement, et enjoint au commissaire de la voirie d'y veiller.

Art. 7. — Au cas que la partie soutienne qu'il n'y a aucun danger, elle aura la faculté de nommer un expert de sa part, pour faire la visite conjointement avec celui qui sera nommé par notre procureur audit bureau, et sera tenue la partie de le nommer sur-le-champ, sinon sera passé outre à la visite par l'expert seul qui aura été nommé par notredit procureur.

Art. 8. — La visite sera faite dans le temps qui aura été fixé par la sentence en présence de la partie, ou elle dûment appelée au domicile de son procureur, si elle a comparu, sinon en la forme prescrite par l'article 4 ci-dessus, et ce, soit que la sentence ait été donnée contradictoirement ou par défaut, sans qu'il soit nécessaire, même dans le cas de la sentence rendue par défaut, d'attendre l'expiration de la huitaine ; et, en cas que la partie ait nommé un expert de sa part, et que les experts se trouvent d'avis différents, il sera nommé un tiers expert au premier jour d'audience, la partie présente, ou dûment appelée au domicile de son procureur.

Art. 9. — Sur le vu du rapport de l'expert ou des experts, la partie ouïe à l'audience, ou elle dûment appelée au domicile de son procureur, s'il y en a, ou s'il n'y en a point, en la forme prescrite par l'article 4 ci-dessus, et ouï le commissaire de la voirie, ensemble notre avocat audit bureau en ses conclusions, il sera ordonné, s'il y a lieu, que dans un certain temps le propriétaire de la maison sera tenu de faire cesser le péril, et d'y mettre à cet effet ouvriers ; à faute de quoi, ledit temps passé, et sans qu'il soit besoin d'appeler les parties, sur le simple rapport verbal du commissaire de la voirie au bureau, portant qu'il n'y a été mis ouvriers, les juges ordonneront qu'il en sera mis à la requête de notre procureur audit bureau, poursuite et diligence dudit commissaire de la voirie, à l'effet de quoi les deniers seront avancés par le receveur des amendes, dont lui sera délivré exécutoire sur la partie, pour en être remboursé par privilège et préférence à tous autres sur le prix des matériaux provenant des démolitions, et subsidiairement sur le fonds et superficie des bâtiments desdites maisons, ce que sera pareillement observé dans le cas de l'article 4 ci-dessus.

Art. 10. — Dans les occasions où le péril serait si urgent qu'on ne pourrait attendre le jour de l'audience, ni observer les formalités ci-dessus, sans risquer quelqu'accident fâcheux, sur le rapport qui en sera fait par le commissaire de la voirie à l'un des trésoriers de France, qui sera commis à cet effet par le président de service audit bureau au commencement de chaque semestre, même qui pourra être continué au delà dudit semestre, et les parties appelées en la forme prescrite par l'article 4, sera statué par ledit juge en son hôtel, par provision, ce qu'il jugera absolument nécessaire pour la sûreté publique.

Art. 11. — Le bureau des finances et le lieutenant général de la police connaîtront comme par le passé concurremment et par prévention des périls imminents des maisons et bâtiments de notre bonne ville et faubourgs de Paris, en ce qui regarde les murs ayant face sur rue, et tout ce qui pourrait par sa chute.

nuire à la sûreté ou à la voie publique ; et celui desdits juges devant lequel la première assignation aura été donnée, en connaîtra exclusivement à l'autre jusqu'à jugement définitif, sauf l'appel en notre cour de parlement : voulons que s'il y a des assignations données le même jour dans les deux juridictions, la connaissance en appartienne audit lieutenant-général de police, et qu'en cas de contestation sur la compétence, nos procureurs soient tenus de se pourvoir devant nos avocats et procureur général en notre cour de parlement, pour y être par notredite cour statué ainsi qu'il appartiendra, sans qu'il soit besoin d'y appeler les parties intéressées, ni qu'elles puissent se pourvoir contre les arrêts rendus entre nosdits procureurs.

ART. 12. — Voulons que les jugements interlocutoires ou définitifs qui seront rendus par le bureau des finances, sur ce qui concerne lesdits périls imminents, soient exécutés par provision, nonobstant et sans préjudice de l'appel.

———

Observations du ministre de l'intérieur
du 13 février 1806.

La loi du 30 brumaire an IV (25 octobre 1795) a supprimé le tribunal de police municipale, établi par celle du 22 juillet 1791, et transporté ses attributions à celui de police ordinaire, composé du juge de paix.

C'est donc au tribunal de paix à appliquer toutes les peines de police municipale, sur la réquisition des adjoints au maire ; mais ce tribunal ne peut être obligé d'appliquer ces peines sur le vu des procès-verbaux de l'autorité administrative. Si celle-ci est tenue de faire appeler devant la première l'individu qu'elle veut faire condamner, ce n'est pas pour que cet individu reste passif, mais bien pour qu'il soit entendu dans ses moyens de défense ; si le juge les trouve fondés, si les faits avancés par l'administration ne sont pas exacts, ou s'il n'en résulte pas les conséquences qu'elle en veut tirer, il peut, sans doute, rejeter la demande.

En cela, il ne critique pas les actes administratifs proprement dits, il examine seulement si dans l'espèce il y a lieu à appliquer les peines qui sont affectées à l'infraction des règlements de police.

Ainsi, l'autorité administrative détermine l'ouverture, la largeur et la direction des chemins ; elle arrête en conséquence les plans qui devront être suivis à l'avenir et d'après lesquels les façades de maisons devront être reculées ; mais elle ne doit ordonner le reculement de ces façades que lorsqu'elles sont dans le cas d'être reconstruites, sans quoi elle met la commune dans l'obligation de payer au propriétaire une indemnité pour la privation prématurée qu'on lui fait éprouver ; encore faudrait-il, même en ce cas, qu'elle fît prononcer l'autorité souveraine sur *l'utilité publique*.

Elle peut ordonner la démolition d'un mur qui surplombe de la moitié de son épaisseur ; elle peut aussi ordonner, dans le cas où une façade doit être reculée, qu'elle le sera immédia-

tement, si le rez-de-chaussée menace ruine, parce que la solidité de la partie supérieure dépend de celle de la partie inférieure ; enfin, elle peut s'opposer à l'entretien des fondations et du rez-de-chaussée, parce que la jouissance du propriétaire ne doit plus dépendre que de la durée de ces bases dans l'état où elles se trouvent au moment où le plan général est arrêté et notifié aux propriétaires.

Mais les droits de l'autorité administrative à ce sujet sont subordonnés à des circonstances de fait dont elle ne doit pas être juge, si l'existence en est contestée par les propriétaires. Cette autorité détermine ce que l'utilité publique exige qu'il soit fait dans tel cas ; l'autorité judiciaire prononce sur la réalité du cas prévu ; elle ne prononce rien sur les plans arrêtés par l'autorité administrative ; elle déclare seulement que les circonstances qui devaient donner lieu à l'exécution de ces plans ne sont pas encore réalisées.

Il est toujours indispensable de suivre ce système, puisque les lois qui l'établissent n'autorisent que l'autorité judiciaire à appliquer les amendes de police encourues par les contrevenants, et que l'autorité administrative ne peut le faire qu'en matière de grande voirie.

Le conseil de préfecture n'est pas dans le cas même d'être consulté sur la question de savoir si l'administration municipale peut ou non introduire ou défendre une action devant l'autorité judiciaire au sujet de la demande qu'elle a faite de la démolition ou de la réparation d'un mur ou d'un bâtiment, parce que la loi a classé ces objets parmi ceux de simple police, qu'elle peut déférer aux tribunaux lorsqu'il y a résistance, sans y être préalablement autorisée.

Mais le préfet doit veiller à ce que les maires, par zèle pour la salubrité ou l'embellissement de leurs communes, ne provoquent pas des démolitions prématurées que les juges ne pourraient ordonner, ce qui jetterait les communes dans des frais onéreux. Comme il ne doit être question dans ces demandes que de l'exécution de règlements ou de plans arrêtés par le gouvernement, il doit exiger que les maires, avant d'intenter des poursuites de quelque importance, lui fassent connaître les motifs et les circonstances qui y donnent lieu.

Ainsi, dans le cas où un maire voudrait faire démolir un bâtiment, parce que l'étage supérieur tombe en ruine, le préfet aurait à faire observer à ce maire que la dégradation d'un étage supérieur ne peut être un motif pour condamner les parties inférieures ; de ce qu'une façade doit être reculée, il n'en résulte point qu'on ne peut pas entretenir les parties supérieures ; car s'il en était ainsi, du moment où le nouvel alignement serait arrêté, on pourrait interdire au propriétaire tout entretien, même de la couverture établie sur cette façade, et cette doctrine serait attentatoire à la propriété. Elle serait contradictoire avec le principe même qui l'établit, car on n'ajourne la démolition que pour épargner à la commune la nécessité de payer le prix de l'immeuble, et dans la supposition que le propriétaire, n'ayant à le démolir que lorsqu'il tombera de lui-même en ruine, il subira une petite perte. Mais si l'on hâte cette ruine, en empêchant le propriétaire de soigner même les parties supérieures de la maison, et si, parce qu'elles sont défectueuses vers le toit, on exige qu'il démolisse le tout, on rend illusoire l'ajournement accordé pour la démolition, et l'on rentre ainsi dans l'obligation.

1° De faire juger par le gouvernement qu'il est nécessaire de détruire sur-le-champ l'édifice ;

2° D'en payer le prix avant d'en commencer la démolition.

———

Circulaire avec instruction du 30 janvier 1862 concernant les bâtiments menaçant ruine.

Monsieur le sous-préfet, j'ai souvent eu l'occasion de remarquer que les autorités locales étaient embarrassées lorsque des bâtiments bordant une rue communale menacent ruine et qu'il s'agit de prendre immédiatement les mesures que réclame la sûreté publique. La plupart d'entre elles paraissent ignorer l'étendue des droits dont elles sont investies à ce sujet, et l'importance des devoirs qui leur sont imposés.

Les maires usent, en fait de périls imminents, d'un véritable pouvoir discrétionnaire. C'est une raison pour veiller à ce que ce pouvoir ne dégénère pas en abus. Il importe, sans doute, que la voie publique soit toujours libre et sûre, et que, pour obtenir ce résultat, ils exercent la plus grande vigilance ; mais ils ne doivent pas oublier que la propriété privée mérite aussi des égards, et que le sacrifice ne peut en être exigé que dans le cas de nécessité absolue. Il est donc nécessaire que, avant de prendre leurs décisions, ils recueillent tous les renseignements propres à éclairer leur religion, et qu'ils s'entourent de toutes les garanties désirables pour que leurs actes ne puissent jamais être taxés de partialité et d'arbitraire.

J'ai fait faire, dans ce but, un relevé des lois et de la jurisprudence sur la matière. Ce relevé forme une sorte d'instruction qui me paraît résoudre toutes les questions qui peuvent se présenter dans la pratique ; je vous en envoie soixante-quinze exemplaires. Vous voudrez bien en remettre deux à chacun des maires de votre arrondissement et tenir la main à ce que les prescriptions qui y sont contenues soient exactement observées.

Signé : HAUSSMANN.

INSTRUCTION CONCERNANT LES BATIMENTS MENAÇANT RUINE.

1. — Parmi les objets de police exclusivement confiés à la vigilance et à l'autorité des municipalités, la législation nouvelle a compris la démolition ou la réparation des bâtiments menaçant ruine.

Il doit donc être procédé à ce sujet suivant les formes administratives (Lois, 16-24 août 1790, titre XI, art. 3, n° 1er ; 19-22 juillet 1791, art. 46 ; Avis C. d'Et., 27 avril 1818 et 26 mars 1823 ; Cass., 21 déc. 1821, Boulay et Deslandes ; 14 août 1845, veuve Houdbine).

2. — Dès lors, les déclarations du roi des 18 juillet 1829 et 18 août 1730, d'après lesquelles la démolition ne pouvait être prononcée que par une sentence du juge local de police, se trouvent virtuellement abrogées.

Les tribunaux de répression ne sont plus compétents que pour punir ou faire cesser l'inexécution des mesures ordonnées par l'administration (Cass., 30 janv. 1836, Despictères ; 2 oct. 1847, Sicaud).

3. — Néanmoins, les formalités que ces déclarations ont prescrites doivent continuer à être observées, et bien que ces mêmes déclarations n'aient d'abord été faites que pour la ville de Paris, il y a lieu, quand le cas l'exige, d'en faire l'application dans toutes les communes, à raison de leur spécialité pour l'objet d'intérêt public et général qu'elles concernent (Cass., 30 août 1833, Guerlin-Hoüel).

4. — En conséquence, aussitôt qu'un maire est informé que des constructions bordant la voie publique compromettent la sûreté du passage, il se transporte sur les lieux ou charge l'agent voyer communal ou toute autre personne compétente de s'y transporter pour s'assurer de leur état (Déclarations de 1729 et 1730, art. 2).

5. — S'il reconnaît par lui-même ou s'il lui est rapporté que ces constructions menacent effectivement de s'écrouler, il enjoint au propriétaire de les démolir ou bien de les réparer dans un délai déterminé, et lui déclare que, faute par lui de le faire, la démolition sera opérée d'office (mêmes Déclarations, art. 3).

6. — L'injonction doit être faite dans la forme d'un arrêté. Toutefois, elle peut être contenue dans une simple lettre, pourvu qu'il en soit gardé copie à la mairie (Loi, 19-28 juill. 1791, art. 46 ; Cass., 13 oct. 1820, Léger).

7. — L'ordre de démolir ne doit porter que sur les parties des constructions présentant du danger ; il ne préjuge rien sur la question de savoir s'il sera permis de les rétablir (Cass., 30 déc. 1826, Ducro).

8. — La faculté de réparer n'est laissée au propriétaire que si le bâtiment se trouve sur l'alignement. Dans le cas contraire, la démolition est de rigueur (Arr., C. d'Et., 20 déc. 1827, Vattier).

9. — Lorsque le propriétaire ne réside pas dans la commune, l'injonction est valable si elle est notifiée à son mandataire, ou, à défaut de mandataire, au gardien ou à l'un des principaux locataires de la maison qui se trouve en péril (Déclarations de 1729 et 1730, art. 4 ; Cass., 30 août 1833, Guerlin-Hoüel).

10. — Aucune loi n'a prescrit d'employer le ministère d'un huissier pour les notifications de l'espèce. Elles peuvent donc être faites dans la forme administrative (Cass., 13 oct. 1820, Léger).

11. — Si, après l'injonction, le propriétaire, bien que ne déniant pas le péril, reste dans l'inaction, le maire, dès que le délai qu'il avait imparti se trouve expiré, fait sans autre formalité procéder à la démolition, en requérant

au besoin la force publique (Déclarations de 1729 et 1730, art. 6).

12. — Mais si, avant le terme qui lui avait été fixé, le propriétaire soutient que le danger prétendu n'existe pas, le maire ordonne une expertise contradictoire. A cet effet, il nomme un expert, le fait connaître au propriétaire et met ce dernier en demeure d'en désigner un autre dans un bref délai.

Faute par le propriétaire d'avoir satisfait à la mise en demeure, il est passé outre à la visite des lieux par l'expert que le maire a choisi (mêmes Déclarations, art. 7).

13. — Si le propriétaire a désigné un expert et que celui-ci, dans l'appréciation de l'état des constructions, ne soit pas du même avis que l'autre expert, le maire provoque la nomination d'un tiers expert par le préfet (mêmes Déclarations, art. 8; Avis, C. d'Et., 22 août 1844).

14. — Dans tous les cas, la visite des lieux doit avoir lieu en présence du propriétaire, ou lui dûment appelé par une invitation donnée par le maire (mêmes Déclarations, art. 8).

15. — Sur le vu du rapport de l'expert communal, lorsqu'il a été obligé de procéder seul, ou du rapport des deux experts, s'il y a eu accord entre eux, ou enfin du rapport de l'expert nommé par le préfet, lorsqu'il a fallu recourir à une tierce expertise, le maire, si le péril lui paraît constant, prend un second arrêté pour ordonner au propriétaire de démolir dans un nouveau délai, dont il fixe la durée. Ce délai passé, la démolition est opérée comme il a été dit ci-dessus (mêmes Déclarations, art. 9).

16. — S'il y a des locataires dont la sûreté soit compromise par la démolition, le maire leur fait injonction de quitter les lieux qu'ils occupent, sous la réserve des droits et actions qu'ils pourraient avoir à exercer contre le propriétaire, et les en expulse au besoin de vive force.

Les déclarations de 1729 et 1730 ne leur donnent pas d'ailleurs qualité pour demander une expertise, dans le cas où le propriétaire ne l'aurait pas réclamée.

17. — Sous l'ancien régime, les hommes de l'art chargés de constater les périls imminents étaient, à peine de nullité, pris parmi les experts des bâtiments créés en titre d'office et soumis, lors de leur réception, à la prestation du serment (Edit du mois de mai 1690).

18. — Les experts qui procédaient en vertu des déclarations de 1729 et 1730 avaient donc déjà prêté serment.

19. — L'obligation du serment imposé par les lois nouvelles aux experts et autres personnes capables, appelés en justice, constitue une mesure générale et d'ordre public à laquelle on doit se conformer dans tous les cas où il y a lieu de recourir judiciairement à leur intervention (C. proc. civ., art. 305; C. instr. crim., art. 44; Cass., Ch. des req., 29 janv. 1844, Avice).

20. — La décision qui prescrit la démolition d'un édifice menaçant ruine ayant le caractère et les effets d'un jugement, le maire doit donc exiger que, avant de se livrer à leurs opérations, les experts prêtent, entre ses mains, le serment de bien et fidèlement remplir leur mission. Il dresse acte de la prestation de ce serment.

21. — Bien que le maire soit seul appréciateur des causes qui peuvent rendre la démolition nécessaire, tout recours est ouvert contre son arrêté devant l'autorité supérieure.

Le propriétaire peut donc toujours se pourvoir devant le préfet; il peut même recourir au ministre de l'intérieur, si la décision préfectorale ne le satisfait pas.

Il est sursis à la démolition jusqu'à ce que l'autorité saisie de la réclamation ait statué (Loi, 19-22 juill. 1791, art. 46; Avis, C. d'Et., 26 mars 1823; Cass., 30 janv. 1836, Despictières; 2 oct. 1847, Sicaud).

22. — Il s'adresserait à tort au conseil de préfecture ou au Conseil d'Etat; les décisions administratives, en cette matière, ne sont susceptibles d'aucun recours par la voie contentieuse (Arr., C. d'Et., 26 mai 1845, Chauvin, et 9 févr. 1854, Corre).

23. — Les tribunaux civils sont également incompétents pour connaître des contestations qu'elles soulèvent, attendu que, en ordonnant la démolition d'un bâtiment qui périclite, le maire fait un acte de pure administration, dans lequel l'autorité judiciaire n'a pas à s'immiscer (Arr., C. d'Et., 16 juin 1824, Versigny; Cass., 3 mai 1841, ch. civ., Barré).

24. — Lorsque la ruine d'un bâtiment est tellement imminente qu'il y aurait danger évident à apporter le moindre retard à sa démolition, le maire, après avoir dénoncé le péril au propriétaire, doit, sous sa responsabilité légale, malgré tout recours et sans même faire procéder à une expertise contradictoire, ordonner incontinent ce qu'il juge nécessaire dans l'intérêt de la sûreté publique (Déclarations de 1729 et 1730, art. 10; Avis, C. d'Et., 26 mars 1823).

25. — En agissant ainsi, il ne fait qu'user des pouvoirs qui lui sont conférés par les déclarations de 1729 et 1730, et par les lois des 16-24 août 1790, 19 juill. 1791 et 18 juill. 1837, art. 11 (Arr., C. d'Et., 24 févr. 1860, Loudières).

26. — Les frais de la démolition sont avancés par la commune. Si le propriétaire en refuse le remboursement, le maire s'adresse aux tribunaux pour obtenir qu'ils soient prélevés par privilège et préférence à toutes autres créances, sur le prix des matériaux, et, en cas d'insuffisance, sur le prix du fonds. (Déclarations de 1729 et 1730, art. 9; Avis, C. d'Et., 27 avril 1818).

27. — Le propriétaire doit supporter les frais dus à l'expert qui a procédé dans l'intérêt public. Lorsqu'une tierce expertise a eu lieu, les frais en sont ordinairement payés par le propriétaire, si l'arrêté ordonnant la démolition a été confirmé, ou par la commune, si cet arrêté n'a pas été maintenu. Il appartient à l'autorité qui a prescrit la tierce expertise d'en décider (Avis, C. d'Et., 22 août 1844).

28. — Les frais à la charge de la commune étant classés dans les dépenses de voirie et de sûreté publique ont le caractère d'une dépense obligatoire (Loi, 11 frim. an VII, art. 4; Avis, C. d'Et., 22 août 1844).

29. — On ne peut préciser toutes les circonstances de nature à faire considérer la chute d'un bâtiment comme étant imminente. Cependant, il est généralement admis qu'il y a nécessité de démolir :

1° Lorsque, par suite de vétusté, un ou plusieurs trumeaux, jambes étrières ou pieds-droits sont en mauvais état;

2° Lorsque le mur de face sur rue est en surplomb de moitié de son épaisseur, dans quelque état que se trouvent les trumeaux, jambes étrières ou pieds-droits;

3° Si le mur sur rue est à fruit et s'il a occasionné sur la face opposée un surplomb égal au fruit de la face sur rue;

4° Chaque fois que les fondations sont mauvaises, quand il ne se serait manifesté dans la hauteur du bâtiment aucun fruit ou surplomb;

5° S'il y a un bombement égal au surplomb dans les parties inférieures du mur de face (Instr. min. de l'int. rapportée dans le Code administratif de Fleurigeon)[1].

30. — Lorsque le propriétaire est un incapable ou qu'il se trouve dessaisi de l'administration de ses biens, l'obligation de démolir incombe à son représentant légal. En cas de faillite, les syndics sont tenus, sous leur responsabilité personnelle, de déférer à l'injonction du maire (Cass., 21 déc. 1821, Boulay et Deslandes, syndics de la faillite Gagé).

31. — Le propriétaire dont la maison a été démolie d'office, pour cause de péril, n'est nullement fondé à demander qu'on l'indemnise du dommage qui en résulte pour lui, l'administration n'ayant agi que dans l'intérêt de la sûreté générale, et personne n'étant libre de rendre la jouissance de sa chose préjudiciable au public (Arrêt, C. d'Et., 18 déc. 1846, Chauvin).

32. — Il n'a droit à une indemnité que pour la valeur de terrain qu'il délaisse à la voie publique. La commune ne pourrait donc être tenue de lui en payer une autre qu'autant qu'elle s'y serait régulièrement obligée. C'est à tort que les tribunaux civils l'y condamneraient en interprétant l'intention de l'autorité administrative par certains actes émanés d'elle (Loi, 16 sept. 1807, art. 50 ; Cass., Ch. civ., 7 juill. 1829, Villette, et 3 mai 1841, Barré).

33. — Lorsqu'un propriétaire ou l'administrateur de ses biens n'a pas obéi à la sommation de démolir un bâtiment menaçant ruine, le maire doit le traduire devant le tribunal de simple police pour le faire condamner à l'amende édictée par l'article 471, n° 5 du Code pénal (Loi, 19-22 juill. 1791, titre 1er, art. 18; Cass., 24 sept. 1819, Majorel).

34. — Si la démolition n'est pas encore effectuée lorsque le tribunal est saisi de la contravention, le juge ne peut surseoir à statuer jusqu'à ce que les experts, commis par lui, aient vérifié si le péril existe réellement (Cass., 30 janv. 1836, Despictières, et 28 févr. 1846, Arnoult).

35. — La décision judiciaire qui déclarerait le bâtiment en bon état ne pourrait d'ailleurs mettre obstacle à l'exécution de l'arrêté municipal (Décis. min. int., 1854, Allier, Franchesse).

36. — Le juge ne peut, dans le même cas, accorder au propriétaire un délai pour faire opérer la démolition, sous le prétexte que, par suite des réparations qui ont été effectuées, le péril a cessé d'être imminent (Cass., 4 oct. 1845, Schwartz).

37. — Il ne peut non plus ajouter un nouveau délai au délai fixé par le maire (Cass., 2 oct. 1847, Sicaud).

38. — Le juge commettrait également un excès de pouvoir si, lorsqu'un propriétaire n'a obéi qu'imparfaitement à la sommation de démolir en entier un mur menaçant ruine, il déclarait n'y avoir lieu à condamnation, attendu que la partie laissée debout ne présente aucun danger (Cass., 7 avril 1827, Andriot dit Versailles).

39. — Ou s'il renvoyait le propriétaire des fins de la poursuite, sous le prétexte que ce n'est pas ce dernier, mais bien l'entrepreneur des constructions reconnues en état de péril qui s'est opposé à leur démolition (Cass., 7 mars 1839, Servatius).

40. — Ou enfin si, lorsque la démolition a été opérée d'office, après plusieurs sommations restées sans effet, il subordonnait la répression de la contravention au jugement de contestations civiles engagées contre le maire et résultant de ce que le propriétaire prétendrait que la démolition aurait dû être poursuivie par voie d'expropriation pour cause d'utilité publique, et que, par suite, une indemnité lui serait due (Cass., 1er mars 1856, Terrein).

41. — Lorsque le propriétaire n'a pas déféré à l'injonction de démolir et que l'arrêté du maire ne portait pas que, dans ce cas, la démolition serait opérée d'office, le juge de police devant lequel il est traduit à raison de sa contravention doit le condamner non seulement à l'amende, mais encore à la démolition (Cass., 20 août 1841, Chauvin).

42. — Un particulier ne peut être renvoyé de la plainte de n'avoir pas obtempéré à un arrêté qui lui prescrivait de démolir un bâtiment faisant craindre une chute imminente par le motif que cet arrêté n'aurait pas été précédé d'une expertise et d'une sommation. L'autorité supérieure est, en effet, seule compétente pour rechercher si la mesure prise par un maire, dans les limites de ses pouvoirs, a été accompagnée des formes voulues par les règlements administratifs (Cass., 7 mars 1857, Hénon et consorts).

43. — Le propriétaire d'une maison démolie d'office après une injonction qui n'a pas eu de suite ne peut être condamné à l'amende, si cette injonction n'a été faite qu'au précédent propriétaire (Cass., 27 avril 1849, Mohamed).

44. — La prescription émanée de l'autorité municipale, de démolir un bâtiment menaçant ruine, n'emporte pas implicitement l'autorisation de le reconstruire, alors même qu'il ne serait pas sujet à reculement (Cass., 8 oct. 1834, Trille).

45. — La reconstruction est en effet l'objet des mesures administratives d'un autre ordre que l'injonction de démolir : il n'existe entre

---

[1] V. 13 févr. 1806, annexe.

elles aucun rapport. La reconstruction ne peut d'ailleurs être effectuée qu'à la charge par le propriétaire de se conformer à l'alignement (Cass., 30 déc. 1826, Ducro ; 7 juill. 1829, ch. civ., Villette).

46. — Si le bâtiment est en saillie et que, au lieu de démolir la partie en péril, le propriétaire la fait réparer sans y être autorisé, il doit être condamné non seulement à l'amende, mais encore à la destruction des travaux indûment faits, dût-il en résulter la nécessité d'abattre la maison entière (Cass., 30 déc. 1826, Ducro).

47. — Si le bâtiment qui menace ruine ne borde pas immédiatement la voie publique, s'il est, par exemple, situé dans une cour, il suffit qu'il puisse par sa chute causer quelque accident, pour que le maire ait le droit d'intervenir et de prescrire les mesures nécessaires. Il agit alors comme un magistrat chargé de veiller à la sûreté de tous et non comme un officier de voirie. Le devoir lui en est imposé, non plus par le numéro 1er de l'article 3 du titre XI de la loi des 16-24 août 1790, mais bien par le numéro 5 du même article qui lui confie le soin de prévenir, par des précautions convenables, les accidents et fléaux calamiteux. S'il juge qu'il y ait lieu de démolir, il doit y être procédé comme pour les bâtiments ayant face sur rue (Déclaration de 1729, art. 1er).

48. — Enfin, lorsque le bâtiment en péril est situé sur une rue qui fait partie d'une route impériale ou départementale, ou d'un chemin vicinal de grande communication, le maire se borne à en donner immédiatement avis au préfet, sans négliger toutefois les mesures que l'urgence peut réclamer.

BATIMENTS CIVILS. — Arr. du 15 avril 1838. Ord. roy. du 19 févr. 1839[1]. Règlement du 20 déc. 1841. Instr. du conseil des bâtiments civils (1856)[2]. Décr. du 25 janv. 1862[3].

On entend par *bâtiments civils* les monuments et constructions destinés aux services publics, d'intérêt général, non militaires, et qui sont élevés ou entretenus sur les fonds de l'État, des départements ou des communes[4].

Les bâtiments civils sont l'objet d'une double action de la part de l'administration supérieure :

1° Au point de vue de la conservation et de la surveillance ;

2° Sous le rapport de l'art, de la solidité des travaux et de l'économie dans les réparations, constructions et reconstructions.

Cette action s'exerce :

1° Par la direction des monuments publics et historiques[5] ;

2° Par le conseil des bâtiments civils.

Après des vicissitudes diverses, la direction des bâtiments civils fut rendue au ministère des travaux publics le 4 septembre 1870. Ce service comprend, non seulement

la direction des bâtiments civils, mais aussi celle du conseil général et du personnel extérieur, composé d'inspecteurs généraux, d'architectes, d'inspecteurs, sous-inspecteurs et conducteurs des travaux.

La direction préside aux constructions, réparations et entretien des bâtiments civils, elle donne son avis aux autres services publics sur les questions qui lui sont soumises.

Le conseil des bâtiments civils donne son avis sur le mérite des projets que l'administration fait exécuter ; examine les plans, devis et cahiers des charges ; apprécie le système de construction, la qualité des matériaux, les conditions de la main-d'œuvre ; examine les plans généraux d'alignement des villes, les plans partiels pour la formation des nouvelles rues, places ou promenades ; juge les concours ouverts par l'administration ; examine les difficultés qui surviennent entre les administrations locales, les architectes et les entrepreneurs, au sujet de la rédaction des projets, de l'exécution des travaux, des règlements de compte, de l'interprétation des marchés, etc.[1]

L'institution du conseil des bâtiments civils date du Directoire : ses attributions sont fixées par l'arrêté du 15 avril 1838 et le règlement du 20 décembre 1841, et en dernier lieu par le décret du 25 janvier 1862.

Le conseil des bâtiments civils a déterminé par une instruction[2] (datée de 1856) les règles à suivre pour la rédaction des plans, devis, cahiers des charges, etc.

V. Monuments historiques.

ANNEXES

Ordonnance royale du 19 février 1839.

ARTICLE PREMIER. — Les attributions de la direction des monuments publics et historiques au ministère de l'intérieur[3] comprennent : l'exécution des grands travaux de construction et des travaux d'entretien payables sur les fonds du ministère de l'intérieur ; l'examen des questions d'art qui surviennent dans le cours de l'exécution des travaux ; la revision des devis des travaux de Paris et des départements ; la revision des mémoires des travaux de Paris, et l'examen des réclamations des entrepreneurs, la liquidation des comptes ; le personnel des architectes et des agents sous leurs ordres ; les cérémonies et fêtes publiques ; la conservation des édifices publics et des anciens monuments qui présentent un intérêt historique ou artistique ; l'examen des projets et devis des constructions et réparations de tous les bâtiments civils du royaume dont la dépense est payée, soit sur les fonds du ministère de l'intérieur, soit sur ceux du ministère du commerce, de

---

[1] Annexe. — [2] Annexe. — [3] Annexe. — [4] Règl., 20 déc. 1841. — [5] Ord. roy., 19 févr. 1839, annexe.

[1] Déc., 25 janv. 1862, annexe. — [2] Annexe. — [3] Cette direction a été transportée au ministère des travaux publics par l'ordonnance du 23 mai 1839.

l'instruction publique et de la justice et des cultes, soit enfin sur les budgets des départements et des communes ; projets d'alignements des rues et places de Paris et des autres villes ; l'examen des questions, des découvertes et inventions nouvelles qui intéressent l'art de bâtir.

ART. 2. — Le directeur des monuments publics et historiques préside, sous l'autorité du ministre de l'intérieur, le conseil des bâtiments civils et la commission des monuments historiques.

Instruction du Conseil général des bâtiments civils (1856).

Programmes.

Préalablement à la rédaction de tout projet de construction, agrandissement ou appropriation, il devra être dressé, par les soins de l'autorité compétente, un programme raisonné de tous les besoins de l'édifice projeté, contenant notamment l'indication : 1° du nombre, au moins approximatif, des individus qui devront y être reçus à demeure ou le fréquenter ; 2° du nombre, de la nature et de l'importance des pièces nécessaires pour des usages communs et particuliers (*Instruction du 28 juin* 1813) ; 3° des conditions spéciales que la destination de l'édifice pourrait réclamer.

Toutefois, ce programme devra laisser à l'architecte chargé de la rédaction des projets une latitude convenable dans le choix des dispositions d'ensemble et de détail, ainsi que du caractère et du style d'architecture.

Le programme indiquera les limites dans lesquelles la dépense devra se renfermer.

Les programmes, arrêtés et visés par MM. les maires, sous-préfets et préfets, devront toujours être joints aux projets transmis à l'examen du conseil général des bâtiments civils.

Ces programmes pourront, lorsque les autorités locales le jugeront nécessaire, être préalablement communiqués à ce conseil, afin qu'il puisse les examiner et faire connaître les observations dont ils lui paraîtraient susceptibles avant la rédaction des projets.

Lorsque cette rédaction devra être l'objet d'un concours, et qu'il s'agira de travaux exécutés aux frais de l'État ou des départements, le programme spécifiera que les projets de tous les concurrents, examinés préalablement par les autorités locales, seront transmis au ministre compétent pour être examinés en définitive par le conseil général des bâtiments civils.

Cette condition pourra également être énoncée pour les travaux payés sur les fonds des communes.

Projets.

Lorsqu'il s'agira d'un établissement nouveau, on devra faire connaître la situation de l'emplacement par rapport à la ville. Si le plan général des alignements de cette ville a été définitivement arrêté en Conseil d'État, il pourra suffire, à cet effet, de renvoyer à la copie de ce plan qui est déposée aux archives du ministère de l'intérieur. Dans le cas contraire, on devra présenter un plan de la ville, ou au moins du quartier, ou enfin indiquer la distance des points extrêmes de la ville, et fournir un plan des tenants et aboutissants dans un rayon d'au moins 50 mètres (*circulaire du 28 juin* 1813), et accompagné des cotes de nivellement.

Lorsqu'il s'agira, soit d'apporter des modifications à un édifice existant, soit de le démolir en tout ou en partie pour y suppléer par de nouvelles constructions, on devra en fournir les plans, élévations et coupes bien conformes à l'état actuel, afin de mettre à même de reconnaître si cet édifice ne présente pas des parties qu'il serait bon de conserver, soit sous le rapport de l'art, soit sous le rapport historique, et l'on donnera, en outre, tous les renseignements nécessaires tant sur l'état des constructions que sur les motifs des modifications ou démolitions proposées.

Dans tous les cas, tout projet devra se composer :

1° D'un plan général à l'échelle de 5 millimètres par mètre (*Instruction du 22 octobre* 1812) ;

L'orientation devra toujours être indiquée avec exactitude sur ce plan et sur ceux ci-après ;

2° Des plans détaillés des fondations, des caves, du rez-de-chaussée, des divers étages et des combles à l'échelle de 10 millimètres (*idem*) ;

3° Des diverses élévations principale, latérale et postérieure, à la même échelle de 10 millimètres (*idem*) ;

4° Des diverses coupes longitudinales et transversales à la même échelle de 10 millimètres (*idem*).

Lorsque l'étendue d'un projet sera telle que, à l'échelle de 5 millimètres, le plan général excéderait les dimensions d'une feuille grand aigle, le plan d'ensemble pourra être fourni à 2 millimètres et demi, et les plans généraux détaillés, coupes et élévations, à 5 millimètres ; on fournira, en outre, des détails précis des principaux bâtiments à l'échelle voulue de 1 centimètre.

On devra y joindre tous les détails nécessaires de construction et de décoration, et particulièrement ceux des chéneaux, descentes, ou autres moyens d'écoulement des eaux, des tuyaux et souches de cheminées, et autres moyens de chauffage, etc., à l'échelle de 20 millimètres par mètre.

Ces différents dessins devront être exécutés avec soin, exactitude et précision ; ils devront présenter l'indication figurée du mode de construction des diverses parties de murs, pans de bois, planchers, combles, etc., de façon à faire reconnaître, à la seule inspection, quelles sont les parties en pierre, en moellon, en brique, en bois, en fer, etc., quelles sont leurs dimensions et dispositions, ainsi que celles des chaînes, tirants et autres armatures en fer, etc.

Les échelles devront être tracées sur chaque feuille de dessin, et la destination des différentes localités devra être indiquée soit au droit de chaque localité même, soit au moyen d'une légende avec lettres ou chiffres de renvoi.

Les divers dessins devront être lavés des teintes conventionnelles en usage dans les bâtiments civils, savoir :

En *noir*, pour les constructions anciennes et conservées ;

En *rouge*, pour les constructions neuves et ajoutées ;

En *jaune*, pour les constructions démolies et supprimées (*Instr. du 22 oct. 1812*).

Les élévations et coupes pourront rester au trait et n'être point ombrées ou lavées. Seulement, dans les coupes, l'intérieur des murs devra être teinté en noir ou gris pour les constructions conservées.

Il pourra être présenté préalablement des avant-projets rédigés à des échelles moindres, et après l'examen préparatoire desquels seraient rédigés les projets définitifs détaillés, aux échelles ci-dessus indiquées, ainsi que les devis.

Devis.

Il devra toujours être fourni (*Instr. préc.*) :

1° Un devis descriptif indiquant, avec tous les détails et développements nécessaires, les constructions et travaux à exécuter, les natures et qualités de matériaux à employer, le mode de mise en œuvre, les précautions particulières qu'il serait nécessaire d'y apporter, ou les mesures spéciales que la nature et la destination des lieux exigeraient, etc. ;

2° Un détail métrique et estimatif convenablement développé et établi avec toute l'exactitude et la clarté nécessaires ;

3° Des sous-détails analytiques faisant connaître tous les prix de base de matériaux et de main-d'œuvre, les déchets, faux frais et bénéfices, etc., et établissant d'une manière exacte et raisonnée les prix appliqués, dans le devis estimatif, à toutes les natures d'ouvrages ;

4° Un cahier des charges particulières à l'entreprise précisant les diverses obligations de l'entrepreneur, le mode et les conditions de l'adjudication, s'il doit en être passé une ; le mode et les époques de paiement soit pour acompte, soit pour solde, etc. ; enfin les conditions exceptionnelles que la nature spéciale de l'opération pourrait réclamer. On indiquera si l'on s'en réfère soit au cahier des charges généraux admis pour les bâtiments civils, soit au cahier des charges générales en usage dans le département ;

5° En cas de démolition de vieux bâtiments, on devra présenter également, d'une part, le détail métrique et estimatif des démolitions, par addition au montant des travaux mêmes ; et, d'autre part, celui des vieux matériaux qui devront provenir des démolitions, et dont il pourra être fait réemploi en déduction sur le montant des travaux.

Enfin, dans tous les cas, le détail estimatif devra être rédigé de façon à faire connaître non pas seulement, et en un seul chiffre, le montant total de la dépense pour l'ensemble du projet, mais bien le montant séparé de chaque partie de ce projet, soit par bâtiment, soit par portion de bâtiment, suivant la nature et l'importance de l'entreprise, et on indiquera, en outre, le degré d'urgence des différentes parties.

Projets et devis supplémentaires ou modificatifs.

S'il était reconnu nécessaire d'apporter ultérieurement des modifications aux projets approuvés, ou d'y faire des additions, il devra être présenté préalablement des projets et devis modificatifs ou supplémentaires dans les mêmes formes que celles ci-dessus déterminées. On devra alors représenter les projets et devis précédemment approuvés, et faire connaître exactement les causes et motifs des modifications ou additions proposées.

Les demandes faites à sujet par les autorités locales, et les autorisations dont elles auront dû être saisies, devront également être produites.

Projets représentés par suite d'observations antérieures du conseil sur des projets précédents.

Les projets ainsi représentés devront satisfaire à toutes les conditions précédemment exprimées.

On devra en outre :

1° Représenter les projets primitifs sur lesquels avaient porté les observations du conseil ;

2° Fournir toutes les explications nécessaires sur la manière dont il aura été satisfait à ces observations ;

3° Enfin faire connaître, au besoin, les motifs pour lesquels il n'y aurait pas été satisfait.

Observation générale.

Dans tous les cas, les projets et devis devront toujours être datés et signés par les architectes qui les auront rédigés, et être accompagnés du visa des autorités locales.

Décret du 25 janvier 1862.

ARTICLE PREMIER. — Les travaux des bâtiments placés dans les attributions du ministère d'État sont exécutés d'après les projets rédigés par des architectes désignés par le ministre.

Ces projets, après avoir subi l'examen du conseil général des bâtiments civils, font l'objet, soit d'adjudications publiques, soit, exceptionnellement, de soumissions directes présentées par les entrepreneurs.

Toutefois, les travaux d'entretien peuvent être exécutés à prix de règlement.

ART. 2. — Les travaux dirigés par les architectes sont suivis par des inspecteurs, sous-inspecteurs et conducteurs, lesquels veillent à la bonne fourniture des matériaux et à leur mise en œuvre selon les règles de l'art et les ordres de l'architecte. Ils dressent, en outre, les détails d'exécution du projet, et tiennent les carnets d'attachements sur lesquels ils inscrivent tous les ouvrages qui ne sont pas destinés à rester visibles, ou dont l'appréciation ne serait plus possible lors de la vérification.

ART. 3. — Les carnets sont délivrés par les architectes, qui en numérotent les feuilles avant de les remettre aux agents, et qui visent chaque feuille au fur et à mesure de la constatation des travaux. Les attachements figurés, dont les dimensions ne permettent pas le tracé sur les carnets, sont dessinés sur des feuilles séparées qui sont rappelées sur ces carnets par un numéro d'ordre.

ART. 4. — Les travaux exécutés font l'objet de mémoires dressés par les entrepreneurs d'après le prix de la série acceptée par eux, et dont les numéros sont rappelés en regard de chaque article.

ART. 5. — Les mémoires sont produits en double expédition, dont une sur papier timbré, destinée à être jointe au mandat de payement. Cette production aura lieu à la fin de chaque trimestre pour les travaux d'entretien, et à la fin de chaque mois pour les travaux neufs et les grosses restaurations, conformément aux instructions données par l'architecte.

ART. 6. — Les mémoires présentés par l'entrepreneur à l'architecte sont remis au vérificateur attaché à l'agence et chargé spécialement de leur examen. Cet agent, après avoir consulté les carnets d'attachements, vérifie si les mémoires reproduisent exactement les travaux exécutés et les conditions des marchés.

ART. 7. — Les mémoires vérifiés sont arrêtés par l'architecte et transmis à l'administration centrale, qui en opère la revision et en propose le payement.

ART. 8. — Les mémoires sur papier libre, qui sont destinés à rester dans les archives de l'administration des bâtiments civils, indiqueront tous les détails arithmétiques des opérations et tous les articles de dépenses. Les mémoires sur papier timbré mentionneront les quantités obtenues pour les articles de même nature, les prix avec leurs numéros de série et les sommes qui en résultent. Les uns et les autres comprennent les demandes des entrepreneurs et le règlement du vérificateur arrêté par l'architecte.

ART. 9. — Lorsque des circonstances exceptionnelles ne permettront pas d'établir les mémoires aux époques déterminées ci-dessus, il peut être délivré des acomptes aux entrepreneurs après une autorisation spéciale du ministre, et alors l'architecte dresse un état sommaire des travaux exécutés. Il ne pourra être fait un nouveau payement avant que les entrepreneurs aient justifié des acomptes par la production d'un mémoire qui sera réglé dans les formes déterminées ci-dessus.

ART. 10. — Les architectes et les vérificateurs sont payés au moyen d'honoraires proportionnels déterminés par les règlements. A cet effet, il est dressé un état sommaire indiquant le montant des travaux dirigés ou vérifiés, et faisant ressortir les sommes proportionnelles qui leur sont dues.

Les inspecteurs, sous-inspecteurs et conducteurs reçoivent des indemnités mensuelles ou des traitements fixes, sont payés sur les états que l'architecte transmet chaque mois à l'administration centrale, et qui sont visés par le chef du service des bâtiments civils.

ART. 11. — Des inspecteurs généraux, membres du conseil des bâtiments civils, sont chargés d'exercer un contrôle supérieur sur les travaux dépendant du service des bâtiments civils. Ils veillent à la bonne exécution des projets approuvés et à la tenue régulière de toutes les pièces qui doivent servir à la constatation des dépenses. Ils examinent les réclamations qui peuvent être élevées par les entrepreneurs, donnent leur avis, et adressent au ministre des rapports sur toutes les questions qui intéressent les travaux.

ART. 12. — Dans les départements, toutes les pièces de dépenses sont remises aux préfets qui les soumettent au ministre, après les avoir visées et en avoir consigné les résultats dans leurs écritures. Ces pièces sont revisées par le service des bâtiments civils, approuvées par le ministre et renvoyées aux préfets, qui en mandatent le payement sur les crédits mis à leur disposition.

A Paris, toutes les pièces sont adressées directement au ministre.

ART. 13. — En fin d'exercice, le service des bâtiments civils établit le compte général de toutes les dépenses de bâtiments faites pendant cet exercice.

ART. 14. — Le présent règlement sera exécutoire à partir du 1er janv. 1862, et les pièces justificatives à produire à l'appui des ordonnances de payement devront être conformes à la nomenclature annexée au règlement du 16 septembre 1843, sur la comptabilité spéciale du ministère des travaux publics.

ART. 15. — Sont et demeurent abrogés le décret du 10 novembre 1851 et toutes les dispositions contraires à celles du présent règlement.

BATIR (Autorisation de). — Edits de déc. 1607[1], août 1669[2], août 1681[3]. Déclaration du roi. du 10 avril 1783[4]. Arr. préf. du 13 janv. 1801[5]. Règlement du 1er juin 1842[6]. Décr. du 26 mars 1852[7]. Instr. préf. du 31 mars 1862[8]. Circ. préf. du 12 juin 1880[9]. Arr. préf. du 18 janv. 1881[10]. Conditions générales des permissions de grande voirie (1884)[11].

Il est interdit de construire, reconstruire ou réparer aucun édifice, mur ou clôture sur ou joignant la voie publique, et d'établir aucune saillie sur la façade des maisons, sans en avoir sollicité et obtenu l'autorisation[12].

Au bord des rivières navigables[13], et sur le rivage de la mer[14], il est interdit de bâtir ou faire un ouvrage quelconque qui puisse entraver la navigation.

Toute demande doit être accompagnée d'un plan géométral et d'une coupe; plus, pour les propriétés situées dans la zone des carrières, un plan d'ensemble indiquant le périmètre de la propriété, la masse des bâtiments, et la distance de la propriété aux angles des deux rues voisines, ainsi qu'une coupe géologique des fouilles[1].

Cette demande doit être signée par le propriétaire[16], elle doit être libellée sur papier timbré et adressée au préfet[17].

---

[1] V. Voyer. — [2] V. Bois et forêts. — [3] V. Rivages de la mer. — [4] V. Alignement. — [5] V. Voyer. — [6] V. Voirie. — [7] V. Expropriation. — [8] Annexe. — [9] Annexe. — [10] V. Carrière. — [11] Annexe. — [12] Edit de déc. 1607, V. Voyer; Décl. du roi, 10 avril 1783, V. Alignement; Décr., 26 mars 1852, V. Expropriation; Instr., 31 mars 1862, annexe. — [13] Ord., août 1669, V. Bois et forêts. — [14] Edit, août 1681, V. Rivages de la mer. — [15] Arr. préf., 18 janv. 1881, V. Carrière. — [16] Décl., 10 avril 1783; règl., 1er juin 1842, V. Voirie; Décr., 26 mars 1852. — [17] Arr., 13 janv. 1801, V. Voyer.

L'entrepreneur qui construirait, sans que l'autorisation en ait été accordée, serait personnellement responsable, et passible de l'amende portée à l'article 471 du Code pénal[1].

Vingt jours après le dépôt des plans et coupes au secrétariat de la préfecture, le pétitionnaire peut commencer les travaux, s'il ne lui a été notifié aucune objection[2].

L'autorisation doit être donnée par écrit et sur papier timbré; une autorisation verbale ne serait pas suffisante[3]; elle doit, en outre, être donnée dans la forme d'un arrêté[4].

Ces autorisations ne sont valables que pour un an.

Elles sont données sous réserve des droits des tiers.

L'administration ne pourrait refuser une autorisation en raison d'un projet d'ouverture de rue devant atteindre l'immeuble du pétitionnaire[5].

Elle ne pourrait non plus, dans l'autorisation, exiger que la façade soit construite dans une ordonnance d'architecture déterminée, à moins que, propriétaire du terrain, elle n'ait inséré cette condition dans l'acte de vente[6].

Le refus d'une autorisation doit être motivé, afin que le pétitionnaire puisse reconnaître si cette décision est justifiée par un texte de loi, et si les motifs se lient indivisiblement au dispositif.

En cas de refus, le propriétaire peut réclamer auprès de l'autorité qui a déjà prononcé, et, si elle maintient sa décision, auprès de l'autorité supérieure, en observant la voie hiérarchique, le préfet d'abord, le ministre de l'intérieur ensuite, puis enfin le conseil d'État; mais, dans ce dernier cas, seulement pour un excès de pouvoir.

La loi ne fixe aucun délai pour se pourvoir contre les décisions administratives.

Les conditions générales des permissions de voirie[7] sont, du reste, toujours jointes aux autorisations de bâtir délivrées par l'administration.

ANNEXES

Circulaire du 31 mars 1862.
Avec instruction concernant la voirie urbaine.

Monsieur le sous-préfet, je me suis aperçu que, dans plusieurs localités, les autorisations de construire le long des voies publiques ne sont pas toujours données avec toute la célérité

désirable. Si les communes n'ont pas de plans d'alignement homologués par l'autorité compétente, les maires sont souvent indécis sur ce qu'ils doivent faire; quelques-uns doutent qu'ils puissent obliger les propriétaires riverains à reculer ou à avancer leurs constructions; d'autres pensent qu'ils n'ont pas le droit de statuer avant d'en avoir référé au conseil municipal.

D'un autre côté, la commission de la voirie vicinale et communale instituée près de la préfecture pour examiner les projets d'alignements soumis à mon approbation, et me rendre compte de leur mérite, se plaint de ce que les plans sont rarement établis d'une manière uniforme, qu'ils manquent des indications nécessaires pour faire apprécier l'opportunité et la convenance des tracés proposés, et qu'ils laissent sur divers points une incertitude telle qu'il est difficile de juger si les modifications demandées dans les enquêtes sont susceptibles d'être admises.

Lorsque les plans sont arrêtés, les maires ne tiennent pas assez la main à l'exécution des règlements qui défendent de faire aucuns travaux de nature à retarder la reprise d'alignement. Beaucoup semblent ignorer les pouvoirs qui leurs sont conférés à ce sujet et les servitudes dont sont frappés les terrains qui doivent servir à l'élargissement des rues, places, etc.

Enfin si, par suite de constructions nouvelles, un propriétaire délaisse du terrain à la voie publique, ou si c'est au contraire la commune qui en cède au riverain, il se passe ordinairement un temps considérable avant que l'indemnité due à l'un ou à l'autre puisse être payée. Il suffit qu'il n'y ait pas accord sur le prix pour que l'affaire reste sans solution.

En général, les questions relatives aux demandes en autorisation de bâtir, à la délivrance des permissions, à la confection des plans d'alignement, aux conséquences qui découlent tant de l'approbation que de l'exécution de ces plans, à la répression des contraventions, sont presque partout perdues de vue; il m'a donc paru utile de rappeler aux maires les principes qui régissent cette partie importante de leurs attributions, afin d'éviter à l'avenir des lenteurs regrettables et des conflits qui nuisent autant aux intérêts privés qu'à ceux des communes. Ces principes sont résumés dans l'instruction ci-jointe, que je vous prie de transmettre aux maires de votre arrondissement et à l'exécution de laquelle vous voudrez bien veiller, en ce qui vous concerne.

Signé : Haussmann.

INSTRUCTION DU 31 MARS 1862 CONCERNANT LA VOIRIE URBAINE.

Sommaire des matières traitées dans l'instruction.

§ 1. Autorisation nécessaire pour faire bâtir; — Comment et par qui elle est donnée; — Réclamation au cas de refus ou de restrictions mises à son obtention; — Par qui elles sont jugées; — Réserves des droits des tiers; — Perception des droits de voirie.

---

[1] Pour cet art., V. *Accident.* — [2] Décr., 26 mars 1852; Circ. préf., 12 juin 1880, annexe. — [3] Édit, déc. 1607; Cass., 23 févr. 1839, 12 août 1841, 12 juill. 1849, 23 avril 1859, 5 juill. 1860. — [4] Cass., 12 août 1841. — [5] V. *Alignement.* — [6] Instr., 31 mars 1862, annexe. — [7] Cond. des permissions (1884), annexe.

§ 2. Ce qu'on entend par l'alignement ; — Par qui et comment il est délivré ; — Réclamations qu'il soulève ; — Devant qui elles sont portées.

§ 3. De la confection et de l'approbation des plans d'alignement.

§ 4. Conséquences de l'approbation des plans d'alignement.

§ 5. Des effets de la délivrance de l'alignement ; — Acquisitions et cessions de terrains.

§ 6. De la réparation des bâtiments non alignés.

§ 7. De la poursuite et de la répression des contraventions.

§ 8. De la démolition.

§ 9. Des questions préjudicielles.

§ 10. De la prescription.

Observation. — Les arrêts de la Cour de cassation cités dans l'instruction émanent généralement de la Chambre criminelle. Lorsqu'ils ont été rendus par d'autres chambres, il en est fait mention.

§ 1. — Autorisation nécessaire pour bâtir ; — comment et par qui elle est donnée ; — réclamations en cas de refus ou de restrictions mises à son obtention ; — par qui elles sont jugées ; — réserves des droits des tiers ; — perception des droits de voirie.

1. — L'édit du mois de décembre 1607 est la loi constitutive et fondamentale de la petite voirie en France (Cass., 13 juill. 1860, Barbé et Fardé).

2. — Or, par cet édit, Henri IV a défendu à tous ses sujets de construire, reconstruire ou réparer aucun édifice, mur ou clôture, sur ou joignant la voie publique, et d'établir aucun ouvrage en saillie sur la façade des maisons, sans en avoir demandé et obtenu la permission de l'autorité compétente.

3. — Ces prohibitions, qui ne concernaient d'abord que les villes, ont été sanctionnées et étendues à tous les bourgs et villages par la loi des 16-24 août 1790, ainsi que par l'article 471 du Code pénal (Avis, C. d'Et., 14 nov. et 10 déc. 1823, 10 août 1825 et 1er févr. 1826; Cass., 22 févr. 1839, Crépin).

4. — Elles sont obligatoires par elles-mêmes, sans qu'il soit besoin que les maires aient rappelé les citoyens à leur observation par des arrêtés spéciaux (Cass., 9 janv. 1833, Courtet; 3 juill. 1835, Rambaud; 10 nov. 1835, Vᵉ Chaumerou; 23 janv. 1841, Vᵉ Jeannin; 9 août 1855, Thamoineau; 26 août 1859, Causse et consorts).

5. — Elles conservent également toute leur autorité et toute leur force dans les communes qui ne sont pas encore pourvues de plans généraux ou partiels d'alignement (Cass., 8 janv. 1841, Lieutard et Romey; 5 févr. 1844, Ch. réun., Corneille; 14 févr. 1845, Mauperin-Tondeur; 14 déc. 1846, Ch. réun., Michelini; 19 mars 1858, Dussault; 23 août 1860, Vᵉ Martin).

6. — Mais si l'emplacement sur lequel on veut bâtir ou si l'édifice que l'on désire réparer ne joint pas la voie publique actuelle, une autorisation n'est pas nécessaire, lors même que le terrain nu et celui qui couvre la construction seraient destinés à être occupés, soit pour l'ouverture d'une voie publique nouvelle, soit pour le prolongement d'une voie ancienne. Tant qu'il n'a pas été exproprié pour de telles opérations, le détenteur ne doit éprouver aucune

gêne dans l'exercice légal de son droit de propriété (Cass., Ch. réun., 25 juill. 1829, Chaudesais, et 24 nov. 1837, Mallez ; 17 mai 1838, Coulin; 28 févr. 1846, Baril; 6 juill. 1855, Faure-Jublin; 4 juin 1858, Montels et Bernard; 28 juin 1861, Dehu; Avis, C. d'Et., 1er févr. 1826).

7. — Il en est de même pour les bâtiments que l'ouverture d'une rue nouvelle a rendus riverains de cette rue et qui forment saillie sur son alignement. Les propriétaires n'en conservent pas moins tous les droits appartenant aux détenteurs des terrains qui ne joignent pas la voie publique actuelle ; dès lors, ces bâtiments sont également affranchis de toutes les servitudes de voirie, tant que l'expropriation n'en a pas été prononcée (Avis, C. d'Et., 13 mars 1838, ville de Tours; Cass., 19 juill. 1861, Lucotte).

8. — Les riverains des rues ou passages qui ne sont pas encore classés au nombre des voies publiques communales ne sont pas tenus non plus de se pourvoir d'une autorisation pour y faire des constructions; les principes qui régissent la voirie urbaine ne sont pas, en effet, applicables aux communications de cette nature (Cass., 14 mai 1854, Bonamy; 27 juill. 1854, Azeau).

9. — Dans tous les autres cas, une autorisation est exigée, même pour les ouvrages qui paraissent peu importants ou sans influence sur la durée des constructions, tels que l'agrandissement d'une baie, la construction d'un balcon, l'attache de persiennes ou de jalousies à une fenêtre, l'établissement d'une enseigne, la dépose et repose d'une borne, l'application d'un badigeon, la plantation d'une haie. etc. (Cass., 21 août 1835, Piscoret et Désaubes; 4 oct. 1839, Piétri; 20 oct. 1841, Hory; 12 févr. 1847, Buisson; 13 nov. 1847, Rouchou; 1er juill. 1848, Portois; 29 mai 1852, Génin; 11 févr. 1859, Lacave).

10. — Toutefois, elle n'est pas indispensable pour de simples travaux d'entretien, tels que la réparation de la toiture d'une maison (Cass., 15 oct. 1853, Sarailliet).

11. — Les constructions en retraite sont soumises aux mêmes servitudes que les constructions en saillie, puisque les unes ne nuisent pas moins que les autres à l'embellissement des rues, et que, en outre, elles sont préjudiciables au public sous le rapport de la propreté, de la salubrité et de la sûreté (Cass., 26 sept. 1840, Lenoble; 12 févr. 1848, Calmels de Puntis; 5 nov. 1853, Gontaut; 30 août 1855, Percin; 17 févr. 1860, Malga).

12. — Ce serait d'abord une erreur de croire que les bâtiments situés sur l'alignement demeurent affranchis de ces servitudes, et que l'on peut se passer d'une autorisation pour y faire des travaux (Cass., 9 févr. 1833, Pascal; 7 sept. 1838, Milleville; Décis. minist. int., 21 déc. 1837, commune de Lesparre).

13. — Enfin, lorsqu'un mur pignon, mis à découvert par la démolition d'une maison qui était en saillie, se trouve joindre la voie publique qu'il soit de face ou latéral, il devient aussi soumis aux servitudes ordinaires de voirie; on ne peut, en conséquence, ni le reconstruire ni le réparer sans autorisation (Arr., C.

d'Et., 5 déc. 1834, Vᵉ Bertrand ; 31 janv. 1861, Royer ; Cass., 17 janv. 1840, Delalonde).

14. — L'obligation d'une autorisation suivant les formes administratives étant d'ordre public, un particulier ne pourrait y suppléer par un jugement de la juridiction civile qui, dans un intérêt privé, l'aurait condamné à élever, modifier ou réparer une construction sur ou joignant la voie publique (Cass., 16 juillet 1840, Ch. réun., Delalonde ; 1ᵉʳ févr. 1845, Duclos).

15. — Une autorisation est également nécessaire quand même l'exécution des travaux serait la conséquence d'un traité passé avec la commune, soit pour l'ouverture ou l'élargissement d'une rue, soit pour la réparation d'un dommage résultant d'un changement de niveau de la voie publique (Cass., 18 mai 1844, Bouchardy ; 17 nov. 1853, Blondel).

16. — Les demandes en autorisation de bâtir ou de réparer sont signées par le propriétaire ou son fondé de pouvoir. Elles doivent être libellées sur papier timbré (Loi, 13 brum. an VII, art. 12).

17. — Henri IV a compris, dans la généralité des termes de la prohibition faite par son édit, non seulement les propriétaires riverains, mais encore tous les ouvriers et artisans sans le concours desquels la contravention qu'elle tend à prévenir ne pourrait être commise (Cass., 26 mars 1841, Andusseau ; 13 juillet 1860, Barbey et Fardé).

18. — Un règlement municipal peut donc astreindre les maçons, charpentiers, etc., qui se chargent de l'entreprise des travaux, à en faire la déclaration à la mairie, surtout si le propriétaire ne leur représente pas une permission régulière (Cass., 31 août 1833, Dechelle et consorts ; 10 avril 1841, Perraudeau).

19. — L'autorisation doit être donnée par le maire, ou son adjoint, et en cas d'empêchement, par le conseiller municipal qui remplit provisoirement les fonctions de maire. Celle qui, ne fût-elle que provisoire, émanerait du voyer de la commune ou de tout autre personne non investie du droit de la délivrer, serait nulle et de nul effet (Cass., 6 juillet 1837, Ch. réun., Giraud ; 3 septembre 1846, Filippi ; 28 mars 1856, Duboin).

20. — Un propriétaire ne serait donc pas en règle parce que, après l'envoi de sa pétition, l'agent voyer communal serait venu tracer l'alignement sur lequel il lui aurait déclaré qu'il pouvait construire (Cass., 17 nov. 1831, Vingtrinier).

21. — Le préfet lui-même ne pourrait sans empiéter sur les attributions municipales permettre de bâtir ou de conserver un ouvrage en saillie dans une rue dépendant de la petite voirie (Arr., C. d'Et., 4 mai 1826, Landrin ; 28 nov. 1861, Lionville ; Cass., 8 août 1837, Grossetête).

22. — La compétence étant d'ordre public, nul ne peut être admis à soutenir qu'il ignore les principes qui la régissent. Dès lors, le propriétaire qui aura élevé des constructions sur une voie communale, en vertu d'une autorisation obtenue du préfet, ne pourra, s'il était obligé de les démolir, intenter une action en

indemnité contre l'administration (Arr., C. d'Et., 4 mai 1826, Landrin).

23. — Lorsque la maison qu'il s'agit d'édifier ou de réparer borde d'un côté une route et de l'autre une rue, l'autorisation délivrée par le préfet pour la partie située sur la grande voirie ne dispense pas le propriétaire d'en demander une seconde au maire pour la partie située sur la petite voirie (Cass., 25 août 1843, Plu ; 17 févr. 1844, Mahieux).

24. — Si le bâtiment est compris dans la zone des servitudes militaires, l'autorisation de l'officier du génie ne dispense pas non plus de celle du maire (Cass., 15 avril 1858, Josse).

25. — L'édit de 1607 veut que, après les ouvrages terminés, l'administration fasse vérifier si l'impétrant s'est exactement conformé à l'autorisation qu'il a reçue. Il est donc nécessaire que cette autorisation, qui constitue d'ailleurs un acte administratif destiné à produire des effets légaux, soit donnée par écrit, qu'elle ait une date certaine et qu'elle précède l'exécution des travaux (Cass., 4 août 1837, Gayette ; 21 juill. 1838, Lucet ; 12 août 1841, Audouard ; 28 mars 1856, Duboin ; 23 avril 1859, Benedetti ; 4 juill. 1860, Testreau).

26. — En conséquence, une autorisation qui ne peut être représentée, telle qu'une autorisation verbale, n'a pas la moindre valeur ; il est impossible, en effet, de constater s'il a été satisfait ou non à des prescriptions dont il n'existe aucune trace (Arr., C. d'Et., 23 févr. 1839, Lasnier ; Cass., 12 juill. 1849, Duchemin ; 26 janv. 1856, Daget).

27. — La forme des actes par lesquels les maires doivent délivrer les permissions de voirie n'a été indiquée par aucun règlement. Celle d'un arrêté étant la plus commode, il convient de l'adopter.

28. — Les arrêtés de cette nature n'ont pas besoin d'être soumis aux formalités exigées par l'article 11 de la loi du 18 juillet 1837 pour les arrêtés qui statuent d'une manière générale et permanente ; ils sont immédiatement exécutoires (Cass., 5 août 1858, Defaye).

29. — La copie destinée à l'impétrant doit être expédiée sur papier timbré. Si le maire emploie à ce sujet des formules imprimées, il peut les faire viser pour timbre au bureau de l'enregistrement (Lois, 13 brum. an VII, art. 12, et 15 mai 1818, art. 80 ; Décis. min. fin., 5 mai 1860).

30. — L'administration n'est pas tenue de notifier les permissions de voirie qu'elle délivre. Il suffit qu'elle les envoie à l'impétrant ou que celui-ci les retire à la mairie. La notification serait d'ailleurs superflue, puisque celui qui veut construire ou réparer ne peut le faire qu'après s'être pourvu de l'autorisation sans laquelle il doit s'abstenir, et dont, par conséquent, il ne peut prétexter cause d'ignorance (Cass., 6 juill. 1837, Ch. réun., Giraud ; 8 juin 1844, Blanchet).

31. — L'autorisation crée, en faveur de celui qui l'a obtenue, un droit qu'il peut exercer tant qu'elle n'a pas été modifiée ou rapportée par l'autorité supérieure (Cass., 6 févr. 1851, Riffay).

32. — Toutefois, si, lorsque le maire n'a pas

fixé le délai pendant lequel elle était valable, l'impétrant laisse passer une année entière sans en faire usage, elle se trouve périmée de plein droit, suivant la règle contenue à ce sujet dans les lettres patentes du 22 octobre 1733, spéciales à la ville de Paris, et que leur utilité générale rend applicables à toutes les communes (Cass., 10 mars 1859, Bernardi; 22 juill. 1859, Divoux).

33. — Mais lorsque les travaux ont été entrepris avant que l'année fût révolue, ils peuvent être continués au delà de son expiration sans une autorisation nouvelle, pourvu qu'ils n'aient pas été interrompus, et qu'aucune limite de temps n'ait été prescrite dans l'arrêté pour leur exécution (Cass., 11 juill. 1857, Brune).

34. — Le maire n'a pas le droit d'imposer, comme condition de l'exécution du travail qui fait l'objet de la demande, l'obligation d'en faire un autre qui n'a pas de rapport avec le premier. Il ne pourrait, par exemple, autoriser la réparation de la toiture ou de la façade d'une maison, à la condition de supprimer des gouttières saillantes ou des portes s'ouvrant en dehors; de pareilles prescriptions doivent faire l'objet de mesures générales (Avis, C. d'Et., 2 févr. 1825, ville de Bordeaux).

35. — Si le maire répond par un refus, ou si les restrictions dont il accompagne l'autorisation qu'il délivre ne satisfont pas l'impétrant, celui-ci peut se pourvoir devant le préfet. Il s'adresserait à tort aux tribunaux pour faire décider que le refus n'est pas fondé ou que les conditions imposées sont illégales. Il lui est d'ailleurs expressément défendu de passer outre à l'exécution des travaux refusés (Loi, 14-22 déc. 1789, art. 60; Arr., C. d'Et., 7 févr. 1834, Bonnefoy; Cass., 26 sept. 1851, Vᵉ Mézaille).

36. — Un tiers qui se croit lésé par l'autorisation donnée par le maire peut également se pourvoir devant le préfet (Arr., C. d'Et., 10 août 1828, Antheaume).

37. — Les réclamants peuvent même exercer leurs recours devant le ministre de l'intérieur contre la décision du préfet, mais ils ne pourraient lui déférer directement l'arrêté du maire (Arrêt, C. d'Et., 16 juin 1824, Versigny; Décis. min. int., 13 sept. 1838, ville de Cusset).

38. — Aucun délai n'est imposé par les lois et règlements sur la matière pour la présentation des pourvois. L'arrêté municipal ou préfectoral peut donc être réformé à quelque époque que ce soit; mais tant qu'il subsiste, il est obligatoire (Arr., C. d'Et., 14 juin 1836, Monmory; Cass., 20 juin 1829, Bichen).

39. — Le maire qui donne ou refuse une permission de voirie n'agit pas comme syndic de la communauté des habitants ou comme investi des seules fonctions propres au pouvoir municipal; il prend une mesure de police par délégation et sous la surveillance de l'autorité administrative (Loi, 18 juill. 1837, art. 10, n° 1ᵉʳ; Cass., 17 août 1837, Gazeau).

40. — Simple agent subordonné en cette matière à ses supérieurs dans l'ordre hiérarchique, il ne peut donc être admis à critiquer leurs actes ni, par conséquent, à se pourvoir personnellement contre l'arrêté du préfet.

41. — Mais, si cet arrêté paraît léser les

intérêts de la commune, celle-ci peut, par l'organe du maire, en demander la réformation au ministre de l'intérieur (Arr., C. d'Et., 25 janv. 1838, comm. de Lesparre).

42. — La décision par laquelle le ministre de l'intérieur confirme ou infirme l'arrêté préfectoral est un acte administratif non susceptible de recours au Conseil d'Etat par la voie contentieuse (Arr., C. d'Et., 7 avril 1824, Robert c. Avit-Gréliche; 5 déc. 1837, Bertrand-Meuviello).

43. — Les maires doivent statuer le plus promptement possible sur les demandes qui leur sont adressées; néanmoins, le retard qu'ils apporteraient à ce sujet n'autoriserait pas un propriétaire à commencer ses travaux avant d'en avoir reçu la permission, quand bien même il aurait mis le maire en demeure de lui répondre dans un délai déterminé, attendu qu'il n'a pas le droit d'imposer une pareille obligation pour s'affranchir de l'observation d'une règle d'ordre public, et qu'il peut toujours recourir à l'autorité administrative supérieure pour faire rendre la décision qu'il sollicite (Cass., 6 déc. 1834, Coicaud; 21 févr. 1845, Vᵉ Samson-Lepesqueur).

44. — Le propriétaire qui prétendrait avoir éprouvé un dommage, par suite du retard que l'administration aurait mis à répondre à sa demande, ne pourrait, d'ailleurs, porter sa réclamation devant l'autorité judiciaire (Arr., C. d'Et., 19 déc. 1838, Hédé).

45. — Les autorisations de l'espèce sont essentiellement restrictives de leur nature; elles interdisent donc virtuellement l'exécution de tous travaux qui ne s'y trouvent pas compris en termes précis et formels. Ainsi, l'autorisation de gratter, blanchir et badigeonner, n'emporte pas l'autorisation de recrépir (Cass., 19 nov. 1840, Flandrai et Ferraud; 21 mars 1846, Bouchard).

46. — Les maires ont, d'ailleurs, le droit de statuer sur tous les cas de petite voirie sans l'intervention du conseil municipal (Lois, 14-22 déc. 1790, art. 50; 16-24 août 1790, titre 11, art. 13; 18 juill. 1837, art. 10 et 14; Cass., 6 avril 1837, Ch. des req., comm. de Decize c. Cartier).

47. — Leurs autorisations, n'étant données que sous le rapport de la police et de la voirie, ne dispensent pas les impétrants de se conformer aux lois et règlements qui soumettent à des servitudes spéciales les propriétés situées sur le bord des fleuves et des rivières, autour des places de guerre, près des cimetières, dans le voisinage des forêts, et le long des chemins de fer (Ord., août 1669, titre 28, art. 7; Loi, 8-10 juill. 1791, titre 1ᵉʳ, art. 30 et suiv.; Décis., 7 mars 1808; C. forest., art. 151 et suiv.; Loi, 15 juill. 1845).

48. — Le maire n'a pas à se préoccuper de la question de savoir si le pétitionnaire est bien propriétaire du terrain sur lequel il se propose de bâtir; les permissions de voirie étant toujours données aux risques et périls de ceux qui les obtiennent et ne préjudiciant nullement aux droits des tiers (Arr., C. d'Et., 3 déc. 1853, Jourdain; 31 mai 1855, Favatier c. David).

LGISL. DE LA PROPRIÉTÉ.

49. — Il ne devrait donc pas surseoir à statuer sur la demande d'une autorisation jusqu'après le jugement par le tribunal compétent d'une contestation relative à la jouissance de ces droits (Cass., Ch. civ., 17 avril 1823, Dupuis c. la Comp. des canaux).

50. — Après avoir délivré la permission d'élever ou de réparer une construction sur ou joignant la voie publique, le maire dressera l'état des droits de voirie dus par l'impétrant, conformément au tarif en vigueur dans la commune (Loi, 18 juill. 1837, art. 31, n° 8).

51. — Cet état est remis au receveur municipal pour en opérer le recouvrement, au profit de la commune, dans les formules déterminées par l'article 63 de la loi du 18 juillet 1837 (Avis, C. d'Et., 11 janv. 1848).

52. — Dès lors, si des poursuites sont nécessaires, l'état que le maire a arrêté doit être visé par le sous-préfet; cette formalité est exigée pour le rendre exécutoire.

53. — Le conseil de préfecture est incompétent pour statuer sur les réclamations auxquelles la perception de ces droits peut donner lieu (Arr., C. d'Et., 26 août 1858, comm. de Philippeville c. Alby et Graumann).

54. — Ces réclamations sont jugées administrativement, c'est-à-dire par le préfet, sauf recours au ministre de l'intérieur.

55. — Aucune distinction n'est, d'ailleurs, établie entre les bâtiments élevés par des particuliers et ceux affectés à des services publics; les droits sont dus aussi bien pour les uns que pour les autres (Avis, C. d'Et., 11 janv. 1848).

56. — Cependant, comme ces mêmes droits sont, en quelque sorte, la rémunération des frais qu'occasionne la délivrance des alignements, les maires ne sont pas autorisés à les réclamer pour les constructions élevées dans des rues ou passages qui sont restés des propriétés privées (Décis. min. int., 27 juill. 1861, comm. de Saint-Maur, Seine).

§ 2. — Ce qu'on entend par l'alignement; — par qui et comment il est délivré; — réclamations qu'il soulève; — devant qui elles sont portées.

57. — En donnant la permission d'élever une construction le long de la voie publique, le maire indique l'alignement à suivre.

58. — L'alignement, qu'il ne faut pas confondre avec le bornage ou la délimitation du domaine public communal, est la ligne sur laquelle doivent être établies les façades des constructions, de chaque côté des rues, places, etc., pour que ces voies obtiennent ou conservent la largeur et la direction que l'administration a jugé utile de leur assigner, en vue de la sûreté et de la facilité de la circulation, ainsi que de la salubrité publique et de l'embellissement des villes.

59. — En conséquence, l'alignement peut être tracé en dedans comme en dehors de la ligne qui sépare la voie publique actuelle des propriétés riveraines. Il peut aussi se confondre avec cette ligne.

60. — L'alignement intéressant particulièrement la sûreté et la commodité du passage, le pouvoir de la déterminer entre dans les attributions conférées exclusivement aux officiers municipaux, remplacés aujourd'hui par les maires, et implique l'obligation de veiller à ce qu'on n'entreprenne, sur ou joignant la voie publique, aucune construction qui n'aurait pas été préalablement autorisée (Lois, 14-22 déc. 1789, art. 50; 16-24 août 1790, titre XI, art. 3; 19-22 juill. 1791, art. 29 et 46; Cass., 29 mars 1821, Vaquerie; 14 sept. 1827, Pignatel; 20 juin 1829, Bicheux; 5 août 1858, Défaye; Avis, C. d'Et., 3 avril 1824).

61. — L'exercice de ce pouvoir n'est nullement subordonné à l'existence de plans arrêtés par l'autorité compétente. En effet, lorsqu'elle a assujetti les maires à délivrer les alignements d'après ces plans, la loi du 16 sept. 1807, loin de leur enlever le droit qu'ils tenaient de la législation antérieure de statuer dans tous les cas, n'a fait que confirmer cette législation et lui donner une nouvelle force (Cass., Ch. civ., 21 déc. 1824, Rodières; 6 sept. 1828, Jullien; 21 nov. 1828, Huvelin; 18 juin 1831, Falque; 6 oct. 1832, Bézuis; 20 juill. 1833, Bouzingen; 10 mai 1834, Ch. réun., Langlois; même jour, Ch. réun., Giraud; 8 janv. 1841, Lieutard et Romey; 21 mai 1842, Perraud; 30 janv. 1847, Basfoy; 1er août 1856, Roubaud).

62. — Un système contraire serait subversif de tout ordre, de toute amélioration dans l'intérieur des cités; il ne permettrait pas de faire jouir les habitants des avantages d'une bonne police, et serait une violation manifeste des règles établies tant par l'ancien que par le nouveau droit public (Cass., 18 sept. 1828, Darolles).

63. — Dès lors, quand il existe un plan d'alignement, le maire est tenu de s'y conformer exactement. S'il s'en écartait, il commettrait un excès de pouvoirs et pourrait être passible de dommages-intérêts envers le propriétaire obligé de démolir des constructions qui se trouveraient irrégulièrement établies (Loi, 16 sept. 1807, art. 52; Décis. min. int., 1er août 1842, ville de Poitiers).

64. — Mais, à défaut d'un plan dûment homologué, le maire fixe, comme il l'entend, les alignements partiels qui lui sont demandés, en conciliant, autant que faire se peut, l'intérêt public avec l'intérêt particulier, et en prenant pour base de ses actes un ensemble d'alignements raisonné (Décis., 27 juill. 1808; Arr., C. d'Et., 4 nov. 1836, Gaucher; Circ. min. int., 28 août 1841).

65. — Il peut donc obliger le riverain à placer sa nouvelle construction en arrière de l'ancienne. Il peut même lui donner la faculté de s'avancer sur la voie publique (Avis, C. d'Et., 10 déc. 1823; Ord. roy., 19 juill. 1839, mairie de Brioude; Cass., 30 janv. 1836, Weissgerber; 8 janv. 1841, Lieutard et Romey).

66. — En effet, le droit de fixer l'alignement implique nécessairement le droit de satisfaire, en le traçant, à toutes les exigences de l'intérêt local, quelles qu'en soient les conséquences, autrement il ne serait qu'illusoire (Cass., 30 janv. 1847, Basfoy).

67. — A quelque degré d'instruction que soit un plan d'alignement, tant qu'il n'aura pas été approuvé par l'autorité compétente, il n'est qu'un simple projet que le maire, s'il lui trouve

quelque imperfection, est libre de ne pas suivre en délivrant un alignement partiel (Décis. min. int., 8 déc. 1837, Haut-Rhin).

68. — Pour être valable, un alignement partiel n'a pas besoin de la sanction du conseil municipal; le maire n'est donc pas tenu de le lui soumettre (Cass., Ch. des req., 6 avril 1837, comm. de Decize c. Cartier).

69. — Le droit de délivrer un alignement partiel donne également au maire celui de décider si, en l'absence d'un plan dûment homologué, une construction élevée sans autorisation se trouve mal plantée et doit être démolie (Cass., 20 mai 1859, Morels et Fauvel; 19 août 1859, Sauret).

70. — Que l'alignement soit partiel ou qu'il procède d'un plan approuvé, le maire, en le délivrant, doit indiquer clairement les points de repère nécessaires pour établir convenablement le mur de face, et même prescrire à l'impétrant de se faire tracer sur place la direction de ce mur par l'agent voyer communal. Cette dernière opération ne donne lieu d'ailleurs à aucune rétribution (Avis, C. d'Et., 14 nov. 1823).

71. — Une obligation de cette nature, lorsqu'elle est insérée dans l'arrête, doit être considérée comme une des conditions substantielles de l'autorisation; en conséquence le propriétaire qui n'y satisferait pas commettrait une contravention (Cass., 3 oct. 1834, Fourneaux).

72. — Afin d'assurer encore mieux l'exécution de l'alignement, le maire en fait faire le récolement par le même agent,· lorsque les fondations ont atteint le niveau du rez-de-chaussée et que la première assise de retraite n'est pas encore posée.

73. — Ce récolement, que le propriétaire est tenu de provoquer, doit aussi être effectué sans frais (Edit, mois de déc. 1607, art. 5).

74. — L'agent qui y procède en dresse procès-verbal. Une expédition en est remise au propriétaire, s'il en fait la demande, après avoir été visée par le maire.

75. — Lorsqu'il s'agit de former une clôture en haie vive, celle-ci doit être établie à 0m50 en arrière de l'alignement, afin qu'en se développant elle n'anticipe pas sur la largeur assignée à la voie publique (C. civ., art. 671).

76. — Le propriétaire qui veut bâtir le long d'un boulevard doit être prévenu que l'administration ne consentira à la suppression ou au déplacement d'un arbre pour faciliter l'accès d'une porte charretière, qu'autant que l'impossibilité de placer cette porte dans l'intervalle de deux arbres consécutifs lui serait démontrée.

77. — Si la commune est une de celles où le décret sur la voirie de Paris a été rendu applicable, le pétitionnaire doit joindre à sa demande un plan et des coupes cotés de la construction qu'il projette, et se soumettre aux prescriptions qui lui seront faites dans l'intérêt de la sûreté publique et de la salubrité (Décr., 26 mars 1852, art. 4).

78. — Le maire ne serait pas fondé à lui imposer un mode particulier de construction que l'un et l'autre de ces deux intérêts ne réclameraient pas (Cass., 14 août 1830, Chavamel et consorts).

79. — Il ne pourrait donc pas exiger que, dans des vues d'embellissement et de décoration, il construisît la façade de sa maison suivant une ordonnance d'architecture uniforme en symétrie, à moins d'engagements pris à ce sujet envers l'administration lors de l'acquisition du terrain sur lequel il est question de bâtir.

Dans ce dernier cas, l'inexécution des engagements contractés ne constituerait pas une contravention de voirie et ne pourrait donner lieu qu'à une action civile (Cass., 13 janv. 1844, Manigold; 23 août 1844, Lefèvre-Tostelin).

80. — Les arrêtés d'alignement sont des actes administratifs dont le mérite ne peut être apprécié que par l'administration elle-même; les réclamations des tiers intéressés sont, en conséquence, jugées administrativement; tout recours par la voie contentieuse ne serait pas recevable (Loi, 16 sept. 1807, art. 2; Décr., 27 juillet 1808, art. 2; Arr., C. d'Et., 22 nov. 1829, Rousselot de Bienassis; 4 mai 1830, Alaus; 4 nov. 1836, Gaucher; 29 déc. 1840, Vᵉ Hervé; 13 avril 1850, Ryberolles c. Chauvassaigne; Circ. min. int., 23 août 1841).

81. — Le pouvoir de statuer sur ces réclamations a toujours été dévolu à l'autorité chargée de l'homologation des plans; dès lors, il appartenait, avant 1852, au chef de l'Etat. Le préfet en est investi depuis cette époque; mais, comme ses décisions sont toujours susceptibles d'être déférées au ministre de l'intérieur, il en résulte que c'est maintenant ce dernier qui prononce définitivement (Décr., 25 mars 1852; Arr., C. d'Et., 19 juill. 1855, Crouzat et Sansalva).

82. — Ce même pouvoir est juridictionnel; le préfet ne pourrait donc pas le déléguer au sous-préfet (Cass., 5 août 1858, Defayc).

83. — La décision par laquelle le préfet annule ou maintient un arrêté municipal portant délivrance d'un alignement constitue un titre au profit du particulier qui l'a obtenu. Dès lors, elle ne peut être réformée que par l'autorité supérieure, c'est-à-dire par le ministre de l'intérieur (Décis. min. int., 5 déc. 1832, ville de Saint-Etienne).

84. — Lorsqu'elle use de son droit de réformation après que l'arrêté d'alignement a produit tous ses effets, l'administration ne peut rendre cet arrêté comme non avenu et obliger le particulier qui l'a obtenu à démolir les constructions qu'il aurait élevées en s'y conformant (Cass., 16 août 1836, Launay-Gautherin).

85. — Aussi, quand les travaux sont déjà commencés ou, à plus forte raison, lorsqu'ils sont terminés sans que le propriétaire ait reçu l'invitation de les suspendre, ce n'est que sous la réserve d'une indemnité que le préfet peut faire à l'alignement une modification qui entraîne leur démolition totale ou partielle (Arr., C. d'Et., 14 juin 1836, Monmory; circ. min. int., 1ᵉʳ juillet 1840).

86. — Si le règlement de cette indemnité ne peut avoir lieu à l'amiable, il en montant est fixé comme en matière d'expropriation pour cause d'utilité publique (Arr., C. d'Et., 12 déc. 1818, Hazet).

87. — Lorsque l'alignement qui lui est donné résulte d'un plan dûment homologué, le particulier qui s'en trouverait lésé ne serait pas re-

cevable à réclamer; mais s'il prétendait que l'alignement n'est pas conforme au plan, il pourrait déférer, pour excès de pouvoir, l'arrêté du maire au Conseil d'Etat par voie contentieuse (Loi, 7-14 oct. 1790, art. 3; Arr., C. d'Et., 30 juin 1842, Génielle).

88. — En réglant l'alignement, l'administration ne préjuge aucunement les droits de propriété et de servitude existant sur le terrain où la construction doit être édifiée. Les contestations qui naissent à ce sujet sont de la compétence de l'autorité judiciaire (Arr., C. d'Et., 6 déc. 1855, Sauvaget c. Leroy).

89. — Toutefois, lorsqu'un particulier a bâti d'après l'alignement qui lui a été donné par le maire, un tribunal ne peut lui prescrire, sur la réclamation d'un tiers, de démolir sa construction ou de la rétablir suivant un autre alignement. Il doit renvoyer le plaignant à se pourvoir devant le préfet contre l'arrêté municipal. Ce n'est qu'après la décision administrative qu'il peut statuer sur la demande des dommages-intérêts résultant de l'exécution des travaux (Arr., C. d'Et., 24 févr. 1825, Vᵉ Brun c. Planet et Guérin; 12 déc. 1827, Allart c. Sallire).

90. — Le propriétaire qui élève une construction doit, indépendamment de l'alignement, observer les prescriptions des règlements, qui existent dans la commune, relativement à la hauteur des maisons, à la dimension des saillies, au mode de couverture des toits, etc.

Il est donc convenable que ces prescriptions soient rappelées dans la permission.

91. — Les maires ne peuvent d'ailleurs procéder sur toutes ces matières que par voie de règlements généraux, et de même qu'il ne leur est pas permis de dispenser, par des actes particuliers, certains individus de se conformer aux règlements de cette nature, ils ne peuvent exceptionnellement en soumettre d'autres à des prohibitions qui n'auraient pas été imposées à tous (Cass., 30 juin 1832, Lucas; 3 août 1855, Chemin; 13 avril 1861, Besnier).

92. — Un propriétaire ne pourrait être admis à ne pas suivre l'alignement qui lui aurait été donné, sous le prétexte que la commune n'a pas les fonds nécessaires pour acquitter immédiatement le prix du terrain qu'il devrait livrer à la voie publique; l'administration ne doit laisser faire, sous aucun motif, une chose contraire aux règlements et à l'intérêt général (Avis, C. d'Et., 1ᵉʳ févr. 1826).

93. — Le maire qui, dans un intérêt de sûreté publique, prescrit de clore tous les terrains bordant les rues, a le droit d'exiger que les clôtures soient établies sur l'alignement (Décis. min. int., 22 déc. 1834, ville de Roubaix).

§ 3. — De la confection et de l'approbation des plans d'alignement.

94. — Lorsque, à défaut d'un plan déjà arrêté, le maire est obligé de fixer lui-même l'alignement qui lui est demandé, il est souvent sollicité par des intérêts opposés qui rendent sa tâche difficile. En outre, les alignements partiels, quelque bien étudiés qu'ils soient, ne peuvent avoir ni l'uniformité ni la régularité que procure un système complet d'alignements

coordonnés avec soin et embrassant tout un quartier; il importe donc que chaque commune soit pourvue d'un plan général homologué par l'autorité compétente.

95. — Les frais de confection de ces plans sont d'ailleurs une charge obligatoire pour les communes. En conséquence, si le conseil municipal refusait de voter le crédit nécessaire à leur payement, il devrait être inscrit d'office au budget (Loi, 18 juill. 1837, art. 39, nº 18).

96. — Les maires doivent exiger que les géomètres auxquels ils s'adressent pour l'exécution de ce travail se conforment aux prescriptions suivantes :

1º Rapporter les plans à l'échelle de 5 millimètres par 1 mètre et les tracer à l'encre de Chine sur du papier grand aigle de 0ᵐ33 de hauteur;

2º Indiquer les constructions par une teinte gris foncé; les fossés, les cours et mares d'eau par une teinte vert clair, avec une flèche dirigée dans le sens de l'écoulement; les haies vives par une teinte vert ombré; les haies sèches par une ligne ponctuée à points allongés, d'une grosseur double de celle des traits ordinaires;

3º Dans les parties non bordées de constructions faire figurer de chaque côté de la voie publique, et sur une zone ayant la même largeur que cette voie, les bornes de délimitation, les arbres à haute tige et les accidents de terrain;

4º Lorsque la rue présente un angle assez prononcé pour que le tracé ne puisse pas être contenu dans le papier, dessiner cet angle une seconde fois, avec ces mots : *Partie répétée ci-contre;*

5º Désigner chaque parcelle ou propriété par le numéro qu'elle porte au cadastre ou dans la rue et par le nom du propriétaire;

6º Faire connaître, en outre, la nature, l'importance et l'état de chaque construction par les signes conventionnels suivants :

B. Construction en bois,
P. Constructions en pierre et moellons,
P T. Constructions en pierre de taille,
0 E. Maison n'ayant qu'un rez-de-chaussée,
1 E. Maison à un étage,
2 E, 3 E. Maison à deux, à trois étages,
S. Construction solide,
M. Construction médiocre,
V. Construction en état de vétusté;

7º Inscrire au commencement du plan, c'est-à-dire à la gauche de la feuille, le nom de la commune, le nom et la longueur exacte de la voie, la date du plan et le certificat d'exactitude signé par le géomètre qui l'a levé;

8º Réserver en dessous un espace libre pour recevoir les diverses mentions administratives;

9º Placer au bas une échelle comprenant au moins 20 mètres;

10º Répéter le nom de la commune et celui de la voie publique sur le verso de la feuille, aux deux extrémités du plan.

97. — Les plans doivent être fournis en double expédition, indépendamment de la minute, et envoyés roulés.

Celle-ci doit contenir, de plus que les expéditions, le tracé de toutes les opérations géométriques qui ont servi à lever le plan, ainsi que les longueurs des façades.

98. — Le préfet a fixé, pour la confection des plans d'alignement, un tarif établi comme suit (Arr., 24 févr. 1857) :

	Levé. fr.	Rapport. fr.	Expédition. fr.
Pour le plan, par 100 mètres de longueur......	12.00	5.00	3.00
Pour l'intérieur des propriétés, par 100 mètres superficiels :			
Terrains bâtis....	3.50	1.50	0.30
Terrains mixtes (cours et constructions)....	2.00	1.00	0.20
Terrains vagues..	0.70	0.30	0.05

99. — Dans le cas où les plans seraient inexacts ou n'auraient pas été dressés conformément à leurs prescriptions, les maires ne doivent pas les recevoir.

S'il s'élève quelques contestations à ce sujet, c'est au préfet à les juger, sauf recours devant le ministre de l'intérieur (Arr., C. d'Et., 8 août 1828, Rousseau; Cass., Ch. civ., 28 juin 1853, Fauvelle).

100. — Aussitôt que les plans leur sont remis, les maires étudient ou font étudier les projets d'alignement.

Ils ne doivent pas perdre de vue que le but qu'on se propose étant de pourvoir à la facilité de la circulation ainsi qu'à l'embellissement et à la régularité de la voie publique, il y a lieu de faire prévaloir les raisons d'intérêt général sur les considérations d'intérêt particulier, sans oublier toutefois les égards dus à la propriété privée.

101. — Ils doivent généralement ne pas s'attacher à un parallélisme rigoureux; conserver, autant que possible, les constructions établies en vertu d'autorisations récentes, et celles qui, bien qu'en retraite, n'offrent pas de graves inconvénients; prendre l'élargissement du côté où il cause le moins de dommages aux propriétés riveraines et où il peut être plus promptement réalisé; ménager les édifices publics, ainsi que les monuments qui ont de l'intérêt sous le rapport de l'art ou de l'histoire; éviter également les alignements curvilignes et leur substituer des parties de polygones rectilignes, dont la forme se prête mieux aux constructions; si une voie forme la continuation d'une autre voie, chercher à faire coïncider leurs axes ou du moins à les rapprocher le plus possible; combiner enfin les alignements de manière à ce que leur exécution partielle ne puisse pas entraver la circulation, et, à cet effet, ne pas admettre d'alignement par avancement, lorsque les constructions opposées sont frappées d'un reculement considérable.

102. — Avant de présenter un projet d'alignement à l'approbation du préfet, le maire le soumet au conseil municipal pour que celui-ci en délibère (Loi du 18 juillet 1837, art. 19, n° 7).

103. — Les délibérations du conseil municipal, en cette matière, n'ont d'autre valeur que celle d'un avis. Il n'est pas indispensable que cet avis soit approbatif, et le maire n'est pas tenu de s'y conformer (Loi, 16 sept. 1807, art. 52; Décis. min. int., 28 févr. 1839, Aude).

104. — Le maire fait parvenir à la préfecture, par l'intermédiaire du sous-préfet, les projets d'alignement qu'il a adoptés.

105. — Le projet relatif à chaque rue est tracé par des lignes et des hachures au crayon sur l'une des expéditions du plan.

Il est accompagné d'un rapport destiné à en bien faire connaître toutes les dispositions.

Les points de repère y sont désignés par des lettres majuscules.

Le plan doit être visé par le maire.

106. — Avant de faire subir à ces projets les épreuves de l'enquête voulue par le règlement, le préfet peut y introduire les changements et modifications qui lui paraissent nécessaires, nonobstant les observations du maire et du conseil municipal (Avis, C. d'Et., 9 août 1832, ville de la Ferté-Gaucher).

107. — Après l'enquête, le préfet statue définitivement. Il a le droit d'arrêter des alignements autres que ceux présentés par l'autorité locale, lorsque ceux-ci ne lui semblent pas réunir toutes les conditions désirables (Décr., 25 mars 1852; Avis, C. d'Et., 20 avril 1842).

108. — Dès qu'un projet est approuvé, les alignements qu'il comporte sont indiqués sur la minute et sur les deux expéditions, tant par une ligne noire que par des lettres et des cotes qui servent à les bien préciser.

On ajoute à la gauche du plan une légende qui en donne l'explication au moyen de points de repère fixes et faciles à trouver sur le terrain.

109. — Le tracé des alignements est payé au géomètre qui en a été chargé, savoir :

	fr.
Pour la minute, par 100 mètres de longueur........................	1.00
Pour l'expédition...................	0.75
Pour la légende, par plan............	1.00

(Arrêté préfectoral, 24 février 1857.)

110. — Les besoins de la circulation étant essentiellement variables, le préfet peut modifier les alignements d'une rue déjà arrêtés soit par lui, soit par le pouvoir exécutif, lors même qu'ils auraient reçu un commencement d'exécution, et soumettre les propriétés riveraines nouvellement construites aux servitudes ordinaires de voirie (Avis, C. d'Et., 7 août 1839 et 20 avril 1852).

111. Ce droit est inhérent à l'exercice de son autorité, mais il ne doit en user qu'avec une grande réserve; il convient donc que le maire ne fasse de propositions à ce sujet que lorsque l'intérêt public l'exige impérieusement (mêmes Avis).

112. — Dans ce cas, il faut repasser par toutes les voies de l'instruction qui a précédé l'homologation du premier plan (mêmes Avis).

§ 4. — Conséquences de l'approbation des plans d'alignement.

113. — L'approbation d'un plan d'alignement attribue à la petite voirie la jouissance immédiate des terrains libres qui doivent en faire partie, ainsi que le droit de jouir des terrains clos ou couverts de constructions lors de la démolition volontaire ou forcée, pour cause de

vétusté, des murs et bâtiments qui s'opposent à ce que l'administration en prenne possession (Avis, C. d'Et., 6 août 1839; Cass., 12 juill. 1855, Romagny; 19 juin 1857, Requiem).

114. — En attendant, tout l'emplacement que le plan affecte à l'élargissement de la voie publique est grevé de la servitude légale *non œdificandi*. Cette servitude qui modifie le droit de propriété dans l'intérêt général, et dont l'exercice est placé sous la surveillance et le contrôle de l'autorité municipale, a pour but de rendre plus prompt l'élargissement dont il s'agit, et de diminuer les dépenses qu'il doit entraîner pour la commune (Cass., 27 janv. 1837, Mallez; 2 août 1839, Léger-Haas; 14 août 1845, V° Houdbine; 5 avril 1846, Ch. réun., Gambdin; 25 mai 1848, Chauvel; 22 nov. 1850, Gédéon de Clairvaux).

115. — Aucune construction ne peut donc être élevée sans autorisation sur le terrain retranchable, lors même, si le terrain est ouvert, qu'elle serait séparée de la voie publique actuelle par un espace plus ou moins considérable, ou que, si ce terrain se trouve fermé par un mur, elle serait établie derrière ce mur, et, par conséquent, dans l'intérieur d'une propriété close (Cass., 2 août 1828, Chaudesais; 4 mai 1833, Ch. réun., Aubin-Houtin; 5 juill. 1833, marguilliers de Saint-Pierre de Caen; 3 déc. 1842, Evin; 30 janv. 1847, Basfoy).

116. — Une autre conséquence de la même attribution est de donner au maire le droit d'empêcher qu'on ne prolonge, par des réparations confortatives, la durée des constructions situées en retraite ou en saillie (Avis, C. d'Et., 21 août 1839; Cass., 26 sept. 1840, Lenoble; 17 déc. 1847, Rouchon; 12 févr. 1848, Calmel de Puntis).

117. — La défense de construire ou de réparer sans l'assentiment du maire est absolue; il importerait donc peu qu'on ne touchât pas au mur de face ou de clôture, ou que les travaux n'eussent pas pour résultat de prolonger la durée de ce mur (Cass., 21 déc. 1844, Gaucelin; 7 déc. 1848, Lignière et Bertal; 22 nov. 1850, Gédéon de Clairvaux).

118. — Ces prohibitions ne constituent nullement une expropriation; le propriétaire conserve la jouissance de sa chose, seulement il est obligé de la laisser dans l'état où elle se trouvait lors de l'approbation du plan d'alignement (Cass., 7 août 1829, Becq).

119. — Il résulte de ce qui précède que, dès que la démolition d'un bâtiment en retraite ou en saillie est opérée, le propriétaire ne peut élever une nouvelle construction qu'en se conformant à l'alignement, et qu'il est nécessaire de remplir, à l'égard du terrain dont il est dépossédé, les formalités auxquelles est soumise l'expropriation pour cause d'utilité publique (Cass., 30 janv. 1836, Weisgerber).

120. — Ce n'est d'ailleurs qu'après la démolition et l'enlèvement de tous les matériaux et décombres qu'il peut exiger le prix de ce terrain (Cass., 7 août 1829, Becq).

121. — Les plans d'alignement servent encore à reconnaître et à spécifier les rues, places, etc., dont se composait le domaine public communal au moment de leur confection (Cass., 7 févr. 1852, Picq et Châtelet).

122. — Dès lors, si une rue était livrée à la circulation quand le plan d'alignement en a été dressé, l'arrêté qui approuve ce plan a pour effet d'attribuer virtuellement le sol de la rue à la petite voirie, bien que la propriété en soit contestée à la commune. Le droit des riverains qui s'en prétendent propriétaires se résout en une indemnité (Cass., 10 sept. 1840, Rissel; 28 janv. 1841, Chantrelle; 13 juill. 1861, Chicard).

123. — Contrairement à ce qui a lieu pour les terrains privés qui, lorsqu'ils sont ouverts, se trouvent incorporés immédiatement à la voie publique par suite de l'approbation du plan d'alignement, cette approbation n'enlève au terrain communal qui doit être réuni à la propriété riveraine son caractère de voie publique que lorsque le plan a reçu son exécution. Une construction contiguë à ce même terrain ne cesse pas, en attendant, d'être soumise à toutes les servitudes de voirie (Cass., 31 mai 1855, Thiveau).

124. — Les plans d'alignement une fois arrêtés sont obligatoires pour toutes les propriétés riveraines de la voie publique. L'administration, devant être la première à donner l'exemple de la soumission à la loi générale, ne serait pas fondée à prétendre que des bâtiments servant à des services publics sont hors du droit commun (Avis, C. d'Et., 4 juin 1841, Lunéville).

§ 5. — Des effets de la délivrance de l'alignement; — Acquisitions et cessions de terrains.

125. — L'arrêté qui donne un alignement par suite duquel on est obligé de reculer des constructions et de délaisser du terrain a pour effet de réunir de plein droit ce terrain à la voie publique; le propriétaire ne peut réclamer autre chose qu'une indemnité (Arr., C. d'Et., 31 août 1828, Lasbenès; 5 févr. 1857, Bourette).

126. — En conséquence, dès l'instant que les constructions sont démolies, le terrain destiné à l'élargissement de la voie publique s'y trouve incorporé aussi complètement que s'il en eût toujours fait partie. L'impétrant n'a donc pas le droit d'en conserver la jouissance et d'y faire d'entreprises, lors même que la commune ne lui en aurait pas encore payé le prix (Cass., 4 oct. 1834, Bérard; 16 juill. 1840, Ch. réun., Delalonde; 10 juin 1843, Léger; 19 juin 1857, Requiem).

127. — Cependant, il peut valablement, dans ce dernier cas, concéder sur ce même terrain une hypothèque s'appliquant à l'indemnité qui lui est due (Cass., Ch. des req., 19 mars 1838, Cuvillier et Lagrenée).

128. — L'impétrant ne serait pas non plus fondé à réclamer l'usage de caves qui existeraient sous le terrain délaissé, attendu que la propriété du dessus du sol emporte nécessairement la propriété du dessous (C. civ., art. 552).

129. — S'il renonce à l'indemnité à laquelle il a droit à raison de la cession de ce terrain, le maire lui demande d'en faire la déclaration par écrit, afin que la commune soit mise à l'abri de toute réclamation ultérieure.

130. — S'il tient, au contraire, à en être payé, le règlement du prix a lieu autant que possible à l'amiable.

131. — A cet effet, le maire fait dresser par l'agent voyer communal le métré et l'estimation du même terrain.

132. — L'estimation ne doit comprendre que la valeur vénale. Dès lors, l'impétrant ne pourrait pas exiger qu'on lui tînt compte de la dépréciation que le retranchement aurait pu causer au surplus de l'immeuble (Loi, 16 sept. 1807, art. 50 ; Cass., Ch. civ., 21 févr. 1849, Auguin et autres).

133. — Si l'estimation lui paraît bien établie et si l'impétrant y donne son adhésion, le maire la présente à l'homologation du conseil municipal.

134. — L'acquisition du terrain étant obligatoire pour la commune, le conseil municipal n'a besoin de se prononcer que sur le prix (Avis, C. d'Et., 1er déc. 1835 ; Circ. min. int., 23 janv. 1836).

135. — S'il accepte l'estimation, la délibération par laquelle il exprime son avis est soumise à l'approbation du préfet, par l'intermédiaire du sous-préfet.

136. — Lorsque la somme à payer n'excède pas 500 francs, le conseil municipal doit déclarer, dans la même délibération, si, à raison de la position du vendeur, il dispense le maire de remplir, avant le payement du prix, les formalités de purge des hypothèques (Loi 3 mai 1841 ; Ord. roy., 18 avril 1842, art. 2).

137. — Dès que la délibération est approuvée par le préfet, la commune se rend propriétaire du terrain au moyen d'un acte de cession.

138. — Aucune disposition législative ou réglementaire n'ayant rendu indispensable le ministère d'un notaire pour valider les acquisitions faites par les communes, le maire peut se contenter d'un acte sous signature privée, passé dans la forme des actes administratifs, et dont une minute reste déposée aux archives de la mairie.

Ce dernier mode, qui n'entraîne aucun frais, doit être préféré à un contrat notarié, surtout lorsque la parcelle de terrain est minime et que les droits du vendeur sont nettement établis (Instr. min. int., 21 juin 1838 ; Loi, 3 mai 1841, art. 56).

139. — Dans tous les cas, l'acte n'a pas besoin d'être soumis à l'homologation de l'administration supérieure, si le préfet n'a fait aucune réserve à cet effet en renvoyant la délibération du conseil municipal revêtue de son approbation (Instr. min. int., 1858, art. 60).

140. — L'acte, qu'il soit administratif ou notarié, doit être visé pour timbre et enregistré gratis, l'acquisition ayant lieu pour cause d'utilité publique (Loi, 3 mai 1841, art. 58 ; Décr., 26 mars 1852, art. 2).

141. — Si le prix dépasse 500 francs, ou si, lorsqu'il n'excède pas cette somme, le maire n'a pas été autorisé à s'abstenir de la purge des hypothèques, cette purge doit avoir lieu dans les formes prescrites en matière d'expropriation.

En conséquence, il suffit, avant d'envoyer l'acte à la transcription, qu'un extrait en soit publié à son de caisse dans la commune, affiché

tant à la porte principale de l'église qu'à celle de la mairie, et inséré dans un journal qui reçoit les annonces judiciaires et légales (Loi 3 mai 1841, art. 15 et 19).

142. — La commune ne jouit pas, comme l'Etat et le département, de l'avantage de ne payer aucun salaire pour la transcription (Instr. min. fin., 16 nov. 1842).

143. — Elle ne peut non plus s'opposer à ce qu'il soit pris une inscription d'office, quand bien même le vendeur aurait déclaré en dispenser le conservateur des hypothèques.

Une pareille dispense ne peut avoir d'effet que pour les acquisitions faites au nom de l'Etat (Instr. min. fin., 17 avril 1835).

144. — A moins de stipulations contraires, les intérêts courent de plein droit à partir du jour où le terrain a été livré de fait à la voie publique (C. civ., art. 1652).

La commune doit donc chercher à se libérer le plus promptement possible.

145. — Tout ce qui précède est également applicable au cas où le propriétaire, dont les constructions auraient pu durer encore longtemps, consent à prendre immédiatement alignement, moyennant indemnité.

146. — Si, lorsque la démolition a été volontaire et spontanée, le propriétaire et la commune n'ont pu tomber d'accord sur le prix du terrain, le règlement en est demandé au jury (Avis, C. d'Et., 1er avril 1841 ; arr., C. d'Et., 14 déc. 1857, Larbaud).

147. — Le maire joint alors à la délibération du conseil municipal le métré dudit terrain, et la déclaration par laquelle ce dernier consent à la cession sous l'accomplissement des formalités exigées par le titre II de la loi sur l'expropriation pour cause d'utilité publique.

148. — La déclaration ne paraît même pas absolument nécessaire, puisque le consentement résulte implicitement de la reprise volontaire de l'alignement.

149. — Muni de ces pièces, le préfet provoque du tribunal un jugement donnant acte à la commune du consentement à la cession (Loi, 3 mai 1841, art. 14, § 5).

150. — Ce jugement, qui équivaut à un contrat d'acquisition, est soumis aux formalités de publication et de transcription rappelées ci-dessus (n° 141) ; puis on procède conformément aux dispositions du titre IV de la loi du 3 mai 1841.

151. — Les règles relatives à la fixation, soit à l'amiable, soit par le jury, du prix des portions de terrain que l'alignement retranche des propriétés riveraines, doivent être également observées, lorsqu'il ajoute, au contraire, à ces propriétés des portions de terrain qui appartiennent à la voie publique (Avis, C. d'Et., 1er avril 1841).

152. — Les terrains laissés par les riverains, en dehors de la clôture de leurs propriétés, le long d'une rue, d'une place, etc., sont présumés, jusqu'à preuve contraire, dépendre de la voie publique. Dès lors, la commune est fondée à en exiger le paiement, lorsqu'ils sont repris par suite d'alignement (Cass., Ch. civ., 18 mars 1854, comm. de Blanzy c. Jolly).

153. — Si les droits de la commune sur le terrain à réunir à la propriété riveraine ne

sont pas contestés et qu'il y ait accord sur le prix, la cession est réalisée par un acte passé devant notaire ou sous-signature privée au choix de l'acquéreur.

154. — En cas de désaccord, un jugement donne acte au riverain du consentement de la commune à la cession, et le jury est appelé à fixer le montant de l'indemnité (Avis, C. d'Et., 1er avril 1841).

155. — Indépendamment des frais de l'acte, l'acquéreur acquitte les droits d'enregistrement. Ces droits sont les mêmes que pour une mutation ordinaire de propriété.

156. — Le prix du terrain cédé par la commune est payé entre les mains du receveur municipal et porté dans son compte au produit des ventes de meubles et d'immeubles.

157. — A moins que l'acquéreur ne juge convenable d'accomplir les formalités hypothécaires, ce prix est acquitté immédiatement après la décision du jury, ou au moment de la vente, si elle a lieu à l'amiable. Dans ce dernier cas, le receveur intervient au contrat et donne quittance.

158. — L'acte par lequel une commune a cédé à un particulier une parcelle de terrain retranché de la voie publique, bien que passé dans la forme administrative, est un contrat de droit commun dont l'interprétation et l'application sont du ressort de l'autorité judiciaire (Arr., C. d'Et., 10 févr. 1859, Ragot).

159. — Lorsqu'il s'agit de partager entre deux ou plusieurs riverains une portion de terrain à réunir à leurs propriétés, les lignes qui doivent diviser ce terrains sont, autant que possible, des perpendiculaires abaissées sur l'axe de la rue ou de la place, afin que les nouvelles constructions se présentent d'équerre sur la voie publique.

160. — La solution des contestations auxquelles donne lieu le mode de partage appartient à l'autorité administrative, à moins que ces contestations ne naissent de prétentions relatives à des droits respectifs de servitude, de vue ou d'accès ; dans ce dernier cas, les tribunaux civils seront seuls compétents pour les juger (Arr., C. d'Et., 9 juin 1824, hérit. Denys c. Boucheporn ; 27 juillet 1834, Gressent et Deshaies c. Pivain ; Ord. roy., 30 oct. 1845, Darras c. Baudrot-Pitolet ; Avis, C. d'Et., 1er févr. 1826 ; 13 janv. 1846, Marion et Hirel à Louviers).

§ 6. — De la réparation des bâtiments non alignés.

161. — L'obligation imposée aux riverains des rues, places, etc., de ne rien entreprendre sans permission, sur ou joignant la voie publique, a pour but de donner au maire les moyens de s'assurer si les travaux projetés sont susceptibles de nuire à la liberté du passage ou de retarder l'exécution des plans d'alignement (Avis, C. d'Et., 21 août 1839).

162. — L'autorité administrative est seule compétente pour décider s'ils peuvent avoir ou non ces résultats, et, en général, pour apprécier les circonstances qui doivent déterminer à accorder ou à refuser la permission (Cass., 25 juin 1836, Ch. réun., Kœchlin-Dolfus ; 10 nov. 1836, Aubert et Favet ; 8 nov. 1861, Corté ;

Arr., C. d'Et., 7 févr. 1834, Bonnefoy ; 1er sept. 1841, Cosnard).

163. — Les décisions par lesquelles l'administration déclare que des travaux sont confortatifs ne constituent pas des actes administratifs et ne sauraient être déférées au Conseil d'Etat par la voie contentieuse (Arr., C. d'Et., 6 juill. 1850, Thomas).

164. — Un maire ne peut permettre que ce qu'il n'était pas défendu aux anciens officiers de la petite voirie d'autoriser. Dès lors, il excède ses pouvoirs en consentant à ce qu'il soit fait aux constructions situées en saillie quelques ouvrages de nature à les conforter, conserver ou soutenir. Son devoir est, au contraire, de s'opposer à leur exécution (Cass., 6 déc. 1833, Durieux-Demaret ; 4 mai 1848, Toustain ; 4 janv. 1855, Vanreynschoote).

165. — Bien que les constructions en retraite soient également contraires à la régularité de l'alignement, le maire ne doit pas exercer la même rigueur à leur égard, puisque l'administration a toujours les moyens de faire disparaître les enfoncements qui nuisent à la salubrité ou à la sûreté publique. En effet, si le terrain appartient au riverain, elle peut, par mesure de police, contraindre ce dernier à le clore, et, s'il dépend de la voie publique, elle a le droit d'obliger le riverain à l'acquérir pour le réunir à sa propriété, sous peine d'être dépossédé lui-même de l'ensemble de son immeuble (Lois, 14-22 déc. 1789, art. 50 ; 16 sept. 1807, art. 53 ; Avis, C. d'Et., 2 févr. 1825, ville de Bordeaux ; 1er févr. 1826 et 21 août 1839).

166. — Il n'est pas possible de préciser à priori les travaux qui peuvent être permis et ceux qui doivent être interdits. Tout dépend de l'état des constructions qu'il s'agit de restaurer ou d'augmenter, du genre d'opérations à exécuter, de la nature des matériaux à employer, etc. Les travaux qui paraissent de peu de conséquence, tels qu'un simple crépissage et même un badigeon, peuvent avoir pour résultat, sinon de conforter, du moins de conserver ; d'ailleurs, ils servent souvent à dissimuler des ouvrages plus importants (Cass., 23 juill. 1835, Blanchard ; 20 juill. 1836, Canet et Foulloy ; 11 févr. 1859, Lacave).

167. — Il est généralement reçu qu'il n'y a pas d'inconvénients à laisser réparer les parties supérieures d'un bâtiment, pourvu qu'on ne touche pas aux fondations ni au rez-de-chaussée ; mais il ne peut y avoir de règles absolues à ce sujet, attendu que, même sans consolider la base d'un édifice, on peut, au moyen de certaines dispositions habilement exécutées, augmenter la durée de l'ensemble de la construction.

168. — De même, on admet qu'il y a lieu de permettre l'ouverture ou l'agrandissement de baies dans toutes les parties de la façade, ces opérations, loin d'ajouter à la solidité des murs, tendant au contraire à la diminuer ; mais, dans ce cas, il ne faut pas que les ouvertures soient soutenues par de fortes pièces de décharge, que les nouveaux supports et points d'appui offrent une résistance plus grande que ceux qu'ils remplacent, et que les raccordements soient exécutés de manière à fortifier les anciennes maçonneries.

169. — On convient également que rien ne doit s'opposer à ce qu'un bâtiment en saillie soit exhaussé, pourvu qu'on ne commence pas par le consolider, puisque la surcharge accélère ordinairement la ruine des parties inférieures, et avance, en conséquence, le moment où tout l'édifice devra être reconstruit. Cependant, comme l'exhaussement constitue par lui-même un nouvel œuvre, qu'il ajoute à la valeur de l'immeuble et peut dès lors retarder indirectement la reprise d'alignement, qu'en outre, en cas d'expropriation, il expose la commune à une plus forte indemnité, le maire est fondé à en refuser l'exécution (Cass., 12 juill. 1855, Lormaud).

170. — La permission de remplacer des pierres cassées ou écornées accidentellement ou par malveillance à l'étage inférieur d'une maison sujette à reculement ne pourrait non plus être accordée, quelle que soit la cause de la dégradation, puisque le remplacement constituerait une véritable consolidation (Avis, C. d'Ét., 2 févr. 1825, ville de Bordeaux; Décis. min. int., Paris, 22 déc. 1846, de Bervauger; 20 oct. 1847, Rebour).

171. — En général le maire a le droit d'interdir l'exécution de tous ouvrages qui auraient pour effet, soit de retarder la reprise d'alignement, soit d'augmenter la dépense qu'elle doit occasionner pour la commune (Cass., 25 mai 1848, Chauvel).

172. — Il peut donc défendre de faire, sans son autorisation, toutes réparations tant intérieures qu'extérieures, de quelque nature et quelque légères qu'elles soient (Cass., 9 oct. 1834, Malachanne).

173. — Il peut même s'opposer au dérasement d'un mur, rien n'étant plus propre à prolonger sa durée que d'en diminuer la hauteur et le poids, et à maintenir ainsi la conservation au delà du terme probable de son existence (Cass., 8 janv. 1830, Bourgeois).

174. — Cependant, comme le libre usage de la propriété est le principe général, et la servitude l'exception, s'il est démontré que l'intérêt public ne serait nullement compromis par l'exécution des travaux demandés, le maire, en refusant de les autoriser, méconnaîtrait les principes d'équité dont l'administration ne doit jamais s'écarter et qui, à défaut de droit écrit, doivent toujours faire la base de ses actes (Instr. min. int., 3 févr. 1843 et 13 janv. 1846, Seine).

175. — Il ne pourrait donc pas, quand un propriétaire ne se trouve plus clos de la voie publique, par suite des retranchements opérés sur une partie de son immeuble, lui refuser d'établir une nouvelle clôture, sauf de tenir la main à ce que celle-ci ne soit pas construite de manière à prolonger la durée des bâtiments restés debout (Arr., C. d'Ét., 24 juin 1816, Delime; Cass., 13 sept. 1844, Thomas).

176. — Lorsque, usant de son droit d'appréciation, le maire ne voit pas d'inconvénients à accueillir la demande qui lui est faite, moyennant certaines restrictions qu'il impose, il doit veiller à ce que l'impétrant se renferme exactement dans les limites de la permission.

177. — Son pouvoir va jusqu'à enjoindre à un propriétaire de laisser le commissaire de police et les gens de l'art qui l'accompagnent s'introduire dans la maison, afin de vérifier s'il n'a pas été fait intérieurement et dans la partie retranchable des travaux qui n'auraient pas été autorisés (C. inst. crim., art. 11; Cass., 17 déc. 1847, Rouchon).

178. — Mais, lorsqu'une construction se trouve située sur l'alignement résultant d'un plan régulièrement approuvé, ou, à défaut de plan, sur un alignement que le maire juge convenable de maintenir, rien n'empêche d'autoriser le propriétaire à faire toutes réparations et additions, pourvu qu'il se conforme, s'il établit des ouvrages en saillies, aux prescriptions réglementaires concernant leurs dimensions, leur élévation au-dessus du sol, etc.

179. — Toutefois, s'il s'agit de surélever un bâtiment, et si un arrêté municipal a limité la hauteur des constructions, l'exhaussement ne peut être exécuté que dans les conditions de ce règlement.

§ 7. — De la poursuite et de la répression des contraventions.

180. — L'action pour la répression des contraventions en matière de voirie urbaine ne s'exerce, comme pour toutes les autres contraventions de police, que par le ministère public (C. instr. crim., art. 1er).

181. — Néanmoins, les particuliers qui croient avoir à se plaindre de ces contraventions ont le droit de réclamer directement devant la juridiction répressive la réparation du dommage qu'ils peuvent éprouver (C. instr. crim., art. 1er et 3; Cass., 5 juill. 1839, Rebourseau c. Durand).

182. — Ils ont aussi qualité pour joindre accessoirement leur demande à l'action publique, mais alors il faut qu'ils justifient d'un intérêt suffisant ou d'un préjudice direct (Arr., C. d'Ét., 14 déc. 1854, Astier).

183. — La répression de ces mêmes contraventions est dévolue aux tribunaux de simple police (C. instr. crim., art. 138; C. pén., art. 464 et suiv.).

184. — Les agents chargés de les constater sont les maires et leurs adjoints, les commissaires de police et les gendarmes (C. instr. crim., art. 9; Décr., 1er mars 1854, art 316).

185. — Ils dressent à cet effet des procès-verbaux qui font foi en justice jusqu'à preuve contraire et qui, dès lors, ne peuvent être contredits par de simples allégations des prévenus (C. instr. crim., art. 154; Cass., 17 déc. 1821, Vilhès; 25 mars 1830, Maupas; 1er avril 1854, Cazos).

186. — Cependant, la force probante accordée par la loi à ces procès-verbaux ne s'applique qu'aux faits matériels que l'agent a constatés lui-même; le tribunal peut donc refuser d'ajouter foi à un procès-verbal qui n'est dressé que sur l'allégation d'un tiers (Cass., 2 janv. 1830, dame Dangremont; 1er févr. 1856, Sauvaire-Jourdan).

187. — Les agents de police, tels que les sergents de ville et appariteurs, n'ont pas qualité pour verbaliser en cette matière; ils ne peuvent faire que de simples rapports qui, pour faire foi en justice, doivent être corroborés par

des dépositions de témoins (Cass., 26 mai 1854, Delahaye; 24 févr. 1855, Rambaud).

188. — Il en est de même des agents voyers des chemins vicinaux ainsi que des gardes champêtres (Cass., 23 janv. 1841, V° Jeannin; 6 nov. 1857, Signé et consorts).

189. — Un procès-verbal doit être clair et précis. Il faut qu'il soit daté et signé, qu'il énonce les nom, prénoms et qualités de l'agent qui le dresse, le lieu où il est rédigé, les nom, prénoms et domiciles, tant du propriétaire que de l'entrepreneur qui a dirigé les travaux; les circonstances du fait constitutif de la contravention, et tous les renseignements qui peuvent servir à la manifestation de la vérité.

190. — Aucun mot ne doit y être surchargé ou gratté; il ne faut y laisser aucun blanc, et ne rien écrire hors ligne ou en interlignes. Les ratures doivent être approuvées et les renvois signés ou au moins parafés (C. instr. crim., art. 78; Cass., 23 juill. 1824, Bonnefoi).

191. — Les procès-verbaux de l'espèce peuvent être dressés tous les jours, sans exception des fêtes et dimanches (Loi, 17 therm. an VI; Cass., 27 août 1807, Jégu).

192. — Il n'est pas indispensable, pour leur validité, que les maires, adjoints ou commissaires de police soient revêtus de leur costume ou ceints de leur écharpe, au moment où ils les rédigent (Cass., 10 mars 1815, Mauriès; 11 nov. 1826, Giot).

193. — Il n'est pas non plus nécessaire que les procès-verbaux soient écrits de la main même du fonctionnaire qui les dresse; ainsi le maire peut employer, soit le secrétaire de la mairie, soit toute autre personne pour les écrire sous sa dictée (Cass., 19 mars 1830, Grapin).

194. — Ces procès-verbaux peuvent toujours être rédigés sur papier libre. Ils n'ont d'ailleurs pas besoin d'être affirmés pour faire foi en justice (Lois, 13 brum., an VII, art. 16; 17 juill. 1856; Cass., 5 janv. 1838, Mayeur; 15 nov. 1839, Vacheron).

195. — Les mêmes actes sont enregistrés en débet dans les quatre jours, par le receveur du bureau le plus voisin, qui les vise en même temps pour valoir timbre. Les droits sont recouvrés plus tard sur les parties condamnées (Loi, 22 frim. an VII, titre III, art. 20, et titre XI, art. 70).

196. — Toutefois, le défaut tant du visa pour timbre que de l'enregistrement n'entraînerait pas la nullité du procès-verbal; le juge devrait ou surseoir jusqu'à ce que ces formalités eussent été remplies ou statuer quand même (Cass., 5 mars 1819, Jollivet et consorts; 23 févr. 1827, Pain; 31 mars 1848, Redoulez; 15 oct. 1852, Esch).

197. — Dans tous les cas, la répression des contraventions n'étant point subordonnée à la validité des procès-verbaux qui les constatent, le prévenu ne peut être renvoyé des fins de la plainte, quand le fait dont il s'est rendu coupable se trouve établi par des témoins ou par son propre aveu (C. instr. crim., art. 154; Cass., 18 mars 1854, Paradis).

198. — Les témoins doivent être entendus à l'audience et prêter serment; il n'appartiendrait donc pas au juge d'admettre, comme preuves contraires des faits énoncés dans un procès-verbal régulier, des renseignements pris en dehors de l'audience et d'entendre même le maire ou des membres du conseil municipal dans leurs explications, sans prestation de serment (C. instr. crim., art. 155; Cass., 14 déc. 1861, Baudrier).

199. — Les procès-verbaux doivent être adressés en minute, immédiatement après leur enregistrement, au commissaire de police qui remplit près le tribunal les fonctions de ministère public (C. instr. crim., art. 15; Décr., 18 juin 1811, art. 59).

200. — Les maires ne peuvent se permettre ni de ne pas donner suite aux procès-verbaux, ni de transiger avec les contrevenants, sans encourir la peine portée par l'article 131 du code pénal (Circ. min. int., 28 juill. 1818, et Instr., 20 mars 1839, Seine).

201. — Le tribunal ne peut être saisi que par une citation donnée par huissier à la requête du commissaire de police représentant le ministère public, ou de la partie qui réclame (C. instr. crim., art. 145).

202. — La citation ne serait pas nulle parce que l'huissier qui l'aurait signifiée ne serait pas celui de la justice de paix (Cass., 23 mai 1817, Bazénerie).

203. — La Loi n'ayant déterminé aucune forme particulière pour ces sortes de citations, il n'est pas nécessaire, à peine de nullité, qu'elles soient motivées (Cass., 11 févr. 1808, Durieux).

204. — Elles sont suffisamment libellées lorsqu'elles portent assignation à comparaître à tel jour et à telle heure pour avoir contrevenu à telle loi ou à tel règlement (Cass., 23 avril 1831, Audebaud).

205. Les jugements doivent être rendus en audience publique et le constater, à peine de nullité (C. instr. crim., art. 153; Cass., 28 nov. 1856, Cornieux).

206. — Est également nul le jugement qui ne constate pas que le ministère public a été entendu (C. instr. crim., art. 153; Cass., 6 déc. 1861, Vigoureux et consorts).

207. — Le juge doit aussi, à peine de nullité, motiver son jugement et y insérer les termes de la loi qu'il applique, ainsi que du règlement auquel il a été contrevenu (C. instr. crim., art. 163; Cass., 17 janv. 1829, Fleuriel).

208. — Les peines infligées par la loi aux contrevenants en matière de voirie urbaine sont l'amende, et, en cas de récidive, la prison. L'amende ne peut s'élever au-dessus de 5 francs, et l'emprisonnement ne peut être de plus de trois jours (C. pén., art. 471 et 474).

209. — Les jugements ne peuvent être attaqués par la voie de l'appel que lorsqu'ils prononcent un emprisonnement, ou que l'amende et les réparations civiles s'élèvent ensemble à plus de 5 francs, outre les dépens. Un jugement qui ne prononce qu'une amende et, à plus forte raison, celui qui renvoie le prévenu, est, en conséquence, rendu en dernier ressort (C. instr. crim., art. 172; Cass., 3 sept. 1811, Duhamel; 26 mars 1813, Lambay et Consorts).

210. — Celui qui prononce la démolition des travaux indûment exécutés est, au contraire, susceptible d'appel, puisque, dans ce dernier cas, la valeur de la réparation civile est indéterminée, et que, jointe au montant de l'amende, elle s'élève nécessairement à plus de 5 francs (Cass., 31 janv. 1851, Vassas; 26 janv. 1856, Jobert et Vᵉ Dupuis).

211. — L'appel est suspensif. Il doit être porté au tribunal de police correctionnelle dans les dix jours de la signification de la sentence à personne ou à domicile (C. instr. crim., art. 173 et 174; Cass., 11 juill. 1850, Andrieu).

212. — Le ministère public n'est jamais recevable à appeler d'un jugement de simple police : cette faculté est exclusivement réservée à la partie condamnée. Il en résulte que la peine prononcée en première instance ne peut être aggravée devant la juridiction correctionnelle (Cass., 29 mars 1812, Miller et Mathar).

213. — Mais le ministère public peut se pourvoir en cassation contre un jugement de police en dernier ressort, ou contre un jugement du tribunal correctionnel rendu sur l'appel d'un jugement de police. Le maire ne serait compétent à ce sujet que s'il était partie au jugement (Cass., 22 janv. 1837, Hartmann).

214. — Le délai pour se pourvoir est de trois jours francs, et court de la prononciation du jugement, sans qu'il soit besoin d'une signification. Les trois jours expirés, le jugement acquiert l'autorité de la chose jugée et n'est susceptible que d'un pourvoi dans l'intérêt de la loi, c'est-à-dire pour le respect des principes (C. instr. crim., art. 373; Cass., 16 nov. 1848, Leborgne).

215. — Dans ce cas, le commissaire de police qui remplit les fonctions du ministère public n'a pas qualité pour l'exercer. Ce droit n'appartient qu'au procureur général de la Cour de cassation (C. instr. crim., art. 409 et 442).

216. — Le juge ne peut prononcer d'autres peines que celles portées aux articles 471 et 474 du Code pénal, lors même que l'arrêté du maire auquel il a été contrevenu en aurait établi de plus fortes, attendu qu'il n'appartient pas au pouvoir municipal d'en créer arbitrairement dans les matières sur lesquelles il est autorisé à agir par voie de règlement (Cass., 17 janv. 1829, Fleuriel).

217. — Si, devant le tribunal, le ministère public abandonnait les poursuites, ce ne serait pas une raison pour le juge de se dessaisir de l'action et de renvoyer, uniquement pour ce motif, le prévenu des fins de la plainte (Cass., 6 déc. 1834, Gaillard et Hamon).

218. — Lorsqu'un particulier a, sans une autorisation écrite et préalable du maire, élevé ou réparé une construction quelconque sur ou joignant la voie publique, que le fait est constaté par un procès-verbal régulier et non débattu par la preuve contraire, le délinquant ne peut être acquitté, sous le seul prétexte que la contravention n'est pas suffisamment prouvée (Cass., 27 déc. 1844, Baffoy; 13 juill. 1850, Vᵉ Lemaître).

219. — Ni sous le prétexte qu'aucun règlement municipal n'a prescrit la nécessité d'une autorisation pour de telles entreprises, ou, du

moins, que le prévenu n'a pas été mis en demeure de s'y conformer (Cass., 8 août 1834, Richard; 15 mai 1835, Bot; 24 juin 1843, Cléon).

220. — Ni sous le prétexte qu'il s'est engagé devant le tribunal à solliciter la permission dont il aurait dû se pourvoir avant de commencer les travaux, ou qu'il l'a obtenue après leur exécution (Cass., 24 janv. 1835, Boët; 4 oct. 1839, Piétri; 8 oct. 1846, Taillade).

221. — Ni sous le prétexte que des témoins entendus à l'audience ont attesté qu'elle avait été donnée verbalement par le maire (Cass., 10 févr. 1853, Crouzet).

222. — Ni sous le prétexte que, depuis l'introduction de l'instance, la permission verbale a été ratifiée par écrit, ou que le maire a certifié qu'il l'avait réellement donnée (Cass., 26 juin 1835, Giraud; 13 mars 1841, Coulanges).

223. — Ni sous le prétexte que, tant que la commune n'a pas de plans d'alignement, les riverains des rues, places, etc., peuvent faire sur leurs propriétés tous les travaux qui leur conviennent, pourvu qu'ils n'empiètent pas sur la voie publique (Cass., 20 juill. 1833, Lapeyre; 14 avril 1848, Vᵉ Levat; 19 févr. 1858, Vᵉ de la Tuollays).

224. — Ni sous le prétexte que le maire n'a adressé aucune injonction au contrevenant, ou que celui-ci a suspendu ses travaux dès qu'il en a reçu l'ordre (Cass., 19 août 1841, Lieutard et Romey; 3 avril 1846, Dupré).

225. — Ni sous le prétexte que le bâtiment élevé sans permission est sur l'alignement que le maire aurait donné s'il lui eût été demandé, ou que la construction indûment réparée se trouve aussi sur l'alignement (Cass., 9 févr. 1833, Courtet; 14 févr. 1845, Maupérin-Tondeur).

226. — Ni sous le prétexte que, en opérant à son habitation l'exhaussement qui donne lieu à la poursuite dirigée contre lui, le prévenu s'est abstenu de toucher aux fondations du rez-de-chaussée (Cass., 8 févr. 1845, Vallée).

227. — Ni sous le prétexte qu'il n'a fait que rentrer sur son propre terrain un des angles de sa maison; que la nouvelle construction a augmenté et non diminué la largeur de la voie publique, et que, si elle est en arrière de l'alignement, ce n'est que de quelques centimètres (Cass., 15 oct. 1834, Martin; 6 août 1836, Joannes; 17 juill. 1857, Just-Long).

228. — Ni sous le prétexte que le travail qui a motivé la plainte n'est que temporaire ou provisoire, et que le prévenu s'est engagé à l'enlever dans un délai déterminé (Cass., 11 mars 1830, Pernet; 30 mai 1833, Vᵉ Challemaison).

229. — Ni sous le prétexte qu'il a été exécuté par l'ordre d'un locataire et à l'insu du propriétaire (Cass., 22 févr. 1844, François).

230. — Ni sous le prétexte que, lorsque le bâtiment est sujet à retranchement, que la façade à laquelle la réparation a été effectuée donne sur la cour et non sur la rue (Cass., 22 mars 1845, Morgan de Maricourt).

231. — Ni sous le prétexte que l'opération qualifiée de crépissage consiste seulement dans le fait d'avoir jeté çà et là quelques truellées

de mortier (Cass., 1er déc. 1842, Vᵉ Favre).

232. — Ni sous le prétexte que, à raison de la grossièreté de l'ouvrage, ou de sa nature non confortative, ou de la solidité de la construction à laquelle il a été fait, la durée de celle-ci ne sera nullement prolongée (Cass., 16 avril 1836, Tournaire; 1er déc. 1842, Dugué; 26 août 1843, Duplessis; 8 août 1856, Fallot; 23 nov. 1860, Béléguie).

233. — Ni sous le prétexte que, loin de conforter le mur de face, les travaux indûment exécutés tendent au contraire à en diminuer la solidité et en accélérer la ruine (Cass., 16 nov. 1832, Laclaverie; 4 janv. 1839, Bertin; 7 mars 1857, Bruno-Nicolas).

234. — Ni sous le prétexte qu'ils avaient été rendus nécessaires par la malveillance, ou qu'ils étaient la conséquence obligée de ceux que le maire avait autorisés (Cass., 16 avril 1836, Delafosse; 2 août 1839, Léger-Haas; 21 mars 1846, Bouchard).

235. — Ni sous le prétexte que la maison avait été mise en péril, soit par l'ouverture d'une baie pratiquée dans la façade, soit par la démolition d'une maison contiguë, et que l'administration, n'ayant fait aucune disposition pour l'acquérir, ne pouvait empêcher de la consolider (Cass., 15 avril 1837, Chaumereau; 4 janv. 1840, Sanitas).

236. — Ni sous le prétexte que, bien qu'une maison soit en saillie, l'expropriation peut seule enlever au propriétaire le droit de la réparer et surtout celui de rétablir dans son premier état la partie qu'un incendie a détruite (Cass., 23 août 1839, Maury; 28 sept. 1843, Jacquemin).

237. — Ni sous le prétexte que le règlement municipal qui interdit de faire, sans autorisation, aucun ouvrage de nature à consolider, conserver ou soutenir la façade des maisons en saillie, ne s'applique pas à la reconstruction d'une jambe étrière, ou qu'en défendant de reconstruire les escaliers qui existent sur la voie publique, ce règlement ne comprend pas le remplacement d'une marche en bois par une marche en pierre (Cass., 8 août 1833, Challine; 23 sept. 1836, Ventrillon).

238. — Ni sous le prétexte que pratiquer dans un mur de face des ouvertures en forme de meurtrières et placer une barre de fer au milieu de chacune d'elles n'est pas une contravention, le fait ne constituant ni une construction nouvelle, ni une reconstruction, ni une réparation. (Cass., 28 août 1835, Kœchlin-Dollfus).

239. — Ni sous le prétexte que, en reconstruisant un ouvrage en saillie qu'il avait été obligé de démolir pour pouvoir faire un autre ouvrage, l'inculpé a simplement rétabli l'état de choses modifié momentanément par lui avec l'intention de le conserver (Cass., 10 sept. 1857, Lasserre).

240. — Les tribunaux de répression n'ont point à s'occuper de la question intentionnelle. Ils ne peuvent donc relaxer le prévenu en admettant sa bonne foi, fondée sur ce qu'il ne croyait pas une permission nécessaire pour de simples travaux d'embellissement et de propreté; sur ce qu'il n'a fait que se conformer à l'usage suivi dans la commune; sur ce que des voisins ont exécuté, sans être inquiétés, les mêmes ouvrages que ceux pour lesquels il est poursuivi; sur ce qu'il savait que l'autorisation de réparer n'aurait pu être refusée, son mur étant à l'alignement, etc. (Cass., 12 sept. 1835, Vᵉ Marbeau; 17 déc. 1836, Vᵉ Guyon de Cérisay; 20 sept. 1839, Régis; 19 juill. 1845, Lebret; 11 nov. 1859, Paradis).

241. — L'acquittement ne peut non plus être prononcé sous le prétexte, si la nouvelle construction se trouve mal plantée, que l'inculpé a pu être induit en erreur par les jalons que l'agent voyer communal avait posés pour tracer l'alignement (Cass., 4 août 1853, Langlois).

242. — Lorsqu'un règlement municipal oblige les architectes, maçons et charpentiers à ne mettre la main à l'œuvre qu'après s'être assurés que le propriétaire est en règle, le juge ne peut acquitter les contrevenants sous le prétexte que cette défense est illégale; qu'elle porte atteinte au droit de chaque citoyen d'exercer librement sa profession; que, hors le cas où l'intention de nuire est évidente, l'ouvrier n'est pas autorisé à vérifier si le maître a le droit d'entreprendre le travail auquel il l'emploie, et que son seul devoir est de lui obéir (Cass., 13 juin 1835, Schmaltzer et Schœn; 12 nov. 1840, Petitjour; 17 déc. 1840, Minot).

243. — L'entrepreneur qui a violé un pareil règlement ne peut non plus être relaxé sous le prétexte qu'il n'a agi que d'après la commande et l'ordre exprès du propriétaire, et que celui-ci a pris fait et cause pour lui (Cass., 6 août 1836, Imbert).

244. — L'acquéreur d'un immeuble sur lequel ont été élevées par le précédent propriétaire des constructions contraires à l'alignement ou empiétant sur la voie publique ne peut être poursuivi pour cette double contravention s'il y est étranger (Cass., 11 juill. 1857, Chatard).

245. — Aussitôt qu'une contravention lui est signalée, le maire, indépendamment du procès-verbal qu'il en dresse ou fait dresser, doit prendre un arrêté portant injonction de suspendre les travaux, et même de les démolir (Cass., 12 avril 1822, Collinet; Arr., C. d'Et., 30 juill. 1817, Aumenier; 13 juill. 1828, Jullien).

246. — Il ne commet aucun abus de pouvoir en ne distinguant pas, dans son arrêté, les ouvrages qui sont confortatifs de ceux qui ne le sont pas (Arr., C. d'Et., 24 juill. 1858, Piquet).

247. — Néanmoins, l'injonction n'étant exigée par aucune loi, les travaux exécutés en violation des règlements constituent par le fait seul de leur existence une contravention que le juge doit réprimer, bien que le délinquant n'ait pas reçu sommation de les détruire (Cass., 19 juill. 1838, Vᵉ Luickz).

248. — Dans tous les cas, l'injonction du maire n'a d'autre valeur que celle d'une simple mise en demeure, et la démolition ne peut être opérée d'office qu'après avoir été expressément ordonnée par le juge (Avis, C. d'Et., 29 oct. et 10 déc. 1823; Cass., 26 avril 1834, Vᵉ Pihan).

§ 8. — De la démolition.

249. — La loi fait un devoir aux tribunaux de

police non seulement de prononcer sur les peines encourues, mais encore de statuer, par le même jugement, sur les demandes en restitution et en dommages-intérêts (C. instr. crim., art. 161 ; Cass., 4 juill. 1828, Fadin et Tellié ; 27 mars 1835, Hellot).

250. — En matière de petite voirie, les dommages résident évidemment dans l'existence des travaux exécutés au mépris des règlements (Cass., 29 janv. 1836, Besins ; 21 mars 1851, Quillet ; 26 juin 1851, Auroy).

251. — L'obligation d'ordonner la démolition de ces travaux est dès lors une conséquence nécessaire et inséparable de la reconnaissance et de la répression de la contravention. La démolition constitue même la seule réparation qui puisse être poursuivie dans les affaires de cette nature (Cass., 2 déc. 1825, Lhuillier ; 7 oct. 1831, Blin ; 22 juill. 1837, Tirel ; 2 févr. 1861, Marin).

252. — L'édit du mois de décembre 1607 en porte la disposition formelle, puisqu'il répute *besogne mal plantée* tout travail entrepris sans permission ou effectué contrairement aux conditions de l'autorisation, et veut *qu'elle soit abbattue* (Cass., 30 janv. 1836, Vignaud ; 19 sept. 1845, Weyer ; 12 sept 1846, Perrin).

253. — Infliger une peine pécuniaire, sans prescrire en même temps la démolition, serait, en effet, consacrer l'existence des ouvrages constitutifs d'une contravention reconnue et punie, perpétuer la contravention elle-même, et manquer ainsi à la disposition la plus essentielle de la loi pénale (Cass., 26 mars 1830, Baudin ; 20 sept. 1845, Michelini).

254. — Si, moyennant une légère amende, on laissait subsister les travaux indûment faits, si l'on conservait ainsi à leurs auteurs le fruit d'une violation coupable des prescriptions destinées à maintenir la sûreté ainsi que la salubrité des voies publiques, à assurer, avec le temps, la décoration des cités, les règlements de voirie, comme les lois qui les protègent de toute leur autorité, seraient aussi impuissants que dérisoires, et il en résulterait l'anarchie la plus complète dans cette partie importante de l'administration (Cass., 18 sept. 1828, Jacquemot ; 8 janv. 1830, Bourgeois ; 6 oct. 1832, Gaspard-Mazères).

255. — Le jugement qui condamne à l'amende à raison d'un fait dont il laisse subsister la trace présente d'ailleurs une contradiction en maintenant la contravention qu'il réprime (Cass., 10 sept. 1831, Garaud ; 17 févr. 1832, Bertrand-Saulé ; 24 janv. 1834, Déchelle).

256. — L'amende étant prononcée dans l'intérêt de la vindicte publique et la démolition à titre de réparation civile, l'auteur de la contravention est seul passible de l'amende, mais la démolition doit être poursuivie contre le détenteur de l'immeuble, n'en fût-il devenu propriétaire que depuis le jugement (Arr., C. d'Et., 5 déc. 1839, de Loustal ; 14 févr. 1861, Delarivière et Martin).

257. — Comme la compétence des tribunaux de police se détermine par la quotité de l'amende et non par la valeur des dommages-intérêts qui peuvent suivre la condamnation, quelle que soit pour le condamné la perte résultant de la démolition, celle-ci, quand elle est requise, peut toujours être prononcée par ces tribunaux (Cass., 27 juill. 1827, Delème).

258. — Si la contravention consiste dans la réparation ou l'exhaussement d'un bâtiment grevé, en tout ou en partie, de la servitude de retranchement, le nouvel œuvre constitue *la besogne mal plantée* que proscrit l'édit de 1607. La destruction de ce nouvel œuvre peut seule faire cesser le préjudice causé à l'intérêt général et éviter à la commune le surcroît de dépense qu'entraînerait l'expropriation d'un immeuble dont la valeur aurait été augmentée (Cass., 6 août 1852, Romagné ; 12 juill. 1853, Romagny ; 17 nov. 1859, Marchand et Prévost).

259. — Il en est de même si le nouvel œuvre, quel qu'il soit, est établi sur un terrain joignant la voie publique et destiné à en faire un jour partie, et à plus forte raison, lorsque le constructeur a empiété sur le domaine communal (Cass., 13 juill. 1838, Deguerre et Dugendre ; 27 août 1853, Pont ; 18 janv. 1856, Tattegrain ; 14 août 1858, Long).

260. — Enfin, l'obligation d'observer rigoureusement l'alignement touchant à des intérêts sérieux de voirie, l'établissement ou la réparation d'une construction en retraite, constitue également *la besogne mal plantée* dont, aux termes du même édit, la suppression doit être exigée (Cass., 25 août 1853, Hardy ; 15 févr. 1860, Pillas).

261. — Toutefois, comme la démolition n'a sa raison d'être, à cause de son caractère de réparation civile, que dans le fait nécessaire d'un dommage préexistant, il n'y a pas lieu de l'ordonner lorsque l'opération entreprise sans autorisation ne nuit pas à la voie publique et ne porte aucun préjudice à la commune (Cass., 23 avril 1859, Courboin et Godard).

262. — Si, par exemple, la maison construite ou restaurée se trouve sur l'alignement, ou si, quand elle est sujette à retranchement, l'autorité administrative a déclaré que les travaux qui y ont été faits n'ont pas pour résultat d'en prolonger la durée, ou si l'ouvrage qui a été établi sur la façade d'un bâtiment est dans les conditions du règlement municipal relatif aux saillies, l'amende seule doit être prononcée (Cass., 8 déc. 1849, Jemain ; 30 juin 1853, Bucheron ; 18 nov. 1853, Despéroux ; 28 juill. 1854, Touillet ; 24 déc. 1859, de Rancourt).

263. — Mais si l'entreprise qui fait l'objet de la contravention n'était pas de nature à être autorisée, si elle a été effectuée contrairement à l'alignement, ou sans l'observation des prescriptions contenues dans un règlement municipal, si l'exécution en a été poursuivie malgré les défenses expresses du maire, ou enfin si elle est préjudiciable au public, il y a lieu de faire démolir (Cass., 20 déc. 1820, Siadous ; 17 juin 1830, Dufresne ; 18 août 1836, Pontier ; 2 mars 1844 Signoret ; 3 déc. 1847, Parant ; 11 janv. 1850, Mancel ; 14 oct. 1852, Bélin ; 8 déc. 1860, Havet).

264. — Lors donc que, dans les cas spécifiés ci-dessus, la contravention est déclarée constante, le juge de police ne peut, en même temps qu'il prononce la peine de l'amende, se dispenser de condamner à la démolition, par le

motif que la commune n'est pourvue d'aucun plan d'alignement et que celui de la rue où la contravention a été commise n'est encore qu'à l'état de projet (Cass., 10 oct. 1832, V° Bonnaud; 21 mai 1842, Perraud; 6 avril 1854, Blondel).

265. — Ni par le motif que la démolition n'est pas comprise au nombre des peines prononcées par la loi ou qu'elle n'a pas été expressément requise par le ministère public (Cass., 30 mai 1834, Bellencontre; 1er juin 1830, Magny; 22 nov. 1860, Pagès).

266. — Ni par le motif, s'il s'agit d'une construction neuve, que, dans l'espèce, elle enlève une retraite à l'immoralité et que, loin de nuire à la voie publique, elle y protège les mœurs (Cass., 5 sept. 1835, Conannier).

267. — Ou que le maire a eu connaissance des travaux bien avant qu'ils fussent achevés et n'est point intervenu pour fixer l'alignement à suivre (Cass., 24 janv. 1834, Brunet et Boué).

268. — Ou que rien ne prouve que la construction soit hors de l'alignement et que d'ailleurs le prévenu n'a pas reçu sommation de la détruire (Cass., 27 sept. 1832, V° Massu).

269. — Ou que, si elle se trouve mal plantée, c'est la faute du maire qui n'a déterminé, par un arrêté, qu'au moment où les travaux touchaient à leur fin, l'alignement qu'il avait d'abord donné verbalement (Cass., 20 juin 1834, Vautrin).

270. — Le juge commet d'ailleurs un excès de pouvoir lorsque, pour ne pas ordonner la démolition, il déclare qu'elle ne paraît ni urgente ni indispensable; qu'elle n'aurait aucun intérêt utile pour la commune; que celle-ci est même intéressée à la conservation des travaux; qu'il serait d'ailleurs impossible de remettre les lieux dans leur premier état (Cass., 23 févr. 1839, Savoie; 11 janv. 1848, Battut; 14 févr. 1845, Rimbaud).

271. — Ou bien quand il prononce que les travaux que l'on reproche au prévenu d'avoir exécutés sans autorisation se rattachaient essentiellement à ceux pour lesquels il a obtenu une autorisation (Cass., 13 août 1841, Briol).

272. — Ou bien encore lorsqu'il décide qu'ils ne constituent que de simples travaux d'embellissement, ou qu'ils sont sans importance et même insignifiants relativement à la plus value de l'immeuble; que rien ne démontre qu'ils soient de nature à prolonger la durée de la construction et particulièrement de celle du mur de face; qu'ils paraissent au contraire n'être pas confortatifs et avoir même pour effet de diminuer la solidité de ce mur (Cass., 7 août 1820, Sellier; 17 nov. 1831, Lacomme; 11 août 1837, Morlière; 21 juill. 1838, Delacroix; 4 août 1838, Bidau; 4 janv. 1840, Thibault; 25 juin 1841, Barbery; 25 juin 1842, V° Bataille; 15 sept. 1843, Bories; 30 août 1855, Andoque; 2 mai 1856, Giacobbi; 23 août 1860, Rateau).

273. — Ou enfin, quand il prétend, s'ils consistent dans l'exhaussement d'un édifice, que cette opération a été exécutée avec toute la solidité convenable et présente toutes les garanties désirables pour la sûreté publique, que

d'ailleurs elle ne peut être considérée comme un nouvel œuvre, et que, dans tous les cas, elle n'est pas confortative de sa nature (Cass., 6 févr. 1841, Girard; 12 juill. 1855, Larmaud).

274. — Lorsque la construction réparée ou édifiée se trouve en arrière de l'alignement, le juge ne doit pas non plus s'abstenir de prononcer la démolition sur le motif, dans le premier cas, que le prévenu a pu croire qu'une autorisation n'était pas nécessaire, et dans le second cas, qu'il y a lieu seulement de prescrire, par voie administrative, la clôture de l'enfoncement irrégulier (Cass., 5 mars 1842, V° Taburet-Chevalerie; 21 juin 1844, Olivary).

275. — Il ne peut également se dispenser d'ordonner la suppression de marches indûment établies, par le motif que la saillie n'en excède pas celle des autres marches qui existent déjà dans la rue, et que, si la permission de les poser eût été demandée, elle aurait été accordée sans difficulté (Cass., 3 août 1841, Gabaud et Malignon).

276. — Le juge ne peut d'ailleurs surseoir à prononcer la démolition jusqu'à ce que l'administration supérieure ait approuvé le projet d'alignement suivant lequel la construction réparée se trouve en saillie (Cass., 3 août 1838, Saint-Paul).

277. — Ni jusqu'à ce que des experts chargés par lui de vérifier si les travaux sont réellement confortatifs aient fait leur rapport (Cass., 18 sept. 1835, Gagniard; 20 avril 1843, Vène; 1er juill. 1843, Harel).

278. — Ni jusqu'à ce qu'il ait été statué sur le pourvoi que le prévenu a formé ou se propose de former contre l'arrêté qui lui a fixé l'alignement ou enjoint de supprimer les ouvrages indûment exécutés (Cass., 26 sept. 1834, Bézins; 7 nov. 1844, Brassat; 3 mai 1850, Rocher).

279. — Il ne peut non plus décider, sans se contredire lui-même, que le prévenu qu'il condamne à l'amende pour n'avoir pas suivi l'alignement donné par le maire, ne sera tenu d'observer cet alignement qu'autant qu'il lui aura été légalement notifié et qu'il ne l'aura pas fait réformer par l'autorité supérieure (Cass., 15 mai 1835, Loye).

280. — Si, en condamnant un individu à l'amende pour avoir établi sans autorisation un ouvrage en saillie, le tribunal omet de prononcer la démolition, le maire n'a pas moins le droit d'ordonner la suppression de la saillie. La désobéissance à l'arrêté municipal constituerait une nouvelle contravention, et le propriétaire qui s'en rendrait coupable ne pourrait être acquitté par application de la maxime non bis in idem (Cass., 17 août 1843, Guillon).

281. — La démolition, lorsqu'elle est prescrite par le juge, doit toujours comprendre la totalité et non pas seulement une partie du nouvel œuvre (Cass., 29 août 1835, Loyau-Pillarault; 6 août 1836, Beauchaine; 20 juill. 1839, Bertrand; 12 mai 1843, Dupont; 29 août 1853, Champion-Cochart).

282. — Mais elle ne peut être étendue au delà. Si, par exemple, un mur en saillie a été exhaussé sans autorisation, c'est la partie en surélévation et non l'ancien mur qui lui sert de

base qui doit être démolie (Cass., 4 déc. 1856, Conasnon).

283. — La démolition ayant le caractère d'une réparation civile et non d'une peine, il n'y a pas lieu d'insérer dans le jugement le texte de la loi qui l'ordonne (C. instr. crim., art. 163 ; Cass., 24 mars 1860, Lalanne).

284. — Le juge, en statuant sur une contravention de voirie urbaine, épuise sa juridiction relativement aux faits antérieurs ; en sorte que, s'il a omis de prononcer la démolition, même par inadvertance, le ministère public ne peut plus la lui demander par une action nouvelle (Cass., 19 févr. 1859, Douin).

285. — Comme il n'appartient qu'à l'autorité municipale, soit de prescrire tout ce qu'exigent la sûreté et la commodité du passage, soit de faire exécuter les condamnations prononcées à cet égard par les tribunaux de police, le juge de répression ne peut s'attribuer le droit d'accorder un sursis au contrevenant pour effectuer la démolition (Cass., 18 févr. 1840, Brun).

286. — Il ne pourrait donc pas décider qu'elle n'aura lieu que lorsqu'il aura été procédé à l'élargissement de la rue, suivant le plan qui en a été arrêté (Cass., 18 févr. 1860, Chapeaurouge).

287. — Il peut seulement fixer un délai après lequel l'administration aura la faculté d'agir d'office, si le contrevenant est resté dans l'inaction ; mais ce délai ne doit être que celui présumé nécessaire pour opérer la démolition (Cass., 8 juill. 1843, Martin et Bonnefoy).

288. — Autrement, les tribunaux de police pourraient journellement empiéter sur les attributions de l'autorité administrative, s'immiscer dans l'appréciation des mesures qui lui sont exclusivement confiées, en contrarier et en paralyser les effets (Cass., 18 déc. 1840, V° Barbier).

289. — Le maire peut d'ailleurs, si l'intérêt public paraît l'exiger, contraindre le contrevenant à effectuer la démolition dans un délai plus court que celui fixé par le juge (Cass., 15 sept. 1825, Sauer).

290. Lorsque, après l'expiration du délai d'appel, le délinquant laisse sans exécution le jugement qui l'a condamné à démolir, le maire y fait procéder d'office par les ouvriers qu'il a requis. La commune avance les frais faits à ce sujet, et le receveur municipal en poursuit le recouvrement, suivant l'état dressé par le maire et rendu exécutoire par le visa du sous-préfet. (Loi du 18 juill. 1837, art. 10 et 63).

291. — Quand bien même la démolition des travaux indûment exécutés aurait pour conséquence la chute du bâtiment, elle n'en doit pas moins être effectuée lorsqu'elle a été ordonnée, sauf au maire à faire poser provisoirement quelques étais et à procéder ensuite comme dans le cas de péril imminent (Avis, C. d'Et., 2 févr. 1825, ville de Bordeaux).

292. — Il est de principe que l'acte du souverain qui remet les peines de simple police n'enlève pas aux particuliers, communes et établissements publics, leurs droits aux dommages-intérêts qui peuvent leur être alloués par les tribunaux. Dès lors, l'amnistie n'est pas applicable au chef de l'action du ministère public

relatif à la démolition. Celle-ci doit, s'il y a lieu, être prononcée quand même (Cass., 29 avril 1831, Vasseur).

293. — L'administration a le droit d'apprécier s'il peut être apporté quelque adoucissement aux mesures prescrites par l'autorité du juge. En conséquence, lorsque l'intérêt public ne doit pas en souffrir, le maire peut, avec l'assentiment du préfet, tolérer l'existence des travaux indûment exécutés, ou accorder un sursis conditionnel au contrevenant pour en opérer la démolition (Décis. min. int., Seine, 10 nov. 1837, Fabien ; 25 mars 1842, Oudart ; Cass., 18 févr. 1860, Thibault).

294. — Il doit surtout user de cette faculté lorsque le rétablissement des lieux dans leur premier état, ou même le reculement d'une construction en saillie, n'aurait aucun avantage immédiat pour la circulation, ou bien encore lorsque, en construisant en arrière de l'alignement, un propriétaire s'est proposé d'orner la façade de sa maison au moyen d'une décoration architecturale ou de lui donner un certain aspect.

295. — Le sursis doit faire l'objet d'un acte administratif qui est transcrit au bureau des hypothèques, afin que, si l'immeuble passe en d'autres mains, le nouveau détenteur n'en puisse prétendre cause d'ignorance.

Dans le cas d'ailleurs où l'intérêt public viendrait à l'exiger, l'administration pourrait toujours faire cesser la tolérance dont elle aurait usé envers le contrevenant ; elle serait également en droit de rapporter la décision qui aurait suspendu l'exécution du jugement, si les conditions du sursis n'étaient pas remplies.

§ 9. — Des questions préjudicielles.

296. — Lorsque le prévenu articule un fait dont la preuve ferait disparaître la contravention, ou pourrait modifier la décision de la question principale soumise au juge de police, il soulève une question qu'on appelle préjudicielle. Jusqu'à ce que celle-ci ait été résolue, la question principale doit rester suspendue (C. forest., art. 182).

297. — Ce principe est général et absolu, et bien qu'il n'ait été rappelé que dans une loi spéciale, il régit et limite la compétence de tous les tribunaux de répression (Cass., 12 janv. 1856, V° Blaise).

298. — Ainsi, l'individu poursuivi pour n'avoir pas observé les prescriptions de l'autorisation qui lui a été accordée soulève une question préjudicielle lorsqu'il soutient, au contraire, qu'il ne s'en est pas écarté, et comme l'autorité judiciaire ne peut, sous aucun prétexte, connaître des actes administratifs, le tribunal de police doit surseoir à statuer au fond jusqu'à ce que cette dernière ait prononcé sur la question préjudicielle (Lois, 16-24 août 1790, titre II, art. 13, et 16 fruct. an III ; Cass., 6 oct. 1832, Facquer ; 8 oct. 1842, Broustet ; 7 mars 1844, Tuillé ; 9 mai 1844, Forneret ; 13 févr. 1845, Marin-Grégoire ; 6 janv. 1853, Filiatre ; 1er févr. 1856, Sauvaire-Jourdan).

299. — Il en est de même lorsque la prévention résulte de ce que l'alignement donné par le maire n'aurait pas été suivi et que l'inculpé

objecte que cet alignement n'est pas conforme au plan approuvé par l'autorité compétente (Cass., 27 déc. 1839, Lecompte).

300. — Ou si, étant accusé d'avoir, sans autorisation, élevé ou réparé une construction, il excipe de ce que le terrain sur lequel elle est située ne joint pas la voie publique actuelle (Cass., 7 nov. 1844, Baldit).

301. — Ou bien encore quand, la citation ayant eu lieu pour le même fait, il y a doute sur le point de savoir si la construction est hors de l'alignement (Cass., 27 déc. 1856, Soret; 20 août 1858, Simonel; 24 déc. 1859, de Rancourt; 18 août 1860, Chavanet; 23 août 1860, Vᵉ Martin; 25 janv. 1861, Caldier).

302. — Ou enfin, lorsque l'inculpé prétend que, bien que cette construction ne soit pas sur l'alignement, les travaux qu'il y a faits ne sont nullement confortatifs (Cass., 17 févr. 1837, Bossis et consorts; 5 oct. 1837, Vᵉ Caillot; 2 déc. 1837, Riquier; 27 juill. 1860, Bernard et Deschamps).

303. — En général, toutes les fois que le ministère public et le prévenu de contravention à un arrêté municipal sont divisés sur l'interprétation de cet arrêté, il n'appartient qu'à l'autorité administrative d'en fixer le sens et la portée (Cass., 5 mars 1842, Lemasson-Morinière; 2 oct. 1852, Langlois; 14 juill. 1860, Tonnelier).

304. — Lorsque la poursuite a pour motif, soit un empiètement commis sur la voie publique, soit la suppression d'un passage conduisant à un établissement public, le prévenu, s'il oppose l'exception de propriété ou de possession immémoriale du terrain litigieux, soulève aussi une question préjudicielle; mais celle-ci est par sa nature de la compétence exclusive des tribunaux civils (Cass., 11 nov. 1831, Coppin; 27 sept. 1833, Mary; 23 janv. 1836, Ch. réun., Chandesais; 24 nov. 1859, Vicq).

305. — Dans ce dernier cas, le tribunal de police ne peut admettre l'exception proposée qu'en déclarant qu'elle lui paraît fondée sur un titre apparent ou sur des faits de possession équivalents, personnels au prévenu, et par lui articulés avec précision. Si l'allégation ne lui semble pas avoir un caractère suffisant de vraisemblance, il doit passer outre au jugement de l'action (C. forest., art. 182; Cass., 18 déc. 1840, Rey; 14 juill. 1860, Fontaine).

306. — Il doit en faire autant, lorsque la question soulevée ne peut exercer aucune influence sur le litige qui lui est soumis. Ainsi, la circonstance qu'un individu prévenu d'avoir construit le long de la voie publique, sans en avoir demandé la permission ou sans s'être conformé à l'alignement qui lui avait été fixé, serait propriétaire du terrain sur lequel il a bâti, ne peut donner lieu à une question préjudicielle de nature à motiver un sursis, puisque, lors même que le terrain lui appartiendrait, il n'aurait pas moins commis une contravention (Cass., 19 déc. 1828, Voisin; 26 mars 1836, Morichon; 2 déc. 1841, Durazzo; 28 juin 1844, Corneille; 14 août 1858, Long; 13 juill. 1861, Chicard).

307. — Il offrirait en vain de prouver que les nouvelles constructions reposent sur l'empla-

cement des anciennes et que l'existence de celles-ci remontent à plus de trente ans; le fait, fût-il établi, n'autorisait pas à se passer d'une autorisation (Cass., 19 mars 1835, Blaise-Barron).

308. — Il en serait de même si, par ses constructions ou autrement, cet individu avait intercepté une rue, une impasse ou un passage livré depuis longtemps à la circulation. En effet nul ne peut se faire justice à soi-même; il n'es, pas permis de s'approprier les choses dont le public a la jouissance sous le prétexte qu'on peut être fondé à en revendiquer la propriété (Cass., 4 août 1837, Paté; 29 nov. 1844, Farjon; 25 févr. 1858, Fidelin).

309. — L'exception de propriété ne serait pas non plus susceptible de retarder la répression d'une contravention commise dans une rue dont le plan d'alignement aurait été approuvé par l'autorité compétente; les prétentions de l'inculpé, si elles étaient admises, devant dans ce cas se résoudre en une indemnité (V. n° 122).

310. — Le prévenu de contravention à un arrêté municipal défendant d'étaler des marchandises le long des boutiques dépourvues de devantures, qui alléguerait son titre de propriété du sol, ne soulèverait pas non plus une question préjudicielle, attendu que, tant qu'un terrain est livré à la circulation, il est nécessairement soumis aux mesures de police et de vigilance applicables à toute voie publique (Cass., 5 févr. 1844, Ch. réun., Mellinet).

311. — Le juge doit également statuer immédiatement sur la contravention résultant de ce qu'un propriétaire a exécuté à un bâtiment situé hors de l'alignement des travaux que le maire avait expressément refusé d'autoriser. Il n'y a pas lieu, dans ce cas, de faire préalablement décider si ces travaux sont ou non confortatifs (Cass., 6 mars 1845, Corlay; 4 mai 1848, Moleur).

312. — Lorsqu'un particulier poursuivi pour ne s'être pas conformé à l'alignement qui lui avait été donné, ou pour avoir violé les défenses que le maire lui avait faites, s'est pourvu près de l'administration supérieure afin de faire réformer l'arrêté municipal, il n'y a pas lieu non plus au sursoir, attendu que les actes de l'espèce étant exécutoires par provision, quand bien même celui qui fait l'objet du pourvoi serait réformé, l'infraction qui en a eu lieu au moment où il était obligatoire n'en constituerait pas moins une contravention (Cass., 26 juill. 1827, Moulères; 21 févr. 1840, Dagar).

313. — Il ne faut pas confondre les moyens de défense, dont l'appréciation appartient au juge de répression, avec les questions préjudicielles dont il doit laisser la solution à qui de droit. Ainsi, le tribunal de police doit décider lui-même si le fait d'avoir superposé des briques les unes sur les autres constitue une construction de mur sans mortier ni liaison, ou, comme le prétend le prévenu, un simple apport de matériaux (Cass., 25 mai 1848, Chauvel).

314. — Il est également compétent pour décider si le terrain attenant à un bâtiment auquel des travaux ont été exécutés sans autorisation fait ou non partie de la voie publique. Effectivement, l'existence même de la voie pu-

blique est un fait que les tribunaux ordinaires doivent vérifier et reconnaître, d'après les principes du droit commun, sans qu'il y ait lieu d'en renvoyer, soit d'office, soit sur la demande des parties, l'examen à l'autorité administrative (Cass., 27 août 1853, Pont; Ch. civ., 4 août 1858, Gardin).

315. — Aucune loi n'a établi de délai à l'expiration duquel le prévenu qui a soulevé une question préjudicielle, et qui n'a point encore agi pour la faire résoudre par qui de droit, soit réputé avoir abandonné l'exception qui y a donné lieu. Cependant, comme l'ordre public ne permet pas que l'action pour la répression de la contravention reste indéfiniment suspendue, le tribunal, en prononçant le sursis, doit fixer lui-même le délai dont il s'agit (Cass., 10 août 1821, Bézuchet; 23 août 1822, Pavy; 15 févr. 1828, d'Aoust; 23 juill. 1830, Ressès; 23 août 1839, Borédon; 17 janv. 1840, Rouveure).

316. — Il ne peut se borner à renvoyer les parties à fins civiles, en laissant à la plus diligente le soin de saisir le juge compétent. Il doit, au contraire, mettre expressément à la charge du défendeur l'obligation de poursuivre la décision à intervenir. Cette obligation pèse exclusivement, en effet, sur celui qui a élevé la question préjudicielle (C. forest., art. 182; Cass., 21 mai 1829, Fougassié; 3 juin 1830, Rivière; 19 févr. 1858, Peytot; 11 avril 1861, Laquerrière).

317. — Le juge de répression ne peut d'ailleurs, sans commettre un excès de pouvoir, assigner le délai dans lequel l'autorité compétente sera tenue de statuer (Cass., 19 oct. 1842, Delalonde; 7 mai 1851, Vayssaire).

318. — Enfin, tant que la question préjudicielle n'est pas résolue, il ne doit ni absoudre, ni condamner, ni se dessaisir, puisque sa décision est nécessairement subordonnée au sort de l'exception renvoyée devant d'autres juges (Cass., 26 avril 1828, Védel; 9 mai 1848, Robert).

319. — C'est donc à tort qu'il prononcerait immédiatement la peine de l'amende, en se réservant de prononcer plus tard, le cas échéant, la démolition des travaux. Il ne peut statuer par deux décisions distinctes sur une contravention unique (Cass., 28 sept. 1838, Chantale-Verrine; 13 déc. 1843, Pouget; 7 juill. 1860, Duplessis).

§ 10. — De la prescription.

320. — L'action publique et l'action civile sont prescrites pour une contravention de police après une année révolue à compter du jour où elle a été commise, si dans l'intervalle il n'est pas intervenu de condamnation (C. instr. crim., art. 640).

321. — La demande en destruction de travaux indûment faits ayant le caractère d'une action civile et une telle action n'étant qu'un accessoire de l'action publique, il s'ensuit que, lorsque la peine de l'amende est prescrite, la démolition ne peut plus être prononcée (Cass., 10 juin 1843, Maussion; 12 déc. 1845, Noël).

322. — La prescription, en cette matière, est d'ordre public; elle doit donc, si le prévenu ne la propose pas, être suppléée d'office par le juge (Cass., 28 nov. 1856, Vénèque).

323. — La disposition législative qui l'a

établie, étant générale et absolue, ne souffre aucune exception pour le cas où, soit à raison du respect dû au domicile, soit pour tout autre motif, la contravention résultant de travaux exécutés clandestinement n'aurait été connue que tardivement par le ministère public (Cass., 26 juin 1845, Canton; 25 mai 1850, Lamant; 10 janv. 1857, Satabin).

324. — Les réparations effectuées au mépris d'un règlement municipal, bien que permanentes, ne peuvent être considérées comme le renouvellement continuel du même fait, et être assimilées à un délit successif. Dès lors, la prescription est acquise à leur auteur, si elles remontent à plus d'une année. On objecterait en vain, lorsque le bâtiment est en saillie, que le sol sur lequel elles ont eu lieu a été attribué par le plan d'alignement à la voie publique, et que la voie publique est imprescriptible (Cass., 23 mai 1835, Vᵉ Fabre; 2 juin 1854, Panaille et Portier).

325. — Il en est de même d'une plantation de bornes et de l'établissement de tout autre objet en saillie (Cass., 17 févr. 1844, Marietton; 28 avril 1859, Barthélemy).

326. — La prescription peut aussi être opposée après une année révolue, même pour une construction élevée hors de l'alignement, attendu que la contravention a été consommée au moment où les travaux ont été achevés (Cass., 28 nov. 1856, Vénèque).

327. — Le délai d'un an dans lequel il doit être définitivement statué, soit en première instance, soit en appel, ne peut être prorogé par aucun acte d'instruction et par conséquent par le seul état de litispendance (Cass., 1ᵉʳ juill. 1837, Picot-Dagard).

328. — Les arrêtés municipaux, en matière de voirie urbaine, devant recevoir leur exécution tant qu'ils n'ont pas été réformés par l'autorité administrative supérieure, et le recours à cette autorité ne formant pas un obstacle au jugement des tribunaux de répression, il en résulte qu'il ne peut interrompre la prescription (Cass., 1ᵉʳ juill. 1837, Picot-Dagard).

329. — Comme on ne doit entendre par condamnation qu'un jugement émané d'un tribunal, et que l'arrêté par lequel un maire ordonne la destruction des travaux faits en contravention n'a pas ce caractère, un pareil arrêté ne peut non plus interrompre la prescription (Cass., 15 mai 1835, Lalande-Bréard).

330. — Au contraire, lorsqu'une question préjudicielle a été soulevée devant le tribunal et a nécessité de la part de celui-ci un renvoi devant l'autorité administrative ou la juridiction civile, la prescription reste suspendue jusqu'à la décision à laquelle est subordonnée le jugement de l'action. En effet, l'art. 640 du Code d'instruction criminelle ne déroge pas au principe du droit commun et de toute équité, suivant lequel la prescription ne court pas contre celui qui est empêché d'agir (Cass., 19 oct. 1842, Delalonde; 7 mai 1851, Vayssaire).

331. — Le même article ne déroge pas non plus au droit de recours que le ministère public tient de la loi. Dès lors si, avant l'expiration de l'année, il est intervenu un jugement qui renvoie le prévenu et qu'il y ait eu pourvoi en cas-

sation contre ce jugement dans le délai légal, la prescription reste également suspendue : s'il en était autrement, le recours serait illusoire (Cass., 21 oct. 1830, Gilbert; 16 juin 1836, Chandesais; 3 déc. 1847, Parant).

332. — Mais si, après l'appel ou le pourvoi, l'action n'a pas été exercée dans le délai d'un an, soit devant le tribunal correctionnel, soit devant la Cour de cassation, elle se trouve éteinte par la prescription (Cass., 19 juill. 1838, Poulenc et Délières).

333. — Quand les travaux forment un tout indivisible, la prescription ne peut être utilement invoquée pour la partie de ces travaux dont l'exécution remonte à plus d'une année, si l'autre partie n'est pas terminée depuis un an lors de la citation donnée au contrevenant (Cass., 4 déc. 1857, d°lle Guillemot).

334. — Lorsque la prescription est admise, l'effet en est restreint à la poursuite de la contravention et ne porte aucune atteinte aux droits civils ou administratifs résultant soit de la propriété du sol, soit de son imprescriptibilité (Cass., 27 mars 1852, Bastard; 28 nov. 1856, Vénèque).

335. — En conséquence, si la construction qui fait l'objet de la contravention empiète sur la voie publique, le maire peut toujours réclamer la restitution du terrain qui a été envahi. Toutefois, comme la revendication a pour base unique un droit purement civil, elle ne peut être poursuivie que devant la juridiction civile. Dès lors, l'arrêté portant injonction de rendre le terrain usurpé ne saurait, en cas d'"inexécution, donner lieu à une condamnation en matière de police (Cass., 2 août 1856, Miraca).

336. — De même, lorsqu'un maire laisse subsister des travaux faits indûment à une maison en saillie, à la condition qu'elle sera démolie dans un délai déterminé, il ne peut, dans le cas où cette condition ne serait pas remplie, déférer au tribunal de police la contravention résultant de l'exécution des travaux, si elle remonte à plus d'une année, attendu que la prescription n'a pas été détruite par l'effet de la transaction; il ne peut non plus lui demander d'assurer l'exécution de cette transaction, les tribunaux de répression étant incompétents à ce sujet (Cass., 2 août 1856, Heurley).

337. — S'il s'agit d'ouvrages placés en saillie sur la façade d'un bâtiment, qu'ils aient été ou non autorisés, leur existence n'étant que précaire et de pure tolérance et ne pouvant dès lors fonder ni possession ni prescription, le maire a toujours le droit d'en exiger l'enlèvement, dès que l'intérêt de la circulation lui paraît réclamer cette mesure. Le principe de la non rétroactivité des lois ne peut s'appliquer aux arrêtés qu'il prend à ce sujet (C. civ., art. 2226 et 2232; Cass., 4 juin 1830, V° Bury; 30 juin 1836, Coppens; 18 août 1847, Métreau; 25 mai 1850, Lamant; 17 nov. 1859, Beaugrand).

338. — Ce droit ne souffre aucune atteinte de ce que le particulier, poursuivi antérieurement pour avoir établi sans autorisation l'ouvrage en saillie, aurait été relaxé de l'action intentée contre lui, à cause de l'ancienneté de la construction (Cass., 11 sept. 1847, Pommeraye).

339. — Si le maire use de ce même droit, et que son injonction reste sans effet, le juge de police doit réprimer la contravention qui résulte alors, non de l'établissement de la saillie, mais de la désobéissance à l'arrêté municipal qui en a prescrit l'enlèvement (Cass., 3 févr. 1844, Rivat-Madignier).

340. — L'arrêté par lequel le maire ordonne la suppression de bornes placées en saillie le long ou aux angles des maisons, étant pris dans les limites de ses pouvoirs, ne peut être déféré au Conseil d'Etat par la voie contentieuse; mais il ne fait pas obstacle à ce que les propriétaires riverains fassent valoir devant l'autorité compétente les droits qu'ils prétendraient résulter pour eux de la propriété du sol sur lequel ces bornes avaient été établies (Arr., C. d'Et., 7 janv. 1858, Arrachard et consorts; 22 déc. 1859, Blanc).

Circulaire préfectorale 12 *juin* 1880.

L'article 4 du décret du 26 mars 1852, relatif aux rues de Paris, dispose que vingt jours après le dépôt, au secrétariat de la préfecture de la Seine, des plans à l'appui d'une demande en autorisation de construire, le pétitionnaire peut commencer les travaux, si aucune injonction ne lui a été notifiée.

Le délai précité, en raison des phases diverses de l'instruction des demandes de cette nature, est très restreint, et il arrive, par suite, que les arrêtés de refus auxquels donne lieu un certain nombre de ces demandes sont quelquefois notifiés après l'expiration du délai.

Ce mode de procéder est irrégulier et a le grave inconvénient de désarmer l'administration contre le pétitionnaire qui s'est mis à l'œuvre vingt jours après la demande, sans avoir reçu d'injonction.

Celui-ci peut, en effet, échapper, dans le cas où les travaux ne seraient pas conformes aux règlements, aux poursuites qui auraient pu être dirigées contre lui si cette injonction lui avait été faite en temps utile.

Pour éviter cet inconvénient, je viens de prescrire un ensemble de mesures devant avoir pour résultat de faire procéder à l'instruction des demandes dont il s'agit dans le délai imparti par la loi. En ce qui vous concerne, monsieur le maire, je vous prie de vouloir bien faire notifier immédiatement après leur réception, c'est-à-dire dans les vingt-quatre heures, les arrêts de refus qui vous seront communiqués à cet effet. Vous voudrez bien également me renvoyer, dans le plus bref délai, les certificats constatant l'accomplissement de cette formalité.

---

*Conditions générales des permissions
de grande voirie.*

1° Les constructeurs doivent se conformer aux dispositions des règlements en vigueur sur la voirie et notamment :

De l'édit de décembre 1607 sur la grande voirie;

De l'arrêt du conseil, en date du 27 février 1765, concernant les permissions de construire et les alignements ;

De l'ordonnance royale du 24 septembre 1819, déterminant le mode de construction des fosses d'aisances ;

Du décret du 26 mars 1852, relatif aux rues de Paris ;

De l'arrêté préfectoral du 15 janvier 1881, concernant l'établissement des foyers et des conduits de fumée dans l'intérieur des maisons de Paris ;

De l'arrêté préfectoral du 18 janv. 1881, portant règlement sur les constructions élevées dans la zone des carrières de la ville de Paris ;

Du décret du 22 juillet 1882, portant règlement sur les saillies permises dans la ville de Paris ;

Du décret du 23 juillet 1884, portant règlement sur la hauteur des bâtiments, le nombre et la hauteur des étages, les combles au-dessus des façades et sur les cours et les courettes, etc., etc.

2° Les portes cochères des constructions élevées en bordure des voies plantées seront placées vis-à-vis des espaces libres entre les arbres, conformément aux dispositions des art. 8 et 9 de l'arrêté préfectoral du 29 juin 1857 ; faute de quoi, l'autorisation d'établir des passages pour les voitures au travers de la contre-allée ne sera pas accordée, aucun arbre ne devant être ni supprimé ni déplacé.

3° En cas d'affaissement du sol de leur immeuble, les propriétaires seront responsables envers la ville de Paris des dégradations occasionnées à la voie publique, ainsi qu'aux ouvrages qui en dépendent, tels que les conduites d'eau et de gaz, etc., etc.

4° Les constructeurs ne peuvent placer de barrières provisoires, échafaudages ou appareils quelconques au-devant de leurs constructions, avant d'avoir prévenu l'ingénieur de l'arrondissement et le commissaire de police du quartier.

5° Au moment de poser la première assise de retraite, ils devront donner avis de l'état des travaux au géomètre en chef du service des alignements, à l'Hôtel de ville, à fin de vérification de l'alignement de ladite assise. — Aussitôt après la pose des combles, ils informeront le commissaire voyer de l'arrondissement de l'exécution de ce travail, à fin de récolement de la hauteur du bâtiment.

6° S'il existe un égout public au droit de l'une quelconque des façades de la construction, toutes les eaux pluviales et ménagères devront y être conduites au moyen d'un branchement particulier d'égout, conformément aux prescriptions du décret du 26 mars 1852, et des arrêtés préfectoraux des 19 décembre 1854, 25 février 1878, 14 février 1872, 2 juill. 1879, et 8 février 1882. — Le branchement d'égout devra faire l'objet d'une demande spéciale.

Le branchement de concession d'eau devra être placé à l'intérieur du branchement d'égout, conformément aux dispositions de l'arrêté préfectoral du 8 février 1882. — Il fera également l'objet d'une demande spéciale.

7° Les constructeurs qui voudraient faire écouler leurs eaux vannes de leurs fosses d'aisances directement dans les égouts devront en obtenir l'autorisation par une demande spéciale accompagnée de plans, et se conformer aux dispositions des règlements en vigueur, et notamment de l'arrêté préfectoral du 2 juillet 1867.

Il en est de même en ce qui concerne la pose de tout appareil mobile dans les fosses d'aisances.

Les fosses d'aisances ne peuvent être mises en service qu'après avoir été : 1° reçues par le commissaire voyer de l'arrondissement, et 2° vérifiées au point de vue des règlements spéciaux par les agents de l'assainissement, auxquels il appartient de délivrer le permis de fermer.

8° Les dégradations faites à la chaussée ou au trottoir, à l'occasion des travaux de construction, seront réparées aux frais du propriétaire par les entrepreneurs de la voie publique, sous la surveillance des ingénieurs de la ville de Paris.

En tout cas, si l'administration l'exige, le constructeur devra établir à ses frais, pour l'enlèvement des terres et l'approche des matériaux, un passage pavé sur forme de sable qu'il devra entretenir en bon état pendant toute la durée de la construction et enlever à la fin de ses travaux.

9° Les emplacements qui devront être ménagés pour l'établissement des plaques indicatives des voies publiques et du numérotage des maisons ne pourront jamais être masqués, sous aucun prétexte. — Les plaques indicatives des voies publiques sont placées suivant les cas, soit aux angles, soit en face des débouchés des voies publiques.

Les numéros seront placés au-dessus et dans l'axe de la principale porte de chaque maison ; en cas d'empêchement, ces numéros sont placés conformément aux prescriptions de l'administration.

Les plaques indicatives des voies publiques et de numérotage des maisons seront, en cas de reconstruction, mises à part et représentées par le constructeur ; celles qui auraient été endommagées seront rétablies à ses frais.

10° Les constructeurs et entrepreneurs de travaux sont tenus d'établir dans les chantiers un appareil mobile de fosses d'aisances à l'usage des ouvriers et convenablement entouré dans l'intérêt de la décence.

11° La présente permission est délivrée *sous toute réserve des droits des tiers*, ainsi que des droits qui résulteraient pour la ville de Paris des contrats relatifs aux terrains sur lesquels les travaux autorisés doivent être exécutés.

12° Les travaux autorisés par la présente permission devant être commencés au plus tard dans le délai d'un an à partir de ce jour, passé ce délai la présente permission est périmée, et le montant des droits de voirie demeure acquis à la ville de Paris (Lettres patentes du 22 oct. 1733).

13° Les frais de timbre de la présente autorisation sont à la charge du permissionnaire (Lois du 13 brum. an VII et Décis. min. du 14 févr. 1809).

14° Dans le cas où le constructeur ne se conformerait pas aux conditions de la présente permission, des poursuites seraient dirigées tant contre lui que contre les entrepreneurs de travaux, aux termes des lois et règlements.

BATTAGE, cardage et épuration des laines, crins et plumes de literie.

Etablissement insalubre de 2ᵉ classe : odeur et poussière[1].

Il est interdit de faire travailler des enfants dans les locaux où les poussières provenant des opérations se dégagent librement[2].

BATTAGE DES CUIRS (Marteaux pour le). — Etablissement insalubre de 3ᵉ classe : bruit et ébranlement[3].

Pour éviter cet ébranlement, il est généralement prescrit d'établir les marteaux sur des fondations descendues en contre-bas des fondations voisines, de creuser autour une fosse isolante d'au moins un mètre de large et remplie de sciure de bois ou toute autre matière isolante[4].

BATTAGE ET LAVAGE (Ateliers spéciaux pour les) des fils de laine, bourres et déchets de filature de laine et de soie dans les villes.

Etablissement insalubre de 3ᵉ classe : bruit et poussière[5].

Les ateliers doivent être ventilés au moyen de ventilateurs mécaniques, les poussières brûlées dans un foyer d'appel. Ils doivent être en outre fermés du côté de la rue et le sol en être imperméable.

Les machines à battre doivent être éloignées des constructions voisines de manière à ne causer ni incommodité ni ébranlement.

Les chaudières munies de couvercles seront surmontées de hottes entraînant les buées à la cheminée par un appel forcé[6].

BATTAGE DE TAPIS EN GRAND. — Etablissement insalubre de 2ᵉ classe : bruit et poussière[7].

Les ateliers doivent être fermés sur la rue et du côté des voisins, être parfaitement ventilés, le sol en être pavé ou bitumé, les murs peints à l'huile et fréquemment lavés à l'eau chlorurée ou additionnée d'acide phénique[8].

Il est interdit de faire travailler des enfants dans les locaux où les poussières provenant des opérations se dégagent librement[9].

BATTEURS D'OR ET D'ARGENT. — Etablissement insalubre de 3ᵉ classe : bruit[1].

Les pierres à battre doivent être éloignées des murs, établies sur coussins, paillassons ou rondelles en caoutchouc d'une épaisseur suffisante pour atténuer les trépidations : au besoin elles seront placées sur une pile en maçonnerie isolée au moyen d'une fosse creusée tout autour et remplie de matières isolantes. Le fourneau de fusion sera surmonté d'une hotte et la cheminée élevée de 3 mètres au-dessus des cheminées voisines[2].

BATTOIR A ÉCORCES DANS DES VILLES. — Etablissement insalubre de 3ᵉ classe : bruit et poussière[3].

Les ouvertures sur la rue et les maisons voisines seront fermées ou garnies de toiles métalliques.

Les ateliers seront ventilés énergiquement, et les poussières dirigées par un ventilateur mécanique dans une cheminée d'appel ou dans des chambres de dépôt.

Les meules et pilons seront éloignés des murs et disposés de manière à ne pas incommoder les voisins[4].

BENZINE (Fabrication et dépôts de). — V. *Huile de pétrole, de chiste*, etc.

BERGERIE. — La grandeur des bergeries doit être calculée[5] à raison de 2 mètres de superficie par brebis, 1ᵐ50 par mouton, et 1 mètre seulement par agneau.

La longueur du ratelier doit être de 0ᵐ60 par brebis, 0ᵐ50 par mouton et 0ᵐ40 par agneau, l'écartement entre les barreaux étant de 0ᵐ05 à 0ᵐ07.

L'auge, de même longueur que le ratelier, doit avoir comme largeur de 0ᵐ20 à 0ᵐ25 avec une profondeur de 0ᵐ10 à 0ᵐ12 ; et la hauteur de son bord au-dessus du sol doit être de 0ᵐ33 à 0ᵐ40.

BETTERAVES (Dépôts de pulpe de) humides destinées à la vente.

Etablissement insalubre de 3ᵉ classe : odeur, émanations nuisibles[6].

Les pulpes doivent être déposées dans des fosses construites en matériaux incombustibles, ou dans des cases en briques enduites de ciment, recouvertes de paille, et abritées sous des hangars bien ventilés[7].

BIÈVRE. — Déclaration du roi du 23 sept. 1728[8]. Arr. cons. du 26 févr. 1732[9]. Ord.

---

[1] Décr., 31 déc. 1866. — [2] Décr., 14 mai 1875.
[3] Décr., 31 déc. 1866. — [4] Bunel, p. 202.
[5] Décr., 31 déc. 1886. — [6] Bunel, p. 203.
[7] Décr., 31 déc. 1866. — [8] Bunel, p. 204. — [9] Décr., 14 mai 1875.

[1] Décr., 31 déc. 1866. — [2] Bunel, p. 205.
[3] Décr., 31 déc. 1866. — [4] Bunel, p. 206.
[5] G. Heuzé, *Année agricole*, 1863.
[6] Décr., 12 mai 1886. — [7] Bunel, p. 207.
[8] Annexe. — [9] Annexe.

pol. des 8 juill. 1801[1], 15 juill. 1802[2] et 27 mai 1837[3]. Arr. préf. Seine du 3 juill. 1852[4]. Décr. du 25 janv. 1854[5].

La petite rivière de Bièvre est soumise à une législation spéciale.

Une déclaration du roi du 28 septembre 1728[6] défend d'édifier le long de cette rivière et de ses affluents des bâtiments ayant plus de trente pieds (9^{m}75) depuis le sol du rez-de-chaussée jusque et y compris l'entablement; le grenier au-dessus doit être à claire-voie.

Le régime auquel sont soumis la rivière et les propriétaires riverains est établi par l'arrêt du conseil du 26 févr. 1732[7], qui interdit de faire à la rivière, ou à ses affluents, aucune saignée ni d'en détourner les eaux, et met à la charge des riverains l'entretien des berges ainsi que le curage de la rivière.

Les prescriptions de cet arrêt sont renouvelées par l'ordonnance de police du 8 juillet 1801[8].

Le curage qui était fait par les riverains eux-mêmes est, depuis l'ordonnance du 26 messidor an X (15 juill. 1802)[9], fait par des entrepreneurs, chargés de ce travail par voie d'adjudication au rabais; les riverains sont donc maintenant soumis à une taxe, recouvrable comme toutes les taxes municipales.

L'ordonnance de police du 27 mai 1837[10] interdit d'établir, sans autorisation, sur la rivière ou sur ses bords, dans la distance de 3^{m}30, aucun bâtiment, hangar, pont, vanne, barrage, grille, etc.

L'arrêté du préfet de la Seine du 3 juillet 1852[11] réduit cette distance à 3^{m}25, et exige une berge ou marche pied de 0^{m}65 de hauteur au-dessus des eaux d'été.

Dans les murs de clôture, séparant les propriétés, il doit y avoir une porte de 0^{m}90 au moins de largeur, dont la clef est remise aux agents chargés de la surveillance de la rivière.

Les ponts, que l'on voudrait établir au-dessus de la rivière, doivent l'être normalement à son lit, leurs pieds-droits laissant entre eux un intervalle de 3 mètres pour la rivière vive, de 2 mètres pour la rivière morte, et de 1 mètre pour les affluents.

Les autorisations sont toujours révocables sans indemnité.

Un décret impérial du 25 janvier 1854[12] règle les attributions distinctes de la préfecture de la Seine et de la préfecture de police. De la première ressortissent les aligne-

ments, la surveillance des bâtiments et la conservation du volume des eaux. La préfecture de police a dans ses attributions le curage, la conservation de la pureté des eaux, la police des tonneaux et le maintien de la salubrité publique.

ANNEXES

Déclaration du Roy du 23 septembre 1728.

ARTICLE PREMIER. — Que tous propriétaires de maisons ou terrains destinés au commerce de la tannerie, et situés sur l'un des bords de la rivière de Bièvre, dite des Gobelins, faubourg Saint-Marcel, ayant ouverture sur les rues de l'Oursine, Fer-à-Moulin, Censier, Mouffetard et Saint-Victor, pourront faire construire, édifier et reconstruire tels bâtiments qu'ils jugeront les plus convenables pour leur commerce, en se conformant néanmoins aux anciens règlements pour les alignements à l'uniformité des autres bâtiments actuellement existants, en sorte que le bâtiment qui aura face sur ladite rivière ne puisse excéder la hauteur de trente pieds (9^{m}75), à compter du rez-de-chaussée du terrain jusqu'au dessus de l'entablement, et que le grenier soit à claire-voie et ne puisse, dans la suite, sous quelque prétexte que ce soit, être fermé de cloisons, murs de refends ou autrement.

ART. 2. — Et pour constater et fixer à l'avenir le nombre desdites maisons et terrains destinés au commerce de la tannerie, voulons et ordonnons que, par les commissaires qui ont été par nous nommés pour l'exécution de la déclaration sur les limites, il soit, dans quinzaine, à compter du jour de la publication de notre présente déclaration, fait un procès-verbal et recensement de toutes lesdites maisons, duquel procès-verbal il sera remis des expéditions tant au greffe de notre Conseil qu'au greffe du Parlement, à celui du bureau des finances et à celui de l'hôtel de ville de Paris; faisons défenses à toutes personnes, sans exception, de construire ou faire construire sur les bords de ladite rivière de Bièvre, aucune tannerie sur d'autres terrains que ceux qui seront compris audit procès-verbal.

ART. 3. — Ordonnons, au surplus, que l'art. 8 de notre déclaration du 18 juillet 1724 sera exécuté; en conséquence, qu'il ne pourra à l'avenir être fait sur les terrrains ci-dessus désignés aucune nouvelle construction de tannerie ou rétablissement en entier de celles qui seront tombées par caducité, que le plan n'ait été préalablement approuvé et l'exécution d'icelui ordonnée par les officiers de notre bureau des finances et par les prévots des marchands et échevins de la ville de Paris.

Arrêt du Conseil du 26 février 1732.

Le roi en son conseil a ordonné et ordonne, etc., etc.

Etang du Val. Chaussée. Déversoirs. Vannes. Ouvrages nécessaires ordonnés.

ARTICLE PREMIER. — Que la chaussée de

---

[1] Annexe. — [2] Annexe. — [3] Annexe. — [4] Annexe. — [5] Annexe. — [6] Ibid. — [7] Ibid. — [8] Ibid. — [9] Ibid. [10] Ibid. — [11] Ibid. — [12] Ibid.

l'étang du Val sera rétablie au même état qu'elle était avant le jugement rendu par les juges en dernier ressort le 28 février 1716 et ce, aux frais et dépens des intéressés à la conservation des eaux de la rivière de Bièvre, et que, dans trois mois pour tout délai, il sera pareillement aux frais et dépens desdits intéressés fait sur ladite chaussée, en l'état qu'elle est présentement, deux déversoirs : l'un en glacis d'un pied plus bas que le dessus de ladite chaussée pour recevoir la superficie des eaux d'orages qui viennent des montagnes, et les faire tomber dans la fausse rivière, et l'autre à côté de la vanne du moulin; le tout aux lieux qui seront trouvés les plus commodes par le sieur de la Falnère, grand-maître des eaux et forêts au département de Paris, et par lui indiqués.

Moulin du Val. Défenses d'en fermer la soupape.

ART. 2. — Que la soupape du moulin du Val restera en l'état qu'elle a été trouvée lors de la dernière visite dudit sieur grand-maître, et qu'elle demeurera toujours ouverte, à l'effet de quoi le clapet et la vis qui servent à la fermer et à l'ouvrir seront ôtés; fait, Sa Majesté, défenses de fermer ladite soupape, à peine d'amende arbitraire, et de cent livres de dommages-intérêts pour chaque contravention envers les intéressés à la conservation des eaux de ladite rivière.

Moulin du Buc.

ART. 3. — Que le moulin du Buc restera en l'état qu'il est en suivant son ancienne construction.

Moulin de Pintray-Vannes.

ART. 4. — Sera la fausse vanne de celui de Pintray construite en exécution du jugement desdits juges en dernier ressort, du 28 février 1716, ôtée et ce lieu rétabli comme il était avant ledit jugement, aux frais et dépens de qui il appartiendra.

Moulins de Jouy et Saint-Marcel seront rétablis. Moulin de Saint-Marcel. Déversoir défendu.

ART. 5. — Que les moulins de Jouy et de Saint-Marcel seront pareillement rétablis aux frais et dépens de qui il appartiendra, pour demeurer au même état qu'ils étaient avant ledit jugement, sans qu'il puisse être construit un nouveau déversoir audit moulin Saint-Marcel, proche le pont Saint-Hippolyte.

Moulins du Rat et autres qui resteront en l'état qu'ils sont sans innovation.

ART. 6. — Que les moulins du Rat, de Vanboyen, de Bièvre, d'Igny, d'Amblainvilliers, de Grèz, de Mignot, d'Antony, de Berny, de Lhay, de Cachan, d'Arcueil, de la Roche, de Gentilly et Moulin-Pontceau, resteront en l'état qu'ils sont, suivant leur ancienne construction, et sans qu'on y puisse construire aucuns nouveaux déver oirs, ni autres décharges que les fausses vannes ordinaires.

Clos Lorenchet. Déversoir défendu.
Berge à fortifier.

ART. 7. — Qu'au lieu de faire un déversoir au coin du clos Lorenchet, ainsi qu'il est pres-crit par le jugement desdits juges en dernier ressort, dudit jour 28 février 1716, la berge de ladite rivière sera fortifiée aux frais desdits intéressés, de manière que ce lieu ne puisse servir d'abreuvoir aux bestiaux, ni que les eaux s'écoulent dans la prairie de Gentilly, et qu'à cet effet, il sera, aux mêmes frais et dépens desdits intéressés, construit une vanne entre deux jambages de pierre de taille de trois pieds et demi de large, et de quatre pieds de hauteur, à prendre du fond de ladite rivière après qu'elle aura été curée. laquelle dite vanne sera fermée, assurée, de sorte qu'elle ne puisse être levée que lorsque les syndics le jugeront nécessaire pour faciliter le curage.

Igny. Fontaine de Bassigny. Son cours sera rétabli.

ART. 8. — Que le ruisseau de la fontaine de Bassigny, sise au village d'Igny, derrière le jardin de feu Jean Bonté, sera rétabli dans son cours naturel comme il était en 1671, et que l'ouverture par laquelle le nommé Lestard a attiré ladite fontaine dans le puits de sa maison sera supprimée aux frais et dépens dudit Lestard.

Fontaine de Vauhalan. Son cours sera rétabli.

ART. 9. — Que le cours de la fontaine qui est sur le bord du chemin, au bout du village d'Igny, du côté de Vauhalan, et qui a été détourné pour former un carré d'eau à côté du jardin appartenant au sieur Gluc, sera rétabli, et le carré d'eau supprimé aux frais et dépens dudit sieur Gluc.

Pont Pijard à Bièvre. Rétablissement.

ART. 10. — Sera pareillement le pont qui était au coin des damoiselles Pijard, au lieu des Roches, rétabli aux frais, tant desdites damoiselles que des autres propriétaires des Prez, dont les foins seront conduits par la voie dudit pont, à l'effet de quoi lesdits propriétaires seront appelés devant ledit grand-maître pour contribuer au rétablissement dudit pont, et sur l'indication que lesdites damoiselles Pijard seront tenues d'en faire, huitaine après la signification du présent arrêt à personne et domicile.

Ruisseau de Wissous. Réparations.

ART. 11. — Que dans trois mois pour tout délai, à compter du jour de la signification qui sera faite au présent arrêt au sieur abbé de Saint-Germain-des-Prez, il sera tenu de supprimer la tranchée qui a été faite au ruisseau de Wissous, pour en conduire les eaux dans le canal du parc de Berny, sinon et ledit temps passé, il y sera pourvu à ses frais et dépens à la diligence desdits syndics.

Pont d'Antony. Saulfaye. Fossé à combler.

ART. 12. — Sera le propriétaire de la Saulfaye, joignant et attenant au pont d'Antony, tenu de faire combler le fossé qui boit dans ladite rivière, huitaine après que le présent arrêt lui aura été signifié, sinon il y sera pourvu à ses frais et dépens à la diligence desdits syndics.

Moulin des Prez. Barbacanes à rétablir.

Art. 13. — Seront les deux seuils des deux arcades ou barbacanes qui seront au mur de clôture du moulin des Prez, rétablis aux frais desdits intéressés dans leur ancienne hauteur, et remis comme ils étaient avant le jugement dudit jour 28 février 1716, et ce, suivant l'alignement qui en sera donné par ledit sieur grand-maître, parties présentes ou elles dûment appelées.

Moulins. Jauge et vannage général.

Art. 14. — Et pour éviter à l'avenir que de nouvelles contestations sur la hauteur des fausses vannes qui servent de déversoirs à tous les moulins sur ladite rivière, depuis l'étang du Val jusqu'à sa chute dans la Seine, ordonne, Sa Majesté, que toutes lesdites fausses vannes seront armées d'une croix de fer plat, rivées, étalonnées et marquées d'une fleur de lys par tous les bouts de la hauteur et largeur desdites vannes, dont le poinçon sera mis à la garde des syndics de ladite rivière pour servir audit étalonnage, à l'effet de le représenter à qui et quand il appartiendra.

Fausses vannes des moulins seront étalonnées.

Art. 15. — Fait, Sa Majesté, défenses à tous les meuniers desdits moulins de se servir de fausses vannes qu'elles ne soient étalonnées, ainsi qu'il est prescrit par le précédent article, à peine de tous dépens, dommages et intérêts envers les riverains du faubourg Saint-Marcel et de dix livres d'amende envers Sa Majesté.

Moulin de Croule-Barbe. Déversoir et repaire seront rétablis.

Art. 16. — Qu'aux frais desdits intéressés, les pierres du seuil du déversoir du moulin de Croule-Barbe seront rétablies de nouveau, et relevées d'un pouce au-dessus de la partie actuellement la plus haute dudit seuil, pour être ledit déversoir remis à son ancienne hauteur et y rester ainsi qu'il a été ordonné par le jugement desdits juges en dernier ressort, du 28 février 1716, et seront lesdites pierres cramponnées et entretenues les unes avec les autres de crampons de fer de quatorze pouces de long, encastrés de leur épaisseur dans lesdites pierres et scellés en plomb pour tenir lieu de la barre de fer qui était avant ledit jugement du 28 février 1716, de manière que sur la superficie dudit réservoir, et à sa prise de ladite rivière, il se puisse toujours trouver six pieds neuf pouces six lignes de hauteur jusqu'au centre d'une croix en forme de repaire, qui est scellée dans le mur de clôture de la petite cour dudit moulin.

Vanne du déversoir de Croule-Barbe sera formée à clef.

Art. 17. — Sera la vanne du déversoir du moulin de Croule-Barbe assurée par une barre de fer qui se fermera à deux clefs, dont l'une sera remise ès-mains de l'inspecteur de la maison royale dite des Gobelins, et l'autre en celles de l'ancien des syndics de ladite rivière, pour n'être ladite vanne ouverte que lors du curage de ladite rivière.

Moulin des Prez. Chemin des dalles sera rétabli..

Art. 18. — Que le chemin des dalles de pierre qui est à côté du fossé de communication de la chute des eaux des arcades ou barbacanes du moulin des Prez, et le déversoir du pré Ripelet, seront incessamment rétablis aux frais et dépens des riverains de la rue de Loursine, suivant le marché au rabais qui en sera fait au siège de la maîtrise de Paris, à la diligence des syndics de ladite rivière.

Police générale pour la conservation des eaux dans tout le cours de ladite rivière.

Art. 19. — Le cours des eaux de ladite rivière depuis ladite fontaine Bouvière jusqu'à leur chute dans la Seine, ensemble celui des sources et ruisseaux y affluant, seront tenus libres, même dans les canaux où elles passent, à l'effet de quoi les saignées et ouvertures qui ont été ci-devant faites aux berges de ladite rivière, sources et ruisseaux, seront supprimées et tous autres empêchements quelconques, même les arbres qui se trouveront plantés dans leur lit et le long de ladite rivière, dans la distance de quatre pieds de berge, aux frais et dépens de ceux qui auront causé lesdits empêchements et planté lesdits arbres, et ce, quinzaine après la sommation qui leur en aura été faite aux domiciles de leurs fermiers ou meuniers : en sorte que les canaux établis par titres, il en sorte autant d'eau qu'il en aura entré, ce qui sera justifié par les propriétaires desdits canaux ou passages. Si non il sera fait droit par ledit sieur grand-maître sur la suppression desdits canaux ou passages ainsi qu'il appartiendra.

Peine et amendes pour ceux qui détourneront lesdites eaux.

Art. 20. — Ordonne, Sa Majesté, que les ouvriers, meuniers, fermiers, artisans, domestiques et soldats qui se trouveront convaincus d'avoir fait nuitamment des saignées, rigoles ou autres ouvertures en ladite rivière, sources et ruisseaux, pour en détourner ou répandre les eaux hors le lit desdites rivières, sources et ruisseaux, seront chacun condamnés en trois cents livres d'amende, et à tenir prison pendant six mois, outre les dommages et intérêts envers qui il appartiendra.

Défenses de saigner la rivière et faire de nouveaux canaux.

Art. 21. — Fait, Sa Majesté, défenses à toutes personnes, de quelques conditions qu'elles puissent être, même à tous seigneurs riverains de ladite rivière, propriétaires des prairies ou autres héritages, de faire à l'avenir de nouveaux canaux ni aucuns batardeaux, ni saignées au lit de ladite rivière, sources et ruisseaux, à peine contre chacun contrevenant de cent livres de dommages et intérêts envers les intéressés du faubourg Saint-Marcel, et de pareille somme d'amende pour la première fois, et du double pour la seconde ; et, en cas de récidive, de plus grande peine.

Hôtel des Gobelins. Défenses de saigner la rivière.

Art. 22. — Enjoint, Sa Majesté, au sieur inspecteur de l'hôtel des manufactures royales, et sous peine de révocation, de tenir exactement la main à ce qu'il ne soit fait aucune saignée ni ouvertures quelconques à la berge de ladite rivière, le long dudit hôtel, pour en détourner les eaux et les faire entrer dans les jardins qui en dépendent; ordonne, Sa Majesté, qu'à ses frais et dépens, et par les soins dudit inspecteur, la partie de ladite rivière qui passe dans l'enceinte dudit hôtel sera curée annuellement et dans le temps ci-après fixé.

Meuniers chargés de l'entretien des berges d'un moulin à l'autre.

ART. 23. — Les berges de ladite rivière seront par les meuniers, chacun dans son étendue, en remontant d'un moulin à l'autre, entretenues et fortifiées, de manière que les eaux ne puissent sortir de leur lit, ni passer au travers desdites berges pour se répandre dans les prés ou ailleurs, à peine de cinquante livres d'amende et de pareille somme de dommages et intérêts envers lesdits intéressés du faubourg Saint-Marcel, pour la première fois, du double pour la seconde, et d'y être pourvu à leurs frais et dépens.

Propriétaires de canaux anciens représenteront leurs titres.

ART. 24. — Les propriétaires des canaux formés des eaux de ladite rivière, fontaines, sources et ruisseaux y affluant, seront tenus d'en représenter les titres de permission pardevant ledit sieur grand-maître, quinzaine après la sommation qui leur en sera faite à la diligence des syndics; et, faute par eux de ce faire, ou de justifier de permissions valables, lesdits canaux seront comblés aux frais et dépens desdits propriétaires, poursuite et diligence desdits syndics, suivant l'adjudication au rabais qui en sera faite devant ledit sieur grand-maître.

Jauge des canaux à titres valables.

ART. 25. — Que les propriétaires des canaux établis par titres valables, et qui se trouveront avoir plus de profondeur que le lit de la rivière, seront tenus de les faire incessamment remplir, de manière que le fond se trouve égal et de niveau à celui du lit de ladite rivière; sinon et à faute de ce faire, il y sera pourvu à la diligence des syndics, aux frais et dépens desdits propriétaires.

Nouveaux édifices. Alignements ordonnés.

ART. 26. — Fait, Sa Majesté, défenses à toutes personnes de quelque état et condition qu'elles soient, de faire élever aucun nouveau bâtiment, ni murs le long de ladite rivière, ou en faire réparer sans aucuns fondements, sans y appeler lesdits syndics, et avoir pris dudit sieur grand-maître l'alignement de la berge, à peine de démolition desdits bâtiments et murs, et de cent livres d'amende envers Sa Majesté.

Berges, arrachis des bois et enlèvement des pieux, tonneaux et écheliers ordonnés.

ART. 27. — Ordonne, en outre, Sa Majesté, que les arbres, essence d'orme, étant sur les berges de ladite rivière dans ledit faubourg Saint-Marcel, et dans la distance de trois pieds du bord de ladite rivière, seront incessamment arrachés, à l'exception des endroits où les berges sont supérieures, où ils ne soutiennent point

lesdites berges, et que, dans un mois, à compter du jour de la signification du présent arrêt, les écheliers, pieux et tonneaux qui s'y trouveront dans le cours et le long desdites berges, seront ôtés et supprimés par ceux auxquels ils appartiennent, sinon il y sera pourvu par les syndics de ladite rivière aux frais et dépens desdits propriétaires.

Ponts, faubourg Saint-Marcel. Élargissement.

ART. 28. — Et pour faciliter l'écoulement des eaux d'orage et prévenir de nouveaux débordements, Sa Majesté se réserve à pourvoir, ainsi qu'il appartiendra, à ce que les ponts qui sont sur ladite rivière dans ledit faubourg Saint-Marcel soient incessamment élargis à ses frais.

Blanchissage de toile neuve, prairie de Gentilly et clos Payen, défendu.

ART. 29. — Fait, Sa Majesté, défenses à tous blanchisseurs de toile de s'établir dans la prairie de Gentilly et autres, le long de ladite rivière, même dans l'enceinte de la maison appelée le clos Payen, sous prétexte de sources, ruisseaux ou tel autre que ce puisse être, à peine de confiscation des toiles au profit des intéressés à ladite rivière, et de cent livres d'amende. Enjoint, Sa Majesté, à ceux qui s'y trouvent établis de s'en retirer dans trois mois, sous les mêmes peines de confiscation et d'amende, dépens, dommages-intérêts, dont les propriétaires desdites prairies et dudit clos demeureront civilement responsables.

Blanchissage de lessive défendu et de faire rouir le chanvre.

ART. 30. — Fait, Sa Majesté, pareillement défenses à tous blanchisseurs et blanchisseuses de lessive, de continuer leurs blanchissages dans le lit de ladite rivière, au-dessus de la manufacture royale et dans ledit clos Payen, et à toutes personnes d'y faire rouir des chanvres ou lins non plus que dans les ruisseaux y affluant, à peine de cinquante livres d'amende et d'un mois de prison contre chacun des contrevenants pour la première fois, du double pour la seconde, et de plus grande en cas de récidive.

Clos Payen. Blanchissage défendu.

ART. 31. — Fait aussi, Sa Majesté, défenses auxdits propriétaires dudit clos Payen de souffrir que l'on blanchisse aucun linge de lessive dans ledit clos, à peine de pareille amende pour la première fois, du double pour la seconde, et de plus grande en cas de récidive.

Clos Payen, arcades aux murs pour le passage des eaux du côté de Gentilly et de la rue du Champ-de-l'Alouette.

ART. 32. — Ordonne, Sa Majesté, que, conformément au jugement desdits juges en dernier ressort, du 26 octobre 1678, lesdits propriétaires dudit clos Payen seront tenus de faire faire à leurs frais et dépens, dans trois mois pour tout délai, à compter du jour de la signification du présent arrêt, une ouverture au mur de clôture dudit clos du côté de la prairie de Gentilly, en forme d'arcade de huit pieds de large, et de pareille hauteur, avec une porte de fer ouvrant et fermant; de l'autre côté dudit clos, vers la rue du Champ-de-l'Alouette, une ouverture de quinze pieds de large à l'endroit de l'avant-bec du mur, aussi avec grille de fer ouvrant et fermant pour procurer l'écoulement des eaux d'orage et fonte des neiges, sinon il y sera pourvu à leurs frais et dépens à la diligence desdits syndics.

Clos Payen. Canaux supprimés.

ART. 33. — Les canaux et viviers qui sont dans ledit clos Payen seront dans ledit temps, aux mêmes frais et dépens desdits propriétaires dudit clos, remplis de terre jusqu'au niveau du lit du faux ru de ladite rivière, en sorte qu'il puisse en sortir autant d'eau qu'il y en entre.

Clos Payen, passage des eaux dans l'hôtel des Gobelins.

ART. 34. — Permet, Sa Majesté, aux intéressés à la conservation des eaux de ladite rivière, de faire creuser à leurs frais la rue du Champ-de-l'Alouette, à l'endroit du passage des eaux sortant dudit clos Payen, pour en faciliter l'écoulement dans la maison du roi, dite des Gobelins.

Arcades aux murs de l'hôtel des Gobelins.

ART. 35. — Ordonne, Sa Majesté, que les arcades du mur dudit jardin de ladite maison des manufactures royales, vis-à-vis celle dudit clos Payen, seront, par les soins et sous l'autorité du sieur directeur général de ces bâtiments, incessamment mises de la même largeur et hauteur que celles ordonnées pour ledit clos Payen.

Latrines sur la rivière supprimées.

ART. 36. — Que les latrines qui ont leur chute dans le lit de ladite rivière, au faubourg Saint-Marcel, seront supprimées dans trois mois et rétablies ailleurs par les propriétaires des maisons, suivant la coutume de Paris, avec défenses d'en construire de nouvelles sur ladite rivière, à peine de cent livres d'amende contre les contrevenants, et d'être détruites à leurs dépens.

Teinturiers, dépôt et enlèvement des immondices de leur commerce.

ART. 37. — Qu'aux frais des propriétaires des maisons dudit faubourg, habitées par des teinturiers, il sera, en chacune desdites maisons, fait un trou suffisant pour y décharger et rassembler les vidanges de leurs manufactures de teintures, en sorte qu'elles ne puissent avoir aucune communication au lit de ladite rivière, si ce n'est par l'écoulement des eaux claires et épurées qui pourront sortir par-dessus les bords dudit trou, lequel sera vidé de huitaine en huitaine, et lesdites vidanges enlevées et conduites à la campagne. Fait, Sa Majesté, défenses de jeter en ladite rivière aucune desdites vidanges, ni dans la rigole y adjacente, qui sera par lesdits propriétaires entretenue en bon état jusqu'au delà de leurs maisons, proche Saint-Hippolyte, à peine contre chacun contrevenant de cent livres d'amende pour la première fois, du double pour la seconde, et de plus grande en cas de récidive.

Tanneurs et mégissiers, défenses de bouiller, jeter la chaux et immondices dans la rivière.

ART. 38. — Fait, Sa Majesté, très expresses prohibitions et défenses à tous tanneurs et mégissiers établis, tant sur ladite rivière que sur le faux ru ou rivière morte, de bouiller leurs plains pour en jeter la chaux dans ladite rivière ou faux ru, sous prétexte de n'y faire couler que la superficie, et d'y jeter aucunes immondices, décharnures, cornes et cornichons, à peine de cent livres d'amende contre chacun contrevenant pour la première fois, du double pour la seconde, et, en cas de récidive, d'être privés de la liberté de continuer à l'avenir les métiers de tanneurs et mégissiers le long de ladite rivière, ni dans la ville et faubourgs de Paris, laquelle peine ne pourra être réputée comminatoire, mais de rigueur.

Dépôt desdites immondices et enlèvement aux champs.

ART. 39. — Enjoint, Sa Majesté, à tous lesdits tanneurs et mégissiers, de mettre leurs morts-plains, décharnures, cornes et cornichons sur leurs quais ou ailleurs, pour les faire égoutter et transporter aux champs dans un tombereau, avec les immondices de leur métier, le premier jour ouvrable de chaque semaine, sous les peines portées à l'article précédent.

Fontaine Bouvière; curage aux frais des intéressés et des meuniers.

ART. 40. — Que le ruisseau de conduite de la fontaine Bouvière et autres petites fontaines et sources au-dessous, jusqu'à l'étang du Val, dans le grand parc de Versailles, seront tenus libres et annuellement curés et nettoyés au plus tard dans le dernier juin de chaque année, aux frais et dépens des intéressés à la conservation des eaux occupant les maisons du faubourg Saint-Marcel le long de ladite rivière, et des meuniers des moulins.

Curage annuel et général de la rivière dans les délais fixés. Hôpital de la Miséricorde. Exemption.

ART. 41. — Et que, conformément au jugement desdits juges en dernier ressort, dudit jour 26 octobre 1678, tous les conduits des eaux des autres sources et fontaines affluant à ladite rivière, et les ruisseaux venant des Visons, Vauhalan, Antony et autres, seront à la diligence des propriétaires d'héritages, moulins et maisons, annuellement nettoyés et curés, à vifs fonds, ainsi que ladite rivière et faux ru, savoir :

Depuis l'étang du Val desdites rivières, conduits, sources et fontaines, jusqu'au clos Payen, dans le courant de juillet, aux frais des meuniers et desdits propriétaires des héritages riverains, et depuis ledit clos Payen jusqu'à la rivière de Seine, dans le mois d'août, en suivant de chaque année, aux frais desdits meuniers et propriétaires d'héritages et maisons étant des deux côtés de ladite rivière ; ordonne, Sa Majesté, que le curage de la partie de ladite rivière passant dans l'enclos de l'hôpital des Cent-filles, dites de la Miséricorde, sera fait aux frais des tanneurs et mégissiers situés au-dessus dudit hôpital, et ainsi qu'il est porté en l'ordonnance dudit sieur de la Falnère, du 18 octobre 1724, sinon et à faute par lesdits riverains et meuniers d'avoir fait ou fait faire ledit curage dans ledit temps, et y celui passé, il en sera fait une adjudication au rabais devant ledit sieur grand-maître, ou le maître particulier de ladite maîtrise de Paris, qu'il pourra commettre en présence du procureur du roi de ladite maîtrise de Paris, et à la diligence des syndics, aux frais et dépens desdits propriétaires et meuniers contre lesquels il sera délivré exécutoire.

Berges, leur hauteur, largeur et empâtement.

ART. 42. — Tous les propriétaires des héritages joignant ladite rivière seront tenus de laisser le long de chaque côté de ladite rivière, aux endroits où le terrain pourra le permettre, une berge de quatre pieds de plate-forme sur six pieds au moins d'empâtement sur la hauteur de deux pieds au-dessus de la superficie des eaux d'été, à peine d'y être pourvu à leurs frais.

Curage à la campagne, dépôt des immondices pour fortifier les berges.

ART. 43. — Toutes les immondices provenant du curage de ladite rivière, en ce qui est de la campagne et des ruisseaux, seront mises sur les bords pour soutenir et fortifier les berges, de manière néanmoins qu'elles ne puissent retomber dans le lit de ladite rivière, ruisseaux et sources, à peine d'amende arbitraire.

Rivière morte à Gentilly; curage de cette partie qui aura six pieds de large.

ART. 44. — La rivière morte ou faux ru, depuis le clos Lorenchet au lieu de Gentilly, jusqu'audit clos Payen, sera entretenue de six pieds de large, et le fossé de la communication de la chute des eaux des arcades ou barbacanes du moulin des Prez, ainsi que ladite rivière morte ou faux ru jusqu'à la jonction de la véritable rivière, seront annuellement curés aux frais et dépens des propriétaires des maisons et riverains de la rue de Loursine et clos Payen, suivant le marché particulier au rabais qui en sera fait au siège de ladite maîtrise de Paris.

Pont du faubourg Saint-Marcel, curage aux frais des intéressés.

ART. 45. — Le curage sous les ponts du faubourg Saint-Marcel sera annuellement fait aux frais communs de tous les intéressés, et celui sous l'arche du pont proche le moulin Copeau sera fait moitié par le meunier dudit moulin, et l'autre aux frais desdits intéressés.

Curage, temps fixé pour l'enlèvement des immondices.

ART. 46. — Les habitants du faubourg Saint-Marcel, établis le long de ladite rivière, seront tenus, chacun en droit de soi, de faire enlever dans la fin d'août de chaque année les immondices qui seront sorties du curage de ladite rivière, et les faire transporter à la campagne, à peine de cinquante livres d'amende contre chacun contrevenant.

Curage, défenses d'en rejeter les immondices.

ART. 47. — Fait, Sa Majesté, très expresses inhibitions et défenses à tous tanneurs, mégissiers et autres, de rejeter ou de faire rejeter en ladite rivière les immondices provenant dudit curage, à peine de cinq cent livres d'amende pour la première fois, et en cas de récidive,

d'être punis suivant l'article 38 du présent règlement.

Curage, réception et payement des entrepreneurs.

ART. 48. — Qu'aussitôt que les immondices dudit curage dans ledit faubourg Saint-Marcel auront été enlevées, il en sera dressé procès-verbal en présence des syndics ou de l'un d'eux, et fait réception dudit curage, duquel l'entrepreneur ne sera payé qu'après la réception, et les riverains n'en demeureront pareillement déchargés qu'après que par l'expert qui sera commis par ledit sieur grand-maître, ledit curage aura été reconnu bien fait, et que lesdites immondices auront été enlevées et conduites à la campagne.

Égout de la rue Mouffetard. Sera rétabli.

ART. 49. — L'égout étant à la descente de la rue Mouffetard, proche le pont aux Tripes, sera rétabli en talus ou glacis, sans nouvelle voûte, à l'extrémité duquel sera mise aux frais desdits intéressés une grille de fer maillé, pour empêcher que les pierres et immondices entraînées par les pluies d'orage ne tombent dans ladite rivière.

Rue Mouffetard. Police. Défenses de jeter les immondices dans le ruisseau.

ART. 50. — Fait, Sa Majesté, défenses à tous particuliers du faubourg Saint-Marcel, demeurant dans les rues qui aboutissent audit égout, de jeter leurs immondices dans les ruisseaux desdites rues lors desdites pluies d'orage, à peine de trente livres d'amende pour la première fois, contre chacun contrevenant, et de plus grande, en cas de récidive.

Égout et grille pour les eaux de Scipion et des Amidonniers à la tannerie de l'Orme.

ART. 51. — La grille par laquelle entrent les eaux de l'égout de la rue Saint-Jacques et Fer-à-Moulin, des Amidonniers, et le sang de la tuerie de l'hôpital Scipion, sera mise hors du mur de la maison de la veuve Bouillerot, le trou agrandi et mis à trois pieds en carré, et ladite grille rendue ouvrante et fermante, si mieux n'aime ladite veuve Bouillerot faire conduire les eaux et le sang de ladite tuerie directement dans le lit de ladite rivière par un canal à ses frais, ce qu'elle sera tenue d'opter dans trois mois, à compter du jour de la signification du présent arrêt, sinon permet Sa Majesté aux intéressés de ladite rivière d'y mettre des ouvriers aux frais et dépens de ladite veuve Bouillerot.

Ouvrages ordonnés. Leur réception.

ART. 52. — Après le premier août prochain, il sera, en présence des syndics et des parties, ou elles dûment appelées, procédé par experts, que ledit sieur grand-maître nommera, au récolement de tous les ouvrages ordonnés par le présent règlement, et s'il se trouve que lesdits ouvrages n'aient pas été exécutés, lesdits syndics pourront y mettre des ouvriers jusqu'à perfection, dont ils avanceront le paiement, ainsi que les frais dudit récolement, aux dépens desdites parties et propriétaires riverains contre lesquels sera délivré exécutoire par ledit sieur grand-maître.

Tanneurs et mégissiers: heures fixées pour vider leurs plains le soir, en été et en hiver, et pour laver la bourre.

ART. 53. — Fait, Sa Majesté, défenses à tous tanneurs et mégissiers dudit faubourg Saint-Marcel, de jeter ou faire jeter en ladite rivière les eaux claires de leurs plains avant cinq heures du soir en hiver, et sept heures en été, et de laver ou faire laver la bourre de leurs cuirs avant midi, et en autre lieu que chacun au droit soi, à peine de cinquante livres d'amende pour la première fois et contre chacun contrevenant, du double en cas de récidive, et de confiscation des bourres; et, où l'auteur de la contravention n'aurait pu être reconnu, veut, Sa Majesté, que tous lesdits tanneurs et mégissiers soient et demeurent civilement et solidairement responsables desdites amendes.

Sergents-gardes de ladite rivière, établissements, cantonnements, gages et privilèges.

ART. 54. — Ordonne, Sa Majesté, qu'il sera incessamment établi deux sergents à garde, aux noms et sous bandoulières aux armes et livrées de Sa Majesté, qui seront nommés et choisis par les syndics des intéressés en ladite rivière, et reçus en la maîtrise des eaux et forêts de Paris, sur la commission dudit sieur grand-maître en la manière accoutumée, lesquels gardes ne pourront être dépossédés par les syndics que sous l'autorité dudit sieur grand-maître, et seront lesdits deux gardes cantonnés, l'un au village de Bièvre pour l'étendue depuis la fontaine Bouvière, sources et ruisseaux, jusqu'au pont d'Antony, et l'autre en la ville de Paris, pour le surplus de ladite rivière, fontaines et sources, faux ru ou rivière morte, à l'effet de veiller continuellement sur ladite rivière, sources, canaux et ruisseaux, et même respectivement sur les cantons l'un de l'autre, dresser et mettre au greffe de ladite maîtrise et affirmer en la manière et dans le temps prescrit pour les autres gardes des eaux et forêts leurs procès-verbaux de contravention au présent règlement, lesquels procès-verbaux seront jugés, et les salaires d'iceux taxés au siège de ladite maîtrise; jouiront au surplus lesdits deux sergents des mêmes et semblables privilèges, droits et exemptions dont jouissent ou doivent jouir les autres sergents, gardes des eaux et forêts de France, mentionnés en l'ordonnance desdites eaux et forêts, du mois d'août 1669, et notamment à l'article 8 du titre des huissiers et gardes de ladite ordonnance, et à l'article 6 du titre 10 de l'ordonnance de 1670. Enjoint, Sa Majesté, au garde-marteau et au garde-pêche de ladite maîtrise, de faire de fréquentes visites le long de ladite rivière, et d'en mettre au greffe leurs procès-verbaux, pour être statué sur iceux, en conformité de laquelle ordonnance de 1669 et du présent règlement, tant contre les délinquants que contre les gardes qui auront toléré les délits et contraventions.

Immondices. Tombereau. Enlèvement journalier. Rôle de répartition pour le payement des gardes et du tombereau ordonné.

ART. 55. — Il sera établi au 1er mai prochain, dans ledit faubourg Saint-Marcel, un tombereau attelé de deux chevaux, à l'effet de voiturer journellement dans la campagne les morts-plains des tanneurs et mégissiers, des décharnures, cornes et cornichons, et autres immondices provenant tant de leurs métiers que du commerce des teinturiers, duquel tombereau sera fait marché au rabais devant le maître particulier de ladite maîtrise, à la diligence des syndics, ou en cas de négligence à celle du procureur du roi, et l'adjudicataire payé par les mains du premier syndic, ainsi que les gages desdits deux gardes, à raison de quatre cents livres pour chacun desdits gardes, suivant la contribution et le rôle de répartition qui en seront faits ou arrêtés par lesdits syndics, et approuvés dudit sieur grand-maître, à proportion tant de l'exercice et profession desdits teinturiers, que des cuves et plains desdits tanneurs et mégissiers qui sont ou qui seront construits dans leurs maisons, soit qu'ils travaillent ou non; dans laquelle contribution les meuniers des moulins sur ladite rivière entreront pour ce qui concerne les gages seulement desdits deux sergents à garde; et faute par lesdits syndics de faire lesdites contributions et rôle de répartitions, pourra ledit sieur grand-maître décerner des exécutoires pour le payement, tant dudit tombereau que pour les gages desdits deux gardes contre six des principaux desdits intéressés à la conservation des eaux de la rivière, lesquels seront contraints, même par corps, au payement des sommes contenues aux-dits exécutoires par provision, et nonobstant toutes appellations généralement quelconques, sauf leur recours contre les autres contribuables.

Ordonnance de police du 8 juillet 1801
(19 *messidor an* IX).

ARTICLE PREMIER. — Dans le département de la Seine, le cours des eaux de la rivière de Bièvre et des sources et ruisseaux y affluant sera tenu libre, même dans les canaux particuliers où elles passent.

Les prises d'eau et les saignées et ouvertures qui ont été faites sans titre légal aux berges de la rivière et des sources et ruisseaux seront supprimées aux frais des propriétaires riverains dans la quinzaine de la publication de la présente ordonnance.

Seront aussi supprimés, aux frais des propriétaires et dans le même délai, les arbres, arbustes et généralement tous les objets qui gêneraient le cours de l'eau (art. 19 de l'Arr. du 25 févr. 1732, et art. 2 de l'Arr. des consuls du 25 vendém. an IX).

ART. 2. — Il est défendu de jeter dans la rivière des matières fécales, de la paille, du fumier, des gravois, des bouteilles cassées et autres immondices qui pourraient en obstruer le cours, corrompre les eaux ou blesser les personnes qui feraient le curage.

ART. 3. — Il est défendu de construire des latrines qui auraient leur chute, soit dans la rivière vive ou morte, soit dans le faux ru.

Les propriétaires qui en auraient fait construire sont tenus de les supprimer dans le mois, à compter de la publication de la présente ordonnance.

Le tout sous les peines portées par l'article 36 de l'arrêt de 1732.

ART. 4. — Il est défendu de jeter des immondices dans les ruisseaux qui se rendent à la rivière de Bièvre et au faux ru, sous les peines portées par l'article 50 du même arrêt.

ART. 5. — Les propriétaires de terrains clos, traversés par la rivière, tiendront leurs grilles dégagées, de manière que rien ne forme obstacle au libre passage des eaux.

ART. 6. — Il ne pourra être ouvert de canaux ou bassins, ni fait aucune saignée ou batardeau, soit au lit de la rivière, soit aux sources ou aux canaux y affluant, sous les peines portées par les articles 20 et 21 de l'arrêt de 1732.

ART. 7. — Dans le mois, à compter du jour de la publication de la présente ordonnance, tous propriétaires de canaux et bassins actuellement existants, alimentés par la rivière ou les fontaines, sources et ruisseaux y affluant, seront tenus de justifier de leurs titres au préfet de police.

Ce délai passé, seront supprimés les canaux et bassins dont les propriétaires n'auraient pas satisfait à la disposition précédente.

Ceux même qui auraient produit leurs titres devront faire exécuter tous les changements qui seront jugés nécessaires.

Leurs canaux et bassins seront entretenus de telle manière qu'ils rendent le même volume d'eau qu'ils reçoivent (art. 24 de l'Arr. de 1732, et art. 2 de l'Arr. du 25 vendém. an IX).

ART. 8. — Les propriétaires des héritages qui bordent la Bièvre seront tenus de laisser, sur chaque rive, une berge d'un mètre trente-trois centimètres de plate-forme, et de deux mètres d'empattement : elle aura soixante-six centimètres au-dessus des eaux d'été, sinon il y sera pourvu à leurs frais (art. 42 de l'Arr. de 1732).

ART. 9. — Les berges seront entretenues par les meuniers, en remontant d'un moulin à l'autre, et fortifiées de manière que, dans aucun cas, les eaux ne puissent se répandre dans les prés ou ailleurs, sous les peines portées par l'article 33 de l'arrêt de 1732 et par l'article 2 de l'arrêté du 25 vendémiaire an IX.

ART. 10. — Les appentis établis sur les berges pour l'exploitation des tanneries, mégisseries et autres ateliers, seront entretenus en bon état par les propriétaires. Les pieux ou piliers qui les supportent seront placés à deux décimètres du bord de la rivière.

Il sera laissé sur la berge un espace libre et suffisant pour pouvoir la parcourir facilement (art. 74 de l'Arr. du 28 févr. 1716).

ART. 11. — La berge de la Bièvre, au coin du clos Laurenchet, et la vanne qui y est établie, continueront d'être entretenues aux frais des intéressés à la conservation de la rivière, de façon que cet endroit ne puisse servir d'abreuvoir aux bestiaux, et que les eaux ne se répandent pas dans la prairie de Gentilly.

En conséquence, la vanne sera tenue fermée et ne pourra être levée que sur l'ordre du préfet de police (art. 44 de l'Arr. de 1732).

ART. 12. — Toutes personnes qui voudront construire ou réconforter soit un bâtiment, soit un mur le long de la rivière, seront tenues de se conformer à l'article 26 de l'arrêt de 1732.

Elles ne pourront commencer aucuns travaux sans en avoir obtenu la permission du préfet de police.

Les propriétaires de bâtiments ou murs actuellement existants, qui ne justifieront pas des permissions qui ont dû leur être accordées, seront, s'il y a lieu, poursuivis conformément à l'arrêt précité.

ART. 13. — Les moulins établis dans la vallée de Bièvre, dans tout le département de la Seine, resteront dans l'état où ils ont été mis, en exécution de l'article 6 de l'arrêt de 1732.

S'il a été fait aux vannes, déversoirs ou déchargeoirs quelques changements autres que ceux prescrits, les moulins seront, aux frais des propriétaires, remis dans l'état où ils doivent être, et ce, dans le mois à compter de la publication de la présente ordonnance.

A cet effet, il sera procédé aux vérifications nécessaires pour connaître les changements et innovations qui ont eu lieu.

ART. 14. — Les fausses vannes, qui servent de déversoirs aux moulins établis sur la rivière, seront armées d'une bande de fer plat rivée, étalonnée et marquée P. P. dans la hauteur et la largeur des vannes. Le poinçon sera remis à l'inspecteur général de la navigation et des ports, pour servir à l'étalonnage ; il sera ensuite déposé à la préfecture de police.

Tout meunier qui se servirait de fausses vannes non étalonnées, ou qui les surhausserait par un moyen quelconque, sera poursuivi conformément aux lois (art. 14 et 30 de l'Arr. de 1732).

ART. 15. — Le chemin des dalles du moulin des Prés et le déversoir du pré Triplet continueront d'être entretenus aux frais des intéressés. En conséquence, il sera fait un devis estimatif de la dépense à laquelle la réparation du chemin donnera lieu (art. 18 de l'Arr. de 1732).

Art. 16. — Il est interdit de faire rouir du chanvre ou du lin dans la rivière de Bièvre et dans les ruisseaux y affluant, sous les peines portées par l'article 30 de l'arrêt de 1732.

Art. 17. — Il est fait défense à tous blanchisseurs de toile de s'établir dans la prairie de Gentilly ou autres le long de la Bièvre, même dans le clos Payen, sous les peines portées par l'article 29 du même arrêt, et par l'article 2 de l'arrêté du 25 vendémiaire an IX.

ART. 18. — Le blanchissage de lessive continuera d'être toléré tant sur la rivière vive que sur la rivière morte ; cependant aucun blanchisseur ni blanchisseuse ne pourra, quinzaine après la publication de la présente ordonnance, y établir des tonneaux ou les conserver, qu'au préalable il n'en ait obtenu la permission du préfet de police.

Les permissions seront renouvelées tous les ans, dans le courant de messidor.

Les tonneaux dont les propriétaires ne seront pas présentés dans la quinzaine seront censés abandonnés (Ord. du 1er mars 1754, confirmée par Arr. du 4 mai 1756).

ART. 19. — Les tonneaux seront établis dans les places fixées par les permissions. Ils ne pourront, dans aucun cas, être arrachés ; ils seront comblés, soit qu'ils aient été abandonnés, soit que les permissions aient été retirées.

ART. 20. — Les tonneaux seront numérotés. Les personnes qui seront pourvues de permissions feront attacher à chacun de leurs tonneaux une plaque de fer-blanc sur laquelle seront portés leur nom et le numéro qui leur aura été donné, sinon la permission leur sera retirée (Ord. de 1754).

ART. 21. — Il sera payé, pour chaque tonneau sur la rivière vive, cinq francs, et sur la rivière morte, trois francs.

Le produit en sera employé aux frais d'entretien de la Bièvre et des sources, boires et ruisseaux y affluant.

Le surplus des frais sera imposé, supporté et perçu ainsi qu'il est prescrit par l'arrêté des consuls du 25 vendémaire an IX (Ord. de 1754 confirmée par l'Arr. de 1756).

ART. 22. — Les tanneurs et mégissiers ne pourront jeter ou faire jeter dans la rivière les eaux claires de leurs plains avant cinq heures du soir en été et sept heures en hiver.

Ils ne pourront laver la bourre de leurs cuirs avant midi, et ailleurs que le long de leurs maisons.

Il leur est défendu de bouiller leurs plains pour en faire couler la chaux dans ladite rivière, comme aussi d'y jeter aucunes immondices, décharnures, cornes et cornichons.

Le tout sous les peines portées par les articles 38 et 53 de l'arrêt de 1732.

ART. 23. — Il est enjoint aux tanneurs et aux mégissiers de faire égoutter leurs morts-plains, décharnures, cornes et cornichons et de les faire transporter aux champs dans un tombereau, le primidi de chaque décade, sous les peines portées par l'article 39 de l'arrêt de 1732.

ART. 24. — Les tanneurs ne pourront gêner par leurs cuirs le cours de l'eau, ils laisseront au milieu de la rivière un espace de un mètre au moins de largeur.

ART. 25. — Les teinturiers établis le long de la Bièvre feront un trou suffisant pour y recevoir les vidanges de leurs ateliers, en sorte qu'elles ne puissent avoir communication avec le lit de la rivière, si ce n'est par l'écoulement des eaux claires qui pourront sortir par-dessus les bords du trou.

Tous les primidis, le lieu de dépôt sera nettoyé, et les vidanges seront enlevées et conduites aux champs.

Il est défendu d'en jeter dans la rivière, sous les peines portées par l'article 37 de l'arrêt de 1732.

ART. 26. — La rigole qui porte les eaux de teinture au pont Hippolyte, ainsi que les gouttières qui y communiquent seront réparées, mises en état et entretenues par les teinturiers (art. 84 de l'Arr. de 1716).

ART. 27. — Les amidonniers, les maroquiniers et les fabricants de bleu de Prusse ne pourront laisser couler que des eaux claires. A cet effet, ils sont tenus d'avoir dans leurs maisons trois réservoirs pour que leurs eaux, en passant de l'un à l'autre, y laissent leurs sédiments.

ART. 28. — Les amidonniers, maroquiniers et autres manufacturiers ou chefs d'ateliers dont les eaux se jettent dans le faux ru seront tenus de l'entretenir et de le faire curer à leurs frais, sans préjudice de leur portion contributive, comme intéressés à la conservation de la Bièvre.

ART. 29. — Il sera passé à la préfecture de police un marché au rabais pour le curage, l'entretien et le nettoiement du faux ru.

Le nettoiement se fera, chaque décadi, depuis dix heures du matin jusqu'à midi.

ART. 30. — Il sera fait, tous les ans, dans le courant de fructidor, un curage général de la rivière de Bièvre tant morte que vive et des conduits, des sources, fontaines et ruisseaux qui y affluent (art. 41 de l'Arr. de 1732, et art. 2 de l'Arr. du 25 vendém. an IX).

ART. 31. — Hors de Paris, le curage sera fait aux frais des meuniers et des propriétaires riverains, et dans Paris, aux frais des meuniers et des propriétaires d'héritages et des maisons des deux côtés de la rivière (art. 41 de l'Arr. de 1732).

ART. 32. — Il sera fait un marché au rabais, par mètre courant, du curage à vif fond de la Bièvre.

ART. 33. — Les propriétaires et meuniers pourront faire curer eux-mêmes les parties qui sont à leur charge ; mais ils devront, chacun en ce qui le concerne, y faire travailler en même temps que les ouvriers de l'entrepreneur, sans pouvoir entraver ou retarder ses opérations, l'entrepreneur étant chargé de faire tout ce qui ne sera pas fait ou qui serait mal fait.

Ceux qui auront profité de la faculté ci-dessus accordée ne payeront que leur portion contributive dans les frais des batardeaux construits par l'entrepreneur, et dans les frais généraux faits pour la conservation de la Bièvre.

ART. 34. — Il sera dressé, en présence de l'inspecteur général de la navigation et des ports, procès-verbal des opérations du curage général, savoir dans Paris, par le commissaire de police de la division du Finistère, et hors de Paris, par les maires et adjoints des communes riveraines. Il y sera fait mention des personnes qui auront fait curer les parties qui les concernent.

ART. 35. — Il est défendu de jeter dans la rivière les immondices provenant du curage, sous les peines portées par l'article 47 de l'arrêt de 1732.

ART. 36. — Toutes les immondices qui proviendront du curage, tant de la Bièvre hors de Paris que des ruisseaux qui y affluent, seront mises sur les bords pour les soutenir et les fortifier, de manière cependant qu'elles ne puissent pas retomber dans le lit de la rivière ou des ruisseaux, sous les peines portées par l'article 43 du même arrêt.

ART. 37. — Les habitants du faubourg Marcel établis le long de la Bièvre seront tenus chacun en ce qui le concerne, de faire enlever, à la fin de fructidor de chaque année, les immondices qui seront provenues du curage, et de les faire transporter aux champs, sous les peines portées par l'article 46 de l'arrêt de 1732.

ART. 38. — Il sera pourvu au curage de l'an IX par des dispositions particulières.

ART. 39. — Conformément à l'article 4 de

l'arrêt des consuls du 25 vendémiaire dernier, il sera incessamment nommé des commissaires, pris parmi les intéressés, pour faire les rôles de répartition des frais que nécessitent la conservation et l'entretien des eaux.

ART. 40. — L'inspecteur général de la navigation et des ports, l'ingénieur hydraulique, l'architecte commissaire de la petite voirie et l'inspecteur particulier de la rivière de Bièvre, visiteront le plus fréquemment qu'il sera possible ladite rivière et les sources, ruisseaux et boires qui y affluent; à cet effet, les propriétaires des maisons et enclos riverains seront obligés de leur donner entrée, sous les peines portées par l'article 58 de l'arrêt de 1732.

ART. 41. — La présente ordonnance sera imprimée, etc.

Ordonnance de police du 15 juillet 1802.

ARTICLE PREMIER. — Le curage de la Bièvre et de ses affluents, pour la présente année, sera donné à l'entreprise.

Il sera mis en adjudication au rabais et partagé en trois lots.

ART. 2. — Les adjudicataires seront chargés de faire le curage en totalité, sans que les propriétaires riverains puissent s'immiscer dans ce travail même le long de leurs propriétés.

ART. 3. — Les époques où le curage sera fait dans chaque partie seront déterminées par le cahier des charges.

ART. 4. — La présente ordonnance sera imprimée...

Ordonnance de police du 27 mai 1837.

ARTICLE PREMIER. — Il est défendu aux propriétaires de maisons ou terrains riverains de la Bièvre de faire ou de rétablir, sur ladite rivière ou sur ses bords, dans la distance de 3m30, aucune construction de bâtiment, hangar, etc., pont, vanne, barrage, grille ou autre ouvrage pouvant intéresser le cours de l'eau ou obstruer les berges, sans avoir obtenu de nous une nouvelle autorisation.

ART. 2. — Toute construction ainsi faite ou tous objets ainsi placés seront immédiatement détruits ou enlevés, sans préjudice des poursuites à exercer par devant les tribunaux compétents.

ART. 3. — MM. les maires des communes riveraines de la Bièvre, M. le directeur de la salubrité chargé de la surveillance de cette rivière, ainsi que les gardes préposés à son inspection, sont chargés de veiller exactement à l'exécution des dispositions qui précèdent.

Arrêté préfectoral du 3 juillet 1852.

ARTICLE PREMIER. — Les propriétaires riverains de la Bièvre situés hors Paris, auxquels nous aurons délivré l'autorisation d'élever ou de réparer des constructions le long de cette rivière, seront tenus de se conformer aux dispositions suivantes.

ART. 2. *Constructions neuves.* — Toute construction neuve sera établie de manière à se trouver partout à une distance d'*au moins* 3m25 de la rive des eaux d'été.

ART. 3. *Règlement des berges ou marchepieds.* — La plate-forme de la berge ou marchepied devant ces constructions sera généralement établie et entretenue à une hauteur de 0m65 au-dessus du niveau des mêmes eaux.

Elle sera soutenue au long du lit de la rivière, soit par un mur, soit par des vannages en charpente sur les points où il sera jugé nécessaire pour assurer les prescriptions ci-dessus.

Lavoirs. — La hauteur de 0m65 pourra être provisoirement réduite de 0m30 dans les lavoirs, mais elle sera rétablie à 0m65 lorsque le lavoir viendra à être supprimé.

ART. 4. *Hangars.* — La toiture des nouveaux hangars ne pourra être supportée que par des poteaux de 0m15 à 0m20 d'équarrissage. La hauteur entre le sol et le dessous de la sablière sera au moins de 1m80.

ART. 5. *Murs et clôtures interceptant le marchepied.* — Lorsqu'un mur ou une clôture quelconque devra intercepter le marchepied, on y établira une porte de 0m90 de largeur au moins et ayant un seuil élevé de 0m65 au-dessus des eaux d'été. Cette porte recevra une serrure ouvrant avec la clef des agents chargés de la surveillance de la Bièvre ; elle ne pourra pendant le jour être fermée intérieurement, de manière à faire obstacle au passage de ces agents. La serrure sera constamment tenue en bon état.

ART. 6. *Ponts et passerelles.* — Dans le cas de la construction d'un pont ou d'une passerelle, l'axe de l'ouverture du pont sera dirigé suivant celui de la rivière. Un radier en maçonnerie ou en pavage sera établi suivant le plan déterminé par le fond du coursier de l'usine supérieure et le seuil de la vanne de décharge de l'usine inférieure.

Les pieds-droits laisseront entre eux un intervalle libre de 3 mètres pour la rivière vive, de 2 mètres pour la rivière morte et de 1 mètre pour les affluents. L'intervalle sera de 4 mètres dans les endroits où les deux rivières se confondent.

Les pieds-droits s'élèveront verticalement à partir du radier au moins jusqu'à 0m65 au-dessus du niveau des eaux d'été.

Les ponts et les berges aux abords seront constamment entretenus en bon état.

ART. 7. *Réparations de constructions existantes.* — Lorsqu'il aura été permis de réparer un bâtiment ou un mur formant saillie sur le marchepied ou l'alignement, les crevasses ne pourront être bouchées qu'en plâtras et il ne sera fait de *lancis* d'aucune espèce.

S'il s'agit d'une clôture établie transversalement au marchepied, et dans laquelle il n'aurait pas encore été pratiqué de passage, sa réparation ne pourra être effectuée qu'après avoir satisfait aux prescriptions de l'art. 5.

ART. 8. *Permissions révocables.* — Les autorisations ne conféreront aucun droit aux particuliers qui les auront obtenues. En conséquence, les ouvrages autorisés pourront être modifiés ou même supprimés à la première réquisition de l'administration, sans que cette mesure puisse donner ouverture à l'indemnité.

Art. 9: *Avis à donner aux permissionnaires.* — Tout riverain autorisé à établir une construction neuve, à en réparer une ancienne, ou à régulariser les berges, devra indiquer trois jours à l'avance, à l'ingénieur de l'arrondissement ou au conducteur délégué par lui, le jour où les travaux seront entrepris.

Dans le cas d'une construction neuve, il préviendra une seconde fois l'ingénieur ou le conducteur aussitôt que les fondations auront atteint le niveau du sol, afin qu'il soit procédé à la vérification de l'alignement; le résultat de cette opération sera constaté par un procès-verbal dont il lui sera laissé une expédition.

Art. 10. *Intervention de M. le Préfet de police.* — Les permissionnaires devront toujours se pourvoir, auprès de M. le Préfet de police, pour l'usage qu'ils se proposent de faire des eaux de la rivière.

Art. 11. *Propriétés situées à l'angle d'une voie communale ou militaire.* — Lorsqu'un des côtés de la propriété sera situé sur une voie communale ou militaire, la permission que nous aurons délivrée ne dispensera pas de s'adresser, suivant l'un ou l'autre cas, soit au maire de la localité, soit au chef du génie militaire pour les travaux à exécuter du côté de cette voie.

Art. 12. *Valeur et durée des autorisations.* — Les autorisations ne sont valables qu'après l'acquittement des droits du timbre. Elles deviendront nulles à l'expiration du délai d'une année, s'il n'en a pas été fait usage.

Art. 13. — Le présent règlement sera imprimé à la suite des autorisations.

L'ingénieur en chef des ponts et chaussées du département est chargé d'en assurer l'exécution.

Décret du 25 janvier 1854.

Article premier. — L'administration de la rivière de Bièvre, dans la partie comprise entre l'extrémité du département de la Seine et le mur d'enceinte de la ville de Paris, est partagée entre le préfet de la Seine et le préfet de police de la manière suivante :

Le préfet de police a dans ses attributions :

1° Les curages et les famardements de la rivière de Bièvre;

2° La préparation des rôles de répartition et du budget annuel ainsi que le contrôle et la vérification des dépenses occasionnées par les opérations de curage et de famardement;

3° La conservation de la pureté des eaux;

4° La prohibition de tous les obstacles de nature à embarrasser le cours de la rivière;

5° La police des tonneaux;

6° Le maintien de la salubrité publique;

7° La nomination des gardes-rivière, la fixation du traitement et la détermination des fonctions de ces agents;

8° Enfin, tout ce qui concerne la sûreté des personnes et des propriétés.

Art. 2. — Les attributions du préfet de la Seine comprennent :

1° La réglementation des usines et établissements non classés existants ou à former dans le lit de la Bièvre ou sur ses abords;

2° Les alignements à donner sur ces mêmes bords pour les constructions et le maintien du marchepied;

3° La rédaction des projets de travaux d'art, leur mise en adjudication et leur exécution;

4° Enfin, la surveillance à exercer sur les propriétaires d'usines, d'établissements industriels, à l'effet d'assurer l'exécution rigoureuse des conditions qui leur sont imposées, en ce qui concerne le barrage et les prises d'eau, ainsi que la conservation du volume des eaux.

Art. 3. — Sont abrogées les dispositions des règlements antérieurs relatifs aux attributions du préfet de la Seine et du préfet de police dans l'administration de la rivière de Bièvre, en ce qu'elles ont de contraire au présent décret.

Art. 4. — Nos ministres, etc.

BILLY (Quai de). Il est interdit de construire à plus de 14m30 de hauteur, faîtage compris, ni d'établir des usines, manufactures ou chantiers dans les propriétés situées quai de Billy, entre la rue de la Manutention et la rue de Magdebourg, à l'exception toutefois des trois derniers numéros avant la rue de Magdebourg, soit les maisons portant actuellement les nos 50, 52 et 54 sur le quai de Billy[1].

ANNEXE

Extrait du cahier des charges de l'adjudication du 25 novembre 1879.

Servitudes.

M. le Sénateur, Préfet de la Seine, déclare que les terrains présentement mis en vente sont grevés envers les immeubles ci-après désignés des servitudes suivantes résultant en faveur desdits immeubles des actes qui vont être ci-après énoncés.

I. La partie des terrains présentement mis en vente qui se trouve comprise dans la zone figurée au plan ci-annexé sous les lettres C, D, O, I (*quai de Billy, les deux côtes de la rue Foucault, et partie de la rue Fresnel*) est grevée envers l'immeuble portant le n° 9 de l'ancienne rue des Batailles (*rue supprimée*), et appartenant à M. Perrot, acquéreur de M. Bernard-Derosne, de la servitude ci-après, résultant d'un contrat passé devant Me Moreau, notaire à Paris, le 10 janvier 1842, contenant vente par M. Charles-Louis Derosne, M. et Mme Bernard, et M. et Mme Adolphe Lebaudy à l'ancienne société « Ch. Derosne et Cail » de l'immeuble portant alors sur le quai de Billy les numéros 36 et 38, et depuis le n° 46, et sur la rue des Batailles le n° 7.

Laquelle servitude est rappelée au contrat d'échange du 11 mai 1867 ci-devant relaté intervenu entre la ville de Paris et la Société « Cail et Cie » dans les termes suivants, qui

---

[1] Cahier des charges, 25 nov. 1879, annexe.

sont ceux du contrat de vente, du 10 janvier 1842, copiés littéralement :

« Les parties font observer que M. Derosne est propriétaire d'une maison sise à Paris, rue des Batailles, nos 9 et 9 bis, attenant en partie à la propriété présentement vendue, portant sur le quai de Billy les nos 36 et 38, et sur la rue des Batailles, le no 7.

« Et à cet égard, il est expressément convenu que les constructions qui pourront être élevées sur les terrains faisant partie de la propriété présentement vendue ne pourront, dans toute leur étendue, excéder une hauteur de quatorze mètres trente centimètres, à partir du sol, jusques et y compris le faîte des dites constructions. »

II. Aux termes d'un procès-verbal d'enchères dressé par les notaires à Paris soussignés, le 13 mars 1877, pour parvenir à l'adjudication en sept lots d'un terrain situé à Paris, avenue du Trocadéro et rue B (aujourd'hui rue Fresnel), lequel a été adjugé sur la réunion des lots à M. Louis-Germain Binder, propriétaire, chevalier de la Légion d'honneur, suivant procès-verbal d'adjudication dressé par les notaires le 27 dudit mois de mars, le Préfet de la Seine, ayant agi en sadite qualité, au nom de la ville de Paris, après avoir rappelé la clause ci-dessus relative à la servitude créée en faveur de l'immeuble de M. Bernard-Derosne sur les terrains compris dans la zone C, D, O, I, a ajouté ce qui suit, littéralement rapporté :

. « M. le Préfet ajoute :

« Qu'il a fait indiquer sur le plan ci-joint les espaces qui se trouvent frappés par les servitudes ci-dessus rappelées.

« Que celui sur lequel les constructions ne peuvent s'élever au-dessus de quatorze mètres trente centimètres est circonscrit dans les lettres A, B, C, D (lots 4, 5, 6, 14, 15, 16) et fournit au 27e lot une partie de terrain qui est teintée en bleu clair.

« Que les adjudicataires de ces lots devront souffrir ces servitudes et en faire leur affaire vis-à-vis des ayants droit à leurs risques et périls et sans recours contre la ville de Paris.

« Que les terrains présentement mis en vente profiteront de la servitude qui interdit de construire à une hauteur de plus de quatorze mètres trente centimètres, mais seulement en ce que cette servitude frappe la partie du quadrilatère A, B, C, D susindiqué qui dépend de l'îlot de terrain circonscrit entre le quai de Billy et les rues A et B (rues Foucault et Fresnel) et de la Manutention.

« Et que le surplus dudit îlot sera grevé de la même servitude, qui se trouve ainsi créée par la ville de Paris au profit des terrains présentement mis en vente.

« En sorte que ces terrains jouiront sur la totalité dudit îlot d'une servitude, par suite de laquelle les constructions ne pourront être élevées à une hauteur excédant quatorze mètres trente centimètres à partir du sol, jusque et y compris le faîte desdites constructions. »

III. Suivant contrat reçu par Me Portefin, notaire à Paris, et Me Jules-Émile Delapalme, l'un des notaires soussignés, le 30 avril et 1er mai 1877, contenant vente, par la ville de Paris, à M. Binder, susnommé, d'une parcelle de terre contiguë au terrain adjugé à ce dernier aux termes du procès-verbal d'adjudication du 27 mars 1877 ci-dessus énoncé, M. le Préfet de la Seine, ayant agi au nom de la ville de Paris, en conséquence d'une délibération du Conseil municipal de cette ville en date du 10 avril 1877, approuvée par arrêté préfectoral du 26 du même mois, et M. Binder, en son nom personnel, ont arrêté entre eux la convention suivante, ci-après littéralement rapportée :

« Les parties conviennent expressément par les présentes :

« Qu'il ne pourra jamais être élevé aucune usine ni manufacture sur le terrain présentement vendu ;

« Qu'une pareille interdiction à perpétuité frappera :

« 1o Le terrain contigu restant appartenir à la ville et s'étendant entre l'avenue du Trocadéro et la rue B (rue Fresnel) jusqu'à la rue de la Manutention.

« 2o Les terrains que M. Binder a acquis de la ville de Paris aux termes du procès-verbal d'adjudication dressé par Me Delapalme, notaire soussigné, le 27 mars 1877 ci-dessus énoncé.

« 3o Et l'îlot de terrain appartenant à la ville de Paris, circonscrit entre la rue B (rue Fresnel), la rue A (rue Foucault), la rue de la Manutention et le quai de Billy, et figuré au plan annexé au procès-verbal d'enchères du 13 mars dernier ci-dessus énoncé.

« Et que le terrain présentement vendu profitera de la prohibition d'élever sur ledit îlot de terrain délimité par le quai de Billy et les rues A, B et de la Manutention, des constructions d'une hauteur dépassant 14m 30 à partir du sol jusques et y compris le faîte desdites constructions, laquelle prohibition résulte tant du procès-verbal d'adjudication du 27 mars dernier ci-dessus énoncé que d'un contrat de vente passé devant Me Moreau, notaire à Paris, le 10 janvier 1842, et profite déjà en vertu dudit procès-verbal d'adjudication aux terrains acquis par M. Binder, et en vertu dudit contrat de vente à la propriété de M. Perrot, acquéreur de M. Bernard-Derosne, mais seulement sur partie dudit îlot de terrain. »

IV. Le terrain contigu à celui ainsi acquis par M. Binder, aux termes du contrat de vente susénoncé, s'étendant entre l'avenue du Trocadéro et la rue B (rue Fresnel) jusqu'à la rue de la Manutention, a été adjugé à M. Adolphe Tollin, agent de change, suivant procès-verbal d'adjudication dressé par les notaires à Paris soussignés, le 8 mai 1877, se trouvant en suite d'un procès-verbal d'enchères dressé par les mêmes notaires le 1er dudit mois de mai, à la requête de M. le Préfet de la Seine ayant agi au nom de la ville de Paris, en conséquence de la délibération du Conseil municipal du 10 avril 1877 et de l'arrêté préfectoral du 26 du même mois ci-dessus énoncés.

Aux termes de ce procès-verbal il a été déclaré :

1o Que l'adjudicataire du terrain désigné audit procès-verbal serait subrogé par le seul fait de l'adjudication dans tous les droits actifs et passifs résultant, pour la ville de Paris, des stipulations contenues dans le contrat de vente des 30 avril et 1er mai 1877 ci-dessus énoncé, relativement à la clause interdisant à perpétuité d'élever aucune usine ni manufacture, tant sur ledit terrain, que sur celui appartenant à M. Binder, en vertu de l'adjudication prononcée à son profit suivant procès-verbal dressé par les notaires soussignés, le 27 mars 1877, et du contrat de vente des 30 avril et 1er mai suivant ci-dessus énoncés, et sur l'îlot de terrain appartenant à la Ville, circonscrit par la rue A, la rue B, la rue de la Manutention et le quai de Billy.

2º Et que le terrain désigné au procès-verbal d'enchères du 1er mai 1877 profiterait de la prohibition d'élever sur ledit îlot de terrain des constructions dépassant une hauteur de 14m30 à partir du sol jusques et y compris le faîte desdites constructions, conformément aux stipulations contenues à cet effet dans le contrat de vente reçu par Me Moreau, notaire à Paris, le 10 janvier 1842, et dans les procès-verbaux d'enchères et d'adjudication des 13 et 27 mars 1877 ci-dessus énoncés.

ART. 5. — Dans un procès-verbal d'enchères dressé par les notaires à Paris, soussignés, le 27 juillet 1877, à la requête de M. le Préfet de la Seine, ayant agi au nom de la ville de Paris, en conséquence d'une délibération du Conseil municipal de ladite ville en date du 12 juin précédent, approuvée par arrêté préfectoral du 11 juillet suivant, pour parvenir à l'adjudication de 13 lots de terrain situés à Paris (XVIe arrond.), avenue d'Iéna, rue de Magdebourg et rue B (rue Fresnel), lesquels ont été adjugés sur réunion à M. Joseph Thome, propriétaire, suivant procès-verbal d'adjudication dressé par les mêmes notaires le 7 août 1877.

M. le préfet de la Seine ès dits noms a fait insérer la clause suivante ci-après littéralement rapportée :

« Les adjudicataires ou leurs ayants cause ne pourront créer ou laisser créer sur ledit terrain des usines, manufactures ou des chantiers.

« Par contre la ville de Paris sera tenue de frapper de la même interdiction les terrains qu'elle possède sur le quai de Billy entre la rue de Magdebourg et les rues A et B du plan susrelaté ; elle sera tenue en outre de frapper de l'interdiction de bâtir à plus de 14m30 de hauteur sur lesdits terrains qu'elle possède entre la rue de Magdebourg, la rue de la Manutention, la rue B et le quai de Billy ; ces derniers terrains seront grevés, lors de la vente qui en sera faite par la ville, de la servitude consistant en ce que ces terrains ne pourront être affectés à des chantiers. »

ART. 6. — Enfin en ce qui concerne le terrain situé à l'angle du quai de Billy et de la rue Foucault adjugé à M. Henri Houssaye, suivant procès-verbal d'adjudication du 24 juin 1879, se trouvant en suite d'un procès-verbal d'enchères dressé par les mêmes notaires le 13 dudit mois de juin, il a été déclaré :

1º Par ledit procès-verbal d'enchères, que ce terrain serait grevé de la servitude résultant au profit de l'immeuble de M. Bernard-Derosne de la prohibition contenue, dans le contrat de vente du 10 janvier 1842, d'élever des constructions dont la hauteur dépasserait 14m30 à partir du sol

jusques et y compris le faîte desdites constructions.

Et que le bénéfice de cette servitude était expressément réservé au profit de la ville de Paris, tant pour les propriétés voisines restant appartenir à la Ville que d'une manière générale.

2º Et par un dire inséré dans le procès-verbal d'adjudication ci-dessus énoncé :

Que ledit terrain serait également grevé des servitudes ci-dessus rapportées, créées par le procès-verbal d'enchères du 27 juillet 1877 énoncé plus haut et dans les termes dudit procès-verbal.

En conséquence de tout ce qui précède, les adjudicataires des terrains présentement mis en vente seront subrogés tant activement que passivement, à leurs risques et périls et sans recours contre la ville de Paris, dans l'effet des servitudes ci-dessus rappelées et en tant qu'elles peuvent grever lesdits terrains ou leur profiter.

BITUMES ET ASPHALTES (Fabrication et dépôt de). — V. *Asphaltes, bitumes*, etc.

BLANC DE PLOMB. —V. *Céruse*.

BLANC DE ZINC (Fabrication de), par la combustion du métal. — Etablissement insalubre de 3e classe : fumées métalliques[1].

Les ateliers doivent être ventilés énergiquement et fermés par des doubles portes, pour éviter la dispersion de l'oxyde de zinc au dehors ; les ouvertures, sur la rue et les voisins, fermées ; la cheminée avoir de 20 à 30 mètres d'élévation.

Dans le procédé de lévigation à l'eau bouillante, la chaudière doit être surmontée d'une hotte et les buées dirigées dans la cheminée de l'usine[2].

Il est interdit d'y faire travailler des enfants : poussières nuisibles[3].

BLANCHIMENT[4].

1º Des fils, des toiles et de la pâte à papier par le chlore. — Etablissement insalubre de 2e classe : odeur, émanations nuisibles.

Les ateliers doivent être ventilés et les ouvertures sur la rue fermées ; les appareils, cuves et chambres construits en maçonnerie et enduits en ciment ; les chambres ventilées par des ventilateurs mécaniques faisant passer le chlore sur un lait de chaux, et dirigeant les gaz non absorbés dans la cheminée élevée de 20 à 30 mètres.

Les eaux de lavage seront neutralisées.

Le sol des ateliers et cours sera imperméable, pavé, dallé ou bitumé.

Les séchoirs seront en matériaux incombustibles avec portes en fer[5].

[1] Décr., 31 déc. 1866. — [2] Bunel, p. 207. — [3] Décr., 14 mai 1875.
[4] Décr., 31 déc. 1866. — [5] Bunel, p. 208.

8

2° Des fils et tissus de lin, de chanvre et de coton par les chlorures (hypochlorites) alcalins. — Etablissement insalubre de 3° classe : odeur, altération des eaux.

Les ateliers seront ventilés, le sol ainsi que celui des cours sera imperméable, pavé, dallé ou bitumé.

Les cuves seront surmontées de hottes entraînant les buées au dehors.

Les eaux seront neutralisées.

Les étuves seront construites en matériaux incombustibles avec portes en fer[1].

3° Des fils et tissus de laine et de soie par l'acide sulfureux. — Etablissement insalubre de 2° classe : émanations nuisibles.

Les soufroirs seront construits en matériaux incombustibles en fer ; ils seront ventilés énergiquement par des ventilateurs mécaniques, dirigeant l'acide sulfureux dans des condenseurs, et de là dans la cheminée élevée de 20 à 30 mètres.

Les eaux de lavage seront neutralisées.

Les séchoirs construits en matériaux incombustibles[2].

Il est interdit de faire travailler des enfants dans les locaux où l'on dégage le chlore ou l'acide sulfureux[3].

BLEU D'OUTREMER (Fabrication du)[4].

1° Lorsque les gaz ne sont pas condensés : Etablissement insalubre de 1re classe : émanations nuisibles.

La cheminée, construite en briques, devra avoir au moins 35 mètres d'élévation.

Les eaux de lavage des produits seront neutralisées, et reçues à cet effet dans des cuves ou bassins[5].

2° Lorsque les gaz sont condensés : Etablissement insalubre de 2° classe : émanations accidentelles.

La cheminée aura au moins 30 mètres d'élévation.

Les gaz ainsi que les eaux de lavage sont neutralisés[6].

BLEU DE PRUSSE (Fabrication de). — V. *Cyanure de potassium*.

BOCARDS A MINERAIS OU A CRASSES. — Etablissement insalubre de 3° classe : bruit[7].

Ces établissements ne sont autorisés qu'à une assez grande distance des habitations et l'on doit prendre les dispositions convenables pour ne pas incommoder les voisins par le bruit[8].

BOIS DE BOULOGNE (Avenue du). Loi du 22 juin 1854[1]. Décr. du 13 août 1854[2]. Décr. du 11 sept. 1860[3].

Les propriétés en bordure de l'avenue du Bois de Boulogne doivent être closes par des grilles d'un modèle uniforme, et toute construction doit être distante de ces grilles d'au moins 10 mètres[5].

L'espace compris entre les grilles et les bâtiments doit être cultivé en jardin d'agrément[5].

Il ne peut être exercé dans ces propriétés aucune industrie, sans une autorisation du préfet de la Seine qui en détermine les conditions pour chaque cas[6].

Ces autorisations sont toujours révocables[7].

ANNEXE

Loi du 22 juin 1854.

ARTICLE PREMIER. — Le ministre des finances est autorisé à concéder à la ville de Paris les portions de l'ancien promenoir de Chaillot réservées à l'Etat par la loi du 8 juillet 1852.

ART. 2. — La ville de Paris est autorisée à vendre toutes les parties de ces terrains et de ceux concédés par la précitée, qui ne sont pas nécessaires pour achever et embellir les abords de l'Arc de triomphe de l'Etoile, à la charge par elle :

1° De remplacer cet ancien promenoir par des promenades nouvelles établies conformément aux délibérations de la Commission départementale de la Seine, du 24 novembre 1853, et de la Commission municipale de Paris, du 9 décembre 1853, sur les parties latérales de la route départementale[8] qui doit être ouverte entre la place de l'Etoile et la porte Dauphine du bois de Boulogne.

2° De conserver et entretenir ces promenades.

ART. 3. — Un décret impérial déterminera les dispositions de constructions et de clôtures qui devront être observées sur les terrains provenant de l'ancien promenoir de Chaillot et en façade sur la place de l'Etoile.

Le même décret déterminera également les genres d'industrie et de commerce dont l'exploitation sera interdite dans les maisons construites sur ces terrains.

ART. 4. — Les terrains joignant les parties latérales de la route départementale devront être clos par des grilles de fer établies suivant un modèle uniforme.

Aucune construction ne pourra être élevée à une distance moindre de 10 mètres de ces grilles.

Les prohibitions portées par le décret à intervenir en vertu du dernier paragraphe de l'art. 3, seront applicables à ces terrains et constructions.

---

[1] Ibid. — [2] Ibid. — [3] Décr., 14 mai 1875. — [4] Décr., 12 mai 1886. — [5] Bunel, p. 211. — [6] Ibid., p. 212. — [7] Décr., 31 anv. 1872. — [8] Bunel, p. 213.

[1] Annexe. — [2] V. *Etoile* (*Place de l'*). — [3] Ibid. — [4] Loi, 22 juin 1854, annexe. — [5] Décr., 13 août 1854. V. *Etoile* (*Place de l'*) — [6] Ibid. — [7] Décr., 11 sept. 1860. V. *Etoile* (*Place de l'*). — [8] Avenue du Bois de Boulogne.

ART. 5. — Aucune plus-value ne pourra être demandée aux propriétaires des terrains qui sont assujettis à ces servitudes.

ART. 6. — Les propriétaires des terrains grevés qui, dans les trois mois de la notification à eux faite par l'administration, n'auront pas déclaré se soumettre aux servitudes créées par la présente loi, seront expropriés de leurs immeubles dans les formes de droit.

BOIS DE CHAUFFAGE. — Ord. pol. des 25 juill. 1862[1] et 15 sept. 1875[2].

A Paris les débits de bois de chauffage ne peuvent être ouverts sans une autorisation de la préfecture de police[3].

Dans les maisons ayant des cours communiquant avec la rue au moyen de portes cochères le déchargement du bois de chauffage doit se faire dans ces cours et non sur la voie publique. Dans les maisons n'ayant pas de porte cochère le déchargement a lieu sur la voie publique en prenant toutes les précautions nécessaires pour ne pas gêner la circulation[4].

Il est interdit de scier ou fendre du bois sur la voie publique[5].

BOIS ET FORÊTS. — Edit d'août 1669[6]. Arr. cons. du 23 déc. 1690[7]. Loi du 16 sept. 1807[8]. Loi du 26 août 1881[9]. C. forest. V. aussi *Bornage*.

D'après le Code forestier[10] sont soumis au régime forestier :

1° Les bois et forêts qui font partie du domaine de l'Etat;

2° Ceux qui font partie du domaine de la couronne (maintenant domaine national);

3° Ceux qui sont possédés à titre d'apanage et de majorats reversibles à l'Etat[11];

4° Les bois et forêts des communes et des sections de commune;

5° Ceux des établissements publics;

6° Les bois et forêts dans lesquels l'Etat, la couronne (domaine national), les communes ou les établissements publics ont des droits de propriété indivis avec des particuliers.

Il est interdit d'y ouvrir aucune carrière, sans une autorisation[12].

Il est également interdit de construire, sans autorisation, aucun four à chaux ou à plâtre, aucune briqueterie et tuilerie, à moins d'un kilomètre des bois et forêts, sous peine de démolition des ouvrages et

d'une amende de 100 à 500 francs[1]. Sous l'ancienne monarchie la distance n'était que de 100 perches (714m65)[2].

La même distance est exigée pour les maisons sur perches, loges, hangars ou baraques[3].

L'autorisation est également nécessaire pour construire une maison ou une ferme à moins de 500 mètres[4].

Par ferme on entend des bâtiments servant à l'habitation avec adjonction de granges, écuries et autres dépendances destinées à une exploitation agricole[5].

Ces règles ne sont pas applicables aux bois et forêts appartenant aux communes dont la contenance est inférieure à 250 hectares[6].

Elles ne sont pas non plus applicables aux maisons ou fermes construites avant la promulgation du Code forestier (31 juill. 1827) qui peuvent être non seulement réparées, mais même agrandies[7].

Pour les bâtiments élevés dans les limites ci-dessus, il est nécessaire de se munir d'une autre autorisation spéciale, si l'on veut y établir un atelier à façonner le bois, ou un chantier, ou magasin pour faire le commerce du bois[8].

Les agents forestiers ont le droit de pénétrer dans les bâtiments ci-dessus[9], même de nuit[10].

Aucune usine à scier le bois ne peut être établie à moins de deux kilomètres, sans une autorisation spéciale[11].

Sont exceptées de ces dispositions les maisons ou usines qui font partie de villes, villages ou hameaux formant une population agglomérée[12].

Les distances ci-dessus prescrites se mesurent en ligne droite et non en suivant les sinuosités des chemins[13].

Pour la délimitation entre les bois et les propriétés riveraines, V. *Bornage*.

Les dispositions édictées par les articles 671 et 672 du Code civil, modifiées par la loi du 26 août 1881[14], sont applicables aux bois et forêts, avec cette restriction que les arbres auront moins de trente ans[15].

Aucun particulier ne peut arracher ses bois sans en avoir fait, quatre mois à l'avance, la déclaration à la préfecture. Le préfet peut s'opposer au défrichement, il est alors statué par le ministre des finances[16].

---

[1] V. *Bâtiment en constr.* — [2] V. *Incendie.* — [3] Ord. pol., 15 sept. 1875, V. *Incendie.* — [4] Ord. pol., 25 juill. 1862, V. *Bâtiment en constr.* — [5] Ibid. [6] Annexe. — [7] V. *Carrière.* — [8] V. *Expropriation.* — [9] V. *Arbre.* — [10] C. forest., 1. — [11] Sans objet, les apanages et majorats ayant été abolis par les lois des 12 mai 1835 et 7 mai 1849. — [12] Arr. cons., 23 déc. 1690. V. *Carrière.*

[1] C. forest., 151. — [2] Edit d'août, 1669, annexe. — [3] C. forest., 152. — [4] C. forest., 153. — [5] Cass., 24 avril 1868. — [6] C. forest., 153. — [7] Ibid. — [8] C. forest., 154. — [9] C. forest., 157. — [10] Cass., 7 mai 1841. — [11] C. forest., 155. — [12] C. forest., 156. — [13] Cass., 14 mars 1850. — [14] V. *Arbre.* — [15] C. forest., 150. — [16] Loi, 18 juin 1859.

Edit d'août 1669.

Louis, etc. Quoique le désordre qui s'était glissé dans les eaux et forêts de notre royaume fût si universel et si invétéré, que le remède en paroissoit presque impossible ; néanmoins le ciel a tellement favorisé l'application de huit années que nous avons données au rétablissement de cette noble et précieuse partie de notre domaine, que nous la voyons aujourd'hui en état de refleurir plus que jamais, et de produire avec abondance au public tous les avantages qu'il en peut espérer, soit pour les commodités de la vie privée, soit pour les nécessités de la guerre, ou enfin pour l'ornement de la paix, et l'accroissement du commerce par les voyages de long cours dans toutes les parties du monde. Mais comme il ne suffit pas d'avoir rétabli l'ordre et la discipline, si par de bons et sages règlemens on ne l'assure pour en faire passer le fruit à la postérité ; nous avons estimé qu'il étoit de notre justice, pour consommer un ouvrage si utile et si nécessaire, de nous faire rapporter toutes les ordonnances, tant anciennes que nouvelles, qui concernent la matière, afin que les ayant conférées avec les avis qui nous ont été envoyés des provinces par les commissaires départis pour la réformation des eaux et forêts, nous puissions sur le tout former un corps de lois claires, précises et certaines, qui dissipent toute l'obscurité des précédentes, et ne laissent plus de prétexte d'excuse à ceux qui pourront tomber en faute.

A ces causes, après avoir ouï le rapport des personnes intelligentes et versées dans la matière, etc., nous plaît ce qui en suit :

TITRE Ier. — DE LA JURIDICTION
DES EAUX ET FORÊTS.

ARTICLE PREMIER. — Les juges établis pour le fait de nos eaux et forêts connoîtront, tant au civil qu'au criminel, de tous différends qui appartiennent à la matière des eaux et forêts, entre quelques personnes, et pour quelque cause qu'ils aient été intentés.

ART. 2. — Déclarons faire partie de la matière qui leur est attribuée, toutes questions qui seront mues pour raison de nos forêts, bois, buissons et garennes, assiettes, ventes, coupes, délivrances et recollemens, mesures, façons, défrichement ou repeuplement de nos bois, et de ceux tenus en grurie, grairie, ségrairie, tiers et danger, apanage, engagement, usufruit, et par indivis, usages, communes, landes, marais, pâtis, pâturages, paissage, paisson, glandée, assiète, motion et changement de bornes et limites dans nos bois.

ART. 3. — Seront aussi de leur compétence toutes actions concernant les entreprises ou prétentions sur les rivières navigables et flottables, tant pour raison de la navigation et flottage que des droits de pêche, passage, pontonnage et autres, soit en espèce ou en deniers ; conduite, rupture, et loyers des flettes, bacs et bateaux, épaves sur l'eau, constructions et démolitions d'écluses, gords, pêcheries et moulins assis sur les rivières, visitation de poissons, tant ès bateaux que boutiques et réservoirs, et de filets, engins et instruments servant à la pêche, et généralement de tout ce qui peut préjudicier à la navigation, charoi et flottage des bois de nos forêts : le tout néanmoins sans préjudice de la juridiction des prévôts des marchands ès villes où ils sont en possession de connaître de tout ou de partie de ces matières, et de celle des officiers des turcies et levées, et autres qui pourroient avoir titres et possession pour en connoître.

ART. 4. — Voulons pareillement qu'ils connoissent de tous différends sur le fait des îles, îlots, javeaux, attérissemens, accroissemens, alluvions, viviers, palus, bâtardeaux, chantiers, auzelées et curement de nos rivières, boires et fosses qui sont sur leurs rives.

ART. 5. — Connoîtront, en outre, de toutes actions qui procèdent de contrats, marchés, promesses, baux et associations, tant entre marchands qu'autres, pour fait de marchandise de bois de chauffage ou merrein, cendres et charbons, pourvu toutefois que les contrats, marchés, promesses, baux et associations aient été faits avant que les marchandises fussent transportées hors des bois, rivières et étangs, et non autrement.

ART. 6. — S'il y a différend sur la taxe, ou sur le paiement des journées et salaires des manouvriers, bûcherons et autres artisans travaillant dans nos bois et forêts ; pêcheurs, aides à bateaux, ou passagers de bacs établis sur nos rivières, voulons qu'ils soient poursuivis et jugés aux sièges des eaux et forêts.

ART. 7. — Les mêmes sièges connoîtront de toutes causes, instances et procès mus sur le fait de la chasse et de la pêche, prises de bêtes dans les forêts, et larcins de poissons sur l'eau ; même informeront des querelles, excès, assassinats et meurtres commis à l'occasion de ces choses, et en instruiront et jugeront les procès, soit entre gentilshommes, officiers, marchands, bourgeois, ouvriers, bateliers, garenniers, pêcheurs ou autres, de quelque qualité que ce soit, sans distinction quelconque, leur en attribuant ou tant que besoin seroit, toute cour, juridiction et connoissance, et l'interdisant expressément à tous autres juges, à peine de nullité, et d'amende arbitraire contre les parties qui les auront requis de procéder, sans préjudice toutefois à la juridiction des capitaines des chasses, que nous maintenons en leurs droits, ainsi qu'il sera dit au chapitre de la chasse.

ART. 8. — A l'égard des autres crimes qui ne concernent pas le cas et matières ci-dessus, comme vols, meurtres, rapts, brigandages et excès sur les personnes qui passent, ils n'en pourront connoître, quoique commis dans les forêts ou sur les eaux ; sinon qu'ils eussent surpris les coupables en flagrant délit auquel cas ils en informeront, et décréteront seulement, et renvoyeront incessamment le prisonnier avec les charges en toute sûreté aux juges, à qui la connoissance en appartient par les ordonnances.

ART. 9. — La compétence des juges ne se réglera point en fait d'eaux et forêts par le domicile du défendeur, ni par aucun privilège de causes commises, ou autre quelqu'il puisse être; mais par le lieu, s'il s'agit de délits, abus et malversations, ou par la situation de la forêt et des eaux, s'il est question d'usages et de propriété, ou de l'exécution des contrats pour marchandises qui en proviennent.

ART. 10. — N'entendons que dans les différends de partie à partie nos officiers des eaux et forêts connoissent de la propriété des eaux et bois appartenant aux communautés ou particuliers, sinon lorsqu'elle sera nécessairement connexe à un fait de réformation et visitation, ou incidente et proposée pour défense contre la poursuite; mais lorsqu'il s'agira du pétitoire, ou possessoire, ventes, échanges, partages, licitations, retrait lignager ou féodal, d'autres actions qui seront directement et principalement intentées en raison de la propriété, hors le fait de réformation et visitation, la connoissance en appartiendra aux baillifs, sénéchaux et autres juges ordinaires.

ART. 11. — Nos officiers exerceront sur les eaux et forêts des prélats et autres ecclésiastiques, princes, chapitres, collèges, communautés régulières, séculières ou laïques, et de tous particuliers de quelque qualité qu'ils soient, la même juridiction qu'ils exercent sur les nôtres, en ce qui concerne le fait des usages, délits, abus et malversations, pourvu qu'ils en aient été requis par l'une ou l'autre des parties, et qu'ils aient prévenu les officiers des seigneurs.

ART. 12. — Dans les justices où les seigneurs auront un juge particulier pour le fait des eaux et forêts, nos officiers ne jouiront de la prévention que lorsqu'ils auront été requis; mais s'il n'y a qu'un juge ordinaire, ils auront la prévention et la concurrence, encore même qu'ils n'aient point été requis.

ART. 13. — Si néanmoins les abus et délits avaient été commis par les bénéficiers sur les eaux et forêts dépendantes de leur bénéfice, ou par les particuliers sur celles qui leur appartiennent, en ce cas nos officiers pourront en connoître sans qu'ils soient requis, et nonobstant qu'ils n'aient point prévenu, soit qu'il y eût un juge particulier pour le fait des eaux et forêts, ou qu'il n'y eût que la justice ordinaire.

ART. 14. — Faisons très expresses inhibitions et défenses à tous prévôts, chatelains, viguiers, baillifs, sénéchaux, présidiaux, et autres juges ordinaires, consuls, gens tenant nos requêtes de l'hôtel et du palais, à notre grand conseil, même à nos cours de parlement en première instance, de prendre connoissance des cas ci-dessus, ni d'aucun fait d'eaux, rivières, buissons, garennes, forêts, circonstances et dépendances; et à toutes communautés, particuliers, marchands ou autres, de quelque état et condition qu'ils soient, de poursuivre, répondre et procéder pour raison de ces choses, par devant eux; à peine de nullité de ce qui sera fait, et d'amende arbitraire contre les parties.

ART. 15. — Défendons aussi très expressément à nos cours de parlement et Chambre des comptes de vérifier aucunes lettres-patentes sur le fait de nos eaux et forêts, et des bois tenus en grurie, grairie, tiers et danger, apanage, engagement, usufruit et par indivis, ou de ceux des prélats, ecclésiastiques, communautés et

gens de main morte, qu'ils n'en aient auparavant ordonné la communication au grand-maître du département, et vu ses avis, si ce n'étoit que les lettres eussent été expédiées sur leurs procès-verbaux, et avis attachés sous le contre-scel.

ART. 16. — Nul ne sera reçu à l'avenir dans aucun office de judicature des eaux et forêts, qu'il n'ait subi l'interrogatoire, et répondu avec suffisance et capacité aux questions qui lui seront proposées sur le contenu de la présente ordonnance par les principaux officiers des sièges où la réception sera poursuivie. Et à l'égard des greffiers, huissiers, sergens et autres officiers inférieurs, ils seront seulement interrogés sur les articles qui concernent leurs fonctions : le tout à peine de nullité de la réception.

TITRE XXVII. — DE LA POLICE ET CONSERVATION DES FORÊTS, EAUX ET RIVIÈRES.

ARTICLE PREMIER. — Réitérons la prohibition faite par l'ordonnance de Moulins, de faire aucunes altérations à l'avenir, de quelque partie que ce soit de nos forêts, bois et buissons, à peine contre les officiers de privation de leurs charges, et de dix mille livres d'amende contre les acquéreurs, outre la réunion à notre domaine, et confiscation à notre profit de tout ce qui pourrait avoir été semé, planté ou bâti sur les places de cette qualité.

ART. 2. — Tous les arbres de réserve et baliveaux sur taillis seront à l'avenir réputés faire partie du fonds de nos bois et forêts, sans que les douairiers, donataires, engagistes, usufruitiers et leurs receveurs ou fermiers y puissent rien prétendre, ni aux amendes qui en proviendront.

ART. 3. — Les grands-maîtres faisant leurs visites seront tenus de faire mention dans leurs procès-verbaux de toutes les places vides non aliénées ni données à titre de cens ou d'afféage, qu'ils auront trouvées dans l'enclos et aux reins de nos forêts, pour être pourvu, sur leur avis, à la semence et repeuplement, ou à ce qui sera convenable à l'état de nos affaires.

ART. 4. — Tous les riverains possédans bois joignans nos forêts et buissons seront tenus de les séparer des nôtres par des fossés ayant quatre pieds (1m30) de largeur, et cinq pieds (1m62) de profondeur, qu'ils entretiendront en cet état, à peine de réunion.

ART. 5. — Nos officiers des maîtrises faisant leurs visites feront mention dans leurs procès-verbaux de l'état des bornes et fossés entre nous et les riverains, et réparer les entreprises et changements qu'ils reconnoîtront y avoir été faits depuis leur dernière visite; même feront mention dans leur procès-verbal de visite suivante, du rétablissement des choses dans leur premier état, et des jugemens qu'ils auront rendus contre les coupables, à peine d'en demeurer responsables solidairement en leurs privés noms.

ART. 6. — Défendons à toutes personnes de planter bois à cent perches (714m63) de nos forêts, sans notre permission expresse, à peine de cinq cents livres d'amende et de confiscation de leurs bois, qui seront arrachés ou coupés.

ART. 7. — Nos procureurs ès maîtrises auront communication par les mains des poursuivans criées de tous procès-verbaux de criées, affiches et publications qui se feront à l'avenir des maisons, terres, bois et autres héritages en fief ou roture, assis dans l'enclos, aux rives et à cent perches de nos forêts, bois et buissons; qui pour cet effet seront mises au greffe des maîtrises, du moins quinzaine avant l'adjudication des décrets, lesquels feront mention expresse de leur consentement ou opposition, à peine de nullité; et le juge qui les aura adjugés sans cette formalité, ou avant le jugement de l'opposition, en cas qu'il y en ait eu de formé, condamné en mille livres d'amende pour la première fois, en deux mille livres pour la seconde, en privation de sa charge en récidive.

ART. 8. — Seront aussi communiqués à nos procureurs ès maîtrises tous aveux et dénombremens, contrats d'acquisition, et déclaration d'héritages tenus en censives dans l'enclos, et à cent perches de nos forêts, bois et buissons, sans qu'ils puissent être reçus, vérifiés, enregistrés ou ensaisinés par nos officiers en la chambre des comptes, bureau des finances, ni par les seigneurs dominans et censiers, leurs fermiers, receveurs ou officiers, qu'après cette communication ou consentement de nos procureurs, ou le jugement de l'opposition, s'il y en a eu, dont sera fait mention par les actes de réception, enregistrement ou ensaisinement; sur les peines ci-dessus contre les officiers, de réunion des droits féodaux et censives contre les seigneurs, et de confiscation des biens donnés par aveux et déclarations contre les particuliers qui les auront faits sans cette formalité.

ART. 9. — Dans les communications qui seront faites à nos procureurs des maîtrises, tous les héritages joints aux forêts ainsi saisis, ou acquits et donnés par aveu et dénombrement, seront exprimés avec leur consistance, quantité d'arpens, nature et qualité; et si besoin est, réarpentés par l'arpenteur juré de la maîtrise, dont le procès-verbal sera affirmé par devant le maître particulier, et registré au greffe sans frais, en cas que l'expression faite par l'acte de communication soit fidèle, mais aux frais des parties qui se trouveront en fraude pour l'arpentage seulement, dont il sera payé suivant la taxe qui sera faite par le maître particulier.

ART. 10. — Enjoignons à nos procureurs de donner dans quinzaine, du jour que les pièces auront été mises au greffe, leurs conclusions par écrit, et en cas d'opposition, de les faire signifier dans le même temps aux poursuivans criées, acquéreurs, tenanciers et autres y ayant droit, pour y répondre dans la huitaine, et être incessamment procédé à l'instruction et jugement de l'opposition par le grand-maître ou par les officiers de la maîtrise, sans aucuns frais ni droits, à peine de répondre du tout en leurs noms.

ART. 11. — Faisons très expresses défenses d'arracher aucuns plans de chênes, charmes, ou autre bois dans nos forêts, sans notre permission et attache du grand-maître, à peine de punition exemplaire et de cinq cents livres d'amende.

ART. 12. — Défendons à toutes personnes d'enlever dans l'étendue et aux reins de nos forêts, sables, terres, marnes ou argiles, ni de faire de la chaux à cent perches (714m63) de distance, sans notre permission expresse, et aux officiers de le souffrir, sur peine de cinq cents livres d'amende et de confiscation des chevaux et harnois.

ART. 13. — Ne sera fait aucune délivrance de taillis ou menu bois, vert ou sec, de quelque qualité et valeur qu'ils puissent être, aux poudriers et salpêtriers, auxquels, et aux commissaires des poudres et salpêtres, faisons très expresses inhibitions et défenses d'en prendre sous aucun prétexte, à peine de cinq cents livres d'amende pour la première fois, du double et de punition exemplaire en récidive, nonobstant édits, déclarations, arrêts, permissions et concessions contraires.

ART. 14. — Nulle mesure n'aura lieu et ne sera employée dans nos bois et forêts et en ceux tenus pas indivis, grurie, grairie, ségrairie, tiers et danger, apanage, engagement, usufruit, et même des ecclésiastiques, communautés et particuliers nos sujets, sans aucun excepter, que la mesure de douze lignes par pouce, douze pouces par pied, vingt-deux pieds pour perche et cent perches pour arpent, à peine de mille livres d'amende, nonobstant et sans avoir égard à tous usages et possessions contraires, auxquels avons dérogé, dérogeons, et voulons qu'au greffe de chacune maîtrise il soit mis un étalon de la mesure ci-dessus prescrite.

ART. 15. — Dans toutes nos forêts et bois et ceux des ecclésiastiques, particuliers et autres dénommés en l'article ci-dessus, il ne sera fait aucune livraison de bois à brûler, soit en cas de vente ou délivrance de chauffage, et autre mesure qu'à la corde, qui aura huit pieds (2m60) de long, quatre (1m30) haut, les bûches de trois pieds et demi (1m14) de longueur, compris taille, le bois de cotterets de deux pieds (0m65) de longueur, et le cotteret de dix-sept à dix-huit pouces (0m46 à 0m48) de grosseur, abrogeant les rôtes, mesures, moules, journées, sommes, charges, voies et mesures contraires.

ART. 16. — Seront laissées et conservées au greffe de chacune maîtrise des cartes, figures et descriptions approuvées par le grand-maître de nos bois, buissons et forêts, et de ceux tenus par indivis, grurie, grairie, tiers et danger, apanage, engagement et usufruit qui sont dans l'étendue de leur ressort, et autant dans les greffes des tables de marbre, le tout à la diligence des maîtres particuliers et nos procureurs, à peine de radiation de leurs gages.

ART. 17. — Toutes maisons bâties sur perches dans l'enceinte, aux reins et à demi-lieue de nos forêts par des vagabonds et inutiles, seront incessamment démolies; et leur sera fait défenses d'en bâtir à l'avenir dans la distance de deux lieues de nos bois et forêts, sous peine de punition corporelle.

ART. 18. — Défendons à toutes personnes de faire construire à l'avenir aucuns châteaux, fermes et maisons dans l'enclos, aux rives et à demi-lieue de nos forêts, sans espérance d'aucune remise ni modération des peines d'amende et de confiscation des fonds et des bâtiments.

ART. 19. — Défendons aux marchands, ventiers, usagers et à toutes autres personnes de faire cendres dans nos forêts ni dans celles des ecclésiastiques ou communautés, aux usufruitiers et à nos officiers de le souffrir, à peine d'amende arbitraire et de confiscation des bois vendus, ouvrages et nos outils, et privation de charges contre les officiers, s'il n'y a lettrespatentes vérifiées sur l'avis des grands-maîtres.

ART. 20. — Les marchés qui se feront en vertu de lettres-patentes seront enregistrés au greffe des maîtrises, et ne pourront les cendres être faites qu'aux places et endroits désignés aux marchands par les grands-maîtres ou officiers.

ART. 21. — Faisons défenses à toutes autres personnes de tenir ateliers de cendres, ni en faire ailleurs que dans les ventes, ou en faire transporter que les tonneaux ne soient marqués du marteau du marchand, sur peine d'amende arbitraire et de confiscation.

ART. 22. — Défendons à toutes personnes de charmer ou brûler les arbres, ni d'en enlever l'écorce sous peine de punition corporelle; et seront les fosses à charbon placées aux endroits les plus vides et les plus éloignés des arbres et du recrû, et les marchands tenus de les repeupler et restituer, s'il est jugé à propos par le grand-maître, avant qu'ils puissent obtenir leur congé de cour, à peine d'amende arbitraire.

ART. 23. — Les cercliers, vanniers, tourneurs, sabottiers et autres de pareille condition, ne pourront tenir ateliers dans la distance de demilieue de nos forêts, à peine de confiscation de leurs marchandises et de cent livres d'amende.

ART. 24. — Enjoignons aux officiers des maîtrises d'empêcher le débit du bois ès villes fermées qui sont à la distance de deux lieues de nos forêts, et à cet effet leur permettons de faire perquisition dans les maisons des bois de merrein et à bâtir, qu'ils auront eu avis y avoir été portés, pour y être par eux pourvu, ainsi qu'il appartiendra : et pourront les gardes de nos forêts en présence d'un officier de la maîtrise, ou au défaut, en la présence du juge ordinaire, de notre procureur ou du procureur d'office, faire les mêmes visites, dont ils dresseront leurs procès-verbaux qu'ils apporteront au greffe des maîtrises; et seront les coupables punis par les grands maîtres ou officiers de la maîtrise, suivant la rigueur de nos ordonnances.

ART. 25. — Ordonnons que les monastères, gouverneurs des places, commandans les troupes, seigneurs et gentilshommes, feront ouverture des portes des villes et châteaux aux grands-maîtres, maîtres particuliers, lieutenans et nos procureurs, pour faire toutes les recherches, perquisitions et procédures qu'ils trouveront à propos pour notre service; et mettront ès mains de nos officiers tous accusés de délits commis ès forêts, même les cavaliers et soldats passans ou tenans garnison, à la première réquisition qui leur en sera faite, sans qu'ils les puissent retenir ou garder, nonobstant tous privilèges, et sous aucun prétexte de justice militaire, police ou autrement, à peine de déso-béissance et de répondre en leurs propres et privés noms, des amendes, restitutions et intérêts.

ART. 26. — Défendons à tous marchands adjudicataires de nos bois, ou ceux des particuliers joignant nos forêts, et même aux propriétaires qui les feront user, d'en donner aux bûcherons et autres ouvriers pour leurs salaires, à peine de répondre de tous les délits qui se commettront dans nos forêts pendant les usances et jusques au recollement des ventes; et aux bûcherons et autres ouvriers travaillant dans nos forêts, d'emporter sortant des ateliers aucun bois scié, fendu ou d'autre nature, à peine de cinquante livres d'amende pour la première fois, et de punition exemplaire en récidive.

ART. 27. — Faisons défenses aux usagers et à tous autres d'abattre la glandée, feine et autres fruits des arbres, les amasser ni emporter, ni ceux qui seront tombés, sous prétexte d'usage ou autrement, à peine de cent livres d'amende.

ART. 28. — Et à tous marchands de peler les bois de leurs ventes étant debout et sur pied, sur peine de cinq cents livres d'amende et de confiscation.

ART. 29. — Ne pourront les marchands ni leurs associés tenir aucuns ateliers et forges, ni faire ouvrer bois ailleurs que dans les ventes, sur peine de cent livres d'amende et de confiscation.

ART. 30. — Ceux qui habitent les maisons situées dans nos forêts et sur leurs rives ne pourront y faire commerce ni tenir ateliers de bois, ni en faire plus grand amas que ce qui est nécessaire pour leur chauffage, à peine de confiscation, d'amende arbitraire, et de démolition de leurs maisons.

ART. 31. — Ne pourront les sergens à garde ni autres officiers de nos forêts tenir taverne, ni exercer aucun métier où l'on employe du bois, à peine de destitution et de cinquante livres d'amende, outre la confiscation des bois qui se trouveront en leurs maisons.

ART. 32. — Faisons aussi défenses à toutes personnes de porter et allumer feu, en quelque saison que ce soit, dans nos forêts, landes et bruyères, et celles des communautés et particuliers, à peine de punition corporelle et d'amende arbitraire, outre la réparation des dommages que l'incendie pourrait avoir causés, dont les communautés et autres qui auront choisi les gardes, demeureront civilement responsables.

ART. 33. — Abrogeons les permissions et droits de feu, loges et toutes délivrances d'arbres, perches, mort-bois, sec et vert en étant; sans qu'il soit permis à aucuns usagers, de telle condition qu'ils soient, d'en prendre ou faire couper, et d'en enlever autre que gisant, nonobstant tous titres, arrêts et privilèges contraires, qui demeurent nuls et révoqués ; à peine contre les contrevenants d'amende, restitution, dommages-intérêts, et de privation du droit d'usage.

ART. 34. — Les usagers et autres personnes trouvées de nuit dans les forêts hors les routes et grands chemins, avec serpes, haches, scies ou cognées, seront emprisonnés et condamnés pour la première fois en six livres d'amende, vingt livres pour la seconde, et pour la troisième bannis de la forêt.

ART. 35. — Aussitôt qu'une personne aura été déclarée inutile, notre procureur lui fera faire commandement et à sa famille de sortir et s'éloigner à deux lieues de nos forêts, avec défenses à toutes personnes de les retirer dans l'étendue de cette distance; ce qui sera publié au prône; et où après la publication quelques personnes de la paroisse se trouveraient avoir donné retraite, seront condamnées en trois cents livres d'amende, et outre demeureront responsables de toutes les amendes qui seront jugées contre les inutiles.

ART. 36. — Ordonnons que dans trois mois après la publication des présentes, il sera fait un rôle exact en chacune maîtrise, du nom de tous les vagabonds et inutiles qui auront été employés plusieurs fois sur les rôles précédens, lesquels seront tenus de se retirer incessamment à deux lieues de nos forêts, à peine d'être mis au carcan trois jours de marchés consécutifs, et d'un mois de prison.

ART. 37. — Si les garde-manteaux ou sergens à garde les employent dans leurs procès-verbaux, après qu'ils auront été déclarés inutiles et vagabonds, en conséquence d'aucuns de leurs rapports précédens, ils seront eux-mêmes condamnés et contraints au paiement des sommes et amendes dont ils se trouveront chargés.

ART. 38. — Sera envoyé un état contenant le nom et la description de tous les interdits et vagabonds d'une maîtrise, aux greffes des autres maîtrises voisines, et s'il se trouve que pour n'être pas reconnus ils ayent changé de nom, voulons qu'ils soient condamnés aux galères s'ils y peuvent servir; si non en telles autres peines corporelles et exemplaires qui seront arbitrées par nos officiers des forêts.

ART. 39. — Enjoignons à nos procureurs des maîtrises de faire incessamment arrêter les inutiles et vagabonds de la qualité ci-dessus, et de les faire enlever des prisons des lieux dans la huitaine du jour qu'ils auront été arrêtés, pour être à leur requête et diligence conduits dans les prisons des villes où la chaîne a accoutumé de passer les plus proches du lieu de la maîtrise, pour y être attachés; laquelle conduite sera faite par les vice-baillifs, lieutenans criminels de robe-courte ou prévôts des maréchaux, à la première sommation qui leur en sera faite à la requête de nos procureurs des maîtrises; ce que nous leur enjoignons et à leurs lieutenans, exempts et archers, à peine de perte de leurs charges; et seront les frais et salaires payés sur les deniers des amendes et confiscations, suivant la taxe qui en sera faite par le grand-maître.

ART. 40. — Ne seront tirées terres, sables et autres matériaux à six toises (11ᵐ69) près des rivières navigables, à peine de cent livres d'amende.

ART. 41. — Déclarons la propriété de tous les fleuves et rivières portant bateaux de leurs fonds, sans artifices et ouvrages de mains dans notre royaume et terres de notre obéissance, faire partie du domaine de notre couronne, nonobstant tous titres et possessions contraires, sauf les droits de pêche, moulins, bacs et autres usages que les particuliers peuvent y

avoir par titres et possessions valables auxquels ils seront maintenus.

ART. 42. — Nul, soit propriétaire ou engagiste, ne pourra faire moulins, bâtardeaux, écluses, gords, pertuis, murs, plans d'arbres, amas de pierres, de terre et de fascines, ni autres édifices ou empêchements nuisibles au cours de l'eau dans les fleuves et rivières navigables et flottables, ni même y jeter aucunes ordures, immondices, ou les amasser sur les quais et rivages, à peine d'amende arbitraire. Enjoignons à toutes personnes de les ôter dans trois mois du jour de la publication des présentes : et si aucuns se trouvent subsister après ce temps, voulons qu'ils soient incessamment ôtés et levés à la diligence de nos procureurs des maîtrises, aux frais et dépens de ceux qui les auront faits ou causés, sous peine de cinq cents livres d'amende, tant contre les particuliers que contre le juge et notre procureur qui auront négligé de le faire, et de répondre en leurs privés noms des dommages et intérêts.

ART. 43. — Ceux qui ont fait bâtir des moulins, écluses, vannes, gords, et autres édifices dans l'étendue des fleuves et rivières navigables et flottables, sans en avoir obtenu la permission de nous ou de nos prédécesseurs, seront tenus de les démolir, sinon le seront à leurs frais et dépens.

ART. 44. — Défendons à toutes personnes de détourner l'eau des rivières navigables et flottables, ou d'en affaiblir et altérer le cours par tranchées, fossés et canaux, à peine contre les contrevenans d'être punis comme usurpateurs, et les choses réparées à leurs dépens.

ART. 45. — Réglons et fixons le chommage de chacun moulin qui se trouvera établi sur les rivières navigables et flottables, avec droits, titres et concessions, à quarante sous pour le temps de vingt-quatre heures, qui seront payés aux propriétaires des moulins ou leurs fermiers et meuniers, par ceux qui causeront le chommage par leur navigation et flottage, faisant très expresses défenses à toutes personnes d'en exiger davantage, ni de retarder en aucune manière la navigation et flottage, à peine de mille livres d'amende, outre les dommages et intérêts, frais et dépens, qui seront réglés par nos officiers des maîtrises, sans qu'il puisse y être apporté aucune modération.

ART. 46. — S'il arrive différend pour les droits de chommage des moulins et salaires des maîtres des ponts et gardes des pertuis, portes et écluses des rivières navigables et flottables, ils seront réglés par les grands-maîtres ou les officiers de la maîtrise en son absence, les marchands trafiquans et les propriétaires et meuniers préalablement ouïs, si besoin est; et ce qui sera par eux ordonné, exécuté par provision nonobstant et sans préjudice de l'appel.

TITRE XXVIII. — DES ROUTES ET CHEMINS ROYAUX ÈS FORÊTS, ET MARCHE-PIEDS DES RIVIÈSES.

ARTICLE PREMIER. — En toutes les forêts de passage où il y a et doit avoir grand chemin royal servant aux coches, carrosses, messagers et rouliers de ville à autre, les grandes routes auront au moins soixante douze pieds (23ᵐ40) de largeur; et où elles se trouveront en avoir davantage, elles seront conservées en leur entier.

ART. 2. — S'il était jugé nécessaire de faire nouvelles routes pour la facilité du commerce et la sûreté publique en aucune de nos forêts, les grands-maîtres feront les procès-verbaux d'alignement, et du nombre, essence et valeur des bois qu'il faudrait couper à cet effet, qu'ils enverront avec leurs avis à notre conseil ès mains du contrôleur général de nos finances, pour y être par nous pourvu.

ART. 3. — Ordonnons que dans six mois du jour de la publication des présentes, tous bois, épines et broussailles qui se trouveront dans l'espace de soixante pieds (19m50) ès grands chemins servant au passage des coches et carosses publics, tant de nos forêts, que celles des ecclésiastiques, communautés, seigneurs et particuliers, seront essartés et coupés, en sorte que le chemin soit libre et plus sûr; le tout à nos frais ès forêts de notre domaine, et aux frais des ecclésiastiques, communautés et particuliers dans les bois de leur dépendance.

ART. 4. — Voulons que les six mois passés, ceux qui se trouveront en demeure, soient mulctés d'amende arbitraire, et contraints par saisie de leurs biens au paiement tant du prix des ouvrages nécessaires pour l'essartement, dont l'adjudication sera faite au moins disant, au siège de la maîtrise, que des frais et dépens faits après les six mois, qui seront taxés par les grands-maîtres.

ART. 5. — Les arbres et bois qu'il conviendra couper dans nos forêts, pour mettre les routes en largeur suffisante, seront vendus ainsi que le grand-maître avisera pour notre plus grand profit, et ceux des ecclésiastiques et communautés leur demeureront en compensation de la dépense qu'ils auront à faire pour l'assartement.

ART. 6. — Ordonnons que dans les angles ou coins des places croisées, triviaires et biviaires qui se rencontrent ès grandes routes et chemins royaux des forêts, nos officiers des maîtrises feront incessamment planter des croix, poteaux ou pyramides à nos frais, ès bois qui nous appartiennent, et pour les autres aux frais des villes plus voisines et intéressées, avec inscriptions et marques apparentes du lieu où chacun conduit, sans qu'il soit permis à aucunes personnes de rompre, emporter, lacérer ou biffer telles croix, poteaux, inscriptions et marques, à peine de trois cents livres d'amende, et de punition exemplaire.

ART. 7. — Les propriétaires des héritages aboutissans aux rivières navigables laisseront le long des bords vingt-quatre pieds (7m80) au moins de place en largeur pour chemin royal et trait des chevaux, sans qu'ils puissent planter arbres, ni tenir clôture ou haie plus près que trente pieds (10m) du côté que les bateaux se tirent et dix pieds (3m33) de l'autre bord, à peine de cinq cents livres d'amende, confiscation des arbres, et d'être les contrevenants contrains à réparer et remettre les chemins en état à leurs frais.

BORNAGE. — Lois des 10 juill. 1791 et

17 juill. 1819[1]. Ord. roy. du 1er août 1827[2]. Loi du 7 avril 1851[3]. Décr. du 10 août 1853[4]. C. civ., art. 646. C. pén., art. 456. C. forest., art. 8 à 14.

Tout propriétaire, usufruitier, usager, emphytéote, antichrésiste, peut obliger ses voisins au bornage de leurs propriétés limitrophes : ce bornage se fait toujours à frais communs[5].

Le bornage peut être demandé par les communes, les établissements publics ou l'État, ou être demandé contre eux.

Quand il s'agit d'un bornage avec une propriété de l'État, la demande, qui en est faite par les riverains, doit être adressée au préfet du département[6].

L'État peut répondre à une demande de délimitation partielle par l'offre d'une délimitation générale; il doit alors être procédé à cette dernière dans le délai de six mois[7].

Cette délimitation générale est annoncée, deux mois à l'avance, par un arrêté préfectoral publié et affiché dans les communes limitrophes : ce délai de deux mois écoulé, les agents de l'administration des forêts procèdent à l'opération de délimitation en présence, ou en l'absence des propriétaires riverains[8].

Le procès-verbal de l'opération est déposé au secrétariat de la préfecture, avis en est donné par un arrêté préfectoral publié et affiché dans les communes limitrophes; et les intéressés ont un an pour formuler leurs oppositions[9], qui doivent être adressées au préfet[10].

Ce n'est qu'après ce délai d'un an et s'il n'y a pas d'opposition qu'il peut être procédé au bornage, opération qui doit être annoncée par un arrêté préfectoral, publié et affiché comme les précédents[11].

S'il y a opposition, il doit être sursis au bornage jusqu'à la décision des tribunaux compétents[12] qui, dans ce cas, sont les tribunaux civils ordinaires[13].

Lorsque la séparation ou délimitation consiste en un simple bornage, elle est faite à frais communs; lorsqu'elle est effectuée par des fossés de clôture, ces fossés sont exécutés aux frais de la partie qui a requis ce mode de bornage, et pris en entier sur son terrain[14]; ils doivent, en outre, être entretenus par ceux auxquels ils appartiennent.

On peut obtenir un extrait du procès-verbal de délimitation, en ce qui concerne sa

[1] V. *Place de guerre.* — [2] Annexe. — [3] V. *Place de guerre.* — [4] Ibid. — [5] C. civ., 646. — [6] C. forest., 8. — [7] C. forest., 9. — [8] C. forest., 10. — [9] C. forest., 11. — [10] Ord., 1er août 1827, annexe. — [11] C. forest., 12. — [12] C. forest., 13; Ord., 1er août 1827. — [13] Cass., 9 mars, 5 sept. 1836. — [14] C. forest., 14.

propriété : cet extrait est payé par le requérant à raison de 0 fr. 75 le rôle[1].

Le bornage entre les places de guerre et les propriétés privées est du ressort exclusif du ministre de la guerre[2].

Le bornage entre particuliers peut se faire à l'amiable, lorsque les propriétaires sont majeurs et maîtres de leurs droits.

En cas de désaccord ou si l'un des propriétaires n'est pas maître de ses droits, ou est mineur, le bornage doit être demandé au juge de paix qui y procède lui-même, ou nomme des experts à cet effet, à la condition, toutefois, que la propriété ou les titres ne soient pas contestés, ce qui dépasserait la compétence des juges de paix, car il y aurait alors une attribution de propriété ou une interprétation de titre que les tribunaux civils seuls peuvent trancher.

L'excédent ou le déficit par rapport aux quantités indiquées dans les titres doit être réparti, entre les parties, proportionnellement à l'étendue de chaque propriété[3]. Sauf le cas, notamment, où l'un des propriétaires aurait des titres parfaitement explicites, tandis que les titres des autres propriétaires seraient sujets à équivoque; car alors le premier doit obtenir toute la contenance portée sur ses titres, mais rien au delà[4].

En présence de titres peu précis, on peut avoir égard aux anciennes marques existantes[5].

La possession trentenaire prévaut contre un titre; il y a alors prescription au profit du possesseur[6]; mais de légères anticipations quelle qu'en fût la durée ne sauraient constituer une possession utile et par conséquent opposable à des titres[7].

Les chemins de halage, étant la propriété des riverains des rivières navigables ou flottables, qui ont formé les chemins, doivent être compris dans le mesurage, ainsi que les fossés, haies, sentiers et autres passages non publics.

La loi du 28 septembre — 6 octobre 1791 disait que le bornage serait fait à moitié frais; l'article 646 du Code civil porte que le bornage se fait à frais communs : c'est-à-dire que les frais de bornage doivent être partagés en parties égales entre les intéressés, et les frais d'arpentage proportionnellement à l'étendue de chaque propriété[8].

Le bornage consiste dans l'établissement de marques fixes indiquant les limites de chaque héritage. Quelquefois on plante des arbres, tels que des oliviers ou des cornouillers qui ont la propriété de repousser de leurs racines, quoi qu'il arrive au tronc : mais le plus souvent on emploie des pierres brutes ou taillées.

Les meilleures marques sont des pierres taillées en forme de parallélipipèdes, sur la face supérieure desquelles on grave des traits suivant la direction des lignes séparatives. Au-dessous de ces pierres on place des fragments de pierre, de briques ou de tuileaux, que l'on appelle des témoins, disposés de telle manière que l'on ne puisse déplacer la borne sans les déranger.

La nature, la forme, le nombre et la disposition des témoins, ainsi que les dimensions, la forme, la nature, la direction des bornes et la distance à laquelle elles sont placées les unes des autres sont relatées dans le procès-verbal de bornage.

Ces procès-verbaux peuvent être faits sous signatures privées; mais, comme tout acte, ils doivent être enregistrés pour être valables.

Il est interdit de déplacer une borne hors de la présence du propriétaire riverain : la Cour de cassation a jugé[1] que, même la borne replacée dans les mêmes limites, ce déplacement constituait un délit passible[2] d'un emprisonnement d'un mois à un an et d'une amende égale au quart des restitutions et des dommages-intérêts, mais ne pouvant, dans aucun cas, être au-dessous de 50 francs.

ANNEXE

Extrait de l'ordonnance royale
du 1er août 1827.

TITRE II. — DES BOIS ET FORÊTS QUI FONT PARTIE DU DOMAINE DE L'ÉTAT.

SECTION PREMIÈRE. — De la délimitation et du bornage.

ART. 57. — Toutes demandes en délimitation et bornage entre les forêts de l'État et les propriétés riveraines seront adressées au préfet du département.

ART. 58. — Si les demandes ont pour objet des délimitations partielles, il sera procédé dans les formes ordinaires.

Dans le cas où, les parties étant d'accord pour opérer la délimitation et le bornage, il y aurait lieu à nommer des experts, le préfet, après avoir pris l'avis du conservateur des forêts et du directeur des domaines, nommera un agent forestier pour opérer comme expert dans l'intérêt de l'État.

ART. 59. — Lorsqu'en exécution de l'article 10 du Code il s'agira d'effectuer la délimitation générale d'une forêt, le préfet nommera, ainsi qu'il est prescrit par l'article précédent, les agents forestiers et les arpenteurs qui devront procéder dans l'intérêt de l'État, et

---

[1] Ord., 1er août 1827. — [2] Lois, 10 juill. 1791, 17 juill. 1819, 7 avril 1851; Décr., 10 août 1853. — [3] Cass., 2 mai 1866. — [4] Pardessus, t. Ier, p. 122. — [5] Ibid. — [6] Pardessus, t. Ier, n° 127. — [7] Pardessus, t. Ier, n° 126. — [8] Cass., 30 déc. 1818, 27 août 1829, 20 juin 1855, 29 juill. 1846, 9 nov. 1857; Manuel, t. Ier, p. 160.

[1] Cass., 8 avril 1854. — [2] C. pén., 456.

indiquera le jour fixé pour le commencement des opérations et le point de départ.

ART. 60. — Les maires des communes où devra être affiché l'arrêté destiné à annoncer les opérations relatives à la délimitation générale seront tenus d'adresser au préfet des certificats constatant que cet arrêté a été publié et affiché dans ces communes.

ART. 61. — Le procès-verbal de délimitation sera rédigé par les experts suivant l'ordre dans lequel l'opération aura été faite. Il sera divisé en autant d'articles qu'il y aura de propriétaires riverains, et chacun de ces articles sera clos séparément et signé par toutes les personnes intéressées.

Si les propriétaires riverains ne peuvent pas signer ou refusent de le faire, si même ils ne se présentent ni en personne ni par un fondé de pouvoir, il en sera fait mention.

En cas de difficultés sur la fixation des limites, les réquisitions, dires et observations contradictoires seront consignées au procès-verbal.

Toutes les fois que, par un motif quelconque, les lignes de pourtour d'une forêt, telles qu'elles existent actuellement, devront être rectifiées de manière à déterminer l'abandon d'une portion du sol forestier, le procès-verbal devra énoncer les motifs de cette rectification, quand même il n'y aurait à ce sujet aucune contestation entre les experts.

ART. 62. — Dans le délai fixé par l'article 11 du Code forestier, notre ministre des finances nous rendra compte des motifs qui pourront déterminer l'approbation ou le refus d'homologation du procès-verbal de délimitation, et il y sera statué par nous sur son rapport.

A cet effet, aussitôt que ce procès-verbal aura été déposé au secrétariat de la préfecture, le préfet en fera faire une copie entière, qu'il adressera sans délai à notre ministre des finances.

ART. 63. — Les intéressés pourront requérir des extraits dûment certifiés du procès-verbal de délimitation, en ce qui concernera leurs propriétés.

Les frais d'expédition de ces extraits seront à la charge des requérants, et réglés à raison de soixante-quinze centimes par rôle d'écriture, conformément à l'article 37 de la loi du 25 juin 1794 (7 messidor an II).

ART. 64. — Les réclamations que les propriétaires pourront former, soit pendant les opérations, soit dans le délai d'un an, devront être adressées au préfet du département, qui les communiquera au conservateur des forêts et au directeur des domaines, pour avoir leurs observations.

ART. 65. — Les maires justifieront, dans la forme prescrite par l'article 60, de la publication de l'arrêté pris par le préfet pour faire connaître notre résolution relativement au procès-verbal de délimitation. Il en sera de même pour l'arrêté par lequel le préfet appellera les riverains au bornage conformément à l'article 12 du code forestier.

ART. 66. — Les frais de délimitation et de bornage seront établis par articles séparés pour chaque propriétaire riverain, et supportés en commun entre l'administration et lui.

L'état en sera dressé par le conservateur des forêts et visé par le préfet. Il sera remis au receveur des domaines, qui poursuivra par voie de contrainte le paiement des sommes à la charge des riverains, sauf l'opposition, sur laquelle il sera statué par les tribunaux, conformément aux lois.

TITRE IV. — DES BOIS ET FORÊTS QUI SONT POSSÉDÉS PAR LES PRINCES A TITRE D'APANAGE, ET PAR DES PARTICULIERS A TITRE DE MAJORATS RÉVERSIBLES A L'ÉTAT.

ART. 125. — Toutes les dispositions des 1re et 2e section du titre II de la présente ordonnance relativement à la délimitation, au bornage et à l'aménagement des forêts de l'État, à l'exception de l'article 68, sont applicables aux bois et forêts qui sont possédés par les princes à titre d'apanage, ou par des particuliers à titre de majorats réversibles à l'État.

ART. 126. — Les possesseurs auront droit d'intervenir comme parties intéressées dans tous débats et actions relativement à la propriété.

TITRE V. — DES BOIS DES COMMUNES ET DES ÉTABLISSEMENTS PUBLICS.

ART. 128. — L'administration forestière dressera incessamment un état général des bois appartenant à des communes ou établissements publics, et qui doivent être soumis au régime forestier aux termes des articles 1er et 90 du Code, comme étant susceptibles d'aménagement ou d'une exploitation régulière.

S'il y a contestation à ce sujet de la part des communes ou établissements propriétaires, la vérification de l'état des bois sera faite par les agents forestiers, contradictoirement avec les maires ou administrateurs.

Le procès-verbal de cette vérification sera envoyé par le conservateur au préfet, qui fera délibérer les conseils municipaux des communes ou les administrateurs des établissements propriétaires, et transmettra le tout, avec son avis, à notre ministre des finances, sur le rapport duquel il sera statué par nous.

ART. 129. — Lorsqu'il y aura lieu d'opérer la délimitation des bois des communes et des établissements publics, il sera procédé de la manière prescrite par la 1re section du titre II de la présente ordonnance pour la délimitation et le bornage des forêts de l'État, sauf les modifications des articles suivants.

ART. 130. — Dans les cas prévus par les art. 58 et 59, le préfet, avant de nommer les agents forestiers chargés d'opérer comme experts dans l'intérêt des communes ou des établissements propriétaires, prendra l'avis des conservateurs des forêts et celui des maires et administrateurs.

ART. 131. — Le maire de la commune, ou l'un des administrateurs de l'établissement propriétaire, aura droit d'assister à toutes les opérations, conjointement avec l'agent forestier nommé par le préfet. Ses dires, observations et oppositions seront exactement consignés au procès-verbal.

Le conseil municipal ou les administrateurs seront appelés à délibérer sur les résultats du procès-verbal avant qu'il soit soumis à notre homologation.

ART. 132. — Lorsqu'il s'élèvera des contestations ou des oppositions, les communes ou les établissements propriétaires seront autorisés à intenter action ou à défendre, s'il y a lieu, et les actions seront suivies par les maires ou administrateurs.

ART. 133. — L'état des frais de délimitation et de bornage, dressé par le conservateur et visé par le préfet, sera remis au receveur de la commune ou de l'établissement propriétaire, qui percevra le montant des sommes mises à la charge des riverains, et, en cas de refus, en poursuivra le payement par toutes les voies de droit au profit et pour le compte de ceux à qui ces frais seront dus.

TITRE VI. — DES BOIS INDIVIS QUI SONT SOUMIS AU RÉGIME FORESTIER.

ART. 147. — En exécution des articles 1er et 113 du Code forestier, toutes les dispositions de la présente ordonnance relatives aux forêts de l'État sont applicables aux bois dans lesquels l'État a des droits de propriété indivis, soit avec des communes ou des établissements publics, soit avec des particuliers.

Ces dispositions sont également applicables aux bois indivis entre le domaine de la Couronne et les particuliers, sauf les modifications qui résultent du titre IV du Code forestier et du titre III de la présente ordonnance.

Quant aux bois indivis entre des communes ou des établissements publics et des particuliers, ils seront régis conformément aux dispositions du titre VI du Code forestier et du titre V de la présente ordonnance.

ART. 148. — Lorsqu'il y aura lieu d'effectuer des travaux extraordinaires pour l'amélioration des bois indivis, le conservateur communiquera aux copropriétaires les propositions et projets de travaux.

TITRE IX. — POLICE ET CONSERVATION DES BOIS ET FORÊTS QUI SONT RÉGIS PAR L'ADMINISTRATION FORESTIÈRE.

ART. 169. — Dans les bois et forêts qui sont régis par l'administration forestière, l'extraction de productions quelconques du sol forestier ne pourra avoir lieu qu'en vertu d'une autorisation formelle délivrée par le directeur général des forêts, s'il s'agit des bois de l'État; et s'il s'agit de ceux des communes et des établissements publics, par les maires ou administrateurs des communes ou établissements propriétaires, sauf l'approbation du directeur général des forêts, qui, dans tous les cas, réglera les conditions et le mode d'exécution. Quant au prix, il sera fixé, pour les bois de l'État, par le directeur général des forêts; et pour les bois des communes et des établissements publics, par le préfet, sur les propositions des maires ou administrateurs.

ART. 170. — Lorsque les extractions de matériaux auront pour objet des travaux publics, les ingénieurs des ponts et chaussées, avant de dresser le cahier des charges des travaux, désigneront à l'agent forestier supérieur de l'ar-

rondissement les lieux où les extractions devront être faites.

Les agents forestiers, de concert avec les ingénieurs ou conducteurs des ponts et chaussées, procèderont à la reconnaissance des lieux, détermineront les limites du terrain où l'extraction pourra être effectuée, le nombre, l'espèce et les dimensions des arbres dont elle pourra nécessiter l'abatage, et désigneront les chemins à suivre pour le transport des matériaux. En cas de contestation sur ces divers objets, il sera statué par le préfet.

ART. 171. — Les diverses clauses et conditions qui devront, en conséquence des dispositions de l'article précédent, être imposées aux entrepreneurs, tant pour le mode d'extraction que pour le rétablissement des lieux en bon état, seront rédigées par les agents forestiers et remises par eux au préfet, qui les fera insérer au cahier des charges des travaux.

ART. 172. — L'évaluation des indemnités dues à raison de l'occupation ou de la fouille des terrains, et des dégâts causés par l'extraction, sera faite conformément aux articles 55 et 56 de la loi du 16 septembre 1807. L'agent forestier supérieur remplira les fonctions d'expert dans l'intérêt de l'État; et les experts dans l'intérêt des communes ou des établissements publics seront nommés par les maires ou administrateurs.

ART. 173. — Les agents forestiers et les ingénieurs et conducteurs des ponts et chaussées sont expressément chargés de veiller à ce que les entrepreneurs n'emploient pas les matériaux provenant des extractions à d'autres travaux que ceux pour lesquels elles auront été autorisées.

Les agents forestiers exerceront contre les contrevenants toutes poursuites de droit.

ART. 174. — Les arbres et portions de bois qu'il serait indispensable d'abattre pour effectuer les extractions seront vendus comme menus marchés, sur l'autorisation du conservateur.

ART. 175. — Les réclamations qui pourront s'élever relativement à l'exécution des travaux d'extraction et à l'évaluation des indemnités seront soumises aux conseils de préfecture, conformément à l'article 4 de la loi du 17 février 1800.

BORNE. — Ord. des trésoriers de France du 4 févr. 1683[1]. Ord. du bureau des finances du 1er avril 1697[2]. Décis. du préf. de pol. du 15 févr. 1850[3]. Ord. pol. du 25 juill. 1862[4]. Décr. du 22 juill. 1882[5].

Sous l'ancienne législation il était défendu de donner aux bornes, comme aux marches et autres avances, plus de huit pouces (0m22) de saillie du corps du mur[6].

Une décision du préfet de police du 15 février 1850[7] spécifie que, pour les bornes placées aux extrémités des trottoirs, l'enlè-

[1] V. Pavage. — [2] V. Saillie. — [3] V. Saillie. — [4] V. Bâtim. en constr. — [5] V. Saillie. — [6] Ord, 4 févr. 1683 et 1er avril 1697, V. Saillie. Ord. pol., 25 juill. 1862, V. Bâtim. en constr. — [7] V. Saillie.

vement n'en sera exigé qu'autant que ces bornes présenteront des inconvénients au point de vue de la circulation.

Actuellement, il est interdit de placer des bornes en saillie des murs de face ou de clôture; toutes celles existantes doivent être enlevées aussitôt l'établissement des trottoirs[1].

L'entretien des bornes placées dans les cours ou les remises, dont le locataire a l'usage exclusif, est à la charge de ce locataire. Goupy est d'un avis contraire, prétendant que ces bornes ayant été établies pour préserver les murs du choc des voitures ne sont utiles qu'au propriétaire. Cette opinion est combattue par Troplong[2], comme n'étant conforme ni à l'usage ni à l'esprit de la loi, qui veulent que le locataire soit responsable des dégradations qu'il commet. De son côté, Lepage dit que, quand les bornes sont brisées, elles le sont par la maladresse des cochers ou des voituriers, et que par suite la réparation ou le remplacement doit incomber au locataire responsable des personnes qu'il emploie. Lepage ajoute encore que ces objets sont toujours assez forts pour supporter le frottement ordinaire des voitures, en sorte que s'ils sont cassés ou écornés, ce ne peut être que par un fait étranger au propriétaire, et dont il ne doit pas souffrir[3].

Pour les bornes servant à délimiter les propriétés, V. *Bornage*.

BOUCHERIE. — Décr. du 24 févr. 1858[4]. Ord. pol. du 16 mars 1858[5]. Arr. préf. du 20 avril 1887[6].

L'établissement d'un étal de boucher est soumis à une enquête préalable de quinze jours : à cet effet, il doit en être fait la déclaration à la préfecture de la Seine, avec indication de la situation de l'immeuble[7].

Cette déclaration doit être renouvelée à chaque changement de titulaire.

L'ouverture d'un étal est subordonnée aux conditions suivantes[8] :

Le local doit avoir au moins 2m80 de hauteur, 3m50 de largeur et 4 mètres de profondeur : toutefois, pour les boucheries installées antérieurement au décret du 23 juillet 1884, la hauteur pourra n'être que de 2m60;

Il sera fermé, sur la rue, et dans toute sa hauteur, par une grille en fer;

Il sera parfaitement ventilé, soit au moyen d'une prise d'air sur la cour, soit au moyen d'un ventilateur de 4 décimètres au moins

de section, s'élevant jusqu'à la hauteur du faîtage de la maison ou des maisons contiguës, si elles sont plus élevées;

Les murs seront revêtus d'enduits imperméables;

Le sol doit être en surélévation de la voie publique, dallé, avec pente et rigole en communication avec la canalisation souterraine à l'égout : l'orifice de cette canalisation sera muni d'un siphon obturateur;

Il ne peut y avoir ni âtre, ni cheminée, ni fourneau;

Enfin, à défaut de puits, l'établissement doit avoir une concession d'eau, ou, tout au moins, un réservoir, d'une contenance *minima* de cinq cents litres, qui sera rempli tous les jours.

ANNEXES

Extrait du décret du 24 février 1858.

ART. 2. — Tout individu qui veut exercer à Paris la profession de boucher doit préalablement faire à la préfecture de police une déclaration où il fait connaître la rue ou la place et le numéro de la maison ou des maisons où la boucherie et ses dépendances doivent être établies.

Cette déclaration devra être renouvelée à chaque fois que la boucherie change de propriétaire ou de locaux.

Ordonnance de police du 16 mars 1858.

ARTICLE PREMIER. — Tout individu qui voudra exercer à Paris la profession de boucher devra en faire préalablement la déclaration à la préfecture de police, conformément à l'art. 2 du décret ci-dessus visé, et indiquer le lieu où il se propose d'établir son étal.

À défaut d'opposition fournie par la préfecture de police, dans un délai de quinze jours, l'étal pourra être ouvert.

L'opposition ne pourra être basée que sur l'inexécution des conditions déterminées par l'art. 2 ci-après.

Dans le cas d'opposition, le requérant devra, s'il persiste, faire subir au local les appropriations nécessaires; lorsqu'elles auront été exécutées, il en donnera avis à la préfecture de police, et si, dans un délai de quinze jours, à dater du dépôt de cet avis, la préfecture de police ne notifie pas de nouvelle opposition, le requérant pourra ouvrir son étal.

ART. 2. — L'ouverture d'un étal sera subordonnée aux conditions suivantes :

Le local aura au moins 2m50[1] d'élévation, 3m50 de largeur et 4 mètres de profondeur. Il sera fermé dans toute sa hauteur par une grille en fer.

La ventilation devra y être établie au moyen d'un courant d'air transversal.

---

[1] Décr., 22 juill. 1882, V. *Saillie*. — [2] N° 580. — [3] Agnel, n° 589.

[4] Annexe. — [5] Annexe. — [6] Annexe. — [7] Décr., 24 févr. 1858; Ord. pol., 16 mars 1858; Arr. préf., 20 avril 1887, annexes. — [8] Ibid.

[1] Cette hauteur a été portée à 2m80, av. préf., 20 avril 1887.

Le sol sera entièrement dallé, avec pente en rigole et en surélévation de la voie publique.

Les murs seront revêtus d'enduits ou de matériaux imperméables.

Il ne pourra y avoir dans l'étal ni âtre, ni cheminée, ni fourneau.

Toute chambre à coucher en devra être éloignée, ou séparée par des murs, sans communication directe.

A défaut de puits ou d'une concession d'eau pour le service de l'étal, il y sera suppléé par un réservoir de la contenance d'un demi-mètre cube, qui devra être rempli tous les jours.

ART. 3. — Notre ordonnance en date du 1er octobre 1855, concernant la taxe de la viande, est rapportée.

ART. 4. — La présente ordonnance recevra son exécution à partir du 31 mars courant.

ART. 5. — Les commissaires de police de la ville de Paris, le directeur de l'approvisionnement, les inspecteurs de la boucherie et les autres préposés de la préfecture de police, sont chargés, chacun en ce qui le concerne, d'en assurer l'exécution.

———

Arrêté préfectoral du 20 avril 1887.

Vu le décret du 28 février 1858 sur l'exercice de la profession de boucher dans la ville de Paris ;

Vu l'ordonnance de police du 16 mars 1858, réglementant la tenue des étaux de boucherie dans la ville de Paris ;

Vu le décret du 10 octobre 1859 ;

Vu l'avis émis par le conseil municipal de la ville de Paris, dans sa séance du 23 mars 1887 ;

Sur la proposition de M. l'inspecteur général des ponts et chaussées, directeur des travaux de Paris ;

Arrête :

ARTICLE PREMIER. — Toute personne qui voudra exercer le commerce de la boucherie dans la ville de Paris devra en faire la déclaration à la préfecture de la Seine et indiquer les locaux dans lesquels elle se propose d'établir l'étal de boucherie.

Cette déclaration devra être renouvelée à chaque changement de propriétaire.

ART. 2. — L'autorisation d'exercer le commerce de la boucherie ne sera accordée qu'après qu'il aura été constaté que les locaux dans lesquels on se propose d'exercer ce commerce remplissent les conditions suivantes :

1° L'étal aura au minimum 3m 50 de longueur, 4 mètres de profondeur et 2m 80 de hauteur. Toutefois, dans les constructions élevées antérieurement au décret du 23 juillet 1884, l'étal pourra n'avoir qu'une hauteur de 2m 60 ;

2° L'étal sera fermé dans toute sa hauteur par une grille en fer ;

3° L'étal ne pourra contenir de soupente, ni servir de chambre à coucher, et il ne devra renfermer ni âtre, ni cheminée, ni fourneau, ni pierre d'extraction de fosse d'aisances, ni tuyaux aboutissant à cette fosse ;

4° Le sol de l'étal sera établi en surélévation de la voie publique, avec revêtement imperméable et pente en rigole, dirigée vers un ori-

fice muni d'un siphon obturateur, conduisant les eaux par une canalisation souterraine à l'égout public. Cet orifice sera en outre muni d'un grillage pour arrêter la projection des corps solides ;

5° Les murs ou cloisons des étaux seront en maçonnerie pleine, et revêtus, dans toute leur hauteur, de matériaux imperméables et à surface lisse ;

6° L'étal sera ventilé, soit au moyen d'une prise d'air sur la cour de la maison, soit au moyen d'un tuyau posé dans la courette ; ledit tuyau présentant une section *minima* de 4 décimètres carrés et s'élevant jusqu'à la hauteur du faitage de la maison ou des maisons contiguës, si elles sont plus élevées ;

L'étal ne pourra prendre jour sur la courette qu'au moyen de châssis à verre dormant ;

7° Aucune communication ne pourra exister entre les chambres à coucher, les étaux et les locaux dans lesquels sont déposés les déchets de la boucherie ;

8° L'alimentation en eau de l'étal devra être assurée au moyen d'un abonnement aux eaux de la ville d'au moins 500 litres par jour.

Les puits et les réservoirs ne seront tolérés qu'à titre exceptionnel. Dans ce cas, les réservoirs devront avoir une contenance d'un demi-mètre cube au minimum et seront remplis tous les jours.

ART. 3. — Les dispositions des paragraphes 4, 5 et 6 de l'article 2 sont applicables aux locaux dans lesquels sont disposés les déchets de la boucherie.

ART. 4. — Les débris de viande ou autres déchets de la boucherie ne devront pas séjourner dans l'établissement. Ils seront enlevés tous les jours.

ART. 5. — L'ordonnance de police du 16 mars 1858 est rapportée en ce qu'elle a de contraire au présent arrêté.

ART. 6. — Le présent arrêté sera publié et affiché dans Paris. Il sera, en outre, inséré au Recueil des actes administratifs de la préfecture de la Seine.

BOUES ET IMMONDICES (Dépôts de) et voiries. — Etablissement insalubre de première classe ; odeur[1].

Ces dépôts doivent être à 200 mètres au moins des habitations et à 100 mètres au moins des routes et chemins vicinaux.

Les matières seront désinfectées aussitôt leur arrivée au dépôt et entretenues constamment en état de désinfection.

Dans certains cas on prescrit d'enclore ces dépôts de murs et de les entourer d'arbres.

Les autorisations sont toujours temporaires[2].

Boues provenant du dérochage des métaux. V. *Bains*.

BOUGIES en paraffine et autres d'origine minérale (Moulage des). — Etablissement

———

[1] Décr., 31 déc. 1866. — [2] Bunel, p. 66. 214.

insalubre de 3ᵉ classe : odeur, danger d'incendie[1].

BOUGIES et autres objets en cire et en acide stéarique. — Etablissement insalubre de 2ᵉ classe; danger d'incendie[2].

Les prescriptions sont les mêmes que celles indiquées à *Acide stéarique.*

BOUILLON DE BIÈRE (Distillation de). — V. *Distilleries.*

BOULANGERIE.—Ord. pol. du 10 févr. 1735[3]. Instr. préf. pol. du 17 oct. 1845[4]. Ord. pol. du 15 sept. 1875[5].

Les obligations imposées aux boulangers sont relatées dans l'instruction du 17 octobre 1845[6].

L'ordonnance de police du 10 février 1735[7] interdisait déjà de faire sécher le bois dans les fours ou dans des soupentes au-dessus desdits ; elle enjoignait également aux boulangers d'avoir des éteignoirs en fer ou en cuivre pour éteindre la braise.

Les fours doivent être isolés de toute construction ; les escaliers desservant les fournils, et toutes les constructions établies dans les fournils, doivent être en matériaux incombustibles : les pétrins et couches à pain seront revêtus de tôle à l'extérieur, quand ils se trouveront à moins de 2 mètres de la bouche du four. Les tuyaux à gaz doivent être en fer ou en cuivre et non en plomb[8].

Quand les fours ont été installés par le propriétaire, il est d'usage qu'il entretienne les murs, la voûte du dessous, s'il y en a, la cheminée et les tuyaux. Le locataire n'est tenu qu'à l'aire, soit qu'elle soit en terre, soit qu'elle soit en carrelage de terre cuite, et à la chapelle, qui est la voûte de briques ou de tuileaux qui couvre le four, laquelle voûte reçoit l'impression du feu, plus ou moins, suivant l'usage que l'on fait du four[9].

ANNEXE

Instruction du préfet de police du 17 octobre 1845.

Le bois de provision sera toujours placé à l'extérieur du fournil (§ 1ᵉʳ, art. 19, Ord. pol., 24 nov. 1843, concernant les incendies).

Cette disposition est de rigueur pour les boulangeries qui seront transférées ou qui changeront de titulaires.

Quant au bois destiné à la consommation du jour, il pourra rester dans le fournil, sauf à être renfermé de la manière indiquée dans la deuxième partie de cette instruction.

Il est expressément défendu de laisser dans le fournil d'autres bois que celui qui sera ainsi renfermé.

Les supports à pannetons ou autres seront en matériaux incombustibles (§ 2, art. 19, Ord. sus-mentionnée).

Les soupentes et toutes autres constructions en bois établies dans les fournils seront également en matériaux incombustibles (même paragraphe).

Les couches à pain seront revêtues extérieurement de tôle, ainsi que les pétrins qui se trouveront à moins de 2 mètres de la bouche du four (même paragraphe).

Les glissoires seront toujours en métal avec fourreau en cuir, à moins qu'elles ne se trouvent à l'extérieur des fournils ou qu'elles ne soient dans l'intérieur à une très grande distance du four (Décis. du 22 mars 1844).

Les escaliers communiquant aux fournils seront construits en matériaux incombustibles (§ 2, art. 19, Ord. sus-mentionnée).

Ces escaliers devront toujours être d'un accès facile.

Les chaudières seront fermées d'un couvercle à charnières (Décis., 25 févr. 1839).

Elles devront être aussi munies d'un robinet.

Il ne pourra être établi de lieux d'aisances dans l'intérieur des fournils (Décis., 25 févr. 1839).

Il ne pourra être placé des rideaux ou des portières ni dans les caves ni aux chaudières (même Décis.).

Les étouffoirs et coffres à braise devront être en matériaux incombustibles et les couvercles entièrement en forte tôle (§ 3, art. 19, Ord. sus-mentionnée).

Les trappes ne seront tolérées dans les boulangeries qu'autant qu'elles seront disposées de manière à ne présenter aucune chance d'accident (Décis., 31 janv. 1838).

Les treuils servant à monter les farines seront supprimés, et à l'avenir il ne pourra plus en être établi sous aucun prétexte.

Les réservoirs de plomb des boulangers devront être nettoyés à fond tous les mois (Décis., 20 nov. 1834).

Les puits des boulangers devront être entretenus en état de salubrité et être garnis de cordes, poulies et seaux, pour pouvoir servir en cas d'incendie (art. 11, Ord. pol., 20 juill. 1838, concernant les puits, puisards, etc.).

Les chandelles ou lampes portatives dont on ferait usage dans les fournils devront toujours être renfermées dans une lanterne vitrée ou à tissu métallique (§ 1ᵉʳ, art. 24, Ord. précitée de 1843).

Dispositions relatives aux établissements actuellement existants.

Lorsque, dans les boulangeries actuelles, les localités ne permettront pas de déposer le bois de provision à l'extérieur du fournil, il sera ménagé dans ledit fournil un emplacement séparé par des murs en briques et fermé d'une porte de fer.

---

[1] Décr., 31 déc. 1866.
[2] Décr., 31 déc. 1866.
[3] V. *Incendie.* — [4] Annexe. — [5] V. *Incendie.* —
[6] Annexe. — [7] V. *Incendie.* — [8] Ord. pol., 15 sept. 1875, V. *Incendie.* — [9] Cahier des Juges de paix, 1852.

Le bois destiné à la consommation du jour ne pourra, après sa dessiccation, être déposé que dans un lieu construit en matériaux incombustibles et hermétiquement fermé par une porte en fer.

Les arcades situées sous les fours pourront être affectées à cette destination, en les fermant aussi par une porte en fer.

Dans les boulangeries actuelles, où les fours n'auront pas d'arcade, la partie du fournil où ce bois est ordinairement déposé sera également isolée par une construction en matériaux incombustibles et hermétiquement fermée par une porte en fer.

Ce lieu sera toujours indépendant de celui qui sera destiné au bois de provision.

BOULES en glucose caramélisé pour usage culinaire (Fabrication des).

Établissement insalubre de 3e classe : odeur[1].

Les ateliers doivent être ventilés énergiquement; les ouvertures, sur la voie publique et les propriétés voisines, fermées; la cheminée élevée à la hauteur des souches des cheminées voisines dans un rayon de 100 mètres.

Les chaudières seront munies de couvercles et surmontées de hottes entraînant les vapeurs à la cheminée[2].

BOULEVARDS ET AVENUES. — Arr. préf. des 20 avril 1847[3] et 29 juin 1857[4]. Ord. pol. du 25 juill. 1862[5]. Instr. du préfet de la Seine, du 12 mars 1866[6].

L'entretien du dallage des contre-allées des boulevards et avenues longeant les maisons est à la charge des propriétaires riverains[7], sur une largeur de quatre mètres[8].

Aucun passage pour les voitures ne peut être établi sans une autorisation : ceux autorisés doivent être placés de manière à n'exiger aucune suppression, ni aucun déplacement d'arbres ; les travaux en sont faits sous la surveillance des ingénieurs de la Ville[9].

Ces passages doivent être établis de la façon suivante : largeur de 2 à 3 mètres, hauteur de la bordure au-dessus du caniveau 0m04; le raccordement avec les bordures latérales se fait au moyen de rampants inclinés à raison de 0m05 par mètre[10].

Devant chaque arbre, il doit y avoir un chasse-roue conforme au modèle-type[11].

Aucun écoulement d'eau, à ciel ouvert, ne peut avoir lieu sur les contre-allées[12].

___

[1] Décr., 7 mai 1878. — [2] Bunel, p. 216.
[3] Annexes. — [4] Annexe. — [5] V. *Bâtiment en constr.* — [6] Annexe. — [7] Arr. préf., 20 avril 1847, annexe. — [8] Instr., 12 mars 1866, annexe. — [9] Arr. préf., 29 juin 1857, annexe. — [10] Ibid. — [11] Ibid. — [12] Ibid. ; Ord. pol., 25 juill. 1862, V. *Bâtim. en constr.*

ANNEXES

Arrêté du préfet de la Seine du 20 avril 1847.

ARTICLE PREMIER. — Le dallage des contre-allées des boulevards et avenues, ainsi que les trottoirs pavés, continueront d'être entretenus par la ville de Paris sur les points où ces travaux ont été exécutés par elle dans l'intérêt public.

ART. 2. — La zone longeant les maisons restera, comme par le passé, à l'entretien des riverains.

ART. 3. — Aucun passage particulier pour les voitures ne pourra être établi en travers desdites contre-allées, s'il n'a pas été autorisé par nous.

ART. 4. — Tout passage autorisé sera placé normalement entre les lignes d'arbres, de manière à ne pas leur nuire, à n'exiger aucune suppression ni même aucun déplacement.

ART. 5. — Il est, en conséquence, expressément enjoint aux propriétaires qui seront autorisés à bâtir sur ces voies publiques de placer leurs portes cochères vis-à-vis les espaces libres entre les plantations, s'ils veulent obtenir l'autorisation d'établir des passages pour les voitures.

ART. 6. — Ils devront suivant les cas, et notamment sur les boulevards extérieurs, faire poser une borne ou un chasse-roue en avant de chaque arbre, pour le défendre du choc des voitures.

Ces bornes et ces chasse-roues seront semblables, tant pour la qualité que pour les dimensions, à tous ceux qui ont été posés jusqu'à ce jour sur lesdits boulevards; ils seront scellés en maçonnerie de moellons, avec mortier de chaux et de ciment.

Ils devront aussi, sur les points où la mesure leur en sera prescrite, faire placer à droite et à gauche du passage demandé, et par le travers de la contre-allée, trois poteaux en charpente, afin d'y interdire la circulation des voitures. Ces poteaux en bois de chêne, peints à l'huile, à deux couches, couleur vert-de-gris, auront chacun 1m60 cent. de longueur, dont 0m60 pour le scellement, et 0m19 sur 0m19 d'équarrissage.

Dans tous les cas, ils seront tenus de faire construire en travers de la contre-allée, depuis l'alignement des façades jusqu'à la chaussée, un pavage perfectionné de 3 mètres de largeur.

ART. 7. — Les gargouilles pour l'écoulement des eaux des maisons en travers des contre-allées seront de la forme et des dimensions fixées dans le devis des trottoirs de Paris.

Aucun écoulement d'eau à ciel ouvert ne sera toléré sur les contre-allées revêtues de dallage.

ART. 8. — L'administration conserve essentiellement et exercera le droit de changer, modifier ou même supprimer tout ou partie des travaux particuliers ci-dessus mentionnés, si la disposition des ouvrages publics l'exige.

ART. 9. — L'établissement et l'entretien desdits travaux particuliers resteront à la charge des propriétaires qui emploieront des entrepreneurs de leur choix, mais sous la surveillance des ingénieurs du pavé de Paris. A cet effet, les propriétaires seront tenus de nous avertir huit jours à l'avance, et par écrit, du moment où ils feront commencer leurs travaux.

ART. 10. — Ces travaux devront toujours être établis suivant les nivellement et profil des contre-allées, et conformément aux projets spéciaux qui auront été approuvés.

ART. 11. — Ils devront être entretenus en bon état, et les propriétaires seront tenus de satisfaire à toutes les injonctions de l'administration pour l'exécution des règlements de ville et de police relatifs à ces travaux.

ART. 12. — A défaut d'entretien par le propriétaire, il pourra y être pourvu d'office et à ses frais par l'entrepreneur public, sous la direction des ingénieurs.

ART. 13. — Les anciens travaux qui ne satisfont pas aux dispositions du présent règlement y seront ramenés au fur et à mesure des réparations qui en exigeront la reconstruction.

ART. 14. — Le présent règlement sera imprimé dans le *Recueil des actes administratifs* et à la suite des autorisations qu'il a pour objet.

Les ingénieurs du pavé de Paris sont chargés d'en surveiller l'exécution.

———

Extrait de l'arrêté du préfet de la Seine du 29 juin 1857.

ART. 8. — Aucun passage pour les voitures au travers de la contre-allée ne pourra être établi qu'avec l'autorisation préalable du préfet.

ART. 9. — Tout passage autorisé sera placé normalement entre les lignes d'arbres à un mètre au moins des troncs, et établi de manière à n'exiger ni suppression ni déplacement d'arbres.

Il est, en conséquence, expressément enjoint aux propriétaires qui sont autorisés à bâtir sur les voies publiques plantées, et qui voudront obtenir l'autorisation d'y établir des passages pour les voitures, de placer leur porte cochère vis-à-vis les espaces libres entre les arbres.

ART. 10. — Le projet dressé pour chaque passage de voiture en déterminera la longueur, la largeur, ainsi que la nature, les dimensions et le mode d'emploi des matériaux.

La bordure de la contre-allée et celle du trottoir, s'il en existe, n'auront au débouché de chaque passage que 0^m04 d'élévation au-dessus du caniveau pavé. La largeur du débouché variera de 2 à 3 mètres. Son raccordement avec les bordures latérales se fera par des rampants inclinés de 0^m05 par mètre.

ART. 11. — Les propriétaires autorisés à construire des passages de voiture devront établir, devant chaque arbre, un chasse-roues en fonte conforme à un modèle type déposé dans les bureaux des ingénieurs du service des promenades et plantations.

Ce chasse-roues sera scellé dans un dé en pierre de taille posé sur un massif en maçonnerie de moellons avec mortier hydraulique ou béton.

ART. 12. — Aucun écoulement d'eau à ciel ouvert ne sera toléré sur les contre-allées, quelle que soit la nature de la surface du sol.

Lorsque par un motif reconnu valable par l'administration municipale, il n'y aura pas pour le propriétaire obligation immédiate de jeter les eaux de sa maison en égout, conformément au décret du 26 mars 1852, ces eaux seront provisoirement conduites au caniveau de la chaussée par des gargouilles suivant les prescriptions du projet, soit dans les ruisseaux établis au pied des trottoirs soit dans ceux situés au pied de la bordure de la contre-allée.

Les gargouilles de fonte du modèle adopté par l'administration auront une rainure dans la partie supérieure pour faciliter le nettoiement. Elles seront scellées solidement sur un massif de maçonnerie de 0^m15 de hauteur et 0^m28 de largeur établi avec mortier hydraulique.

A droite et à gauche des portes cochères, les gargouilles pourront être disposées en S ou, si elles sont droites, être placées obliquement; elles devront d'ailleurs, dans tous les cas, être ajustées avec les tuyaux de descente prescrits par les règlements de police.

———

Instruction du 12 mars 1866 relative aux frais de viabilité sur les voies publiques.

ARTICLE PREMIER. — La zone à la charge des riverains sur les contre-allées des anciens boulevards et avenues est fixée à 4 mètres de largeur.

Les ingénieurs dresseront successivement, et pour chaque voie, des projets de mise en état de viabilité des contre-allées d'après les profils fixés par l'arrêté réglementaire du 5 juin 1856, pour toutes les portions de la zone de 4 mètres à la charge des riverains, non encore reçues à l'entretien soit par la Ville, soit par les anciennes communes annexées.

Ces projets seront accompagnés d'états de recouvrements à la charge des riverains et dont le montant ne devra jamais dépasser 12 francs par mètre carré, ni excéder la somme que la Ville a réellement à dépenser; la valeur des anciens matériaux susceptibles de réemploi sera d'ailleurs portée en déduction sur les rôles de recouvrement au compte des propriétaires.

Les projets et les états de recouvrement seront soumis à une enquête dans chaque mairie. La notice accompagnant chaque projet indiquera d'ailleurs au propriétaire que, moyennant le payement des taxes portées sur les rôles, la Ville prend désormais à sa charge l'entretien de la totalité de la voie publique.

A la suite des enquêtes, un arrêté préfectoral autorisera l'exécution des travaux au compte de la Ville et par ses entrepreneurs, puis en mettra en recouvrement les rôles à la charge des propriétaires lorsque les travaux seront exécutés.

ART. 2. — Il ne sera rien changé au mode actuel de procéder pour les propriétaires bordant des voies anciennes qui demanderont l'exécution immédiate du premier pavage à leur charge, sans attendre la présentation des projets d'ensemble de l'administration. Ces propriétaires seront tenus de verser le montant des projets dressés séparément par les ingénieurs, avant qu'il soit procédé à l'exécution.

Art. 3. — Dans le cas de réunion à la voie publique de terrains retranchés par suite d'élargissement ou de mise à l'alignement, chaque propriétaire doit payer les frais de viabilité, suivant la dépense réellemment faite par la Ville, sur toute la portion élargie de la contre-allée longeant son immeuble. Il sera procédé, dans ce cas, à l'*exécution des travaux* et au recouvrement des frais au moyen de rôles, comme il est dit à l'article premier.

Art. 4. — Sur les voies nouvellement ouvertes et pour tous les immeubles riverains qui précédemment n'étaient pas placés sur une voie publique, et lorsque d'ailleurs il n'y aura pas de clauses particulières résultant de contrats d'acquisition ou d'expropriation par la ville, il sera procédé de la manière suivante :

Les propriétaires devront supporter soit la totalité des frais de viabilité des contre-allées, soit seulement les frais de viabilité sur la portion de la contre-allée qui leur incombe, s'il s'agit de boulevards et avenues avec contre-allées sablées, conformément, du reste, aux prescriptions de l'arrêté préfectoral du 20 février 1864, relatif aux contre-allées de la zone militaire. Les travaux seront exécutés et les rôles mis en recouvrement comme il est dit à l'article premier.

Art. 5. — Dans le cas où les immeubles qui sont en façade sur une voie nouvelle étaient déjà en façade sur une voie ancienne, voie pour laquelle ils avaient déjà supporté les frais du premier pavage et à moins de clauses particulières résultant de contrats avec la Ville, on ne doit réclamer à chaque riverain les frais de viabilité que sur la moitié seulement de l'excédent de largeur entre l'ancienne et la nouvelle voie, comme en matière d'élargissement de voie publique ancienne.

Dans cette hypothèse les ingénieurs dresseront le projet complet de la mise en état de viabilité, aussi bien de la chaussée que de la contre-allée, en retranchant toutefois la surface des contre-allées sablées, lorsqu'il y aura lieu d'appliquer les prescriptions de l'arrêté précité du 20 février 1864 ; ils retrancheront ensuite du montant de la dépense les frais afférents à la surface de l'ancienne voie, à raison de 12 francs par mètre carré.

Ils établiront enfin le rôle de recouvrement en mettant la moitié de la dépense restante à la charge de chacun des propriétaires des façades correspondantes.

Il sera procédé, du reste, dans cette hypothèse, au recouvrement des rôles et à l'exécution des travaux comme il est dit à l'article premier.

Art. 6. — Désormais, les dallages des trotoirs aussi bien que les chaussées sur les voies nouvelles seront exécutés exclusivement par les entrepreneurs du service municipal, sous la direction des ingénieurs. En conséquence, la direction de la voirie stipulera dans les traités d'expropriation ou autres avec les propriétaires riverains des voies publiques et dans les cessions de terrains appartenant à la Ville, « que chaque riverain supportera au droit de la façade

sur toute la largeur des trottoirs et sur la moitié de la chaussée de la voie publique, les frais de mise en viabilité des trottoirs et des chaussées, ainsi que les frais de premier établissement des appareils d'éclairage ».

Dans les pans coupés, les zones à la charge des riverains seront d'ailleurs déterminées suivant les règles posées dans l'instruction ci-annexée du directeur du service municipal en date du 18 février 1864.

Dans les traités avec les entrepreneurs qui se chargent de l'ouverture des nouvelles voies publiques, l'exécution des trottoirs en bitume, celle des plantations et de leurs dépendances, ainsi que la fourniture et pose des appareils d'éclairage seront toujours confiées aux entrepreneurs du service municipal sous les ordres des ingénieurs, et les concessionnaires de la voie à ouvrir devront verser à l'avance, à la caisse municipale, le montant des projets dressés par les ingénieurs pour les travaux de cette nature.

Art. 7. — Les ingénieurs présenteront désormais les projets pour l'établissement de trottoirs et dallages des contre-allées, simultanément avec ceux relatifs à l'exécution des chaussées sur les voies nouvelles ; ces projets seront approuvés dans la même forme et donneront lieu à un même arrêté d'autorisation d'ensemble des travaux.

Mais les travaux de dallage des trottoirs ou contre-allées ne seront entrepris en général que successivement, au fur et à mesure de l'achèvement des constructions, à moins que l'établissement de ces constructions ne soit indéfiniment retardé par les riverains, et que les besoins de la viabilité exigent une exécution immédiate.

Il ne sera d'ailleurs pourvu à l'établissement des dallages des trottoirs et contre-allées devant les immeubles des propriétaires qui auraient, en vertu de traités avec la Ville, le droit de faire exécuter leurs trottoirs par des entrepreneurs de leur choix, que si ces propriétaires demandent par écrit l'exécution par les entrepreneurs de la Ville ; dans ce cas, il sera procédé au recouvrement des dépenses pour les dallages des trottoirs et contre-allées de la même manière que pour celles relatives à l'établissement des chaussées.

Lorsqu'une nouvelle voie publique sera suffisamment bordée de constructions pour qu'il soit utile de terminer les dallages des trottoirs et contre-allées, les ingénieurs proposeront de mettre en demeure, à bref délai, les propriétaires ayant le droit de faire exécuter les dallages par des entrepreneurs de leur choix. Dans le cas où cette mise en demeure resterait sans effet, un arrêté préfectoral prescrirait l'exécution d'office et aux frais des propriétaires retardataires, par les entrepreneurs du service municipal, sous les ordres des ingénieurs.

Art. 8. — Les propriétaires de la zone annexée, riverains des anciens boulevards et avenues, profiteront de l'exonération accordée dans l'ancien Paris, et qui consiste à réduire à 4 mètres la largeur de la zone de pavage à leur charge, et jouiront, pour le remboursement des frais de pavage, du délai de dix ans accordé par le décret du 23 mai 1863.

Sur les voies nouvelles de cette zone, où toute la

viabilité est à la charge des riverains, on suivra, pour le recouvrement des frais de dallage des trottoirs et contre-allées, la marche actuellement adoptée par la division suburbaine de la voie publique.

ART. 9. — Dans les huit jours de l'achèvement par la Ville de tout travail à la charge des particuliers, les ingénieurs doivent leur notifier le métré des travaux, en donnant aux intéressés un délai de dix jours pour présenter leurs observations. A la fin de chaque mois, les ingénieurs dressent les projets de rôles de recouvrement des dépenses des travaux notifiés depuis plus de dix jours, en y joignant les procès-verbaux de notification, les réclamations des propriétaires, s'ils en produisent, et leur avis sur ces réclamations. Les projets des rôles seront adressés à l'ingénieur en chef, le 8 de chaque mois, et transmis par ce chef de service à la direction du service municipal le 12 de chaque mois. Enfin cette direction est tenue de remettre les projets des rôles à la direction des affaires municipales, le 15 de chaque mois au plus tard.

Le directeur des affaires municipales, après avoir fait statuer par M. le préfet sur les réclamations produites, dressera les rôles définitifs et les mettra en recouvrement comme tous les rôles des contributions publiques, en se conformant aux prescriptions de la loi du 18 juillet 1837.

ART. 10. — MM. les directeurs de la voirie, des travaux publics et des affaires municipales sont chargés, chacun en ce qui le concerne, d'assurer l'exécution de la présente instruction.

BOURRE. — V. *Battage.*

BOUTIQUE. — Ord. du 22 sept. 1600[1]. Décis. préf. pol. du 15 févr. 1850 [2]. Décr. des 22 juill. 1882[3] et 23 juill. 1884[4].

Les devantures des boutiques, y compris les volets ou contrevents servant à les fermer, ne doivent pas avoir plus de 0m16 de saillie, au devant de l'alignement ; les socles ou seuils en pierre peuvent avoir 0m20 de saillie.

Quant aux corniches desdites boutiques, si elles sont en bois ou en métal, leur saillie varie suivant la hauteur à laquelle elles sont placées, savoir :

Jusqu'à 2m60 au-dessus du trottoir.. 0m16
De 2m60 à 3 mètres   —   0m50
A plus de 3 mètres   —   0m30

Les grilles fermant les boutiques ne doivent pas avoir plus de 0m16 de saillie.

Les devantures ne peuvent s'élever au-dessus de l'étage de l'entresol, ni les grilles plus haut que le rez-de-chaussée[5].

Les montres et les vitrines, permises seulement dans la hauteur du rez-de-chaussée, peuvent, lorsqu'elles sont appliquées sur les devantures des boutiques, atteindre une saillie de 0m20, y compris celle de la devanture.

Les ornements appliqués sur les tableaux des devantures ne doivent pas dépasser, y compris la saillie du tableau, les saillies indiquées plus haut pour les corniches [1].

L'établissement des devantures des boutiques, ainsi que leur réparation, est soumis à des droits de voirie[2].

V. également les différents mots où il est traité des saillies, tels que *Auvent, Banne,* etc.

Le locataire d'une boutique n'a pas, sauf autorisation spéciale du propriétaire, droit à la jouissance du mur de face de la maison au delà de la devanture de sa boutique[3].

Le locataire d'une boutique doit l'entretien des volets, contrevents, lambris et fermetures[4].

BOUTONNIERS et autres emboutisseurs de métaux par moyens mécaniques.

Établissements insalubres de 3e classe : bruit[5].

Les moutons, presses, laminoirs, balanciers et coupoirs mus par des machines doivent être éloignés des murs mitoyens, établis sur terre-plein ou fondations indépendantes des fondations de l'atelier, avec, tout autour, une fosse de un mètre au moins de large remplie de matières isolantes. Ils seront placés au rez-de-chaussée, sans étages au-dessus habités par des tiers[6].

Il est interdit d'employer des enfants dans les locaux où les poussières provenant du tournage se dégagent librement[7].

BOYAUDERIE (Travail des boyaux frais pour tous usages).

Établissement insalubre de 1re classe : odeurs, émanations nuisibles [8].

Ces établissements ne sont autorisés que s'il y a écoulement des eaux à l'égout et une concession d'eau abondante.

Les ateliers doivent être ventilés par de larges trémies d'aération ; le sol en être imperméable, ainsi que celui des cours ; les murs peints à l'huile et fréquemment lavés à l'eau chlorurée ou additionnée d'acide phénique.

Les eaux de lavage seront désinfectées.

Le soufroir, construit en matériaux incombustibles avec porte en fer, doit être ventilé au moment de l'ouverture pour en chasser l'acide sulfureux.

Si on emploie des cuves à eau chaude,

---

[1] V. *Alignement.* — [2] V. *Saillie.* — [3] V. *Saillie.* — [4] V. *Hauteur des bâtiments.* — [5] Décr., 22 juill. 1882, V. *Saillie.*

[1] Ibid. — [2] V. *Voirie (Droits de).* Décis. préf. pol., 15 févr. 1850, V. *Saillie.* — [3] Seine 15 janv. 1862. — [4] Cahier des juges de paix.
[5] Décr., 31 déc. 1866. — [6] Bunel, p. 217. — [7] Décr., 14 mai 1875.
[8] Décr., 31 déc. 1866.

elles seront surmontées de hottes entraînant les buées au dehors[1].

Il est interdit d'employer des enfants pour le soufflage : danger d'affections pulmonaires[2].

BOYAUX et pieds d'animaux abattus (Dépôts de). — V. *Chairs et débris.*

BRASSERIE. — Etablissement insalubre de 3ᵉ classe : odeur[3].

L'atelier des chaudières et celui des tourailles doivent être ventilés par une cheminée d'appel.

La touraille sera construite en matériaux incombustibles ; les chaudières munies de couvercles et surmontées de hottes conduisant les buées à la cheminée d'appel.

Les murs mitoyens seront protégés par des contre-murs.

Le sol des ateliers et des cours doit être imperméable ; la cheminée élevée de 20 à 30 mètres.

Dans certains cas, on prescrit l'usage exclusif du coke comme combustible[4].

BRIQUETERIE avec fours non fumivores. — Règlement du conseil d'Artois, 17 mars 1780[5]. Ord. roy. du 14 janv. 1815[6]. Décr. du 31 déc. 1866.

Etablissements insalubres de 3ᵉ classe : fumée[7].

Les briqueteries qui ne font qu'une seule fournée en plein air peuvent être établies sans autorisation, et près des habitations[8].

Les fours des briqueteries doivent être placés à soixante pieds (19ᵐ 49) de tous bâtiments couverts de pailles[9] : cette distance est généralement portée à 100 mètres des habitations et à 50 mètres des routes ; de plus les fours doivent être entourés de toiles ou paillassons dépassant de 2 à 3 mètres le sommet du four[10].

ANNEXE

Règlement du Conseil d'Artois du 17 *mars* 1780

ARTICLE PREMIER. — Tous les fours servant à cuire les pannes, tuiles, briquettes et autres matières de terre, qui seront construits à l'avenir, seront placés à la distance de soixante pieds de roi de tous les bâtiments couverts de paille.

ART. 2. — Les bâtiments contenant lesdits fours seront construits en briques ou pierres, avec deux pignons ayant au moins treize pouces

d'épaisseur, et seront couverts en tuiles ou pannes.

ART. 3. — Les fours seront faits et voûtés en briques ; les grandes cheminées seront pareillement construites en briques et bon mortier ; elles auront environ deux briques et demie d'épaisseur, dans le pourtour de l'embouchure ; elles pourront être réduites à une brique et demie lorsqu'elles sortiront du toit, au-dessus duquel elles s'élèveront au moins de sept pieds.

ART. 4. — Les petites cheminées seront aussi construites en bon mortier et s'élèveront au moins de trois pieds au-dessus du toit.

ART. 5. — Les bâtiments actuellement construits subsisteront dans les endroits où ils sont situés, jusqu'à la reconstruction, à la charge de les faire couvrir en tuiles ou pannes et de mettre les fours et cheminées dans l'état ci-dessus prescrit en dedans six mois ; sinon, ledit temps passé, la Cour en interdit l'usage à peine de 50 livres d'amende.

BRIQUETERIES flamandes.

Etablissements incommodes de 2ᵉ classe : fumée[1].

Les prescriptions sont les mêmes que pour les briqueteries avec fours non fumivores.

BRIQUETTES ou agglomérés de houille. V. *Agglomérés.*

BRUIT. — Ord. pol. des 31 oct. 1829[2] et 30 sept. 1837[3]. C. pén., art. 479, 480, 482.

Les auteurs ou complices de bruits ou tapages nocturnes, troublant la tranquillité des habitants, sont passibles d'une amende de 11 à 15 francs, et même d'un emprisonnement de cinq jours au plus : l'emprisonnement est toujours ordonné quand il y a récidive[4].

Le bruit et le tapage résultant d'une discussion ou d'invectives échangées dans l'intérieur d'une maison, et troublant le repos des autres habitants, sont passibles des mêmes peines[5].

Il n'en est pas de même du bruit produit la nuit par l'exercice de certaines industries.

Les serruriers, forgerons, taillandiers, charrons, ferblantiers, chaudronniers, maréchaux-ferrants, layetiers et généralement tous les entrepreneurs, ouvriers et autres exerçant, dans Paris[6], des professions qui exigent l'emploi de marteaux, machines et appareils susceptibles d'occasionner un bruit assez considérable pour retentir hors des ateliers, et troubler ainsi la tranquillité des habitants, doivent interrompre, chaque jour,

---

[1] Bunel, p. 218. — [2] Décr., 14 mai 1875.
[3] Décr., 31 déc. 1866. — [4] Bunel, p. 220.
[5] Annexe. — [6] V. *Etabl. insal.* — [7] Décr., 31 déc. 1866. — [8] Ord., 14 janv. 1815. — [9] Règlement, Cons. d'Artois, 17 mars 1780, annexe. — [10] Bunel, p. 221.

[1] Décr., 12 mai 1886.
[2] Annexe. — [3] Annexe. — [4] C. pén., 479, 480, 482. — [5] Cass., 8 août 1856 ; 28 janv. 1858. — [6] Ord. pol., 31 oct. 1829.

leurs travaux, savoir : de neuf heures du soir à quatre heures du matin, du 1er avril au 30 septembre, et de neuf heures du soir à cinq heures du matin, du 1er octobre au 31 mars.

Il est défendu de donner du cor, dit trompe de chasse, dans Paris, à quelque heure et dans quelque lieu que ce soit[1].

ANNEXES

Ordonnance de police du 31 octobre 1829.

ARTICLE PREMIER. — Les serruriers, forgerons, taillandiers, charrons, ferblantiers, chaudronniers, maréchaux ferrants, layetiers et généralement tous entrepreneurs, ouvriers et autres exerçant dans Paris des professions qui exigent l'emploi de marteaux, machines et appareils susceptibles d'occasionner des percussions et un bruit assez considérable pour retentir hors des ateliers et troubler ainsi la tranquillité des habitants, devront, à dater de la publication de la présente ordonnance, interrompre chaque jour leurs travaux, savoir : de neuf heures du soir à quatre heures du matin, depuis le 1er avril jusqu'au 30 septembre, et de neuf heures du soir à cinq heures du matin, depuis le 1er octobre jusqu'au 31 mars.

ART. 2. — Est également défendu, pendant le temps ci-dessus déterminé, l'usage de tous instruments bruyants, tels que cor, trompette, trombone et autres de même nature, capables de troubler le repos des habitants.

ART. 3. — Les contraventions seront constatées par des procès-verbaux ou rapports qui nous seront adressés, pour être transmis au tribunal compétent.

ART. 4. — La présente ordonnance sera imprimée....

―――――

Ordonnance de police du 30 septembre 1837.

ARTICLE PREMIER. — Il est défendu de sonner du cor, dit trompe de chasse, dans Paris, à quelque heure et dans quelque lieu que ce soit.

ART. 2. — Les contraventions aux dispositions de la présente ordonnance seront constatées par des procès-verbaux qui nous seront adressés pour être déférés au tribunal de simple police.

ART. 3. — Le chef de la police municipale, etc.

BRULERIE des galons et tissus d'or ou d'argent. — V. *Galons.*

BUANDERIE. — Etablissement insalubre de 3e classe : altérations des eaux[1].

On ne doit pas avoir de jours sur les voisins ou sur la voie publique si les buées peuvent incommoder le voisinage.

Les ateliers doivent être ventilés par des lanternons à lames de persiennes ou de larges trémies d'aération ; le sol sera imperméable, et la cheminée élevée à la hauteur des cheminées voisines dans un rayon de 50 mètres.

S'il y a une maison mitoyenne, on construira un contre-mur en briques ou meulières hourdées en ciment, ou tout au moins on enduira en ciment le mur mitoyen dans toute la hauteur de la buanderie.

S'il y a habitation au-dessus, le plancher sera en fer hourdé plein[2].

C

CABINET D'AISANCES. — Ord. pol. du 23 nov. 1853[2]. Instr. du Conseil d'hygiène du 11 nov. 1853[3]. Ord. pol. du 7 mai 1878[4]. Arr. préf. des 10 nov. 1886 et 20 nov. 1887[5].

L'ancienne coutume de Paris dit expressément, article CXCIII : *Tous propriétaires de maisons en la ville et faulxbourgs de Paris sont tenuz avoir latrines et privez suffisans en leurs maisons.*

L'ordonnance de police du 7 mai 1878[6] exige, au moins, un cabinet d'aisances par vingt habitants.

Ces cabinets doivent être parfaitement

ventilés et munis d'appareils à fermeture hermétique[3].

Les cabinets d'aisances communs doivent, en outre, être dallés en pierre ou en ciment, les murs peints à l'huile au blanc de zinc. Le sol et les murs doivent être l'objet de lavages fréquents, en ayant soin de les essuyer après le lavage[4].

Dans les maisons louées en garni, il doit y avoir un cabinet par vingt habitants ou par fraction de vingt habitants[5].

Dans les maisons où la vidange se fait à l'égout par voie directe, chaque cabinet doit être muni de réservoirs ou d'appareils

――――――

[1] Ord. pol., 30 sept. 1837, annexe.
[2] V. *Logement insal.* — [3] Ibid. — [4] V. *Appartement meublé.* — [5] V. *Egout.* — [6] V. *Appartement meublé.*

[1] Décr., 31 déc. 1866. — [2] Buncl, p. 222.
[3] Ord. pol., 23 nov. 1853, V. *Logement insal.* — [4] Instr., 11 mars 1853, V. *Logement insal.* — [5] Ord. pol., 7 mai 1878, V. *Appartement meublé.*

branchés sur la canalisation, permettant de fournir un minimum d'eau calculé à raison de dix litres, par personne et par jour : cette eau doit arriver dans les cuvettes de manière à former une chasse suffisamment vigoureuse[1].

Les mêmes dispositions sont, maintenant, exigées lors de l'établissement de l'écoulement des eaux vannes à l'égout, au moyen d'appareils diviseurs[2].

Le locataire doit entretenir les appareils en bon état de fonctionnement, et remplacer les pièces qui seraient brisées ou faussées par des chocs ou des manœuvres maladroites; mais, il n'est pas tenu au remplacement des pièces usées ou qui se sont brisées ou faussées par suite d'un défaut de fabrication. Il doit, aussi, rendre la cuvette en bon état de propreté, et est responsable des dégradations commises au siège en menuiserie et à ses ferrures.

CADASTRE. — Lois des 23 nov. 1798[3], 14 mai 1799, 15 sept. 1807[4] et 31 juill. 1821. Règlements des 10 oct. 1821 et 15 mars 1827. Loi du 5 avril 1884[5].

Le cadastre est l'ensemble des opérations ayant pour but de déterminer l'étendue et la valeur des propriétés immobilières, pour servir de base à l'impôt[6].

Le décret des 23 novembre-1er décembre 1790 ayant décidé que l'impôt foncier serait réglé en raison du revenu net des propriétés, il fut dressé, dans chaque commune, des états comprenant la contenance de chaque propriété, sa situation, son revenu net et le nom du propriétaire. Le décret des 16-23 septembre 1791 ordonna la levée du plan topographique de chaque propriété ; mais cet arpentage de toutes les parcelles n'eut réellement lieu qu'après la loi du 15 septembre 1807[7], modifiée par la loi du 31 juillet 1821, en ce sens que les experts désignés par la loi de 1807 sont remplacés par des classificateurs choisis parmi les propriétaires fonciers et nommés par les conseils municipaux[8].

La confection du cadastre comprend trois séries d'opérations :

1° Les travaux d'art,
2° L'expertise,
3° La répartition individuelle.

Les travaux d'art consistent, d'abord, en une délimitation des communes; puis on exécute une triangulation, c'est-à-dire que l'on établit un réseau de triangles, couvrant le territoire de la commune, et s'appuyant sur des points fixes, parfaitement déterminés, situés en dehors de la commune : pour faciliter la confection du plan, ainsi que les recherches ultérieures, on divise la commune en sections ; enfin on procède à l'arpentage et à la levée des plans par parcelle, c'est-à-dire que l'on indique toute portion de terre distincte de celles qui lui sont contiguës, soit par la différence de propriétaire, soit par la différence de culture.

Les parties intéressées sont invitées à assister à cette opération.

L'expertise a pour but de répartir les fonds en différentes classes d'après leur valeur imposable.

Cette classification est faite par des classificateurs nommés par le conseil municipal, qui n'est plus obligé de s'adjoindre pour cela les plus fort imposés[1].

Le nombre des classes ne peut excéder cinq pour les cultures et dix pour les maisons, dans les communes rurales; dans les villes, bourgs et communes très peuplées, chaque maison est évaluée séparément ; il en est de même, dans tous les cas, pour les usines, fabriques et manufactures qui sont évaluées séparément et non divisées par classes[2].

Cette classification est soumise à une enquête de quinze jours, pendant lesquels les parties intéressées peuvent présenter leurs observations. Ces observations sont examinées par le conseil municipal qui donne son avis motivé; les pièces sont envoyées au préfet, avec l'avis de l'inspecteur et celui du directeur des contributions directes : le préfet statue définitivement en conseil de préfecture[3].

La répartition individuelle est faite par le directeur des contributions directes.

Ce fonctionnaire dresse des états de section comprenant toutes les propriétés bâties ou non bâties et indiquant :

1° Le nom des propriétaires,
2° Les numéros du plan,
3° Les cantons ou lieux dits,
4° La nature de la propriété,
5° La contenance de chaque parcelle,
6° L'indication de sa classe,
7° Le revenu de chaque parcelle,
8° Le nombre des ouvertures imposables.

Puis le directeur procède à la confection de la matrice des rôles qui réunit, sous le nom de chaque propriétaire, toutes les propriétés qu'il possède dans la même commune, avec les indications ci-dessus.

Il n'y a plus, pour dresser le rôle cadastral, qu'à répartir le contingent assigné à

---

[1] Arr. préf., 10 nov. 1886, V. *Egout.* —[2] Arr. préf., 20 nov. 1887, V. *Egout.*
[3] V. *Contrib. dir.* —[4] Annexe. —[5] V. *Voirie.* —[6] L. Say, *Dict. des fin.*, p. 743. — [7] Annexe. —[8] L. Say, p. 748.

[1] Loi, 5 avril 1884. V. *Voirie.* — [2] Règlement, 10 oct. 1821, 15 mars 1827. — [3] Loi, 15 sept. 1807.

la commune, au marc le franc des évaluations portées sur la matrice.

L'évaluation du revenu imposable des maisons et usines doit être revisée et renouvelée tous les dix ans [1].

Des réclamations contre l'arpentage peuvent être présentées dans les six mois de la mise en recouvrement du premier rôle cadastral. Après examen de la réclamation par le géomètre, l'intéressé a un délai de quinze jours pour faire connaître s'il persiste dans sa demande, si elle n'a pas été admise, et s'il entend recourir à un réarpentage. Dans ce cas, il y est procédé par un géomètre autre que celui qui a levé le plan : le directeur prend connaissance du rapport de ce géomètre et soumet ses propositions au conseil de préfecture qui statue.

Les réclamations contre la classification et le tarif sont présentées sous forme de pétition et remises au maire; elles sont adressées par lui au sous-préfet qui les transmet au contrôleur de l'arrondissement pour être instruites [2]. L'inspecteur des contributions directes se rend sur place et fait la vérification des classements contestés. En cas de désaccord persistant entre les classificateurs et le réclamant, ce dernier a vingt jours pour demander une contre-expertise [3].

S'il y a contre-expertise, l'un des experts est nommé par le sous-préfet, l'autre par le réclamant : ces deux experts donnent leur avis et le conseil de préfecture statue, sauf pourvoi devant le conseil d'État.

ANNEXE

Extrait de la loi du 15 septembre 1807.

Titre X. — Dispositions concernant le cadastre.

Art. 23. — Les différentes pièces relatives à l'expertise de chaque commune, l'état de classement et la matrice de rôle continueront d'être envoyées au maire de la commune, pour rester déposées pendant un mois au bureau de la mairie ; les propriétaires seront invités à en prendre communication, par un avis qui sera affiché dans la commune et lu à la porte de l'église, à l'issue de la messe paroissiale de chacun des dimanches du mois de la communication.

Art. 24. — Les propriétaires, leurs régisseurs, fermiers, locataires ou autres représentants seront tenus de fournir leurs réclamations, s'ils en ont à former, avant l'expiration du mois.

Art. 25. — Ce délai expiré, le maire renverra au directeur des contributions les diverses pièces données en communication, avec les réclamations qui lui seraient parvenues; il y joindra un certificat attestant que toutes les formalités de la communication ont été remplies.

[1] Loi, 23 nov. 1798, V. *Contrib. dir.* — [2] Règlement, 10 oct. 1821. — [3] Loi, 14 mai 1799.

Art. 26. — Le préfet, sur un rapport du directeur, et après avoir pris l'avis du conseil de préfecture, statuera sur toutes les réclamations.

Art. 27. — Les conseils d'arrondissement ne pourront faire aucune augmentation aux contingents actuels des communes cadastrées.

Art. 28. — Lorsque toutes les communes du ressort d'une justice de paix auront été cadastrées, chaque conseil municipal nommera un propriétaire qui se rendra, au jour fixé par le préfet, au chef-lieu de la sous-préfecture, pour y prendre connaissance des évaluations des diverses communes du même ressort.

Art. 29. — Ces évaluations seront examinées et discutées dans une assemblée composée de ces divers délégués, et présidée par le sous-préfet.

Art. 30. — Un contrôleur des contributions remplira dans cette assemblée les fonctions de secrétaire; il n'aura pas voix délibérative.

Cette assemblée ne pourra durer plus de huit jours.

Art. 31. — Les pièces des diverses expertises seront remises à l'assemblée, qui pourra appeler ceux des experts qu'elle voudra consulter.

Art. 32. — Cette assemblée donnera, à la pluralité des voix, ses conclusions positives et motivées sur les changements qu'elle estimera devoir être faits aux estimations, ou son adhésion formelle au travail. Il en sera dressé procès-verbal, signé des délibérantes.

Art. 33. — Le sous-préfet enverra ce procès-verbal, avec ses observations, au préfet qui, sur un rapport du directeur des contributions, et après avoir pris l'avis du conseil de préfecture statuera sur les réclamations par un arrêté qui, fixera définitivement l'allivrement cadastral de chacune des communes intéressées, et répartira entre elles la masse de leurs contingents actuels au prorata de leur allivrement cadastral.

Art. 34. — Les matrices des rôles des communes cadastrées seront divisées en deux cahiers : le premier contiendra les propriétés non bâties, et la superficie seulement des propriétés bâties ; le second contiendra l'estimation des maisons et des bâtiments autres que ceux servant à l'exploitation rurale, des moulins, forges, usines, fabriques, manufacture et autres propriétés bâties, déduction faite de la valeur estimative de la superficie qu'ils occupent.

Art. 35. — Le revenu des propriétés bâties, tel qu'il aura été établi par l'expertise, distraction faite du terrain qu'elles occupent, et des déductions accordées par la loi pour les réparations, déterminera le montant de leur contingent, d'après le taux de l'allivrement général des propriétés foncières de la commune.

Art. 36. — Le contingent des propriétés bâties, une fois réglé, sera réparti chaque année, d'après les recensements, comme il en est usé aujourd'hui.

Les répartiteurs continueront, à cet égard, leurs fonctions, de même que pour la répartition de la contribution personnelle et mobilière.

Art. 37. — Les propriétaires compris dans le rôle cadastral pour des propriétés non bâties ne seront plus dans le cas de se pourvoir en surtaxe, à moins que, par un événement extraordinaire, leurs propriétés ne vinssent à disparaitre : il y serait pourvu alors par une remise extraordinaire ; mais ceux d'entre eux qui, par des grêles, gelées, inondations ou autres intempéries, perdraient la totalité ou une partie de leur revenu, pourront se pourvoir, comme par le passé, en remise totale ou en modération partielle de leur cote de l'année dans laquelle ils auront éprouvé cette perte : le montant de ces remises ou modérations sera pris sur le fonds de non-valeur.

ART. 38. — Les propriétaires des propriétés bâties continueront d'être admis à se pourvoir en décharge ou réduction, dans le cas de surtaxe ou de destruction totale ou partielle de leurs bâtiments, et en remise ou modération, dans le cas de la perte totale ou partielle de leur revenu d'une année. Le montant des décharges et réductions continuera d'être réimposé pour la partie qui ne se trouverait pas couverte par la portion du fonds de non-valeur qui n'aurait pas été consommée en remises et modérations.

ART. 39. — Les directeurs des contributions directes sont spécialement chargés de la tenue des livres de mutations des propriétés cadastrées.

Ils continueront de faire faire, chaque année, les recensements et autres opérations relatives aux rôles des propriétés bâties et à ceux de la contribution personnelle et mobilière, des portes et fenêtres et des patentes.

CAFÉ (Torréfaction en grand du). — Etablissement insalubre de 3e classe : odeur et fumée[1].

Les ateliers ne doivent pas avoir d'ouvertures sur la voie publique ni sur les voisins ; ils doivent être ventilés et munis de trémies d'aération.

Les appareils à torréfaction seront recouverts de hottes conduisant les vapeurs dans une cheminée élevée à 5 mètres au-dessus des cheminées voisines dans un rayon de 50 mètres.

Les hangars, sous lesquels se fait le vannage, seront construits en forme de hotte et surmontés d'une cheminée de ventilation[2].

CAILLETTES et **CAILLONS** pour la fabrication des fromages.
V. *Chairs et débris,* etc.

CAILLOUX (Fours pour la calcination des). — Etablissement insalubre de 3e classe : fumée[3].

La cheminée doit avoir de 20 à 25 mètres d'élévation ou tout au moins être aussi élevée que les cheminées voisines dans un rayon de 100 mètres.

Les fours anglais que l'on emploie doivent être placés à 100 mètres des habitations et à 50 mètres des routes ou chemins[1].

CAISSES. — Ord. pol. des 1er avril 1818[2] et 25 juill. 1862[3].

Il est interdit de déposer des caisses et pots à fleurs, vases et autres objets sur les toits, entablements, chéneaux, gouttières, etc., bordant la voie publique : il n'est permis d'en placer que sur les grands balcons et sur les appuis des croisées garnies de petits balcons, de balustrades en fer ou de barres transversales en fer avec grillage en fil de fer[4]. On doit, en outre, en les arrosant, prendre les précautions nécessaires pour ne produire aucun écoulement sur la voie publique[5].

ANNEXE.

Ordonnance de police du 1er avril 1818.

ARTICLE PREMIER. — Il est défendu, à tous propriétaires et locataires des maisons situées dans la ville de Paris, de déposer sur les toits, entablements, gouttières, terrasses, murs et autres lieux élevés des maisons, des caisses, pots à fleurs, vases et autres objets pouvant nuire par leur chute.

On ne pourra former des dépôts de cette espèce que sur les grands balcons et sur les appuis des croisées garnies de petits balcons ou de barres de support en fer, avec grillage en fil de fer maillé.

ART. 2. — Dans trois jours, à compter de la publication de la présente ordonnance, tous pots à fleurs, caisses, vases et autres objets exposés autrement que sur les grands balcons et appuis de croisées munies de petits balcons ou barres de fer garnies de grillages en fer maillé, seront retirés.

Tous préaux et jardinets, formés sur les toits ou sur les murs de face, seront détruits, ainsi que les bois et fer employés à les soutenir.

ART. 3. — Les contraventions seront constatées par les commissaires de police, qui en dresseront des procès-verbaux qu'ils transmettront directement au tribunal de police municipale.

Il sera pris, en outre, les mesures nécessaires pour prévenir les accidents : à cet effet, les commissaires de police feront retirer et supprimer sur-le-champ les objets exposés en contravention.

ART. 4. — Il n'est point dérogé aux dispositions des règlements, à l'égard des particuliers qui conserveraient des caisses et pots à fleurs, dans le cas prévu par le second paragraphe de l'art. 1er, et qui, par négligence ou autrement, laisseraient couler de l'eau sur la voie publique en arrosant les fleurs.

[1] Décr., 31 déc. 1866. — [2] Bunel, p. 226.
[3] Décr., 31 déc. 1866.

[1] Bunel, p. 226.
[2] Annexe. — [3] V. *Bâtim. en constr.* — [4] Ord. pol., 1er avril 1818. — [5] Ord. pol., 25 juill. 1862, V. *Bâtim. en constr.*

CALORIFÈRE. —Coutume de Paris, art. 190.
C. civ., art. 674. Ord. pol. du 15 sept. 1875[1].

Le Code civil, article 674, dit que pour les fours établis contre un mur mitoyen ou non, on doit laisser la distance prescrite par les usages particuliers, ou faire les travaux prescrits par les mêmes usages.

L'usage de Paris auquel il faut se reporter pour la distance à observer est ainsi conçu, article 190: *Qui veult faire forge, four et fourneau contre le mur mitoyen, doit laisser demy pied (0m16) de vuide d'intervalle entre deux du mur du four ou forge; et doit estre ledit mur d'un pied (0m32) d'épaisseur.*

Par analogie un calorifère ne doit pas être construit à moins de 0m16 d'un mur mitoyen ou pouvant le devenir.

Les conduits de chaleur des calorifères sont soumis aux mêmes conditions d'isolement que les conduits de fumée, c'est-à-dire qu'ils doivent être distants de 0m16, au moins, de toute pièce de bois[2].

Le locataire est tenu aux menues dégradations qui se produisent aux portes, trappes, bouches, guichets, etc., des calorifères; il doit les maintenir en bon état de fonctionnement, et les resceller, s'il y a lieu. Il est également responsable des cloches en fonte ou autres appareils en tenant lieu, et servant de foyer, mais en tant seulement que ces appareils ne sont point usés[3].

CALORIGÈNE (Dépôts de) et mélanges de ce genre. — Établissement insalubre de 2e classe : danger d'incendie[4].

Les prescriptions pour les dépôts de cette nature sont les mêmes que celles édictées pour les huiles, essences et hydrocarbures[5].

CAOUTCHOUC[6].

1° Travail du caoutchouc avec emploi d'huiles essentielles ou de sulfure de carbone :

Etablissement insalubre de 2e classe : odeur et danger d'incendie.

Les ateliers doivent être construits en matériaux incombustibles, avec sol imperméable et vastes trémies d'aération. Les ouvertures sur la voie publique ou sur les voisins doivent être fermées.

La cheminée sera élevée à 5 mètres au-dessus des cheminées voisines, dans un rayon de 50 mètres.

Les chaudières seront munies de couvercles et surmontées de hottes mobiles entraînant les vapeurs dans la cheminée.

Pour les chaudières et cuves à tremper, les hottes pourront rejeter les buées simplement au dehors.

Les étuves et séchoirs seront en matériaux incombustibles avec portes en fer.

Toutes les eaux seront conduites souterrainement à l'égout.

2° Application des enduits de caoutchouc:

Etablissement dangereux de 2e classe : danger d'incendie.

Les ateliers ou magasins seront construits en matériaux incombustibles, parfaitement ventilés et éclairés par la lumière du jour, étant interdit d'y pénétrer avec une lumière. L'ouverture des foyers doit être placée en dehors des ateliers.

Les vapeurs de l'étuve doivent être conduites dans la cheminée, élevée de 20 à 30 mètres suivant les localités[1].

Dans ces deux genres d'établissement le travail des enfants est interdit à cause des vapeurs délétères dégagées[3].

CARBONISATION DU BOIS.

1° A l'air libre dans des établissements permanents et autre part qu'en forêt :

Etablissement insalubre de 2e classe : odeur et fumée.

2° En vases clos avec dégagement dans l'air des produits gazeux de la distillation:

Etablissement insalubre de 2e classe : idem[3].

3° En vases clos avec combustion des produits gazeux de la distillation :

Etablissement insalubre de 3e classe : idem.

Les prescriptions pour ce dernier genre d'établissement sont les mêmes que celles rapportées au mot *Acide pyroligneux*.

CARBONISATION DES MATIÈRES ANIMALES en général. — Etablissement insalubre de 1re classe : odeur[4].

Ces établissements doivent être complètement isolés et éloignés des centres habités.

Les ateliers doivent être aérés par de larges trémies, et la cheminée avoir de 25 à 30 mètres, suivant les localités.

Les eaux de condensation doivent être enlevées tous les jours dans des tonneaux fermés et non écoulées au ruisseau ou à l'égout[5].

CARDAGE DE LAINES. — V. *Battage*.

CARREAUX. — C. civ., art. 1754.

Le Code civil[6] met les carreaux au nombre

---

[1] V. *Incendie.* — [2] Ibid. — [3] Le Bègue, p. 49.
[4] Décr., 20 juin 1883. — [5] V. *Huile de pétrole.*
[6] Décr., 31 déc. 1866.

[1] Bunel, p. 229. — [2] Décr., 14 mai 1875.
[3] Décr., 31 déc. 1866.
[4] Décr., 31 déc. 1866. — [5] Bunel, p. 229.
[6] C. civ., 1754.

des réparations dont le locataire est tenu, lorsqu'il y en a seulement quelques-uns de cassés. Il résulte de cette restriction que le locataire n'est pas présumé l'auteur de la dégradation, lorsque la majeure partie des carreaux se trouve feuilletée ou cassée; car, alors, il est présumable que cela provient de ce qu'ils sont ou vieux, ou de mauvaise qualité, ou que l'humidité du sol est la cause du dégât[1].

Même dans le cas où il n'y en a que quelques-uns de cassés, la réparation n'en serait pas à la charge du locataire si les carreaux étaient usés ou de mauvaise qualité, ou que l'humidité du sol les eût fait pourrir ou feuilleter[2].

Le locataire doit faire resceller les carreaux qui sont ébranlés ou qui se lèvent, à moins qu'il ne prouve qu'il s'est opéré un tassement dans les planchers[3].

Dans les pièces carrelées en liais ou en marbre, les bandes au pourtour font partie du carrelage et la réparation en incombe au locataire, à moins qu'il ne prouve que les cassures proviennent de la charge des plâtres, des cloisons, des lambris posés à force, ou de tout autre effort qui n'est pas de son fait[4].

CARRIÈRE. — Édit de déc. 1669[5]. Arr. cons. des 23 déc. 1690[6] et 15 sept. 1776[7]. Ord. bureau fin. du 30 juill. 1777[8]. Déclaration du roi du 5 sept. 1778[9]. Ord. pol. du 1er mai 1779[10]. Déclaration du roi du 17 mars 1780[11]. Ord. pol. des 21 févr. 1801[12] et 14 mars 1802[13]. Lois des 21 avril 1810[14] et 27 juill. 1880[15]. Arr. préf. du 18 janv. 1881[16]. Décret du 2 avril 1881[17]. Arr. préf. des 25 sept. 1882[18], 16 avril[19] et 30 juill. 1884[20].

L'exploitation des carrières faite à ciel ouvert peut avoir lieu sans autorisation, sur une simple déclaration adressée au maire de la commune : elle est soumise aux lois et règlements locaux émis sous forme de décrets rendus en Conseil d'État[21]. Pour celles dont l'exploitation est faite par des galeries souterraines on doit en demander l'autorisation au préfet[22].

Les arrêtés préfectoraux portant autorisation ou refus peuvent être déférés au ministre de l'intérieur, mais ne sauraient

être attaqués devant le Conseil d'État[1].

Les arrêtés d'autorisation sont toujours révocables en cas de danger public[2].

Il est interdit d'ouvrir des carrières de toute nature dans l'intérieur de Paris[3].

D'après l'ancienne législation il était interdit d'ouvrir aucune carrière, dans l'étendue ni aux reins des forêts, sans une autorisation du roi : cette autorisation est donnée maintenant par le préfet[4].

Pour les carrières à ciel ouvert le bord des fouilles ou excavations doit être tenu à une distance horizontale de 10 mètres au moins des bâtiments, routes, chemins, cours d'eau, canaux, etc., et l'exploitation de la masse doit être arrêtée à compter des bords de la fouille à une distance d'un mètre par chaque mètre d'épaisseur des terres de recouvrement s'il s'agit d'une masse solide, ou d'un mètre par mètre de profondeur de fouille, si cette masse est, par sa cohésion, analogue aux terres de recouvrement[5].

Les terres de recouvrement doivent être enlevées par banquettes successives d'une hauteur maxima de 4 mètres[6].

L'exploitation des carrières souterraines doit également être arrêtée à 10 mètres de tout bâtiment, route, chemin[7], etc.

Cette même distance de 10 mètres doit être observée pour l'ouverture des puits d'extraction[8].

Les carrières exploitées à coups de mines sont soumises à une réglementation spéciale[9].

On doit y laisser des piliers pour soutenir le plafond[10].

Les carrières exploitées à ciel ouvert, ainsi que les puits d'extraction des carrières souterraines, doivent être entourés de barrières de force suffisante pour prévenir tout accident[11].

Toute carrière dont l'exploitation est terminée doit être comblée[12]; mais il est interdit de les combler sans une autorisation[13] constatant que les vides sont soutenus par des piliers suffisants[14].

Les anciennes carrières peuvent être utilisées pour y établir des champignonnières[15]

Quand une propriété se trouve dans la zone des carrières de Paris, on ne peut y

---

[1] Agnel, n° 567. — [2] Cahier des juges de paix. — [3] Agnel, n° 568. — [4] Cahier des juges de paix; Agnel, n° 569.
[5] V. *Bois et forêts.* — [6] Annexe. — [7] Annexe. — [8] Annexe. — [9] Annexe. — [10] Annexe. — [11] Annexe. — [12] Annexe. — [13] Annexe. — [14] Annexe. — [15] Annexe. — [16] Annexe. — [17] Annexe. — [18] Annexe. — [19] Annexe. — [20] V. *Champignonnière.* — [21] Loi, 27 juill. 1880, annexe. — [22] Édit, déc. 1669; Arr. cons., 23 déc. 1690, annexe; Déclaration du roi, 17 mars 1780, annexe; Loi 21 avril 1810, annexe.

[1] C. d'Et., 25 avril 1842, 11 mars 1843. — [2] C. d'Et., 24 déc. 1844. — [3] Ord. bureau fin., 30 juill. 1777, annexe; Déclaration du roi, 5 sept. 1778, annexe; Ord. pol., 14 mars 1802, annexe; Loi, 27 juill. 1880. — [4] Loi, 21 avril 1810. — [5] Décr., 2 avril 1881, annexe. — [6] Arr. préf., 25 sept. 1882, annexe. — [7] Décr., 2 avril 1881. — [8] Arr. préf., 30 juill. 1884, V. *Champignonnière.* — [9] Arr. préf., 16 avril 1884, annexe. — [10] Arr. cons., 15 sept. 1776, annexe. — [11] Ord. pol., 14 mars 1802; Décr., 2 avril 1881, annexes. — [12] Ord. pol., 21 févr. 1801, annexe, — [13] Ord. pol., 1er mai 1779, annexe, — [14] Ord. pol., 14 mars 1802. — [15] V. *Champignonnière.*

édifier ni y surélever aucun bâtiment sans une autorisation spéciale indiquant les mesures à prendre et les travaux à exécuter. A la demande doivent être joints une coupe géologique du terrain et un plan d'ensemble, indiquant le périmètre de la propriété, les surfaces affectées aux constructions et la distance exacte de cette propriété aux angles des deux rues voisines[1].

Toute personne qui, en construisant ou en réparant, rencontre d'anciennes carrières, doit en faire la déclaration à la préfecture de police[2].

Les contraventions aux règles relatives à l'exploitation des carrières sont de la compétence des conseils de préfecture, sauf recours au Conseil d'État[3].

Les infractions aux règlements sont, pour les carrières exploitées à ciel ouvert, de la compétence des tribunaux de simple police; pour celles exploitées par galeries souterraines, de la compétence des tribunaux correctionnels[4].

ANNEXES

Arrêt du Conseil du 23 décembre 1690.

Louis, par la grâce de Dieu, roi de France et de Navarre : A nos amez et feaux conseillers en nos conseils, grands maistres enquesteurs, et generaux reformateurs des Eauës et Forests de France, Salut.

Nous vous mandons et enjoignons de tenir, chacun dans vostre département, la main à l'exécution de l'arrest dont l'extrait est ci-attaché sous le contrescel de nostre chancellerie, cejourd'hui donné en nostre Conseil d'Etat. Lequel Nous commandons en premier nostre huissier ou sergent sur ce requis, de signifier à tous qu'il appartiendra, à ce qu'aucun n'en ignore, et de faire pour son entière exécution, tous autres actes et exploits nécessaires sans autre permission. Voulons qu'aux copies dudit arrest et des présentes, collationnées par l'un de nos amez et feaux conseillers secrétaires, foi soit ajoutée comme aux originaux : Car tel est nostre plaisir.

Arrest.

Le roi s'étant fait presenter en son conseil, son ordonnance sur le fait des Eauës et Forests, du mois d'aoust 1669, article 12 du titre de la police, portant deffenses à toutes personnes d'enlever dans l'étenduë et aux reins des Forests, sables, terres, marnes ou argile, sans permission expresse de Sa Majesté, et aux officiers de le souffrir, à peine de cinq cens livres d'amende, et de confiscation des chevaux et harnois. Et Sa Majesté estant informée que sous prétexte qu'il n'a pas esté fait pareilles deffenses d'y ouvrir des carrières, il y a eu des particuliers qui ont entrepris d'y en ouvrir sans aucune permission, et d'y tirer quantité de pierres, et ruiner tous les environs par les decombres et les chemins qu'ils y ont pratiquez. Et voulant y pourvoir : Ouï le rapport du sieur Phelypeaux de Pontchartrain, Conseiller ordinaire au conseil roial, Controlleur general des Finances,

Sa Majesté en son Conseil, conformément à l'Ordonnance de 1669, a fait très expresses inhibitions et deffenses à toutes personnes de faire aucunes ouvertures de carrières dans l'étenduë et aux reins des Forests de Sa Majesté, sans permission expresse, et l'attache du grand maistre des Eauës et Forests du département, a peine de mil livres d'amende : et aux officiers des maîtrises particulières de le souffrir, à peine d'interdiction, et de répondre en leurs propres et privez noms, de tous dommages et interests resultans desdites ouvertures. Enjoint Sa Majesté aux sieurs grands maistres des Eauës et Forests de France, chacun dans leur département, de tenir la main à à l'exécution du present arrest. Fait au conseil d'Etat du roy, tenu à Versailles le 23 jour de décembre 1690.

Arrêt du Conseil du 15 septembre 1776.

ARTICLE PREMIER. — Les arrêts du Conseil des 14 mars 1741 et 5 avril 1772, concernant la police des carrières et la conservation des routes royales, ainsi que l'article 11 de l'ordonnance du bureau des finances du 24 mars 1754 et les articles 11 et 12 de l'ordonnance dudit bureau, rendue le 30 avril 1772 en conséquence dudit arrest, seront exécutés selon leur forme et teneur.

ART. 2. — Les propriétaires des carrières et les préposés à leur exploitation seront tenus de laisser des murs et des piliers partout où il sera nécessaire pour soutenir le plafond desdites carrières, et d'en remettre, s'ils avaient négligé d'en laisser à tous les endroits qui leur seront indiqués, pour prévenir la chute desdits plafonds, les éboulemens et accidens qui pourroient en résulter, à peine, pour la première fois, de 500 livres d'amende, dont ils seront tenus solidairement, et à peine afflictive en cas de récidive.

ART. 3. — Toutes carrières et fouilles qui ont été faites dans la banlieue de Paris, pour l'extraction des pierres, moellons, glaises, marnes et autres matériaux, aux environs des faubourgs de Paris et des grandes routes, seront incessamment visitées par le sieur Dupont, ingénieur, que Sa Majesté nomme et commet par le présent arrest pour prendre connaissance de l'état actuel desdites carrières, de leurs galeries, et lever les plans partout où leurs branches souterraines s'avanceront au-dessous des grands chemins ou des rues et maisons de Paris, et marquer sur lesdits plans tous les endroits rapportés à la surface de terre qui manquent de soutien et qui pourroient être en danger.

ART. 4. — Ledit inspecteur sera conduit et précédé dans les souterrains, lors de ses visites et opérations, par les propriétaires des carrières ou par leurs préposés aux opérations, lesquels seront tenus de lui donner tous secours, informations et assistances nécessaires

---

[1] Arr. préf., 18 janv. 1881, annexe. — [2] Décl. du roi, 5 sept. 1778; Ord. pol., 14 mars 1802. — [3] Décr., 4 juill. 1813. — [4] Loi, 21 avril 1810.

jusqu'à ce que lesdites fouilles aient été mises hors de danger. Défend Sa Majesté auxdits propriétaires et à tous carriers et ouvriers de lui refuser l'entrée de leurs souterrains, ou de lui causer aucun trouble ou empêchement, à peine de 300 livres d'amende pour la première fois, et de plus forte peine en cas de récidive.

ART. 5. — Ledit inspecteur sera tenu de prêter serment au bureau des finances de Paris, de communiquer au sieur inspecteur général du pavé de Paris les plans qu'il aura levés dans les souterrains et rapportés à la superficie, de rendre compte au sieur trésorier de France, commissaire député par Sa Majesté pour le pavé de Paris, faubourgs et banlieue, de ses visites, opérations, observations et procès-verbaux qu'il aura dressés; et après que lesdits procès-verbaux auront été visés par ledit commissaire en la forme accoutumée, ils seront remis par ledit inspecteur au procureur du roi du bureau des finances, auquel Sa Majesté enjoint de faire assigner à sa requête les contrevenans, pour faire prononcer contre eux les peines portées par les règlemens.

ART. 6. — Sa Majesté se proposant de prendre les mêmes précautions pour la sûreté des principales villes de son royaume et des chemins dans les provinces, autorise le sieur Dupont à ouvrir une école de géométrie souterraine, à l'effet de former des élèves qui puissent remplir les mêmes fonctions dans les provinces, et lever, avec la précaution nécessaire, les plans des souterrains rapportés à la surface de la terre, partout où lesdits plans seront ordonnés.

Ordonnance du bureau des finances du 30 juillet 1777.

Sur ce qui a été remontré par le procureur du roi, qu'une des principales fonctions attribuées à l'office de grand-voyer par l'édit de décembre 1607 et autres édits et déclarations subséquentes, confirmées par l'édit de mars 1693, est de pourvoir à la conservation des ouvrages publics et à la sûreté des grands chemins, et notamment de ne permettre aucunes caves et fouilles sous les rues et les voies publiques; que plusieurs des grandes routes qui partent de la ville de Paris, passant sur d'anciennes carrières longtemps inconnues, peuvent être en danger d'éboulements dans les endroits où les ciels de ces carrières ne seroient pas suffisamment soutenus, comme on en a vu récemment plusieurs exemples; que le roi, attentif aux représentations qui lui ont été faites à ce sujet, en son conseil, pour l'un des trésoriers de France en ce bureau, commissaire député par Sa Majesté au département du pavé de Paris et de la banlieue, s'est déterminé à prendre des mesures pour faire visiter lesdites carrières, constater leur état, et y faire exécuter les ouvrages nécessaires à la sûreté du public; qu'un éboulement arrivé depuis peu dans la cave du nommé Dauvergne, marchand de vin à Vaugirard, bordant le pavé qui conduit de Paris à Versailles, a donné lieu de découvrir une ancienne carrière dont les branches s'étendent en plusieurs rameaux, sous le grand chemin de

Paris à Versailles, et qu'il est urgent d'y pourvoir; qu'en même temps il serait à propos de faciliter la découverte des carrières, caves et souterrains qui peuvent s'étendre, soit dans les rues de Paris et de ses faubourgs, soit sous les routes de la banlieue et autres, et même sous les rues des villes et bourgs de la généralité. Pour quoi requérait le procureur du roi, qu'il fut sur ce par nous pourvu : Nous, ouï le rapport de Me Mignot de Montigny, etc.

ARTICLE PREMIER. — Les piliers et murs de soutènement nécessaires pour la conservation et pour la sûreté du grand chemin de Paris à Versailles par Vaugirard, entre la maison du nommé Dauvergne, marchand de vin, et le clos du sieur Merel, seront construits sans délai à la diligence du sieur Dupont, ingénieur, aux endroits et sur les dimensions qui lui seront indiqués par le sieur Chezy, inspecteur général des ponts et chaussées et pavé de Paris, lesquels ouvrages seront acquittés sur les fonds qui ont été ci ce destinés par Sa Majesté.

ART. 2. — Défendons à toutes personnes, de quelque qualité et condition qu'elles soient, en conformité de l'arrêt du conseil du 14 mars 1741, et de nos ordonnances des 29 mars 1754 et 17 mars 1761, d'ouvrir et faire exploiter aucune carrière dans l'intérieur de la ville de Paris et de ses faubourgs, ainsi que dans les villes, bourgs et villages de la généralité, sous les peines portées par les règlements, et de tous dépens, dommages et intérêts en cas d'éboulements.

ART. 3. — Ordonnons à toutes personnes dont les caves ou puits auroient des communications ouvertes avec quelque carrière ancienne ou nouvelle, passant sous une rue ou sous un grand chemin, soit dans les villes et faubourgs de Paris, soit dans les villes et bourgs de la généralité, de dénoncer lesdites communications dans le délai d'un mois, soit au procureur du roi en ce bureau, soit aux commissaires et ingénieurs des ponts et chaussées, à peine, en cas d'éboulement desdites carrières et caves sous les voies publiques, de tous dépens, dommages et intérêts, et d'en répondre en leur propre et privé nom; pour, sur les procès-verbaux et rapports qui en seront faits, être par nous statué et ordonné ce qu'il appartiendra.

Déclaration du roi du 5 septembre 1778.

Louis, etc. Nous avons ordonné, dès l'année 1776, des travaux qui furent reconnus alors indispensables pour la sûreté des habitants de quelques faubourgs de notre bonne ville de Paris et des environs, dont les maisons pourroient être en péril, en raison des excavations souterraines pratiquées de toute ancienneté par l'extraction des pierres employées aux différents édifices de cette capitale. Ceux que nous avions chargés de nos ordres procédoient en même temps aux opérations nécessaires pour connoître la situation exacte de la fouille intérieure, tant des anciennes carrières à pierres que de celles ouvertes nouvellement, et les rapports de tous les points des excavations souterraines à ceux de la superficie des terrains excavés. On alloit successivement porter attention sur toutes les autres carrières, soit de pierres à plâtre, soit de sable, ouvertes aux environs des autres faubourgs, lorsque des délits très graves et très punissables se sont manifestés dans l'étendue des territoires de justice de Belleville, Mesnil-Montant et lieux adjacents. Les procédures commencées à ce sujet ayant été portées en la chambre de la Tournelle de notre parlement à Paris, notre dite cour aurait ordonné par différents arrêts des 20 mai, 3 et 28 juillet 1778, que le procès seroit fait et parfait aux auteurs, complices et adhérents des différentes entreprises, violences et vexations contraires à la sûreté publique, commises ès dits lieux, par aucuns exploitants lesdites carrières; et, afin de connoître l'étendue et la gravité des délits dont seroit ensuivie la mort de plusieurs personnes ensevelies par l'éboulement subit des terrains excavés, et prévenir de pareils accidents, notredite cour auroit ordonné des visites, rapports et procès-verbaux qui ont été commencés pour servir à l'instruction du procès. Nous ne pouvons qu'approuver les dispositions de ces différents arrêts, et le zèle avec lequel les magistrats, chargés de l'instruction, ont agi en cette circonstance, si intéressante pour la tranquillité de nos sujets, et principalement pour la conservation de leur vie et de leurs propriétés. Mais en même temps que notredite cour s'occupe du soin de découvrir les coupables, afin de parvenir à les punir d'une manière qui puisse servir d'exemple aux autres, il est de notre sagesse de continuer à employer notre autorité pour garantir de pareils malheurs les habitants de notre bonne ville de Paris et des environs. Le compte que nous nous sommes fait rendre de tous les travaux que nous avons ordonnés nous persuade de plus en plus de la nécessité qu'il y a de travailler promptement à un règlement général, qui fasse cesser efficacement tous périls pour le passé, et qui prévienne tous dangers pour l'avenir. Il est important que cette loi réunisse toutes les vues et toutes les précautions de prudence dont la matière est susceptible; et, comme elles ne peuvent être rassemblées qu'après avoir entendu toutes les personnes de l'art et épuisé toutes les connoissances locales, lesquelles doivent même être combinées avec l'usage, nécessaire à nos sujets, des matériaux convenables pour les constructions et réparations des maisons de notre bonne ville de Paris, nous sommes obligé de différer encore quelque temps, quoiqu'à regret, la formation de cette loi, que sollicite sans cesse auprès de nous notre amour pour nos sujets. Mais, en attendant que nous puissions régler l'objet général dont nous nous occupons depuis longtemps, nous nous sommes proposé d'établir, sous une forme nouvelle, quoique régulière, une police provisoire et préalable à tout, en ordonnant l'observation exacte et rigoureuse de tout ce qui nous paroit en ce moment le plus propre à prévenir les accidents, à faire connoître les propriétaires des terrains inférieurs et supérieurs des carrières de pierres dures, de pierres à plâtre et lieux excavés; et nous espérons qu'à l'aide de ces connoissances locales, et par la continuation des travaux par

nous ordonnés, nous ne tarderons pas d'être en état de faire publier une loi dont nous désirons avec la plus vive ardeur, de recueillir le fruit à l'avantage des habitants de notre bonne ville de Paris et des environs.

ARTICLE PREMIER. — Nous défendons à toutes personnes, de quelque qualité et condition qu'elles soient, non-seulement de faire ouvrir, ou d'ouvrir aucune carrière nouvelle, mais même de continuer l'exploitation des anciennes à la distance d'une lieue de la banlieue de notre bonne ville de Paris, sans la permission par écrit du lieutenant-général de police du Châtelet de Paris : exceptons les seules carrières qui pourroient être destinées à fournir l'entretien des ponts et chaussées et pavé de notre bonne ville de Paris et routes adjacentes, en sable ou matériaux convenables, desquelles l'état sera fourni incessamment audit lieutenant-général de police.

ART. 2. — Enjoignons à tous entrepreneurs de bâtiments, ou autres qui construiroient ou répareroient aucuns édifices, d'avertir pareillement le lieutenant-général de police, si, en faisant lesdites constructions ou réparations, ils découvroient des excavations souterraines, ou le ciel de quelques carrières, ce qu'ils seront tenus d'observer exactement et notamment lors de la fouille des puits à construire ou à réparer, même quand, en fouillant les puits, ils rencontreroient les piliers de masse, laissés pour la sûreté du ciel d'aucunes carrières; le tout sous peine d'amende, et même de plus grande peine, s'il y échet.

ART. 3. — Voulons qu'il ne puisse être apporté aucun retardement aux mesures prises et aux opérations par nous ordonnées pour procurer, avec la plus grande célérité, la sûreté des habitants de notre bonne ville de Paris et des environs, la conservation de leurs propriétés, ainsi que des édifices à nous appartenant; ordonnons qu'elles seront continuées comme par le passé.

ART. 4. — Faisons défenses aux notaires de notre Châtelet de Paris et à tous autres de passer aucuns actes de vente de terrains en superficie, avec réserve de la part des vendeurs d'user ou de disposer du terrain inférieur à ladite superficie, à l'effet d'y faire aucunes fouilles ou excavations, pour se procurer l'extraction d'aucuns matériaux, de quelque nature que ce puisse être; et, si aucuns actes de cette espèce avoient été passés en leur étude, leur enjoignons d'en délivrer sans délai des expéditions, signées d'eux, audit lieutenant-général de police, auquel nous attribuons la connoissance des contestations qui pourroient survenir à ce sujet, ainsi que sur le fait des carrières dans l'étendue prescrite par l'article premier, sauf et sans préjudice de l'appel en la grand'chambre de notre parlement; et seront les ordonnances du lieutenant-général de police exécutées par provision, comme en matière de police et péril imminent.

ART. 5. — N'entendons préjudicier aux droits et fonctions des officiers du siège du bureau des finances, chambre du domaine et trésor, en ce qui touche le fait de la grande et petite voirie dans l'étendue de leur juridiction,

142

sans toutefois qu'ils puissent prétendre s'entremettre directement ou indirectement du fait des carrières mentionné aux articles précédents; et les seigneurs qui pourroient avoir droit de justice en aucuns desdits lieux, demeureront pareillement conservés dans tous leurs droits, l'attribution portée en l'article 4 n'étant que provisoire, et pour la sûreté urgente au cas dont est question.

Ordonnance de police du 1ᵉʳ mai 1779.

Nous ordonnons qu'à l'avenir aucun particulier ayant, conformément aux règlements, obtenu de nous la permission d'exploiter ou de continuer l'exploitation de carrières, ou qui aurait négligé de se munir de ladite permission, ne pourra combler le trou de service des carrières qu'il exploitera, ni déplacer la roue nécessaire pour y descendre, qu'après avoir requis l'architecte-contrôleur et inspecteur général aux travaux des carrières ou ses préposés, d'en faire la visite à l'effet de constater si l'exploitation a été faite conformément aux règlements et si les vides sont solidement contenus par hagues, piliers et bourrages suffisants, le tout à peine de cinq cents livres d'amende; que les propriétaires des carrières précédemment abandonnées les combleront pareillement après avoir requis et fait faire ladite visite, sous la même peine. Ordonnons aussi que pour éviter les accidents qui pourraient arriver en laissant les carrières ouvertes, les dimanches, fêtes et autres jours pendant lesquels les carriers interrompent leurs travaux, lesdits carriers seront tenus d'en couvrir les ouvertures, la veille au soir desdits jours, de madriers suffisants attachés les uns aux autres avec chaînes de fer contenues par des cadenas, et ce, sous peine de pareille amende de cinq cents livres.

Déclaration du Roi du 17 mars 1780.

ARTICLE PREMIER. — L'article 1ᵉʳ de notre déclaration du 23 janvier 1779, faisant défense d'exploiter à l'avenir par le cavage les carrières à plâtre qui seroient nouvellement découvertes, sera exécuté, et, y ajoutant, défendons également l'exploitation desdites carrières par des puits. Voulons que toutes carrières à plâtre ne puissent à l'avenir être ouvertes et exploitées qu'à découvert et à tranchée ouverte, à peine de 500 livres d'amende et de confiscation des voitures, chevaux et ustensiles.

ART. 2. — A l'égard des carrières de plâtre exploitées ci-devant par cavage ou par puits, dans l'étendue des territoires désignés en l'article 3 de notre dite déclaration du 23 janvier 1779, voulons qu'il soit dressé des procès-verbaux exacts de leur état intérieur, ainsi que des superficies des terrains régnant sur icelles; et, dans le cas où il y aurait quelque péril, les propriétaires ou locataires seront assignés sans retardement par devant le lieutenant-général de police du Châtelet, et sera observée la forme prescrite par les neuf premiers articles de la déclaration concernant les périls imminents

des maisons et bâtimens de notre bonne ville de Paris, du 18 juillet 1729, registrée en notre Cour de parlement le 5 août 1730. Après lesdites formalités observées, le lieutenant-général de police ordonnera, s'il y a lieu, le renversement desdites superficies, ou pourvoira, par les autres voies qu'il estimera convenables, à la sûreté pleine et entière desdites superficies.

ART. 3. — En cas de péril si urgent qu'on ne pût observer les formalités ci-dessus prescrites sans risquer quelque accident fâcheux, le lieutenant-général de police, sur le vu desdits procès-verbaux, pourra ordonner le renversement desdites superficies, et seront les ordonnances par lui rendues audit cas exécutées par provision, nonobstant l'appel.

ART. 4. — L'exploitation des carrières à plâtre, pierres ou moellons, ne pourra à l'avenir être continuée qu'à la distance de huit toises des deux extrémités ou côtés de la largeur des chemins de traverse ou vicinaux fréquentés; renouvelons, au surplus, les défenses faites à tous carriers et particuliers d'ouvrir aucunes carrières à pierres de taille, moellons, plâtre, glaise et autres, de quelque espèce que ce soit, sur les bords et côtés de routes et grands chemins, sinon à trente toises à distance du bord et extrémité de la largeur qu'auront lesdits chemins, ledit bord mesuré du pied des arbres, lorsqu'il y en aura de plantés, et lorsqu'il n'y aura ni arbres ni fossés, à trente-deux toises de l'extrémité de la largeur, sans pouvoir, en aucun cas, pousser les rameaux ou rues desdites carrières du côté desdits chemins, même de soucheyer au dedans de leur fouilles le solide du terrain dont nous entendons qu'elles soient séparées de la voie publique; le tout à peine de 300 livres d'amende, confiscation des matériaux, outils et équipages, et de tout dépens, dommages et intérêts.

ART. 5. — Les indemnités que les propriétaires voisins desdites carrières anciennement ouvertes auront à réclamer contre les auteurs des fouilles faites sous leurs propriétés, par suite de l'exploitation des carrières voisines, jusqu'au jour de l'enregistrement de notre présente déclaration, seront fixées par toise carrée, à raison de la valeur du terrain, suivant le prix qui sera déclaré et certifié sans frais par le juge et les syndics de la paroisse du lieu; et voulant assurer pour l'avenir auxdits propriétaires voisins desdites carrières la propriété absolue de leurs terrains tant en fonds qu'en superficie, faisons très expresses inhibitions et défenses aux propriétaires ou locataires desdites carrières de continuer, à compter du jour de l'enregistrement de notre présente déclaration, de fouiller sur le fonds d'autrui, à peine de 500 livres d'amende et de tous dommages et intérêts, lesquels ne pourront être moindres que le double de la valeur desdits terrains, laquelle sera réglée de la manière et ainsi qu'il est ci-dessus expliqué, et il sera statué sur le tout, sommairement et sans frais, par le lieutenant-général de police: pourront même les auteurs desdites fouilles être poursuivis extraordinairement suivant l'exigence des cas.

ART. 6. — Autorisons les propriétaires ou locataires des terrains dans lesquels il y aura des carrières exploitées à tranchées ouvertes, à fouiller jusqu'aux extrémités de la masse qui leur appartient sauf à eux à indemniser les propriétaires des terrains voisins, pour la partie des terres que les talus entraîneront dans les carrières exploitées à découvert, de la manière et ainsi qu'il est prescrit par l'article précédent, et, dans le cas où il se trouverait des édifices quelconques dans le voisinage des terrains, lesdites carrières ne pourront être fouillées qu'à trente toises des murs desdits édifices, à peine de 300 livres d'amende, confiscation des matériaux, outils et équipages et de tous dépens, dommages et intérêts; pourront même les auteurs desdites fouilles être condamnés à faire faire tous les ouvrages nécessaires pour assurer la solidité des murs ou édifices qui auraient pu être altérés par leur fait.

ART. 7. — Tous les ouvrages de la nature de ceux mentionnés en notre présente déclaration qui seront ordonnés en conséquence sous les maisons, bâtimens et terrains appartenant à nos sujets, tant pour leur conservation et leur sûreté, que pour celle de ceux qui en seroient locataires ou fermiers, ou qui en jouiroient à quelque titre que ce puisse être, seront faits aux frais et dépens desdits propriétaires, sur la sommation qui leur en sera faite, sinon à la requête du substitut de notre procureur général au Châtelet de Paris, poursuite et diligence du receveur des amendes; et, audit cas, le receveur des amendes en avancera les deniers, dont il lui sera délivré, par le lieutenant-général de police, exécutoire sur les propriétaires, pour en être remboursé par privilége et préférence à tous autres, sur les bâtimens et fonds desdites propriétés, nonobstant toutes oppositions ou appels qui pourroient être interjetés desdits exécutoires, le tout conformément à l'article 9 de notre déclaration du 18 juillet 1729 concernant les périls imminents.

Ordonnance de police du 21 février 1801.

ARTICLE PREMIER. — Il sera fait des visites dans toutes les carrières du département de la Seine et des communes de Sèvres, Saint-Cloud et Meudon, par des préposés de la préfecture de police; en conséquence, les inspecteurs et commis à la surveillance des carrières anciennement exploitées, pour l'intérêt public, a cru devoir spécialement s'occuper, ainsi que les propriétaires et locataires de celles en activité d'exploitation, et de toutes autres carrières exploitées et dont les travaux sont suspendus ou abandonnés, seront tenus, chaque fois qu'ils en seront requis, de conduire les préposés qui procéderont à ces visites, de leur donner tous renseignements nécessaires et de représenter les plans qu'ils pourront avoir à leur disposition.

ART. 2. — Les carrières dont l'exploitation est terminée seront condamnées par les propriétaires.

Celles dont les travaux sont suspendus ou abandonnés seront également condamnées, si mieux n'aiment les propriétaires, dans un mois à compter du jour de la publication de la présente ordonnance, les remettre en activité d'exploitation, en se conformant aux lois et réglements de police concernant les carrières; le tout à peine de 500 francs d'amende (Ord. pol. du 1er mai 1779).

ART. 3. — Tous individus qui, pour l'exploitation des carrières, ont obtenu des permissions de l'autorité compétente, et ceux qui en obtiendront par la suite, seront tenus d'en faire la déclaration au préfet de police, dans le délai de dix jours à partir de la publication de la présente ordonnance, pour les premiers, et pour les seconds, du jour de l'obtention desdites permissions.

ART. 4. — Les préposés de la préfecture de police surveilleront lesdites exploitations, à l'effet de constater si elles se font conformément aux lois et aux règlements de police concernant les carrières.

ART. 5. — Les carrières exploitées par cavage ou à puits seront fermées à la clef et couvertes de madriers suffisans, attachés les uns aux autres avec chaînes de fer contenues par des cadenas, pendant la nuit et les jours de cessation de travail.

Pour celles dont l'exploitation se fait à découvert, il sera établi, au-devant des tranchées, des barrières en planches ou pierres, pour prévenir les accidents : le tout à peine de 500 fr. d'amende (Ord. pol. du 1er mai 1779).

ART. 6. — Les propriétaires ou locataires de carrières ne pourront en combler les trous de service sans, au préalable, en avoir fait la déclaration au préfet de police, sous les peines portées en l'article précédent (même Ord. pol.).

ART. 7. — Dans aucun cas, les carrières ne pourront être condamnées que visite préalable n'en ait été faite par les préposés de la préfecture de police, pour s'assurer si elles ne présentent aucun danger pour la sûreté publique, sous les mêmes peines que dessus (Ord. pol. précitée).

ART. 8. — Les entrepreneurs et tous autres qui, en construisant ou en réparant un bâtiment, et notamment lors de la fouille des puits, découvriront quelques carrières ou des excavations souterraines, en avertiront de suite le préfet de police.

ART. 9. — En cas de contravention aux dispositions ci-dessus et aux lois et règlements de police concernant les carrières, il sera pris envers les contrevenants telles mesures administratives qu'il appartiendra, sans préjudice des poursuites à exercer contre eux par-devant les tribunaux.

ART. 10. — La présente ordonnance sera imprimée...

Ordonnance de police du 14 mars 1802.

ARTICLE PREMIER. — Il est défendu d'ouvrir dans Paris aucune carrière.

Il est enjoint à tous propriétaires de celles existantes d'en cesser l'exploitation.

ART. 2. — Il est interdit de cuire du plâtre dans Paris.

ART. 3. — Il sera fait des visites dans toutes les carrières du département de la Seine et des communes de Sèvres, Saint-Cloud et Meudon, par des préposés de la préfecture de police.

ART. 4. — Les carrières dont l'exploitation est terminée ou abandonnée seront condamnées par les propriétaires.

ART. 5. — Tous individus qui, pour l'exploitation des carrières, ont obtenu des permissions de l'autorité compétente, et ceux qui en obtiendront par la suite, seront tenus d'en faire la déclaration au préfet de police dans le délai de dix jours, à partir de la publication de la présente ordonnance, pour les premiers, et pour les seconds, du jour de l'obtention desdites permissions.

ART. 6. — Les préposés de la préfecture de police surveilleront lesdites exploitations, à l'effet de constater si elles se font conformément aux lois et règlements de police concernant les carrières.

ART. 7. — Pendant la cessation des travaux, les carrières exploitées par cavage ou à puits seront fermées de manière qu'il ne puisse arriver aucun accident.

Pour les carrières dont l'exploitation se fait à découvert, il sera établi des barrières au-devant des tranchées, le tout à peine de 500 francs d'amende (Ord. pol. du 1er mai 1779).

ART. 8. — Aucunes carrières ne pourront être condamnées sans avoir été visitées par les préposés de la préfecture de police ; à cet effet, tous propriétaires ou locataires, avant de les fermer, seront tenus d'en faire leur déclaration sous les peines portées en l'article précédent (même Ord. pol.).

ART. 9. — Les entrepreneurs et tous autres, qui, en construisant ou réparant un bâtiment, et notamment lors de la fouille des puits, découvriront quelques carrières ou des excavations souterraines, en avertiront de suite le préfet de police.

ART. 10. — En cas de contravention aux dispositions ci-dessus et aux lois et règlements de police concernant les carrières, il sera pris, envers les contrevenants, telles mesures administratives qu'il appartiendra, sans préjudice des poursuites à exercer contre eux par-devant les tribunaux.

ART. 11. — La présente ordonnance sera imprimée, etc.

Extrait de la loi du 21 *avril* 1810.

TITRE PREMIER. — DES MINES, MINIÈRES ET CARRIÈRES.

ARTICLE PREMIER. — Les masses de substances minérales ou fossiles renfermées dans le sein de la terre ou existant à la surface sont classées, relativement aux règles de l'exploitation de chacune d'elles, sous les trois qualifications de mines, minières et carrières.

ART. 2. — Seront considérées comme mines celles connues pour contenir en filons, en couches ou en amas, de l'or, de l'argent, du platine, du mercure, du plomb, du fer en filons ou couches, du cuivre, de l'étain, du zinc, de la calamine, du bismuth, du cobalt, de l'arsenic, du manganèse, de l'antimoine, du molybdène, de la plombagine ou autres matières métalliques, du soufre, du charbon de terre ou de pierre, du bois fossile, des bitumes, de l'alun et des sulfates à base métallique.

ART. 3. — Les minières comprennent les minerais de fer dits d'alluvion, les terres pyriteuses propres à être converties en sulfate de fer, les terres alumineuses et les tourbes.

ART. 4. — Les carrières renferment les ardoises, les grès, pierres à bâtir et autres, les marbres, granits, pierres à chaux, pierres à plâtre, les pozzolones, les strass, les basaltes, les laves, les marnes, craies, sables, pierres à fusil, argiles, kaolin, terres à foulon, terres à poterie, les substances terreuses et les cailloux de toute nature, les terres pyriteuses regardées comme engrais : le tout exploité à ciel ouvert ou avec des galeries souterraines.

TITRE III. — DES ACTES QUI PRÉCÈDENT LA DEMANDE EN CONCESSION DES MINES.

SECTION 1re. — De la recherche et de la découverte des mines.

ART. 10. — Nul ne peut faire des recherches pour découvrir des mines, enfoncer des sondes ou tarières sur un terrain qui ne lui appartient pas, que du consentement du propriétaire de la surface, ou avec l'autorisation du gouvernement, donnée après avoir consulté l'administration des mines, à la charge d'une préalable indemnité envers le propriétaire, et après qu'il aura été entendu.

ART. 11. — Nulle permission de recherches ni concession de mines ne pourra, sans le consentement formel du propriétaire de la surface, donner le droit de faire des sondes, et d'ouvrir des puits ou galeries, ni celui d'établir des machines ou magasins dans les enclos murés, cours ou jardins, ni dans les terrains attenant aux habitations ou clôtures murées, dans la distance de 100 mètres desdites clôtures ou habitations.

ART. 12. — Le propriétaire pourra faire des recherches, sans formalité préalable, dans les lieux réservés par le précédent article, comme dans les autres parties de sa propriété; mais il sera obligé d'obtenir une concession avant d'y établir une exploitation. Dans aucun cas, les recherches ne pourront être autorisées dans un terrain déjà concédé.

TITRE V. — DE L'EXERCICE DE LA SURVEILLANCE SUR LES MINES PAR L'ADMINISTRATION.

ART. 47. — Les ingénieurs des mines exerceront, sous les ordres du ministre de l'intérieur et des préfets, une surveillance de police pour la conservation des édifices et la sûreté du sol.

ART. 48. — Ils observeront la manière dont l'exploitation se fera, soit pour éclairer les propriétaires sur les inconvénients ou son amélioration, soit pour avertir l'administration des vices, abus ou dangers qui s'y trouveraient.

ART. 49. — Si l'exploitation est restreinte ou suspendue, de manière à inquiéter la sûreté publique ou les besoins des consommateurs, les préfets, après avoir entendu les propriétaires, en rendront compte au ministre de l'intérieur, pour y être pourvu ainsi qu'il appartiendra.

Art. 50. — Si l'exploitation compromet la sûreté publique, la conservation des puits, la solidité des travaux, la sûreté des ouvriers mineurs ou des habitations de la surface, il y sera pourvu par le préfet, ainsi qu'il est pratiqué en matière de grande voirie, et selon les lois.

TITRE VII.

SECTION 1re. — Des minières.

Art. 57. — L'exploitation des minières est assujettie à des règles spéciales. — Elle ne peut avoir lieu sans permission.

Art. 58. — La permission déterminera les limites de l'exploitation et les règles sous les rapports de sûreté et de salubrité publiques.

SECTION 3. — Des terres pyriteuses et alumineuses.

Art. 71. — L'exploitation des terres pyriteuses et alumineuses sera assujettie aux formalités prescrites par les art. 57 et 58, soit qu'elle ait lieu par les propriétaires des fonds, soit par d'autres individus qui, à défaut par ceux-ci d'exploiter, en auraient obtenu la permission.

Art. 72. — Si l'exploitation a lieu par des non-propriétaires, ils seront assujettis, en faveur des propriétaires, à une indemnité qui sera réglée de gré à gré ou par experts.

TITRE VIII.

SECTION 1re. — Des carrières.

Art. 81 [1]. — L'exploitation des carrières à ciel ouvert a lieu sans permission, sous la simple surveillance de la police, et avec l'observation des lois ou règlements généraux ou locaux.

Art. 82. — Quand l'exploitation a lieu par galeries souterraines, elle est soumise à la surveillance de l'administration, comme il est dit au titre V.

SECTION 2. — Des tourbières.

Art. 83. — Les tourbes ne peuvent être exploitées que par le propriétaire du terrain, ou de son consentement.

Art. 84. — Tout propriétaire actuellement exploitant, ou qui voudra commencer à exploiter des tourbières dans son terrain, ne pourra continuer ou commencer son exploitation, à peine de cent francs d'amende, sans en avoir préalablement fait la déclaration à la sous-préfecture et obtenu l'autorisation.

Art. 85. — Un règlement d'administration publique déterminera la direction générale des travaux d'extraction dans le terrain où sont situées les tourbes, celle des rigoles de dessèchement, enfin toutes mesures propres à faciliter l'écoulement des eaux dans les vallées, et l'atterrissement des entailles tourbées.

Art. 86. — Les propriétaires exploitants, soit particuliers, soit communautés d'habitants, soit établissements publics, sont tenus de s'y conformer, à peine d'être contraints à cesser leurs travaux.

[1] Ces deux articles 81 et 82 ont été modifiés par la loi du 27 juillet 1880, annexe.

TITRE IX. — DES EXPERTISES.

Art. 87. — Dans tous les cas prévus par la présente loi, et autres naissant des circonstances où il y aura lieu à expertise, les dispositions du titre XIV du Code de procédure civile, articles 303 à 323, seront exécutées.

Art. 88. — Les experts seront pris parmi les ingénieurs des mines, ou parmi les hommes notables et expérimentés dans le fait des mines et de leurs travaux.

Art. 89. — Le procureur du roi sera toujours entendu, et donnera ses conclusions sur le rapport des experts.

Art. 90. — Nul plan ne sera admis comme pièce probante dans une contestation, s'il n'a été levé ou vérifié par un ingénieur des mines. La vérification des plans sera toujours gratuite.

Art. 91. — Les frais et vacations des experts seront réglés et arrêtés, selon les cas, par les tribunaux : il en sera de même des honoraires qui pourront appartenir aux ingénieurs des mines ; le tout suivant le tarif qui sera fait par un règlement d'administration publique.

Toutefois, il n'y aura pas lieu à honoraires pour les ingénieurs des mines, lorsque leurs opérations auront été faites soit dans l'intérêt de l'administration, soit à raison de la surveillance et de la police publiques.

Art. 92. — La consignation des sommes jugées nécessaires pour subvenir aux frais d'expertise pourra être ordonnée par le tribunal contre celui qui poursuivra l'expertise.

TITRE X. — DE LA POLICE ET DE LA JURIDICTION RELATIVES AUX MINES.

Art. 93. — Les contraventions des propriétaires des mines exploitants, non encore concessionnaires ou autres personnes, aux lois et règlements, seront dénoncées et constatées, comme les contraventions en matière de voirie et de police.

Art. 94. — Les procès-verbaux contre les contrevenants seront affirmés dans les formes et délais prescrits par la loi.

Art. 95. — Ils seront adressés en originaux à nos procureurs du roi, qui seront tenus de poursuivre d'office les contrevenants devant les tribunaux de police correctionnelle, ainsi qu'il est réglé et usité pour les délits forestiers, et sans préjudice des dommages-intérêts des parties.

Art. 96. — Les peines seront d'une amende de 500 francs au plus, et de 100 francs au moins, double en cas de récidive, et d'une détention qui ne pourra excéder la durée fixée par le Code de police correctionnelle.

Extrait de la loi du 27 juillet 1880.

ARTICLE UNIQUE. — Les articles.... 81 et 82 de la loi du 21 avril 1810 sont modifiés ainsi qu'il suit :

Art. 81. — L'exploitation des carrières à ciel ouvert a lieu en vertu d'une simple déclaration faite au maire de la commune et transmise au préfet. Elle est soumise à la surveillance de l'administration et à l'observation des lois et règlements.

Les règlements généraux seront remplacés, dans les départements où ils sont encore en vigueur, par des règlements locaux rendus sous forme de décrets en Conseil d'Etat.

Art. 82. — Quand l'exploitation a lieu par galeries souterraines, elle est soumise à la surveillance de l'administration des mines, dans les conditions prévues par les articles 47, 48 et 50.

Dans l'intérieur de Paris, l'exploitation des carrières souterraines de toute nature est interdite.

Sont abrogées les dispositions ayant force de loi des deux décrets des 22 mars et 4 juillet 1813 et du décret portant règlement général du 22 mars 1813, relatifs à l'exploitation des carrières dans les départements de Seine et de Seine-et-Oise.

_____

Arrêté préfectoral du 18 janvier 1881.

Vu la loi du 16-24 août 1790 ;
Vu le décret du 26 mars 1852 ;
Vu l'avis du Conseil municipal de la ville de Paris, en date du 26 novembre 1880 ;
ARTICLE PREMIER. — A l'avenir, toute demande de construction ou de surélévation de bâtiment, d'établissement de jambes-étrières, etc., sur des terrains situés dans la zone des carrières de la ville de Paris, sera l'objet d'un examen spécial de la part du service des carrières du département de la Seine, qui indiquera les mesures à prendre ou les travaux à exécuter pour assurer la stabilité des fondations des constructions.

ART. 2. — Tout constructeur qui demandera l'autorisation de bâtir ou de surélever des constructions, d'établir des jambes-étrières, etc., sur des terrains situés dans la zone des carrières de la ville de Paris, devra, avant de se mettre à l'œuvre, se conformer aux conditions particulières qui lui seront indiquées par l'Administration, dans l'intérêt de la sûreté publique.

ART. 3. — Il devra joindre aux plans dont la remise continuera à être effectuée dans les bureaux de la Préfecture, pour le service de la voirie, un plan d'ensemble destiné au service des carrières, représentant le périmètre de la propriété et les surfaces affectées aux constructions projetées, avec l'indication exacte des distances de cette propriété aux angles les plus rapprochés des deux rues voisines. — Il devra y annexer la coupe géologique des fouilles pour fondation, et, au cas où il connaîtrait l'existence d'une carrière sous l'emplacement, le plan de cette carrière.

Faute par le constructeur de remettre les plans destinés au service des carrières, la permission de bâtir ne pourra lui être délivrée, et tout retard dans la remise de ces plans prorogera d'autant le délai imparti pour la délivrance de la permission.

ART. 4. — Les contraventions aux dispositions du présent arrêté seront déférées aux tribunaux compétents.

ART. 5. — Le Directeur des Travaux de Paris est chargé de l'exécution du présent arrêté, qui sera publié et affiché, et, en outre, inséré dans le *Recueil des actes administratifs* de la Préfecture de la Seine.

_____

Décret du 2 avril 1881.

ARTICLE PREMIER. — Les carrières de toute nature, ouvertes ou à ouvrir dans le département de la Seine, sont soumises aux mesures d'ordre et de police ci-après déterminées :

Conformément à la loi du 27 juillet 1880, portant modification de plusieurs articles de la loi du 21 avril 1810, l'exploitation des carrières souterraines de toute nature est interdite dans l'intérieur de Paris.

TITRE PREMIER. — DES DÉCLARATIONS.

ART. 2. — Tout propriétaire ou entrepreneur qui veut continuer ou entreprendre l'exploitation d'une carrière à ciel ouvert ou par galeries souterraines, est tenu d'en faire la déclaration au maire de la commune où la carrière est située.

ART. 3. — La même obligation est imposée à tout propriétaire ou entrepreneur qui reprend l'exploitation d'une carrière abandonnée, qui veut, soit appliquer à une carrière à ciel ouvert le mode d'exploitation par galeries souterraines, soit ouvrir un nouvel étage dans une carrière souterraine.

ART. 4. — La déclaration doit être faite dans les délais suivants :

1° Pour les carrières actuellement en activité et qui n'ont pas encore été l'objet d'une déclaration, dans le délai de trois mois, à partir de la promulgation du présent décret.

2° Pour les carrières à ouvrir, pour les carrières abandonnées, dont l'exploitation est reprise, ainsi que dans les autres cas prévus par l'article 3, dans la quinzaine à partir du commencement des travaux.

ART. 5. — La déclaration est faite en deux exemplaires.

Elle contient l'énonciation des nom, prénoms et demeure du déclarant, et la qualité en laquelle il entend exploiter la carrière.

Elle fait connaître d'une manière précise l'emplacement de la carrière et sa situation par rapport aux habitations, bâtiments et chemins les plus voisins.

Elle indique la nature de la masse à extraire, l'épaisseur et la nature des terres ou bancs de rochers qui la recouvrent, le mode d'exploitation, à ciel ouvert ou par galeries souterraines.

ART. 6. — Si l'exploitation doit avoir lieu par galeries souterraines, il est joint à la déclaration un plan des lieux, également en deux expéditions et à l'échelle de deux millimètres par mètre.

Sur ce plan sont indiqués les désignations cadastrales et le périmètre du terrain sous lequel l'exploitant se propose d'établir des fouilles, ainsi que de ses tenants et aboutissants ; les chemins, édifices, canaux, rigoles et constructions quelconques existant sur ledit terrain dans un rayon de 25 mètres au moins ; l'emplacement des orifices, des puits ou des galeries projetés.

Dans le cas où il existerait des travaux souterrains déjà exécutés, il en sera fait mention dans la déclaration.

ART. 7. — Si l'exploitation est entreprise par une personne étrangère à la commune où la carrière est située, cette personne doit faire élection de domicile dans ladite commune.

Dans le cas où l'exploitation est entreprise pour le compte d'une société n'ayant pas son siège dans la commune, la société doit également faire élection de domicile dans la commune.

Le domicile élu est, dans l'un comme dans l'autre cas, indiqué dans la déclaration.

ART. 8. — Les déclarations sont classées dans les archives de la mairie. Il en est donné récépissé.

Un des exemplaires de la déclaration, et quand il s'agit de carrières souterraines, du plan qui y est joint, est transmis sans délai au préfet.

Le préfet envoie ces pièces à l'ingénieur des mines, qui les conserve et en inscrit la mention sur un registre spécial.

TITRE II. — DES RÈGLES DE L'EXPLOITATION.

SECTION 1re. — Des carrières exploitées
à ciel ouvert.

ART. 9. — Les bords des fouilles ou excavations sont établis et tenus à une distance horizontale de 10 mètres au moins des bâtiments et constructions quelconques, publics ou privés, des routes ou chemins, cours d'eau, canaux, fossés, rigoles, conduites d'eau, mares et abreuvoirs servant à l'usage public.

L'exploitation de la masse est arrêtée à compter des bords de la fouille, à une distance horizontale réglée à un mètre par chaque mètre d'épaisseur des terres de recouvrement, s'il s'agit d'une masse solide, ou à un mètre par chaque mètre de profondeur totale de la fouille, si cette masse, par sa cohésion, est analogue à ces terres de recouvrement.

Toutefois, cette distance peut être augmentée ou diminuée par le préfet, sur le rapport de l'ingénieur des mines, en raison de la nature plus ou moins consistante des terres de recouvrement et de la masse exploitée elle-même.

Le tout sans préjudice des mesures spéciales prescrites ou à prescrire par la législation des chemins de fer.

ART. 10. — L'abord de toute carrière située dans un terrain non clos doit être garanti, sur les points dangereux, par un fossé creusé au pourtour et dont les déblais seront rejetés du côté des travaux pour y former une berge, ou par tout autre moyen de clôture offrant des conditions suffisantes de sûreté et de solidité.

Les dispositions qui précèdent sont applicables aux carrières abandonnées.

Les travaux de clôture sont, dans ce cas, à la charge du propriétaire du fonds dans lequel la carrière est située, sauf recours contre qui de droit.

Le tout sans préjudice du droit qui appartient à l'autorité municipale de prendre les mesures nécessaires à la sûreté publique.

ART. 11. — Les procédés d'abatage de la masse exploitée ou des terres de recouvrement,

qui seraient reconnus dangereux pour les ouvriers, peuvent être interdits par des arrêtés du préfet, rendus sur l'avis de l'ingénieur des mines.

Dans le tirage à la poudre et en tout ce qui concerne la conduite des travaux, l'exploitant se conformera à toutes les mesures de précaution et de sûreté qui lui seront prescrites par l'autorité.

SECTION 2. — Des carrières souterraines.

ART. 12. — Aucune excavation souterraine ne peut être ouverte ou poursuivie que jusqu'à une distance horizontale de dix mètres des bâtiments et constructions quelconques, publics ou privés, des routes ou chemins, cours d'eau, canaux, fossés, rigoles, conduites d'eau, mares et abreuvoirs, servant à l'usage public.

Cette distance est augmentée d'un mètre par chaque mètre de hauteur de l'excavation.

Cette distance pourra être exceptionnellement augmentée par arrêté du préfet, sur le rapport des ingénieurs des mines, toutes les fois que l'exigera la sûreté publique ou la conservation des édifices et bâtiments publics ou privés, chemins, rigoles ou conduites d'eau.

ART. 13. — Les dispositions de l'article 10 sont applicables aux orifices des puits verticaux ou inclinés donnant accès dans des carrières souterraines, à moins que l'abord n'en soit suffisamment défendu par l'agglomération des déblais et l'élévation de leur plate-forme.

ART. 14. — Des dispositions semblables sont applicables aux abords des cavages et aux fontis que l'exploitation pourrait produire.

ART. 15. — Dans toute exploitation souterraine par piliers tournés, les travaux devront être arrêtés à une distance des terrains voisins au moins égale à la moitié de la largeur d'un pilier. Mais si deux carrières sont contiguës, les exploitants peuvent les mettre en communication en exploitant le rideau de masse réservé en vertu du présent article, d'un commun accord et dans les mêmes conditions que s'il s'agissait d'une exploitation unique.

ART. 16. — Pour tout ce qui concerne la sûreté des ouvriers et du public, notamment pour les moyens de consolidation des puits, galeries et autres excavations, la descente dans les carrières, la disposition et les dimensions des piliers de masse, l'ouverture éventuelle de plusieurs étages de travaux superposés, le mode d'exploitation à suivre, les précautions à prendre pour prévenir les accidents dans le tirage à poudre, les exploitants se conformeront aux mesures qui leur seront prescrites par le préfet sur le rapport de l'ingénieur des mines.

ART. 17. — Les puits ou bouches de cavage qui donnent entrée aux galeries souterraines, seront fermés pendant la nuit, de telle sorte que personne ne puisse y pénétrer. Il en sera de même pendant tout le temps de la cessation des travaux, si ceux-ci étaient momentanément suspendus.

ART. 18. — Tout puits définitivement abandonné sera comblé ou défendu par tout autre moyen reconnu suffisant par l'autorité préfectorale sur le rapport de l'ingénieur des mines.

ART. 19. — Tout exploitant qui veut abandonner une carrière souterraine est tenu d'en faire la déclaration au préfet, par l'intermédiaire du maire de la commune où la carrière est située. Le préfet fait reconnaître les lieux par l'ingénieur des mines et prescrit, sur son rapport, les mesures qu'il juge nécessaires dans l'intérêt de la sûreté publique.

ART. 20. — Lorsque le préfet, sur le rapport de l'ingénieur des mines, constatera la nécessité de dresser ou compléter le plan des travaux d'une carrière souterraine, il pourra requérir l'exploitant de faire lever ou compléter ce plan. Si l'exploitant refuse ou néglige d'obtempérer à cette réquisition dans le délai qui lui aura été fixé, le plan est levé d'office, à ses frais, à la diligence de l'administration.

SECTION 3. — Dispositions communes aux carrières à ciel ouvert et aux carrières souterraines.

ART. 21. — La prescription des articles 9, paragraphe 1er, et 12, paragraphe 1er, ne s'applique point aux murs de clôture autres que ceux qui enceignent les cimetières ou les cours attenant à des habitations.

Le préfet peut, sur la demande de l'exploitant, réduire la distance de dix mètres, fixée par lesdits paragraphes, sauf en ce qui concerne les propriétés privées. Il statue sur le rapport de l'ingénieur des mines, après avis des ingénieurs des ponts et chaussées, ou de l'agent voyer, s'il s'agit du domaine national ou départemental ; celui des ingénieurs du service municipal de Paris, s'il s'agit de canaux, aqueducs, conduites, constructions ou établissements quelconques appartenant à la ville de Paris ; celui du maire, s'il s'agit du domaine communal.

En ce qui concerne les propriétés privées, la distance fixée par les mêmes paragraphes peut être réduite par le fait seul du consentement du propriétaire intéressé.

ART. 22. — L'exploitant se conformera en tout ce qui concerne le travail des enfants, filles ou femmes employés dans les carrières, aux dispositions des lois et règlements intervenus ou à intervenir.

TITRE III. — DE LA SURVEILLANCE.

ART. 23. — L'exploitation des carrières à ciel ouvert est surveillée, sous l'autorité du préfet, par les maires et autres officiers de police municipale avec le concours des ingénieurs des mines et des agents sous leurs ordres.

ART. 24. — L'exploitation des carrières souterraines est surveillée, sous l'autorité du préfet, par les ingénieurs des mines et les agents sous leurs ordres, sans préjudice de l'action des maires et autres officiers de police municipale.

ART. 25. — Les ingénieurs des mines et les agents sous leurs ordres visitent dans leurs tournées les carrières souterraines.

Ils visiteront aussi, lorsqu'ils le jugeront nécessaire ou lorsqu'ils en seront requis par le préfet, les carrières à ciel ouvert.

Les ingénieurs des mines et les agents sous leurs ordres dressent des procès-verbaux de ces visites. Ils laissent, s'il y a lieu, aux exploitants des instructions écrites pour la conduite des travaux au point de vue de la sécurité ou de la salubrité. Ils en adressent une copie au préfet.

Ils signalent au préfet les vices d'exploitation de nature à occasionner un danger, ou les abus qu'ils auraient observés dans ces visites, et provoquent les mesures dont ils auront reconnu l'utilité.

ART. 26. — Dans le cas où, pour une cause quelconque, la solidité des travaux, la sûreté des ouvriers, celle du sol ou des habitations de la surface, se trouve compromise, l'exploitant doit en donner immédiatement avis à l'ingénieur des mines ou au garde-mines, ainsi qu'au maire de la commune, s'il s'agit d'une carrière souterraine.

Dans le même cas, les exploitants de carrières à ciel ouvert préviendront le maire de la commune.

ART. 27. — Quelle que soit la nature de la carrière et de quelque façon que le danger soit parvenu à sa connaissance, le maire en informe le préfet et l'ingénieur des mines ou le garde-mines.

L'ingénieur des mines, aussitôt qu'il est prévenu, ou, à son défaut, le garde-mines, se rend sur les lieux, dresse procès-verbal de leur état et envoie ce procès-verbal au préfet, en y joignant l'indication des mesures qu'il juge convenables pour faire cesser le danger.

Le maire peut aussi adresser au préfet ses observations et propositions.

Le préfet ne statue qu'après avoir entendu l'exploitant sauf le cas de péril imminent.

ART. 28. — Si l'exploitant, sur la notification qui lui est faite de l'arrêté du préfet, ne se conforme pas aux mesures prescrites dans le délai qui aura été fixé, il y est pourvu d'office et à ses frais par les soins de l'administration.

ART. 29. — En cas de péril imminent, reconnu par l'ingénieur, celui-ci fait, sous sa responsabilité, les réquisitions nécessaires aux autorités locales, pour qu'il y soit pourvu sur-le-champ, ainsi qu'il est pratiqué en matière de voirie, lors du péril imminent de la chute d'un édifice.

Le maire peut, d'ailleurs, toujours prendre, en l'absence de l'ingénieur, toutes les mesures que paraît lui commander l'intérêt de la sûreté publique.

ART. 30. — En cas d'accident qui aurait été suivi de mort ou de blessures, l'exploitant est tenu d'en donner immédiatement avis à l'ingénieur des mines ou au garde-mines, ainsi qu'au maire de la commune, s'il s'agit d'une carrière souterraine.

Dans le même cas, les exploitants de carrières à ciel ouvert devront en donner immédiatement avis au maire de la commune.

Quelle que soit la nature de la carrière et de quelque façon que l'accident soit parvenu à sa connaissance, le maire en informe, sans délai, le préfet et l'ingénieur des mines ou le garde-mines.

Il se transporte immédiatement sur le lieu de l'événement et dresse un procès-verbal qu'il transmet au procureur de la République, et dont il envoie copie au préfet.

L'ingénieur des mines, ou, à son défaut, le garde-mines, se rend, dans le plus bref délai, sur les lieux. Il visite la carrière, recherche les circonstances et les causes de l'accident, dresse du tout un procès-verbal, qu'il transmet au procureur de la République et dont il envoie copie au préfet.

Il est interdit aux exploitants de dénaturer les lieux avant la clôture du procès-verbal de l'ingénieur des mines.

L'ingénieur des mines se conforme, pour les mesures à prendre, aux dispositions du décret du 3 janvier 1813.

ART. 31. — Les dispositions des articles 27, 28, 29 sont applicables, à toute époque, aux carrières abandonnées dont l'existence compromettrait la sûreté publique.

Les travaux prescrits sont, dans ce cas, à la charge du propriétaire du fonds dans lequel la carrière est située, sauf son recours contre qui de droit.

ART. 32. — Lorsque des travaux ont été exécutés ou des plans levés d'office, le montant des frais est réglé par le préfet, et le recouvrement en est opéré, contre qui de droit, par le percepteur des contributions directes.

TITRE IV. — DE LA CONSTATATION, DE LA POURSUITE ET DE LA RÉPRESSION DES CONTRAVENTIONS.

ART. 33. — Les contraventions aux dispositions du présent règlement ou aux arrêtés préfectoraux rendus en exécution de ce règlement, autres que celles prévues par l'article 32, sont constatées par les maires et adjoints, par les commissaires de police, gardes-champêtres, et autres officiers de police judiciaire, et concurremment par les ingénieurs des mines et les agents sous leurs ordres ayant qualité pour verbaliser.

ART. 34. — Les procès-verbaux sont visés pour timbre et enregistrés en débet. Ils sont affirmés dans les formes et délais prescrits par la loi pour ceux de ces procès-verbaux qui ont besoin de l'affirmation.

ART. 35. — Lesdits procès-verbaux sont transmis en originaux aux procureurs de la République, et les contrevenants poursuivis d'office devant la juridiction compétente sans préjudice des dommages-intérêts des parties.

Copies des procès-verbaux sont envoyées au préfet du département par l'intermédiaire de l'ingénieur en chef.

ART. 36. — Les contraventions qui auraient pour effet de porter atteinte à la conservation des routes nationales ou départementales, des chemins de fer, canaux, rivières, ponts ou autres ouvrages dépendant du domaine public, seront constatées, poursuivies et réprimées, conformément aux lois sur la police de la grande voirie.

TITRE V. — DISPOSITIONS GÉNÉRALES.

ART. 37. — Les fonctions et attributions conférées aux maires par le présent règlement sont exercées par le préfet de la Seine pour les carrières situées dans l'intérieur de Paris.

ART. 38. — Les règlements précédemment appliqués aux carrières du département de la Seine sont et demeurent abrogés.

ART. 39. — Le présent décret sera inséré...

Arrêté préfectoral du 25 septembre 1882.

ARTICLE PREMIER. — Les terres de recouvrement devront être enlevées par banquettes successives, la hauteur maximun de chaque banquette ne pourra, en aucun cas, dépasser 4 mètres.

ART. 2. — Il est interdit de pratiquer à la base des terres des fours ou galeries d'aucune sorte pour en provoquer l'éboulement.

ART. 3. — L'emploi des souchets continuera à être toléré aux conditions suivantes :

1° La profondeur desdits souchets ne pourra surpasser 50 centimètres ;

2° Les parties souchevées seront soutenues pendant tout le cours du travail soit par des étais, soit par des piliers réservés en nombre suffisant ;

3° Un ouvrier sera placé au-dessus du front de masse pour veiller aux mouvements qui pourraient se produire dans le sol et en aviser les travailleurs.

ART. 4. — Les dispositions précédentes sont applicables aux masses exploitables, autres que les roches calcaires et gypseuses, sauf les modifications suivantes.

ART. 5. — Dans les exploitations de meulière, la hauteur maximum des banquettes sera réduite à 2 mètres.

ART. 6. — Dans les exploitations de sable fin, dit sable de Fontainebleau, qui surmonte les gisements de plâtre, on pourra, au lieu de procéder par banquettes, piocher la masse sur toute la hauteur, à la condition de maintenir un talus de 1 mètre de base sur 1 mètre de hauteur.

ART. 7. — Le présent arrêté sera inséré au *Recueil des actes administratifs* du département de la Seine.

———

Arrêté préfectoral du 16 avril 1884.

ARTICLE PREMIER. — Il est interdit de faire emploi d'épinglettes ou de bourroirs en fer.

Pour amorcer les coups de mines, il sera fait usage d'épinglettes en cuivre ou en bronze ou d'étoupilles Bickford, dites fusées de sûreté[1].

Les bourroirs seront de préférence en bois ou tout au moins en bronze ou en cuivre sur un tiers de leur longueur.

ART. 2. — La poudre devra être introduite en cartouches et pressée doucement avec le bourroir.

Les matières employées pour le bourrage devront être exemptes de parcelles qui seraient de nature à produire des étincelles par le frottement ou par le choc.

ART. 3. — Les ouvriers ne devront pas revenir sur une mine ratée avant un délai d'une heure.

Tout essai de débourrage de mine ratée est formellement interdit.

Les trous de mines pratiqués dans le voisi-

___
[1] Ou tout produit similaire présentant des garanties suffisantes de sécurité (Lettre préf., 21 nov. 1884).

nage devront être placés à une certaine distance, et dirigés de manière à ne pas rencontrer le trou de mine ratée.

ART. 4. — Les coups de mines devront être recouverts de manière à éviter toute projection sur les chemins et sur les propriétés du voisinage. Avant l'allumage des coups de mines, des hommes munis au besoin de signaux optiques ou acoustiques seront apostés de manière à interdire l'accès du périmètre dangereux.

ART. 5. — Le tirage des coups de mines s'effectuera sous la surveillance immédiate du chef de chantier, qui devra indiquer aux ouvriers les points de refuge, et s'assurer, avant l'allumage, qu'ils sont hors d'atteinte des projections.

ART. 6. — Dans le cas où il serait fait usage de dynamite, les exploitants devront porter à la connaissance des ouvriers et faire afficher sur le lieu de l'exploitation la note annexée à la circulaire ministérielle du 9 août 1880. Ils devront veiller à l'observation des mesures de précaution qui s'y trouvent formulées.

ART. 7. — Les contraventions aux dispositions qui précèdent seront constatées et poursuivies conformément aux dispositions du titre IV du décret réglementaire du 2 avril 1881.

ART. 8. — Les ingénieurs des mines et agents sous leurs ordres, les maires et autres officiers de police municipale sont chargés de surveiller l'exécution des dispositions prescrites et d'en assurer l'accomplissement, chacun en ce qui le concerne.

ART. 9. — Le présent arrêté sera inséré au *Recueil des actes administratifs*.

CARROSSIER. — Ord. pol., 15 sept. 1875[1].

Les carrossiers travaillant le bois et le fer dans la même maison doivent avoir deux ateliers entièrement séparés par un mur, à moins qu'il n'y ait une distance de 10 mètres au moins entre la forge et l'endroit où l'on travaille ou dépose les bois.

CARTONNIERS. — Établissements insalubres de 3e classe : odeur[2].

Les ateliers doivent être bien ventilés et le sol en être imperméable.

Les étuves et séchoirs seront en matériaux incombustibles.

Les cuves à macération ou à bouillir seront surmontées de hottes entraînant les vapeurs dans la cheminée qui sera élevée à la hauteur des cheminées voisines dans un rayon de 50 mètres.

Les eaux seront conduites souterrainement à l'égout[3].

CASTIGLIONE (Rue de). — V. *Rue de Rivoli*.

<hr>

[1] V. *Incendie.*
[2] Décr., 31 déc. 1866. — [3] Bunel, p. 232.

CAVE. — Edit de déc. 1607[1]. Ord. bureau fin. des 30 juill. 1777[2] et 4 sept. 1778[3]. Ord. pol., 13 févr. 1802[4]. Instr. du Conseil d'hygiène (1856)[5]. Instr. préf., 31 mars 1862[6]. Ord. pol., 25 juill. 1862[7] et 7 mai 1878[8]. C. civ., art. 554.

Tout propriétaire, ayant le droit de jouir de sa chose de la manière la plus absolue[9], peut creuser des caves sur son terrain, à la condition d'observer les lois du voisinage et les règlements de police.

Comme on ne peut creuser de cave contre un mur dont on n'a pas la mitoyenneté[10], il est nécessaire de commencer par acquérir cette mitoyenneté. Dans le cas où il faut donner plus de profondeur aux fondations, les reprises en sous-œuvre, qui en sont la conséquence, sont à la charge de celui qui établit la cave ; cette augmentation de profondeur lui appartient en entier, jusqu'à ce que le voisin vienne à s'en servir aussi, auquel cas, ce dernier devra à son tour en acquérir la mitoyenneté.

Il est interdit d'appuyer une voûte sur le mur séparatif de deux propriétés, à moins d'établir un contre-mur de 0m 33 d'épaisseur, faisant corps avec le mur lui-même, ayant la même longueur que la voûte et s'élevant jusqu'à la naissance de l'arc[11].

Pour les voûtes d'arête il suffit d'établir des piles ou dosserets saillants, d'épaisseur et largeur suffisantes pour porter les pieds des arêtes[12].

Le contre-mur n'est pas obligatoire si, de chaque côté du mur mitoyen, il existe des voûtes placées vis-à-vis l'une de l'autre, à la même hauteur, et dont les poussées se neutralisent mutuellement[13].

Dans le cas où le propriétaire d'une cave n'est pas le propriétaire de la maison située au-dessus, l'entretien de la voûte et des murs qui la supportent sont à sa charge[14], et le propriétaire du sol au-dessus peut construire, en utilisant les murs de la cave, mais après, toutefois, en avoir acquis la mitoyenneté.

Il est interdit de creuser une cave sous la voie publique[15], en vertu du principe de l'inaliénabilité du domaine public : en conséquence l'autorité administrative, chargée de la police des voies publiques, peut prescrire le comblement des caves qui s'y trouveraient[16].

<hr>

[1] V. *Voyer.* — [2] V. *Carrière.* — [3] Annexe. — [4] Annexe. — [5] Annexe. — [6] V. *Bâtir (Autor. de).* — [7] V. *Bâtiment en constr.* — [8] V. *Appartement meublé.* — [9] C. civ., 554. — [10] Frémy-Ligneville, t. II, nos 640-641. — [11] Ibid. — [12] Ibid. — [13] Ibid. — [14] Ibid. — [15] Edit, déc. 1607, V. *Voyer;* Ord. bureau fin., 4 sept. 1778, annexe; Instr., 31 mars 1862, V. *Bâtir (Autor. de).* — [16] C. d'Et., 20 févr. 1847, 23 janv. 1862.

Il est interdit de louer des caves en garni, et les sous-sols ne peuvent être loués qu'en vertu d'une autorisation[1].

En cas d'inondation, les propriétaires doivent faire épuiser l'eau qui aurait pénétré dans les caves, et faire enlever les vases et limons qui y resteraient après l'épuisement. A défaut du propriétaire, les locataires sont tenus aux mêmes travaux, quitte à en retenir le montant sur leur loyer[2].

Lorsqu'en faisant des fouilles ou des tranchées dans le sol de la voie publique, on découvre des caves, fosses, puits ou anciens égouts, avis doit en être donné à la préfecture de police, afin qu'elle puisse prescrire les mesures nécessaires[3].

ANNEXES

Extrait de l'ordonnance du bureau des finances du 4 septembre 1778.

Sur ce qui nous a été remontré par le Procureur du Roy que, malgré les défenses portées par l'art. 7 de l'édit de décembre 1607, de pratiquer aucunes caves sous les rues et voies publiques, il est instruit que plusieurs particuliers ont ouvert ou prolongé des caves sous quelques-unes des rues, places et carrefours de cette ville ; que l'existence de ces caves, très préjudiciables à la sûreté publique, eu égard à la grande quantité de charrois d'un poids énorme qui, journellement, affaissent le sol sur lequel le pavé est établi, font craindre que les voûtes de ces caves ne s'affaissent aussi et ne s'écroulent, et exige de son ministère de nous requérir d'y pourvoir ; nous ordonnons que les édits, arrêts et règlements concernant la voirie, notamment l'art. 7 de l'édit de décembre 1607, seront exécutés.

En conséquence faisons défense aux propriétaires, maçons et ouvriers, de pratiquer aucunes caves et de faire des fouilles sous les rues, places et passages de cette ville et faubourgs d'icelle, ainsi que sous les chemins publics, dans l'étendue de cette généralité, à peine de comblement desdites caves et fouilles, et de 300 livres d'amende tant contre les propriétaires que contre les entrepreneurs et ouvriers. Ordonnons que, dans un mois, à compter de ce jour, les propriétaires des maisons et héritages qui ont des caves et passages sous lesdites rues, voies, places publiques et grands chemins (les égouts, conduits d'eau et voûtes construites pour descendre à la rivière au-dessous des quais, exceptés), seront tenus de les combler ou d'en faire la déclaration au Procureur du Roy de ce bureau, pour être ensuite, après la visite qui en sera faite, ordonné ce qu'il appartiendra, à peine contre les délinquants de pareille amende de 300 livres, applicable moitié au Roy et l'autre moitié au dénon-

ciateur ; pour faciliter lesdits comblements, autorisons lesdits propriétaires à faire amener et conduire dans lesdites caves les matériaux qui proviendront des démolitions des maisons les plus prochaines.

Ordonnance de police du 13 *février* 1802.

ARTICLE PREMIER. — Aussitôt la publication de la présente ordonnance, les propriétaires feront épuiser l'eau qui serait encore dans les caves et souterrains de leurs maisons ; ils feront aussi enlever les vases et limons qui s'y trouveraient ; le tout à peine de 400 francs d'amende (Ord. pol., 28 janv. 1741).

ART. 2. — Faute par les propriétaires de satisfaire à l'article précédent, les locataires seront tenus de faire vider leurs caves sauf à eux à retenir, sur leurs loyers, le montant des salaires qu'ils auront payés aux ouvriers (Ord., 14 mai 1701).

ART. 3. — Toute fosse d'aisances dégradée sera réparée.

Les puits dont l'eau serait corrompue seront curés et réparés, au besoin, à peine de 500 francs d'amende (Ord., 14 mai 1701).

ART. 4. — Dans deux décades, à compter de la publication de la présente ordonnance, les propriétaires devront avoir fait toutes réparations nécessaires aux fondations de leurs maisons.

Elles seront faites sans délai, en cas de péril imminent : le tout à peine de 400 francs d'amende (Ord., 28 janv. 1741).

ART. 5. — L'architecte commissaire de la petite voirie est spécialement chargé de suivre l'exécution de la présente ordonnance, etc.

Prescriptions du Conseil d'hygiène (1856).

1° Les caves qui ont été submergées devront, aussitôt que les eaux se seront retirées, être soigneusement nettoyées de tous les immondices qu'elles pourraient renfermer : la boue limoneuse en sera extraite et autant que possible remplacée par du sable sec : les soupiraux seront constamment tenus ouverts.

2° Les magasins, cours et allées seront lavés à grande eau et dégagés ensuite de toute matière limoneuse et putrescible dont les émanations infecteraient l'atmosphère ; au besoin, le sol des magasins devra être lavé avec de l'eau chlorurée et recouvert ensuite d'une couche de sciure de bois qui sera renouvelée chaque jour. Des feux ardents y seront autant que possible maintenus et la ventilation favorisée en laissant ouvertes les portes et les fenêtres.

3° Les habitants seront engagés à ne coucher dans leurs rez-de-chaussée que lorsque toute trace d'humidité aura complètement disparu.

4° Les allées qui traversent les maisons devront rester ouvertes pour favoriser la ventila-

5° On doit employer en même temps de grandes précautions pour assainir certains objets mobiliers, tels que les lits et paillasses, qu'il faudra renouveler ou remplacer, et qui,

---

[1] Ord. pol., 7 mai 1878, V. *Appartement meublé.* — [2] Ord. pol., 13 févr. 1802, annexe ; Prescription du conseil d'hygiène, 1856, annexe. — [3] Ord. pol., 25 juill. 1862, V. *Bâtim. en constr.*

dans tous les cas, ne devront resservir qu'après avoir été séchés complètement.

6° Les procédés d'assainissement employés pour les habitations devront être appliqués avec non moins de vigilance aux étables et écuries dans le but de prévenir les épizooties.

CELLULOID et produits nitrés analogues.
1° Fabrication[1] :
Etablissement insalubre de 1re classe : vapeurs nuisibles, danger d'incendie.

Les ateliers et magasins construits en matériaux incombustibles seront ventilés énergiquement.

Le séchoir, également en matériaux incombustibles, sera chauffé par l'air chaud ou la vapeur d'eau.

2° Ateliers de façonnage :
Etablissement insalubre de 2e classe : danger d'incendie.

3° Dépôts et magasins de vente en gros du celluloïd brut ou travaillé[3] :
Etablissement insalubre de 3e classe : danger d'incendie.

Dans les ateliers de façonnage et les dépôts on ne doit pas se servir, pour l'éclairage, d'essences ou d'huiles minérales[4].

Il est interdit d'employer des enfants dans les ateliers de fabrication ou de façonnage, à cause des dangers d'explosion ou de brûlures, et des vapeurs nuisibles qui se dégagent pendant la fabrication[5].

CENDRES D'ORFÈVRE (Traitement des) par le plomb.
Etablissement insalubre de 3e classe : fumées métalliques[6].

Le fourneau à coupelle et les chaudières doivent être placés sous des hottes conduisant les fumées, par appel forcé, dans une cheminée élevée à 20 ou 30 mètres : cette cheminée ne doit pas traverser des locaux habités.

Les fourneaux doivent être éloignés des murs mitoyens de manière à ce que la chaleur qui s'en dégage n'incommode pas les voisins[7].

Il est interdit d'y faire travailler des enfants en raison des vapeurs délétères dégagées[8].

CENDRES GRAVELÉES.
1° Avec dégagement de la fumée au dehors :
Etablissement insalubre de 1re classe : fumée et odeur.

2° Avec combustion ou condensation des fumées :

Etablissement insalubre de 2e classe ; fumée et odeur[1].

Dans le premier cas, les fours ne sont autorisés qu'à une grande distance des habitations.

Dans le second cas, les gaz et les vapeurs doivent être brûlés, les chaudières surmontées de hottes et la cheminée élevée de 25 à 30 mètres[2].

Il est interdit d'y faire travailler des enfants[3].

CÉRUSE, ou blanc de plomb (Fabrication de la). — Etablissement insalubre de 1e classe : émanations nuisibles[4].

Les ateliers doivent être ventilés énergiquement au moyen de ventilateurs mécaniques.

La chaudière de fusion sera surmontée d'une hotte et la cheminée élevée de 20 à 30 mètres.

Les séchoirs seront en matériaux incombustibles ou tout au moins sans bois apparents[5].

Il est interdit d'y faire travailler des enfants à cause des dangers d'empoisonnement[6].

CHAIRS, débris et issues (Traitement des) provenant de l'abatage des animaux. — Etablissement insalubre de 1re classe : odeur[7].

Pour les prescriptions ordonnées par l'administration V. *Engrais et Equarrissage*.

CHAMBRANLE. — Décis. préf. pol. du 15 févr. 1850[8]. Décr. du 28 juill. 1874[9].

Les chambranles de baies ne doivent pas, sur la face extérieure, dépasser, comme saillie, 0m 16 pour ceux autour des portes d'allées, et 0m 06 pour ceux autour des fenêtres.

Les chambranles sont assimilés, pour la perception des droits de voirie, aux tableaux servant d'enseignes[10], soit un droit fixe de 5 francs[11].

CHAMBRANLE DE CHEMINÉE. — V. *Cheminée*.

CHAMOISERIES. — Etablissement insalubre de 2e classe : odeur[12].

---

[1] Décr., 1er mars 1881. — [2] Ibid. — [3] Décr., 20 juin 1883. — [4] Bunel, p. 233. — [5] Décr., 31 oct. 1882.
[6] Décr., 31 déc. 1866. — [7] Bunel, p. 237. — [8] Décr., 14 mai 1875.

[1] Décr., 31 déc. 1866. — [2] Bunel, p. 238. — [3] Décr., 14 mai 1875.
[4] Décr., 31 déc. 1866. — [5] Bunel, p. 239. — [6] Décr., 14 mai 1875.
[7] Décr., 31 déc. 1866.
[8] V. *Saillie.* — [9] V. *Voirie (Droits de).* — [10] Décis. pol., 15 févr. 1850, V. *Saillie.* — [11] Décr., 28 juill. 1874, V. *Voirie (Droits de).*
[12] Décr., 31 déc. 1866.

Les ateliers doivent être parfaitement ventilés et le sol en être imperméable.

L'étuve sera en matériaux incombustibles avec portes en fer.

La cheminée sera élevée à la hauteur des souches voisines dans un rayon de 50 mètres.

Les eaux doivent s'écouler souterrainement à l'égout[1].

CHAMPIGNONNIÈRE. — Arr. préf. du 30 juill. 1884[2].

Toute personne qui veut établir ou continuer l'exploitation d'une champignonnière, dans une ancienne carrière, doit en faire la déclaration, et en demander l'autorisation, quinze jours avant l'occupation.

A cette déclaration, faite en double exemplaire sur papier timbré, doit être joint un plan, à l'échelle de 0^m002 par mètre, indiquant les vides que l'on se propose d'utiliser, les noms des propriétaires supérieurs avec les numéros du cadastre, ainsi que les tenants et aboutissants dans un rayon de 25 mètres au moins.

Le périmètre indiqué ne peut être modifié sans une nouvelle déclaration[3].

ANNEXE

Arrêté préfectoral du 30 juillet 1884.

ARTICLE PREMIER. — L'occupation des vides d'anciennes carrières souterraines, pour un usage quelconque, notamment pour la culture des champignons, est soumise aux mesures d'ordre et de police ci-après déterminées.

ART. 2. — Tout propriétaire ou entrepreneur qui veut continuer ou entreprendre l'occupation des vides d'anciennes carrières est tenu d'en faire la déclaration au maire de la commune où est située la carrière.

ART. 3. — La déclaration doit être faite dans les délais suivants :

1° Pour les anciennes carrières actuellement occupées et qui n'ont pas encore été l'objet d'une déclaration ou d'une autorisation, dans le délai de trois mois, à partir de la publication du présent arrêté;

2° Pour les anciennes carrières à occuper, dans la quinzaine qui précède l'occupation.

ART. 4. — La déclaration est faite en deux exemplaires; elle contient l'énonciation des nom, prénom et demeure du déclarant et la qualité en laquelle il entend occuper la carrière. Elle est signée par la personne qui se propose de faire usage de la carrière abandonnée, ainsi que par les propriétaires de ladite carrière.

ART. 5. — Il est joint à déclaration un plan des lieux, à l'échelle de 0^m002 par mètre. Sur ce plan sont indiqués les vides qu'on se propose d'utiliser, les limites cadastrales, avec les nu-

méros de chaque parcelle et les noms des propriétaires supérieurs, ainsi que de leurs tenants et aboutissants, les chemins, édifices, canaux, rigoles et constructions quelconques existant sur ledit terrain dans un rayon de 25 mètres au moins; l'emplacement des orifices, puits et galeries d'accès ouverts ou projetés.

Le périmètre à occuper sera nettement délimité sur ce plan au moyen d'un liseré. Il ne pourra être ultérieurement étendu sans une nouvelle déclaration faite dans les mêmes formes que la précédente.

ART. 6. — Si l'occupation a lieu par une personne étrangère à la commune où la carrière est située ou par une société n'ayant pas son siège dans la commune, la personne ou la société doit faire élection de domicile dans ladite commune.

ART. 7. — Les puits ou galeries par lesquels on entre dans les carrières seront constamment maintenus en bon état.

Aucun puits ne pourra être ouvert à moins de 10 mètres de distance horizontale des bâtiments et constructions quelconques, publics ou privés, des routes ou chemins, cours d'eau, canaux, fossés, rigoles, conduites d'eau, mares et abreuvoirs, servant à l'usage public.

L'abord de tout puits qui ne serait pas recouvert par une cheminée d'aérage sera défendu par une palissade ou par tout autre moyen de clôture, offrant des conditions de sûreté et de stabilité.

Les puits ou bouches de cavage donnant accès aux ouvriers occupés seront fermés pendant la nuit de telle sorte que personne n'y puisse y pénétrer. Il en sera de même pendant tout le temps de la cessation des travaux, si ceux-ci sont momentanément interrompus.

Les treuils, câbles, échelles et en général le matériel servant à l'entrée et à la sortie des ouvriers, seront solidement établis, et constamment entretenus en bon état.

ART. 8. — Pour tout ce qui concerne la sûreté des ouvriers et du public, les occupants se conformeront aux mesures qui leur seront prescrites par l'administration préfectorale, sur le rapport des ingénieurs des mines, ainsi qu'aux dispositions du décret réglementaire du 2 avril 1881, qui sont applicables aux carrières abandonnées.

ART. 9. — En cas d'accident survenu dans les travaux et qui aurait été suivi de mort ou de blessures, l'occupant est tenu d'en donner immédiatement avis à l'ingénieur des mines ou au garde-mines, ainsi qu'au maire de la commune.

ART. 10. — Les contraventions aux dispositions du présent arrêté seront constatées par les maires et adjoints, par les commissaires de police, gardes-champêtres et autres officiers de police judiciaire et concurremment par les ingénieurs des mines et les agents sous leurs ordres ayant qualité pour verbaliser.

ART. 11. — L'arrêté préfectoral du 19 juin 1837, et en général toutes les dispositions contraires à celles contenues dans le présent règlement, sont et demeurent abrogés.

ART. 12. — Le présent arrêté sera inséré au *Recueil des actes administratifs* du département de la Seine.

[1] Bunel, p. 241.
[2] Annexe. — [3] Arr. préf., 30 juill. 1884, annexe.

CHANDELLES (Fabrication des). — Etablissement insalubre de 3ᵉ classe : odeur, danger d'incendie[1].

Les ateliers, bien ventilés, doivent être en matériaux incombustibles, ou tout au moins les bois recouverts de plâtre.

Les chaudières seront munies de couvercles et surmontées de hottes entraînant les vapeurs dans la cheminée élevée de trois mètres au-dessus des cheminées voisines dans un rayon de 100 mètres[2].

CHANTIERS DE BOIS A BRULER DANS LES VILLES. — Etablissements insalubres de 3ᵉ classe : émanations nuisibles, danger d'incendie[3].

Ils ne peuvent être installés dans Paris, sans une autorisation du préfet de police[4].

CHANVRE (Teillage et rouissage du) en grand. V. — *Teillage et Rouissage.*

CHANVRE IMPERMÉABLE. — V. *Feutre goudronné.*

CHAPEAUX DE FEUTRE (Fabrication de). — Etablissement insalubre de 3ᵉ classe : odeur et poussière[5].

Les ateliers seront bien ventilés, le sol imperméable, les ouvertures, sur la voie publique et sur les voisins, fermées, les fourneaux et bancs de foulage surmontés de hottes dirigeant les buées dans la cheminée élevée à la hauteur des cheminées voisines.

L'étuve sera en matériaux incombustibles avec porte en fer[6].

Il est interdit de faire travailler des enfants dans les locaux où les poussières provenant de la préparation des poils, soies, etc., se dégagent librement[7].

CHAPEAUX DE SOIE OU AUTRES PRÉPARÉS AU MOYEN D'UN VERNIS (Fabrication de). — Etablissement dangereux de 2ᵉ classe : danger d'incendie[8].

Les ateliers seront bien ventilés, le sol imperméable, les chaudières munies de couvercles et surmontées de hottes conduisant les buées et vapeurs dans la cheminée élevée à la hauteur des cheminées voisines.

L'étuve sera en matériaux incombustibles avec porte en fer[9].

Il est interdit de faire travailler des en-

fants dans les locaux où l'on applique ou prépare le vernis[1].

CHAPERON. — V. *Mur mitoyen.*

CHARBON AGGLOMÉRÉ. — V. *Agglomérés.*

CHARBON ANIMAL (Fabrication ou revivification du). — V. *Carbonisation des matières animales.*

CHARBON DE BOIS DANS LES VILLES (Dépôts ou magasins de). — Etablissements dangereux de 3ᵉ classe : danger d'incendie[2].

Il est interdit d'en établir dans Paris sans une autorisation du préfet de police[3].

Si la quantité dépasse 100 hectolitres, le magasin doit être construit en matériaux incombustibles avec charpente et porte en fer[4].

CHARBON DE TERRE. — V. *Houille et coke.*

CHARCUTERIE. — Arr. préf. du 20 avril 1887[5].

Toute personne qui veut exercer le commerce de la charcuterie, soit en fondant un établissement, soit en acquérant un fonds déjà établi, doit en faire la déclaration à la préfecture de la Seine.

Les conditions, auxquelles les établissements de cette nature sont soumis, sont relatées dans l'arrêté préfectoral du 20 avril 1887.

ANNEXE

Arrêté préfectoral du 20 avril 1887.

Le Préfet de la Seine,

Vu l'ordonnance de police, en date du 19 décembre 1835, concernant la tenue des établissements de charcuterie de la ville de Paris ;

Vu le décret du 10 octobre 1859 ;

Vu l'avis de M. le Préfet de police ;

Vu l'avis émis par le Conseil municipal de la ville de Paris, dans sa séance du 23 mars 1887 ;

Sur la proposition de M. l'inspecteur général des ponts et chaussées, directeur des travaux de Paris ;

Arrête :

ARTICLE PREMIER. — Toute personne qui voudra exercer le commerce de la charcuterie dans la ville de Paris devra en faire préalablement la déclaration à la Préfecture de la Seine, et indiquer les locaux dans lesquels elle se propose d'installer son établissement.

Cette déclaration devra être renouvelée à chaque changement de titulaire.

---

[1] Décr., 31 déc. 1866. — [2] Buncl, p. 241.
[3] Décr., 31 déc. 1866. — [4] Ord. pol., 15 sept. 1875, V. *Incendie.*
[5] Décr., 31 déc. 1866. — [6] Buncl, 244. — [7] Décr., 14 mai 1875.
[8] Décr., 31 déc. 1866. — [9] Buncl, 145.

[1] Décr., 14 mai 1875.
[2] Décr., 31 déc. 1866. — [3] Ord. pol., 15 sept. 1875, V. *Incendie.* -- [4] Buncl, p. 246.
[5] Annexe.

ART. 2. — L'autorisation d'exercer le commerce de la charcuterie ne sera accordée qu'après qu'il aura été constaté que les locaux dans lesquels on se propose d'exercer ce commerce remplissent les conditions suivantes :

1° Les *laboratoires et les cuisines* affectés à la préparation des viandes de charcuterie ne pourront être installés que dans des voies pourvues d'égout et d'une canalisation d'eau de source, et il devra être justifié d'un abonnement d'eau de source d'au moins 500 litres par jour pour le service de l'établissement ;

2° Les *laboratoires et les cuisines* devront avoir au moins 2m 80 de hauteur et des dimensions suffisantes pour que les diverses préparations de la charcuterie y puissent être faites avec propreté.

Ces locaux ne pourront contenir de soupentes ni servir de chambres à coucher, et ils ne devront pas renfermer de pierres d'extraction de fosses d'aisances ni de tuyaux aboutissant à ces fosses.

Le sol de ces locaux sera établi en surélévation de la voie publique, avec revêtement imperméable et pente en rigole dirigée vers un orifice muni d'un siphon obturateur conduisant les eaux par une canalisation souterraine à l'égout public. Cet orifice sera en outre muni d'un grillage pour arrêter la projection des corps solides.

Les murs ou cloisons de ces locaux seront en maçonnerie pleine et revêtus dans toute leur hauteur de matériaux imperméables et à surface lisse ;

3° Les laboratoires et les cuisines devront être ventilés au moyen d'un tuyau d'une section minima de 4 décimètres carrés prolongé jusqu'à la hauteur du faîtage de la maison ou des maisons contiguës si elles sont plus élevées. Ces locaux seront suffisamment éclairés par la lumière du jour ;

4° Les fourneaux et les chaudières devront être pourvus d'une hotte de dégagement conduisant à la cheminée les buées et les émanations, de manière qu'aucune odeur ne puisse se répandre ni dans l'établissement de charcuterie, ni dans la maison ;

5° Les fumoirs des viandes seront construits en matériaux incombustibles avec portes en fer et seront placés sous la hotte de dégagement dans les conditions déterminées pour les fourneaux et les chaudières ;

6° Les chaudières destinées à la cuisson des grosses pièces de charcuterie et à la fonte des graisses seront engagées dans des fourneaux en maçonnerie ;

7° Les boutiques exclusivement affectées à la vente des produits de la charcuterie seront établies dans les conditions indiquées au § 2. Elles devront être ventilées au moyen de deux ouvertures grillées d'au moins 2 décimètres carrés chacune, dont l'une sera pratiquée sous le plafond du côté de la voie publique et l'autre au bord de la porte d'entrée du mur de face ;

8° Les caves et autres locaux destinés aux salaisons devront avoir au moins 2m 60 de hauteur et des dimensions suffisantes pour permettre d'y circuler facilement.

Ils devront être convenablement ventilés et aérés.

Le sol des caves et autres locaux destinés aux salaisons devra être établi dans les mêmes conditions que le sol des laboratoires et des cuisines, et de manière à conduire les eaux de lavage par une canalisation souterraine à l'égout public. Dans le cas où, par suite de la disposition des lieux, les eaux de lavage ne pourraient pas être envoyées directement à l'égout public, l'administration pourra tolérer que ces eaux de lavage soient reçues provisoirement dans des cuvettes qui devront être vidées dans l'égout et lavées tous les jours.

ART. 3. — Il est interdit de faire usage dans les établissements de charcuterie :

1° De saloirs, pressoirs et autres ustensiles qui seraient revêtus de feuilles de plomb ou de tout autre métal. — Les saloirs et pressoirs seront construits en pierre, en bois ou en grès ;

2° De vases et ustensiles en cuivre même étamé. — Ces vases et ustensiles seront en fonte ou en fer battu ;

3° De vases en poterie vernissée. — Ces vases seront en grès ou en poterie dont la couverte ne contient pas de substances métalliques.

ART. 4. — Il est interdit aux charcutiers d'employer dans leurs salaisons et préparations de viandes des sels de morues, de varech ou de salpêtriers.

ART. 5. — Les débris de viande ou autres déchets de la charcuterie ne devront pas séjourner dans l'établissement. — Ils seront enlevés tous les jours avant huit heures du matin.

ART. 6. — L'ordonnance de police du 19 décembre 1835 est rapportée.

ART. 7. — Le présent arrêté sera publié et affiché dans la ville de Paris.

CHASSIS DE TOIT. — Lorsqu'un châssis de toit est soulevé par le vent, ce qui peut occasionner le bris des verres et même une dégradation au châssis lui-même, la réparation en incombe au locataire qui aurait pu éviter cet accident s'il avait pris les précautions nécessaires en le tenant fermé, soit au moyen de la crémaillère, soit en fixant la corde après la fourchette.

Par analogie avec les jalousies, le remplacement des cordes des châssis est une charge locative.

Dans les cours vitrées, le propriétaire doit remplacer, de suite, les vitres cassées par les locataires des étages supérieurs, sauf à exercer, ultérieurement, son recours contre qui de droit : il est également responsable des infiltrations qui peuvent se produire par suite du mauvais état des mastics.

Le nettoyage de ces châssis est, sauf stipulation contraire, à la charge du propriétaire.

CHAUDIÈRE. — (Ord. de pol. du 30 nov. 1837 [1].

[1] V. *Etabliss. insal.*

Décr. du 30 avr. 1880 [1]. Ord. pol. de 1888 [2]. C. civ., art. 524.

Toute personne, adressant une demande en autorisation pour un établissement classé, doit joindre à cette demande un plan, en double expédition, à l'échelle de cinq millimètres par mètre, indiquant notamment l'emplacement des chaudières [3].

Dans les établissements non classés, les chaudières ne peuvent être installées qu'après une déclaration faite au préfet du département [4].

Aucune chaudière ne peut être livrée, qu'elle soit neuve ou qu'elle ait été seulement réparée, sans avoir été soumise, en présence d'un ingénieur des mines, à une épreuve qui consiste à soumettre la chaudière à une pression effective supérieure à celle qui ne doit pas être dépassée dans le service [5]. Le décret du 26 janvier 1865 (rapporté) exigeait que la pression d'épreuve fût le double de celle qui ne doit pas être dépassée.

Les chaudières sont divisées en trois catégories [6].

Celles de la première catégorie doivent être établies en dehors de toute maison d'habitation et de tout atelier surmonté d'étages dans lesquels on travaille à poste fixe.

Elles doivent être placées à plus de 3 mètres de toute maison d'habitation ; si la distance est moindre que 10 mètres, elles doivent en être séparées par un mur de défense en bonne maçonnerie, construit de manière à défiler la maison par rapport à tout point de la chaudière distant de moins de 10 mètres. La hauteur du mur de défense n'a pas besoin de dépasser de plus d'un mètre la hauteur de la chaudière, et son épaisseur doit être égale à sa hauteur, sans toutefois être inférieure à un mètre.

Ces distances de 3 et de 10 mètres sont réduites à 1m 50 et 5 mètres, quand la chaudière est enterrée de façon que sa partie supérieure soit à un mètre en contre-bas du sol du côté de la maison voisine.

Les chaudières de la deuxième catégorie peuvent être placées dans l'intérieur de tout atelier ne faisant pas partie d'une maison d'habitation, mais à une distance de un mètre au moins de toute maison voisine.

L'établissement des chaudières de la troisième catégorie n'est soumis à aucunes conditions autres que la déclaration et l'épreuve.

Par mesure exceptionnelle le décret de 1880 spécifie que si, postérieurement à l'é-

tablissement d'une chaudière, le voisin vient à construire, les chaudières doivent être déplacées et rétablies aux distances ci-dessus prescrites.

L'emploi des chaudières sur la voie publique est régi par l'ordonnance de police de 1888 [1].

Les chaudières sont considérées comme immeubles par destination quand elles ont été placées par le propriétaire [2].

ANNEXES

Décret du 30 avril 1880.

ARTICLE PREMIER. — Sont soumis aux formalités et aux mesures prescrites par le présent règlement : 1° les générateurs de vapeur, autres que ceux qui sont placés à bord des bateaux; 2° les récipients définis ci-après.

TITRE Ier. — MESURES DE SURETÉ RELATIVES AUX CHAUDIÈRES PLACÉES A DEMEURE.

ART. 2. — Aucune chaudière neuve ne peut être mise en service qu'après avoir subi l'épreuve réglementaire ci-après définie. Cette épreuve doit être faite chez le constructeur et sur demande.

Toute chaudière venant de l'étranger est éprouvée et mise en service sur le point du territoire français désigné par le destinataire dans la demande.

ART. 3. — Le renouvellement de l'épreuve peut être exigé de celui qui fait usage d'une chaudière :

1° Lorsque la chaudière, ayant déjà servi, est l'objet d'une nouvelle installation ;

2° Lorsqu'elle a subi une réparation notable;

3° Lorsqu'elle est remise en service après un chômage prolongé.

A cet effet, l'intéressé devra informer l'ingénieur des mines de ces diverses circonstances. En particulier, si l'épreuve exige la démolition du massif du fourneau ou l'enlèvement de l'enveloppe de la chaudière et un chômage plus ou moins prolongé, cette épreuve pourra ne point être exigée, lorsque les renseignements authentiques sur l'époque et les résultats de la dernière visite, intérieure et extérieure, constitueront une présomption suffisante en faveur du bon état de la chaudière. Pourront être notamment considérés comme renseignements probants les certificats délivrés aux membres des associations de propriétaires d'appareils à vapeur par celles de ces associations que le ministre aura désignées.

Le renouvellement de l'épreuve est exigible également lorsque, à raison des conditions dans lesquelles une chaudière fonctionne, il y a lieu, pour l'ingénieur des mines, d'en suspecter la solidité.

Dans tous les cas, lorsque celui qui fait usage d'une chaudière contestera la nécessité d'une nouvelle épreuve, il sera, après une instruction où celui-ci sera entendu, statué par le préfet.

---

[1] Annexe. — [2] Annexe. — [3] Ord. pol., 30 nov. 1887, V. Établ. insal. — [4] Décr., 30 avril 1880, annexe. — [5] Ibid. — [6] Ibid.

[1] Annexe. — [2] C. civ., 524.

En aucun cas, l'intervalle entre deux épreuves consécutives n'est supérieur à dix années. Avant l'expiration de ce délai, celui qui fait usage d'une chaudière à vapeur doit lui-même demander le renouvellement de l'épreuve.

ART. 4. — L'épreuve consiste à soumettre la chaudière à une pression hydraulique supérieure à la pression effective qui ne doit point être dépassée dans le service. Cette pression d'épreuve sera maintenue pendant le temps nécessaire à l'examen de la chaudière dont toutes les parties doivent pouvoir être visitées.

La surcharge d'épreuve par centimètre carré est égale à la pression effective sans jamais être inférieure à un demi-kilogramme ni supérieure à 6 kilogrammes.

L'épreuve est faite sous la direction de l'ingénieur des mines et en sa présence, ou, en cas d'empêchement, en présence du garde-mines opérant d'après ses instructions.

Elle n'est pas exigée pour l'ensemble d'une chaudière dont les diverses parties, éprouvées séparément, ne doivent être réunies que par des tuyaux placés, sur tout leur parcours, en dehors du foyer et des conduits de flamme, et dont les joints peuvent être facilement démontés.

Le chef d'établissement où se fait l'épreuve fournira la main-d'œuvre et les appareils nécessaires à l'opération.

ART. 5. — Après qu'une chaudière ou partie de chaudière a été éprouvée avec succès, il y est apposé un timbre, indiquant, en kilogrammes par centimètre carré, la pression effective que la vapeur ne doit pas dépasser.

Les timbres sont poinçonnés et reçoivent trois nombres indiquant le jour, le mois et l'année de l'épreuve.

Un de ces timbres est placé de manière à être toujours apparent après la mise en place de la chaudière.

ART. 6. — Chaque chaudière est munie de deux soupapes de sûreté, chargées de manière à laisser la vapeur s'écouler dès que sa pression effective atteint la limite maximum indiquée par le timbre réglementaire.

L'orifice de chacune des soupapes doit suffire à maintenir, celle-ci étant au besoin convenablement déchargée ou soulevée et quelle que soit l'activité du feu, la vapeur dans la chaudière à un degré de pression qui n'excède pour aucun cas la limite ci-dessus.

Le constructeur est libre de répartir, s'il le préfère, la section totale d'écoulement nécessaire des deux soupapes réglementaires entre un plus grand nombre de soupapes.

ART. 7. — Toute chaudière est munie d'un manomètre en bon état placé en vue du chauffeur et gradué de manière à indiquer en kilogrammes la pression effective de la vapeur dans la chaudière.

Une marque très apparente indique sur l'échelle du manomètre la limite que la pression effective ne doit point dépasser.

La chaudière est munie d'un ajutage terminé par une bride de quatre centimètres (0.04) de diamètre et cinq millimètres (0.05) d'épaisseur disposé pour recevoir le manomètre vérificateur.

ART. 8. — Chaque chaudière est munie d'un appareil de retenue, soupape ou clapet fonctionnant automatiquement, et placé au point d'intersection du tuyau d'alimentation qui lui est propre.

ART. 9. — Chaque chaudière est munie d'une soupape ou d'un robinet d'arrêt de vapeur, placé autant que possible à l'origine du tuyau de conduite de vapeur, sur la chaudière même.

ART. 10. — Toute paroi en contact par une de ces faces avec la flamme doit être baignée par l'eau sur sa face opposée.

Le niveau de l'eau doit être maintenu, dans chaque chaudière, à une hauteur de marche telle qu'il soit, en toute circonstance, à six centimètres (0.06) au moins au-dessus du plan pour lequel la condition précédente cesserait d'être remplie. La position limite sera indiquée, d'une manière très apparente, au voisinage du tube de niveau mentionné à l'article suivant.

Les prescriptions énoncées au présent article ne s'appliquent point :

1° Aux surchauffeurs de vapeur distincts de la chaudière;

2° A des surfaces relativement peu étendues et placées de manière à ne jamais rougir, même lorsque le feu est poussé à son maximum d'activité, telles que les tubes ou parties de cheminées qui traversent le réservoir de vapeur, en envoyant directement à la cheminée principale les produits de la combustion.

ART. 11. — Chaque chaudière est munie de deux appareils indicateurs du niveau de l'eau indépendants l'un de l'autre, et placés en vue de l'ouvrier chargé de l'alimentation.

L'un de ces deux indicateurs est un tube en verre, disposé de manière à pouvoir être facilement nettoyé et remplacé au besoin.

Pour les chaudières verticales de grande hauteur, le tube en verre est remplacé par un appareil disposé de manière à reporter, en vue de l'ouvrier chargé de l'alimentation, l'indication du niveau de l'eau dans la chaudière.

TITRE II. — ÉTABLISSEMENT DES CHAUDIÈRES PLACÉES A DEMEURE.

ART. 12. — Toute chaudière à vapeur destinée à être employée à demeure ne peut être mise en service qu'après une déclaration adressée, par celui qui fait usage du générateur, au préfet du département. Cette déclaration est enregistrée à sa date. Il en est donné acte. Elle est communiquée sans délai à M. l'ingénieur en chef des mines.

ART. 13. — La déclaration fait connaître avec précision :

1° Le nom et le domicile du vendeur de la chaudière ou l'origine de celle-ci;

2° La commune et le lieu où elle est établie;

3° La forme, la capacité et la surface de chauffe;

4° Le numéro du timbre réglementaire;

5° Un numéro distinctif de la chaudière, si l'établissement en possède plusieurs;

6° Enfin, le genre d'industrie et l'usage auquel elle est destinée.

ART. 14. — Les chaudières sont divisées en trois catégories.

Cette classification est basée sur le produit de la multiplication du nombre, exprimant en mètres cubes la capacité totale de la chaudière (avec ses bouilleurs et ses réchauffeurs alimentaires, mais sans y comprendre les surchauffeurs de vapeur), par le nombre exprimant en degrés centigrades l'excès de la température de l'eau correspondant à la pression indiquée par le timbre réglementaire sur la température de 100 degrés, conformément à la table annexée au présent décret.

Si plusieurs chaudières doivent fonctionner ensemble dans un même emplacement et si elles ont entre elles une communication quelconque, directe ou indirecte, on prend, pour former le produit, comme il vient d'être dit, la somme des capacités de ces chaudières.

Les chaudières sont de la première catégorie quand le produit est plus grand que 200; de la deuxième, quand le produit n'excède pas 200, mais surpasse 50; de la troisième si le produit n'excède pas 50.

Art. 15. — Les chaudières comprises dans la première catégorie doivent être établies en dehors de toute maison d'habitation et de tout atelier surmonté d'étages. N'est pas considéré comme étage, au-dessus de l'emplacement d'une chaudière, une construction dans laquelle ne se fait aucun travail nécessitant la présence d'un personnel à poste fixe.

Art. 16. — Il est interdit de placer une chaudière de première catégorie à moins de trois mètres d'une maison d'habitation.

Lorsqu'une chaudière de première catégorie est placée à moins de trois mètres d'une maison d'habitation, elle en est séparée par un mur de défense.

Ce mur, en bonne et solide maçonnerie, est construit de manière à défiler la maison par rapport à tout point distant de moins de dix mètres, sans toutefois que sa hauteur dépasse de un mètre la partie la plus élevée de la chaudière. Son épaisseur est égale au tiers au moins de sa hauteur, sans que cette hauteur puisse être inférieure à un mètre en couronne. Il est séparé du mur de la maison voisine par un intervalle libre de trente centimètres de largeur au moins.

L'établissement d'une chaudière de première catégorie à la distance de dix mètres au plus d'une maison d'habitation n'est assujetti à aucune condition particulière.

Les distances de trois mètres et de dix mètres, fixées ci-dessus, sont réduites respectivement à un mètre cinquante centimètres et à cinq mètres, lorsque la chaudière est enterrée de façon que la partie supérieure de ladite chaudière se trouve à un mètre en contre-bas du sol du côté de la maison voisine.

Art. 17. — Les chaudières comprises dans la deuxième catégorie peuvent être placées dans l'intérieur de tout atelier, pourvu que l'atelier ne fasse pas partie d'une maison d'habitation.

Les foyers sont séparés des murs des maisons voisines par un intervalle libre de un mètre au moins.

Art. 18. — Les chaudières de troisième catégorie peuvent être établies dans un atelier quelconque, même lorsqu'il fait partie d'une maison d'habitation.

Les foyers sont séparés des murs des maisons voisines par un intervalle libre de cinquante centimètres au moins.

Art. 19. — Les conditions d'emplacement prescrites pour les chaudières à demeure, par les précédents articles, ne sont pas applicables aux chaudières pour l'établissement desquelles il aura été satisfait au décret du 25 janvier 1865, antérieurement à la promulgation du présent règlement.

Art. 20. — Si, postérieurement à l'établissement d'une chaudière, un terrain contigu vient à être affecté à la construction d'une maison d'habitation, celui qui fait usage de la chaudière devra se conformer aux mesures prescrites par les articles 16, 17 et 18 comme si la maison eût été construite avant l'établissement de la chaudière.

Art. 21. — Indépendamment des mesures générales de sûreté prescrites au titre Ier de la déclaration prévue par les articles 12 et 13, les chaudières à vapeur fonctionnant dans l'intérieur des usines sont soumises aux conditions que pourra prescrire le préfet, suivant les cas et sur le rapport de l'ingénieur des mines.

Titre III. — Chaudières locomobiles.

Art. 22. — Sont considérées comme locomobiles les chaudières à vapeur qui peuvent être transportées facilement d'un lieu dans un autre, n'exigent aucune construction pour fonctionner sur un point donné et ne sont employées que d'une manière temporaire à chaque station.

Art. 23. — Les dispositions des articles 2 à 11 inclusivement du présent décret sont applicables aux chaudières locomobiles.

Art. 24. — Chaque chaudière porte une plaque sur laquelle sont gravés, en caractères très apparents, le nom et domicile du propriétaire et un numéro d'ordre, si ce propriétaire possède plusieurs chaudières locomobiles.

Art. 25. — Elle est l'objet de la déclaration prescrite par les articles 12 et 13. Cette déclaration est adressée au préfet du département où est le domicile du propriétaire.

L'ouvrier chargé de la conduite devra représenter à toute réquisition le récépissé de cette déclaration.

Titre IV. — Chaudières des machines locomobiles.

Art. 26. — Les machines à vapeur locomobiles sont celles qui, sur terre, travaillent en même temps qu'elles se déplacent par leur propre force, telles que les machines des chemins de fer et tramways, les machines routières, les rouleaux compresseurs, etc.

Art. 27. — Les dispositions des articles 2 à 8 inclusivement et celles des articles 11 et 24 sont applicables aux chaudières des machines locomotives.

Art. 28. — Les dispositions de l'article 25, § 1er, s'appliquent également à ces chaudières.

Art. 29. — La circulation des machines locomotives a lieu dans les conditions déterminées par des règlements spéciaux.

Titre V. — Récipients.

Art. 30. — Sont soumis aux dispositions suivantes les récipients de formes diverses, d'une capacité de plus de 100 litres, au moyen desquels les matières à élaborer sont chauffées, non directement à feu nu, mais par la vapeur empruntée à un générateur distinct, lorsque leur communication avec l'atmosphère n'est point établie par des moyens excluant toute pression effective nettement appréciable.

Art. 31. — Ces récipients sont assujettis à la déclaration prescrite par les articles 12 et 13.

Ils sont soumis à l'épreuve, conformément aux articles 2, 3, 4 et 5. Toutefois, la surcharge d'épreuve sera, dans tous les cas, égale à la moitié de la pression maximum à laquelle l'appareil doit fonctionner, sans que cette surcharge puisse excéder 4 kilogr. par centimètre carré.

Art. 32. — Ces récipients sont munis d'une soupape de sûreté réglée pour la pression indiquée par le timbre, à moins que cette pression ne soit égale ou supérieure à celle fixée pour la chaudière alimentaire.

L'orifice de cette soupape, convenablement déchargée ou soulevée au besoin, doit suffire à maintenir, pour tous les cas, la vapeur dans le récipient à un degré de pression qui n'excède pas la limite du timbre.

Elle peut être placée, soit sur le récipient lui-même, soit sur le tuyau d'arrivée de la vapeur, entre le robinet et le récipient.

Art. 33. — Les dispositions des articles 30, 31 et 32 s'appliquent également aux réservoirs dans lesquels de l'eau à haute température est emmagasinée, pour fournir ensuite un dégagement de vapeur ou de chaleur quel qu'en soit l'usage.

Art. 34. — Un délai de six mois, à partir de la promulgation du présent décret, est accordé pour l'exécution des quatre articles qui précèdent.

Titre VI. — Dispositions générales.

Art. 35. — Le ministre peut, sur le rapport des ingénieurs des mines, l'avis du préfet et celui de la commission centrale des machines à vapeur, accorder dispense de tout ou partie des prescriptions du présent décret dans tous les cas où, à raison soit de la forme, soit de la faible dimension des appareils, soit de la position des appareils, soit de la position spéciale des pièces contenant de la vapeur, il serait reconnu que la dispense ne peut pas avoir d'inconvénient.

Art. 36. — Ceux qui font usage de générateurs ou de récipients de vapeur veilleront à ce que ces appareils soient entretenus constamment en bon état de service.

A cet effet, ils tiendront la main à ce que des visites complètes, tant à l'intérieur qu'à l'extérieur, soient faites à des intervalles rapprochés pour constater l'état des appareils et assurer l'exécution, en temps utile, des réparations ou remplacements nécessaires.

Ils devront informer les ingénieurs des réparations notables faites aux chaudières et aux récipients, en vue de l'exécution des articles 3, § 1er, 2e et 3e, et 31, § 2.

Art. 37. — Les contraventions au présent règlement sont constatées, poursuivies et réprimées conformément aux lois.

Art. 38. — En cas d'accident ayant occasionné la mort ou des blessures, le chef de l'établissement doit prévenir immédiatement l'autorité chargée de la police locale et l'ingénieur des mines chargé de la surveillance. L'ingénieur se rend sur les lieux, dans le plus bref délai, pour visiter les appareils, en constater l'état et rechercher les causes de l'accident. Il rédige sur le tout :

1° Un rapport qui est adressé au procureur de la République et dont une expédition est transmise à l'ingénieur en chef, qui fait parvenir son avis à ce magistrat;

2° Un rapport qui est adressé au préfet, par l'intermédiaire et avec l'avis de l'ingénieur en chef.

En cas d'accident n'ayant occasionné ni mort ni blessure, l'ingénieur des mines seul est prévenu ; il rédige un rapport qu'il envoie, par l'intermédiaire et avec l'avis de l'ingénieur en chef, au préfet.

En cas d'explosion, les constructions ne doivent point être réparées et les fragments de l'appareil rompu ne doivent pas être déplacés ou dénaturés avant la constatation de l'état des lieux par l'ingénieur.

Art. 39. — Par exception, le ministre pourra confier la surveillance des appareils à vapeur aux ingénieurs ordinaires et aux conducteurs des ponts et chaussées, sous les ordres de l'ingénieur en chef des mines de la circonscription.

Art. 40. — Les appareils à vapeur qui dépendent des services spéciaux de l'État sont surveillés par les fonctionnaires et agents de ces services.

Art. 41. — Les attributions conférées aux préfets des départements par le présent décret sont exercées par le préfet de police dans toute l'étendue de son ressort.

Art. 42. — Est rapporté le décret du 25 janvier 1865.

Art. 43. — Le ministre des travaux publics est chargé…

Table annexée au décret du 30 avril 1880.

VALEURS CORRESPONDANTES			
de la PRESSION effective en kilogrammes.	de la TEMPÉRATURE en degrés centigrades.	de la PRESSION effective en kilogrammes.	de la TEMPÉRATURE en degrés centigrades.
0.5	111	10.5	185
1.0	120	11.0	187
1.5	127	11.5	189
2.0	133	12.0	191
2.5	138	12.5	193
3.0	143	13.0	194
3.5	147	13.5	196
4.0	151	14.0	197
4.5	155	14.5	199
5.0	158	15.0	200
5.5	161	15.5	202
6.0	164	16.0	203
6.5	167	16.5	205
7.0	170	17.0	206
7.5	173	17.5	208
8.0	175	18.0	209
8.5	177	18.5	210
9.0	179	19.0	211
9.5	181	19.5	213
10.0	183	20.0	214

Ordonnance de police de 1888.

ARTICLE PREMIER. — Aucun appareil à vapeur ne pourra être mis ou maintenu en fonctionnement sur la voie publique, dans l'intérieur de Paris, qu'en vertu d'une autorisation préfectorale délivrée sur la demande du propriétaire et sur l'avis des ingénieurs des mines.

Cette autorisation sera révocable, sur la proposition de l'ingénieur en chef des mines, le propriétaire de l'appareil entendu.

La demande fera connaître d'une manière exacte :

1° Le nom et le domicile du vendeur de la chaudière, ou l'origine de celle-ci;

2° Le lieu où elle est en dépôt;

3° La forme, la capacité et la surface de chauffe;

4° Le nombre du timbre réglementaire et la date de la dernière épreuve;

5° Le numéro distinctif de l'appareil, si le propriétaire en possède plusieurs;

6° Le genre d'industrie et l'usage auquel il est destiné.

La demande devra être accompagnée d'un dessin détaillé et coté de la chaudière et de la machine.

ART. 2. — Les chaudières et les machines devront satisfaire aux dispositions des règlements d'administration publique qui les concernent, notamment à celles du décret du 30 avril 1880 et de l'arrêté ministériel du 20 avril 1866, et, en outre, aux prescriptions spéciales qui suivent.

ART. 3. — Le tube indicateur en verre du niveau de l'eau sera convenablement éclairé pendant la nuit.

ART. 4. — Il existera deux appareils d'alimentation dont un au moins indépendant de la machine et toujours approvisionné d'une quantité d'eau suffisante.

ART. 5. — Les soupapes de sûreté, si elles sont chargées par des ressorts, devront être munies de bagues d'arrêt, empêchant de tendre ces ressorts au delà de la limite correspondant à la pression du timbre.

ART. 6. — Des dispositions convenables empêcheront toute matière enflammée, escarbilles ou flammèches, de tomber du cendrier sur la voie publique ou de sortir par la cheminée.

ART. 7. — Aucun gaz infect ne devra se dégager de l'appareil.

ART. 8. — Le seul combustible employé sera le coke.

ART. 9. — Les divers appareils à vapeur, chaudières, appareils de sûreté et machines, seront constamment entretenus en bon état de service. A cet effet, le propriétaire devra faire procéder, à des intervalles rapprochés et par des personnes compétentes, à des visites complètes, tant intérieures qu'extérieures, et les réparations nécessaires seront exécutées conformément aux règles de l'art.

Ces visites et ces réparations seront inscrites, en détail, sur un registre spécial qui sera présenté à toutes réquisitions.

ART. 10. — Les machines devront être disposées et entretenues de manière à éviter tout bruit incommode.

ART. 11. — L'ouvrier chargé de la conduite d'un appareil sur la voie publique ne devra jamais le quitter. Il sera porteur de l'autorisation préfectorale prescrite par l'article premier et devra la présenter à toutes réquisitions.

ART. 12. — Nul ne peut être employé en qualité de chauffeur d'un appareil à vapeur fonctionnant sur la voie publique s'il ne produit un certificat de capacité délivré dans les formes usitées pour les mécaniciens de bateaux à vapeur et sur l'avis des ingénieurs des mines.

ART. 13. — Le préposé à la conduite d'un appareil à vapeur sera tenu de se conformer aux articles 4, 5, 13, 16, 17, 18, 19, 20, 22, 23, 24 (§ 4), 25, 26, 27, 32, 33, 34 de l'ordonnance de police du 26 août 1861[1].

ART. 14. — Des arrêtés spéciaux détermineront les heures pendant lesquelles le fonctionnement des appareils à vapeur sera autorisé sur la voie publique, suivant les quartiers et la nature de chaque industrie.

ART. 15. — Le propriétaire de chaque appareil autorisé doit faire connaître à l'ingénieur ordinaire des mines attaché au service de surveillance des appareils à vapeur de la Seine, au moins huit heures à l'avance, les points sur lesquels cet appareil doit fonctionner.

CHAUDRONNERIE ET SERRURERIE (Ateliers de), employant des marteaux à la main, dans les villes et centres de population de 2,000 âmes et au-dessus.

1° Ayant de 4 à 10 étaux ou enclumes ou de 8 à 20 ouvriers :

Etablissement incommode de 3e classe : bruit.

2° Ayant plus de 10 étaux ou enclumes ou de 20 ouvriers :

Etablissement incommode de 2e classe : bruit[2].

Pour les prescriptions imposées par l'administration V. *Forges de grosses œuvres.*

CHAUME. — Ord. pol. du 15 sept. 1875[1].

Les couvertures en chaume ne peuvent être établies, à Paris, sans une autorisation du préfet de police[3].

CHAUX (Fours à).

1° Permanents :

Etablissement incommode de 2e classe : fumée, poussière.

2° Ne travaillant pas plus d'un mois par an :

[1] Relative aux voituriers et aux dimensions des voitures.
[2] Décr., 9 mai 1878.
[3] V. *Incendie.*

Etablissement incommode de 3ᵉ classe : fumée, poussière[1].

Ces fours doivent être établis à cent mètres environ des lieux habités et à mille mètres des forêts[2]. Pour les chemins la distance est de 50 mètres, à moins que le four ne soit masqué par un mur s'élevant à 1ᵐ50 au-dessus du plateau.

Le terrain, sur lequel ces fours sont établis, doit être entouré de murs de 3 mètres de hauteur[3].

Il est interdit de faire travailler des enfants dans les locaux où les poussières provenant du broyage, du tamisage, etc., se dégagent librement[4].

CHEMIN DE FER. — Loi du 15 juill. 1845[5]. Circ. du ministre de l'agriculture de 27 sept. 1855[6]. Loi du 28 déc. 1880[7]. V. également *Alignement, Arbres, Eaux pluviales, Extraction des matériaux*, etc.

Les chemins de fer construits ou concédés par l'Etat font partie de la grande voirie[8], ainsi que leurs dépendances, accotements, fossés, talus, etc.[9] ; ne sont pas compris parmi les dépendances de la voie ferrée, et ne font pas partie de la grande voirie, les magasins et bâtiments d'exploitation[10].

Les mesures qui concernent la sécurité et la sûreté publiques ressortent de la police.

Les chemins de fer et leurs dépendances appartenant au domaine public sont imprescriptibles[11].

Les riverains des chemins de fer sont soumis aux lois et règlements de grande voirie relativement aux alignements, à l'écoulement des eaux, l'occupation temporaire des terrains, l'extraction des matériaux, la plantation et l'élagage des arbres, l'exploitation des carrières, etc.[12].

On doit donc demander l'alignement avant de construire en bordure des chemins de fer : cet alignement est donné par le préfet. Mais les riverains qui veulent construire à plus de 2 mètres du chemin de fer, ou plus exactement de la voie ferrée[13], n'ont pas besoin d'autorisation : ils ne sont pas, non plus, obligés de se clore du côté du chemin de fer[14].

Le clôture, imposée aux chemins de fer, par l'article 4 de la loi de 1845, doit être établie sur le sol même de la voie ferrée : il résulte de l'imprescriptibilité du sol que, si cette clôture est un mur, les règles de la mitoyenneté ne peuvent être invoquées par les riverains[1].

Lors de la construction d'un chemin de fer, le ministre peut dispenser la compagnie de l'établissement de cette clôture[2].

La clôture élevée par les riverains doit être établie entièrement sur leur propriété.

A moins de deux mètres du chemin de fer, on ne peut élever qu'un mur de clôture, et ce mur ne doit contenir ni jour ni issue[3].

Comme pour les routes, les riverains sont tenus de recevoir les eaux qui s'écoulent de la voie ferrée. La réciproque a lieu si la voie ferrée se trouve en contre-bas des propriétés riveraines, mais le propriétaire dont le bâtiment est construit à deux mètres ou plus du chemin de fer ne pourrait y déverser les eaux pluviales ou ménagères provenant de son bâtiment ; il commettrait, en le faisant, une contravention de grande voirie[4].

Les constructions existant lors de l'établissement d'un chemin de fer peuvent être entretenues dans l'état où elles se trouvaient à ce moment ; cet entretien comprend même le droit d'y faire des travaux confortatifs[5].

Les lézardes produites aux maisons riveraines par le passage des trains constituent un dommage direct et matériel que la compagnie doit réparer[6].

Loi, du 15 juillet 1845.

TITRE PREMIER. — MESURES RELATIVES
A LA CONSERVATION DES CHEMINS DE FER.

ARTICLE PREMIER. — Les chemins de fer construits ou concédés par l'Etat font partie de la grande voirie.

ART. 2. — Sont applicables aux chemins de fer les lois et règlements sur la grande voirie qui ont pour objet d'assurer la conservation des fossés, talus, levées et ouvrages d'art dépendant des routes, et d'interdire sur toute leur étendue le pacage des bestiaux et les dépôts de terre et autres objets quelconques.

ART. 3. — Sont applicables aux propriétés riveraines des chemins de fer les servitudes imposées par les lois et règlements sur la grande voirie, et qui concernent :

L'alignement ;

L'écoulement des eaux ;

L'occupation temporaire des terrains en cas de réparation ;

La distance à observer pour les plantations et l'élagage des arbres plantés ;

Le mode d'exploitation des mines, minières, tourbières, carrières et sablières, dans la zone déterminée à cet effet.

---

[1] Décr., 31 déc. 1866. — [2] C. forest., 151. — [3] Bunel, p. 247. — [4] Décr., 14 mai 1875.
[5] Annexe. — [6] Annexe. — [7] Annexe. — [8] Loi, 15 juill. 1845, annexe. — [9] C. d'Et., 22 juill. 1848. — [10] C. d'Et., 28 juill. 1864. — [11] Conséquence des art. 538 et 2226, C. civ. — [12] V. ces différents mots. — [13] C. d'Et., 12 janv. 1850, 3 août 1866. — [14] Circ. min., 27 sept. 1855, annexe.

LÉGISL. DE LA PROPRIÉTÉ.

[1] Dalloz, t. XLIV, p. 903. — [2] Loi, 28 déc. 1880, annexe. — [3] C. d'Et., 16 avril 1851. — [4] C. d'Et., 13 déc. 1860. — [5] Devilleneuve, *Lois annotées*, 1845, p. 68 et 69. — [6] C. d'Et., 8 mars 1861.

Art. 4. — Sont également applicables à la confection et à l'entretien des chemins de fer les lois et règlements sur l'extraction des matériaux nécessaires aux travaux publics.

Tout chemin de fer sera clos des deux côtés et sur toute l'étendue de la voie [1].

L'administration déterminera, pour chaque ligne, le mode de cette clôture, et, pour ceux des chemins qui n'y ont pas été assujettis, l'époque à laquelle elle devra être effectuée.

Partout où les chemins de fer croiseront de niveau les routes de terre, des barrières seront établies et tenues fermées, conformément aux règlements.

Art. 5. — A l'avenir, aucune construction autre qu'un mur de clôture ne pourra être établie dans une distance de deux mètres d'un chemin de fer.

Cette distance sera mesurée, soit de l'arête supérieure du déblai, soit de l'arête inférieure du talus du remblai, soit du bord extérieur des fossés du chemin, et à défaut d'une ligne tracée, à un mètre cinquante centimètres à partir des rails extérieurs de la voie de fer.

Les constructions existantes au moment de la promulgation de la présente loi, ou lors de l'établissement d'un nouveau chemin de fer, pourront être entretenues dans l'état où elles se trouveront à cette époque.

Un règlement d'administration publique déterminera les formalités à remplir par les propriétaires pour faire constater l'état desdites constructions, et fixera le délai dans lequel ces formalités devront être remplies.

Art. 6. — Dans les localités où le chemin de fer se trouvera en remblai de plus de trois mètres au-dessus du terrain naturel, il est interdit aux riverains de pratiquer, sans autorisation préalable, des excavations dans une zone de largeur égale à la hauteur verticale du remblai, mesurée à partir du pied du talus.

Cette autorisation ne pourra être accordée sans que les concessionnaires ou fermiers de l'exploitation du chemin de fer aient été entendus ou dûment appelés.

Art. 7. — Il est défendu d'établir, à une distance de moins de vingt mètres d'un chemin de fer desservi par des machines à feu, des couvertures en chaume, des meules de paille, de foin, et aucun dépôt de matières inflammables.

Cette prohibition ne s'étend pas aux dépôts de récoltes faits seulement pour le temps de la moisson.

Art. 8. — Dans une distance de moins de cinq mètres d'un chemin de fer, aucun dépôt de pierres ou objets non inflammables ne peut être établi sans une autorisation préalable du préfet.

Cette autorisation est toujours révocable.

L'autorisation n'est pas nécessaire :

1° Pour former, dans les localités où le chemin de fer est en remblai, des dépôts de matières non inflammables dont la hauteur n'excède pas celle du remblai du chemin ;

2° Pour former des dépôts temporaires d'en-

grais et autres objets nécessaires à la culture des terres.

Art. 9. — Lorsque la sûreté publique, la conservation du chemin et la disposition des lieux le permettront, les distances déterminées par les articles précédents pourront être diminuées en vertu d'ordonnances royales rendues après enquêtes.

Art. 10. — Si, hors des cas d'urgence prévus par la loi du 16-24 août 1790, la sûreté publique ou la conservation du chemin de fer l'exige, l'administration pourra faire supprimer, moyennant une juste indemnité, les constructions, plantations, excavations, couvertures en chaume, amas de matériaux combustibles ou autres, existant dans les zones ci-dessus spécifiées, au moment de la promulgation de la présente loi, et pour l'avenir, lors de l'établissement du chemin de fer.

L'indemnité sera réglée, pour la suppression des constructions, conformément aux titres IV et suivants de la loi du 3 mai 1841, et, pour tous les autres cas, conformément à la loi du 16 septembre 1807.

Art. 11. — Les contraventions aux dispositions du présent titre seront constatées, poursuivies et réprimées comme en matière de grande voirie.

Elles seront punies d'une amende de seize à trois cents francs, sans préjudice, s'il y a lieu, des peines portées au Code pénal et au titre III de la présente loi. Les contrevenants seront, en outre, condamnés à supprimer, dans le délai déterminé par l'arrêté du conseil de préfecture, les excavations, ouvertures, meules ou dépôts faits contrairement aux dispositions précédentes.

A défaut, par eux, de satisfaire à cette condamnation dans le délai fixé, la suppression aura lieu d'office, et le montant de la dépense sera recouvré contre eux par voie de contrainte, comme en matière de contributions publiques.

TITRE II. — DES CONTRAVENTIONS DE VOIRIE COMMISES PAR LES CONCESSIONNAIRES OU FERMIERS DE CHEMINS DE FER.

Art. 12. — Lorsque le concessionnaire ou fermier de l'exploitation d'un chemin de fer contreviendra aux clauses du cahier des charges, ou aux décisions rendues en exécution de ces clauses, en ce qui concerne le service de la navigation, la viabilité des routes royales, départementales et vicinales, ou le libre écoulement des eaux, procès-verbal sera dressé de la contravention, soit par les ingénieurs des ponts et chaussées ou des mines, soit par les conducteurs, gardes-mines et piqueurs dûment assermentés.

Art. 13. — Les procès-verbaux, dans les quinze jours de leur date, seront notifiés administrativement au domicile élu par le concessionnaire ou le fermier, à la diligence du préfet, et transmis, dans le même délai, au conseil de préfecture du lieu de la contravention.

Art. 14. — Les contraventions prévues à l'article 12 seront punies d'une amende de 300 fr. à 1,000 francs.

Art. 15. — L'administration pourra, d'ail-

---

[1] Cet art. a été modifié par la loi du 28 déc. 1880, annexe.

leurs, prendre immédiatement toutes mesures provisoires pour faire cesser le dommage, ainsi qu'il est procédé en matière de grande voirie.

Les frais qu'entraînera l'exécution de ces mesures seront recouvrés, contre le concessionnaire ou fermier, par voie de contrainte, comme en matière de contributions publiques.

TITRE III. — DES MESURES RELATIVES A LA SURETÉ DE LA CIRCULATION SUR LES CHEMINS DE FER.

ART. 16. — Quiconque aura volontairement détruit ou dérangé la voie de fer, placé sur la voie un objet faisant obstacle à la circulation, ou employé un moyen quelconque pour entraver la marche des convois ou les faire sortir des rails, sera puni de la réclusion.

S'il y a eu homicide ou blessures, le coupable sera, dans le premier cas, puni de mort, et dans le second, de la peine des travaux forcés à temps.

ART. 17. — Si le crime prévu par l'article 16 a été commis en réunion séditieuse, avec rébellion ou pillage, il sera imputable aux chefs, auteurs, instigateurs et provocateurs de ces réunions, qui seront punis comme coupables du crime et condamnés aux mêmes peines que ceux qui l'auront personnellement commis, lors même que la réunion séditieuse n'aurait pas eu pour but direct et principal la destruction de la voie de fer.

Toutefois, dans ce dernier cas, lorsque la peine de mort sera applicable aux auteurs du crime, elle sera remplacée, à l'égard des chefs, auteurs instigateurs et provocateurs de ces réunions, par la peine des travaux forcés à perpétuité.

ART. 18. — Quiconque aura menacé, par un écrit anonyme ou signé, de commettre un des crimes prévus en l'article 16, sera puni d'un emprisonnement de trois ans, dans le cas où la menace aurait été faite avec ordre de déposer une somme d'argent dans un lieu indiqué, ou de remplir toute autre condition.

Si la menace n'a été accompagnée d'aucun ordre ou condition, la peine sera d'un emprisonnement de trois mois à deux ans, et d'une amende de cent à cinq cents francs.

Si la menace avec ordre ou condition a été verbale, le coupable sera puni d'un emprisonnement de quinze jours à six mois, et d'une amende de vingt-cinq à trois cents francs.

Dans tous les cas, le coupable pourra être mis par le jugement sous la surveillance de la haute police, pour un temps qui ne pourra être moindre de deux ans ni excéder cinq ans.

ART. 19. — Quiconque, par maladresse, imprudence, inattention, négligence ou inobservation des lois ou règlements, aura involontairement causé, sur un chemin de fer ou dans les gares ou stations, un accident qui aura occasionné des blessures, sera puni de huit jours à six mois d'emprisonnement, et d'une amende de cinquante à mille francs.

Si l'accident a occasionné la mort d'une ou plusieurs personnes, l'emprisonnement sera de six mois à cinq ans, et l'amende de trois cents à mille francs.

ART. 20. — Sera puni d'un emprisonnement de six mois à deux ans tout mécanicien ou conducteur garde-frein qui aura abandonné son poste pendant la marche du convoi.

ART. 21. — Toute contravention aux ordonnances royales portant règlement d'administration publique sur la police, la sûreté de l'exploitation du chemin de fer, et aux arrêtés pris par les préfets sous l'approbation du ministre des travaux publics, pour l'exécution desdites ordonnances, sera punie d'une amende de seize à trois mille francs.

En cas de récidive dans l'année, l'amende sera portée au double, et le tribunal pourra, selon les circonstances, prononcer, en outre, un emprisonnement de trois jours à un mois.

ART. 22. — Les concessionnaires ou fermiers d'un chemin de fer seront responsables, soit envers l'Etat, soit envers les particuliers, du dommage causé par les administrateurs, directeurs ou employés à un titre quelconque au service de l'exploitation du chemin de fer.

L'Etat sera soumis à la même responsabilité envers les particuliers, si le chemin de fer est exploité à ses frais et pour son compte.

ART. 23. — Les crimes, délits ou contraventions prévus dans les titres Ier et III de la présente loi pourront être constatés par des procès-verbaux dressés concurremment par les officiers de police judiciaire, les ingénieurs des ponts et chaussées et des mines, les conducteurs, gardes-mines, agents de surveillance et gardes nommés ou agréés par l'administration et dûment assermentés.

Les procès-verbaux des délits et contraventions feront foi jusqu'à preuve contraire.

Au moyen du serment prêté devant le tribunal de première instance de leur domicile, les agents de surveillance de l'administration et des concessionnaires ou fermiers pourront verbaliser sur toute la ligne du chemin de fer auquel ils seront attachés.

ART. 24. — Les procès-verbaux dressés en vertu de l'article précédent seront visés pour timbre et enregistrés en débet.

Ceux qui auront été dressés par des agents de surveillance et gardes assermentés devront être affirmés dans les trois jours, à peine de nullité, devant le juge de paix ou le maire, soit du lieu du délit ou de la contravention, soit de la résidence de l'agent.

ART. 25. — Toute attaque, toute résistance avec violence et voies de fait envers les agents des chemins de fer dans l'exercice de leurs fonctions sera punie des peines appliquées à la rébellion, suivant les indications faites par le Code pénal.

ART. 26. — L'article 463 du Code pénal est applicable aux condamnations qui seront prononcées en exécution de la présente loi.

ART. 27. — En cas de conviction de plusieurs crimes ou délits prévus par la présente loi ou par le Code pénal, la peine la plus forte sera seule prononcée.

Les peines encourues pour des faits postérieurs à la poursuite pourront être cumulées, sans préjudice des peines de la récidive.

Circulaire du ministre de l'agriculture, du commerce et des travaux publics du 27 septembre 1855.

Monsieur le préfet, l'application de la loi du 15 juillet 1845 sur la police des chemins de fer a soulevé la question de savoir si le propriétaire d'un terrain bordant un chemin de fer a besoin d'une autorisation pour élever des constructions sur ce terrain.

Le conseil général des ponts et chaussées (section des chemins de fer), saisi de l'examen de cette question, a fait observer que la loi du 15 juillet 1845 (art. 3) rend applicables aux propriétés riveraines des chemins de fer les servitudes imposées par les lois et règlements sur la grande voirie, et notamment par l'arrêt du conseil du 27 février 1765, qui oblige à demander l'alignement pour les constructions étant le long et joignant les routes construites.

Mais, d'après la jurisprudence du conseil d'Etat, cette disposition de l'arrêt de 1765 ne doit s'étendre qu'aux seules constructions touchant immédiatement la voie publique, et non à celles qui en sont séparées par une zone quelconque ; seulement, l'administration peut forcer les riverains à se clore sur l'alignement, afin de faire disparaître les angles et enfoncements contraires à la salubrité et dangereux pour la sûreté publique.

Il est évident que ces motifs de salubrité et de sûreté publique n'existent pas pour les chemins de fer, et que, sous ce rapport, il y a une distinction à établir entre les chemins de fer et les routes dans les dispositions relatives aux alignements.

Aux termes de l'article 5 de la loi du 15 juillet 1845, un propriétaire riverain peut établir sur son terrain un mur de clôture à moins de deux mètres de distance d'un chemin de fer ; mais s'il élève toute autre construction qu'un mur de clôture, il ne peut le faire qu'à une distance de plus de deux mètres, distance mesurée, soit de l'arête supérieure du remblais, soit des bords extérieurs des fossés du chemin, et, à défaut d'une ligne tracée, à 1^m50 à partir des rails extérieurs de la voie de fer.

En pareille circonstance, un propriétaire doit demander alignement, afin de n'être pas exposé à commettre, sur la zone de terrain qui doit être réservée entre la voie de fer et les constructions particulières, un empiètement pouvant attirer sur lui des condamnations et entraîner la démolition de ses constructions.

Mais lorsque les constructions riveraines se trouvent en dehors de la zone de servitude, c'est-à-dire à plus de deux mètres des chemins de fer, il n'y a pour le propriétaire aucune obligation de demander alignement, attendu qu'il ne s'agit plus, comme au bord des routes ordinaires, de faire disparaître les angles et renfoncements contraires à la salubrité et à la sûreté publique.

En résumé, monsieur le préfet, je pense, avec le conseil général des ponts et chaussées (section des chemins de fer), que les propriétaires riverains des chemins de fer qui veulent établir une construction touchant immédiatement le chemin de fer ou la zone de deux mètres, me-

surée comme le prescrit l'article 5 de la loi du 15 juillet 1845, doivent demander alignement, mais qu'il n'y a pas lieu de verbaliser contre les propriétaires qui, sans en avoir demandé l'autorisation, bâtissent en dehors de ces limites.

Loi du 28 décembre 1880.

Article premier. — Par dérogation à l'article 4 de la loi du 15 juillet 1845 sur la police des chemins de fer, le ministre des travaux publics pourra, sur tout ou partie des chemins de fer d'intérêt général en construction ou à construire et des lignes d'intérêt local qui ont été ou qui seront ultérieurement incorporées au réseau d'intérêt général, dispenser de poser des clôtures fixes le long des voies ferrées et des barrières mobiles à la traversée des routes de terre, toutes les fois que cette mesure lui paraîtra compatible avec la sûreté de l'exploitation et la sécurité du public.

Art. 2. — Les dispenses accordées dans ces conditions n'auront qu'un caractère provisoire, le ministre des travaux publics conservant le droit de prescrire, à toute époque et lorsqu'il le reconnaîtra nécessaire, l'établissement de clôtures fixes et de barrières mobiles sur les lignes ou portions des lignes ci-dessus désignées.

CHEMIN DE HALAGE. — Edit de déc. 1669[1]. Ord. de 1681. Arr. cons. du 24 juin 1777. Loi du 16 sept. 1807[2]. C. civ., art. 650.

Le long des rivières navigables ou flottables, les riverains doivent fournir, à titre de servitude légale, l'espace de terrain nécessaire pour le service et les besoins de la navigation, sous peine d'une amende de 500 francs[3].

Cette servitude existe des deux côtés des cours d'eau[4].

La largeur du chemin de halage est de huit mètres, néanmoins on ne peut établir de clôture ou planter d'arbre à moins de dix mètres[5].

La largeur se mesure à partir du haut de la berge où arrive le dernier flot quand le cours d'eau coule à pleins bords, sans inondation ni crue extraordinaire[6].

Le plus ordinairement, les bateaux ne se tirent que d'un seul côté de la rivière : dans ce cas, sur la rive par laquelle le halage ne se fait pas, il n'est dû qu'un marchepied de 1^m32 de largeur, et il est permis de planter des arbres ou d'établir des clôtures à 3^m30 de la rive.

Il est défendu de pratiquer des fouilles à moins de 12 mètres des rivières ou canaux navigables[7].

[1] V. *Bois et forêts.* — [2] V. *Expropriation.* — [3] Edit de 1669, V. *Bois et forêts;* C. civ., 650. — [4] Ibid. — [5] Ibid. — [6] Ord., 1681. — [7] Arr. cons., 24 juin 1777.

L'établissement des chemins de halage est ordonné et réglé par le ministre des travaux publics : la police de halage est réglée par les préfets.

Il y a lieu à indemnité pour les chemins de halage créés le long des cours d'eau nouvellement affectés à la navigation ou au flottage[1]. Cette indemnité est réglée suivant les formes administratives[2].

CHEMINS VICINAUX ET RURAUX. —Lois des 28 sept. 1791, 16 sept. 1807[3], 28 juill. 1824[4], 21 mai 1836[5], 3 mai 1841[6], 4 mai 1864[7], 8 juin 1864[8], 10 août 1871[9], 20 août 1871[10], 5 avril 1884[11].

Dans la classification des voies, après les routes nationales et les routes départementales, viennent les chemins vicinaux et les chemins ruraux.

Les chemins vicinaux se divisaient en chemins vicinaux proprement dits, chemins vicinaux d'intérêt commun ou de moyenne communication, et chemins vicinaux de grande communication. Depuis la loi du 10 août 1871[12], les chemins d'intérêt commun sont confondus avec les chemins de grande communication.

Le sol des chemins vicinaux de grande communication est imprescriptible[13].

L'entretien de ces chemins est à la charge des communes[14].

Toute rue formant le prolongement d'un chemin vicinal fait partie intégrante de ce chemin[15].

Les chemins vicinaux de grande communication sont classés par la commission départementale, sur l'avis des conseils municipaux[16] et des conseils d'arrondissement.

Lorsqu'il s'agit de classer parmi les chemins vicinaux, proprement dits, un chemin existant, le classement en est également fait par la commission départementale[17].

Toute personne ayant intérêt à la déclaration de vicinalité peut demander le classement d'un chemin déjà existant.

Le maire de la commune et l'agent voyer dressent un procès-verbal contenant tous les renseignements nécessaires pour faire apprécier l'utilité du classement, et indiquant les charges actuelles ainsi que celles qui résulteront du classement : il y est joint un plan d'ensemble.

Ce procès-verbal est déposé pendant quinze jours à la mairie, et avis en est donné aux habitants, par voie de publications et d'affiches, pour qu'ils puissent présenter leurs observations pendant ce délai.

A l'expiration du délai, le conseil municipal délibère sur la proposition, tant au point de vue du classement, que sur la largeur à donner et sur les réclamations qui ont pu être faites.

Il est ensuite statué par la commission départementale, qui n'est pas tenue de suivre l'avis du conseil municipal, et peut déclarer la vicinalité d'un chemin déjà existant, ou refuser cette vicinalité, contre l'avis du conseil municipal[1].

Dans le cas où la propriété d'un chemin à classer est revendiquée par des tiers, il doit être sursis au classement[2], l'effet du classement étant de transférer à la commune la propriété du sol, sauf paiement ultérieur de l'indemnité due.

La prise de possession des terrains non clos ou non bâtis peut précéder le règlement et le paiement de l'indemnité[3].

Les indemnités sont réglées à l'amiable ou par le juge de paix du canton, sur le rapport d'experts nommés conformément à l'article 17 de la loi du 21 mai 1836.

L'action en indemnité est prescrite par le laps de deux ans, à compter de la prise de possession effective et matérielle[4].

Pour se pourvoir contre une décision de la commission départementale, soit devant le conseil général, soit devant le conseil d'État, il faut que celui qui se pourvoit justifie d'un intérêt personnel et direct.

Après avis préalable du maire et du conseil municipal, la commission départementale fixe la largeur du chemin ; elle ne doit pas, en général, dépasser six mètres, non compris les fossés, parapets, banquettes, murs de soutènement, etc.

S'il y a lieu à élargissement, il doit y avoir enquête préalable[5] ; si cet élargissement atteint des propriétés bâties, un décret du pouvoir exécutif, déclarant l'utilité publique, est nécessaire[6], et il est procédé alors à l'expropriation, conformément aux prescriptions de la loi du 3 mai 1841.

Les alignements sont donnés par le maire suivant les plans d'alignement régulièrement approuvés.

En dehors des chemins vicinaux il existe, dans toutes les communes, d'autres chemins de moindre importance, appelés chemins ruraux, qui servent ou peuvent servir à l'usage de tous.

---

[1] C. d'Et., 19 juin 1856. — [2] Loi, 16 sept. 1807, V. *Expropriation.*
[3] V. *Expropriation.* — [4] Annexe. — [5] Annexe. — V. *Expropriation.* — [7] V. *Route.* — [8] Annexe. — [9] Annexe.— [10] Annexe.— [11] V. *Voirie.*— [12] Annexe. — [13] Loi, 21 mai 1836, annexe. — [14] Ibid. — [15] Loi, 8 juin 1864, annexe. — [16] Loi, 5 avril 1884, V. *Voirie.* — [17] Loi, 10 août 1871.

[1] C. d'Et.,.29 juill. 1870. — [2] C. d'Et., 27 févr. 1862, 12 janv. 1870. — [3] Cass., 10 juill. 1854. — [4] Cass., 19 mars 1878.— [5] Loi, 21 mai 1836, annexe. — [6] Loi, 8 juin 1864, annexe.

Ces chemins sont compris dans l'état général de tous les chemins publics, dressé par suite de la circulaire du 16 novembre 1839.

Ils sont présumés, jusqu'à preuve contraire, appartenir à la commune sur le territoire de laquelle ils sont situés[1]; s'il y a titre contraire, l'existence d'un chemin rural sur le plan cadastral ne saurait, à elle seule, former titre en faveur de la commune[2].

Si la commune veut élargir un chemin rural, elle doit acquérir à l'amiable les terrains nécessaires, ou obtenir le classement de ce chemin comme chemin vicinal[3].

Le sol des chemins ruraux classés est imprescriptible; celui des chemins ruraux non classés est régi par le droit commun, il est donc prescriptible[4] : l'administration ne peut, par suite, rien prescrire quant à la distance des plantations et à l'espacement des arbres; elle peut obliger à demander l'alignement, mais uniquement afin d'être en mesure de prévenir les usurpations[5].

L'entretien des chemins ruraux classés est à la charge des communes.

Si un chemin devient impraticable, tout voyageur a le droit de se frayer un passage sur la propriété riveraine[6]. Le mot voyageur doit être pris dans le sens le plus large[7] ; il doit comprendre, non seulement les habitants de la commune qui se transportent d'un endroit à l'autre de son territoire, mais aussi les personnes étrangères à la commune qui utilisent les chemins publics de cette commune[8]. L'indemnité à laquelle a droit le propriétaire sur le terrain duquel le passage a été frayé est due par la commune[9].

L'entretien des chemins ruraux non classés étant à la charge des propriétaires riverains, l'indemnité de passage est due par tous ceux qui doivent contribuer à l'entretien du chemin.

La propriété de ces chemins est présumée appartenir aux propriétaires riverains[10].

Il est de principe que les riverains conservent, sur un chemin déclassé, les droits de vue et de desserte qu'ils avaient auparavant, à moins qu'il ne soit justifié qu'ils jouissent des mêmes avantages sur le chemin nouveau qui remplace celui qui a été supprimé : ils ont droit de préemption sur les terrains provenant du chemin supprimé[11].

Les formalités à remplir pour le déclassement sont les mêmes que celles imposées pour le classement.

En cas d'insuffisance de leurs ressources ordinaires, les communes peuvent recourir, pour l'entretien des chemins, soit à des prestations en nature ne pouvant excéder trois jours de travail, soit à des centimes spéciaux dont le maximum est fixé à cinq[1].

Les prestations peuvent être acquittées en nature ou en argent : le recouvrement de ces dernières est effectué par les soins des receveurs municipaux.

Les demandes en dégrèvement doivent être formées dans les trois mois de la publication du rôle : elles peuvent être présentées sur papier libre, et sont jugées en conseil de préfecture, comme en matière de contributions directes[2].

ANNEXES

Loi du 28 juillet 1824.

ARTICLE PREMIER. — Les chemins reconnus, par un arrêté du préfet sur une délibération du conseil municipal, pour être nécessaires à la communication des communes, sont à la charge de celles sur le territoire desquelles ils sont établis, sauf le cas prévu par l'art. 9 ci-après.

ART. 2. — Lorsque les revenus des communes ne suffisent point aux dépenses ordinaires de ces chemins, il y est pourvu par des prestations en argent ou en nature, au choix des contribuables.

ART. 3. — Tout habitant chef de famille ou d'établissement à titre de propriétaire, de régisseur, de fermier ou de colon partiaire, qui est porté sur l'un des rôles des contributions directes, peut être tenu pour chaque année : 1° à une prestation qui ne peut excéder deux journées de travail ou leur valeur en argent, pour lui et pour chacun de ses fils vivant avec lui, ainsi que pour chacun de ses domestiques mâles, pourvu que les uns et les autres soient valides et âgés de vingt ans accomplis; 2° à fournir deux journées, au plus, de chaque bête de trait ou de somme, de chaque cheval de selle ou d'attelage de luxe, et de chaque charrette en sa possession pour son service ou pour le service dont il est chargé.

ART. 4. — En cas d'insuffisance des moyens ci-dessus, il pourra être perçu sur tout contribuable jusqu'à 5 centimes additionnels au principal de ses contributions directes.

ART. 5. — Les prestations et les 5 centimes mentionnés dans l'article précédent seront votés par les conseils municipaux, qui fixeront également le taux de la conversion des prestations en nature. Les préfets en autoriseront l'imposition. Le recouvrement en sera poursuivi comme pour les contributions directes; les dégrèvements prononcés sans frais, les comptes rendus comme pour les autres dépenses communales. — Dans le cas prévu par l'art. 4, les conseils municipaux devront être assistés des plus imposés, en nombre égal à celui de leurs membres.

---

[1] Loi, 20 août 1881, annexe. — [2] Cass., 3 mai 1881. — [3] Cass., 30 janv. 1848. — [4] Cass., 3 juill. 1850. — [5] Block, *Dict. adm. franç.*, p. 460. — [6] Loi, 28 sept. 1791, 41. — [7] Cass., 1er juin 1866. — [8] Cass., 20 juin 1857. — [9] Cass., 1er juin 1866, 28 juin 1869. — [10] Lyon, 5 janv. 1849. — [11] Loi, 21 mai 1836.

[1] Ibid. — [2] Loi, 28 juill. 1824, annexe; C. d'Et., 29 nov. 1854.

Art. 6. — Si des travaux indispensables exigent qu'il soit ajouté par des contributions extraordinaires au produit des prestations, il y sera pourvu, conformément aux lois, par des ordonnances royales.

Art. 7. — Toutes les fois qu'un chemin sera habituellement ou temporairement dégradé par des exploitations de mines, de carrières, de forêts, ou de toute autre entreprise industrielle, il pourra y avoir lieu à obliger les entrepreneurs ou propriétaires à des subventions particulières, lesquelles seront, sur la demande des communes, réglées par les conseils de préfecture, d'après des expertises contradictoires.

Art. 8. — Les propriétés de l'État et de la Couronne contribueront aux dépenses des chemins communaux dans les proportions qui seront réglées par les préfets en conseil de préfecture.

Art. 9. — Lorsqu'un même chemin intéresse plusieurs communes, et en cas de discord entre elles sur la proportion de cet intérêt et des charges à supporter, ou en cas de refus de subvenir auxdites charges, le préfet prononce, en conseil de préfecture, sur la délibération des conseils municipaux, assistés des plus imposés, ainsi qu'il est dit à l'art. 5.

Art. 10. — Les acquisitions, aliénations et échanges ayant pour objet les chemins communaux seront autorisés par arrêtés des préfets en conseil de préfecture, après délibération des conseils municipaux intéressés, et après enquête *de commodo et incommodo*, lorsque la valeur des terrains à acquérir, à vendre ou à échanger, n'excédera pas 3,000 francs. Seront aussi autorisés par les préfets, dans les mêmes formes, les travaux d'ouverture ou d'élargissement desdits chemins, et l'extraction des matériaux nécessaires à leur établissement qui pourront donner lieu à des expropriations pour cause d'utilité publique, en vertu de la loi du 8 mars 1810, lorsque l'indemnité due aux propriétaires pour les terrains ou pour les matériaux n'excédera pas la même somme de 3,000 francs.

Loi du 21 mai 1836.

SECTION PREMIÈRE. — Chemins vicinaux.

ARTICLE PREMIER. — Les chemins vicinaux légalement reconnus sont à la charge des communes, sauf les dispositions de l'article 7 ci-après.

Art. 2. — En cas d'insuffisance des ressources ordinaires des communes, il sera pourvu à l'entretien des chemins vicinaux à l'aide, soit de prestations en nature, dont le maximum est fixé à trois journées de travail, soit de centimes spéciaux en addition au principal des quatre contributions directes, et dont le maximum est fixé à cinq.

Le conseil municipal pourra voter l'une ou l'autre de ces ressources, ou toutes les deux concurremment.

Le concours des plus imposés ne sera pas nécessaire dans les délibérations prises pour l'exécution du présent article.

Art. 3. — Tout habitant, chef de famille ou d'établissement, à titre de propriétaire, de régisseur, de fermier ou de colon partiaire, porté au rôle des contributions directes, pourra être appelé à fournir, chaque année, une prestation de trois jours :

1° Pour sa personne et pour chaque individu mâle, valide, âgé de dix-huit ans au moins et de soixante ans au plus, membre ou serviteur de la famille et résidant dans la commune;

2° Pour chacune des charrettes ou voitures, et, en outre, pour chacune des bêtes de somme, de trait, de selle, au service de la famille ou de l'établissement dans la commune.

Art. 4. — La prestation sera appréciée en argent, conformément à la valeur qui en aura été attribuée annuellement pour la commune à chaque espèce de journée par le conseil général, sur les propositions des conseils d'arrondissement.

La prestation pourra être en nature ou en argent, au gré du contribuable. Toutes les fois que le contribuable n'aura pas opté dans les délais prescrits, la prestation sera de droit exigible en argent.

La prestation non rachetée en argent pourra être convertie en tâches, d'après les bases et évaluations de travaux préalablement fixées par le conseil municipal.

Art. 5. — Si le conseil municipal, mis en demeure, n'a pas voté, dans la session désignée à cet effet, les prestations et centimes nécessaires, ou si la commune n'en a pas fait emploi dans les délais prescrits, le préfet pourra d'office, soit imposer la commune dans les limites du maximum, soit faire exécuter les travaux.

Chaque année, le préfet communiquera au conseil général l'état des impositions établies d'office en vertu du présent article.

Art. 6. — Lorsqu'un chemin vicinal intéressera plusieurs communes, le préfet, sur l'avis des conseils municipaux, désignera les communes qui devront concourir à sa construction ou à son entretien, et fixera la proportion dans laquelle chacune d'elles y contribuera.

SECTION II. — Chemins vicinaux de grande communication.

Art. 7. — Les chemins vicinaux peuvent, selon leur importance, être déclarés chemins vicinaux de grande communication par le conseil général, sur l'avis des conseils municipaux, des conseils d'arrondissement, et sur la proposition du préfet.

Sur les mêmes avis et proposition, le conseil général détermine la direction de chaque chemin vicinal de grande communication et désigne les communes qui doivent contribuer à sa construction ou à son entretien.

Le préfet fixe la largeur et les limites du chemin, et détermine annuellement la proportion dans laquelle chaque commune doit concourir à l'entretien de la ligne vicinale dont elle dépend; il statue sur les offres faites par les particuliers, associations de particuliers ou de communes.

Art. 8. — Les chemins vicinaux de grande communication, et, dans des cas extraordinaires, les autres chemins vicinaux, pourront recevoir des subventions sur les fonds départementaux.

Il sera pourvu à ces subventions au moyen des centimes facultatifs ordinaires du département, et de centimes spéciaux votés annuellement par le conseil général.

La distribution des subventions sera faite en ayant égard aux ressources, aux sacrifices et aux besoins des communes, par le préfet, qui en rendra compte chaque année au conseil général.

Les communes acquitteront la portion des dépenses mises à leur charge au moyen de leurs revenus ordinaires, et, en cas d'insuffisance, au moyen de deux journées de prestations sur les trois journées autorisées par l'article 2, et des deux tiers des centimes votés par le conseil municipal en vertu du même article.

ART. 9. — Les chemins vicinaux de grande communication sont placés sous l'autorité du préfet. Les dispositions des articles 4 et 5 de la présente loi leur sont applicables.

Dispositions générales.

ART. 10. — Les chemins vicinaux reconnus et maintenus comme tels sont imprescriptibles.

ART. 11. — Le préfet pourra nommer des agents voyers.

Leur traitement sera fixé par le conseil général.

Ce traitement sera prélevé sur les fonds affectés aux travaux.

Les agents-voyers prêteront serment, ils auront le droit de constater les contraventions et délits, et d'en dresser des procès-verbaux.

ART. 12. — Le maximum des centimes spéciaux qui pourront être votés par les conseils généraux, en vertu de la présente loi, sera déterminé annuellement par la loi des finances.

ART. 13. — Les propriétés de l'Etat, productives de revenus, contribueront aux dépenses des chemins vicinaux dans les mêmes proportions que les propriétés privées, et d'après un rôle spécial dressé par le préfet.

Les propriétés de la Couronne contribueront aux mêmes dépenses, conformément à l'article 13 de la loi du 2 mars 1832.

ART. 14. — Toutes les fois qu'un chemin vicinal, entretenu à l'état de viabilité par une commune, sera habituellement ou temporairement dégradé par des exploitations de mines, de carrières, de forêts ou de toute entreprise industrielle appartenant à des particuliers, à des établissements publics, à la Couronne ou à l'Etat, il pourra y avoir lieu à imposer aux entrepreneurs ou propriétaires, suivant que l'exploitation ou les transports auront eu lieu pour les uns ou les autres, des subventions spéciales, dont la quotité sera proportionnée à la dégradation extraordinaire qui devra être attribuée aux exploitations.

Ces subventions pourront, au choix des subventionnaires, être acquittées en argent ou en prestations en nature, et seront exclusivement affectées à ceux des chemins qui y auront donné lieu.

Elles seront réglées annuellement, sur la demande des communes, par les conseils de préfecture, après des expertises contradictoires, et recouvrées comme en matière de contributions directes.

Les experts seront nommés suivant le mode déterminé par l'article 17 ci-après.

Ces subventions pourront aussi être déterminées par abonnement : elles seront réglées, dans ce cas, par le préfet, en conseil de préfecture.

ART. 15. — Les arrêtés du préfet portant reconnaissance et fixation de la largeur d'un chemin vicinal attribuent définitivement au chemin le sol compris dans les limites qu'ils déterminent.

Le droit des propriétaires riverains se résout en une indemnité qui sera réglée à l'amiable ou par le juge de paix du canton, sur le rapport d'experts nommés conformément à l'article 17.

ART. 16. — Les travaux d'ouverture et de redressement des chemins vicinaux seront autorisés par arrêté du préfet.

Lorsque, pour l'exécution du présent article, il y aura lieu de recourir à l'expropriation, le jury spécial chargé de régler les indemnités ne sera composé que de quatre jurés. Le tribunal d'arrondissement en prononçant l'expropriation désignera, pour présider et diriger le jury, l'un de ses membres ou le juge de paix du canton. Ce magistrat aura voix délibérative en cas de partage.

Le tribunal choisira, sur la liste générale prescrite par l'article 29 de la loi du 7 juillet 1833, quatre personnes pour former le jury spécial et trois jurés supplémentaires. L'administration et la partie intéressée auront respectivement le droit d'exercer une récusation péremptoire.

Le jury recevra les acquiescements des parties.

Son procès-verbal emportera translation définitive de propriété.

Le recours en cassation, soit contre le jugement qui prononcera l'expropriation, soit contre la déclaration du jury qui réglera l'indemnité, n'aura lieu que dans les cas et selon les formes déterminées par la loi du 7 juillet 1833.

ART. 17. — Les extractions de matériaux, les dépôts ou enlèvements de terre, les occupations temporaires de terrains, seront autorisés par arrêté du préfet, lequel indiquera les lieux; cet arrêté sera notifié aux parties intéressées au moins dix jours avant que son exécution puisse avoir lieu.

Si l'indemnité ne peut être fixée à l'amiable, elle sera réglée par le conseil de préfecture, sur le rapport d'experts nommés, l'un par le sous-préfet, et l'autre par le propriétaire.

En cas de discord, le tiers-expert sera nommé par le conseil de préfecture.

ART. 18. — L'action en indemnité des propriétaires pour les terrains qui auront servi à la confection des chemins vicinaux, et pour extraction de matériaux, sera prescrite par le laps de deux ans.

ART. 19. — En cas de changement de direction ou d'abandon d'un chemin vicinal, en tout ou partie, les propriétaires riverains de la partie de ce chemin qui cessera de servir de voie de communication pourront faire leur soumission de s'en rendre acquéreurs, et d'en payer la valeur, qui sera fixée par des experts nommés dans la forme déterminée par l'article 17.

Art. 20. — Les plans, procès-verbaux, certificats, significations, jugements, contrats, marchés, adjudications de travaux, quittances et autres actes ayant pour objet exclusif la construction, l'entretien et la réparation des chemins vicinaux, seront enregistrés moyennant le droit fixe de un franc.

Les actions civiles intentées par les communes ou dirigées contre elles, relativement à leurs chemins, seront jugées comme affaires sommaires et urgentes, conformément à l'article 405 du Code de procédure civile.

Art. 21. — Dans l'année qui suivra la promulgation de la présente loi, chaque préfet fera, pour en assurer l'exécution, un règlement qui sera communiqué au conseil général, et transmis, avec ses observations, au ministre de l'intérieur, pour être approuvé, s'il y a lieu. Ce règlement fixera, dans chaque département, le maximum de la largeur des chemins vicinaux; il fixera, en outre, les délais nécessaires à l'exécution de chaque mesure, les époques auxquelles les prestations en nature devront être faites, le mode de leur emploi ou de leur conversion en tâches, et statuera, en même temps, sur tout ce qui est relatif à la confection des rôles, à la comptabilité, aux adjudications et à leur forme, aux alignements et aux autorisations de construire le long des chemins, à l'écoulement des eaux, aux plantations, à l'élagage, aux fossés, à leur curage, et à tous autres détails de surveillance et de conservation.

Art. 22. — Toutes les dispositions des lois antérieures demeurent abrogées en ce qu'elles auraient de contraire à la présente loi.

Loi du 8 juin 1864.

Article premier. — Toute rue qui est reconnue, dans les formes légales, être le prolongement d'un chemin vicinal, en fait partie intégrante et est soumise aux mêmes lois et règlements.

Art. 2. — Lorsque l'occupation de terrains bâtis est jugée nécessaire pour l'ouverture, le redressement ou l'élargissement immédiat d'une rue formant le prolongement d'un chemin vicinal, l'expropriation aura lieu conformément aux dispositions de la loi du 3 mai 1841 combinée avec celles des cinq derniers paragraphes de l'article 16 de la loi du 21 mai 1836. Il est procédé de la même manière lorsque les terrains bâtis sont situés sur le parcours d'un chemin vicinal en dehors des agglomérations communales.

Extrait de la loi du 10 août 1871.

Art. 44. — Le conseil général opère la reconnaissance, détermine la largeur et prescrit l'ouverture et le redressement des chemins vicinaux de grande communication et d'intérêt commun.

Les délibérations qu'il prend à cet égard produisent les effets spécifiés aux articles 15 et 16 de la loi du 21 mai 1836.

Art. 86. — La commission départementale prononce, sur l'avis des conseils municipaux, la déclaration de vicinalité, le classement, l'ouverture et le redressement des chemins vicinaux ordinaires, la fixation de la largeur et de la limite desdits chemins.

Elle exerce à cet égard les pouvoirs conférés au préfet pour les articles 15 et 16 de la loi du 21 mai 1836.

Elle approuve les abonnements relatifs aux subventions spéciales pour la dégradation des chemins vicinaux, conformément au dernier paragraphe de l'article 14 de la même loi.

Art. 87. — (Relatif au tarif des évaluations cadastrales.)

Art. 88. — Les décisions prises par la commission départementale énumérées aux articles 86 et 87 de la présente loi, seront communiquées au préfet en même temps qu'aux conseils municipaux ou autres parties intéressées.

Elles pourront être frappées d'appel devant le conseil général pour cause d'inopportunité ou de fausse appréciation des faits, soit par le préfet, soit par les conseils municipaux ou par toute autre partie intéressée. L'appel doit être notifié au président de la commission, dans le délai d'un mois, à partir de la communication de la décision. Le conseil général statuera définitivement à sa plus prochaine session.

Elles pourront aussi être déférées au Conseil d'Etat, statuant au contentieux, pour cause d'excès de pouvoir ou de violation de la loi ou d'un règlement d'administration publique.

Le recours au Conseil d'Etat doit avoir lieu dans le délai de deux mois, à partir de la communication de la décision attaquée. Il peut être formé sans frais, et il est suspensif dans tous les cas.

Titre VII. — Des intérêts communs à plusieurs départements.

Art. 89. — Deux ou plusieurs conseils généraux peuvent provoquer entre eux, par l'entremise de leurs présidents, et après en avoir averti les préfets, une entente sur les objets d'utilité départementale compris dans leurs attributions et qui intéressent à la fois leurs départements respectifs.

Ils peuvent faire des conventions à l'effet d'entreprendre ou de conserver à frais communs des ouvrages ou des institutions d'utilité commune.

Art. 90. — Les questions d'intérêt commun seront débattues dans des conférences où chaque conseil général sera représenté, soit par sa commission départementale, soit par une commission spéciale nommée à cet effet.

Les préfets des départements intéressés pourront toujours assister à ces conférences.

Les décisions qui y auront été prises ne seront exécutoires qu'après avoir été ratifiées par tous les conseils généraux intéressés, et sous les réserves énoncées aux articles 47 et 49 de la présente loi.

Loi du 20 *août* 1881.

SECTION PREMIÈRE. — Des chemins ruraux.

ARTICLE PREMIER. — Les chemins ruraux sont les chemins appartenant aux communes, affectés à l'usage du public, qui n'ont pas été classés comme chemins vicinaux.

ART. 2. — L'affectation à l'usage du public peut s'établir notamment par la destination du chemin, jointe soit au fait d'une circulation générale et continue, soit à des actes réitérés de surveillance et de voirie de l'autorité municipale.

ART. 3. — Tout chemin affecté à l'usage du public est présumé, jusqu'à preuve contraire, appartenir à la commune sur le territoire de laquelle il est situé.

ART. 4. — Le conseil municipal, sur la proposition du maire, déterminera ceux des chemins ruraux qui devront être l'objet d'arrêtés de reconnaissance, dans les formes et avec les conséquences énoncées par la présente loi.

Ces arrêtés seront pris par la commission départementale, sur la proposition du préfet, après enquête publique dans les formes prescrites par l'ordonnance des 23 août — 9 septembre 1835 et sur l'avis du conseil municipal.

Ils désigneront, d'après l'état des lieux, au moment de l'opération, la direction des chemins ruraux, leur longueur sur le territoire de la commune et leur largeur sur les différents points.

Ils devront être affichés dans la commune, et notifiés par voie administrative à chaque riverain, en ce qui concerne sa propriété.

Un plan sera annexé à l'état de reconnaissance.

Les dispositions de l'article 88 de la loi du 10 août 1871, relatives aux droits d'appel devant le conseil général et de recours devant le Conseil d'État, sont applicables aux arrêtés de reconnaissance.

ART. 5. — Ces arrêtés vaudront prise de possession, sans préjudice des droits antérieurement acquis à la commune, conformément à l'article 23 du Code de procédure. Cette possession pourra être contestée dans l'année de la notification.

ART. 6. — Les chemins ruraux qui ont été l'objet d'un arrêté de reconnaissance deviennent imprescriptibles.

ART. 7. — Les contestations qui peuvent être élevées par toute partie intéressée sur la propriété ou sur la possession totale ou partielle des chemins ruraux sont jugées par les tribunaux ordinaires.

ART. 13. — L'ouverture, le redressement, la fixation de la largeur et de la limite des chemins ruraux sont prononcés par la commission départementale conformément aux dispositions des cinq derniers paragraphes de l'article 4.

À défaut du consentement des propriétaires, l'occupation des terrains nécessaires pour l'exécution des travaux d'ouverture, de redressement ou d'élargissement, ne peut avoir lieu qu'après une expropriation poursuivie conformément aux dispositions des paragraphes 2 et suivants de l'article 16 de la loi du 21 mai 1836.

Quand il y a lieu à l'occupation soit de maisons, soit de cours ou jardins y attenant, soit de terrains clos de murs ou de haies vives, la déclaration d'utilité publique devra être prononcée par un décret, le Conseil d'État entendu, et l'expropriation sera poursuivie comme il est dit dans le paragraphe précédent.

La commune ne pourra prendre possession des terrains expropriés avant le paiement de l'indemnité.

ART. 14. — Lorsque des extractions de matériaux, des dépôts ou enlèvements de terre, ou des occupations temporaires de terrains seront nécessaires pour les travaux de réparation ou d'entretien des chemins ruraux, effectués par les communes, il est procédé à la désignation et à la délimitation des lieux et à la fixation de l'indemnité conformément à l'article 17 de la loi du 21 mai 1836.

ART. 15. — L'action en indemnité, dans les cas prévus par les deux articles précédents, se prescrit par le laps de deux ans, conformément à l'article 18 de la même loi.

ART. 16. — Les arrêtés portant reconnaissance, ouverture ou redressement peuvent être rapportés dans les formes prescrites par l'article 4 ci-dessus.

Lorsqu'un chemin rural cesse d'être affecté à l'usage du public, la vente peut en être autorisée par un arrêté du préfet, rendu conformément à la délibération du conseil municipal, et après une enquête précédée de trois publications faites à quinze jours d'intervalle.

L'aliénation n'est point autorisée si, dans le délai de trois mois, les intéressés, formés en syndicat, conformément aux articles 19 et suivants, consentent à se charger de l'entretien.

ART. 17. — Lorsque l'aliénation est ordonnée, les propriétaires riverains sont mis en demeure d'acquérir les terrains attenant à leurs propriétés, par un avertissement qui leur est notifié en la forme administrative. En ce cas, le prix est réglé à l'amiable ou fixé par deux experts, dont un sera nommé par la commune, l'autre par le riverain; à défaut d'accord entre eux, un tiers expert sera nommé par ces deux experts. S'il n'y a pas entente pour cette désignation, le tiers expert sera nommé par le juge de paix.

Si dans le délai d'un mois, à dater de l'avertissement, les propriétaires riverains n'ont pas fait leur soumission, il est procédé à l'aliénation des terrains selon les règles suivies pour la vente des propriétés communales.

ART. 18. — Les plans, procès-verbaux, certificats, significations, jugements, contrats, marchés, adjudications de travaux, quittances et autres actes ayant pour objet exclusif la construction, l'entretien et la réparation des chemins ruraux, seront enregistrés moyennant le droit de un franc cinquante centimes.

Les actions civiles intentées par les communes ou dirigées contre elles, relativement à leurs chemins, seront jugées comme affaires sommaires et urgentes, conformément à l'article 405 du Code de procédure civile.

SECTION II. — Des syndicats pour l'ouverture, le redressement, l'élargissement, la réparation et l'entretien des chemins vicinaux.

ART. 19. — Lorsque l'ouverture, le redressement ou l'élargissement a été régulièrement autorisé conformément à l'article 13, et que les travaux ne sont pas exécutés, ou lorsqu'un chemin reconnu n'est pas entretenu par la commune, le maire peut d'office, ou doit, sur la demande qui lui est faite par trois intéressés au moins, convoquer individuellement tous les intéressés. Il les invite à délibérer sur la nécessité des travaux à faire et à se charger de leur exécution, tous les droits de la commune restant réservés.

Le maire recueille les suffrages, constate le vote des personnes présentes qui ne savent signer et mentionne les adhésions envoyées par écrit.

ART. 20. — Si la moitié plus un des intéressés, représentant au moins les deux tiers de la superficie des propriétés desservies par le chemin, ou si les deux tiers des intéressés représentant plus de la moitié de la superficie, consentent à se charger des travaux nécessaires pour mettre ou maintenir la voie en état de viabilité, l'association est constituée.

Elle existe même à l'égard des intéressés qui n'ont pas donné leur adhésion.

Pour les travaux d'amélioration et d'élargissement partiel, l'assentiment de la moitié plus un des intéressés représentant au moins les trois quarts de la superficie des propriétés desservies ou des trois quarts des intéressés représentant plus de moitié de la superficie sera exigé.

Pour les travaux d'ouverture, de redressement et d'élargissement d'ensemble, le consentement unanime des intéressés sera nécessaire.

ART. 21. — Le maire dresse un procès-verbal et constate la formation de l'association, en spécifie le but, fait connaître sa durée, le mode d'administration qui a été adopté, le nombre des syndics, l'étendue de leurs pouvoirs, et enfin les voies et moyens qui ont été votés.

ART. 22. — Ce procès-verbal est transmis au préfet par le maire, avec son avis et l'avis du conseil municipal.

Le préfet, après avoir constaté l'observation des formalités exigées par la loi autorise l'association, s'il y a lieu.

Si la commune a consenti à contribuer aux travaux, le préfet approuve, dans son arrêté, le mode et le montant de la subvention promise par le conseil municipal.

ART. 23. — Un extrait du procès-verbal constatant la constitution de l'association et l'arrêté du préfet sont affichés dans la commune où le chemin est situé et publiés dans le recueil des actes de la préfecture.

ART. 24. — Les syndics de l'association sont élus en assemblée générale.

Si la commune accorde une subvention, le maire nomme un nombre de syndics proportionné à la part que la subvention représente dans l'ensemble de l'entreprise.

Les autres syndics sont nommés par le préfet, dans le cas où l'assemblée générale, après deux convocations, ne se serait pas réunie ou n'aurait pas procédé à leur élection.

ART. 25. — Les associations ainsi constituées peuvent ester en justice par leurs syndics; elles peuvent emprunter. Elles peuvent aussi acquérir les parcelles de terrains nécessaires pour l'amélioration, l'élargissement le redressement ou l'ouverture du chemin régulièrement entrepris; les terrains réunis à la voie publique deviennent la propriété de la commune.

ART. 26. — Le syndicat détermine le mode d'exécution des travaux, soit en nature, soit en taxe; il répartit les charges entre les associés proportionnellement à leur intérêt; il règle l'accomplissement des travaux en nature ou le recouvrement des taxes en un ou plusieurs exercices.

ART. 27. — Les rôles pour le recouvrement de la taxe due par chaque intéressé sont dressés par le syndicat, approuvés, s'il y a lieu, et rendus exécutoires par le préfet, qui peut ordonner préalablement la vérification des travaux.

Ces rôles sont recouvrés, dans la forme des contributions directes, par le receveur municipal.

Dans ces rôles seront compris les frais de perception, dont le montant sera déterminé par le préfet, sur l'avis du trésorier-payeur général.

ART. 28. — Dans le cas où l'exécution des travaux entrepris par l'association syndicale exige l'expropriation de terrains, il y est procédé conformément à l'article 13 ci-dessus.

ART. 29. — A défaut par une association d'entreprendre les travaux pour lesquels elle a été autorisée, le préfet rapportera, s'il y a lieu, et après mise en demeure, l'arrêté d'autorisation.

Dans le cas où l'interruption ou le défaut d'entretien des travaux entrepris par une association pourrait avoir des conséquences nuisibles à l'intérêt public, le préfet, après mise en demeure, pourra faire procéder d'office à l'exécution des travaux nécessaires pour obvier à ces conséquences.

ART. 30. — Les intéressés et les tiers peuvent déférer au ministre de l'intérieur, dans le délai d'un mois à partir de l'affiche, les arrêtés qui autorisent ou refusent d'autoriser les associations syndicales.

Le recours est déposé à la préfecture et transmis avec le dossier au ministre dans le délai de quinze jours.

Il est statué par un décret rendu en Conseil d'Etat.

ART. 31. — Toutes contestations relatives au défaut de convocation d'une partie intéressée, à l'absence ou au défaut d'intérêt des personnes appelées à l'association, ou au degré d'intérêt des associés, ainsi qu'à la répartition, à la perception et à l'accomplissement des taxes et prestations, à la nomination des syndics, à l'exécution des travaux et aux mesures ordonnées par le préfet en vertu du dernier paragraphe de l'article 29 ci-dessus, sont jugées par le conseil de préfecture, sauf recours au Conseil d'Etat.

Il est procédé à l'apurement des comptes de l'association selon les règles établies pour les comptes des receveurs municipaux.

ART. 32. — Nulle personne comprise dans l'association ne pourra contester sa qualité d'associé ou la validité de l'acte d'association, après le délai de trois mois à partir de la notification du premier rôle des taxes ou prestations.

SECTION III. — Des chemins et sentiers d'exploitation.

ART. 33. — Les chemins et sentiers d'exploitation sont ceux qui servent exclusivement à la communication entre divers héritages, ou à leur exploitation. Ils sont, en l'absence de titre, présumés appartenir aux propriétaires riverains, chacun en droit soi ; mais l'usage en est commun à tous les intéressés.

L'usage de ces chemins peut être interdit au public.

ART. 34. — Tous les propriétaires dont ils desservent les héritages sont tenus les uns envers les autres de contribuer, dans la proportion de leur intérêt, aux travaux nécessaires à leurs entretien et à leur mise en viabilité.

ART. 35. — Les chemins et sentiers d'exploitation ne peuvent être supprimés que du consentement de tous les propriétaires qui ont le droit de s'en servir.

ART. 36. — Toutes les contestations relatives à la propriété et à la suppression de ces chemins et sentiers seront jugées par les tribunaux comme en matière sommaire.

Le juge de paix statue, sauf appel, s'il y a lieu, sur toutes les difficultés relatives aux travaux prévus par l'article 34.

ART. 37. — Dans les cas prévus par l'article 34, les intéressés pourront toujours s'affranchir de toute contribution en renonçant à leurs droits soit d'usage, soit de propriété sur les chemins d'exploitation.

CHEMINÉE. — Ord. pol. des 26 janv. 1672[1], 28 avril 1719[2], 10 févr. 1735[3], 1er sept. 1779[4]. Instr. cons. d'hygiène du 9 avril 1875[5], Ord. pol. du 15 sept. 1875[6]. Arr. préf. du 15 janv. 1881[7].

La coutume de Paris, exigeant un contre-mur pour les cheminées adossées à un mur mitoyen, s'exprimait en ces termes : « Qui veult faire cheminées et attres contre le mur moytoien doit faire contre-mur de thuilots ou autre chose suffisante de demy pied (0m16) d'épaisseur. »

Il doit y avoir une trémie en matériaux incombustibles au-dessous des âtres, et les tuyaux de fumée doivent se trouver à seize centimètres de toute pièce de bois[8]. La même distance doit être observée pour les conduits de chaleur des calorifères[9].

Tout conduit de fumée ne doit desservir qu'un seul foyer, à moins d'une autorisation spéciale[10].

Les tuyaux de fumée ne doivent pas former avec la verticale un angle de plus de 30 degrés[11].

Il n'est permis de pratiquer des conduits de fumée dans les murs mitoyens que sous les conditions suivantes[1].

1° Etablir au droit des foyers un contre-cœur en briques de 0m22 d'épaisseur, 0m80 de hauteur, et 0m16 de largeur de chaque côté, en plus de celle du foyer ;

2° Construire les conduits en briques à plat, droites ou cintrées ;

3° Conserver les parties portant solives pleines dans la partie verticale au-dessous de ces solives.

Les conduits de fumée ne peuvent être encastrés dans des murs de moins de 0m40 en moellons, ou de 0m37 en briques.

Les tuyaux non engagés ne peuvent être adossés à des murs de moins de 0m40 en moellons ou 0m22 en briques ; au dernier étage les murs en briques peuvent n'avoir que 0m11 d'épaisseur[2].

L'épaisseur des languettes ne doit pas être inférieure à huit centimètres, enduits compris[3].

Pour les cheminées hors comble, V. *Hauteur des bâtiments.*

Tout propriétaire doit élever ses cheminées de manière à ce que la fumée qui s'en échappe ne puisse incommoder les voisins. C'est cette règle qui doit déterminer la hauteur à donner aux cheminées d'usines, pour lesquelles il n'existe pas, à Paris, de règlements généraux.

Nous citerons, à titre de renseignement, et comme hauteur bonne à observer, l'extrait suivant du règlement de voirie de Bordeaux du 6 septembre 1880 :

« ART. 115. — Les cheminées d'usines, de chaudières à vapeur, de fours et de fourneaux, doivent s'élever à 3 mètres au moins au-dessus des toitures voisines dans un rayon de 50 mètres. »

« ART. 116. — Toute cheminée d'établissement industriel qui, sur les plaintes des voisins, serait reconnue présenter, par suite de la nature et de la quantité des combustibles qu'elle consomme, les mêmes inconvénients que celles qui sont désignées ci-dessus, pourra être assujettie aux mêmes conditions d'élévation au-dessus des toitures voisines, dans un rayon à déterminer par l'administration, et qui ne dépassera pas celui qui est fixé par l'article précédent. »

Les réparations à faire aux chambranles et aux tablettes de cheminées, quand ces objets sont cassés, fêlés ou détériorés, sont à la charge du locataire. Mais il y a lieu, toutefois, d'examiner avec soin si les dégradations sont bien du fait du locataire ou si, au contraire, elles ne proviennent pas de ce

---

[1] Annexe. — [2] Annexe. — [3] V. *Incendie.* — [4] Annexe. — [5] Annexe. — [6] V. *Incendie.* — [7] Annexe. — [8] Ord., 26 janv. 1672, annexe. Ord. pol., 28 avril 1719, annexe. Ord. pol., 10 févr. 1735, V. *Incendie.* Ord. pol., 1er sept. 1779, annexe. — [9] Ord. pol., 15 sept. 1875, V. *Incendie.* — [10] Ibid. Instr. cons. d'hygiène, 9 avril 1875, annexe. — [11] Arr., 15 janv. 1881, annexe.

[1] Ibid. — [2] Ibid. — [3] Ibid.

que le marbrier a recollé certaines parties, ou rebouché des défectuosités avec du mastic mêlé de poudre de marbre.

Il en est de même pour les tables et buffets couverts en marbre, ainsi que pour les coquilles et les cuvettes de marbre.

ANNEXES

Ordonnance de police du 26 janvier 1672.

ARTICLE PREMIER. — Ordonnons qu'à l'avenir, tant aux bâtiments neufs qu'en tous rétablissemens de maisons, il sera fait des enchevêtrures au-dessous de tous âtres et foyers de cheminées, de quelque grandeur que puissent être lesdites cheminées et maisons où elles seront faites.

ART. 2. — Que pour lesdits âtres et foyers, il sera laissé quatre pieds d'ouverture au moins (1m 30) et trois pieds de profondeur (98 *centimètres*) depuis le mur jusqu'au chevêtre qui portera les solives.

ART. 3. — Qu'il y aura six pouces (16 *centimètres*) de recouvrement de plâtre de toutes parts, tant auxdits chevêtres qu'aux solives d'enchevêtrure, et que, pour soutenir et porter ledit recouvrement, les chevêtres et solives d'enchevêtrure seront garnies suffisamment de chevilles de fer de six à sept pouces (16 à 19 *centimètres*) de longueur, et de clous de bateaux, en sorte qu'après le recouvrement il puisse rester, pour les tuyaux des cheminées, au moins trois pieds (98 *centimètres*) d'ouverture dans œuvre, et neuf à dix pouces (24 à 27 *centimètres*) de largeur aux tuyaux, aussi dans œuvre.

ART. 4. — Seront faites pareilles enchevêtrures dans tous les étages, à l'endroit des tuyaux de cheminées, de quatre pieds (1m 30) d'ouverture, à la réserve néanmoins de la profondeur, qui ne sera que de seize pouces (4 *décimètres*) seulement, depuis le mur jusqu'au chevêtre, et lequel chevêtre sera recouvert de plâtre de cinq à six pouces (13 à 16 *centimètres*), en sorte qu'il se trouve toujours neuf à dix pouces (24 à 27 *centimètres*), de la longueur dudit tuyau.

ART. 5. — Que les languettes des cheminées qui seront faites de plâtre auront deux pouces six lignes (7 *centimètres*) d'épaisseur au moins, en toute leur élévation.

ART. 6. — Qu'en tous bâtimens neufs, seront laissés des moellons sortant du mur, pour faire liaison des jambages et cheminées; et où il ne pourrait en être laissés, seront employés des clous de fer hachés à chaud, de longueur au moins de neuf pouces (24 *centimètres*), et ne seront ce ne employés tant auxdits bâtimens neufs qu'aux rétablissemens, aucunes chevilles ou fentons de bois.

ART. 7. — Seront tenus tous maçons et charpentiers de cette ville d'observer la présente ordonnance, à peine de cinq cents livres d'amende, et d'être responsables de toutes les pertes et dommages qui en pourraient arriver, même de tous les frais de rétablissements nécessaires, en cas de contravention.

Comme aussi seront tous les propriétaires de cette ville faisant travailler à la journée tenus d'observer pareillement ladite ordonnance, et ce, sous les mêmes peines, et de prison à l'égard des compagnons et ouvriers qui auront été par eux employés.

Enjoignons en outre très expressément, à tous propriétaires ou locataires des maisons, de faire tenir nettes les cheminées des lieux qu'ils habitent, à peine de cent livres d'amende contre ceux qui se trouveront habiter les maisons ou chambres, dans les cheminées desquelles le feu aura pris faute d'avoir été nettoyées, encore qu'aucun autre accident ne s'en fût suivi.

———

Ordonnance de police du 28 avril 1719.

Vu les ordonnances concernant la police des bastimens, la déclaration du roy du 17 may 1695, enregistrée au Parlement le 22 juin audit an, ensemble les Arrests et Règlemens de la Cour intervenus en conséquence,

Ordonnons que les Edits et Déclarations de S. M., Arrests et Règlemens de la Cour, et nos Ordonnances pour le fait de la police des bastimens, des 1er juillet 1712 et 24 mars 1713, seront exécutez selon leur forme et teneur.

En conséquence,

Faisons défenses à l'avenir à tous architectes et autres se meslans de construction de bastimens, maistres maçons jurez et non jurez, compagnons maçons, et entrepreneurs, d'asseoir et planter aucuns tuyaux de cheminées contre aucunes cloisons, pans de bois, poutres, solives, sablières, entrais, faîtes, sous-faîtes, ny contre aucuns bois : comme aussi de faire aucuns âtres de cheminées sur poutres, solives, sablières et autres bois.

Ordonnons qu'à l'avenir les âtres ou trémies des cheminées seront plus larges de six pouces (0m 16) que l'ouverture des manteaux de cheminées; en sorte que les deux jambages des manteaux de cheminées qui seront construites portent moitié de leur épaisseur sur la trémie et l'autre moitié sur les fontons d'enchevêtrures. Que tous les tuyaux de cheminées auront trois piedz (0m 97) de long et dix pouces (0m 27) dans œuvre, les languettes trois pouces (0m 08) d'épaisseur, compris les enduitz, liez avec des fantons de fer de deux piedz en deux piedz (0m 65) au moins, et les tuyaux de cheminées de cuisines des hostels, grandes maisons et communautez, quatre piedz et demy à cinq piedz (1m 46 à 1m 62) de long et dix pouces (0m 27) de large, et seront construites de briques avec des fantons de fer.

Défendons de faire porter aucun bois, comme poutres, solives, pannes, faîtes, chevrons, sablières et autres bois dans les manteaux et tuyaux de cheminées, et de les approcher desdits tuyaux de plus de six pouces (0m 16), en sorte qu'il y ait au moins six pouces (0m 16), de charge.

Défendons pareillement de mettre aucuns fantons ny manteaux de cheminées de bois aux tuyaux et manteaux de cheminées, sinon aux cheminées desdites grandes cuisines pour le manteau seulement.

Ordonnons à l'égard de la maçonnerie qui sera faite sur les pans de bois, outre la latte qui doit s'y mettre de quatre pouces en quatre (0 11), suivant les règlemens, d'y mettre aussi des cloux de charrettes, de batteaux et chevilles de fer en quantité, et enfoncées suffisamment pour soutenir l'entablement, plinthes, corps, avant-corps et autres saillies. Et quant aux bastimens qui se construiront en pierres de taille, les entablemens porteront le parpin du mur, outre la saillie; et, au cas que la saillie de l'entablement soit si grande qu'elle puisse emporter la bascule de l'assise, on sera tenu d'y mettre des crampons de fer au derrière pour les retenir dans le mur de face au-dessous; le tout à peine contre les contrevenans abusans et mésusans de demeurer garands et responsables des ouvrages où se trouveront lesdites mal-façons, et des dommages et intérests envers les propriétaires, même d'interdiction contre les maistres maçons qui les auront faites ou fait faire, et de plus grande peine s'il y échet.

Ordonnance de police du 1ᵉʳ septembre 1779.

ARTICLE PREMIER. — Faisons défenses à tous propriétaires de maisons, terrains et empla-cemens faisant encoignure de quelque places, carrefours, rues et ruelles, et culs-de-sacs que ce soit, de faire construire, édifier et réparer les-dites maisons, clore de murs ou autrement aucunes desdites places et terrains, et aux maîtres maçons, entrepreneurs, même aux ouvriers à la journée, de travailler auxdites maisons, édifices et clôtures de terrains et emplacemens faisant encoignures, sans en avoir préalablement obtenu la permission, et que procès-verbal d'alignement desdites encoignures n'ait été dressé sur les lieux, à peine de démo-lition desdits bâtimens et édifices faisant encoi-gnures, et de 100 livres d'amende, au payement de laquelle somme les propriétaires et entre-preneurs ou autres ouvriers seront contraints solidairement et par corps, conformément à l'ordonnance du 22 septembre 1600.

ART. 2. — Seront tenus les propriétaires des-dites maisons, terrains et emplacemens faisant encoignures, lorsqu'ils feront construire ou rétablir lesdites encoignures, de faire mettre une table de pierre de liais d'un pouce et demi (0ᵐ 04) d'épaisseur et de grandeur suffisante au coin de chacune desdites encoignures, sur les-quelles tables seront gravés les noms des rues, les numéros marqués sur les plaques du même quartier en lettres de la hauteur de deux pouces et demi (0ᵐ 07), et de largeur proportionnée; d'observer une rainure formant un cadre au pourtour de la pierre, à trois pouces (0ᵐ 08) de l'arête qui sera marquée en noir, ainsi que les lettres et numéros; laquelle pierre sera attachée avec de fortes pattes chantournées et encastrées dans l'épaisseur du plâtre ou dans le mur, s'il est construit en moellons, pierre de Saint-Leu ou lambourdes, et si les façades ou encoignures sont construites en pierres d'Ar-cueil, les entrepreneurs seront obligés de poser une pierre d'Arcueil, pleine, à l'endroit où doit être inscrit le nom de la rue et le numéro,

de grandeur suffisante pour éviter l'incruste-ment, et, en faisant le ravallement, d'y faire graver les lettres, le numéro et les cadres marqués en noir, en la manière ci-dessus pres-crite. Enjoignons auxdits propriétaires, archi-tectes, entrepreneurs et maîtres maçons qui travailleront pour eux de donner avis au com-missaire du quartier, lorsqu'ils feront poser lesdites tables ou graver lesdites encoignures, afin qu'il puisse s'y transporter et reconnoître s'ils se sont conformés à ce qui leur est ci-dessus prescrit, et ce, conformément aux ordonnances des 30 juillet 1729 et 3 juin 1730, le tout à peine de 100 livres d'amende pour chaque con-travention, tant contre le propriétaire que contre l'architecte, l'entrepreneur et le maître maçon.

ART. 3. — Seront aussi tenus, et sous la même peine de 100 livres d'amende, les propriétaires de maisons faisant encoignures où il y a des plaques de tôle usées, défectueuses, ou dont l'empreinte est effacée, de faire mettre dans trois mois, à partir du jour de la publication de notre présente ordonnance, à la place des-dites plaques, des tables de pierre de liais, de la manière et dans la forme prescrites par notre présente ordonnance.

ART. 4. — Conformément à l'ordonnance du 13 juillet 1764, il ne pourra être établi dans les bâtimens qui seront construits à l'avenir dans cette ville de Paris et faubourgs d'icelle aucune gouttière saillante dans les rues, pour quelque cause et sous quelque prétexte que ce soit, et celles qui sont déjà établies seront suppri-mées dans les bâtimens où elles existent, lors-qu'on fera la reconstruction des murs de face ou toitures en tout ou en partie, le tout à peine de confiscation des gouttières et de 500 livres d'amende tant contre les propriétaires des mai-sons que contre les architectes, entrepreneurs, maçons et plombiers qui les auront établies ou qui les auront laissées subsister.

ART. 5. — Seront tenus les propriétaires qui voudront se servir de gouttières pour recevoir les eaux pluviales de leurs maisons de les appli-quer le long des murs, depuis le toit jusqu'au niveau du pavé des rues. Pourront lesdits pro-priétaires employer, pour lesdits tuyaux et con-duits, les matières qu'ils jugeront à propos, soit plomb, fer, cuivre, bois ou grès, à la charge de les construire de manière qu'ils n'aient que quatre pouces de saillie du nu du mur, et de faire recouvrir en plâtre les tuyaux de bois ou grès qu'ils auront employés.

ART. 6. — Faisons très-expresses inhibitions et défenses à tous propriétaires, architectes, entrepreneurs, maîtres maçons, charpentiers et autres ouvriers, de construire ou faire cons-truire à l'avenir aucun manteaux de cheminées en bois ni aucuns tuyaux de cheminées adossées contre des cloisons de charpenterie; de poser des âtres de cheminées sur les solives des plan-chers, et de placer aucune pièce de bois dans les tuyaux de cheminées, lesquels ils construi-ront de manière que les enchevêtrures et les solives soient à la distance de trois pieds (0ᵐ 97) des gros murs.

Ordonnons que les tuyaux de cheminées auront toujours, et dans tous les cas, dix pouces

(0ᵐ27) de largeur et deux pieds et demi (0ᵐ81) de longueur, ou du moins, deux pieds un quart (0ᵐ73) dans les petites pièces, à moins qu'il ne soit question de réparer d'anciens bâtimens auquel cas on pourra ne donner que deux pieds (0ᵐ65) de longueur aux tuyaux de cheminées lorsqu'on y sera nécessité, pour éviter de jeter les propriétaires dans la reconstruction des planchers, et ce, non compris les six pouces (0ᵐ16) de plâtre contre lesdits bois de chaque côté, le tout revenant à trois pieds un pouce (1 *mètre*) d'ouverture pour les nouveaux bâtimens, et à deux pieds dix pouces (0ᵐ92) pour les anciens, au moins, et en cas de nécessité, entre lesdits bois, dont le recouvrement de plâtre, tant sur les solives, chevrettes, qu'autres bois, sera de six pouces (0ᵐ16), en sorte qu'il n'en puisse arriver aucun incendie, le tout conformément à ce qui est prescrit par l'ordonnance de la Chambre des bâtimens du 19 juillet 1765.

ART. 7. — Défendons aux propriétaires de souffrir qu'il soit fait aucune malfaçon de la qualité ci-dessus, le tout à peine de mille livres d'amende, tant contre lesdits propriétaires que contre les maîtres maçons, charpentiers et autres ouvriers, et d'être en outre lesdits propriétaires tenus de faire abattre à leurs frais et dépens lesdits tuyaux et manteaux de cheminées qui ne se trouveront pas conformes à ce qui est ci-dessus prescrit. Pourront même les compagnons et ouvriers travaillant à la journée être emprisonnés en cas de contravention.

ART. 8. — Seront tenus les maîtres maçons, charpentiers, couvreurs, plombiers et autres ouvriers, au premier avis qui leur sera donné de quelque incendie, et sur la réquisition des commissaires et autres officiers de police, de se transporter à l'instant sur le lieu où sera l'incendie, d'y faire transporter leurs compagnons, ouvriers et apprentis, avec les outils nécessaires pour aider à éteindre le feu, à peine de 500 livres d'amende contre chacun desdits compagnons, apprentis et ouvriers.

Instruction du Conseil d'hygiène du 9 avril 1875.

La salubrité d'une habitation dépend, en grande partie, de la pureté de l'air qu'on y respire. Tout ce qui vicie l'air doit donc exercer une influence fâcheuse sur la santé des habitants.

Les tuyaux de fumée en maçonnerie qui traversent des étages et des habitations peuvent, s'ils sont brisés ou en mauvais état, être la cause non seulement d'incendies, mais encore d'altération de la santé, d'asphyxie même, parce que ces tuyaux peuvent alors laisser échapper des gaz délétères qui vicient l'air des habitations. C'est notamment dans les chambres où l'on couche qu'il importe que ces tuyaux soient en bon état.

Il faut donc, non seulement que ces tuyaux soient solidement et convenablement établis, mais encore qu'ils soient bien entretenus et que tout tuyau brisé par un feu de cheminée, ou par toute autre cause, soit de suite réparé ou remplacé au besoin.

Il faut que les tuyaux de fumée soient d'une capacité suffisante pour les foyers qu'ils desservent, car l'excessive chaleur d'un tuyau peut le faire éclater, le briser et causer, d'ailleurs, dans certains cas, une incommodité de nature à altérer la santé.

Les ramonages doivent être faits fréquemment avec le plus grand soin, pour éviter les feux dits de cheminée qui brisent et qui détériorent les tuyaux de fumée, notamment ceux cylindriques.

Par suite, après un feu de cheminée, le tuyau doit être visité attentivement, en vue des réparations ou des remplacements à opérer.

Il importe donc que tout foyer ait son conduit particulier de fumée, montant jusqu'au-dessus des toits ; que tout foyer fixe ou mobile soit convenablement établi.

Il importe, enfin, de rappeler ce qui est dit dans l'ordonnance de police du 23 novembre 1853 et dans l'instruction du conseil à la suite, savoir :

« Tout foyer mobile, brasero ou autre, alors même qu'on n'y brûle que de la braise ou du combustible ne produisant pas de fumée, est dangereux, s'il n'est, par son tuyau, en communication directe avec l'air extérieur. »

On ne doit, par la même raison, fermer la clef d'un poêle qu'après s'être assuré que le feu est complètement éteint.

Arrêté préfectoral du 15 janvier 1881.

ARTICLE PREMIER. — L'établissement des foyers et des conduits de fumée dans les murs mitoyens et dans les murs séparatifs de deux maisons contiguës, qu'elles appartiennent ou non au même propriétaire, ne pourra être autorisé que sous les conditions suivantes :

1° Les languettes de contre-cœur au droit des foyers devront être en briques de bonne qualité et avoir au minimum 22 centimètres d'épaisseur sur une hauteur de 80 centimètres et une largeur dépassant celle du foyer d'au moins 16 centimètres de chaque côté ;

2° Les conduits de fumée devront être construits exclusivement en briques à plat, droites ou cintrées ;

3° Ces murs ne pourront recevoir de poutres ni solives que lorsqu'ils seront entièrement pleins dans la partie verticale au-dessous des scellements de ces solives ;

4° Les parties supérieures de ces murs constituant souches de cheminées porteront un couronnement en pierre devant servir de plateforme et faisant saillie d'au moins 15 centimètres sur chaque face. Elles devront, en outre, être munies d'une main courante en fer.

ART. 2. — Il est permis d'établir des conduits de fumée dans l'intérieur des murs de refend, sous la double condition :

1° Que ces murs auront une épaisseur de 40 centimètres, s'ils sont construits en moellons, ou de 37 centimètres, s'ils sont construits en briques, enduits compris ;

2° Que les conduits de fumée seront exécutés en briques de bonne qualité, droites ou cintrées, ou en wagons de terre cuite.

ART. 3. — L'adossement des tuyaux de fumée

à des pans de fer ne pourra être autorisé qu'après que l'Administration aura reconnu que ces pans de fer, dont les dispositions devront lui être soumises, sont établis dans des conditions satisfaisantes de solidité, et en outre, à charge de maintenir un renformis de 5 centimètres en plâtre, non compris l'épaisseur du tuyau, entre les pans de fer et les tuyaux de fumée.

ART. 4. — Entre la paroi intérieure des tuyaux engagés dans les murs et le tableau des baies pratiquées dans ces murs, il sera toujours réservé un dosseret de maçonnerie pleine ayant au moins 45 centimètres d'épaisseur, enduit compris.

Cette épaisseur pourra être réduite à 25 centimètres, à la condition que le dosseret soit construit en pierre de taille ou en briques de bonne qualité.

ART. 5. — Tout conduit de fumée présentant une section intérieure de moins de 60 centimètres de longueur sur 25 centimètres de largeur devra avoir au minimum une section de 4 décimètres carrés; le petit côté des tuyaux rectangulaires n'aura pas moins de 20 centimètres et le grand côté ne pourra dépasser le petit de plus d'un quart.

ART. 6. — Les tuyaux de cheminée non engagés dans les murs ne seront autorisés que s'ils sont adossés à des piles en maçonnerie ou à des murs en moellons ayant au moins 40 centimètres d'épaisseur, enduits compris, ou à des murs en briques ayant au moins 22 centimètres d'épaisseur, ou, dans le dernier étage, à des cloisons en briques de 11 centimètres d'épaisseur.

Ils devront être solidement attachés au mur tuteur par des ceintures en fer dont l'espacement ne dépassera pas 2 mètres.

Les tuyaux qui présenteront une section de 60 centimètres de longueur sur 25 centimètres de largeur pourront être en plâtre pigeonné à la main.

Ceux de dimensions moindres devront, à moins d'une autorisation spéciale, être construits soit en briques, soit en terre cuite et recouverts en plâtre.

ART. 7. — Les boisseaux en terre cuite, employés comme tuyaux adossés, seront à emboîtement et formeront, avec l'enduit en plâtre, une épaisseur totale de 8 centimètres.

ART. 8. — L'épaisseur des languettes, parois et costières des tuyaux engagés dans les murs ou adossés ne pourra jamais être inférieure à 8 centimètres, enduits compris.

ART. 9. — Les tuyaux de cheminée ne pourront dévier de la verticale de manière à former avec elle un angle de plus de 30 degrés.

Ils devront avoir une section égale dans toute leur hauteur et seront facilement accessibles à leur partie supérieure.

ART. 10. — Ne sont pas assujettis aux prescriptions de construction indiquées dans les articles précédents, notamment en ce qui concerne la nature des matériaux à employer :

1° Les tuyaux de fumée placés à l'extérieur des habitations;

2° Les tuyaux des foyers mobiles ou à flamme renversée, pourvu que les tuyaux ne sortent pas du local où est le foyer;

3° Enfin, les tuyaux de fumée d'usine autant qu'ils ne traversent pas d'habitation.

ART. 11. — L'arrêté préfectoral sus-visé du 8 août 1874 est et demeure abrogé.

ART. 12. — Le directeur des travaux de Paris est chargé de l'exécution du présent arrêté...

CHÉNEAUX. — Ord. pol. des 30 nov. 1831 [1] et 25 juill. 1862 [2]. Décr. du 23 juill. 1884 [3].

Les propriétaires ne peuvent faire tomber directement sur la voie publique les eaux pluviales provenant de leurs toitures; ils doivent, en conséquence, établir des gouttières ou des chéneaux pour recevoir ces eaux [4].

Les reliefs des chéneaux ne doivent pas dépasser la ligne à 45 degrés partant de l'extrémité de l'entablement ou le quart de cercle pouvant remplacer cette ligne [5].

Le décret du 23 juillet 1884 [6], qui modifie le périmètre dans lequel le comble doit être circonscrit, ne parle pas des chéneaux; mais l'obligation de ne pas faire sortir le relief des chéneaux de l'arc de cercle partant du nu du mur est implicitement comprise dans les termes suivants de l'article 9 : « Toutes les saillies qu'il (le comble) pourrait présenter devront être renfermées dans l'arc de cercle considéré comme un gabarit dont on ne doit pas sortir. »

ANNEXE

Ordonnance de police du 30 novembre 1831.

ARTICLE PREMIER. — Dans les quatre mois à partir de la publication de la présente ordonnance, les propriétaires des maisons bordant la voie publique, et dont les eaux pluviales des toits y tombent directement, seront tenus de faire établir des chéneaux ou des gouttières sous l'égout de ces toits, afin d'en recevoir les eaux qui seront conduites jusqu'au niveau du pavé de la rue au moyen de tuyaux de descente appliqués le long des murs de face, avec 16 centimètres au plus de saillie.

Les gouttières ne pourront être qu'en cuivre, zinc ou tôle étamée, et soutenues par des corbeaux en fer.

Les tuyaux de descente ne pourront être établis qu'en fonte, cuivre, zinc, plomb ou tôle étamée, et retenus par des colliers en fer à scellement.

Une cuiller en pierre devra être placée sous le dauphin de ces tuyaux.

ART. 2. — Il ne sera perçu aucun droit de petite voirie pour les chéneaux, gouttières, tuyaux de conduite ou cuiller destinés à l'écoulement des eaux pluviales, et qui seront établis dans le délai fixé par l'article précédent, conformément à la délibération du conseil municipal de la ville de Paris en date du 25 de ce mois.

---

[1] Annexe. — [2] V. *Bâtim. en constr.* — [3] V. *Hauteur des bâtiments.* — [4] Ord. pol., 30 nov. 1831, annexe. Ord. pol., 25 juill. 1862, V. *Bâtim. en constr.* — [5] Décr., 27 juill. 1859, abrogé. — [6] V. *Hauteur des bâtiments.*

Art. 3. — Lors de la construction des nouveaux trottoirs, il sera pris les mesures nécessaires, pour que les eaux pluviales s'écoulent sous ces trottoirs au moyen de gargouilles pratiquées à cet effet.

Art. 4. — Les propriétaires qui ont fait construire des trottoirs sans avoir pris la mesure prescrite par l'article précédent seront tenus de s'y conformer dans le délai de quatre mois.

Art. 5. — Les contraventions seront constatées par des procès-verbaux ou rapports, et poursuivies conformément aux lois et règlements.

Art. 6. — La présente ordonnance sera imprimée, publiée et affichée...

CHENIL. — La meilleure orientation pour un chenil est l'exposition au midi.

La largeur d'un chenil doit être de 4m 10 décomposés en deux banquettes, de 2m 05 chacune, placées le long des murs avec un passage de 2 mètres au milieu.

La longueur est calculée à raison de 0m 80 par chien à loger de chaque côté, soit le nombre total des chiens divisé par 2 et multiplié par 0m 80 [1].

CHICORÉE (Torréfaction en grand de la). — Etablissement insalubre de 3e classe : odeur et fumée [2].

Les prescriptions de l'administration sont les mêmes que celles relatives à la torréfaction du café [3].

CHIENS (Infirmerie de). — Etablissement insalubre de 1re classe : odeur et bruit [4].

Le sol des cours et des chenils doit être imperméable avec pentes et ruisseaux pour l'écoulement des eaux à l'égout ou à une fosse étanche [5].

Il est interdit d'y employer des enfants, à cause des dangers de morsures [6].

CHIFFONS (Dépôt de). — Etablissement insalubre de 3e classe : odeur [7].

Les ateliers et magasins doivent être ventilés par des châssis et des trémies d'aération; le sol, ainsi que celui des cours, doit être imperméable. Tous les bois seront recouverts de plâtre [8].

Il est interdit d'employer des enfants, à cause des poussières nuisibles [9].

CHIFFONS (Traitement des) par la vapeur de l'acide chlorhydrique :

1° Quand l'acide n'est pas condensé :

Etablissement insalubre de 1re classe : émanations nuisibles.

2° Quand l'acide est condensé :

Etablissement insalubre de 3e classe : émanations accidentelles [1].

Les prescriptions administratives sont les mêmes que celles relatées au mot *Acide chlorhydrique*.

Le travail des enfants est interdit dans ces établissements, sans distinction de classe, en raison des émanations corrosives dégagées [2].

CHLORE (Fabrication du). — Etablissement insalubre de 2e classe : odeur [3].

Les ateliers doivent être ventilés énergiquement, le sol en sera bitumé ou cimenté, et les ouvertures, sur la voie publique ou sur les voisins, fermées.

Les appareils seront surmontés de hottes conduisant les gaz et les vapeurs dans des condenseurs et de là dans la cheminée élevée de 20 à 30 mètres [4].

Il est interdit d'y faire travailler des enfants, en raison des vapeurs délétères qui se dégagent [5].

CHLORURE DE CHAUX (Fabrication du).

1° En grand :

Etablissement insalubre de 2e classe : odeur.

2° Dans les ateliers fabriquant au plus 300 kilogrammes par jour :

Etablissement insalubre de 3e classe : odeur [6].

Les prescriptions insérées dans les autorisations sont celles relatées plus haut pour la fabrication du chlore.

CHLORURES DE SOUFRE (Fabrication des). — Etablissement insalubre de 1re classe : Emanations nuisibles [7].

Les ateliers doivent être ventilés énergiquement et leur sol être imperméable.

Les appareils doivent être placés sous de vastes hottes en communication avec la cheminée [8].

Il est interdit d'employer des enfants, à cause des émanations nuisibles qui se dégagent [9].

CHLORURES ALCALINS, EAU DE JAVELLE (Fabrication des). — Etablissement insalubre de 2e classe : odeur [10].

Mêmes prescriptions et même interdiction du travail des enfants que pour la fabrication du chlore.

---

[1] E. Bosc, *Traité des constructions rurales.*
[2] Décr., 12 mai 1886. — [3] V. ce mot.
[4] Décr., 31 déc. 1866. — [5] Bunel, p. 249. — [6] Décr., 14 mai 1875.
[7] Décr., 31 déc. 1866. — [8] Bunel, p. 250. — [9] Décr., 14 mai 1875.

[1] Décr., 9 mai 1878. — [2] Décr., 22 sept. 1879.
[3] Décr., 31 déc. 1866. — [4] Bunel, p. 252. — [5] Décr. 14 mai 1875.
[6] Décr., 13 déc. 1866.
[7] Décr., 1er mars 1881. — [8] Bunel, p. 254. — [9] Décr., 31 oct. 1882.
[10] Décr., 31 déc. 1866.

CHOUCROUTE (Ateliers de fabrication de la). — Etablissements insalubres de 3ᵉ classe : odeur[1].

Les ateliers doivent être bien ventilés par des cheminées d'aération et leur sol être imperméable. Les ouvertures sur la voie publique et les propriétés voisines seront fermées[2].

CHROMATE DE POTASSE (Fabrication du). — Etablissement insalubre de 3ᵉ classe : odeur[3].

Les ateliers doivent être bien ventilés et le sol en être imperméable ; la cheminée sera élevée de 20 à 30 mètres ; les chaudières seront munies de couvercles et recouvertes de hottes entraînant les buées à la cheminée[4].

Il est interdit d'y faire travailler des enfants, par suite des maladies spéciales dues aux émanations[5].

CHRYSALIDES (Ateliers pour l'extraction des parties soyeuses des). — Etablissements insalubres de 1ʳᵉ classe : odeur[6].

Il est interdit d'y faire travailler des enfants, à cause des émanations malsaines qui se dégagent[7].

CIMENT (Fours à)[8].
1° Permanents :
Etablissements incommodes de 2ᵉ classe : fumée et poussière.
2° Ne travaillant pas plus d'un mois par an :
Etablissements incommodes de 2ᵉ classe : fumée et poussière.

Les prescriptions sont les mêmes que pour les fours à chaux.

Il est interdit de faire travailler des enfants dans les locaux où les poussières provenant du broyage, du tamisage, etc., se dégagent librement[9].

CIMETIÈRE. — Décr. des 12 juin 1804[10] et 7 mars 1808[11]. Ord. roy. du 6 déc. 1843[12]. Avis de la conférence administrative du 22 juill. 1880. Loi du 5 avril 1884[13].

La clôture des cimetières, leur entretien et leur translation, dans les cas déterminés par les lois et règlements d'administration publique, sont au nombre des dépenses obligatoires pour les communes[14].

Les cimetières ne peuvent être établis qu'à une distance de 35 à 40 mètres de l'enceinte des villes et bourgs[15], ainsi que des agglomérations dans les communes rurales[1].

L'établissement d'un cimetière nouveau et la translation d'un cimetière ancien sont soumis à une enquête préalable.

Dans un rayon de cent mètres des nouveaux cimetières, on ne peut, sans une autorisation, élever des bâtiments, ni réparer ou augmenter les bâtiments anciens[2].

A Paris, une zone de dix mètres, autour des cimetières, est considérée comme suffisante pour assurer l'isolement de ces établissements ; les autorisations de bâtir, au delà de cette zone, peuvent être accordées[3].

Aucune inscription ne peut être placée sur les monuments funèbres sans avoir été préalablement soumise à l'approbation du maire[4].

ANNEXES

Extrait du décret du 12 juin 1804
(23 prairial an XII).

Article premier. — Aucune inhumation n'aura lieu dans les églises, temples, synagogues, hôpitaux, chapelles publiques, et généralement dans aucun des édifices clos et fermés où les citoyens se réunissent pour la célébration de leurs cultes, ni dans l'enceinte des villes et bourgs.

Art. 2. — Il y aura, hors de chacune de ces villes ou bourgs, à la distance de trente-cinq à quarante mètres au moins de leur enceinte, des terrains spécialement consacrés à l'inhumation des morts.

Art. 3. — Les terrains les plus élevés et exposés au nord seront choisis de préférence ; ils seront clos de murs de deux mètres au moins d'élévation. On y fera des plantations, en prenant les précautions convenables pour ne point gêner la circulation de l'air.

Art. 4. — Chaque inhumation aura lieu dans une fosse séparée : chaque fosse, qui sera ouverte, aura un mètre cinq décimètres à deux mètres de profondeur, soit huit décimètres de largeur, et sera ensuite remplie de terre bien foulée.

Art. 5. — Les fosses seront distantes les unes des autres de trois à quatre décimètres sur les côtés, et de trois à cinq décimètres à la tête et aux pieds.

Art. 7. — Les communes qui seront obligées, en vertu des articles 1 et 2, d'abandonner les cimetières actuels, et de s'en procurer de nouveaux hors de l'enceinte de leurs habitations, pourront, sans autre autorisation que celle qui leur est accordée par la déclaration du 10 mars 1776, acquérir les terrains qui leur seront nécessaires, en remplissant les formalités voulues par l'arrêté du 7 germinal an IX.

---

[1] Décr., 20 juin 1883. — [2] Bunel, p. 255.
[3] Décr., 31 déc. 1866. — [4] Bunel, p. 256. — [5] Décr., 14 mai 1875.
[6] Décr., 31 déc. 1866. — [7] Décr., 14 mai 1875.
[8] Décr., 31 janv. 1872. — [9] Décr., 14 mai 1875.
[10] Annexe. — [11] Annexe. — [12] Annexe. — [13] V. *Voirie.* — [14] Loi, 5 avril 1884. — [15] Décr., 12 juin 1804, annexe.

[1] Circ. min., 20 juill. 1841, 30 déc. 1843. — [2] Décr., 7 mars 1808, annexe. — [3] Avis, conf. admin., 22 juill. 1880. — [4] Ord. roy., 6 déc. 1843.

ART. 14. — Toute personne pourra être enterrée sur sa propriété, pourvu que ladite propriété soit hors et à la distance prescrite de l'enceinte des villes et bourgs.

ART. 15. — Dans les communes où l'on professe plusieurs cultes, chaque culte doit avoir un lieu d'inhumation particulier; et dans le cas où il n'y aurait qu'un seul cimetière, on le partagera par des murs, haies ou fossés, en autant de parties qu'il y a de cultes différents, avec une entrée particulière pour chacune, et en proportionnant cet espace au nombre d'habitants de chaque culte.

ART. 16. — Les lieux de sépulture, soit qu'ils appartiennent aux communes, soit qu'ils appartiennent aux particuliers, seront soumis à l'autorité, police et surveillance des administrations municipales.

ART. 17. — Les autorités locales sont spécialement chargées de maintenir l'exécution des lois et règlements qui prohibent les exhumations non autorisées, et d'empêcher qu'il ne se commette dans les lieux de sépulture aucun désordre, ou qu'on s'y permette aucun acte contraire au respect dû à la mémoire des morts.

ART. 21. — Le mode le plus convenable pour le transport des corps sera réglé suivant les localités par les maires, sauf l'approbation des préfets.

Décret du 7 mars 1808.

ARTICLE PREMIER. — Nul ne pourra, sans autorisation, élever aucune habitation, ni creuser aucun puits, à moins de cent mètres des nouveaux cimetières transférés hors des communes en vertu des lois et règlements.

ART. 2. — Les bâtiments existants ne pourront également être restaurés ni augmentés sans autorisation.

Les puits pourront, après visite contradictoire d'experts, être comblés, en vertu d'une ordonnance du préfet du département, sur la demande de la police locale.

Ordonnance royale du 6 décembre 1843.

ARTICLE PREMIER. — Les dispositions des titres 1 et 2 du décret du 23 prairial an XII (12 juin 1804), qui prescrivent la translation des cimetières hors des villes et bourgs, pourront être appliquées à toutes les communes du royaume.

ART. 2. — La translation du cimetière, lorsqu'elle deviendra nécessaire, sera ordonnée par un arrêté du préfet, le conseil municipal de la commune entendu. Le préfet déterminera également le nouvel emplacement du cimetière, sur l'avis du conseil municipal, et après enquête *de commodo et incommodo.*

ART. 3. — Les concessions de terrains dans les cimetières communaux, pour fondation de sépultures privées, seront, à l'avenir, divisées en trois classes : 1° Concessions perpétuelles; 2° Concessions trentenaires; 3° Concessions temporaires. Aucune concession ne peut avoir lieu qu'au moyen du versement d'un capital, dont deux tiers au profit de la commune, et un tiers au profit des pauvres ou des établissements de bienfaisance. Les concessions trentenaires seront renouvelables indéfiniment à l'expiration de chaque période de trente ans, moyennant une nouvelle redevance qui ne pourra dépasser le taux de la première. A défaut du payement de cette nouvelle redevance, le terrain concédé fera retour à la commune, mais il ne pourra cependant être repris par elle que deux années révolues après l'expiration de la période pour laquelle il avait été concédé, et, dans l'intervalle de ces deux années, les concessionnaires ou leurs ayants cause pourront user de leur droit de renouvellement. Les concessions temporaires seront faites pour quinze ans au plus, et ne pourront être renouvelées.

ART. 4. — Le terrain nécessaire aux séparations et passages établis autour des concessions devra être fourni par la commune.

ART. 5. — En cas de translation d'un cimetière, les concessionnaires ont droit d'obtenir, dans le nouveau cimetière, un emplacement égal en superficie au terrain qui leur avait été concédé, et les restes qui y avaient été inhumés seront transportés aux frais de la commune.

ART. 6. — Aucune inscription ne pourra être placée sur les pierres tumulaires ou monuments funèbres sans avoir été préalablement soumise à l'approbation du maire.

ART. 7. — Des tarifs présentant des prix gradués pour les trois classes de concessions énoncées en l'article 3 seront proposés par les conseils municipaux des communes et approuvés par arrêtés des préfets. Les tarifs proposés pour les communes dont les revenus dépassent 100,000 francs seront soumis à notre approbation.

ART. 8. — Les dispositions du présent règlement ne sont pas applicables aux cimetières de la ville de Paris.

CIRE A CACHETER (Fabrication de la). — Établissement dangereux de 3° classe : danger d'incendie[1].

Les ateliers doivent être en matériaux incombustibles ou tout au moins avec enduits en plâtre sur les bois : les foyers seront en dehors des ateliers, les chaudières munies de couvercles et surmontées de hottes mobiles; la cheminée élevée à 3 mètres au-dessus des cheminées voisines dans un rayon de 50 mètres[2].

CITERNE. — Une citerne est destinée à recevoir les eaux pluviales et autres.

On peut construire une citerne aussi près que l'on veut de la propriété voisine, à la condition d'établir, contre le mur séparatif, un contre-mur, comme pour les puits et les fosses d'aisances.

L'établissement de ce contre-mur n'empêche pas le propriétaire de la citerne d'être responsable du préjudice qui pourrait être causé, au voisin, par l'infiltration des eaux.

[1] Décr., 31 déc. 1866. — [2] Bunel, p. 258.

Le cahier des juges de paix de 1852 porte à deux mètres la distance à conserver entre une citerne ou réservoir d'eau et les murs mitoyens ou du voisin.

CLAUSE DOMANIALE. — V. *Réserve domaniale.*

CLOTURE. — C. civ., art. 647, 666, 670 et 682. Modifié par la loi du 26 août 1881. V. *Fossé, Haie* et *Mur de clôture.*

Une propriété peut être close par un mur, une haie vive, une haie sèche ou même simplement par un fossé[1].

Tout propriétaire a le droit de se clore[2].

Mais, si des fonds sont enclavés dans sa propriété, il doit le passage pour parvenir à ces fonds ou pour en sortir[3].

De même il ne peut se clore de manière à faire refluer, sur le fonds supérieur, les eaux qui en découlent naturellement[4].

La clôture est réputée mitoyenne s'il n'y a preuve contraire[5].

CLOUS (Trous de). — Le locataire est responsable des dégradations qu'il commet, même quand il n'a pas abusé de la chose louée : c'est pour cette raison que quelques auteurs sont d'avis de mettre, à la charge du locataire, les dégradations occasionnées par la pose et la dépose des pattes ou clous servant à supporter les rideaux, les tableaux, et à maintenir les glaces.

Ces dégradations se convertissent généralement en une indemnité[6]. Mais, il y a lieu de tenir compte, dans la fixation de cette indemnité, de la durée de l'occupation, ainsi que du nombre et de l'importance des trous ; car, si le locataire a habité pendant un certain nombre d'années, s'il a fait enlever les clous, sans faire éclater l'enduit en plâtre ou la pierre, il est évident que le bailleur devant remettre l'appartement à neuf, sans que ces trous de clous soient l'occasion, pour lui, de travaux supplémentaires tout au moins appréciables, il ne peut, dans ce cas, être dû d'indemnité par le locataire.

COCHENILLE AMMONIACALE (Fabrication de la). — Etablissement dangereux de 3ᵉ classe : danger d'incendie[7].

Les chaudières doivent être placées sous des hottes conduisant les gaz dans une cheminée élevée à la hauteur des souches des cheminées voisines[8].

COCONS[1].

1° Traitement des frisons de cocons :

Etablissement insalubre de 2ᵉ classe : altération des eaux.

Les ateliers doivent être bien ventilés, le sol être imperméable et les chaudières surmontées de hottes conduisant les buées à l'extérieur[2].

2° Filature de cocons. V. *Filature.*

COKE (Fabrication du).

1° En plein air ou en fours non fumivores :

Etablissement insalubre de 1ʳᵉ classe : fumée et poussière.

2° En fours fumivores :

Etablissement insalubre de 2ᵉ classe : poussière[3].

COLLE-FORTE (Fabrication de la). — Etablissement insalubre de 1ʳᵉ classe : odeur, altération des eaux[4].

Les ateliers doivent être ventilés énergiquement et surmontés de lanternons à lames de persiennes ; le sol en sera imperméable.

Les cuves à macération seront en maçonnerie et munies de couvercles.

Les bois seront enduits en plâtre.

Les chaudières munies de couvercles seront surmontées de hottes entraînant les buées à la cheminée élevée de 20 à 30 mètres.

L'étuve sera construite en matériaux incombustibles avec porte en fer[5].

COLLODION (Fabrication de). — Etablissement dangereux de 1ʳᵉ classe : danger d'explosion ou incendie[6].

L'atelier de fabrication doit être isolé, bien ventilé, recouvert d'une toiture légère, et le sol en être imperméable.

Les matières premières et les produits fabriqués seront déposés dans des magasins distincts isolés et éloignés les uns des autres[7].

Il est interdit d'employer des enfants à cause des dangers d'explosion et de brûlures[8].

COMBLE. — V. *Hauteur des bâtiments.*

COMBUSTION des plantes marines dans les établissements permanents. — Etablissements insalubres de 1ʳᵉ classe : odeur et fumée[9].

Ces établissements ne sont autorisés qu'à une grande distance des habitations ; ils

---

[1] V. *Mur de clôture, Fossé, Haie.* — [2] C. civ., 647. — [3] C. civ., 682. — [4] Cass., 24 juin 1867. — [5] C. civ., 666 et 670, V. *Fossé, Haie.*
[6] Le Bègue, *Traité des rép. loc.*, n° 198.
[7] Décr., 31 déc. 1866. — [8] Bunel, p. 259.

[1] Décr., 31 déc. 1866. — [2] Bunel, p. 259.
[3] Décr., 31 déc. 1866.
[4] Décr., 31 déc. 1866. — [5] Bunel, p. 261.
[6] Décr., 9 mai 1878. — [7] Bunel, p. 263. — [8] Décr., 22 sept. 1879.
[9] Décr., 31 déc. 1866.

doivent être entourés de murs élevés, destinés à abriter les fosses contre l'action du vent.

La cheminée doit avoir de 30 à 40 mètres suivant les localités[1].

CONCIERGE. — Le propriétaire est civilement responsable des agissements de son concierge vis-à-vis des locataires[2].

Une attitude convenable du concierge étant une condition essentielle de la jouissance paisible, à laquelle tout locataire a droit, le renvoi du concierge peut être exigé quand il y est contrevenu[3].

Le concierge doit recevoir les lettres, paquets et cartes de visite adressés aux locataires; il doit même faire, pour les locataires notoirement solvables, l'avance des ports de lettres et paquets : il doit les monter aux différents étages, au moins une fois par jour; quant aux actes extra-judiciaires, il doit les monter immédiament[4]; il doit également donner la nouvelle adresse des locataires qui viennent de quitter la maison[5]; il doit enfin ouvrir la porte, la nuit, à quelque heure que le locataire rentre[6], et si la porte est une porte cochère il doit l'ouvrir pour que le locataire puisse faire entrer sa voiture, même si c'est une voiture de louage[7].

L'usage accorde au concierge une bûche par chaque double stère de bois à brûler que le locataire fait rentrer, ou, à son choix, un franc par double-stère[8].

Il est aussi d'usage, quand on est convenu d'une location, de donner au concierge une pièce de monnaie, dite denier à Dieu[9].

Pour le renvoi de son concierge, le propriétaire est tenu aux mêmes règles que celles que les maîtres doivent observer pour le renvoi de leurs domestiques[10], c'est-à-dire qu'il peut ne le prévenir que huit jours à l'avance, et, si le concierge veut partir immédiatement, lui retenir le décompte de huit jours de gage[11].

Un locataire n'a pas le droit de recueillir, même à titre de sous-locataire, le concierge congédié[12].

CONCORDE (Place de la). — Les servitudes relatives aux bâtiments en façade sur la place de la Concorde, ainsi que celles relatives aux maisons de la rue Royale, jusqu'à la rue Saint-Honoré, sont spécifiées dans les lettres patentes du 21 juin 1757[1] et dans le cahier des charges du 9 mai 1775[2].

ANNEXES

Extrait des Lettres patentes du 21 juin 1757.

Art. 8. — Notre intention étant que les constructions des façades décorées des bâtimens qui termineront la place, ainsi que celles des maisons qui seront élevées, tant sur les faces des arrière-corps, que sur celles des nouvelles rues, soient entièrement conformes aux dessins par nous approuvés et cy attachés sous le contre-scel de notre chancellerie, nous ordonnons auxdits Prévost des Marchands et Echevins d'y tenir la main et d'y assujettir les particuliers propriétaires des terrains auxquels ils jugeront à propos de permettre de construire eux-mêmes les façades de leurs maisons, tant sur la place que sur les rues y aboutissantes.

————

Extrait du cahier des charges de la vente des terrains et colonnades appartenant à la ville, dont l'adjudication sera faite définitivement le 9 mai 1775.

1° Ces terrains seront vendus en l'état qu'ils se poursuivent et comportent.

2° Les hangards, constructions et logemens qui se trouvent sur quelques parties desdits emplacements, et qui sont étrangers à la construction des colonnades et face en retour, hors les arrachements des murs, en neuf pieds (2m92) environ de longueur, ne seront point compris dans ladite vente, mais réservés au profit de qui il appartiendra.

3° La galerie au rez-de-chaussée de la place sera entièrement libre pour l'usage public des gens de pied; la ville en fera paver ou carreler le sol, et les acquéreurs des terrains ne pourront y établir aucune saillie ni y former aucune anticipation. Ils jouiront du dessus aux termes de ce qui sera dit ci-après.

4° Le dessus de la galerie au rez-de-chaussée sera exclusivement à l'usage des acquéreurs, qui prendront les choses en l'état qu'elles sont, sans pavé ni carreau, et ils feront couvrir, à leurs dépens, le sol de la colonnade en carreau carré de pierre blanche et marbre noir d'un pied (0m33).

5° Les croisées de ces édifices seront garnies de châssis à grands carreaux de verre; les maçonneries, ornemens, couronnemens et toutes les parties de ces façades seront soigneusement entretenues et reconstruites, s'il est besoin, dans le même état où elles sont aujourd'hui, même pour la partie formant galerie publique au rez-de-chaussée, ainsi que toutes les façades et galeries au pourtour de la place Royale et des autres places, aux dépens des propriétaires, sans que pour quelques raisons ou motifs que ce soit, ils puissent s'en dispenser ni réclamer aucune indemnité ni chose quelconque.

---

[1] Bunel, p. 264.
[2] Tribunal de la Seine, 22 mai 1861 ; C. de Paris, 22 mars 1886. — [3] V. *Location.* — [4] Tribunal de la Seine, 4 mai 1872. Agnel, n° 933. — [5] Paris, 19 nov. 1852, 25 juin 1868, 9 mai 1882. — [6] Cahier des juges de paix, 1852. — [7] Seine, 8 janv. 1856. Référés 22 mars 1880. — [8] Cahier des juges de paix, 1852. — [9] V. *Location.* — [10] Cahier des juges de paix, 1852. — [11] Ibid. — [12] Ibid.

[1] Annexe. — [2] Annexe.

6° Il ne sera supprimé aucune des balustrades, baissé aucun appui de croisée, posé aucun balcon, formé aucune nouvelle ouverture dans lesdites façades. Il ne sera non plus placé aucune persienne ni volets ouvrants, tuyaux de poêle ou de descente pour les eaux, gouttières, chéneaux ni autre chose que ce soit en dehors d'icelles.

7° La galerie, au premier étage, ne sera divisée, à l'alignement du milieu des deux murs mitoyens, que par une grille de fer de sept pieds et demi ($2^m 43$) de hauteur; et, pour empêcher les communications, il pourra être placé des chardons de fer, faits avec propreté, aux endroits nécessaires, le tout aux dépens des acquéreurs.

8° La ville fera, tous les ans, si elle le juge nécessaire, la visite et récolement de l'état de l'entretien et conservation de ces édifices. Il sera dressé procès-verbal des contraventions qui auraient été commises et des réparations qui seraient à faire, et il y sera pourvu sans délai par les propriétaires; sinon, ils y seront contraints par toutes voies dues et raisonnables, à la poursuite de M. le Procureur du Roi et de la Ville.

9° Les façades sur la rue Royale seront assujetties pour leurs décorations et constructions à celles déjà bâties de l'autre côté de ladite rue.

CONGÉ. — V. *Location.*

CONSEIL D'ÉTAT (Appel devant le). — Les appels devant le Conseil d'Etat doivent, sous peine de nullité, être formés par requêtes signées d'un avocat au Conseil d'Etat [1]. Néanmoins les requêtes, en matière de contributions directes et autres assimilées, peuvent être présentées sans ministère d'avocat; mais alors elles doivent, sous peine de déchéance, être déposées à la préfecture du département où la décision attaquée a été rendue.

Les recours contre les arrêtés répressifs peuvent être déposés à la sous-préfecture.

Ces pourvois doivent être rédigés sur papier timbré, sauf les cas où la loi en dispense le réclamant.

On peut appeler devant le Conseil d'Etat:

1° D'un jugement rendu par un conseil de préfecture;

2° D'un arrêté ou d'une décision ministérielle, mais pour excès de pouvoir seulement;

3° Des décisions relatives aux contributions directes;

4° De celles relatives à la contribution sur les chevaux et voitures, la taxe sur les cercles, les billards, les chiens, et aux taxes de balayage, de pavage et de trottoirs;

5° De celles relatives aux prestations en nature pour la confection ou l'entretien des chemins vicinaux;

6° De celles concernant les taxes résultant de l'application de la loi de 1865 sur les associations syndicales;

7° De celles relatives aux mandats exécutoires délivrés par les préfets pour le remboursement des travaux exécutés d'office au compte des particuliers.

L'appel devant le Conseil d'Etat n'a pas d'effet suspensif, à moins qu'il n'en ait été ordonné autrement [1].

Cet appel, sous peine de nullité, ne peut être formé que dans les trois mois qui suivent la notification de la décision attaquée : il en est de même pour l'opposition faite aux décisions du Conseil d'Etat rendues par défaut [2].

ANNEXE

Décret 22 juillet 1806.

TITRE PREMIER. — DE L'INTRODUCTION
ET DE L'INSTRUCTION DES INSTANCES.

SECTION PREMIÈRE. — *Des instances introduites au Conseil d'État à la requête des parties.*

ARTICLE PREMIER. — Le recours des parties au conseil d'Etat, en matière contentieuse, sera formé par requête signée d'un avocat au conseil; elle contiendra l'exposé sommaire des faits et moyens, les conclusions, les noms et demeures des parties, l'énonciation des pièces dont on entend se servir, et qui y seront jointes.

ART. 2. — Les requêtes, et en général toutes les productions des parties, seront déposées au secrétariat du Conseil d'Etat; elles y seront inscrites sur un registre suivant leur ordre de date, ainsi que la remise qui en sera faite à l'auditeur (*le maître des requêtes*) nommé par le ministre de la justice pour préparer l'instruction.

ART. 3. — Le recours au Conseil d'Etat n'aura point d'effet suspensif, s'il n'en est autrement ordonné.

Lorsque l'avis de la commission établie par notre décret du 11 juin dernier sera d'accorder le sursis, il en sera fait rapport au Conseil d'Etat, qui le prononcera.

ART. 4. — Lorsque la communication aux parties intéressées aura été ordonnée par le ministre de la justice, elles seront tenues de répondre et de fournir leurs défenses dans les délais suivants :

Dans quinze jours, si leur demeure est à Paris ou n'en est pas éloignée de plus cinq myriamètres;

Dans le mois, si elles demeurent dans une distance plus éloignée dans le ressort de la cours d'appel de Paris, ou dans l'un des ressorts des cours d'appel d'Orléans, Rouen, Amiens, Douai, Nancy, Metz, Dijon et Bourges;

Dans deux mois, pour les ressorts des autres cours d'appel en France.

Et à l'égard des colonies et des pays étrangers, les délais seront réglés, ainsi qu'il appartien-

---

[1] Décr., 22 juill. 1806, annexe. Ord., 9 juin 1814.

[1] Ibid. — [2] Ibid.

dra, par l'ordonnance de *soit communiqué*.

Ces délais commenceront à courir du jour de la signification de la requête à personne ou domicile, par le ministère d'un huissier.

Dans les matières provisoires ou urgentes, les délais pourront être abrégés par le ministre de la justice.

ART. 5. — La signature de l'avocat au pied de la requête, soit en demande, soit en défense, vaudra constitution et élection de domicile chez lui.

ART. 6. — Le demandeur pourra, dans la quinzaine après les défenses fournies, donner une seconde requête, et le défendeur répondre dans la quinzaine suivante.

Il ne pourra y avoir plus de deux requêtes de la part de chaque partie, y compris la requête introductive.

ART. 7. — Lorsque le jugement sera poursuivi contre plusieurs parties, dont les unes auraient fourni leurs défenses et les autres seraient en défaut de les fournir, il sera statué à l'égard de toutes par la même décision.

ART. 8. — Les avocats des parties pourront prendre communication des productions de l'instance au secrétariat, sans frais.

Ces pièces ne pourront en être déplacées, si ce n'est qu'il y en ait minute, et que la partie y consente.

ART. 9. — Lorsqu'il y aura déplacement de pièces, le récépissé, signé de l'avocat, portera son obligation de les rendre dans un délai qui ne pourra excéder huit jours, et après ce délai expiré, le ministre de la justice pourra condamner personnellement l'avocat en dix francs au moins de dommages et intérêts par chaque jour de retard, et même ordonner qu'il sera contraint par corps.

ART. 10. — Dans aucun cas, les délais pour fournir ou signifier requête ne seront prolongés que par l'effet des significations.

ART. 11. — Le recours au Conseil contre la décision d'une autorité qui y ressortit ne sera pas recevable, après trois mois du jour où cette décision aura été notifiée.

ART. 12. — Lorsque, sur un semblable pourvoi fait dans le délai ci-dessus prescrit, il aura été résolu une ordonnance de *soit communiqué*, cette ordonnance devra être signifiée dans le délai de trois mois, sous peine de déchéance.

ART. 13. — Ceux qui demeureront hors de la France continentale auront, outre le délai de trois mois énoncé dans les deux articles ci-dessus, celui qui est réglé par l'article 73 du code de procédure civile.

ART. 14. — Si, d'après l'examen d'une affaire, il y a lieu d'ordonner que des faits ou des écritures soient vérifiés, ou qu'une partie soit interrogée, le ministre de la justice désignera un maître des requêtes ou commettra sur les lieux; il réglera la forme dans laquelle il sera procédé à ces actes d'instruction.

ART. 15. — Dans tous les cas où les délais ne sont pas fixés par le présent décret, ils seront déterminés par l'ordonnance du ministre de la justice.

— Dispositions particulières aux affaires contentieuses introduites sur le rapport d'un ministre.

ART. 16. — Dans les affaires contentieuses introduites au conseil sur le rapport d'un ministre, il sera donné, dans la forme administrative ordinaire, avis à la partie intéressée de la remise au ministre de la justice des mémoires et pièces fournis par les agents du gouvernement, afin qu'elle puisse prendre communication dans la forme prescrite aux articles 8 et 9, et fournir ses réponses dans le délai du règlement. Le rapport du ministre ne sera pas communiqué.

ART. 17. — Lorsque, dans les affaires où le gouvernement a des intérêts opposés à ceux d'une partie, l'instance est introduite à la requête de cette partie, le dépôt qui sera fait au secrétariat du conseil, de la requête et des pièces, vaudra notification aux agents du gouvernement, il en sera de même pour la suite de l'instruction.

TITRE II. — DES INCIDENTS QUI PEUVENT SURVENIR PENDANT L'INSTRUCTION D'UNE AFFAIRE.

§ 1er. — Des demandes incidentes.

ART. 18. — Les demandes incidentes seront formées par une requête déposée au secrétariat du Conseil; le ministre de la justice en ordonnera, s'il y a lieu, la communication à la partie intéressée, pour y répondre dans les trois jours de la signification, ou autre bref délai qui sera déterminé.

ART. 19. — Les demandes incidentes seront jointes au principal pour y être statué par la même décision.

§ 2. — De l'inscription de faux.

ART. 20. — Dans le cas de demande en inscription de faux contre une pièce produite, le ministre de la justice fixera le délai dans lequel la partie qui l'a produite sera tenue de déclarer si elle entend s'en servir.

Si la partie ne satisfait pas à cette ordonnance, ou si elle déclare qu'elle n'entend pas se servir de la pièce, cette pièce sera rejetée.

Si la partie fait déclaration qu'elle entend se servir de la pièce, le conseil d'Etat statuera, sur l'avis de la commission, soit en ordonnant qu'il sera sursis à la décision de l'instance principale jusqu'après le jugement du faux par le tribunal compétent, soit en prononçant la décision définitive, si elle ne dépend pas de la pièce arguée de faux.

§ 3. — De l'intervention.

ART. 21. — L'intervention sera formée par requête; le ministre de la justice ordonnera, s'il y a lieu, que cette requête soit communiquée aux parties, pour y répondre dans le délai qui sera fixé par l'ordonnance; néanmoins la décision de l'affaire principale qui serait instruite ne pourra être retardée par une intervention.

§ 4. — Des reprises d'instance et constitution de nouvel avocat.

ART. 22. — Dans les affaires qui ne seront point en état d'être jugées, la procédure sera suspendue par la notification du décès de l'une des parties, ou par le seul fait du décès, de la démission, de l'interdiction ou de la destitution de son avocat.

Cette suspension durera jusqu'à la mise en demeure, pour reprendre l'instance ou constituer un avocat.

ART. 23. — Dans aucun des cas énoncés en l'article précédent, la décision d'une affaire en état ne sera différée.

ART. 24. — L'acte de révocation d'un avocat par sa partie est sans effet pour la partie adverse, s'il ne contient pas la constitution d'un autre avocat.

§ 5. — Du désaveu.

ART. 25. — Si une partie veut former un désaveu relativement à des actes ou procédures faites en son nom ailleurs qu'au conseil d'État, et qui peuvent influer sur la décision de la cause qui y est portée, sa demande devra être communiquée aux autres parties. Si le ministre de la justice estime que le désaveu mérite d'être instruit, il renverra l'instruction et le jugement devant les juges compétents, pour y être statué dans le délai qui sera réglé.

A l'expiration de ce délai, il sera passé outre au rapport de l'affaire principale, sur le vu du jugement du désaveu ou faute de le rapporter.

ART. 26. — Si le désaveu est relatif à des actes ou procédures faits en Conseil d'État, il sera procédé contre l'avocat sommairement et dans les délais fixés par le ministre de la justice.

TITRE III.

§ 1er. — Des décisions du Conseil d'État.

ART. 27. — Les décisions du Conseil d'État contiendront les noms et qualités des parties, leurs conclusions et le vu des pièces principales.

ART. 28. — Elles ne seront mises à exécution contre une partie qu'après avoir été préalablement signifiées à l'avocat au Conseil qui aura occupé pour elles.

§ 2. — De l'opposition aux décisions rendues par défaut.

ART. 29. — Le décisions du Conseil d'État rendues par défaut sont susceptibles d'opposition. Cette opposition ne sera point suspensive, à moins qu'il n'en soit autrement ordonné.

Elle devra être formée dans le délai de trois mois, à compter du jour où la décision par défaut aura été notifiée; après ce délai, l'opposition ne sera plus recevable.

ART. 30. — Si la commission est d'avis que l'opposition doit être reçue, elle fera son rapport au Conseil, qui remettra, s'il y a lieu, les parties dans le même état où elles étaient auparavant.

La décision qui aura admis l'opposition sera signifiée dans la huitaine, à compter du jour de cette décision, à l'avocat de l'autre partie.

ART. 31. — L'opposition d'une partie défaillante à une décision rendue contradictoirement avec une autre partie ayant le même intérêt ne sera pas recevable.

§ 3. — Du recours contre les décisions contradictoires.

ART. 32. — Défenses sont faites, sous peine d'amende; et même, en cas de récidive, sous peine de suspension ou de destitution, aux avocats en notre conseil d'État, de présenter requête en recours contre une décision contradictoire, si ce n'est en deux cas :

Si elle a été rendue sur pièces fausses;

Si la partie a été condamnée, faute de représenter une pièce décisive qui était retenue par son adversaire.

ART. 33. — Ce recours devra être formé dans le même délai, et admis de la même manière que l'opposition à une décision par défaut.

ART. 34. — Lorsque le recours contre une décision contradictoire aura été admis dans le cours de l'année où elle avait été rendue, sa communication sera faite soit au défendeur, soit au domicile de l'avocat qui a occupé pour lui, et qui sera tenu d'occuper sur ce recours sans qu'il soit besoin d'un nouveau pouvoir.

ART. 35. — Si le recours n'a été admis qu'après l'année depuis la décision, la communication sera faite aux parties à personne ou domicile, pour y fournir réponse dans le délai de règlement.

ART. 36. — Lorsqu'il aura été statué sur un premier recours contre une décision contradictoire, un second recours contre la même décision ne sera pas recevable.

L'avocat qui aura présenté la requête sera puni de l'une des peines énoncées en l'article 32.

§ 4. — De la tierce opposition.

ART. 37. — Ceux qui voudront s'opposer à des décisions du Conseil d'État rendues en matière contentieuse, et lors desquelles ni eux ni ceux qu'ils représentent n'ont été appelés, ne pourront former leur opposition que par requête en la forme ordinaire; et, sur le dépôt qui en sera fait au secrétariat du Conseil, il sera procédé conformément aux dispositions du titre premier.

ART. 38. — La partie qui succombera dans la tierce opposition sera condamnée en cent cinquante francs d'amende, sans préjudice des dommages-intérêts de la partie, s'il y a lieu.

ART. 39. — Les articles 34 et 35 ci-dessus, concernant les recours contre les décisions contradictoires, sont communs à la tierce opposition.

ART. 40. — Lorsqu'une partie se croira lésée dans ses droits ou sa propriété par l'effet d'une décision de notre Conseil d'État, rendue en matière contentieuse, elle pourra nous présenter une requête pour, sur le rapport qui nous en sera fait, être l'affaire renvoyée, s'il y a lieu, soit à une section du Conseil d'État, soit à une commission.

§ 5. — Des dépens.

ART. 41. — En attendant qu'il soit fait un nouveau tarif des dépens et statué sur la manière dont il sera procédé à leur liquidation, on suivra provisoirement les règlements antérieurs relatifs aux avocats au Conseil, et qui sont applicables aux procédures ci-dessus.

ART. 42. — Il ne sera employé dans la liquidation des dépens aucuns frais de voyage, séjour ou retour des parties, ni aucuns frais de voyage d'huissier au delà d'une journée.

ART. 43. — La liquidation et la taxe des dépens seront faits à la commission du contentieux par un maître des requêtes, et sauf revision par le ministre de la justice.

TITRE IV.

§ 1er. — Des avocats au Conseil.

ART. 44. — Les avocats en notre Conseil d'Etat auront, conformément à notre décret du 11 juin dernier, le droit exclusif de faire tous actes d'instruction et de procédure devant la commission du contentieux.

ART. 45. — L'impression d'aucun mémoire ne passera en taxe. Les écritures seront réduites au nombre de rôles qui sera réputé suffisant pour l'instruction de l'instance.

ART. 46. — Les requêtes et mémoires seront écrits lisiblement et correctement, en demi-grosse seulement; chaque rôle contiendra au moins cinquante lignes, et chaque ligne douze syllabes au moins; sinon chaque rôle où il se trouvera moins de lignes et de syllabes sera rayé en entier, et l'avocat sera tenu de restituer ce qui lui aura été payé à raison de ces rôles.

ART. 47. — Les copies signifiées des requêtes et mémoires ou autres actes seront écrites lisiblement et correctement; elles seront conformes aux originaux, et l'avocat en sera responsable.

ART. 48. — Les écritures des parties, signées par les avocats au Conseil, seront sur papier timbré.

Les pièces par elles produites ne seront point sujettes au droit d'enregistrement, à l'exception des exploits d'huissier, pour chacun desquels il sera perçu un droit fixe d'un franc.

N'entendons néanmoins dispenser les pièces produites devant notre Conseil d'Etat des droits d'enregistrement, auxquels l'usage qui en serait fait ailleurs pourrait donner ouverture.

N'entendons pareillement dispenser du droit d'enregistrement les pièces produites devant notre Conseil d'Etat qui, par leur nature, sont soumises à l'enregistrement dans un délai fixe.

ART. 49. — Les avocats au Conseil seront, suivant les circonstances, punis de l'une des peines ci-dessus dans le cas de contravention aux règlements, et notamment s'ils présentent comme contentieuses des affaires qui ne le seraient, ou s'ils portent en notre Conseil d'Etat des affaires qui seraient de la compétence d'une autre autorité.

ART. 50. — Les avocats au Conseil prêteront serment entre les mains du ministre de la justice.

§ 2. — Des huissiers au Conseil.

Art. 51. — Les justifications d'avocat à avocat, et celles aux parties ayant leur demeure à Paris seront faites par des huissiers au Conseil.

ART. 52. — Nos ministres sont chargés, etc.

CONSTRUCTION (Ateliers de). — V. *Machines et wagons.*

CONTRE-CŒURS. — La réparation des contre-cœurs est une des réparations mises à la charge des locataires par l'article 1754 du Code civil. S'ils sont établis en plaques de fonte et que ces plaques viennent à se casser, le locataire doit les remplacer; il est également responsable des scellements qui tiennent ces plaques.

Pourtant, relativement aux plaques de fonte, il y a lieu de remarquer qu'à l'époque de la rédaction du Code on ne brûlait que du bois, on ne se servait pas de charbon de terre ni de coke, de plus les plaques étaient assez épaisses et ornées de reliefs qui en augmentaient la force de résistance au feu : à notre époque, au contraire, on se sert beaucoup, pour le chauffage, du charbon de terre ou du coke, et par contre on a réduit le plus possible l'épaisseur des plaques de fonte; aussi arrive-t-il fréquemment qu'elles se fendent au premier feu : ce ne saurait donc plus être une réparation locative, attendu que le propriétaire n'a pas livré une plaque de qualité suffisante pour servir à l'usage auquel elle est destinée.

Dans le cas où la plaque de fonte est fendue, et par interprétation de l'article 1721 du Code civil qui dit que le bailleur doit « garantir pour tous les vices ou défauts de la chose louée », le remplacement doit donc incomber au propriétaire, à moins qu'il n'y ait eu abus de la part du locataire, c'est-à-dire que la plaque était de force suffisante pour résister à un feu ordinaire.

Si la plaque n'est pas seulement fendue, mais brûlée, fondue, comme cela ne peut provenir que d'un feu excessif, d'un abus de jouissance, le remplacement en doit être à la charge du locataire, à moins qu'il ne puisse prouver le contraire.

CONTRIBUTIONS DIRECTES. — Lois des 23 nov. 1798[1], 24 nov. 1798[2], 1er déc. 1798[3]. 25 mars 1803[4], 4 mai 1803[5], 15 sept. 1807[6], 16 sept. 1807[7]. Lois des 21 avril 1832[8], 21 mai 1836[9], 25 juin 1841[10], 7 juin 1845[11], 13 avril 1850[12]. Avis du préfet de la Seine du 28 févr. 1852[13]. Décr. du 17 mars 1852[14]. Lois des 15 juill. 1880[15] et 29 déc. 1884[16]. C. civ., art. 608-635.

Sans parler de la taxe des biens de mainmorte, établie par la loi du 20 février 1849, qui frappe les biens appartenant à des personnes morales, lesquels biens changent rare-

1 Annexe. — 2 Annexe. — 3 V. *Pavage.* — 4 Annexe. — 5 V. *Rivière.* — 6 V. *Cadastre.* — 7 V. *Exportation.* — 8 Annexe. — 9 V. *Chemins vicinaux.* — 10 V. *Route.* — 11 V. *Trottoir.* — 12 V. *Logements insal.* — 13 V. *Location.* — 14 Annexe. — 15 Annexe. — 16 Annexe.

ment de main, les contributions directes comprennent :

1° La contribution foncière,
2° Celle des portes et fenêtres,
3° La contribution personnelle et mobilière,
4° Celle des patentes[1],
5° La taxe du balayage[2],
6° Les redevances sur les mines[3],
7° L'impôt sur les voitures, chevaux, mules et mulets[4],
8° L'impôt sur les cercles, sociétés et lieux de réunion[5],
9° L'impôt sur les billards publics et privés[6],
10° La rétribution pour la vérification des poids et mesures[7],
11° Les droits de visite chez les pharmaciens, droguistes, épiciers et herboristes[8],
12° Le droit de vérification des alcoomètres[9],
13° La taxe sur les chiens[10],
14° Les prestations pour les chemins vicinaux[11],
15° La taxe pour l'établissement des trottoirs[12],
16° La taxe pour le pavage des rues dans les villes où l'usage met les frais de pavage des rues à la charge des riverains[13],
17° La contribution pour l'entretien des digues et le curage des canaux et rivières non navigables[14],
18° Les contributions pour le desséchement des marais[15],
19° Les taxes imposées à l'effet de mettre les villes à l'abri des inondations[16].

La *contribution foncière* frappe les propriétés immobilières, non exceptées par la loi, à raison de leur revenu net imposable : ce revenu net est tout ce qui reste du produit de la propriété, déduction faite des frais de production et d'entretien[17].

La contribution foncière est une charge de la propriété : elle doit, en conséquence, être supportée par l'usufruitier[18] ou l'usager[19].

Afin d'assurer une égale répartition de la contribution foncière, on a procédé au levé des plans et à l'évaluation de toutes les propriétés, c'est-à-dire à la confection d'un cadastre général[1].

Les terrains non bâtis sont taxés d'après leur produit net moyen, quelque modique qu'il puisse être, sans que jamais la cotisation puisse être inférieure à un décime par hectare : les jardins d'agrément sont taxés comme les meilleures terres labourables de la commune[2].

Les terrains non cultivés servant à un usage commercial ou industriel sont cotisés :

1° A raison de leur superficie, sur le même pied que les terrains environnants ;
2° D'après leur valeur locative, déterminée à raison de l'usage auquel ils sont affectés, déduction faite de l'estimation donnée à leur superficie[3].

Les propriétés bâties sont taxées d'après leur valeur locative pendant les dix dernières années, déduction faite d'un quart pour dépérissement, frais d'entretien et de réparations : le comble n'est pas compté pour un étage[4].

Parmi les bâtiments ruraux, ceux qui servent à l'exploitation proprement dite, tels que les granges, écuries, greniers, caves, celliers, pressoirs et autres destinés à loger les bestiaux ou à serrer les récoltes, ainsi que les cours, sont taxées comme les meilleures terres labourables de la commune[5] : l'habitation, par des ouvriers venus pour travailler pendant la saison, ne fait pas perdre à ces bâtiments leur caractère[6].

Les établissements industriels sont taxés sur leur valeur locative pendant les dix dernières années, déduction faite d'un tiers[7] : on ne doit jamais y faire entrer le revenu industriel provenant de l'exploitation[8].

A défaut de bail, la valeur locative est estimée à raison de tant pour cent de la valeur vénale[9].

Les édifices publics, les routes, rues, places, chemins publics, rivières, ne sont pas cotisables ; mais l'exemption ne s'étend pas aux bâtiments loués par des particuliers à une administration publique[10].

Les maisons neuves ou reconstruites ne sont imposées que la troisième année après leur construction ou leur reconstruction[11] : jusque-là le terrain seul est cotisé.

Chaque année, la loi fixant le budget assigne à chaque département son contingent : le conseil général répartit ce contin-

---

[1] Loi, 15-22 juill. 1880. — [2] V. *Balayage.* — [3] Loi, 21 avril 1810. — [4] Créé par la loi du 2 juill. 1862, supprimé en 1866, puis rétabli par les lois des 16 sept. 1871, 23 juill. 1872, 22 déc. 1873. — [5] Loi, 16 sept. 1871. — [6] *Ibid.* — [7] Loi, 18 germ. an III. — [8] Loi, 21 germ. an XI. Arr. Gouv., 25 therm. an XI. — [9] Loi, 28 juill. 1883. — [10] Loi, 2 mai 1855. — [11] Loi, 21 mai 1836, V. *Chemins vicinaux.* — [12] Loi, 7 juin 1845. — [13] Loi, 1er déc. 1798. Loi, 25 juin 1841. — [14] Loi, 4 mai 1803. — [15] Loi, 16 sept. 1807. Décr., 15 févr. 1811. Loi, 21 juin 1865. — [16] Loi, 28 mai 1858. — [17] Loi, 23 nov. 1798, annexe. — [18] C. civ., 608. — [19] C. civ., 635.

[1] V. *Cadastre.* — [2] Loi, 23 nov. 1798. — [3] Loi, 29-30 déc. 1884, annexe. — [4] Loi, 23 nov. 1798. — [5] *Ibid.* — [6] C. d'Et., 26 déc. 1830, 19 mars 1847. — [7] Loi, 23 nov. 1798. — [8] C. d'Et., 6 sept. 1825, 31 déc. 1828, 6 juin 1834, 20 juin 1839. — [9] C. d'Et., 27 avril 1860. — [10] C. d'Et., 13 déc. 1845. — [11] Loi, 23 nov. 1798.

gent entre les divers arrondissements du département ; les conseils d'arrondissement le répartissent entre les communes de leur circonscription ; enfin, dans chaque commune, la répartition individuelle se fait par une commission de répartiteurs composée de sept membres[1].

La présence de cinq membres au moins est nécessaire pour que les délibérations de cette commission soient valables[2].

La *contribution des portes et fenêtres* est une taxe d'habitation ajoutée à la contribution mobilière et introduite par la loi du 24 novembre 1798[3], qui a été complétée par le décret du 25 mars 1803[4] et la loi du 25 mars 1852[5].

Cette contribution est due dès que la maison est habitable[6].

Ne sont pas imposables les portes qui ferment des enclos, parcs ou jardins non attenants à une maison d'habitation, les portes intérieures, celles de communication d'une cour à une autre ou d'une cour à un jardin[7], celles donnant sur des galeries établies aux étages, si ces portes n'ont pas d'issue extérieure[8], ainsi que toutes les portes et fenêtres qui éclairent des locaux ne servant pas à *l'habitation des hommes;* ne doivent pas, par conséquent, être imposées les ouvertures éclairant des bûchers, buanderies, écuries, remises, ou des fournils[9], granges, bergeries, étables, greniers, etc.

Toute ouverture close, quel que soit le mode de clôture, châssis dormants ou mobiles, vitres, treillis, toile, etc., est imposable[10], du moment que cette ouverture éclaire une pièce servant à l'habitation et donne à l'extérieur des bâtiments. C'est ainsi qu'on a déclaré imposables des fenêtres donnant sur une cour vitrée[11], et des jours de souffrance éclairant des pièces servant à l'habitation : néanmoins, du moment qu'elles n'éclairent pas des pièces servant à l'habitation, les fenêtres donnant sur une courette recouverte par un vitrage ne sont pas imposées, à la condition encore qu'elles soient placées au-dessous de ce vitrage.

Les ouvertures qui éclairent les escaliers sont imposables même si ces escaliers ne prennent jour qu'au-dessus de la toiture[12].

Sont également imposées les fenêtres des mansardes et même les simples ouvertures pratiquées dans la toiture pour éclairer des chambres habitables[1], les autres étant exemptées.

Dans les devantures de boutiques les ouvertures non vitrées, autres que la porte, restant ouvertes toute la journée, ne sont pas imposables[2].

Une fenêtre coupée en deux parties par une cloison, et par suite éclairant deux pièces, compte pour deux ouvertures. Dans les baies à meneaux, on compte autant d'ouvertures qu'il y a de compartiments formés par ces meneaux, qu'ils soient en pierre ou en bois.

Une façade de boutique ou de magasin présentant une porte d'entrée sur le côté avec un vitrage, à droite ou à gauche, avec ou sans petit bois en fer ou en bois, mais sans bâtis le divisant, sera imposée pour deux ouvertures ; si la porte est au milieu avec vitrage de chaque côté, on compte trois ouvertures ; si des bâtis divisent le vitrage en plusieurs parties, on compte autant d'ouvertures qu'il y a de parties.

Les ouvertures pratiquées pour l'assainissement des logements insalubres sont exemptes pendant trois ans de l'impôt des portes et fenêtres[3].

Sont exemptés les bâtiments agricoles ne servant pas à l'habitation, les manufactures[4], mais non les usines ; cette distinction est généralement assez difficile à faire, et la jurisprudence du Conseil d'Etat ne donne pas de bases certaines : les locaux affectés à un service public, mais non ceux se trouvant dans une propriété particulière louée pour y installer un service public[5].

A Paris il existe un tarif spécial[6], combiné de manière à tenir compte de la valeur locative et du nombre des ouvertures. Le mode adopté par la ville de Paris, depuis 1853, consiste en une taxe fixe et uniforme par ouverture et en une taxe proportionnelle basée sur le revenu des propriétés bâties ; le droit fixe est de :

Portes cochères ou bâtardes. 20 fr. »
Portes simples ou d'allées..   5 fr. »
Fenêtres à tous les étages..   0 fr. 70

La contribution des portes et fenêtres est soldée en entier par le propriétaire qui se fait rembourser par ses locataires de la quote-part leur afférant.

La *contribution personnelle et mobilière*, rétablie par la loi du 13 janvier 1791, plusieurs fois modifiée depuis, est régie par la loi du 21 avril 1832[7].

---

[1] Ibid. — [2] C. d'Et., 28 janv. 1835. — [3] Annexe. — [4] Annexe. — [5] Annexe. — [6] C. d'Et., 10 juill. 1832, 5 janv. 1847, 31 janv. 1855. — [7] Instr. min., 30 mars 1831. — [8] C. d'Et., 18 oct. 1832. — [9] Instr. min., 30 sept. 1831. — [10] C. d'Et., 19 déc. 1838. — [11] C. d'Et., 24 juin 1846, 5 oct. 1857, 25 août 1865. — [12] C. d'Et., 19 août 1837, 9 juin 1843, 22 févr. 1844, 6 janv. 1869.

[1] Loi, 21 avril 1832. C. d'Et., 21 mars 1834, 21 oct. 1855, 18 mai 1858. — [2] Instr. min., 30 sept. 1831. — [3] Loi, 13 avril 1850, V. *Logements insal.* — [4] Loi, 25 mars 1803. — [5] Instr. min., 30 sept. 1831. C. d'Et., 28 juin 1869. — [6] Décr., 17 mars 1852, annexe. — [7] Annexe.

Cette contribution est due par toute personne, française ou étrangère, jouissant de
ses droits, non réputée indigente, et habitant
en France même dans un appartement meublé[1], à moins que ce ne soit à titre purement
transitoire[2].

Sont exemptés les militaires en activité de
service[3], mais non les officiers sans troupes[4],
comme les officiers attachés à un dépôt d'artillerie[5], les gardes d'artillerie et du génie[6],
du moment que, par suite de la mission qui
leur est confiée, ces officiers sans troupes
cessent d'appartenir à un corps d'armée[7].

Cette contribution a pour base la valeur
locative de la partie des bâtiments consacrés
à l'habitation *personnelle*. Ne doivent pas
être compris, dans l'évaluation des loyers
d'habitation, les magasins, boutiques, ateliers, dans lesquels le contribuable n'ha-
bite pas, mais pour lesquels il paie patente.
Ainsi donc, pour les commerçants et industriels, sont cotisés, seulement, les locaux
consacrés à leur habitation personnelle, sans
y comprendre ceux affectés à l'exploitation
de leur commerce ou de leur industrie[8].

Le contribuable doit la contribution pour
toute l'année, dans la commune où il est
domicilié au commencement de l'année[9] :
si le contribuable meurt, les héritiers sont
tenus d'acquitter le montant de sa cote.

Les propriétaires et les principaux locataires sont responsables de la contribution
de leurs locataires, en cas de déménagement[10].

La *contributions des patentes*, qui existait
en réalité, avant 1789, sous différentes dénominations, a été établie par le décret des
2-17 mars 1791, modifié à plusieurs reprises,
notamment par la loi du 7 mai 1844, et remplacé définitivement par la loi du 15 juillet 1880[11].

Cette contribution est due par toute personne qui exerce, sur le territoire français,
un commerce, une industrie ou une profession.

Les droits de patente se composent de deux
éléments, le droit fixe et le proportionnel.

Le droit fixe est le *quantum* que doit payer
chaque contribuable et que la loi a fixé par
avance.

Le droit proportionnel est établi, comme
la contribution mobilière, d'après la valeur
locative des locaux ou emplacements occupés
par le patentable.

Les rôles des patentes sont établis chaque
année.

Pour la contribution des patentes, comme
pour celle personnelle et mobilière, les propriétaires et les principaux locataires sont
responsables de leurs locataires, en cas de
déménagement[1].

Pour ces diverses contributions, les demandes en décharge ou en réduction doivent, sous peine de nullité, être présentées
dans les trois mois de la publication du rôle
annuel[2] : le jour de la publication des rôles
ainsi que celui de l'échéance ne sont pas
compris dans le délai[3]. Dans le cas de double
emploi, ce délai de trois mois ne commence
à courir que du jour où le contribuable a
connaissance officielle des poursuites dirigées contre lui[4].

Ces demandes sont adressées au sous-préfet, sur papier libre pour les cotes inférieures
à trente francs, et sur papier timbré si la
cote est supérieure à cette somme. Elles
doivent être accompagnées[5] :

1° D'un avertissement ou d'un extrait des
rôles;

2° De la quittance des termes échus;

3° S'il s'agit d'une réclamation pour démolition, vacance ou chômage d'une maison
ou d'une usine, d'un extrait de la matrice
cadastrale certifié par le maire.

Elles sont renvoyées au contrôleur qui
prend l'avis des répartiteurs et donne le
sien : elles sont ensuite transmises au directeur qui donne également son avis. Si le
directeur admet la demande, le conseil de
préfecture statue ; dans le cas contraire, le
dossier est retourné à la sous-préfecture, et
le réclamant est invité à en prendre connaissance ; dans le délai de dix jours, il doit
faire ses nouvelles observations ou recourir
à la vérification par voie d'experts.

En cas d'expertise, l'un des experts est
nommé par le sous-préfet, l'autre par le
réclamant. Si les experts ne peuvent se
mettre d'accord, un tiers-expert est nommé
par le juge de paix du canton, à la requête
de la partie la plus diligente[6].

Les experts donnent leur avis et le conseil de préfecture statue : il peut ordonner
une nouvelle expertise, soit d'office, soit sur
la demande du réclamant.

Les demandes en décharge ou réduction
ne peuvent porter que sur un faux emploi,
un double emploi, une surtaxe, une erreur
de cotisation ou de calcul.

Des demandes en remise ou modération

---

[1] C. d'Et., 23 avril 1837. — [2] C. d'Et., 26 déc.
1834. — [3] Décis. min., 1ᵉʳ nov. 1888, 31 mars et
16 nov. 1824. — [4] C. d'Et., 27 févr. 1835. — [5] C.
d'Et., 16 juill. 1840. — [6] C. d'Et., 27 févr. 1835,
2 mars 1839, 16 juill. 1840. — [7] C. d'Et., 17 mai
1837, 25 mai 1850. — [8] C. d'Et., 22 août 1838. —
[9] C. d'Et., 1ᵉʳ juin 1836. — [10] V. *Location.* — [11] Annexe.

[1] V. *Location.* — [2] Loi, 15 sept. 1807, V. *Ca-*
dastre. C. d'Et., 23 avril 1836, 16 janv. 1846. —
[3] C. d'Et., 6 juill. 1846. — [4] Loi, 29 déc. 1884,
annexe. — [5] Loi, 21 avril 1832, annexe. — [6] Loi,
29 déc. 1884, annexe.

peuvent être présentées pour les propriétés dévastées par des grêles, inondations, incendies ou autres fléaux.

On peut aussi obtenir une remise pour les propriétés bâties, dans le cas de perte totale ou partielle des revenus d'une année [1].

ANNEXES

Loi du 3 frimaire an VII (23 novembre 1798)

TITRE PREMIER. — DISPOSITIONS GÉNÉRALES.

ARTICLE PREMIER. — Le Corps législatif établit chaque année une imposition foncière.

Il en détermine annuellement le montant en principal et centimes additionnels.

Elle est perçue en argent.

ART. 2. — La répartition de l'imposition (ou contribution) foncière est faite par égalité proportionnelle sur toutes les propriétés foncières, à raison de leur revenu net imposable, sans autres exceptions que celles déterminées ci-après, pour l'encouragement de l'agriculture, ou pour l'intérêt général de la société.

ART. 3. — Le revenu net des terres est ce qui reste au propriétaire, déduction faite sur le produit brut, des frais de culture, semence, récolte et entretien.

ART. 4. — Le revenu imposable est le revenu net moyen, calculé sur un nombre d'années déterminé.

ART. 5. — Le revenu net imposable des maisons, et celui des fabriques, forges, moulins et autres usines, sont tout ce qui reste au propriétaire, déduction faite sur leur valeur locative, calculée sur un nombre d'années déterminé, de la somme nécessaire pour l'indemniser du dépérissement et des frais d'entretien et de réparations.

ART. 6. — Le revenu net imposable des canaux de navigation est ce qui reste au propriétaire, déduction faite sur le produit brut ou total, calculé sur un nombre d'années déterminé, de la somme nécessaire pour l'indemniser du dépérissement des diverses constructions et ouvrages d'art, et des frais d'entretien et de réparations.

ART. 7. — Pour rassurer les contribuables contre les abus de la répartition, il sera déterminé chaque année, par le Corps législatif, une proportion générale de la contribution foncière avec les revenus territoriaux, au delà de laquelle la cote de chaque individu ne pourra être élevée.

TITRE II. — DES AGENTS DE LA RÉPARTITION.

ART. 8. — La répartition de la contribution foncière est faite par le Corps législatif entre les départements; par les administrations centrales du département [2] entre les cantons et les communes, qui ont pour elles seules une administration municipale; par les administrations municipales de canton [1] entre les communes de leur arrondissement; et par des répartiteurs entre les contribuables.

ART. 9. — Les répartiteurs sont au nombre de sept, savoir : l'agent municipal et son adjoint, dans les communes de moins de cinq mille habitants; deux officiers municipaux désignés à cet effet, dans les autres communes; cinq citoyens capables, choisis par l'administration municipale parmi les contribuables fonciers de la commune, dont deux au moins non domiciliés dans ladite commune, s'il s'en trouve de tels.

ART. 10. — La nomination des cinq citoyens répartiteurs est faite chaque année, dans la première décade après celle de l'entrée en fonctions des administrateurs municipaux nouvellement élus, et consignée au registre de l'administration. Les deux officiers municipaux, dans les communes ayant pour elles seules administration municipale, sont désignés dans le même délai, et mention en est pareillement faite au registre.

ART. 11. — La nomination de répartiteurs et la désignation d'officiers municipaux, prescrites par l'article précédent, auront lieu pour la répartition de la contribution foncière de l'an VII, et opérations y relatives, dans la décade de la publication de la présente loi.

ART. 12. — Le commissaire du directoire exécutif près l'administration municipale fait notifier aux cinq citoyens répartiteurs leur nomination dans les cinq jours de sa date. Cette notification se fait par un simple avertissement sur papier non timbré; elle est signée tant par celui qui en est le porteur, que par le commissaire et datée : elle n'est point sujette à l'enregistrement; mais il en reste un double, qui est déposé au secrétariat de l'administration municipale.

ART. 13. — Les fonctions de répartiteur ne peuvent être refusées que pour l'une des causes ci-après.

ART. 14. — Les causes légitimes de refus sont :

1° Les infirmités graves et reconnues, ou vérifiées en la forme des cas ordinaires en cas de contestation;

2° L'âge de soixante ans commencés ou plus ;

3° L'entreprise d'un voyage ou d'affaires qui obligent à une longue absence du domicile ordinaire ;

4° L'exercice de fonctions administratives ou judiciaires au choix du peuple, autres que celles d'assesseur de juge de paix.

5° L'exercice des fonctions de commissaire du directoire exécutif près des administrations centrales, municipales et autres, et près les tribunaux ;

6° Le service militaire de terre ou de mer, ou un autre service public actuel.

ART. 15. — Tout citoyen domicilié à plus de 2 myriamètres d'une commune pour laquelle il aurait été nommé répartiteur pourra également ne point accepter.

ART. 16. — Celui qui se trouverait nommé répartiteur par plusieurs administrations mu-

---

[1] Loi, 15 sept. 1807, V. *Cadastre*.
[2] (Conseil général) Lois, 28 pluv. an VIII, 10 mai 1838.

[1] (Conseil d'arrondissement) Loi, 10 mai 1838.

nicipales pour la même année déclarera son option, au secrétariat de l'une d'elles, dans les dix jours de l'avertissement qui lui aura été donné de sa nomination; il en justifiera aux autres administrations municipales dans les cinq jours suivants, et celles-ci le remplaceront sans délai.

ART. 17. — Celui qui n'acceptera point les fonctions de répartiteur devra proposer, par écrit, à l'administration municipale, son refus motivé. Il le proposera dans les dix jours de l'avertissement qui lui aura été donné de sa nomination.

ART. 18. — L'administration municipale prononcera dans les dix jours suivants; et, si le refus se trouve fondé, elle le déclarera tel, et remplacera sur-le-champ le refusant. Dans le cas contraire, elle déclarera que le refus n'est point admis, et que celui qui l'a proposé reste répartiteur.

ART. 19. — Celui qui, dans les cas des art. 13, 14 et 15 ci-dessus, n'aura point été admis, et qui, étant ensuite convoqué, ne se réunirait point aux autres répartiteurs pour les opérations dont ils auront été chargés, sera cité par le commissaire du directoire exécutif près l'administration municipale à comparaître devant cette administration à jour et heures fixes, en séance publique; et s'il s'y présente, le président, après l'avoir entendu, et au nom de l'administration municipale, lui adressera ces paroles : « Citoyen, vous avez refusé de vous rendre utile à votre pays; l'administration municipale va en faire mention sur les registres, et en donner connaissance à vos concitoyens. » Le refusant sera remplacé dans la même séance, et extrait du procès-verbal de l'administration municipale sera affiché, sur papier libre et sans frais, dans la salle de ses séances et au secrétariat : il ne sera point sujet au droit d'enregistrement.

ART. 20. — Si celui qui aura été cité comme il est dit dans l'article précédent ne se présente point, il sera fait lecture de l'acte de citation. L'administration municipale constatera ensuite son absence, en le faisant appeler à haute voix par le secrétaire; et, après cet appel, le président prononcera ces paroles : « L'administration municipale déclare que... nommé répartiteur, a refusé de servir son pays; elle va en faire mention sur ses registres, et en donner connaissance au public. » Le refusant sera remplacé dans la même séance, et extrait du procès-verbal de l'administration municipale sera affiché sur papier timbré, dans la salle de ses séances, au secrétariat et à la principale porte extérieure de la maison commune; il ne sera point soumis à l'enregistrement.

ART. 21. — Celui qui ne se sera point présenté devant l'administration municipale sera en outre cité par le commissaire du directoire exécutif près cette administration, devant le juge de paix de l'arrondissement dans lequel elle se trouve, qui, pour ce fait de désobéissance à la loi, le condamnera à une amende de la valeur locale de trois journées de travail agricole, et aux frais de l'affiche de l'extrait du procès-verbal de l'administration municipale, qui sont réglés à 3 francs, non compris le papier timbré,

et seront payés au secrétaire de ladite administration, sans préjudice des frais légitimement faits devant le juge de paix, et de ceux de signification et de mise à exécution du jugement, dont il sera pareillement tenu.

ART. 22. — En cas d'empêchement temporaire survenu à un ou à plusieurs des répartiteurs, par maladie grave, voyage nécessaire et inopiné, ou par un service public actuel, ils en donneront ou feront donner avis à l'administration municipale, qui pourra les remplacer momentanément par d'autres contribuables fonciers de la commune.

Ce remplacement n'aura lieu qu'autant que le nombre des répartiteurs se trouverait réduit à moins de cinq, ou que ceux d'entre eux non domiciliés dans la commune seraient à remplacer. Ceux-ci ne pourront, dans aucun cas, lorsqu'ils n'excéderont point le nombre de deux, être remplacés que par d'autres contribuables fonciers non domiciliés dans la commune, s'il y en a de tels.

ART. 23. — Les sept répartiteurs délibèrent en commun, à la majorité des suffrages. Ils ne peuvent prendre aucune détermination, s'ils ne sont au nombre de cinq, au moins, présents. Ils sont convoqués et présidés par l'agent municipal ou par son adjoint, ou par l'un des officiers municipaux désignés, dans les communes ayant pour elles seules une administration municipale, et à leur défaut, par le plus âgé des autres répartiteurs.

ART. 24. — Les commissaires du directoire exécutif près les administrations centrales et municipales, et les inspecteurs de l'agence des contributions directes, remplissent auprès des répartiteurs les fonctions qui leur seront déléguées par la loi.

TITRE III. — DE LA RÉPARTITION DE LA CONTRIBUTION FONCIÈRE.

ART. 25. — Les administrations centrales feront, chaque année, dans la décade qui suivra la publication de la loi portant fixation de la contribution foncière, la répartition du contingent qui aura été assigné à leur département, entre les cantons et les communes ayant pour elles seules une administration municipale; et elles en enverront de suite le tableau au ministre des finances.

ART. 26. — Elles enverront, dans la même décade, à chaque administration municipale, le mandement qui devra lui faire connaître le contingent du canton ou de sa commune : 1° en principal; 2° en centimes additionnels, destinés tant aux fonds de non-valeur qu'aux dépenses départementales.

ART. 27. — Dans les dix jours qui suivront la réception de ce mandement, les administrations municipales de canton feront la répartition de la totalité du contingent qui s'y trouvera porté, ainsi que des autres sommes qu'elles seraient autorisées à répartir, pour leurs dépenses, entre toutes les communes de leur arrondissement, après avoir appelé à ce travail les adjoints des agents desdites communes, qui y auront voix consultative.

Le tableau de cette répartition sera adressé

sur-le-champ à l'administration centrale du département : il en restera minute à l'administration municipale.

Il y sera fait mention que les adjoints des agents municipaux des communes ont été appelés, et que ceux qui se sont présentés ont été entendus.

Art. 28. — L'administration centrale visera les états de répartition qui lui auront été adressés par les administrations municipales, et en ordonnera l'exécution ; elle n'y pourra faire aucun changement, sauf aux communes qui se prétendraient lésées à se pourvoir en dégrèvement dans la forme légale.

Art. 29. — L'administration centrale, après avoir visé chaque état ou tableau de répartition, à mesure qu'ils lui auront été adressés par les administrations municipales de canton, en fera faire trois expéditions, dont l'une sera renvoyée, sans délai, à l'administration municipale, l'autre au receveur général du département, et la troisième au ministre des finances.

Art. 30. — Aussitôt que l'administration municipale aura reçu l'état de répartition visé par l'administration centrale du département, elle enverra à chaque agent municipal le mandement contenant la fixation du contingent de sa commune : 1° en principal ; 2° en centimes additionnels, tant pour les fonds de non-valeurs que pour les dépenses départementales ; 3° en centimes additionnels pour les dépenses municipales ; 4° en centimes additionnels pour les dépenses communales.

Titre IV. — Des changements annuels a faire aux matrices des roles.

Art. 31. — Les matrices des rôles existantes continueront à servir de base à la répartition de la contribution foncière entre les contribuables de chaque commune, sauf les changements ou renouvellements, comme il est dit en l'article 32 ci-après, et sans préjudice, pour les contribuables qui se prétendraient surtaxés, de se pourvoir en décharge ou réduction dans les formes légales.

Art. 32. — Dans la première décade de thermidor de chaque année l'agent municipal de chaque commune, ou son adjoint, et l'un des deux officiers municipaux désignés dans les communes ayant pour elles seules une administration municipale, convoqueront les répartiteurs pour examiner la matrice du rôle, y faire les changements convenables d'après les mutations survenues parmi les propriétaires, la renouveler même s'il y a lieu.

Les commissaires du directoire exécutif près les administrations municipales seront appelés à cette assemblée de répartiteurs ; ils en requerront même la convocation, en cas de négligence de la part des agents et adjoints ou officiers municipaux.

Art. 33. — Les changements annuels, dont il s'agit aux deux articles précédents, consisteront en la formation d'un simple état ou relevé des mutations de propriétés survenues parmi les contribuables, et dont il aura été tenu note par le secrétaire de l'administration municipale, sur un registre particulier ouvert à cet effet, sous le nom de *livre des mutations*.

Art. 34. — L'état ou relevé des mutations sera arrêté et signé par les répartiteurs, visé tant par l'administration municipale que par le commissaire du directoire exécutif près cette administration, et restera joint à la matrice du rôle.

Le commissaire du directoire exécutif en prendra copie, qu'il certifiera conforme, et qu'il enverra sur-le-champ au commissaire près l'administration centrale, après l'avoir fait viser par l'administration municipale.

Art. 35. — Le livre des mutations sera coté et paraphé à chaque feuillet par le président de l'administration municipale ; il portera en tête l'énonciation du nombre de feuillets dont il se trouvera composé, et de la date de son ouverture : cette énonciation sera signée par le président de l'administration municipale.

Art. 36. — La note de chaque mutation de propriété sera inscrite au livre des mutations, à la diligence des parties intéressées ; elle contiendra la désignation précise de la propriété ou des propriétés qui en seront l'objet, et il y sera dit à quel titre la mutation s'en est opérée.

Tant que cette note n'aura point été inscrite, l'ancien propriétaire continuera d'être imposé au rôle, et lui, ou ses héritiers naturels, pourront être contraints au payement de l'imposition foncière, sauf leur recours contre le nouveau propriétaire.

Titre V. — Du renouvellement et de la formation des matrices des roles.

Art. 37. — Aucune matrice de rôle ne pourra être renouvelée que sur la demande de l'administration municipale et l'autorisation de l'administration centrale du département.

Art. 38. — Lorsqu'il s'agira de renouveler une matrice de rôle, ou d'en former une dans des communes où il n'en existerait point, les répartiteurs feront un tableau indicatif du nom et des limites des différentes divisions du territoire de la commune, s'il y en a de connues qu'ils estiment devoir conserver, ou de celles qu'ils croiront devoir déterminer eux-mêmes. Ces divisions s'appelleront *sections*, chacune d'elles sera désignée par une lettre alphabétique ; et le tableau destiné à les faire connaître sera proclamé et affiché dans la commune.

Art. 39. — Les répartiteurs formeront ensuite un tableau indicatif des différentes propriétés renfermées dans chaque section, et ils procéderont en la forme ci-après.

Ce dernier tableau s'appellera *état de sections*.

Art. 40. — Les répartiteurs feront, dans leur première assemblée, une liste des propriétaires et des fermiers ou métayers domiciliés dans la commune, qu'ils jugeront connaître le mieux les différentes parties de chaque section et être le plus en état de donner à cet égard des renseignements précis.

Les noms de ces indicateurs seront portés à la suite du tableau destiné à faire connaître les différentes sections de la commune, proclamés et affichés avec lui.

Art. 41. — Les répartiteurs se distribueront ensuite les sections ; un ou plusieurs d'entre eux se transporteront sur chacune de celles qu'ils auront à parcourir. Le jour de leur transport sera annoncé à l'avance ; ils appelleront au moins deux des indicateurs désignés, et ils composeront avec eux les états de sections.

Les contribuables de la section, ou leurs fermiers et métayers, pourront être présents, si bon leur semble, et faire des observations à ce relatives, donner même des renseignements aux répartiteurs.

ART. 42. — Les indicateurs qui, étant appelés par les répartiteurs, ne se rendraient point auprès d'eux pour leur donner les renseignements requis, seront remplacés par d'autres indicateurs, ou même par d'autres propriétaires, fermiers ou métayers que les répartiteurs pourront appeler sur-le-champ et sans aucune formalité.

ART. 43. — Chaque article de propriété sera distingué dans l'état de sections, et numéroté ; il sera intitulé du nom du propriétaire, avec mention des prénoms, profession et demeure de celui-ci, s'ils sont connus ; il sera désigné : 1° par la nature de maison à simple rez-de-chaussée, ou à un, deux ou plusieurs étages ; de moulin, forge ou autre usine ; de jardin, terre labourable, vigne, pré, futaie ou taillis, etc.; 2° par l'étendue de la superficie, calculée d'après les nouvelles mesures.

Les répartiteurs pourront s'aider dans cette opération des cadastres et parcellaires, plans, arpentements ou péréguements qu'ils se seront procurés.

ART. 44. — Les états de sections seront signés tant par les indicateurs que par les répartiteurs qui les auront formés ; et si quelque indicateur ne sait ou ne peut signer, mention en sera faite.

ART. 45. — Les propriétés nationales de toute nature seront portées dans les états de sections au compte de la République, et désignées de la même manière que celles des particuliers. Le commissaire du directoire exécutif près l'administration municipale surveillera spécialement l'exécution du présent article.

ART. 46. — Les propriétés appartenant à des communes, portions de commune, à des hospices ou autres établissements publics, seront aussi désignées de la même manière, et portées dans les états de sections au compte desdites communes, portions de commune, hospices ou autres établissements.

ART. 47. — Il sera laissé dans chaque état de sections une colonne en blanc, suffisante pour recevoir l'évaluation du revenu imposable des différentes propriétés.

ART. 48. — Aussitôt que ces tableaux indicatifs des propriétés renfermées dans chaque section seront achevés, les répartiteurs s'assembleront, appelleront le commissaire du directoire exécutif près l'administration municipale, et les examineront avec lui : ils rectifieront ou feront rectifier par ceux qui les auront formés ceux desdits tableaux qui seront reconnus inexacts ; ils arrêteront et signeront sur-le-champ les autres, et ceux-là ensuite, après qu'ils auront été rectifiés.

ART. 49. — Dans les dix jours suivants au plus tard, les répartiteurs se transporteront en-

semble sur les différentes sections ; ils y feront l'évaluation du revenu imposable de chaque propriété, dans l'ordre qu'elle se trouvera portée au tableau indicatif, arrêteront cette évaluation à la majorité des suffrages, et l'écriront ou feront écrire en leur présence, et en toutes lettres, sur la colonne réservée à cet effet, à côté de l'article descriptif de la propriété.

Ils signeront au bas de la colonne ; et si quelqu'un ne peut ou ne veut signer, il en sera fait mention.

ART. 50. — Les états de sections, ainsi complétés et arrêtés, seront remis au commissaire du directoire exécutif près l'administration municipale, pour servir à la rédaction de la matrice du rôle de la commune ; il en donnera un reçu à l'agent ou officier municipal qui aura présidé à l'évaluation.

ART. 51. — La matrice du rôle se composera du simple dépouillement des états de sections. Elle sera divisée en autant d'articles qu'il y aura de contribuables fonciers ; et toutes les propriétés qu'un même contribuable aura dans la commune seront reportées sous un seul et même article, l'une à la suite de l'autre, avec indications de la section dans laquelle chacune d'elles se trouvera située, de son numéro dans l'état de cette section, et de l'évaluation de son revenu imposable.

Elle sera à colonnes, dont la première présentera les noms, prénoms, professions et demeures des contribuables ; la seconde, la lettre alphabétique de l'état de sections ; la troisième, le numéro des différentes propriétés à l'état de sections ; la quatrième, l'évaluation détaillée de leur revenu imposable ; la cinquième, le total d'évaluation du revenu imposable de toutes les propriétés portées sous un même article ; et la sixième restera réservée pour servir ainsi qu'il sera dit ci-après.

ART. 52. — Aussitôt que le commissaire près l'administration municipale aura rédigé la matrice du rôle, il la présentera aux répartiteurs, qui, après l'avoir comparée aux états de sections, et s'être assurés de son exactitude, l'arrêteront et la signeront avec lui, ou déclareront la cause pour laquelle quelqu'un d'entre eux ne l'aurait point signée.

Le commissaire près l'administration municipale en prendra copie, qu'il certifiera et enverra sur-le-champ au commissaire près l'administration centrale ; et il remettra l'original à l'agent ou officier municipal qui aura présidé aux évaluations, ou autre qui le remplacera : il lui remettra en même temps les états de sections, et retirera de ses mains le reçu qu'il lui en avait donné.

L'agent ou officier municipal déposera le tout, dans la décade, au secrétariat de l'administration municipale, et fera faire, en sa présence, mention du dépôt sur le registre d'ordre : cette mention sera signée tant par lui que par le secrétaire.

Les états de sections et les matrices des rôles seront soigneusement conservés : les secrétaires et gardes des archives des administrations en répondront personnellement.

ART. 53. — Lorsqu'un inspecteur de l'agence des contributions directes sera chargé des opérations relatives à la formation de quelque matrice de rôle dans le cas prévu par la loi du 22 brumaire de l'an 6, portant création de ladite agence, il agira en tous points de la même manière et d'après les mêmes règles que les commissaires du directoire exécutif près les administrations municipales.

ART. 54. — Chaque année, aussitôt après la répartition de la contribution foncière entre les communes, le président de l'administration municipale notera sur la sixième colonne de chaque matrice de rôle le montant ou principal du contingent de la commune, et sa proportion, à tant par franc, avec le total du revenu imposable.

Chaque contribuable pourra prendre communication de cette note au secrétariat.

ART. 55. — L'expédition des rôles de la contribution foncière et leur mise en recouvrement continueront d'avoir lieu dans les formes et délais prescrits par la loi et l'instruction du 22 brumaire an 6, portant création d'une agence des contributions directes.

TITRE VI. — DU MODE D'ÉVALUATION DU REVENU IMPOSABLE DES PROPRIÉTÉS FONCIÈRES.

ART. 56. — Lorsqu'il s'agira d'évaluer le revenu imposable de terres labourables, soit actuellement cultivées, soit incultes, mais susceptibles de ce genre de culture, les répartiteurs s'assureront d'abord de la nature des produits qu'elles peuvent donner, en s'en tenant aux cultures généralement usitées dans la commune, telles que froment, seigle, orge et autres grains de toute espèce, lin, chanvre, tabac, plantes oléagineuses, à teinture, etc. Ils supputeront ensuite quelle est la valeur du produit brut ou total qu'elles peuvent rendre, année commune, en les supposant cultivées sans travaux ni dépenses extraordinaires, mais selon la coutume du pays, avec les alternants et assolements d'usage, et en formant l'année commune sur quinze années antérieures, moins les deux plus fortes et les deux plus faibles.

Les années de la circulation du papier-monnaie, à partir du 1er janvier 1791, ne compteront point.

ART. 57. — L'année commune du produit brut de chaque article de terre labourable étant déterminée, les répartiteurs feront déduction, sur ce produit, des frais de culture, semence, récolte et entretien; ce qui en restera formera le revenu net imposable, et sera porté comme tel sur les états de sections.

ART. 58. — Les jardins potagers seront évalués d'après le revenu de leur location possible, année commune, en prenant cette année commune sur quinze, comme pour l'évaluation du revenu des terres labourables.

Ils ne pourront, dans aucun cas, être évalués au-dessous du taux des meilleures terres labourables de la commune.

ART. 59. — L'évaluation du revenu imposable des terrains enlevés à la culture pour le pur agrément, tels que parterres, pièces d'eau, avenues, etc., sera portée au taux de celui des meilleures terres labourables de la commune.

ART. 60. — Lorsqu'il s'agira d'évaluer le revenu net imposable des vignes, les répartiteurs

supputeront d'abord quelle est la valeur du produit brut ou total qu'elles peuvent rendre année commune, en les supposant cultivées sans travaux ni dépenses extraordinaires, mais selon la coutume du pays, en formant l'année commune sur quinze, comme pour les terres labourables.

ART. 61. — L'année commune du produit brut des vignes étant déterminée, les répartiteurs feront déduction sur ce produit brut des frais de culture, de récolte, d'entretien, d'engrais et de pressoir.

Ils déduiront, en outre, un quinzième de ce produit, en considération des frais de dépérissement annuel, de replantation partielle, et des travaux à faire pendant les années où chaque nouvelle plantation est sans rapport.

Ce qui restera du produit brut après ces déductions formera le revenu net imposable, et sera porté comme tel aux états de sections.

ART. 62. — Le revenu imposable des prairies naturelles, soit qu'on les tienne en coupes régulières, ou qu'on en fasse consommer les herbes sur pied, sera calculé d'après la valeur de leur produit, année commune, prise sur quinze, comme pour les terres labourables, déduction faite, sur ce produit, des frais d'entretien et de récolte.

ART. 63. — Les prairies artificielles ne seront évaluées que comme les terres labourables d'égale qualité.

ART. 64. — L'évaluation du revenu imposable des terrains connus sous les noms de *pâtis, palus, marais, bas prés*, et autres dénominations quelconques, qui, par la qualité inférieure de leur sol ou par d'autres circonstances naturelles, ne peuvent servir que de simples pâturages, sera faite d'après le produit que le propriétaire serait présumé pouvoir en obtenir, année commune, selon les localités, soit en faisant consommer la pâture, soit en les louant sans fraude à un fermier auquel il ne fournirait ni bestiaux ni bâtiments, et déduction faite des frais d'entretien.

ART. 65. — Les terres vaines et vagues, les landes et bruyères, et les terrains habituellement inondés ou dévastés par les eaux seront assujettis à la contribution foncière d'après leur revenu net moyen, quelque modique qu'il puisse être; mais, dans aucun cas, leur cotisation ne pourra être moindre d'un décime par hectare.

ART. 66. — Les particuliers ne pourront s'affranchir de la contribution à laquelle les fonds désignés en l'article précédent devraient être soumis, qu'en renonçant à ces propriétés au profit de la commune dans laquelle elles sont situées.

La déclaration détaillée de cet abandon perpétuel sera faite par écrit au secrétariat de l'administration municipale, par le propriétaire ou par un fondé de pouvoir spécial.

Le cotisations des objets ainsi abandonnés, dans les rôles faits antérieurement à l'abandon, resteront à la charge de l'ancien propriétaire.

ART. 67. — L'évaluation des bois en coupes réglées sera faite d'après le prix moyen de leurs coupes annuelles, déduction faite des frais d'entretien, de garde et de repeuplement.

ART. 68. — L'évaluation des bois taillis qui

ne sont point en coupes réglées sera faite d'après leur comparaison avec les autres bois de la commune ou du canton.

ART. 69. — Tous les bois au-dessous de l'âge de trente ans seront réputés taillis, et seront évalués conformément aux dispositions des deux articles précédents.

ART. 70. — Les bois âgés de trente ans ou plus, et non aménagés en coupes réglées, seront estimés à leur valeur au temps de l'estimation, et cotisés jusqu'à leur exploitation comme s'ils produisaient un revenu égal à 2 et demi p. 100 de cette valeur.

ART. 71. — L'évaluation du revenu des forêts en futaie, aménagées ou non en coupes réglées, lorsqu'elles s'étendront sur le territoire de plusieurs communes d'un canton, sera faite par l'administration municipale du canton, et le montant de l'évaluation sera porté aux états de sections et matrices des rôles de chaque commune, en proportion de l'étendue qui sera sur son territoire.

ART. 72. — L'évaluation du revenu des forêts en futaies aménagées ou non en coupes réglées, lorsqu'elles s'étendront sur le territoire de plusieurs cantons d'un même département, sera faite par l'administration centrale du département, et le montant de cette évaluation porté aux états de sections et matrices des rôles de chaque commune, en proportion de l'étendue qui sera sur son territoire.

ART. 73. — Le revenu des forêts qui s'étendront sur plusieurs départements sera évalué séparément dans chaque département.

ART. 74. — Les répartiteurs n'auront égard, dans l'évaluation du revenu imposable des terrains sur lesquels se trouvent des arbres forestiers épars ou en simple bordure, ni à l'avantage que le propriétaire peut tirer de ces arbres ni à la diminution qu'ils apportent dans la fertilité du sol qu'ils ombragent.

ART. 75. — Lorsqu'un terrain sera exploité en tourbière, on évaluera, pendant les dix années qui suivront le commencement du tourbage, son revenu au double de la somme à laquelle il a été évalué l'année précédente.

ART. 76. — Il sera fait note, sur chaque rôle et matrice de rôle, de l'année où doit finir ce doublement d'évaluation. Après ces dix années, ces terrains seront cotisés comme les autres propriétés.

ART. 77. — Les terrains enclos seront évalués d'après les mêmes règles et dans les mêmes proportions que les terrains non enclos d'égale qualité, et donnant la même genre de productions ; on n'aura égard, dans la fixation de leur revenu imposable, ni à l'augmentation de produit qui ne serait évidemment que l'effet des clôtures, ni aux dépenses de l'établissement et d'entretien de ces clôtures, quelles qu'elles puissent être.

ART. 78. — Si un enclos contient différentes natures de biens, telles que bois, prés, terres labourables, jardins, vignes, étangs, etc., chaque nature de biens sera évaluée séparément, de la même manière que si le terrain n'était point enclos.

ART. 79. — Le revenu imposable des étangs permanents sera évalué d'après le produit de la pêche, année commune, formée sur quinze, moins les deux plus fortes et les deux plus faibles, sous la déduction des frais d'entretien, de pêche et de repeuplement.

ART. 80. — L'évaluation du revenu imposable des terrains alternativement en étang et en culture sera combiné d'après ce double rapport.

ART. 81. — Les mines ne seront évaluées qu'à raison de la superficie du terrain occupé pour leur exploitation, et sur le pied des terrains environnants.

Il en sera de même pour les carrières.

ART. 82. — Le revenu net imposable des maisons d'habitation en quelque lieu qu'elles soient situées, soit que le propriétaire les occupe ou qu'il les fasse occuper par d'autres, à titre gratuit ou onéreux, sera déterminé d'après la valeur locative, calculée sur dix années, sous la déduction d'un quart de cette valeur locative, en considération du dépérissement et des frais d'entretien et de réparations.

ART. 83. — Aucune maison d'habitation occupée comme il est dit en l'article précédent ne pourra être cotisée, quelle que soit l'évaluation de son revenu, au-dessous de ce qu'elle le serait à raison du terrain qu'elle enlève à la culture, évalué sur le pied du double des meilleures terres labourables de la commune, si la maison n'a qu'un rez-de-chaussée ; du triple, si elle a un étage au-dessus du rez-de-chaussée ; et du quadruple, si elle en a plusieurs.

Le comble ou toiture, de quelque manière qu'il soit disposé, ne sera pas compté pour un étage.

ART. 84. — Les maisons qui auront été inhabitées pendant toute l'année, à partir du 1er vendémiaire, seront cotisées seulement à raison du terrain qu'elles enlèvent à la culture, évalué sur le pied des meilleures terres labourables de la commune.

ART. 85. — Les bâtiments servant aux exploitations rurales, tels que granges, écuries, greniers, caves, celliers, pressoirs et autres, destinés soit à loger les bestiaux des fermes et métairies, ou à serrer les récoltes, ainsi que les cours desdites fermes ou métairies, ne seront soumis à la contribution foncière qu'à raison du terrain qu'ils enlèvent à la culture, évalué sur le pied des meilleures terres labourables de la commune.

ART. 86. — Lorsqu'il n'y aura point de terres labourables dans une commune, l'évaluation dont il s'agit aux trois articles précédents sera faite sur le pied des meilleures terres labourables de la commune voisine.

ART. 87. — Le revenu net imposable des fabriques, manufactures, forges, moulins et autres usines, sera déterminé d'après leur valeur locative calculée sur dix années, sous la déduction d'un tiers de cette valeur, en considération du dépérissement et des frais d'entretien et de réparations.

ART. 88. — Les maisons, les fabriques et manufactures, forges, moulins et autres usines nouvellement construits, ne seront soumis à la contribution foncière que la troisième année après leur construction. Le terrain qu'ils enlèvent à la culture continuera d'être cotisé jusqu'alors comme il l'était avant.

Il en sera de même pour tous autres édifices nouvellement construits et reconstruits : le terrain seul sera cotisé pendant les deux premières années.

ART. 89. — Lorsqu'il s'agira d'évaluer le revenu imposable d'un canal de navigation, le propriétaire fera, au secrétariat de l'administration municipale ou centrale qui devra faire l'évaluation, une déclaration détaillée des revenus et charges dudit canal.

ART. 90. — L'administration s'assurera, tant d'après cette déclaration que d'après les autres renseignements qu'elle aura pu se procurer, du produit brut ou total dudit canal; elle s'assurera pareillement de la réalité des charges, et fera déduction du montant de celles-ci sur le produit brut; ce qui restera de ce produit formera le revenu imposable.

ART. 91. — Le revenu imposable des canaux qui traversent une ou plusieurs communes du même canton sera évalué par l'administration municipale du canton. Il sera divisé, pour chaque commune, si le canal en traverse plusieurs, en proportion de la longueur du canal sur le territoire de chacune.

L'administration municipale en fixera la contribution au taux moyen de celle qui sera supportée par les autres propriétaires du canton.

Cette fixation sera faite en même temps que le répartement de la contribution foncière entre les diverses communes.

ART. 92. — Les administrations municipales des communes de cinq mille habitants et au delà feront pareillement l'évaluation du revenu imposable des canaux de navigation qui ne traverseront que la commune.

Elles en fixeront la contribution au taux moyen de celle qui sera supportée par les autres propriétés de la commune.

ART. 93. — Le revenu imposable des canaux qui traverseront plusieurs cantons d'un même département sera évalué par l'administration centrale du département. Il sera divisé, pour chaque canton et pour chaque commune ayant pour elle seule une administration municipale, en proportion de la longueur du canal sur le territoire de chacun, et subdivisé ensuite par chaque administration municipale de canton, pour la portion la concernant, entre les diverses communes de son arrondissement.

ART. 94. — Quant aux canaux qui traversent plusieurs départements, chaque administration centrale de département évaluera les revenus et les charges du canal de son territoire : elles se communiqueront le résultat de leurs évaluations; et le total du revenu imposable sera réparti en proportion de la longueur du canal sur le territoire de chaque département, et subdivisé ensuite par chaque administration centrale entre les cantons et les communes ayant pour elles seules une administration municipale, et par les administrations de canton entre les diverses communes de leur arrondissement.

ART. 95. — Seront compris dans l'évaluation des charges des canaux de navigation l'indemnité pour le dépérissement des diverses constructions et ouvrages d'art, et les frais d'entretien et de réparations, tant du canal que des réserves d'eau, chemins de halage, berges et francs bords qui ne produisent aucun revenu.

ART. 96. — Les moulins, fabriques et autres usines construits sur les canaux, les plantations et autres natures de biens qui avoisinent les canaux, et appartiennent aux mêmes propriétaires, ne seront point compris dans l'évaluation générale du revenu du canal, mais resteront soumis à toutes les règles fixées pour les autres biens-fonds.

ART. 97. — L'évaluation du revenu imposable et la cotisation des propriétés foncières de toute nature seront faites sans avoir égard aux rentes constituées ou foncières, et autres prestations dont elles seraient grevées, sauf aux propriétaires à s'indemniser par des retenues comme il est dit ci-après, et dans les cas y déterminés.

ART. 98. — Les propriétaires, débiteurs d'intérêts et de rentes ou autres prestations perpétuelles constituées à prix d'argent ou foncières, créées avant la publication du décret des 20, 22 et 23 novembre 1790, concernant la contribution foncière, et qui étaient autorisés à faire la retenue des impositions alors existantes, feront la retenue à leurs créanciers, dans la proportion de la contribution foncière.

ART. 99. — Ils feront aussi la retenue, dans la même proportion, sur les rentes et autres prestations foncières non supprimées, dont leurs fonds, édifices et usines, se trouvent encore grevés, et dont la création est antérieure à la publication du décret précité des 20, 22 et 23 novembre 1790, quoique non autorisés à le faire par les anciennes lois ou usages; sans préjudice néanmoins de l'exécution des baux à rentes, faits sous la condition expresse de la non-retenue des impositions publiques, ou avec toute autre clause de laquelle résulte la volonté conventionnelle des parties, que les contributions publiques soient à la charge du preneur, en sus de la rente ou prestation.

ART. 100. — Les débiteurs de rentes viagères constituées avant la même époque, et qui étaient autorisés à faire la retenue des impositions publiques, ne feront la retenue que dans la proportion de l'intérêt que le capital eût porté en rentes perpétuelles, lorsque ce capital sera connu, et quand le capital ne sera pas connu, la retenue sera de la moitié de la proportion de la contribution foncière.

ART. 101. — A l'avenir, les stipulations entre les contractants sur la retenue de la contribution foncière seront entièrement libres; mais elle aura toujours lieu, à moins que le contrat ne porte la condition expresse de non-retenue.

Il n'est rien innové relativement aux contrats passés depuis la publication du décret des 20, 22 et 23 novembre 1790. Les différends qui pourraient survenir à leur égard seront réglés d'après ce décret.

ART. 102. — L'évaluation du revenu imposable des maisons et usines sera revisée et renouvelée tous les dix ans.

TITRE VII. — DES EXCEPTIONS.

ART. 103. — Les rues, les places publiques servant aux foires et marchés, les grandes routes, les chemins publics vicinaux et les rivières ne sont point cotisables.

Art. 104. — Les canaux destinés à conduire les eaux à des moulins, forges et autres usines, ou à les détourner pour l'irrigation, seront cotisés, mais à raison de l'espace seulement qu'ils occupent, et sur le pied des terres qui les bordent.

Art. 105. — Les domaines nationaux non productifs exceptés de l'aliénation ordonnée par les lois, et réservés pour un service national, tels que les deux palais du Corps législatif, celui du directoire exécutif, le Panthéon, les bâtiments destinés au logement des ministres et de leurs bureaux, les arsenaux, magasins, casernes, fortifications et autres établissements dont la destination a pour objet l'utilité générale, ne seront portés aux états de sections et matrices de rôles que pour mémoire; ils ne seront point cotisés.

Art. 106. — Les domaines nationaux non productifs, déclarés inaliénables par les lois, tels que ci-devant églises non louées, tours, châteaux abandonnés ou en ruines, et autres semblables, seront compris, désignés et évalués aux états de sections et matrices de rôles, en la même forme et sur le même pied que les propriétés particulières de même nature, mais ils ne seront point cotisés tant qu'ils n'auront point été vendus ou loués.

Art. 107. — La cote des contributions des domaines nationaux productifs exceptés de l'aliénation, tels que les forêts, les salines, canaux, etc., ne pourra surpasser, en principal, le cinquième de leur produit net effectif résultant des adjudications ou locations légalement faites, ou autre quotité de ce même produit, selon la proportion générale de la contribution foncière avec les revenus territoriaux.

En cas de plus forte cotisation, la régie en poursuivra le remboursement contre les communes de la situation des biens.

Art. 108. — Les domaines nationaux productifs déclarés aliénables seront évalués et cotisés comme les propriétés particulières de même nature et d'égal revenu.

En cas de surtaxe, la régie poursuivra le dégrèvement, soit d'office, soit sur la dénonciation du fermier, en la forme ordinaire.

Art. 109. — La contribution foncière due par les propriétés appartenant aux communes, et par les marais et terres vaines et vagues situés dans l'étendue de leur territoire, qui n'ont aucun propriétaire particulier ou qui auront été légalement abandonnés, sera supportée par les communes et acquittée par elles.

Il en sera de même des terrains connus sous le nom de biens communaux, tant qu'ils n'auront pas été partagés.

La contribution due par des terrains qui ne seraient communs qu'à certaine portion des habitants d'une commune sera acquittée par ces habitants.

Art. 110. — Les hospices et autres établissements publics acquitteront la contribution assise sur leurs propriétés foncières de toute nature, en principal et centimes additionnels.

Art. 111. — La cotisation des marais qui seront desséchés ne pourra être augmentée pendant les vingt-cinq premières années après le desséchement.

Art. 112. — La cotisation des terres vaines et vagues depuis quinze ans, qui seront mises en culture autre que celle désignée en l'article 114 ci-après, ne pourra être augmentée pendant les trente premières années après le défrichement.

Art. 113. — La cotisation des terres en friche depuis dix ans qui seront plantées en bois ne pourra être augmentée pendant les trente premières années du semis ou de la plantation.

Art. 114. — La cotisation des terres vaines et vagues ou en friche depuis quinze ans qui seront plantées en vignes, mûriers ou autres arbres fruitiers, ne pourra être augmentée pendant les vingt premières années de la plantation.

Art. 115. — Le revenu imposable des terrains déjà en valeur qui seront plantés en vignes, mûriers ou autres arbres, ne pourra être évalué, pendant les quinze premières années de la plantation, qu'au taux de celui des terres d'égale valeur non plantées.

Art. 116. — Le revenu imposable des terrains maintenant en valeur qui seront plantés ou semés en bois ne sera évalué, pendant les trente premières années de la plantation ou du semis, qu'au quart de celui des terres d'égale valeur non plantées.

Art. 117. — Pour jouir de ces divers avantages, et à peine d'en être privé, le propriétaire sera tenu de faire au secrétariat de l'administration municipale dans le territoire de laquelle les biens sont situés, avant de commencer les desséchements, défrichements et autres améliorations, une déclaration détaillée des terrains qu'il voudra ainsi améliorer.

Art. 118. — Cette déclaration sera reçue par le secrétaire de l'administration municipale, sur un registre ouvert à cet effet, coté, paraphé, daté et signé comme celui des mutations : elle sera signée tant par le secrétaire que par le déclarant ou son fondé de pouvoir.

Copie de cette déclaration sera délivrée au déclarant, moyennant la somme de vingt-cinq centimes, non compris le papier timbré et autres droits légalement établis.

Art. 119. — Dans la décade qui suivra la déclaration, l'administration municipale chargera l'agent municipal de la commune, ou son adjoint, ou un officier municipal dans les communes de 5,000 habitants et au delà, d'appeler deux des répartiteurs, de faire avec eux la visite des terrains déclarés, de dresser procès-verbal de leur état présent, et de le communiquer, ainsi que la déclaration, aux autres répartiteurs. Ce procès-verbal sera affiché pendant deux décades, tant dans la commune de la situation des biens qu'au chef-lieu de canton : il sera rédigé sans frais et sur papier timbré.

Art. 120. — Il sera libre aux répartiteurs et à tous autres contribuables de la commune de contester la déclaration, et même de faire à l'administration municipale des observations sur le procès-verbal de l'état présent des terrains; et si la déclaration ne se trouve pas sincère, l'administration prononcera que le déclarant n'a pas droit aux avantages précités. Si, au contraire, la sincérité de la déclaration est reconnue, l'administration municipale arrêtera que le propriétaire a droit de jouir de ces avantages.

On pourra, dans tous les cas, recourir à l'administration centrale du département, qui reformera, s'il y a lieu, l'arrêté de l'administration municipale.

Art. 121. — Les terrains précédemment desséchés ou défrichés, ou plantés en vignes ou en bois, ou autrement améliorés, qui jouissent de quelque exemption ou modération de contribution, en vertu des lois antérieures à la présente, continueront d'en jouir jusqu'au temps où cette exception ou modération devait cesser.

Art. 122. — Les canaux de navigation ne seront cotisés, pendant les trente années qui suivront celle où la navigation aura commencé, qu'en raison du sol occupé par le canal, par les réserves d'eau, chemins de halage et francs-bords, et sur le pied des terres qui les bordent.

Les canaux existants qui jouissent de quelque exception ou de modération de contribution, en vertu des lois antérieures à la présente, continueront d'en jouir jusqu'au temps où cette exemption ou modération devait cesser.

Art. 123. — Sur chaque matrice de rôle de la contribution foncière, à l'article de chacune des propriétés qui jouissent ou jouiront de quelques exemptions ou modérations temporaires données pour l'encouragement de l'agriculture, il sera fait mention de l'année où ces propriétés doivent cesser d'en jouir.

TITRE VIII. — DE LA PERCEPTION ET DU RECOUVREMENT.

(Les art. de 124 à 139 inclus sont abrogés.)

Art. 140. — Les percepteurs donneront quittance aux contribuables des sommes qu'ils en recevront; elle sera sur papier non timbré.

Art. 141. — Les percepteurs émargeront en outre, et en toutes lettres, sur leurs rôles, à côté des articles respectifs, les différents payements qui leur seront faits, à l'instant même qu'ils les recevront.

Art. 142. — Toute contravention à l'article précédent pourra être dénoncée par le contribuable intéressé, par l'agent municipal de la commune, ou son adjoint, et par le commissaire du directoire exécutif près l'administration municipale : elle sera punie correctionnellement d'une amende de 10 francs et de 25 au plus.

Art. 143. — Les percepteurs des communes tiendront, indépendamment des rôles des contributions, un relevé ou bordereau sur lequel ils rapporteront, jour par jour, les noms des contribuables qui auront effectué des payements, et le montant des sommes remises : ils le feront clore et arrêter par l'agent de la commune ou son adjoint, ou par le commissaire du directoire exécutif près l'administration municipale tous les dix jours au moins. La quittance du receveur ou préposé sera rapportée à la suite de l'arrêté du bordereau.

(Les art. 144 et 145 sont relatifs aux percepteurs.)

Art. 146. — La cotisation de chaque contribuable est divisée en douze portions égales, et payables de mois en mois, tant qu'il n'en est point ordonné autrement par une loi particulière. Nul ne peut être contraint que pour les portions échues.

Art. 147. — Tous fermiers ou locataires seront tenus de payer, à l'acquit des propriétaires ou usufruitiers, la contribution foncière pour les biens qu'ils auront pris à ferme ou à loyer; et les propriétaires ou usufruitiers, de recevoir le montant des quittances de cette contribution pour comptant sur le prix des fermages ou loyers, à moins que le fermier ou locataire n'en soit chargé par son bail.

(Art. 148, 149, 150, 151, 152 et 153 relatifs aux percepteurs.)

Art. 154. — Le décret des 20, 22 et 23 novembre 1790, concernant la contribution foncière, et l'instruction y annexée; le décret des 12 et 13 juillet 1791, relativement à l'évaluation des bois et forêts et des tourbières, et celui du 21 février même année, qui assujettit à la contribution foncière les droits de péage et autres non supprimés, les revenus des canaux, etc., sont abrogés.

Sont pareillement abrogées toutes autres dispositions des lois contraires à la présente.

Loi du 24 novembre 1798
(4 frimaire an VII).

ARTICLE PREMIER. — Il y aura pour l'an VII une contribution réglée de la manière suivante.

Art. 2. — Cette contribution est établie sur les portes et fenêtres donnant sur les rues, cours ou jardins des bâtiments et usines, sur tout le territoire de la République, et dans les proportions ci-après.

Art. 3. — Les portes et fenêtres, dans les communes au-dessous de cinq mille âmes, payeront 0 fr. 20; de cinq à dix mille, 0 fr. 25; de dix à vingt-cinq mille, 0 fr. 30; de vingt-cinq à cinquante mille, 0 fr. 40; de cinquante à cent mille, 0 fr. 50; de cent mille et au-dessus, 0 fr. 60.

Les portes-cochères et celles de magasins, de marchands en gros, commissionnaires et courtiers, payeront double contribution.

Art. 4. — Dans les communes au-dessus de dix mille âmes, les fenêtres des troisième, quatrième et cinquième étages et au-dessus ne payeront que 0 fr. 25.

Art. 5. — Ne sont pas soumises à la contribution établie par la présente les portes et fenêtres servant à éclairer ou aérer les granges, bergeries, étables, greniers, caves et autres locaux non destinés à l'habitation des hommes, ainsi que toutes les ouvertures du comble ou toitures des maisons habitées.

Ne sont pas également soumises à ladite contribution les portes et fenêtres des bâtiments employés à un service public civil, militaire ou d'instruction, ou aux hospices.

Néanmoins, si lesdits bâtiments sont occupés en partie par des citoyens auxquels la République ne doit point de logement d'après les lois existantes, lesdits citoyens seront soumis à ladite contribution, à concurrence des parties desdits bâtiments qu'ils occuperont.

Art. 6. — Les municipalités seront tenues, dans les dix jours de la réception de la présente loi, de faire, ou faire faire par des commissaires, l'état des portes et fenêtres sujettes à l'imposition.

Art. 7. — La réunion des états ci-dessus, visés par le commissaire du directoire exécutif, formera le rôle de chaque arrondissement de la commune, et il sera rendu exécutoire par l'administration centrale.

ART. 8. — Il sera fait remise à chaque commune de 0 fr. 05 par chaque franc du montant du rôle, pour subvenir aux frais du rôle; et le surplus, s'il y en a, sera employé aux dépenses locales.

ART. 9. — La remise de chaque percepteur sera, par franc, le quart de ce qui lui est alloué aussi par franc pour la levée des autres impositions.

ART. 10. — L'assiette et le recouvrement de la contribution ci-dessus établie sont placés sous la surveillance et l'inspection de l'agence des contributions directes.

ART. 11. — Immédiatement après la clôture du rôle, l'agent particulier des contributions directes transmettra à l'agent général le résultat des sommes portées dans chaque rôle. Celui-ci les réunira pour en faire connaître le montant total au ministre des finances, pour qu'il en rende compte au directoire exécutif, qui en informera le Corps législatif.

ART. 12. — La contribution des portes et fenêtres sera exigible contre les propriétaires et usufruitiers, fermiers et locataires principaux des maisons, bâtiments et usines, sauf leur recours contre leurs locataires particuliers pour le remboursement de la somme due à raison des locaux par eux occupés.

ART. 13. — La présente contribution sera payable par tiers, dans les trois mois après la mise en recouvrement des rôles.

Les percepteurs, les préposés des receveurs, et les receveurs eux-mêmes, en sont déclarés personnellement responsables : ils seront, en cas de retard, poursuivis sur leurs biens et celui de leurs cautions, sauf le recours des receveurs sur leurs préposés, de ceux-ci sur les percepteurs, et de ces derniers sur les contribuables.

ART. 14. — Les redevables seront contraints au payement de la contribution, par saisie et vente de leur mobilier, vingt-quatre heures après le commandement qui leur sera fait, par écrit, par le percepteur.

L'exécution pourra porter sur les meubles et effets des locataires, jusqu'à concurrence des sommes par eux dues.

ART. 15. — Lorsque le même bâtiment sera occupé par le propriétaire et un ou plusieurs locataires seulement, la contribution des portes et fenêtres d'un usage commun sera acquittée par les propriétaires ou usufruitiers.

ART. 16. — Les différends qui pourront s'élever sur le payement de la contribution ci-dessus établie seront décidés, sur simples mémoires et sans frais, par les administrations municipales; en cas de recours, par les administrations centrales, sur le rapport et les conclusions du commissaire du directoire exécutif.

Extrait de la loi du 25 mars 1803
(4 germinal an XI).

ART. 19. — La contribution des portes et fenêtres est fixée, pour l'an XII, en principal, à la somme de 16 millions.

Les propriétaires des manufactures ne seront taxés que pour les fenêtres de leurs habitations personnelles et de celles de leurs concierges et commis. En cas de difficultés sur ce que l'on doit considérer comme manufactures, il y sera statué par le conseil de préfecture.

Extrait de la loi du 21 avril 1832.

TITRE II. — DE LA CONTRIBUTION PERSONNELLE ET MOBILIÈRE.

ART. 8. — A partir du 1er janvier 1832, la contribution personnelle sera réunie à la contribution mobilière, et ces deux contributions seront établies par voie de répartition entre les départements, les arrondissements, les communes et les contribuables.

ART. 9. — Le contingent assigné à chaque département sera réparti entre les arrondissements par le conseil général, et entre les communes par les conseils d'arrondissement, d'après le nombre des contribuables passibles de la taxe personnelle et d'après les valeurs locatives d'habitation.

ART. 10. — La taxe personnelle se compose de la valeur de trois journées de travail. Le conseil général, sur la proposition du préfet, déterminera le prix moyen de la journée de travail dans chaque commune, sans pouvoir néanmoins le fixer au-dessous de 0 fr. 50 ni au-dessus de 1 fr. 50.

ART. 11. — Le directeur des contributions directes formera, chaque année, un tableau présentant, par arrondissement et par commune, le nombre des individus passibles de la taxe personnelle, et le montant de leurs valeurs locatives d'habitation.

Ce tableau servira de renseignement au conseil général et aux conseils d'arrondissement pour la répartition de la contribution personnelle et mobilière.

ART. 12. — La contribution personnelle et mobilière est due par chaque habitant français et par chaque étranger de tout sexe jouissant de ses droits, et non réputé indigent.

Sont considérés comme jouissant de leurs droits les veuves et les femmes séparées de leur mari; les garçons et filles majeurs ou mineurs ayant des moyens d'existence suffisants, soit par leur fortune personnelle, soit par la profession qu'ils exercent, lors même qu'ils habitent avec leur père, mère, tuteur ou curateur.

ART. 13. — La taxe personnelle n'est due que dans la commune du domicile réel; la contribution mobilière est due pour toute habitation meublée située soit dans la commune du domicile réel, soit dans toute autre commune.

Lorsque, par suite de changement de domicile, un contribuable se trouvera imposé dans deux communes, quoique n'ayant qu'une seule habitation, il ne devra la contribution que dans la commune de sa nouvelle résidence.

ART. 14. — Les officiers de terre et de mer ayant des habitations particulières, soit pour eux, soit pour leur famille, les officiers sans troupes, officiers d'état-major, officiers de gendarmerie et de recrutement, les employés de la guerre et de la marine dans les garnisons et dans les ports, les préposés de l'administration des douanes sont imposables à la contribution personnelle et mobilière, d'après le même mode et dans la même proportion que les autres contribuables.

ART. 15. — Les fonctionnaires, les ecclésiastiques et les employés civils et militaires, logés gratuitement dans les bâtiments appartenant à l'État, aux départements, aux arrondissements, aux communes ou aux hospices, sont imposables d'après la valeur locative des parties de ces bâtiments affectées à leur habitation personnelle.

ART. 16. — Les habitants qui n'occupent que des appartements garnis ne seront assujettis à la contribution mobilière qu'à raison de la valeur locative de leur logement, évalué comme un logement non meublé.

ART. 17. — Les commissaires répartiteurs, assistés du contrôleur des contributions directes, rédigeront la matrice du rôle de la contribution personnelle et mobilière. Ils porteront sur cette matrice tous les habitants jouissant de leurs droits et non réputés indigents, et détermineront les loyers qui devront servir de base à la répartition individuelle.

Les parties de bâtiments consacrées à l'habitation personnelle devront être comprises dans l'évaluation des loyers.

Il sera formé annuellement un état des mutations survenues pour cause de décès, de changement de résidence, de diminution ou d'augmentation de loyer.

Les répartiteurs pourront faire usage, pour 1832, des éléments d'après lesquels étaient fixées les cotes individuelles antérieurement à 1831.

ART. 18. — Lors de la formation de la matrice, le travail des répartiteurs sera soumis au conseil municipal, qui désignera les habitants qu'il croira devoir exempter de toute cotisation, et ceux qu'il jugera convenable de n'assujettir qu'à la taxe personnelle.

ART. 19. — Les centimes additionnels généraux et particuliers, ajoutés au principal du contingent personnel et mobilier de la commune, ne porteront que sur les cotisations mobilières ; la taxe personnelle sera imposée au principal seulement.

ART. 20. — Dans les villes ayant un octroi, le contingent personnel et mobilier pourra être payé en totalité ou en partie par les caisses municipales, sur la demande qui en sera faite aux préfets par les conseils municipaux. Ces conseils détermineront la portion du contingent qui devra être prélevée sur les produits de l'octroi. La portion à percevoir au moyen d'un rôle sera répartie en cote mobilière seulement, au centime le franc des loyers d'habitation, après déduction des faibles loyers que les conseils municipaux croiront devoir exempter de la cotisation.

Les délibérations prises par les conseils municipaux ne recevront leur exécution qu'après avoir été approuvées par ordonnance royale.

ART. 21. — La contribution personnelle et mobilière étant établie pour l'année entière, lorsqu'un contribuable viendra à décéder dans le courant de l'année, ses héritiers seront tenus d'acquitter le montant de sa cote.

ART. 22. — En cas de déménagement hors du ressort de la perception, comme en cas de vente volontaire ou forcée, la contribution personnelle et mobilière sera exigible pour la totalité de l'année courante.

Les propriétaires, et, à leur place, les principaux locataires, devront, un mois avant l'époque du déménagement de leurs locataires, se faire représenter par ces derniers les quittances de leur contribution personnelle et mobilière. Lorsque les locataires ne représenteront point ces quittances, les propriétaires ou principaux locataires seront tenus, sous leur responsabilité personnelle, de donner dans les trois jours avis du déménagement au percepteur.

ART. 23. — Dans le cas de déménagement furtif les propriétaires, et, à leur place, les principaux locataires, deviendront responsables des termes échus de la contribution de leurs locataires, s'ils n'ont pas fait constater dans les trois jours ce déménagement par le maire, le juge de paix ou le commissaire de police.

Dans tous les cas, et nonobstant toute déclaration de leur part, les propriétaires ou principaux locataires demeureront responsables de la contribution des personnes logées par eux en garni, et désignées à l'art. 15.

Extrait de la loi du 17 mars 1852.

ART. 10. — La commission municipale de la ville de Paris est autorisée, conformément au vœu émis par elle le 10 novembre dernier, à établir, pour la répartition de son contingent dans la contribution des portes et fenêtres, un tarif spécial combiné de manière à tenir compte à la fois de la valeur locative et du nombre des ouvertures.

Loi du 15-22 juillet 1880.

ARTICLE PREMIER. — Tout individu, Français ou étranger, qui exerce en France un commerce, une industrie, une profession non compris dans les exceptions déterminées par la présente loi, est assujetti à la contribution des patentes.

ART. 2. — La contribution des patentes se compose d'un droit fixe et d'un droit proportionnel.

ART. 3. — Le droit fixe est réglé conformément aux tableaux A, B, C annexés à la présente loi.

Il est établi :

Eu égard à la population et d'après un tarif exceptionnel, pour les industries et professions énumérées dans le tableau A ;

Eu égard à la population et d'après un tarif général, pour les industries et professions portées dans le tableau B ;

Sans avoir égard à la population, pour celles qui font l'objet du tableau C.

ART. 4. — Les commerces, industries et professions non dénommées dans ces tableaux n'en sont pas moins assujettis à la patente. Les droits auxquels ils doivent être soumis sont réglés d'après l'analogie des opérations ou des objets de commerce, par un arrêté spécial du préfet, rendu sur la proposition du directeur des contributions directes et après avoir pris l'avis du maire.

Tous les cinq ans, des tableaux additionnels contenant la nomenclature des commerces, industries et professions classés par voie d'assimilation, depuis trois années au moins, seront soumis à la sanction législative.

Art. 5. — Pour les professions dont le droit fixe varie en raison de la population du lieu où elles sont exercées, les tarifs sont appliqués d'après la population qui en aura été déterminée par le dernier décret de dénombrement.

Néanmoins, lorsque ce dénombrement fera passer une commune dans une catégorie supérieure à celle dont elle faisait précédemment partie, l'augmentation ne sera appliquée que pour moitié pendant les cinq premières années.

Art. 6. — Dans les communes dont la population est de plus de cinq mille âmes, les patentables exerçant dans la banlieue des professions imposées eu égard à la population payeront un droit fixe d'après le tarif applicable à la population non agglomérée.

Les patentables exerçant lesdites fonctions dans la partie agglomérée payeront le droit fixe d'après le tarif applicable à la population totale.

Art. 7. — Le patentable qui, dans le même établissement, exerce plusieurs commerces, industries ou professions, ne peut être soumis qu'à un seul droit fixe. Ce droit est le plus élevé de ceux qu'il aurait à payer s'il était assujetti à autant de droits fixes qu'il exerce de professions.

Si les professions exercées dans le même établissement comportent, pour le droit fixe, soit seulement des taxes variables à raison du nombre d'employés, d'ouvriers, de machines ou autres éléments d'imposition, soit à la fois des taxes de cette nature et des taxes déterminées, c'est-à-dire arrêtées à un chiffre invariable, le patentable sera assujetti aux taxes variables d'après tous les éléments d'imposition afférents aux professions exercées; mais il ne payera que la plus élevée des taxes déterminées.

Art. 8. — Le patentable ayant plusieurs établissements, boutiques ou magasins de même espèce ou d'espèces différentes est, quelque soit le tableau auquel il appartient comme patentable, passible d'un droit fixe en raison du commerce, de l'industrie ou de la profession exercée dans chacun de ces établissements, boutiques ou magasins.

Les droits fixes sont imposables dans les communes où sont situés les établissements, boutiques ou magasins qui y donnent lieu.

Art. 9. — La patentable qui exploite un établissement industriel et qui n'y effectue pas la vente de ses produits est exempt du droit fixe pour le magasin séparé dans lequel sont vendus exclusivement en gros les seuls produits de sa fabrication.

Toutefois, si la vente a lieu dans plusieurs magasins, l'exemption du droit fixe accordée par le paragraphe précédent n'est applicable qu'à celui de ces magasins qui est le plus rapproché du centre de l'établissement de fabrication. Les autres sont imposés conformément aux dispositions de l'article 8 de la présente loi.

Art. 10. — Dans les établissements à raison desquels le droit fixe de patente est réglé d'après le nombre des ouvriers, les individus au-dessous de seize ans et au-dessus de soixante-cinq ans ne seront comptés dans les éléments de cotisation que pour la moitié de leur nombre.

Art. 11. — Dans les usines fonctionnant exclusivement à l'aide de moteurs hydrauliques, le droit fixe est réduit de moitié pour ceux des éléments de cotisation qui, par manque ou par crue d'eau, sont périodiquement forcés de chômer pendant une partie de l'année équivalente au moins à quatre mois.

Art. 12. — Le droit proportionnel est établi sur la valeur locative tant de la maison d'habitation que des magasins, boutiques, usines, ateliers, hangars, remises, chantiers et autres locaux servant à l'exercice des professions imposables.

Il est dû lors même que le logement et les locaux occupés sont concédés à titre gratuit.

La valeur locative est déterminée soit au moyen de baux authentiques ou de déclarations de locations verbales dûment enregistrées, soit par comparaison avec d'autres locaux dont le loyer aura été régulièrement constaté ou sera notoirement connu, et, à défaut de ces bases, par voie d'appréciation.

Le droit proportionnel pour les usines et les établissements industriels est calculé sur la valeur locative de ces établissements, pris dans leur ensemble et munis de tous leurs moyens matériels de production.

Art. 13. — Le droit proportionnel est fixé conformément au tableau D annexé à la présente loi.

Art. 14. — Le droit proportionnel est payé dans toutes les communes où sont situés les magasins, boutiques, usines, ateliers, hangars, remises, chantiers et autres locaux servant à l'exercice des professions imposables.

Si, indépendamment de la maison où il fait sa résidence habituelle et principale et qui, dans tous les cas, sauf l'exception ci-après, doit être soumise au droit proportionnel, le patentable possède, soit dans la même commune, soit dans des communes différentes, une ou plusieurs maisons d'habitation, il ne paye le droit proportionnel que pour celles de ces maisons qui servent à l'exercice de sa profession.

Si l'industrie pour laquelle il est assujetti à la patente ne constitue pas sa profession principale, et s'il ne l'exerce pas par lui-même, il ne paye le droit proportionnel que sur la maison d'habitation de l'agent préposé à l'exploitation.

Art. 15. — La patentable qui exerce dans un même local, ou dans des locaux non distincts, plusieurs industries ou professions passibles d'un droit proportionnel différent, paye ce droit d'après le taux applicable à la profession pour laquelle il est assujetti au droit fixe.

Dans le cas où les locaux sont distincts, il

paye sur chaque local le droit proportionnel attribué à l'industrie ou à la profession qui y est spécialement exercée.

Dans tous les cas le droit proportionnel est établi sur la maison d'habitation d'après le taux applicable à celle des professions imposées au droit fixe qui comporte le taux le plus élevé.

ART. 16. — Dans les communes dont la population est inférieure à vingt mille une âmes, mais qui, en vertu d'un dénombrement, passent dans la catégorie des communes de vingt mille une âmes et au-dessus, les patentables des septième et huitième classes ne seront soumis au droit proportionnel que dans les cas où un second décret de dénombrement aura maintenu lesdites communes dans la même catégorie.

ART. 17. — Ne sont pas assujettis à la patente :

1° Les fonctionnaires et employés salariés soit par l'État, soit par les administrations départementales et communales, en ce qui concerne seulement l'exercice de leurs fonctions;

2° Les peintres, sculpteurs, graveurs et dessinateurs considérés comme artistes, et ne vendant que le produit de leur art;

Les professeurs de belles-lettres, sciences et arts d'agrément, les instituteurs primaires;

Les sages-femmes;

Les éditeurs de feuilles périodiques;

Les artistes dramatiques;

3° Les laboureurs et cultivateurs, seulement pour la vente et la manipulation des récoltes et fruits provenant des terres qui leur appartiennent ou par eux exploitées, et pour le bétail qu'ils élèvent, qu'ils y entretiennent ou qu'ils y engraissent;

Les concessionnaires de mines, pour le seul fait de l'extraction et de la vente des matières par eux extraites, l'exemption ne pouvant, en aucun cas, être étendue à la transformation des matières extraites.

Les propriétaires ou fermiers de marais salants;

Les propriétaires ou locataires louant accidentellement une partie de leur habitation personnelle;

Les pêcheurs, lors même que la barque qu'ils montent leur appartient;

4° Les associés en commandite, les caisses d'épargne et de prévoyance administrées gratuitement, les assurances mutuelles régulièrement autorisées;

5° Les capitaines de navire de commerce ne naviguant pas pour leur compte;

Les cantiniers attachés à l'armée;

Les écrivains publics;

Les commis et toutes les personnes travaillant à gage, à façon et à la journée, dans les maisons, ateliers et boutiques des personnes de leur profession;

Les ouvriers travaillant chez eux ou chez les particuliers sans compagnons ni apprentis, soit qu'ils travaillent à façon, soit qu'ils travaillent pour leur compte et avec des matières à eux appartenant, qu'ils aient ou non une enseigne ou une boutique;

Les ouvriers travaillant en chambre avec un apprenti âgé de moins de seize ans;

La veuve qui continue avec l'aide d'un seul ouvrier ou d'un seul apprenti la profession précédemment exercée par son mari;

Les personnes qui vendent en ambulance dans les rues, dans les lieux de passage et dans les marchés, soit des fleurs, de l'amadou, des balais, des statues et figures en plâtre, soit des fruits, des légumes, des poissons, du beurre, des œufs, du fromage et autres fruits comestibles;

Les savetiers, les chiffonniers au crochet, les porteurs d'eau à la bretelle ou avec voiture à bras, les rémouleurs ambulants, les gardes-malades.

Ne sont point considérés comme compagnons ou apprentis la femme travaillant avec son mari, ni les enfants non mariés travaillant avec leur père et mère, ni le simple manœuvre dont le concours est indispensable à l'exercice de la profession.

ART. 18. — Tous ceux qui vendent en ambulance des objets non compris dans les exceptions déterminées par l'article précédent et tous marchands sous échoppe ou en étalage sont passibles de la moitié des droits que payent les marchands qui vendent les mêmes objets en boutique. Toutefois, cette disposition n'est pas applicable aux bouchers, épiciers et autres marchands ayant un étal permanent ou occupant des places fixes dans les halles et marchés.

ART. 19. — Les mari et femme séparés de biens ne doivent qu'une patente, à moins qu'ils n'aient des établissements distincts, auquel cas chacun d'eux doit avoir sa patente et payer séparément les droits fixe et proportionnel.

ART. 20. — Les patentes sont personnelles et ne peuvent servir qu'à ceux à qui elles sont délivrées.

Dans les sociétés en nom collectif, l'associé principal paye seul la totalité du droit fixe afférent à la profession. Le même droit est divisé en autant de parts égales qu'il y a d'associés en nom collectif, et une de ces parts est imposée à chaque associé secondaire. Néanmoins, pour les associés habituellement employés comme simples ouvriers dans les travaux de l'association, cette part ne doit jamais dépasser le vingtième du droit fixe imposable au nom de l'associé principal.

L'associé principal et les associés secondaires sont imposés au droit fixe dans les communes où sont situés les établissements, boutiques ou magasins qui y donnent lieu.

Le droit proportionnel est établi sur la maison d'habitation de l'associé principal et sur tous les locaux qui servent à la société pour l'exercice de son industrie.

La maison d'habitation de chacun des autres associés est affranchie du droit proportionnel, à moins qu'elle ne serve à l'exercice de l'industrie sociale. Dans ce dernier cas, elle est, de même que les autres locaux servant à l'industrie sociale, imposable au nom de l'associé principal.

ART. 21. — Par exception aux dispositions de l'article qui précède, dans les sociétés en nom collectif qui sont passibles des droits de patente pour l'exercice de professions rangées dans le tableau C annexé à la présente loi, et tarifées en raison du nombre des ouvriers, machines, instruments, moyens de production ou autres éléments variables d'imposition, l'associé principal paye seul le droit fixe; les autres associés en sont affranchis.

Par exception aux mêmes dispositions, dans les sociétés en nom collectif qui sont passibles de droits de patente pour l'exercice de professions rangées dans le tableau B annexé à la présente loi, le droit de patente des associés autres que l'associé principal, établi conformément à l'art. 20 de la présente loi, ne porte pas sur les employés et autres éléments variables d'imposition.

Art. 22. — Les sociétés ou compagnies anonymes ayant pour but une entreprise industrielle ou commerciale sont imposées pour chacun de leurs établissements à un seul droit fixe, sous la désignation de l'objet de l'entreprise, sans préjudice du droit proportionnel.

La patente assignée à ces associés ou compagnies ne dispense aucun des sociétaires ou actionnaires du payement des droits de patente auxquels ils pourraient être personnellement assujettis pour l'exercice d'une industrie particulière.

Les dispositions du deuxième paragraphe du présent article sont applicables aux gérants et associés solidaires des sociétés en commandite.

Art. 23. — Tout individu transportant des marchandises de commune en commune, lors même qu'il vend pour le compte de marchands ou de fabricants, est tenu d'avoir une patente personnelle, qui est, selon les cas, celle de colporteur avec balle, avec bête de somme ou avec voiture.

Art. 24.—Les commis voyageurs des nations étrangères seront traités, relativement à la patente, sur le même pied que les commis voyageurs français chez ces mêmes nations.

Art. 25. — Les contrôleurs des contributions directes procéderont annuellement au recensement des imposables et à la formation des matrices de patentes.

Le maire sera prévenu de l'époque du recensement et pourra assister le contrôleur dans cette opération ou se faire représenter, à cet effet, par un délégué.

En cas de dissentiments entre les contrôleurs et les maires ou leurs délégués, les observations contradictoires de ces derniers seront consignées dans une colonne spéciale.

La matrice dressée par le contrôleur sera déposée pendant dix jours au secrétariat de la mairie, afin que les intéressés puissent en prendre connaissance et remettre au maire leurs observations.

A l'expiration d'un second délai de dix jours, le maire, après avoir consigné les observations sur la matrice, la transmettra au directeur des contributions directes, qui établira les taxes conformément à la loi, pour les articles non contestés.

Toutes les fois que le directeur ne croira pas devoir donner suite aux observations consignées par le maire sur la matrice, il soumettra les contestations au préfet avec avis motivé. Si le préfet n'adopte pas les propositions du directeur, il en sera référé au ministre des finances.

Le préfet arrête les rôles et les rend exécutoires.

A Paris, l'examen de la matrice des patentes aura lieu, pour chaque arrondissement municipal, par le maire, assisté soit de l'un des membres de la commission des contributions, soit de l'un des agents attachés à cette commission, délégué à cet effet par le préfet.

Les matrices, revêtues des observations du maire de chaque arrondissement, seront centralisées à la commission des contributions, qui, après y avoir aussi consigné ses observations, les transmettra au directeur des contributions, comme il est dit au cinquième paragraphe.

Art. 26. — Les patentés qui réclameront contre la fixation de leurs taxes seront admis à prouver la justice de leurs réclamations par la présentation d'actes de société légalement publiés, de journaux et livres de commerce régulièrement tenus, et par tous autres documents.

Art. 27. — Les réclamations en décharge ou réduction et les demandes en remise ou modération seront communiquées aux maires; elles seront d'ailleurs présentées, inscrites et jugées dans les formes et délais prescrits pour les autres contributions directes.

Art. 28. — La contribution des patentes est due pour l'année entière par tous les individus exerçant au mois de janvier une profession imposable.

En cas de cession d'établissement, la patente sera, sur la demande du cédant ou du cessionnaire, transférée à ce dernier. La demande sera recevable dans le délai de trois mois, à partir soit de la cession de l'établissement, soit de la publication du rôle supplémentaire dans lequel le cessionnaire aura été personnellement imposé pour l'établissement cédé. La mutation de cote sera réglée par le préfet, et les droits qui formeraient double emploi au préjudice du cessionnaire seront alloués en décharge par le conseil de préfecture.

En cas de fermeture des magasins, boutiques et ateliers par suite de décès ou de faillite déclarée, les droits ne seront dus que pour le passé et le mois courant. Sur la réclamation des parties intéressées, il sera accordé décharge du surplus de la taxe.

Ceux qui entreprennent dans le cours de l'année une profession sujette à patente ne doivent la contribution qu'à partir du premier du mois dans lequel ils ont commencé d'exercer, à moins que, par sa nature, la profession ne puisse pas être exercée pendant toute l'année. Dans ce cas, la contribution sera due pour l'année entière, quelle que soit l'époque à laquelle la profession aura été entreprise.

Les patentés qui, dans le cours de l'année, entreprennent une profession comportant un droit fixe plus élevé que celui qui était afférent à la profession qu'ils exerçaient d'abord, ou qui transportent leur établissement dans une commune d'une plus forte population, sont tenus de payer au prorata un supplément de droit fixe.

Il est également dû un supplément de droit proportionnel par les patentables qui prennent des maisons ou locaux d'une valeur locative supérieure à celle des maisons ou locaux pour lesquels ils ont été primitivement imposés, et par ceux qui entreprennent une profession passible d'un droit proportionnel plus élevé.

Les suppléments seront dus à compter du 1er du mois dans lequel les changements prévus par les deux derniers paragraphes auront été opérés.

Sont imposables, au moyen de rôles supplémentaires, les individus omis aux rôles primitifs qui exerçaient, avant le 1er janvier de l'année de l'émission de ces rôles, une profession, un commerce ou une industrie sujets à patente, ou qui, antérieurement à la même époque, avaient apporté dans leur profession, commerce ou industrie, des changements donnant lieu à des augmentations de droits.

Toutefois, les droits ne sont dus qu'à partir du 1er janvier de l'année pour laquelle le rôle primitif a été émis.

ART. 29. — La contribution des patentes est payable par douzième et le recouvrement en est poursuivi comme celui des contributions directes. Dans le cas où le rôle n'est publié que postérieurement au 1er mars, les douzièmes échus ne sont pas immédiatement exigibles; le recouvrement en est fait par portions égales, en même temps que celui des douzièmes non échus. Néanmoins, les marchands forains, les colporteurs, les directeurs de troupes ambulantes, les entrepreneurs d'amusements et jeux publics non sédentaires, et tous autres patentables dont la profession n'est pas exercée à demeure fixe, sont tenus d'acquitter le montant total de leur cote au moment où la patente leur est délivrée.

ART. 30. — En cas de déménagement hors du ressort de la perception, comme en cas de vente volontaire ou forcée, la contribution des patentes sera immédiatement exigible en totalité.

Les propriétaires, et à leur place les principaux locataires, qui n'auront pas, un mois avant le terme fixé par le bail ou les conventions verbales, donné avis au percepteur du déménagement de leurs locataires, seront responsables des sommes dues par ceux-ci pour la contribution des patentes.

Dans le cas où ce terme serait devancé, comme dans le cas de déménagement furtif, les propriétaires, et à leur place les principaux locataires, deviendront responsables de la contribution de leurs locataires, s'ils n'ont pas, dans les trois jours, donné avis du déménagement au percepteur.

La part de la contribution laissée à la charge des propriétaires ou principaux locataires par les paragraphes précédents comprendra seulement le dernier douzième échu et le douzième courant dû par le patentable.

ART. 31. — Les formules de patentes sont expédiées par le directeur des contributions directes. Elles sont affranchies du droit de timbre. En remplacement de ce droit, il est ajouté au principal de la contribution des patentes des centimes généraux dont le nombre est annuellement fixé par la loi des finances.

Les formules de patentes sont, à la diligence des patentés, visées par le maire et revêtues du sceau de la commune.

ART. 32. — Tout patentable est tenu d'exhiber sa patente lorsqu'il en est requis par les maires, adjoints, juges de paix et tous autres officiers ou agents de police judiciaire.

ART. 33. — Les individus qui exercent, hors de la commune de leur domicile, une profession imposable, sont tenus de justifier, à toute réquisition, de leur imposition à la patente, à peine de saisie ou de séquestre, à leurs frais, des marchandises par eux mises en vente et des instruments servant à l'exercice de leur profession, à moins qu'ils ne donnent caution suffisante jusqu'à la représentation de la patente ou la production de la preuve que la patente a été délivrée. Si les individus non munis de patente exercent dans la commune de leur domicile, il sera seulement dressé des procès-verbaux, qui seront immédiatement transmis aux agents des contributions directes.

ART. 34. — Les agents des contributions directes peuvent, sur la demande qui leur en est faite, délivrer des patentes avant l'émission du rôle, après, toutefois, que les requérants ont acquitté entre les mains du percepteur les douzièmes échus, s'il s'agit d'individus domiciliés dans le ressort de la perception, ou la totalité des droits, s'il s'agit de patentables désignés en l'art. 29 ci-dessus ou d'individus étrangers au ressort de la perception.

ART. 35. — Le patenté qui aura égaré sa patente, ou qui sera dans le cas d'en justifier hors de son domicile, pourra se faire délivrer un certificat par le directeur ou le contrôleur des contributions directes. Ce certificat fera mention des motifs qui obligent le patentable à le réclamer et devra être sur papier timbré.

ART. 36. — Il est ajouté au principal de la contribution des patentes, ainsi qu'au montant des centimes additionnels départementaux et communaux ordinaires et extraordinaires afférents à cette contribution, 0 fr. 05 par franc, dont le produit est destiné à couvrir les décharges, réductions, remises et modérations, ainsi que les frais d'impression et d'expédition des formules de patentes.

En cas d'insuffisance des 0 fr. 05, le montant du déficit est prélevé sur le principal des rôles.

Il est en outre prélevé sur le principal 0 fr. 08 par franc, dont le produit est versé dans la caisse municipale.

ART. 37. — Les compagnies de chemins de fer, les services de transports fluviaux, maritimes et terrestres, ainsi que les établissements d'entrepôts et magasins généraux, sont tenus de laisser prendre connaissance des registres de réception et d'expédition des marchandises aux agents des contributions directes chargés de l'assiette des droits de patente.

ART. 38. — Les contributions spéciales destinées à subvenir aux dépenses des bourses et chambres de commerce, et dont la perception est autorisée par l'art. 11 de la loi du 23 juillet 1820, seront réparties sur les patentables des trois premières classes du tableau A annexé à la présente loi et sur ceux désignés dans les tableaux B et C comme passibles d'un droit fixe égal ou supérieur à celui desdites classes.

Les associés des établissements compris dans les classes et tableaux susdésignés contribueront aux frais des bourses et chambres de commerce, sous réserve des dispositions des articles 20 et 21 de la présente loi.

ART. 39. — La contribution des patentes sera établie conformément à la présente loi à partir du 1er janvier 1881.

ART. 40. — Toutes les dispositions contraires à la présente loi seront et demeureront abrogées à partir de la même époque, sans préjudice des lois et règlements de police qui sont ou qui pourront être faits.

EXTRAIT DU TABLEAU A.

CLASSE.	DROIT FIXE DANS LES VILLES								
	Droit fixe à Paris.	Au-dessus de 100.000 âmes.	De 50.001 à 100.000.	De 30.001 à 50.000.	De 20.001 à 30.000.	De 10.001 à 20.000.	De 5.001 à 10.000.	De 2001 à 5000.	De 2000 et au-dessous.
	Fr.	Fr.	Fr.	Fr.	Fr.	Fr.	Fr.	Fr.	Fr.
1re	400	300	240	180	120	80	60	45	35
2e	200	150	120	90	60	45	40	30	25
3e	140	100	80	60	40	30	25	22	18
4e	75	75	60	45	30	25	20	15	12
5e	50	50	40	30	20	15	12	9	7
6e	40	40	32	24	16	10	8	6	4
7e	20	20	16	12*	8*	8*	5*	5*	3*
8e	12	12	10	8*	6*	5*	4*	4*	2*

Le signe * veut dire exemption du droit proportionnel dans les villes de 20.000 et au-dessous.

Professions imposées eu égard au chiffre de la population.

PREMIÈRE CLASSE. — Droit proportionnel au 20e, sauf les exceptions.

Fer en barre et fonte de fer (Marchand de) en gros : celui qui vend principalement par quantités d'au moins 500 kilogr.

Fil de fer ou de laiton (Marchand de) en gros.

Métaux (Marchand en gros de) autres que l'or, l'argent, le platine, le fer en barre ou la fonte.

Planches (Marchand de) en gros.

Quincaillerie ou ferronnerie (Marchand de) en gros.

Verres à vitres (Marchand de) en gros.

DEUXIÈME CLASSE. — Droit proportionnel au 20e, sauf les exceptions.

Fil de fer ou de laiton (Marchand de) en demi-gros.

Glaces (Marchand de) en demi-gros.

Métaux (Marchand de) en demi-gros.

Quincaillerie et ferronnerie (Marchand de) en demi-gros.

Serrurerie (Marchand en gros d'objets de).

TROISIÈME CLASSE. — Droit proportionnel au 20e sauf les exceptions.

Ardoises (Marchand d') en gros : celui qui

vend par quantités supérieures à 1,000 ardoises.

Bâtiments (Entrepreneur de).

Bois de sciage (Marchand de) : celui qui ne vend qu'aux menuisiers, ébénistes, charpentiers et aux particuliers.

Carton ou carton pierre (Marchand fabricant d'ornements en pâte de).

Lattes (Marchand de) en gros.

Marbre (Marchand de) en gros.

Verres à vitres (Marchand de) en demi-gros.

QUATRIÈME CLASSE. — Droit proportionnel au 30e, sauf les exceptions.

Charpentier (Entrepreneur-fournisseur).

Couleurs, vernis et droguerie à l'usage des peintres (Marchand de).

Couvreur (Entrepreneur).

Décors et ornements d'architecture (Marchand de).

Expert près les tribunaux (s'il en fait sa profession habituelle).

Fer en barre ou fonte de fer (Marchand de) en détail : celui qui vend habituellement par quantités inférieures à 500 kilogr.

Fer vieux (Marchand de) en gros.

Fil de fer ou de laiton (Marchand de) en détail.

Fonte ouvragée (Marchand de).

Fosses mobiles inodores (Entrepreneur de).

Maçonnerie (Entrepreneur de).

Menuiserie (Entrepreneur de).

Métaux (Marchand en détail de) autres que l'or, l'argent, le platine, le fer en barre ou la fonte.

Peinture en bâtiments (Entrepreneur de).

Pierre artificielle ou factice (Fabricant d'objets en).

Plafonneur ou plâtrier (Entrepreneur).

Poterie (Marchand de) en gros.

Serrurerie (Entrepreneur de).

CINQUIÈME CLASSE. — Droit proportionnel au 30e, sauf les exceptions.

Appareils et ustensiles pour l'éclairage au gaz (Fabricant ou marchand d').

Appareils électriques ou à air comprimé pour les appartements (Fabricant ou marchand d').

Bois de bateaux (Marchand de).

Bois de volige (Marchand de).

Bois feuillard (Marchand de).

Ferronnerie (Marchand de) en détail.

Glaces (Marchand de) en détail.

Miroitier.

Moulures (Fabricant et marchand de).

Papiers peints pour tentures (Marchand de).

Pavés (Marchand de).

Planches (Marchand de) en détail : celui qui ne vend qu'aux menuisiers, ébénistes, charpentiers et aux particuliers.

Plombiers.

Vidange (Entrepreneur de).

Zinc doré bronzé ou galvanisé (Fabricant ou marchand d'objets en).

SIXIÈME CLASSE. — Droit proportionnel au 30e, sauf les exceptions.

Ardoises (Marchand d') en détail : celui qui vend par quantités n'excédant pas mille ardoises.

Bardeaux (Marchand de).
Bois merrains (Marchand de) en détail.
Boiseries (Marchand de vieilles).
Briques (Marchand de).
Cabinets d'aisances publiques (Tenant).
Cadres pour glaces ou tableaux (Marchand de).
Carreaux à carreler (Marchand de).
Charpentier.
Chaux (Marchand de).
Cimentier (Marchand) : celui qui vend des mortiers de ciments qu'il n'a point fabriqués, ou qu'il a fabriqués par des procédés ne donnant pas lieu à l'application des droits déterminés au tableau des professions imposées sans égard à la population.
Couvreur (Maître).
Dalles (Marchand de).
Dessinateur de parcs et jardins.
Doreur sur bois.
Drainage (Entrepreneur de).
Etameur de glaces.
Fileur (Entrepreneur).
Fourneaux potagers (Fabricant ou marchand de).
Fumiste.
Garde-robes inodores (Fabricant ou marchand de).
Maçon (Maître).
Marbrier.
Matériaux (Marchand de vieux).
Menuisier.
Mosaïques (Marchand de).
Nettoyage des devantures (Entrepreneur de).
Parqueteur (Menuisier).
Paveur.
Peintre en bâtiments (non entrepreneur).
Pierres brutes ou taillées (Marchand de).
Plafonneur ou plâtrier.
Plâtre (Marchand de).
Poêlier en faïence, fonte, etc.
Ramonage (Entrepreneur de).
Rampiste (Menuisier).
Salpêtrier.
Stores (Fabricant ou marchand de).
Stucateur.
Terrassier (Maître).
Tuiles (Marchand de).
Vérificateur de bâtiments.
Verres à vitres (Marchand de) en détail.
Vitraux (Faiseur ou ajusteur de) pour son compte.
Vitrier en boutique.

SEPTIÈME CLASSE. — Droit proportionnel au 50ᵉ, dans les communes au-dessus de 20,000 âmes.

Arpenteur.
Badigeonneur.
Bardeaux (Fabricant de) pour son compte.
Carreleur.
Charpentier à façon, travaillant à la journée pour des maîtres ou pour les particuliers qui lui fournissent la matière.
Cirage ou encaustique (Marchand ou fabricant de) par procédés ordinaires.
Couvreur en paille ou en chaume.
Couvreur à façon.
Cuivre vieux (Marchand de).
Gravatier.

Maçon à façon.
Marbrier à façon.
Menuisier à façon.
Métreur de bâtiments, de bois, de pierres.
Moulures (Fabricant de) à façon.
Plafonneur ou plâtrier à façon.
Serrurier à façon.
Tailleur de pierres.
Treillageur.
Vitraux (Faiseur ou ajusteur de) à façon.

HUITIÈME CLASSE. — Droit proportionnel au 50ᵉ dans les communes au-dessus de 20,000 âmes.

Bardeaux (Fabricant de) à façon.
Briquetier à façon.
Charnières en fer, cuivre ou fer-blanc (Fabricant de) par procédés ordinaires à façon.
Colleur de papiers peints.
Piqueur de grès.
Puits (Maître cureur de).
Sable (Marchand de).
Tôlier à façon.

EXTRAIT DU TABLEAU B.

Professions imposées eu égard et d'après un tarif exceptionnel.

Droit proportionnel au 20ᵉ, sauf les exceptions.

(*Néant.*)

EXTRAIT DU TABLEAU C.

Professions imposées sans avoir égard à la population.

PREMIÈRE PARTIE. — Droit proportionnel au 20ᵉ, sauf les exceptions.

(*Néant.*)

DEUXIÈME PARTIE. — Droit proportionnel au 20ᵉ sur la maison d'habitation et au 40ᵉ sur l'établissement industriel.

Ardoisières (Exploitant d') : 5 francs, plus 3 francs par ouvrier.
Chaux ou ciments naturels (Fabrique de) :
1 fr. 20 par mètre cube de la capacité brute des fours à feu intermittent;
1 fr. 50 par mètre cube de la capacité brute des fours à feu continu.
Le droit sera réduit de moitié pour les fours à feu intermittent dans lesquels on cuira moins de huit fois par an et dans les fours à feu continu qui ne seront en activité que deux mois par an.
Chaux ou ciments artificiels (Fabrique de) :
1 fr. 80 par mètre cube de la capacité brute des fours.
Le droit sera réduit de moitié pour les fours dans lesquels on cuira moins de huit fois par an.
Couleurs et vernis (Fabrique de) : 5 francs, plus 5 francs par ouvrier.
Fontenier, sondeur ou foreur de puits artésiens : 5 francs, plus 4 francs par ouvrier.
Plâtre (Fabrique de) par procédés ordinaires :

0 fr. 70 par mètre cube de la capacité brute des fours.

Ce droit sera réduit de moitié pour les fours dans lesquels on fera moins de huit fournées par an.

Plâtre (Fabrique de) au moyen des fours à feu continu : 8 francs par jour.

TROISIÈME PARTIE. — Droit proportionnel au 20ᵉ sur la maison d'habitation et au 50ᵉ sur l'établissement industriel.

Briques, creusets, poteries, tuiles, tuyaux pour le drainage ou la conduite des eaux, objets en terre cuite pour la construction ou l'ornementation (Fabrique de) : 5 francs, plus 2 fr. 50 par ouvrier ou par série d'ouvriers momentanément employés équivalant à un ouvrier complètement occupé, et 6 francs par malaxeur ou autre machine à broyer, à écraser, à mêler, à mouler, à pulvériser, etc.

Le droit sera réduit de moitié pour les machines à bras ou à manège.

Calorifères pour le chauffage des maisons, serres ou établissements publics (Fabricant ou entrepreneur de la construction des) : 5 francs, plus 4 francs par ouvrier.

Ferronnerie, serrurerie, clous forgés (Fabrique de) : 5 francs, plus 3 fr. 50 par ouvrier.

Fonderie de cuivre ayant laminoirs ou martinets (Exploitant de) : 100 francs par laminoir et 10 francs par martinet.

Fonderie de cuivre sans laminoir ni martinet (Exploitant de) : 30 francs par chaufferie, feu, four ou fourneau de fusion.

Fonderie de cuivre et bronze (Entrepreneur de) fondant des objets de grande dimension : 5 francs, plus 7 francs par ouvrier.

Fonderie de cuivre et de bronze (Entrepreneur de) fondant des objets de petite dimension : 5 francs, plus 4 francs par ouvrier.

Fonderie de fer de seconde fusion (Entrepreneur de) : 5 francs, plus 4 francs par ouvrier.

Fonderie ou affinage de plomb ou de zinc (Entrepreneur de) : 5 francs, plus 4 francs par ouvrier.

Galvanisation du fer (Exploitant une usine pour la) : 5 francs, plus 4 francs par ouvrier.

Papiers peints pour tenture (Fabrique de) : 6 francs par table.

Dans les machines à imprimer à bras, chaque rouleau comptera pour une table; dans les machines à imprimer mécaniquement, chaque rouleau comptera pour deux tables; chaque machine à imprimer au tire-ligne comptera pour deux tables et chaque machine à estamper pour trois. Lorsque la peinture aura lieu à la brosse, au pinceau, etc. sans le secours des machines précitées, on imposera 4 francs par ouvrier.

Parquets (Fabricant de) par procédés mécaniques : 5 francs, plus 4 francs par ouvrier.

Quincaillerie (Fabrique de) : 5 francs, plus 3 fr. 50 par ouvrier.

Scierie mécanique (Exploitant de) :

Pour le sciage des bois de construction, menuiserie et tonnellerie, 4 francs par lame;

1 fr. 50 par machine à mortaiser, à raboter, à rainer et autre machine analogue.

Pour le sciage des bois de marqueterie, de placage et de tabletterie, des os et de la nacre :

4 francs par couteau à trancher;

3 francs par lame circulaire;

2 francs par lame droite;

1 fr. 50 par machine à polir ou autre machine analogue.

Pour le sciage des pierres et du marbre :

0 fr. 60 par lame.

Les exploitants de scierie qui achètent des matières premières pour revendre ensuite les produits de leur usine sont imposables comme marchands, lorsque l'ensemble des droits fixe et proportionnel afférents à cette dernière qualification excède l'ensemble des droits fixe et proportionnel afférents à l'exploitation de la scierie.

Tuyaux de plomb (Fabrique de) par procédés mécaniques : 60 fr. par presse à refouler.

Vis (Fabrique de) par procédés mécaniques. 8 francs par tour à tarauder ou par machine à tarauder.

QUATRIÈME PARTIE. — Droit proportionnel au 20ᵉ sur la maison d'habitation et au 60ᵉ sur l'établissement industriel.

(Néant).

CINQUIÈME PARTIE. — Droit proportionnel au 20ᵉ sur la maison d'habitation seulement.

Carrières souterraines ou à ciel ouvert (Exploitant de) : 5 francs, plus 2 fr. 50 par ouvrier.

Travaux publics (Entrepreneur de) : 5 francs, plus 25 cent. par 100 francs ou fraction de 100 francs du montant annual des entreprises.

Lorsque le prix des entreprises sera de 500 francs et au-dessous, l'entrepreneur sera imposé conformément aux règles du tableau A et en raison de l'objet spécial de ses entreprises, pourvu toutefois qu'il n'en résulte aucune surcharge comparativement aux taxes que produirait l'application du tarif ci-dessus.

EXTRAIT DU TABLEAU D.

TAUX DU 15ᵉ. — Il est fixé au 15ᵉ de la valeur locative de tous les locaux occupés par les patentables exerçant les professions ci-après, qui comportent le droit proportionnel sans droit fixe.

Architectes.

Extrait de la loi du 29-30 décembre 1884

TITRE PREMIER

ARTICLE PREMIER. — Les terrains non cultivés, employés à un usage commercial ou industriel, tels que chantiers, lieux de dépôt de marchandises et autres emplacements de même nature, soit que le propriétaire les occupe, soit qu'il les fasse occuper par d'autres à titre gratuit ou onéreux, seront cotisés à la contribution foncière :

1° A raison de leur superficie, sur le même pied que les terrains environnants;

2° D'après leur valeur locative, déterminée à raison de l'usage auquel ils sont affectés, déduction faite de l'estimation donnée à leur superficie.

Les articles 82 et 88 de la loi du 3 frimaire an VII et généralement toutes les dispositions relatives aux propriétés bâties leur sont applicables en tant qu'elles ne sont pas contraires au présent article.

Dans les communes actuellement cadastrées, l'évaluation de la superficie des terrains dont il s'agit ne pourra être modifiée que si les opérations cadastrales sont renouvelées ou revisées. Dans les mêmes communes, les propriétés imposées à la contribution foncière sous la dénomination de chantier ou sous toute autre désignation analogue correspondant à une destination commerciale ou industrielle conserveront également leur revenu matriciel, sauf dans le cas de renouvellement ou de revision des opérations cadastrales.

Seront imposés, conformément au présent article et en accroissement des contingents de la commune, de l'arrondissement et du département, les terrains se trouvant actuellement dans les conditions du paragraphe premier.

ART. 2. — Les propriétés qui, dans le cours de l'année, deviennent imposables à la taxe représentative des droits de transmission entre vifs et par décès, créée par la loi du 20 février 1849, y sont assujetties à partir du premier du mois pendant lequel elles sont devenues passibles et sont cotisées par voie de rôle supplémentaire.

Sont également imposables, par voie de rôle supplémentaire, les propriétés passibles de ladite taxe qui ont été omises au rôle primitif; mais les droits ne sont dus qu'à partir du 1er janvier de l'année pour laquelle le rôle primitif a été émis.

ART. 3. — Sont imposables à la contribution sur les voitures et les chevaux, au moyen de rôles supplémentaires et sans préjudice des accroissements de taxes dont ils seraient passibles pour défaut ou inexactitude de déclaration, les possesseurs de voitures, chevaux, mules ou mulets, pour ceux de ces éléments d'imposition qu'ils possèderaient depuis une époque antérieure au 1er janvier et dont l'imposition aurait été omise dans les rôles primitifs. Les droits ne sont dus qu'à partir du 1er janvier de l'année pour laquelle le rôle primitif a été émis.

ART. 4. — Dans le cas où, par suite de double emploi, des cotes seraient indûment imposées dans les rôles des contributions directes ou des taxes y assimilées, le délai pour la présentation des réclamations ne prendra fin que trois mois après que le contribuable aura pris connaissance officielle des poursuites dirigées contre lui par le percepteur pour le recouvrement de la taxe indûment imposée.

ART. 5. — Dans le cas d'expertise sur réclamation en matière de contributions directes ou de taxes assimilées, s'il y a désaccord entre l'expert de l'administration et celui du réclamant, ce dernier ou l'administration pourront réclamer une tierce expertise.

Le tiers expert sera désigné sur simple requête de la partie la plus diligente et sans frais par le juge de paix du canton.

Le tiers expert devra déposer son rapport dans la quinzaine de sa nomination, faute de quoi le conseil de préfecture pourra refuser de le comprendre dans la liquidation des dépens.

Les frais d'expertise et de tierce expertise seront, comme tous autres, supportés par la partie qui succombera, suivant l'appréciation du juge, dans les termes de l'article 130 du code de procédure civile.

CORDES à instruments en boyaux (Fabrication de). — V. *Boyauderies*.

CORNES et **SABOTS** (Aplatissement des).
1° Avec macération.
Etablissement insalubre de 2ᵉ classe : odeur et altération des eaux.
2° Sans macération :
Etablissement insalubre de 2ᵉ classe : odeur[1].

Les ateliers seront ventilés énergiquement par des lanternons à lames de persiennes ou des cheminées d'aération ; le sol en sera imperméable et les eaux seront neutralisées avant leur écoulement.

Les cuves à macération seront surmontées de hottes avec foyers d'appel[2].

CORROIERIES. — Etablissements insalubres de 2ᵉ classe : odeur[3].

Le sol des ateliers et des cours sera imperméable, les cuves seront en maçonnerie enduite en ciment, l'étuve en matériaux incombustibles avec porte en fer, et la cheminée élevée à la hauteur des souches des cheminées voisines dans un rayon de 100 mètres[4].

COTON et **COTON GRAS** (Blanchisserie des déchets de). — Etablissement insalubre de 3ᵉ classe : altération des eaux[5].

Les magasins dans lesquels sont déposés les déchets doivent être ventilés par des cheminées d'aération et être en matériaux incombustibles ou tout au moins sans bois apparents.

L'étuve sera en matériaux incombustibles avec porte en fer.

Les ateliers de blanchissage seront disposés en forme de hotte afin de diriger les buées au dehors, ou mieux dans une cheminée d'aération[6].

Il est interdit d'employer des enfants dans les opérations où l'on emploie le sulfure de carbone[7].

COUR et **COURETTE.** — Circ. de la direction des travaux de Paris du 2 sept. 1862[8]. Décr. du 23 juill. 1884[9].

---

[1] Décr., 20 juin 1883. — [2] Bunel, p. 265.
[3] Décr., 31 déc. 1866. — [4] Bunel, p. 266.
[5] Décr., 31 déc. 1866. — [6] Bunel, p. 267. — [7] Décr., 14 mai 1875.
[8] Annexe. — [9] V. *Hauteur des bâtiments*.

Le locataire a l'usage de la cour, en tant que l'usage qu'il en fait ne peut nuire à la libre jouissance des autres locataires.

Il peut notamment, sauf stipulation contraire dans l'acte de location, et s'il y a un passage de porte-cochère, y déposer son bois, l'y faire scier et fendre[1].

Il a le droit de faire entrer ses voitures et celles des personnes qui viennent le visiter, même après minuit[2].

Lorsque le bail ne le défend pas, le locataire peut, selon les besoins de son commerce, faire entrer des grosses voitures pour apporter ou enlever des marchandises; il peut également faire des emballages et des déballages dans la cour; et même l'interdiction de faire des emballages n'entraîne pas celle de faire des déballages[3].

Il arrive assez fréquemment que les courettes sont arrêtées à la hauteur du plancher bas de l'entresol : dans ce cas, le locataire de l'entresol doit donner passage au concierge ou aux ouvriers chargés de faire le nettoyage du terrasson.

Pour les dimensions à donner aux cours et aux courettes, V. *Hauteur des bâtiments*.

Il est permis de couvrir les cours quand les pièces qui y prennent jour et air ne servent pas à l'habitation[4].

ANNEXE

Circulaire du 2 septembre 1862.

En ce qui concerne les cours proprement dites, deux cas doivent être distingués : ou les localités prenant jour et air au-dessous de la courette servent de magasins, de dépôts, etc., ou elles servent à l'habitation et se composent de cuisines, de chambres à coucher, cabinets d'aisances, etc. Dans le premier cas, l'intérêt de la salubrité a paru exiger seulement que la cour fût surmontée d'un châssis ventilateur à faces verticales, sans fermeture et d'une hauteur de 0m50 au moins; dans le second cas, il a été admis qu'un espace sans couverture devait toujours être réservé au droit des ouvertures des pièces habitées.

A l'égard des courettes ou cours intérieures, on a pensé que, établis à la hauteur du comble des maisons, les châssis vitrés présentent peu d'inconvénients, attendu que les pièces éclairées sur ces cours communiquent toujours avec des localités qui donnent elles-même sur la rue ou sur une cour principale, et contribuent, dans une certaine mesure, à leur ventilation. Il n'est possible toutefois de les admettre qu'à la condition expresse que le constructeur réservera, entre eux et le comble, un isolement de 0m50 au moins, destiné à assurer la ventilation de la courette.

COUR COMMUNE. — Chaque intéressé a le libre usage de la cour commune, à la condition de ne point nuire à la jouissance de ses copropriétaires[2].

Il ne peut faire, soit au rez-de-chaussée, soit aux étages, aucune construction qui ait pour effet de diminuer la grandeur de la cour.

Par contre, le propriétaire d'un bâtiment élevé d'un rez-de-chaussée seulement peut le remplacer par une construction de plusieurs étages[2].

Sauf stipulation contraire, les puits, fosses, etc., sont à l'usage de tous les intéressés qui participent aux frais d'entretien et de nettoyage de toutes les parties communes, en proportion de la valeur de ce que chacun possède dans les bâtiments contigus.

L'accord entre les copropriétaires étant nécessaire, l'un d'eux ne pourrait, de son autorité privée, faire les réparations et en réclamer ensuite le remboursement : il devrait, au préalable, s'y être fait autoriser par justice[2].

COUTUME. — Dans bien des cas spéciaux le Code civil s'en réfère aux usages locaux, c'est-à-dire aux coutumes.

La coutume de Paris remonte au XIIIe siècle : c'est à cette époque qu'Etienne Boileau, prévôt des marchands sous Louis IX, fit comparaître les diverses corporations pour « déclarer les us et coustumes pratiqués depuis un temps immémorial dans leur communauté et pour les faire enregistrer dans le livre qui désormais devait servir de régulateur, de cartulaire à l'industrie ouvrière ».

Jusque-là, les membres du parloir aux bourgeois, chargés de veiller à la sûreté des habitants (un des échevins exerçait les fonctions de voyer de la capitale), réglaient ces diverses questions ainsi que celles relatives à la mitoyenneté et les différents qui s'élevaient entre propriétaires et locataires.

La mesure prise par Etienne Boileau fut généralisée au XVe siècle, sous Charles VIII et ses successeurs; les diverses coutumes locales du royaume furent alors mises en écrit. Un édit de 1453 ordonne que « coustumes, usages et stiles de tous les pays de nostre royaulme, soient rédigez et mis par escript, accordez par les coustumiers, praticiens et gens de chacun des pays de nostre royaulme : lesquelles coustumes ainsi rédigées par l'advis des gens des trois Etats de chacun pays... »

La première édition connue de la coutume de Paris date de 1510.

La deuxième édition fut publiée en 1580,

---

[1] Paris, 8 janv. 1856.— [2] Ibid. — [3] Paris, 10 août 1841. — [4] Circ., 2 sept. 1862, annexe.

[1] Lepage, t. Ier, p. 116. — [2] Cass., 5 déc. 1827. — [3] Lepage, t. Ier, p. 116.

par lettres patentes d'Henri III des 15 décembre 1579 et 10 janvier 1580, sous la direction de Christophe de Thou, premier président au Parlement.

En 1724, Desgodetz, architecte du roi, fit paraître son ouvrage *les Lois des bâtiments suivant la coutume de Paris;* c'est l'ouvrage le plus complet sur le droit coutumier.

Enfin ces usages s'étant modifiés et d'autres s'étant introduits depuis l'ouvrage de Desgodetz, les juges de paix de Paris, en 1852, recherchèrent les usages ayant force de loi à Paris, et les réunirent en un cahier dit « Cahier des juges de paix de Paris ».

On trouvera à chaque mot les différents articles de la coutume de Paris qui le concernent.

CRAPAUDINE. — L'entretien des crapaudines des pierres d'évier et des cuvettes est au nombre des réparations locatives : le locataire doit donc les remplacer si elles sont brisées, et les resceller si elles sont descellées [1].

CRAYONS de graphite pour l'éclairage électrique (Fabrication des). — Etablissement incommode de 2ᵉ classe : bruit et fumée [2].

Les étuves doivent être construites en matériaux incombustibles avec porte en fer ; les cheminées des fours élevées à la hauteur nécessaire pour ne pas incommoder les voisins par la fumée [3].

CRÉMONE. — L'entretien des crémones est au nombre des réparations locatives : si les gâches se détachent, si le bouton ne fonctionne plus, le locataire doit en faire la réparation [4].

CRETONS (Fabrication de). — Etablissement dangereux de 1ʳᵉ classe : odeur et danger d'incendie [5].

Les ateliers doivent être en matériaux incombustibles, ou tout au moins sans bois apparents, ventilés énergiquement au moyen de lanternons à lames de persiennes ou de hautes cheminées d'aération.

Les chaudières seront surmontées de hottes en communication avec la cheminée élevée de 20 à 30 mètres suivant les localités [6].

CRINS et soies de porc. — V. *Soies de porc.*

CRISTAUX (Fabrication de). — V. *Verreries.*

CROISÉE. — V. *Fenêtre.*

CROISSANTS. — L'entretien des croissants destinés à retenir les pelles et pincettes, et scellés dans les rétrécissements des cheminées, que l'on trouve encore dans certaines maisons anciennes, est une charge locative : le locataire doit donc les resceller s'ils sont descellés et les remplacer s'ils sont perdus ou cassés.

CUIRS (Battage des). — V. *Battage.*

CUIRS VERNIS (Fabrication de). — Etablissement insalubre de 1ʳᵉ classe : odeur et danger d'incendie [1].

Ces établissements ne sont autorisés qu'à une grande distance des habitations.

L'étuve, construite en matériaux incombustibles avec porte en fer, doit être éloignée des autres ateliers, et sa cheminée être élevée de 20 à 30 mètres.

Le magasin aux vernis doit être également isolé et construit en matériaux incombustibles [2].

Il est interdit d'employer des enfants à cause des dangers d'incendie [3].

CUIRS VERTS et peaux fraîches (Dépôts de). — Etablissements insalubres de 2ᵉ classe : odeur [4].

Les hangars et magasins servant au dépôt des cuirs doivent être ventilés par des cheminées d'aération, et le sol en être imperméable [5].

CUIVRE (Dérochage du) par les acides. — Etablissement insalubre de 3ᵉ classe : odeur, émanations nuisibles [6].

Les ateliers doivent être ventilés par des lanternons ou des cheminées d'aération, le sol imperméable, et les ouvertures sur la voie publique ou les propriétés voisines fermées.

Le dérochage doit se faire sous une hotte, fermée par un rideau vitré, et dont le tirage est activé par un fourneau ou un bec de gaz.

Le tuyau d'évacuation des gaz doit s'élever à 3 mètres au-dessus des souches des cheminées voisines dans un rayon de 100 mètres [7].

Il est interdit d'employer des enfants à cause des vapeurs corrosives qui se dégagent [8].

CUIVRE (Fonte du). — V. *Fonderies.*

---

[1] Le Bègue, p. 55.
[2] Décr., 12 mai 1886. — [3] Bunel, p. 268.
[4] Le Bègue, p. 55.
[5] Décr., 31 déc. 1866. — [6] Bunel, p. 410.

[1] Décr., 31 déc. 1866. — [2] Bunel, p. 269. — [3] Décr., 14 mai 1875.
[4] Décr., 31 déc. 1886. — [5] Bunel, p. 270.
[6] Décr., 31 déc. 1886. — [7] Bunel, p. 271. — [8] Décr., 14 mai 1875.

CURAGE. — Loi du 4 mai 1803[1]. Ord. pol. des 20 févr. 1812[2] et 8 mars 1815[3]. Loi du 12 mai 1825[4]. Ord. pol. du 20 juill. 1838[5]. Instr. jointe à l'ord. pol. du 20 juill. 1838[6]. Arr. préf. du 3 mars 1872[7]. C. civ., art. 1756.

Le curage des canaux et rivières non navigables est, en général, fait par l'État qui se fait rembourser de ces frais au moyen d'une contribution payée par les riverains proportionnellement au degré d'intérêt de chacun dans les travaux exécutés[8].

Le curage de la rivière de Bièvre est soumis à une réglementation particulière[9].

La loi du 12 mai 1825[10] met à la charge de l'administration le curage des fossés bordant les routes nationales et départementales.

Le curage des aqueducs, canaux, puits et puisards communs à plusieurs propriétaires est à la charge de ceux qui y ont droit, dans la proportion de l'intérêt de chacun[11].

Pour les fossés mitoyens, le curage est fait à frais communs.

Les terres, vases et immondices provenant de ce curage doivent être jetées par moitié sur chaque berge.

Si les aqueducs, canaux, puits et puisards appartiennent à un seul, le curage doit être fait par celui qui en est le propriétaire. Les terres, vases, etc., provenant de ce curage, peuvent être jetées sur les fonds riverains, mais provisoirement seulement, et elles doivent être enlevées le plus rapidement possible, de manière à ce que ces héritages n'en éprouvent pas de préjudice.

Les propriétaires peuvent s'exonérer de cette charge en abandonnant leur droit à l'usage et à la propriété de ces aqueducs, canaux, puits, puisards et fossés.

Dans le cas de location d'immeuble, le curage du puits est à la charge du bailleur, s'il n'y a preuve contraire[12].

Le curage des puits, dans le ressort de la préfecture de police, ne peut être fait[13] que par les ouvriers spéciaux qui doivent, au préalable, s'assurer de l'état de l'air qu'ils renferment[14]. Ces prescriptions ont été renouvelées par l'ordonnance de police du 8 mars 1815[15] et étendues par l'ordonnance de police du 20 juillet 1838[16] aux puisards et aux égouts particuliers.

Pour le curage des branchements particuliers d'égout, les propriétaires peuvent souscrire un abonnement dont le prix est de cinq francs jusqu'à 2ᵐ50 et de deux francs pour chaque mètre au-dessus de 2ᵐ50[1].

ANNEXES.

Ordonnance de police du 20 février 1812.

ARTICLE PREMIER. — Les propriétaires ou principaux locataires des maisons où il y a des puits doivent les maintenir en bon état. Il leur est enjoint de les tenir garnis de cordes, poulies et seaux, de manière qu'on puisse s'en servir en cas d'incendie, à peine de cent francs d'amende (Ord. pol. des 20 janv. 1727, 15 mai 1734 et 15 nov. 1781).

ART. 2. — Les puits, quel que soit leur genre de construction, seront entourés de margelles, pieux ou palissades, pour prévenir les accidents, à peine de deux cents francs d'amende (Règlement de pol. des 18 nov. 1701 et 4 sept. 1716).

ART. 3. — Les maires des communes rurales et les commissaires de police, à Paris, s'assureront par de fréquentes visites si les dispositions prescrites par les articles précédents sont exactement observées.

ART. 4. — Le curage des puits ne pourra se faire que par les ouvriers qui ont l'habitude de ce travail.

ART. 5. — Les cureurs de puits ne pourront descendre dans les puits, pour quelque cause que ce soit, sans être ceints d'un bridage dont l'extrémité sera tenue par un ouvrier placé à l'extérieur.

ART. 6. — Avant de commencer le curage d'un puits, le cureur s'assurera de l'état de l'air qu'il renferme. Il procédera, à cet effet, conformément à l'instruction annexée à la présente ordonnance[2].

ART. 7. — Si, nonobstant les précautions indiquées par l'instruction, un ouvrier était frappé du plomb, les travaux seraient suspendus sur-le-champ.

L'entrepreneur en fera la déclaration, à Paris, au commissaire de police, et au maire, dans les communes rurales.

Les travaux ne seront continués qu'avec les précautions qui seront indiquées par l'autorité locale, sur l'avis des gens de l'art.

ART. 8. — A Paris, les eaux et immondices provenant des puits méphitisés seront transportées à la voirie de Montfaucon dans des tinettes hermétiquement fermées.

Il est défendu de les faire couler dans les ruisseaux.

ART. 9. — Les ouvriers maçons appelés pour travailler à la réparation ou à la reconstruction d'un puits dont l'eau aura été trouvée corrompue ne pourront y travailler qu'avec les précautions indiquées ci-après.

ART. 10. — Tout maçon chargé de la réparation d'un puits sera tenu, tant que durera l'extraction des pierres des parties à réparer, d'avoir à l'extérieur du puits autant d'ouvriers qu'il en emploiera dans l'intérieur.

ART. 11. — Chaque ouvrier travaillant à l'ex-

---

[1] V. *Rivière.* — [2] Annexe. — [3] Annexe. — [4] V. *Route.* — [5] V. *Puits.* — [6] Ibid. — [7] V. *Egout.* — [8] Loi, 4 mai 1803, V. *Rivière.* — [9] V. *Bièvre.* — [10] V. *Route.* — [11] Cass., 5 déc. 1855. — [12] C. civ., 1756. — [13] Ord. pol., 20 févr. 1812, annexe. — [14] Instr. jointe à l'ord. du 20 juill. 1838. — [15] Annexe. — [16] V. *Puits.*

[1] Arr. préf., 3 mars 1872, V. *Egout.* — [2] Cette instruction est la même que celle annexée à l'ord. du 20 juill. 1838, V. *Puits.*

traction des pierres d'un puits à réparer sera ceint d'un bridage dont l'attache sera tenue par un ouvrier placé à l'extérieur.

Art. 12. — Si des ouvriers maçons sont frappés du plomb pendant la démolition ou la réparation d'un puits, les travaux seront suspendus et déclaration sera faite, dans le jour, à Paris, chez un commissaire de police, et au maire, dans les communes rurales.

La démolition ou réparation ne pourra en être reprise qu'avec les précautions qui seront indiquées par l'autorité locale, sur l'avis des gens de l'art.

Art. 13. — Les entrepreneurs de maçonnerie sont responsables des contraventions aux articles précédents.

Art. 14. — Les ouvriers qui trouveraient dans les puits soit des objets qui pourraient faire soupçonner un délit, soit des effets quelconques, en feront, dans le jour, la déclaration chez un commissaire de police, à Paris, et au maire, dans les communes rurales.

Il leur sera donné une récompense s'il y a lieu.

Art. 15. — Les contraventions seront constatées par des procès-verbaux qui nous seront adressés.

Art. 16. — Il sera pris envers les contrevenants telle mesure de police administrative qu'il appartiendra, sans préjudice des poursuites à exercer contre eux devant les tribunaux.

Art. 17. — La présente ordonnance sera imprimée...

Ordonnance de police du 8 *mars* 1815.

Percement des puits.

ARTICLE PREMIER. — Aucun puits ne sera percé, aucune opération d'approfondissement, de sondage, de réparations et autres ne seront entreprises dans Paris, sans une déclaration au département de la police.

L'entrepreneur y désignera l'endroit où on a le projet de faire les travaux.

Art. 2. — Dans un mois, à compter de la présente ordonnance, les entrepreneurs, perceurs, cureurs, sondeurs et autres ouvriers travaillant à des puits, dans le département de la Seine, seront tenus de se faire inscrire à l'administration de la police de Paris.

Art. 3. — En exécution de la loi du 12 germinal an XI, les ouvriers sondeurs de puits seront tenus d'avoir des livrets.

Les cureurs seront pourvus d'une médaille qui leur sera délivrée au département de la police.

Art. 4. — Il est enjoint à tous entrepreneurs de puits, de ne se servir que d'ouvriers porteurs de livrets.

Art. 5. — Dans un mois, à compter de la publication de la présente ordonnance, les puits, quel que soit leur genre de construction, seront entourés de mardelles en maçonnerie ou avec des barres de fer.

A défaut de mardelle, les puits situés dans les marais seront défendus par une enceinte formée par un mur en maçonnerie ou en terre,

d'un mètre de hauteur, à un mètre au moins de distance du puits.

Curage.

Art. 6. — Il est défendu d'employer au curage d'un puits des ouvriers qui n'auraient pas de médaille.

Art. 7. — Les cureurs ne pourront descendre dans les puits, pour quelque cause que ce soit, sans être ceints d'un bridage dont l'extrémité sera tenue par un ouvrier placé à l'extérieur.

Art. 8. — Les puits abandonnés, ou qui, sans être abandonnés, pourraient être soupçonnés de méphitisme, ne seront curés qu'après les précautions prescrites par l'instruction annexée à la présente ordonnance [1].

On prendra les mêmes précautions lorsque les travaux auront été suspendus pendant vingt-quatre heures.

Art. 9. — Si nonobstant les précautions indiquées par l'instruction, un ouvrier était frappé du plomb, les travaux seraient suspendus.

Il est enjoint aux propriétaires, locataires et entrepreneurs d'en faire, sur-le-champ, la déclaration, à Paris, au commissaire de police, et, au maire, dans les communes rurales.

Art. 10. — Lorsqu'un puits sera reconnu méphitisé, il sera par nous statué si les eaux peuvent être écoulées dans le ruisseau sans danger, ou s'il est important pour la salubrité de les faire transporter à la voirie de Montfaucon; dans ce dernier cas, l'opération ne pourra être faite que par des ouvriers vidangeurs et dans des tinettes hermétiquement fermées.

Réparation.

Art. 11. — Les maçons, appelés pour travailler à la réparation ou à la reconstruction d'un puits dont l'eau aura été trouvée corrompue, ne pourront y travailler qu'avec les précautions ci-après.

Art. 12. — Tout maçon chargé de la réparation d'un puits sera tenu, tant que durera l'extraction des pierres à réparer, d'avoir à l'extérieur du puits autant d'ouvriers qu'il en emploiera à l'intérieur.

Art. 13. — Chaque ouvrier travaillant à l'extraction des pierres d'un puits à réparer sera ceint d'un bridage dont l'attache sera tenue par un ouvrier placé à l'extérieur.

Art. 14. — Si des ouvriers maçons sont frappés du plomb, pendant la démolition ou réparation d'un puits, les travaux seront suspendus, et déclaration en sera faite, dans le jour, à Paris, au commissaire de police, et au maire, dans les communes rurales.

La démolition ou réparation ne pourra en être reprise qu'avec les précautions qui seront prescrites par l'autorité locale sur l'avis des gens de l'art.

Entretien.

Art. 15. — Il est enjoint aux propriétaires ou principaux locataires des maisons où il y a des puits de les entretenir en état de service et garnis de cordes, poulies et seaux, ou d'avoir

[1] Cette instruction a été remplacée par celle jointe à l'ord. du 20 juill. 1838, V. *Puits.*

soin que les pompes ou autres machines hydrauliques qui y seraient établies soient constamment maintenues en bon état, de manière qu'on
puisse s'en servir en cas d'incendie, sous les
peines portées par les ordonnances de police
des 20 janvier 1727, 15 mai 1734 et 15 novembre 1781.

Dispositions générales.

ART. 16. — Les entrepreneurs sont responsables des contraventions aux dispositions de la
présente ordonnance.

ART. 17. — Les ouvriers qui trouveraient
dans les puits, soit des effets qui pouraient faire
soupçonner un délit, soit des effets quelconques,
en feront la déclaration chez un commissaire
de police, à Paris, et, au maire, dans les
communes rurales.

Il leur sera donné une récompense s'il y a
lieu.

ART. 18. — Les contraventions seront constatées par des procès-verbaux qui nous seront
adressés.

ART. 19. — Il sera pris, contre les contrevenants, telles mesures de police administrative
qu'il appartiendra, sans préjudice des poursuites
à exercer contre eux devant les tribunaux.

ART. 20. — La présente ordonnance sera imprimée...

CUVETTE. — Instr. préf. pol. du 18 juin 1824[1].
Instr. cons. d'hygiène du 11 nov. 1853[2]. Ord.
pol. du 23 nov. 1853[3]. Décr. du 22 juill. 1882[4].

Il est interdit d'établir, en saillie sur la
voie publique, des cuvettes destinées à recevoir des eaux ménagères[5].

Les cuvettes installées dans les escaliers
doivent être constamment tenues en bon
état de propreté[6]; elles doivent être disposées de telle sorte que les eaux ne puissent
jaillir au dehors, et munies de grilles pour
éviter l'engorgement du tuyau[7].

On ne doit y déverser aucune eau pendant
les gelées.

Le locataire est tenu au bon fonctionnement des cuvettes qui font partie de sa location : il doit donc en graisser le mécanisme
et remplacer les pièces qui seraient cassées
par choc ou maladresse. Mais si les réparations sont nécessitées par la rouille ou
l'oxydation des parties auxquelles le locataire ne peut atteindre, ou encore par
vétusté, elles incombent au propriétaire[1].

CYANURE de potassium et bleu de Prusse
(Fabrication de).

1° Par la calcination directe des matières
animales avec la potasse :

Établissement insalubre de 1re classe :
odeur.

Pour les prescriptions, V. *Carbonisation
des matières animales.*

2° Par l'emploi de matières préalablement
carbonisées en vases clos :

Établissement insalubre de 2e classe :
odeur[2].

Les ateliers seront ventilés énergiquement, et leur sol sera imperméable.

Les chaudières seront surmontées de hottes
en communication avec la cheminée élevée
de 20 à 30 mètres suivant les localités[3].

Il est interdit d'employer des enfants dans
des établissements de cette nature, en raison
des émanations nuisibles dégagées[4].

CYANURE ROUGE de potassium ou prus-
siate rouge de potasse.

Établissement insalubre de 3e classe :
émanations nuisibles[5].

Les ateliers doivent être ventilés et leur
sol être imperméable.

Les chaudières seront recouvertes de
hottes conduisant les buées à la cheminée
élevée de 20 à 30 mètres[6].

D

**DÉBIT DE MATIÈRES COMBUSTIBLES OU
INFLAMMABLES.** — Ord. pol. du 15 sept. 1875[8].

Les magasins et entrepôts de charbon de
terre, de houille, de bois de chauffage, de
paille, etc., ne peuvent être ouverts à Paris
sans une autorisation du préfet de police[9],

pour les magasins en gros, et une déclaration
à la préfecture pour les détaillants.

Il est interdit d'entrer avec de la lumière
dans les magasins de paille ou de matières
dégageant des vapeurs inflammables, à
moins que l'on ne se serve d'une lampe Davy[7].

Les caves renfermant des matières déga-

---

[1] V. *Saillie.* — [2] V. *Log. insal.* — [3] *Ibid.* — [4] V.
saillie. -- [5] Instr., 18 juin 1824. Décr., 22 juill.
1882, V. *Saillie.* — [6] Ord. pol., 23 nov. 1853, V. *Log.
insal.* — [7] Instr., 11 nov. 1853, V. *Log. insal.*
[8] V. *Incendie.* — [9] Ord. pol., 15 sept. 1875, V. *Incendie.*

[1] Le Bègue, p. 56.
[2] Décr., 31 déc. 1866. — [3] Bunel, p. 272. — [4] Décr.,
14 mai 1875.
[5] Décr., 31 déc. 1866. — [6] Bunel, p. 273.
[7] Ord. pol., 15 sept. 1875, V. *Incendie.*

geant des vapeurs inflammables doivent être parfaitement ventilées[1].

DÉBRIS D'ANIMAUX (Dépôts de). V. *Chairs*, etc.

DÉCHETS DES FILATURES DE LIN, DE CHANVRE ET DE JUTE (Lavage et séchage en grand des). — Établissement insalubre de 2ᵉ classe : odeur, altération des eaux[2].

Le magasin servant de dépôt doit être en matériaux incombustibles avec porte en fer et sol imperméable : il sera ventilé au moyen de hautes cheminées d'aération.

L'atelier sera également ventilé par une cheminée d'appel et des carnaux de 0ᵐ 20 sur 0ᵐ 30 pratiqués à la partie inférieure des murs.

Les ouvertures sur la voie publique et sur les propriétés voisines seront dormantes.

Les étuves ou séchoirs seront en matériaux incombustibles avec portes en fer[3].

DÉCHETS DE LAINE (Dégraissage des). — V. *Peaux*.

DÉCHETS DE MATIÈRES FILAMENTEUSES (Dépôts de) en grand dans les villes.

Établissements insalubres de 3ᵉ classe : danger d'incendie[4].

Ces dépôts doivent être construits en matériaux incombustibles ou tout au moins sans bois apparents, et ventilés au moyen de carnaux, placés à la partie inférieure des murs, et par des cheminées d'aération, de 0ᵐ 50 sur 0ᵐ 30, ayant 3 mètres d'élévation au-dessus des souches des cheminées voisines dans un rayon de 50 mètres.

Les ouvertures et les cheminées d'aération seront garnies de toiles métalliques à mailles serrées[5].

DÉCROTTOIR. — Instr. préf. pol. du 18 juin 1824. Ord[6]. pol. du 25 juill. 1862[7].

Il est interdit d'établir des décrottoirs en saillie de la voie publique au devant des maisons ou des boutiques.

DEGRAS ou huile épaisse à l'usage des chamoiseurs et corroyeurs (Fabrication de). — Établissement insalubre de 1ʳᵉ classe : odeur, danger d'incendie[8].

Les ateliers doivent être construits en matériaux incombustibles, ou tout au moins sans bois apparents, ventilés au moyen de lanternons à lames de persiennes : le sol sera imperméable.

Les chaudières seront munies de couvercles et surmontées de hottes conduisant les vapeurs et les buées à la cheminée élevée de 20 à 30 mètres[1].

DÉMOLITION. — Ord. pol. du 25 juill. 1862[2].

On ne peut démolir une construction quelconque donnant sur la voie publique sans une autorisation du préfet de police, et sans avoir établi au droit des parties à démolir des barrières en planches, des échafaudages, et avoir pris toutes les précautions qui seraient prescrites par l'autorité[3].

On ne doit faire les démolitions qu'au marteau, et en faisant tomber les matériaux à l'intérieur du bâtiment[4].

S'il était nécessaire de barrer la rue provisoirement, il faudrait obtenir une autorisation spéciale[5].

Tout propriétaire a le droit de démolir son bâtiment, mais il doit procéder à cette démolition en se conformant aux mesures de prudence et de précaution de façon à ne pas nuire à ses voisins, notamment en ce qui concerne les murs mitoyens.

Les frais d'étaiement provisoire, quand il y a lieu, sont à la charge de celui qui démolit, mais il n'est pas responsable des lézardes et tassements qui se produiraient par suite de l'état de vétusté du mur mitoyen.

Pour les démolitions ordonnées par l'autorité municipale, en cas de péril, V. *Bâtiment menaçant ruine*.

DEVIS. — On distingue deux sortes de devis : le devis descriptif qui contient le détail des travaux à exécuter, et le devis estimatif qui renferme, en outre, le prix des différents ouvrages.

Les devis estimatifs sont souvent rédigés dans le but, seulement, de se rendre compte du montant de la dépense à effectuer.

Le Code civil ne faisant pas de distinction entre le devis et le marché, nous renvoyons à ce mot.

DÉPÔT DE MATÉRIAUX. — Édits de nov. 1539[6], 22 sept. 1600[7], déc. 1607[8], sept. 1608[9]. Ord. pol. de 1ᵉʳ sept. 1853[10]. Arr. préf. du 15 déc. 1860[11]. Ord. pol. du 25 juill. 1862[12].

Les voisins gênés par les dépôts de matériaux ont le droit d'exiger qu'ils soient enlevés ; et même si le dépôt a lieu sur la propriété d'autrui, ce dernier a une action

---

[1] Ord. pol., 15 sept. 1875, V. *Incendie*.
[2] Décr., 31 janv. 1862. — [3] Bunel, p. 273.
[4] Décr., 31 déc. 1866. — [5] Bunel, p. 275.
[6] V. *Saillie*. — [7] V. *Bâtim. en constr.*
[8] Décr., 31 déc. 1866.

[1] Bunel, p. 275.
[2] V. *Bâtim. en constr.* — [3] Ord. pol., 25 juill. 1862. — [4] Ibid. — [5] Ibid.
[6] V. *Fosse*. — [7] V. *Alignement*. — [8] V. *Voyer*.
[9] V. *Immondices*. — [10] V. *Matières insal.* — [11] Annexe. — [12] V. *Bâtim. en constr.*

civile contre son voisin constructeur ainsi que contre son entrepreneur ou ses ouvriers[1].

L'interdiction de déposer des matériaux sur la voie publique est relatée dans presque toutes les lois, ordonnances, etc., traitant de la voirie[2].

Les matériaux apportés pour la construction d'un bâtiment doivent être rentrés de suite à l'intérieur du chantier : cependant si, par suite de circonstances imprévues, ces matériaux ne pouvaient être rentrés le jour même, on pourrait les laisser, pendant la nuit, sur la voie publique en en prévenant le commissaire de police du quartier dans lequel sont situés les travaux, et en éclairant ce dépôt d'un nombre de lanternes suffisant pour prévenir tout accident[3].

Les terrains appartenant à la Ville sont souvent loués à des entrepreneurs pour y déposer leurs matériaux : le prix de la location de ces terrains est fixé par l'arrêté préfectoral du 15 décembre 1860[4].

ANNEXE

*Extrait de l'arrêté préfectoral
du 15 décembre 1860.*

Depuis plusieurs années les terrains appartenant à la Ville par suite d'expropriation ont été mis à la disposition des entrepreneurs de constructions et de démolitions pour dépôt de leurs matériaux, moyennant une redevance annuelle qui variait, suivant le quartier, de 1 franc à 3 francs le mètre superficiel.

Ces prix n'étant plus en rapport avec la valeur actuelle, j'ai décidé qu'à partir du 1er janvier prochain la redevance à payer par les entrepreneurs serait fixée d'après la valeur vénale desdits terrains et suivant la progression ci-après, savoir :

Pour les terrains d'une valeur au-dessous.

	Fr.
de 100 francs	0 50
de 101 à 200 francs.............	1 00
de 201 à 300 —	1 50
de 301 à 400 —	2 00
de 401 à 500 —	2 50
de 501 à 600 —	3 00
de 601 à 700 —	3 50
de 701 à 800 —	4 00
et de 801 et au-dessus.............	5 00

DÉPOTS DE PULPES DE BETTERAVES HUMIDES destinées à la vente. — Établissement insalubre de 3e classe : odeur, émanations[5].

DÉROCHAGE DU CUIVRE. — V. *Cuivre.*

DEVANTURE de boutique. — Décis. du préf. de pol. du 15 févr. 1850[1]. Décr. des 28 juill. 1874[2] et 22 juill. 1882[3].

Les devantures des boutiques ne pouvaient avoir plus de cinq mètres de hauteur[4] : cette hauteur n'est plus limitée, à la condition, toutefois, qu'elle ne comprenne pas plus que le rez-de-chaussée et l'étage d'entresol[5].

Leur saillie ne peut excéder 0m16, tous ornements compris[6], mais pour le socle ou seuil la saillie peut être de 0m20.

Le droit de voirie dû pour l'établissement d'une devanture de boutique se compte, au mètre linéaire, à raison de cinq francs le mètre, non compris les droits dus pour le seuil et la corniche[7].

Lorsqu'il est fait des réparations aux devantures, il est perçu un droit pour chaque objet réparé suivant le tarif des droits de voirie[8].

L'entretien des fermetures des boutiques est une charge locative[9] : le locataire doit donc le menu entretien des volets, couvre-caissons, et de leurs ferrures, boulons, clavettes, gâches, charnières, serrures, supports, etc.

Pour les fermetures en fer, le locataire doit en assurer le bon fonctionnement en enlevant la crasse qui se forme dans les engrenages et en les graissant : il doit également faire remettre en place les feuilles qui viendraient à glisser.

Le locataire doit donc, aux fermetures des boutiques, faire toutes les réparations qui ne proviennent pas d'un état de vétusté.

DISTILLERIES en général, eau-de-vie, genièvre, kirsch, absinthe et autres liqueurs alcooliques.

Établissements dangereux de 3e classe : danger d'incendie[10].

Le laboratoire doit être éloigné des magasins à liqueurs et à esprits, bien ventilé, construit en matériaux incombustibles, avec sol imperméable disposé en cuvette : la cheminée sera élevée à la hauteur des cheminées voisines dans un rayon de 100 mètres.

Les liquoristes peuvent obtenir l'autorisation d'établir un laboratoire dans leur arrière-boutique, à la condition de n'avoir qu'un ou deux alambics. La cloison qui sépare la boutique de l'arrière-boutique peut

---

[1] Cass., 13 juin 1861. — [2] Édit, nov. 1539, V. *Fosse*; Édit, 22 sept. 1600, V. *Alignement*; Édit, déc. 1607, V. *Voyer*; Édit, 1608, V. *Immondices.* — [3] Ord. pol., 25 juill. 1862 et 1er sept. 1853. — [4] Annexe.

[5] Décr., 24 avril 1879.

[1] V. *Saillie.* — [2] V. *Voirie (Droits de).* — [3] V. *Saillie.* — [4] Décis. pol., 15 févr. 1850, V. *Saillie.* — [5] Décr., 22 juill. 1882, V. *Saillie.* — [6] Décr., 22 juill. 1882. — [7] Décr., 22 juill. 1874, V. *Voirie (Droits de).* — [8] Décis. pol., 15 févr. 1850. Décr., 28 juill. 1874. — [9] Le Bègue, p. 59.

[10] Décr., 31 déc. 1866.

être vitrée, mais à un mètre du sol seulement; elle doit être en matériaux incombustibles : le sol doit être imperméable, disposé en cuvette, avec seuil de 15 à 20 centimètres et canalisation souterraine[1].

Il est interdit d'employer des enfants dans les distilleries, en raison des dangers d'incendie[2].

DORURE. — Les parties dorées, telles que les cadres de glaces, les moulures, etc., étant par leur essence même très fragiles, le locataire doit en avoir le plus grand soin, mais il ne saurait être responsable des dégradations résultant de l'époussetage journalier ou des effets du temps; il ne doit la réparation que des détériorations commises par des chocs ou la maladresse : cette réparation se résout le plus souvent en une indemnité calculée d'après l'importance du dégât relativement à l'état général des dorures[3].

DORURE et argenture sur métaux. — Etablissements insalubres de 3e classe : émanations nuisibles[4].

Dans l'atelier de dérochage, le sol doit être imperméable avec canalisation souterraine à l'égout des eaux préalablement neutralisées. Le dérochage doit se faire sous une hotte, fermée par un rideau vitré, dont le tirage est activé par un fourneau ou un bec de gaz. Les bains et les piles doivent être placés sous une hotte communiquant avec une cheminée élevée au-dessus du faîte des maisons voisines.

Pour la dorure au mercure les fourneaux d'amalgamation et de volatilisation doivent être surmontés d'une hotte communiquant avec une cheminée d'appel élevée de cinq mètres au-dessus des cheminées voisines, dans un rayon de 100 mètres[5].

Il est interdit d'employer des enfants à cause des dangers d'empoisonnement, dans le procédé au mercure, et des vapeurs délétères dégagées dans les procédés aux acides[6].

DYNAMITE (Fabrique et dépôts de). — Loi du 8 mars 1875[7]. Décr. des 24 août 1875[8], 28 oct. 1882[9] et 12 mai 1886.

Les fabriques et dépôts de dynamite classés parmi les établissements dangereux de 1re classe[10] sont soumis à un régime spécial. Tout fabricant doit fournir un cautionnement de cinquante mille francs par chaque

[1] Bunel, p. 276. — [2] Décr., 14 mai 1875.
[3] Le Bègue, p. 57.
[4] Décr., 31 déc. 1866. — [5] Bunel, p. 277. — [6] Décr., 14 mai 1875.
[7] Annexe. — [8] Annexe. — [9] Annexe. — [10] Décr., 12 mai 1886.

établissement[1]. La demande d'autorisation doit être adressée au préfet, dans les départements, et au préfet de police, dans le ressort de la préfecture de police; après enquête, il est statué par un décret du président de la République, qui détermine les conditions à remplir; les principales de ces conditions sont relatées dans la loi du 8 mars 1875 et le décret du 24 août 1875[2]. Les formalités à remplir pour pouvoir faire usage de la dynamite sont déterminées par le décret du 28 octobre 1882[3].

ANNEXES

Loi du 8 mars 1875.

ARTICLE PREMIER. — Par dérogation à la loi du 13 fructidor an V, la dynamite et les explosifs à base de nitro-glycérine pourront être fabriqués dans des établissements particuliers, moyennant le paiement d'un impôt.

La perception de cet impôt sera assurée au moyen de l'exercice par les employés des contributions indirectes.

Les frais de cet exercice seront supportés par le fabricant, et réglés annuellement par le ministre des finances.

ART. 2. — Le droit à percevoir ne pourra être supérieur à deux francs par kilogramme de dynamite, quelles que soient la nature et la proportion des absorbants employés dans la composition.

ART. 3. — Aucune fabrique de dynamite ou d'explosifs à base de nitro-glycérine ne pourra s'établir sans l'autorisation du gouvernement. L'autorisation spécifiera l'emplacement de l'usine et les conditions de toute nature auxquelles devront être soumises sa construction et son exploitation.

Les fabriques de dynamite seront d'ailleurs assujetties aux lois et règlements qui régissent les établissements dangereux et insalubres de première classe.

Tout fabricant de dynamite devra déposer entre les mains de l'Etat, avant de commencer son exploitation, un cautionnement de cinquante mille francs, qui sera productif d'intérêts à trois pour cent ou pourra être fourni en rentes sur l'Etat.

Si le même fabricant établit dans un autre lieu une nouvelle exploitation, il devra, pour chaque nouvel établissement, verser un nouveau cautionnement de cinquante mille francs.

ART. 4. — Tous fabricants ou débitants de dynamite seront assimilés aux débitants de poudre. Les mêmes règlements leur seront applicables. Le gouvernement pourra, en outre, soumettre la conservation, la vente et le transport de la dynamite à tels règlements nouveaux qui paraîtraient nécessités par les besoins de la sûreté générale.

ART. 5. — L'importation des poudres dynamites ne pourra être effectuée qu'avec l'autorisation du gouvernement.

[1] Loi, 8 mars 1875. — [2] Annexes. — [3] Annexe.

Elles supporteront, à leur introduction en France, un droit de deux francs cinquante centimes et seront soumises aux mêmes formalités que les dynamites fabriquées à l'intérieur.

Les poudres dynamites fabriquées en France et destinées à l'exportation seront déchargées de l'impôt fixé à l'article 2.

ART. 6. — Le gouvernement autorisera, dans les cas où il le jugera convenable, la fabrication de la nitro-glycérine sur le lieu d'emploi.

Les industriels qui voudront profiter de cette autorisation devront indiquer, dans leur demande, la nature et l'importance des travaux qu'ils comptent effectuer au moyen de la nitroglycérine.

Le règlement de la redevance à payer sera établi, à l'expiration de chaque trimestre, d'après les quantités de nitro-glycérine employées aux travaux réellement effectués et à raison de quatre francs par kilogramme de nitroglycérine.

ART. 7. — Des autorisations pourront également être accordées, après avis du conseil supérieur des arts et manufactures, pour la fabrication et l'emploi, aux travaux de mines, de composés chimiques explosibles nouveaux.

Les demandes d'autorisation devront être adressées au ministre de l'agriculture et du commerce.

L'impôt auquel ces composés seront soumis sera fixé par une loi.

ART. 8. — Tout contrevenant aux dispositions de la présente loi et aux règlements rendus pour son exécution sera passible d'un emprisonnement d'un mois à un an et d'une amende de cent francs à dix mille francs, sous la réserve des effets de l'article 463 du Code pénal en ce qui touche la peine de l'emprisonnement.

Tout individu qui se sera soustrait, par une fausse déclaration, aux règlements fixant les conditions du transport et de l'emmagasinage de ses produits, sera passible des mêmes peines.

ART. 9. — Dans le cas où, pour des motifs de sécurité publique, le gouvernement jugerait nécessaire d'interdire d'une manière définitive ou temporaire la fabrication, dans une ou plusieurs usines, ou de supprimer des dépôts ou des débits de dynamite, ces interdictions et suppressions pourront être prononcées sur un avis rendu par le Conseil d'État, après avoir entendu les parties, sans que les fabricants, dépositaires ou débitants aient le droit de demander aucune indemnité pour les dommages directs ou indirects que ces mesures pourront leur causer.

Décret du 24 août 1875.

ARTICLE PREMIER. — La demande en autorisation d'établir, en vertu de l'article premier de la loi du 8 mars 1875, une fabrique de dynamite ou de tout autre explosif à base de nitroglycérine, est adressée au préfet du département.

Elle est adressée au préfet de police pour le ressort de la préfecture.

ART. 2. — La demande est accompagnée d'un plan des lieux à l'échelle d'un cinq millième, indiquant :

1° La position exacte de l'emplacement où la fabrique doit être établie, par rapport aux habitations, routes et chemins, dans un rayon de 2 kilomètres ;

2° La position des bâtiments et ateliers les uns par rapport aux autres ;

3° Le détail des distributions intérieures de chaque local ;

4° Les levées en terre, murs, plantations et autres moyens de défense destinés à protéger les ouvriers contre les accidents provenant des explosions des matières.

Le pétitionnaire doit faire connaître dans sa demande :

La nature des matières et le maximum des quantités qui seront entreposées ou simultanément manipulées dans la fabrique ;

Le nombre maximum d'ouvriers qui peuvent y être employés ;

La nature, le nombre et la contenance des appareils servant à la fabrication ;

Le régime de la fabrique en ce qui concerne les jours et heures de travail.

ART. 3. — Après la clôture de l'instruction, qui est faite conformément aux lois et règlements sur les établissements dangereux, insalubres et incommodes de première classe, le préfet transmet le dossier, avec son avis motivé, au ministre de l'agriculture et du commerce.

ART. 4. — Le ministre de l'agriculture et du commerce prend l'avis des ministres de l'intérieur, des finances et de la guerre.

Le dossier est soumis ensuite au Comité des arts et manufactures qui donne son avis.

Enfin, il est statué, par décret du Président de la République, sur le rapport de tous les ministres qui sont intervenus dans l'instruction.

Le décret d'autorisation fixe les mesures spéciales à observer et les conditions particulières à remplir.

Une ampliation de ce décret est adressée par le ministre de l'agriculture et du commerce aux ministres de l'intérieur, des finances et de la guerre.

ART. 5. — Une ampliation du même décret est délivrée par le préfet au permissionnaire, sur la production du récépissé constatant la réalisation de son cautionnement.

Dans le cas où, pour quelque chose que ce soit, le cautionnement réalisé vient à être réduit ou absorbé, les opérations de la fabrique doivent être immédiatement suspendues et ne peuvent être reprises que lorsque le cautionnement a été reconstitué.

ART. 6. — Lorsque la fabrique est construite et avant qu'elle puisse fonctionner, le préfet, sur l'avis qui lui est donné par le permissionnaire, fait procéder, par un ingénieur des mines ou des ponts et chaussées que désigne le ministre des travaux publics, à la vérification contradictoire de toutes les parties de la construction, à l'effet de constater si elles sont conformes aux conditions du décret d'autorisation.

Procès-verbal est dressé de l'opération.

Sur le vu de ce procès-verbal, le préfet autorise, s'il y a lieu, la mise en activité de la fabrication.

ART. 7. — Les produits de la fabrication sont, au fur et à mesure de leur achèvement, placés dans des magasins spéciaux entièrement séparés des ateliers.

ART. 8. — Le fabricant est tenu de justifier, à toute réquisition du préfet, de ses délégués et des agents de l'administration des contributions indirectes, de l'emploi donné aux produits de la fabrication; à cet effet, il tient un registre coté et parafé par le maire, sur lequel sont inscrites jour par jour, de suite et sans aucun blanc, les quantités fabriquées et les quantités sorties, avec les noms, qualités et demeures des personnes auxquelles elles ont été livrées.

ART. 9. — Les employés des contributions indirectes procèdent périodiquement à des inventaires des restes en magasin.

Le fabricant est tenu de fournir la main-d'œuvre, ainsi que les balances, poids et ustensiles nécessaires aux vérifications.

Le règlement de l'impôt dû pour les quantités livrées à l'intérieur ou manquantes s'opère aux époques fixées par l'administration des contributions indirectes, et le montant du décompte est immédiatement exigible.

ART. 10. — Dans aucun cas, sauf l'exception stipulée à l'article 11, le transport de la dynamite ne peut s'opérer qu'en vertu d'acquits-à-caution délivrés par le service des contributions indirectes et contenant l'engagement de payer, par kilogramme de dynamite, une amende dont le taux est réglé par le ministre des finances, sans pouvoir excéder 2 francs, en cas de non-rapport de l'expédition dûment déchargée dans les délais réglementaires.

Outre la soumission, l'expéditeur doit fournir au buraliste, pour être mises à la souche de l'acquit, et suivant le cas, les pièces ci-après, savoir :

Lorsque les livraisons sont destinées à des marchands de dynamite dûment autorisés, une demande rédigée par le destinataire et revêtue du visa du directeur ou du sous-directeur des contributions indirectes de la circonscription;

Lorsque les livraisons sont destinées à des consommateurs de l'intérieur, les demandes de ces consommateurs, revêtues du certificat de l'autorité locale;

Lorsque la dynamite est destinée à l'exportation, une déclaration de l'exportateur indiquant notamment le pays de destination; cette déclaration est soumise au visa du commissaire de la marine du port d'embarquement, si l'exportation a lieu par mer, ou du préfet du département où réside l'exportateur, si l'exportation a lieu par terre.

ART. 11. — La circulation des quantités inférieures à 2 kilogrammes qui sont prises dans les débits par les consommateurs est régularisée au moyen de simples factures que le débitant délivre lui-même en les détachant d'un registre timbré fourni par la régie; il est fait, dans ce cas, application des règlements en vigueur pour les livraisons de poudres de mine par les débitants au moyen de factures.

ART. 12. — Lorsque l'administration juge nécessaire d'organiser une surveillance permanente dans les fabriques, les fabricants sont tenus, sur sa demande, de fournir dans les dépendances de l'usine ou tout à proximité un local convenable pour le logement d'au moins deux employés.

Dans le même cas, les fabricants doivent fournir aux agents de la régie, à l'intérieur des usines, un local propre à servir de bureau. Ce local, d'au moins 20 mètres carrés, doit être pourvu de tables, de chaises, d'un poêle ou d'une cheminée et d'une armoire fermant à clef.

En toute hypothèse, le fabricant doit, au commencement de chaque année, souscrire l'engagement de rembourser tous les frais de surveillance.

Ces frais, qui représentent la dépense réellement effectuée par la régie, sont réglés à la fin de chaque année par le ministre des finances. Ils deviennent exigibles à l'expiration du mois, à dater de la notification qui est faite au fabricant de la décision du ministre.

ART. 13. — Il est interdit à tous fabricants ou marchands de mettre en vente des produits qui, par suite de la nature ou de la proportion des matières employées, seraient susceptibles de détoner spontanément.

Il est également interdit de mettre en vente des dynamites présentant extérieurement des traces quelconques d'altération ou de décomposition. Chaque cartouche de dynamite porte sur son enveloppe une marque de fabrique et l'indication de l'année et du mois de sa fabrication.

Les préfets peuvent désigner des ingénieurs ou autres hommes de l'art pour s'assurer de l'état des matières dans les fabriques, les dépôts et les débits, et pour faire procéder, s'il y a lieu, à leur destruction, aux frais des détenteurs, sans que les fabricants ou marchands puissent de ce chef réclamer aucune indemnité.

ART. 14. — La dynamite ne peut circuler ou être mise en vente que renfermée dans des cartouches recouvertes de papier ou de parchemin, non amorcées et dépourvues de tout moyen d'ignition. Ces cartouches doivent être emballées dans une première enveloppe étanche de carton, de bois, de zinc ou de caoutchouc, à parois non résistantes.

Les vides sont exactement remplis au moyen de sable fin ou de sciure de bois. Le tout est renfermé dans une caisse ou dans un baril en bois consolidé exclusivement au moyen de cerceaux et de chevilles en bois et pourvu de poignées non métalliques.

Chaque caisse ou baril ne peut renfermer un poids net de dynamite excédant 25 kilogrammes.

Les emballages porteront sur toutes leurs faces, en caractères très lisibles, les mots : *Dynamite, matière explosive*.

Chaque cartouche sera revêtue d'une étiquette semblable.

ART. 15. — Indépendamment des mesures prescrites par le précédent article, le transport de la dynamite sur les chemins de fer ne peut avoir lieu que conformément aux règlements spéciaux arrêtés par le ministre des travaux publics.

Le transport de la dynamite sur les rivières,

les canaux et les routes de terre s'opère conformément aux règlements en vigueur pour le transport des poudres et des matières dangereuses.

Art. 16. — Les dépôts et débits de dynamite sont distingués en trois catégories, suivant la quantité qu'ils sont destinés à recevoir, ainsi qu'il suit :

La première catégorie comprend ceux qui contiennent plus de 50 kilogrammes de dynamite ;

La seconde, ceux qui en contiennent de 5 à 50 kilogrammes ;

La troisième, ceux qui en contiennent moins de 5 kilogrammes.

La conservation de toute quantité de dynamite est assimilée à un dépôt.

Toute demande en autorisation de dépôt ou débit de dynamite est soumise aux formalités d'instruction prescrites par les règlements pour les établissements dangereux, insalubres et incommodes de première, de deuxième ou de troisième classe, suivant la catégorie à laquelle le dépôt ou le débit doit appartenir.

Il est statué sur la demande dans les formes et suivant les conditions réglées par les articles 1 à 5 ci-dessus pour les fabriques de dynamite.

Toutefois, dans le plan des lieux qu'aux termes du premier paragraphe de l'article 2 ci-dessus il doit joindre à sa demande, le pétitionnaire pourra se borner à indiquer la position de l'emplacement où les dépôts et débits de dynamite doivent être établis par rapport aux habitations, routes et chemins, dans un rayon de 500 mètres, s'il s'agit de dépôts ou de débits compris dans la deuxième catégorie, et de 200 mètres, il s'agit de dépôts ou de débits rentrant dans la troisième catégorie.

Le décret d'autorisation fixera les mesures spéciales à observer et les conditions particulières à remplir pour l'installation et l'exploitation des dépôts ou débits.

Art. 17. — Les débitants de toute catégorie doivent, comme les fabricants, tenir un registre d'entrée et de sortie des matières existantes dans leurs magasins ou vendues : ce registre doit contenir toutes les indications prescrites à l'art. 8 ci-dessus.

Les débitants peuvent vendre des cartouches au détail, mais il leur est interdit de les ouvrir et de les fractionner.

Ils peuvent vendre également les amorces et autres moyens d'inflammation des cartouches, mais ils doivent les tenir renfermés dans des locaux entièrement séparés de ceux où les cartouches sont déposées.

Art. 18. — Les demandes en autorisation d'importer de la dynamite sont adressées au préfet du département dans lequel réside le destinataire, et au préfet de police, pour le ressort de sa préfecture.

Elles font connaître :

1° Les nom, prénoms et domicile de l'expéditeur ;

2° Le lieu de provenance de la dynamite ;

3° La quantité à importer ;

4° Le point ou les points de la frontière par lesquels l'importation aura lieu ;

5° Le lieu de destination et les nom, prénoms, domicile et profession du destinataire.

La demande est instruite et il est statué dans les mêmes termes et suivant les mêmes règles que pour les dépôts ou débits de dynamite.

Le décret qui autorise, s'il y a lieu, l'importation, désigne les points par lesquels elle doit s'opérer et les bureaux de douane chargés de la vérification.

La dynamite importée est soumise, dans tous les cas, aux mêmes conditions que la dynamite fabriquée à l'intérieur.

Les frais de toute nature que peuvent occasionner à l'État l'introduction en France et le transport de la dynamite, tels que les frais d'escorte, de vérification et tous autres relatifs au contrôle et à la surveillance, sont à la charge de l'expéditeur, du transporteur ou du destinataire pour le compte duquel ils auront été effectués. Ils seront réglés, dans chaque cas, par le ministre des finances.

Art. 19. — La dynamite importée ne peut circuler à l'intérieur que sous le plomb et en vertu d'un acquit-à-caution de la douane, après acquittement préalable des droits fixés par la loi ; elle ne peut être cédée ou vendue à des tiers par le destinataire que si celui-ci est régulièrement autorisé en qualité de débitant.

Art. 20. — Les fabricants, débitants et entrepositaires de dynamite sont tenus de donner en tout temps le libre accès de leurs fabriques, débits et dépôts aux agents des contributions indirectes et à tous autres fonctionnaires ou agents désignés par le préfet.

Art. 21. — La fabrication de la nitro-glycérine, dans les cas prévus par l'article 6 de la loi du 8 mars 1875, ne peut avoir lieu qu'en vertu d'une autorisation délivrée dans les mêmes termes et après les mêmes formalités d'instruction que pour les fabriques de dynamite telles qu'elles sont réglées par le présent décret.

Le décret d'autorisation stipule le délai à l'expiration duquel la fabrication doit cesser ; il règle, en outre, les conditions à observer par le permissionnaire pour la constatation et la perception de l'impôt par les agents des contributions indirectes, ainsi que la nature du contrôle à exercer par les ingénieurs de l'État pour la reconnaissance des travaux effectués.

Art. 22. — Les ministres...

Décret du 28 octobre 1882.

Article premier. — Toute personne qui voudra faire usage de la dynamite ou de tout explosif à base de nitro-glycérine devra, au préalable, adresser au préfet du département où se trouve le dépôt une déclaration écrite, visée par le maire de sa commune ou, à Paris, par le commissaire de police de son quartier.

Art. 2. — L'intéressé indiquera dans cette déclaration :

1° Ses nom, prénoms, domicile et profession ;

2° La quantité de dynamite qu'il désire acheter ;

3° L'usage qu'il se propose de faire de la dynamite, ainsi que le lieu précis où elle doit être employée et la date de cet emploi ;

4° L'endroit où il la déposera jusqu'au moment de l'emploi ;

5° La voie qui sera suivie pour le transport au dépôt provisoire, ainsi que le délai dans lequel ce transport sera effectué.

ART. 3. — Récépissé de cette déclaration sera notifié à l'intéressé. Avis en sera donné, sans délai, à l'ingénieur en chef des mines chargé du service des mines, ou, à défaut, à l'ingénieur en chef du service ordinaire des ponts et chaussées du département.

Dans le cas où la dynamite devrait être transportée dans un département autre que celui où la déclaration aura été reçue, l'avis sera transmis au préfet de ce département.

ART. 4. — Les débitants autorisés ne délivreront de la dynamite, quelle que soit la quantité, que sur la production du récépissé de la déclaration à la préfecture. Ce récépissé sera visé par le débitant et renvoyé par lui, dans les vingt-quatre heures de la livraison, au préfet.

ART. 5. — La dynamite détenue par un particulier ne peut être conservée, en attendant son emploi, que pendant huit jours au plus à dater de sa réception, à moins d'une autorisation accordée dans les formes prévues par le décret du 24 août 1875 (art. 16).

ART. 6. — En cas d'autorisation, la dynamite sera emmagasinée dans un local fermé à clef. Les entrées et les sorties de dynamite seront inscrites sur un carnet. Les chiffres des entrées seront la production exacte des acquits-à-caution.

ART. 7. — Les dépôts ne devront jamais contenir, en même temps que la dynamite, des poudres fulminantes, c'est-à-dire susceptibles de provoquer, par choc ou inflammation directe, une explosion.

ART. 8. — Le signataire de la déclaration prescrite par l'art. 1er ci-dessus est tenu de rendre compte de l'emploi qu'il aura fait de la dynamite, huit jours au plus après la réception.

Le bulletin qu'il adresse, à cet effet, au préfet mentionnera la date et le lieu de l'emploi.

L'administration pourra toujours contrôler sur place les opérations.

ART. 9. — Les cartouches-amorces seront, dans les chantiers où il est fait usage de dynamite, confiées à la garde d'un contre-maître, qui ne les remettra aux ouvriers qu'au moment de l'emploi.

ART. 10. — Un exemplaire du présent décret sera remis à chaque déclarant, en même temps que le récépissé officiel de sa déclaration.

ART. 11. — Les personnes qui auront importé de la dynamite seront tenues, outre les formalités auxquelles elles sont actuellement soumises, de faire une déclaration au préfet du département, lors de la réception, et de remplir toutes les obligations du présent décret.

ART. 12. — Les contraventions aux dispositions qui précèdent seront constatées par des procès-verbaux déférés aux tribunaux compétents et punis des peines portées par l'art. 8 de la loi du 8 mars 1875.

ART. 13. — Sera puni des mêmes peines tout individu porteur ou détenteur de dynamite en dehors des conditions prévues au présent décret.

ART. 14. — Dans la huitaine de la promulgation du présent décret, tout détenteur non débitant de dynamite ou de matières explosibles à base de nitro-glycérine sera tenu d'en faire la déclaration au préfet du département de sa résidence, sous les peines indiquées à l'art. 12.

E

EAU DE JAVELLE (Fabrication, d'). — V. *Chlorures alcalins.*

EAU-DE-VIE. — V. *Distilleries.*

EAU-FORTE. — V. *Acide nitrique.*

EAUX GRASSES (Extraction, pour la fabrication du savon et autres usages, des huiles contenues dans les) :

1° En vases ouverts :
Etablissement insalubre de 1re classe : odeur, danger d'incendie.

2° En vases clos :
Etablissement insalubre de 2e classe : odeur, danger d'incendie[1].

Les établissements de 1re classe ne sont autorisés qu'à une grande distance des habitations.

[1] Décr., 31 déc. 1866.

Les ateliers seront construits en matériaux incombustibles, bien ventilés et avec sol imperméable : l'ouverture des foyers sera placée en dehors des ateliers.

Les chaudières seront munies de couvercles et surmontées de hottes conduisant les vapeurs dans une cheminée élevée de 20 à 30 mètres[1].

Il est interdit d'employer des enfants quand on se sert de sulfure de carbone[2].

EAUX MÉNAGÈRES.—Décr. du 26 mars 1852[3]. Instr. cons. d'hygiène du 11 nov. 1853[4]. Ord. pol. des 23 nov. 1853[5] et 25 juill. 1862[6].

Chacun peut faire écouler ses eaux ménagères sur la voie publique, à la condition, toutefois, qu'elles ne répandent pas des

[1] Bunel, p. 279. — [2] Décr., 22 sept. 1879.
[3] V. *Expropriation.* — [4] V. *Log. insal.* — [5] Ibid.
— [6] V. *Bâtim. en constr.*

exhalaisons insalubres. Néanmoins, les maires peuvent, dans un but de salubrité, interdire l'écoulement des eaux ménagères sur la voie publique, à certaines heures du jour.

Les eaux ménagères doivent s'écouler sous les trottoirs au moyen de gargouilles disposées à cet effet[1]. Dans les rues pourvues d'égout, les propriétaires doivent faire écouler à l'égout les eaux pluviales et ménagères de leur immeuble[2].

Les cuvettes destinées au déversement des eaux ménagères doivent être disposées de telle sorte que ces eaux ne puissent jaillir au dehors[3].

On ne doit pas les vider dans les tuyaux de descente pendant les gelées, ni les laisser séjourner longtemps dans les logements[4].

EAUX MINÉRALES. — V. *Fouille.*

EAUX DE PARIS.—Ord. pol. du 25 juill. 1862[5]. Arr. préf. des 24 avril 1866[6], 3 nov. 1869[7], 24 mai 1875[8] et 10 févr. 1879[9]. Arr. du 30 avril 1879[10]. Traité du 20 mars 1880[11]. Règlement du 25 juill. (arr. préf. du 13 août) 1880[12]. Arr. préf. des 15 oct. et 30 déc. 1880[13], 31 mars et 11 juin 1884[14], 14 oct. 1885[15], 18 mars 1887[16], et 19 juin 1888[17]. Délibération du Conseil municipal du 6 juill. 1888[18].

Les eaux de la ville de Paris sont délivrées :

1° Par robinet de jauge ;
2° Par estimation, mais seulement pour les eaux de sources;
3° Par compteur ;

à des prix déterminés par le règlement du 25 juillet 1880[19], complété par les arrêtés préfectoraux des 30 décembre 1880 et 18 mars 1887[20] pour les établissements industriels et les quantités au-dessus de 20 mètres cubes.

Pour les abonnements au compteur, les suppléments sont payés au prix fixé pour les abonnements de 500 litres[21], et ils ne sont dus que lorsque le montant de la consommation annuelle est dépensé[22].

Les concessions provisoires, pour travaux de maçonnerie ou de nettoyage des façades, sont payées à raison de 0 fr. 33 le mètre cube[23]. Le payement de ces concessions pro-

visoires est à la charge de l'entrepreneur de maçonnerie ou de ravalement.

Bien qu'un abonnement soit signé en eau de l'Ourcq, la compagnie peut, dans certains cas, substituer à cette eau de l'eau de sources : la police se trouve alors annulée de plein droit, au bout d'un an, si elle n'a pas été modifiée par le propriétaire[1].

Les compteurs, ainsi que tous les frais d'établissement et d'entretien depuis la conduite publique, sont à la charge du propriétaire.

Toute prise doit être pourvue d'un robinet d'arrêt à sa jonction avec la conduite publique[2].

La canalisation doit être placée dans le branchement d'égout desservant l'immeuble[3].

Jusqu'au parement intérieur du mur de face, dans les deux premiers genres d'abonnement, et jusqu'au compteur dans le troisième genre, le travail de canalisation est exécuté par les entrepreneurs de la compagnie; le surplus est fait par l'entrepreneur du propriétaire.

Pour les travaux exécutés sous la voie publique les entrepreneurs doivent se conformer aux prescriptions de l'ordonnance de police du 25 juillet 1862[4] et à l'arrêté préfectoral du 19 juin 1888[5].

Les compteurs peuvent être pris en location ou achetés ; ils doivent être choisis parmi ceux acceptés par la compagnie[6].

Dans les maisons non encore alimentées, les propriétaires peuvent obtenir, de la compagnie, la pose gratuite de la colonne montante et de l'installation nécessaire pour mettre l'eau à la portée des locataires, moyennant un abonnement de 81 francs, si la maison a cinq étages, ou de 16 fr. 20 par étage, si la maison a moins de cinq étages[7]. Les rez-de-chaussée comprenant des appartements ou logements habités bourgeoisement sont comptés pour un étage[8].

Un propriétaire ne peut traiter avec une autre personne ou avec une compagnie pour établir, dans son immeuble, les appareils nécessaires à la distribution de l'eau dans les appartements, en lui concédant le droit de traiter avec chacun des locataires, pour la fourniture de l'eau dans les lieux loués[9].

Il est interdit d'employer l'eau de sources au lavage des cours, à l'arrosage des jardins, au service des écuries et à tous usages industriels; une deuxième concession, en

---

[1] Ord. pol., 25 juill. 1862, V. *Bâtim. en constr.* — [2] Décr., 26 mars 1852, V. *Expropriation.* — [3] Ord. pol., 23 nov. 1853, V. *Log. insal.* — [4] Instr., 11 nov. 1853, V. *Log. insal.*

[5] V. *Bâtim. en constr.* — [6] Annexe. — [7] Annexe. — [8] Annexe. — [9] Annexe.— [10] V. *Incendie.* — [11] Annexe. — [12] Annexe.— [13] Annexes.— [14] Annexes. — [15] Annexe. — [16] Annexe. — [17] V. *Egout.* — [18] Annexe. — [19] Annexe. — [20] Annexe. — [21] Arr. préf., 31 mars 1884, annexe. — [22] Arr. préf., 11 juin 1884, annexe. — [23] Arr. préf., 3 nov. 1869, annexe.

[1] Arr. préf. 24 mai 1875, annexe. — [2] Arr. préf., 10 févr. 1879, annexe. — [3] Arr. préf., 24 avril 1886, annexe. — [4] V. *Bâtim. en constr.* — [5] V. *Egout.* — [6] Arr. préf., 15 oct. 1880, annexe. — [7] Traité, 20 mars 1880, annexe. Arr. préf., 14 oct. 1885, annexe. — [8] Règlement, 25 juill. 1880. — [9] Paris, 5 févr. 1856, V. *Incendie.*

eau de l'Ourcq, est nécessaire pour l'eau que l'on destine à ces usages[1].

L'arrêté préfectoral du 30 avril 1879[2] règle les conditions moyennant lesquelles les particuliers peuvent installer des bouches d'incendie, soit à l'intérieur, soit à l'extérieur de leurs propriétés.

ANNEXES

Arrêté préfectoral du 24 avril 1866.

ARTICLE PREMIER. — Dans tous les cas où la prise d'eau, soit d'une concession d'établissement public, soit d'un abonnement privé, sera pratiquée sur une conduite publique posée sous galerie, le tuyau alimentaire devra être placé dans le branchement d'égout desservant l'immeuble. Cette mesure sera appliquée immédiatement si ce branchement existe, sinon aussitôt que l'égout particulier aura été construit.

Le tuyau devra, pour entrer dans la propriété, pénétrer dans le mur du pignon du branchement, ou, s'il y a impossibilité, être dévié latéralement sous le trottoir, le long de la façade de la propriété. Dans ce cas, il sera contenu dans un fourreau métallique étanche, incliné vers l'égout. Le travail sera exécuté conformément à l'art 8 du règlement sus-visé[3], aux frais du concessionnaire ou de l'abonné, par les entrepreneurs, soit du service des eaux, soit de la compagnie, aux conditions de leur marché.

Faute de satisfaire à cette prescription dans le délai de quinzaine à compter de l'invitation qui aura été signifiée à qui de droit par les soins de l'ingénieur en chef, la prise d'eau sera détachée de la conduite publique, d'office et aux frais du concessionnaire ou abonné, et le service sera supprimé.

ART. 2. — Le directeur du service municipal...

Arrêté préfectoral du 3 novembre 1869.

ARTICLE PREMIER. — Les tarifs ci-après seront appliqués à partir du 1er janvier 1870, savoir :

Destination et mode de fourniture.	Prix du mètre cube d'eau de toute provenance.
1° Arrosement et empierrement des voies situées *extra muros* et entretenues soit par l'Etat, soit par le département, soit par les communes. Livraison par attachements.	0 fr. 25
2° Travaux de maçonnerie et nettoyage en façades des maisons à Paris et *extra muros*, à l'exclusion de tout autre usage.	0 fr. 33
3° Abonnements à jauges variables..................	Augmentation de 30 p. 100 sur le prix du tarif de l'abonnement.

[1] Délibération cons. municipal, 6 juill. 1888, annexe. — [2] V. *Incendie.*
[3] Règlement, 30 nov. 1860, remplacé par celui du 3 nov. 1869.

Moyennant cette augmentation, les abonnés de Paris et de la banlieue pourront obtenir durant six mois, soit en été du 1er avril au 1er octobre, soit en hiver du 1er octobre au 1er avril, tout ou partie de la quantité d'eau due pour une année entière.

Les abonnements de dix mètres cubes et au-dessus, soit *intra muros*, soit *extra muros*, pourront être servis à jauges variables sans subir cette augmentation.

La fourniture à jauges variables est interdite pour les abonnements à robinet-libre.

ART. 2. — Les abonnements d'eau de Seine et de Marne dans les communes ci-après désignées : Saint-Mandé, Vincennes, Pré-Saint-Gervais, Pantin, Montrouge et Gentilly, seront à l'avenir réglés d'après les bases suivantes :

250 litres..........	70 fr.	pour cette fourniture
509 —	100 fr.	
De 1,000 à 5,000 litres.	160 fr.	par chaque mètre cube
Fourniture au-dessus de 5,000 litres..........	125 fr.	

Au delà de 500 litres, les augmentations de volume ne seront consenties que par quantités indivisibles de 500 litres.

Pour toute fourniture supérieure à 10,000 litres ou 10 mètres cubes, la compagnie traite de gré à gré, sans qu'en aucun cas le prix du mètre cube puisse être inférieur à 60 francs par an.

ART. 3. — Le directeur des eaux et des égouts est chargé...

Arrêté préfectoral du 24 mai 1875.

ARTICLE PREMIER. — L'eau de la Vanne pourra être substituée à l'eau de l'Ourcq pour les besoins du service privé :

1° Dans toute rue pourvue soit d'une double canalisation, soit d'une canalisation unique, dès que l'administration jugera que l'un des services public ou privé est en souffrance :

2° Dans toute rue ou partie de rue pourvue d'une canalisation unique, lorsqu'un dixième au moins des abonnés demandera l'eau de la Vanne et lorsque les raccords des conduites auront été exécutés.

ART. 2. — Dans lesdites rues, les abonnés qui n'auront pas demandé le changement de service devront faire modifier leur police d'abonnement, souscrire un abonnement pour l'eau de la Vanne dans le délai d'une année. Faute de ce faire, leur police d'abonnement ne sera pas renouvelée.

ART. 3. — Ces mesures seront prescrites pour chaque cas particulier, par le directeur des eaux et égouts, la compagnie générale des eaux entendue.

Avis en sera donné à tous les abonnés par les soins de la compagnie générale des eaux.

ART. 4. — Les raccords des appareils des services publics sur les conduites maîtresses d'eau de l'Ourcq seront faits lorsque l'administration le jugera nécessaire.

ART. 5. — Le directeur des eaux...

Arrêté préfectoral du 10 février 1879.

ARTICLE PREMIER. — Tout ancien branchement de prise d'eau pour alimentation devra être pourvu, à son point de jonction avec la conduite publique, d'un robinet d'arrêt, conformément à l'article 7 du règlement du 30 novembre 1860[1], susvisé, à la première réparation ou modification qu'il aura à subir.

ART. 2. — L'inspecteur général...

Traité du 20 mars 1880.

CHAPITRE PREMIER. — TARIF DES TRAVAUX EXÉCUTÉS PAR LA COMPAGNIE AU COMPTE DES ABONNÉS.

ARTICLE PREMIER. — Par dérogation à l'article 14 du traité du 11 juillet 1860, la compagnie sera chargée, à dater du 1er janvier 1881, de l'exécution et de l'entretien des travaux de la prise d'eau aussi bien que du branchement jusqu'à la façade des habitations, sous la surveillance et le contrôle des agents de la ville de Paris.

ART. 2. — Par dérogation aux stipulations de l'article 8 du règlement annexé au traité du 11 juillet 1860, les travaux mentionnés à l'article précédent seront exécutés, au compte des propriétaires, par la compagnie des eaux, aux prix et conditions qui suivent :

Les travaux seront l'objet d'adjudications restreintes en plusieurs lots et d'une durée de cinq années au plus. La compagnie recevra pour direction et règlement de ces travaux, à payer par l'abonné, une prime de 2 p. 100.

Les concurrents devront être admis par une commission composée du préfet, président, ou de son délégué, et de six autres membres désignés, trois par l'administration municipale, trois par la compagnie.

Toutefois du 1er janvier 1881 au 1er janvier 1888, les travaux de branchement et de prise d'eau seront exécutés par la compagnie générale des eaux, aux prix de la série annexée au décret du 11 juillet 1860, mais frappés d'un rabais de 25 p. 100.

CHAPITRE II. — COLONNES MONTANTES ET AGENCEMENTS INTÉRIEURS.

ART. 3. — Pendant les trois années 1881, 1882 et 1883, la compagnie se chargera, à ses frais, risques et périls, de l'établissement de colonnes montantes, soit de tous autres agencements, plus économiques, propres à mettre l'eau à la portée de tous les locataires de la maison, qu'elle livrera gratuitement aux propriétaires et qui deviendront leur propriété.

Pendant le cours de ces trois années, la compagnie livrera aussi gratuitement dans les maisons non encore alimentées, aux propriétaires qui en feront la demande, la prise d'eau, le branchement et l'agencement de la distribution intérieure.

Ces propriétaires devront toutefois prendre

[1] Remplacé par celui du 3 nov. 1869.

l'engagement de conserver ces travaux pendant cinq ans au moins.

ART. 4. — Les travaux des colonnes ou agencements seront exécutés par adjudication, comme il est dit au deuxième paragraphe de l'article 2, et les travaux de branchement et de prise d'eau suivant les stipulations des autres paragraphes de cet article. La dépense de ces travaux, faite par la compagnie et réglée par les ingénieurs du service municipal, sera remboursée annuellement par la ville à la compagnie jusqu'à concurrence des quatre cinquièmes. Il pourra être alloué, en outre, des primes de 30 francs à chaque personne qui prendra un abonnement sur les colonnes montantes ou autres agencements de distribution intérieure dans l'année de leur exécution. Cette prime sera payée après l'exécution des travaux de distribution chez l'abonné. Elle s'ajoutera au compte des colonnes montantes et agencements de distribution intérieure à partager entre la ville et la compagnie.

L'administration municipale déterminera d'ailleurs, chaque année, le chiffre maximum de la dépense à faire par la compagnie, aussi bien pour les colonnes ou agencements de distribution intérieure que pour les prises.

La compagnie percevra, pour frais de direction et de garantie des colonnes montantes ou de tous autres agencements de distribution intérieure à établir gratuitement, une indemnité fixée à 2 p. 100 du montant desdits travaux arrêté comme il vient d'être dit et après l'application du rabais de l'entreprise.

ART. 4 *bis*. — Dans le cas où, pendant les années 1881, 1882 et 1883, il conviendrait aux propriétaires d'exécuter eux-mêmes la colonne montante à leurs frais, sous leur responsabilité et par les entrepreneurs de leur choix, il leur sera alloué, à titre de prime, les deux cinquièmes du montant des abonnements nouveaux branchés sur la nouvelle colonne montante pendant chacune des cinq premières années de l'établissement de cette colonne.

ART. 5. — Les propriétaires auront la faculté de faire entretenir ces conduites, soit par la Compagnie au prix du tarif d'entretien, soit par tout autre entrepreneur.

CHAPITRE III. — COMPTEURS ET TARIFS D'ABONNEMENTS.

ART. 6. — Il est créé un mode nouveau d'abonnement à robinet libre en eau de source applicable seulement aux étages supérieurs et aux rez-de-chaussée habités bourgeoisement pour les maisons pourvues d'une colonne montante ou de tout autre agencement de distribution intérieure.

Ces abonnements, destinés uniquement aux usages domestiques, ne sont pas accordés dans les appartements où s'exerce un commerce ou une industrie quelconque donnant lieu à l'emploi de l'eau.

Le tarif de ces nouveaux abonnements sera réglementé de la manière suivante :

Un seul robinet établi au-dessus de la pierre d'évier pour un appartement habité par une, deux ou trois personnes....... 16fr20 par an.

Pour chaque personne en plus　4　»　—

Pour chaque robinet supplémentaire, que l'abonné voudra
placer dans les appartements :

Dans les cabinets d'aisances . . . 4 » par an.
Dans les salles de bains . . . . . 12 » —
Dans les salles de douches . . . 9 » —
Dans les autres parties du lo-
gement . . . . 6 » —

Les propriétaires qui en feront la demande
pourront avoir, aux étages dans lesquels il n'y
aurait pas de logement d'une valeur réelle dépassant 500 francs, un robinet libre à chaque
étage de palier, posé dans un endroit à leur
convenance, ledit robinet ne pouvant servir aux
usages industriels. Le prix de ce robinet sera
de 16 fr. 20 par an.

ART. 7. — En dehors du mode d'abonnement
sus-indiqué, l'eau ne sera plus fournie, à dater
du 1er janvier 1881, que par des abonnements au
compteur ou au robinet de jauge, sauf les exceptions que l'administration se réserve d'admettre dans un intérêt public, la compagnie
entendue.

Un modèle de chaque système de compteur
approuvé par l'administration, la compagnie
entendue, sera déposé à la préfecture de la
Seine.

Les compteurs seront à la charge des abonnés,
qui auront la faculté de les acheter directement
parmi les systèmes acceptés et autorisés, comme
il est dit au paragraphe précédent, sauf les
droits des fabricants brevetés.

Ils ne pourront être mis en service qu'après
avoir été vérifiés et poinçonnés par l'administration.

Ils seront soumis, quant à leur exactitude et
à la régularité de leur marche, à toutes les vérifications que l'administration pourra prescrire,
sans préjudice de celles que les abonnés ou la
compagnie voudraient faire effectuer par les
voies de droit.

La pose et le plombage des compteurs seront
faits par la compagnie, de même que la fourniture et le scellement de la plate-forme, aux prix
fixés sur la police d'abonnement approuvée par
l'administration, mais seulement dans le cas où
le compteur sera fourni par la compagnie en
location à l'abonné, comme il est dit à l'article
ci-après.

Les abonnés au compteur auront la libre disposition de l'eau comme bon leur semblera,
dans les limites de l'usage indiqué dans leur
police d'abonnement. Lorsque le compteur sera
posé par l'entrepreneur de l'abonné, la pose
sera vérifiée par les agents de la compagnie et
contrôlée par l'administration, conformément
aux indications de la police d'abonnement.

ART. 8. — La compagnie s'engage d'ailleurs à
fournir aux abonnés qui lui demanderont des
compteurs en location qui lui seront payés, y
compris l'entretien, d'après le tarif établi par
l'administration dans la police d'abonnement,
après entente avec la compagnie.

La compagnie percevra sur les abonnés, en
une seule fois et d'avance, l'annuité de location
et d'entretien du compteur, d'après le tarif
ci-dessus indiqué.

ART. 9. — A dater du 1er janvier 1881, le tarif
d'abonnement, inséré à l'article 14 du règle-

ment du 30 novembre 1860, et déjà modifié par
l'arrêté préfectoral du 3 mai 1866, sera fixé
ainsi qu'il suit pour les abonnements inférieurs
à 5 mètres cubes par jour.

QUANTITÉS de la FOURNITURE JOURNALIÈRE	PRIX PAR AN	
	Pour l'eau de l'Ourcq et pour l'eau de rivière sur les voies où l'eau de l'Ourcq ne peut pas être distribuée.	Pour les eaux de source ou de rivière.
	Fr. c.	Fr. c.
125 litres (au compteur ou au robinet de jauge accepté par l'Administration)	» »	20 »
250 — Idem	» »	40 »
500 — —	» »	60 »
1.000 — —	60 »	120 »
1.500 — —	90 »	180 »
2.000 — —	120 »	240 »
2.500 — —	150 »	300 »
3.000 — —	180 »	360 »
3.500 — —	210 »	420 »
4.000 — —	240 »	480 »
4.500 — —	270 »	540 »
5.000 — —	300 »	600 »

Il ne sera pas accordé d'abonnement inférieur
à mille litres pour les eaux de l'Ourcq et à cent
vingt-cinq litres pour les eaux de Seine, de
Marne, de sources ou de puits artésiens.

Les eaux de l'Ourcq seront exclusivement réservées, en dehors des services publics, aux
besoins industriels et au service des écuries et
remises, cours et jardins. Dans les rues où le
niveau ne permet pas d'amener les eaux de
l'Ourcq, il pourra y être suppléé aux mêmes
conditions par des eaux de Seine, de Marne ou
autres équivalentes, si l'administration le juge
convenable, et si ces immeubles sont d'ailleurs
approvisionnés en eau de sources pour les autres usages, de même que si la canalisation des
rues le permet.

ART. 10. — Pendant le cours des trois années 1881, 1882 et 1883, le tarif indiqué aux
articles 6, 7 et 9 sera seul applicable aux nouveaux abonnements exclusivement, partout où
la double canalisation du service public et du
service privé sera établie. Il ne sera plus accordé d'abonnements aux eaux de l'Ourcq que
pour les usages ci-dessus spécifiés.

ART. 11. — L'abonnement au compteur sera
basé sur un minimum choisi par l'abonné parmi
les chiffres prévus au tarif ci-dessus.

Les payements seront réglés conformément
aux indications de la police. Les quantités d'eau
constatées par les indications du compteur seront relevées tous les trois mois par les agents
de la compagnie. A la fin du trimestre, il sera
établi un décompte des quantités d'eau consommées.

L'abonné n'aura aucun supplément à payer si
la quantité d'eau accusée au compteur ne dépasse pas le minimum inscrit sur la police
d'après sa déclaration; mais il n'aura droit à

aucune réduction sur ce minimum, quelle que soit sa consommation réelle. Il devra, au contraire, payer les excédents trimestriellement constatés, au mètre cube et au prix de la police d'abonnement.

CHAPITRE IV. — DISPOSITIONS DIVERSES.

ART. 12. — En cas de désaccord entre la Ville et la Compagnie sur la revison de tarifs prévue par l'article 2 de la présente convention, il sera procédé à la détermination des nouveaux prix par voie d'expertise contradictoire.

ART. 13. — Les frais de timbre et d'enregistrement de la présente convention seront supportés...

Arrêté préfectoral du 13 août 1880, approuvant le règlement du 25 juillet 1880.

Forme des abonnements.

ARTICLE PREMIER. — Les abonnements partent des 1er janvier, 1er avril, 1er juillet et 1er octobre de chaque année.

La durée est d'une année pour les abonnements jaugés ou au compteur, et de trois mois pour les abonnements d'appartements.

Mode de délivrance des eaux.

ART. 2. — Le mode de délivrance des eaux sera déterminé et appliqué par la Compagnie, selon les circonstances spéciales au service qu'il s'agira d'établir. Il aura lieu d'après l'un des systèmes suivants : 1° par écoulement constant ou intermittent, régulier ou irrégulier, réglé par un robinet de jauge dont les agents de la Compagnie auront seuls la clef : dans ce mode de livraison, les eaux seront reçues dans un réservoir dont la hauteur sera indiquée par les agents de la Compagnie, et déversées par un robinet muni d'un flotteur; 2° par estimation et sans jaugeage. Ce mode de distribution n'est applicable d'une manière générale qu'aux eaux de sources ou autres assimilées; 3° par compteurs.

Abonnements à robinet libre.

ART. 3. — Les abonnements en eaux de sources à robinet libre ne sont accordés que pour l'alimentation des appartements habités bourgeoisement. Ces abonnements, destinés uniquement aux usages domestiques, ne sont pas applicables aux appartements dans lesquels s'exerce un commerce ou une industrie donnant lieu à l'emploi de l'eau.

Tarifs des abonnements à robinet libre.

ART. 4. — Le tarif de ces abonnements d'appartements sera réglé de la manière suivante :

Un robinet établi au-dessus de la pierre d'évier dans un appartement habité par une, deux ou trois personnes....... 16fr20 par an.
Par chaque personne en plus. 4 » —
Par chaque robinet supplémentaire que l'abonné voudra placer dans les appartements :
Dans les cabinets d'aisances. 4 » —
Dans les salles de bains..... 12 » —
Dans les salles de douches.. 9 » —

Dans les autres parties de l'appartement................... 6 » par an.

Lorsqu'il y aura dans les appartements abonnés des employés ou ouvriers y travaillant, mais n'y logeant pas, il sera payé, pour chaque personne de cette catégorie, un supplément de 0 fr. 60 par an.

Les enfants au-dessous de sept ans ne seront comptés que pour moitié, soit 2 fr. par an.

L'abonnement à robinet libre est formellement interdit pour alimenter des jets d'eau, aquariums ou tous autres écoulements continus. Toute contravention de ce genre sera constatée par procès-verbal, pour ensuite être statué ce que de droit.

Robinets établis après la signature de la police.

ART. 5. — Si le concessionnaire, pendant le cours de la concession, désire faire établir de nouveaux robinets ne figurant point sur la police d'abonnement, il devra, avant de faire entreprendre ces travaux, en donner avis par lettre adressée au directeur de la Compagnie, afin qu'une nouvelle police, comprenant le service de cette installation, soit présentée à sa signature.

L'augmentation résultant de cette nouvelle installation devra être payée par l'abonné à partir du jour de la pose des robinets, quelle que soit d'ailleurs la date de l'entrée en jouissance fixée par la nouvelle police et que les nouveaux robinets soient ou ne soient pas utilisés immédiatement après leur établissement.

Dans le cas où l'abonné négligerait de donner l'avis prescrit ci-dessus, les nouveaux robinets seront considérés comme existant depuis le commencement de l'abonnement et l'augmentation résultant de leur installation sera payée à la Compagnie à partir de cette dernière date qui sera donnée par la police en cours.

Tout robinet supplémentaire supprimé devra également être signalé par lettre adressée au directeur de la Compagnie, qui en accusera réception. Le prix afférent à ce robinet ne sera déduit du montant de la police qu'à partir du premier jour du trimestre qui suivra la lettre d'avis, quelle que soit d'ailleurs la date de la suppression du robinet.

Robinets de paliers.

ART. 6. — Pour les étages dans lesquels il n'y aura pas de logement d'une valeur réelle de location dépassant 500 francs par an, les propriétaires pourront faire établir un robinet de palier dont ils disposeront, exclusivement, au profit des locataires habitant l'étage où sera établi ce robinet et n'y exerçant ni commerce ni industrie donnant lieu à l'emploi de l'eau. Toutefois, dans le cas où il y aurait dans l'immeuble d'autres étages dans les conditions susindiquées, le robinet de palier ne pourra être accordé que si le propriétaire consent à en établir à chacun de ses étages. Il est bien entendu que dans le cas prévu par le présent article, ces robinets ne pourront être placés que sur le palier et non dans l'un des appartements. Le prix à payer pour l'usage de chaque robinet ainsi établi sera de 16 fr. 20 par an.

ART. 7. — Dans les abonnements à robinet

libre, tous les robinets de puisage placés dans les cuisines et dans les cabinets d'aisances, devront être munis d'un appareil à repoussoir et devront être d'un des modèles acceptés par l'Administration. Ces robinets ne devront point produire de coup de bélier et ils ne devront pouvoir être tenus ouverts autrement qu'à la main.

Abonnements jaugés ou au compteur.

Art. 8. — En dehors des deux modes d'abonnements sus-indiqués, l'eau ne sera plus fournie, à dater du 1ᵉʳ janvier 1881, que par des abonnements au compteur ou au robinet de jauge.

L'eau utilisée directement comme force motrice ne sera livrée qu'au moyen d'un abonnement au compteur. Toutefois les propriétaires des établissements de bains publics qui ne voudront pas s'abonner au compteur auront la faculté de s'abonner à robinet libre aux conditions suivantes :

L'eau fournie pour les bains sera de l'eau de l'Ourcq, partout où le niveau du sol permet de la distribuer, et des eaux de rivière sur les points inaccessibles à l'eau de l'Ourcq. Le prix à forfait à payer par ces propriétaires sera calculé sur une moyenne de un bain et demi par jour et par baignoire, affectée tant au service sur place qu'au service à domicile. Ce prix est fixé pour un bain à 5 centimes. Les établissements dans lesquels il existera aussi des piscines, des bains de vapeur, des douches, etc., devront avoir, pour cette partie de leur service, une canalisation distincte, et un abonnement, soit à la jauge, soit au compteur. Dans le cas où ces services ne seraient pas alimentés par les eaux de la Ville, l'abonnement par estimation ne serait pas applicable à l'établissement. Les abonnements des lavoirs alimentés, suivant le niveau des eaux, soit en eau d'Ourcq, soit en eaux de rivières, seront exclusivement à la jauge ou au compteur, et fixés au prix des abonnements des eaux industrielles indiqués à l'article 24 ci-dessous.

Interruption des eaux.

Art. 9. — Les abonnés ne pourront réclamer aucune indemnité pour les interruptions momentanées du service, résultant soit des gelées, des sécheresses et des réparations des conduites, aqueducs ou réservoirs, soit du chômage des machines d'exploitation, soit de toute autre cause analogue.

Dans le cas d'arrêt de l'eau, en totalité ou en partie, l'abonné doit prévenir immédiatement la Compagnie, dans un des bureaux établis pour cet usage, et dans lesquels sont déposés des registres destinés à inscrire les réclamations.

Toute interruption de service dont la durée excéderait huit jours, à dater du jour où la réclamation de l'abonné aura été inscrite dans l'un des bureaux de la Compagnie, donnera droit, pour cet abonné, à une déduction dans le prix des abonnements, proportionnelle à tout le temps d'interruption de service qui excédera huit jours.

Colonnes montantes.

Art. 10. — Pendant les années 1881, 1882 et 1883, la Compagnie se chargera, à ses frais,

de l'établissement dans les maisons, soit des colonnes montantes, soit de tous autres agencements plus économiques, propres à mettre l'eau à la portée des locataires. Ces travaux seront livrés gratuitement aux propriétaires, dont ils deviendront la propriété.

Pendant le cours de ces trois années, la Compagnie livrera de même gratuitement, dans les maisons non encore alimentées, la prise d'eau, le branchement et la colonne montante ou agencement à tout propriétaire qui en fera la demande, dans la limite des crédits votés. Toutefois, les colonnes montantes, la prise et le branchement ne seront établis dans les conditions qui viennent d'être indiquées, que dans les maisons n'ayant pas d'abonnement d'eau et consentant des abonnements de 81 francs au moins, ou de 16 fr. 20 par étage, si le nombre des étages est inférieur à cinq.

Dans les maisons ayant déjà un abonnement à la date du 20 mars 1880, jour de la signature du nouveau traité fait entre la Compagnie et la Ville, on n'établira les colonnes montantes gratuitement que s'il est souscrit un supplément d'abonnement de 16 fr. 20 par étage. Seront considérés comme étages les rez-de-chaussée comprenant des appartements ou logements habités bourgeoisement.

Art. 11. — L'Administration municipale déterminera d'ailleurs, chaque année, le chiffre maximum de la dépense à faire par la Compagnie aussi bien pour les colonnes ou agencements de distribution que pour les prises. Toutefois, il est dès maintenant déterminé que le montant total des dépenses à effectuer ne pourra dépasser une somme de 5 millions pendant les années 1881, 1882 et 1883.

Art. 12. — Les colonnes montantes ou agencements seront établis dans les cages d'escaliers ou en tout autre endroit plus à proximité des cuisines, mais à l'extérieur des appartements et, autant que possible, à l'abri de la gelée. Pour éviter l'action de la gelée, il est nécessaire que les conduites soient mises en décharge la nuit et ne fonctionnent que pendant le temps rigoureusement nécessaire à l'approvisionnement. Les abonnés qui ne voudront pas tenir compte de cette prescription seront seuls responsables des effets résultant des gelées.

Art. 13. — A partir de la colonne montante ou agencement, les tuyaux destinés à la distribution de l'eau dans les appartements ou sur les paliers seront établis par les propriétaires ou les abonnés et par les entrepreneurs de leur choix.

Il pourra être alloué, en outre, une prime de 30 francs à chaque abonné nouveau qui prendra l'eau sur les colonnes montantes ou agencements dans l'année de leur exécution. Cette prime sera payée après l'exécution des travaux de distribution.

Art. 14. — Dans le cas où, pendant les années 1881, 1882 et 1883, les propriétaires feraient exécuter eux-mêmes la colonne montante à leurs frais, sous leur responsabilité et par les entrepreneurs de leur choix, il leur sera alloué, à titre de prime, les deux cinquièmes du montant des abonnements nouveaux branchés sur la nouvelle colonne montante, pendant chacune des cinq premières années de l'établissement de cette colonne.

Dans le cas où ces propriétaires voudraient établir la colonne montante ou autre agencement dans l'intérieur des habitations et jouir de la prime indiquée au paragraphe précédent, ils devront adresser une demande spéciale au préfet de la Seine, qui statuera après avoir entendu la Compagnie et qui indiquera les conditions particulières qu'il jugera nécessaires pour éviter les abus dans l'usage de l'eau.

Entretien.

Art. 15. — Les propriétaires auront la faculté de faire entretenir les colonnes montantes ou agencements établis par la Compagnie ou que celle-ci acceptera, soit par la Compagnie aux prix des tarifs ci-après, soit par tout autre entrepreneur.

Art. 16. — Tout propriétaire voulant faire établir une colonne montante dans les conditions indiquées ci-dessus, adressera à la Compagnie une demande indiquant le nombre et la quotité des abonnements nouveaux qu'il veut prendre pour chaque colonne montante à établir et qui ne pourront être inférieurs au chiffre indiqué à l'art. 10 qui précède. Ce propriétaire sera appelé dans un délai maximum de quinze jours, pour signer les engagements nécessaires, et la date de la signature de cette inscription donnera l'ordre de priorité des travaux à exécuter chez les abonnés. Cet engagement stipulera l'obligation, pour le propriétaire, de prendre ou de faire prendre les abonnements nécessaires dans un délai maximum de six mois, passé lequel il sera responsable de la différence entre le maximum demandé et le montant des abonnements souscrits.

Unité de l'abonnement. — Prises d'eau et robinets.

Art. 17. — Chaque propriété particulière devra avoir un branchement séparé avec prise d'eau distincte sur la voie publique.

L'abonné ne pourra conduire tout ou partie de l'eau à laquelle il a droit dans une propriété qui lui appartiendrait, que dans le cas où celle-ci serait adjacente à la première et aurait une cour commune.

A la fin de l'abonnement les robinets d'arrêt et de jauge faits sur le modèle de la Compagnie seront rendus à l'abonné après que la Compagnie aura changé la tête de ces robinets; il en sera de même en cas de remplacement d'un de ces robinets.

Robinet d'arrêt.

Art. 18. — A l'origine de chaque embranchement sera placé sous la voie publique un robinet d'arrêt sous bouche à clef, dont les agents de la Compagnie auront seuls la clef. Il sera placé de plus un robinet de jauge en cas d'abonnement jaugé.

Les abonnés pourront faire placer à l'intérieur de leurs habitations un second robinet d'arrêt, à la condition que la clef dont ils feront usage sera différente de celle de la Compagnie.

Il est interdit aux abonnés, sous peine de poursuites judiciaires, de faire usage des clefs du modèle de celles de la Compagnie, ou même de les conserver en dépôt.

Art. 19. — Chaque colonne montante sera pourvue d'un robinet d'arrêt. Ce robinet sera plombé ou renfermé dans un coffre fermant à clef, afin qu'il ne puisse être manœuvré, sauf le cas d'accident, que par les agents de la Compagnie. Dans ce dernier cas, le propriétaire de la colonne montante devra en donner avis à la Compagnie, sans délai, en indiquant le motif qui a nécessité cette manœuvre. Chaque branchement pris sur la colonne montante sera aussi pourvu d'un robinet de barrage. Ces robinets seront également plombés et ne devront être manœuvrés, sauf les cas d'accident, que par les agents de la Compagnie. Toute infraction à cette prescription sera poursuivie par les voies de droit.

Frais d'embranchements.

Art. 20. — Les travaux d'embranchement sur la conduite publique seront exécutés et réparés aux frais de l'abonné et aux prix fixés par le tarif ci-après, par les ouvriers de la Compagnie, savoir : jusqu'au réservoir, dans le cas de distribution à la jauge ; jusqu'au mur de face intérieure avec un bout de tuyau en plomb pénétrant de 0ᵐ 50 dans l'intérieur de la propriété, dans le cas d'abonnement à robinet libre.

L'eau sera livrée aussitôt que le mémoire des travaux à la charge de l'abonné aura été soldé.

Les abonnés qui auront un réservoir dans l'intérieur de la propriété pourront faire faire les travaux de distribution intérieure, à partir du réservoir ou du compteur, par des ouvriers de leur choix.

Les travaux de pavage et de trottoirs seront faits par les soins des ingénieurs du pavé de Paris, aux frais des abonnés, conformément aux dispositions de l'arrêté préfectoral du 29 juillet 1879.

Les abonnés ne pourront s'opposer aux travaux d'entretien et de réparation des tuyaux et robinets établis pour le service de leurs abonnements, lorsqu'ils auront été reconnus nécessaires.

Tout ancien branchement de prise d'eau devra être pourvu, à son point de jonction avec la conduite publique, d'un robinet d'arrêt, à la première réparation ou modification qu'il aura à subir.

Dans le cas de contestation sur la nécessité de ces travaux la question sera résolue par l'ingénieur en chef du service municipal, chargé du contrôle du service des eaux.

Les abonnés devront payer le prix de ces travaux, conformément au tarif sus-énoncé, dans le mois qui suivra la notification du mémoire, à peine de fermeture immédiate de leur concession, sans préjudice du droit pour la Compagnie d'exercer un recours, s'il y a lieu.

Art. 21. — Dans tous les cas où la prise d'eau, soit d'une concession d'établissement public, soit d'un abonnement privé, sera pratiquée sur une conduite publique posée sous galerie, le tuyau alimentaire devra être placé dans le branchement d'égout desservant l'immeuble. Cette mesure sera appliquée immédiatement si ce branchement existe, sinon aussitôt que l'égout particulier aura été construit. Le tuyau devra, pour entrer dans la propriété, pénétrer dans le mur pignon du branchement ou, s'il y a impossibilité, être dévié latéralement sous le trottoir le long de la façade de la propriété. Dans ce cas, il sera contenu dans un fourreau métallique étanche, incliné vers l'égout.

Les travaux prévus aux deux paragraphes ci-dessus seront exécutés, conformément à l'article 20, aux frais de l'abonné, par la Compagnie ou ses entrepreneurs, aux conditions de la série de prix ci-jointe. Faute de satisfaire à cette prescription, dans le délai de vingt jours, à compter de l'invitation qui aura été signifiée à qui de droit par les soins de l'ingénieur en chef du service municipal des eaux, le report sera fait d'office et aux frais de l'abonné.

Fourniture et pose des compteurs.

ART. 22. — Les compteurs sont à la charge des abonnés, qui ont la faculté de les acheter parmi les systèmes approuvés par l'Administration, la Compagnie entendue. Les compteurs ainsi achetés ne pourront être mis en service qu'après avoir été vérifiés et poinçonnés par l'Administration. Ils seront soumis, quant à l'exactitude et à la régularité de leur marche, à toutes les vérifications que l'Administration et la Compagnie jugeront devoir prescrire. Les compteurs achetés par les abonnés pourront être posés par leur entrepreneur particulier; mais cette installation, qui sera vérifiée par les agents de la Compagnie, devra être faite conformément aux indications de la police d'abonnement. Le plombage sera fait par les agents de la Compagnie.

Compteurs en location.

ART. 23. — La Compagnie fournira aux abonnés qui en feront la demande des compteurs en location du modèle qu'elle choisira parmi ceux approuvés par l'Administration.

Le tarif de location et d'entretien des compteurs est établi sur les bases suivantes:

Prix fixe, par an et par compteur, quel que soit le volume d'eau consommée, 5 francs. Prix variable s'ajoutant au prix fixe: 15 pour 100 du prix de l'eau consommée pour les quantités inférieures à 1,000 litres. Au delà et jusqu'à 5,000 litres, 15 pour 100 sur les premiers 1,000 litres et 6 francs par mètre cube supplémentaire de consommation journalière moyenne. Au-dessus de 5,000 litres, la Compagnie traitera de gré à gré avec les abonnés. Toutefois, le prix de location et d'entretien ne pourra jamais dépasser 12 pour 100 du prix courant d'acquisition et de pose du modèle des compteurs choisis.

Usage de l'eau de l'Ourcq.

ART. 24. — Les eaux de l'Ourcq sont exclusivement réservées, en dehors des services publics, aux besoins industriels et aux services des écuries, remises, cours et jardins.

Dans les rues où le niveau ne permet pas d'amener les eaux de l'Ourcq, il pourra y être suppléé, aux mêmes conditions, par les eaux de Seine, de Marne ou autres équivalentes, si l'Administration le juge convenable et si les immeubles sont d'ailleurs approvisionnés en eaux de sources pour les usages désignés aux articles 3 et 6 ci-dessus, de même que si la canalisation le permet.

La Compagnie sera libre de traiter à forfait, sauf approbation de l'Administration en cas de contestation, pour les livraisons d'eau par attachement ou par supplément. Dans ce mode de livraison, les prix de vente devront être au moins égaux à ceux des tarifs.

Tarif de l'eau. — Tarif pour les abonnements jaugés et au compteur.

ART. 25. — Le prix de l'eau sera déterminé d'après le tarif suivant:

QUANTITÉ de la FOURNITURE JOURNALIÈRE.	PRIX PAR AN	
	Eaux de l'Ourcq et de rivières pour les usages industriels ou pour le service des écuries, cours et jardins.	Eaux de sources, de rivières et autres, pour les usages domestiques.
	Fr. c.	Fr. c.
125 litres par jour......	» »	20 »
250 —	» »	40 »
500 —	» »	60 »
1000 —	60 »	120 »
1500 —	90 »	180 »
2000 —	120 »	240 »
2500 —	150 »	300 »
3000 —	180 »	360 »
3500 —	210 »	420 »
4000 —	240 »	480 »
4500 —	270 »	540 »
5000 —	300 »	600 »

Au-dessus de 5 mètres cubes et jusqu'à 10 mètres cubes, mais pour les 5 derniers mètres cubes seulement, les prix seront ainsi fixés: Pour l'eau de l'Ourcq ou pour les eaux équivalentes désignées à l'art. 25, 50 francs par an et par mètre cube; pour l'eau de sources, de rivières et autres, 100 francs par an et par mètre cube.

Au-dessus de 10 mètres cubes et jusqu'à 20 mètres cubes, mais pour les dix derniers mètres cubes seulement, les prix seront évalués:

Pour l'eau de l'Ourcq et pour les eaux équivalentes indiquées à l'art. 25, 40 francs par an et par mètre cube; pour l'eau de sources, de rivières ou autres, 80 francs par an et par mètre cube.

Au delà de 20 mètres cubes, mais seulement pour les quantités excédantes, la Compagnie traitera de gré à gré sans qu'en aucun cas le prix du mètre cube puisse être inférieur pour les eaux de l'Ourcq et les eaux équivalentes à 25 francs, et à 50 francs pour les eaux de sources, de rivières et autres. Ces traités de gré à gré devront d'ailleurs être approuvés par le préfet de la Seine.

ART. 26. — Il ne sera pas accordé d'abonnement inférieur à 1,000 litres pour les eaux de l'Ourcq ou autres équivalentes à 125 litres pour les eaux de sources, de rivières et autres.

L'abonné ne pourra réclamer de l'eau d'une origine autre que celle existante dans les conduites placées dans le sol de la voie publique où se trouve la propriété pour laquelle il contracte l'abonnement.

Payements.

ART. 27. — Le prix de l'abonnement sera payé sur la quittance de la Compagnie, d'avance, aux époques indiquées dans l'engagement du concessionnaire.

L'abonné au compteur devra payer d'avance le montant de son abonnement minimum, tel qu'il est fixé par sa police d'abonnement, pour l'année entière. Chaque mètre cube d'eau consommé en sus de l'abonnement sera payé au prix fixé par la police d'abonnement. Le volume d'eau consommé sera relevé dans la première quinzaine de chaque trimestre, contradictoirement avec l'abonné qui devra reconnaître et signer ce relevé. Le supplément de consommation sera dû à la Compagnie par l'abonné, dès que le relevé trimestriel constatera que le montant de l'abonnement minimum sera dépassé. Dans le cas où la consommation annuelle n'atteindrait pas le chiffre résultant de la police d'abonnement, le prix minimum fixé par cette police n'en sera pas moins acquis intégralement à la Compagnie. La consommation journalière ne devra d'ailleurs, dans aucun cas, dépasser quatre fois le volume d'eau de l'abonnement souscrit.

A défaut de payement régulier aux époques ci-dessus indiquées, le service des eaux sera suspendu et l'abonnement pourra être résilié, sans préjudice des poursuites que la Compagnie pourra exercer contre l'abonné.

Dispositions générales. — Responsabilité des abonnés.

ART. 28. — Les abonnés seront exclusivement responsables envers les tiers de tous les dommages auxquels l'établissement ou l'existence de leurs conduites, tant sur la voie publique qu'à l'intérieur de la propriété, pourrait donner lieu.

Constatation des branchements.

ART. 29. — Lors de la mise en jouissance de chaque abonné, il sera dressé, contradictoirement entre l'abonné et la Compagnie, un état de lieux indiquant la nature, la disposition et le diamètre des conduites, savoir : de la conduite publique au réservoir, dans le cas d'abonnement jaugé ; de la conduite publique au compteur, dans le cas d'abonnement au compteur ; lorsqu'il s'agira d'un abonnement d'appartement, l'état des lieux comprendra en plus la canalisation de distribution intérieure, ainsi que le nombre et l'emplacement des robinets et orifices d'écoulement.

L'abonné ne pourra rien changer aux dispositions primitivement arrêtées, à moins d'en avoir préalablement obtenu l'autorisation de la Compagnie.

Interdiction de céder les eaux.

ART. 30. — Il est formellement interdit à tout abonné de laisser embrancher sur sa conduite, soit à l'intérieur, soit à l'extérieur, aucune prise d'eau au profit d'un tiers.

Les eaux de la ville de Paris étant des eaux publiques, inaliénables et imprescriptibles et ne pouvant faire l'objet d'un commerce, ne sont concédées aux habitants qu'à la condition de n'en

disposer que pour leur usage personnel ou celui de leurs locataires ; il est donc interdit à l'abonné de disposer, ni gratuitement, ni à prix d'argent, ni à quelque titre que ce soit, en faveur de tout autre particulier ou intermédiaire, de la totalité ou d'une partie des eaux qui lui sont fournies, d'après sa police d'abonnement, ni même du trop plein de son réservoir. L'abonné ne pourra non plus augmenter à son profit le volume de son abonnement.

Surveillance.

ART. 31. — La distribution d'eau pratiquée dans l'intérieur des propriétés particulières et dans les appartements sera constamment soumise à l'inspection des agents de la Compagnie et de la Ville, sous peine de fermeture de la concession. Ces agents pourront établir aux frais de l'Administration, et sur le branchement de chaque abonné, un compteur qui leur permettra de constater, au besoin, la consommation réelle de l'abonné.

Interdiction de rémunération aux agents du service.

ART. 32. — Il est interdit aux abonnés et à tous les ayants droit de rémunérer, sous quelque prétexte et sous quelque dénomination que ce puisse être, aucun agent de l'Administration ou de la Compagnie.

Infraction à l'usage de l'eau défini à la police.

ART. 33. — Toute infraction dûment constatée aux dispositions du présent règlement en ce qui concerne l'usage de l'eau tel qu'il est défini à la police d'abonnement, entraînera l'obligation pour l'abonné de payer à titre de dommages-intérêts une indemnité de 300 francs, et les causes de cette pénalité devront disparaître dans un délai maximum de quinze jours, sous peine de fermeture de la concession jusqu'à ce que l'abonné ait consenti à se conformer aux dispositions réglementaires, soit en signant une nouvelle police d'abonnement, soit en faisant disparaître les causes de l'infraction ou de la contravention constatée par procès-verbal.

Lorsque les eaux concédées pour un usage industriel auront été employées à des usages domestiques, cette contravention entraînera pour les particuliers, outre les pénalités ci-dessus stipulées, l'application du tarif des eaux de sources, de rivières et autres pour les usages domestiques indiqué à l'article 25.

Résiliations.

ART. 34. — Les parties pourront renoncer à la continuation du service des abonnements, en s'avertissant réciproquement d'avance, savoir :

Au bout de la première année, de trois mois en trois mois, s'il s'agit d'abonnements annuels ;

Au bout du 1er trimestre, de mois en mois, s'il s'agit d'abonnements trimestriels.

Quelle que soit l'époque de l'avertissement, le prix de l'abonnement sera exigible jusqu'à son expiration.

Mutations de propriété.

ART. 35. — L'abonnement ne sera pas résilié

par le seul fait de la mutation de la propriété ou de l'établissement dans lequel les eaux seront fournies.

L'abonné ou ses héritiers seront responsables du prix de l'abonnement jusqu'à ce qu'ils aient accompli la formalité exigée par l'art. 34, sans préjudice du recours contre le successeur qui aura joui des eaux.

Suppression des appareils de distribution en cas de résiliation.

ART. 36.— Dès la résiliation d'un abonnement et si l'abonné est propriétaire du branchement, la Compagnie devra faire couper et détacher le tuyau de concession près de son point de jonction avec la conduite publique, en conservant toutefois le collier pour maintenir la plaque pleine sur l'orifice de la prise d'eau. Ce travail, ainsi que toutes fouilles et tous raccordements, seront exécutés d'office et aux frais du propriétaire du branchement, par les soins de la Compagnie générale des eaux. A la suite de l'opération effectuée par la Compagnie le propriétaire du branchement aura la faculté d'enlever les robinets d'arrêt, bouches à clefs et autres agrès de prise et de distribution d'eau, sauf le collier, en se conformant aux prescriptions du paragraphe 3 de l'article 17 ci-dessus. En tous cas, il restera responsable des conséquences qui pourraient résulter de l'existence des agrès qu'il laisserait, soit à l'intérieur, soit même sous la voie publique. La Compagnie tiendra attachement de ces dépenses qui lui seront, d'après ses mémoires, dûment réglées, remboursées par le propriétaire du branchement, ou, à son défaut, par le nouvel abonné qui déclarera dans la police vouloir profiter de l'ancienne prise d'eau. La remise en service du branchement n'aura lieu qu'après ce remboursement.

Frais d'exécution.

ART. 37. — Les frais de timbre et d'enregistrement des polices seront supportés par les abonnés.

Contravention.

ART. 38. — Les contraventions au présent règlement seront constatées par les agents de la Compagnie, qui en dresseront procès-verbal.

Dispositions transitoires.

ART. 39. — Les dispositions du présent règlement devront être appliquées à tous les abonnés compris dans l'enceinte de Paris, dans un délai maximum de trois ans, à dater du 1er janvier 1881, y compris les abonnements aux eaux des lavoirs publics jouissant encore du tarif spécial fixé par l'arrêté préfectoral du 18 décembre 1851.

ART. 40.— Les règlements et tarifs antérieurs, en date des 30 novembre 1860, 21 octobre 1862, 9 mars 1863, 7 juin 1864, 3 mai 1866, 11 février 1867, 2 août 1869, seront annulés à dater du 1er janvier 1881.

Le modèle de police du 30 novembre 1860 sera également annulé à la même date et remplacé par les quatre nouveaux modèles annexés audit règlement, le tout sauf la réserve indiquée à l'art. 39 qui précède.

Arrêté préfectoral du 15 octobre 1880.

TITRE PREMIER. — CONDITIONS AUXQUELLES DOIVENT SATISFAIRE LES APPAREILS.

ARTICLE PREMIER. — Aucun compteur à eau neuf ou réparé ne pourra être mis en service, à Paris, sans avoir été, au point de vue de son exactitude et de sa bonne confection, vérifié par les agents de l'Administration et revêtu par eux du poinçonnage municipal.

ART. 2. — Ne seront admis au poinçonnage que les compteurs d'un système autorisé à titre définitif ou provisoire.

ART. 3. — Ils devront résister et se maintenir étanches sous une pression intérieure de 15 atmosphères et fonctionner régulièrement et d'une manière continue sous toute pression comprise entre 1 mètre et 7 atmosphères.

ART. 4. — Les compteurs des différents débits devront pouvoir fonctionner régulièrement avec les écoulements suivants :

	3.000 lit. d'eau,	avec	2 lit.	à l'heure.
Ceux	5.000	—	3	—
d'un dé-	10.000	—	4	—
bit n'ex-	20.000	—	6	—
cédant	30.000	—	8	—
pas	60.000	—	12	—
	120.000	—	15	—

Par débit d'un compteur, il faut entendre la plus grande quantité d'eau que le compteur puisse fournir à l'heure d'une manière régulière et permanente, sous une pression de 3 atmosphères.

ART. 5. — Néanmoins, pour les petits débits, et en général pour ceux inférieurs à un litre par minute, débits d'épreuve, qui ne correspondent à aucun puisage usuel, il sera accordé une tolérance en plus ou en moins. Cette tolérance sera de 20 pour 100 jusqu'à un débit de un demi-litre par minute, et de 10 pour 100 au-dessus.

ART. 6. — Tout puisage atteignant un litre par minute devra être enregistré à 8 pour 100 près par le compteur dont le débit, tel qu'il est défini par l'art. 4, ne dépasse pas 3,000 litres à l'heure, et la tolérance n'existera qu'en faveur de l'abonné, c'est-à-dire que le débit enregistré ne pourra être inférieur que de 8 pour 100 au débit réel et ne devra en aucun cas lui être supérieur.

Les compteurs capables de débiter plus de 3,000 litres à l'heure ne seront tenus au même degré d'exactitude que pour les écoulements atteignant 2 pour 100 de leur débit.

ART. 7. — Lorsqu'il sera constaté, soit que la tolérance est dépassée au détriment de la Ville, soit, au contraire, qu'il y a un écart au détriment de l'abonné, le compteur sera immédiatement changé.

Mais ni dans un cas ni dans l'autre, il n'y aura lieu à répétition d'une des parties vis-à-vis de l'autre, chacune d'elles ayant à tout moment le droit de provoquer la vérification du compteur, et par conséquent ne pouvant s'en prendre qu'à elle, si elle a laissé se prolonger une erreur à son détriment.

TITRE II. — CONDITIONS IMPOSÉES AUX FOURNISEURS DES COMPTEURS.

ART. 8. — Les fabricants qui, sous réserve des droits des inventeurs à l'égard des appareils brevetés, voudront entreprendre la construction, la vente ou la location d'un ou plusieurs types de compteurs admis par la Ville, devront produire à la direction des travaux de Paris :

1° Un certificat de l'ingénieur en chef du service municipal des eaux, constatant qu'ils ont, dans Paris, un atelier convenablement organisé pour la fabrication effective des compteurs;

2° Un engagement de soumettre leur fabrication au contrôle permanent des agents du service; de porter leurs appareils à l'atelier municipal d'essai et de poinçonnage; enfin de satisfaire à toutes les conditions stipulées par les articles ci-après;

3° Un certificat constatant le versement opéré par eux, à la caisse municipale, d'un cautionnement de 5,000 francs, soit en numéraire, soit en rentes sur l'Etat ou obligations de la ville de Paris, au porteur et au cours du jour.

ART. 9. — Chaque appareil devra porter d'une manière très apparente les indications suivantes :
Nom et demeure du fabricant;
Débit à l'heure et sous une pression de 3 atmosphères;
Numéro du compteur et année de sa fabrication.

ART. 10. — Aucun compteur ne pourra être posé qu'après déclaration du fabricant au bureau de l'ingénieur en chef des eaux. Cette déclaration, préalablement visée par le directeur de la Compagnie des eaux, qui y inscrira le numéro de la police souscrite, devra indiquer si l'appareil est fourni en location ou vendu à l'abonné.

ART. 11. — Dans le cas de location, le fabricant restera responsable du bon fonctionnement du compteur, sans préjudice des responsabilités qui incombent également à l'abonné aux termes du règlement.

Lorsqu'un dérangement sera signalé au fournisseur de l'appareil, la réparation, si elle peut avoir lieu sur place, ou, dans le cas contraire, le remplacement du compteur par un autre, devront avoir lieu dans les vingt-quatre heures du signalement.

La Compagnie générale des eaux et l'ingénieur en chef du service municipal des eaux devront d'ailleurs en être avisés et mis à même de constater contradictoirement, avec l'abonné, que les indications du compteur ne sont pas altérées, ou, en cas de mutation, sont reproduites sur l'appareil nouveau.

ART. 12. — Si, le délai de vingt-quatre heures expiré, la réparation n'est pas faite, l'Administration aura le droit, sans autre formalité, de remplacer d'office l'appareil défectueux par un autre en bon état pris chez le fabricant, ou, en cas de refus de sa part, par un appareil différent acheté ailleurs.

Les dépenses effectuées à cet effet seront recouvrées sur le fabricant d'après état régulièrement approuvé, et en cas de refus de payement, prélevées sur le cautionnement.

ART. 13. — Si le compteur est vendu à l'abonné, la responsabilité du fabricant vis-à-vis de l'Administration sera limitée à un an, à partir du jour de la mise en service de l'appareil, constatée par les agents du service des eaux.

Passé ce délai, l'abonné restera seul responsable, vis-à-vis de la Ville, de la marche du compteur.

ART. 14. — Tout compteur enlevé pour réparation ne devra être remis en service qu'après avoir été amené à zéro et soumis à une nouvelle vérification et à un second poinçonnage.

ART 15. — D'autre part, les fabricants seront tenus de ne placer qu'à Paris les appareils soumis au poinçonnage de la Ville. Ils devront, dans les quinze jours qui suivront chaque trimestre, fournir à l'Administration un état de situation indiquant où se trouvent les appareils présentés par eux au poinçonnage dans le trimestre précédent.

L'Administration sera libre d'interrompre les épreuves lorsqu'elle jugera suffisant l'écart entre le nombre des appareils poinçonnés et le nombre de ceux mis en service.

ART. 16. — L'autorisation de fournir les compteurs pourra être retirée, par arrêté préfectoral, à tout fabricant qui ne se conformerait pas aux diverses conditions imposées ci-dessus, ou dont les produits ne feraient pas habituellement un bon usage, ou qui, enfin, ne compléterait pas son cautionnement dans le délai d'un mois, lorsque l'application de l'art. 12 ou toute autre cause l'auront diminué de mille francs.

TITRE III. — DISPOSITIONS TRANSITOIRES.

ART. 17. — Les systèmes de compteurs admis jusqu'à nouvel ordre par la ville de Paris sont les suivants :
Compteurs à 1 cylindre système Kennedy.
» 2 » » Frager.
» 3 » » Desplechin-Mathelin.
» 4 » » Samain.

Aucun changement ne devra être apporté aux dispositions actuelles de ces appareils, sans l'autorisation du service des eaux.

ART. 18. — Les compteurs, de quelque système qu'ils soient, en service à la date du présent arrêté, seront tolérés et pourront être réparés jusqu'à ce qu'ils soient reconnus hors d'état de fonctionner régulièrement.

L'identité de ces compteurs sera constatée par un poinçonnage spécial qui devra rester intact, pour assurer au compteur le bénéfice de cette disposition.

Néanmoins, tout compteur qui laisserait passer 30 litres à l'heure sans enregistrement devra être immédiatement remplacé par un compteur d'un des systèmes indiqués ci-dessus comme admis.

ART. 19. — Parmi les autres systèmes actuellement à l'essai dans les ateliers de la Ville ou qui y seront mis, ceux qui seront reconnus satisfaisants, au fur et à mesure que ces essais se compléteront, feront l'objet d'arrêtés ultérieurs d'admission.

Réciproquement, ceux des systèmes provisoirement admis contre lesquels la pratique viendrait à prononcer seraient frappés du retrait d'autorisation.

Dans ce cas, la pose ne pourrait en être continuée ; mais ceux en service avant le retrait d'autorisation seraient provisoirement conservés dans les conditions et sous les réserves indiquées à l'article ci-dessus.

ART. 20. — L'inspecteur général des ponts et chaussées, directeur des travaux de Paris, est chargé de l'exécution du présent arrêté, dont ampliation sera transmise :

1° au secrétariat général (1re division, 2e bureau) pour insertion au Recueil des actes administratifs ;

2° A l'ingénieur en chef des eaux (1re division) ;

3° A la Compagnie générale des eaux ;

4° Aux fabricants ou propriétaires des systèmes Kennedy, Frager, Desplechin-Mathelin et Samain.

Arrêté préfectoral du 30 décembre 1880.

ARTICLE PREMIER. — Le prix de l'eau de l'Ourcq et des eaux équivalentes déterminé, par l'article 24 du règlement susvisé[1], pour les établissements de bains et de lavoirs publics est, au delà de 20 mètres cubes, réglé par le tarif supplémentaire suivant :

QUANTITÉ DE LA FOURNITURE JOURNALIÈRE.	PRIX ANNUEL du mètre cube.
	Fr.
De 20 mètres cubes à 40 mètres cubes, mais pour les 20 derniers mètres cubes seulement....................	35
De 40 mètres cubes à 60 mètres cubes, mais pour les 20 derniers mètres cubes seulement....................	30
De 60 mètres cubes et au delà, mais seulement pour les quantités excédant 60 mètres cubes..............	25

ART. 2. — Le prix de l'eau de l'Ourcq ou des eaux équivalentes déterminées par l'article 24 du règlement susvisé, pour les établissements industriels autres que les lavoirs publics, est fixé, pour les quantités excédant 20 mètres cubes, par le tarif supplémentaire suivant :

QUANTITÉ DE LA FOURNITURE JOURNALIÈRE.	PRIX ANNUEL du mètre cube.
	Fr.
De 20 mètres cubes à 80 mètres cubes, mais pour les 60 derniers mètres cubes seulement....................	35
De 80 mètres cubes à 120 mètres cubes, mais pour les 40 derniers mètres cubes seulement....................	30
De 120 mètres cubes et au delà, mais seulement pour les quantités excédant 120 mètres cubes..................	25

[1] Règlement, 25 juill. 1880.

ART. 3. — Les établissements hospitaliers de l'assistance publique, les établissements de l'État, du département de la Seine et de la ville de Paris, seront soumis au tarif de l'article 2 pour les quantités excédant 20 mètres cubes.

ART. 4. — S'ils ne préfèrent avoir pour leur consommation privée une canalisation spéciale, les habitants de tous les établissements énumérés ci-dessus seront tenus, en sus des abonnements qu'ils auront souscrits pour leurs besoins industriels, de contracter, pour leurs usages domestiques, les abonnements à robinet libre, réglés par l'article 4 du règlement sur les abonnements aux eaux.

Toutefois, cette consommation se trouvant implicitement payée au prix du tarif industriel, comme comprise dans l'abonnement au compteur ou à la jauge, ne donnera lieu qu'à une perception complémentaire représentant la moitié du tarif contenu à l'article 4 du règlement susvisé.

ART. 5. — L'inspecteur général des ponts et chaussées, etc.

Arrêté préfectoral du 31 mars 1884.

ARTICLE PREMIER. — A partir du 1er janvier 1884, il ne sera perçu de supplément que lorsque du total des relevés trimestriels des compteurs, il résultera définitivement un excédent à la fin de l'année ou à la date d'expiration de l'abonnement.

ART. 2. — Les suppléments constatés au compteur seront exempts de la surcharge imposée au principal des abonnements de 120 et 250 litres et seront payés au même prix que les suppléments pour les abonnements de 500 litres à 5,000 litres.

ART. 3. — Le directeur des travaux de Paris est chargé, etc.

Arrêté préfectoral du 11 juin 1884.

ARTICLE PREMIER. — L'article 1er de l'arrêté, en date du 31 mars 1884, susvisé est modifié ainsi qu'il suit :

« A partir du 1er janvier 1884, il ne sera plus perçu de supplément que lorsqu'il sera constaté par le relevé trimestriel du compteur que le montant de la consommation annuelle, porté sur la police d'abonnement, est dépassé. »

ART. 2. — Le directeur des travaux de Paris, est chargé, etc.

Arrêté préfectoral du 14 octobre 1885.

ARTICLE PREMIER. — La délibération du conseil municipal de Paris, en date du 27 juillet 1885, susvisée est approuvée. En conséquence, les dispositions qui suivent seront appliquées à partir de la date du présent arrêté.

1° Réduction du minimum d'abonnement pour l'installation de colonnes montantes.

ARTICLE PREMIER. — Pendant les années 1885 et 1886, la Compagnie se chargera, à ses frais, de l'établissement dans les maisons soit

des colonnes montantes, soit de tous autres
agencements plus économiques propres à mettre
l'eau· à la portée des locataires. Ces travaux
seront livrés gratuitement aux propriétaires,
dont ils deviendront la propriété.

Pendant le cours de ces années, la Compagnie
livrera de même, gratuitement, dans les maisons non encore alimentées, la prise d'eau, le
branchement ou la colonne montante ou agencement, à tout propriétaire qui en fera la
demande, dans la limite des crédits votés.

Toutefois, les colonnes montantes, la prise
et le branchement ne seront établis dans les
conditions qui viennent d'être indiquées que
dans les maisons n'ayant pas d'abonnement
d'eau et consentant des abonnements de
81 francs au moins ou de 16 fr. 20 par étage, si
le nombre des étages est inférieur à cinq.

Dans les maisons ayant déjà un abonnement,
à la date du 20 mars 1880, jour de la signature
du nouveau traité fait entre la Compagnie et la
Ville, on n'établira les colonnes montantes
gratuitement que s'il est souscrit un supplément d'abonnement de 16 fr. 20 par étage.

Seront considérés comme étages les rez-de-
chaussée comprenant des appartements ou
logements habités bourgeoisement.

2° Pose des conduites d'eau dans les voies privées.

Art. 2. — A l'avenir, l'établissement des conduites pour abonnements aux eaux de Paris
dans les voies non classées pourra avoir lieu,
aux frais de la Ville, sous les conditions suivantes :

1° Les propriétaires de ces voies, réunis en
syndicat, déposeront une demande préalable
tendant à obtenir l'établissement par la Ville de
conduites exécutées au même titre que les
colonnes montantes dans les immeubles particuliers, c'est-à-dire destinées, aussitôt achevées,
à devenir leur propriété et à rester à leur
entretien.

Cette demande devra faire mention de l'acceptation par le syndicat de la responsabilité
perpétuelle des conduites, à partir du jour
même de leur mise en service, sauf recours
contre l'entrepreneur pendant la durée du délai
de garantie.

Les propriétaires s'engageront à souffrir
l'exécution des travaux du premier établissement et à consentir la servitude de l'existence
de ces conduites, tant qu'il plaira à l'Administration de les y maintenir, soit pour le service
public, soit pour le service privé.

2° Les abonnements souscrits individuellement par les propriétaires ou par un certain
nombre d'entre eux devront représenter, par
leur somme, un produit annuel au moins égal
au cinquième du montant total des travaux à
exécuter ; la première année d'abonnement sera
payée d'avance.

Art. 3. — Ces travaux seront exécutés sous la
direction des ingénieurs du service municipal,
par les entrepreneurs syndicataires de la Ville,
aux clauses et conditions de leur marché.

La dépense en résultant, réglée par les ingénieurs du service municipal, sera remboursée
annuellement par la Compagnie à la Ville
jusqu'à concurrence d'un cinquième.

La Compagnie n'aura pas droit, pour ces travaux, à l'indemnité de 2 pour 100 pour frais de
direction et de garantie fixée par l'art. 4 au traité
du 20 mars 1880.

Art. 4. — Dans les rues particulières ainsi
canalisées, les propriétaires et locataires jouiront, au point de vue de l'exécution des colonnes
montantes par la Ville, des droits accordés aux
propriétaires et locataires des voies classées
par l'art. 10 du règlement du 25 juillet 1880,
modifié par l'arrêté en date du 31 mars 1884 et
par les dispositions qui précèdent, c'est-à-dire
que la colonne montante sera exécutée gratuitement par la Ville dans tout immeuble où l'on
souscrira des abonnements nouveaux représentant un minimum de 16 fr. 20 par étage.

Art. 5. — L'inspecteur général des ponts et
chaussées, etc.

Arrêté préfectoral du 18 mars 1887.

Article premier. — Le prix des eaux de
sources, de rivières et autres équivalentes est,
au delà de 20 mètres cubes, réglé par le tarif
supplémentaire suivant :

Quantité de la fourniture journalière.	Prix annuel du mètre cube.
De 20 mètres à 30 mètres, mais pour les 10 derniers mètres cubes seulement..........................	70 fr.
De 30 mètres à 40 mètres, mais pour les 10 derniers mètres cubes seulement........................	65 fr.
De 40 mètres à 50 mètres, mais pour les 10 derniers mètres cubes seulement........................	60 fr.
De 50 mètres et au delà, mais seulement pour les quantités excédant 50 mètres cubes...................	55 fr.

Art. 2. — Les établissements hospitaliers de
l'assistance publique, les établissements de
l'Etat, du département de la Seine et de la ville
de Paris seront soumis au tarif ci-dessus fixé.

Art. 3. — L'inspecteur général, etc.

Délibération du conseil municipal du 6 juillet 1888.

Sont approuvées les dispositions du projet
d'arrêté dont le texte suit, ayant pour objet de
compléter et de préciser les dispositions du
règlement du 25 juillet 1880 :

Article premier. — L'eau livrée pour les usages
domestiques doit y être exclusivement consacrée. Il est interdit, notamment, de l'employer
à l'arrosage et au lavage des cours et des jardins, au service des écuries et des remises et à
tous usages industriels.

Art. 2. — Il n'est fait d'exception que pour
les industries touchant à l'alimentation, telles
que cafés, débits de vins, brasseries, restaurants,
établissements de consommation, pharmacies,
fabriques de produits alimentaires et d'eaux
minérales, qui seront desservis en eaux de
sources et assimilées, ainsi que pour certains
usages spéciaux exigeant une permanence de

pression qui ne pourrait être assurée par les conduites du service public.

ART. 3. — Tout abonné aux eaux d'usage domestique qui fait un usage non autorisé par les articles précédents est tenu de modifier cette situation dans le délai de trois mois en souscrivant un abonnement distinct aux eaux de l'Ourcq ou assimilées dans les conditions des art. 24 et 25 du règlement du 25 juillet 1880 et en faisant immédiatement les travaux de branchement et de canalisation correspondants.

Faute de se conformer à ces prescriptions, l'abonné pourra subir l'application de l'art. 33 du règlement de 1880 relatif aux infractions à l'usage de l'eau.

ART. 4. — Tout immeuble pourvu d'abonnement au tarif pour usages industriels où il existera des ateliers devra être pourvu dans ces ateliers d'un robinet à l'usage des employés et ouvriers, et alimenté par l'eau de l'abonnement, au compteur, aux eaux de sources et assimilées.

ART. 5. — Toute communication entre les canalisations intérieures d'eaux de natures différentes est formellement interdite. Si les agents de l'administration ou de la Compagnie constatent qu'il en a été établi par infraction à cette clause, ils ont la faculté de les supprimer d'office, sans préjudice des poursuites auxquelles l'infraction pourra donner lieu.

EAUX PLUVIALES. — Lois des 29 avril 1845[1], 11 juill. 1847[2] et 10 juin 1854[3]. C. civ., art. 640.

Les fonds inférieurs sont assujettis à recevoir les eaux qui découlent naturellement des fonds supérieurs, sans que la main de l'homme y ait contribué, et le propriétaire du fond inférieur ne peut faire, sur son terrain, aucun ouvrage qui arrête cet écoulement naturel et fasse refluer les eaux sur le fonds supérieur[4].

La même obligation, sauf indemnité s'il y a lieu, s'applique à l'écoulement des eaux amenées artificiellement par l'irrigation des terres[5], ainsi qu'à celles provenant des travaux de drainage ou d'asséchement[6].

Le propriétaire du fond supérieur ne doit pas aggraver la servitude du fonds inférieur, notamment en faisant des ouvrages qui augmentent le volume de l'eau[7].

Par écoulement naturel, il faut entendre l'écoulement des eaux du ciel tombées sur le terrain du fonds supérieur, et non celui des eaux tirées d'un puits, d'un réservoir, etc.

Il s'ensuit que la servitude cesse d'être due par le fonds inférieur, quand les eaux pluviales sont recueillies dans des égouts, rigoles, gouttières, etc.[8].

Le propriétaire d'un fonds riverain d'un chemin public, moins élevé que ce chemin, est tenu de recevoir toutes les eaux qui découlent de ce chemin[1].

Pour les eaux provenant des toits, V. *Égout des toits.*

ANNEXES

Loi du 29 avril 1845.

ARTICLE PREMIER. — Tout propriétaire qui voudra se servir, pour l'irrigation de ses propriétés, des eaux naturelles ou artificielles dont il a le droit de disposer, pourra obtenir le passage de ces eaux sur les fonds intermédiaires, à la charge d'une juste et préalable indemnité.

Sont exceptés de cette servitude les maisons, cours, jardins, parcs et enclos attenant aux habitations.

ART. 2. — Les propriétaires des fonds inférieurs devront recevoir les eaux qui s'écouleront des terrains ainsi arrosés, sauf l'indemnité qui pourra leur être due.

Seront également exceptés de cette servitude les maisons, cours, jardins, parcs et enclos attenant aux habitations.

ART. 3. — La même faculté de passage sur les fonds intermédiaires pourra être accordée au propriétaire d'un terrain submergé en tout ou en partie, à l'effet de procurer aux eaux nuisibles leur écoulement.

ART. 4. — Les contestations auxquelles pourront donner lieu l'établissement de la servitude, la fixation du parcours de la conduite d'eau, de ses dimensions et de sa forme, et les indemnités dues, soit au propriétaire du fonds traversé, soit à celui du fonds qui recevra l'écoulement des eaux, seront portées devant les tribunaux qui, en prononçant, devront concilier l'intérêt de l'opération avec le respect dû à la propriété.

Il sera procédé devant les tribunaux comme en matière sommaire, et, s'il y a lieu à expertise, il pourra n'être nommé qu'un seul expert.

ART. 5. — Il n'est aucunement dérogé par les présentes dispositions aux lois qui règlent la police des eaux.

Loi du 11 juillet 1847.

ARTICLE PREMIER. — Tout propriétaire qui voudra se servir, pour l'irrigation de ses propriétés, des eaux naturelles ou artificielles dont il a le droit de disposer, pourra obtenir la faculté d'appuyer sur la propriété du riverain opposé les ouvrages d'art nécessaires à sa prise d'eau, à la charge d'une juste et préalable indemnité.

Sont exceptés de cette servitude les bâtiments, cours et jardins attenant aux habitations.

ART. 2. — Le riverain sur le fonds duquel l'appui sera réclamé pourra toujours demander l'usage commun du barrage, en contribuant pour moitié aux frais d'établissement et d'entretien ; aucune indemnité ne sera respective-

---

[1] Annexe. — [2] Annexe. — [3] Annexe. — [4] C. civ., 640. — [5] Lois, 29 avril 1845, annexe, et 11 juill. 1847, annexe. — [6] Loi, 10 juin 1854, annexe. — [7] C. civ., 640. Cass., 11 déc. 1860. — [8] Duranton, t. V, n° 154.

[1] Ord. des trésoriers de France, 22 juin 1751.

ment due dans ce cas, et celle qui aurait été payée devra être rendue.

Lorsque cet usage commun ne sera réclamé qu'après le commencement ou la confection des travaux, celui qui le demandera devra supporter seul l'excédent de dépense auquel donneront lieu les changements à faire au barrage pour le rendre propre à l'irrigation des deux rives.

ART. 3. — Les contestations auxquelles pourra donner lieu l'application des deux articles ci-dessus seront portées devant les tribunaux.

Il sera procédé comme en matière sommaire, et s'il y a lieu à expertise, le tribunal pourra ne nommer qu'un seul expert.

ART. 4. — Il n'est aucunement dérogé, par les présentes dispositions, aux lois qui règlent la police des eaux.

Loi du 10 juin 1854.

ARTICLE PREMIER. — Tout propriétaire qui veut assainir son fonds par le drainage, ou tout autre mode d'asséchement, peut, moyennant une juste et préalable indemnité, en conduire les eaux souterrainement ou à ciel ouvert, à travers les propriétés qui séparent ce fonds d'un cours d'eau ou de toute autre voie d'écoulement.

Sont exceptés de cette servitude les maisons, cours, jardins, parcs et enclos attenant aux habitations.

ART. 2. — Les propriétaires des fonds voisins ou traversés ont la faculté de se servir des travaux faits en vertu de l'article précédent, pour l'écoulement des eaux de leurs fonds.

Ils supportent dans ce cas :

1° Une part proportionnelle dans la valeur des travaux dont ils profitent ;

2° Les dépenses résultant des modifications que l'exercice de cette faculté peut rendre nécessaires ;

3° Pour l'avenir, une part contributive dans l'entretien des travaux devenus communs.

ART. 3. — Les associations de propriétaires qui veulent, au moyen de travaux d'ensemble, assainir leurs héritages par le drainage ou tout autre mode d'asséchement, jouissent des droits et supportent les obligations qui résultent des articles précédents. Ces associations peuvent, sur leur demande, être constituées, par arrêtés préfectoraux, en syndicats auxquels sont applicables les articles 3 et 4 de la loi du 14 floréal en XI.

ART. 4. — Les travaux que voudraient exécuter les associations syndicales, les communes ou les départements, pour faciliter le drainage ou tout autre mode d'asséchement, pourront être déclarés d'utilité publique par décret rendu en Conseil d'Etat.

Le règlement des indemnités dues pour expropriation est fait conformément aux paragraphes 2 et suivants de l'article 16 de la loi du 21 mai 1836.

ART. 5. — Les contestations, auxquelles peuvent donner lieu l'établissement et l'exercice de cette servitude, la fixation du parcours des eaux, l'exécution des travaux de drainage ou d'asséchement, les indemnités et les frais d'entre-

tien, sont portés en premier ressort devant le juge de paix du canton qui, en prononçant, doit concilier les intérêts de l'opération avec le respect dû à la propriété.

S'il y a lieu à expertise, il pourra n'être nommé qu'un seul expert.

ART. 6. — La destruction totale ou partielle des conduits d'eau ou fossés évacuateurs est punie des peines portées à l'article 456 du Code pénal.

Tout obstacle apporté volontairement au libre écoulement des eaux est puni des peines portées par l'article 457 du même Code.

L'article 463 du Code pénal peut être appliqué.

ART. 7. — Il n'est aucunement dérogé aux lois qui règlent la police des eaux.

EAUX SAVONNEUSES des fabriques. — V. *Huiles extraites des débris d'animaux.*

EAUX VANNES. — V. *Égout.*

ÉCHAFAUDAGE. Ord. pol. des 25 juill. 1862[1] et 12 mai 1881[2]. Décr. du 28 juill. 1874[3].

Pour les réparations des façades on doit, autant que possible, se servir d'échafauds volants ou en bascule[4].

Il est interdit d'établir des échafauds fixes sans une autorisation du préfet de police[5]. Cette autorisation n'est pas nécessaire pour les échafauds volants, notamment lors du nettoyage décennal des façades.

Les règles à observer dans l'établissement des échafauds sont relatées dans l'ordonnance de police du 12 mai 1881[6].

Les échafaudages volants ne sont pas soumis aux droits de voirie ; il en est de même des échafauds placés à l'intérieur d'une barrière provisoire, pour laquelle, du reste, il est payé un droit. Les échafaudages fixes, non compris dans une barrière provisoire, payent un droit de un franc par mètre linéaire, suivant la longueur de face de la partie du bâtiment échafaudé[7].

ANNEXE

Ordonnance de police du 12 mai 1881

DISPOSITION SPÉCIALE.

Notre ordonnance susvisée du 1er décembre 1879 est et demeure rapportée.

TITRE PREMIER. — ECHAFAUDAGES FIXES SCELLÉS OU NON DANS LES MURS DE FACE.

ARTICLE PREMIER. — Tout échafaudage fixe, scellé ou non dans un mur de face, et portant sur le sol, aura ses planchers garnis de garde-

---

[1] V. *Bâtim. en constr.* — [2] Annexe. — [3] V. *Voirie (Droits de).* — [4] Ord. pol., 25 juill. 1862, V. *Bâtim. en constr.* — [5] Ibid. — [6] Annexe. — [7] Décr., 28 juill. 1874, V. *Voirie (Droits de).*

corps sur les trois côtés faisant face au vide.

Art. 2. — Les planches placées en travers des boulins horizontaux pour former plancher devront être posées jointives et être assez longues pour porter au moins sur trois boulins.

Art. 3. — Les garde-corps auront 0m 90 de hauteur au moins; ils seront ou pleins ou composés d'une traverse d'appui solidement fixée; quand ils ne seront pas pleins, le plancher devra être entouré d'une plinthe ayant au minimum 0m 25 de hauteur.

Art. 4. — Tout échafaudage fixe dont la hauteur au-dessus du sol dépassera 6 mètres sera muni d'un plancher de sûreté construit dans les conditions indiquées à l'article 2 ci-dessus, et posé à 4 mètres environ au-dessus du sol de la rue.

Art. 5. — Partout où travailleront des ouvriers sur un échafaudage fixe, il sera disposé des toiles pour arrêter les poussières et empêcher la chute sur la voie publique des éclats de pierre ou de plâtre.

Titre II. — Échafaudages fixes en bascule et en saillie sur le mur de face.

Art. 6. — Les pièces posées en bascule pour recevoir l'échafaudage seront de fort équarrissage, si elles sont en charpente; de gros échantillon, si elles sont en fer. Elles recevront un plancher de madriers qui reposeront sur trois traverses au moins.

Les dispositions des articles 1, 2, 3 et 5 ci-dessus sont applicables aux échafaudages établis en bascule.

Art. 7. — Il est fait exception pour les échafaudages légers employés sur les toits.

Toutefois ces échafaudages devront également reposer sur trois traverses fixées solidement aux parties résistantes de la construction et être munis, sur le côté faisant face au vide, d'un garde-corps et d'une plinthe disposés convenablement.

Titre III. — Échafaudages mobiles ou fixes suspendus par des cordages.

Art. 8. — Tout échafaudage mobile aura son plancher garni d'un garde-corps sur ses quatre faces, et sera suspendu par trois cordages au moins.

Art. 9. — Le plancher, qu'il soit en métal ou en bois, sera composé de fortes pièces solidement assemblées.

Art. 10. — Les garde-corps seront composés d'une traverse d'appui posée à la hauteur de 0m 90 sur les trois côtés faisant face au vide et de 0m 70 sur le côté faisant face à la construction. Cette traverse sera portée par des montants espacés de 1m 50 au plus et solidement fixés au plancher. En outre, il y aura par le bas une plinthe de 0m 25 de hauteur au moins.

Cet ensemble de plancher et de garde-corps formant ce qu'on appelle *la cage* devra être assemblé et rendu fixe dans toutes ses parties avant la suspension.

Art. 11. — Les cordages de suspension s'adapteront à des étriers en fer passant sous le plancher, garnis en haut d'un crochet en spirale, et établis de manière à supporter par un épaulement externe la traverse supérieure du garde-corps.

Ils se manœuvreront par des moufles amarrées ou fixées aux parties résistantes de la construction, telles que murs pignons ou de refend, souches de cheminées, arbalétriers et pannes des combles, etc. Les chevrons, balcons, barres d'appui ou autres parties légères de la construction ne pourront, dans aucun cas, servir à cet usage.

Art. 12. — Les dispositions des articles 8 et 9 et § 1er de l'article 10 sont seules applicables aux échafaudages fixes suspendus par des cordages.

Titre IV. — Échafaudages métalliques roulants.

Art. 13. — L'échafaudage roulant sur les barres d'appui des balcons sera en fer et ne pourra contenir qu'un seul ouvrier.

Il sera muni, sur le côté opposé au balcon, d'un garde-corps, à une hauteur de 0m 50, et le siège en sera solidement fixé par l'armature.

Titre V. — Dispositions générales.

Art. 14. — Les prescriptions ci-dessus ne modifient en rien les prescriptions du titre II de l'ordonnance de police du 25 juillet 1862, relativement aux travaux exécutés dans les propriétés riveraines de la voie publique.

Art. 15. — La présente ordonnance sera imprimée, etc...

ÉCHAUDOIR[1].

1° Pour la préparation industrielle des débris d'animaux :

Etablissement insalubre de 1re classe : odeur.

Les ateliers seront ventilés énergiquement, le sol en sera imperméable, dallé, bitumé ou cimenté; les cours seront pavées avec pentes, ruisseaux et écoulement souterrain des eaux à l'égout.

Les bois apparents seront peints à l'huile: les murs enduits en ciment jusqu'à 2 mètres de hauteur.

Les chaudières seront munies de couvercles et surmontées de hottes conduisant les vapeurs à la cheminée élevée de 20 à 30 mètres.

Les séchoirs pour la laine et les os seront en matériaux incombustibles avec porte en fer[2].

2° Pour la préparation des parties d'animaux propres à l'alimentation :

Établissement insalubre de 3° classe : odeur.

Les prescriptions sont les mêmes que pour les établissements de 1re classe : la cheminée doit être élevée à la hauteur des cheminées voisines dans un rayon de 50 mètres[3].

---

1 Décr., 31 déc. 1866. — 2 Bunel, p. 280. — 3 Ibid., p. 281.

ÉCHELLE. — Ord. pol. du 29 avril 1704[1]. C. pén., art. 471 et 474.

Il est interdit de placer des échelles dans la rue, pour quelque travail que ce puisse être, sans qu'il y ait au pied desdites une personne chargée de veiller à ce qu'il n'arrive aucun accident[2].

Tout entrepreneur qui laisse une échelle sur la voie publique, pendant la nuit, commet une contravention de voirie, du ressort des tribunaux de simple police, qui le rend passible d'une amende de un franc à cinq francs[3], et même d'un emprisonnement de trois jours au plus, en cas de récidive[4].

Pour le tour d'échelle, V. ce mot.

ANNEXE

Extrait de l'ordonnance de police
du 29 avril 1704.

Il est enjoint à tous marchands, propriétaires, ouvriers, artisans et autres personnes qui poseront ou feront poser des échelles dans les rues, soit pour pendre des enseignes, rétablir ou raccommoder des auvents, ou pour quelque autre ouvrage que ce puisse être, de faire en sorte qu'il y ait toujours au pied desdites échelles quelques manœuvres ou domestiques, pour empêcher qu'il arrive aucun accident, à peine de cent livres d'amende et de tous dépens, dommages et intérêts.

Les ouvriers travaillant sur les toits doivent faire pendre sur la voie publique un signe qui annonce aux passants qu'il y a du danger à passer de ce côté de la rue; on peut même exiger d'eux que quelqu'un reste sur la voie publique pour avertir par cris de ce danger.

ÉCHENILLAGE. — Ord. pol. du 9 févr. 1849[5]. C. pén., art. 471 et 474.

Tous les arbres, arbustes, haies et buissons doivent être échenillés aux époques prescrites par les règlements de police, sous peine d'une amende de un à cinq francs[6], et d'un emprisonnement de trois jours au plus, en cas de récidive[7]. Cette contravention est du ressort des tribunaux de simple police.

En cas de négligence, l'autorité municipale fait faire l'échenillage, d'office, aux frais des propriétaires, fermiers ou locataires, sans préjudice des peines spécifiées ci-dessus[8].

ANNEXE

Ordonnance de police du 9 février 1849.

ARTICLE PREMIER.— Tous les propriétaires, fermiers ou locataires de terrains situés dans le ressort de la préfecture de police seront tenus d'écheniller ou faire écheniller les arbres, haies et buissons qui sont sur lesdits terrains, ainsi que ceux qui bordent les grandes routes et les chemins vicinaux.

ART. 2. — Il leur est enjoint de brûler sur-le-champ les bourses et toiles provenant desdits arbres, haies ou buissons, en prenant les précautions nécessaires pour prévenir le danger du feu.

ART. 3. — L'échenillage doit être terminé le 31 mars.

ART. 4. — En cas de négligence de la part des propriétaires, fermiers ou locataires, les maires et les adjoints des communes feront faire l'échenillage aux dépens de ceux qui l'auront négligé.

ÉCHOPPE. — Déclaration du roi du 16 juin 1693[1]. Instr. préf. pol. du 18 juin 1824[2]. Instr. min. du 8 mars 1845[3]. Décis. préf. pol. du 15 févr. 1850[4]. Décr. du 28 juill. 1874[5].

Des constructions provisoires, ou échoppes, peuvent être établies pour masquer un renfoncement entre deux maisons[6].

Ces constructions sont soumises à un droit de voirie, payable en une seule fois pour toute la durée de leur existence[7], et calculé proportionnellement à la surface occupée et à la valeur du terrain : cette valeur est déterminée par le conseil municipal[8].

ANNEXE

Extrait de l'Instruction ministérielle
du 8 mars 1845.

Monsieur le préfet, des difficultés se sont élevées, depuis quelques années, entre la ville de Paris et plusieurs propriétaires, à raison de constructions légères que ceux-ci demandaient l'autorisation d'établir, en les adossant à des murs de clôture riverains de la voie publique, mais soumis à reculement par les plans d'alignement des rues où ils sont situés.

La Ville a refusé ces autorisations, et nonobstant les décisions que j'ai prises pour écarter ce refus, elle n'en a pas moins persisté à refuser les demandes qui lui étaient adressées aux mêmes fins...

Les actes précités ayant définitivement tranché la question, je dois supposer, monsieur le préfet, qu'elle ne se renouvellera plus et que l'administration, après s'être assurée que les demandes qui lui seraient ultérieurement adressées pour construire sur les terrains situés en arrière d'un mur de clôture, n'ont point pour objet des constructions durables ou propres à consolider un mur dans cette situation, s'abstiendra de persister dans des refus qui ne pourraient obtenir mon assentiment en

---

[1] V. *Voyer.* — [2] V. *Saillie.* — [3] Annexe. — [4] V. *Saillie.* — [5] V. *Voirie (Droits de).* — [6] Décl., 16 juin 1693, V. *Voyer.* Instr., 18 juin 1824, V. *Saillie.* Instr. min., 8 mars 1845, annexe. — [7] Décis. pol., 15 févr. 1850, V. *Saillie.* — [8] Décr., 28 juill. 1874, V. *Voirie (Droits de).*

---

[1] Annexe. — [2] Ord. pol., 29 avril 1704, annexe. — [3] C. pén., 471. — [4] C. pén., 474. — [5] Annexe. — [6] C. pén., 471. — [7] C. pén., 473. — [8] Ord. pol., 9 févr. 1849, annexe.

présence des principes adoptés par le Conseil d'État.

ÉCLAIRAGE. — Décr. du 22 juill. 1791[1]. Loi du 1er déc. 1798[2]. Ord. pol. des 20 août 1811[3] et 25 juill. 1862[4]. C. pén., art. 471 et 474.

Tout dépôt de matériaux sur la voie publique doit être éclairé pendant la nuit[5], sous peine de contravention et de citation devant le tribunal de simple police, entraînant une amende de un à cinq francs[6], plus un emprisonnement de trois jours au plus, en cas de récidive[7].

Il en est de même pour les fouilles ou excavations pratiquées dans le sol de la voie publique avec autorisation de l'autorité compétente, et pour les barrières établies devant les bâtiments en construction ou en réparation.

Cette obligation d'éclairer est de rigueur, indépendante de tout règlement particulier de police[8], et le juge ne peut admettre aucune excuse[9].

L'éclairage des dépôts de matériaux, des fouilles ou excavations, ainsi que celui des barrières provisoires au devant des bâtiments en construction ou en démolition, est à la charge de l'entrepreneur exécutant les travaux : dans le cas de construction, cette charge incombe à l'entrepreneur de maçonnerie.

Les propriétaires ou locataires des passages ouverts au public sont tenus de les éclairer[10].

L'éclairage des rues est à la charge des communes[11]; mais jusqu'à ce que les rues, percées sur des propriétés particulières, soient reçues à l'entretien, l'éclairage est à la charge des propriétaires[12].

À Paris, l'usage est que l'escalier d'une maison soit éclairé jusqu'à minuit, autant que l'exigent les convenances des locataires[13].

ÉCOLE. — Décr. du 7 mars 1808[14]. Loi du 15 mars 1850. Décr. du 22 mars 1855. Instr. min. du 30 juill. 1858. Circ. min. du 31 mai 1860. Circ. min. du 11 sept. 1866. Loi du 10 avril 1867. Instr. min. du 12 mai 1867. Circ. min. du 14 mars 1872. Circ. min. des 22 janv. 1875 et 15 juin 1876. Loi du 1er juin 1878[15]. Décr. du 10 août 1878. Loi du 9 août 1879[16]. Lois des 27 janv.[17] et 3 juill. 1880[18]. Arr. min. du 24 sept. 1880.

Circ. min. du 20 avril 1881[1]. Loi du 16 juin 1881. Décr. du 2 août 1881. Circ. min. du 25 sept. 1881[2]. Décr. du 10 oct. 1881. Instr. min. du 25 janv. 1882. Loi du 28 mars 1882[3]. Instr. min. du 28 juill. 1882[4]. Loi du 20 mars 1883[5]. Arr. min. du 29 juin 1883 et Circ. min. du 10 oct. 1883[6].

Bien que les conseils d'hygiène se soient préoccupés de la salubrité des écoles communales primaires, antérieurement à cette époque, la législation, au point de vue de leur construction et de leur aménagement, ne prit une réelle importance et une forme précise qu'à dater de la loi du 1er juin 1878 et de celle du 16 juin 1881 qui instituèrent l'obligation et la gratuité de l'instruction primaire.

Le décret organique du 22 mars 1855 spécifie que les salles d'asile (maintenant écoles maternelles) seront situées au rez-de-chaussée, planchéiées et éclairées, autant que possible, des deux côtés; que leurs dimensions seront calculées à raison de 2 mètres cubes par enfant. Une circulaire du 11 septembre 1866 relate les prescriptions hygiéniques à observer dans les établissements scolaires.

Tous ces règlements antérieurs ont été reproduits et surtout complétés depuis les lois de juin 1878 et 1881.

Toute commune doit entretenir une ou plusieurs écoles primaires[7] de garçons et de filles[8].

Tout département doit être pourvu d'une école normale d'instituteurs et d'une école normale d'institutrices[9].

Le conseil départemental de l'instruction publique pouvait autoriser une commune à se réunir à une ou plusieurs communes voisines pour la construction et l'entretien d'une école[10]; les frais étaient alors répartis à l'amiable et en cas de désaccord par le conseil général[11]. Cette faculté a été retirée aux communes par la loi du 20 mars 1883[12], dont l'article 8 exige que chaque commune et même chaque hameau, éloigné de plus de trois kilomètres d'un autre hameau et réunissant au moins vingt enfants d'âge scolaire, ait une école primaire.

Toute école qui a reçu au moins vingt-cinq élèves de 5 à 13 ans est considérée comme école ordinaire[13], c'est-à-dire n'est plus considérée comme école de hameau.

Un décret du président de la République peut autoriser deux départements à s'unir

---

[1] V. *Voirie.* — [2] V. *Pavage.* — [3] V. *Passage.* — [4] V. *Bâtim. en constr.* — [5] Ord. pol., 25 juill. 1862, V. *Bâtim. en constr.* — [6] C. pén., 471. — [7] C. pén., 474. — [8] Cass., 3 sept. 1825, 10 avril 1841. — [9] Cass., 19 janv. 1846, 1er avril 1848, 24 avril 1868. — [10] Ord. pol., 20 août 1811, V. *Passage.* — [11] Loi, 1er déc. 1798, V. *Pavage.* — [12] Décr., 22 juill. 1791, V. *Voirie.* — [13] Agnel, n° 168. — [14] V. *Cimetière.* — [15] Annexe. — [16] Annexe. — [17] Annexe. — [18] Annexe.

[1] Annexe. — [2] Annexe. — [3] Annexe. — [4] Annexes. — [5] Annexe. — [6] Annexes. — [7] Loi, 15 mars 1850, 36. — [8] Circ. min. instruction publique, 25 sept. 1881, annexe. — [9] Loi, 9 août 1879, annexe. — [10] Loi, 15 mars 1850. — [11] Décr., 10 août 1878. — [12] Annexe. — [13] Décr., 10 oct. 1881.

pour construire et entretenir en commun l'une ou l'autre de leurs écoles normales ou même toutes les deux[1].

Le nombre des écoles à établir dans chaque commune est fixé par le conseil départemental de l'instruction publique, sur l'avis du conseil municipal[2].

La loi du 10 avril 1867 autorisait le conseil départemental à dispenser les communes de 500 habitants et au-dessus d'avoir une école primaire de filles : cette faculté n'existe plus, non plus, depuis la loi du 16 juin 1881[3].

Les décisions du conseil départemental sont soumises à l'approbation du ministre de l'instruction publique[4].

Lorsque la création d'une école a été décidée par l'autorité compétente, la dépense d'installation, de construction, etc., est obligatoire pour la commune[5] : il en est de même pour l'entretien des écoles déjà existantes.

En cas de refus, le préfet a le droit d'imposer les communes d'office[6]. Si les communes négligent ou refusent d'établir des écoles, ainsi que le veut la loi du 20 mars 1883, le président de la République pourvoit d'office par un décret, rendu au Conseil d'État, à cet établissement.

La commune est également tenue de fournir à l'instituteur, ou à l'institutrice, en plus du local pour la tenue de l'école, un local pour son habitation, ou une indemnité de logement[7].

Pour aider à la construction des écoles dont beaucoup de communes étaient privées, une somme de 60 millions a été votée[8] pour être répartie, à titre de subvention, entre les communes, et une autre également de 60 millions pour être mise à leur disposition, à titre d'avances.

Une caisse, dite *Caisse pour la construction des écoles*, avait été instituée par la loi du 1er juin 1878, pour délivrer aux communes les subventions qui leur seraient accordées, et faire les avances des sommes qu'elles seraient autorisées à emprunter.

Cette caisse a été transformée en *Caisse des lycées, collèges et écoles primaires*[9], et le capital mis à la disposition du ministre de l'instruction publique, pour être réparti soit à titre de subvention, soit à titre d'avances, a été porté successivement jusqu'à 150,000,000 de francs, pour les subventions,

et à 190,000,000 de francs pour les avances[1].

Tout projet de construction ou d'appropriation d'une maison d'école doit être voté par le conseil municipal, puis soumis successivement à l'examen du conseil départemental de l'instruction publique, à la commission des bâtiments civils[2], au conseil général du département, à l'inspecteur primaire[3] qui est en outre chargé du contrôle des travaux[4], à l'inspecteur d'académie, au préfet, au comité des bâtiments scolaires, institué par arrêté ministériel du 24 septembre 1880, et enfin au ministre de l'instruction publique qui approuve le projet ou le renvoie pour qu'il soit modifié.

Chaque dossier doit comprendre[5] :

1° La délibération du conseil municipal votant la dépense et demandant, s'il y a lieu, un secours ;

2° Un plan topographique de la commune (extrait cadastral) indiquant l'emplacement de la construction projetée et la distance du cimetière ;

3° Un plan général des bâtiments, cours, préaux, etc. à l'échelle de $\frac{1}{5,000}$;

4° Un plan du rez-de-chaussée et des divers étages, à l'échelle de $\frac{1}{100}$;

5° Une élévation des différentes façades à l'échelle de $\frac{1}{100}$;

6° Une coupe transversale, et s'il y a lieu, une coupe longitudinale avec indication du mobilier, à l'échelle de $\frac{1}{100}$;

7° Un plan de détail de la classe, ou des différentes classes, avec l'indication du mobilier, à l'échelle de $\frac{1}{200}$;

8° Des détails des divers types de mobilier, à l'échelle de $\frac{1}{10}$;

9° Un rapport explicatif ;

10° Un avant-métré et détail estimatif ;

11° Un devis descriptif et sous-détail ;

12° La copie des budgets primitif et complémentaire de l'exercice courant ;

13° L'état de la situation financière de la commune délivré par le percepteur et visé par le maire ;

(Ces deux dernières pièces doivent être fournies par la mairie, les numéros de 2 à 11 par un architecte ou un homme de l'art);

14° La délibération du conseil départemental ;

15° L'avis de la commission des bâtiments civils ;

16° L'avis du conseil général ;

---

[1] Loi, 9 août 1879, annexe. — [2] Lois, 15 mars 1850, 10 avril 1867, 20 mars 1883. — [3] Circ. min., 25 sept. 1881, annexe. — [4] Loi, 10 avril 1867. — [5] Loi, 1er juin 1878, annexe. — [6] Instr. min. instruction publique, 12 mai 1867. — Loi, 20 mars 1883, annexe. — [7] Loi, 15 mars 1850. — [8] Loi, 1er juin 1878, annexe. — [9] Loi, 3 juill. 1880, annexe.

[1] Arr. min. instruction publique, 29 juin 1883, annexe. — [2] Circ. min. instruction publique, 20 avril 1881, annexe. — [3] Arr. min. instruction publique, 29 juin 1883 et Circ., 10 oct. 1883, annexes. — [4] Instr. min. instruction publique, 25 janv. 1882. — [5] Circ. min., 22 janv. 1875.

17° Le rapport de l'inspecteur primaire ;
18° L'avis de l'inspecteur d'académie ;
19° L'avis du préfet.

Les plans doivent être lavés des teintes conventionnelles en usage dans les bâtiments civils, savoir :

En noir pour les constructions anciennes conservées ;

En rouge pour les constructions neuves et ajoutées ;

En jaune pour les constructions supprimées.

Des cotes, en tous sens, doivent indiquer les dimensions des diverses parties du projet.

Le plan doit être complété par une légende faisant connaître la destination des pièces.

La première chose à rechercher pour l'établissement d'une école c'est un lieu central, d'un accès facile, bien aéré et éloigné du tout voisinage gênant ou dangereux[1]. Une école ne peut être construite à moins de 100 mètres d'un cimetière[1]; elle doit être établie à plus de 8 mètres des constructions voisines, quand des classes prennent jour du côté de ces constructions[2].

Quand une école est attenante à une mairie, la salle de mairie doit être séparée du local scolaire[3], et aucun service étranger ne peut être installé dans les bâtiments scolaires.

Chaque école ne doit pas avoir plus de 500 élèves, et chaque classe ne doit pas en contenir plus de 50.

Deux classes ne peuvent être réunies dans une même salle[4], et les cloisons mobiles sont interdites.

Les murs ne doivent pas avoir moins de 0m 45, s'ils sont en moellons, ou 0m 35, s'ils sont en briques.

La salle de classe doit être de forme rectangulaire, construite, autant que possible, sur cave, planchéiée, à 0m 60 en contre-haut du sol extérieur[5] : sa hauteur doit être de 4 mètres au moins, et sa superficie calculée à raison de 1m 25 par élève[6].

Tous les angles des murs, cloisons et plafonds doivent être arrondis sur un rayon de 0m 10.

L'éclairage doit être bilatéral.

Les fenêtres doivent être aussi grandes que possible et monter jusqu'à 0m 20 en contre-bas du plafond.

Les portes des classes ne doivent pas ouvrir directement sur les rues ni sur les cours; elles doivent être, autant que possible, à un vantail de 0m 90 de largeur.

Les galeries ou couloirs desservant plusieurs classes doivent avoir au moins 1m 50 de largeur, et recevoir directement le jour et l'air.

Les poêles, quand il y en a, doivent être à double enveloppe, et placés à 1m 25 au moins de distance de tout élève; le tuyau ne doit pas passer au-dessus de la tête des enfants.

Les classes doivent être ventilées, et l'air pris à l'extérieur.

Le préau doit avoir également quatre mètres au moins de hauteur; sa superficie est calculée à raison de 1m 25, au minimum, par enfant, sur le nombre total des enfants que peut contenir l'école.

La grandeur de la cour, qui ne peut avoir moins de 200 mètres, est calculée à raison de 5 mètres par enfant; elle doit être sablée mais ni pavée ni bitumée ; elle peut être plantée d'arbres.

Les privés doivent être placés en vue de l'estrade du maître, au nombre de deux par classes pour les écoles de garçons et de trois par classe pour les écoles de filles, plus un cabinet spécial pour les maîtres.

Chaque cabinet doit avoir 0m 70 de largeur, sur 1m 10 de longueur et être fermé par une porte ouvrant à l'extérieur. La porte doit être placée à 0m 20 au-dessus du sol et avoir 1 10 de hauteur.

Dans les écoles de garçons, il doit y avoir, en outre, des urinoirs, séparés par cases, en nombre au moins égal à celui des privés; chaque case ayant 0m 35 de profondeur, 0m 40 de largeur et 1m 30 de hauteur.

Dans les écoles où il y a des classes aux étages, les escaliers y conduisant doivent être droits, sans partie circulaire, avec paliers de repos, les volées de 13 à 16 marche au plus les marches ayant au maximum 1m35 de largeur, 0m28 à 0m30 de foulée et 0m16 de hauteur: les barreaux de la rampe seront espacés de 0m13 d'axe en axe, et la main courante garnie de boutons saillants ; une seconde main courante sera établie le long des murs.

Dans les écoles de plus de trois classes, il doit y avoir une salle de dessin, avec un cabinet pour le dépôt des modèles; plus un atelier pour le travail manuel dans les écoles de garçons, ou une salle de couture et de coupe dans les écoles de filles[1].

Le logement de l'instituteur ou de l'institutrice comprenant deux ou trois pièces, plus une cuisine, des privés et une cave, doit avoir une superficie de 70 à 90 mètres carrés.

[1] Décr., 7 mars 1808, V. Cimetière. Circ. min., 15 juin 1876. — [2] Instr. min., 28 juill. 1882, annexe. — [3] Circ. min., 14 mars 1872.— [4] Circ. min., 25 janv. 1882. — [5] Instr. min., 30 juill. 1858. — [6] Instr. min., 28 juill. 1882, annexe.

[1] Instr. 28 juill. 1882, annexe.

Le logement des adjoints ou des adjointes comprend une chambre et un cabinet[1].

Le logement du concierge comprend: une loge, une ou deux pièces, une cuisine, des privés et une cave.

Les lois des 27 janvier 1880[2] et 28 mars 1882[3] ayant rendu la gymnastique obligatoire dans les écoles primaires, un gymnase doit être établi dans la cour ou dans une partie du préau ; il doit comprendre, en outre du portique:

Un petit mât ; hauteur 4m 65, diamètre 0m 05 à 0m 06, en frêne ;

Un gros mât; hauteur 4m 65, diamètre 0m 08, en sapin ;

Une échelle de bois ; montants en sapin, hauteur 4m 80, échelons en frêne ; distance entre les échelons 0m 27 ; diamètre desdits 0m 02 ; diamètre inférieur des montants 0m 08, diamètre supérieur desdits 0m 06 ; longueur de l'échelon inférieur 0m 48, de l'échelon supérieur 0m 40 ;

Une corde à consoles ;

Une corde à nœuds ;

Une corde lisse ;

Une échelle de corde ;

Une paire d'anneaux avec cordes ;

Un trapèze ;

Des barres parallèles en hêtre; hauteur totale au-dessus du sol 0m 95, écartement des rouleaux 0m 40, longueur desdits 2m 30 ;

Douze haltères de 1 kilogr. ;

Douze haltères de 2 kilogr.

Aucune décision ministérielle n'indique les objets dont doit se composer le mobilier des écoles primaires. Néanmoins, en tenant compte de diverses décisions administratives et des nécessités de l'enseignement, ce mobilier doit comprendre :

Le buste de la République ;

Un bureau pour le maître ou la maîtresse ;

Des bancs-tables à dossier, à une ou deux places ;

Trois tableaux noirs par classe ;

Une méthode de lecture, en tableaux ;

Un tableau de système métrique, ou mieux un nécessaire métrique ;

Des cartes géographiques ;

Une collection de tableaux d'histoire de France ;

Une pendule ;

Un thermomètre ;

Une armoire bibliothèque[3] ;

Des livres pour les élèves indigents ;

Des rayons pour le musée scolaire ;

Des outils pour le travail manuel ;

Des fusils pour les exercices militaires[4].

Les dispositions dans les écoles maternelles (anciennes salles d'asile)[5], qui reçoivent les enfants de 2 à 7 ans, ne peuvent naturellement être les mêmes que dans les écoles primaires.

Les salles d'exercice[1], de forme rectangulaire, doivent avoir au maximum 8 mètres de largeur, et leur superficie être calculée à raison de 0m 80 au minimum, par enfant.

La superficie du préau couvert est calculée également à raison de 0m 80 par enfant: ce préau doit comprendre, en outre, un mobilier composé:

De porte-manteaux pour les vêtements et des rayons à claire-voie ;

Deux ou trois lits de camp, en bois ;

De bancs fixes avec dossiers, le long des parois ;

De tables et bancs mobiles pour le repas des enfants ;

A l'extrémité du préau couvert, il doit y avoir des lavabos, dont les cuvettes sont placées, au maximum, à 0m 50 au-dessus du sol ; leur nombre est calculé à raison de une pour dix enfants ;

En communication facile avec le préau, il doit y avoir une cuisine, prenant jour et air directement de l'extérieur.

La cour de récréation ne doit pas avoir moins de 150 mètres et sa surface est calculée à raison de trois mètres par enfant.

Les privés, à raison de un pour quinze enfants, sont sans porte, ils doivent avoir 0m 55 de largeur sur 0m 60 de profondeur ; le siège, avec lunette en bois, doit avoir environ 0m 23 de hauteur et être incliné en avant.

Les urinoirs auront 0m 35 de largeur, 0m 25 de profondeur et 0m 70 de hauteur.

Les privés et les urinoirs doivent être masqués par une cloison pleine placée à 0m 60 en avant des cases, élevée de 0m 15 au-dessus du sol et n'ayant pas plus de 0m 70 de hauteur totale.

Le mobilier des écoles maternelles est fixé par le règlement du 2 août 1881 ; il doit comprendre:

Un claquoir ;

Un sifflet ;

Un ou plusieurs tableaux, dont un au moins, sera quadrillé ;

Une méthode de lecture en tableaux et plusieurs collections d'images ;

Un nécessaire métrique ;

Un globe terrestre et une carte murale de France ;

Un boulier ;

Des collections de bûchettes ou bâtonnets, des lattes, des cubes, etc. ;

Une collection de jouets ;

Des ardoises, quadrillées d'un côté et unies de l'autre ;

---

[1] Annexe. — [2] Annexe. — [3] Circ. min., 31 mai 1860. — [4] Loi, 28 mai 1882.— [5] Décr., 2 août 1881.

[8] Instr. min., 28 juill. 1882, annexe.

Un diapason;

Au point-de vue du voisinage les écoles sont soumises aux mêmes lois et règlements que les propriétés particulières.

ANNEXES

Loi du 1er juin 1878.

TITRE PREMIER. — DES RESSOURCES AFFECTÉES A LA CONSTRUCTION DES BATIMENTS SCOLAIRES.

ARTICLE PREMIER. — Une somme de 60 millions de francs, payable en cinq annuités, à partir de 1878, est mise à la disposition du ministre de l'instruction publique et des beaux-arts pour être répartie à titre de subvention, entre les communes, en vue de l'amélioration ou de la construction de leurs bâtiments scolaires et de l'acquisition des mobiliers scolaires.

Une autre somme de 60 millions de francs, également payable en cinq annuités, à partir de la même époque, est mise, à titre d'avance, à la disposition des communes dûment autorisées à emprunter pour le même objet.

ART. 2. — Les allocations consenties par le ministre sont indépendantes de celles qui peuvent être accordées aux communes par le Conseil général sur les fonds du département.

La quotité de ces dernières doit être fixée au moment où le Conseil général est appelé à donner son avis sur les demandes de secours présentées par les communes.

ART. 3. — Les communes qui auront préalablement consenti les sacrifices que comporte leur situation financière, et qui ne seront pas en mesure de couvrir la totalité de la dépense, seront seules admises à la subvention de l'Etat.

Elles devront adresser leur demande au préfet, qui les instruira conformément aux lois et règlements existants et les transmettra ensuite au ministre de l'instruction publique, en y joignant les plans et devis des constructions projetées.

ART. 4. — Lorsque ces plans et devis auront été approuvés par le ministre de l'instruction publique, un arrêté ministériel déterminera la quotité et les époques d'exigibilité de la subvention, en tenant compte, pour ces évaluations, de la situation financière de la commune et de l'étendue des sacrifices qu'elle aura consentis.

ART. 5. — Les subventions allouées aux communes ne leur seront définitivement acquises que sous les conditions ci-après :

1° Production d'un certificat, dont la forme sera déterminée par le ministre de l'instruction publique, et qui devra également lui être transmis, établissant que la commune a déjà fait emploi de ses propres ressources pour les bâtiments scolaires et que les bâtiments exécutés sont conformes aux plans et devis approuvés comme il vient d'être dit;

2° Mise à exécution des travaux dans un laps de temps qui ne pourra excéder deux ans.

Si, à l'expiration de ce délai, la commune n'a pas rempli les conditions ci-dessus, la subvention sera considérée comme non avenue.

LÉGISL. DE LA PROPRIÉTÉ.

Dans le cas où le projet serait ultérieurement repris, le ministre de l'instruction publique devra statuer à nouveau.

ART. 6. — Toutes les communes, admises ou non à profiter de la subvention de l'Etat ou du département, peuvent être appelées à participer à l'avance aux 60 millions indiqués au § 2 de l'article 1er.

Les plans et devis des constructions projetées doivent, dans les deux cas, être soumis à l'approbation du ministre de l'instruction publique.

Lorsque ces demandes d'emprunt auront été reconnues admissibles, les emprunts ne pourront avoir lieu que s'ils sont autorisés par une loi, un arrêté ou un décret préfectoral, suivant le cas, conformément aux lois en vigueur.

TITRE II. — DE LA CAISSE POUR LA CONSTRUCTION DES ÉCOLES.

ART. 7. — Il est créé, sous la garantie de l'Etat, une caisse spéciale chargée de délivrer aux communes les subventions qui leur auront été accordées, conformément aux articles 1er, 3, 4 et 5, et de leur faire les avances prévues aux articles 1er et 6. Cette caisse, qui prendra le nom de « Caisse pour la construction des écoles », sera administrée par la Caisse des dépôts et consignations.

ART. 8. — La Caisse pour la construction des écoles pourvoira au payement des subventions et avances ci-dessus stipulées, soit avec des fonds qui seront mis à sa disposition par le Trésor, moyennant un intérêt de 3 p. 100 réglé annuellement, soit par le produit de la négociation de titres créés et émis dans les conditions du dernier paragraphe de l'article 8 de la loi du 11 juillet 1868 sur les chemins vicinaux[1].

ART. 9. — *Abrogé par l'article 11 de la loi du 3 juillet* 1882.

ART. 10. — *Abrogé par l'article 13 de la loi du 3 juillet* 1882.

ART. 11. — Il sera passé, entre la Caisse pour la construction des écoles et les communes dûment autorisées à contracter des emprunts, des traités particuliers relatant la quotité et les termes d'exigibilité des avances consenties par la Caisse, ainsi que les conditions de remboursement de ces avances.

ART. 12. — Les fonds prêtés à la caisse spéciale par le Trésor ou réalisés au moyen d'obligations, conformément à l'article 8, seront remboursés aux ayants droit, savoir :

En ce qui concerne les subventions, au moyen des ressources de la dotation stipulée en faveur de la caisse par l'article 9, et dans un délai de quinze ans au plus tard.

En ce qui concerne les fonds employés en avances, au moyen des remboursements en capital opérés par les communes et dans les conditions de temps de ces remboursements, conformément à l'article 10.

ART. 13. — Chaque année, les ministres de l'instruction publique, de l'intérieur et des finances rendront compte au Président de la République de la distribution des subventions et des avances, de la marche des travaux et des

[1] Cet article est abrogé par l'article 11 de la loi du 3 juillet 1882.

opérations de la Caisse pour la construction des écoles par un rapport qui sera distribué au Sénat et à la Chambre des députés, au commencement de leur session ordinaire.

TITRE III. — DE L'OBLIGATION DE CONSTRUIRE DES MAISONS D'ÉCOLE.

ART. 14. — Lorsque la création d'une école dans une commune aura été décidée par l'autorité compétente, conformément aux prescriptions des lois des 15 mars 1850 et 10 avril 1867, les frais d'installation, d'acquisition, d'appropriation et de construction des locaux scolaires et d'acquisition du mobilier scolaire constitueront pour la commune une dépense obligatoire.

La même prescription est applicable aux bâtiments scolaires destinés à deux ou plusieurs communes réunies.

Pour ce dernier cas, le mode de fixation de la part contributive de chaque commune dans la dépense sera déterminé par un règlement spécial.

ART. 15. — Abrogé (art. 10, Loi 20 mars 1883).

Loi du 9 août 1879.

ARTICLE PREMIER. — Tout département devra être pourvu d'une école normale d'instituteurs et d'une école normale d'institutrices suffisantes pour assurer le recrutement de ses instituteurs communaux et de ses institutrices communales.

Ces établissements devront être installés dans le laps de temps de quatre ans, à partir de la promulgation de la présente loi.

Un décret du Président de la République pourra, sur l'avis conforme du Conseil supérieur de l'instruction publique, autoriser deux départements à s'unir pour fonder et entretenir en commun, soit l'une ou l'autre de leurs écoles normales, soit toutes les deux. Les départements procèderont dans ce cas conformément aux dispositions des articles 89 et 90 de la loi du 10 août 1871 sur les conseils généraux.

ART. 2. — L'installation première et l'entretien annuel des écoles normales primaires sont des dépenses obligatoires pour les départements.

ART. 3. — Les dépenses de loyer, de mobilier et d'entretien des bâtiments des écoles normales primaires seront imputées sur les ressources du budget ordinaire, dans les conditions indiquées aux articles 60 (§ 1er) et 61 de la loi du 10 août 1871.

ART. 4. — Il est pourvu aux dépenses scolaires annuelles des écoles normales primaires au moyen des centimes spéciaux affectés au service de l'enseignement primaire; l'inscription d'office au budget départemental pourra être faite par le ministre compétent.

Si ces ressources ne suffisent pas, le ministre de l'instruction publique accordera une subvention dans les conditions déterminées par le 4e paragraphe de l'article 40 de la loi du 15 mars 1850.

ART. 5. — En outre des subventions qui pourront leur être accordées, pour la construction et l'installation de leurs écoles normales, en considération de leur situation pécuniaire et de leurs sacrifices, les départements pourront être admis à participer à l'avance de 60 millions indiquée au 2e paragraphe de l'article 1er de la loi instituant la Caisse pour la construction des écoles.

Les plans et devis des constructions et des aménagements projetés devront être soumis à l'approbation du ministre de l'instruction publique.

Lorsque les demandes d'emprunt auront été reconnues admissibles, les emprunts ne pourront avoir lieu que s'ils sont autorisés conformément aux lois en vigueur.

ART. 6. — Les avances aux départements seront faites pour trente et un ans au plus. Elles seront remboursées à la Caisse pour la construction des écoles au moyen du versement semestriel d'une somme de 2 fr. 50 par chaque 100 francs empruntés[1].

ART. 7. — Modifié par la loi du 2 juill. 1880.

Loi du 27 janvier 1880.

ARTICLE PREMIER. — L'enseignement de la gymnastique est obligatoire dans tous les établissements d'instruction publique de garçons dépendant de l'État, des départements et des communes.

ART. 2. — Cet enseignement est donné dans les conditions et suivant les programmes arrêtés par le ministre de l'instruction publique, selon l'importance des établissements.

ART. 3. — Un rapport sur les résultats de la vérification faite au moins une fois par an, par les soins du ministre de l'instruction publique, dans tous les établissements auxquels s'applique la présente loi, sera annexé au budget.

ART. 4. — La disposition de l'article 23 de la loi du 15 mars 1850, concernant la gymnastique dans les établissements publics, est abrogée.

ART. 5. — La présente loi entrera en vigueur dans le délai de deux ans à partir de sa promulgation.

Loi du 3 juillet 1880.

TITRE PREMIER. — DES DÉPENSES A FAIRE SUR LES FONDS DE L'ÉTAT.

ART. 1er. — Une somme de cinquante-huit millions deux cent mille francs payable en six annuités, à partir de 1880, est mise à la disposition du ministre de l'instruction publique et des beaux-arts pour les dépenses extraordinaires des lycées.

Cette somme sera employée, jusqu'à concurrence de cinquante millions deux cent mille francs, à la construction et à l'amélioration des bâtiments, et pour le surplus, c'est-à-dire huit millions de francs, à l'acquisition du mobilier scolaire des lycées nationaux.

ART. 2. — Une somme de douze millions de francs, payable en six annuités, à partir de

[1] Cet article a été modifié par la loi du 3 juillet 1880 instituant une Caisse des lycées, collèges et écoles primaires.

1880, est également mise à la disposition du même ministre pour être employée à l'amélioration et à la construction des collèges communaux et à l'acquisition du mobilier scolaire de ces établissements.

ART. 3. — Les demandes des communes et des départements tendant à obtenir une subvention de l'Etat seront instruites par le recteur, conformément aux règlements, et transmises ensuite par ce fonctionnaire au ministre de l'instruction publique, accompagnées d'un avant-projet des constructions projetées, ainsi que des délibérations du conseil municipal et, s'il y a lieu, du conseil général, indiquant les sommes votées par ces assemblées.

ART. 4. — Les communes, pour être admises au bénéfice de la subvention de l'Etat, devront préalablement établir qu'elles ont consenti, soit par elles-mêmes, soit avec le concours du département, tous les sacrifices que comporte leur situation financière et qu'elles ne sont pas en mesure de couvrir la totalité de la dépense de construction, d'agrandissement ou de restauration des lycées ou collèges communaux.

ART. 5. — Le ministre de l'instruction publique est chargé d'arrêter les plans et devis des constructions et réparations et de surveiller l'exécution des travaux.

ART. 6. — Les subventions allouées aux communes ne leur seront définitivement acquises que si les travaux sont mis à exécution dans un délai qui ne pourra excéder deux ans. Ce délai sera compté à partir du jour où l'arrêté qui alloue la subvention aura été signé.

Si, à l'expiration de ce délai, la commune n'a pas rempli cette condition, la subvention sera considérée comme non avenue.

Dans le cas où le projet serait ultérieurement repris, le ministre de l'instruction publique devra statuer à nouveau.

Les versements du Trésor ne seront opérés que sur la production d'un certificat, dont la forme sera déterminée par le ministre de l'instruction publique, établissant que la commune a déjà fait emploi, sur ses propres ressources, pour les dépenses d'acquisition, d'appropriation et de construction des lycées et collèges, de sommes proportionnelles à sa part contributive, et que les plans et devis arrêtés par le ministre ont été exactement suivis.

TITRE II. — DES AVANCES A FAIRE AUX DÉPARTEMENTS ET AUX COMMUNES.

ART. 7. — Une somme de cinquante millions quatre cent mille francs payable en six annuités, à partir de 1880, est mise, à titre d'avance remboursable, à la disposition des départements et des communes pour pourvoir aux dépenses d'acquisition, de construction et d'appropriation des lycées nationaux.

ART. 8. — Une autre somme de quinze millions de francs, également payable en six annuités, à partir de la même époque, est mise, à titre d'avance remboursable, à la disposition des départements et des communes dûment autorisés à emprunter pour pourvoir aux dépenses d'acquisition, de construction et d'appropriation des collèges communaux.

ART. 9. — Les communes et les départements admis ou non à profiter de la subvention de l'Etat peuvent être appelés à participer aux avances prévues par les articles 7 et 8.

Lorsque les demandes d'emprunt auront été reconnues admissibles, les emprunts ne pourront avoir lieu que s'ils sont autorisés par une loi, un décret ou un arrêté préfectoral, suivant le cas, conformément aux lois en vigueur.

TITRE III. — DE LA CAISSE DES LYCÉES, COLLÈGES ET ÉCOLES PRIMAIRES.

ART. 10. — La caisse pour la construction des écoles, créée par la loi du 1er juin 1878, prendra le nom de *Caisse des lycées, collèges et écoles primaires.*

Cette caisse sera divisée en deux sections chargées, sous la garantie de l'Etat, la première section :

1° De payer aux lycées les subventions qui leur auront été accordées;

2° De faire aux départements et aux communes les avances prévues par la présente loi;

3° De payer aux collèges communaux les subventions qui leur auront été allouées.

La deuxième section :

De faire le service des subventions et avances pour les constructions des écoles primaires, dans les conditions de la loi du 1er janv. 1878, modifiées par la présente loi.

ART. 11. — La Caisse des lycées, collèges et écoles primaires pourvoira au payement des subventions et avances ci-dessus stipulées, soit avec des fonds qui seront mis à sa disposition par le Trésor, moyennant intérêt, soit avec le produit de la négociation de titres créés et émis dans les conditions du dernier paragraphe de l'article 8 de la loi du 11 juillet 1868 sur les chemins vicinaux.

L'intérêt réglé annuellement sera servi au Trésor au taux de 3 p. 100 en ce qui concerne les subventions et de un et un quart p. 100 en ce qui concerne les avances.

Est abrogé l'article 8 de la loi du 1er juin 1878.

ART. 12. — Les subventions payées par la Caisse des lycées, collèges et écoles lui seront remboursées, en capital et intérêt, au moyen de vingt-huit annuités de six millions cinq cent mille francs chacune, à inscrire à un chapitre distinct du budget du ministère de l'instruction publique, à partir de l'exercice 1880.

Est abrogé, en conséquence, à partir dudit exercice 1880, l'article 9 de la loi précitée du 1er juin 1878.

La dotation ci-dessus de six millions cinq cent mille francs sera ordonnancée au profit de la Caisse, et payée par le Trésor dans les trois premiers mois de chaque année.

Les crédits nécessaires seront ouverts, chaque année, par la loi de finances.

En cas d'insuffisance du fonds de dotation et des ressources propres à la Caisse il lui sera tenu compte par le Trésor, tant de ses dépenses complémentaires d'intérêt et d'amortissement que de ses frais de gestion.

ART. 13. — Les avances seront faites pour trente ans au plus. Elles seront remboursées à la Caisse des lycées, collèges et écoles au moyen du versement semestriel d'une somme de deux francs pour chaque cent francs empruntés.

Ce versement, continué pendant soixante semestres, libérera la commune ou le département en intérêts et amortissement.

Des termes de remboursement plus courts pourront être stipulés. Dans ce cas, les versements semestriels devront être calculés de manière à tenir compte à la Caisse, en sus de l'amortissement, d'un intérêt fixé à un et un quart pour cent l'an.

Les mêmes conditions seront appliquées aux avances à faire et aux annuités non échues et restant à payer pour les avances déjà faites par la Caisse des écoles.

Est abrogé l'article 10 de la loi du 1er juin 1878.

Art. 14. — Il sera passé, entre la Caisse des lycées, collèges et écoles et les départements ou les communes dûment autorisés à contracter des emprunts, des traités particuliers relatant la quantité et les termes d'exigibilité des avances consenties par la Caisse, ainsi que les conditions de remboursement de ces avances.

Art. 15. — Lorsqu'un département aura accordé à une commune des subventions annuelles destinées au remboursement des avances consenties par la Caisse des lycées, collèges et écoles, ces subventions pourront, s'il y a lieu, être recouvrées conformément aux dispositions de l'article 61, parragraphe 1er, de la loi du 10 août 1871.

Art. 16. — Les fonds prêtés à la Caisse spéciale par le Trésor, ou réalisés au moyen d'obligations conformément à l'article 11, seront remboursés aux ayants droit, savoir :

En ce qui concerne les subventions, au moyen des ressources de la dotation stipulée en faveur de la Caisse par l'art. 12, et dans un délai de vingt-huit ans au plus tard;

En ce qui concerne les fonds employés en avances, au moyen des remboursements en capital opérés par les communes ou les départements, et dans les conditions de temps fixées pour ces remboursements, conformément à l'article 13.

Art. 17. — Chaque année, les ministres de l'instruction publique et des finances rendront compte au Président de la République de la distribution des subventions et des avances, de la marche des travaux et des opérations de la Caisse des lycées, collèges et écoles, par un rapport qui sera distribué au Sénat et à la Chambre des députés.

Titre IV. — De la subvention extraordinaire allouée pour la construction des lycées, collèges et écoles primaires.

Art. 18. — Indépendamment de la somme de soixante-dix millions deux cent mille francs allouée par la présente loi, sous réserve de remboursement, une somme de dix-sept millions de francs est accordée à la Caisse des lycées, collèges et écoles primaires, à titre de subvention extraordinaire. Cette somme sera mise à la disposition du ministre de l'instruction publique pour les dépenses d'acquisition, de construction et d'appropriation des lycées et collèges dans les proportions et à des époques qui seront déterminées par décret.

Art. — 19. Il est ouvert, à cet effet, au ministère de l'instruction publique, sur l'exercice 1880, en sus des crédits accordés par la loi de finances du 21 décembre 1879, et par des lois spéciales, un crédit extraordinaire de dix-sept millions de francs à inscrire à un chapitre spécial portant le n° 35 bis et intitulé : *Subvention extraordinaire à la Caisse des lycées, collèges et écoles primaires.*

Art. 20. — Il sera pourvu au crédit extraordinaire ci-dessus au moyen d'un prélèvement sur l'excédent des recettes de l'exercice 1877.

Art. 21. — Les sommes non employées et qui auront été versées en compte-courant au Trésor ne porteront pas intérêt au profit de la Caisse des lycées, collèges et écoles primaires.

Titre V. — Régularisation des crédits ouverts au budget de 1880.

Art. 22. — Est et demeure annulé le crédit de un million cinq cent mille francs ouvert au budget de l'exercice 1880.

———

Extrait de la circulaire ministérielle du 20 avril 1881.

Après avoir confirmé les dispositions de la circulaire du 30 juillet 1858, le ministre ajoute :

Tout d'abord, il faut qu'ils (les inspecteurs primaires) fassent connaître exactement pour quelle population scolaire est préparé le local, et leurs rapports devront répondre aux questions suivantes :

Quelle est la population actuelle de la commune, ou, s'il s'agit d'une école de hameau, de la section de commune desservie par l'école ?

Cette population tend-elle à s'accroître ou à diminuer, et pour quelles causes ?

S'il existe une salle d'asile, quel est le nombre des enfants en âge de fréquenter la salle d'asile, en âge de fréquenter l'école primaire ?

A défaut de salle d'asile, l'école doit-elle recevoir les enfants de cinq à treize ans, ou seulement de six à treize ans ?

Existe-il dans la localité des écoles ou salles d'asile libres qui diminuent la clientèle probable des établissements publics ? Ces écoles ou salles d'asile libres ont-elles des garanties de stabilité, ou peuvent-elles disparaître d'un jour à l'autre ?

Ce sont là autant de renseignements qu'il importe de réunir pour que mon administration puisse apprécier si le projet donne satisfaction aux besoins de l'instruction dans la commune ou la section de commune.

En second lieu, la convenance de l'emplacement choisi pour la construction d'une école doit faire l'objet d'indications précises, telles que les suivantes :

Est-il salubre, exempt d'humidité provenant soit du sol même, soit de terrains plus élevés ?

N'existe-t-il aucun voisinage malsain, bruyant ou dangereux (cimetière, usine, marché public) ?

L'école recevra-t-elle en quantité suffisante la lumière et l'air, ou sera-t-elle placée entre des bâtiments plus élevés ?

Y a-t-il des raisons spéciales qui imposent le choix du terrain indiqué pour la construction ? etc.

Circulaire ministérielle du 25 septembre 1881.

Les rapports de MM. les inspecteurs généraux de l'enseignement primaire m'ont signalé, dans un certain nombre de départements, une situation à laquelle les lois récentes m'obligent à mettre un terme.

Certaines communes, importantes par le chiffre de la population, n'ont jusqu'à présent, au lieu d'écoles publiques de filles, que des classes gratuites, ouvertes soit dans des écoles réputées communales, soit dans des écoles libres tenant lieu d'écoles publiques. Ces classes sont confiées, moyennant une subvention généralement très faible, à une congrégation qui dirige dans la même commune de florissantes écoles libres payantes. Ni l'esprit ni la lettre de la loi du 16 juin dernier, qui a prescrit l'établissement immédiat de la gratuité dans notre enseignement primaire national, ne me permettent de considérer désormais, comme remplissant leurs obligations légales, les communes qui ont recours à ce mode d'enseignement au rabais.

Les rapports d'inspection générale sont aussi explicites qu'unanimes dans l'appréciation de ces « classes pauvres » annexées par charité aux écoles que fréquentent les enfants de familles aisées. Tous les inconvénients qui résultaient de la division des élèves de l'école publique en *payants* et *gratuits* reparaissent dans cette combinaison, et ils reparaissent singulièrement aggravés, parce que les enfants pauvres n'ont même plus de contact avec les autres, qu'on ne leur donne ni les mêmes maîtres, ni les mêmes leçons, parce que les déclarant *à priori* moins aptes à l'étude, et leur attribuant de moindres besoins intellectuels, on leur réserve un enseignement amoindri et des cours presque mécaniques dépourvus de tout ce qui fait la valeur et la noblesse de l'éducation; enfin, parce qu'il est de l'intérêt de la congrégation religieuse qui dirige les deux établissements rivaux de ne pas se faire concurrence à elle-même et de ne pas affaiblir le prestige de son école payante en élevant, comme ce serait son devoir, l'école communale gratuite à un égal degré de prospérité. Il est contre la nature des choses de demander à une association humaine, quelque charitable qu'on la suppose, de réserver l'élite de son personnel, les meilleures méthodes, les leçons les plus soignées, à un modeste établissement communal, qui, s'il était tenu comme nos lois le veulent aujourd'hui, ne le céderait en rien à l'institution privilégiée.

D'autre part, les raisons qui lui ont fait longtemps tolérer cet état de choses, c'est-à-dire la pénurie des ressources communales et l'économie parfois considérable que réalisait la commune en se dispensant d'entretenir une véritable école publique, ont aujourd'hui entièrement disparu. Qu'elle ait une école ou deux, qu'elle ait deux instituteurs ou qu'elle

en ait dix, la commune n'a pas désormais à payer davantage; sa contribution se réduit uniformément aux 4 centimes obligatoires. Le prélèvement même sur ses revenus ordinaires, dont elle est redevable en principe, est aboli en fait, grâce aux libéralités du Parlement, de sorte que ce sont les fonds de subvention de l'Etat qui supportent tous les accroissements de la dépense scolaire annuelle.

Dans ces conditions, la commune étant désintéressée dans la question des frais d'entretien, et la responsabilité de l'exécution de la loi incombant désormais à l'Etat, je ne puis que vous recommander, d'une façon pressante, le plus prompt retour possible à un état de choses régulier, c'est-à-dire l'établissement d'une école primaire publique de filles, indépendante de l'école libre payante, dans toutes les communes qui, par économie ou pour tout autre motif, se sont jusqu'à présent soustraites à l'application de la loi.

La seule difficulté qui pourra se présenter dans quelques-unes de ces communes sera la nécessité d'acquérir ou de construire un local scolaire, mais je compte sur vous, monsieur le préfet, pour expliquer aux municipalités que leur budget bénéficie, à partir du 1er janvier prochain, d'abord de l'abolition des centimes extraordinaires, et ensuite de l'abolition du prélèvement sur les revenus ordinaires (sans compter la suppression pour les familles des lourdes charges de la rétribution scolaire); que, dès lors, il ne leur sera ni difficile ni onéreux d'affecter une partie des fonds devenus libres à un emprunt à la Caisse des écoles. L'Etat y ajoutera immédiatement, et aussi largement qu'il le faudra, les subventions nécessaires pour faire face à la dépense.

Par conséquent, rien ne doit vous arrêter, monsieur le préfet, dans la mise à exécution des prescriptions légales. Je vous invite à provoquer le plus prochainement possible, de la part du conseil départemental de l'instruction publique, le retrait des dispenses provisoires qui ont pu être accordées aux communes pour les exempter de créer des écoles légalement obligatoires; aussitôt que le conseil départemental aura décidé, en vertu des articles 1er et 2 de la loi du 10 avril 1867, la création d'écoles primaires de filles, notamment dans les chefs-lieux d'arrondissement et dans les chefs-lieux de canton, dont je vous envoie ci-inclus la liste et qui ne peuvent être plus longtemps réduits à ce régime déplorable de classes annexées à des couvents, vous voudrez bien faire les diligences nécessaires pour que les nouvelles écoles puissent s'ouvrir dans le plus bref délai.

Loi des 28-29 mars 1882.

ARTICLE PREMIER. — L'enseignement primaire comprend :

L'instruction morale et civique;

La lecture et l'écriture;

La langue et les éléments de la littérature française;

La géographie, particulièrement celle de la France;

L'histoire, particulièrement celle de la France jusqu'à nos jours;

Quelques notions usuelles de droit et d'économie politique;

Les éléments des sciences naturelles physiques et mathématiques; leurs applications à l'agriculture, à l'hygiène, aux arts industriels, travaux manuels et usages des outils des principaux métiers;

Les éléments du dessin, du modelage et de la musique;

La gymnastique;

Pour les garçons, les exercices militaires;

Pour les filles, les travaux à l'aiguille.

L'article 23 de la loi du 15 mars 1850 est abrogé.

ART. 2. — Les écoles primaires publiques vaqueront un jour par semaine, en outre du dimanche, afin de permettre aux parents de faire donner, s'ils le désirent, à leurs enfants, l'instruction religieuse, en dehors des édifices scolaires.

L'enseignement religieux est facultatif dans les écoles privées.

ART. 3. — Sont abrogées les dispositions des articles 18 et 44 de la loi du 15 mars 1850, en ce qu'elles donnent aux ministres des cultes un droit d'inspection, de surveillance et de direction dans les écoles primaires publiques et privées et dans les salles d'asile, ainsi que le paragraphe 2 de l'art. 31 de la même loi qui donne aux consistoires le droit de présentation pour les instituteurs appartenant aux cultes non catholiques.

ART. 4. — L'instruction primaire est obligatoire pour les enfants des deux sexes âgés de six ans révolus; elle peut être donnée soit dans les établissements d'instruction primaire ou secondaire, soit dans les écoles publiques ou libres, soit dans les familles, par le père de famille lui-même ou par toute personne qu'il aura choisie.

Un règlement déterminera les moyens d'assurer l'instruction primaire aux enfants sourds-muets et aux aveugles.

ART. 5. — Une commission municipale scolaire est instituée dans chaque commune, pour surveiller et encourager la fréquentation des écoles.

Elle se composera du maire, président, d'un des délégués du canton et, dans les communes comprenant plusieurs cantons, d'autant de délégués qu'il y a de cantons, désignés par l'inspecteur d'académie; de membres désignés par le conseil municipal en nombre égal au plus au tiers des membres de ce conseil.

A Paris et à Lyon, il y a une commission pour chaque arrondissement municipal. Elle est présidée à Paris par le maire, à Lyon par un des adjoints, elle est composée d'un des délégués cantonaux désigné par l'inspecteur d'académie, de membres désignés par le conseil municipal, au nombre de trois à sept par chaque arrondissement.

Le mandat des membres de la commission scolaire, désignés par le conseil municipal, conformément au deuxième paragraphe, durera jusqu'à l'élection d'un nouveau conseil municipal.

Il sera toujours renouvable.

L'inspecteur primaire fait partie de droit de toutes les commissions scolaires instituées dans dans son ressort.

ART. 6. — Il est institué un certificat d'études primaires; il est décerné après un examen public auquel pourront se présenter les enfants dès l'âge de onze ans.

Ceux qui, à partir de cet âge, auront obtenu le certificat d'études primaires seront dispensés du temps de scolarité obligatoire qui leur restait à passer.

ART. 7. — Le père, le tuteur, la personne qui a la garde de l'enfant, le patron chez qui l'enfant est placé, devra, quinze jours au moins avant l'époque de la rentrée des classes, faire savoir au maire de la commune s'il entend faire donner à l'enfant l'instruction dans la famille ou dans une école publique ou privée; dans ces deux derniers cas, il indiquera l'école choisie.

Les familles domiciliées à proximité de deux ou plusieurs écoles publiques ont la faculté de faire inscrire leurs enfants à l'une ou à l'autre de ces écoles, qu'elle soit ou non sur le territoire de leurs communes, à moins qu'elle ne compte déjà le maximum d'élèves autorisé par les règlements.

En cas de contestation, et sur la demande soit du maire, soit des parents, le conseil départemental statue en dernier ressort.

ART. 8. — Chaque année le maire dresse, d'accord avec la commission municipale scolaire, la liste de tous les enfants âgés de six à treize ans, et avise les personnes qui ont charge de ces enfants de l'époque de la rentrée des classes.

En cas de non-déclaration, quinze jours avant l'époque de la rentrée, de la part des parents et autres personnes responsables, il inscrit d'office l'enfant à l'une des écoles publiques et en avertit la personne responsable.

Huit jours avant la rentrée des classes, il remet aux directeurs d'écoles publiques et privées la liste des enfants qui doivent suivre leurs écoles. Un double de ces listes est adressé par lui à l'inspecteur primaire.

ART. 9. — Lorsqu'un enfant quitte l'école, les parents ou les personnes responsables doivent en donner immédiatement avis au maire et indiquer de quelle façon l'enfant recevra l'instruction à l'avenir.

ART. 10. — Lorsqu'un enfant manque momentanément l'école, les parents ou les personnes responsables doivent faire connaître au directeur ou à la directrice les motifs de son absence.

Les directeurs et les directrices doivent tenir un registre d'appel qui constate, pour chaque classe, l'absence des élèves inscrits. A la fin de chaque mois, ils adresseront au maire et à l'inspecteur primaire un extrait de ce registre, avec l'indication du nombre des absences et des motifs invoqués.

Les motifs d'absence seront soumis à la commission scolaire. Les seuls motifs réputés légitimes sont les suivants : maladie de l'enfant, décès d'un membre de la famille, empêchements résultant de la difficulté accidentelle des communications. Les autres circonstances exceptionnellement invoquées seront également appréciées par la commission.

ART. 11. — Tout directeur d'école privée, qui ne se sera pas conformé aux proscriptions de l'article précédent, sera, sur le rapport de la commission scolaire et de l'inspecteur primaire, déféré au conseil départemental.

Le conseil départemental pourra prononcer les peines suivantes :

1° L'avertissement ;

2° La censure ;

3° La suspension pour un mois au plus et, en cas de récidive, pour trois mois au plus.

ART. 12. — Lorsqu'un enfant se sera absenté de l'école quatre fois dans le mois, pendant au moins une demi-journée, sans justification admise par la commission municipale scolaire, le père, le tuteur ou la personne responsable sera invité, trois jours au moins à l'avance, à comparaître dans la salle des actes de la mairie, devant ladite commission, qui lui rappellera le texte de la loi et lui expliquera son devoir.

En cas de non-comparution, sans justification admise, la commission appliquera la peine énoncée dans l'article suivant.

ART. 13. — En cas de récidive dans les douze mois qui suivront la première infraction la commission municipale scolaire ordonnera l'inscription pendant quinze jours ou un mois, à la porte de la mairie, des nom, prénoms et qualité de la personne responsable, avec indication du fait relevé contre elle.

La même peine sera appliquée aux personnes qui n'auront pas obtempéré aux prescriptions de l'art. 9.

ART. 14. — En cas d'une nouvelle récidive, la commission scolaire, ou, à son défaut, l'inspecteur primaire devra adresser une plainte au juge de paix. L'infraction sera considérée comme une contravention et pourra entraîner condamnation aux peines de police, conformément aux articles 479, 480 et suivants du Code pénal.

L'article 463 du même Code est applicable.

ART. 15. — La commission scolaire pourra accorder aux enfants demeurant chez leurs parents ou leur tuteur, lorsque ceux-ci en feront la demande motivée, des dispenses de fréquentation scolaire ne pouvant dépasser trois mois par année en dehors des vacances. Ces dispenses devront, si elles excèdent quinze jours, être soumises à l'approbation de l'inspecteur primaire.

Ces dispositions ne sont pas applicables aux enfants qui suivront leurs parents ou tuteurs, lorsque ces derniers s'absenteront temporairement de la commune. Dans ce cas, un avis donné verbalement ou par écrit au maire ou à l'instituteur suffira.

La commission peut aussi, avec l'approbation du conseil départemental, dispenser les enfants employés dans l'industrie, et arrivés à l'âge de l'apprentissage, d'une des deux classes de la journée ; la même faculté sera accordée à tous les enfants employés, hors de leur famille, dans l'agriculture.

ART. 16. — Les enfants qui reçoivent l'instruction dans la famille doivent, chaque année à partir de la fin de la deuxième année d'instruction obligatoire, subir un examen qui portera sur les matières de l'enseignement correspondant à leur âge dans les écoles publiques, dans des formes et suivant des programmes qui seront déterminés par arrêtés ministériels rendus en conseil supérieur.

Le jury d'examen sera composé de : l'inspecteur primaire ou son délégué, président ; un délégué cantonal ; une personne munie d'un diplôme universitaire ou d'un brevet de capacité ; les juges seront choisis par l'inspecteur d'académie. Pour l'examen des filles, la personne brevetée devra être une femme.

Si l'examen de l'enfant est jugé insuffisant et qu'aucune excuse ne soit admise par le jury, les parents sont mis en demeure d'envoyer leur enfant dans une école publique ou privée dans la huitaine de la notification et de faire connaître au maire quelle école ils ont choisie.

En cas de non déclaration, l'inscription aura lieu d'office, comme il est dit à l'article 8.

ART. 17. — La Caisse des écoles, instituée par l'art. 15 de la loi du 10 avril 1867, sera établie dans toutes les communes. Dans les communes subventionnées dont le centime n'excède pas trente francs, la Caisse aura droit, sur le crédit ouvert pour cet objet au ministère de l'instruction publique, à une subvention au moins égale au montant des subventions communales.

La répartition des secours se fera par les soins de la commission scolaire.

ART. 18. — Des arrêtés ministériels, rendus sur la demande des inspecteurs d'académie et des conseils départementaux, détermineront chaque année les communes où, par suite d'insuffisance des locaux scolaires, les prescriptions des articles 4 et suivants, sur l'obligation, ne pourraient être appliquées.

Un rapport annuel, adressé aux Chambres par le ministre de l'instruction publique, donnera la liste des communes auxquelles le présent article aura été appliqué.

Instruction spéciale adoptée par le comité des bâtiments scolaires pour la construction des écoles primaires élémentaires.
(28 juillet 1882).

L'école primaire élémentaire comprend :

1° Un vestiaire distinct ou un vestibule pouvant servir de vestiaire ;

2° Une ou plusieurs classes ;

3° Un préau couvert avec gymnase et, s'il y a lieu, un petit atelier pour le travail manuel élémentaire ;

4° Une cour de récréation et un jardin, partout où il sera possible ;

5° Des privés et des urinoirs ;

6° Un logement pour l'instituteur ou l'institutrice et, s'il y a lieu, des logements pour les adjoints ou les adjointes.

En outre, s'il y a lieu, pour les écoles de plus de trois classes :

1° Un logement de concierge ;

2° Une pièce d'attente pour les parents ;

3° Un cabinet pour l'instituteur ou l'institutrice ;

4° Une pièce pour les adjoints ou les adointes ;

5° Une salle de dessin avec un cabinet pour le dépôt des modèles ;

6° Un atelier pour le travail manuel dans les écoles de garçons ou une salle de couture et de coupe dans les écoles de filles ;

7° Un gymnase.

Dans les écoles doubles, le logement du concierge, la salle de dessin et le gymnase peuvent être communs.

I. — Conditions générales.

Art. 1er. — Le terrain destiné à recevoir une école doit être central, bien aéré, d'un accès facile et sûr, éloigné de tout établissement bruyant, malsain ou dangereux, à cent mètres, au moins, des cimetières.

Le sol sera assaini par le drainage.

Art. 2. — La superficie du terrain sera évaluée à raison de dix mètres environ par élève ; elle ne pourra toutefois avoir moins de cinq cents mètres.

L'école et ses annexes seront entourées d'une clôture.

Art. 3. — La disposition des bâtiments sera déterminée suivant le climat de la région, en tenant compte des conditions hygiéniques, de l'exposition, de la configuration et des dimensions de l'emplacement, des ouvertures libres sur le ciel et surtout de la distance des constructions voisines.

Art. 4. — Dans les communes où le même bâtiment contiendra l'école et la mairie, les deux services devront être complètement séparés.

Aucun service étranger à l'école ne pourra être installé dans les bâtiments scolaires.

Art. 5. — L'épaisseur des murs ne sera dans aucun cas moindre de 0^m45 s'ils sont construits en moellons, et de 0^m35 s'ils sont construits en briques.

Art. 6. — Les matériaux trop perméables seront exclus de la construction. La tuile et l'ardoise seront employées pour la couverture de préférence au métal.

Art. 7. — Le sol du rez-de-chaussée sera exhaussé de 0^m60 au-dessus du niveau extérieur.

Les pentes du terrain entourant les constructions seront ménagées de façon à en éloigner les eaux.

Art. 8. — Si le plancher n'est pas établi sur caves, il sera posé sur une plate-forme ou couche de matériaux imperméables.

Art. 9. — Dans tout groupe scolaire, les bâtiments affectés aux diverses écoles seront indépendants les uns des autres et auront des entrées distinctes.

On évitera de placer l'école maternelle entre l'école des garçons et l'école des filles.

Art. 10. — L'effectif d'un groupe complet ne devra pas dépasser 750 élèves, savoir : 300 garçons, 300 filles et 150 enfants pour l'école maternelle.

II. — Logement du concierge.

Art. 11. — Lorsque l'école aura un concierge, son logement sera établi au rez-de-chaussée et comprendra une loge, une cuisine, une ou deux pièces, des privés et une cave.

La pièce d'attente pour les parents sera située à proximité de la loge du concierge.

III. — Vestiaire. — Couloirs. — Escaliers.

Art. 12. — Chaque classe aura, autant que possible, un vestiaire ; toutefois le même vestiaire pourra servir à deux ou à plusieurs classes contiguës. On établira des porte-manteaux pour les vêtements et des rayons pour les paniers ou les sacs à provisions.

Dans les écoles rurales, le vestibule pourra servir de vestiaire.

Art. 13. — Chaque classe aura une entrée indépendante. Les portes ne devront pas ouvrir directement sur la rue, ni sur les cours.

Art. 14. — Lorsque les classes seront desservies par des galeries ou couloirs, ces galeries auront une largeur minima de 1^m50 et recevront directement l'air et la lumière.

Art. 15. — Les classes installées aux étages seront desservies par des escaliers droits sans partie circulaire.

Les volées de treize à seize marches seront séparées par un palier de repos.

Les marches auront, au maximum, 1^m35 de largeur, 0^m28 à 0^m30 de foulée et, au maximum, 0^m16 de hauteur.

Les barreaux seront espacés de 0^m13 d'axe en axe. La main courante sera garnie de boutons saillants placés à 1 mètre de distance, au plus. Une seconde main courante sera disposée le long des murs.

Art. 16. — Toute école recevant trois cents élèves aux étages devra être desservie par deux escaliers.

IV. — Classes.

Art. 17. — Le nombre maximum des places par classe sera de 50.

Art. 18. — La classe sera de forme rectangulaire. La surface sera calculée à raison de 1^m25 par élève.

La hauteur sous plafond ne sera jamais moindre de 4 mètres.

Art. 19. — Les dimensions des baies seront calculées de façon que la lumière éclaire toutes les tables. La largeur des trumeaux sera aussi réduite que possible.

L'intervalle entre la partie haute de la fenêtre et le niveau des plafonds sera d'environ 0^m20.

Les appuis seront taillés en glacis sur les deux faces, et élevés de 1^m20 au-dessus du sol.

Lorsque l'éclairage sera unilatéral, le jour viendra nécessairement de la gauche des élèves et les conditions suivantes seront exigées :

1° La hauteur de la classe devra être égale aux deux tiers environ de sa largeur :

2° Des baies d'aération seront percées dans la face opposée à celle de l'éclairage.

Dans tous les cas la distance de la face ou des faces d'éclairage aux constructions voisines ne sera jamais inférieure à 8 mètres.

Art. 20. — On ne percera jamais de baies d'éclairage dans le mur qui fait face à la table du maître, ni dans celui qui fait face aux élèves.

L'éclairage par un plafond vitré est interdit.

ART. 21. — Les châssis des fenêtres seront, dans le sens de la hauteur, divisés en deux parties, s'ouvrant séparément pour la ventilation.

ART. 22. — Les plafonds seront pleins et unis. Une ligne indiquant le nord-sud y sera tracée.

Il n'existera pas de corniche autour des murs.

Les angles formés par la rencontre des murs ou cloisons entre eux, ou avec les plafonds, seront arrondis sur un rayon de 0ᵐ10.

Tous les parements intérieurs seront recouverts d'un enduit lisse permettant de fréquents lavages.

A la hauteur de 1ᵐ20, à défaut de boiserie, le revêtement sera exécuté en ciment.

ART. 23. — Le sol des classes sera parqueté en bois dur, scellé, autant que possible, sur bitume.

Toutefois, on admettra les bois de sapin et de pin dans les régions où ils sont seuls en usage, sous la condition qu'ils seront employés par lames étroites et passés à l'huile de lin bouillante.

ART. 24. — Les portes des classes seront de préférence à un seul vantail, et auront 0ᵐ90 de largeur.

ART. 25. — La classe de l'école mixte ne sera pas divisée par une cloison. Les filles et les garçons seront groupés séparément.

ART. 26. — On installera dans chaque salle un poêle pourvu d'un réservoir d'eau avec surface d'évaporation.

Ce poêle devra être garni d'une double enveloppe métallique ou d'une enveloppe de terre cuite.

Il sera entouré d'une grille de fer et ne contiendra ni four, ni chauffe-plats.

Le tuyau de fumée ne devra, en aucun cas, passer au-dessus de la tête des enfants.

Les élèves ne pourront être placés à une distance du poêle moindre de 1ᵐ25.

Le poêle en fonte à feu direct est interdit.

ART. 27. — Des dispositions seront prises pour assurer, concurremment avec le chauffage, une ventilation convenable de toutes les parties de la salle de classe. Les orifices d'accès de l'air pur, qui devra être pris immédiatement à l'extérieur, et les orifices d'échappement de l'air vicié auront une section suffisante pour prévenir les obstructions.

V. — Salles de dessin. — Atelier pour le travail manuel élémentaire.

ART. 28. — Dans les écoles de quatre classes et plus, une salle distincte sera affectée à l'enseignement du dessin.

La superficie de cette salle sera calculée à raison de 1ᵐ50 au minimum par place. Un cabinet pour le dépôt des modèles y sera annexé.

ART. 29. — Dans toutes les écoles de garçons, un atelier sera installé pour le travail manuel élémentaire.

Dans les écoles de moins de trois classes, cet atelier pourra être aménagé sous le préau.

Dans toutes les écoles de filles de plus de trois classes, une salle sera aménagée pour les travaux de couture et de coupe.

VI. — Préau couvert. — Dépendances du préau. — Gymnase.

ART. 30. — Toute école sera pourvue d'un préau couvert ou abri.

La surface sera de 1ᵐ25 environ par élève, la hauteur de 4 mètres sous plafond.

Il pourra y être installé des lavabos, ainsi que des tables mobiles pour les repas des élèves.

ART. 31. — Un fourneau pourra être établi à proximité du préau pour préparer ou réchauffer les aliments des enfants.

ART. 32. — A défaut d'une salle spéciale pour l'enseignement de la gymnastique, une partie du préau ou abri sera affectée à l'installation des appareils.

Le portique pourra être dressé dans la cour de récréation.

VII. — Cour de récréation. — Jardin.

ART. 33. — La surface de la cour de récréation sera calculée à raison de 5 mètres au moins par élève ; elle ne pourra avoir moins de 200 mètres.

ART. 34. — Le sol sera sablé. Le bitume, le pavage ou le ciment ne pourront être employés que pour les passages et les trottoirs.

Les passages et les trottoirs ne feront jamais saillie.

Le nivellement du sol sera établi de façon à assurer l'écoulement des eaux.

Les eaux ménagères ne devront jamais traverser la cour à ciel ouvert.

ART. 35. — La cour de récréation pourra comprendre un petit jardin à l'usage des enfants. Elle sera plantée d'arbres placés à une distance convenable des bâtiments.

Des bancs fixes seront établis au pourtour de la cour. Une fontaine ou une pompe y sera installée.

Dans les écoles mixtes, la cour sera divisée par une claire-voie.

VIII. — Privés et urinoirs. — Fosses.

ART. 36. — Toute école devra être munie de privés à raison de deux cabinets par classe dans les écoles de garçons et de trois cabinets par classe dans les écoles de filles.

Un cabinet sera réservé pour les maîtres.

ART. 37. — Les privés seront placés dans la cour de façon à être facilement surveillés.

Ils seront disposés de telle sorte que les vents régnants ne rejettent pas les gaz dans les bâtiments ni dans la cour.

Les cases auront 0ᵐ70 de largeur et 1ᵐ10 de longueur environ. Les portes ouvriront en dehors et seront munies de tampons en caoutchouc ; elles seront surélevées de 0ᵐ20 au-dessus du sol et auront 1ᵐ10 de hauteur.

Le siège, en pierre, ciment ou fonte aura 0ᵐ20 de hauteur ; il sera incliné de toutes parts vers l'orifice.

L'orifice, de forme oblongue, aura environ 0ᵐ20 sur 0ᵐ14 ; il sera à 0ᵐ10 du devant.

La cuvette sera munie d'un appareil obturateur.

Dans les écoles mixtes, il y aura des privés distincts pour les garçons et pour les filles.

ART. 38. — Les écoles de garçons seront munies d'urinoirs en nombre au moins égal à celui des privés.

Les cases auront environ 0^m35 de profondeur sur 0^m30 de hauteur; elles seront espacées de 0^m40.

Un service d'eau sera établi pour le nettoyage.

Art. 39. — Les parois et le sol seront en matériaux imperméables; tous les angles seront arrondis.

Une pente sera ménagée pour l'écoulement des liquides vers le siège, avec ouverture d'échappement au-dessus de la fermeture de l'appareil obturateur.

Art. 40. — Les fosses seront fixes ou mobiles.

Les fosses mobiles, quelque soit le système de vidange adopté, seront préférées toutes les fois qu'il sera possible de les établir; elles seront pourvues d'un ventilateur.

Les fosses fixes seront de petite dimension, sans jamais avoir toutefois moins de 2 mètres de long, de large et de haut.

Elles seront voûtées, construites en matériaux imperméables et enduites de ciment.

Elles seront étanches et le fond sera disposé en forme de cuvette; les angles seront arrondis sur un rayon de 0^m25.

Elles seront établies loin des puits.

Elles seront munies d'un tuyau d'évent qui sera élevé au-dessus de la toiture des privés, aussi haut que l'exigera la disposition des constructions voisines.

IX. — Logement de l'instituteur. — Logement des adjoints.

Art. 41. — Le logement de l'instituteur se composera d'une salle à manger, de deux ou trois pièces, d'une cuisine, de privés et d'une cave. La superficie totale sera de 70 à 90 mètres carrés.

Le cabinet de l'instituteur sera situé au rez-de-chaussée et autant que possible à proximité des classes et du parloir.

Art. 42. — Aucune communication directe ne devra exister entre les classes et le logement de l'instituteur.

Art. 43. — Le logement des maîtres-adjoints comprendra une chambre et un cabinet.

Art. 44. — Un même escalier pourra desservir plusieurs logements.

Art. 45. — Dans les écoles de quatre classes et plus, une pièce située au rez-de-chaussée servira de vestiaire et de réfectoire pour les maîtres-adjoints.

Instruction spéciale pour la construction des écoles maternelles adoptée par le comité des bâtiments scolaires (28 juillet 1882).

L'école maternelle comprend :

1° Un vestibule d'entrée formant salle d'attente pour les parents ;

2° Une ou deux salles d'exercices, conformément aux dispositions du décret du 2 août 1881 ;

3° Un préau couvert et fermé ;

4° Une cuisine pour préparer ou réchauffer les aliments des enfants ;

5° Une cour de récréation avec petit jardin ;

6° Un abri avec privés et urinoirs pour les enfants ;

7° Un logement pour la directrice, et, s'il y a lieu, un logement pour la sous-directrice.

I. — Conditions générales.

Art. 1er. — Le terrain destiné à une école maternelle doit être central, dans de bonnes conditions d'aération, d'un accès facile et sûr, éloigné de tout établissement bruyant, insalubre ou dangereux, à 100 mètres au moins des cimetières.

Le sol, s'il est humide, sera assaini par un drainage.

L'étendue superficielle du terrain sera évaluée à raison de 8 mètres environ par élève; elle ne pourra toutefois être inférieure à 400 mètres.

Art. 2. — La disposition des bâtiments sera déterminée suivant le climat de la région, en tenant compte des conditions hygiéniques, de l'exposition, de la configuration et des dimensions de l'emplacement, des ouvertures libres sur le ciel et surtout de la distance des constructions voisines.

Quand l'école maternelle fera partie d'un groupe scolaire, on évitera de la placer entre l'école des garçons et l'école des filles.

Art. 3. — Tous les locaux à l'usage des enfants seront situés au rez-de-chaussée. Le rez-de-chaussée sera exhaussé de trois marches de 0^m15 au-dessus du niveau extérieur.

Art. 4. — Aucun service étranger ne pourra être établi dans les bâtiments de l'école.

II. — Salles d'exercices.

Art. 5. — Lorsqu'il y aura deux salles d'exercices, elles ne pourront être contiguës. Elles devront être l'une et l'autre en communication avec le préau couvert, soit directement, soit par des couloirs ou galeries d'au moins 1^m50 de largeur.

Art. 6. — Les salles d'exercices seront de forme rectangulaire.

Leur surface sera calculée de façon à laisser à chaque enfant un minimum de 0^m80.

La hauteur sous plafond sera de 4 mètres ; la largeur maximum de 8 mètres.

Art. 7. — Le sol sera parqueté en bois dur, scellé, autant que possible, par du bitume.

Toutefois on admettra le bois de sapin et de pin dans les régions où ils sont seuls en usage, sous la condition qu'ils seront employés par lames étroites et passés à l'huile de lin bouillante.

Si le plancher n'est pas établi sur caves, il sera posé sur une plateforme ou couche de matériaux imperméables.

Art. 8. — Les plafonds seront plans et unis. Une ligne indiquant le nord-sud y sera tracée.

Il n'existera pas de corniche autour des murs.

Les angles formés par la rencontre des murs, ou cloisons, seront arrondis sur un rayon de 0^m10.

Tous les parements intérieurs seront recouverts d'un enduit lisse permettant de fréquents lavages.

Sur une hauteur de 1 mètre, le revêtement devra être en boiserie.

Art. 9. — Les portes seront de préférence à un seul vantail et auront 0^m90 de largeur.

Les portes donnant directement des salles d'exercices sur l'extérieur (rues, chemins ou cours) sont interdites.

Art. 10. — L'éclairage par le plafond est interdit.

Les fenêtres devront être établies sur les deux murs longitudinaux des salles d'exercices.

Elles seront rectangulaires ou légèrement cintrées. Le nombre en sera calculé et les dimensions proportionnées de façon que la lumière arrive dans toutes les parties de la salle.

La distance entre le dessous du linteau et le dessous du plafond sera de 0m20 environ.

L'appui, taillé en glacis sur les deux faces, ne sera pas à plus de 1m20 du sol.

Les châssis seront, dans le sens de la hauteur, divisés en deux parties s'ouvrant séparément pour la ventilation.

Art. 11. — On installera dans chaque salle un poêle pourvu d'un réservoir d'eau avec surface d'évaporation.

Ce poêle sera garni d'une double enveloppe métallique ou d'une enveloppe de terre cuite.

Il sera entouré d'une grille en fer et ne contiendra ni four, ni chauffe-plats.

Le tuyau de fumée ne devra, en aucun cas, passer au-dessus de la tête des enfants.

Les élèves ne pourront être placés à une distance des poêles moindre de 1m25.

Le poêle en fonte à feu direct est interdit.

Art. 12. — Des dispositions seront prises pour assurer, concurremment avec le chauffage, une ventilation convenable de toutes les parties de la salle.

Les orifices d'accès de l'air pur, qui devra être pris immédiatement à l'extérieur, et les orifices d'échappement de l'air vicié auront une section suffisante pour prévenir les obstructions.

III. — Préau. — Vestiaire. — Lavabos. — Lits de repos.

Art. 13. — La surface du préau sera de 0m80 environ par élève; la hauteur de 4 mètres sous plafond.

Le préau sera construit conformément aux prescriptions des articles 5, 6, 7, 8, 9, 10, 11 et 12 qui précèdent.

Le mobilier comprendra :

Des portes-manteaux pour les vêtements et des rayons à claire-voie disposés le long des parois;

Deux ou trois lits de camp en bois;

Des bancs fixes avec dossiers établis au pourtour;

Des tables et des bancs mobiles pour les repas des enfants.

Art. 14. — Des lavabos seront installés à l'une des extrémités du préau, dans une partie fermée par une claire-voie de 1m20 de hauteur, avec porte d'entrée et de sortie.

La hauteur des cuvettes au-dessus du sol ne dépassera pas 0m50. Il y en aura une pour dix enfants.

Le sol de cette partie du préau sera carrelé, cimenté, dallé ou bitumé.

IV. — Cuisine.

Art. 15. — La cuisine devra être en communication facile avec le préau.

Elle prendra l'air et le jour directement de l'extérieur.

Le sol sera carrelé, dallé ou cimenté.

V. — Cour de récréation. — Jardin.

Art. 16. — La surface de la cour de récréation sera calculée à raison de 3 mètres environ par enfant; elle ne pourra toutefois avoir moins de 150 mètres.

Art. 17. — Le sol sera sablé. Le bitume, le pavage ou le ciment ne pourront être employés que pour les passages et les trottoirs.

Les passages et les trottoirs ne feront jamais saillie.

Dans le cas où le terrain serait en déclivité, la pente ne devra pas dépasser 0m03 par mètre.

Le nivellement du sol sera établi de façon à assurer l'écoulement des eaux.

Les eaux ménagères ne devront jamais traverser la cour à ciel ouvert.

Art. 18. — La cour de récréation sera plantée d'arbres plantés à distance convenable des bâtiments et disposés de façon à ménager l'espace nécessaire aux exercices et aux jeux des enfants.

Un petit jardin pourra y être annexé.

Une fontaine d'eau potable sera installée dans la cour.

Des bancs en bois à lames et à dossier seront établis au pourtour.

VI. — Privés.

Art. 19. — Toute école maternelle devra être munie de privés distincts pour chaque sexe et d'urinoirs pour les garçons.

Les privés et les urinoirs seront mis en communication par un abri avec le préau ou les salles d'exercices.

Art. 20. — Les privés seront disposés de façon que les vents régnants ne rejettent pas les gaz dans les bâtiments ni dans la cour.

Ils seront divisés par cases. Il y aura une case pour quinze enfants environ.

Chaque case aura 0m55 de largeur sur 0m80 de profondeur.

Art. 21. — Le siège sera couvert d'une lunette en bois. Il aura une hauteur d'environ 0m23 et sera incliné en avant.

L'orifice, de forme oblongue, aura environ 0m20 sur 0m14. Il ne sera pas à plus de 0m05 du bord.

La cuvette sera munie d'un appareil obturateur.

Art. 22. — Les urinoirs seront en nombre au moins égal à celui des privés.

Les cases auront environ 0m35 de largeur, 0m25 de profondeur et 0m70 de hauteur.

Art. 23. — Les parois et le sol des privés et des urinoirs seront en matériaux imperméables. Tous les angles seront arrondis.

Une pente sera ménagée pour l'écoulement des liquides vers le siège, avec ouverture d'échappement au-dessus de la fermeture de l'appareil obturateur.

Un service d'eau sera établi pour le nettoyage.

Art. 24. — Les fosses seront fixes ou mobiles.

Les fosses mobiles, quel que soit le système de vidange adopté, seront préférées toutes les fois qu'il sera possible de les établir; elles seront pourvues d'un ventilateur.

Les fosses fixes seront de petites dimensions

sans jamais avoir toutefois moins de 2 mètres de long, de large et de haut. Elles seront voûtées, construites en matériaux imperméables et enduites de ciment.

Elles seront étanches et le fond sera disposé en forme de cuvette ; les angles seront arrondis sur un rayon de 0ᵐ25.

Elles seront établies loin des puits.

Elles seront munies d'un tuyau d'évent, qui sera élevé au-dessus de la toiture des privés aussi haut que l'exigera la disposition des constructions voisines.

ART. 25. — Les urinoirs et les privés n'auront pas de fermeture.

Ils seront masqués par une cloison pleine placée à 0ᵐ60 du bord des cases. Cette cloison, élevée de 0ᵐ15 au-dessus du sol, n'aura pas plus de 0ᵐ70 de hauteur.

VII. — Logement.

ART. 26. — Le logement de la directrice comprendra deux ou trois pièces à feu, une cuisine, des privés intérieurs et une cave.

La superficie totale sera de 70 mètres carrés.

ART. 27. — Le logement de l'adjointe comprendra une pièce à feu et un cabinet.

ART. 28. — L'école et les logements seront distincts. Ils n'auront aucune communication directe.

Loi du 20 mars 1883.

TITRE PREMIER. — DES SUBVENTIONS ALLOUÉES AUX COMMUNES SUR LES FONDS DE L'ÉTAT ET DES AVANCES A FAIRE AUX DÉPARTEMENTS ET AUX COMMUNES.

ARTICLE PREMIER. — Le fonds de subvention de 110 millions de francs affecté aux écoles primaires par les lois du 1ᵉʳ juin 1878 et du 2 août 1881 est augmenté de 40 millions de francs payables en trois annuités à partir de 1883.

ART. 2. — Il sera pourvu à cette dépense au moyen d'un prélèvement d'égale somme sur l'excédent de recettes de l'exercice de 1880.

ART. 3. — Il est ouvert au ministre de l'instruction publique et des beaux-arts, sur l'exercice 1883, en sus des crédits accordés par la loi de finances et par des lois spéciales, un crédit extraordinaire de 13,333,333 fr. 33 à inscrire à un chapitre spécial classé à la première section (service de l'instruction publique), sous le n° 41, et intitulé : *Complément de subvention à la Caisse des lycées, collèges et écoles primaires.*

ART. 4. — La somme de 110 millions de francs mise, à titre d'avances remboursables, par les deux lois précitées, à la disposition des départements et des communes dûment autorisés à emprunter, est augmentée de 80 millions de francs payables en trois annuités à partir de 1883.

ART. 5. — Les départements sont admis à participer auxdites avances, à l'effet de fournir aux communes les subventions qui leur sont allouées sur le budget départemental pour la construction de leurs maisons d'école.

ART. 6. — Les dispositions des lois des 1ᵉʳ juin 1878 et 2 août 1881 relatives aux conditions de réalisation et d'emploi des subventions et des avances mises à la disposition des départements et des communes et notamment les articles 3, 4, 5 et 6 de la loi du 1ᵉʳ juin 1878 et les articles 4, 8, 9, 12, 14, 15 et 17 de la loi du 2 août 1881, sont applicables à la dotation complémentaire de 40 millions de francs et au supplément d'avances de 80 millions de francs accordés par la présente loi.

Toutefois, la dotation complémentaire de 40 millions de francs sera versée à la Caisse des lycées, collèges et écoles, au moyen du crédit prévu aux articles 2 et 3 de la présente loi, et ne donnera lieu à aucun décompte d'intérêts au profit du Trésor.

ART. 7. — L'annuité de 20 millions de francs pour solde des subventions et avances consenties à la Caisse des lycées, collèges et écoles, dont il ne devait être fait emploi qu'en 1887 conformément à la loi du 2 août 1881, pourra être appliquée à l'année 1883 en augmentation du montant des annuités fixées pour ladite année par la loi du 3 juillet 1880 et par celle du 2 août 1881 précitée.

TITRE II. — DE L'OBLIGATION DE CONSTRUIRE DES MAISONS D'ÉCOLE DANS LES CHEFS-LIEUX DE COMMUNE ET DANS LES HAMEAUX.

ART. 8. — Toute commune est tenue de pourvoir à l'établissement de maisons d'école au chef-lieu et dans les hameaux ou centres de population éloignés dudit chef-lieu ou distants les uns des autres de trois kilomètres et réunissant un effectif d'au moins vingt enfants d'âge scolaire.

ART. 9. — Lorsque la création d'une école aura été décidée, conformément aux lois et règlements, les frais d'acquisition des locaux scolaires ou les frais de location de l'immeuble, ainsi que les frais d'acquisition du mobilier scolaire, constituent pour la commune une dépense obligatoire.

Il est pourvu à la dépense, soit par un prélèvement sur les ressources disponibles de la commune, soit par un emprunt contracté à la caisse spéciale, soit enfin par des subventions du département et de l'Etat.

ART. 10. — A défaut d'un vote du conseil municipal ou sur son refus, le préfet, après avoir pris l'avis du conseil général et, si cet avis n'est pas favorable, en vertu d'un décret du Président de la République rendu en Conseil d'Etat, pourvoit d'office par un arrêté au payement des frais de construction et d'appropriation de maisons d'école louées ou acquises et d'acquisition de mobiliers scolaires, soit par un prélèvement sur les ressources disponibles de la commune, soit par des subventions du département ou de l'Etat, soit enfin par un emprunt contracté à la Caisse des lycées, collèges et écoles.

Lorsque, dans les conditions énoncées au paragraphe précédent, un emprunt à la Caisse des lycées, collèges et écoles aura été jugé nécessaire, le maire ou, sur son refus, un délégué spécial, nommé en exécution de l'article 15 de la loi du 18 juillet 1837, empruntera à cette caisse, après y avoir été autorisé, la somme nécessaire.

Il sera alors pourvu au service de l'emprunt

au moyen d'une imposition spéciale établie conformément au paragraphe 4 de l'article 39 de la loi du 18 juillet 1837.

L'emplacement de l'école à construire est désigné par le conseil municipal, et, à défaut, par le préfet, deux mois après que le conseil municipal aura été mis régulièrement en demeure.

Lorsque le conseil général aura refusé de classer une demande de subvention ou ne se sera pas prononcé dans la session qui suivra celle dans laquelle il aura été dûment saisi, la subvention de l'État pourra être accordée par décret rendu après avis du Conseil d'État.

L'article 15 de la loi du 1er juin 1878 est abrogé.

ART. 11. — La somme de 17 millions, accordée à la Caisse des lycées, collèges et écoles primaires à titre de subvention extraordinaire, par l'article 18 de la loi du 3 juillet 1880, pour les dépenses d'acquisition, de construction et d'appropriation de lycées et collèges, peut être appliquée par le ministre de l'instruction publique aux dépenses de même nature concernant les lycées et collèges de jeunes filles.

Arrêté ministériel du 29 juin 1883.

ARTICLE PREMIER. — Les arrêtés préfectoraux autorisant les communes soit à acquérir des immeubles pour établissement d'écoles, soit à exécuter des travaux de construction ou appropriation de bâtiments scolaires, devront, à peine de nullité, viser les traités passés entre les communes et la Caisse des lycées, collèges et écoles.

ART. 2. — Aucun projet de construction de maison d'école dont le devis dépasse 50,000 fr. ne sera présenté au conseil général, s'il n'a été approuvé par le comité départemental des bâtiments civils.

Les projets entraînant une dépense inférieure à ce chiffre pourront, en outre, être soumis au même comité dans tous les cas où le préfet jugera son avis nécessaire.

ART. 3. — Pour l'examen de tout projet scolaire, l'inspecteur d'académie est nécessairement appelé au sein du comité des bâtiments civils. Il a voix délibérative.

ART. 4. — Un extrait de la délibération du comité des bâtiments civils sera produit à l'appui de la demande de subvention ou d'emprunt.

ART. 5. — Lorsque le projet de construction aura été approuvé par le ministre, l'une des copies des plans et devis sera remise à l'inspecteur primaire chargé de contrôler les travaux.

ART. 6. — La réception des travaux sera faite par le maire de la commune et par l'inspecteur primaire de l'arrondissement.

Le préfet pourra, en outre, au cours de l'exécution et si les circonstances l'exigent, charger un membre du comité des bâtiments civils, ou un délégué choisi par cette assemblée, de vérifier sur place la marche des travaux.

ART. 7. — Le payement des secours accordés par le ministre ne sera effectué que si l'état de proposition est accompagné d'un certificat de réception des travaux.

Des acomptes sur les subventions pourront toutefois être payés sur la production d'un certificat constatant l'état d'avancement des travaux.

ART. 8. — Pour les constructions d'écoles nationales ou d'écoles normales, la réception des travaux sera faite par le préfet ou par son délégué, assisté d'un membre du comité des bâtiments scolaires institué au ministère.

ART. 9. — Une indemnité de 100 francs sera allouée pour chaque projet de construction d'école à l'inspecteur primaire.

Cette indemnité sera portée au devis.

Il ne sera accordé aucune autre indemnité à l'inspecteur primaire pour missions relatives aux maisons d'école.

ART. 10. — L'arrêté du 8 novembre 1881 est et demeure rapporté.

ART. 11. — Le préfet et l'inspecteur d'académie de chaque département sont chargés, chacun en ce qui le concerne, de l'exécution du présent arrêté.

Circulaire du 10 octobre 1883.

Monsieur le préfet, plusieurs de vos collègues m'ont signalé certaines difficultés que présente l'application de l'arrêté du 29 juin dernier. Il m'a semblé utile de donner, en conséquence, quelques instructions générales sur les articles de cet arrêté dont MM. les préfets auraient pu juger l'exécution parfois embarrassante.

La disposition de l'article 1er, aux termes duquel « les arrêtés préfectoraux autorisant les communes, soit à acquérir des immeubles pour établissement d'écoles, soit à exécuter des travaux de construction ou appropriation de bâtiments scolaires, devront, à peine de nullité, viser les traités passés entre les communes et la Caisse des lycées, collèges, et écoles » a paru inconciliable avec la jurisprudence du ministère de l'intérieur.

Suivant celle-ci, en effet, les décrets autorisant des emprunts communaux ne sont rendus qu'après justification des arrêtés préfectoraux approbatifs des acquisitions dont le prix doit être acquitté sur le produit de ces emprunts.

Je me suis empressé de soumettre la question à mon collègue afin d'arriver à une entente entre les deux départements. M. le ministre de l'intérieur m'a répondu que les administrations préfectorales peuvent être dispensées de produire à l'appui des demandes d'emprunt les arrêtés approbatifs des acquisitions d'immeubles. Toutefois pour mettre le ministre en mesure d'apprécier ces demandes et la suite dont elles seraient susceptibles, le préfet devra, dans l'avis motivé contenant ses propositions, faire ressortir la convenance de l'acquisition projetée et indiquer que cette acquisition sera approuvée ultérieurement, après la réalisation de l'emprunt.

Vous constaterez, Monsieur le préfet, que cette modification dans l'instruction des demandes d'emprunt fait disparaître toute difficulté relativement à l'article 1er de l'arrêté du

29 juin 1883. L'article 5, § Ier, a chargé l'inspecteur primaire de contrôler les travaux. Un certain nombre des contrôleurs-rapporteurs, dont l'emploi se trouvait supprimé, m'ont demandé ce qu'ils avaient à faire en ce qui concerne les projets en cours d'exécution. Je me bornerai à faire remarquer que l'article 5 de l'arrêté a statué pour l'avenir et que les contrôleurs-rapporteurs ne doivent, par conséquent, pas être dessaisis des dossiers dont ils étaient détenteurs au moment de la suppression de leur emploi. La somme spéciale prévue au devis des projets dont ils auront suivi l'exécution leur appartiendra comme honoraires. — Enfin, quelques préfets ont demandé sur quels fonds seraient soldés les frais de déplacement du délégué prévu par le paragraphe II de l'article 6 de l'arrêté. Il me semble légitime de prélever ces frais sur les mêmes fonds que les honoraires de l'architecte, et, par conséquent, sur ceux de la subvention, si les fonds communaux étaient insuffisants.

ÉCRITEAUX. — Ord. pol. du 25 juill. 1862[1].

Les écriteaux servant à indiquer les maisons, appartements et autres objets à louer ou à vendre, doivent être appliqués contre les murs des maisons[2].

Pour les appartements et logements meublés, les écriteaux doivent être sur fond jaune.

Il n'est pas besoin de permission de voirie pour placer ces écriteaux, et ils sont affranchis de tous droits.

Le propriétaire a le droit de faire placer l'écriteau pendant tout le délai du congé[3].

Le locataire d'un appartement peut mettre sur la porte extérieure de cet appartement un écriteau annonçant sa profession, lors même que le surplus de la maison serait habité bourgeoisement[4].

ÉCURIE. — Ord. pol. des 10 févr. 1735[5], 23 nov. 1853[6] et 15 sept. 1875[7].

Par interprétation de l'article 1382 du Code civil, qui veut que quiconque cause un préjudice à autrui en soit responsable, et en le combinant avec l'article 674 du même Code, certains auteurs[8] sont d'avis qu'un contre-mur de 0m22 d'épaisseur doit être établi au droit de toute écurie construite contre un mur mitoyen.

Néanmoins, dans les écuries d'hôtels et de maisons bourgeoises, ce contre-mur n'est pas obligatoire : il suffit de prendre les précautions nécessaires pour que le mur mitoyen ne puisse subir aucune détérioration[9].

Le locataire d'une écurie est tenu des réparations à faire aux mangeoires, aux rateliers et leurs roulons, aux piliers et barres servant à séparer les chevaux, aux anneaux, etc., à moins que ces objets ne soient détruits par vétusté ou force majeure[1].

Il est interdit d'entrer dans une écurie avec une lumière non renfermée dans une lanterne bien close et fermée[2].

Le sol des écuries doit être imperméable, établi avec pentes et ruisseaux destinés à l'écoulement des urines, et tenu en état constant de propreté[3].

Les dimensions les meilleures à donner aux écuries sont[4] :

Écurie simple (largeur)...........	4.50	
— double id.	7.70 à	8.60
Hauteur sous plancher.....	3.50 à	4.00
Superficie moyenne (par tête)......	1.90	
Longueur du ratelier id.	1.50 à	1.75
Hauteur du ratelier.......	0.80 à	0.90
Espacement des barreaux...	0.08 à	0.10
Élévation du ratelier au-dessus du sol..........	1.33 à	1.50
Auge (profondeur)...............	0.25	
— (largeur)..................	0.40	
— (élévation des bords au-dessus du sol)..........	1.00 à	1.20
Élévation des barres de séparation...............	0.50 à	0.60
Porte d'entrée (largeur)....	1.33 à	1.50
— (hauteur)...	2.33 à	2.50
Pente du pavé..........	0.03 à	0.05

ÉGOUT. — Arr. cons. des 21 juin 1721[5] et 22 janv. 1785[6]. Ord. roy. du 20 sept. 1814[7]. Décr. du 26 mars 1852[8]. Arr. préf. des 19 sept. 1854[9], 9 juin 1863[10], 2 juill. 1867[11], 14 févr. 1872[12], 3 mars 1872[13], 2 juill. 1879[14], 28 janv. 1881[15], 28 oct. 1881[16], 10 nov. 1886[17], 20 nov. 1887[18], et 19 juin 1888[19].

Les rues de Paris étant soumises au régime de la grande voirie, c'est au préfet de la Seine qu'appartient le soin de régler et de surveiller la construction, l'entretien et le curage des égouts, bien que les dépenses qui en résultent soient à la charge des propriétaires riverains[20].

Le curage se résout en un abonnement payé à la Ville, et calculé suivant la longueur du branchement : le prix de cet abonnement

---

[1] V. *Bâtim. en constr.* — [2] Ord. pol. 25 juill. 1862, V. *Bâtim. en constr.* — [3] Agnel, n° 530. V. *Location.* — [4] Paris, 12 nov. 1858. — [5] V. *Incendie.* — [6] V. *Log. insal.* — [7] V. *Incendie.* — [8] Frémy-Ligneville, t. II, n° 644. — [9] Manuel, t. Ier, p. 231.

[1] Cahier des juges de paix, 1852. Le Bègue, n° 147. — [2] Ord. pol., 10 févr. 1735, V. *Incendie.* Ord. pol., 15 sept. 1875, V. *Incendie.* — [3] Ord. pol., 23 nov. 1853, V. *Log. insal.* — [4] G. Heuzé, *Année agricole*, 1863. [5] Annexe. — [6] Annexe. — [7] Annexe. — [8] V. *Expropriation.* — [9] Annexe. — [10] Annexe. — [11] Rapporté par l'arr. préf., 20 nov. 1887. — [12] Annexe. — [13] Annexe. — [14] Annexe. — [15] Annexe. — [16] Annexe. — [17] Annexe. — [18] Annexe. — [19] Annexe. — [20] Arr. cons., 21 juin 1721, annexe, et 22 janv. 1785, annexe.

est de cinq francs jusqu'à 2^m50 de longueur et de deux francs par mètre au-dessus de 2^m50 [1].

Il n'existe aucun règlement obligeant l'administration à construire les égouts en un endroit déterminé du sous-sol des voies publiques : si, donc, l'égout est établi sous l'un des trottoirs, les propriétaires situés de l'autre côté de la rue devront payer un branchement traversant toute la largeur de la rue depuis leur propriété jusqu'à l'égout public.

Il était, anciennement, interdit de pratiquer dans les égouts aucune ouverture ou communication, pour l'écoulement des eaux et des latrines des maisons [2], sauf le cas où, par suite du nivellement de la rue, les eaux des propriétés ne pouvaient s'écouler directement sur la voie publique [3].

Cette interdiction n'existe plus depuis le décret du 26 mars 1852 [4], qui exige, au contraire, l'écoulement à l'égout des eaux pluviales, et l'arrêté préfectoral du 20 novembre 1887 [5], dont le but est d'amener, dans un temps plus ou moins éloigné, l'écoulement direct du tout à l'égout.

Il est, toutefois, interdit d'y faire écouler des eaux dont la température dépasse 30 degrés au moment de leur projection [6].

Dans les rues pourvues d'égout, toute construction nouvelle doit être disposée de manière à y écouler ses eaux pluviales et ménagères. Quant aux constructions existantes on doit le faire en cas de grosses réparations, ou sur l'injonction de l'administration, le délai de dix ans, accordé par le décret du 26 mars 1852, étant périmé.

L'arrêté préfectoral du 19 septembre 1854 [7] permettait de desservir deux propriétés contiguës par un seul branchement : cette tolérance n'est plus accordée, et chaque propriété doit avoir son branchement particulier.

Les branchements particuliers sont exécutés par l'entrepreneur du propriétaire, sous la surveillance des ingénieurs de l'administration, qui dressent le projet d'établissement de ces branchements [8].

Quand les branchements sont faits par mesure collective, les propriétaires sont invités à s'entendre sur le choix d'un entrepreneur. Si l'entente n'a pu se faire, l'administration procède elle-même à l'adjudication des travaux [9].

Dans les immeubles d'un revenu impo-

sable inférieur à 3,000 francs, l'écoulement des eaux pluviales et ménagères peut être autorisé au moyen de tuyaux, en fonte ou en grès, d'un diamètre minimum de trente centimètres [1]. Pour tous les autres immeubles, les branchements particuliers doivent avoir, au moins, 1^m80 de hauteur et 0^m90 de largeur [2].

Exception est encore faite pour les propriétés hors Paris, qui peuvent écouler leurs eaux pluviales et ménagères au moyen de tuyaux, en fonte ou en grès, de 25 centimètres de diamètre, avec siphon à l'intérieur de l'immeuble ; mais pour les établissements industriels, la construction d'un branchement est obligatoire, comme pour les propriétés dans l'intérieur de Paris [3].

L'écoulement direct à l'égout des eaux vannes, interdit jusqu'alors, a été autorisé par l'arrêté préfectoral du 2 juillet 1867 [4] ; puis a été réglementé, à nouveau, par l'arrêté préfectoral du 20 novembre 1887 [5], cet arrêté oblige à prendre tant dans la construction des cabinets que dans celle de la canalisation générale les mêmes dispositions que celles exigées pour le système du tout à l'égout, et spécifiées dans l'arrêté préfectoral du 10 novembre 1886 [6].

Par suite des protestations qui se sont élevées contre l'arrêté de novembre 1887, l'administration n'en poursuit plus l'application rigoureuse : la canalisation doit être installée comme pour le tout à l'égout, mais les réservoirs automatiques peuvent ne pas être placés dans les cabinets.

La redevance à payer à la ville, par tuyau de chute, est de 30 francs, pour l'écoulement des eaux vannes [7], et de 60 francs pour l'écoulement des matières de vidange [8] par le système du tout à l'égout. Dans ce dernier cas, la redevance peut être réduite à 30 francs, quand les tuyaux de chute ne desservent que des logements d'un loyer réel de 500 francs et au-dessous.

ANNEXES

Arrêt du Conseil du 24 juin 1721.

Sur la requête présentée au roy étant en son conseil, par les prévôt des marchands et échevins de la ville de Paris, contenant, qu'encore que les propriétaires des maisons construites sur les égouts de ladite ville soient tenus d'entretenir, vuider et nettoyer les égouts dans l'étendue qu'ils occupent, soit que les emplacemens où ils passent ayent appartenu à la ville et que lesdits propriétaires les ayent par alié-

[1] Arr. préf., 3 mars 1872. — [2] Arr., janv. 1785. [3] Ord. roy., 30 sept. 1814, annexe. — [4] V. *Expropriation.* — [5] Annexe. — [6] Arr. préf., 28 janv. 1881, annexe. — [7] Annexe. — [8] Arr. préf., 9 juin 1863, annexe. Arr. préf., 14 févr. 1872, annexe. — [9] Ibid.

[1] Arr. préf., 2 juill. 1879, annexe. — [2] Arr. préf., 28 oct. 1881, annexe. — [3] Arr. préf., 19 juin 1888, annexe. — [4] Annexe. — [5] Annexe. — [6] Annexe. — [7] Arr. préf., 20 nov. 1887, annexe. — [8] Arr. préf., 10 nov. 1886, annexe.

nation faite par les supplians, soit qu'ils ayent pris le terrain des égouts qui appartient à la ville, avec trois toises (5ᵐ 85) de chaque côté du point milieu desdits égouts sur lesquels lesdites maisons ont été bâties, et lesquels ils ont construits, voutés et murés, d'autant qu'ils en retirent seuls l'utilité pour l'écoulement de leurs eaux, et par des latrines que plusieurs y ont; et quoique ladite ville soit tenue seulement de l'entretien et curement de ceux qui passent sous les rues, ou qui sont découverts, si bien que le prévôt des marchands et échevins sont en droit et possession de faire adjudication des travaux nécessaires à ce sujet, et la répartition de la dépense sur les detenteurs desdits emplacemens, eu égard à ce que chacun en possède, même de connoître des contestations et différends qui peuvent naître à ce sujet; cependant Jacques la Foüasse procureur au parlement, propriétaire au lieu de Christophe Allain d'une maison rue Saint-Germain près les Cordeliers, dite l'hôtel d'Entragues, sous laquelle passe l'égout de Saint-Germain, a fait signifier le 30 avril dernier au procureur de Sa Majesté de la ville, un appel de l'ordonnance rendue par les supplians le 6 mars précédent, par laquelle il est enjoint à chaque propriétaire desdits emplacemens de payer à l'adjudicataire des curemens dudit égout, son contingent de la dépense suivant l'adjudication, prétendant n'être tenu ni dudit curement, ni de la refection du pavé de la partie dudit égout qui passe sous sa maison; ce qui non seulement est contre les règles, mais a encore induit plusieurs propriétaires à refuser leur part de la dépense dudit curement : ce qui est d'autant plus mal fondé de sa part, que Christophe Allain son auteur a été nommément chargé des réparations par le titre de cet emplacement de l'année 1660.

A ces causes auroient requis qu'il leur fût pourvû; que par arrêt du 20 may dernier il auroit plû à Sa Majesté en évoquant le dit appel, d'ordonner que ladite requête serait communiquée audit Foüasse pour y répondre dans trois jours, pour ce fait, ou à faute de ce faire, être ordonné par Sa Majesté ce qu'il appartiendra; qu'à la signification faite dudit arrêt, non plus qu'à trois sommations à lui faites les 4, 5 et 6 juin, ledit la Foüasse n'a rien répondu; que cependant le public était très intéressé, à ce qu'il plût à Sa Majesté statuer décisivement sur une question qui arrête le curement des égouts de Paris, dont les inconvéniens sont sensibles : A CES CAUSES requeroient qu'il plût à Sa Majesté, sans s'arrêter à l'appel dudit la Foüasse, ni à tout ce qui pourroit s'en être ensuivi, ordonner que ledit la Foüasse et autres propriétaires seront tenus de contribuer au curement, pavage, et autres réparations des égouts, pour la partie passant sous leurs maisons; et que ceux qui passent sous les rues, ou qui sont découverts, soient réparés et curés aux dépens de la ville; maintenir et garder les supplians en possession d'en ordonner le toisé, l'adjudication et la repartition des dépenses, ensemble de connoître des contestations et différends mûs et à mouvoir à cette occasion, avec défenses de se pourvoir ailleurs que devant eux.

Vû la requête; l'arrêt du conseil du 20 may

dernier, signifié le trente; sommations des 4, 5 et 6 de ce mois; bail amphitéotique fait à Christophe Allain le 20 avril 1660; quittance de finance donnée aux héritiers Allain le 16 septembre 1682; autres quittances données par l'adjudicataire du curement des égouts de Saint-Benoît et des Cordeliers à différens propriétaires, les 5 et 29 avril dernier; Ouï le rapport, et tout considéré; LE ROY étant en son conseil, de l'avis de M. le duc d'Orléans, régent, sans s'arrêter à l'appellation du 30 avril dernier, de l'ordonnance du prévôt des marchands du 6 mars précédent, évoquée par ledit arrêt, ni à tout ce qui pourroit s'en être ensuivi, que Sa Majesté a déclaré nulle et de nul effet, a ordonné et ordonne que tant ledit la Foüasse, que tous autres propriétaires des maisons et places dans la ville de Paris, sous lesquelles passent des égouts, seront tenus de contribuer pour la partie de ceux passans sous leurs maisons et places, aux curemens, pavages et autres reparations qui seront à faire auxdits égouts; et à l'égard de ceux passans sous les rues, ou qui seront découverts. que lesdits curemens s'en feront aux dépens de la ville, le tout suivant le toisé, estimation et adjudication qui en seront faites de l'autorité du prévôt des marchands et échevins, devant lesquels en cas de contestation pour raison de ce, circonstances et dépendances, les parties seront tenues de se pourvoir, avec défenses de se pourvoir ailleurs, et à tous autres juges d'en connoître, à peine de nullité, cassation de procédures, et de tous dépens, dommages et intérêts; et attendu la matière, et que le service public y est interressé, veut Sa Majesté que ce qui sera sur ce ordonné par lesdits prévôt des marchands et échevins, soit exécuté nonobstant oppositions ou appellations quelconques, pour lesquelles ne sera diféré, et dont, si aucunes interviennent, Sa Majesté s'est réservé la connoissance.

Arrêt du Conseil du 22 janvier 1785.

Le roy étant en son conseil, a ordonné qu'en dérogeant à l'arrêt du 21 janvier 1721, en faveur des propriétaires des maisons construites sur les égouts, les prévôt des marchands échevins seront autorisés à faire procéder au curement desdits égouts aux dépens de la ville seule, et sans que lesdits propriétaires soient tenus d'y contribuer, en considération de la défense dont Sa Majesté ordonne la plus rigoureuse exécution, de pratiquer aucunes ouvertures en communications avec lesdits égouts, pour l'écoulement des eaux ou latrines de leurs maisons; et, quant aux autres dépenses de pavement et de toutes autres réparations relatives tant auxdits égouts qu'aux maisons sous lesquelles ils passent, ordonne Sa Majesté qu'elles seront faites par les propriétaires desdites maisons et terrains, sans que, dans aucun cas et sous aucun prétexte, lesdits prévôt des marchands et échevins puissent à l'avenir de cette charge, n'exceptant de cette obligation pour le passé que ceux qui pourront justifier de conventions contraires.

Ordonnance royale du 30 septembre 1814.

ARTICLE PREMIER. — L'arrêt du Conseil d'Etat du 22 janvier 1785, portant défense à tous propriétaires de maisons dans notre bonne ville de Paris, de pratiquer aucune ouverture ni communication avec les égouts pour l'écoulement des eaux et des latrines desdites maisons, continuera d'être exécuté suivant sa forme et teneur, et sans aucune dérogation en ce qui concerne les eaux provenant des fosses d'aisances; en conséquence, ledit arrêt sera imprimé, publié, affiché dans toute l'étendue de la ville de Paris, aux lieux ordinaires et dans les formes accoutumées, ainsi que la présente ordonnance.

ART. 2. — Cet arrêt sera également exécuté en ce qui concerne les eaux ménagères et pluviales, sauf les cas d'exception déterminés par l'article suivant.

ART. 3. — Lorsque, d'après les dispositions naturelles ou accidentelles d'une maison, le sol de ses rez-de-chaussée, cour ou jardin, se trouvant au-dessous du sol de la rue, il y aura impossibilité reconnue et constatée de conduire au dehors par une pente d'au moins 0m005 par mètre ces eaux ménagères et pluviales pour les faire écouler par les ruisseaux des rues ou places, il pourra être permis au propriétaire d'établir une communication souterraine entre sa maison et l'égout le plus voisin pour y conduire lesdites eaux. Dans tout autre cas, non seulement il ne sera permis aucune communication de ce genre, mais celles maintenant existantes seront supprimées aux frais des propriétaires, comme abusivement établies.

ART. 4. — Les moyens d'opérer la communication qui aura été permise dans le cas prévu par l'article précédent seront établis de la manière suivante :

1º Le propriétaire fera construire sur son terrain et à ses frais, soit en pierre de taille, soit en meulière, un puisard où se rendront les seules eaux pluviales et ménagères, et d'où elles passeront dans une conduite aboutissant à l'égout;

2º L'emplacement du puisard sera distant de 3 mètres au moins de toutes fosses d'aisances, et, si quelque circonstance empêche d'observer cette distance, il y sera suppléé en enveloppant le puisard extérieurement, tant sur son fond que sur ses côtés, et ce, jusqu'à 0m 20 du sol, soit d'une chappe de ciment de 0m 10 d'épaisseur, soit d'un corroi de glaise de 0m 25;

3º Le puisard n'aura pas moins de 0m 60 de hauteur sur 0m 60 de largeur, le tout en œuvre. S'il est construit en pierres de taille, elles seront posées avec mortier de chaux et ciment, et les joints seront refaits avec mastic de limaille de fer; s'il est construit en pierres de meulière, elles seront hourdées avec un mortier de chaux et ciment et revêtues intérieurement d'un enduit en chaux et ciment tamisé de 0m 03 d'épaisseur. Ledit puisard sera couvert à son entrée par un châssis en pierre de taille, portant une grille que le propriétaire sera tenu d'ouvrir à toute réquisition des préposés à l'entretien et au curage des égouts;

4º Les propriétaires auront néanmoins la faculté de substituer au puisard décrit ci-dessus une cuvette ou auge, soit en bonne pierre et taillée dans un seul bloc, soit en fonte de fer et coulée en une seule pièce, les dimensions et le châssis avec la grille restant d'ailleurs les mêmes pour la cuvette que pour le puisard;

5º Les conduites à établir entre le puisard et l'égout seront en tuyaux de fonte de fer, ayant de 0m 10 à 0m 15 de diamètre intérieur, bien liés avec la maçonnerie lors de la construction du puisard, et soigneusement assemblés avec des boulons à écrou et rondelles de plomb, entre deux cuirs à chaque collet;

Lesdites conduites suivront, autant que possible, une ligne droite, en partant du puisard pour se rendre à l'égout; elles auront au moins 0m005 de pente par mètre de longueur jusqu'au coude qu'elles formeront avec le tuyau entrant dans l'égout; elles seront placées conformément aux coupes annexées à la présente;

Les tranchées ouvertes dans les pieds-droits de la voûte des égouts, pour le passage desdits tuyaux, seront remplies et ragréées suivant les règles de l'art, de manière que les chaînes de pierre ne soient jamais entaillées;

6º L'orifice de la conduite en fonte sera placé dans le puisard à 0m 50 au plus au-dessous de la surface du châssis en pierre portant la grille; l'entrée de ladite conduite sera garnie d'une grille ou d'une crapaudine scellée, pour prévenir les engorgements qui naîtraient de l'introduction de pailles, herbages, feuilles et autres ordures;

7º Si, dans certains cas, il est reconnu nécessaire d'établir des regards sur le cours des conduites, il y serait pourvu par le préfet, d'après le rapport des ingénieurs préposés au service des égouts;

8º Les propriétaires se conformeront au surplus, quant à la pose des conduites, quant à leurs dimensions, quant à celles des puisards ou cuvettes, et quant à la disposition des regards, s'il y a lieu, aux indications qui leur seront données par les ingénieurs préposés au service des égouts.

ART. 5. — Les propriétaires qui auront obtenu la permission de conduire, par les moyens indiqués dans l'article précédent, leurs eaux ménagères et pluviales dans les égouts, seront libres de faire exécuter par qui bon leur semblera les travaux nécessaires; mais ils seront tenus de souffrir, pendant l'exécution de ces travaux, la surveillance des préposés de l'administration, qui feront en outre la réception desdits ouvrages.

ART. 6. — Les permissions données en exécution de la présente n'auront d'effet que jusqu'à l'époque de la reconstruction des maisons en faveur desquelles ces permissions auront été accordées. Ce cas de reconstruction arrivant, les propriétaires seront tenus de relever le sol de leur terrain, et d'en faire concorder le nivellement avec celui de la voie publique, au moyen de quoi toute communication avec les égouts leur sera interdite, même pour les cuisines, basses-cours, buanderies, teintureries et autres établissements qu'ils jugeront à propos de construire dans les souterrains de ces nouvelles bâtisses. Ils seront en conséquence tenus de détruire à leurs frais celles qu'il leur avait été permis d'établir.

_____

Arrêté préfectoral du 19 septembre 1854.

ARTICLE PREMIER. — A l'avenir, la projection directe dans les égouts publics des eaux pluviales et ménagères des maisons de Paris, que prescrit l'article 6 du décret du 26 mars 1852, aura lieu par des galeries souterraines en maçonnerie.

Ces galeries, qui seront établies et entretenues par les propriétaires, conformément aux projets dressés par les ingénieurs du service municipal et approuvés par le préfet, auront au minimum 2ᵐ30 de hauteur sous clef et 1ᵐ30 de largeur aux naissances.

Chacune d'elles pourra desservir deux propriétés, à la condition d'être établie au droit du mur mitoyen. Dans tous les cas, une grille en fer, établie à l'aplomb du mur de face, interceptera la communication de la maison avec l'égout. Cette grille aura une serrure à deux clefs, dont l'une restera entre les mains du propriétaire et l'autre sera remise à l'administration.

ART. 2. — Pour la ventilation permanente du canal de dérivation, il sera pratiqué, soit dans le mur mitoyen, soit dans le mur de face, une cheminée d'appel s'ouvrant au-dessus des combles, et dont la section sera de 3 décimètres carrés au moins.

ART. 3. — En cas d'avaries, les tuyaux de drainage existant aujourd'hui seront remplacés conformément aux prescriptions de l'article 1ᵉʳ du présent arrêté.

ART. 4. — L'ingénieur en chef, directeur du service municipal, est chargé d'assurer l'exécution des dispositions qui précèdent et de constater les infractions qui pourront être commises.

_____

Arrêté préfectoral du 9 juin 1863.

ARTICLE PREMIER. — A l'avenir, lorsqu'en exécution du décret du 26 mars 1852, il y aura lieu de construire des branchements d'égouts particuliers, sous la voie publique, pour conduire les eaux pluviales et ménagères des propriétés privées à l'égout de la Ville, les travaux seront exécutés pour le compte des propriétaires intéressés, par l'entrepreneur général de l'entretien des égouts municipaux, s'il s'agit d'un travail isolé ou de travaux collectifs ne dépassant pas une dépense totale évaluée à *dix mille* francs. Dans ce cas, le décompte du prix des travaux sera réglé sous déduction du rabais de l'entreprise d'entretien.

S'il s'agit d'exécuter une série de branchements dont la dépense totale dépasse *dix mille* francs, les travaux seront adjugés à un entrepreneur spécial, à moins que les branchements ne doivent être établis sur des égouts municipaux en cours de construction ou dont les travaux n'aient pas encore été définitivement reçus, auxquels cas l'exécution en sera confiée

à l'entrepreneur de ces égouts aux conditions de son adjudication.

ART. 2. — Dans tous les cas prévus en l'article précédent, l'ingénieur en chef des eaux dressera un projet comprenant les branchements à construire sous la voie publique, de l'égout de la Ville au mur de face des maisons riveraines.

Ce projet indiquant par des plans, coupes et tableaux récapitulatifs, le tracé et la disposition des branchements, ainsi que l'estimation de la dépense répartie entre chaque propriétaire, sera communiqué aux intéressés par les soins du maire de l'arrondissement.

Pendant un délai de huit jours, qui courra de la date de l'avertissement donné par le maire à chaque intéressé, un procès-verbal sera ouvert pour recevoir les observations des propriétaires.

A l'expiration du délai de huitaine, le maire renverra le projet à la direction du service municipal des travaux publics, avec le procès-verbal d'enquête, en y joignant les certificats des avertissements donnés à chaque propriétaire.

Il sera statué sur le vu des pièces et sur les conclusions du directeur du service municipal des travaux publics.

ART. 3. — Dans le mois qui suivra l'exécution, l'ingénieur en chef des eaux dressera le décompte des travaux proprement dits, déduction faite du rabais de l'adjudication, et le complètera par les sommes dues pour raccordements de conduites d'eau et de gaz, de chaussées et de trottoirs, et pour toutes autres dépenses accessoires, dont les états lui seront fournis par les services compétents.

L'état du métrage définitif des travaux à sa charge sera notifié à chaque propriétaire avec le décompte.

L'intéressé pourra, dans les trois jours qui suivront la notification, présenter des observations sur cet état.

Après ce délai, il sera passé outre à l'établissement des comptes partiels qui seront transmis au bureau des taxes et recouvrements pour servir à l'établissement d'un rôle, dont le montant sera perçu par le receveur municipal, comme en matière de contributions directes.

ART. 4. — Tous les travaux d'entretien des branchements d'égouts et de leurs accessoires sous la voie publique, quelle que soit l'époque de la construction, seront faits sur l'ordre des ingénieurs par l'entrepreneur de l'entretien des égouts municipaux. Le mémoire des dépenses sera réglé d'après le prix de l'adjudication en vigueur, rabais déduits, et le montant en sera recouvré comme il est dit en l'article 3.

ART. 5. — Les propriétaires resteront libres d'employer les entrepreneurs de la Ville, aux conditions de leurs marchés avec elle, ou tous autres entrepreneurs, ainsi qu'ils l'entendront, pour la construction ou l'entretien des ouvrages se prolongeant à l'intérieur de leurs immeubles au delà du mur de face.

ART. 6. — Le directeur du service municipal des Travaux...

_____

Arrêté du préfet de la Seine du 14 février 1872.

ARTICLE PREMIER. — Tout branchement d'égout particulier à établir au compte des propriétaires sera l'objet d'un projet estimatif dressé par les ingénieurs des eaux et des égouts aux frais de l'administration, et d'après les indications fournies par les propriétaires, puis d'un arrêté formulant les conditions de l'autorisation.

ART. 2. — La galerie et ses accessoires sous la voie publique seront exécutés par l'entrepreneur du choix du propriétaire.

ART. 3. — Quand l'administration requerra l'établissement d'un ou de plusieurs branchements, le projet des travaux sera communiqué à chaque propriétaire intéressé par l'intermédiaire du maire de l'arrondissement sur le territoire duquel le travail est projeté.

Dans un délai de huit jours, à compter de l'avis du maire, chacun pourra consigner ses observations dans un procès-verbal ouvert à cet effet. Le projet après avoir été revu et modifié, s'il y a lieu, sera approuvé par un arrêté spécial qui fixera le délai dans lequel chaque propriétaire devra faire exécuter les travaux à sa charge par l'entrepreneur qu'il aura choisi. Cet arrêté sera notifié à chacun des intéressés.

Faute par le propriétaire de se conformer aux prescriptions de l'arrêté, les ingénieurs pourvoiront d'office à l'exécution des travaux par les entrepreneurs ordinaires de la Ville, et les dépenses avancées par l'administration seront recouvrées par toutes les voies de droit.

ART. 4. — Si les branchements doivent être faits par mesure collective dans une rue ou portion de rue pour l'exécution totale ou le complément du drainage de cette rue, et s'il est reconnu que les travaux ne peuvent être confiés à plusieurs entrepreneurs sans compromettre la liberté de la circulation et la sécurité publique, l'enquête aura lieu comme il est dit à l'article précédent et les propriétaires seront invités à se réunir dans un local au jour et à l'heure déterminés par le maire, à l'effet de se concerter pour le choix d'un entrepreneur unique qui exécutera l'ensemble des travaux.

Dans un délai de huit jours, le maire constatera s'il y a accord entre les propriétaires et fera connaître à la préfecture le nom et la demeure de l'entrepreneur choisi.

Si les propriétaires n'ont pu s'entendre entre eux, il sera procédé, quelle que soit l'importance des travaux, par les soins de l'administration, à une adjudication publique au rabais, en conseil de préfecture, et l'opération entière en sera confiée à l'entrepreneur qui aura été déclaré adjudicataire.

Chaque propriétaire sera invité individuellement à assister à l'adjudication. Le résultat de celle-ci lui sera notifié et sera déclaré définitif par le préfet, après un délai de huitaine, à compter du jour de la notification, délai pendant lequel les intéressés pourront présenter leurs observations.

ART. 5. — Dans tous les cas, les travaux sont exécutés sous la surveillance des ingénieurs de l'administration.

ART. 6. — Chaque propriétaire s'entendra, pour le payement de la dépense directement et sans intervention ni garantie de l'administration, avec l'entrepreneur qui aura exécuté les travaux. Il pourra toutefois faire vérifier par l'ingénieur de la section le métré des ouvrages portés au mémoire de l'entrepreneur.

ART. 7. — Les raccordements et la réfection définitive des chaussées, trottoirs et dallages au-dessus des tranchées, continueront d'être faits par les entrepreneurs de l'administration pour la voie publique. La dépense en sera payée par la Ville, et remboursée à celle-ci par le propriétaire, conformément aux règles et suivant les tarifs fixés pour ces travaux.

Les dépenses faites d'office dans le cas du § 2 de l'article 5 seront de même payées par la Ville, à laquelle elles seront remboursées par le propriétaire, en même temps que les frais de raccordement.

Préalablement à la mise en recouvrement de ces avances, le métrage des divers travaux et le décompte des dépenses seront notifiés à chaque propriétaire, qui aura cinq jours, après cette notification, pour présenter ses observations au bureau de l'ingénieur ordinaire. Passé ce délai, il sera passé outre à l'émission de l'arrêté de recouvrement.

ART. 8. — Toutes les règles ci-dessus sont applicables à l'entretien des branchements d'égouts et de leurs accessoires sous la voie publique, qui reste à la charge des propriétaires, quelle que soit l'époque ou le mode de la construction.

ART. 9. — Chaque propriétaire est responsable, soit vis-à-vis de l'administration, soit vis-à-vis des tiers, de l'existence et de l'entretien des ouvrages établis tant à l'extérieur qu'à l'intérieur, pour le drainage de son immeuble.

———

Arrêté du préfet de la Seine du 3 mars 1872.

CURAGE DES BRANCHEMENTS PARTICULIERS
PAR ABONNEMENT.

ARTICLE PREMIER. — Les branchements particuliers d'égout pourront être curés au compte des propriétaires par les soins de l'administration municipale.

ART. 2. — A cet effet, chaque propriétaire aura la faculté de souscrire, en forme de soumission, un abonnement qui sera, s'il y a lieu et d'après l'avis de l'ingénieur en chef des eaux et des égouts, approuvé par un arrêté préfectoral.

La soumission contiendra l'indication de la longueur ainsi que de la limite de chaque galerie à nettoyer.

L'abonnement sera annuel, et partira du 1er janvier et du 1er juillet de chaque année.

ART. 3. — Durant la période déterminée par l'abonnement, le propriétaire sera déchargé du curage de son branchement d'égout.

Le nettoiement sera fait sans l'intervention du propriétaire, sous la direction de l'ingénieur en chef des eaux et des égouts, par les agents et les ouvriers de service, qui auront seuls le droit de pénétrer dans la galerie.

Le propriétaire n'aura la faculté de faire descendre des ouvriers dans le branchement que pour l'exécution des travaux d'entretien restant à sa charge ou pour l'enlèvement des vidanges sous galerie en vertu d'une autorisation de l'administration.

ART. 4. — L'abonnement sera révocable à la volonté de l'administration, et de son côté, le propriétaire pourra y renoncer moyennant un avertissement adressé six mois à l'avance. Quelle que soit la date de l'avertissement, le prix sera exigible pour l'année entière de l'abonnement.

L'abonnement ne sera pas résilié par le seul fait de la mutation de la propriété. Le soumissionnaire ou ses successeurs seront responsables du prix de l'abonnement jusqu'à ce qu'ils aient accompli la formalité d'avertissement ci-dessus prescrite, ou qu'ils aient fait souscrire une soumission par le nouveau propriétaire de l'immeuble.

ART. 5. — Le prix de l'abonnement sera réglé conformément à la délibération du conseil municipal de Paris du 1er mars 1872, et d'après le tarif suivant :

Pour chaque galerie d'une longueur de 2m50 au plus, par an 5 fr.

Par mètre courant au delà de 2m50 par an 2 fr.

Toute fraction de mètre sera comptée comme un mètre entier.

ART. 6. — Le prix de l'abonnement sera payé à la caisse municipale, pour un an, en un seul payement et d'avance.

À défaut de payement régulier à l'époque et de la manière sus-indiquées, le service du curage sera suspendu et l'abonnement pourra être résilié.

ART. 7. — Les droits de timbre et d'enregistrement auxquels l'abonnement pourra donner lieu seront supportés par l'abonné.

ART. 8. — L'arrêté du 4 mai 1860 est rapporté.

Arrêté préfectoral du 2 juillet 1879.

ARTICLE PREMIER. — Les branchements particuliers d'égout d'une longueur inférieure à 6 mètres sont réduits aux minima suivants :

Hauteur sous clef........ 1m00
Largeur aux naissances..... 0m60
Largeur au radier.......... 0m40

ART. 2. — L'écoulement direct dans l'égout des eaux pluviales et ménagères des propriétés d'un revenu imposable inférieur à *trois mille* francs, situées en dehors des voies publiques de grande circulation, pourra être autorisé au moyen de tuyaux résistants, en fonte ou en grès, d'un diamètre minimum de 0m30 et placés en ligne droite, suivant une pente de 0m075 au moins par mètre.

ART. 3. — Les ingénieurs du service municipal des travaux publics dresseront immédiatement la liste des voies de grande et de petite circulation qui sera déposée dans chaque mairie pour recevoir les observations des intéressés.

La durée de cette enquête est fixée à vingt jours.

A l'expiration de ce délai, les maires renverront les procès-verbaux de l'enquête, avec leur avis personnel, au préfet de la Seine qui soumettra le dossier d'enquête au conseil municipal.

Après délibération du conseil, le préfet de la Seine arrêtera définitivement la liste des voies de grande ou de petite circulation.

ART. 4. — Les arrêtés des 19 décembre 1854, 9 juin 1863, 25 février 1870 et 14 février 1872 susvisés, sont rapportés pour toutes celles de leurs dispositions qui sont contraires au présent arrêté.

ART. 5. — L'inspecteur général...

Arrêté préfectoral du 28 janvier 1881.

ARTICLE PREMIER. — Il est interdit d'écouler, dans les branchements d'égout particuliers ou dans les branchements publics, des eaux chaudes dont la température dépasserait 30 degrés au moment de leur projection dans l'égout.

ART. 2. — Les eaux industrielles, qu'il serait impossible de ramener à la température de 30 degrés avant de les envoyer à l'égout, devront être dirigées par des conduites spéciales et suivant les instructions de l'administration, aux frais des industriels, jusqu'à l'égout collecteur le plus voisin où il existerait une quantité d'eau suffisante pour assurer leur refroidissement immédiat sans inconvénient pour la salubrité publique.

ART. 3. — Les contraventions aux dispositions sus-indiquées seront constatées par des procès-verbaux. Les contrevenants seront traduits, s'il y a lieu, devant les tribunaux pour être punis conformément aux lois et règlements en vigueur.

ART. 4. — Le présent arrêté sera publié et affiché.

ART. 5. — L'inspecteur général des ponts et chaussées, directeur des travaux de Paris, est chargé de l'exécution du présent arrêté dont ampliation sera adressée :

1° A M. le député, préfet de police ;

2° Au secrétaire général (1re division, 2e bureau) pour insertion au *Recueil des actes administratifs ;*

3° A l'ingénieur en chef des eaux et égouts (2e division).

Arrêté préfectoral du 28 octobre 1881.

Vu les arrêtés préfectoraux en date du 2 juillet 1879 et 14 janvier 1880, qui ont fixé les dimensions réduites des branchements particuliers d'égout pour le drainage des maisons aux proportions suivantes :

1° Pour les branchements d'une longueur inférieure à 2 mètres, savoir :

Hauteur sous clef.......... 1m00
Largeur aux naissances...... 0m60
—   au radier...... 0m40

2° Pour les branchements d'une longueur supérieure à 2 mètres, savoir :

Hauteur sous clef.......... 1m40
Largeur aux naissances...... 0m60
—   au radier.......... 0m40

Vu le procès-verbal de la séance du 22 mai dernier, dans lequel la commission d'études pour la ventilation et l'assainissement des égouts expose les inconvénients de l'application de ce nouveau type d'égouts qui ne permet, ni de curer complètement ces galeries, ni de les réparer en cas d'engorgement ou de dégradations, ni de poser ou de réparer les conduites d'eau ou autres ouvrages qu'elles doivent renfermer;

Vu le rapport de l'inspecteur général des ponts et chaussés, directeur des travaux de Paris, en date du 20 juin;

Vu la délibération du conseil municipal, en date du 6 août 1881, portant qu'il y a lieu, pour remédier aux inconvénients signalés, de donner aux branchements particuliers d'égout une section minima de deux mètres de hauteur et de un mètre trente centimètres de largeur;

Vu la délibération rectificative du Conseil municipal, en date du 22 de ce mois, ramenant la section des branchements particuliers d'égout à une hauteur de 1ᵐ80 et une largeur de 0ᵐ90;

Vu le décret du 25 mars 1852 sur la décentralisation administrative et la loi du 24 juillet 1867 sur les conseils municipaux;

ARRÊTE :

ARTICLE PREMIER. — La délibération sus-visée du conseil municipal de Paris, en date du 22 octobre 1881, est approuvée. En conséquence, les arrêtés des 2 juillet 1879 et 14 janvier 1880 sont rapportés dans celles de leurs dispositions qui sont contraires aux dimensions prescrites par les articles qui suivent.

ART. 2. — Les embranchements particuliers d'égout desservant les propriétés devront désormais avoir, quelle que soit leur longueur, une section minima de 1ᵐ80 de hauteur, et de 0ᵐ90 de largeur.

ART. 3. — Les propriétaires d'immeubles d'un revenu imposable inférieur à 3,000 francs et situés sur les voies de petite communication continueront à bénéficier de la faculté de poser des tuyaux en grès ou en fonte pour l'écoulement de leurs eaux.

ART. 4. — L'inspecteur des ponts et chaussées, directeur des travaux...

Arrêté préfectoral du 10 novembre 1886.

ARTICLE PREMIER. — Dans toutes les rues pourvues de collecteurs à bateaux ou à rails, ou d'égouts munis de réservoirs de chasse, les propriétaires de maisons, en bordure sur la voie publique, pourront faire écouler directement à l'égout les eaux pluviales et ménagères, ainsi que les matières de vidange de leurs immeubles.

A cet effet, ils souscriront des abonnements qui seront approuvés par des arrêtés préfectoraux, sur l'avis de l'ingénieur en chef de l'assainissement.

Ces abonnements seront annuels et révocables à la volonté de l'administration.

Conditions d'abonnement.

ART. 2. — Les conditions à remplir pour l'abonnement sont les suivantes :

Concession d'eau.

1° La propriété sera desservie par les eaux de la Ville.

Branchement d'égout.

2° Elle sera pourvue d'un branchement particulier d'égout.

Cabinet d'aisances.

3° Tout cabinet d'aisances devra être muni de réservoirs ou d'appareils branchés sur la canalisation, permettant de fournir dans ce cabinet une quantité d'eau de dix litres au minimum par personne et par jour.

L'eau ainsi livrée dans les cabinets d'aisances devra arriver dans les cuvettes de manière à former une chasse suffisamment vigoureuse.

Les appareils qui la distribueront seront examinés par le service de l'assainissement et devront être reçus par l'administration avant leur mise en service.

Toute cuvette de cabinet d'aisances sera munie d'un appareil formant fermeture hydraulique et permanente.

Ces dispositions seront applicables aux cabinets des ateliers, des magasins, des bureaux et en général de tous les établissements qui reçoivent une nombreuse population pendant le jour.

Eaux ménagères et pluviales.

4° Il sera placé une inflexion syphoïde formant fermeture hydraulique à l'origine de chacun des tuyaux d'eaux ménagères.

Les tuyaux de descente des eaux pluviales seront munis d'obturateurs interceptant toute communication directe avec l'atmosphère de l'égout.

Les tuyaux devront être aérés d'une manière continue.

Tuyaux de chute et conduites d'eaux ménagères et pluviales.

5° Les conduites d'eaux ménagères, les conduites d'eaux pluviales et les tuyaux de chute destinés aux matières de vidange ne pourront avoir de diamètre inférieur à 0ᵐ08 ni supérieur à 0ᵐ16.

Les chutes des cabinets d'aisances avec leurs branchements ne pourront être placés sous un angle supérieur à 45° avec la verticale.

Chaque tuyau de chute sera prolongé au-dessus du toit jusqu'au faitage et librement ouvert à la partie supérieure.

La projection des corps solides, débris de cuisine, de vaisselle, etc., dans les conduites d'eaux ménagères et pluviales, ainsi que dans les cuvettes des cabinets d'aisances, est formellement interdite.

Le tracé des tuyaux secondaires partant du pied des tuyaux de chute et des conduites d'eaux ménagères sera prolongé dans les cours et caves jusqu'au tuyau général d'évacuation.

Il en sera de même pour les conduites des eaux pluviales, si le tuyau d'évacuation peut recevoir ces eaux.

Le tracé de ces tuyaux devra être formé de parties rectilignes.

A chaque changement de direction ou de pente, il sera ménagé une tubulure ou un regard de visite et d'aération facilement accessible.

Evacuation directe à l'égout.

6° Les tuyaux d'évacuation auront une pente minima de 0ᵐ03 par mètre. Dans les cas exceptionnels où cette pente serait impossible ou difficile à réaliser, l'administration aura la faculté d'autoriser des pentes plus faibles avec addition de réservoirs de chasse ou autres moyens d'expulsion à établir aux frais et pour le compte des propriétaires.

Le diamètre de ces tuyaux sera fixé sur la proposition des intéressés en raison de la pente disponible et du cube à évacuer; il ne sera en aucun cas inférieur à 0ᵐ16.

Chaque tuyau d'évacuation sera muni, avant sa sortie de la maison, d'un siphon dont la plongée ne pourra être inférieure à 0ᵐ07, afin d'assurer l'occlusion hermétique et permanente entre la canalisation intérieure et l'égout public.

Les modèles de ces siphons et appareils seront soumis à l'administration et devront être acceptés par elle.

Chaque siphon sera muni d'une tubulure de visite avec fermeture étanche placée en amont de l'inflexion siphoïde.

Les tuyaux d'évacuation et les siphons seront en grès vernissé intérieurement.

Les joints devront être étanches et exécutés avec le plus grand soin, sans bavure ni saillie intérieure. L'emploi de la fonte pourra être autorisé dans le cas où l'administration le jugerait acceptable. Les tuyaux d'évacuation seront prolongés dans le branchement particulier jusqu'à l'aplomb de l'égout public.

Police des travaux.

ART. 3. — Les dispositions qui précèdent et toutes celles que l'administration jugerait utile de prescrire seront exécutées aux frais, risques et périls du propriétaire, d'après les instructions des agents du service de l'assainissement et sans qu'il puisse être mis empêchement au contrôle de ces agents sous quelque prétexte que ce soit.

Aucune canalisation ne sera mise en service qu'après avoir été reconnue par l'inspecteur de l'assainissement ou son délégué qui en autorisera l'usage.

Responsabilité.

ART. 4. — Les abonnés sont exclusivement responsables envers les tiers de tous les dommages auxquels pourraient donner lieu l'écoulement des liquides provenant de leur propriété.

Tarif.

ART. 5. — Le propriétaire ou son représentant acquittera à la Caisse municipale une redevance annuelle de 60 francs par chute. Toutefois, lorsque les tuyaux de chute ne desserviront que des logements d'un loyer réel de 500 francs et au-dessous, il pourra être accordé une remise de 30 francs par tuyau de chute sur le chiffre de la redevance.

Payement.

ART. 6. — Le montant de la somme à payer sera fixé chaque semestre après constatation contradictoire du nombre des chutes existantes par l'inspecteur de l'assainissement ou son délégué,

en présence du propriétaire ou de son représentant, et sera reconnu par ceux-ci sur un état que l'ingénieur en chef de l'assainissement transmettra à la préfecture de la Seine pour être rendu exécutoire.

Le prix de l'abonnement sera versé en deux termes égaux (1ᵉʳ janvier et 1ᵉʳ juillet) et d'avance.

Résiliation.

A défaut de payement à l'une des deux échéances, l'écoulement sera suspendu et l'abonnement pourra être résilié.

Contraventions.

ART. 7. — Les contraventions aux dispositions du présent arrêté seront constatées par des procès-verbaux ou rapports et poursuivies par les voies de droit, sans préjudice des mesures administratives auxquelles ces contraventions pourraient donner lieu.

ART. 8. — L'inspecteur général des ponts et chaussées, directeur des travaux, est chargé de l'exécution du présent arrêté, etc.

Arrêté préfectoral du 20 novembre 1887.

ARTICLE PREMIER. — Les propriétaires des maisons en bordure sur la voie publique pourront faire écouler les eaux vannes de leurs fosses d'aisances dans les égouts de la Ville au moyen d'appareils diviseurs.

A cet effet, ils souscriront des abonnements qui seront approuvés, s'il y a lieu, par arrêtés préfectoraux, sur l'avis de l'ingénieur en chef de l'assainissement.

Ces abonnements seront annuels et révocables à la volonté de l'administration. Ils partiront des 1ᵉʳ janvier et 1ᵉʳ juillet de chaque année.

Le propriétaire pourra y renoncer en prévenant le préfet de la Seine six mois à l'avance; quelle que soit la date de l'avertissement, le prix de l'abonnement sera exigible jusqu'à son expiration.

ART. 2. — Les conditions à remplir pour l'abonnement sont les suivantes :

1° La propriété sera desservie par les eaux de la Ville.

2° Elle sera pourvue d'un branchement d'égout particulier.

3° Les eaux vannes devront être séparées des solides au moyen d'appareils diviseurs d'un modèle accepté par l'administration. Les entrepreneurs chargés de la fourniture et de l'entretien de ces appareils seront exclusivement choisis parmi les entrepreneurs de vidange en exercice à Paris.

Les appareils diviseurs seront établis dans un caveau convenablement ventilé et dont le sol aura été rendu imperméable et disposé en forme de cuvette.

4° Tout cabinet d'aisances devra être muni de réservoirs ou d'appareils branchés sur la canalisation d'eau permettant de fournir dans ce cabinet une quantité de dix litres en minimum par personne et par jour.

L'eau ainsi livrée dans les cabinets d'aisances devra arriver dans les cuvettes de façon à former une chasse d'eau suffisamment vigoureuse.

Les systèmes d'appareils et leurs dispositions générales seront soumis au conseil municipal, avant que leur emploi par les propriétaires soit autorisé. Ils seront examinés par le service de l'assainissement et devront être reçus par l'administration avant leur mise en service.

Toute cuvette de cabinet d'aisances sera munie d'un appareil formant fermeture hydraulique et permanente.

Ces dispositions seront applicables aux cabinets d'aisances des ateliers, des magasins, des bureaux et, en général, de tous les établissements qui reçoivent une nombreuse population pendant le jour.

5° Il sera placé une inflexion siphoïde, formant fermeture hydraulique à l'origine de chacun des tuyaux d'eaux ménagères.

Les tuyaux de descente des eaux pluviales seront munis d'obturateurs, interceptant toute communication directe avec l'atmosphère de l'égout.

Les tuyaux devront être aérés d'une manière continue.

6° Les conduites d'eaux ménagères, les conduites d'eaux pluviales et les tuyaux de chute destinés aux matières de vidange ne pourront avoir un diamètre inférieur à huit centimètres ni supérieur à seize centimètres.

Les chutes des cabinets d'aisances avec leurs branchements ne pourront être placés sous un angle supérieur à 45° avec la verticale.

Chaque tuyau de chute sera prolongé au-dessus du toit jusqu'au faîtage et librement ouvert à sa partie supérieure.

La projection des corps solides, débris de cuisine, de vaisselle, etc., dans les tuyaux de chute et dans les conduites d'eaux ménagères et pluviales est formellement interdite.

Le tracé des tuyaux secondaires partant du pied des tuyaux de chute et des conduites d'eaux ménagères sera prolongé dans les cours et caves jusqu'au tuyau général d'évacuation.

Il en sera de même pour les conduites d'eaux pluviales si le tuyau d'évacuation peut recevoir ces eaux, sauf dans le cas où le système d'évacuation des matières de vidange et des eaux ménagères ne comporterait pas la possibilité de recevoir les eaux du ciel.

Le tracé de ces tuyaux devra être formé de parties rectilignes.

A chaque changement de direction ou de pente il sera ménagé une tubulure ou un regard de visite et d'aération facilement accessible.

7° Les tuyaux d'évacuation auront une pente minima de 0ᵐ03 par mètre. Dans les cas exceptionnels où cette pente serait impossible ou difficile à réaliser, l'administration aura la faculté d'autoriser des pentes plus faibles avec addition de réservoirs de chasses ou autres moyens d'expulsion à établir aux frais et pour le compte des propriétaires.

Le diamètre de ces tuyaux sera fixé sur la proposition des intéressés en raison de la pente disponible et du cube à évacuer. Il ne sera dans aucun cas inférieur à 0ᵐ16.

Chaque tuyau d'évacuation sera muni, avant la sortie de la maison, d'un siphon dont la plongée ne pourra être inférieure à 0ᵐ07, afin d'assurer l'occlusion hermétique et permanente entre la canalisation intérieure et l'égout public.

Chaque siphon sera muni d'une tubulure de visite avec fermeture étanche placée en amont de l'inflexion siphoïde.

Les modèles de ces siphons et appareils seront soumis à l'administration et devront être acceptés par elle.

Les tuyaux d'évacuation et les siphons seront en grès, poteries et autres produits équivalents vernissés intérieurement.

Les joints devront être étanches et exécutés avec le plus grand soin sans bavure ni saillie intérieure.

L'emploi de la fonte pourra être autorisé dans le cas où le conseil municipal jugerait cette matière acceptable.

Les tuyaux d'évacuation seront prolongés dans le branchement particulier jusqu'à l'aplomb de l'égout public.

8° Les fosses fixes rendues inutiles par suite de l'installation des appareils diviseurs seront comblées ou converties en caves.

ART. 3. — Les dispositions qui précèdent et toutes celles que l'administration jugerait utile de prescrire seront exécutées aux frais, risques et périls du propriétaire, d'après les instructions des agents du service de l'assainissement et sans qu'il puisse être mis empêchement au contrôle de ces agents sous quelque prétexte que ce soit.

Les canalisations et appareils ne seront mis en service qu'après avoir été reconnus par l'inspecteur de l'assainissement ou son délégué, qui en autorisera l'usage.

ART. 4. — Les abonnés n'auront droit à aucune indemnité pour cause d'interruption momentanée d'écoulement d'eaux vannes à l'égout par suite de travaux exécutés par la ville de Paris, lorsque l'interruption ne se prolongera pas au delà d'un mois. Après ce terme, la réduction de la redevance fixée par l'art. 6 ci-après sera proportionnelle à la durée de l'interruption.

ART. 5. — Les abonnés sont exclusivement responsables envers les tiers de tous les dommages auxquels pourraient donner lieu soit ces appareils de vidange, soit l'écoulement des liquides en provenant.

Ils ne pourront faire aucune réclamation ni prétendre à aucune indemnité dans le cas où les eaux de l'égout public viendraient à refluer à l'intérieur de la propriété, soit par les appareils diviseurs, soit par les canalisations.

ART. 6. — Le propriétaire ou un représentant en son nom acquittera à la caisse municipale une redevance annuelle de 30 francs par tuyau de chute.

ART. 7. — Le prix de l'abonnement sera versé d'avance en deux termes égaux (1ᵉʳ janv. et 1ᵉʳ juill.).

A défaut de payement à l'une des échéances, l'écoulement sera suspendu et l'abonnement résilié.

ART. 8. — Les contraventions aux dispositions du présent arrêté seront constatées par des procès-verbaux ou rapports et poursuivies par toutes les voies de droit sans préjudice des mesures administratives auxquelles ces contraventions pourraient donner lieu.

Art. 9. — L'arrêté du 2 juillet 1867 est rapporté.

Art. 10. — L'inspecteur général des ponts et chaussées est chargé...

Arrêté préfectoral du 19 juillet 1888 concernant les conduites d'eau et de gaz hors Paris.

Les dispositions du règlement préfectoral du 26 novembre 1860 sont remplacées par les suivantes :

Des écoulements d'eau sur la voie publique.

ARTICLE PREMIER. — Les particuliers qui auront été autorisés à rejeter directement dans les égouts des eaux pluviales ou ménagères devront se conformer aux dispositions ci-après :

1° Les eaux seront conduites par un tuyau en fonte de 0^m25 au moins de diamètre intérieur, pénétrant dans l'égout à 0^m25 au-dessus du radier, et ne formant aucune saillie sur le parement du pied-droit. Les diverses parties de ce tuyau seront assemblées avec les soins nécessaires pour éviter toute infiltration dans le sol ;

2° Le tuyau sera, autant que possible, posé en ligne droite, suivant une seule pente, et de manière à ne former aucun coude, même à son débouché dans l'égout ;

3° Le percement dans la maçonnerie du pied-droit sera réduit aux dimensions strictement nécessaires, le raccordement sera exécuté avec soin, en ciment romain ;

4° Une cuvette formant siphon sera construite dans l'intérieur de la propriété, pour arrêter les immondices qui pourraient s'introduire dans le tuyau ; l'orifice de ce tuyau sera, en outre, muni d'une grille scellée à barreaux espacés de 0^m02 au plus.

ART. 2. — Lorsqu'il s'agira d'eaux provenant d'établissements industriels, elles seront conduites à l'égout public au moyen d'un branchement établi entre cet égout et le mur de face de la propriété.

Ce branchement sera de forme ovoïde ; il aura 1^m80 de hauteur sous clef, 1 mètre de largeur aux naissances, 0^m40 de largeur au radier. Le radier sera disposé, suivant le maximum de pente disponible, de manière à se raccorder avec celui de l'égout public, à 0^m15 en contre-haut, à la rencontre de ce dernier.

Le branchement sera construit en maçonnerie de meulière, avec mortier de chaux hydraulique. Le minimum d'épaisseur du radier, des pieds-droits et de la voûte sera de 0^m30. Les parements seront smillés ou recouverts d'un enduit en ciment de 0^m02 d'épaisseur ; l'enduit du radier sera fait également en ciment et aura 0^m05 d'épaisseur.

Si les eaux de l'intérieur sont amenées dans le branchement par le tuyau, un glacis de 1 mètre de longueur et de 0^m50 de hauteur au moins sera établi au droit de ce tuyau.

Le radier sera construit sur toute la longueur du branchement ; l'enduit en ciment sera seul supprimé dans la partie correspondante au glacis.

Si le branchement pénètre dans l'intérieur de la propriété, une grille en fer, établie à l'aplomb du mur de face, interceptera la communication avec l'égout public. Cette grille aura une serrure à deux clefs dissemblables, dont l'une restera entre les mains du propriétaire et l'autre sera remise à l'administration.

Pour la ventilation permanente du branchement d'égout, il sera pratiqué une cheminée d'appel s'ouvrant au-dessus des combles.

ART. 3. — Tous ces ouvrages seront exécutés et entretenus constamment en bon état, sous la surveillance des agents du service départemental, et aux frais, risques et périls de l'impétrant.

ART. 4. — On ne pourra, sous aucun prétexte, introduire dans les tuyaux ou branchements des eaux vannes de fosses d'aisances ou tout autre liquide qui pourrait nuire à la salubrité ou détériorer l'égout. Les eaux industrielles acides ou alcalines seront, avant leur émission, neutralisées avec soin et même désinfectées, si la nécessité en est reconnue.

Les permissionnaires seront tenus, sur une simple réquisition, de laisser visiter les ouvrages qui se rattachent à l'écoulement, ou d'interrompre cet écoulement pendant tout le temps qui sera jugé nécessaire.

Lorsque le curage, la visite ou la réparation d'un égout départemental devra avoir lieu, les propriétaires des établissements voisins en seront prévenus, soit par le conducteur des ponts et chaussées de la subdivision, soit par l'inspecteur de la salubrité chargé de la conduite des ateliers, et ils devront s'abstenir de laisser couler des eaux chaudes dans cet égout, pendant tout le temps de l'opération.

Les permissionnaires ou leurs ayants droit supporteront les dépenses de toute nature qui seraient la conséquence de l'écoulement autorisé et notamment les frais de la réparation des dégradations faites à l'égout public par les eaux provenant de cet écoulement. Ils contribueront, en outre, aux frais de curage de l'égout dans la proportion qui sera annuellement fixée par le préfet.

Ils devront se conformer à tous les règlements d'administration et de police faits ou à faire sur le régime des égouts.

Ils seront, d'ailleurs, soumis à toutes les conditions imposées ci-après pour l'établissement de conduites d'eau sous la voie publique.

Des tuyaux de conduite d'eau et de gaz.

ART. 5. — Les particuliers ou les compagnies qui auront obtenu l'autorisation d'établir ou de remplacer des tuyaux de conduite d'eau ou de gaz sur la voie publique devront se conformer aux conditions suivantes :

1° Avant de commencer les travaux, ils déposeront au bureau de l'ingénieur ordinaire un plan indiquant exactement le tracé des conduites, ainsi que leurs divers branchements : ce plan sera coté à l'échelle de 0^m005 par mètre pour les traverses, et de 0^m001 par mètre pour les parties de routes et chemins en rase campagne ;

2° Les tuyaux seront posés à 0^m60 au moins de profondeur ;

3° Les tranchées longitudinales ne seront

ouvertes qu'à mesure de la pose des tuyaux, et les tranchées transversales sur la moitié seulement de la largeur de la voie, de manière que l'autre moitié reste libre pour la circulation. Les parties de tranchées qui ne pourraient être comblées avant la fin de la journée seront défendues, pendant la nuit, par des barrières solidement établies et suffisamment éclairées;

4° Préalablement au comblement des tranchées, les conduites de gaz seront mises en charge et flambées, afin qu'on puisse s'assurer s'il n'existe pas de fuites;

5° Le remblai des tranchées, après la pose des conduites, sera fait par couches de 0^m15 d'épaisseur, et chaque couche sera pilonnée avec soin. Les pavés et autres matériaux seront ensuite rebloqués, de manière à ne pas former une saillie de plus de 0^m05.

Immédiatement après l'exécution de chaque partie de travail, le permissionnaire fera enlever les terres, gravois et immondices qui en proviendront, de manière à rendre la voie publique parfaitement libre. Si l'enlèvement n'est pas fait dans les vingt-quatre heures, il sera exécuté d'office à ses frais, sans préjudice des suites de cette contravention.

Quant aux travaux nécessaires pour remettre en état la chaussée et les trottoirs sur l'emplacement desdites tranchées, ils seront effectués par les soins des ingénieurs du service ordinaire ou du service vicinal. La dépense sera prélevée sur les ressources affectées à l'entretien, s'il s'agit d'une route nationale, et sur le crédit spécial ouvert au budget départemental, s'il s'agit d'une route départementale ou d'un chemin de grande communication, sauf remboursement par les compagnies intéressées, au Trésor ou à la caisse du département, suivant le cas, conformément aux prescriptions ci-après déterminées.

Art. 6. — Immédiatement après l'achèvement du travail de pose ou de réparation des conduits, un métré des parties à réparer sera notifié par les agents du service intéressé aux ayants charge, qui pourront présenter leurs observations au bureau de l'ingénieur ordinaire ou de l'agent voyer en chef dans le délai de cinq jours, à dater de la notification. Passé ce délai, il sera considéré comme accepté et servira de base au règlement de compte.

Art. 7. — Les dépenses à la charge des compagnies intéressées seront calculées en appliquant aux quantités portées aux métrés prescrits par l'article 6 les prix forfaitaires suivants :

1° Repose de 1 mètre courant de bordure de trottoir, 1 franc;

2° Réfection de 1 mètre carré d'empierrement, 3 francs;

3° Réfection de 1 mètre carré de pavage sur tranchées mesurées avec une demi-largeur de pavé en plus de chaque côté pour raccordement, 4 francs;

4° Réfection de 1 mètre carré de pavage sur fondation en béton, la surface étant mesurée comme au prix précédent, 7 francs;

5° Réfection de 1 mètre carré de pavage en bois, la surface mesurée comme au prix précédent, 23 francs;

6° Réfection de 1 mètre carré de surface sablée, 0 fr. 35.

Art. 8. — Si le travail a été exécuté sur une voie nationale, le montant des dépenses ainsi déterminées sera versé par les ayants charge à la recette centrale de la Seine à titre de fonds de concours pour l'entretien des routes nationales. A cet effet, les ingénieurs du département dresseront, à la fin de chaque trimestre, un état des sommes à recouvrer qui servira de base aux titres de perception à émettre par M. le ministre des travaux publics.

Si, au contraire, la réparation s'applique à une route départementale ou à un chemin de grande communication, des états trimestriels de recouvrement seront dressés par les ingénieurs des services intéressés pour chaque nature de travaux.

Ces états formeront la matrice des rôles qui seront rendus exécutoires.

Des tuyaux de conduite de gaz placés sous les routes et les chemins plantés.

Art. 9. — Indépendamment des prescriptions imposées dans les articles précédents, les tuyaux de conduite de gaz, ainsi que les branchements transversaux du service public ou privé, qui devront être placés sous le sol des routes et chemins plantés, seront renfermés dans des drains ou dans des pierrées ayant une inclinaison ascendante de 0^m005 au moins par mètre, et mis en communication avec l'atmosphère au moyen d'ouvertures ménagées dans le socle des candélabres ou dans les soubassements des édifices desservis, à une hauteur suffisante pour éviter toute inondation et tout ensablement de ces mêmes drains et pierrées.

Art. 10. — La section intérieure des drains sera double au moins de la section extérieure des conduites qu'ils renferment.

Les pierrées auront une épaisseur de 0^m30 au moins de chaque côté et au-dessus de la paroi extérieure des conduites. Elles seront formées de pierres qui ne puissent passer dans aucun sens dans un anneau de 0^m10 de diamètre, et revêtues d'une enveloppe qui puisse faire obstacle à l'infiltration des sables et des terres dans les interstices des pierres.

Art. 11. — Les conduites d'un diamètre supérieur à 0^m10 seront posées sur des fondations en béton ou en maçonnerie de ciment ayant une épaisseur de 0^m10, et une largeur proportionnée à ce diamètre, avant d'être garnies latéralement et recouvertes de pierres cassées.

Art. 12. — Les permissionnaires pourront proposer à l'approbation du préfet, et employer, après cette approbation, tout système autre que celui dont la description est faite aux articles précédents, pour rejeter dans l'atmosphère le gaz provenant des fuites des conduites et branchements, comme aussi apporter à ce système, sous les mêmes conditions, toutes modifications qui seraient jugées propres à le rendre plus efficace ou d'une exécution plus facile.

De son côté, l'Administration se réserve le droit de rendre obligatoires les perfectionnements dont l'expérience aurait fait connaître la nécessité ou l'avantage.

Art. 13. — Les prescriptions contenues dans

les articles 9, 10 et 11 ci-dessus seront appliquées non seulement lors de la pose des conduites nouvelles, mais encore lors du remaniement ou du remplacement des anciennes conduites, pour quelque cause que ce soit, et lors de l'établissement de plantations nouvelles ou de renouvellement total ou partiel de celles qui existent.

Dispositions générales.

Art. 14. — Les permissionnaires ne pourront entreprendre leurs travaux, ni les reprendre s'ils les ont suspendus, sans en avoir prévenu par écrit, trois jours à l'avance, les agents des services intéressés. La lettre d'avis indiquera exactement le jour et l'heure auxquels les travaux devront commencer.

Les permissionnaires se conformeront à toutes les mesures de précaution qui leur seront indiquées, soit par les agents de l'administration, soit par les autorités locales.

Ils devront faire toutes les dispositions convenables pour ne porter aucun dommage aux aqueducs, tuyaux et autres ouvrages déjà établis, soit par l'administration, soit par des particuliers; ils seront d'ailleurs responsables de tous les dommages qui seraient occasionnés par leurs travaux, alors même qu'ils ne pourraient pas être attribués à leur négligence.

Art. 15. — Les permissionnaires ou leurs ayants droit seront tenus, sur une simple réquisition, d'ouvrir des tranchées sur les parties de ces conduites qui leur seraient désignées, pour que l'on puisse s'assurer si elles sont en bon état, et le rétablissement de la voie sera opéré dans les conditions prévues aux articles 5, 6 et suivants du présent règlement.

Ils seront tenus de changer l'emplacement des conduites, tuyaux ou branchements, ou même de supprimer tout à fait ces ouvrages, si l'administration jugeait qu'ils eussent des inconvénients ou qu'ils gênassent l'exécution de travaux publics. Aucune indemnité, de quelque espèce et à quelque titre que ce soit, ne pourra être réclamée par les permissionnaires à raison de ces faits.

Art. 16. — Les dépôts de matériaux seront disposés de manière à ne pas nuire à la circulation. Si l'autorité locale le juge convenable, ils devront être entourés de barrières et éclairés pendant la nuit, afin de prévenir tout accident.

ÉGOUT DES TOITS. — Ord. pol. du 30 nov. 1831 [1]. C. civ., art. 681, 688, 690, 691, 692 et 701.

Nul ne peut, sauf titre contraire, faire écouler les eaux provenant de son toit sur le fonds de son voisin [2].

On ne peut, dans aucun cas, les faire écouler sur la voie publique, sans avoir établi pour les recevoir, sous l'égout des toits, une gouttière ou un chéneau [3].

Celui qui établit son toit avec une pente dirigée du côté du voisin doit construire sur

son propre fonds un chéneau destiné à recevoir les eaux de ce toit, ou reculer sa construction de manière à ce que ces eaux se déversent en dedans de la ligne mitoyenne. Il peut même être tenu de paver l'espace laissé entre son bâtiment et le mur du voisin, de manière que les eaux provenant de l'égout de ses toits ne s'écoulent pas sur le terrain de ce voisin, et ne soient pas une cause d'humidité si ledit voisin a lui-même un bâtiment en cet endroit [1].

Le droit de faire écouler les eaux de ses toits sur l'héritage du voisin [2] est une servitude continue et apparente, qui s'établit soit par titre, soit par destination, soit par prescription [3], et qui, comme toute servitude, ne peut être aggravée ni rendue plus incommode [4].

Le droit d'égout ne saurait entraîner celui de faire écouler ses eaux ménagères sur le fonds du voisin [5].

Celui qui jouit de ce droit d'égout ne peut augmenter la superficie de ses toits, ni établir des gouttières, s'il n'en existe pas [6], puis faire écouler ces eaux en un seul endroit; car, dans ces deux cas, il y aurait aggravation de servitude.

Quant au propriétaire du fonds asservi, il peut acquérir la mitoyenneté du mur et élever toutes les constructions qu'il juge convenables, à la condition, toutefois, de n'en faire aucune qui puisse nuire à la servitude à laquelle il est assujetti.

La largeur de terrain que le propriétaire du fonds grevé doit laisser, pour le libre exercice de la servitude d'égout, n'est déterminée par aucune loi : cette largeur est généralement fixée au double de l'avancement du toit [7].

Le chaperon des murs mitoyens étant fait à deux pentes dirigées chacune sur un des deux voisins limitrophes, chaque propriétaire est tenu de recevoir les eaux de ce chaperon.

ÉLECTRICITÉ. Ord. pol. des 21 févr. 1887 [8] et 17 avril 1888 [9]. Décr. du 15 mai 1888 [10]. Cahier des charges du 29 déc. 1888 [11]. Police d'abonnement du 22 févr. 1889 [12].

Les conditions imposées pour l'éclairage public au moyen de l'électricité, et celles à observer lors de la pose des canalisations sous la voie publique sont relatées dans le cahier des charges du 29 décembre 1888 [13] : celles relatives à l'installation de l'électricité dans les propriétés particulières, soit

---

[1] V. *Chéneaux.* — [2] C. civ., 681. — [3] Ord. pol., 30 nov. 1831, V. *Chéneaux.*

[1] Toullier, t. III, n° 533. — [2] C. civ., 688. — [3] C. civ., 690, 691, 692. — [4] C. civ., 701. — [5] Lepage, t. Ier, p. 211. — [6] Ibid. — [7] C. Perrin. — [8] V. *Salle de spectacle.* — [9] Ibid. — [10] Annexe. — [11] Annexe. — [12] Annexe. — [13] Annexe.

pour l'éclairage, soit pour .e transport de la force, sont déterminées par le décret du 15 mai 1888 [1] et la police d'abonnement approuvée, le 22 février 1889 [2], par la préfecture de police.

L'installation de l'électricité dans les salles de spectacle est soumise à des conditions particulières [3].

ANNEXES

Décret du 15 mai 1888.

ARTICLE PREMIER. — Les conducteurs électriques destinés au transport de la force ou à la production de la lumière ne peuvent être établis qu'après une déclaration adressée deux mois à l'avance au préfet du département ou au préfet de police dans le ressort de sa juridiction. Cette déclaration est enregistrée à sa date ; il en est donné récépissé. Elle est communiquée sans délai au chef du service local des postes et télégraphes ; elle est transmise par ses soins à l'administration centrale chargée d'assurer l'exécution du décret du 27 décembre 1851.

En cas d'urgence, et en particulier dans le cas d'installation temporaire, le délai de deux mois prévu au paragraphe précédent peut être abrégé par le préfet, sur la proposition du chef du service des postes et télégraphes.

ART. 2. — Sont exemptées de la formalité de la déclaration préalable les installations faites à l'intérieur d'une même propriété, lorsque la force électro-motrice des générateurs ne dépasse pas 60 volts pour les courants alternatifs et 500 volts pour les courants non alternatifs.

ART. 3. — La déclaration prévue à l'art. 1er doit être accompagnée d'un projet détaillé de l'installation indiquant la nature du générateur d'électricité, le maximum de la différence de potentiel aux bornes de la machine, le maximum de l'intensité à distribuer dans chaque branche du circuit, la spécification des conducteurs employés et les précautions prises pour les isoler et les mettre hors de portée du public. Elle est accompagnée également d'un tracé de la ligne et, s'il y a lieu, d'un tracé du dispositif de la distribution ; les parties distinctes de la distribution sont désignées par une série régulière de lettres et de numéros d'ordre.

Toute modification d'une installation déclarée donne lieu à une nouvelle déclaration dans les conditions prévues à l'art. 1er.

ART. 4. — Les machines génératrices doivent être placées dans un local où les conducteurs seront bien en vue ; elles doivent être convenablement isolées.

Si les courants émis sont de nature à créer des dangers pour les personnes admises dans ce local, les conducteurs sont placés hors de la portée de la main ; dans les parties où cette condition ne peut être réalisée, ils sont garnis d'enveloppes isolantes. Dans le cas où, à raison de la nature des courants et de l'importance des forces électro-motrices obtenues, ces dangers seraient particulièrement graves, il doit

être prescrit par le règlement intérieur de l'exploitation, pour les ouvriers de service, des précautions particulières, telles que l'emploi de gants en caoutchouc.

Une affiche, apposée d'une manière très apparente dans la salle des machines, indique les consignes qui doivent être observées par les ouvriers en vue d'assurer leur sécurité.

ART. 5. — L'usage de la terre et l'emploi des conduites d'eau ou de gaz pour compléter le circuit sont interdits.

ART. 6. — Dans chacune des sections du circuit, le diamètre des conducteurs doit être en rapport avec l'intensité des courants transportés, de telle sorte qu'il ne puisse se produire, en aucun point, un échauffement dangereux pour l'isolement des conducteurs ou pour les objets voisins. Les raccords doivent être établis de façon à ne pas introduire dans le circuit des points faibles au point de vue mécanique ou présentant une résistance électrique dangereuse.

ART. 7. — Les fils doivent être suffisamment éloignés des masses conductrices, en particulier des tuyaux d'eau ou de gaz, pour qu'il ne puisse se produire de phénomènes dangereux d'induction.

Les fils employés peuvent être nus ou recouverts d'une enveloppe isolante ; dans le cas où les fils sont nus, ils ne doivent jamais être à la portée de la main, même sur les toits.

Aux points d'attache qui, par leur position, présentent quelque danger, les fils devront être revêtus d'une enveloppe isolante. L'emploi de fils recouverts est également obligatoire toutes les fois que les conducteurs sont posés sur des appuis supportant des communications télégraphiques ou téléphoniques à fil nu. Il en est de même dans toutes les parties du tracé où les conducteurs croisent une ligne télégraphique ou téléphonique, ou passent à une distance de moins de 2 mètres de ces lignes, ou enfin passent à une distance de moins d'un mètre des masses conductrices, telles que tuyaux d'eau ou de gaz.

ART. 8. — A l'intérieur des maisons, les conducteurs sont soumis aux dispositions suivantes : s'ils ne sont pas recouverts d'une enveloppe isolante, ils doivent être placés d'une façon bien apparente, hors de la portée de la main, et posés sur des isolateurs ; au passage des toits, planchers, murs et cloisons ou dans le voisinage de masses métalliques, ils sont toujours recouverts ; ils doivent, en outre, être encastrés dans une matière dure sur les points où ils sont exposés à des détériorations par le frottement ou autre cause destructive. Dans les parties de leur trajet où ils sont invisibles, ils doivent être disposés de façon à être à l'abri de toute détérioration ; leur position est repérée exactement.

ART. 9. — Les appareils générateurs d'électricité doivent être munis d'organes permettant de les isoler du réseau général, soit par la mise en court circuit de leur conducteur propre, soit par l'introduction de résistances progressives ou par tout autre procédé agissant promptement. Les machines réceptrices ou les groupes d'appareils récepteurs doivent être pourvus d'organes analogues permettant de les séparer rapidement du centre de production.

---

[1] Annexe. — [2] Annexe. — [3] V. *Salle de spectacle.*

Au siège des appareils générateurs, un indicateur placé d'une façon très apparente permet de connaître à tout instant la différence de potentiel aux bornes. Lorsqu'un appareil récepteur absorbe plus de dix chevaux-vapeur, il doit être pourvu d'indicateurs analogues.

Art. 10. — Les lettres et numéros d'ordre prévus au § 1er de l'art. 3 sont reproduits sur les diverses parties de la distribution et, en particulier, aux points intéressants, tels qu'embranchements, commutateurs, instruments de mesure, coupe-circuits, etc.

Art. 11. — Des arrêtés préfectoraux spéciaux pourront prescrire qu'il soit périodiquement procédé, par les soins des exploitants, à des vérifications de l'état des conducteurs et des machines, et que les résultats en soient consignés sur des registres dûment cotés et paraphés par l'administration.

Art. 12. — En sus des attributions qui leur sont conférées par le titre V du décret du 27 décembre 1851, les ingénieurs et agents des postes et télégraphes sont chargés, sous l'autorité des préfets, de la surveillance des conducteurs électriques.

Art. 13. — Ces ingénieurs et agents donnent leur avis sur les déclarations prévues aux art. 1 et 3 du présent décret. Ils s'assurent de la conformité des installations réalisées et de leur exploitation avec les déclarations déposées à la préfecture.

Art. 14. — Ils s'assurent au moins une fois par an, et plus souvent lorsqu'ils en reçoivent l'ordre du préfet, si toutes les conditions de sûreté prescrites par le présent règlement sont exactement observées.

Art. 15. — Les registres prévus à l'art 11 ci-dessus sont présentés à toute réquisition aux ingénieurs et aux agents; ils les revêtent de leur visa.

Les mêmes ingénieurs et agents peuvent prescrire que des expériences et épreuves de contrôle soient effectuées en leur présence.

Art. 16. — Les contraventions aux dispositions du présent décret seront constatées, poursuivies et réprimées conformément à la loi.

Art. 17. — Le ministre des finances est chargé...

———

Cahier des charges du 29 décembre 1888.

Article premier. — M. [1]
demeurant à
est autorisé à placer en terre, sous les chaussées ou les trottoirs, dans le secteur déterminé par les voies indiquées au tableau A ci-annexé, les fils ou câbles destinés à la transmission de courants électriques pour la production de la lumière ou le transport de la force motrice, et à exécuter, sous la surveillance de l'Administration, tous les travaux nécessaires pour cette canalisation.

Aucune autorisation ou concession d'éclairage

[1] Si la concession est faite à une compagnie, le nom du représentant de la compagnie, signataire de la demande, doit être complété par la dénomination très exacte de la compagnie et l'indication de son siège social.

électrique ne pourra être accordée qu'à des Français ou à des sociétés françaises, ayant leur siège social en France.

Art. 2. — Les fils ou câbles ne pourront être placés dans les galeries d'égout ou de carrières souterraines sous Paris.

Ils seront placés sous les trottoirs dans des conduites en poterie, en maçonnerie, en métal ou en toute matière suffisamment résistante et acceptée par le conseil municipal, après avis de l'Administration.

L'emplacement, la profondeur et le diamètre extérieur maximum de ces conduites seront fixés dans chaque cas par l'Administration, qui tiendra compte pour cette détermination, non seulement des canalisations déjà établies sous le même trottoir, mais encore et surtout de celles qu'elle pourra se réserver d'établir elle-même dans l'avenir pour les usages municipaux, étant entendu que la canalisation du service municipal d'électricité sera la plus rapprochée du sol. Le permissionnaire ne sera admis à présenter aucune réclamation, à raison du refus d'autorisation de passer dans certaines rues pour défaut de place sous les trottoirs, dans les conditions ci-dessus indiquées, ou pour motif de réserve municipale.

Les fils ou câbles ne seront établis sous chaussées que pour la traversée des voies. Ces traversées se feront à une profondeur d'au moins un mètre.

Il sera établi une canalisation sous chaque trottoir longeant des immeubles à desservir, de manière que les branchements d'immeubles ne traversent jamais la chaussée.

Il ne pourra être fait exception à cette règle que pour les voies d'une largeur reconnue insuffisante par le conseil municipal.

Des regards seront établis de distance en distance pour permettre la visite de la canalisation, et celle-ci sera disposée de manière que, en cas d'avarie, on puisse, en se servant des regards, retirer et remplacer les fils sans ouverture de fouille. Les emplacements et dispositions de ces regards seront d'ailleurs fixés par l'Administration. Dans tous les cas, ils seront recouverts de trappes bitumées.

Un regard sera placé obligatoirement à l'une ou à l'autre des extrémités de chacune des traversées de câbles sous chaussée. Pour la traversée des voies larges ou fréquentées, et en particulier lorsque la chaussée sera sur fondation de béton, un regard sera établi à chacune des extrémités de la traversée, et l'Administration pourra, en outre, exiger que ces regards soient reliés par des galeries dont elle fixera le type et qui, dans aucun cas, ne devront être mises en communication avec les égouts ou les branchements particuliers.

Si la galerie se trouve coupée par un égout, le câble passera d'un côté à l'autre par-dessus l'égout. Toutefois, si la hauteur disponible entre l'égout et la chaussée est insuffisante, ou si la chaussée est en bois ou en asphalte, le câble pourra traverser l'égout dans un manchon.

Au cas où plusieurs sociétés seraient autorisées à s'établir sous un même trottoir, les câbles de ces diverses sociétés pourront être placés dans une conduite commune, construite à frais communs, et dont les dimensions et conditions d'établissement devront être approuvées par l'Administration, après avis du conseil municipal.

ART. 3. — Les fils ou câbles ne pourront être placés qu'à une distance minima de 1 mètre des façades des maisons, cet emplacement étant réservé au réseau municipal d'électricité, et lorsque l'Administration, après délibération du conseil municipal, aura constaté :

1° Que la place ne fait pas défaut ;

2° Qu'ils peuvent, eu égard à l'intensité du courant et à la disposition des enveloppes isolantes, y être logés sans danger pour les personnes et sans inconvénient pour le fonctionnement des divers services publics.

La réserve de 1 mètre susmentionnée pourra être réduite par le conseil municipal dans les voies pour lesquelles il aura reconnu que la largeur des trottoirs est insuffisante.

ART. 4. — Les fils pénétrant dans les immeubles seront établis entre le câble principal et la façade dans des conduites reliées à celles du câble principal.

Toutes les installations autres que les fils de branchement, telles que coupe-circuits, etc., seront placées en dehors des limites de la voie publique.

ART. 5. — S'il est fait usage de transformateurs, ils seront installés en dehors de la voie publique.

ART. 6. — Avant tout commencement d'exécution de chaque portion de canalisation sous les voies publiques, les projets en seront présentés au conseil municipal et à l'Administration en quintuple expédition par le permissionnaire, qui ne pourra mettre la main à l'œuvre qu'après que l'acceptation de ces projets lui aura été notifiée.

Pour les dresser, il pourra prendre communication, dans les bureaux des ingénieurs, de tous les éléments dont dispose l'Administration en ce qui concerne les conduites d'eau, de gaz, ou autres canalisations déjà autorisées, les égouts et branchements particuliers, les nivellements existants ou projetés, etc. ; il ne pourra, en aucun cas, se prévaloir contre l'Administration des erreurs, imperfections ou lacunes dont pourraient être entachés les documents mis à sa disposition, ni des difficultés matérielles qui pourraient surgir dans l'exécution des travaux.

ART. 7. — Le permissionnaire tiendra constamment à jour un plan, à l'échelle de 0m001, du réseau de sa canalisation. Chaque branchement d'immeuble y sera indiqué avec le nombre et la catégorie des lampes qu'il alimente, ou l'indication en chevaux-vapeur de la force motrice qu'il dessert. Ce plan sera complété par tous renseignements sur la destination et la composition des câbles, la nature, les dimensions et l'emplacement des conduites, etc. Des coupes détaillées à l'échelle de 0m02 ou de 0m05 y signaleront les dispositions spéciales adoptées sur tel ou tel point du réseau, notamment à la rencontre des égouts, branchements de conduites d'eau ou de gaz, ainsi que dans les traversées de chaussées.

Ce plan sera fourni en quatre expéditions qui seront révisées et mises au courant tous les six mois.

ART. 8. — Trois jours avant de commencer un travail quelconque de canalisation, le permissionnaire devra en donner avis aux ingénieurs du service municipal. Il en sera de même pour tous les travaux d'entretien et de réparation de la canalisation, sauf en ce qui concerne les recherches en cas d'accident, pour lesquelles l'avis pourra n'être donné que le jour même de la recherche.

Le permissionnaire devra aviser simultanément le président du conseil municipal et l'Administration des modifications qu'il se proposerait d'apporter à sa canalisation ou qui, en cas d'urgence, auraient été apportées par lui d'accord avec l'Administration.

ART. 9. — Le permissionnaire acquittera à la Caisse municipale, sur le vu d'états trimestriels de recouvrement qui seront soumis à son acceptation, les frais de réfection définitive de la voie publique nécessités par les ouvertures de tranchées, soit pour le premier établissement, soit pour l'entretien, soit enfin pour l'enlèvement des conduites. Ces frais seront établis à forfait d'après les bases ci-après :

Chaussées.

	Le mètre carré.
Pavage en pierre sur sable..	4 fr.
— — sur béton..	8 »
Empierrement..................	3 »
Revêtement en asphalte comprimé..................	16 »
Pavage en bois.............	20 »

Trottoirs et contre-allées.

	Le mètre carré.
Dallage en granit..........	5 fr.
— en bitume...........	6 »
Pavage en pierre pour entrée de porte cochère..........	5 »
Sablage et repiquage des contre-allées..............	1 »

	Le mètre linéaire.
Bordures droites ou circulaires de toutes dimensions......	5 »

Immédiatement après l'exécution des travaux et jusqu'à la réception définitive, le permissionnaire devra rétablir et entretenir la viabilité provisoire sur les tranchées ouvertes par lui, sans toutefois que cet entretien à sa charge puisse se prolonger plus de quinze jours après l'achèvement des remblais dans chaque rue.

Toutes réfections d'ouvrages publics nécessitées par l'établissement de la canalisation et ne rentrant pas dans l'une des catégories ci-dessus définies seront recouvrées sur états dressés d'après la dépense effective constatée par attachements.

ART. 10. — Le permissionnaire sera tenu de se conformer, pour l'exécution des travaux, à toutes les prescriptions des services municipaux dépendant de la direction technique de la voie publique et des promenades ou de celle des eaux et de l'assainissement.

Il sera d'ailleurs soumis d'une manière générale, tant pour l'établissement que pour l'exploitation du réseau, à tous les règlements et arrêtés qui sont actuellement ou seront en vigueur pendant la durée de l'autorisation.

ART. - 11. — La présente autorisation est accordée pour une durée de dix-huit années à partir de la date de la notification de la décision approbative, sans monopole, ni privilège quelconque, la ville de Paris se réservant le droit absolu d'accorder d'autres autorisations du même genre, même dans l'étendue du réseau de voies auquel s'applique la présente autorisation.

ART. 12. — La ville de Paris s'engage à réserver au permissionnaire, à l'exclusion de tout autre, pendant la durée de l'autorisation, les emplacements qui auront été attribués à sa canalisation.

Mais elle se réserve le droit de prescrire, et même, en cas d'urgence, d'opérer le déplacement ou l'enlèvement aux frais du permissionnaire de telles ou telles parties de la canalisation, toutes les fois que l'intérêt des services publics ou celui des services municipaux l'exigera. Le permissionnaire sera invité au moins cinq jours à l'avance, sauf le cas de force majeure, à opérer ces déplacements ou enlèvements et, en cas d'inexécution, la ville de Paris pourra y faire procéder d'office aux frais du permissionnaire et sans qu'il puisse en résulter pour lui aucun droit à indemnité.

Le permissionnaire sera d'ailleurs autorisé en pareil cas à rétablir la canalisation dans des conditions à fixer par l'Administration.

Sauf les cas d'urgence constatés, le conseil municipal sera appelé à donner son avis toutes les fois qu'il s'agira d'une modification de la canalisation.

ART. 13. — Le permissionnaire restera absolument maître de ses tarifs, sous réserve de ne pas dépasser un maximum de 0 fr. 045 pour une carcel-heure, ou de 0 fr. 45 pour une quantité d'énergie électrique livrée aux abonnés et équivalente à un cheval-vapeur pendant une heure.

L'électricité livrée pourra être également évaluée à la demande de l'abonné, en watts-heure ou en ampères-heure à une tension déterminée. Dans ce cas le tarif sera au maximum de 0 fr. 15 par cent watts-heure.

Le permissionnaire devra faire agréer par l'Administration les modèles de ses polices d'abonnement, dans lesquelles les intensités lumineuses devront être rapportées à la carcel prise pour unité. Chacune desdites polices portera la mention suivante :

« La présente police deviendra nulle de plein
« droit si le permissionnaire n'est pas en mesure
« de fournir l'électricité au plus tard deux mois
« après qu'un autre permissionnaire, en état de
« la livrer, aura posé sa canalisation dans la
« voie habitée par le signataire de la police. »

La ville de Paris se réserve la faculté d'abaisser les prix maxima ci-dessus fixés, tous les cinq ans, à dater de la notification de l'approbation par le préfet de l'autorisation accordée. Il sera procédé pour chaque concession à cette revision, qui sera proportionnée aux abaissements notables dans le prix de revient que les sociétés auront réalisés par l'emploi de nouveaux procédés.

Les abaissements de tarifs profiteront à tous les consommateurs, quelles que soient les conditions de leur police d'abonnement.

La détermination de ces abaissements de prix sera constatée par une commission de quatre membres : deux nommés par le préfet de la Seine, après avis conforme du Conseil municipal, deux par le permissionnaire.

En cas de désaccord, un cinquième expert sera nommé par le président du tribunal civil.

L'avis de cette commission n'aura d'effet qu'après approbation du conseil municipal.

En cas de non-désignation de deux experts par le permissionnaire, il sera procédé à cette désignation par le président du tribunal civil.

Les polices, les suppléments et toutes les pièces ou conventions quelconques passées entre le permissionnaire et les abonnés seront établies en triple expédition, dont un exemplaire, signé par la Société et l'abonné, sera remis à la ville de Paris.

Tous les abaissements de tarifs consentis par le permissionnaire à ses abonnés seront considérés comme acquis jusqu'à l'expiration de l'autorisation, et les tarifs ne pourront plus être relevés.

Tout permissionnaire, dans l'étendue du réseau à lui concédé, fournira sur la demande de la Ville, pour l'éclairage public, de la lumière électrique par arc voltaïque au tarif maximum de 0 fr. 025 le carcel-heure.

ART. 14. — Le permissionnaire sera tenu, sauf dans des circonstances spéciales que l'Administration se réserve d'apprécier, après avis du conseil municipal, de fournir dans les conditions de ses polices l'électricité à toute personne qui la demandera sur tout le parcours desservi par ses câbles de distribution.

Il s'interdit, d'une façon absolue, la faculté de s'imposer à ses abonnés pour leurs installations intérieures.

ART. 15. — Le permissionnaire sera constamment tenu d'organiser à ses frais les installations nécessaires pour tous les essais photométriques et toutes autres vérifications que le conseil municipal ou l'Administration jugeront utile d'effectuer.

ART. 16. — Le permissionnaire payera trimestriellement à la Ville pendant toute la durée de l'autorisation :

1° Une redevance de 100 francs par an pour chaque kilomètre ou fraction de kilomètre de conduite longitudinale posée sous trottoirs ;

2° Un prélèvement de 5 pour 100 sur les produits constatés soit par le montant de ses polices d'abonnement, soit par le relevé des compteurs, pour l'éclairage comme pour la force motrice. A cet effet, le permissionnaire, chaque trimestre, présentera un état des produits et un décompte de recouvrement dans le courant du mois qui suivra l'achèvement du trimestre. Il ne sera fait aucune déduction pour les non-valeurs, mais il sera tenu compte des cessations d'abonnement régulièrement signalées par le permissionnaire.

ART. 17. — Dans le cas où l'électricité serait produite dans des usines hors de Paris, le prélèvement sur les produits bruts sera augmenté de 1 pour 100.

Si les droits d'octroi sur le charbon viennent à subir des variations quelconques, la redevance supplémentaire variera proportionnellement.

ART. 18. — Le permissionnaire s'acquittera chaque trimestre des redevances ci-dessus déterminées dans le délai de huit jours à dater de l'avis qui lui sera donné à cet effet par le receveur municipal. Il donnera aux fonctionnaires ou agents de la Ville chargés des vérifications relatives à l'établissement de ces redevances toutes les indications nécessaires à cet effet. Il devra notamment mettre à leur disposition les livres et pièces justificatives dont ils auront besoin.

ART. 19. — Les frais de contrôle à exercer par la Ville seront à la charge du permissionnaire, exigibles dès la première quinzaine de janvier et entièrement acquis à la Ville, dès cette époque.

ART. 20. — L'autorisation sera retirée après avis du conseil municipal :

1° Si le permissionnaire transfère ouvertement ou clandestinement à des tiers ou à un autre permissionnaire tout ou partie des droits et obligations résultant pour lui du cahier des charges, sans une autorisation expresse et par écrit du préfet de la Seine, après avis du conseil municipal ;

2° S'il n'a pas commencé son exploitation dans le délai de six mois à partir de la date de l'autorisation, et si, dans le délai de deux ans, il n'est pas en état de satisfaire aux demandes d'électricité sur l'ensemble des voies indiquées au tableau B ci-annexé ;

3° Si, pour les autres voies formant le périmètre du secteur ou intérieures au secteur, le permissionnaire ne prolonge pas sa canalisation et ne fournit pas l'électricité dans les conditions de ses polices toutes les fois que les demandes atteindront 750 watts pendant 750 heures par an, pour un décamètre de canalisation ;

4° Si, pendant la durée de l'autorisation, il suspend la distribution de l'électricité sur la totalité ou sur une partie de son réseau sans avoir été autorisé au préalable par une délibération du conseil municipal;

5° Si le permissionnaire ne se conforme pas aux obligations imposées par le présent cahier des charges.

En cas de faillite ou de déconfiture du permissionnaire, la présente autorisation deviendra nulle et non avenue de plein droit, la Ville se réservant, d'ailleurs, d'agréer de nouveaux concessionnaires ou d'exercer la faculté de rachat.

Si la faillite survenait pendant le cours des travaux de canalisation, l'administration de la Ville pourrait remettre immédiatement en état la voie publique.

ART. 21. — La ville de Paris se réserve le droit de rachat à toute époque, après l'expiration des dix premières années de la durée de l'autorisation.

Le prix du rachat sera déterminé de la manière suivante :

1° On calculera la moyenne des produits nets annuels obtenus par le permissionnaire pendant les trois années qui auront précédé celle où sera effectué le rachat.

Ce produit net moyen formera le montant d'une annuité qui sera due et payée au permissionnaire pendant chacune des années restant à courir pour la durée de la présente autorisation.

Il sera loisible à la Ville de se libérer à un moment quelconque des annuités restant à payer du rachat, en soldant le capital représentant la valeur actuelle de ces annuités sous déduction d'un escompte de 5 pour 100.

En ce qui concerne la canalisation, les machines et appareils de toute nature, l'outillage des ateliers, le mobilier des bureaux, les terrains, bâtiments, etc., et, en général, tout ce qui sert à l'exploitation du permissionnaire, la ville de Paris les reprendra en totalité, d'après leur valeur au moment du rachat, à dire d'experts.

Cette valeur sera payée au permissionnaire dans les dix mois qui suivront le rachat. Moyennant le payement de ce prix de rachat, le permissionnaire devra subroger la Ville à tous ses droits et privilèges, baux, locations, promesses de vente, etc. Cette subrogation ne pourrait toutefois avoir pour résultat, en aucun cas et dans aucune mesure, d'associer la Ville aux procès ou autres difficultés litigieuses qui pourront exister au moment de la vente entre le permissionnaire et les tiers quelconques. En vue de l'application de cette clause, il est interdit au permissionnaire d'aliéner ou d'hypothéquer, au profit de qui que ce soit, les immeubles formant l'actif de la Société ainsi que toutes les installations sous la voie publique ou dans les propriétés privées. Sont exceptés de cette clause les immeubles appartenant au permissionnaire, mais non utilisés pour l'exploitation qui fait l'objet de la présente autorisation.

ART. 22. — A l'époque fixée pour l'expiration de la présente autorisation, la canalisation restera la propriété de la Ville, à moins que celle-ci ne préfère qu'elle soit enlevée, et, dans ce dernier cas, les lieux seront remis dans leur état primitif aux frais du permissionnaire, soit par ses soins, soit d'office, sans qu'il puisse prétendre à aucune indemnité.

Il en sera de même en cas de retrait de l'autorisation, soit pour la totalité, soit pour une partie du réseau.

ART. 23. — Le permissionnaire sera entièrement et uniquement responsable, tant envers la Ville qu'envers les tiers, de toutes les conséquences dommageables que pourrait entraîner l'exécution, la présence ou le fonctionnement de la canalisation électrique.

De même le permissionnaire s'interdit le droit d'exercer aucun recours contre la ville de Paris du fait d'avaries que pourraient subir soit sa canalisation, soit ses installations par suite d'accidents survenus à la suite de travaux sur la voie publique ou pour tout autre cause. Il conserve son droit de recours contre les tiers, mais déclare renoncer à appeler en garantie la ville de Paris.

ART. 24. — Le permissionnaire devra, comme garantie des obligations ci-dessus énumérées et comme garantie d'exécution, constituer à la

Caisse municipale un cautionnement de.....

Ce cautionnement sera acquis à la ville de Paris au cas où le permissionnaire n'exécuterait pas les clauses du cahier des charges, notamment celles qui sont indiquées aux §§ 2 et 3 de l'art. 20 du présent cahier des charges.

Les cautionnements ne pourront être fournis qu'en rente sur l'Etat français 3 pour 100 ou en obligations de la ville de Paris, au porteur, au cours moyen de la veille du dépôt. Le permissionnaire en touchera les arrérages.

Art. 25. — La proportion des ouvriers étrangers employés par le permissionnaire ne devra pas excéder 1/10e.

La journée de travail sera de neuf heures.

L'heure de travail de l'ouvrier électricien et mécanicien sera payée, au minimum, 0 fr. 80 de six heures du matin à six heures du soir, 1 fr. 20 de six heures du soir à minuit, 1 fr. 60 de minuit à six heures du matin.

Ces prix minima seront revisés tous les cinq ans et varieront dans la même proportion que la moyenne des salaires portés à la Série de la ville de Paris.

Pour les travaux prévus à la Série des prix de la ville de Paris, les prix de salaires seront ceux portés à la Série.

Le travail à forfait sera interdit.

Les permissionnaires seront tenus d'assurer contre les accidents les ouvriers qu'ils emploieront, sans retenue sur les salaires.

Toutes les garanties utiles de sécurité des travailleurs et du public seront prises suivant les indications de l'Administration.

Art. 26. — Toute inexécution des clauses du cahier des charges, toute infraction aux règlements en vigueur ou aux prescriptions édictées par l'Administration dans la limite des droits que lui confère le cahier ʰes charges, donnera lieu à l'application d'une amende de 50 francs, par infraction et par jour de retard, jusqu'à l'exécution de la prescription, sans qu'il soit besoin d'aucune mise en demeure et sans préjudice de l'application des clauses relatives au retrait de l'autorisation.

Le montant de ces amendes, ainsi que les frais d'exécution d'office, seront prélevés sur le cautionnement, qui devra être reconstitué dans son intégralité dans le délai maximum d'un mois après prélèvement.

En cas d'insuffisance ou de non-reconstitution du cautionnement, l'Administration aura le droit de saisir les produits de l'exploitation du permissionnaire jusqu'à due concurrence.

Ces dispositions sont également applicables au cas où le permissionnaire ne verserait pas à la Caisse municipale, dans les délais fixés, les redevances dues par lui à la Ville en vertu du présent cahier des charges.

Art. 27. — Le matériel tout entier, y compris les fils électriques et les lampes à incandescence, sera fourni par des maisons françaises et fabriqué en France.

Art. 28. — Le permissionnaire aura à se pourvoir, en temps opportun, sous sa responsabilité, de toutes autorisations nécessaires en dehors de l'administration municipale de Paris.

Art. 29. — Le permissionnaire devra faire élection de domicile à Paris.

Art. 30. — Les frais de timbre et d'enregistrement, d'impression et tous autres auxquels donnera lieu la présente autorisation, seront à la charge du permissionnaire.

Il en sera de même de toutes les taxes et contributions, de quelque nature qu'elles soient, auxquelles pourrait donner lieu la présente autorisation.

———

Police d'abonnement approuvée par décision du préfet de police du 22 février 1889.

Article premier. — La Compagnie fournit le courant électrique dans toutes les rues où, en vertu de sa concession, elle a ou est tenue d'avoir des conducteurs, à tout consommateur qui contractera un abonnement de *trois ans au moins* et garantira une consommation moyenne annuelle de 300 ampères-heure par lampe de 10 bougies ou en proportion, en se conformant d'ailleurs aux dispositions des règlements concernant la pose des appareils, ainsi qu'aux stipulations de la présente police agréée par l'administration municipale.

Elle fournit également de la force motrice à tout consommateur qui garantira une consommation minima annuelle de 600 heures pour la totalité de la force installée.

Art. 2. — La Compagnie fournit le courant électrique devant la demeure du consommateur, qui en prend livraison au moyen d'un branchement sur la conduite principale.

L'installation de ce branchement et tous travaux et fournitures quelconques depuis la naissance du branchement sont à la charge de l'abonné aux prix du tarif approuvé par l'Administration.

L'installation du branchement et les travaux jusqu'au compteur seront, dans tous les cas, faits par la Compagnie, et l'abonné est tenu d'en verser le montant au moment de la signature de la police.

Tout le surplus des travaux et fournitures, à partir du compteur, pourront être faits par des entrepreneurs choisis par l'abonné.

Si l'abonné préfère charger la Compagnie de ces travaux, le prix en sera discuté de gré en gré.

Il en sera de même de l'entretien.

Dans aucun cas, la Compagnie ne pourra être rendue responsable des appareils installés, qu'ils l'aient été par la Compagnie ou par d'autres; la conservation et l'entretien seront toujours à la charge de l'abonné.

La Compagnie concessionnaire pourra se refuser à fournir le courant électrique à tout abonné dont l'installation serait reconnue défectueuse par l'Administration, soit dès le début, soit par suite des modifications apportées par l'abonné.

Art. 3. — Le courant électrique sera livré au compteur.

En conséquence, l'abonné fera établir, chez lui et à ses frais, un ou plusieurs compteurs de son choix, mais seulement de l'un des systèmes adoptés par l'Administration.

La pose et le plombage du ou des compteurs seront faits par la Compagnie aux frais de l'abonné, de même que la fourniture et le scellement de la plate-forme.

Le ou les compteurs seront proportionnés à la consommation maxima d'électricité de l'abonné.

Le compteur sera toujours soumis, quant à son exactitude et à la régularité de sa marche, à toutes les vérifications que l'administration municipale ou la Compagnie jugeraient utiles.

En cas d'arrêt du compteur, la moyenne constatée pour les dix jours antérieurs servira de base pour la période d'arrêt.

Le compteur donnera la mesure de la consommation en *ampères-heure* sous une tension déterminée.

Il est formellement interdit à l'abonné d'apporter aucune modification dans les organes du compteur et de ses accessoires et dans sa position.

L'abonné devra fournir les emplacements nécessaires pour le ou les compteurs ou transformateurs, s'il en fait usage. Il devra laisser libre accès aux agents de la Compagnie pour en opérer la visite dans l'endroit où ils seront placés ; tout refus à cet égard sera poursuivi par les voies de droit. Les emplacements devront être d'un accès facile et choisis de manière que le chiffre des consommations puisse être exactement relevé.

Art. 4. — La Compagnie sera tenue de fournir en location des compteurs d'un des systèmes agréés par l'Administration à ceux de ses abonnés qui lui en feront la demande.

Le prix mensuel de location du compteur, fixé par le tableau ci-après, sera exigible en même temps que le prix du courant électrique :

Calibre du compteur.	Prix mensuel de location et d'entretien.
5 Ampères...............	2 fr. 50
10 —	4 »
20 —	5 »
40 —	6 »
100 —	10 »

Au-dessus de 100 ampères, la location du compteur sera l'objet de conventions spéciales.

Moyennant cette rétribution, la Compagnie restera chargée de la pose, de l'entretien et des réparations du compteur.

Art. 5. — L'abonné aura la libre disposition du courant électrique qui aura passé par le compteur.

Il pourra, à son gré, allumer ou éteindre tout ou partie des foyers.

Aucun changement ne pourra être apporté par l'abonné à la disposition intérieure de son éclairage sans une déclaration préalable faite à la Compagnie, et il ne devra être procédé aux modifications qu'après qu'elle lui aura délivré reçu de cette déclaration. En cas de contravention à la présente stipulation, la Compagnie aura le droit de cesser la fourniture du courant électrique, sous réserve de tels dommages-intérêts que de raison.

Art. 6. — Le prix du courant électrique livré pour *l'éclairage* sera de 0 fr. 045 par carcel-heure.

Le tarif pourra être établi en wats-heure, sur la demande de l'abonné, à raison de 0 fr. 15 les 100 wats-heure.

Les 100 wats-heure, 1 ampère-heure sous une tension de 100 volts, produisent 3.4 carcels d'éclairage.

Le prix du courant livré *pour la force* sera de 0 fr. 45 par cheval électrique fourni.

Art. 7. — Le prix de l'abonnement est payable par mois et d'avance au domicile où le courant électrique est livré ; en conséquence, il sera payé d'avance à la Compagnie, par l'abonné, à titre de garantie, une somme de :

7 francs par lampe à incandescence ;
30 » par lampe à arc ;
30 » par cheval électrique installé.

La somme payée d'avance sera remboursée par la Compagnie à l'abonné à l'expiration de l'abonnement, sous déduction de la valeur de l'électricité fournie par elle et autres frais qui n'auraient pas été soldés.

Le payement des fournitures aura lieu sur présentation de la facture, après le relevé des consommations fait en présence de l'abonné et consigné par la Compagnie sur un livret qui restera entre les mains de l'abonné. A défaut de payement dans les cinq jours qui suivront la présentation de la facture, la Compagnie pourra refuser de continuer la fourniture du courant électrique sous toutes réserves de poursuivre par les voies de droit l'exécution des présentes conventions.

L'abonné renonce à opposer à la demande de payement toute réclamation sur la quotité des consommations constatées ; en conséquence, le montant des factures sera toujours acquitté à présentation, sauf à la Compagnie à tenir compte à l'abonné, sur les payements ultérieurs, de toute différence qui aurait eu lieu à son préjudice si l'abonné n'aime mieux recevoir en espèces le montant des réclamations qui seraient reconnues fondées.

Art. 8. — Dans le cas où quelque accident de force majeure obligerait la Compagnie à interrompre momentanément la fourniture de l'électricité, la Compagnie ne sera tenue à aucune indemnité autre que le remboursement du prix du courant électrique payé d'avance et qui n'aurait pas été fourni.

Art. 9. — Les frais de timbre et d'enregistrement de la présente police seront à la charge de l'abonné.

Sous les conditions ci-dessus mutuellement acceptées :

M.   , demeurant à   , déclare à la Compagnie qui l'accepte, contracter un abonnement de   ans, qui se renouvellera pour la même période, faute d'avertissement trois mois avant l'expiration de la police, pour l'éclairage d'un   , situé à Paris, rue   , n°   , au moyen de   lampes à incandescence de   bougies et   lampes à arc de   ampères, sous une tension de   volts, pour la fourniture de force motrice, rue   , n°   , au moyen d'une machine réceptrice de   cheval.

La Compagnie s'engage, de son côté, à mettre chaque jour le courant électrique à la disposition de M   , au prix de 0 fr. 045 par carcel-heure ou de 0 fr. 15 par 100 wats-heure pour la lumière, et au prix de 0 fr. 45 par cheval-heure pour la force.

La présente police deviendra nulle de plein droit, si le permissionnaire n'est pas en mesure de fournir l'électricité au plus tard *deux mois* après qu'un autre permissionnaire, en état de la livrer, aura posé la canalisation dans la voie habitée par le signataire de la police.

Fait en triple expédition, à Paris, le

ÉLYSÉE (Rue de l'). — Les propriétés situées du côté droit de l'Élysée doivent être établies suivant un type déterminé[1].

ANNEXE

Décret du 18 juillet 1860.

ARTICLE PREMIER. — Sont déclarés d'utilité publique dans la ville de Paris :

1° L'ouverture d'une rue de douze mètres de largeur, à l'est du palais impérial de l'Élysée, devant communiquer de la rue du faubourg Saint-Honoré aux Champs-Élysées, suivant les alignements en rouge avec liserés bleus du plan ci-dessus annexé ;

2° L'établissement, sur tout le côté droit de cette rue, de constructions symétriques et d'une hauteur limitée conformément aux périmètres et autres dispositions indiquées sur un second plan également ci-annexé.

En conséquence, la ville de Paris est autorisée à acquérir, soit à l'amiable, soit, s'il y a lieu, par voie d'expropriation, en vertu de la loi du 3 mai 1841, les terrains nécessaires à l'ouverture de ladite rue, et compris dans l'étendue du périmètre déterminé par les lettres A, J, I, C, D, B', sur le plan ci-annexé.

ART. 2. — La même ville est autorisée à exproprier, dans toute l'étendue du même périmètre, les propriétaires qui refuseraient de se soumettre aux conditions de constructions symétriques et de hauteur limitée dont il est parlé ci-dessus.

ART. 3. — Notre ministre, secrétaire d'État au département de l'intérieur, est chargé de l'exécution du présent décret.

ÉMAIL (Application de l') sur les métaux. — Établissement insalubre de 3° classe : odeur[2].

Il est interdit d'y faire travailler des enfants à cause des émanations vénéneuses dégagées[3].

ÉMAUX (Fabrication d') avec fours non fumivores. — Établissement insalubre de 3° classe : odeur[4].

Les ateliers doivent être ventilés de haut en bas.

La cheminée sera élevée à 5 mètres au-dessus des souches des cheminées voisines dans un rayon de 100 mètres, il y aura un tuyau de fumée spécial pour les moufles.

[1] Décr., 18 juill. 1860, annexe.
[2] Décr., 31 déc. 1866. — [3] Décr., 14 mai 1875.
[4] Décr., 31 déc. 1866.

Les meules et les pilons seront placés à une assez grande distance des propriétés voisines pour ne pas incommoder par le bruit et la poussière[1].

Il est interdit d'employer des enfants à la fabrication des émaux par suite des poussières vénéneuses dégagées[3].

ENCORBELLEMENT. — Ord. du 22 sept. 1600[3]. Édit de déc. 1607[4]. Déclaration du 10 avril 1783[5]. Décr. du 22 juill. 1882[6].

Les constructions en encorbellement sur la voie publique sont interdites[7].

ENCRES d'imprimerie (Fabrication des)[8] :
1° Avec cuisson d'huile à feu nu.
Établissement insalubre de 1re classe : odeur et danger d'incendie.
2° Sans cuisson d'huile à feu nu.
Établissement insalubre de 2° classe : odeur et danger d'incendie[9].

ENDUIT. — C. civ., art. 1754.

Le Code civil (art. 1754) met à la charge du locataire la réparation des enduits jusqu'à un mètre de hauteur : c'est en effet en posant des meubles ou autres objets près des murailles que ces dégradations se produisent.

La réparation est même due à plus d'un mètre de hauteur, si le locataire ne prouve pas que les dégâts ne sont pas de son fait[10].

Si la dégradation a été occasionnée par l'humidité des murs, le locataire n'est pas tenu à la réparer ; mais c'est à lui de fournir la preuve que l'humidité est bien la cause de cette dégradation[11].

La réparation des enduits est due, non seulement pour les pièces servant à l'habitation, mais aussi pour toutes celles qui dépendent de la location : ainsi elle est due dans les remises et les écuries quand les enduits sont dégradés par le choc des voitures ou le pied des chevaux[12].

ENGORGEMENT. — Tout locataire est responsable des engorgements qui se produisent, par son fait, dans les tuyaux de chute des eaux ménagères ou des cabinets d'aisances ; mais il est généralement impossible de connaître l'auteur de l'engorgement.

Quand un engorgement se produit, le propriétaire doit faire procéder de suite au

[1] Bunel, p. 283. — [2] Décr., 14 mai 1875.
[3] V. *Alignement.* — [4] V. *Voyer.* — [5] V. *Alignement.* — [6] V. *Saillie.* — [7] V. Édits, ord. et décr. ci-dessus.
[8] Décr., 12 mai 1886. — [9] V. *Vernis, Cuisson des huiles et Cuirs vernis.*
[10] Agnel, n° 566. — [11] Agnel, 565. — [12] Agnel, n° 566.

dégorgement, quitte à exercer son recours contre la personne qui l'a causé par sa négligence, si elle vient à être découverte.

Dans le cas d'une principale location, c'est au locataire principal à procéder aux dégorgements[1].

ENGRAIS (Fabrication des) au moyen des matières animales. — Etablissements insalubres de 1re classe : odeur[2].

Ces établissements ne sont autorisés qu'à une grande distance des habitations. Ils doivent être clos de murs et entourés d'arbres à haute tige.

Les matières premières doivent être désinfectées aussitôt leur arrivée.

Les mélanges et les manipulations se feront sous des hangars fermés, ventilés au moyen de lanternons à lames de persiennes.

La cheminée sera élevée de 30 mètres[3].

ENGRAIS (Dépôts d') au moyen des matières provenant de vidanges ou de débris d'animaux.

1° Non préparés ou en magasins non couverts :

Etablissements insalubres de 1re classe : odeur.

2° Desséchés ou désinfectés et en magasin couvert, quand la quantité excède 25,000 kilogrammes :

Etablissements insalubres de 2e classe : odeur.

3° Les mêmes, quand la quantité est inférieure à 25,000 kilogrammes :

Etablissements insalubres de 3e classse : odeur[4].

Les établissements de 1re classe ne sont, comme les fabriques d'engrais, autorisés qu'à une grande distance des habitations; ils doivent être clos de murs et entourés d'arbres à haute tige.

Pour ceux de 2e classe, les hangars doivent être surmontés de trémies d'aération plus ou moins élevées suivant les localités.

Quant à ceux de 3e classe, le sol du magasin doit être imperméable; les ouvertures, sur la voie publique et les propriétés voisines, dormantes; le magasin ventilé au moyen de cheminées d'aération élevées à la hauteur des cheminées voisines dans un rayon de 100 mètres.

Si ces dépôts sont établis contre un mur mitoyen, on devra construire le contre-mur spécifié à l'art. 188 de la coutume de Paris et à l'art. 674 du Code civil[5].

ENGRAISSEMENT des volailles dans les villes (Etablissement pour l'). — Etablissement insalubre de 3e classe : odeur[1].

Les cages à volailles seront construites en matériaux incombustibles et imputrescibles : le sol sera imperméable.

Le fourneau servant à la cuisson des aliments sera surmonté d'une hotte[2].

ENREGISTREMENT. — Lois des 12 déc. 1798, 23 mars 1855 et 23 août 1871. V. *Location.*

ENSEIGNE. — Edit de déc. 1607[3]. Ord. pol. du 4 févr. 1683[4]. Ord. du bureau des finances du 25 mai 1761[5]. Ord. pol. du 17 déc. 1761[6]. Ord. du bureau des finances du 10 déc. 1784[7]. Ord. pol. du 14 sept. 1833. Décis. du préfet de police du 15 févr. 1850[8]. Décr. des 28 juill. 1874[9] et 22 juill. 1882[10]. Ord. pol., mars 1888[11].

L'obligation d'obtenir une autorisation pour poser des enseignes en saillie sur la voie publique remonte à l'édit de décembre 1607[12]. Elles ne devaient pas être placées à moins de quinze pieds (5 mètres) au-dessus du sol[13], et ne pas avoir plus de trois pieds (1 mètre) de saillie dans les rues de cinq mètres de largeur et plus de 0m70 dans les rues d'une largeur moindre[14]. Celles appliquées contre les murs des boutiques ne pouvaient avoir plus de quatre pouces (0m135) de saillie[15], et six pouces (0m16) pour les enseignes portées sur des potences[16].

Cette saillie de 0m16 a été maintenue et appliquée à toutes les enseignes établies soit sur des potences, soit contre le mur des boutiques[17], excepté pour les passages, ouverts au public et n'ayant que 2m50 à 3 mètres de largeur, dans lesquels la saillie des enseignes ne doit pas dépasser 0m13[18].

Le décret du 22 juillet 1882[19] qui maintient cette saillie de 0m16, pour les enseignes placées à moins de 2m60 au-dessus du trottoir, permet de donner 0m30 de saillie à celles placées entre 2m60 et 3 mètres de hauteur, et 0m50 à celles placées à plus de 3 mètres au-dessus du trottoir.

Les tableaux enseignes ne peuvent être ni appliqués ni suspendus aux balcons; il est seulement permis d'attacher aux talons des lettres ou attributs dont l'épaisseur ne dépasse pas 0m10[20].

Les enseignes sont soumises à un droit de voirie fixe, de cinq francs : ce droit est

---

[1] Le Bègue, n° 112.
[2] Décr., 31 déc. 1866. — [3] Bunel, p. 284.
[4] Décr., 31 déc. 1866. — [5] Bunel, p. 285.

[1] Décr., 31 déc. 1866. — [2] Bunel, p. 287.
[3] V. *Voyer.* — [4] V. *Pavage.* — [5] Annexe. — [6] Annexe. — [7] Annexe. — [8] V. *Saillie.* — [9] V. *Voirie (Droits de).* — [10] V. *Saillie.* — [11] V. *Passage public.* — [12] V. *Voyer.* — [13] Ord. pol., 4 févr. 1683, V. *Pavage.* — [14] Ord., 25 mai 1761, annexe. — [15] Ord. pol., 17 déc. 1761, annexe. — [16] Ord. pol., 10 déc. 1784, annexe. — [17] Ord. pol., 14 sept. 1833. Décis. pol., 15 févr. 1850, V. *Saillie.* — [18] Ord. pol., 21 mars 1888, V. *Passage.* — [19] V. *Saillie.* — [20] Décr., 22 juill. 1882.

porté à dix francs pour les lettres appliquées sur les balcons : il est de un franc le mètre linéaire pour les frises courantes portant enseigne[1].

En l'absence de stipulations contraires, le locataire d'un appartement est réputé avoir loué la façade extérieure de la maison, dans la partie qui correspond à sa location, depuis le niveau du plancher jusqu'à la hauteur du plafond[2]; il peut y poser des enseignes; mais, placées, soit au-dessus, soit au-dessous, soit dans l'intervalle des croisées, elles ne doivent pas dépasser les corniches ou bandeaux séparant les divers étages de la maison[3].

L'interdiction, stipulée dans le bail, de placer des enseignes autre part que sur la devanture de la boutique, est de rigueur absolue, et le locataire à qui elle a été faite ne peut s'y soustraire[4].

ANNEXES

Ordonnance du bureau des finances du 25 mai 1761.

Les enseignes seront à la hauteur de 15 pieds (5 *mètres*), au moins, depuis le pavé de la rue jusqu'à la partie inférieure du tableau.

Lesdites enseignes n'auront au plus que 3 pieds (1 *mètre*) de saillie du nu du mur dans les rues de 16 pieds (5m 20) de largeur et plus, et 2 pieds et demi (0m 70) dans les autres.

Lesdites enseignes seront faites en forme de tableau, lequel ne pourra avoir dans les grandes rues plus de 2 pieds (0m 65) de largeur sur 3 pieds (0m 97) de haut, y compris la potence de fer, l'écriture et les étalages y pendants; et dans les petites rues, plus de 18 pouces (0m 50) de largeur, et deux pieds et demi (0m 70) de haut.

Tous massifs et reliefs servant d'enseignes seront supprimés.

Ordonnance de police du 17 décembre 1761.

Tous les marchands et artisans, de quelque condition qu'ils soient et généralement toutes personnes qui se servent d'enseignes pour l'exercice et l'indication de leur commerce dans cette ville et faubourgs de Paris seront tenus de faire appliquer leursdites enseignes en forme de tableau contre le mur des boutiques, lesquelles enseignes ne pourront avoir plus de quatre pouces (0m 11) de saillie ou d'épaisseur du nu du mur, en y comprenant les bordures ou tels autres ornements que le propriétaire jugera à propos d'y ajouter, tant pour la décoration de ladite enseigne ou tableau, que pour l'indication de son commerce.

Ordonnons également que tous les étalages servant à indiquer tel commerce ou telle profession et qui seront posés au-dessus des au-

vents ou au-dessus du rez-de-chaussée des maisons qui n'auront pas d'auvents, seront également supprimés et réduits à une avance de quatre pouces (0m 11) du nu du mur; comme aussi que tous massifs et toutes figures en relief servant d'enseignes seront supprimés, sauf aux particuliers, marchands ou artisans qui les auront, à réduire lesdites figures et massifs à un tableau qu'ils feront de même appliquer aux façades des boutiques et maisons par eux occupées; à la charge par lesdits particuliers, marchands ou artisans, d'observer la forme et la réduction ci-dessus prescrites pour les autres enseignes ou tableaux; ordonnons en outre que lesdits tableaux servant d'enseignes, ainsi que les massifs, étalages et figures en relief dont nous avons ordonné la suppression pour être réduits en tableaux, seront attachés avec crampons de fer haut et bas, scellés en plâtre dans le mur, et recouvrant les bords du tableau ou des susdits étalages, et non accrochés ou suspendus; que tous les particuliers seront tenus, dans ledit temps par nous prescrit, d'ôter ou enlever en totalité les potences de fer qui servaient à suspendre les enseignes, ou à soutenir leurs massifs et figures en relief; et que notre présente ordonnance aura lieu pour toutes les enseignes qui se trouvent suspendues dans tous les endroits qui servent de voie ou de passage, à peine contre les contrevenants d'être assignés et condamnés à l'amende si le cas y échet.

Ordonnance du bureau des finances du 10 décembre 1784.

ARTICLE PREMIER. — Tous particuliers, marchands, artisans, aubergistes, cafetiers et autres généralement quelconques, ayant sur les places et rues de traverse des villes, faubourgs, bourgs et villages de la généralité de Paris, et généralement sur toutes les rues, places, carrefours et passages publics dont le pavé a été ordonné par S. M. ou est entretenu à ses frais, des enseignes en saillie suspendues au bout d'une potence de fer ou autre manière, seront tenus, dans le délai du 1er avril 1785, de faire retirer et supprimer lesdites enseignes, sauf à eux à les faire appliquer sur le nu des murs de face de leurs maisons, magasins et boutiques.

ART. 2. — Les enseignes ou tableaux ainsi appliqués ne pourront avoir, sous quelque prétexte que ce soit, plus de six pouces (0m 16) d'épaisseur ou de saillie du nu desdits murs de face, y compris les bordures, chapiteaux et tous autres ornements indicatifs de l'état ou profession de ceux qui les feront poser.

ART. 3. — Tous étalages désignant leur commerce ou profession, qui seront placés au-dessus des auvents ou au-dessus du rez-de-chaussée des maisons situées sur lesdites rues, places et carrefours, seront également supprimés ou appliqués sur le mur, sans pouvoir excéder la saillie de six pouces (0m 16) du nu du mur de face.

ART. 4. — Toutes figures en relief formant massif en fer, bois, ou toute autre matière, et servant d'enseignes, seront entièrement supprimées, sauf aux particuliers à les remplacer

---

[1] Décr., 28 juill. 1874, V. *Voirie (Droits de)*. — [2] Seine, 4 juill. 1843, 7 juill. 1880. — [3] Seine, 29 juill. 1853. — [4] Seine, 15 déc. 1843.

par des tableaux de la forme et dimension prescrites par l'art. 2 de la présente ordonnance.

Art. 5. — Lesdits tableaux et étalages ci-dessus prescrits seront attachés avec crampons de fer haut et bas, scellés en plâtre dans le mur, et recouvrant les bords desdits tableaux et étalages et non simplement accrochés ou suspendus.

Art. 6. — Ne pourront être perçus aucuns droits utiles de la voirie, et salaires y attribués, pour raison des réformes et changements d'enseignes et étalages prescrits par la présente ordonnance, sinon dans le cas où lesdits tableaux et étalages seroient posés ès-lieux et maisons où il n'y avait précédemment aucunes enseignes, à peine de concussion.

Art. 7. — Faute par les propriétaires, marchands, artisans, cabaretiers et tous autres, de satisfaire aux dispositions de la présente ordonnance, dans le délai ci-dessus fixé, il y sera pourvu à la requête et diligence du procureur du roi, et à leurs frais, dont exécutoire sera délivré en la manière accoutumée. Seront, en outre, les contrevenans condamnés en 20 livres d'amende pour la première contravention, et à plus forte peine en cas de récidive, lesquelles contraventions seront constatées par des procès-verbaux en bonne et due forme.

ENTREPRENEUR. — Loi du 14 févr. 1794[1]. C. civ., art. 1302, 1788, 1790, 1792, 1797, 1798, 2103, et 2270.

L'entrepreneur est personnellement responsable de l'observation des règlements de voirie et de police : un ordre écrit du propriétaire ou de l'architecte ne saurait le décharger de cette responsabilité[2].

Il doit exécuter fidèlement les plans et devis fournis par l'architecte[3], et ne rien faire qui soit contraire aux principes et aux règles de l'art, faute de quoi il serait passible de dommages-intérêts[4].

Il est responsable de la bonne exécution des travaux, des matériaux qu'il emploie, de ses ouvriers et de ses commis[5].

Il répond de ses travaux même s'ils viennent à périr par le vice du sol[6].

Cette responsabilité dure pendant dix ans à compter de la réception des travaux[7] ; ce délai écoulé, cette responsabilité se trouve prescrite, même dans le cas où un accident serait survenu pendant ces dix ans, si l'action en garantie n'a pas été intentée avant l'expiration de la dixième année[8].

Aussi l'entrepreneur peut-il mettre le propriétaire en demeure de recevoir ses travaux ; cette sommation ayant pour effet de faire courir le délai de la prescription[9].

La réception des travaux peut résulter de la remise des clefs ou de la prise de possession[1].

La réception des travaux n'affranchit de la responsabilité qu'en ce qui concerne les malfaçons apparentes et accessoires : s'il y avait eu dol ou fraude, le recours du propriétaire pourrait s'exercer pendant trente ans au lieu de dix[2].

Pour les travaux exécutés à *prix fait* V. *Marché.*

Si les travaux viennent à périr avant la réception, même par cas fortuit ou de force majeure, la perte est tout entière supportée par l'entrepreneur[3] ; cette perte se réduirait à celle de son travail, si l'entrepreneur n'avait pas fourni les matériaux, à moins, toutefois, que l'accident ne soit imputable à la nature même des matériaux fournis par le propriétaire, qui serait, dans ce cas, seul responsable de la perte totale[4].

Les ouvriers employés par un entrepreneur peuvent exercer une action directe vis-à-vis du propriétaire, sur les sommes qui restent dues à l'entrepreneur[5].

Pour les entrepreneurs de travaux publics, les saisies-arrêts et oppositions, signifiées par leurs créanciers, n'ont leur effet qu'après le payement de leurs ouvriers et des fournitures de matériaux ou autres objets ayant servi à l'exécution de ces travaux[6].

L'entrepreneur a un privilège sur les bâtiments qu'il a édifiés, reconstruits ou réparés[7]. Pour que ce privilège puisse être exercé, il faut que :

1° Il fasse dresser, avant le commencement des travaux, par un expert nommé par le tribunal, un état des lieux et des travaux projetés ;

2° Les travaux terminés, et dans un délai de six mois du jour de leur achèvement, il les fasse recevoir par un expert nommé par le tribunal, qui dresse un nouvel état des lieux.

Mais ce privilège ne porte que sur la plus-value que les travaux ont procurée à l'immeuble[8], et ne peut excéder le prix des travaux et des matériaux fournis, tels qu'ils sont constatés par le procès-verbal de réception dressé par l'expert.

ANNEXE

Loi du 14 février 1794.

Article premier.—Les créanciers particuliers des entrepreneurs et adjudicataires des ouvrages faits ou à faire pour le compte de la nation ne

---

[1] Annexe. — [2] Frémy-Ligneville, t. Ier, n° 139, V. *Accident.* — [3] Frémy-Ligneville, t. Ier, n° 119. — [4] Lepage, t. II, p. 40. — [5] C. civ., 1797. — [6] C. civ., 1792. — [7] C. civ., 1792, 2270. — [8] Paris, 17 févr. 1853, 20 juin 1857. —[9] Frémy-Ligneville, t. Ier, n° 149.

[1] Lepage, t. II, p. 71. — [2] Frémy-Ligneville, t. Ier, n° 153. — [3] C. civ., 1302, 1788. Lepage, t. II, p. 71. — [4] C. civ., 1790. — [5] C. civ., 1798. Cass. 12 févr. 1866. — [6] Loi, 17 févr. 1794, annexe. — [7] C. civ., 2103. — [8] Ibid.

peuvent, jusqu'à l'organisation définitive des travaux publics, faire aucune saisie-arrêt ni opposition sur les fonds déposés dans les caisses des receveurs de district pour être délivrés auxdits entrepreneurs ou adjudicataires.

ART. 2. — Les saisies-arrêts et oppositions qui auraient été faites jusqu'à ce jour par les créanciers particuliers desdits entrepreneurs ou adjudicataires sont déclarées nulles et comme non-avenues.

ART. 3. — Ne sont pas comprises dans les dispositions des articles précédents les créances provenant du salaire des ouvriers employés par lesdits entrepreneurs et les sommes dues pour fournitures de matériaux et autres objets servant à la construction des ouvrages.

ART. 4. — Néanmoins, les sommes qui resteront dues aux entrepreneurs ou adjudicataires après la réception des ouvrages pourront être saisies par leurs créanciers particuliers, lorsque les dettes mentionnées en l'art. 3 auront été acquittées.

ÉPAILLAGE des laines et draps (par la voie humide).

Établissement dangereux de 3e classe : danger d'incendie [1].

Les ateliers et magasins seront construits en matériaux incombustibles et bien éclairés par la lumière du jour, attendu qu'il est interdit d'y pénétrer avec une lumière.

Les ouvertures sur la voie publique et les maisons voisines seront garnies de toiles métalliques.

Les séchoirs seront construits en matériaux incombustibles avec porte en fer [2].

ÉPONGES (Lavage et séchage des).

Établissement insalubre de 3e classe : odeur et altération des eaux [3].

Le sol des ateliers sera imperméable avec canalisation à l'égout des eaux neutralisées au préalable.

Le séchoir sera en matériaux incombustibles avec porte en fer [4].

ÉPURATION des laines, etc. V. *Battage.*

ÉQUARRISSAGE des animaux.

Établissement insalubre de 1re classe : odeur et émanations nuisibles [5].

L'établissement doit être clos de murs et entouré d'arbres.

Les cours seront pavées, le sol des hangars servant à l'abatage et celui des ateliers servant à la cuisson seront imperméables ; les murs seront enduits en ciment jusqu'à 1m 50 de hauteur.

Les liquides et eaux de lavage seront recueillis dans une citerne étanche.

----

[1] Décr., 12 mai 1886. — [2] Bunel, 289.
[3] Décr., 31 déc. 1866. — [4] Bunel, p. 289.
[5] Décr., 31 déc. 1866.

Les ateliers seront ventilés au moyen de lanternons à lames de persiennes.

La cheminée aura de 20 à 30 mètres d'élévation [1].

Il est interdit d'employer des enfants en raison des dangers d'accidents possibles [2].

ESPAGNOLETTE. — L'entretien des espagnolettes est une charge locative ; si la poignée se détache, si le support cède, si les crochets ne prennent pas dans les gâches, si ces dernières se détachent, c'est au locataire à en faire la réparation [3].

ÉTABLE. — Ord. pol. du 15 sept. 1875 [4]. C. civ., art. 674.

La coutume de Paris [5] s'exprime en ces termes :

« Qui faict estable contre un mur moitoyen, il doit faire contre-mur de huict poulces (0m 22) d'espoisseur, de hauteur jusques au rez de la mangeoire. » Cette obligation a été maintenue par le Code civil [6].

On ne doit pas entrer la nuit, dans une étable, autrement qu'avec une lanterne fermée [7].

Les meilleures dimensions à donner aux étables sont [8] :

Vacherie simple, largeur........	4m 50
id. double id.	7m 00
Hauteur sous plancher..........	3m 50
Largeur du mur par tête..........	1m 50

(Un bœuf à l'engraissement exige une largeur de 1m 60 à 1m 75, un veau, une largeur de 0m 75 à 1m 00)

Superficie carrée, par tête........			4m 00
Auge profondeur.......	0m 35	à	0m 40
id. largeur..........	0m 50	à	0m 60
id. élévation des bords au-dessus du sol....	0m 60	à	0m 70
Élévation du ratelier au-dessus de l'auge..........	0m 60	à	0m 75
Espacement des barreaux....	0m 10	à	0m 12
Pente du pavé..........	0m 02	à	0m 03

V. aussi *Vacherie.*

ÉTABLISSEMENTS DANGEREUX, INSALUBRES OU INCOMMODES. — Ord. pol. des 7 juill. 1800 et 12 févr. 1806. Décr. du 15 oct. 1810 [9]. Ord. roy. du 14 janv. 1815 [10]. Ord. pol. du 30 nov. 1837 [11]. Instr. préf. pol. du 20 févr. 1838 [12]. Décr. des 18 déc. 1848 [13], 25 mars 1852, 31 déc. 1866, 31 janv. 1872. Loi du 19 mai 1874 [14]. Décr. des 27 mars, 12, 13, 14,

----

[1] Bunel, p. 289. — [2] Décr., 14 mai 1875.
[3] Le Bègue, p. 58.
[4] V. *Incendie.* — [5] Art. 188. — [6] Art. 674. — [7] Ord. pol., 15 sept. 1875, V. *Incendie.* — [8] G. Heuzé, Année agricole 1863.
[9] Annexe. — [10] Annexe. — [11] Annexe. — [12] Annexe. — [13] V. *Log. insal.* — [14] Annexe.

22 mai 1875, 1, 2, 3, 5 mars 1877[1], 9 mai 1878, 22 sept. 1879[2], 31 oct. et 3 nov. 1882[3], 12 mai 1886[4].

Dans la législation antérieure, et jusqu'en 1810, on ne trouve que des règlements particuliers tels que : l'édit du prévôt de Paris du 4 novembre 1486, sur les potiers de terre ; l'arrêt du Conseil du 4 février 1567, concernant les tueries, tanneries, etc. ; l'ordonnance de police du 10 juin 1701, contre les chiffonniers.

Une ordonnance de police, du 18 messidor an VIII (7 juillet 1800), créa, près de la préfecture de police, un conseil chargé de la visite, de l'examen et des rapports concernant les boissons, les épizooties, les manufactures, ateliers et autres établissements du même genre.

Enfin, une autre ordonnance de police, du 12 févr. 1806, défendit d'établir dans Paris, sans une autorisation, aucun atelier, manufacture ou laboratoire pouvant compromettre la salubrité ou occasionner un incendie. Cette ordonnance posait, en outre, le principe de l'enquête de *commodo et incommodo*.

Mais, ces règlements étaient spéciaux et ne s'appliquaient qu'à Paris : ce n'est, en réalité, que du décret du 15 octobre 1810[5], complété par le décret du 14 janvier 1815[6], que date la législation relative aux établissements dangereux, insalubres ou incommodes ; de plus ces décrets sont généraux et applicables dans toute la France.

Le décret du 18 décembre 1848[7], instituant les conseils d'hygiène et de salubrité, spécifie que ces conseils seront consultés sur les demandes en autorisation ou révocation des établissements dangereux, insalubres ou incommodes.

Une autre modification au décret du 15 octobre 1810 est celle apportée par le décret du 25 mars 1852, qui confère aux préfets le droit, réservé jusqu'alors au ministre de l'intérieur, de statuer sur les demandes en autorisation des établissements de première classe, et les recours formulés pour les établissements de deuxième classe.

Sauf ces deux modifications, les établissements dangereux, insalubres ou incommodes sont encore régis par le décret du 15 octobre 1810 qui les divise en trois classes, suivant le degré d'inconvénients qu'ils présentent[8].

Les mesures prescrites par l'autorité, dans les arrêtés d'autorisation, se rattachent, en général, aux trois moyens suivants :
1° La ventilation des ateliers ;
2° La décomposition des gaz délétères par la chaleur et la combustion ;
3° La transformation, par des actions chimiques, des substances nuisibles en produits inodores[1].

Bien qu'éloigné des habitations, un établissement de première classe ne peut être autorisé que sous réserve des précautions nécessaires pour ne pas nuire aux propriétés voisines[2].

Lorsque les précautions prescrites par l'autorité ont été observées, et que ces mesures n'ont été l'objet d'aucune critique de la part des voisins, soit avant, soit après l'autorisation donnée, les voisins sont tenus de souffrir les inconvénients inhérents à l'industrie exploitée[3].

Les demandes en autorisation doivent être adressées au préfet pour la première classe, au sous-préfet pour la deuxième, et au maire pour la dernière.

Toute demande doit comprendre un plan en double expédition, à l'échelle de 0m005, indiquant les détails de l'exploitation, fours, fourneaux, machines, chaudières, foyers, ateliers, cours, etc., ainsi que les tenants et aboutissants. S'il s'agit d'un établissement de première classe, on doit y joindre, en outre, un plan, en double expédition, à l'échelle de 0m025 pour 100 mètres, indiquant toutes les habitations dans un rayon de 800 mètres au moins[4].

Ces demandes sont soumises à une enquête de *commodo ou incommodo*, ouverte pendant un mois et dans toutes les communes, dans un rayon de cinq kilomètres, pour les établissements de première classe.

Quoi qu'aucune information préalable ne soit prescrite par le décret de 1810 pour les établissements de troisième classe, il est d'usage, à Paris, de procéder à une enquête de *commodo ou incommodo*, même pour ces établissements.

Le postulant peut exercer, directement au Conseil d'État, son recours contre la décision du préfet[5].

Dans le cas de recours, les tiers intéressés peuvent intervenir, devant le Conseil d'État,

[1] Annexe. — [2] Annexe. — [3] Annexe. — [4] Les décr. des 31 déc. 1866, 31 janv. 1872, 9 mai 1878, 12 mai 1886, ne sont pas rapportés, ils sont relatifs au classement des différents établissements. — [5] Annexe. — [6] Annexe. — [7] V. *Log. insal.* — [8] V. pour le classement des établissements l'article relatif à chaque industrie exploitée où l'on trouvera, d'après

l'excellent ouvrage de M. H. Bunel, les prescriptions généralement imposées par l'administration, ainsi que l'indication de celles dans lesquelles le travail des enfants est interdit, ou n'est autorisé qu'à certaines conditions.
[1] Th. Chateau, *Technologie du bâtiment.* — [2] C. d'Et., 7 août 1863. — [3] Cass., 20 févr. 1849, 24 avril 1865, 27 nov. 1884. — [4] Ord. pol., 30 nov. 1837, annexe. Instr. préf. pol., 20 févr. 1838, annexe. — [5] C. d'Et., 20 avril 1839.

pour obtenir la réformation de l'arrêté[1] ; mais s'il n'y a pas recours du postulant, les tiers intéressés doivent s'adresser au conseil de préfecture [2], à moins que leur action ne soit basée sur un fait d'incompétence ou d'excès de pouvoir[3].

Celui qui a formulé une demande en autorisation a trois mois, à partir de la notification, pour se pourvoir contre l'arrêté du préfet[4].

Il n'existe aucun délai pour l'action que les tiers intéressés peuvent intenter devant le conseil de préfecture [5] ; mais le délai est de trois mois, pour le recours qu'ils pourraient introduire contre la décision du conseil de préfecture.

L'autorisation étant donnée à l'établissement et non à la personne, elle n'a pas besoin d'être renouvelée lorsque cet établissement change de propriétaire[6].

Elle ne peut être retirée qu'en vertu d'un décret rendu en Conseil d'État [7].

Le travail des enfants, dans les manufactures et les établissements dangereux, insalubres et incommodes, est réglementé par la loi du 19 mai 1874[8], complétée par les décrets des 27 mars, 12, 13, 14 et 22 mai 1875, 1, 2, 3 et 5 mars 1877, 22 septembre 1879, 31 octobre 1882[9].

ANNEXES

Décret du 15 octobre 1810.

ARTICLE PREMIER. — A compter de la publication du présent décret, les manufactures et ateliers qui répandent une odeur insalubre ou incommode ne pourront être formés sans une permission de l'autorité administrative : ces établissements seront divisés en *trois classes*.

La *première* comprendra ceux qui doivent être éloignés des habitations particulières.

La *seconde*, les manufactures et ateliers dont l'éloignement des habitations n'est pas rigoureusement nécessaire, mais dont il importe néanmoins de ne permettre la formation qu'après avoir acquis la certitude que les opérations qu'on y pratique sont exécutées de manière à ne pas incommoder les propriétaires du voisinage ni à leur causer des dommages.

Dans la *troisième classe* seront placés les établissements qui peuvent rester sans inconvénient auprès des habitations, mais doivent rester soumis à la surveillance de la police.

ART. 2. — La permission nécessaire pour la formation des manufactures et ateliers compris dans la première classe sera accordée avec les formalités ci-après, par un décret rendu en notre Conseil d'Etat[10].

Celle qu'exigera la mise en activité des établissements compris dans la seconde classe le sera par les préfets, sur l'avis des sous-préfets.

Les permissions pour l'exploitation des établissements placés dans la dernière classe seront délivrées par les sous-préfets, qui prendront préalablement l'avis des maires.

ART. 3. — La permission pour les manufactures et fabriques de *première classe* ne sera accordée qu'avec les formalités suivantes :

La demande en autorisation sera présentée au préfet et affichée par son ordre dans toutes les communes à cinq kilomètres de rayon.

Dans ce délai, tout particulier sera admis à présenter ses moyens d'opposition.

Les maires des communes auront la même faculté.

ART. 4. — S'il y a des oppositions, le conseil de préfecture donnera son avis, sauf la décision du Conseil d'Etat.

ART. 5. — S'il n'y a pas d'opposition, la permission sera accordée, s'il y a lieu, sur l'avis du préfet et le rapport de notre ministre de l'intérieur[1].

ART. 6. — S'il s'agit de fabriques de soude, ou si la fabrique doit être dans les lignes des douanes, notre directeur général des douanes sera consulté.

ART. 7. — L'autorisation de former des manufactures et ateliers compris dans la *seconde classe* ne sera accordée qu'après que les formalités suivantes auront été remplies.

L'entrepreneur adressera d'abord sa demande au sous-préfet de son arrondissement, qui la transmettra au maire de la commune dans laquelle on projette de former l'établissement en le chargeant de procéder à des informations de *commodo et incommodo*. Ces informations terminées, le sous-préfet prendra sur le tout un arrêté qu'il transmettra au préfet. Celui-ci statuera, sauf le recours à notre Conseil d'Etat par toutes parties intéressées.

S'il y a opposition, il y sera statué par le conseil de préfecture, sauf le recours au Conseil d'Etat.

ART. 8. — Les manufactures et ateliers ou établissements portés dans la *troisième classe* ne pourront se former que sur la permission du préfet de police à Paris et sur celle du maire dans les autres villes.

S'il s'élève des réclamations contre la décision prise par le préfet de police ou les maires sur une demande en formation de manufacture ou d'atelier compris dans la troisième classe, elles seront jugées au conseil de préfecture.

ART. 9. — L'autorité locale indiquera le lieu où les manufactures ou ateliers compris dans la première classe pourront s'établir et exprimera sa distance des habitations particulières.

Tout individu qui ferait des constructions dans le voisinage de ces manufactures et ateliers après que la formation en aura été permise ne sera plus admis à en solliciter l'éloignement.

ART. 10. — La division en trois classes des

---

[1] C. d'Et., 26 déc. 1845, 13 janv. 1853. — [2] C. d'Et., 2 déc. 1853. — [3] C. d'Et., 5 mai 1853. — [4] C. d'Et., 2 déc. 1853. — [5] C. d'Et., 11 août 1859. — [6] Cass., 27 déc. 1855. — [7] Décr., 15 oct. 1810; C. d'Et., 5 janv. 1854. — [8] Annexe. — [9] Annexe.
[10] Ces autorisations sont délivrées par les préfets depuis le décr. du 25 mars 1852.

---

[1] Maintenant par le préfet seul.

établissements qui répandent une odeur insalubre ou incommode aura lieu conformément au tableau annexé au présent décret impérial[1]. Elle servira de règle toutes les fois qu'il sera question de prononcer sur des demandes en formation de ces établissements.

ART. 11. — Les dispositions du présent décret n'auront point d'effet rétroactif : en conséquence, tous les établissements qui sont aujourd'hui en activité continueront à être exploités librement, sauf les dommages dont pourront être passibles les entrepreneurs de ceux qui préjudicient aux propriétés de leurs voisins ; les dommages seront arbitrés par les tribunaux.

ART. 12. — Toutefois, en cas de graves inconvénients pour la salubrité publique, la culture, ou l'intérêt général, les fabriques et ateliers de première classe qui les causent pourront être supprimés, en vertu d'un décret rendu en notre Conseil d'État, après avoir entendu la police locale, pris l'avis des préfets, reçu la défense des manufacturiers ou fabricants.

ART. 13. — Les établissements maintenus par l'article 11 cesseront de jouir de cet avantage dès qu'ils seront transférés dans un autre emplacement ou qu'il y aura une interruption de six mois dans leurs travaux.

Dans l'un et l'autre cas, ils rentreront dans la catégorie des établissements à former, et ils ne pourront être remis en activité qu'après avoir obtenu, s'il y a lieu, une nouvelle permission.

ART. 14. — Nos ministres...

Ordonnance royale du 14 janvier 1815.

ARTICLE PREMIER. — À compter de ce jour, la nomenclature jointe à la présente ordonnance servira seule de règle pour la formation des établissements répandant une odeur insalubre ou incommode.

ART. 2. — Le procès-verbal d'information de *commodo et incommodo*, exigé par l'article 7 du décret du 15 octobre 1810, pour la formation des établissements compris dans la seconde classe de la nomenclature, sera pareillement exigible, en outre de l'affiche de demande, pour la formation de ceux compris dans la première classe.

Il n'est rien innové aux autres dispositions de ce décret.

ART. 3. — Les permissions nécessaires pour la formation des établissements compris dans la troisième classe seront délivrées, dans les départements, conformément aux articles 2 et 8 du décret du 15 octobre 1810, par les sous-préfets, après avoir pris préalablement l'avis des maires et de la police locale.

ART. 4. — Les attributions données aux préfets et aux sous-préfets par le décret du 15 octobre 1810, relativement à la formation des établissements répandant une odeur insalubre ou incommode, seront exercées par notre directeur général de la police dans toute l'étendue du département de la Seine, et dans les communes

de Saint-Cloud, de Meudon et de Sèvres, du département de Seine-et-Oise.

ART. 5. — Les préfets sont autorisés à faire suspendre la formation ou l'exercice des établissements nouveaux qui, n'ayant pu être compris dans la nomenclature précitée, seraient cependant de nature à y être placés. Ils pourront accorder l'autorisation d'établissement pour tous ceux qu'ils jugeront devoir appartenir aux classes de la nomenclature, en remplissant les formalités prescrites par le décret du 15 octobre 1810, sauf, dans les deux cas, à rendre compte à notre directeur général des manufactures et du commerce.

ART. 6. — Notre ministre...

Ordonnance de police du 30 novembre 1837.

ARTICLE PREMIER. — Le décret du 15 octobre 1810 et l'ordonnance royale du 14 janvier 1815, précités, seront de nouveau publiés et affichés dans le ressort de la préfecture.

ART. 2. — Toute personne qui voudra établir, dans le ressort de notre préfecture, des manufactures ou ateliers, compris dans l'une des trois classes de la nomenclature annexée à la présente ordonnance, devra nous adresser une demande en autorisation, conformément aux articles 3, 7 et 8 du décret du 15 octobre 1810, et à l'article 4 de l'ordonnance du 14 janvier 1815.

ART. 3. — Aucune demande en autorisation d'établissements classés ne sera instruite, s'il n'y est joint un plan en double expédition, dessiné sur une échelle de cinq millimètres par mètre, et indiquant les détails de l'exploitation, c'est-à-dire la désignation des fours, fourneaux, machines ou chaudières à vapeur, foyers de toute espèce, réservoirs, ateliers, cours, puisards, etc., qui devront servir à la fabrique. Ce plan devra indiquer les tenants et aboutissants aux ateliers.

Lorsque la demande aura pour objet l'autorisation d'ouvrir un établissement compris dans la première classe, il devra être produit par le pétitionnaire, indépendamment du plan ci-dessus indiqué, un second plan, également en double expédition, dressé sur une échelle de vingt-cinq millimètres pour cent mètres, et qui donnera l'indication de toutes les habitations situées dans un rayon de huit cents mètres au moins.

ART. 4. — Il ne pourra être fait aucun changement dans un établissement classé et autorisé sans une autorisation nouvelle.

Tout établissement dans lequel on aura fait des changements à l'état des lieux désignés sur le plan joint à la demande et dans l'autorisation pourra être fermé.

ART. 5. — Tout propriétaire d'établissements classés qui n'est pas pourvu de l'autorisation exigée par le décret du 15 octobre 1810 précité devra, dans un délai d'un mois, à compter du jour de la publication de la présente ordonnance, nous adresser la demande pour obtenir, s'il y a lieu, la permission qui lui est nécessaire.

ART. 6. — Les sous-préfets des arrondissements, etc.

---

[1] Ce tableau a été plusieurs fois modifié.

Instruction du préfet de police
du 20 février 1838.

Le décret du 15 octobre 1810, et l'ordonnance royale du 15 janvier 1815, concernant les établissements dangereux, insalubres ou incommodes, ont déterminé les formalités à remplir avant la mise en activité des ateliers et des fabriques qui en font partie; et il résulte des termes de ces règlements, comme de l'esprit de chacune des dispositions qu'ils contiennent, que les fabriques de cette nature ne peuvent être formées qu'avec une autorisation légale obtenue dans la forme prescrite pour chacune des trois classes de la nomenclature qui en a été rédigée.

Cependant, Messieurs, on voit tous les jours surgir, dans le ressort de la préfecture, des fabriques dont l'ouverture n'a pas même été déclarée à l'autorité par ceux qui les exploitent. Bien plus, ces établissements s'agrandissent, et prennent souvent une extension considérable, sans que l'autorité locale en dénonce l'existence à mon administration. Ce sont presque toujours, en pareil cas, les réclamations des propriétaires ou habitants voisins de ces exploitations qui m'en signalent les nombreux inconvénients; et c'est lorsque de graves intérêts pécuniers peuvent se trouver compromis par l'interdiction des opérations commencées sans son consentement, que l'administration est quelquefois obligée de s'opposer au maintien d'une usine qui ne se trouve pas dans les conditions voulues pour qu'on puisse l'autoriser.

Pour arrêter le cours de si graves abus, vous comprendrez combien il est nécessaire de s'opposer à l'installation de tout atelier pour l'exploitation d'une industrie classée, qui serait établi sans l'autorisation voulue par les règlements. L'avis imprimé que vous trouverez ci-joint contient toutes les observations propres à éclairer les industriels sur l'intérêt qu'ils ont à ne pas commencer leur exploitation, ni même les travaux de construction de leur établissement, avant d'avoir obtenu cette permission. Il importe donc que, lors des tournées que vous faites dans vos communes, votre vigilance se porte sur les établissements nouveaux qui pourraient être ainsi formés sans permission; qu'aussitôt que la formation d'un de ces établissements vous est connue, vous rappeliez à son propriétaire les règlements auxquels il est soumis, en remettant un des exemplaires de l'avis ci-joint, et que vous m'en informiez immédiatement.

Il ne pourra plus ignorer, dès lors, que les dépenses qu'il ferait pour construire sa fabrique et commencer ses travaux d'exploitation peuvent tourner en pure perte, et que les opinions qui sont exprimées en sa présence par les différents délégués chargés de visiter le local dont il a fait choix ne doivent rien faire préjuger sur la décision à intervenir.

Les observations qui précèdent acquièrent plus d'importance encore quand il s'agit d'établissements de nature à compromettre la sûreté publique, tels, par exemple, que les appareils à vapeur, les ateliers d'artificier, les fabriques de poudre fulminante, les usines à gaz, etc. Les accidents auxquels donneraient lieu ces établissements feraient nécessairement peser sur vous une grave responsabilité, puisque vous avez les moyens de me signaler ceux qui ne sont pas autorisés ou qui ne sont pas établis conformément aux prescriptions de l'autorisation.

Lorsque la suppression d'un de ces établissements ou de toute autre vous paraîtra nécessaire, vous devrez donc l'ordonner par une sommation, et y apposer même, au besoin, les scellés, en ayant soin, toutefois, de me rendre compte immédiatement de cette mesure et des motifs qui vous auront déterminé à la prendre.

En remettant l'avis dont il a été parlé plus haut, il conviendra de faire observer à MM. les industriels que la demande en autorisation de leurs établissements doit être accompagnée d'un plan, en double expédition, du local choisi par eux, et sur lequel il est essentiel d'indiquer la place assignée aux divers appareils dont leurs opérations exigeront l'emploi. Ce plan, dressé sur une échelle de cinq millimètres par mètre, devra, en outre, indiquer les tenants et aboutissants.

S'il s'agit d'un établissement compris dans la première classe, on devra, outre ce plan, m'en adresser un autre également en double expédition, sur une échelle de vingt-cinq millimètres pour cent mètres, et sur lequel l'établissement projeté figurera au centre d'une circonférence d'environ mille six cents mètres de diamètre, avec toutes les indications topographiques que comportera cette vaste superficie de terrain, afin que l'administration soit à même de juger la position du local destiné à servir de siège à l'établissement, par rapport aux habitations qui l'environnent. Ces détails, au surplus, tendent à vous mettre à même de donner à vos administrés des renseignements en harmonie avec ceux qu'ils pourront se procurer dans nos bureaux, pour produire des plans réguliers.

L'instruction des affaires auxquelles ces plans se rattachent étant d'ailleurs subordonnée à leur production, il importe de faire observer aux demandeurs qu'il dépend d'eux de hâter la décision de l'autorité, en différant, le moins possible, l'envoi des plans qu'ils doivent fournir.

L'enquête de *commodo et incommodo*, dans les affaires de ce genre, est l'acte le plus essentiel de l'instruction. Il importe que nul propriétaire, principal locataire ou habitant voisin, ne puisse réclamer contre l'omission de sa déclaration au procès-verbal constatant le résultat de cette enquête. Aussi faut-il que toutes les déclarations soient suivies des signatures de leurs auteurs. De plus, ces déclarations doivent être communiquées par vous aux demandeurs, pour les mettre à même de répondre aux objections que soulève leur projet d'établissement. Du reste, la nature et l'importance de l'industrie mise en question vous feront apprécier quelle devra être l'étendue de vos informations; mais il ne faut pas perdre de vue que l'objet de l'acte dont il s'agit est de mettre l'autorité à portée de connaître, non seulement les inconvénients, mais encore les avantages d'une exploitation quelconque; qu'ainsi, les motifs d'adhésion, comme ceux d'opposition doivent être déduits au procès-verbal d'enquête. Dans tous les cas, il est essentiel que cet acte contienne la description des lieux désignés pour l'exploitation, et l'avis motivé du fonctionnaire qui le rédige.

Souvent il arrive que la demande comprend plusieurs établissements classés, lorsque, par exemple, un ou plusieurs appareils à vapeur sont nécessaires pour le service d'une industrie assujettie elle-même à une autorisation. En pareil cas, l'enquête de *commodo et incommodo* doit porter tant sur l'établissement des appareils à vapeur que sur celui de la fabrique à laquelle ils sont destinés. — Je crois utile de faire cette remarque, pour éviter à l'avenir des omissions qui ont souvent nécessité une enquête supplémentaire sur la portion de l'établissement laissée en oubli.

La même remarque s'applique à l'enquête exigée sur les demandes en autorisation d'industries comprises dans la première classe, et qui est toujours indispensable, lors même que les procès-verbaux d'apposition des affiches, que les règlements exigent en pareil cas, contiendraient de nombreuses oppositions. — Un procès-verbal d'apposition d'affiches pendant un mois, à la suite duquel l'autorité locale constate des oppositions et donne un avis motivé, ne peut jamais suppléer le procès-verbal d'information de *commodo et incommodo* prescrit par l'article 2 de l'ordonnance royale du 14 janvier 1815, qui a principalement pour objet de recueillir les observations des plus proches voisins de l'établissement projeté.

Plusieurs d'entre vous ont cru que, pour faire l'enquête, il fallait que les travaux de l'établissement fussent en pleine activité, ou qu'au moins les constructions fussent achevées : c'est admettre que l'établissement peut se former sans une autorisation, ce qui est contraire aux règlements, et, comme je l'ai expliqué plus haut, n'aurait pas moins d'inconvénients, dans certains cas, pour l'exploitant lui-même que pour ses voisins. C'est aux personnes intéressées qu'il importe de s'éclairer sur les inconvénients d'une industrie avant de faire leur déclaration; rien ne doit donc faire différer l'enquête, qui doit être commencée aussitôt que vous avez reçu mes instructions. Il arrive quelquefois qu'ayant été mis régulièrement en demeure de faire leur déclaration, des voisins laissent passer le délai que vous avez fixé : vous devez alors vous borner à constater le fait, et jamais cette circonstance, quelles que soient les personnes qui la fassent naître, ne doit vous déterminer à différer de m'envoyer votre procès-verbal d'enquête, car tout délai, au delà du temps rigoureusement nécessaire pour l'accomplissement de cette formalité, porte un préjudice réel aux intérêts du pétitionnaire, en retardant la décision qu'il attend de l'autorité appelée à statuer sur son projet d'établissement.

En ce qui concerne la durée des enquêtes, il me paraît à propos d'adopter, autant que possible, une marche régulière; je désire donc que les procès-verbaux des enquêtes à faire sur les établissements de première classe soient toujours clos, au plus tard, huit jours après l'expiration du mois pendant lequel les affiches de la de-

mande doivent, aux termes des règlements, demeurer apposées dans toutes les communes environnantes. Quant aux établissements qui font partie de la deuxième et de la troisième classe, je ne vois rien qui s'oppose à ce que les enquêtes qui les concernent soient commencées et terminées en quinze jours au plus, lorsqu'elles s'appliquent à des affaires d'une certaine importance; car, dans beaucoup de cas, je ne doute pas qu'il ne vous soit facile de m'adresser vos procès-verbaux avant l'expiration de la quinzaine.

Un point essentiel, lorsqu'un établissement est autorisé, c'est la surveillance dont il doit être l'objet, d'abord pour assurer l'exécution des conditions imposées, et ensuite pour empêcher que l'exploitation ne prenne une extension illicite ou ne change de nature. Je vous rappelle, à cette occasion, que les arrêtés d'autorisation doivent être textuellement notifiés par vous aux impétrants.

Il importe, pour que les prévisions de l'autorité ne deviennent pas illusoires, que les conditions d'une autorisation d'établissement classé soient constamment observées : ce n'est donc qu'en vous transportant dans les ateliers, fréquemment et à l'improviste, que vous parviendrez à obtenir les soins désirables pour l'entière exécution des mesures de précaution et des dispositions qui ont été prescrites; car, après avoir employé les voies de la persuasion, vous serez en droit de constater régulièrement les infractions à l'arrêté d'autorisation, et, suivant les cas, d'user de moyens coërcitifs, notamment l'opposition des scellés.

Je sais, messieurs, qu'une extrême rigueur dans les formes que je vous indique pourrait avoir des inconvénients; aussi, je laisse à votre discernement le soin d'apprécier ce qu'il convient de faire pour détruire les abus, sans que les intérêts privés puissent élever des réclamations fondées. Il est des cas, néanmoins, où une juste sévérité ne doit fléchir devant aucune considération; c'est lorsque vous reconnaîtrez que la sûreté publique est compromise. Je pourrais justifier ici, par de nombreux exemples de ménagements déplacés, les observations que je crois devoir vous faire relativement à l'exécution des conditions qui s'appliquent à l'emploi des appareils à vapeur.

Une disposition spéciale des arrêtés pris pour autoriser ces appareils vous recommande de vous opposer à leur mise en activité jusqu'à ce que les conditions de sûreté aient été remplies; et, dans ce but, d'attendre que l'on vous ait représenté un certificat de M. l'ingénieur en chef des mines constatant leur entière exécution. Je ne sache pas que cette mesure, si propre à empêcher les accidents, ait encore été prise. Au contraire, j'ai la certitude qu'elle est presque généralement négligée, et que la plupart des machines et chaudières à vapeur fonctionnent longtemps, non seulement avant d'être rendues conformes au vœu des règlements, mais encore avant d'avoir été autorisées. Je ne puis trop appeler votre attention sur ce point.

J'ajouterai que votre surveillance doit aussi se porter sur les nouvelles dispositions qu'il vous paraîtrait utile d'imposer aux établissements qui, bien qu'autorisés et conformes aux conditions primitivement jugées nécessaires, seraient une cause d'incommodité pour le voisinage.

Quant aux établissements qui cessent d'être exploités, vous devez constater la suppression des travaux et m'adresser sans délai votre procès-verbal.

Les permissions accordées pour la formation des manufactures ou ateliers dangereux, insalubres ou incommodes, sont valables pour les acquéreurs de ces établissements, les héritiers et ayants cause des entrepreneurs qui les ont formés. Ce n'est, en effet, qu'à raison de la convenance du local pour l'exercice de telle ou telle industrie, en quelque sorte, que l'autorisation est accordée au local.

Ce serait donc sans motif qu'on voudrait exiger, à la retraite ou à la mort du propriétaire d'un établissement de ce genre, que le successeur se pourvût personnellement d'une autre permission : il a la faculté d'exercer librement la même industrie que son prédécesseur, pourvu, toutefois, qu'il satisfasse exactement aux conditions qui ont pu être imposées à celui-ci ; qu'il ne change pas la nature de ses travaux ; qu'il ne donne pas à ses ateliers une plus grande extension ; qu'il ne les transfère pas dans un autre emplacement ; et que les travaux de l'établissement n'aient pas éprouvé une interruption de plus de six mois.

Dans ces différents cas, l'établissement ne peut être remis en activité qu'en vertu d'une nouvelle permission.

Loi du 19 mai 1874.

ARTICLE PREMIER. — Les enfants et filles mineures ne peuvent être employés à un travail industriel, dans les manufactures, fabriques, usines, mines, chantiers et ateliers, que sous les conditions déterminées par la présente loi.

ART. 2. — Les enfants ne pourront être employés par des patrons, ni être admis dans les manufactures, usines, ateliers ou chantiers avant l'âge de douze ans révolus.

Ils pourront être, toutefois, employés à l'âge de dix ans révolus dans les industries spécialement déterminées par un règlement d'administration publique, rendu sur l'avis conforme de la Commission supérieure ci-dessous instituée.

ART. 3. — Les enfants, jusqu'à l'âge de douze ans révolus, ne pourront être assujettis à une durée de travail de plus de six heures par jour, divisée par un repos.

A partir de douze ans, ils ne pourront être employés plus de douze heures par jour, divisées par des repos.

ART. 4. — Les enfants ne pourront être employés à aucun travail de nuit jusqu'à l'âge de seize ans révolus.

La même interdiction est appliquée à l'emploi des filles mineures, de seize à vingt et un ans, mais seulement dans les usines et manufactures.

Tout travail entre neuf heures du soir et cinq heures du matin est considéré comme travail de nuit.

Toutefois, en cas de chômage, résultant d'une interruption accidentelle et de force majeure, l'interdiction ci-dessus pourra être temporairement levée et pour un délai déterminé par la Commission locale ou l'inspecteur ci-dessous institués, sans que l'on puisse employer au travail de nuit des enfants âgés de moins de douze ans.

ART. 5. — Les enfants âgés de moins de seize ans et les filles âgées de moins de vingt et un ans ne pourront être employés à aucun travail par leurs patrons, les dimanches et fêtes reconnues par la loi, même pour rangement de l'atelier.

ART. 6. — Néanmoins, dans les usines à feu continu, les enfants pourront être employés la nuit ou les dimanches et jours fériés aux travaux indispensables.

Les travaux tolérés et le laps de temps pendant lequel ils devront être exécutés seront déterminés par des règlements d'administration publique.

Ces travaux ne seront, dans aucun cas, autorisés que pour des enfants âgés de douze ans au moins.

On devra, en outre, leur assurer le temps et la liberté nécessaires pour l'accomplissement des devoirs religieux.

ART. 7. — Aucun enfant ne peut être admis dans les travaux souterrains des mines, minières et carrières avant l'âge de douze ans révolus.

Les filles et femmes ne peuvent être admises dans ces travaux.

Les conditions spéciales du travail des enfants de douze à seize ans, dans les galeries souterraines, seront déterminées par des règlements d'administration publique.

ART. 8. — Nul enfant, ayant moins de douze ans révolus, ne peut être employé par un patron qu'autant que les parents ou tuteurs justifient qu'il fréquente actuellement une école publique ou privée.

Tout enfant admis avant douze ans dans un atelier devra, jusqu'à cet âge, suivre les classes d'une école, pendant le temps libre du travail.

Il devra recevoir l'instruction pendant deux heures au moins, si une école spéciale est attachée à l'établissement industriel.

La fréquentation de l'école sera constatée au moyen d'une feuille de présence dressée par l'instituteur et remise chaque semaine au patron.

ART. 9. — Aucun enfant ne pourra, avant l'âge de quinze ans accomplis, être admis à travailler plus de dix heures chaque jour, s'il ne justifie, par la production d'un certificat de l'instituteur ou de l'inspecteur primaire, visé par le maire, qu'il a acquis l'instruction primaire élémentaire.

Ce certificat sera délivré sur papier libre et gratuitement.

ART. 10. — Les maires sont tenus de délivrer aux père, mère ou tuteur, un livret sur lequel sont portés les nom et prénoms de l'enfant, la date et le lieu de sa naissance, son domicile, le temps pendant lequel il a suivi l'école.

Les chefs d'industrie ou patrons inscriront sur le livret la date de l'entrée dans l'atelier ou établissement, et celle de la sortie. Ils devront également tenir un registre sur lequel seront mentionnées toutes les indications insérées au présent article.

ART. 11. — Les patrons ou chefs d'industrie seront tenus de faire afficher, dans chaque atelier, les dispositions de la présente loi et les règlements d'administration publique relatifs à son exécution.

ART. 12. — Des règlements d'administration publique détermineront les différents genres de travaux, présentant des causes de danger ou excédant leurs forces, qui seront interdits aux enfants dans les ateliers où ils seront admis.

ART. 13. — Les enfants ne pourront être employés dans les fabriques et ateliers indiqués au tableau officiel des établissements insalubres ou dangereux, que sous les conditions spéciales déterminées par un règlement d'administration publique.

Cette interdiction sera généralement appliquée à toutes les opérations où l'ouvrier est exposé à des manipulations préjudiciables à sa santé.

En attendant la publication de ce règlement, il est interdit d'employer des enfants âgés de moins de seize ans :

1° Dans les ateliers où l'on manipule des matières explosibles et dans ceux où l'on fabrique des mélanges détonants, tels que poudre, fulminates, etc., ou tous autres éclatant par le choc ou par le contact d'un corps enflammé;

2° Dans les ateliers destinés à la préparation, à la distillation ou à la manipulation de substances corrosives, vénéneuses, et de celles qui dégagent des gaz délétères ou explosifs.

La même interdiction s'applique aux travaux dangereux et malsains, tels que :

L'aiguisage ou le polissage à sec des objets en métal et des verres ou cristaux;

Le battage ou grattage à sec des plombs carbonisés dans les fabriques de céruse;

Le grattage à sec d'émaux à base d'oxyde de plomb dans les fabriques de verre dits de *mousseline*;

L'étamage au mercure des glaces;

La dorure au mercure.

ART. 14. — Les ateliers doivent être tenus dans un état constant de propreté et convenablement ventilés.

Ils doivent présenter toutes les conditions de salubrité nécessaires à la santé des enfants.

Dans les usines à moteurs mécaniques, les roues, les courroies, les engrenages ou tout autre appareil, dans le cas où il aura été constaté qu'ils présentent une cause de danger, seront séparés des ouvriers de telle manière que l'approche n'en soit possible que pour les besoins du service.

Les puits, trappes ou ouvertures de descente doivent être clôturés.

ART. 15. — Les patrons ou chefs d'établissement doivent, en outre, veiller au maintien des bonnes mœurs et à l'observation de la décence publique dans leurs ateliers.

ART. 16. — Pour assurer l'exécution de la présente loi, il sera nommé quinze inspecteurs divisionnaires. La nomination des inspecteurs sera faite par le gouvernement, sur une liste de présentation dressée par la Commission supérieure ci-dessous instituée, et portant trois candidats pour chaque emploi disponible.

Ces inspecteurs seront rétribués par l'État.

Chaque inspecteur divisionnaire résidera et exercera sa surveillance dans l'une des quinze circonscriptions territoriales déterminées par un règlement d'administration publique.

ART. 17. — Seront admissibles aux fonctions d'inspecteur les candidats qui justifieront du titre d'ingénieur de l'État ou d'un diplôme d'ingénieur civil, ainsi que les élèves diplômés de l'École centrale des arts et manufactures et des écoles des mines.

Seront également admissibles ceux qui auront déjà rempli, pendant trois ans au moins, les fonctions d'inspecteur du travail des enfants ou qui justifieront avoir dirigé ou surveillé pendant cinq années des établissements industriels occupant cent ouvriers au moins.

ART. 18. — Les inspecteurs ont entrée dans tous les établissements manufacturiers, ateliers et chantiers. Ils visitent les enfants; ils peuvent se faire représenter le registre prescrit par l'art. 10, les livrets, les feuilles de présence aux écoles, les règlements intérieurs.

Les contraventions seront constatées par les procès-verbaux des inspecteurs, qui feront foi jusqu'à preuve contraire.

Lorsqu'il s'agira de travaux souterrains, les contraventions seront constatées concurremment par les inspecteurs ou par les gardes-mines.

Les procès-verbaux seront dressés en double exemplaire dont l'un sera envoyé au préfet du département et l'autre déposé au parquet.

Toutefois, lorsque les inspecteurs auront reconnu qu'il existe dans un établissement ou atelier une cause de danger ou d'insalubrité, ils prendront l'avis de la Commission locale ci-dessous instituée, sur l'état de danger ou d'insalubrité, et ils consigneront cet avis dans un procès-verbal.

Les dispositions ci-dessus ne dérogent point aux règles du droit commun, quant à la constatation et à la poursuite des infractions commises à la présente loi.

ART. 19. — Les inspecteurs devront, chaque année, adresser des rapports à la Commission supérieure ci-dessous instituée.

ART. 20. — Il sera institué, dans chaque département, des commissions locales, dont les fonctions seront gratuites, chargées : 1° de veiller à l'exécution de la présente loi ; 2° de contrôler le service de l'inspection ; 3° d'adresser au préfet du département, sur l'état du service et l'exécution de la loi, des rapports qui seront transmis au ministre et communiqués à la Commission supérieure.

A cet effet, les Commissions locales visiteront les établissements industriels, ateliers et chantiers; elles pourront se faire accompagner d'un médecin quand elles le jugeront convenable.

ART. 21. — Le conseil général déterminera, dans chaque département, le nombre et la circonscription des commissions locales; il devra en établir une au moins dans chaque arrondissement; il en établira, en outre, dans les principaux centres industriels ou manufacturiers, là où il le jugera nécessaire.

Le conseil général pourra également nommer un inspecteur spécial rétribué par le département; cet inspecteur devra toutefois agir sous la direction de l'inspecteur divisionnaire.

ART. 22. — Les commissions locales seront composées de cinq membres au moins et de sept au plus, nommés par le préfet sur une liste de présentation arrêtée par le conseil général.

On devra faire entrer, autant que possible, dans chaque commission, un ingénieur de l'État ou un ingénieur civil, un inspecteur de l'instruction primaire et un ingénieur des mines dans les régions minières.

Les Commissions sont renouvelées tous les cinq ans; les membres sortant pourront être de nouveau appelés à en faire partie.

ART. 23. — Une commission supérieure, composée de neuf membres, dont les fonctions seront gratuites, est établie auprès du ministre du commerce; cette commission est nommée par le président de la République; elle est chargée :

1° De veiller à l'application uniforme et vigilante de la présente loi;

2° De donner son avis sur les règlements à faire et généralement sur les diverses questions intéressant les travailleurs protégés;

3° Enfin d'arrêter les listes de présentation des candidats pour la nomination des inspecteurs divisionnaires.

ART. 24. — Chaque année, le président de la Commission supérieure adressera au président de la République un rapport général sur les résultats de l'inspection et sur les faits relatifs à l'exécution de la présente loi.

Ce rapport devra être, dans le mois de son dépôt, publié au *Journal officiel*.

Le gouvernement rendra compte, chaque année, à l'Assemblée nationale, de l'exécution de la loi et de la publication des règlements d'administration publique destinés à la compléter.

ART. 25. — Les manufacturiers, directeurs ou gérants d'établissements industriels et les patrons qui auront contrevenu aux prescriptions de la présente loi et des règlements d'administration publique relatifs à son exécution, seront poursuivis devant le tribunal correctionnel et punis d'une amende de seize à cinquante francs.

L'amende sera appliquée autant de fois qu'il y aura de personnes employées dans les conditions contraires à la loi, sans que son chiffre total puisse excéder cinq cents francs.

Toutefois la peine ne sera pas applicable si les manufacturiers, directeurs ou gérants d'établissements industriels et les patrons établissent que l'infraction à la loi a été le résultat d'une erreur provenant de la production d'actes de naissance, livrets ou certificats contenant de fausses énonciations ou délivrés par une autre personne.

Les dispositions des articles 12 et 13 de la loi du 22 juin 1854, sur les livrets d'ouvriers, seront, dans ce cas, applicables aux auteurs des falsifications.

Les chefs d'industrie sont civilement responsables des condamnations prononcées contre leurs directeurs ou gérants.

ART. 26. — S'il y a récidive, les manufac-turiers, directeurs ou gérants d'établissements industriels et les patrons seront condamnés à une amende de 50 à 200 francs.

La totalité des amendes réunies ne pourra toutefois excéder 1,000 francs.

Il y a récidive lorsque le contrevenant a été frappé, dans les douze mois qui ont précédé le fait qui est l'objet de la poursuite, d'un premier jugement pour infraction à la présente loi ou aux règlements d'administration publique relatifs à son exécution.

ART. 27. — L'affichage du jugement pourra, suivant les circonstances et en cas de récidive seulement, être ordonné par le tribunal de police correctionnelle.

Le tribunal pourra également ordonner, dans le même cas, l'insertion de sa sentence, aux frais du contrevenant, dans un ou plusieurs journaux du département.

ART. 28. — Seront punis d'une amende de 16 à 100 francs les propriétaires d'établissements industriels et les patrons qui auront mis obstacle à l'accomplissement des devoirs d'un inspecteur, des membres des commissions, ou des médecins, ingénieurs et experts délégués pour une visite ou une constatation.

ART. 29. — L'article 463 du Code pénal est applicable aux condamnations prononcées en vertu de la présente loi.

Le montant des amendes résultant de ces condamnations sera versé au fonds de subvention affecté à l'enseignement primaire dans le budget de l'instruction publique.

ART. 30. — Les articles 2, 3, 4 et 5 de la présente loi sont applicables aux enfants placés en apprentissage et employés à un travail industriel.

Les dispositions des articles 18 et 25 ci-dessus seront appliquées auxdits cas, en ce qu'elles modifient la juridiction et la quotité de l'amende indiquées au premier paragraphe de l'article 20 de la loi du 22 février 1851.

Ladite loi continuera à recevoir son exécution dans les autres prescriptions.

ART. 31. — Par mesure transitoire...

Décret du 27 mars 1875.

ARTICLE PREMIER. — Les enfants de dix à douze ans peuvent, dans les conditions déterminées par la loi, être employés dans les industries dont la nomenclature suit :

1° Dévidage des cocons;

2° Filature de bourre de soie;

3° Filature du coton;

4° Filature de la laine;

5° Filature du lin;

6° Filature de la soie;

7° Impressions à la main sur tissus;

8° Moulinage de la soie;

9° Papeterie (les enfants de dix à douze ans ne pourront être employés au triage des chiffons);

10° Retordage du coton;

11° Tulles et dentelles (Fabrication mécanique des);

12° Verreries.

ART. 2. — Le ministre...

Décret du 12 mai 1875.

ARTICLE PREMIER. — La durée du travail effectif des enfants du sexe masculin de douze à seize ans dans les galeries souterraines des mines, minières et carrières, ne peut excéder huit heures sur vingt-quatre heures, coupées par un repos d'une heure au moins.

ART. 2. — Les enfants de douze à seize ans ne peuvent être occupés aux travaux proprement dits du mineur, tels que l'abatage, le forage, le boisage, etc.

Ils ne peuvent être employés qu'au triage et au chargement du minerai, à la manœuvre et au roulage des wagonnets, à la garde et à la manœuvre des portes d'aérage, à la manœuvre des ventilateurs à bras, et autres travaux accessoires n'excédant pas leurs forces.

Les enfants employés à faire tourner les ventilateurs ne pourront y être occupés pendant plus de quatre heures, coupées par un repos d'une demi-heure au moins.

ART. 3. — *Dispositions transitoires.* — Dans les mines où le service est actuellement réglé sur le pied de dix heures de travail effectif, les enfants pourront continuer d'être occupés pendant le même temps et dans les conditions fixées par l'article 2, mais seulement jusqu'au 1er janvier 1878. A partir de cette époque, les enfants ne pourront travailler que huit heures sur vingt-quatre, ainsi qu'il est dit à l'article premier.

ART. 4. — Le ministre...

Décret de 13 mai 1875.

ARTICLE PREMIER. — Il est interdit d'employer les enfants au-dessous de seize ans au graissage, au nettoyage, à la visite ou à la réparation des machines ou mécanismes en marche.

Il est interdit de les employer aux mêmes opérations lorsque, les mécanismes étant arrêtés, les transmissions marchent encore, à moins que le débrayage ou le volant n'aient été préalablement calés.

ART. 2. — Il est interdit d'employer des enfants au-dessous de seize ans dans les ateliers qui mettent en jeu des machines dont les parties dangereuses et pièces saillantes mobiles ne sont point couvertes de couvre-engrenages, ou garde-main, ou autres organes protecteurs.

ART. 3. — Les enfants de dix à douze ans, exceptionnellement autorisés par le règlement du 27 mars 1875 à participer aux travaux de certaines industries, ne pourront être employés ni à porter ni à traîner des fardeaux.

Les enfants, depuis l'âge de douze ans jusqu'à celui de quatorze ans révolus, ne pourront être chargés sur la tête ou sur le dos au delà du poids de 10 kilogrammes. Les enfants, depuis l'âge de quatorze ans jusqu'à celui de seize ans révolus, ne pourront, dans les mêmes conditions, recevoir une charge supérieure à 15 kilogrammes.

Il est interdit de faire traîner aux enfants de douze à seize ans des charges exigeant des efforts supérieurs à ceux qui correspondent aux poids indiqués au paragraphe précédent.

ART. 4. — Il est interdit d'employer les enfants au-dessous de seize ans à faire tourner les appareils en sautillant sur une pédale. Il est également interdit de les employer à faire tourner des roues horizontales.

ART. 5. — Les enfants au-dessous de seize ans ne pourront être employés à tourner des roues verticales ou utilisées comme producteurs de force motrice que pendant une durée d'une demi-journée de travail divisée par un repos d'une heure au moins.

ART. 6. — Dans les usines ou ateliers employant des scies circulaires ou des scies à ruban, les enfants au-dessous de seize ans ne pourront être employés à pousser la matière à scier contre la scie.

ART. 7. — Les enfants au-dessous de seize ans ne pourront être employés au travail des cisailles et autres lames tranchantes mécaniques.

ART. 8[1]. — Les enfants depuis l'âge de dix ans jusqu'à celui de quatorze ans révolus ne pourront, dans les verreries, être employés à cueillir le verre dans les creusets.

ART. 9. — Il est interdit de préposer des enfants au-dessous de seize ans au service des robinets à vapeur.

ART. 10. — Le ministre...

Décret du 14 mai 1875.

ARTICLE PREMIER. — Le travail des enfants est interdit dans les établissements dénommés au tableau A annexé au présent décret. Il est interdit également dans les ateliers où se pratiquent l'aiguisage et le polissage à sec des objets en métal et des verres ou cristaux.

ART. 2. — Le travail des enfants est autorisé dans les établissements dénommés au tableau B, mais seulement sous les conditions spécifiées audit tableau.

ART. 3. — Dans les établissements compris dans la nomenclature générale des ateliers dangereux, incommodes ou insalubres, qui ne figurent ni au tableau A ni au tableau B[2] annexés au présent décret, le travail des enfants est autorisé sans autres conditions que celles prescrites par la loi sus-visée du 19 mai 1874 et par les autres lois et règlements sur la matière[3].

ART. 4. — Le ministre...

Décret du 22 mai 1875.

ARTICLE PREMIER. — Les enfants du sexe masculin de douze à seize ans peuvent être employés la nuit dans les usines à feu continu dont la nomenclature suit :

Papeteries ;
Sucreries ;

[1] Cet art. a été modifié par le décr. du 2 mars 1877. v. plus loin.
[2] Ces tableaux ne sont pas reproduits ici, se reporter aux articles relatifs aux diverses industries. — [3] Ces tableaux ont été complétés par les décr. des 22 mai 1875, 1er, 2, 3, 5 mars 1877, 22 sept. 1879 et 31 oct. 1882, reproduits plus loin.

Verreries ;
Usines métallurgiques.

Dans les *papeteries*, les enfants peuvent être employés à aider les surveillants des machines et appareils, ainsi qu'aux opérations qui ont pour objet de couper, trier, ranger, rouler et apprêter le papier.

Dans les *sucreries*, les enfants sont admis à coopérer aux travaux de râperie suivants : alimenter le lavoir, secouer les sacs de pulpe, porter les sacs vides, présenter les sacs et les claies. Ils peuvent être chargés de la manœuvre des robinets à jus et à eau et être appelés à aider les ouvriers d'état en cas de réparations urgentes.

Dans les *verreries*, les enfants ne sont employés qu'aux travaux suivants : aider l'ouvrier qui moule et qui souffle le verre, porter les objets dans les fours à cuire, présenter les outils.

Dans les *usines métallurgiques*, les enfants peuvent être employés comme aides aux opérations des fours à puddler et à réchauffer, à celles des fours d'affinerie et des fours de réduction, aux travaux du laminage et du martelage, à la fabrication du fer-machine et des objets en fonte moulée de première fusion.

Art. 2. — Lorsque les enfants sont employés toute la nuit, leur travail doit être coupé par des intervalles de repos représentant un temps total de repos au moins égal à deux heures.

La durée totale du travail, y compris le temps de repos, ne peut d'ailleurs dépasser douze heures par vingt-quatre heures.

Les enfants ne peuvent être employés plus de six nuits par quinzaine, sauf dans les verreries où l'on travaille à la fonte.

Art. 3. — Le travail est autorisé, aux conditions fixées par l'article 1er, le dimanche et les jours fériés, dans les sucreries et les verreries, sauf de six heures du matin à midi.

Dans les papeteries et usines métallurgiques, il est également autorisé, sauf de six heures du matin à six heures du soir.

Art. 4. — L'ordre du travail du dimanche dans les usines dénommées à l'article 3 sera toujours distribué de manière à permettre l'application du paragraphe 4 de l'article 6 de la loi sus-visée (*loi du* 19 *mai* 1874), et concernant l'accomplissement des devoirs religieux.

Art. 5. — Les chefs des industries dénommées au présent règlement doivent afficher dans leurs ateliers un tableau de l'emploi du temps des enfants, faisant connaître les heures de reprise et le système d'alternance des équipes, ainsi que les suspensions de travail.

Ce tableau de l'emploi du temps doit être revêtu de la signature de l'inspecteur institué par l'article 16 de la loi susvisée.

Art. 6. — Le ministre...

Décret du 1er-7 mars 1877.

Article premier. — Le dévidage du coton et la corderie à la fendue sont compris parmi les industries dans lesquelles les enfants de dix à douze ans peuvent être employés.

Décret du 2 mars 1877.

Article premier. — L'article 8 du règlement ci-dessus visé (*Décr.*, 13 *mai* 1875) est remplacé par une disposition ainsi conçue :

« Les enfants au-dessous de douze ans ne peuvent, dans les verreries, être employés à cueillir le verre dans les creusets.

« Au-dessus de douze ans jusqu'à quatorze, ils pourront cueillir un poids de verre moindre que 300 grammes. »

Décret du 3 mars 1877.

Article premier. — Il est interdit, dans les établissements industriels qui ne sont pas classés comme dangereux, insalubres et incommodes, d'employer les enfants à la fabrication ou à la manipulation de matières explosibles ou de matières toxiques, dans des conditions qui seraient de nature à préjudicier la santé ou à menacer la sûreté des ouvriers.

Art. 2. — L'emploi des enfants est également interdit dans les établissements ou opérations énumérées au tableau C annexé au présent décret.

Art. 3. — Le décret du 14 mai 1875 est rapporté en ce qu'il a de contraire au présent décret.

Tableau C.

Albatre (Sciage et polissage à sec de l'). Poussières dangereuses.

Boites de conserves (Soudure des). Gaz délétères.

Chiffons (Déchiquetage des). Pour les tissus dits *Renaissance*. Poussières dangereuses.

Cristaux (Polissage à sec des). Poussières dangereuses.

Dentelles (Blanchissage à la céruse des). Poussières dangereuses.

Emaux (Grattage des). Dans les fabriques de verre mousseline. Poussières dangereuses.

Grès (Extraction et piquage des). Poussières dangereuses.

Marbres (Sciage et polissage à sec des). Poussières dangereuses.

Matières minérales (Broyage à sec des). Poussières dangereuses.

Métaux (Egrisage et polissage des). Poussières dangereuses.

Meulières et meules (Extraction et fabrication des). Poussières dangereuses.

Peaux de lapins ou de lièvre (Coupage des poils de). Poussières dangereuses.

Pierre (Sciage ou polissage de la). Poussières dangereuses.

Verre (Polissage à sec du). Poussières dangereuses.

Décret du 5 mars 1877.

Article premier. — L'article 2 du règlement ci-dessus visé (22 mai 1875) est complété par un paragraphe ainsi conçu :

« Dans les verreries où le travail de nuit est partagé entre deux équipes, les enfants peuvent travailler douze fois par quinzaine avec l'équipe de nuit à laquelle ils sont attachés.

ART. 2. — Le premier paragraphe de l'article 3 du même règlement est remplacé par les dispositions suivantes :

« Le travail est autorisé, aux conditions fixées par l'article 1er les dimanches et jours fériés, dans les sucreries, sauf de six heures du matin à midi.

« Dans les verreries, il est autorisé sauf de huit heures du matin à six heures du soir. »

Décret du 22 septembre 1879.

ARTICLE PREMIER. — Le travail des enfants est interdit dans les établissements dénommés au tableau A additionnel annexé au présent décret.

ART. 2. — Le travail des enfants est autorisé dans les établissements dénommés au tableau B additionnel ci-après, mais seulement sous les conditions spécifiées audit tableau.

ART. 3. — Sont, en conséquence, rapportées celles des dispositions du décret du 14 mai 1875 et des mentions des tableaux A et B primitifs y annexés qui sont contraires au présent décret.

TABLEAU B.

ALLUMETTES CHIMIQUES (Fabrication des). — Interdiction dans les locaux où l'on trempe, où l'on met en paquets ou en boîtes les allumettes. Dans les autres locaux, emploi autorisé, mais pendant six heures seulement sur vingt-quatre.

BLANCHIMENT des fils et tissus de laine et de soie par l'acide sulfureux en dissolution dans l'eau. — Interdiction dans les locaux où se dégage l'acide sulfureux.

ÉTOUPE (Transformation en) des cordages hors de service, goudronnés ou non. — Interdiction dans les ateliers où se dégagent des poussières.

PEAUX (Lustrage et apprêtage des). — Interdiction dans les ateliers où se dégagent des poussières.

RÉFRIGÉRATION (Appareils de) par l'acide sulfureux. — Interdiction dans les locaux où se dégage l'acide sulfureux.

VESSIES nettoyées et débarrassées de toute substance membraneuse (Ateliers pour le gonflement et le séchage des). — Interdiction du travail des enfants pour le soufflage. Danger d'affections pulmonaires.

Décret du 31 octobre 1882.

ARTICLE PREMIER. — Il est interdit d'employer les garçons de douze à quatorze ans et les filles de douze à seize ans à traîner des fardeaux sur la voie publique.

Les garçons et les filles au-dessus de douze ans peuvent traîner des fardeaux dans l'intérieur des manufactures, usines, ateliers et chantiers, à la condition que le traînage sera effectué sur un terrain horizontal et que la charge ne dépassera pas 100 kilogrammes, véhicule compris.

Les garçons seuls de quatorze à seize ans seront autorisés à traîner des fardeaux sur la voie publique, à la condition que la charge ne dépassera pas 100 kilogrammes, véhicule compris.

Le paragraphe 3 de l'article 3 du décret du 13 mai 1875 est et demeure abrogé.

Décret du 3 novembre 1882.

ARTICLE PREMIER. — Il est interdit d'employer des enfants aux opérations qui dégagent des poussières dans les ateliers où l'on travaille à sec la corne, les os et la nacre. Il est également interdit de les employer à un travail quelconque dans les mêmes ateliers lorsque les poussières s'y dégagent librement.

Décret du 3 novembre 1882.

ARTICLE PREMIER. — Le travail des filles mineures employées au triage ou au délissage des chiffons est interdit dans les ateliers reconnus, conformément aux prescriptions de l'article 18 de la loi du 19 mai 1874, insuffisamment aérés ou ventilés.

ÉTALAGE. — Déclaration du roi du 16 juin 1693[1]. Ord. pol. des 1er avril 1697[2] et 17 déc. 1761[3]. Ord. du bureau des finances du 10 déc. 1784[4]. Décis. préf. pol. du 15 févr. 1850[5]. Décr. du 22 juill. 1882[6]. Ord. pol. du 21 mars 1888[7].

On ne peut établir un étalage en saillie sur la voie publique sans en avoir obtenu l'autorisation[8].

L'ordonnance de police du 17 décembre 1761[9] en fixe la saillie à 0m16; cette mesure, spéciale à Paris, a été étendue à toute la France par l'ordonnance du bureau des finances du 10 décembre 1784[10].

Il est interdit de faire, dans les passages ouverts au public, aucun étalage pouvant gêner la circulation[11].

Les étalages mobiles, autrement qu'en étoffes, sont interdits au-dessus du rez-de-chaussée, leur saillie ne doit pas dépasser 0m16, et ils doivent être disposés de manière à ne pouvoir salir les passants[12].

ÉTAMAGE DES GLACES. — Établissement insalubre de 3e classe : émanations nuisibles[13].

Les ateliers doivent être ventilés d'une manière constante et régulière[14].

Il est interdit d'employer des enfants, par suite des vapeurs délétères qui se dégagent[15].

---

[1] V. Voyer. — [2] V. Saillie. — [3] V. Enseigne. — [4] Ibid. — [5] V. Saillie. — [6] Ibid. — [7] V. Passage public. — [8] Déclaration, 16 juin 1693, V. Voyer. Ord. pol., 1er avril 1697, V. Saillie. — [9] V. Enseigne. — [10] Ibid. — [11] Ord. pol., 21 mars 1888, V. Passage. — [12] Décis. pol., 15 févr. 1850, V. Saillie. Décr., 22 juill. 1882, V. Saillie. — [13] Décr., 31 déc. 1866. — [14] Bunel, p. 291. — [15] Décr., 14 mai 1875.

ÉTAT DES LIEUX. — C. civ., art. 1731.

Un état des lieux est la constatation de toutes les détériorations qui existent dans les locaux loués.

Il est plutôt à l'avantage du locataire, puisque, en l'absence d'un état des lieux, le locataire est présumé les avoir reçus en bon état de réparations locatives[1] : il peut, il est vrai, faire la preuve contraire, mais cette preuve est toujours assez difficile à établir.

Généralement, pourtant, les locataires négligent de faire dresser un état des lieux; soit parce que c'est une dépense, soit parce que l'appartement leur a paru en état convenable, et qu'ils n'ont pas remarqué certaines dégradations qu'une personne expérimentée aurait signalées de suite, soit enfin parce que le propriétaire a reconnu verbalement ces dégradations; mais, dans ce dernier cas, le propriétaire peut mourir, ou vendre son immeuble, ou même être de mauvaise foi, la preuve alors n'existe plus.

L'état des lieux est aussi dans l'intérêt du propriétaire; par exemple, dans le cas d'incendie si le locataire a substitué des objets sans valeur à des objets de valeur[2]. Il lui est encore utile, en ce sens qu'il constate son droit de propriété sur toutes les parties de la chose louée[3].

Pour les locations de maisons en totalité, d'établissements industriels, pour celles à longue période, pour celles dans lesquelles on prévoit que le preneur fera des changements à la distribution, l'état des lieux doit être très détaillé, décrire et expliquer tout ce qui compose la location. Vu leur importance, les frais de ces états des lieux sont ordinairement supportés moitié par le bailleur et moitié par le preneur.

Lorsqu'il s'agit d'une location ordinaire, la rédaction de l'état des lieux peut être plus sommaire, et se réduire même à la constatation des détériorations existantes. Cet état des lieux est toujours, sauf conventions contraires, à la charge du preneur.

L'état des lieux est dressé, en double expédition, par l'architecte du bailleur.

Après vérification contradictoire, il est parafé et signé par le bailleur et le preneur qui ajoutent la mention *approuvé l'écriture ci-dessus* et chacun en garde une expédition.

Le bailleur doit faire, s'il y a lieu, l'avance des frais, sauf son recours contre le preneur, du moment que l'état des lieux a été dressé par son architecte[4].

Dans le cas où l'une des parties se refuse à faire dresser un état des lieux, ou à signer celui qui a été dressé, l'autre partie peut l'assigner devant la justice de paix de l'arrondissement. Le juge de paix nomme un expert qui, avec ou sans le concours des parties, dresse un état des lieux, lequel, bien que non signé des deux parties, est valable en justice.

Les honoraires afférents à la rédaction d'un état des lieux, fait dans les conditions ordinaires, sans déplacement, sont de 3 francs pour chaque rôle, compris la première expédition, et de 0 fr. 50 par rôle pour chaque expédition en sus.

En cas de rédaction contradictoire et simultanée par deux architectes, les frais sont de 4 francs par rôle pour la première expédition et de 0 fr. 50 par rôle pour chaque expédition en sus.

Pour les établissements industriels, agricoles ou autres, vu le matériel souvent important desdits établissements, et les plans qu'il y a quelquefois lieu d'annexer à l'état des lieux, il doit être ajouté des honoraires en sus, calculés en raison du nombre de vacations employées.

Il en est de même pour les autres états des lieux quand il y a eu déplacement.

ÉTHER (Fabrication de l'). — Etablissement dangereux de 1re classe : danger d'explosion et d'incendie[1].

La fabrication et la rectification ne peuvent se faire que dans un atelier spécial, séparé des autres ateliers et des habitations.

Cet atelier spécial sera construit en matériaux incombustibles avec toiture légère, et ventilé par de larges trémies d'aération et des carnaux pratiqués au bas des murs.

Le sol, imperméable, sera disposé en cuvette afin de recueillir les liquides qui s'échapperaient.

L'ouverture des foyers sera en dehors des ateliers[2].

Pour le travail des enfants, V. *Ether (Dépôts d')*.

ÉTHER (Dépôts d')[3].

1° Si la quantité emmagasinée est, même temporairement, de 1,000 litres ou plus :

Etablissements dangereux de 1re classe : danger d'explosion et d'incendie.

2° Si la quantité, supérieure à 100 litres, n'atteint pas 1,000 litres :

Etablissements dangereux de 2e classe : danger d'explosion et d'incendie.

Ces établissements sont soumis aux prescriptions imposées par le décret du 19 mai

[1] C. civ., 1731. — [2] Agnel, n° 140 et suiv. — [3] Manuel, t. 1er, p. 319. — [4] Manuel, t. 1er, p. 320.

[1] Décr., 31 déc. 1866. — [2] Bunel, p. 292.
[3] Décr., 31 janv. 1872.

1873[1] aux dépôts des substances de la première catégorie.

Il est interdit d'employer des enfants dans les fabriques et les dépôts d'éther, sans distinction de classe, en raison des dangers d'incendie[2].

ÉTOFFES (Dégraissage des). — V. Peaux.

ÉTOILE (Place de l'). — Décr. des 13 août 1854 et 11 sept. 1860[3].

Les maisons en bordure sur la place de l'Etoile sont construites suivant une ordonnance d'architecture déterminée.

Les conditions imposées aux propriétaires de ces immeubles sont relatées dans les deux décrets des 13 août 1854 et 11 septembre 1860, ci-dessous.

ANNEXES

Décret du 13 août 1854.

ARTICLE PREMIER. — La disposition générale de la place de l'Etoile et de ses abords est arrêtée conformément au plan ci-dessous visé.

En conséquence, les terrains bordant la place seront clos de grilles, et aucune construction ne pourra être élevée qu'à *seize mètres* en arrière.

Ces terrains n'auront d'entrées que sur les avenues rayonnantes vers la place et sur la rue circulaire reliant ces avenues entre elles.

ART. 2. — Les grilles de clôture, tant sur la place qu'en retour, aux points indiqués au plan général, sur les voies rayonnantes, et les constructions prenant aspect direct tant sur la place que sur les parties des voies rayonnantes comprises entre la place et la rue circulaire, seront établies suivant les lignes de ce plan et complètement uniformes quant à leur élévation et leur décoration extérieure.

Les grilles reposeront sur un socle bas en pierre de taille; elles seront en fer avec ornements en fonte et candélabres aux angles, sans aucune pile en pierre; elles seront bronzées de la même teinte.

Les façades des constructions seront en pierre de taille, avec pilastres, balustres, moulures saillantes, corniches et autres ornements de même matière. Aucune enseigne ni indication quelconque n'y pourra être placée. Les toitures seront en zinc, à deux pentes, raccordées par une galerie en fonte; elles seront percées de mansardes dans la partie inférieure. Le tout sera conforme aux dessins annexés au présent décret.

La face supérieure du socle des grilles, la retraite des soubassements, les cordons, entablements et autres lignes horizontales des façades et des constructions seront aux mêmes niveaux sur toute la circonférence de la place.

Le préfet de la Seine donnera les alignements

et les nivellements, et il fera surveiller l'exécution des conditions ci-dessus.

ART. 3. — Les grilles de clôture et les façades des constructions devront être constamment tenues en bon état de propreté, selon les prescriptions du préfet de la Seine.

ART. 4. — Les terrains réservés entre les grilles et les constructions seront cultivés en parterres d'agrément et ne pourront devenir, sous aucun prétexte, des lieux de réunions publiques.

ART. 5. — Aucun genre de commerce ou d'industrie ne pourra être exercé sur les terrains provenant du promenoir de Chaillot qui seront compris entre la place et la rue circulaire, et sur tous ceux que la ville de Paris pourra ultérieurement acquérir dans les mêmes limites, si ce n'est en vertu d'une autorisation du préfet de la Seine qui en déterminera les conditions pour chaque cas.

Ces autorisations seront toujours révocables.

ART. 6. — Les dispositions des articles 2, 3 et 4 touchant les grilles et les parterres réservés, et les prohibitions contenues dans l'article 5 seront applicables aux terrains bordant les parties latérales de la route départementale n° 4, entre la place de l'Etoile et la porte Dauphine du bois de Boulogne.

ART. 7. — Un extrait du plan général et un exemplaire des dessins de la grille et constructions, annexés au présent décret, seront joints aux contrats de vente ou d'échange des terrains de l'ancien promenoir de Chaillot frappés des sujétions de clôture et de construction ci-dessus établies.

Des exemplaires du dessin de la grille seront notifiés à tous les propriétaires des terrains bordant les parties latérales de la route départementale n° 4, qui se soumettront aux servitudes imposées par l'article 4 de la loi du 22 juin 1854 et annexées aux contrats de vente et d'échange des terrains expropriés en vertu de l'article 6 de cette loi.

Décret du 11 septembre 1860.

ARTICLE PREMIER. — La disposition générale de la place du Rond-Point des Champs-Elysées est arrêtée conformément au plan annexé au présent décret.

En conséquence, l'alignement des propriétés riveraines est porté à trois mètres en avant de l'alignement fixé par l'ordonnance du 5 avril 1846.

Toutefois, aucune construction ne pourra être faite dans la zone de trois mètres comprise entre l'ancien et le nouvel alignement.

Cette zone devra être convertie en parterres d'agrément, sauf les passages de voitures à réserver devant les portes des habitations.

Elle sera close par des grilles uniformes sur le nouvel alignement et en retour, tant sur les lignes séparatives des propriétés que sur les voies publiques rayonnant autour de la place.

ART. 2. — Les constructions prenant aspect direct sur la place, et en retour sur les voies publiques rayonnantes, seront établies suivant l'ancien alignement et complètement uniformes

----

[1] V. *Huiles de pétrole.* — [2] Décr., 14 mai 1875.
[3] Annexes.

quant à leur élévation et à leur décoration extérieure.

ART. 3. — Les grilles reposeront sur un socle bas, en pierre de taille; elles seront en fer avec ornements en fonte, sans aucune pile en pierre; elles seront bronzées de la même teinte et dorées.

Les façades seront en pierre de taille, avec pilastres, balustres, moulures saillantes, corniches et autres ornements de même matière. Aucune enseigne ni indication quelconque n'y pourra être placée. Les toitures seront en zinc; elles seront percées de mansardes dans la partie inférieure.

Le tout sera conforme aux dessins annexés au présent décret.

La retraite des soubassements, les cordons, entablements et autres lignes horizontales des façades et des couvertures des constructions seront au même niveau sur toute la place.

ART. 4. — Le préfet de la Seine donnera les alignements et les nivellements; il fera surveiller l'exécution des conditions ci-dessus.

Les grilles de clôture et les façades des constructions devront être constamment tenues en bon état de propreté, selon ses prescriptions.

ART. 5. — Les parterres réservés entre les grilles et les constructions seront soigneusement entretenus selon la saison. Ils ne pourront devenir, sous aucun prétexte, des lieux de réunions publiques.

ART. 6. — Aucun genre de commerce ou d'industrie ne pourra être exercé dans les propriétés en bordure sur le rond-point de l'avenue des Champs-Elysées, si ce n'est en vertu d'une autorisation du préfet de la Seine, qui en déterminera les conditions pour chaque cas.

Ces autorisations seront toujours révocables.

ART. 7. — En cas de refus par les propriétaires riverains de se soumettre aux prescriptions ci-dessus, lorsqu'ils en seront requis par l'administration municipale de la ville de Paris, l'expropriation pour utilité publique sera ordonnée, s'il y a lieu, conformément aux dispositions de la loi du 3 mai 1841, et du décret du 26 mars 1852.

ART. 8. — Notre ministre, secrétaire d'Etat au département de l'intérieur, est chargé de l'exécution du présent décret.

ÉTOUPES (Transformation en) des cordages hors de service, goudronnés ou non. — Etablissements dangereux de 3e classe : danger d'incendie[1].

Les ateliers doivent être construits en matériaux incombustibles ou, tout au moins, sans bois apparents, bien ventilés et éclairés par la lumière du jour ou par des lumières placées extérieurement et protégées par un verre dormant.

Les ouvertures sur la voie publique et les propriétés voisines seront garnies de toiles métalliques[2].

Il est interdit de faire travailler les enfants dans les locaux où se dégagent des poussières[3].

---

¹ Décr., 9 mai 1878. — ² Bunel, p. 294. —
³ Décr., 22 sept. 1879.

ÉTOUPILLES (Fabrication d') avec matières explosibles.

Etablissements dangereux de 1re classe : danger d'explosion et d'incendie[1].

Les prescriptions sont les mêmes que pour les établissements dans lesquels on fabrique des pièces d'artifice (voir ce mot).

Le travail des enfants est interdit dans ces établissements en raison des dangers d'explosion et d'incendie[2].

EUROPE (Place de l'). — Les propriétés donnant sur la place de l'Europe ne peuvent avoir de bâtiments en dehors d'une ligne déterminée; tout le terrain, compris entre cette ligne et les rues adjacentes, doit être occupé par des jardins d'agrément, et clos, sur les rues et sur la place, par des grilles du modèle fixé par l'administration[3].

ANNEXE

Extrait du contrat de vente du 21 juillet 1864 par la ville de Paris à M. Cochery.

(Les mêmes conditions ont été imposées aux autres acquéreurs des terrains situés en bordure de la place de l'Europe.)

Sur les voies publiques, M. Cochery sera tenu de clore les terrains formant les nos 1, 2 et 3 de la deuxième partie de la désignation des immeubles à lui cédés par la Ville, et ce à ses frais, immédiatement après l'achèvement de ses travaux de construction, et à perpétuité, par des grilles conformes au modèle qui sera fourni à M. Cochery par l'administration municipale.

M. Cochery ne pourra élever, sur les terrains dont il s'agit, aucune construction ni clôture autres que les grilles de division.

Ces terrains devront être occupés exclusivement et à perpétuité par des parterres d'agrément.

ÉVIER. — Instr. du conseil d'hygiène du 11 nov. 1853[4].

L'orifice du tuyau de descente, débouchant sur une pierre d'évier, doit être fermé au moyen d'un tampon ou d'un siphon[5].

Le locataire est responsable des écornures ou cassures faites à la pierre d'évier, à moins qu'il ne prouve que ce n'est pas de son fait ou qu'il y a, dans la pierre, quelque défaut cause de la dégradation : il n'est pas responsable de l'usure qui s'y produit[6].

Il doit l'entretien de la grille ou de la bonde placée sur l'orifice et leur remplacement si elles viennent à disparaître ; mais si elles sont simplement descellées, cette réparation incombe au bailleur[7].

---

¹ Décr., 31 déc. 1865. — ² Décr., 14 mai 1875.
³ Contrat de vente, 21 juill. 1864, annexe.
⁴ V. *Log. insal.* — ⁵ Instr., 11 nov. 1853, V. *Log. insal.* — ⁶ Le Bègue, p. 59. — ⁷ Agnel, n° 588.

Si par suite de l'absence de la grille ou de son mauvais état, le tuyau vient à s'engorger, e locataire doit en faire le dégorgement; il doit également réparer ce tuyau s'il l'a détérioré ou crevé.

EXHAUSSEMENT. — V. *Mur mitoyen.*

EXPERT. — Ord. roy. d'avril 1667[1]. Décr. du 16 févr. 1807[2]. Arr. préf. du 18 août 1880[3]. Coutume de Paris, art. 184 et 185[4]. C. proc. civ., art. 42 et 283 à 320.

Lorsque dans un différend il existe des points qui exigent des connaissances spéciales, les parties peuvent choisir des personnes ayant les connaissances voulues, appelées experts, qui visitent l'objet du litige et donnent leur avis[5].

Il existait, autrefois, des offices d'experts jurés jouissant d'un privilège; ce privilège n'existe plus.

Du moment qu'elles sont majeures et maîtresses de leurs droits, les parties peuvent choisir, comme expert, telle personne qu'il leur plaît; si elles ne sont pas d'accord sur le choix des experts, ou si l'une des parties est mineure, les experts sont désignés d'office par le tribunal.

L'expertise ordonnée à la requête des parties n'est opposable qu'aux parties mises en cause lors de la nomination des experts : celle ordonnée d'office par le tribunal est opposable même aux parties qui ne seraient mises en cause que postérieurement à cette nomination[6].

La nomination des experts n'est valable que si, dans les trois jours qui suivent leur nomination par le tribunal, les parties ne se sont pas mises d'accord pour en choisir d'autres[7].

L'expertise ne peut se faire par un seul expert que du consentement des parties[8]; mais, si l'expertise n'est pas prescrite par la loi, ou si le tribunal ne l'ordonne que pour se procurer des renseignements, un seul expert suffit[9].

Les experts peuvent être récusés dans les cas suivants spécifiés par l'article 283 du Code de procédure civile: les parents ou alliés de l'une ou l'autre des parties jusqu'au degré de cousin issu de germain inclusivement; celui qui a bu ou mangé avec l'une des parties, et à ses frais, depuis le jugement qui a ordonné l'expertise; celui qui a donné des certificats sur les faits relatifs au procès.

Les récusations peuvent être proposées contre les experts nommés par les parties, si les causes de récusation sont survenues depuis leur nomination, mais avant la prestation de serment[1].

La récusation doit être proposée dans les trois jours de la nomination, par un simple acte signé de la partie contenant les causes de récusation, les preuves s'il y en a, ou l'offre de les vérifier par témoins[2].

La récusation est jugée sommairement, sur les conclusions du ministère public[3]; ce jugement est exécutoire nonobstant appel[4].

Si la récusation n'est pas admise, l'expert, contre qui elle a été formulée, peut obtenir des dommages-intérêts; mais, dans ce cas, il ne peut plus demeurer expert[5].

Avant de procéder à aucune opération, les experts prêtent serment[6], à la requête de la partie la plus diligente, à moins qu'ils n'en soient dispensés par les parties ou par le jugement qui les nomme. Procès-verbal est dressé de cette prestation de serment[7].

Tout expert désigné peut refuser la mission qui lui est confiée; mais, après la prestation de serment, il ne peut se déporter, sans cause légitime, sous peine d'être condamné à tous les frais frustratoires, et même à des dommages-intérêts[8].

Les experts se font remettre une grosse du jugement et les pièces nécessaires.

Le jugement qui les nomme doit énoncer avec clarté et précision les objets sur lesquels l'expertise doit porter, afin que les experts ne puissent sortir de leur mission[9]. En cas de doute sur l'interprétation à donner aux termes du jugement, si les parties sont du même avis, cet avis doit être consigné dans le rapport des experts; si elles sont d'un avis différent, les experts doivent, par un rapport sommaire, en référer au tribunal[10]. De même, s'il se présente des points non compris dans leur mission, telle qu'elle a été spécifiée par le jugement, ils doivent surseoir, et renvoyer les parties devant le tribunal, pour faire trancher ces points ou étendre leur mission.

Les experts se transportent ensuite sur le lieu du litige, reçoivent les dires et réquisitions des parties, et en font mention dans leur procès-verbal[11]. Ils ne peuvent procéder à aucun acte avant la comparution régulière des parties mises en cause, ou elles dûment convoquées, sous peine de nullité de leurs opérations[12]. Si le jugement qui

---

[1] Annexe. — [2] Annexe. — [3] Annexe. — [4] Annexe. — [5] Coutume de Paris, 184 et 185, annexe. C. proc. civ., 42. — [6] Manuel, t. Ier, p. 406. — [7] C. proc. civ., 305. — [8] C. proc. civ., 303. — [9] Cass., 16 avril 1855, 15 juillet 1861, 11 août 1868.

[1] C. proc. civ., 308. — [2] C. proc. civ., 309. — [3] Ibid., 311. — [4] Ibid., 312. — [5] Ibid., 314. — [6] Ibid., 305, 307. — [7] Ibid., 315. — [8] Ibid., 316. — [9] Ord. roy., avril 1667, annexe. C. proc. civ., 302. — [10] Manuel, t. Ier, p. 406. — [11] C. proc. civ., 317. — [12] Cass., 28 juin 1864, 15 juin 1870, 1er juill. 1874. Limoges, 24 déc. 1883.

les nomme porte la mention « par provision et nonobstant appel », ils doivent procéder à leur mission malgré l'opposition qui pourrait être faite, s'ils en sont requis par l'autre partie[1].

Dans le cas de trois experts, deux d'entre eux ne pourraient, sous peine de nullité, procéder en l'absence du troisième[2] : ce moyen de nullité peut même n'être invoqué, pour la première fois, qu'en appel[3].

Les experts peuvent entendre des témoins, mais à titre de renseignement seulement[4], et consigner leurs déclarations dans leur procès-verbal : ils ne doivent ni les requérir, ni recevoir leur serment ou leur signature au procès-verbal[5].

Avant d'ordonner des travaux, les experts doivent faire déposer, à titre de provision, et en mains tierces, par la partie qui en requiert l'exécution, une somme suffisante pour assurer le payement de leurs travaux aux entrepreneurs qu'ils emploieront.

Le rapport comprend deux parties distinctes :

1° Le transport des experts et des parties sur les lieux, la remise des pièces, les dires et réquisitoires, les opérations des experts ;

2° Leur avis.

La première partie doit être rédigée en présence des parties[6] et les procès-verbaux sont signés par elles. Lorsque l'une des parties proteste contre l'expertise, elle peut néanmoins assister, sous toutes réserves, à l'expertise, et refuser de signer les procès-verbaux, sans que sa présence puisse être considérée comme un acquiescement au jugement qui a ordonné l'expertise[7].

Même dans le cas de plusieurs experts, il n'y a qu'un seul rapport contenant, s'il y a lieu, les différents avis des experts[8]. L'un des experts ne pourrait consigner son avis dans un rapport séparé, sous peine d'être considéré comme démissionnaire, et par suite passible de tous les frais frustratoires et même de dommages-intérêts.

La jurisprudence, contrairement à l'art. 317 du Code de procédure civile, admet comme valable le rapport écrit par une personne étrangère et signé par les experts[9].

Le rapport doit faire mention du nombre des vacations employées.

Le rapport est déposé au greffe du tribunal qui a ordonné l'expertise[10].

En cas de retard dans le dépôt du rapport, ou de refus de le déposer, les experts peuvent être assignés devant le tribunal, qui les a commis, pour se voir condamnés à faire ce dépôt[1] et même à des dommages-intérêts[2]. Ils ne pourraient refuser le dépôt de leur rapport sous le prétexte que leurs honoraires n'ont pas été consignés[3] ; mais, comme on ne peut exiger d'eux aucune avance de fonds pour frais de voyage ou autres, il est d'usage qu'ils fassent consigner une provision pour être couverts de ces frais.

La partie la plus diligente lève le rapport, le signifie à la partie adverse et poursuit l'audience pour obtenir jugement[4].

Le juge n'est pas astreint à suivre l'avis des experts[5] ; il peut même ordonner une nouvelle expertise par d'autres experts[6]. Si la nouvelle expertise est nécessitée par les premiers experts, les frais de la première expertise doivent être mis à leur charge[7].

Comme architectes, les experts sont responsables des travaux qu'ils font exécuter[8].

Les frais et vacations sont taxés par le président du tribunal qui a ordonné l'expertise[9]. Pour être exécutoire le jugement relatif à la taxe des frais doit être rendu par le président du tribunal civil, même s'il s'agit d'une expertise ordonnée par le tribunal de commerce[10].

L'ordonnance du président qui rend exécutoire la taxe des frais d'expertise est susceptible d'opposition[11] ; cette opposition doit être formulée dans les trois jours qui suivent.

Les honoraires des experts sont taxés d'après le tarif établi par le décret du 16 septembre 1807[12], confirmé par l'ordonnance royale du 10 octobre 1841.

A Paris, un tarif particulier a été établi par l'arrêté préfectoral du 18 août 1880[13], pour les expertises relatives aux réclamations en matière de contributions directes.

ANNEXES

Coutume de Paris.

ART. 148. — En toutes matières subjectes à visitation, les parties doivent convenir en jugement de jurez ou expers et gens à ce cognoissans, qui feront le serment pardevant le juge. Et doit estre le rapport apporté en justice pour en plaidant ou jugeant le procès, y avoir tel égard que de raison, sans qu'on puisse demander amendement. Peut néanmoins le juge ordonner autre et plus ample visitation estre faicte s'il y eschet. Et où les parties ne conviennent de personnes, le juge en nomme d'office.

ART. 185. — Et sont tenus lesditz jurez ou

---

[1] Manuel, ibid. — [2] Dalloz, *Expertise*, n° 200. — [3] Paris, 27 févr. 1886. — [4] Cass., 19 nov. 1856, 17 nov. 1858. — [5] Manuel, ibid. — [6] C. proc. civ., 317. — [7] Manuel, t. Ier, p. 409. — [8] C. proc. civ., 318. — [9] Cass., 7 mars 1843. — [10] C. proc. civ., 319.

[1] C. proc. civ., 320. — [2] Ibid., 316. — [3] Manuel, t. Ier, p. 406. — [4] C. proc. civ., 321. — [5] Ibid., 323. — [6] Ibid., 322. — [7] Carré et Chauveau, *Lois de la procédure*, question 1216. — [8] Manuel, t. Ier, p. 410. — [9] C. proc. civ., 319. — [10] Paris, 18 févr. 1853. Cass., 26 déc. 1859. — [11] Cass., 11 août 1856. — [12] Annexe. — [13] Annexe.

expers et gens cognoissans, faire et rédiger par escript et signer la minute du rapport sur le lieu, et paravant qu'en partir, et mettre à l'instant ladite minute ès mains du clerc qui les assiste : lequel est tenu dedans les vingt quatre heures après délivrer ledit rapport aux parties qui l'en requierent.

Extrait de l'Ordonnance royale d'avril 1667.

TITRE XXI.

8° Les jugements qui ordonneront que les lieux et ouvrages seront vus, visités, toisés ou estimés par experts, feront mention expresse des faits sur lesquels les rapports doivent être faits, du juge qui sera commis pour procéder à la nomination des experts, recevoir leur serment et rapport, comme aussi du délai dans lequel les parties devront comparoir par devant le commissaire.

9° Si au jour de l'assignation l'une des parties ne compare, ou qu'elle soit refusante de nommer ou convenir d'experts, le commissaire en nommera d'office pour la partie absente ou refusante, pour procéder à la visitation avec l'expert nommé par l'autre partie; et en cas de refus par l'une et l'autre des parties d'en nommer, le commissaire en nommera d'office; le tout sauf à récuser ; et si la récusation est jugée valable, il en sera nommé d'autres en la place de ceux qui auront été récusés.

10° Le commissaire ordonnera, par le procès-verbal de nomination des experts, le jour et l'heure pour comparoir devant lui, et faire le serment ; ce qu'ils seront tenus de faire sur la première assignation, et dans le même temps sera remis entre leurs mains l'arrêt ou jugement qui aura ordonné la visite, à quoi ils vaqueront incessamment.

11° Les juges et les parties pourront nommer pour experts des bourgeois, et en cas qu'un artisan soit intéressé en son nom contre un bourgeois, ne pourra être pris pour tiers expert qu'un bourgeois.

12° Les experts délivreront au commissaire leur rapport en minute, pour être attaché à son procès-verbal et transcrit dans la grosse en même cahier.

13° Si les experts sont contraires en leur rapport, le juge nommera d'office un tiers qui sera assisté des autres en la visite ; et si tous les experts conviennent, ils donneront un seul avis et par un même rapport, sinon donneront chacun leur avis.

Extrait du décret du 16 février 1807.

ART. 159. — Il sera taxé aux experts, pour chaque vacation de trois heures, quand ils opéreront dans les lieux où ils sont domiciliés ou dans la distance de deux myriamètres, savoir, dans le département de la Seine :

Pour les artisans ou laboureurs..... fr. 4.00
Pour les architectes et autres artistes.. 8.00
Dans les autres départements :
Aux artisans ou laboureurs.........fr. 3.00
Aux architectes et autres artistes..... 6.00

ART. 160. — Au delà des deux myriamètres, il sera alloué par chaque myriamètre, pour frais de voyage et nourriture, aux architectes et autres artistes, soit pour aller, soit pour revenir :
A ceux de Paris...................fr. 6.00
A ceux des départements........... 4.50
ART. 161. — Il leur sera alloué pendant leur séjour, à la charge de faire quatre vacations par jour, savoir :
A ceux de Paris.................fr. 32.00
A ceux des départements.......... 24.00
Nota. La taxe sera réduite, dans le cas où le nombre de quatre vacations n'aurait pas été employé.

S'il y a lieu à transport d'un laboureur au delà de deux myriamètres, il sera alloué trois francs par myriamètre pour aller, et autant pour le retour, sans néanmoins qu'il puisse rien être alloué au delà de cinq myriamètres.

ART. 162. — Il sera encore alloué aux experts deux vacations, l'une pour leur prestation de serment, l'autre pour le dépôt de leur rapport, indépendamment de leurs frais de transport s'ils sont domiciliés à plus de deux myriamètres de distance du lieu où siège le tribunal; il leur sera accordé par myriamètre, en ce cas, le cinquième de leur journée de campagne.

Au moyen de cette taxe, les experts ne pourront rien réclamer, ni pour frais de voyage et de nourriture, ni pour s'être fait aider par des écrivains ou par des toiseurs et porte-chaînes, ni sous quelque autre prétexte ce soit ; ces frais, s'ils ont eu lieu, restant à leur charge.

Le président, en procédant à la taxe de leurs vacations, en réduira le nombre s'il lui paraît excessif.

Arrêté préfectoral 18 août 1880.

Les frais et honoraires dus aux experts pour les opérations relatives aux réclamations en matière de contributions directes, tant à Paris que dans les communes du département, sont réglés comme il suit :

Vacations sur le terrain.

ARTICLE PREMIER. — La durée de chaque vacation est fixée à 3 heures de présence réelle sur le terrain, sans que le temps employé à l'aller et au retour puisse y être compris.

La rétribution pour chaque vacation est fixée à 20 francs pour les ingénieurs, architectes, géomètres, hommes d'affaires et commerçants désignés comme experts.

Pour toute expertise faite par des artisans ou cultivateurs, le taux de la vacation est réduit à 10 francs.

Vacations au cabinet.

ART. 2. — La durée de chaque vacation est fixée à 3 heures.

Le taux de la vacation est fixé à 8 francs pour les experts des deux catégories ci-dessus indiquées (architectes, géomètres et artisans ou cultivateurs).

Dispositions communes aux deux sortes de vacations.

Art. 3. — La vacation unique ayant duré moins de 3 heures est comptée comme vacation entière.

Lorsque le travail se continue au delà d'une ou de plusieurs vacations entières de 3 heures, si la prolongation ne dépasse pas 1 heure 1/2, il est alloué une demi-vacation en plus; au delà de 1 heure 1/2, la vacation est considérée comme complète.

Plans.

Art. 4. — Les honoraires dus pour établissement de plans par les experts, ou pour les copies qu'ils devraient faire de plans déjà existants sont réglés :

1° Comme vacations sur le terrain, pour le temps employé au levé des plans en dehors des vacations de visite et d'estimation constatées au procès-verbal, lorsque cette opération aura été effectuée sous la direction de l'agent de l'administration qui préside à l'expertise, avec mention sur un procès-verbal spécial;

2° Sous forme de vacations au cabinet, pour le surplus des travaux que la confection des plans levés sur le terrain ou la copie de plans existants aura nécessités.

Déboursés.

Art. 5. — Il y a lieu d'ajouter aux honoraires fixés par les articles précédents :

1° Le remboursement des frais de timbre et d'enregistrement des procès-verbaux et autres pièces avancés par les experts;

2° Une somme de 5 francs pour rémunérer l'expert des frais ou perte de temps résultant de la présentation de son procès-verbal à l'enregistrement et du dépôt qu'il doit en faire à la direction des contributions.

Règlement des frais et honoraires.

Art. 6. — Le règlement du nombre des vacations de toute nature ainsi que du montant des frais et honoraires pour chaque expertise est proposé par le directeur des contributions directes, sur l'avis de l'agent de l'administration qui aura présidé à l'opération.

La taxe est prononcée par un arrêté préfectoral.

Art. 7. — Ampliation du présent arrêté sera adressée, etc.

EXPROPRIATION. — Lettres patentes du 14 juin 1510[1]. Décr. du 14 avril 1793[2]. Lois des 16 sept. 1807[3], 8 mars 1810[4], 30 mars 1831[5]. Ord. roy. des 18 févr. 1834[6], 15 févr. 1835[7], 22 mars 1835[8], 23 août 1835[9]. Loi du 3 mai 1841[10]. Décr. des 26 mars 1852[11] et 27 déc. 1853[12]. Instr. préf. du 31 mars 1862[13]. Loi du 24 juill. 1867 . Avis du C. d'Et. du 12 déc. 1868[15]. Loi du 27 juill. 1870[16]. Décr. du 14 juin 1876[17]. C. civ., art. 545.

Le droit d'expropriation n'eut d'abord, en France, qu'un but restreint, l'agrandissement des églises et des cimetières[1]; puis il prit un sens plus large et s'étendit à l'élargissement des rues et des places communes.

L'ordonnance royale du 14 juin 1510[2] établit le principe de l'indemnité et le règlement de cette indemnité par le jury, mais avec cette restriction que l'indemnité n'était allouée qu'autant que les expropriations étaient ordonnées pour procurer, aussitôt et sans aucune suppression de temps, l'élargissement ou l'ouverture d'une rue. Cette restriction n'existe plus dans la loi du 16 septembre 1807[3] ni dans celle du 8 mars 1810[4], qui reportaient aux tribunaux le règlement de l'indemnité.

Enfin, la fixation de l'indemnité a été rendue au jury par la loi du 3 mai 1841[5], qui est toujours en vigueur, et sert de base à la jurisprudence.

Le Code civil, exprimant le respect que l'on doit à la propriété, dit[6] : « Nul ne peut être contraint de céder sa propriété, si ce n'est pour cause d'utilité publique. »

La déclaration d'utilité publique pour l'ouverture d'une voie soumise à la grande voirie (à Paris toutes les rues sont sous le régime de la grande voirie) ne peut être faite que par le chef de l'Etat, après avis du Conseil d'Etat[7].

Les grands travaux publics tels que les routes, canaux, chemins de fer, etc., ne peuvent être exécutés qu'en vertu d'une loi, après enquête administrative; mais, pour les canaux ou chemins de fer d'embranchement de moins de vingt kilomètres, ou pour les rectifications de routes nationales et autres travaux de moindre importance, il suffit d'un décret du chef de l'Etat, le Conseil d'Etat entendu[8].

Pour les voies soumises à la petite voirie, la forme des règlements d'administration publique n'est pas obligatoire[9].

Il ne peut être formé opposition à un décret d'utilité publique[10], si ce n'est pour irrégularité dans l'instruction qui précède la déclaration d'utilité publique[11], ou pour une extension donnée au projet soumis à l'enquête[12].

Le décret d'utilité publique n'a pas besoin d'être signifié aux parties intéressées; la publication par voie d'affiches suffit.

La loi du 3 mai 1841 n'admet l'expropriation que pour les terrains nécessaires à

---

[1] Annexe. — [2] Annexe. — [3] Annexe. — [4] Abrogée par la loi du 3 mai 1841. — [5] V. *Place de guerre.* — [6] Annexe. — [7] Annexe. — [8] Annexe. — [9] Annexe. — [10] Annexe. — [11] Annexe. — [12] Annexe. — [13] V. *Bâtir (Autorisation de).* — [14] Annexe. — [15] Annexe. — [16] V. *Travaux publics.* — [17] Annexe.

[1] Ord. roy., févr. 1303, mai 1303. — [2] Annexe. — [3] Annexe. — [4] Loi abrogée'. — [5] Annexe. — [6] Art. 545. — [7] Décr., 4 avril 1793, annexe. Loi, 3 mai 1841, annexe. Loi 24 juill. 1867, annexe. — [8] Loi, 27 juill. 1870, V. *Travaux publics.* — [9] C. d'Et., 27 mars 1856. — [10] C. d'Et., 1er févr. 1826, 18 août 1831. — [11] C. d'Et., 31 mars 1848, 7 janv. 1858. Cass., 24 août 1846. — [12] C. d'Et., 7 janv. 1858.

l'exécution des travaux. Le décret du 26 mars 1852[1] et celui du 27 décembre 1858[2], s'appuyant sur l'article 53 de la loi du 16 septembre 1807, permettent, au contraire, de comprendre dans l'expropriation les parties qui resteraient en dehors de l'alignement si, par suite de leur peu d'étendue ou de leur forme, il n'est pas possible d'y élever des constructions salubres[3] : ils permettent, également, l'expropriation d'immeubles non atteints par l'alignement, lorsque leur acquisition est nécessaire pour la suppression d'anciennes voies jugées inutiles.

Dans le cas où la nécessité de comprendre des immeubles dans l'expropriation ne serait reconnue que postérieurement au décret portant déclaration d'utilité publique, un second décret d'utilité publique devrait être rendu, dans les mêmes formes, pour l'expropriation de ces immeubles[4].

Le droit de comprendre la totalité de l'immeuble dans l'expropriation est formel, et l'administration peut, même après l'exécution des travaux, faire procéder à une nouvelle enquête sur la nécessité d'exproprier, dans leur totalité, les terrains atteints partiellement, ou même les terrains non atteints par le tracé de la voie[5].

Le décret déclaratif d'utilité publique emporte autorisation d'occuper, par voie amiable ou judiciaire, les terrains et bâtiments nécessaires à l'exécution des travaux.

L'administration, lorsqu'elle acquiert ainsi des immeubles, se trouve substituée à tous les droits des propriétaires, et ne s'oblige pas nécessairement à exécuter les travaux dans un délai quelconque[6].

Le décret d'expropriation doit être précédé d'une enquête d'une durée d'un mois, pour les travaux de grande voirie[7], et d'une durée de quinze jours, pour les travaux de petite voirie[8]. Le jour, dont une partie a été employée aux formalités d'avertissement, ne compte pas dans le délai[9].

Cette enquête se fait sur un projet déposé à la mairie, comprenant le tracé général des travaux, l'indication des propriétés atteintes et l'appréciation sommaire des dépenses.

A l'expiration du délai, la commission, instituée par la loi de 1841, se réunit et reçoit les observations des intéressés; elle donne son avis sur l'application du tracé aux propriétés particulières, mais n'émet aucun avis sur le tracé général, ni sur la question d'utilité publique[10]. Si la commission propose quelque modification, avis en est donné aux parties intéressées, et une nouvelle enquête est ouverte. L'administration doit surseoir jusqu'à ce qu'il ait été statué par l'autorité supérieure[1] qui pourra, ou statuer définitivement, ou procéder à tout ou partie des formalités ci-dessus.

Les formalités d'enquête et de déclaration d'utilité publique remplies, l'administration peut acquérir les immeubles atteints, soit à l'amiable, soit du consentement du propriétaire, sauf discussion du prix devant le jury, soit enfin par autorité de justice, si le propriétaire refuse de délaisser sa propriété.

Les jugements sont rendus et les contrats passés entre l'administration et le propriétaire apparent, c'est-à-dire celui qui paye l'impôt foncier. Toutefois, en cas d'expropriation amiable, l'accord est nécessaire tant avec l'usufruitier qu'avec le nu-propriétaire[2], l'expropriation s'appliquant à la totalité des droits qui constituent les éléments de la propriété pleine et absolue, soit, ensemble et réunis, la nue-propriété, l'usufruit, les servitudes, etc.

Dans la huitaine qui suit la notification prescrite par l'article 15 de la loi du 3 mai 1841, le propriétaire est tenu de faire connaître ceux qui ont, sur son immeuble, des droits résultant de baux, servitudes ou autres actes, sous peine d'être seul chargé envers eux des indemnités qu'ils peuvent réclamer.

Le droit des locataires à bail cesse à partir de la publication soit du jugement, soit du contrat de vente amiable[3], mais les locataires peuvent prendre l'initiative de la convocation du jury pour faire fixer l'indemnité à laquelle ils prétendent[4] : il en est de même pour les créanciers hypothécaires. Il résulte même de la loi de 1841 que, à défaut d'arrangement amiable, lorsqu'il est nécessaire de recourir au jury, les locataires ou ceux qui possèdent des droits sur la propriété doivent être cités en même temps que le propriétaire.

Après notification de l'expropriation, l'administration fait offre de la somme à laquelle elle évalue l'indemnité due à chaque intéressé : cette offre doit être notifiée quinze jours avant la réunion du jury, et ce, sous peine de nullité[5].

Les intéressés ont un délai de quinze jours pour accepter les offres ou faire connaître leurs prétentions.

En cas de non-acceptation, l'affaire est portée devant un jury spécial, dit jury d'ex-

---

[1] Annexe. — [2] Annexe. — [3] C. d'Et., 19 mai 1858. — [4] Décr., 14 juin 1876, annexe. — [5] C. d'Et., 19 juin 1862. — [6] C. d'Et., 26 août 1832. — [7] Ord. roy., 18 févr. 1834, annexe. Ord. roy., 15 févr. 1835. — [8] Ord. roy., 23 août 1835, annexe. — [9] Cass., 25 févr. 1856, 6 juin 1866. — [10] Cass., 14 déc. 1842.

[1] Avis C. d'Et., 12 déc. 1868, annexe. — [2] Cass., 22 févr. 1886. — [3] Cass., 16 avril 1862, 20 juin, 4 juill., 9 août 1864, 2 août 1865. — [4] Cass., 27 juill. 1857, 11 juill. 1859. — [5] Cass., 26 mai 1840.

propriation, qui fixe l'indemnité : la décision du jury doit être notifiée aux intéressés[1].

L'indemnité se compose :

1° De la valeur réelle de l'immeuble ; valeur qui s'obtient soit en capitalisant le revenu, défalcation faite des charges, soit en évaluant séparément le sol et les constructions, et en tenant compte, dans l'un et l'autre cas, de toutes les circonstances accessoires ;

2° De l'indemnité voulue par la loi, en raison du dommage que la dépossession entraîne, notamment les avantages que le propriétaire aurait pu tirer de sa chose, soit immédiatement, soit dans un avenir plus ou moins rapproché, et d'une manière certaine[2] ; mais elle ne peut s'étendre à un dommage incertain et éventuel qui ne serait pas la conséquence directe, immédiate et nécessaire de l'expropriation[3].

Ainsi, en cas d'expropriation partielle, le jury doit tenir compte de la dépréciation subie par la portion de propriété restante, et de la dépense à faire pour coordonner cette portion de propriété à la disposition ultérieure des lieux[4].

Ordinairement, quelque soit le mode de calcul adopté par l'exproprié, on demande au jury d'ajouter un dixième à titre de remploi de la somme allouée.

Dans le cas où l'exproprié demande des indemnités distinctes, à raison de divers éléments de dommage, si l'aministration offre une somme unique, le jury peut allouer une indemnité unique, en confondant en un seul tous les chefs de demande réclamés au même titre[5].

S'il s'élève des difficultés étrangères à la fixation de l'indemnité, le jury doit régler cette indemnité sous une forme éventuelle, en renvoyant les parties à se pourvoir, pour le litige, devant l'autorité ou les tribunaux compétents[6].

On ne peut attaquer les décisions du jury en raison de ces évaluations, mais on peut se pourvoir devant la Cour de cassation pour inobservation des règles qui régissent la composition du jury, sa compétence et son mode d'action.

Le payement de l'indemnité doit précéder la prise de possession par l'administration.

Les terrains laissés libres après l'exécution de la voie doivent être vendus aux enchères publiques, sur une mise à prix fixée par l'administration. Si ces terrains sont trop exigus pour que l'on puisse y construire dans de bonnes conditions hygiéniques, l'administration doit mettre par acte extrajudiciaire les propriétaires contigus en demeure de déclarer, dans le délai de huit jours, s'ils entendent profiter de la faculté de s'avancer sur la voie publique en acquérant ces terrains[1]. Le prix de ces terrains est fixé soit à l'amiable, soit par le jury[2]. Si les propriétaires n'usent pas de ce droit de préemption, l'administration doit procéder à l'expropriation de leurs immeubles[3].

ANNEXES

Lettres patentes du 14 juin 1510.

Loys, par la grâce de Dieu, roy de France...

Avons ordonné et ordonnons, que doresnavant les deniers desdites aydes octroyés, et que pourrions ci-après donner et octroyer pour les réparations, fortifications, et emparemens de nosdites villes, ne seront empeschés par appellations, qui pour raison d'iceux se pourroient interjetter par aucuns nos sujets en nosdites cours de parlement, en quelque manière que ce soit, mais sortiront leur plein et entier effet, en ensuivant les octrois par nous faits ou à faire, sans que nosdites cours en puissent entreprendre aucune cour, juridiction, ne cognoissance, laquelle nous leur avons interdite et deffenduë, interdisons et deffendons par ces présentes.

Item. Et si en rendant les comptes des deniers, pour raison des radiations qui se pourroient faire d'aucunes parties, et pour le payement du reliquat, aucunes appellations estoient ci-après interjectées, pour fournir payemens, ou pour raison de ce se meuvent autres différens, avons dit, déclaré et ordonné, disons, déclarons et ordonnons, que selon la matière et la quantité du différent, seront prins, choisis et elus sur les lieux, trois ou cinq bons notables personnages, non suspects, en ce cognoissans et entendus, qui videront lesdits différens ; et seront contrains les receveurs desdits deniers payer prealablement ledit reliquat, nonobstant toutes appellations, afin que lesdites reparations ne demeurent.

Item. Avons ordonné que lesdits receveurs desdits aydes rendront doresnavant comptes desdits deniers d'iceux aydes, d'an en an, ès presence de nos officiers desdits lieux, ainsi qu'ils sont tenus de faire par nos lettres de leur octroi ; et seront lesdits comptes ainsi rendus et clos, envoyés de trois ans en trois ans en notre chambre des comptes à Paris, et ce par nos receveurs de nos domaines ou tailles, pour éviter aux frais qu'il leur conviendrait faire, à les rendre en notredite chambre des comptes.

Item. Avons interdit, deffendu, interdisons et deffendons aux maire, eschevins et habitans de nosdites villes, qui vacqueront et assisteront à l'audicion desdits comptes, qu'ils ne preignent aucuns salaires pour leurs peines et vacations

---

[1] Dalloz, t. XXIII, p. 633. — [2] Manuel, t. Ier, p. 121. — [3] Cass., 8 janv., 23 avril 1883. — [4] Cass., 18 févr. 1857, 8 juill. 1862, 23 juin 1863. — [5] Cass., 3 avril 1882. — [6] Cass., 14 juin 1882.

[1] Ord. roy., 22 mars 1835, annexe. Décr., 27 déc. 1858, annexe. — [2] C. d'Et., 1er avril 1841, 13 juin 1850, 23 janv. 1853. Cass., 11 août 1845. — [3] Décr., 26 mars 1852.

d'y assister; et pour ce que par ci-devant nous avons fait, et encore à la requeste desdits maire, eschevins et habitans de nosdites villes, pourrions faire ci-après plusieurs edits pour la police, embellissement et decoration de nosdites villes, qui pourroient estre par aucuns particuliers desdites villes empeschez, nous avons ordonné et ordonnons que lesdits edits, statuts et ordonnances par nous faites ou à faire, sur lesdits police, embellissement et decoration de nosdites villes, seront exécutées selon leur forme et teneur, nonobstant oppositions ou appellations quelconques, desquelles nous avons interdit et deffendu, interdisons et deffendons toutes juridiction et cognoissance à nosdites cours de parlement.

Item. Et si pour l'aisement et commodités de nosdites villes, comme pour elargissement des ruës et places communes, il estait besoin abattre aucunes maisons et edifices par l'advis desdits maire, eschevins et habitans, nos officiers appelés, avons ordonné et ordonnons que lesdites maisons et edifices seront demolis et abbatus, en recompensant prealablement ceux auxquels ils appartiendront, au dit de gens à ce cognoissans; et si sur ce se mouvoit procès, debats ou differens, seront prins et elus trois ou cinq notables personaiges desdites villes, selon la qualité de la matiere, qui pourront vuider lesdits differens, nonobstant oppositions ou appellations quelconques, attendu qu'il est question du bien commun, soit pour estimation, ou demolition ou autrement.

Item. Avons ordonné et ordonnons que en toutes nos villes, chacun soit contraint de paver devant sa maison, autant qu'elle contiendra, et à l'entretenir, reservé que si lesdites maisons estoient assises devant les places communes, auquel cas ils ne seront tenus de faire le pavé que de la largeur qu'on fait aux autres grandes ruës desdites villes, et le reste se fera aux depens d'icelles villes, et semblablement seront tous habitans èsdites villes contrains, par la maniere que dessus, faire vuider les immondices chacun en son endroit.

Item. Avons ordonné et ordonnons que en tous lieux de notredit royaume, où se levent peages, soit pour nous, ou autres seigneurs particuliers à la charge d'entretenir ponts, ports, chaussées et pavages, que nos receveurs des lieux où nous prendrons et percevrons lesdits peages, et tous autres seigneurs particuliers prenans les droits de peages, seront contraints, chacun en son endroit, à entretenir et mettre en bon et convenable etat lesdits ponts, chaussées et pavages, ainsi qu'ils sont tenus; et au regard des deniers et revenus que nos villes et places de nos pays de Provence et Dauphiné prennent et levent pour employer ès reparations, fortifications et emparemens de icelles, nos lieutenans et gouverneurs de nosdits pays, ou leurs lieutenans, auront le regard et entendront en quoi lesdits deniers devront estre employés, pour le fait desdites reparations et fortifications; et quand les comptes s'en rendront, pareillement nosdits lieutenans et gouverneurs esdits pays, ou leurs lieutenans, seront presens, afin de garder qu'il n'y ait aucun abus, et que lesdits deniers soient bien employés; et

au surplus pour le payement du reliquat et autres choses ci-dessus contenuës, seront de semblable nature et condition que les autres de notre dit royaume.

Si donnons en mandement...

Extrait du décret du 4 avril 1793.

Art. 12. — Dans le cas où la division d'un bien national exigerait l'ouverture d'une rue, et que, pour y parvenir, il serait nécessaire de faire, au nom de la nation, l'acquisition de maisons ou terrains appartenant à des particuliers, cette acquisition ne pourra avoir lieu qu'en vertu d'un décret du gouvernement.

Art. 13. — Lorsque le gouvernement aura décrété l'acquisition, au nom de la nation, desdites maisons ou terrains, l'évaluation en sera faite par deux experts nommés l'un par le directoire du district, en prenant pour base le capital à cinq pour cent des loyers ou fermages connus ou présumés, et il sera ajouté au prix ainsi réglé un quart en sus, par forme d'indemnité accordée aux propriétaires.

Art. 17. — Les demandes qui ont été ou qui seront formées par les municipalités pour l'abandon de bâtiments ou terrains nationaux, sur le fondement qu'ils sont nécessaires à l'élargissement des rues, à l'agrandissement des places ou à l'embellissement des villes, seront adressées au ministre de l'intérieur qui, après avoir fait constater leur légitimité par les corps administratifs, et les avoir communiquées à l'administration des biens nationaux, les remettra à la Convention nationale, avec toutes les pièces justificatives. Il ne pourra être fait aucun abandon de ce genre qu'en vertu de décrets particuliers.

Art. 18. — Toutes les fois que les demandes dont il s'agit n'auront pour objet qu'un simple alignement, dont l'exécution intéresse essentiellement la sûreté publique, l'abandon qui pourra en résulter de quelques portions de terrains appartenant au gouvernement ne sera pas mis à la charge des villes.

Art. 19. — Si, au contraire, l'objet de l'abandon réclamé est l'élargissement des rues ou des places, la commodité des citoyens ou l'embellissement de quelques quartiers des villes, sans qu'il soit prouvé que l'état actuel des choses puisse nuire *essentiellement* à la tranquillité et à la sûreté publique, les terrains laissés à la disposition des communes seront payés par elles; et, à cet effet, l'estimation en sera faite par deux experts nommés, l'un par la municipalité, et l'autre par le district, et à Paris par le département.

Le prix fixé par lesdits experts sera soumis par les districts à l'approbation du département, et par le département à celle de l'administrateur des biens nationaux, pour être ensuite définitivement arrêté par le décret qui autorise la concession des terrains réclamés.

Loi du 16 septembre 1807.

TITRE 1ᵉʳ. — DESSÉCHEMENT DES MARAIS.

ARTICLE PREMIER. — La propriété des marais est soumise à des règles particulières.

Le gouvernement ordonnera les desséchements qu'il jugera utiles ou nécessaires.

ART. 2. — Les desséchements seront exécutés par l'État ou par des concessionnaires.

ART. 3. — Lorsqu'un marais appartiendra à un seul propriétaire, ou lorsque tous les propriétaires seront réunis, la concession du desséchement leur sera toujours accordée, s'ils se soumettent à l'exécuter dans les délais fixés, et conformément aux plans adoptés par le gouvernement.

ART. 4. — Lorsqu'un marais appartiendra à un propriétaire, ou à une réunion de propriétaires qui ne se soumettront pas à dessécher dans les délais et selon les plans adoptés, ou qui n'exécuteront pas les conditions auxquelles ils se seront soumis; lorsque les propriétaires ne seront pas tous réunis; lorsque, parmi lesdits propriétaires, il y aura une ou plusieurs communes, la concession du desséchement aura lieu en faveur des concessionnaires dont la soumission sera jugée la plus avantageuse par le gouvernement : celles qui seraient faites par les communes propriétaires, ou par un certain nombre de propriétaires réunis, seront préférées à conditions égales.

ART. 5. — Les concessions seront faites par décrets rendus en Conseil d'État, sur des plans levés ou sur des plans vérifiés et approuvés par les ingénieurs des ponts et chaussées, aux conditions prescrites par la présente loi, aux conditions qui seront établies par les règlements généraux à intervenir, aux charges qui seront fixées à raison des circonstances locales.

ART. 6. — Les plans seront levés, vérifiés et approuvés aux frais des entrepreneurs du desséchement; si ceux qui auront fait la première soumission et fait lever ou vérifier les plans ne demeurent pas concessionnaires, ils seront remboursés par ceux auxquels la concession sera définitivement accordée.

Le plan général du marais comprendra tous les terrains qui seront présumés devoir profiter du desséchement. Chaque propriété y sera distinguée, et son étendue exactement circonscrite.

Au plan général seront joints tous les profils et nivellements nécessaires; ils seront, le plus possible, exprimés sur le plan par des cotes particulières.

TITRE II. — FIXATION DE L'ÉTENDUE, DE L'ESPÈCE ET DE LA VALEUR ESTIMATIVE DES MARAIS AVANT LE DESSÉCHEMENT.

ART. 7. — Lorsque le gouvernement fera un desséchement, ou lorsque la concession aura été accordée, il sera formé entre les propriétaires un syndicat, à l'effet de nommer les experts qui devront procéder aux estimations statuées par la présente loi.

Ces syndics seront nommés par le préfet; ils seront pris parmi les propriétaires les plus imposés, à raison des marais à dessécher. Les syndics seront au moins au nombre de trois, et au plus au nombre de neuf, ce qui sera déterminé dans l'acte de concession.

ART. 8. — Les syndics réunis nommeront et présenteront un expert au préfet du département.

Les concessionnaires en présenteront un autre : le préfet nommera un tiers expert.

Si le desséchement est fait par l'État, le préfet nommera le second expert, et le tiers expert sera nommé par le ministre de l'intérieur.

ART. 9. — Les terrains des marais seront divisés en plusieurs classes dont le nombre n'excédera pas dix et ne pourra être au-dessous de cinq : ces classes seront formées d'après les divers degrés d'inondations. Lorsque la valeur des différentes parties du marais éprouvera d'autres variations que celles provenant des divers degrés de submersion, et dans ce cas seulement, les classes seront formées sans égard à ces divers degrés, et toujours de manière à ce que toutes les terres de même valeur présumée soient dans la même classe.

ART. 10. — Le périmètre des diverses classes sera tracé sur le plan cadastral qui aura servi de base à l'entreprise.

Ce tracé sera fait par les ingénieurs et les experts réunis.

ART. 11. — Le plan, ainsi préparé, sera soumis à l'approbation du préfet; il restera déposé au secrétariat de la préfecture pendant un mois; les parties intéressées seront invitées par affiches à prendre connaissance du plan, à fournir leurs observations sur son exactitude, sur l'étendue donnée aux limites jusques auxquelles se feront sentir les effets du desséchement, et enfin sur le classement des terres.

ART. 12. — Le préfet, après avoir reçu ces observations, celles en réponse des entrepreneurs du desséchement, celles des ingénieurs et des experts, pourra ordonner les vérifications qu'il jugera convenables.

Dans le cas où, après vérification, les parties intéressées persisteraient dans leurs plaintes, les questions seront portées devant la commission constituée par le titre 10 de la présente loi.

ART. 13. — Lorsque les plans auront été définitivement arrêtés, les deux experts nommés par les propriétaires et les entrepreneurs du desséchement se rendront sur les lieux; et après avoir recueilli tous les renseignements nécessaires, ils procéderont à l'appréciation de chacune des classes composant le marais, eu égard à sa valeur réelle au moment de l'estimation considérée dans son état de marais, et sans pouvoir s'occuper d'une estimation détaillée par propriété.

Les experts procéderont en présence du tiers-expert, qui les départagera, s'ils ne peuvent s'accorder.

ART. 14. — Le procès-verbal d'estimation par classe sera déposé pendant un mois à la préfecture. Les intéressés en seront prévenus par affiches; et s'il survient des réclamations, elles seront jugées par la commission.

Dans tous les cas, l'estimation sera soumise à ladite commission, pour être jugée et homologuée par elle : elle pourra décider outre et contre l'avis des experts.

ART. 15. — Dès que l'estimation aura été définitivement arrêtée, les travaux du desséchement seront commencés; ils seront poursuivis et terminés dans les délais fixés par l'acte de concession, sous les peines portées audit acte.

TITRE III. — DES MARAIS PENDANT LE COURS DES TRAVAUX DE DESSÉCHEMENT.

ART. 16. — Lorsque, d'après l'étendue des marais ou la difficulté des travaux, le desséchement ne pourra être opéré dans trois ans, l'acte de concession pourra attribuer aux entrepreneurs du desséchement une portion en deniers du produit des fonds qui auront les premiers profité des travaux de desséchement.

Les contestations relatives à l'exécution de cette clause de l'acte de concession seront portées devant la commission.

TITRE IV. — DES MARAIS APRÈS LE DESSÉCHEMENT, ET DE L'ESTIMATION DE LEUR VALEUR.

ART. 17. — Lorsque les travaux prescrits par l'État ou par l'acte de concession seront terminés, il sera procédé à leur vérification et réception.

En cas de réclamations, elles seront portées devant la commission, qui les jugera.

ART. 18. — Dès que la reconnaissance des travaux aura été approuvée, les experts respectivement nommés par les propriétaires et par les entrepreneurs du desséchement, et accompagnés du tiers expert, procéderont, de concert avec les ingénieurs, à une classification des fonds desséchés, suivant leur valeur nouvelle, et l'espèce de culture dont ils seront devenus susceptibles.

Cette classification sera vérifiée, arrêtée, suivie d'une estimation, le tout dans les mêmes formes ci-dessus prescrites pour la classification et l'estimation des marais avant le desséchement.

TITRE V. — RÈGLES POUR LE PAYEMENT DES INDEMNITÉS DUES PAR LES PROPRIÉTAIRES EN CAS DE DÉPOSSESSION.

ART. 19. — Dès que l'estimation des fonds desséchés aura été arrêtée, les entrepreneurs du desséchement présenteront à la commission un rôle comprenant :

1° Le nom des propriétaires;

2° L'étendue de leur propriété;

3° Les classes dans lesquelles elle se trouve placée; le tout relevé sur le plan cadastral;

4° L'énonciation de la première estimation, calculée à raison de l'étendue et des classes;

5° Le montant de la valeur actuelle de la propriété depuis le desséchement, réglée par la seconde estimation et le second classement;

6° Enfin la différence entre les deux estimations.

S'il reste dans le marais des portions qui n'auront pu être desséchées, elles ne donneront lieu à aucune prétention de la part des entrepreneurs du desséchement.

ART. 20. — Le montant de la plus-value obtenu par le desséchement sera divisé entre le propriétaire et le concessionnaire dans les proportions qui auront été fixées par l'acte de concession.

Lorsqu'un desséchement sera fait par l'État, sa portion dans la plus-value sera fixée de manière à le rembourser de toutes ses dépenses. Le rôle des indemnités sur la plus-value sera arrêté par la commission et rendu exécutoire par le préfet.

ART. 21. — Les propriétaires auront la faculté de se libérer de l'indemnité par eux due, en délaissant une portion relative de fonds calculée sur le pied de la dernière estimation : dans ce cas il n'y aura lieu qu'au droit fixe de un franc pour l'enregistrement de l'acte de mutation de propriété.

ART. 22. — Si les propriétaires ne veulent pas délaisser des fonds en nature, ils constitueront une rente sur le pied de 4 p. 100, sans retenue; le capital de cette rente sera toujours remboursable même par portions, qui cependant ne pourront être moindres d'un dixième, et moyennant vingt-cinq capitaux.

ART. 23. — Les indemnités dues aux concessionnaires ou au gouvernement à raison de la plus-value résultant des desséchements auront privilège sur toute la plus-value, à la charge seulement de faire transcrire l'acte de concession, ou le décret qui ordonne le desséchement au compte de l'État, dans le bureau ou dans les bureaux des hypothèques de l'arrondissement ou des arrondissements de la situation des marais desséchés.

L'hypothèque de tout individu inscrit avant le desséchement sera restreinte, au moyen de de la transcription ci-dessus ordonnée, sur une portion de propriété égale en valeur à la première valeur estimative des terrains desséchés.

ART. 24. — Dans les cas où le desséchement d'un marais ne pourrait être opéré par les moyens ci-dessus organisés, et où, soit par les obstacles de la nature, soit par des oppositions persévérantes des propriétaires, on ne pourrait parvenir au desséchement, le propriétaire ou les propriétaires de la totalité des marais pourront être contraints à délaisser leur propriété, sur estimation faite dans les formes déjà prescrites.

Cette estimation sera soumise au jugement et à l'homologation d'une commission formée à cet effet, et la cession sera ordonnée sur le rapport du ministre de l'intérieur, par un règlement d'administration publique.

TITRE VI. — DE LA CONSERVATION DES TRAVAUX DE DESSÉCHEMENT.

ART. 25. — Durant le cours des travaux de desséchement, les canaux, fossés, rigoles, digues et autres ouvrages seront entretenus et gardés aux frais des entrepreneurs de desséchement.

ART. 26. — A compter de la réception des travaux, l'entretien et la garde seront à la charge des propriétaires, tant anciens que nouveaux. Les syndics déjà nommés, auxquels le préfet pourra en adjoindre deux ou quatre pris parmi les nouveaux propriétaires, proposeront au préfet des règlements d'administration publique qui fixeront le genre et l'étendue des contributions nécessaires pour subvenir aux dépenses.

La commission donnera son avis sur ces projets de règlement, et, en les adressant au ministre, proposera aussi la création d'une administration composée de propriétaires qui devra faire exécuter les travaux ; il sera statué sur le tout en Conseil d'État.

Art. 27. — La conservation des travaux de desséchement, celle des digues contre les torrents, rivières et fleuves, et sur les bords des lacs et de la mer, est commise à l'administration publique. Les délits seront poursuivis par les voies ordinaires, soit devant les tribunaux de police correctionnelle, soit devant les cours criminelles en raison des cas.

Titre VII. — Des travaux de navigation, des routes, des ponts, des rues, places et quais dans les villes ; des digues ; des travaux de salubrité dans les communes.

Art. 28. — Lorsque, par l'ouverture d'un canal de navigation, par le perfectionnement de la navigation d'une rivière, par l'ouverture d'une grande route, par la construction d'un pont, un ou plusieurs départements, un ou plusieurs arrondissements seront jugés devoir recueillir une amélioration à la valeur de leur territoire, ils seront susceptibles de contribuer aux dépenses des travaux, par voie de centimes additionnels aux contributions, et ce, dans des proportions qui seront déterminées par des lois spéciales.

Ces contributions ne pourront s'élever au delà de la moitié de la dépense ; le gouvernement fournira l'excédent.

Art. 29. — Lorsqu'il y aura lieu à l'établissement ou au perfectionnement d'une petite navigation, un canal de flottage, à l'ouverture ou à l'entretien de grandes routes d'intérêt local, à la construction ou à l'entretien de ponts sur lesdites routes ou sur des chemins vicinaux, les départements contribueront dans une proportion, les arrondissements les plus intéressés dans une autre, les communes les plus intéressées d'une manière encore différente, le tout selon le rapport des degrés d'utilité respective.

Le gouvernement ne fournira de fonds, dans ce cas, que lorsqu'il le jugera convenable ; les proportions des diverses contributions seront réglées par des lois spéciales.

Art. 30. — Lorsque, par suite des travaux déjà énoncés dans la présente loi, lorsque, par l'ouverture de nouvelles rues, par la formation de places nouvelles, par la construction de quais ou pour tous autres travaux publics généraux, départementaux ou communaux, ordonnés ou approuvés par le gouvernement, des propriétés privées auront acquis une notable augmentation de valeur, ces propriétés pourront être chargées de payer une indemnité qui pourra s'élever jusqu'à la valeur de la moitié des avantages qu'elles auront acquis : le tout sera réglé par estimation dans les formes déjà établies par la présente loi, jugé et homologué par la commission qui aura été nommée à cet effet.

Art. 31. — Les indemnités pour payement de plus-value seront acquittées au choix des débiteurs, en argent ou en rentes constituées à 4 p. 100 net, ou en délaissement d'une partie de la propriété, si elle est divisible : ils pourront délaisser en entier les fonds, terrains ou bâtiments dont la plus-value donne lieu à l'indemnité ; et ce, sur l'estimation réglée d'après la valeur qu'avait l'objet avant l'exécution des travaux desquels la plus-value aura résulté.

Les articles 21 et 23 relatifs aux droits d'enregistrement et aux hypothèques sont applicables aux cas spécifiés dans le présent article.

Art. 32. — Les indemnités ne seront dues par les propriétaires des fonds voisins des travaux effectués que lorsqu'il aura été décidé, par un règlement d'administration publique rendu sur le rapport du ministre de l'intérieur, et après avoir entendu les parties intéressées, qu'il y a lieu à l'application des deux articles précédents.

Art. 33. — Lorsqu'il s'agira de construire des digues à la mer, ou contre les fleuves, rivières et torrents navigables ou non navigables, la nécessité en sera constatée par le gouvernement, et la dépense supportée par les propriétés protégées, dans la proportion de leurs intérêts aux travaux ; sauf le cas où le gouvernement croirait utile d'accorder des secours sur les fonds publics.

Art. 34. — Les formes précédemment établies et l'intervention d'une commission seront appliquées à l'exécution du précédent article.

Lorsqu'il y aura lieu de pourvoir aux dépenses d'entretien ou de réparation des mêmes travaux, au curage des canaux qui sont en même temps de navigation et de desséchement, il sera fait des règlements d'administration publique qui fixeront la part contributive du gouvernement et des propriétaires. Il en sera de même lorsqu'il s'agira de levées, de barrages, de pertuis, d'écluses, auxquels les propriétaires de moulins ou d'usines seraient intéressés.

Art. 35. — Tous les travaux de salubrité qui intéressent les villes et les communes seront ordonnés par le gouvernement, et les dépenses supportées par les communes intéressées.

Art. 36. — Tout ce qui est relatif aux travaux de salubrité sera réglé par l'administration publique ; elle aura égard, lors de la rédaction du rôle de la contribution spéciale destinée à faire face aux dépenses de ce genre de travaux, aux avantages immédiats qu'acquerraient telles ou telles propriétés privées, pour les faire contribuer à la décharge de la commune dans des proportions variées, et justifiées par les circonstances.

Art. 37. — L'exécution des deux articles précédents restera dans les attributions des préfets et des conseils de préfecture.

Titre VIII. — Des travaux de route et de navigation relatifs à l'exploitation des forêts et minières.

Art. 38. — Lorsqu'il y aura lieu d'ouvrir ou de perfectionner une route ou des moyens de navigation dont l'objet sera d'exploiter avec économie des forêts ou bois, des mines ou minières, ou de leur fournir un débouché, toutes les propriétés de cette espèce, générales, commerciales ou privées, qui devront en profiter, seront appelées à contribuer pour la totalité de la dépense, dans les proportions variées des avantages qu'elles devront en recueillir.

Le gouvernement pourra néanmoins accorder sur les fonds publics les secours qu'il croira nécessaires.

Art. 39. — Les propriétaires se libéreront dans les formes énoncées aux articles 21, 22 et 23 de la présente loi.

Art. 40. — Les formes d'estimation et l'intervention de la commission organisée par la présente loi seront appliquées à l'exécution des deux précédents articles.

Titre IX. — De la concession des divers objets dépendants du domaine.

Art. 41. — Le gouvernement concédera, aux conditions qu'il aura réglées, les marais, lais, relais de la mer, le droit d'endiguage, les accrues, atterrissements et alluvions de fleuves, rivières et torrents, quant à ceux de ces objets qui forment propriété publique ou domaniale.

Titre X. — De l'organisation et des attributions des commissions spéciales.

Art. 42. — Lorsqu'il s'agira d'un desséchement de marais ou d'autres ouvrages déjà énoncés en la présente loi, et pour lesquels l'intervention d'une commission spéciale est indiquée, cette commission sera établie ainsi qu'il suit.

Art. 43. — Elle sera composée de sept commissaires : leur avis ou leurs décisions seront motivés ; ils devront, pour les prononcer, être au moins au nombre de cinq.

Art. 44. — Les commissaires seront pris parmi les personnes qui seront présumées avoir le plus de connaissances relatives soit aux localités, soit aux divers objets sur lesquels ils auront à prononcer.

Ils seront nommés par l'empereur.

Art. 45. — Les formes de la réunion des membres de la commission, la fixation des époques de ses séances et des lieux où elles seront tenues, les règles pour la présidence, le secrétariat et la garde des papiers, les frais qu'entraîneront ses opérations, et enfin tout ce qui concerne son organisation, seront déterminés, dans chaque cas, par un règlement d'administration publique.

Art. 46. — Les commissions spéciales connaîtront de tout ce qui est relatif au classement des diverses propriétés avant ou après le desséchement des marais, à leur estimation, à la vérification de l'exactitude des plans cadastraux, à l'exécution des clauses des actes de concession relatifs à la jouissance par les concessionnaires d'une portion de produit, à la vérification du rôle de plus-value des terres après le desséchement ; elles donneront leur avis sur l'organisation du mode d'entretien des travaux de desséchement ; elles arrêteront les estimations dans les cas prévus par l'art. 24, où le gouvernement aurait à déposséder tous les propriétaires d'un marais ; elles connaîtront des mêmes objets, lorsqu'il s'agira de fixer la valeur des propriétés, avant l'exécution de travaux d'un autre genre, comme routes, canaux, quais, digues, ponts, rues, etc., et après l'exécution desdits travaux, et lorsqu'il sera question de fixer la plus-value.

Art. 47. — Elles ne pourront, en aucun cas, juger les questions de propriété, sur lesquelles il sera prononcé par les tribunaux ordinaires, sans que, dans aucun cas, les opérations relatives aux travaux, ou l'exécution des décisions de la commission, puissent être retardées ou suspendues.

Titre XI. — Des indemnités aux propriétaires pour occupations de terrains.

Art. 48. — Lorsque, pour exécuter un desséchement, l'ouverture d'une nouvelle navigation, un pont, il sera question de supprimer des moulins et autres usines, de les déplacer, modifier, ou de réduire l'élévation de leurs eaux, la nécessité en sera constatée par les ingénieurs des ponts et chaussées. Le prix de l'estimation sera payé par l'État, lorsqu'il entreprend les travaux ; lorsqu'ils sont entrepris par des concessionnaires, le prix de l'estimation sera payé avant qu'ils puissent faire cesser le travail des moulins et usines.

Il sera d'abord examiné si l'établissement des moulins et usines est légal, ou si le titre d'établissement ne soumet pas les propriétaires à voir démolir leurs établissements sans indemnité, si l'utilité publique le requiert.

Art. 49. — Les terrains nécessaires pour l'ouverture de canaux et rigoles de desséchement, de canaux de navigation, de routes, de rues, la formation de places et autres travaux reconnus d'utilité générale, seront payés à leurs propriétaires, et à dire d'experts d'après leur valeur avant l'entreprise des travaux, et sans nulle augmentation du prix d'estimation.

Art. 50. — Lorsqu'un propriétaire fait volontairement démolir sa maison lorsqu'il est forcé de la démolir pour cause de vétusté, il n'a droit à indemnité que pour la valeur du terrain délaissé, si l'alignement qui lui est donné par les autorités compétentes le force à reculer sa construction.

Art. 51. — Les maisons et bâtiments dont il serait nécessaire de faire démolir et d'enlever une portion pour cause d'utilité publique légalement reconnue seront acquis en entier, si le propriétaire l'exige, sauf à l'administration publique ou aux communes à revendre les portions de bâtiments ainsi acquises, et qui ne seront pas nécessaires pour l'exécution du plan. La cession par le propriétaire à l'administration publique ou à la commune, et la revente, seront effectuées d'après un décret rendu en Conseil d'État sur le rapport du ministre de l'intérieur, dans les formes prescrites par la loi.

Art. 52. — Dans les villes, les alignements pour l'ouverture des nouvelles rues, l'élargissement des anciennes qui ne font point partie d'une grande route, ou pour tout autre objet d'utilité publique, seront donnés par les maires, conformément au plan dont les projets auront été adressés aux préfets, transmis avec leur avis au ministre de l'intérieur, et arrêtés en Conseil d'État.

En cas de réclamation de tiers intéressés, il sera de même statué en Conseil d'État sur le rapport du ministre de l'intérieur.

Art. 53. — Au cas où, par les alignements arrêtés, un propriétaire pourrait recevoir la faculté de s'avancer sur la voie publique, il sera tenu de payer la valeur du terrain qui lui sera cédé. Dans la fixation de cette valeur, les experts auront égard à ce que le plus ou moins de profondeur du terrain cédé, la nature de la propriété, le reculement du reste du terrain bâti ou non bâti loin de la nouvelle voie, peuvent ajouter ou diminuer de valeur relative pour le propriétaire.

Au cas où le propriétaire ne voudrait point acquérir, l'administration publique est autorisée à le déposséder de l'ensemble de sa propriété, en lui payant la valeur telle qu'elle était avant l'entreprise des travaux. La cession et la revente seront faites comme il a été dit en l'article 51 ci-dessus.

Art. 54. — Lorsqu'il y aura lieu en même temps à payer une indemnité à un propriétaire pour terrains occupés, et à recevoir de lui une plus-value pour des avantages acquis à ses propriétés restantes, il y aura compensation jusqu'à concurrence ; et le surplus seulement, selon les résultats, sera payé au propriétaire ou acquitté par lui.

Art. 55. — Les terrains occupés pour prendre les matériaux nécessaires aux routes ou aux constructions publiques pourront être payés aux propriétaires comme s'ils eussent été pris pour la route même.

Il n'y aura lieu à faire entrer dans l'estimation la valeur des matériaux à extraire que dans les cas où l'on s'emparerait d'une carrière déjà en exploitation : alors lesdits matériaux seront évalués d'après leur prix courant, abstraction faite de l'existence et des besoins de la route pour laquelle ils seraient pris, ou des constructions auxquelles on les destine.

Art. 56. — Les experts, pour l'évaluation des indemnités relatives à une occupation de terrain dans les cas prévus au présent titre, seront nommés, pour les objets de travaux de grande voirie, l'un par le propriétaire, l'autre par le préfet, et le tiers expert, s'il en est besoin, sera de droit l'ingénieur en chef du département ; lorsqu'il y aura des concessionnaires, un expert sera nommé par le propriétaire, un par le concessionnaire, et le tiers expert par le préfet.

Quant aux travaux des villes, un expert sera nommé par le propriétaire, un par le maire de la ville, ou de l'arrondissement pour Paris, et le tiers expert par le préfet.

Art. 57. — Le contrôleur et le directeur des contributions donneront leur avis sur le procès-verbal d'expertise qui sera soumis, par le préfet, à la délibération du conseil de préfecture ; le préfet pourra, dans tous les cas, faire faire une nouvelle expertise.

Titre XII. — Dispositions générales.

Art. 58. — Les indemnités pour plus-value dues à raison des travaux déjà entrepris, et spécialement à raison des travaux de dessèchement, seront réglées d'après les dispositions de la présente loi. Des règlements d'administration publique statueront sur la possibilité et le mode d'application à chaque cas ou entreprise particulière ; et alors l'organisation et l'intervention de la commission spéciale seront toujours nécessaires.

Art. 59. — Toutes les lois antérieures cesseront d'avoir leur exécution en ce qui serait contraire à la présente.

Extrait de l'Ordonnance royale du 18 février 1834.

Art. 2. — L'enquête s'ouvrira sur un avant-projet où l'on fera connaître le tracé général de la ligne des travaux, les dispositions principales des ouvrages les plus importants et l'appréciation sommaire des dépenses.

Art. 3. — A l'avant-projet sera joint, dans tous les cas, un mémoire descriptif indiquant le but de l'entreprise et les avantages qu'on peut s'en promettre...

Art. 4. — Il sera formé, au chef-lieu de chacun des départements que la ligne des travaux devra traverser, une commission de neuf membres au moins, et de treize au plus, pris parmi les principaux propriétaires de terres, de bois, de mines, les négociants, les armateurs et les chefs d'établissements industriels. Les membres et le président de cette commission seront désignés par le préfet, dès l'ouverture de l'enquête.

Art. 5. — Des registres destinés à recevoir les observations auxquelles pourra donner lieu l'entreprise projetée seront ouverts, pendant un mois, au moins, et quatre mois, au plus, au chef-lieu de chacun des départements et des arrondissements que la ligne des travaux devra traverser. Les pièces qui, aux termes des articles 2 et 3, doivent servir de base à l'enquête, resteront déposées pendant la même temps et aux mêmes lieux. La durée de l'ouverture des registres sera déterminée, dans chaque cas particulier, par l'administration supérieure. Cette durée, ainsi que l'objet de l'enquête, seront annoncés par des affiches.

Art. 6. — A l'expiration du délai qui sera fixé, en vertu de l'article précédent, la commission mentionnée à l'article 4 se réunira sur-le-champ, elle examinera les déclarations consignées aux registres de l'enquête ; elle entendra les ingénieurs des ponts et chaussées et des mines employés dans le département, et après avoir recueilli, auprès de toutes les personnes qu'elle jugerait utile de consulter, les renseignements dont elle croira avoir besoin, elle donnera son avis motivé, tant sur l'utilité de l'entreprise que sur les diverses questions qui auront été posées par l'administration. Ces diverses opérations, dont elle dressera procès-verbal, devront être terminées dans un nouveau délai d'un mois.

Art. 7. — Le procès-verbal de la commission d'enquête sera clos immédiatement ; le président de la commission le transmettra sans délai, avec le registre et les autres pièces, au préfet qui l'adressera, avec son avis, à l'administration supérieure dans les quinze jours qui suivront la clôture du procès-verbal.

Art. 8. — Les chambres de commerce et, au besoin, les chambres consultatives des arts et manufactures des villes intéressées à l'exécution des travaux sont appelées à délibérer et à exprimer leur opinion sur l'utilité et la convenance de l'opération. Les procès-verbaux de leurs délibérations devront être remis au préfet avant l'expiration du délai fixé dans l'article 6.

ART. 10. — Si la ligne des travaux n'excède pas les limites de l'arrondissement dans lequel ils sont situés, le délai de l'ouverture des registres et du dépôt des pièces sera fixé au plus à un mois et demi et au moins à vingt jours. La commission d'enquête se réunira au chef-lieu de l'arrondissement et le nombre de ses membres variera de cinq à sept.

Ordonnance royale du 15 février 1835.

ART. 1er. — Lorsque la ligne des travaux relatifs à une entreprise d'utilité publique devra s'étendre sur le territoire de plus de deux départements, les pièces de l'avant-projet, qui serviront de base à l'enquête, ne seront déposées qu'au chef-lieu de chacun des départements traversés.

Des registres continueront d'être ouverts, conformément au premier paragraphe de l'article 5 de notre ordonnance du 18 février 1834, tant aux chefs-lieux du département qu'aux chefs-lieux d'arrondissement, pour recevoir les observations auxquelles pourra donner lieu l'entreprise projetée.

ART. 2. — Notre ministre...

Ordonnance royale du 22 mars 1835.

ARTICLE PREMIER. — Les terrains ou portions de terrains acquis pour des travaux d'utilité publique, et qui n'auraient pas reçu ou qui ne recevraient pas cette destination, seront remis à l'administration des domaines pour être rétrocédés, s'il y a lieu, aux anciens propriétaires ou à leurs ayants droit, conformément aux articles 60 et 61 de la loi du 7 juillet 1833.

Le contrat de rétrocession sera passé devant le préfet du département ou devant le sous-préfet, sur délégation du préfet, en présence et avec le concours d'un préposé de l'administration des domaines et d'un agent du ministère pour le compte duquel l'acquisition des terrains avait été faite.

Le prix de la rétrocession sera versé dans les caisses du domaine.

ART. 2. — Si les anciens propriétaires ou leurs ayants droit encourent la déchéance du privilège qui leur est accordé par les articles 60 et 61 de la loi du 7 juillet 1833, les terrains ou portions de terrains seront aliénés dans la forme tracée pour l'aliénation des biens de l'État, à la diligence de l'administration des domaines.

ART. 3. — Nos ministres...

Ordonnance royale du 23 août 1835.

ARTICLE PREMIER. — Les enquêtes qui... doivent précéder les entreprises de travaux publics... seront soumises aux formalités ci-après déterminées pour les travaux proposés par un conseil municipal, dans l'intérêt exclusif de la commune.

ART. 2. — L'enquête s'ouvrira sur un projet où l'on fera connaître le but de l'entreprise, le tracé des travaux, les dispositions principales des ouvrages et l'appréciation sommaire des dépenses.

ART. 3. — Ce projet sera déposé à la mairie pendant quinze jours, pour que chaque habitant puisse en prendre connaissance ; à l'expiration de ce délai, un commissaire désigné par le préfet recevra à la mairie, pendant trois jours consécutifs, les déclarations des habitants sur l'utilité publique des travaux projetés. Les délais ci-dessus prescrits pour le dépôt des pièces à la mairie et pour la durée de l'enquête pourront être prolongés par le préfet. Dans tous les cas, ces délais ne courront qu'à dater de l'avertissement donné par voie de publication et d'affiches.

ART. 4. — Après avoir clos et signé le registre de ces déclarations, le commissaire le transmettra immédiatement au maire avec son avis motivé et les autres pièces de l'instruction qui auront servi de base à l'enquête. Si le registre d'enquête contient des déclarations contraires à l'adoption du projet, ou si l'avis du commissaire lui est opposé, le conseil municipal sera appelé à les examiner et émettra son avis, par une délibération motivée dont le procès-verbal sera joint aux pièces. Dans tous les cas, le maire adressera immédiatement les pièces au sous-préfet et celui-ci au préfet, avec son avis motivé.

ART. 5. — Le préfet, après avoir pris, dans les cas prévus par les règlements, l'avis des chambres du commerce et des chambres consultatives des arts et manufactures, dans les lieux où il en est établi, enverra le tout à notre ministre de l'intérieur avec son avis motivé, pour, sur son rapport, être statué par nous sur l'utilité publique des travaux.

ART. 6. — Lorsque les travaux n'intéresseront pas exclusivement la commune, l'enquête aura lieu conformément aux articles 2, 5, 6 et 7 de l'ordonnance du 18 février 1834.

ART. 7. — Notre ministre des finances sera préalablement consulté toutes les fois que les travaux entraîneront l'application de l'avis du Conseil d'État approuvé le 21 février 1808, sur la cession aux communes de tout ou partie d'un bien de l'État.

Loi du 3 mai 1841.

TITRE Ier. — DISPOSITIONS PRÉLIMINAIRES.

ARTICLE PREMIER. — L'expropriation pour cause d'utilité publique s'opère par autorité de justice.

ART. 2. — Les tribunaux ne peuvent prononcer l'expropriation qu'autant que l'utilité en a été constatée dans les formes prescrites par la présente loi.

Ces formes consistent :

1° Dans la loi ou l'ordonnance royale qui autorise l'exécution des travaux pour lesquels l'expropriation est requise;

2° Dans l'acte du préfet qui désigne les localités ou territoires sur lesquels les travaux doivent avoir lieu, lorsque cette désignation ne résulte pas de la loi ou de l'ordonnance royale ;

3° Dans l'arrêté ultérieur par lequel le préfet détermine les propriétés particulières auxquelles l'expropriation est applicable.

Cette application ne peut être faite à aucune propriété particulière qu'après que les parties intéressées ont été mises en état d'y fournir leurs contredits, selon les règles exprimées au titre II.

ART. 3. — Tous grands travaux publics, routes royales, canaux, chemins de fer, canalisation des rivières, bassins et docks, entrepris par l'Etat, les départements, les communes, ou par des compagnies particulières, avec ou sans péage, avec ou sans subside du Trésor, avec ou sans aliénation du domaine public, ne pourront être exécutés qu'en vertu d'une loi qui ne sera rendue qu'après une enquête administrative.

Une ordonnance royale suffira pour autoriser l'exécution des routes départementales, celles des canaux et chemins de fer d'embranchement de moins de vingt mille mètres de longueur, des ponts et de tous autres travaux de moindre importance.

Cette ordonnance devra également être précédée d'une enquête.

Ces enquêtes auront lieu dans les formes déterminées par un règlement d'administration publique.

TITRE II. — DES MESURES D'ADMINISTRATION RELATIVES A L'EXPROPRIATION.

ART. 4. — Les ingénieurs ou les gens de l'art chargés de l'exécution des travaux lèvent, pour la partie qui s'étend sur chaque commune, le plan parcellaire des terrains ou des édifices dont la cession leur paraît nécessaire.

ART. 5. — Le plan desdites propriétés particulières, indicatif des noms de chaque propriétaire, tels qu'ils sont inscrits sur la matrice des rôles, reste déposé pendant huit jours à la mairie de la commune où les propriétés sont situées, afin que chacun puisse en prendre connaissance.

ART. 6. — Le délai fixé à l'article précédent ne court qu'à dater de l'avertissement, qui est donné collectivement aux parties intéressées, de prendre communication du plan déposé à la mairie.

Cet avertissement est publié à son de trompe ou de caisse dans la commune, et affiché tant à la principale porte de l'église du lieu qu'à celle de la maison commune.

Il est en outre inséré dans l'un des journaux publiés dans l'arrondissement, ou, s'il n'en existe aucun, dans l'un des journaux du département.

ART. 7. — Le maire certifie ces publications et affiches ; il mentionne sur un procès-verbal qu'il ouvre à cet effet, et que les parties qui comparaissent sont requises de signer, les déclarations et réclamations qui lui ont été faites verbalement, et y annexe celles qui lui sont transmises par écrit.

ART. 8. — A l'expiration du délai de huitaine prescrit par l'art. 5, une commission se réunit au chef-lieu de la sous-préfecture.

Cette commission, présidée par le sous-préfet de l'arrondissement, sera composée de quatre membres du conseil général du département ou du conseil de l'arrondissement désignés par le préfet, du maire de la commune où les propriétés sont situées, et de l'un des ingénieurs chargés de l'exécution des travaux.

La commission ne peut délibérer valablement qu'autant que cinq de ses membres sont présents.

Dans le cas où le nombre des membres présents serait de six, et où il y aurait partage d'opinions, la voix du président sera prépondérante.

Les propriétaires qu'il s'agit d'exproprier ne peuvent être appelés à faire partie de la commission.

ART. 9. — La commission reçoit, pendant huit jours, les observations des propriétaires. Elle les appelle toutes les fois qu'elle le juge convenable. Elle donne son avis.

Ses opérations doivent être terminées dans le délai de dix jours ; après quoi le procès-verbal est adressé immédiatement par le sous-préfet au préfet.

Dans le cas où lesdites opérations n'auraient pas été mises à fin dans le délai ci-dessus, le sous-préfet devra, dans les trois jours, transmettre au préfet son procès-verbal et les documents recueillis.

ART. 10. — Si la commission propose quelque changement au tracé indiqué par les ingénieurs, le sous-préfet devra, dans la forme indiquée par l'art. 6, en donner immédiatement avis aux propriétaires que ces changements pourront intéresser. Pendant huitaine, à dater de cet avertissement, le procès-verbal et les pièces resteront déposés à la sous-préfecture ; les parties intéressées pourront en prendre communication sans déplacement et sans frais, et fournir leurs observations écrites.

Dans les trois jours suivants, le sous-préfet transmettra toutes les pièces à la préfecture.

ART. 11. — Sur le vu du procès-verbal et des documents y annexés, le préfet détermine, par un arrêté motivé, les propriétés qui doivent être cédées, et indique l'époque à laquelle il sera nécessaire d'en prendre possession. Toutefois, dans le cas où il résulterait de l'avis de la commission qu'il y aurait lieu de modifier le tracé des travaux ordonnés, le préfet surseoira jusqu'à ce qu'il ait été prononcé par l'administration supérieure. L'administration supérieure pourra, suivant les circonstances, ou statuer définitivement ou ordonner qu'il soit procédé de nouveau à tout ou partie des formalités prescrites par les articles précédents.

ART. 12. — Les dispositions des art. 8, 9 et 10 ne sont point applicables au cas où l'expropriation serait demandée par une commune, et dans un intérêt purement communal, non plus qu'aux travaux d'ouverture ou de redressement des chemins vicinaux.

Dans ce cas, le procès-verbal prescrit par l'art. 7 est transmis, avec l'avis du conseil municipal, par le maire au sous-préfet, qui l'adressera au préfet avec ses observations.

Le préfet, en conseil de préfecture, sur le vu de ce procès-verbal, et sauf l'approbation de l'administration supérieure, prononcera comme il est dit en l'article précédent.

TITRE III. — DE L'EXPROPRIATION ET DE SES SUITES, QUANT AUX PRIVILÉGES, HYPOTHÉQUES ET AUTRES DROITS RÉELS.

ART. 13. — Si des biens de mineurs, d'interdits, d'absents, ou autres incapables, sont compris dans les plans déposés en vertu de l'art. 5, ou dans les modifications admises par l'administration supérieure, aux termes de l'art. 11 de la présente loi, les tuteurs, ceux qui ont été envoyés en possession provisoire, et tous représentants des incapables, peuvent, après autorisation du tribunal donnée sur simple requête, en la chambre du conseil, le ministère public entendu, consentir amiablement à l'aliénation desdits biens.

Le tribunal ordonne les mesures de conservation ou de remploi qu'il juge nécessaires.

Ces dispositions sont applicables aux immeubles dotaux et aux majorats.

Les préfets pourront, dans le même cas, aliéner les biens des départements, s'ils y sont autorisés par délibération du conseil général; les maires ou administrateurs pourront aliéner les biens des communes ou établissements publics, s'ils y sont autorisés par délibération du conseil municipal ou du conseil d'administration, approuvée par le préfet en conseil de préfecture.

Le ministre des finances peut consentir à l'aliénation des biens de l'Etat, ou de ceux qui font partie de la dotation de la Couronne, sur la proposition de l'intendant de la liste civile.

A défaut de conventions amiables, soit avec les propriétaires des terrains ou bâtiments dont la cession est reconnue nécessaire, soit avec ceux qui les représentent, le préfet transmet au procureur du roi, dans le ressort duquel les biens sont situés, la loi ou l'ordonnance qui autorise l'exécution des travaux, et l'arrêté mentionné en l'art. 11.

ART. 14. — Dans les trois jours, et sur la production des pièces constatant que les formalités prescrites par l'art. 2 du titre Ier, et par le titre II de la présente loi, ont été remplies, le procureur du roi requiert et le tribunal prononce l'expropriation pour cause d'utilité publique des terrains ou bâtiments indiqués dans l'arrêté du préfet.

Si, dans l'année de l'arrêté du préfet, l'administration n'a pas poursuivi l'expropriation, tout propriétaire dont les terrains sont compris audit arrêté peut présenter requête au tribunal. Cette requête sera communiquée par le procureur du roi au préfet, qui devra, dans le plus bref délai, envoyer les pièces, et le tribunal statuera dans les trois jours.

Le même jugement commet un des membres du tribunal pour remplir les fonctions attribuées par le titre IV, chapitre II, au magistrat directeur du jury chargé de fixer l'indemnité, et désigne un autre membre pour le remplacer au besoin.

En cas d'absence ou d'empêchement de ces deux magistrats, il sera pourvu à leur remplacement par une ordonnance sur requête du président du tribunal civil.

Dans le cas où les propriétaires à exproprier consentiraient à la cession, mais où il n'y aurait point accord sur le prix, le tribunal donnera acte du consentement, et désignera le magistrat directeur du jury, sans qu'il soit besoin de rendre le jugement d'expropriation, ni de s'assurer que les formalités prescrites par le titre II ont été remplies.

ART. 15. — Le jugement est publié et affiché, par extrait, dans la commune de la situation des biens, de la manière indiquée en l'article 6. Il est en outre inséré dans l'un des journaux publiés dans l'arrondissement, ou s'il n'en existe aucun, dans l'un de ceux du département.

Cet extrait, contenant les noms des propriétaires, les motifs et le dispositif du jugement, leur est notifié au domicile qu'ils auront élu dans l'arrondissement de la situation des biens, par une déclaration faite à la mairie de la commune où les biens sont situés; et, dans le cas où cette élection de domicile n'aurait pas eu lieu, la notification de l'extrait sera faite en double copie au maire et au fermier, locataire, gardien ou régisseur de la propriété.

Toutes les autres notifications prescrites par la présente loi seront faites dans la forme ci-dessus indiquée.

ART. 16. — Le jugement sera, immédiatement après l'accomplissement des formalités prescrites par l'article 15 de la présente loi, transcrit au bureau de la conservation des hypothèques de l'arrondissement, conformément à l'article 2181 du Code civil.

ART. 17. — Dans la quinzaine de la transcription, les privilèges et les hypothèques conventionnelles, judiciaires ou légales, seront inscrits.

A défaut d'inscription dans ce délai, l'immeuble exproprié sera affranchi de tous privilèges et hypothèques, de quelque nature qu'ils soient, sans préjudice des droits des femmes, mineurs et interdits, sur le montant de l'indemnité, tant qu'elle n'a pas été payée ou que l'ordre n'a pas été réglé définitivement entre les créanciers.

Les créanciers inscrits n'auront, dans aucun cas, la faculté de surenchérir, mais ils pourront exiger que l'indemnité soit fixée conformément au titre IV.

ART. 18. — Les actions en résolution, en revendication, et toutes autres actions réelles ne pourront arrêter l'expropriation ni en empêcher l'effet. Le droit des réclamants sera transporté sur le prix, et l'immeuble en demeurera affranchi.

ART. 19. — Les règles posées dans le premier paragraphe de l'art. 15 et dans les articles 16, 17 et 18, sont applicables dans le cas de conventions amiables passées entre l'administration et les propriétaires.

Cependant l'administration peut, sauf les droits des tiers, et sans accomplir les formalités ci-dessus tracées, payer le prix des acquisitions dont la valeur ne s'élèverait pas au-dessus de 500 francs.

Le défaut d'accomplissement des formalités de la purge des hypothèques n'empêche pas l'expropriation d'avoir son cours; sauf, pour les parties intéressées, à faire valoir leurs droits ultérieurement, dans les formes déterminées par le titre IV de la présente loi.

Art. 20. — Le jugement ne pourra être attaqué que par la voie du recours en cassation, et seulement pour incompétence, excès de pouvoir ou vice de forme du jugement.

Le pourvoi aura lieu, au plus tard, dans les trois jours, à dater de la notification du jugement, par déclaration au greffe du tribunal. Il sera notifié dans la huitaine, soit à la partie, au domicile indiqué par l'article 15, soit au préfet ou au maire, suivant la nature des travaux ; le tout à peine de déchéance.

Dans la quinzaine de la notification du pourvoi, les pièces seront adressées à la chambre civile de la Cour de cassation, qui statuera dans le mois suivant.

L'arrêt, s'il est rendu par défaut à l'expiration de ce délai, ne sera pas susceptible d'opposition.

TITRE IV. — DU RÈGLEMENT DES INDEMNITÉS.

CHAPITRE PREMIER. — Mesures préparatoires.

Art. 21. — Dans la huitaine qui suivra la notification prescrite par l'article 15, le propriétaire est tenu d'appeler et de faire connaître à l'administration les fermiers, locataires, ceux qui ont des droits d'usufruit, d'habitation ou d'usage, tels qu'ils sont réglés par le Code civil, et ceux qui peuvent réclamer des servitudes résultant des titres mêmes du propriétaire ou d'autres actes dans lesquels il serait intervenu ; sinon il restera seul chargé envers eux des indemnités que ces derniers pourront réclamer.

Les autres intéressés seront en demeure de faire valoir leurs droits par l'avertissement énoncé en l'article 6, et tenus de se faire connaître à l'administration dans le même délai de huitaine, à défaut de quoi ils seront déchus de tous droits à l'indemnité.

Art. 22. — Les dispositions de la présente loi relatives aux propriétaires et à leurs créanciers sont applicables à l'usufruitier et à ses créanciers.

Art. 23. — L'administration notifie, aux propriétaires et à tous autres intéressés qui auront été désignés ou qui seront intervenus dans le délai fixé par l'article 21, les sommes qu'elle offre pour indemnités.

Ces offres sont, en outre, affichées et publiées conformément à l'article 6 de la présente loi.

Art. 24. — Dans la quinzaine suivante, les propriétaires et autres intéressés sont tenus de déclarer leur acceptation, ou, s'ils n'acceptent pas les offres qui leur sont faites, d'indiquer le montant de leurs prétentions.

Art. 25. — Les femmes mariées sous le régime dotal, assistées de leurs maris, les tuteurs, ceux qui ont été envoyés en possession provisoire des biens d'un absent, et autres personnes qui représentent les incapables, peuvent valablement accepter les offres énoncées en l'art. 23, s'ils y sont autorisés des formes prescrites par l'article 13.

Art. 26. — Le ministre des finances, les préfets, maires ou administrateurs, peuvent accepter les offres d'indemnité pour expropriation des biens appartenant à l'État, à la Couronne, aux départements, communes ou établissements publics, dans les formes et avec les autorisations prescrites par l'article 13.

Art. 27. — Le délai de quinzaine, fixé par l'article 24, sera d'un mois dans les cas prévus par les articles 25 et 26.

Art. 28. — Si les offres de l'administration ne sont pas acceptées dans les délais prescrits par les articles 24 et 27, l'administration citera devant le jury, qui sera convoqué à cet effet, les propriétaires et tous les autres intéressés qui auront été désignés, ou qui seront intervenus, pour qu'il soit procédé au règlement des indemnités de la manière indiquée au chapitre suivant. La citation contiendra l'énonciation des offres qui auront été refusées.

CHAPITRE II. — Du jury spécial chargé de régler les indemnités.

Art. 29. — Dans sa session annuelle, le conseil général du département désigne, pour chaque arrondissement de sous-préfecture, tant sur la liste des électeurs que sur la seconde partie de la liste du jury, trente-six personnes au moins, et soixante-douze au plus, qui ont leur domicile réel dans l'arrondissement, parmi lesquelles sont choisis, jusqu'à la session suivante ordinaire du conseil général, les membres du jury spécial appelé, le cas échéant, à régler les indemnités dues par suite d'expropriation pour cause d'utilité publique.

Le nombre des jurés désignés pour le département de la Seine sera de 600.

Art. 30. — Toute les fois qu'il y a lieu de recourir à un jury spécial, la première chambre de la Cour royale, dans les départements qui sont le siège d'une Cour royale, et, dans les autres départements, la première chambre du tribunal du chef-lieu judiciaire, choisit en la chambre du conseil, sur la liste dressée en vertu de l'article précédent pour l'arrondissement dans lequel ont lieu les expropriations, seize personnes qui formeront le jury spécial chargé de fixer définitivement le montant de l'indemnité, et, en outre, quatre jurés supplémentaires ; pendant les vacances, ce choix est déféré à la chambre de la Cour ou du tribunal chargée du service des vacations. En cas d'abstention ou de récusation des membres du tribunal, le choix du jury est déféré à la Cour royale.

Ne peuvent être choisis :

1° Les propriétaires, fermiers, locataires de terrains et bâtiments désignés en l'arrêté du préfet pris en vertu de l'article 11, et qui restent à acquérir ;

2° Les créanciers ayant inscription sur lesdits immeubles ;

3° Tous autres intéressés désignés ou intervenants en vertu des articles 21 et 22.

Les septuagénaires seront dispensés, s'ils le requièrent, des fonctions de juré.

Art. 31. — La liste des seize jurés et des quatre jurés supplémentaires est transmise par le préfet au sous-préfet qui, après s'être concerté avec le magistrat directeur du jury, convoque les jurés et les parties, en leur indiquant, au moins huit jours à l'avance, le lieu et le jour de la réunion. La notification aux parties leur fait connaître les noms des jurés.

Art. 32. — Tout juré qui, sans motifs légitimes, manque à l'une des séances ou refuse de prendre part à la délibération, encourt une amende de 100 francs au moins et de 300 francs au plus.

L'amende est prononcée par le magistrat directeur du jury.

Il statue en dernier ressort sur l'opposition qui serait formée par le juré condamné.

Il prononce également sur les causes d'empêchement que les jurés proposent, ainsi que sur les exclusions ou incompatibilités dont les causes ne seraient survenues ou n'auraient été connues que postérieurement à la désignation faite en vertu de l'article 30.

ART. 33. — Ceux des jurés qui se trouvent rayés de la liste par suite des empêchements, exclusions ou incompatibilités prévus à l'article précédent, sont immédiatement remplacés par les jurés supplémentaires, que le magistrat directeur du jury appelle dans l'ordre de leur inscription.

En cas d'insuffisance, le magistrat directeur du jury choisit, sur la liste dressée en vertu de l'article 29, les personnes nécessaires pour compléter le nombre des seize jurés.

ART. 34. — Le magistrat directeur du jury est assisté, auprès du jury spécial, du greffier ou commis-greffier du tribunal, qui appelle successivement les causes sur lesquelles le jury doit statuer, et tient procès-verbal des opérations.

Lors de l'appel, l'administration a le droit d'exercer deux récusations péremptoires; la partie adverse a le même droit.

Dans le cas où plusieurs intéressés figurent dans la même affaire, ils s'entendent pour l'exercice du droit de récusation, sinon le sort désigne ceux qui doivent en user.

Si le droit de récusation n'est point exercé, ou s'il ne l'est que partiellement, le magistrat directeur du jury procède à la réduction des jurés au nombre de douze, en retranchant les derniers noms inscrits sur la liste.

ART. 35. — Le jury spécial n'est constitué que lorsque les douze jurés sont présents.

Les jurés ne peuvent délibérer valablement qu'au nombre de neuf au moins.

ART. 36. — Lorsque le jury est constitué, chaque juré prête serment de remplir ses fonctions avec impartialité.

ART. 37. — Le magistrat directeur met sous les yeux du jury :

1° Le tableau des offres et demandes notifiées en exécution des articles 23 et 24.

2° Les plans parcellaires et les titres ou autres documents produits par les parties à l'appui des offres et demandes.

Les parties ou leurs fondés de pouvoirs peuvent présenter sommairement leurs observations.

Le jury pourra entendre toutes les personnes qu'il croira pouvoir l'éclairer.

Il pourra également se transporter sur les lieux, ou déléguer à cet effet un ou plusieurs de ses membres.

La discussion est publique, elle peut être continuée à une autre séance.

ART. 38. — La clôture de l'instruction est prononcée par le magistrat directeur du jury.

Les jurés se retirent immédiatement dans leur chambre pour délibérer, sans désemparer, sous la présidence de l'un d'eux, qu'ils désignent à l'instant même.

La décision du jury fixe le montant de l'indemnité, elle est prise à la majorité des voix.

En cas de partage, la voix du président du jury est prépondérante.

ART. 39. — Le jury prononce des indemnités distinctes en faveur des parties qui les réclament à des titres différents, comme propriétaires, locataires, usagers et autres intéressés dont il est parlé à l'article 21.

Dans le cas d'usufruit, une seule indemnité est fixée par le jury, eu égard à la valeur totale de l'immeuble ; le nu propriétaire et l'usufruitier exercent leurs droits sur le montant de l'indemnité au lieu de l'exercer sur la chose.

L'usufruitier sera tenu de donner caution : les père et mère ayant l'usufruit légal des biens de leurs enfants en seront seuls dispensés.

Lorsqu'il y a litige sur le fond du droit ou sur la qualité des réclamants, et toutes les fois qu'il s'élève des difficultés étrangères à la fixation du montant de l'indemnité, le jury règle l'indemnité indépendamment de ces litiges et difficultés, sur lesquels les parties sont renvoyées à se pourvoir devant qui de droit.

L'indemnité allouée par le jury ne peut, en aucun cas, être inférieure aux offres de l'administration, ni supérieure à la demande de la partie intéressée.

ART. 40. — Si l'indemnité réglée par le jury ne dépasse pas l'offre de l'administration, les parties qui l'auront refusée seront condamnées aux dépens.

Si l'indemnité est égale à la demande des parties, l'administration sera condamnée aux dépens.

Si l'indemnité est à la fois supérieure à l'offre de l'administration, et inférieure à la demande des parties, les dépens seront compensés de manière à être supportés par les parties et l'administration, dans les proportions de leur offre et de leur demande avec la décision du jury.

Tout indemnitaire qui ne se trouvera pas dans les cas des articles 25 et 26 sera condamné aux dépens, quelle que soit l'estimation ultérieure du jury, s'il a omis de se conformer aux dispositions de l'article 24.

ART. 41. — La décision du jury, signée des membres qui y ont concouru, est remise par le président au magistrat directeur, qui la déclare exécutoire, statue sur les dépens, et envoie l'administration en possession de la propriété, à la charge par elle de se conformer aux dispositions des articles 53, 54 et suivants.

Ce magistrat taxe les dépens, dont le tarif est déterminé par un règlement d'administration publique.

La taxe ne comprendra que les actes faits postérieurement à l'offre de l'administration; les frais des actes antérieurs demeurent, dans tous les cas, à la charge de l'administration.

ART. 42. — La décision du jury et l'ordonnance du magistrat directeur ne peuvent être attaquées que par la voie du recours en cassation, et seulement pour violation du premier paragraphe de l'article 30, de l'article 31, des deuxième et quatrième paragraphes de l'article 34, et des articles 35, 36, 37, 38, 39 et 40.

Le délai sera de quinze jours pour ce recours, qui sera d'ailleurs formé, notifié et jugé comme il est dit en l'article 20; il courra à partir du jour de la décision.

ART. 43. — Lorsqu'une décision du jury aura été cassée, l'affaire sera renvoyée devant un nouveau jury, choisi dans le même arrondissement.

Néanmoins la Cour de cassation pourra, suivant les circonstances, renvoyer l'appréciation de l'indemnité à un jury choisi dans un des arrondissements voisins, quand même il appartiendrait à un autre département.

Il sera procédé, à cet effet, conformément à l'article 30.

ART. 44. — Le jury ne connaît que des affaires dont il a été saisi au moment de sa convocation, et statue successivement et sans interruption sur chacune de ces affaires. Il ne peut se séparer qu'après avoir réglé toutes les indemnités dont la fixation lui a été ainsi déférée.

ART. 45. — Les opérations commencées par un jury, et qui ne sont pas encore terminées au moment du renouvellement annuel de la liste générale mentionnée en l'article 29, sont continuées, jusqu'à conclusion définitive, par le même jury.

ART. 46. — Après la clôture des opérations du jury, les minutes de ses décisions et les autres pièces qui se rattachent auxdites opérations sont déposées au greffe du tribunal civil de l'arrondissement.

ART. 47. — Les noms des jurés qui auront fait le service d'une session ne pourront être portés sur le tableau dressé par le conseil général pour l'année suivante.

CHAPITRE III. — Des règles à suivre pour la fixation des indemnités.

ART. 48. — Le jury est juge de la sincérité des titres et de l'effet des actes qui seraient de nature à modifier l'évaluation de l'indemnité.

ART. 49. — Dans le cas où l'administration contesterait au débiteur exproprié le droit à une indemnité, le jury, sans s'arrêter à la contestation, dont il renvoie le jugement devant qui de droit, fixe l'indemnité comme si elle était due, et le magistrat directeur du jury en ordonne la consignation, pour ladite indemnité, rester déposée jusqu'à ce que les parties se soient entendues ou que le litige soit vidé.

ART. 50. — Les bâtiments dont il est nécessaire d'acquérir une portion pour cause d'utilité publique seront achetés en entier, si les propriétaires le requièrent, par une déclaration formelle adressée au magistrat directeur du jury, dans les délais énoncés aux articles 24 et 27.

Il en sera de même de toute parcelle de terrain qui, par suite du morcellement, se trouvera réduite au quart de la contenance totale, si toutefois le propriétaire ne possède aucun terrain immédiatement contigu, et si la parcelle ainsi réduite est inférieure à dix ares.

ART. 51. — Si l'exécution des travaux doit procurer une augmentation de valeur immé-

diate et spéciale au restant de la propriété, cette augmentation sera prise en considération dans l'évaluation du montant de l'indemnité.

ART. 52. — Les constructions, plantations et améliorations ne donneront lieu à aucune indemnité lorsque, à raison de l'époque où elles auront été faites ou de toutes autres circonstances dont l'appréciation lui est abandonnée, le jury acquiert la conviction qu'elles ont été faites dans la vue d'obtenir une indemnité plus élevée.

TITRE V. — DU PAIEMENT DES INDEMNITÉS.

ART. 53. — Les indemnités réglées par le jury seront, préalablement à la prise de possession, acquittées entre les mains des ayants droit.

S'ils se refusent à les recevoir, la prise de possession aura lieu après offres réelles et consignation.

S'il s'agit de travaux exécutés par l'État ou les départements, les offres réelles pourront s'effectuer au moyen d'un mandat égal au montant de l'indemnité réglée par le jury : ce mandat délivré par l'ordonnateur compétent, visé par le payeur, sera payable sur la caisse publique qui s'y trouvera désignée.

Si les ayants droit refusent de recevoir le mandat, la prise de possession aura lieu après consignation en espèces.

ART. 54. — Il ne sera pas fait d'offres réelles toutes les fois qu'il existera des inscriptions sur l'immeuble exproprié ou d'autres obstacles au versement des deniers entre les mains des ayants droit; dans ce cas, il suffira que les sommes dues par l'administration soient consignées, pour être ultérieurement distribuées ou remises, selon les règles du droit commun.

ART. 55. — Si, dans les six mois du jugement d'expropriation, l'administration ne poursuit pas la fixation de l'indemnité, les parties pourront exiger qu'il soit procédé à ladite fixation.

Quand l'indemnité aura été réglée, si elle n'est ni acquittée ni consignée dans les six mois de la décision du jury, les intérêts courront de plein droit à l'expiration de ce délai.

TITRE VI. — DISPOSITIONS DIVERSES.

ART. 56. — Les contrats de vente, quittances et autres actes relatifs à l'acquisition des terrains peuvent être passés dans la forme des actes administratifs; la minute restera déposée au secrétariat de la préfecture : expédition en sera transmise à l'administration des domaines.

ART. 57. — Les significations et notifications mentionnées en la présente loi sont faites à la diligence du préfet du département de la situation des biens.

Elles peuvent être faites tant par huissier que par tout agent de l'administration dont les procès-verbaux font foi en justice.

ART. 58. — Les plans, procès-verbaux, certificats, significations, jugements, contrats, quittances et autres actes faits en vertu de la présente loi, seront visés pour timbre et enregistrés gratis, lorsqu'il y aura lieu à la formalité de l'enregistrement.

Il ne sera perçu aucuns droits pour la transcription des actes au bureau des hypothèques.

Les droits perçus sur les acquisitions amiables faites antérieurement aux arrêtés du préfet seront restitués lorsque, dans le délai de deux ans, à partir de la perception, il sera justifié que les immeubles acquis sont compris dans ces arrêtés. La restitution des droits ne pourra s'appliquer qu'à la portion des immeubles qui aura été reconnue nécessaire à l'exécution des travaux.

Art. 59. — Lorsqu'un propriétaire aura accepté les offres de l'administration, le montant de l'indemnité devra, s'il l'exige et s'il n'y a pas eu contestation de la part des tiers dans les délais prescrits par les art. 24 et 27, être versé à la caisse des dépôts et consignations, pour être remis ou distribué à qui de droit, selon les règles du droit commun.

Art. 60. — Si les terrains acquis pour des travaux d'utilité publique ne reçoivent pas cette destination, les anciens propriétaires ou leurs ayants droit peuvent en demander la remise.

Le prix des terrains rétrocédés est fixé à l'amiable, et s'il n'y a pas accord par le jury, dans les formes ci-dessus prescrites. La fixation par le jury ne peut, en aucun cas, excéder la somme moyennant laquelle les terrains ont été acquis.

Art. 61. — Un avis, publié de la manière indiquée en l'article 6, fait connaître les terrains que l'administration est dans le cas de revendre. Dans les trois mois de cette publication, les anciens propriétaires qui veulent réacquérir la propriété desdits terrains sont tenus de le déclarer ; et, dans le mois de la fixation du prix soit amiable, soit judiciaire, ils doivent passer le contrat de rachat et payer le prix : le tout à peine de déchéance du privilège que leur accorde l'article précédent.

Art. 62. — Les dispositions des articles 60 et 61 ne sont pas applicables aux terrains qui auront été acquis sur la réquisition du propriétaire, en vertu de l'article 50, et qui resteraient disponibles après l'exécution des travaux.

Art. 63. — Les concessionnaires des travaux publics exerceront tous les droits conférés à l'administration et seront soumis à toutes les obligations qui lui sont imposées par la présente loi.

Art. 64. — Les contributions de la portion d'immeuble qu'un propriétaire aura cédée, ou dont il aura été exproprié pour cause d'utilité publique, continueront à lui être comptées pendant un an, à partir de la remise de la propriété, pour former son cens électoral.

Titre VII. — Dispositions exceptionnelles.

Chapitre premier.

Art. 65. — Lorsqu'il y aura urgence de prendre possession des terrains non bâtis qui seront soumis à l'expropriation, l'urgence sera spécialement déclarée par une ordonnance royale.

Art. 66. — En ce cas, après le jugement d'expropriation, l'ordonnance qui déclare l'urgence et le jugement seront notifiés, conformément à l'art. 15, aux propriétaires et aux dé-

tenteurs, avec assignation devant le tribunal civil. L'assignation sera donnée à trois jours au moins ; elle énoncera la somme offerte par l'administration.

Art. 67. — Au jour fixé, le propriétaire et les détenteurs seront tenus de déclarer la somme dont ils demandent la consignation avant l'envoi en possession.

Faute par eux de comparaître, il sera procédé en leur absence.

Art. 68. — Le tribunal fixe le montant de la somme à consigner.

Le tribunal peut se transporter sur les lieux, ou commettre un juge pour visiter les terrains, recueillir tous les renseignements propres à en déterminer la valeur, et en dresser, s'il y a lieu, un procès-verbal descriptif. Cette opération devra être terminée dans les cinq jours, à dater du jugement qui l'aura ordonnée.

Dans les trois jours de la remise de ce procès-verbal au greffe, le tribunal déterminera la somme à consigner.

Art. 69. — La consignation doit comprendre, outre le principal, la somme nécessaire pour assurer pendant deux ans le payement des intérêts à 5 p. 100.

Art. 70. — Sur le vu du procès-verbal de consignation, et sur une nouvelle assignation à deux jours de délai au moins, le président ordonne la prise de possession.

Art. 71. — Le jugement du tribunal et l'ordonnance du président sont exécutoires sur minute et ne peuvent être attaquées par opposition ni par appel.

Art. 72. — Le président taxera les dépens, qui seront supportés par l'administration.

Art. 73. — Après la prise de possession, il sera, à la poursuite de la partie la plus diligente, procédé à la fixation définitive de l'indemnité, en exécution du titre IV de la présente loi.

Art. 74. — Si cette fixation est supérieure à la somme qui a été déterminée par le tribunal, le supplément doit être consigné dans la quinzaine de la notification de la décision du jury, et, à défaut, le propriétaire peut s'opposer à la continuation des travaux.

Chapitre II.

Art. 75. — Les formalités prescrites par les titres I et II de la présente loi ne sont applicables ni aux travaux militaires ni aux travaux de la marine royale.

Pour ces travaux, une ordonnance royale détermine les terrains qui sont soumis à l'expropriation.

Art. 76. — L'expropriation ou l'occupation temporaire, en cas d'urgence, des propriétés privées qui seront jugées nécessaires pour travaux de fortification, continueront d'avoir lieu conformément aux dispositions prescrites par la loi du 30 mars 1831.

Toutefois, lorsque les propriétaires ou autres intéressés n'auront pas accepté les offres de l'administration, le règlement définitif des indemnités aura lieu conformément aux dispositions du titre IV ci-dessus.

Seront également applicables aux expropriations poursuivies en vertu de la loi du 30 mars

1831, les art. 16, 17, 18, 19 et 20, ainsi que le titre VI de la présente loi.

ART. 77. — Les lois des 8 mars 1810 et 7 juillet 1833 sont abrogées.

Décret du 26 mars 1852.

ARTICLE PREMIER. — Les rues de Paris continueront d'être soumises au régime de la grande voirie.

ART. 2. — Dans tout projet d'expropriation pour l'élargissement, le redressement ou la formation des rues de Paris, l'administration aura la faculté de comprendre la totalité des immeubles atteints, lorsqu'elle jugera que les parties restantes ne sont pas d'une étendue ou d'une forme qui permette d'y élever des constructions salubres.

Elle pourra pareillement comprendre, dans l'expropriation, des immeubles en dehors des alignements, lorsque leur acquisition sera nécessaire pour la suppression d'anciennes voies publiques jugées inutiles.

Les parcelles de terrain acquises en dehors des alignements, et non susceptibles de recevoir des constructions salubres, seront réunies aux propriétés contiguës, soit à l'amiable, soit par l'expropriation de ces propriétés, conformément à l'art. 53 de la loi du 16 septembre 1807.

La fixation du prix de ces terrains sera faite suivant les mêmes formes et devant la même juridiction que celle des expropriations ordinaires.

L'art. 38 de la loi du 3 mai 1841 est applicable à tous les actes et contrats relatifs aux terrains acquis pour la voie publique par simple mesure de voirie.

ART. 3. — A l'avenir, l'étude de tout plan d'alignement de rue devra nécessairement comprendre le nivellement, celui-ci sera soumis à toutes les formalités qui régissent l'alignement.

Tout constructeur de maison, avant de se mettre à l'œuvre, devra demander l'alignement et le nivellement de la voie publique au devant de son terrain, et s'y conformer.

ART. 4. — Il devra pareillement adresser à l'administration un plan et des coupes cotées des constructions qu'il projette et se soumettre aux prescriptions qui lui seront faites dans l'intérêt de la sûreté publique et de la salubrité.

Vingt jours après le dépôt de ces plan et coupes au secrétariat de la préfecture de la Seine, le constructeur pourra commencer les travaux d'après son plan, s'il ne lui a été notifié aucune injonction.

Une coupe géologique des fouilles pour fondation de bâtiments sera dressée par tout architecte constructeur et remise à la préfecture de Seine.

ART. 5. — Les façades des maisons seront constamment tenues en bon état de propreté. Elles seront grattées, repeintes ou badigeonnées au moins une fois tous les dix ans, en vertu de l'injonction qui sera faite au propriétaire par l'autorité municipale. Les contrevenants seront passibles d'une amende qui ne pourra excéder cent francs.

ART. 6. — Toute construction nouvelle dans une rue pourvue d'égout devra être disposée de manière à y conduire les eaux pluviales et ménagères.

La même disposition sera prise pour toute maison ancienne, en cas de grosses réparations, et, en tous cas, avant dix ans.

ART. 7. — Il sera statué par un décret ultérieur, rendu dans la forme des règlements d'administration publique, en ce qui concerne la hauteur des maisons, les combles et les lucarnes.

ART. 8. — Les propriétaires riverains des voies publiques empierrées supporteront les frais de premier établissement des travaux, d'après les règles qui existent à l'égard des propriétaires riverains des rues pavées.

ART. 9. — Les dispositions du présent décret pourront être appliquées aux villes qui en feront la demande, par des décrets spéciaux rendus dans la forme des règlements d'administration publique.

Extrait du décret du 27 décembre 1858.

(Les articles 1, 2, 3 et 4 ont été abrogés par le décret du 14 juin 1876).

ART. 5. — Dans le cas prévu par le § 3 du même article (art. 2 du décret du 26 mars 1852), le propriétaire des fonds auxquels doivent être réunies les parcelles acquises en dehors des alignements, conformément à l'article 53 de la loi du 16 septembre 1807, est mis en demeure, par un acte extrajudiciaire, de déclarer, dans un délai de huitaine, s'il entend profiter de la faculté de s'avancer sur la voie publique en acquérant les parcelles riveraines.

En cas de refus ou de silence, il est procédé à l'expropriation dans les formes légales.

ART. 6. — Dans tout projet pour l'élargissement, le redressement ou la formation des rues, le plan soumis à l'enquête, qui précède la déclaration d'utilité publique, comprend un projet de nivellement.

Extrait de la loi du 24 juillet 1867 sur les conseils municipaux [1].

ART. 16. — Les traités à passer pour l'exécution, par entreprises, des travaux d'ouverture des nouvelles voies et de tous autres travaux communaux déclarés d'utilité publique, dans lesdites villes, sont approuvés par décrets rendus en Conseil d'Etat.

Il en est de même des traités portant concession, à titre exclusif ou pour une durée de plus de trente années, des grands services municipaux desdites villes, ainsi que des tarifs et des traités relatifs aux pompes funèbres.

Avis du Conseil d'Etat du 12 décembre 1868.

Les sections réunies de l'intérieur, de l'instruction publique et des cultes, et de l'agricul-

[1] Cette loi n'est plus en vigueur, mais les prescriptions de l'art. 16 sont encore applicables à Paris.

ture, du commerce, des travaux publics et des beaux-arts, qui ont pris connaissance d'une dépêche de M. le ministre de l'intérieur, dans laquelle est posée la question de savoir si, par application des dispositions des articles 11 et 12 de la loi du 3 mai 1841, sur l'expropriation pour cause d'utilité publique, les préfets sont tenus de soumettre à l'approbation de l'administration supérieure les arrêtés de cessibilité pris par eux, en matière de travaux communaux et spécialement en matière d'ouverture et de redressement de chemins vicinaux, lorsque le conseil municipal n'a réclamé aucune modification dans le tracé des travaux ordonnés;

Vu les articles 11 et 12 de la loi du 3 mai 1841;

Vu la loi du 21 mai 1836;

Considérant que des termes de l'article 12 de la loi du 3 mai 1841 il résulte : d'une part que lorsque l'expropriation est demandée par une commune et dans un intérêt purement communal, comme aussi lorsqu'il s'agit de travaux d'ouverture et de redressement des chemins vicinaux, l'avis du conseil municipal tient lieu de l'avis de la commission dont il est parlé aux articles 8, 9 et 10 de la même loi ; et d'autre part, que le préfet, après avoir pris connaissance dudit avis et du procès-verbal prescrit par l'article 7, prononce en conseil de préfecture, comme il est dit dans l'article 11;

Considérant que ledit article 11 statue que le préfet détermine, par un arrêté motivé, les propriétés qui doivent être cédées, et que cet article ne prescrit au préfet de surseoir, jusqu'à ce qu'il ait été prononcé par l'administration supérieure, que dans le cas où il résulterait de l'avis de la commission qu'il y a lieu de modifier le tracé des travaux ordonnés;

Considérant que du rapprochement de ces deux dispositions il résulte que, lorsqu'il s'agit de travaux de la nature de ceux prévus à l'article 11, le préfet n'est tenu de surseoir et de recourir à l'approbation de l'autorité supérieure que dans le cas où l'avis du conseil municipal ne contient pas une adhésion au tracé des travaux ordonnés;

Considérant que c'est dans ce sens limité que doivent être entendus les mots « et sauf l'approbation de l'administration supérieure » qui sont insérés au dernier paragraphe de l'article 12, ainsi que cela résulte, d'ailleurs, des débats qui ont eu lieu sur ledit article, dans les deux chambres, lors de la discussion de la loi du 3 mai 1841 ;

Que, dès lors, aucune disposition de la loi du 3 mai 1841 n'oblige le préfet à soumettre, dans tous les cas, sans distinction, à l'approbation de l'autorité supérieure, les arrêtés de cessibilité pris en exécution des dispositions de l'article 12 de ladite loi ;

Sont d'avis :

Qu'il y a lieu de résoudre dans le sens ci-dessus indiqué la question qui leur est soumise par M. le ministre de l'intérieur.

Décret du 14 juin 1876.

ARTICLE PREMIER. — Lorsqu'il y aura lieu de procéder à l'ouverture, au redressement ou à l'élargissement d'une rue, à Paris, ou dans l'une des villes auxquelles l'article 2 du décret du 26 mars 1852 aura été déclaré applicable, et qu'il paraîtra nécessaire de comprendre dans l'expropriation, en conformité dudit article, des parties d'immeubles situés en dehors des alignements, ces parcelles seront désignées sur le plan soumis à l'enquête prescrite par le titre Ier, article 2 de la loi du 3 mai 1841, et mention en sera faite dans l'avertissement publié en vertu de l'article 3 de l'ordonnance royale du 23 août 1835. Il sera statué sur l'autorisation d'acquérir lesdites parcelles par le décret qui déclarera d'utilité publique l'opération de voirie projetée.

ART. 2. — Si postérieurement au décret portant déclaration d'utilité publique l'administration reconnaît la nécessité d'acquérir les parties d'immeubles situées en dehors des alignements, ces parcelles seront indiquées sur le plan soumis à l'enquête prescrite par le titre II de la loi du 3 mai 1841 ; il en sera fait mention dans l'avertissement conformément à l'article 6 de ladite loi, et l'expropriation n'en pourra être autorisée, même en l'absence d'opposition, que par un décret rendu en Conseil d'État.

ART. 3. — La disposition qui précède ne fait pas obstacle à ce que le préfet statue conformément aux articles 11 et 12 de la loi du 3 mai 1841, aussitôt après l'accomplissement des formalités prescrites par le titre II de ladite loi, à l'égard de toutes les autres propriétés comprises dans l'expropriation.

ART. 4. — Les articles 1er, 2 et 3 du décret du 27 décembre 1858 sont rapportés.

ART. 5. — Le ministre de l'intérieur est chargé...

EXTRACTION DE MATÉRIAUX. — Edit d'août 1669[1]. Arr. cons. des 22 juin 1706[2] et 7 sept. 1755[3]. Loi du 16 sept. 1807[4]. Ord. roy. des 1er août 1827[5] et 8 août 1845[6]. Arr. min. du 16 nov. 1866[7]. Décr. du 8 févr. 1868[8]. V. également *Carrière, Chemins de fer, Fouille, Travaux publics.*

Les entrepreneurs chargés de la construction et de l'entretien des chemins publics peuvent, moyennant indemnité, extraire la pierre, le grès, le sable à ce nécessaires, dans tout endroit non clos qui leur est indiqué par l'administration.

L'indication des terrains, non clos[9], dans lesquels on doit extraire les matériaux, est faite par un arrêté préfectoral, notifié, par le maire, aux parties intéressées.

L'indemnité n'est réglée qu'après la terminaison des travaux : elle est fixée soit à l'amiable, soit par experts.

Cette indemnité est calculée seulement d'après le dommage causé par les fouilles et l'occupation temporaire du terrain ; la

---

[1] V. *Bois et Forêts.* — [2] Annexe. — [3] Annexe. — [4] V. *Expropriation.* — [5] V. *Bornage.* — [6] Annexe. — [7] V. *Adjudication.* — [8] Annexe. — [9] Arr. cons., 22 juin 1706, annexe, et 7 sept. 1755, annexe.

valeur des matériaux extraits ne doit être prise en considération que s'il s'agit d'une carrière en exploitation[1]. L'indemnité peut même être compensée par la plus-value résultant des travaux[2].

Les propriétaires ont privilège sur les sommes dues aux entrepreneurs par l'administration pour les matériaux extraits de leur terrain.

On ne peut extraire des matériaux à moins de cent perches (714m 63) des forêts ni à moins de six toises (11m 69) des rivières navigables[3]. Dans le cas où, pour des travaux publics, il est nécessaire d'extraire des matériaux dans l'intérieur des forêts, l'indication des emplacements et des chemins d'accès à suivre est donnée par les agents forestiers et les indemnités sont réglées conformément aux articles 55 et 56 de la loi du 16 sept. 1807[4].

Bien que les endroits d'où il doit extraire les matériaux lui soient désignés par l'administration, l'entrepreneur est tenu de tous les dommages qu'ont pu occasionner la prise, l'extraction, le transport et le dépôt de ces matériaux[5].

L'entrepreneur doit s'entendre avec le propriétaire avant de commencer les travaux. A défaut d'entente amiable, l'entrepreneur fait au propriétaire, à son locataire, ou à son gérant, notification, dix jours au moins à l'avance, du jour où il se rendra sur les lieux. Au jour fixé, il est dressé un état des lieux, soit par les experts choisis par l'entrepreneur et le propriétaire, soit par l'expert de l'entrepreneur et celui désigné par le maire si le propriétaire a négligé de le faire. Une nouvelle constatation est faite après chaque campagne si les travaux doivent durer plusieurs années. A la fin des travaux, il est procédé par les experts au recolement de l'état ancien et de l'état dans lequel les lieux sont laissés, ainsi qu'à la fixation de l'indemnité qui peut être due pour dépréciation ou pour tout autre motif[6]. En cas de désaccord, le montant de l'indemnité est fixé par le conseil de préfecture. A défaut du propriétaire, le fermier ou locataire peut réclamer directement la réparation du préjudice qui lui a été causé.

Lorsque les extractions sont faites dans les forêts, l'entrepreneur doit s'entendre avec les agents forestiers, et se soumettre aux obligations qui lui sont imposées tant pour l'extraction que pour le transport des matériaux[7].

[1] Loi, 16 sept. 1807, V. *Expropriation*. — [2] Cass., 18 août 1857, 7 mars 1861. — [3] Edit, août 1669, V. *Bois et Forêts*. — [4] Ord. roy., 1er août 1827, V. *Bornage*. — [5] Arr. min., 16 nov. 1866, V. *Adjudication*. — [6] Décr., 8 févr. 1868, annexe. — [7] Ord. roy., 8 août 1845, annexe.

L'entrepreneur ne peut livrer au commerce, sans une autorisation préalable du propriétaire, les matériaux extraits.

ANNEXES

Arrêt du Conseil du 22 juin 1706.

S. M. en son conseil a ordonné et ordonne que les arrêts du Conseil des 3 octobre 1667 et 3 décembre 1672 seront exécutés selon leur teneur; ce faisant a permis et permet, tant aux entrepreneurs du pavé de la ville, faubourgs et banlieue de Paris, qu'à ceux qui sont chargés des entretiens des grands chemins, et aux adjudicataires des ouvrages ordonnés être faits aux ponts, chaussées et chemins dans l'étendue du royaume, de prendre de la pierre, grès, pavés et sable pour employer à leurs ouvrages, pour l'exécution de leurs baux, en quelques lieux qu'ils les puissent rencontrer, lesquels ne sont point fermés, et de quelque qualité que puissent être lesdits matériaux, soit pierre, grès, pavé, sable ou autre, en dédommageant lesdits propriétaires sur le pied de la valeur du fonds des héritages dans lesquels ils auront pris lesdits matériaux, sur le pied de la valeur de l'arpent conformément audit arrêt du 3 déc. 1672, en justifiant par lesdits propriétaires de la valeur desdits héritages par partages, contrats d'acquisitions ou autres titres valables, ou au défaut d'iceux, suivant l'estimation qui en sera faite au dire d'experts et gens à ce connoissant; comme aussi des dégâts qui auront pu être faits aux choses dont leurs terres se seront trouvées chargées pour parvenir à l'enlèvement desdits matériaux et à la fouille que lesdits entrepreneurs auront été obligés d'y faire, suivant l'estimation qui en sera pareillement faite par des gens à ce connoissant, qui seront pris et nommés par les sieurs trésoriers de France en ladite généralité de Paris, et par les sieurs commissaires départis dans les autres généralités; auxquels S. M. enjoint de tenir la main à l'exécution du présent arrêt. Fait S. M. défenses auxdits propriétaires de porter aucuns troubles ni empêchements auxdits entrepreneurs dans la recherche et transport desdites pierres, grès, pavé et sable, à peine de tous dépens, dommages et intérêts, ni de se pourvoir ailleurs que devant lesdits commissaires départis ou lesdits trésoriers de France, à peine de 500 livres d'amende.

Extrait de l'arrêt du Conseil du 7 septembre 1755.

Le roi étant informé que les entrepreneurs des ponts et chaussées du royaume sont quelquefois troublés dans l'exécution des ouvrages dont ils sont adjudicataires, par les propriétaires de fonds sur lesquels ils sont obligés de prendre les matériaux qui leur sont nécessaires, ou même par les seigneurs directs ou justiciers desdits fonds : comme aussi, que lorsqu'ils se trouvent obligés de prendre lesdits matériaux dans les bois et forêts appartenant à S. M. et sur les bords desdites forêts ou dans les bois appartenant à des ecclésiastiques, communautés laïques et autres gens de main-morte, il se forme des conflits entre les officiers des maîtrises des eaux et forêts, d'une part, à qui la police des bois et la manutention de tout ce qui concerne leur conservation est attribuée, et les officiers des bureaux des finances, d'autre part, qui ont la connaissance de ce qui concerne les adjudications des ouvrages des ponts et chaussées; et S. M. voulant tout à la fois prévenir les inconvénients ci-dessus, et assurer de plus en plus l'exécution des règlements précédemment rendus concernant l'exemption de tous droits pour lesdits matériaux lors de leur transport par terre ou par eau, elle aurait jugé à propos d'expliquer ses intentions sur cet objet, et de donner de plus en plus des marques de sa protection à des ouvrages dont l'utilité est reconnue, etc.

ARTICLE PREMIER. — Les arrêts du conseil des 3 octobre 1667, 3 décembre 1672 et 22 juin 1706 seront exécutés selon leur forme et teneur; en conséquence, les entrepreneurs de l'entretien du pavé de Paris, ainsi que ceux des autres ouvrages ordonnés pour les ponts, chaussées et chemins du royaume, turcies et levées de la Loire, Cher et Allier, et autres y affluentes, pourront prendre la pierre, le grès, le sable et autres matériaux, pour l'exécution des ouvrages dont ils sont adjudicataires, dans tous les lieux qui leur seront indiqués par les devis et adjudications desdits ouvrages, sans néanmoins qu'ils puissent les prendre dans les lieux qui seront fermés de murs, ou autre clôture équivalente, suivant les usages du pays. Fait S. M. défenses aux seigneurs ou propriétaires desdits lieux non clos, de leur apporter aucun trouble ni empêchement, sous quelque prétexte que ce puisse être, à peine de toute perte, dépens, dommages et intérêts, même d'amende, et de telle autre condamnation qu'il appartiendra, sauf l'exigence des cas, sauf néanmoins auxdits seigneurs et propriétaires à se pourvoir contre lesdits entrepreneurs pour leur dédommagement, ainsi qu'il sera réglé ci-après : dans les cas où les matériaux indiqués par les devis ne seront pas jugés convenables ou suffisants, les inspecteurs généraux ou ingénieurs pourront en indiquer à prendre dans d'autres lieux, mais lesdites indications seront données par écrit et signées desdits inspecteurs ou ingénieurs. Veut S. M. que les entrepreneurs ne puissent faire aucun autre usage des matériaux qu'ils auront extraits des terres appartenantes aux particuliers, que de les employer dans les ouvrages dont ils sont adjudicataires, à peine de tous dommages et intérêts envers les propriétaires, et même de punition exemplaire.

ART. 2. — Lesdits inspecteurs généraux et ingénieurs indiqueront, autant qu'ils le pourront, pour prendre lesdits matériaux, les lieux où leur extraction causera le moins de dommage; ils s'abstiendront, autant que faire se pourroit, d'en faire prendre dans les bois; et dans les cas où l'on ne pourroit s'en dispenser sans augmenter considérablement le prix des ouvrages, veut S. M. que les entrepreneurs ne puissent mettre les ouvriers dans les bois appartenant à S. M. ou aux gens de main-morte, même dans les lisières et aux abords des forêts et distances

prohibées par les règlements, sans en avoir pris la permission des grands-maîtres des eaux et forêts ou des officiers des maîtrises par eux commis, qui constateront les lieux où il sera permis auxdits entrepreneurs de faire travailler et la manière dont se fera l'extraction desdits matériaux, comme aussi les chemins par lesquels ils les voitureront : voulant S. M. que dans les cas où lesdits officiers auraient quelque représentation à faire, pour la conservation desdits bois, ils en adressent sans retardement leur mémoire au sieur contrôleur général des finances, pour y être statué par S. M.; et ne pourront en aucun cas lesdits officiers exiger desdits entrepreneurs aucuns faits ni vacations pour raison des visites et permissions ci-dessus ordonnées.

ART. 3. — Les propriétaires des terrains sur lesquels lesdits matériaux auront été pris seront pleinement et entièrement dédommagés de tout le préjudice qu'ils auront pu en souffrir; tant par la fouille pour l'extraction desdits matériaux, que par les dégâts auxquels l'enlèvement aura pu donner lieu sera payé le dédommagement auxdits propriétaires, par les entrepreneurs, suivant l'estimation qui en sera faite par l'ingénieur qui aura fait le devis des ouvrages; et en cas que lesdits propriétaires ne voulussent pas s'en rapporter à ladite estimation, il sera ordonné un rapport de trois nouveaux experts nommés d'office, dont lesdits propriétaires seront tenus d'avancer les frais. Veut S. M. que les entrepreneurs rejettent en outre à leurs frais et dépens, dans les fouilles et ouvertures qu'ils auront faites, les terres et décombres qui en seront provenus.

ART. 4. — Les bois, pierre, grès, sable, fer et autres matériaux que les entrepreneurs des ouvrages du pavé de Paris, des ponts et chaussées, et turcies et levées, feront transporter pour l'exécution de leurs ouvrages, même leurs outils et équipages, seront exempts de tous droits de traite, entrée et sortie, même de ceux dépendants des fermes des aides, domaine et barrage, droits d'octrois, péages, pontonnages et de tous autres généralement quelconques appartenant à S. M., etc.

Ordonnance royale du 8 août 1845.

ARTICLE PREMIER. — Les extractions de matériaux ayant pour objet les travaux des chemins vicinaux, lorsqu'elles devront avoir lieu dans des bois régis par l'administration des forêts, seront soumises à l'observation des formalités indiquées ci-après.

ART. 2. — Les lieux d'extraction devront être désignés préalablement à l'agent forestier supérieur de l'arrondissement.

Les agents forestiers, de concert avec les agents chargés du service vicinal, ou, à défaut de ceux-ci, avec le maire, procéderont à la reconnaissance du terrain et en détermineront les limites.

Ils indiqueront également le nombre, l'espèce et les dimensions des arbres dont l'abatage sera reconnu nécessaire, ainsi que les chemins à suivre pour le transport des matériaux.

En cas de contestation sur ces divers objets, il sera statué par le préfet.

ART. 3. — Les clauses et conditions qui devront, en conséquence des dispositions de l'article précédent, être imposées, tant pour le mode d'extraction que pour le rétablissement des lieux en l'état, seront rédigées par les agents forestiers, et remises par eux au préfet, qui les fera insérer au cahier des charges des travaux. Un arrêté réglera les conditions lorsque les travaux s'exécuteront par économie. Dans tous les cas, les communes demeureront responsables du payement de tous dommages et indemnités.

ART. 4. — L'évaluation des indemnités dues à raison de l'occupation ou de la fouille des terrains et des dégâts causés par l'extraction sera faite conformément au 2e paragraphe de l'article 17 de la loi du 21 mai 1836. L'agent forestier supérieur de l'arrondissement remplira les fonctions d'expert dans l'intérêt de l'État.

ART. 5. — Les agents forestiers, les agents du service et les maires, sont expressément chargés de veiller à ce que les matériaux provenant des extractions ne soient pas employés à des travaux autres que ceux pour lesquels les extractions auront été autorisées. Les agents forestiers exerceront contre les contrevenants toutes poursuites de droit.

ART. 6. — Les arbres abattus seront vendus comme menus marchés, sur l'autorisation du conservateur.

ART. 7. — Les contestations qui pourront s'élever relativement à l'exécution des travaux d'extraction et à l'évaluation des indemnités seront soumises au conseil de préfecture, conformément à l'article 4 de la loi du 28 pluviôse an VIII, et à l'article 17 de la loi du 21 mai 1836.

Décret du 8 février 1868.

ARTICLE PREMIER. — Lorsqu'il y a lieu d'occuper temporairement un terrain pour y extraire des terres ou des matériaux, soit pour tout autre objet relatif à l'exécution des travaux publics, cette occupation est autorisée par un arrêté du préfet, indiquant le nom de la commune où le terrain est situé, les numéros que les parcelles dont il se compose portent sur le plan cadastral et le nom du propriétaire.

Cet arrêté vise le devis qui désigne le terrain à occuper, ou le rapport par lequel l'ingénieur en chef chargé de la direction des travaux propose l'occupation.

Un exemplaire du présent règlement est annexé à l'arrêté.

ART. 2. — Le préfet envoie ampliation de son arrêté à l'ingénieur en chef et au maire de la commune. L'ingénieur en chef en remet une copie certifiée à l'entrepreneur ; le maire notifie l'arrêté au propriétaire du terrain ou à son représentant.

ART. 3. — En cas d'arrangement à l'amiable entre le propriétaire et l'entrepreneur, ce dernier est tenu de présenter aux ingénieurs, toutes les fois qu'il en est requis, le consentement écrit du propriétaire ou le traité qu'il a fait avec lui.

ART. 4. — A défaut de convention amiable, l'entrepreneur, préalablement à toute occupation du terrain désigné, fait au propriétaire, ou, s'il ne demeure pas dans la commune, à son fermier, locataire ou gérant, une notification par lettre chargée indiquant le jour où il compte se rendre sur les lieux ou s'y faire représenter. Il l'invite à désigner un expert pour procéder, contradictoirement avec celui qu'il aura lui-même choisi, à la constatation de l'état des lieux.

En même temps, l'entrepreneur informe par écrit le maire de la commune de la notification faite par lui au propriétaire.

Entre cette notification et la visite des lieux, il doit y avoir un intervalle de dix jours au moins.

ART. 5. — Au jour fixé, les deux experts procèdent ensemble à leurs opérations contradictoires. Ils s'attachent à constater l'état des lieux, de manière qu'en rapprochant plus tard cette constatation de celle qui sera faite après l'exécution des travaux, on ait les éléments nécessaires pour évaluer la dépréciation du terrain ou faire l'estimation des dommages. Ils font eux-mêmes cette estimation si l'entrepreneur et le propriétaire y consentent.

Ils dressent leur procès-verbal en trois expéditions, dont l'une est remise au propriétaire du terrain, une autre à l'entrepreneur, et la troisième au maire de la commune.

ART. 6. — Si, dans le délai fixé par le dernier paragraphe de l'article 4, le propriétaire refuse ou néglige de nommer son expert, le maire en désigne un d'office, pour opérer contradictoirement avec l'expert de l'entrepreneur.

ART. 7. — Immédiatement après les constatations prescrites par les articles précédents, l'entrepreneur peut occuper le terrain et y commencer les travaux autorisés par l'arrêté du préfet, tous les droits du propriétaire étant réservés en ce qui concerne le règlement de l'indemnité.

Toutefois, s'il existe sur ce terrain des arbres fruitiers ou de hautes futaies qu'il soit nécessaire d'abattre, l'entrepreneur est tenu de les laisser subsister jusqu'à ce que l'estimation en ait été faite dans les formes voulues par la loi.

En cas d'opposition de la part du propriétaire, l'occupation a lieu avec l'assistance du maire ou de son délégué.

ART. 8. — Après l'achèvement des travaux, et, s'ils doivent durer plusieurs années, à la fin de chaque campagne, il est fait une nouvelle constatation de l'état des lieux.

A défaut d'accord entre l'entrepreneur et le propriétaire pour l'évaluation partielle ou totale de l'indemnité, il est procédé conformément à l'article 56 de la loi du 16 septembre 1807.

ART. 9. — Lorsque les travaux sont exécutés directement par l'administration, sans l'intermédiaire d'un entrepreneur, il est procédé comme il a été dit ci-dessus ; mais alors la notification prescrite dans l'article 4 est faite par les soins de l'ingénieur, et l'expert chargé de constater l'état des lieux, contradictoirement avec celui du propriétaire, est nommé par le préfet.

ART. 10. — Notre ministre de l'agriculture, du commerce et des travaux publics est chargé de l'exécution du présent décret.

F

FAÇADE. — V. *Mur de Face.*

FAIENCE (Fabrique de)[1].

1° Avec fours non fumivores :
Etablissement insalubre de 2° classe : fumée.

2° Avec fours fumivores :
Etablissement insalubre de 3° classe : fumée accidentelle.

La cheminée doit avoir de 20 à 30 mètres d'élévation, s'il y a des habitations voisines et si l'on ne brûle pas la fumée ; dans certains cas, il est prescrit l'emploi exclusif du coke et la construction d'un tambour en tôle pour retenir les escarbilles et les flammèches.

Les meules, pilons et blutoirs doivent être à une assez grande distance des habitations voisines pour ne pas incommoder par le bruit et la poussière.

Le séchoir ou l'étuve seront en matériaux incombustibles[2].

Il est interdit de faire travailler des enfants dans les locaux où se pratique l'émaillage et où il se produit des dégagements de poussière par suite du broyage, du blutage, etc.[3].

FAITAGE. — Décr. du 28 juill. 1884[4].

La hauteur du faîtage est déterminée par la largeur de la voie publique ou de l'espace situé au droit de la construction[5]. En 1883, il fut question, à la préfecture de police, d'exiger l'établissement, au faîtage des maisons, d'un chemin d'au moins 0m 70 de largeur et bordé d'une rampe en fer, mais l'ordonnance n'a pas été rendue.

FANONS DE BALEINE (Travail des).

Etablissement insalubre de 3° classe : émanations incommodes[6].

Les ateliers doivent être ventilés énergiquement et le sol en être imperméable.

Les cuves à macération doivent être couvertes et surmontées de hottes avec cheminée d'appel ; les chaudières munies de couvercles et surmontées également de hottes conduisant les vapeurs et les buées à la cheminée.

Les eaux de macération seront conduites souterrainement à l'égout[1].

FÉCULERIE.

Etablissement insalubre de 3° classe : odeur et altération des eaux[2].

Les prescriptions de l'administration sont les mêmes que celles imposées pour les *Amidonneries*[3].

FENÊTRE. — Edit de déc. 1607[4]. Décis. pol. du 15 févr. 1850[5]. Décr. du 28 juill. 1874[6]. C. civ., art. 674 et 1754. C. pén., art. 471 et 474.

On ne peut percer aucune fenêtre dans le mur de face d'une maison sans une autorisation de l'administration municipale[7].

Chaque baie ouverte, après coup ou agrandie, donne lieu au payement de droits de voirie[8], savoir :

	fr.
1° au rez-de-chaussée, de 2m et plus..	20
2° — de 0m 80 à 2m.	10
3° Au-dessus du rez-de-chaussée, de 0m 80 et plus.....................	10
4° Quand la baie a moins de 0m 80 dans sa plus grande dimension......	10

Il est interdit de faire ouvrir les fenêtres à l'extérieur ; néanmoins, une décision du préfet de police du 15 février 1850[9] permet les fenêtres ouvrant au dehors, lorsqu'elles sont rendues nécessaires par des circonstances particulières.

La distance de 0m 60 qui doit exister entre le tableau des fenêtres et la ligne séparative de la propriété limitrophe[10] n'est pas exigible pour les fenêtres donnant sur la voie publique[11].

Il est interdit d'exposer aux fenêtres des objets pouvant nuire par leur chute ou leurs exhalaisons[12], ou de jeter, par les fenêtres, aucun objet susceptible de nuire d'une manière quelconque[13].

Les fenêtres ou croisées sont spécialement désignées dans l'article 1754 du Code civil, relatif aux réparations locatives.

Le locataire doit le menu entretien de tout ce qui sert à les ouvrir ou à les fermer, quand bien même la dégradation ne pro-

---

[1] Décr., 31 déc. 1866. — [2] Bunel, p. 294. — [3] Décr., 14 mai 1875.
[4] V. *Hauteur des batim.* — [5] Décr., 28 juill. 1884.
[6] Décr., 31 déc. 1866.

[1] Bunel, p. 295.
[2] Décr., 31 déc. 1866. — [3] Bunel, p. 296.
[4] V. *Voyer.* — [5] V. *Saillie.* — [6] V. *Voirie (Droits de).* — [7] Edit, déc. 1607, V. *Voyer.* — [8] Décr., 28 juill. 1874. — [9] V. *Saillie.* — [10] C. civ., 674. — [11] Cass., 1er juill. 1881.— [12] V. *Caisses.* — [13] C. pén., 471 et 474.

viendrait que de l'usage régulier qu'il en aurait fait; mais les ferrures, telles que les gonds ou paumelles, sont comprises dans le gros entretien et, par suite, à la charge du propriétaire [1].

De même le locataire doit aux fenêtres les jeux nécessaires à leur fonctionnement; mais, si ces jeux exigent la présence simultanée du menuisier et du serrurier, ce travail rentre dans le gros entretien à la charge du propriétaire [2].

Le propriétaire laisse quelquefois aux fenêtres des tringles en fer, destinées à soutenir les rideaux, avec leurs poulies et doubles poulies, pour le jeu des cordons, ainsi que des croissants ou autres objets pour tenir les rideaux ouverts : si ces divers objets manquent ou sont cassés, le locataire doit les remplacer [3]. Mais cet usage étant peu fréquent, c'est au propriétaire à prouver que ces objets existaient.

Les fenêtres sont soumises à une imposition, à la charge du locataire [4].

FER (Dérochage du).
Établissement insalubre de 3e classe : vapeurs nuisibles [5].
Les ateliers doivent être surmontés de lanternous à lames de persiennes, et le sol en être imperméable.
Les cuves à dérocher ainsi que celles à tremper et à galvaniser seront placées sous des hottes munies d'une cheminée d'appel.
La cheminée sera élevée à une hauteur suffisante pour que la fumée n'en incommode pas le voisinage [6].
Il est interdit de faire travailler des enfants soit au dérochage soit à la galvanisation du fer, à cause des vapeurs délétères qui se dégagent [7].

FER (Galvanisation du).
Établissement insalubre de 3e classe : vapeurs nuisibles [8].
Pour les prescriptions administratives et le travail des enfants, V. Fer (Dérochage du).

FER-BLANC (Fabrication du).
Établissement insalubre de 3e classe : fumée [9].
Les ateliers doivent être surmontés de lanternous à lames de persiennes; les cuves à dérocher, les creusets à tremper et les chaudières à suif seront placées sous des hottes

communiquant avec une cheminée d'appel élevée de 20 à 30 mètres. La cheminée des fours à réchauffer aura également de 20 à 30 mètres d'élévation [1].

FERMETURE.— V. Devanture de boutiques.

FEUTRE GOUDRONNÉ (Fabrication du).
Établissement insalubre de 2e classe : odeur et danger d'incendie [2].
Les ateliers doivent être surmontés de lanternous à lames de persiennes, et éloignés les uns des autres. L'atelier où se fait la fusion du goudron, l'imprégnation et le pressage des feutres ainsi que l'étuve destinée à les sécher doivent être en matériaux incombustibles.
L'ouverture des foyers doit être en dehors des ateliers, qui seront, en outre, éclairés seulement par la lumière du jour.
La presse ainsi que les chaudières seront recouvertes de hottes les dépassant de 50 centimètres et descendant assez bas pour absorber les gaz et vapeurs et les conduire à la cheminée, qui s'élèvera à 5 mètres au-dessus des cheminées voisines dans un rayon de 100 mètres [3].
Il est interdit de faire travailler des enfants dans les locaux où les poussières se dégagent librement [4].

FEUTRES ET VISIÈRES VERNIES (Fabrication de).
Établissement insalubre de 1re classe : odeur et danger d'incendie [5].
Pour la fabrication du feutre, les ateliers et les étuves doivent être en matériaux incombustibles : les ateliers ventilés énergiquement, sans baies ouvrantes sur les voisins ni sur la voie publique ; les châssis garnis de toiles métalliques, pour éviter la dispersion des poils au dehors.
La cheminée d'aération de l'étuve aura de 20 à 30 mètres d'élévation.
Les ateliers et magasins seront éclairés seulement par la lumière du jour, et l'ouverture des foyers sera placée en dehors [6].
: Pour la fabrication du vernis, voir ce mot.
Il est interdit d'employer des enfants à cause des dangers d'incendie [7].

FILATURE DES COCONS (Ateliers dans lesquels la) s'opère en grand, c'est-à-dire employant au moins six tours.
Établissements insalubres de 3e classe : odeur et altération des eaux [8].

---

[1] Le Bègue, p. 55.— [2] Le Bègue p. 69.— [3] Agnel, n° 580. — [4] V. Contrib. dir., [5] Décr., 9 mai 1878. — [6] Bunel, p. 297. — [7] Décr., 22 sept. 1879. [8] Décr., 9 mai 1878. [9] Décr., 31 déc. 1866.

[1] Bunel, p. 297. [2] Décr., 31 déc. 1866. — [3] Bunel, p. 299.—[4] Décr., 14 mai 1875. [5] Décr., 31 déc. 1866. — [6] Bunel, p. 298. — [7] Décr., 14 mai 1875. [8] Décr., 31 déc. 1866.

Le sol des ateliers doit être imperméable, et les eaux s'écouler souterrainement à l'égout, ou être déversées sur les terres comme engrais. Les bassines seront surmontées de hottes conduisant les buées à la cheminée [1].

Le travail des enfants est interdit pour l'extraction des parties soyeuses des chrysalides; voir aussi la loi du 19 mai 1874 et le décret du 27 mars 1875 [2].

FONDERIE DE CUIVRE, LAITON ET BRONZE.

Etablissement insalubre de 3e classe : fumées métalliques [3].

Les ateliers doivent être surmontés de lanternons à lames de persiennes; les charpentes revêtues de plâtre ou de mortier.

L'étuve sera construite en matériaux incombustibles et surmontée d'une cheminée conduisant les buées dans l'atmosphère.

Les fourneaux et fours à réverbère seront à 50 centimètres au moins des murs mitoyens.

Les fourneaux pour la fonte au creuset seront surmontés de hottes les dépassant d'au moins un mètre et dont le tirage sera activé par une cheminée d'appel.

Les cheminées s'élèveront à 5 mètres au-dessus des cheminées voisines dans un rayon de 100 mètres; l'emploi du coke pourra être prescrit [4].

Pour le travail des enfants, V. *Etablissements insalubres* (annexes).

FONDERIE en 2e fusion.

Etablissement insalubre de 3e classe : fumée [5].

Les ateliers doivent être surmontés de lanternons à lames de persiennes, sans baies ouvrantes sur la voie publique ni sur les voisins.

L'étuve sera en matériaux incombustibles avec porte en fer et tuyau d'évaporation.

Les tuyaux des cheminées des cubilots, du fourneau de flambage à la résine et le tuyau d'évaporation de l'étuve s'élèveront à 5 mètres au-dessus des cheminées voisines.

Les fourneaux et les cubilots doivent être éloignés des murs mitoyens de manière à ne pas incommoder les voisins par la chaleur [6].

FONTE ET LAMINAGE DU PLOMB, DU ZINC ET DU CUIVRE.

Etablissement insalubre de 3e classe : bruit et fumée [7].

Les ateliers doivent être surmontés de lanternons à lames de persiennes, sans baies ouvrantes sur la voie publique ni sur les voisins.

Les chaudières et fourneaux seront surmontés de hottes les dépassant d'un mètre, et dont le tirage sera activé par un fourneau d'appel : autour du fourneau, il sera établi un rideau vitré descendant jusqu'au niveau de ce fourneau, et empêchant la dispersion des fumées métalliques.

L'étuve sera en matériaux incombustibles avec porte en fer et tuyau d'évaporation.

Toutes les cheminées et tuyaux d'évaporation seront élevé à 5 mètres au-dessus des cheminées voisines dans un rayon de 100 mètres.

Les fourneaux seront établis à 50 centimètres au moins des murs mitoyens [1].

Le travail des enfants y est interdit, en raison des émanations malsaines qui s'y dégagent [2].

FORGE. — Décis. préf. pol. du 15 févr. 1850 [3]. Coutume de Paris, art. 190. C. civ., art. 674.

La coutume de Paris (article 190), à laquelle renvoie le Code civil [4] pour les distances à observer, exige pour toute forge, placée contre un mur mitoyen ou susceptible de le devenir, un contre-mur de 0m 33 d'épaisseur et un vide de 0m 16. Ce contre-mur doit avoir la même largeur et la même hauteur que la forge.

A Paris, les forges ne peuvent être établies sans une autorisation du préfet de police, et doivent être surmontées d'une hotte [5].

FORGES et chaudronneries de grosses œuvres employant des marteaux mécaniques.

Etablissements incommodes de 2e classe : fumée et bruit [6].

Les ateliers seront surmontés de lanternons à lames de persiennes, sans baies ouvrantes sur la voie publique ni sur les voisins.

Les machines seront éloignées des murs mitoyens de façon à ne pas incommoder les voisins par le bruit ou par la chaleur. Relativement aux moyens à employer pour obvier à l'inconvénient des trépidations V. *Machines*.

Les cheminées seront élevées à 5 mètres au-dessus des cheminées voisines dans un rayon de 100 mètres [7].

Pour le travail des enfants, V. *Etablissements insalubres*.

[1] Bunel, p. 300. — [2] *Etabl. insal.* Décr., 14 mai 1875. [3] Décr., 31 déc. 1866. — [4] Bunel, p. 301. [5] Décr., 31 déc. 1866. — [6] Bunel, p. 303. [7] Décr., 31 déc. 1866.

[1] Bunel, p. 304. — [2] Décr., 14 mars 1875. [3] V. *Saillie*. — [4] C. civ., 674. — [5] Ord. pol., 15 févr. 1850. V. *Saillie*. [6] Décr., 31 déc. — [7] Bunel, p. 305, 1866.

FORMES en tôle pour raffineries. — V. *Tôles vernies.*

FOSSE D'AISANCES. — Arr. du parlement de Paris du 13 sept. 1533. Edit de nov. 1539[1]. Ord. pol. des 24 sept. 1668[2] et 24 août 1808[3]. Ord. roy. du 24 sept. 1819[4]. Ord. pol. des 23 oct. 1850[5] et 1er déc. 1853[6]. Arr. préf. du 1er août 1862[7]. Note du directeur des travaux de Paris du 5 sept. 1871[8]. Arr. préf. des 13 mai 1872[9], 15 avril 1878[10] et 20 nov. 1887[11]. Coutume de Paris, art. 171 et 193. C. civ., art. 674.

L'obligation d'avoir des fosses d'aisances dans chaque maison est des plus anciennes : un arrêt du parlement de Paris du 13 septembre 1533 enjoint *à tous les propriétaires des maisons où il n'y a point encore de fosses à retraites d'y en faire en toute diligence.* L'édit de novembre 1539[12] fait les mêmes injonctions et défend, en outre, de les vider sans une autorisation ; l'ordonnance de police du 24 septembre 1668[13] règle, en outre, la manière dont elles seront construites.

Ces prescriptions, relatées dans la coutume de Paris , réitérées à plusieurs reprises, notamment par l'ordonnance royale du 24 septembre 1819 , les ordonnances de police des 23 octobre 1850[16] et 1er décembre 1853[17], ont été étendues, par cette dernière ordonnance, à toutes les communes situées dans le ressort de la préfecture de police.

Aucune fosse ne peut être construite, reconstruite ou réparée, sans une déclaration préalable[18] : elles ne peuvent être comblées ou converties en caves sans une permission.

Dans les communes où l'établissement des fosses d'aisances n'est pas obligatoire, les maires peuvent prendre, à ce sujet, tels arrêtés qu'ils jugent convenables au point de vue de la salubrité[19].

Le mode de construction des fosses d'aisances est régi par l'ordonnance royale du 24 septembre 1819 ; l'administration qui peut, relativement à la construction, la reconstruction ou la réparation des fosses, prescrire toutes les dispositions que nécessite la salubrité, ne serait pas en droit de prescrire des dispositions contraires à celles contenues dans cette ordonnance de 1819[20].

La note du directeur des travaux du 5 septembre 1871 spécifie que le couloir, mettant en communication la cheminée d'extraction avec la fosse, peut n'avoir qu'un mètre de largeur[1].

Les bétons de ciment romain, de Vassy, de Portland, et le béton Coignet sont admis dans la construction des fosses[2].

Les fosses comportant un appareil diviseur pour les solides et un réservoir pour les liquides, autorisées par l'ordonnance de police du 23 septembre 1843, sont interdites, et les fosses de ce genre encore existantes doivent être modifiées[3].

La construction des fosses mobiles est réglementée par l'arrêté préfectoral du 2 juillet 1867 modifié par l'arrêté préfectoral du 20 novembre 1887[4].

L'autorisation de mise en service des fosses neuves est donnée par les architectes-voyers ; les réparations à faire, ainsi que les autorisations de fermeture après réparation, sont dans les attributions du service de l'assainissement de Paris[5].

Aucune loi ne fixant la profondeur à laquelle les fosses doivent être construites, un arrêté préfectoral prescrivant une profondeur quelconque ne serait pas obligatoire[6].

L'article 674 du Code civil met les fosses d'aisances au nombre des ouvrages qui ne peuvent être établis près d'un mur mitoyen, ou susceptible de le devenir, sans un contre-mur suffisant pour empêcher les infiltrations de se produire chez le voisin : il renvoie, pour les distances à observer et l'épaisseur du contre-mur, aux règlements et usages locaux.

A Paris, l'ancienne coutume[7] exige un contre-mur de 0m 33 : s'il existe un puits, de l'autre côté du mur mitoyen, les épaisseurs du mur mitoyen et des deux contre-murs réunies doivent former une épaisseur totale de 1m 30 au moins. Dans le cas d'une fosse de chaque côté du mur mitoyen, cette épaisseur totale peut être réduite à un mètre[8].

Lorsque la maison appartient à plusieurs propriétaires, l'entretien ou la reconstruction de la fosse et du ventilateur est à la charge de tous les propriétaires, proportionnellement au nombre d'étages que chacun possède.

Si la fosse dessert deux ou plusieurs immeubles, l'entretien ou la reconstruction se fait à frais communs, par parts égales, quelle que soit la manière dont chaque propriétaire en use. Chacun des co-propriétaires ne peut modifier le nombre des sièges existants ou

---

[1] Annexe. — [2] Annexe. — [3] V. *Vidange.* — [4] Annexe. — [5] Annexe. — [6] Annexe. — [7] Annexe. — [8] Annexe. — [9] Annexe. — [10] V. *Voyer.* — [11] V. *Egout.* — [12] Annexe. — [13] Annexe. — [14] Coutume de Paris, 193. — [15] Annexe. — [16] Annexe. — [17] Annexe. — [18] Ord. pol., 24 août 1808, V. *Vidange.* — [19] Ord. roy., 24 sept. 1819. — [20] Cass., 31 janv. 1857.

[1] Annexe. — [2] Arr. préf., 1er août 1862, annexe. — [3] Arr. préf., 13 mai 1872, annexe. — [4] V. *Egout.* — [5] Arr. préf., 15 avril 1878, V. *Voyer.* — [6] Tribunal correctionnel de Paris, 29 janv. 1862. — [7] Art. 191. — [8] Frémy-Ligneville, t. II, n° 629.

leur système, qu'autant que cette modification n'entraîne pas une vidange plus fréquente, sans quoi l'augmentation de dépense qui en résulterait serait à la charge de celui qui aurait exécuté ces modifications [1].

Sauf conventions contraires, la réfection des murs, des voûtes ou du radier est une grosse réparation à la charge du propriétaire. La réfection des enduits, le remplacement du châssis, du tampon, des tuyaux de chute ou de ventilation, sont des réparations d'entretien à la charge de l'usufruitier [2].

ANNEXES

Extrait de l'Edit de novembre 1539.

François, etc.....

ARTICLE PREMIER. — Nous voulons et ordonnons que les maisons, cours, ruës, places, et autres lieux et endroits de ladite ville et fauxbourgs d'icelle, soient tenues nettement, et les immondices et ordures vuidées et ostées soigneusement et à grande diligence.

ART. 2. — Que toutes personnes quelconques, de quelque estat qu'ils soient, facent paver à pente raisonnable, et entretenir le pavé en bon estat, et les ruës nettes chacun en droict soy.

ART. 3. — Qu'ils facent jetter des eaux pour chacun jour devant leurs huis sur ledit pavé, à fin que les ruisseaux et esgouts ne soient empeschez à l'endroict de leurs maisons, et que les immondices ne puissent s'y arrester.

ART. 4. — Défendons de vuider et jetter ès ruës et places de ladite ville et fauxbourgs d'icelle, ordures, charrées, infections, ny eaux quelles qu'elles soient et de retenir longuement ésdites maisons urines, eaux croupies ou corrompuës : ains enjoignons de les porter et vuider promptement au ruisseau, et après jetter un seau d'eau nette, pour leur donner cours.

ART. 15. — Défendons à toutes personnes quelconques de vuider et mettre en la ruë aucune feure, fiens, charrées, boues, ny autres immondices, ne iceux brusler ne faire brusler ès ruës, n'y faire tuer pourceaux ou autres bestes, mais enjoignons iceux fiens ou immondices serrer et mestre dedans leurs maisons, en paniers et manequins, pour après faire porter hors ladite ville et fauxbourgs d'icelle.

ART. 16. — Pareillement défendons aux tailleurs de pierre, massons, couvreurs, et tous autres, de vuider desdites maisons les gravois ou autres choses, dont infection ou empeschement se peut ensuivre, sinon à mesure qu'ils auront les tombereaux prests, pour les charger et porter hors ladite ville et fauxbourgs.

ART. 17. — Et ordonnons que pour raison de toutes les choses dessusdites, les maistres et maistresses respondront pour leurs valets, serviteurs et chambrières.

ART. 18. — Commandons aux commis par justice sur le fait des bouës, et autres gens qui en ont la charge, que toutes excusations cessantes, ils s'appliquent et soient ordinairement à chacune heure prests pour porter les immondices, sur la peine du fouët, dont ils seront promptement punis, nonobstant oppositions ou appellations quelconques.

ART. 19. — Qu'iceux tombereaux soient clos et serrez en telle manière qu'il n'en puisse sortir aucune chose, et que la pièce qui estoupe le derrière soit aussi haute ou plus que le devant dudit tombereau, sur les peines dessusdites, et encore la confiscation de leurs chevaux et tombereaux.

ART. 20. — Et permettons à tous sergens et bourgeois de Paris et desdits fauxbourgs, que où ils verront et trouveront lesdits tombereaux, qu'ils ne soient clos comme dessus, d'iceux prendre ou faire prendre et mener en prison, pour en estre ordonné ainsi que justice verra estre à faire par raison.

ART. 21. — Enjoignons à tous propriétaires des maisons, hostels et demeures, où il n'y a aucunes fosses à retraits, qu'incontinent sans délay et à toutes diligences, ils en facent faire.

ART. 22. — Et enjoignons audit prévost de Paris et son dit lieutenant criminel de faire exécuter réaument et de fait le contenu en ce présent article, sur les peines que dessus, dedans six mois, à compter du temps de la publication de ces dites présentes.

ART. 23. — Et à cette fin voulons et ordonnons que les quarteniers, diziniers, et cinquanteniers soient tenus chacun en son esgard d'apporter par escrit par devers nostredit prévost de Paris ou son lieutenant criminel, dedans quinze jours après ladite publication, toutes le maisons de chacun quartier, où il n'y a aucunes fosses à retraicts, et que dedans huit jours après soit enjoinct aux seigneurs et propriétaires desdites maisons, ou aux concierges et locatifs, pour leur faire sçavoir qu'ils aient dedans trois mois après ladite injonction dont sera fait registre, à faire lesdites fosses et retraicts, sur peine de confiscation desdites maisons : et si elles sont aux églises et mainmortes, sur peine de privation des pensions et loüages desdites maisons, pour le temps de dix ans.

ART. 24. — Et voulons qu'incontinent ledit temps à eux préfix passé, où lesdits seigneurs propriétaires n'auront satisfait auxdites injonctions, lesdites maisons, toutes excuses cessantes, soient mises en nostre main, comme à nous acquises et confisquées, et sans autre déclaration, fors celles des main-mortes, qui seront saisies aux fins que dessus.

ART. 25. — Et qu'incontinent sur les premiers deniers qui procéderont des loyers desdites maisons, soient en toutes diligences faites lesdites fosses et retraicts, ainsi qu'il est cy-dessus ordonné. Le tout nonobstant oppositions ou appellations quelconques, et sans préjudice d'icelles : dont nous avons retenu la cognoissance à nous et à nostre conseil, sans ce qu'austres en puissent entreprendre aucune cognoissance, que nous leur avons interdite et défendue, interdisons et défendons par ces présentes.

ART. 26. — Et si défendons à tous qui ont accoustumé de curer lesdits retraicts, de les curer et nettoyer d'oresnavant sans congé de

---

[1] Manuel, t. Ier, p. 221. — [2] Manuel, t. Ier, p. 140.

justice, sur peine de prison et d'amende arbitraire.

ART. 27. — Et défendons à tous les manans et habitans de ladite ville de Paris et fauxbourgs d'icelle, de quelque estat, condition ou mestier qu'ils soient, de mettre d'oresnavant aux fenestres et endroicts de leur hostel respondant sur ruë, aucuns draps tendus sur perches, et ce sur peine de dix livres d'amende.

ART. 28. — Et inhibons et défendons aussi à tous bouchers, charcutiers, rotisseurs, boulangers, regrateurs, revendeurs de volailles, poulaillers, taverniers, laboureurs, gens de mestiers, et toutes autres personnes, de quelque estat ou conditions qu'ils soient, de tenir, faire tenir, ne nourrir en quelque lieu que ce soit èsdite ville et fauxbourgs d'icelle aucuns pourceaux, truyes, cochons, oisons, pigeons, conils, soit pour vendre, pour leur vivre, entretenement de leurs maisons, ne pour quelque cause, occasion ou couleur que ce soit.

ART. 29. — Et enjoignons à tous les dessusdits, qui tiennent et nourrissent ès lieux devantdits iceux pourceaux, truyes, cochons, oisons, conils et pigeons, que toutes excusations cessantes, ils mènent et portent ou facent mener et porter lesdits pourceaux, truyes, cochons, oisons, pigeons et conils, nourrir hors ladite ville et fauxbourgs d'icelle, sur peine de confiscation des choses dessusdites, et de punition corporelle. Et si enjoignons à tous de relever et annoncer à justice ce que dessus, le plus diligemment que faire se pourra, dont ils auront la tierce partie du profit, le faisant; et où ils ne le feront seront punis d'amende arbitraire...

Ordonnance de police du 24 septembre 1668.

Sur ce qui nous a esté représenté par le procureur du Roy qu'en exécution des ordres par nous donnés aux commissaires du Châtelet, pour la visite des maisons de cette ville et des fauxbourgs, afin de reconnoître l'estat auquel les propriétaires et locataires desdites maisons les tenoient, et s'ils y observoient les ordonnances et réglemens de police; lesdits commissaires dans la visite qu'ils ont faite des quartiers les rèsserrés et les plus habités de la ville et des faubourgs, auroient entre autres choses observé qu'en la plupart des quartiers les propriétaires desdites maisons se sont dispensés d'y faire des fosses ou latrines, quoiqu'ils ayent logé dans aucune desdites maisons jusques à vingt et vingt-cinq familles différentes, ce qui causait en la plupart de si grandes puanteurs qu'il y avait lieu d'en craindre des inconvénients fascheux, et surtout en des temps suspects, non seulement il estoit nécessaire pour maintenir la pureté de l'air et de la santé des habitants, de continuer à faire tenir les ruës nettes, mais encor à veiller aussy soigneusement à ce qu'il n'y ait aucune saleté au dedans des maisons, principalement dans les quartiers les plus peuplés où la maladie contagieuse a toujours commencé à se manifester toutes les fois que la ville en a esté affligée; c'est pourquoy, attendu que ledit défaut de latrines estoit la principale cause de ces saletés et puanteurs qui

rendent lesdites maisons infectes, et qui sont capables de corrompre l'air : REQUEROIT, comme l'abus s'est reconnu presque général, qu'il fût par nous ordonné et enjoint sous les peines que nous aviserions à tous propriétaires des maisons de cette ville et fauxbourgs de faire des fosses et latrines, autant qu'il en seroit nécessaire, eu égard à l'estenduë et grandeur d'icelles ;

Nous, faisant droit sur ledit requisitoire ; ordonnons à tous propriétaires de maisons sises dans la ville et fauxbourgs de Paris dans lesquelles il n'y a aucunes latrines ou fosses à privés suffisantes d'en faire construire dans chacune d'icelles, et ce dans un mois pour tout délay, du jour de la publication des présentes, à peine de deux cents livres d'amende contre chacun des contrevenans, pour le payement de laquelle, ensemble pour ce qu'il conviendra dispenser pour la confection desdites fosses et latrines, seront et demeureront les loyers desdites maisons saisis, jusques à ce qu'il y ait esté satisfait; et pour d'autant plus éviter l'infection et puanteur au dedans desdites maisons, et en garantir celles qui seront voisines, enjoignons tant auxdits propriétaires qui feront faire lesdites latrines et privez qu'aux massons qui les construiront de faire un contremur suffisant le long des tuyaux d'icelles depuis le plus haut siège, jusques à la fosse, si mieux ils n'aiment isoler lesdits tuyaux et laisser un vuide de trois pouces entre le mur mitoyen et lesdits tuyaux; comme aussy leur enjoignons de faire des ventouses qui seront conduites jusques au dessus des combles des maisons où elles seront faites; le tout sous les peines portées par la présente ordonnance, laquelle à cette fin sera exécutée nonobstant oppositions ou appellations quelconques et sans préjudice d'icelles, lüe, publiée et affichée dans les carrefours, places publiques et autres lieux, que besoin sera, de la ville et fauxbourgs, afin que personne n'en prétende cause d'ignorance.

Ordonnance royale du 24 septembre 1819.

SECTION PREMIÈRE. — Des constructions neuves.

ARTICLE PREMIER. — A l'avenir, dans aucun des bâtiments publics ou particuliers de notre bonne ville de Paris et de leurs dépendances, on ne pourra employer pour fosse d'aisances des puits, puisards, égouts, aqueducs, ou carrières abandonnées, sans y faire les constructions prescrites par le présent règlement.

ART. 2. — Lorsque les fosses seront placées sous le sol des caves, ces caves devront avoir une communication immédiate avec l'air extérieur.

ART. 3. — Les caves sous lesquelles seront construites des fosses d'aisances devront être assez spacieuses pour contenir quatre travailleurs et leurs ustensiles, et avoir au moins deux mètres de hauteur sous voûte.

ART. 4. — Les murs, la voûte et le fond des fosses seront entièrement construits en pierres meulières, maçonnées avec du mortier de chaux maigre et de sable de rivière bien lavé.

Les parois des fosses seront enduites de pareil mortier lissé à la truelle.

On ne pourra donner moins de trente à trente-cinq centimètres d'épaisseur aux voûtes, et moins de quarante-cinq à cinquante centimètres aux massifs et autres murs.

Art. 5. — Il est défendu d'établir des compartiments ou divisions dans les fosses, d'y construire des piliers et d'y faire des chaînes ou des arcs en pierres apparentes.

Art. 6. — Le fond des fosses d'aisances sera fait en forme de cuvette concave.

Tout les angles intérieurs seront effacés par arrondissements de vingt-cinq centimètres de rayon.

Art. 7. — Autant que les localités le permettront, les fosses d'aisances seront construites sur un plan circulaire, elliptique ou rectangulaire.

On ne permettra point la construction des fosses à angles rentrants, hors le seul cas où la surface de la fosse serait au moins de quatre mètres carrés de chaque côté de l'angle; et alors il serait pratiqué, de l'un et de l'autre côté, une ouverture d'extraction.

Art. 8. — Les fosses, quelle que soit leur capacité, ne pourront avoir moins de deux mètres de hauteur sous clef.

Art. 9. — Les fosses seront couvertes par une voûte en plein cintre, ou qui n'en différera que d'un tiers de rayon.

Art. 10. — L'ouverture d'extraction des matières sera placée au milieu de la voûte, autant que les localités le permettront.

La cheminée de cette ouverture ne devra point excéder un mètre cinquante de hauteur, à moins que les localités n'exigent impérieusement une plus grande hauteur.

Art. 11. — L'ouverture d'extraction correspondant à une cheminée de un mètre cinquante au plus ne pourra avoir moins de un mètre en longueur sur soixante-cinq centimètres en largeur.

Lorsque cette ouverture correspondra à une cheminée excédant un mètre cinquante de hauteur, les dimensions ci-dessus spécifiées seront augmentées de manière que l'une de ces dimensions soit égale aux deux tiers de la hauteur de la cheminée[1].

Art. 12. — Il sera placé en outre à la voûte, dans la partie la plus éloignée du tuyau de chute et de l'ouverture d'extraction, si elle n'est pas dans le milieu, un tampon mobile, dont le diamètre ne pourra être moindre de cinquante centimètres; ce tampon sera encastré dans un châssis en pierre, et garni en son milieu d'un anneau de fer.

Art. 13. — Néanmoins, ce tampon ne sera pas exigible pour les fosses dont la vidange se fera au niveau du rez-de-chaussée, et qui auront sur même sol des cabinets d'aisances avec trémie ou siège sans bonde, et pour celles qui auront une superficie moindre de six mètres dans le fond, et dont l'ouverture d'extraction sera dans le milieu.

Art. 14. — Le tuyau de chute sera toujours vertical.

[1] V. Note du 5 sept. 1871.

Son diamètre intérieur ne pourra avoir moins de vingt-cinq centimètres s'il est en terre cuite, et de vingt centimètres s'il est en fonte.

Art. 15. — Il sera établi parallèlement au tuyau de chute un tuyau d'évent, lequel sera conduit jusqu'à la hauteur des souches de cheminées de la maison ou de celles des maisons contiguës, si elles sont plus élevées.

Le diamètre de ce tuyau d'évent sera de vingt-cinq centimètres au moins; s'il passe cette dimension il dispensera du tampon mobile.

Art. 16. — L'orifice inférieur des tuyaux de chute et d'évent ne pourra être descendu au-dessous des points les plus élevés de l'intrados de la voûte.

Section II. — Des reconstructions des fosses d'aisances dans les maisons existantes.

Art. 17. — Les fosses actuellement pratiquées dans des puits, puisards, égouts anciens, aqueducs ou carrières abandonnées, seront comblées ou reconstruites à la première vidange.

Art. 18. — Les fosses situées sous le sol des caves qui n'auront point de communication avec l'air extérieur seront comblées à la première vidange, si l'on ne peut pas établir cette communication.

Art. 19. — Les fosses actuellement existantes dont l'ouverture d'extraction, dans les deux cas déterminés par l'art. 12, n'aurait pas ou ne pourrait pas avoir les dimensions prescrites par le même article, et dont la vidange ne peut avoir lieu que par des soupiraux ou des tuyaux, seront comblées à la première vidange.

Art. 20. — Les fosses à compartiments ou étranglements seront comblées ou reconstruites à la première vidange, si l'on ne peut faire disparaître ces étranglements ou compartiments, et qu'ils soient reconnus dangereux.

Art. 21. — Toutes les fosses des maisons existantes, qui seront reconstruites, le seront suivant le mode prescrit par la première section du présent règlement.

Néanmoins le tuyau d'évent ne pourra être exigé que s'il y a lieu à reconstruire un des murs en élévation au-dessus de ceux de la fosse, ou si ce tuyau peut se placer intérieurement ou extérieurement, sans altérer la décoration des maisons.

Section III. — Des réparations des fosses d'aisances.

Art. 22. — Dans toutes les fosses existantes, et lors de la première vidange, l'ouverture d'extraction sera agrandie, si elle n'a pas les dimensions prescrites par l'art. 11 de la présente ordonnance.

Art. 23. — Dans toutes les fosses dont la voûte aura besoin de réparations, il sera établi un tampon mobile à moins qu'elles ne se trouvent dans les cas d'exception prévus par l'art. 13.

Art. 24. — Les piliers isolés, établis dans les fosses, seront supprimés à la première vidange, ou l'intervalle entre les piliers et les murs sera rempli en maçonnerie, toutes les fois que le passage entre ces piliers et les murs aura moins de soixante-dix centimètres de largeur.

Art. 25. — Les étranglements existants dans les fosses, et qui ne laisseraient pas un passage de soixante-dix centimètres au moins de largeur, seront élargis à la première vidange, autant qu'il sera possible.

Art. 26. — Lorsque le tuyau de chute ne communiquera avec la fosse que par un couloir ayant moins d'un mètre de largeur, le fond de ce couloir sera établi en glacis jusqu'au fond de la fosse, sous une inclinaison de 45 degrés au moins.

Art. 27. — Toute fosse qui laissera filtrer ses eaux par les murs ou par le fond sera réparée.

Art. 28. — Les réparations consistant à faire des rejointoiements, à élargir l'ouverture d'extraction, placer un tampon mobile, rétablir des tuyaux de chute ou d'évent, reprendre la voûte et les murs, boucher ou élargir les étranglements, réparer le fond des fosses, supprimer des piliers, pourront être faites suivant les procédés employés à la construction première de la fosse.

Art. 29. — Les réparations consistant dans la reconstruction entière d'un mur, de la voûte ou du massif du fond des fosses d'aisances, ne pourront être faites que suivant le mode indiqué ci-dessus pour les constructions neuves.

Art. 30. — Les propriétaires des maisons dont les fosses seront supprimées en vertu de la présente ordonnance seront tenus d'en faire construire de nouvelles, conformément aux dispositions prescrites par les articles de la première section.

Art. 31. — Ne seront pas astreints aux constructions ci-dessus déterminées les propriétaires qui, en supprimant leurs anciennes fosses, y substitueront les appareils connus sous le nom « de fosses mobiles inodores », ou tous autres appareils que l'administration publique aurait reconnus par la suite pouvoir être employés concurremment avec ceux-ci.

Art. 32. — En cas de contravention aux dispositions de la présente ordonnance, ou d'opposition de la part des propriétaires aux mesures prescrites par l'administration, il sera procédé, dans les formes voulues, devant le tribunal de police ou le tribunal civil, suivant la nature de l'affaire.

Art. 33. — Le décret du 10 mars 1809, concernant les fosses d'aisances dans Paris, est et demeure annulé.

Art. 34. — Notre ministre secrétaire d'État de l'intérieur...

———

Ordonnance de police du 23 octobre 1850.

Article premier. — Aucune fosse d'aisances ne pourra être construite, reconstruite ou réparée, sans déclaration préalable à la préfecture de police.

Cette déclaration sera faite par le propriétaire ou par l'entrepreneur qu'il aura chargé de l'exécution des ouvrages.

Dans le cas de construction ou de reconstruction, la déclaration devra être accompagnée du plan de la fosse à construire ou à reconstruire et de celui de l'étage supérieur.

Art. 2. — Seront dispensés de la formalité de la déclaration les reconstructions et réparations que prescriront les architectes de notre administration lors de la visite des fosses à la suite de la vidange.

Art. 3. — L'établissement des appareils de fosses mobiles reste soumis aux formalités et conditions énoncées aux articles 28, 29 et suivants de l'ordonnance susvisée du 5 juin 1834.

Art. 4. — Il est défendu de combler des fosses d'aisances ou de les convertir en caves sans en avoir obtenu la permission du préfet de police.

Art. 5. — Il est interdit aux propriétaires et entrepreneurs d'extraire ou de faire extraire par leurs ouvriers ou tous autres les eaux vannes et matières qui se trouveraient dans les fosses.

Cette extraction ne pourra être faite que par les entrepreneurs de vidanges.

Art. 6. — Il leur est également interdit de faire couler dans la rue les eaux claires et sans odeur qui reviendraient dans les fosses après la vidange, à moins d'y être spécialement autorisés.

Art. 7. — Tout propriétaire faisant procéder à la réparation ou à la démolition d'une fosse, ou tout entrepreneur des mêmes travaux, sera tenu tant que dureront la démolition et l'extraction des pierres, d'avoir à l'extérieur de la fosse autant d'ouvriers qu'il en emploiera dans l'intérieur.

Art. 8. — Chaque ouvrier travaillant à la démolition ou à l'extraction des pierres sera ceint d'un bridage dont l'attache sera tenue par un ouvrier placé à l'extérieur.

Art. 9. — Les propriétaires et entrepreneurs sont, aux termes des lois, responsables des contraventions aux quatre articles précédents.

Art. 10. — Toute fosse, avant d'être comblée, sera vidée et curée à fond.

Art. 11. — Toute fosse, destinée à être convertie en cave sera curée avec soin; les joints en seront grattés à vif et les parties en mauvais état réparées, conformément aux dispositions prescrites par les articles 5, 6, 7 et 8.

Art. 12. — Si un ouvrier est frappé d'asphyxie en travaillant dans une fosse, les travaux seront suspendus à l'instant, et déclaration en sera faite, dans le jour, à la préfecture de police.

Les travaux ne pourront être repris qu'avec les précautions et les mesures indiquées par l'autorité.

Art. 13. — Tous matériaux provenant de la démolition des fosses d'aisances seront immédiatement enlevés.

Art. 14. — Les fosses neuves, reconstruites ou réparées, ne pourront être mises en service et fermées qu'après qu'un architecte de la préfecture de police en aura fait la réception et aura délivré un permis de fermer.

Art. 15. — Pour l'exécution des dispositions de l'article précédent, il devra être donné avis à la préfecture de police de l'achèvement des travaux; savoir, pour les fosses neuves, par une déclaration écrite déposée au bureau de la petite voirie, et pour les fosses reconstruites ou réparées d'après les indications des architectes de l'administration, par la remise au même bureau du bulletin laissé par l'architecte qui a prescrit les travaux.

ART. 16. — Tout propriétaire qui aura supprimé une ou plusieurs fosses pour établir des appareils quelconques en tenant lieu, et qui, par la suite, renoncerait à l'usage desdits appareils, sera tenu de rendre à leur première destination les fosses d'aisances supprimées ou d'en faire construire de nouvelles.

ART. 17. — Il est enjoint à tous propriétaires, locataires et concierges, de faciliter aux préposés de notre administration toute visite ayant pour but de s'assurer de l'état des fosses et de leurs dépendances.

ART. 18. — L'ordonnance précitée du 23 octobre 1819 est rapportée.

ART. 19. — Les contraventions seront constatées par des procès-verbaux ou rapports qui nous seront transmis sans délai.

ART. 20. — Les commissaires de police, l'architecte-commissaire de la petite voirie, l'inspecteur général de la salubrité et les autres préposés de la préfecture de police sont chargés de l'exécution de la présente ordonnance.

Ordonnance de police du 1ᵉʳ décembre 1853.

TITRE Iᵉʳ. — DISPOSITIONS GÉNÉRALES.

ARTICLE PREMIER. — Dans les communes rurales du ressort de la préfecture de police, toute maison habitée devra être pourvue de privés en nombre suffisant.

Ces privés seront desservis, sauf les exceptions prévues ci-après, soit par des fosses en maçonnerie, construites dans des conditions indiquées au titre II de la présente ordonnance, soit par des appareils que le préfet de police aurait reconnus pouvoir être employés concurremment avec ceux-ci.

TITRE II. — DE LA CONSTRUCTION DES FOSSES D'AISANCES.

SECTION PREMIÈRE. — Des constructions neuves.

ART. 2. — Dans aucun des bâtiments publics ou particuliers des communes rurales du ressort de la préfecture de police, on ne pourra employer pour fosses d'aisances des puits, puisards, égouts, aqueducs ou carrières abandonnées sans y faire les constructions prescrites par le présent règlement.

ART. 3. — Lorsque les fosses seront placées sous le sol des caves, ces caves devront avoir une communication immédiate avec l'air extérieur.

ART. 4. — Les caves et autres locaux où se trouveront les ouvertures d'extraction des fosses devront être assez spacieux pour contenir quatre travailleurs et leurs ustensiles, et avoir au moins 2 mètres de hauteur.

ART. 5. — Les murs, la voûte et le fond des fosses seront entièrement construits en pierres meulières, maçonnées avec du mortier de chaux maigre et de sable de rivière bien lavé.

Les parois des fosses seront enduites de pareil mortier lissé à la truelle.

On ne pourra donner moins de 30 à 35 centimètres d'épaisseur aux voûtes, et moins de 45 à 50 centimètres aux massifs et aux murs.

ART. 6. — Il est défendu d'établir des compartiments ou divisions dans les fosses, d'y construire des piliers et d'y faire des chaînes ou des arcs en pierres apparentes.

Cette défense n'est pas applicable aux séparations qui pourraient être autorisées dans l'intérêt de la salubrité.

ART. 7. — Le fond des fosses d'aisances sera fait en forme de cuvette concave.

Tous les angles intérieurs seront effacés par des arrondissements de 0ᵐ 25 de rayon.

ART. 8. — Autant que les localités le permettront, les fosses d'aisances seront construites sur un plan circulaire, elliptique ou rectangulaire.

Est interdite toute construction de fosses à angles rentrants, hors le seul cas où la surface de la fosse serait au moins de 4 mètres carrés de chaque côté de l'angle, et alors il serait pratiqué de l'un et de l'autre côté une ouverture d'extraction.

ART. 9. — Les fosses, quelle que soit leur capacité, ne pourront avoir moins de 2 mètres de hauteur sous clef.

ART. 10. — Les fosses seront couvertes par une voûte en plein cintre, ou qui n'en diffère que d'un tiers de rayon.

ART. 11. — L'ouverture d'extraction des matières sera placée au milieu de la voûte, autant que les localités le permettront.

La cheminée de cette ouverture ne devra point excéder 1ᵐ 50 de hauteur, à moins que les localités n'exigent impérieusement une plus grande hauteur.

ART. 12. — L'ouverture d'extraction, correspondant à une cheminée de 1ᵐ 50 au plus de hauteur, ne pourra avoir moins de 1 mètre de longueur sur 0ᵐ 65 de largeur.

Lorsque cette ouverture correspondra à une cheminée excédant 1ᵐ 50 de hauteur, les dimensions ci-dessus spécifiées seront augmentées de manière que l'une de ces dimensions soit égale aux deux tiers de la hauteur de la cheminée.

ART. 13. — Il sera placé en outre à la voûte, dans la partie la plus éloignée du tuyau de chute et de l'ouverture d'extraction, si elle n'est pas dans le milieu, un tampon mobile, dont le diamètre ne pourra être moindre de 0ᵐ 50. Ce tampon sera en pierre, encastré dans un châssis de pierre, et garni dans son milieu d'un anneau en fer.

ART. 14. — Néanmoins, ce tampon ne sera pas exigible pour les fosses dont la vidange se fera au niveau du rez-de-chaussée, et qui auront sur ce même sol des cabinets d'aisances avec trémies ou sièges sans bonde, ni pour celles qui auront une superficie moindre de 6 mètres dans le fond, et dont l'ouverture d'extraction sera dans le milieu.

ART. 15. — Le tuyau de chute sera toujours vertical.

Son diamètre intérieur ne pourra avoir moins de 0ᵐ 25 s'il est en terre cuite, et de 0ᵐ 20 s'il est en fonte.

ART. 16. — Il sera établi, parallèlement au tuyau de chute, un tuyau d'évent, lequel sera conduit jusqu'à la hauteur des souches de cheminées de la maison ou de celles des maisons contiguës, si elles sont plus élevées.

Le diamètre de ce tuyau d'évent sera de 0m 25 au moins ; s'il excède cette dimension, il dispensera du tampon mobile.

Art. 17. — L'orifice inférieur des tuyaux de chute et d'évent ne pourra être descendu au-dessous des points les plus élevés de l'intrados de la voûte.

Section II. — Des constructions des fosses d'aisances dans les maisons existantes.

Art. 18. — Les fosses actuellement pratiquées dans les puits, puisards, égouts anciens, aqueducs ou carrières abandonnées seront comblées ou reconstruites à la première vidange.

Art. 19. — Les fosses situées sous le sol des caves qui n'auraient point de communication immédiate avec l'air extérieur seront comblées à la première vidange, si l'on ne peut pas établir cette communication.

Art. 20. — Seront également comblées à la première vidange les fosses actuellement existantes dont l'ouverture d'extraction, dans les deux cas déterminés par l'article 12, n'aurait pas et ne pourrait avoir les dimensions prescrites par le même article ; il en sera de même pour celles dont la vidange ne peut s'opérer que par des soupiraux ou des tuyaux.

Art. 21. — Les fosses à compartiments ou étranglements seront comblées ou reconstruites à la première vidange, si ces étranglements ou compartiments sont reconnus dangereux.

Art. 22. — Toutes les fosses des maisons existantes seront, en cas de reconstruction, établies suivant le mode prescrit par la première section du présent titre.

Néanmoins, le tuyau d'évent ne pourra être exigé que s'il est nécessaire de reconstruire un des murs en élévation au-dessus de ceux de la fosse, ou si ce tuyau peut se placer, soit intérieurement, soit extérieurement, sans altérer la décoration des maisons.

Section III. — Des réparations des fosses d'aisances.

Art. 23. — L'ouverture d'extraction de toutes les fosses existantes sera agrandie, lors de la première vidange, si elle n'a pas les dimensions prescrites par l'article 12 de la présente ordonnance.

Art. 24. — Dans toutes les fosses dont la voûte aura besoin de réparations, il sera établi un tampon mobile, à moins qu'elles ne se trouvent dans le cas d'exception prévu par l'article 14.

Art. 25. — Les piliers isolés, établis dans les fosses, seront supprimés à la première vidange, ou l'intervalle entre les piliers et les murs sera rempli en maçonnerie toutes les fois que cet intervalle aura moins de 0m 70 de largeur.

Art. 26. — Lorsque le tuyau de chute ne communiquera avec la fosse que par un corridor ayant moins de 1 mètre de largeur, le fond de ce couloir sera établi en glacis jusqu'au fond de la fosse, sous une inclinaison de 45 degrés au moins.

Art. 27. — Toute fosse qui laisserait filtrer ses eaux par le fond ou par les murs sera réparée.

Art. 28. — Les réparations consistant à faire

des rejointoiements, à élargir l'ouverture d'extraction, placer un tampon mobile, rétablir les tuyaux de chute ou d'évent, reprendre la voûte et les murs, boucher ou élargir les étranglements, réparer le fond des fosses, supprimer des piliers, pourront être faites suivant les procédés employés à la construction première de la fosse.

Art. 29. — Les réparations consistant dans la reconstruction entière d'un mur, de la voûte ou du massif du fond des fosses d'aisances, ne pourront être faites que suivant le mode indiqué ci-dessus pour les constructions neuves.

Il en sera de même pour l'enduit général, s'il y a lieu d'en revêtir les fosses.

Art. 30. — Les propriétaires des maisons dont les fosses seront supprimées en vertu de la présente ordonnance seront tenus, s'il n'en existe pas d'autres qui offrent des privés suffisants, de les faire remplacer par des fosses construites conformément aux prescriptions de la première section du présent titre, ou par des fosses mobiles inodores, ou tous autres appareils remplissant les conditions énoncées en l'article 1er.

Art. 31. — Aucune fosse d'aisances ne pourra être construite, reconstruite ou réparée sans déclaration préalable au maire de la commune.

Cette déclaration sera faite par le propriétaire ou par l'entrepreneur qu'il aura chargé de l'exécution des travaux.

Dans le cas de construction ou de reconstruction, la déclaration devra être accompagnée du plan de la fosse à construire ou à reconstruire, et de celui de l'étage supérieur.

Art. 32. — Il est défendu de combler des fosses d'aisances ou de les convertir en caves sans en avoir préalablement obtenu la permission du maire.

Art. 33. — Il est interdit aux propriétaires ou entrepreneurs d'extraire ou de faire extraire par leurs ouvriers ou tous autres les eaux vannes et les matières qui se trouveraient dans les fosses.

Cette extraction ne pourra être faite que par un entrepreneur de vidanges régulièrement autorisé.

Art. 34. — Il est également interdit de faire couler dans la rue les eaux claires et sans odeur qui reviendraient dans les fosses après la vidange, à moins d'y être spécialement autorisé par le maire.

Art. 35. — Tout propriétaire faisant procéder à la réparation ou à la démolition d'une fosse, ou tout entrepreneur chargé des mêmes travaux, sera tenu, tant que dureront la démolition et l'extraction des pierres, d'avoir à l'extérieur de la fosse autant d'ouvriers qu'il en emploiera dans l'intérieur.

Art. 36. — Chaque ouvrier travaillant à la démolition ou à l'extraction des pierres sera ceint d'un bridage dont l'attache sera tenue par un ouvrier placé à l'extérieur.

Art. 37. — Les propriétaires et entrepreneurs sont, aux termes des lois, responsables des suites des contraventions aux quatre articles précédents.

Art. 38. — Les fosses qui cesseront d'être en service pour un motif quelconque devront être vidées.

Art. 39. — Toute fosse, avant d'être comblée, sera vidée et curée à fond.

Art. 40. — Les fosses d'aisances des maisons qui doivent être démolies seront vidées avant que les travaux de démolition soient entrepris.

Art. 41. — Toute fosse destinée à être convertie en cave sera curée avec soin, les joints en seront grattés à vif et les parties en mauvais état réparées, conformément aux dispositions prescrites au titre II de la présente ordonnance.

Art. 42. — Si un ouvrier est frappé d'asphyxie en travaillant dans une fosse, les travaux seront suspendus à l'instant, et déclaration en sera faite dans le jour à la mairie.

Les travaux ne pourront être repris qu'avec les précautions et les mesures indiquées par l'autorité.

Art. 43. — Tous matériaux provenant de la démolition des fosses d'aisances seront immédiatement enlevés.

Art. 44. — Les fosses neuves, reconstruites ou réparées, ne pourront être mises en service et fermées qu'après qu'un agent délégué par la mairie en aura fait la réception et aura délivré un permis de fermer.

Art. 45. — Pour l'exécution de l'article précédent, il devra être donné avis à la mairie de l'achèvement des travaux.

Art. 46. — Tout propriétaire qui aura supprimé une ou plusieurs fosses d'aisances pour établir des appareils quelconques en tenant lieu, et qui, par la suite, renoncerait à l'usage desdits appareils, sera tenu de rendre à leur première destination les fosses d'aisances supprimées ou d'en construire de nouvelles.

Art. 47. — Il est enjoint à tous propriétaires, locataires et concierges, de faciliter aux préposés de l'autorité municipale toutes les visites ayant pour but de s'assurer de l'état des fosses d'aisances et de leurs dépendances.

Titre IV. — De la vidange des fosses d'aisances et du service des fosses mobiles.

Section première. — De la vidange des fosses d'aisances.

Art. 48. — Il est enjoint à tous propriétaires de maisons de faire procéder sans retard à la vidange des fosses d'aisances lorsqu'elles seront pleines.

Aucune vidange ne pourra être faite que par un entrepreneur dûment autorisé.

Art. 49. — Nul ne pourra exercer la profession d'entrepreneur de vidanges dans une des communes rurales du ressort de la préfecture de police sans être pourvu d'une permission du maire de cette commune.

Cette permission ne sera délivrée qu'après qu'il aura été justifié par le demandeur :

1° Qu'il possède les voitures, chevaux, tinettes, tonneaux, seaux et autres ustensiles nécessaires au service des vidanges ;

2° Qu'il est muni des appareils de désinfection dont l'administration aura prescrit l'emploi ;

3° Qu'il a pour déposer ses voitures, appareils et ustensiles pendant le temps où ils ne sont point employés aux opérations de la vidange, un emplacement convenable, situé dans une localité où l'administration aura reconnu que ce dépôt peut avoir lieu sans inconvénient.

Art. 50. — La vidange ne pourra avoir lieu que pendant la nuit.

Les voitures employées à ce service, chargées ou non chargées, ne pourront circuler dans l'intérieur des communes que pendant le temps qui aura été déterminé par les maires de ces communes.

Toutefois, l'extraction des matières ne pourra commencer, du 1er octobre au 31 mars, avant neuf heures du soir, et du 1er avril au 30 septembre, avant dix heures du soir, ni se prolonger, du 1er octobre au 31 mars, au delà de huit heures du matin, et du 1er avril au 30 septembre, au delà de sept heures du matin.

Art. 51. — Toute voiture employée au transport des matières fécales portera devant et derrière un numéro d'ordre, et sera munie sur le devant d'une lanterne qui devra être allumée pendant la nuit, et porter, sur le verre le plus apparent, le numéro d'ordre de la voiture.

Chaque voiture portera en outre une plaque indiquant le nom et la demeure du propriétaire.

Les maires assigneront à chaque entrepreneur de vidanges la série des numéros d'ordre affectés à ses voitures, et détermineront les dimensions que devront avoir les numéros, tant sur les voitures que sur les lanternes.

Art. 52. — Les entrepreneurs faisant usage de tonnes seront tenus d'en fermer les bondes de déchargement au moyen d'une bande de fer transversale fixée à demeure à la tonne par l'une de ses extrémités, et fermée à l'autre par un cadenas.

Les écrous et rondelles soutenant la ferrure seront rivés à l'intérieur des tonnes.

L'entonnoir de décharge sera fermé de manière à prévenir toute éclaboussure.

Il est interdit d'employer au service de la vidange et de faire circuler des tonnes dont les bondes de déchargement ne seraient point fermées de la manière prescrite par le présent article.

Les cadenas apposés aux tonnes ne pourront être ouverts et refermés qu'à la voirie, par la personne préposée à cet effet.

En conséquence, il est interdit aux entrepreneurs de confier la clef desdits cadenas à aucune autre personne.

Art. 53. — Il sera placé une lanterne allumée en saillie sur la voie publique, à la porte de la maison où devra s'opérer une vidange, et ce, préalablement à tout travail et à tout dépôt d'appareil sur la voie publique.

Art. 54. — On ne pourra ouvrir aucune fosse d'aisances sans prendre les précautions nécessaires pour prévenir les accidents qui pourraient résulter du dégagement ou de l'inflammation des gaz qui y seraient renfermés.

Lorsque l'ouverture sera nécessitée par un motif autre que celui de la vidange, l'entrepreneur en donnera avis dans le jour à la mairie.

Art. 55. — La vidange d'une fosse d'aisances

ne pourra avoir lieu sans que, préalablement, il en ait été fait, par écrit, une déclaration à la mairie, la veille ou le jour même de la vidange avant midi.

Cette déclaration énoncera le nom de la rue et le numéro de la maison, les noms et demeures du propriétaire et de l'entrepreneur de vidanges, enfin le nombre des fosses à vider dans la même maison.

ART. 56. — Lorsque l'entrepreneur n'aura pas pu trouver l'ouverture de la fosse, il ne pourra en faire rompre la voûte qu'en vertu d'une permission du maire.

L'ouverture pratiquée devra avoir les dimensions prescrites par l'article 12 de la présente ordonnance.

ART. 57. — Les propriétaires et locataires ne devront pas s'opposer au dégorgement des tuyaux.

En cas de refus de leur part, la déclaration en sera faite par l'entrepreneur à la mairie.

ART. 58. — L'entrepreneur fournira chaque atelier d'au moins deux bridages et d'un flacon de chlorure de chaux concentré, dont il sera fait usage au besoin, pour prévenir les dangers d'asphyxie.

ART. 59. — Il ne pourra être employé à chaque atelier moins de quatre ouvriers dont un chef.

ART. 60. — Il est défendu aux ouvriers de se présenter sur les ateliers en état d'ivresse. Il leur est également défendu de travailler à l'extraction des matières, même des eaux vannes, et de descendre dans les fosses, pour quelque cause que ce soit, sans être ceints d'un bridage.

La corde du bridage sera tenue par un ouvrier placé à l'extérieur. Nul ouvrier ne pourra se refuser à ce service.

Il est défendu aux entrepreneurs et chefs d'atelier de conserver sur leurs travaux des ouvriers qui seraient en contravention aux dispositions ci-dessus.

ART. 61. — Pendant le temps du service, les vaisseaux, appareils et voitures doivent être placés dans l'intérieur des maisons toutes les fois qu'il y aura un emplacement suffisant pour les recevoir. Dans le cas contraire, ils seront rangés et disposés au-devant des maisons où se feront les vidanges, de manière à nuire le moins possible à la liberté de la circulation.

ART. 62. — Les matières provenant de la vidange des fosses seront immédiatement déposées dans les récipients qui doivent servir à les transporter aux voiries. Ces vaisseaux seront, en conséquence, remplis auprès de l'ouverture des fosses, fermés, lutés et nettoyés ensuite avec soin à l'extérieur avant d'être portés aux voitures; toutefois, les eaux vannes seront extraites au moyen d'une pompe.

Il est expressément interdit de faire couler les eaux vannes ou de jeter des matières solides sur la voie publique ou dans les égouts.

ART. 63. — Après le travail de chaque nuit, et avant de quitter l'atelier, les vidangeurs seront tenus de laver et nettoyer les emplacements qu'ils auront occupés. Il leur est défendu de puiser de l'eau avec les seaux employés aux vidanges.

ART. 64. — Le travail de la vidange de chaque fosse sera continué à nuits consécutives, en sorte que la vidange, interrompue à la fin d'une nuit, devra être reprise au commencement de la nuit suivante.

Lorsque des ouvriers auront été frappés du plomb, le chef d'atelier suspendra la vidange, et l'entrepreneur sera tenu de faire, dans le jour, à la mairie, sa déclaration de suspension de travail.

Il ne pourra reprendre le travail qu'avec les précautions et mesures qui lui seront indiquées selon les circonstances.

ART. 65. — Aucune fosse ne pourra être allégée sans une autorisation du maire.

Il est défendu aux entrepreneurs de laisser des matières au fond des fosses et de les masquer de quelque manière que ce soit.

ART. 66. — Les fosses doivent être entièrement vidées, balayées et nettoyées.

Les ouvriers vidangeurs qui trouveront dans les fosses des objets quelconques, et notamment des objets pouvant indiquer ou faire supposer quelque crime ou délit, en feront la déclaration, dans le jour, soit au maire, soit au commissaire de police.

ART. 67. — Il est défendu de laisser dans les maisons, au delà des heures fixées pour le travail, des vaisseaux ou appareils quelconques servant à la vidange des fosses d'aisances.

Les vaisseaux ou appareils contenant des matières, qui y seraient trouvés au delà desdites heures, seront, aux frais de l'entrepreneur, immédiatement enlevés d'office, et transportés à la voirie.

ART. 68. — Néanmoins, toutes les fois que, dans l'impossibilité momentanée de se servir d'une fosse d'aisances, il sera nécessaire de placer dans la maison des tinettes ou tonneaux, le dépôt provisoire de ces vaisseaux pourra, sur la demande écrite du propriétaire ou du principal locataire, être autorisé par le maire ou le commissaire de police.

Ces appareils devront être enlevés aussitôt qu'ils seront pleins ou que la cause qui aura nécessité leur placement aura cessé.

ART. 69. — Hors le temps du service, les tonnes, voitures, tinettes et tonneaux ne pourront être déposés ailleurs que dans des emplacements agréés à cet effet par le maire.

ART. 70. — Le repérage d'une fosse devra être déclaré de la même manière que sa vidange. Il sera effectué d'après le même mode et en observant les mêmes mesures de précaution.

ART. 71. — Les eaux qui reviendraient dans toute fosse vidée et en cours de réparation devront être enlevées comme les matières de vidange.

Toutefois, lorsque la nature de ces eaux le permettra, et en vertu d'une autorisation spéciale du maire ou du commissaire de police, elles pourront être versées au ruisseau de la rue, pendant la nuit.

ART. 72. — Aucune fosse ne pourra être refermée après la vidange qu'en vertu d'une autorisation écrite qui sera délivrée par le maire ou la personne qu'il aura déléguée à cet effet.

Le propriétaire devra avoir sur place, jusqu'à

ce qu'il ait reçu l'autorisation de fermer la fosse, une échelle convenable pour en faciliter la visite.

ART. 73. — Dans le cas où la fosse aurait été fermée en contravention de l'article précédent, le propriétaire sera tenu de la faire rouvrir et laisser ouverte aux jour et heure indiqués par la sommation qui lui sera adressée à cet effet, pour que la visite en puisse être faite par qui de droit.

ART. 74. — Aucune fosse précédemment comblée ne pourra être déblayée qu'en prenant, pour cette opération, les mêmes précautions que pour la vidange.

SECTION II. — Service des fosses mobiles.

ART. 75. — Il ne pourra être établi, dans les communes rurales du ressort de la préfecture de police, en remplacement des fosses en maçonnerie ou pour en tenir lieu, que des appareils approuvés par le préfet de police.

ART. 76. — Aucun appareil de fosse mobile ne pourra être placé dans toute fosse supprimée dans laquelle il reviendrait des eaux quelconques.

ART. 77. — Nul ne pourra exercer la profession d'entrepreneur de fosses mobiles dans une commune sans être pourvu d'une autorisation du maire de cette commune.

Cette permission ne sera délivrée qu'après qu'il aura été justifié par le demandeur :

1° Qu'il a les voitures, chevaux et appareils nécessaires au service des fosses mobiles ;

2° Qu'il a, pour déposer les voitures et appareils, lorsqu'ils ne sont point en service, un emplacement convenable, agréé à cet effet par le maire.

ART. 78. — Il est expressément défendu à toute personne non pourvue d'une permission d'entrepreneur de fosses mobiles de poser ou faire poser des appareils, même autorisés, dans une maison quelconque, et de s'immiscer en quoi que ce soit dans le service des fosses mobiles.

ART. 79. — Le transport des appareils des fosses mobiles ne pourra avoir lieu que pendant les heures de la journée qui auront été fixées par le maire de la commune.

ART. 80. — Aucun appareil ne pourra être placé sans une déclaration préalable à la mairie par le propriétaire ou l'entrepreneur.

Toute suppression d'appareil doit également être déclarée à la mairie.

ART. 81. — Les appareils devront être établis sur un sol rendu imperméable jusqu'à un mètre au moins au pourtour des appareils, autant que les localités le permettront, et disposé en forme de cuvette.

Les caveaux où se trouveront les appareils devront être constamment pourvus d'une échelle qui permette d'y descendre avec facilité et sans danger.

Les trappes qui fermeront l'ouverture de ces caveaux seront construites solidement et garnies d'un anneau en fer destiné à en faciliter la levée.

Il sera pris les dispositions nécessaires pour que les eaux pluviales et ménagères ne puissent pénétrer dans les caveaux.

ART. 82. — Tout appareil plein devra être enlevé et remplacé avant que les matières ne débordent.

Tout enlèvement d'appareil devra être précédé d'une déclaration qui sera faite la veille à la mairie.

ART. 83. — Les appareils seront fermés sur place, lutés et nettoyés avec soin avant d'être portés aux voitures.

ART. 84. — Il est défendu de laisser dans les maisons d'autres appareils de fosses mobiles que ceux qui y sont en service.

Les appareils remplis de matières, remplacés et laissés dans les maisons, seront, aux frais de l'entrepreneur, immédiatement enlevés d'office et transportés à la voirie.

Il en sera de même de tout appareil en service dont les matières débordent.

ART. 85. — Il est expressément défendu de faire écouler les matières contenues dans les appareils à l'aide de cannelles ou de toute autre manière.

TITRE V. — DISPOSITIONS COMMUNES AUX ENTREPRENEURS DE VIDANGES ET AUX ENTREPRENEURS DE FOSSES MOBILES.

ART. 86. — Les voitures servant au transport des matières fécales ne pourront passer que par les rues qui auront été désignées dans la déclaration de vidanges.

Si le maire a fixé un itinéraire, elles devront le suivre.

Tout stationnement intermédiaire de ces voitures, du lieu de chargement à la voirie, est expressément interdit.

ART. 87. — Les voitures de transport de vidanges devront être construites avec solidité, entretenues en bon état, et chargées de manière que les vaisseaux reposent toujours sur la partie opposée à leur ouverture.

ART. 88. — Les vaisseaux ou appareils contenant des matières seront conduits directement aux voiries indiquées dans les déclarations de vidanges ; ils seront constamment entretenus en bon état, de telle sorte que rien ne puisse s'en échapper ou se répandre.

ART. 89. — En cas de versement de matières sur la voie publique, l'entrepreneur fera procéder immédiatement à leur enlèvement et au lavage du sol.

Faute par lui de se conformer aux dispositions du présent article, il y sera pourvu d'office et à ses frais.

ART. 90. — Dans le cas où un entrepreneur cesserait de satisfaire aux conditions imposées par les articles 50 et 78, la permission lui sera retirée.

TITRE VI. — DÉSIGNATION DES COMMUNES AUXQUELLES LA PRÉSENTE ORDONNANCE EST APPLICABLE, ET DISPOSITIONS DIVERSES.

ART. 91. — Toutes les dispositions de la présente ordonnance sont applicables aux communes limitrophes de Paris et aux communes de Sceaux, Saint-Denis, Boulogne, Saint-Cloud, Sèvres et Meudon seulement.

Les maires de ces communes détermineront par des arrêtés le délai après lequel elle devra recevoir son exécution. Ce délai ne pourra excéder une année.

ART. 92. — Quant aux communes non désignées à l'article précédent, elles ne seront soumises qu'aux prescriptions du paragraphe 1er de l'article 1er, aux termes desquelles toute maison habitée doit être pourvue de privés en nombre suffisant.

Ces prescriptions seront obligatoires dans lesdites communes à partir du 1er juillet 1854.

Les maires pourront, par des arrêtés qui seront soumis à notre approbation, rendre toutes les autres dispositions de l'ordonnance applicables à tout ou partie de leurs communes respectives, lorsqu'ils le jugeront à propos. Jusque-là, les privés prescrits par le paragraphe 1er du présent article pourront être desservis par des fosses d'aisances établies d'après l'usage du lieu, ou dans des conditions déterminées par l'autorité municipale.

ART. 93. — Les contraventions seront constatées par des procès-verbaux ou rapports qui seront déférés aux tribunaux compétents, sans préjudice des mesures administratives qui pourront être prises suivant les circonstances.

ART. 94. — La présente ordonnance sera imprimée...

Arrêté préfectoral du 1er août 1862.

ARTICLE PREMIER. — A l'avenir les bétons de ciments romains de Vassy ou de Portland, et le béton Coignet, seront admis dans la construction des fosses d'aisances conjointement avec la maçonnerie en meulières hourdées en mortier de chaux hydraulique.

Les fosses ainsi construites resteront soumises à la réception préalable par les agents de l'administration, en exécution des ordonnances de police susvisées.

ART. 2. — M. l'Inspecteur général des ponts et chaussées, directeur du service municipal, est chargé d'assurer l'exécution du présent arrêté.

Note du Directeur des travaux du 5 septembre 1871.

Par une note, en date du 22 juin 1864, M. le Directeur de la voirie, en appelant l'attention de MM. les commissaires voyers d'arrondissement et commissaires voyers adjoints sur la surveillance qui leur incombait tant au point de vue de la construction des fosses neuves qu'au point de vue de la réparation des anciennes fosses, les invitait à prendre note de la décision suivante :

« Toutes les fois que la cheminée d'extraction donnant accès à une fosse ne serait pas pratiquée immédiatement au-dessus de cette fosse, le couloir destiné à mettre la cheminée en communication avec la fosse aurait une dimension d'au moins 1m 60 de largeur sur 1 mètre de longueur et la pierre d'extraction serait posée en long dans le sens de la génératrice rectiligne de la voûte. »

Le bureau et les agents chargés spécialement du service se sont demandé si, en raison de cette instruction, ils avaient le droit d'*imposer* la disposition ci-dessus décrite et de poursuivre les contrevenants aux prescriptions qui pourraient être adressées à cet égard.

La question a été soumise à la Commission de voirie qui, dans sa séance en date du 20 juillet dernier, a reconnu que l'instruction dont il s'agit n'avait aucun caractère légal et ne pouvait, dès lors, faire l'objet d'*injonctions* administratives.

Toutefois, la Commission invite MM. les agents voyers à recommander l'usage de cette disposition, excellente en elle-même au point de vue, tant de la facilité qu'elle donne pour l'opération de la vidange, que de la salubrité de l'habitation.

Néanmoins, la Commission croit devoir conseiller une légère modification aux dimensions qu'on avait jugé à propos de donner à ces sortes de couloir.

L'expérience a, en effet, démontré qu'en cas d'asphyxie d'un des travailleurs lors de la vidange, la trop grande largeur donnée au couloir était une difficulté pour le sauvetage.

La largeur de 1m 60 pourrait donc, dans la plupart des cas, être réduite à 1 mètre, ce qui permettrait aux ouvriers de trouver plus facilement des points d'appui contre les parois, et aiderait ainsi à la sortie de l'homme en danger.

En recommandant cette modification, la Commission n'entend pas la conseiller d'une manière absolue ; c'est à MM. les agents voyers à apprécier les conditions et circonstances particulières qui peuvent se présenter.

Arrêté préfectoral du 13 mai 1872.

ARTICLE PREMIER. — Les appareils sur réservoirs, autorisés par l'ordonnance de police susvisée, sont interdits pour l'avenir.

Ceux qui existent actuellement seront supprimés successivement, savoir :

Dans toute maison pourvue d'un branchement d'égout susceptible de recevoir les liquides des appareils, lors de la plus prochaine vidange ;

Dans toute autre maison, lors de la première vidange qui suivra l'établissement d'un branchement pouvant recevoir les liquides.

ART. 2. — Tout propriétaire qui n'aura pas satisfait à cette prescription après l'invitation qui lui aura été signifiée lors de la déclaration préalable à la vidange sera poursuivi devant la juridiction compétente.

ART. 3. — Le directeur des eaux et des égouts est chargé...

FOSSÉ. — Edit d'août 1669 [1]. Arr. cons. du 26 mai 1705 [2]. Arr. cons. du 6 févr. 1776 [3]. Lois des 22 juill. 1791 [4], 19 mai 1802 [5], 12 mai 1825 [6], 26 août 1881 [7]. Coutume de Paris, art. 217. C. civ., art. 666, 667, 668, 669. C. pén., art. 456.

Les routes sont en général bordées de fossés destinés à recueillir les eaux plu-

[1] V. *Bois et Forêts.* — [2] V. *Route.* — [3] Ibid. — [4] V. *Voirie.* — [5] Ibid. — [6] V. *Route.* — [7] V. *Arbre.*

viales et à en assurer l'écoulement : les riverains ne peuvent les combler [1] sans commettre une contravention de grande voirie, du ressort des tribunaux administratifs [2], et passible des peines portées à l'article 456 du Code pénal.

Les fossés bordant les routes nationales et départementales sont entretenus aux frais de l'administration [3] : les fossés bordant les chemins vicinaux sont entretenus par les communes. Les riverains doivent souffrir le rejet, sur leur terrain, des terres provenant du curage de ces fossés.

Les bois appartenant à des particuliers et joignant les forêts de l'État doivent être séparés de ces forêts par des fossés [4].

Les fossés servent aussi de clôture entre les propriétés riveraines.

Celui qui veut se clore au moyen d'un fossé doit prendre, sur son propre fonds, tout le terrain nécessaire à l'établissement de ce fossé : il ne peut le creuser à moins de deux mètres du mur du voisin [5].

Sauf preuve contraire, le fossé placé entre deux héritages est présumé mitoyen [6].

Le rejet ou la levée de la terre d'un seul côté du fossé est une marque de non mitoyenneté [7], et le fossé est censé appartenir à celui du côté duquel se trouve ce rejet ou cette levée [8].

Le fossé mitoyen doit être entretenu à frais communs [9]; mais l'un des riverains peut s'exonérer de ces frais en faisant l'abandon de sa part dans la propriété du fossé [10].

FOUCAULT (Rue). — V. *Billy (Quai de)*.

FOUILLE. — Loi du 14 juill. 1856 [11]. Ord. pol. du 25 juill. 1862 [12]. C. civ., art. 552. V. également *Carrière, Chemin de fer, Extraction de matériaux, Bois et forêts, Route.*

Dans le périmètre de protection assigné à une source d'eau minérale, déclarée d'intérêt public, il ne peut être fait de fouille pour la construction d'une maison sans une déclaration adressée au préfet, un mois avant l'exécution des travaux. Le préfet peut interdire ces travaux, s'ils ont pour effet d'altérer ou de diminuer la source; il y a lieu, dans ce cas, à des dommages-intérêts au profit du propriétaire de la source [13].

Tout propriétaire a le droit de faire des fouilles sur son propre terrain [14], à la condi-

tion de prendre les précautions nécessaires pour ne pas causer de préjudice à son voisin, soit par des tassements, soit par des éboulements, sous peine d'être responsable de ces dégâts, et en se conformant aux lois et règlements.

On ne peut pratiquer aucune fouille sur la voie publique sans une autorisation du préfet de police [1].

ANNEXE

Extrait de la loi du 14-22 juillet 1856.

ARTICLE PREMIER. — Les sources d'eaux minérales peuvent être déclarées d'intérêt public, après enquête, par un décret impérial délibéré en Conseil d'État.

ART. 2. — Le périmètre de protection peut être assigné, par un décret rendu dans les formes établies en l'article précédent, à une source déclarée d'intérêt public.

Ce périmètre peut être modifié si de nouvelles circonstances en font reconnaître la nécessité.

ART. 3. — Aucun sondage, aucun travail souterrain ne peuvent être pratiqués dans le périmètre de protection d'une source minérale déclarée d'intérêt public, sans autorisation préalable.

A l'égard des fouilles, tranchées pour extraction de matériaux ou pour un autre objet, fondation de maisons, caves ou autres travaux à ciel ouvert, le décret, qui fixe le périmètre de protection, peut exceptionnellement imposer aux propriétaires l'obligation de faire, au moins un mois à l'avance, une déclaration au préfet, qui en délivre récépissé.

ART. 4. — Les travaux énoncés dans l'article précédent et entrepris, soit en vertu d'une autorisation régulière, soit après une déclaration préalable, peuvent, sur la demande du propriétaire de la source, être interdits par le préfet, si leur résultat constaté est d'altérer ou de diminuer la source. Le propriétaire du terrain est préalablement entendu.

L'arrêté du préfet est exécutoire par provision, sauf recours au conseil de préfecture et au Conseil d'État par la voie contentieuse.

ART. 5. — Lorsque, à raison de sondages ou de travaux souterrains entrepris en dehors du périmètre, et jugés de nature à altérer ou diminuer une source minérale déclarée d'intérêt public, l'extension d'un périmètre paraît nécessaire, le préfet peut, sur la demande du propriétaire de la source, ordonner provisoirement la suspension des travaux.

Les travaux peuvent être repris si, dans le délai de six mois, il n'a été statué sur l'extension du périmètre.

ART. 6. — Les dispositions de l'article précédent s'appliquent à une source déclarée d'intérêt public, à laquelle aucun périmètre n'a été assigné.

ART. 7. — Dans l'intérieur du périmètre de protection, le propriétaire d'une source déclarée

---

[1] Loi, 22 juill. 1791, V. *Voirie.* — [2] Loi, 19 mai 1802, V. *Voirie.* — [3] Loi, 12 mai 1825, V. *Route.* — [4] Édit, août 1669, V. *Bois et Forêts.* — [5] Coutume, Paris, 217. — [6] C. civ., 666. V. *Arbre* (Loi, 26 août 1881). — [7] C. civ., 667. — [8] C. civ., 668. — [9] C. civ., 669. — [10] V. *Abandon.*
[11] Annexe. — [12] V. *Bâtim. en constr.* — [13] Loi, 14-22 juill. 1856, annexe. — [14] C. civ., 552.

[1] Ord. pol., 25 juill. 1862, V. *Bâtim. en constr.*

d'intérêt public a le droit de faire, dans le terrain d'autrui, à l'exception des maisons d'habitation et des cours attenantes, tous les travaux de captage et d'aménagement nécessaires pour la conservation, la conduite et la distribution de cette source, lorsque ces travaux ont été autorisés par un arrêté du ministre de l'agriculture, du commerce et des travaux publics.

Le propriétaire du terrain est entendu dans l'instruction.

Art. 8. — Le propriétaire d'une source d'eau minérale déclarée d'intérêt public peut exécuter, sur son terrain, tous les travaux de captage et d'aménagement nécessaires pour la conservation, la conduite et la distribution de cette source, un mois après la communication faite de ces projets au préfet.

En cas d'opposition par le préfet, le propriétaire ne peut commencer ou continuer les travaux qu'après autorisation du ministre de l'agriculture, du commerce et des travaux publics.

A défaut de décision dans les trois mois, le propriétaire peut exécuter les travaux.

Art. 9. — Si l'occupation d'un terrain compris dans le périmètre prive le propriétaire de la jouissance du revenu au delà du temps d'une année, ou lorsque après les travaux le terrain n'est plus propre à l'usage auquel il était employé, le propriétaire dudit terrain peut exiger du propriétaire de la source l'acquisition du terrain occupé ou dénaturé. Dans ce cas, l'indemnité est réglée suivant les formes prescrites par la loi du 3 mai 1841. Dans aucun cas, l'expropriation ne peut être provoquée par le propriétaire de la source.

Art. 10. — Les dommages dus par suite de suspension, interdiction ou destruction de travaux dans les cas prévus aux articles 4, 5 et 6, ainsi que ceux dus à raison de travaux exécutés en vertu des articles 7 et 9, sont à la charge du propriétaire de la source. L'indemnité est réglée à l'amiable ou par les tribunaux.

Dans les cas prévus par les articles 4, 5 et 6, l'indemnité due par le propriétaire de la source ne peut excéder le montant des pertes matérielles qu'a éprouvées le propriétaire du terrain, et le prix des travaux devenus inutiles, augmenté de la somme nécessaire pour le rétablissement des lieux dans leur état primitif.

Art. 11. — Les décisions concernant l'exécution ou la destruction des travaux sur le terrain d'autrui ne peuvent être exécutées qu'après le dépôt d'un cautionnement dont l'importance est fixée par le tribunal, et qui sert de garantie au payement de l'indemnité dans les cas énumérés en l'article précédent.

L'État, pour les sources dont il est propriétaire, est dispensé du cautionnement.

Art. 12. — Si une source d'eau minérale, déclarée d'intérêt public, est exploitée d'une manière qui en compromette la conservation, ou si l'exploitation ne satisfait pas aux besoins de la santé publique, un décret impérial, délibéré en Conseil d'État, peut autoriser l'expropriation de la source et de ses dépendances nécessaires à l'exploitation, dans les formes réglées par la loi du 3 mai 1841.

Art. 13. — L'exécution, sans autorisation,

ou sans déclaration préalable, dans le périmètre de protection, de l'un des travaux mentionnés dans l'article 3, la reprise des travaux interdits ou suspendus administrativement, en vertu des articles 4, 5 et 6, est punie d'une amende de 50 francs à 500 francs.

Art. 14. — Les infractions aux règlements d'administration publique prévus au dernier paragraphe de l'article 19 de la présente loi sont punies d'une amende de 16 francs à 100 francs.

Art. 15. — Les infractions prévues par la présente loi sont constatées, concurremment, par les officiers de police judiciaire, les ingénieurs des mines et les agents sous leurs ordres ayant droit de verbaliser.

Art. 16. — Les procès-verbaux dressés en vertu des articles 13 et 14 sont visés pour timbre et enregistrés en débet.

Les procès-verbaux dressés par des gardes-mines ou agents de surveillance assermentés doivent, à peine de nullité, être affirmés dans les trois jours devant le juge de paix ou le maire, soit du lieu du délit, soit de la résidence de l'agent.

Lesdits procès-verbaux font foi jusqu'à preuve contraire.

Art. 17. — L'article 463 du Code pénal est applicable aux condamnations prononcées en vertu de la présente loi.

FOUR. — Ord. pol. du 15 sept. 1875[1]. Coutume de Paris, art. 190. C. civ., art. 674.

On ne peut, à Paris, établir de four sans en faire la déclaration à la préfecture de police[2].

Le Code civil[3] exige un contre-mur au droit des fours établis contre un mur mitoyen, ou susceptible de le devenir, et renvoie aux usages locaux pour les dimensions de ce contre-mur. A Paris, d'après l'ancienne coutume[4], il doit y avoir un contre-mur de $0^m 33$ plus un vide de $0^m 16$: ces dimensions sont des dimensions minima ; elles doivent être augmentées si l'intensité de la chaleur dégagée l'exige, de manière qu'il ne soit causé aucun préjudice au voisin.

Le locataire est tenu à l'entretien de l'aire, de la chapelle et de tous les accessoires tels que portes, guichets, ustensiles, à moins que ces réparations ne soient nécessitées par l'état de vétusté de ces parties[5].

Dans les locations industrielles, le preneur est tenu de faire aux fours toutes les réparations nécessaires pour les rendre dans l'état où ils lui ont été livrés[6].

FOURNEAU. — Note du directeur de la voirie du 10 sept. 1862[7]. Ord. pol. du 15 sept. 1875[8]. Coutume de Paris, art. 190. C. civ., art. 674.

---

[1] V. *Incendie.* — [2] Ord. pol., 15 sept. 1875, V. *Incendie.* — [3] Art. 674. — [4] Art. 190. — [5] Agnel, n° 587. — [6] Le Bègue, p. 61.

[7] Annexe. — [8] V. *Incendie.*

La coutume de Paris, article 190, auquel renvoie l'article 674 du Code civil, exige un contre-mur de 0m 33 plus un vide de 0m 16, au droit des fourneaux établis contre un mur mitoyen, ou susceptible de le devenir : ces prescriptions ne s'appliquent pas aux fourneaux de cuisine ordinaires, même en fonte, mais à ceux des établissements où le feu est assez intense pour incommoder le voisin ou pour dégrader le mur.

Pour les fourneaux ordinaires le propriétaire doit, seulement, les faire établir de manière que la chaleur qui s'en dégage ne puisse être une cause de détérioration pour le mur, ou une gêne pour le voisin.

Les fourneaux doivent être surmontés d'une hotte les couvrant, et avoir une prise d'air ou ventouse pour la ventilation[1] : ils doivent être disposés de manière que les cendres ne puissent tomber sur des matières combustibles.

Les murs, voûtes et planchers des fourneaux sont à la charge du bailleur ; l'entretien du carreau sur les planchers et la paillasse, le scellement des réchauds et des portes, le remplacement des réchauds cassés, de leurs grilles et de leur couvercle sont à la charge du preneur.

Dans les fourneaux en fonte, le locataire est particulièrement responsable du coquemar ou bain-marie[2], la dégradation provenant, le plus généralement, de la négligence à le remplir d'eau. Le locataire doit également l'entretien du foyer et le remplacement des rondelles brûlées ou fendues ; quant à la plaque du dessus, si elle casse au premier feu, ce qui arrive assez souvent, le locataire n'en doit pas le remplacement.

ANNEXE

Note du directeur de la voirie du 10 septembre 1862.

La Commission des logements insalubres a spécialement appelé l'attention de l'administration sur les graves inconvénients que présentent, au point de vue de la salubrité, les fourneaux dépourvus de hottes : de nombreux accidents sont occasionnés par les gaz délétères du charbon, et chaque jour la commission est dans l'obligation de prescrire des travaux qui auraient dû être exécutés par les constructeurs eux-mêmes.

On ne peut méconnaître l'intérêt que présente pour la sûreté publique la mesure réclamée par la Commission des logements insalubres, mais il a paru nécessaire de la compléter par la pose de ventouses ou prises d'air destinées à activer l'ascension des gaz délétères.

En conséquence, MM. les commissaires voyers auront, à l'avenir, à exiger pour tous les fourneaux de cuisine l'établissement d'une hotte pour les couvrir et d'une ventouse ou prise d'air pour les ventiler. Il est bien entendu que la hotte sera en communication directe avec le tuyau de cheminée.

FOURNEAUX à charbon de bois. — V. *Carbonisation du bois.*

FOURNEAUX hauts.

Etablissements insalubres de 2e classe : fumée et poussière[1].

Les hauts-fourneaux ne sont autorisés qu'à une assez grande distance des lieux habités[2].

FOURS à plâtre ou à chaux. — V. *Plâtre et Chaux.*

FOURS pour la calcination des cailloux. V. *Cailloux.*

FOYER. — Le locataire est responsable des foyers en marbre placés au devant des cheminées, quant ils sont cassés par des chocs, ou brûlés par un feu trop intense ou avancé trop près du foyer.

Si, au contraire, le foyer s'est cassé par suite d'un tassement dans le plancher, la réparation en incombe au propriétaire.

FRESNEL (Rue). — V. *Billy (Quai de).*

FROMAGES (Dépôts de) dans les villes.

Etablissements insalubres de 3e classe : odeur[3].

Ces dépôts ne sont autorisés que dans des locaux bien ventilés par des cheminées d'appel d'au moins 0m 35 de côté, et s'élevant à 3 mètres au-dessus des cheminées voisines dans un rayon de 50 mètres.

Lorsque le dépôt a lieu dans une cave, les baies sur la voie publique doivent être fermées[4].

FULMINATE DE MERCURE (Fabrication du).

Etablissement dangereux de 1re classe : danger d'explosion et d'incendie[5].

Les établissements de ce genre sont soumis à une réglementation spéciale édictée par l'ordonnance royale du 30 octobre 1836[6]. V. aussi, pour les prescriptions administratives, *Amorces fulminantes.*

Il est interdit d'employer des enfants, en raison des vapeurs délétères dégagées et des dangers d'explosion[7].

---

[1] Note, 10 sept. 1862, annexe. Ord. pol., 15 sept. 1875, V. *Incendie.* — [2] Le Bègue, p. 63.

[1] Décr., 31 déc. 1866. — [2] Bunel, p. 307. [3] Décr., 31 déc. 1866. — [4] Bunel, p. 308. [5] Décr., 12 mai 1886. — [6] Annexe. — [7] Décr., 14 mai 1875.

ANNEXE

Ordonnance royale du 30 octobre 1836.

Article premier. — Les fabriques de fulminate de mercure, amorces fulminantes et autres matières dans la préparation desquelles entre le fulminate de mercure, devront être closes de murs et éloignées de toute habitation, ainsi que des routes et chemins publics.

Art. 2. — Toute demande en autorisation pour un établissement de cette nature devra être accompagnée d'un plan indiquant :

1° La position exacte de l'emplacement, par rapport aux habitations, routes et chemins les plus voisins ;

2° Celle de tous les bâtiments et ateliers, les uns par rapport aux autres;

3° Le détail des distributions intérieures de chaque local. Le plan, visé dans l'ordonnance à laquelle il restera annexé, ne pourra plus être changé qu'en vertu d'une autorisation nouvelle.

La mise en activité de la fabrique sera toujours précédée d'une vérification faite par les soins de l'autorité locale, qui constatera l'exécution fidèle du plan. Il en sera dressé procès-verbal.

Art. 3. — Les divers ateliers seront isolés les uns des autres. Le sol en sera recouvert d'une lame de plomb ou de plâtre, la pierre siliceuse est prohibée dans la construction de ces ateliers.

Art. 4. — Les tablettes dont il sera fait emploi dans ces ateliers seront en bois blanc; la plus élevée, placée à 1^{m}60 au plus au-dessus du sol, devra toujours rester libre.

Art. 5. — L'atelier spécialement affecté à la fabrication du fulminate devra être particulièrement éloigné de la poudrerie et du dépôt des esprits. L'ordonnance d'autorisation fixera, dans chaque établissement particulier, la distance respective des autres bâtiments de la fabrique.

Art. 6. — La poudrière ne renfermera qu'une seule rangée de tablettes, placée à 1^{m}30 du sol; ce sol sera, comme celui des ateliers, recouvert en lames de plomb ou en plâtre. Ce bâtiment n'aura qu'une seule porte.

Art. 7. — L'usage des tamis en fil métallique est interdit.

Art. 8. — La poudre grainée et séchée sera renfermée dans des caisses en bois blanc, bien jointes, recouvertes d'une feuille de carton et placées sur des supports en liège.

Aucune de ces caisses ne devra contenir plus de 5 kilogrammes de poudre.

Art. 9. — Aucun transvasement de poudre ne pourra s'effectuer dans la poudrière. Cette opération devra être faite dans un local isolé et fermé, qui n'aura pas d'autre destination. Il sera pris pour la construction de ce local, ainsi que pour l'établissement de son sol, les mêmes précautions que pour la construction et le sol des autres ateliers.

Art. 10. — Il ne pourra être porté à la fois dans l'atelier de charge que la dixième partie au plus de la poudre qui doit être manipulée dans la journée.

Art. 11. — Le directeur de l'établissement et le chef des ateliers auront seuls les clefs de la poudrière et de l'atelier où se fera le transvasement de la poudre.

Art. 12. — Aucun ouvrier ne pourra être employé dans cette sorte de fabrique s'il n'a 18 ans accomplis.

Art. 13. — Les dispositions prescrites par l'ordonnance du 25 juin 1823 sont maintenues et continueront à être observées, concurremment avec celles de la présente ordonnance, qui sera constamment affichée dans les fabriques qu'elle concerne.

Art. 14. — En cas de contravention, l'autorité locale suspendra provisoirement les travaux de la fabrique, et en référera à l'administration supérieure. L'autorisation sera retirée s'il y a lieu.

Art. 15. — Notre ministre...

FUMÉE. — L'obligation de souffrir les atteintes de la fumée qui s'échappe des cheminées voisines est une charge du voisinage[1]: néanmoins, un propriétaire peut contraindre son voisin à surélever ses cheminées, de manière que la fumée qui s'en échappe ne puisse rabattre dans les pièces de son immeuble, si ce n'est par un vent violent. Pareillement, le propriétaire d'une usine qui n'aurait pas pris les précautions nécessaires pour ne pas incommoder les voisins par la fumée de ses cheminées peut être condamné à indemniser ces voisins de la gêne qu'il leur cause[2].

Lorsque les cheminées fument, le bailleur est tenu de faire les travaux nécessaires pour obvier à cet inconvénient.

FUMIER. — Coutume de Paris, art. 217. C. civ., art. 674.

On ne peut établir un dépôt de fumier contre un mur mitoyen sans avoir, au préalable, construit un contre-mur, d'une épaisseur suffisante pour empêcher les infiltrations, provenant de ce fumier, d'altérer le mur mitoyen[3].

L'ancienne coutume de Paris[4] exige une distance de 2 mètres entre la propriété voisine et la fosse dans laquelle on laisse pourrir le fumier.

[1] Douai, 30 mai 1854. — [2] Cass., 27 nov. 1844.
[3] C. civ., 674. — [4] Art. 217.

G

GABRIEL (Avenue). — Les propriétés en bordure sur l'avenue Gabriel sont soumises à des servitudes particulières de clôture et de *non œdificandi* relatées dans l'extrait de la délibération de la commission municipale ci-après.

ANNEXE

Extrait de la délibération de la commission municipale du 20 février 1852.

M. le préfet de la Seine est autorisé à passer dès à présent avec les propriétaires riverains de l'avenue Gabriel qui ont adhéré au projet dressé par l'administration, et ultérieurement, s'il y a lieu, avec les autres propriétaires, un traité qui sera considéré comme une transaction sur procès pour ceux d'entre eux à l'égard desquels les instances entamées sont encore pendantes.

Ce traité sera fait aux conditions ci-après :

Les propriétaires déclareront abandonner toute prétention au droit de propriété ou de servitude sur le terrain du fossé qui sépare leurs propriétés de l'avenue Gabriel, dont le fossé est une dépendance.

Il leur sera accordé, en échange, au nom de la ville de Paris, un droit d'issue, pour accéder, à pied et en voiture, de leurs propriétés à l'avenue Gabriel. Cette concession sera accordée aux conditions suivantes :

1° Les propriétaires riverains s'obligeront à faire clore, à toujours, par une grille en fer, la face de leurs propriétés qui borde l'avenue; cette grille sera de la hauteur d'au moins deux mètres à partir du sol de l'avenue ;

2° Ils renonceront, à toujours, à élever des constructions sur leurs propriétés en avant de la ligne droite partant de la face extérieure du bâtiment du garde-meuble et aboutissant à celle de la maison portant le n° 36 sur l'avenue Gabriel, au coin de l'avenue Marigny. Ils pourront toutefois établir sur l'alignement de la grille bordant l'avenue Gabriel des petits bâtiments de concierge, élevés chacun d'un rez-de-chaussée seulement, et n'ayant pas plus de *4 mètres* 70 de face sur 5 *mètres* environ de hauteur;

3° Les propriétaires feront combler à leurs frais le fossé qui sépare leurs propriétés de l'avenue; ils feront établir contre la grille mentionnée ci-dessus, dans toute la longueur de la façade de leurs propriétés, un trottoir en bitume de 3 mètres de largeur; le surplus du trottoir sera fait par la Ville qui restera chargée de l'entretien du tout par dérogation aux dispositions de l'arrêté préfectoral du 20 avril 1847;

4° Les divers travaux ci-dessus indiqués seront exécutés conformément au plan ci-annexé sous la surveillance de l'architecte des Champs-Elysées;

5° Les riverains s'interdiront, pour eux, leurs héritiers et ayants cause, de laisser occuper leur propriété par aucun cabaret, usine et établissement à marteaux ;

6° Les voitures ou charrettes, nécessaires au service des propriétés, ne pourront circuler sur l'avenue que jusqu'à deux heures de l'après-midi, si ce n'est avec une permission de l'administration, sans qu'elles puissent jamais y stationner : ces services seront d'ailleurs soumis à tous les règlements de police que l'administration jugerait nécessaire ;

7° En cas de non-exécution, dans les trois mois de la réalisation du traité, des divers travaux mentionnés ci-dessus, articles 1 et 3, ces travaux seront faits par la Ville, après une simple mise en demeure, aux frais, risques et périls de qui il appartiendra.

GALIPOTS ou résines de pin. — V. *Résines.*

GALONS et tissus d'or et d'argent (Brûleries en grand des) dans les villes.

Etablissements insalubres de 2ᵉ classe : odeur[1].

Les ateliers doivent être ventilés énergiquement, sans baies ouvrantes sur la voie publique ni sur les voisins.

La combustion s'opérera sous des hottes dont le tirage sera activé par un fourneau d'appel.

La cheminée sera élevée à 5 mètres au-dessus des cheminées voisines dans un rayon de 50 mètres[2].

GARDE-MANGER. — Il est interdit d'établir des garde-manger en saillie de l'alignement sur la voie publique[3].

GARDIENNAGE. — Dans les bâtiments en construction, la présence du gardien de nuit profitant à tous les entrepreneurs, les frais de ce gardiennage doivent être supportés par tous les entrepreneurs travaillant dans ces bâtiments et répartis entre eux proportionnellement à l'importance de leur entreprise.

GAZ. — Ord. pol. du 27 oct. 1855 et instr. jointe à cette ordonnance[4]. Arr. préf. des 8 avril 1856[5], 18 févr. 1862 et instr. jointe au précédent arrêté[6]. Ord. pol. du 25 juill. 1862[7]. Instr. du 30 nov. 1865[8]. Arr. préf. du 26 avril 1866[9]. Décr. du 31 déc. 1866. Décr. du 9 févr.

---

[1] Décr., 31 déc. 1866. — [2] Bunel, p. 309.
[3] Décis. pol., 15 févr. 1850, V. *Saillie.*
[4] Annexe. —[5] Annexe. — [6] Annexe. — [7] V. *Bâtim. en constr.* — [8] Annexe. — [9] Annexe.

1867[1]. Instr. min. du 28 févr. 1867[2]. Arr. préf. du 2 avril 1868[3]. Traité du 7 févr. 1870[4]. Conditions de l'abonnement (1870)[5]. Arr. préf. des 17 janv. 1878[6], 11 juin 1879[7] et 19 juin 1888[8].

Les usines à gaz sont classées parmi les établissements dangereux, insalubres et incommodes[9], savoir :

1° Pour l'usage public :

Dans la 2e classe, en raison de l'odeur et des dangers d'incendie.

2° Pour l'usage particulier :

Dans la 3e classe, pour les mêmes motifs.

Elles sont réglementées, à Paris, par le décret du 9 février 1867[10] et l'instruction ministérielle du 28 février 1867[11].

Les conditions imposées à la Compagnie pour l'établissement des conduites et la fourniture du gaz sont contenues dans l'ordonnance de police du 25 juillet 1862[12] et le traité du 7 février 1870[13].

Les conduites placées sous le sol des voies publiques plantées doivent être renfermées dans des drains ou des pierrées[14].

Toute personne qui veut installer le gaz, opérer des changements, additions ou modifications à son installation, doit en faire la déclaration à la préfecture de la Seine[15] : l'autorisation de se servir du gaz n'est donnée qu'après que la canalisation a été reconnue conforme aux prescriptions administratives, et qu'elle a été soumise à une épreuve d'une demi-atmosphère, devant un agent de l'administration.

Les compteurs doivent être d'un système approuvé par l'administration, qui les poinçonne après les avoir éprouvés[16].

Les appareils à tige hydraulique sont interdits[17].

En outre de certaines précautions à prendre dans l'emploi du gaz, il est interdit de rechercher les fuites par le flambage[18].

Les conditions dans lesquelles il peut être fait usage du gaz et celles dans lesquelles il doit être livré par la Compagnie sont contenues dans le traité du 7 février 1870[19] et les conditions d'abonnement approuvées à la même date[20].

Lorsque le gaz a été établi par le propriétaire, la réparation des fuites et des dégradations survenues aux conduites et aux appareils est à la charge du preneur, mais

seulement pour la partie comprise dans les locaux loués[1].

Le locataire peut enlever les tuyaux à gaz posés par lui, à la charge de réparer toutes les dégradations commises soit par la pose, soit par la dépose : le propriétaire n'est pas tenu d'accepter l'installation faite par son locataire.

ANNEXES

Ordonnance de police du 27 octobre 1855.

ARTICLE PREMIER. — Aucune localité ne pourra être éclairée par le gaz, sans notre autorisation.

A cet effet, toute personne qui voudra placer chez elle des tuyaux de conduite et autres appareils pour l'éclairage au gaz devra préalablement nous en faire la déclaration.

Cette déclaration devra indiquer le nom de l'entrepreneur chargé des travaux.

ART. 2. — L'autorisation d'éclairer ne sera donnée qu'après une visite qui fera connaître si les tuyaux de conduite et autres appareils sont établis conformément aux prescriptions de la présente ordonnance, et s'ils ne présentent pas de fuites, après les expériences faites conformément aux prescriptions de l'article 13 ci-après.

ART. 3. — Les compagnies ne pourront délivrer le gaz que sur la présentation qui leur sera faite de l'autorisation prescrite par l'article 1er.

ART. 4. — Aucun robinet de branchement ne pourra être établi sous la voie publique sans une autorisation spéciale ; les robinets devront toujours être placés dans les soubassements des maisons ou boutiques, ou dans l'épaisseur des murs.

Les robinets existant sous la voie publique seront supprimés aux frais de qui de droit, au fur et à mesure de la réfection des trottoirs ou du pavé.

ART. 5. — Le robinet extérieur sera renfermé dans un coffre disposé de manière que le gaz qui s'y introduirait ne pût se répandre dans les lieux éclairés ou dans les vides des devantures, et dût, au contraire, s'échapper forcément au dehors.

Ce coffre sera fermé par une porte en métal, dont la Compagnie seule aura la clef.

Il est expressément défendu de toucher à la porte du coffre et à l'appareil qui y est renfermé, ces pièces devant être manœuvrées par les agents de la Compagnie qui fournit le gaz.

ART. 6. — Dans le cas où l'éclairage d'une localité serait suspendu, la porte du coffre sera recouverte d'une plaque en métal fixée avec vis, afin que l'agent de la Compagnie ne puisse l'ouvrir.

ART. 7. — Le robinet extérieur sera pourvu d'un appendice disposé de telle sorte, ou construit de manière que le consommateur ne puisse point ouvrir ce robinet pour se donner le gaz sans l'action préalable de la Compagnie.

---

[1] Annexe. — [2] Annexe. — [3] Annexe. — [4] Annexe. — [5] Annexe. — [6] Annexe. — [7] Annexe. — [8] V. *Egout.* — [9] Décr., 31 déc. 1866. — [10] Annexe. — [11] Annexe. — [12] V. *Bâtim. en constr.* — [13] Annexe. — [14] Arr. préf., 8 avril 1856, annexe. Arr. préf., 19 juin 1888, V. *Egout.* — [15] Arr. préf., 18 févr. 1862, 2 avril 1868, annexes. — [16] Instr., 30 nov. 1865. Arr. préf., 26 avril 1866. Arr. préf., 11 juin 1879, annexes. — [17] Arr. préf., 17 janv. 1878, annexe. — [18] Instr. jointe à l'arr. du 18 févr. 1862. Ord. pol., 27 oct. 1855 et instr. jointe, annexes. — [19] Annexe. — [20] Annexe.

[1] Seine, 24 mars 1841. Cahier des juges de paix, 1852.

Un agent de la Compagnie rendra ledit robinet libre, à l'heure où l'éclairage doit commencer, et le fermera de nouveau à l'heure où l'éclairage doit cesser.

Art. 8. — Des doubles clefs du robinet et de la porte seront déposées chez les commissaires de police.

Art. 9. — Les tuyaux de conduite et autres appareils devront rester apparents dans tout leur développement.

Toutefois, si une conduite traverse en quelque sens que ce soit un mur, un pan de bois, une cloison, un placard, un plancher ou un vide quelconque, elle sera placée, dans toute la longueur de ce parcours, dans un tuyau ouvert à ses deux extrémités, ou au moins à l'extrémité la plus élevée.

Ce tuyau sera en métal, et au besoin parfaitement soudé; il dépassera au moins d'un centimètre le parement des murs, cloisons ou planchers dans lesquels il sera encastré. Son diamètre intérieur aura au moins un centimètre de plus que le diamètre extérieur de la conduite qui y sera renfermée.

Art. 10. — Les clefs de tous les robinets devront être disposées de manière à ne pouvoir être enlevées de leurs boisseaux, même par un violent effort.

Art. 11. — Les tuyaux de conduite et les fourreaux pour l'éclairage devront être en fer étiré ou forgé, en fonte, étain, plomb ou cuivre, et parfaitement ajustés.

Art. 12. — Les montres (c'est-à-dire les espaces fermés, destinés à l'étalage des marchandises) dans lesquelles seront placés des appareils d'éclairage devront toujours être bien ventilées.

Art. 13. — Il est défendu de rechercher les fuites par le flambage, excepté dans les lieux en plein air ou parfaitement ventilés.

Chaque entrepreneur d'éclairage par le gaz et chaque fabricant d'appareils devra avoir, à sa disposition, les appareils nécessaires pour rechercher les fuites, sans employer le flambage.

Ces instruments devront être préalablement approuvés par nous et être constamment en bon état.

Les appareils d'éclairage actuellement existants et ceux qui seront placés à l'avenir devront, en outre, être munis des ajustages et raccords nécessaires pour que l'administration puisse, à tout instant et sans aucun retard, s'assurer que les appareils ne présentent pas de fuites.

Art. 14. — La Compagnie qui aura reçu avis d'un accident sera tenue d'envoyer immédiatement un agent sur les lieux.

Art. 15. — Les dispositions de la présente ordonnance sont applicables aux déplacements, réparations, changements, additions ou modifications dont les conduites ou appareils seraient l'objet.

Art. 16. — La présente ordonnance et l'instruction y annexée seront imprimées sur les polices d'abonnement d'éclairage au gaz, délivrées par les compagnies.

Art. 17. — Les consommateurs sont personnellement responsables, sauf leur recours contre qui il appartiendra, de l'exécution des dispositions de la présente ordonnance concernant les appareils intérieurs.

Art. 18. — L'ordonnance de police du 21 mai 1842 est rapportée.

INSTRUCTION RELATIVE A L'ÉCLAIRAGE PAR LE GAZ ET AUX PRÉCAUTIONS A PRENDRE DANS SON EMPLOI.

Pour que l'emploi du gaz n'offre, dans l'éclairage, aucun inconvénient, il importe que les becs n'en laissent échapper aucune partie sans être brûlée.

Les lieux éclairés doivent être ventilés avec soin, même pendant l'interruption de l'éclairage, c'est-à-dire qu'il doit être pratiqué, dans la partie supérieure, quelques ouvertures par lesquelles le gaz puisse s'échapper au dehors, en cas de fuite ou de non combustion.

Sans cette précaution, le gaz non brûlé s'accumule dans la pièce, et peut occasionner des asphyxies, des explosions et des incendies.

Les robinets doivent être graissés de temps à autre intérieurement afin d'en faciliter le service.

Pour l'allumage, il est essentiel d'ouvrir d'abord le robinet extérieur, dont la clef est entre les mains du consommateur, puis de présenter successivement la flamme à l'orifice de chaque bec au moment même où l'on ouvre le robinet particulier de ce bec, afin qu'aucune portion de gaz non brûlé ne puisse s'écouler.

Lors de l'extinction, il importe de commencer par fermer le robinet extérieur, dans le cas où il n'aurait pas été déjà fermé par l'agent de la Compagnie, et de fermer ensuite avec soin le robinet qui est adapté à chacun des becs d'éclairage. Si l'on négligeait de prendre cette précaution, on s'exposerait à des accidents graves, dont il existe malheureusement de nombreux exemples.

Dès qu'une odeur de gaz donne lieu de penser qu'il existe une fuite, il convient d'ouvrir les portes ou croisées pour établir un courant d'air, et de fermer le robinet général d'admission du gaz.

Il est nécessaire d'en donner avis simultanément au constructeur de l'appareil et à la Compagnie qui fournit le gaz, afin que la fuite soit réparée immédiatement.

Le consommateur doit bien se garder de rechercher lui-même les fuites par le flambage, c'est-à-dire en approchant une flamme du lieu présumé de la fuite. Les fabricants d'appareils ne doivent eux-mêmes rechercher les fuites par le flambage que dans les cas spécifiés à l'article 13 de l'ordonnance de police.

Dans le cas où, soit par imprudence, soit accidentellement, une fuite de gaz aurait été enflammée, il conviendra, pour l'éteindre, de poser dessus un linge imbibé d'eau.

Lorsqu'on exécute dans les rues des travaux d'égouts, de pavage, de trottoirs ou de pose de conduites d'eau, les consommateurs au-devant desquels ces travaux s'exécutent feront bien de s'assurer que les branchements qui leur fournissent le gaz ne sont point endommagés ni déplacés par ces travaux; et, dans le cas contraire, d'en donner connaissance à la Compagnie d'éclairage et à l'administration.

———

Arrêté préfectoral du 8 avril 1856.

ARTICLE PREMIER. — A l'avenir, les conduites de distribution du gaz d'éclairage et de chauffage placées sous le sol des promenades et de toutes les voies publiques plantées de Paris, et les branchements transversaux du service public ou privé seront renfermés dans des drains ou dans des pierrées ayant une inclinaison ascendante de 0ᵐ005 au moins par mètre et mis en communication avec l'atmosphère au moyen d'ouvertures ménagées dans le socle des candélabres ou dans les soubassements des édifices desservis, à une hauteur suffisante pour éviter toute inondation et tout ensablement des drains ou pierrées.

ART. 2. — La section intérieure des drains sera double au moins de la section extérieure des conduites qu'ils renferment.

ART. 3. — Les pierrées auront une épaisseur de 0ᵐ30 au moins de chaque côté de la paroi extérieure des conduites. Elles seront formées de pierres qui ne puissent passer dans aucun sens à travers un anneau de 10 centimètres, et revêtues d'une enveloppe qui puisse faire obstacle à l'infiltration des sables et des terres dans l'interstice des pierres.

ART. 4. — Les conduites d'un diamètre supérieur à 0ᵐ10 seront posées sur des fondations de béton ou en maçonnerie de ciment ayant une profondeur de 0ᵐ30 et une largeur proportionnée à ce diamètre avant d'être latéralement recouvertes de pierres cassées.

ART. 5. — La Compagnie concessionnaire pourra proposer à l'approbation du préfet de la Seine et employer après cette approbation tout système autre que celui dont la description est faite aux articles précédents, pour rejeter dans l'atmosphère le gaz provenant des fuites des conduites et branchements, comme aussi apporter, sous les mêmes conditions, toutes modifications à ce système qui seraient jugées propres à le rendre plus efficace et d'une exécution plus facile.

Arrêté préfectoral du 18 février 1862, Concernant les conduites et appareils d'éclairage et de chauffage par le gaz, dans l'intérieur des bâtiments.

ARTICLE PREMIER. — Toute personne qui voudra placer chez elle, dans Paris, des conduites de distribution, des compteurs, brûleurs et autres appareils de consommation de gaz, faire usage d'appareils établis par d'autres personnes, les déplacer ou réparer, y opérer des changements, additions ou modifications quelconques, devra préalablement en faire la déclaration à la préfecture de la Seine (direction du service municipal des travaux publics).

Cette déclaration devra indiquer le nom et l'adresse de l'entrepreneur chargé de l'exécution des travaux, la quantité de gaz à consommer, l'usage qu'on en veut faire, le système des appareils dont on se servira et l'époque à laquelle les travaux seront terminés.

Sera considérée comme addition aux appareils toute conduite piquée, avec ou sans compteur, sur une conduite de distribution déjà autorisée. La déclaration sera signée du propriétaire ou locataire de la conduite principale, et la permission délivrée en son nom. Ce propriétaire ou locataire demeurera seul responsable vis-à-vis de l'administration municipale.

ART. 2. — Aucun appareil ne pourra être mis en service sans une autorisation préalable et écrite du préfet de la Seine ou de son délégué. Cette autorisation ne sera donnée qu'aux conditions suivantes :

1° La canalisation devra porter à demeure un ou plusieurs appareils révélant immédiatement l'existence des fuites. Ces appareils seront choisis par l'abonné parmi ceux dont l'Administration aura autorisé l'emploi [1].

2° Avant tout service, la canalisation, depuis le robinet de la rue jusqu'au dernier bec, abstraction faite du compteur, sera soumise, en présence d'un agent de l'Administration, par des appareilleurs ou des ouvriers du choix de l'abonné, à une épreuve d'une demi-atmosphère de pression au moins, mesurée au manomètre.

Un procès-verbal, dressé par l'agent de l'Administration, constatera qu'aucune fuite n'existe, ou que celles dont la présence aurait été signalée par l'épreuve sont réparées.

3° Un procès-verbal de visite, dressé par l'agent de l'Administration, constatera en outre que les appareils, dans leur ensemble, sont établis conformément aux prescriptions du présent arrêté, que les tuyaux de conduite et de distribution du gaz ont une épaisseur suffisante et le diamètre nécessaire pour débiter le gaz qui doit être consommé.

En cas d'inexécution de l'une des dispositions qui précèdent, il sera sursis à la délivrance de l'autorisation.

ART. 3. — Les Compagnies d'éclairage et de chauffage par le gaz ne pourront délivrer du gaz à la consommation que sur la présentation qui leur sera faite de l'autorisation prescrite par l'article 2.

ART. 4. — Aucun embranchement ne pourra être établi sur une des conduites que la Compagnie parisienne d'éclairage et de chauffage par le gaz est autorisée à poser sur la voie publique sans une autorisation spéciale. Les robinets des branchements devront être placés dans les soubassements des maisons ou boutiques, ou dans l'épaisseur des murs.

Les robinets existant sous la voie publique seront supprimés aux frais de qui de droit, au fur et à mesure de la réfection des trottoirs ou du pavé.

ART. 5. — Le robinet extérieur sera enfermé dans une coffre disposé de telle manière que le gaz qui s'y introduirait ne puisse se répandre dans les lieux où il est consommé, non plus que dans les vides des devantures, et qu'il soit forcé de s'échapper au dehors.

Ce coffre sera fermé par une porte en métal, dont la Compagnie aura seule la clef. L'abonné

---

[1] Lorsque dans l'intérieur des bâtiments les conduites ne présentent aucune soudure et que leur longueur n'excède pas 10 mètres, l'Administration peut ne pas exiger d'appareils révélateurs de fuites. (Arrêté 10 juin 1862.)

ne pourra toucher ni à la porte du coffre ni à l'appareil qui y sera enfermé ; mais cette porte sera percée d'un orifice qui permettra de manœuvrer le robinet de l'extérieur.

Une clef de ce robinet sera remise aux inspecteurs de l'éclairage, ainsi qu'au consommateur, pour que celui-ci puisse, à sa volonté, l'ouvrir ou le fermer, soit pour se donner le gaz, soit pour annuler la pression, soit en cas de fuite ou d'incendie, pour intercepter toute communication entre la canalisation de la rue et la distribution intérieure.

ART. 6. — Dans le cas où la consommation du gaz serait suspendue dans une localité ou interdite par l'Administration, le tuyau sera coupé, aux frais de la Compagnie, à 0m10 de la conduite.

ART. 7. — Le robinet intérieur sera pourvu d'un appendice disposé de telle sorte ou construit de telle manière que le consommateur ne puisse point ouvrir ce robinet pour se donner le gaz sans l'action préalable de la Compagnie. Pour les abonnés à l'heure, un agent de la Compagnie rendra ce robinet libre à l'heure où l'éclairage doit commencer, et le fermera à l'heure où l'éclairage doit cesser.

ART. 8. — Les compteurs destinés à constater la quantité de gaz consommé devront être conformes aux modèles approuvés par l'Administration, et avoir été soumis, préalablement à leur mise en service, à une vérification constatée par un poinçonnage. Le mécanisme des aiguilles, avant d'être employé, devra être soumis à un poinçonnage spécial, ayant pour but de faire reconnaître l'exactitude de sa construction et le soudage des aiguilles sur l'axe.

ART. 9. — Les compteurs seront établis dans des lieux d'accès facile, parfaitement aérés, et fixés par des vis ou des écrous sur des plateformes horizontales.

À l'extrémité de chaque compteur, on placera un robinet de sûreté, et à la sortie, un robinet à trois eaux, afin de permettre l'essai de la canalisation, en isolant le compteur sans nouvel ajutage.

Le compteur de toute distribution sera proportionné à la consommation *maxima* de gaz nécessaire tant pour l'éclairage que pour le chauffage et pour tous autres usages qu'on aura en vue.

On prendra pour unité de calcul un débit de 120 litres de gaz par heure, qui correspond à la consommation d'un bec ordinaire d'éclairage.

ART. 10. — Les tuyaux de conduite et de distribution, dans tout leur développement, et les autres appareils, devront autant que possible rester apparents. Si un tuyau de conduite ou de distribution traverse, en quelque sens que ce soit, un mur, un pan de bois, une cloison, un placard, un plancher ou un vide intérieur quelconque, il sera placé dans un tube ou manchon continu, ouvert à ses deux extrémités.

Ce tube sera en métal, et les joints de ses diverses parties seront parfaitement soudés ; il dépassera au moins d'un centimètre le percement des murs, cloisons, planchers, etc., dans lesquels il sera encastré ; son diamètre intérieur aura au moins un centimètre de plus que le diamètre extérieur du tuyau de conduite auquel il livrera passage.

ART. 11. — Les canillons de tous les robinets devront être disposés de manière à ne pouvoir être enlevés de leurs boisseaux, même par un violent effort.

ART. 12. — Les tuyaux de conduite ou de distribution et leurs manchons devront être en fer étiré ou forgé, en fonte, en plomb, en étain ou en cuivre, et parfaitement ajustés ; les métaux employés seront de première qualité.

ART. 13. — Les montres ou espaces fermés, destinés à l'étalage des marchandises, les placards et tous les endroits qui contiendront des brûleurs ou autres appareils, ou qui seront traversés par des tuyaux de conduite ou de distribution, devront toujours être bien ventilés.

ART. 14. — Les appareils destinés au chauffage ou à la cuisson des aliments, quoique établis dans des lieux ventilés, devront, en outre, être placés sous une hotte de cheminée.

ART. 15. — Les tuyaux de conduite ou de distribution, leurs soudures et tous leurs accessoires devront être constamment maintenus en bon état ; pour que l'administration ait toute sécurité à cet égard, chaque fois qu'elle le jugera nécessaire, les inspecteurs de l'éclairage s'assureront qu'il n'y a pas de fuite, au moyen des indicateurs permanents, dont l'emploi est prescrit par l'article 2. S'ils en reconnaissent, ils en prescriront la recherche par le procédé que l'abonné aura choisi parmi ceux qui seront autorisés, et ils s'assureront, avant de laisser remettre les appareils en service, que ces fuites ont été convenablement réparées.

ART. 16. — Il est défendu de chercher les fuites par le flambage, même en plein air ou dans les lieux parfaitement ventilés.

Tous les autres moyens employés à la recherche des fuites doivent avoir été préalablement autorisés par l'Administration.

ART. 17. — Les directeurs de théâtres et autres établissements publics faisant usage de compteurs de cent becs et plus seront tenus de faire mettre le gaz en charge, une heure au moins avant l'allumage, pour s'assurer au moyen des indicateurs permanents que la canalisation est en bon état. Si des fuites étaient révélées, elles seraient recherchées et étanchées.

L'exécution de cette mesure de précaution sera constatée chaque jour sur un registre, qui devra être présenté à toute réquisition des contrôleurs de l'éclairage privé.

ART. 18. — Toute personne voulant employer du gaz pour mettre des machines en mouvement, ou voulant en faire usage d'une manière intermittente, devra isoler ses prises de gaz de la canalisation de la rue par un régulateur gazométrique dont les dimensions seront déterminées par l'Administration.

ART. 19. — La Compagnie qui aura reçu avis d'un accident sera tenue d'envoyer immédiatement sur les lieux, et d'en informer aussitôt l'inspecteur général des ponts et chaussées, directeur du service municipal des travaux publics.

ART. 20. — Un exemplaire du présent arrêté et des instructions relatives aux précautions à prendre pour l'emploi du gaz sera délivré aux abonnés, en même temps que leurs polices d'abonnement, par les soins des Compagnies.

ART. 21. — Les contraventions aux dispositions du présent arrêté seront constatées par des procès-verbaux qui seront déférés aux tribunaux compétents, sans préjudice des mesures administratives auxquelles ces contraventions pourront donner lieu, notamment la suppression des branchements particuliers, lesquels, dans ce cas, ne pourront être rétablis que sur une nouvelle autorisation.

ART. 22. — L'inspecteur général des ponts et chaussées, directeur du service municipal des travaux publics, est chargé de l'exécution du présent arrêté.

INSTRUCTIONS RELATIVES A L'ÉCLAIRAGE ET AU CHAUFFAGE PAR LE GAZ, AINSI QU'AUX PRÉCAUTIONS A PRENDRE DANS SON EMPLOI.

Pour que l'emploi du gaz n'offre aucun inconvénient, il importe que les becs n'en laissent échapper aucune partie sans être brûlée.

On obtiendra ce résultat pour l'éclairage en maintenant la flamme à une hauteur modérée (0m08 au plus), et en la contenant dans une cheminée en verre de 0m20 de hauteur.

Les lieux éclairés ou chauffés doivent être ventilés avec soin, même pendant l'interruption de la consommation, c'est-à-dire qu'il doit être pratiqué, dans chaque pièce, des ouvertures communiquant avec l'air extérieur, par esquelles le gaz puisse s'échapper en cas de fuite ou de non-combustion.

Ces ouvertures, au nombre de deux, devront, autant que possible, être placées l'une en face de l'autre, la première immédiatement au-dessous du plafond, et la seconde au niveau du plancher.

Sans cette précaution, le gaz pourrait s'accumuler dans les appartements et occasionner de graves accidents.

Les robinets doivent être graissés intérieurement de temps à autre, afin d'en faciliter le service et d'en éviter l'oxydation.

Pour *l'allumage*, il est essentiel d'ouvrir d'abord le robinet principal et de présenter la lumière successivement à l'orifice de chaque bec, au moment même de l'ouverture de son robinet, afin d'éviter tout écoulement de gaz non brûlé.

Pour *l'extinction*, il convient d'abord de fermer chacun des brûleurs, et ensuite le robinet principal intérieur. Ce robinet doit être fermé lors de l'extinction même, après la fermeture du robinet extérieur, pour que le lendemain, au moment de l'ouverture du robinet extérieur, le gaz ne s'échappe pas dans l'intérieur.

Dès qu'une odeur de gaz donne lieu à penser qu'il existe une fuite, on peut, dans beaucoup de cas, en attendant que la recherche puisse être faite par les moyens indiqués dans l'arrêté préfectoral du 18 février 1862, déterminer le point où elle se trouve, en étendant avec un linge ou un pinceau un peu d'eau de savon sur les tuyaux; là où il y a une fuite, il se forme une bulle, et pour empêcher l'écoulement du gaz, il suffit de boucher le trou avec un peu de cire molle.

Dans tous les cas, il convient d'ouvrir les portes et les croisées, pour établir un courant d'air, et de fermer les robinets intérieurs et extérieurs; de plus, on doit aussitôt en donner avis au directeur du service municipal, à l'appareilleur et à la Compagnie.

Le consommateur doit bien se garder de rechercher lui-même les fuites par le *flambage*, c'est-à-dire en approchant une flamme du lieu présumé de la fuite. Les fabricants d'appareils doivent également s'en abstenir, conformément à l'article 16 de l'arrêté préfectoral du 18 février 1862.

Dans le cas où, soit par imprudence, soit accidentellement, une fuite de gaz aurait été enflammée, il conviendra, pour l'éteindre, de poser dessus un linge imbibé d'eau.

Il arrive parfois que, par suite de contre-pentes dans les tuyaux de distribution, les condensations s'accumulent dans les points bas et interceptent momentanément le passage du gaz, dont l'écoulement devient intermittent; les becs situés au delà de la partie engorgée s'éteignent; puis, si le gaz, par l'effet d'une augmentation de pression, parvient à franchir cet obstacle, il s'échappe des becs sans brûler, et se répand dans les appartements, où il devient une cause de graves dangers.

Pour les prévenir, il importe d'établir à tous les points bas des moyens d'écoulement pour ces condensations.

Les emplacements où sont placés les compteurs doivent être ventilés très soigneusement, par des trous percés dans les parois des caissons, ou mieux encore, s'il est possible, en les mettant en communication avec l'extérieur tant en dessus qu'en dessous.

Lorsqu'on exécute dans les rues des travaux d'égouts, de pavage, de trottoirs ou de poses de conduites, les consommateurs au-devant desquels ces travaux s'exécutent feront bien de s'assurer que les branchements qui leur fournissent le gaz ne sont point endommagés ni déplacés par ces travaux, et, dans le cas contraire, d'en donner connaissance à la Compagnie d'éclairage et à l'administration municipale.

Instruction du 30 novembre 1865.

I. — APPAREILS NÉCESSAIRES POUR LA VÉRIFICATION DES COMPTEURS.

La vérification et le poinçonnage des compteurs s'effectuent au domicile de celui qui fabrique ou fournit ces appareils.

A cet effet, il existe, dans chaque fabrique de compteurs, un laboratoire qui est réservé aux essais des appareils, et que le constructeur met à la disposition des agents de l'administration municipale, ainsi que toutes choses nécessaires aux apprêts du poinçonnage.

Outre le gazomètre, avec échelle divisée, et le compteur-contrôleur, ce laboratoire renferme un compte-secondes, un thermomètre plongeur, un niveau à bulle d'air, des manomètres, des tuyaux de raccord, un nombre suffisant de becs brûleurs, en un mot le matériel convenable et nécessaire.

Le gazomètre sera préalablement jaugé, et le compte-secondes vérifié avec soin par l'agent du service municipal, ces deux appareils étant, l'un, la mesure étalon qui doit servir à la vérification des compteurs, l'autre, une mesure exacte dont les indications apportent un contrôle à cette même opération.

1° Jaugeage du gazomètre.

Le gazomètre se compose d'une cloche cylindrique suspendue au-dessus d'un réservoir d'eau, dans la position d'un appareil à plongeur.

La capacité de cette cloche est de 3 hectolitres au moins et de 5 hectolitres au plus. Lorsqu'elle est mise en mouvement, la division par litre de son volume intérieur est indiquée sur une bande de métal qui, fixée à la cloche même, monte et descend avec celle-ci, et fait passer successivement devant une aiguille indicatrice chacun des traits de sa division.

Sur le dôme de l'appareil est placé un manomètre servant à indiquer la pression du gaz, et dont le diamètre intérieur sera d'un centimètre au moins.

Pour jauger un gazomètre, on emploie la méthode de l'empotement. Ainsi, après avoir isolé la cloche du réservoir d'eau, on la dispose de manière que son orifice, tourné vers le haut, soit solidement maintenu dans un plan horizontal, ce dont on s'assurera au moyen d'une règle et d'un niveau à bulle d'air.

À la partie inférieure de la cloche ainsi renversée, et le long de la bande de métal, est adapté, dans le sens vertical, un tube en verre ayant 0m 015 de diamètre intérieur, et mis en communication à sa naissance avec l'intérieur du cylindre.

Tout étant ainsi disposé, on introduit dans la cloche une baguette ayant le même diamètre que l'intérieur du tube en verre, et l'on y verse de l'eau jusqu'à ce que le niveau devienne apparent. On trace alors vis-à-vis du plan de niveau, sur la bande de métal, un trait que l'on marque 0, et qui devient le point de départ de la division.

Après cette première opération, on verse un décalitre d'eau dans la cloche, et l'on trace sur la bande de métal un second trait correspondant au niveau de l'eau dans le tube. On continue ainsi de la même manière jusqu'à ce que la cloche soit remplie, et alors l'échelle se trouve divisée en parties dont chacune représente 10 litres. On subdivise chacune de ces parties en dix autres égales entre elles, marquées par des traits plus petits que les premiers, et dont chacun représente 1 litre.

À ce moment, il ne reste plus qu'à numéroter les divisions principales à partir de 0 et de 5 en 5 litres; puis le tube en verre est supprimé, et son orifice de communication avec l'intérieur du cylindre fermé par une vis ou une plaque soudée.

Le jaugeage du gazomètre étant ainsi terminé, la cloche est poinçonnée par l'agent du service municipal qui en a suivi les opérations et effectué le contrôle.

Quant à la bande de métal, elle est remplacée par une autre dont les divisions sont gravées, et sur laquelle le vérificateur applique également le poinçon lorsque, après l'avoir confrontée avec la première, il en a reconnu et constaté la parfaite exactitude.

2° Compteur-contrôleur.

Cet appareil n'est autre qu'un compteur ordinaire, dit système Grosley, mais il est muni d'un large cadran sur lequel une aiguille enregistre, en litres, le volume du gaz qui traverse le gazomètre. La vérification de cet instrument, quant à son exactitude, a lieu au moyen du gazomètre d'essai, et dans les mêmes conditions que celles des compteurs ordinaires. Il est également poinçonné par l'agent de l'administration municipale.

II. — Vérification des compteurs.

Les compteurs présentés à la vérification doivent être conformes à l'un des systèmes qui ont été approuvés par l'Administration, et dont le modèle a été déposé à la préfecture de la Seine.

Ils ont été réglés d'avance par le fabricant, et les régulateurs ou raccords de niveau d'eau ont été préalablement soudés.

Chaque appareil porte une plaque indiquant le nom et l'adresse du fabricant, le volume de gaz qu'il est destiné à mesurer par heure, son numéro et l'année de sa fabrication.

Le niveau d'eau de tous les compteurs qui ne sont pas pourvus d'une soupape avec flotteur est indiqué à l'extérieur par un tube en verre.

L'essai peut avoir lieu sur six compteurs à la fois. Il est procédé à cette opération de la manière suivante :

Les appareils sont placés en ligne à la suite l'un de l'autre, sur une dalle parfaitement horizontale établie à côté du gazomètre. Ils sont réunis entre eux et mis en communication avec ce dernier par des tuyaux de raccord, de manière que le gaz traverse successivement tous les compteurs pour arriver aux becs brûleurs. La série est terminée par le compteur-contrôleur.

Des manomètres pourvus d'une échelle divisée en millimètres, dont les tubes ont au moins un centimètre de diamètre intérieur, sont placés sur chacun des tuyaux de raccord. La fonction des manomètres est d'indiquer le degré de pression que le compteur absorbe lorsqu'il est mis en mouvement.

Après ces préparatifs, on introduit dans chaque compteur l'eau nécessaire, mais on a soin, pendant cette opération, de fermer le tuyau d'arrivée du gaz, afin que la pression du gazomètre ne s'oppose pas à l'établissement exact du niveau d'eau.

La pression gazométrique, pendant la vérification des compteurs, doit être de 10 centimètres, et la température du laboratoire ainsi que celle de l'eau introduite dans les compteurs et les appareils d'essai est maintenue entre 11° et 14° centigrades.

Lorsque le vérificateur s'est assuré de l'étanchéité des compteurs, raccords, tuyaux et accessoires, au moyen des manomètres, les becs sont mis en feu et réglés de manière que les compteurs débitent le maximum de gaz qu'ils sont destinés à mesurer par heure.

Le même agent constate alors la pression dans chacun des manomètres. La différence de pression, accusée par deux manomètres consécutifs, est celle nécessaire pour mettre en marche le compteur placé entre ces deux mano-mètres, ou, en d'autres termes, elle représente la force absorbée par le jeu de l'appareil.

L'agent municipal inscrit en ce moment, dans une colonne de la feuille de service, le degré de pression absorbée; il ferme, pour un instant, le robinet du gazomètre.

Il relève alors, sur d'autres colonnes de la même feuille, les indications prises à l'échelle du gazomètre, au tambour de chacun des compteurs, ou au compteur-contrôleur.

Ces observations préliminaires étant achevées, le vérificateur met de nouveau le gaz en charge et fait passer exactement, à travers les comp-teurs, une quantité de gaz correspondante à une révolution entière du tambour des litres. Pen-dant la durée de cette expérience, il examine le manomètre adapté au dôme du gazomètre, dont la pression ne doit pas varier pendant toute l'opération.

Lorsque l'échelle du gazomètre a enregistré la dépense ci-dessus indiquée, l'écoulement du gaz est arrêté; l'agent municipal relève de nouveau les indications du gazomètre et des tambours de chaque compteur, qu'il inscrit sur la feuille de service, comme précédemment, et l'opération est terminée.

Quant au compteur-contrôleur, il n'a été employé que comme moyen de contrôle; le gaz dépensé au gazomètre doit concorder, à un quart pour cent près, en plus ou en moins, avec la dépense accusée par cet appareil.

En cas de discordance, l'épreuve doit être recommencée.

Pendant cette opération, le vérificateur ayant laissé ouverts tous les orifices du compteur a pu s'assurer que la fermeture hydraulique, tant du régulateur et du siphon que du manchon de l'arbre vertical et du tube d'introduction d'eau, possède une garde pouvant résister à la pres-sion de dix centimètres au moins. Ce contrôle est le complément de la surveillance de l'auto-rité.

C'est alors qu'il admet au poinçonnage ceux des compteurs qui, satisfaisant à toutes ces con-ditions, ont enregistré à un pour cent près, en plus ou en moins, le volume de gaz indiqué par l'échelle du gazomètre, et qui n'ont pas ab-sorbé une pression supérieure à trois milli-mètres d'eau, tandis qu'il refuse de poinçonner les appareils qui ne rempliraient pas toutes ces conditions d'admissibilité. Toutefois, chaque compteur est toujours essayé isolément avant d'être définitivement refusé.

Les compteurs de grandes dimensions, des-tinés à mesurer par heure 2,800 litres et au-dessus, sont essayés séparément.

Leur vérification est faite avec de l'air au lieu de gaz.

Le vérificateur se réserve de provoquer, une fois par mois au moins, l'ouverture d'un comp-teur, et de constater, par l'examen de ses or-ganes, qu'il n'a été apporté aucune modifica-tion au modèle approuvé par l'Administration.

III. — POINÇONNAGE DES COMPTEURS.

L'opération du poinçonnage consiste à intro-duire de la cire à cacheter dans des bagues mé-talliques, en saillie de deux millimètres, soudées sur diverses parties du compteur, et à rebord formant encadrement pour retenir la cire. C'est sur cette cire que le vérificateur applique l'empreinte d'un cachet spécial.

Dans l'un des angles inférieurs de la boîte du mouvement d'horlogerie, il a été disposé un fil métallique, de telle sorte qu'après avoir tra-versé la vitre des cadres, ce fil soit relié par ses extrémités à la patte qui reçoit l'empreinte du poinçonnage.

Les parties du compteur sur lesquelles on appose le poinçon sont celles qu'il serait indis-pensable de déplacer, si l'on avait l'intention d'altérer la marche de l'appareil. Ce sont : 1° le régulateur; 2° et 3° les deux pattes de la boîte du mouvement d'horlogerie; 4° le bord rabattu de la paroi qui forme la boîte carrée du comp-teur, et 5° la plaque portant le numéro matri-cule de l'appareil et autres indications pres-crites.

De cette manière, il devient impossible de changer la situation du niveau d'eau, en haus-sant ou abaissant la position du régulateur, d'al-térer le mouvement d'horlogerie en enlevant la boîte vitrée qui le recouvre, de modifier les or-ganes de l'instrument, et de remplacer son nu-méro d'ordre.

Lorsqu'un compteur a subi une réparation quelconque, il ne doit être remis en service qu'après avoir été remis à zéro, et soumis à une nouvelle vérification et à un second poinçon-nage. En pareil cas, le poinçon porte les mots : 2ᵉ poinçonnage.

IV. — VÉRIFICATION DES COMPTEURS AILLEURS QUE CHEZ LE FABRICANT.

Bien que tout compteur qui a subi l'opération du poinçonnage doive être accepté par les abonnés comme un instrument exact et légal, chacun conserve cependant le droit de faire vé-rifier son appareil, lorsqu'il doute de la régu-larité de sa marche.

Lorsque la Compagnie ou l'abonné demande que l'essai d'un compteur en service soit fait au gazomètre, la vérification a lieu dans le la-boratoire de l'administration municipale, en présence des parties intéressées, et donne lieu à la perception de la taxe.

V. — TENUE DES REGISTRES.

L'agent municipal tient un registre à colonnes, dans lequel il inscrit le numéro matricule des compteurs vérifiés et admis au poinçonnage; celui des compteurs refusés; la capacité de chaque appareil; la différence observée, lors de la vé-rification, sur cent litres de gaz dépensés au ga-zomètre; la pression absorbée par le jeu du compteur; enfin, la date de la vérification; l'in-dication du lieu où l'expérience a été faite, ainsi que le nom du fabricant de l'appareil. Une der-nière colonne est ménagée à la suite des pré-cédentes, pour y consigner, s'il y a lieu, les observations soit du vérificateur soit du fabri-cant.

Après chaque séance, le vérificateur et le fa-bricant des compteurs reconnaissent exacte la

GAZ.

343

situation inscrite sur le registre, en y apposant leur signature, ainsi que sur la feuille de service qui relate toutes ces opérations.

Arrêté préfectoral du 26 avril 1866.

ARTICLE PREMIER. — Aucun compteur à gaz, sec ou humide, neuf ou réparé, ne pourra être mis en service à Paris sans avoir été, au point de vue de l'exécution et de la confection règlementaire, vérifié par les agents de l'Administration et revêtu par eux du poinçonnage municipal.

ART. 2. — Ne seront admis au poinçonnage que les compteurs d'un système autorisé à titre définitif ou provisoire.

ART. 3. — Tout compteur à gaz du système humide devra être d'une garde d'eau de 0m10 au moins, tant au tube d'introduction de l'eau et au régulateur, qu'au siphon et au manchon de l'arbre vertical.

ART. 4. — Les tambours des litres des compteurs à gaz de tout système seront divisés comme suit :

Cent divisions d'un litre pour les compteurs de cinq et dix becs ; deux cents divisions d'un litre pour les compteurs de vingt becs ; cinq cents divisions d'un litre ou cent divisions de cinq litres pour les compteurs de trente, quarante ou cinquante becs ; mille divisions d'un litre ou cent divisions de dix litres pour les compteurs de soixante, quatre-vingts, cent, cent cinquante becs et au-dessus.

ART. 5. — Les diamètres des raccords s'adaptant aux tubes d'entrée et de sortie du gaz des compteurs de tout système seront conformes aux dimensions suivantes.

CAPACITÉS des compteurs.	DIAMÈTRES intérieurs des raccords.	DIAMÈTRES de l'enclavement.	DIAMÈTRES extérieurs des pas de vis.
5 becs	20 m/m	23 m/m	30 m/m
10 —	25 —	29 —	37 —
20 —	30 —	36 —	43 —
30 —	37 —	42 —	52 —
40 —	43 —	47 —	57 —
60 —	43 —	47 —	57 —
80 —	50 —	54 —	63 —
100 —	50 —	54 —	63 —
150 —	55 —	61 —	62 —

ART. 6. — Pour les compteurs humides, la dimension du volant sera calculée de façon à donner, avec cent révolutions à l'heure, la quantité de 140 litres de gaz par bec de capacité.

ART. 7. — Il ne sera poinçonné à l'avenir aucun compteur humide neuf de capacité inférieure à cinq becs.

ART. 8. — Tous les anciens compteurs humides, y compris ceux de deux et trois becs, actuellement en service, seront tolérés et pourront être réparés et poinçonnés jusqu'à ce qu'ils soient hors d'état de servir, alors même qu'ils ne seraient pas conformes aux prescriptions ci-dessus. L'identité de ces compteurs sera constatée par le poinçon appliqué sur la plaque de fabrication, poinçon qui devra rester intact pour faire jouir le compteur du bénéfice de cette disposition.

ART. 9. — Les salles d'épreuve seront disposées, la vérification et le poinçonnage des compteurs humides seront opérés, les registres de cette opération seront tenus conformément à l'instruction ci-annexée de M. le directeur du service municipal des travaux publics en date du 30 novembre 1865.

Les compteurs secs seront contrôlés par les mêmes procédés, jusqu'à ce que ces appareils soient définitivement autorisés, s'il y a lieu.

ART. 10. — Sont maintenus dans toutes celles de leurs dispositions qui ne sont pas contraires au présent arrêté les anciens règlements relatifs aux compteurs et notamment les décisions de M. le préfet de police en date des 16 octobre 1855 et 7 février 1856 concernant la rétribution du poinçonnage [1].

ART. 11. — M. le directeur du service municipal...

Décret 9 février 1867.

ARTICLE PREMIER. — Les usines et ateliers de fabrication du gaz d'éclairage et de chauffage pour l'usage public, et les gazomètres qui en dépendent, sont soumis aux conditions ci-après.

ART. 2. — Les usines seront fermées par un mur d'enceinte ou une clôture solide en bois, de trois mètres de hauteur au moins ; les ateliers de fabrication et les gazomètres seront à la distance de trente mètres au moins des maisons d'habitation voisines.

ART. 3. — Les ateliers de distillation et tous les bâtiments y attenant seront construits et couverts en matériaux incombustibles.

ART. 4. — La ventilation desdits ateliers doit être assurée par des ouvertures suffisamment larges et nombreuses, ménagées dans les parois latérales et à la partie supérieure du toit.

ART. 5. — Les appareils de condensation seront établis en plein air, ou dans des bâtiments dont la ventilation est assurée comme celle des ateliers de distillation.

ART. 6. — Les appareils d'épuration seront placés vers le centre de l'usine, en plein air ou dans des bâtiments dont la ventilation est assurée comme celle des ateliers de distillation et de condensation.

ART. 7. — Les eaux ammoniacales et les goudrons produits par la distillation, qu'on n'enlèverait pas immédiatement, seront recueillis dans des citernes exactement closes et qui devront être parfaitement étanches.

ART. 8. — L'épuration sera pratiquée et conduite avec les soins et précautions nécessaires pour qu'aucune odeur incommode ne se répande en dehors de l'enceinte de l'usine. La chaux ou les laits de chaux, s'il en est fait usage, seront enlevés, chaque jour, dans des vases ou tombereaux fermant hermétiquement, et transportés dans une voirie ou dans un local désigné par l'autorité municipale.

[1] Cet article a été modifié par l'arrêté préfectoral du 11 juin 1879, annexe.

ART. 9. — Les eaux de condensation peuvent être traitées dans l'usine elle-même pour en extraire les sels ammoniacaux qu'elles contiennent, à la condition que les ateliers soient établis vers la partie centrale de l'usine et qu'il n'en sorte aucune exhalaison nuisible ou incommode pour les habitants du voisinage, et que l'écoulement des eaux perdues soit assuré sans inconvénient pour le voisinage.

ART. 10. — Les goudrons ne pourront être brûlés dans les cendriers et dans les fourneaux qu'autant qu'il n'en résultera, à l'extérieur, ni fumée ni odeur.

ART. 11. — Les bassins dans lesquels plongent les gazomètres seront complètement étanches ; ils seront construits en pierres ou en briques à bain de mortier hydraulique, en tôle ou en fonte.

ART. 12. — Les gazomètres seront établis à l'air libre ; la cloche de chacun d'eux sera maintenue entre des guides fixes, solidement établis, de manière que, dans son mouvement, son axe ne s'écarte pas de la verticale. La course ascendante en sera limitée, de telle sorte que, lorsque la cloche atteindra cette limite, son bord inférieur soit encore à un niveau inférieur de 0^m30 au moins au bord du bassin ou cuve.

La force élastique du gaz dans l'intérieur du gazomètre sera toujours maintenue au-dessus de la pression atmosphérique. Elle sera indiquée par un manomètre très apparent.

ART. 13. — Les usines et appareils mentionnés ci-dessus pourront, en outre, être assujettis aux mesures de précaution et dispositions qui seraient reconnues utiles dans l'intérêt de la sûreté et de la salubrité publiques, et qui seraient déterminées par un règlement d'administration publique.

ART. 14. — Les usines et ateliers régis par le présent décret seront soumis à l'inspection de l'autorité municipale, chargée de veiller à ce que les conditions prescrites soient observées.

ART. 15. — Les dispositions de l'ordonnance du 27 janvier 1846 sont rapportées.

ART. 16. — Notre ministre...

Instruction ministérielle du 28 février 1867.

Monsieur le préfet,

La nomenclature des établissements réputés insalubres, dangereux ou incommodes, annexée au décret impérial du 31 décembre 1866, a rangé dans la 2e classe la fabrication du gaz d'éclairage et de chauffage pour l'usage public, et dans la 3e classe la même fabrication pour l'usage particulier, ainsi que les gazomètres pour l'usage particulier non attenants aux usines de fabrication.

Ce classement est à peu près le maintien de celui qui existait antérieurement, mais ce qui concerne le gaz est soumis, en outre, à des conditions spéciales, prescrites par l'ordonnance royale du 27 janvier 1846, et il a paru convenable de reviser ce régime en tenant compte des progrès réalisés.

Tel est l'objet du décret impérial du 9 février 1867, rendu après examen du Comité consultatif des arts et manufactures et sur l'avis du Conseil d'État, décret dont vous trouverez le texte à la suite de la présente circulaire et dont je dois vous faire connaître l'esprit et la portée.

Il convient de remarquer d'abord que l'ordonnance de 1846 s'appliquait instinctivement à la fabrication du gaz pour les usages privés, tandis que le nouveau décret, qui la remplace en l'abrogeant, n'a plus jugé nécessaire de réglementer d'une manière spéciale que les usines fabriquant pour l'usage public ; les appareils destinés aux besoins publics ne devant plus, dès lors, être soumis qu'aux conditions particulières de l'acte administratif qui en aura autorisé l'établissement.

En second lieu, vous reconnaîtrez, monsieur le préfet, qu'on s'est attaché à retrancher de la réglementation spéciale tout ce qui pouvait être une gêne trop grande pour le développement d'une industrie dont la nécessité est chaque jour plus démontrée.

Déjà l'administration, désireuse de hâter le développement de cette industrie en lui laissant toutes les facilités compatibles avec la sécurité publique, avait accueilli favorablement les réclamations qui lui avaient été adressées au sujet de la prohibition contenue dans l'article 6 de l'ordonnance de 1846, lequel interdisait l'emploi de toute substance animale pour la fabrication du gaz, et un décret du 17 mai 1865 a rapporté cette prohibition. Le règlement nouveau, s'inspirant du même esprit, supprime tout ce qui, dans l'ordonnance de 1846 (art. 17 et 24), était relatif à la construction, à l'emploi du gazomètre et aux épreuves que devaient subir les récipients portatifs pour le gaz. Il a été reconnu, en effet, que les dispositions dont il s'agit n'avaient plus aujourd'hui leur raison d'être et n'étaient plus en harmonie avec les progrès accomplis dans cette industrie depuis vingt ans.

Le nouveau règlement dispense, en outre, les usiniers de l'obligation que leur imposait l'article 14 de l'ordonnance, d'être pourvus de deux ou plusieurs gazomètres, selon l'importance de leur fabrication ; il supprime également l'obligation qui leur était imposée de surmonter de tuyaux et cheminées toutes les ouvertures des ateliers ; enfin il réserve à chaque fabricant, moyennant certaines conditions, la possibilité de traiter, dans son usine même, les eaux de condensation pour en extraire les sels ammoniacaux qu'elles peuvent contenir.

Ces simples indications suffisent pour faire ressortir les avantages que, dans son ensemble, la nouvelle réglementation présente aux industriels. J'y ajouterai seulement quelques explications sur les principales dispositions du décret.

Aux termes de l'article 2 : 1° les usines à gaz devront être entourées d'un mur ou d'une clôture solide en bois, de 3 mètres de hauteur au moins ; 2° les ateliers de fabrication, ainsi que les gazomètres, devront être séparés des habitations voisines par une distance d'au moins 30 mètres.

Il est bien entendu que la condition d'éloignement des habitations ne concerne que les usines qui se formeraient à l'avenir. S'il en était autrement, en effet, certains établissements actuellement existants se trouveraient frappés d'une sorte de suppression qui ne saurait être dans les intentions du règlement. Vous devrez donc seulement, monsieur le préfet, n'autoriser désormais les usines à gaz qu'en les obligeant à satisfaire à la condition d'éloignement exigée par le décret.

Quant à la première partie de cet article et à l'ensemble des autres dispositions du décret, l'application en principe doit en être immédiate. Mais, avant de formuler des prescriptions à cet égard pour chaque établissement, vous devrez vous faire rendre un compte exact de la situation de l'usine, de son emplacement, de la possibilité ou de l'impossibilité qu'il y aurait de construire le mur ou la clôture exigés. Vous aurez aussi, avant d'ordonner l'exécution de ces travaux, à tenir compte de la difficulté qu'ils pourraient rencontrer, soit au point de vue de la situation existante, soit au point de vue de la dépense qu'ils occasionneraient, et vous pourrez, suivant les circonstances, user momentanément de tolérance, en accordant, pour la réalisation de ces travaux, les délais que vous jugerez convenables.

C'est l'article 9 qui, comme je l'ai déjà indiqué, laisse aux propriétaires d'usines à gaz, et sous certaines conditions, la faculté de traiter, dans leur établissement même, les eaux de condensation qu'ils peuvent recueillir pour en extraire les sels ammoniacaux. Vous devrez, monsieur le préfet, veiller à ce que les conditions qu'impose cet article soient convenablement observées, surtout en ce qui concerne les exhalaisons nuisibles et l'écoulement des eaux, de manière à sauvegarder les intérêts de la salubrité publique et ceux des habitations voisines.

Arrêté préfectoral du 2 avril 1868.

ARTICLE PREMIER. — Nul ne pourra établir à Paris, à l'intérieur des bâtiments et habitations, un ou plusieurs appareils destinés à l'éclairage ou au chauffage par le gaz, ni faire usage d'appareils déjà installés, en augmenter ou modifier notablement la forme ou les dimensions, sans en avoir, au préalable, demandé et obtenu l'autorisation du préfet de la Seine. La demande, signée de la personne intéressée, devra, s'il s'agit de travaux à effectuer, indiquer le nom et la demeure de l'appareilleur qui en sera chargé.

La permission sera délivrée au nom du signataire de la demande; celui-ci devra, en cas de cession des lieux où le gaz sera employé, informer l'Administration du nom de son successeur.

ART. 2. — Aucun appareil ne pourra être mis en service avant la délivrance d'une autorisation écrite du préfet de la Seine ou de son délégué. Toutefois, si la demande ne s'applique qu'à l'usage du gaz, avec des appareils déjà installés et vérifiés, un accusé de réception de cette demande tiendra lieu d'autorisation. Dans les autres cas, l'autorisation ne sera accordée qu'après la réception définitive des travaux par les agents du service municipal, après l'accomplissement des formalités qui seront énumérées ci-après.

ART. 3. — L'exécution des travaux sera soumise à la surveillance des agents de l'Administration, qui donneront, s'il en est besoin, au pétitionnaire et à son appareilleur, les indications nécessaires pour que les ouvrages soient mis en état de réception.

Dès que les travaux seront terminés, et trois jours, au moins, avant qu'il ne soit fait usage du gaz, le consommateur, ou son appareilleur, devra en faire parvenir l'avis au bureau de l'éclairage de l'arrondissement où ces travaux ont été entrepris, pour qu'il puisse être procédé à la réception des appareils.

Le pétitionnaire et son appareilleur seront prévenus vingt-quatre heures, au moins, à l'avance, du jour et de l'heure de la visite de l'agent du service de l'éclairage chargé de la réception.

Cet agent visitera, d'abord, la canalisation et les appareils afin de reconnaître s'ils sont établis conformément aux dispositions du présent arrêté; il s'assurera, ensuite, qu'aucune fuite n'existe; cette dernière vérification sera faite au moyen du compteur, sur lequel aura été adapté un manomètre; le tout aux frais de l'appareilleur.

Dans le cas où l'agent aura constaté que les appareils et la canalisation satisfont aux conditions réglementaires et que le manomètre ne révèle aucune fuite, il délivrera immédiatement une permission provisoire d'éclairage, qui sera valable pour quinze jours, et il pourra être fait, sans nouveau délai, usage du gaz.

Lorsqu'il existera des fuites peu importantes, mais que les conduites et appareils, sans satisfaire, cependant, à toutes les conditions réglementaires, ne présenteront pas de danger pour l'emploi momentané du gaz, il pourra être délivré, par l'inspecteur général de l'éclairage, une permission de tolérance d'une durée égale à celle qui sera nécessaire pour mettre en état les conduites et appareils. A l'expiration du délai accordé, une nouvelle visite sera faite à la diligence du consommateur, pour procéder, s'il y a lieu, à la réception définitive.

S'il existe, enfin, des fuites importantes et des défectuosités dangereuses dans les conduites ou appareils, il sera sursis à la délivrance de toute permission, et l'agent dressera procès-verbal de sa visite.

Le consommateur et l'appareilleur seront mis en demeure de signer ce procès-verbal et d'y ajouter les observations qu'ils jugeraient à propos de présenter.

Il sera statué par l'Administration qui, le cas échéant, fera connaître au pétitionnaire les travaux qu'il devra faire exécuter, afin de rendre possible la réception des appareils installés.

Après l'achèvement des travaux requis, il sera procédé, s'il y a lieu, à la réception dans les formes ci-dessus indiquées.

ART. 4. — Le robinet extérieur de tout branchement sera placé à l'entrée du bâtiment, dans l'épaisseur du mur, et renfermé dans un coffre disposé de telle sorte que le gaz qui s'y introduirait ne puisse s'échapper qu'en dehors du bâtiment. Ce coffre sera fermé par une porte en métal, dont les agents du service de l'éclairage et les compagnies auront seuls la clef. Cette porte sera pourvue d'un appendice disposé de telle sorte que le consommateur ne puisse pas ouvrir le robinet pour faire circuler le gaz sans l'action préalable des compagnies, mais de manière, cependant, à ce qu'il lui soit possible d'user du gaz à volonté ou d'en arrêter l'introduction dès qu'il aura été mis à sa disposition par les compagnies; celles-ci lui remettront une clef à cet effet.

Un signe extérieur, placé sur le coffret, indiquera, d'ailleurs, si les compagnies ont livré le gaz venant de leurs conduites.

ART. 5. — Un robinet principal sera établi intérieurement à l'origine de la distribution, pour donner aux consommateurs du gaz la faculté d'intercepter l'introduction du gaz dans les appareils de distribution, malgré l'ouverture du robinet extérieur.

ART. 6. — Les compteurs qui mesurent la consommation du gaz devront être conformes aux modèles approuvés par l'Administration. Avant qu'ils ne soient mis en service, l'exactitude de leur débit sera vérifiée par les agents de l'Administration, qui apposeront un poinçon destiné à constater le résultat favorable de la vérification.

Les compteurs seront, d'ailleurs, toujours placés dans des lieux d'accès facile et parfaitement aérés.

ART. 7. — Les tuyaux de conduite et les appareils servant à la distribution et à la consommation du gaz doivent rester apparents, sauf les exceptions relatives à la traversée des plafonds, planchers, murs, pans de bois, cloisons, placards, espaces, vides intérieurs quelconques.

Toutes les fois que les tuyaux seront ainsi dissimulés, ils devront être placés dans un manchon continu, en fer forgé ou en cuivre. Ce manchon sera ouvert à ses deux extrémités, et dépassera d'un centimètre, au moins, les parements des murs, cloisons, planchers, etc., dans lesquels il sera encastré. Le diamètre intérieur de ce manchon aura, au moins, un centimètre de plus que celui du tuyau qu'il enveloppera.

Le manchon pourra, toutefois, être supprimé :

1° Dans les murs en pierre de taille, lorsque le tuyau ne traversera des murs ou cloisons que sur une longueur de moins de 0ᵐ20;

2° Derrière les glaces, panneaux, etc., pourvu qu'il existe entre les murs et les panneaux un espace libre suffisant pour l'aération.

Si un tuyau est placé suivant son axe, dans un mur, une cloison, un plafond, un parquet ou un plancher, le manchon du tuyau devra être terminé par un appareil à cuvette, assurant la ventilation de l'espace libre entre le tuyau et son manchon.

L'appareil de ventilation pourra comporter soit un tuyau droit enfermé dans le manchon, soit un tuyau à courbure; mais dans ce dernier cas, le diamètre extérieur de l'ouverture de la boîte de ventilation devra avoir au moins 0ᵐ07, et sa profondeur ne pourra dépasser les deux tiers de ce diamètre. La partie courbe de ce tuyau devra avoir au moins 0ᵐ10 de rayon et le centre de cette courbe devra se trouver sur le plan passant par le fond de la cuvette, parallèlement à la surface du plafond.

Le raccord soutenant l'appareil à gaz devra être vissé à la cuvette et non fondu avec elle.

Les tuyaux de conduite et de distribution devront être construits en métal de bonne qualité, autre que le zinc, et parfaitement ajustés.

ART. 8. — Chaque brûleur devra être muni d'un robinet d'arrêt dont les canillons seront disposés de manière à ne pouvoir être enlevés de leurs boisseaux, même par un violent effort.

Un taquet sera placé de manière à arrêter le canillon dans une position verticale lorsque le robinet sera fermé.

ART. 9. — La ventilation ne sera pas obligatoire dans les salons, salles à manger, salles de billard, chambres à coucher des maîtres, ni dans les appartements munis de cheminées d'appel spéciales, prenant l'air à la partie supérieure des pièces à ventiler et débouchant au-dessus de la toiture. Mais cette exception ne s'étendra pas aux arrière-boutiques, soupentes, entresols et sous-sols, en communication directe et permanente avec les boutiques, magasins, bureaux ou ateliers.

ART. 10. — L'Administration, après avoir entendu les intéressés, déterminera, dans chaque cas, le mode de ventilation à adopter pour les pièces, salles ou ateliers, occupant un espace de plus de 1,000 mètres cubes, en tenant compte de la disposition des lieux, de l'importance de la consommation du gaz et des moyens de ventilation existant déjà pour d'autres besoins que ceux de l'éclairage.

ART. 11. — Les montres, placards et autres espaces fermés, contenant des brûleurs ou traversés par des conduites et les caissons renfermant les compteurs, lorsqu'il en est établi, devront être ventilés par deux ouvertures de 50 centimètres carrés, au moins, chacune.

Ces ouvertures seront placées l'une dans la partie haute, l'autre dans la partie basse du local à ventiler et devront communiquer, autant que possible, l'une avec l'intérieur, l'autre avec l'extérieur des locaux éclairés.

Dans le cas où cette dernière disposition serait impraticable et où les deux ouvertures seraient établies à l'intérieur, la superficie de chacune devra être portée à 1 décimètre carré.

ART. 12. — L'Administration fera visiter les installations de gaz par ses agents, chaque fois qu'elle le jugera convenable. Dans leurs visites, ces agents s'assureront du bon état de toutes les parties des appareils et des conduites et constateront, au moyen du manomètre adapté au compteur, s'il n'y a pas de fuite.

En cas de contravention et sur le vu du procès-verbal dressé par ses agents, l'Administration fera, au besoin, suspendre l'emploi du gaz et prescrira les mesures nécessaires pour arrêter les fuites et réparer les conduites ou appareils.

La recherche des fuites par le flambage est formellement interdite, même en plein air ou dans les lieux parfaitement ventilés.

ART. 13. — Les directeurs des théâtres et autres établissements faisant usage des compteurs de 100 becs et au-dessus seront tenus de s'assurer journellement, avant l'allumage, de l'état de leurs appareils d'éclairage; le résultat constaté sera inscrit, chaque jour, sur un registre qui devra être présenté à toute réquisition des agents de l'éclairage. Si des fuites sont révélées, elles seront, aussitôt, recherchées et étanchées.

ART. 14. — Les contraventions aux dispositions du présent arrêté seront constatées par des procès-verbaux qui seront déférés aux tribunaux compétents, sans préjudice des mesures administratives auxquelles ces contraventions pourront donner lieu, notamment la suppression des branchements particuliers, lesquels, dans ce cas, ne seront rétablis que sur une nouvelle autorisation.

Les poursuites pour infraction aux dispositions précédentes seront dirigées, à défaut de la déclaration prescrite par le paragraphe 2 de l'article 1er, contre ceux qui auront formé la demande ou obtenu l'autorisation exigée par le même article, nonobstant tout changement de propriétaire ou locataire.

ART. 15. — La Compagnie qui aura reçu avis d'un accident sera tenue d'envoyer immédiatement sur les lieux, et d'en informer aussitôt le directeur de la voie publique et des promenades.

Traité du 7 février 1870.

Entre les soussignés :

. . . .

Il a été exposé :

1° Que la ville de Paris, en vue d'associer plus promptement et plus complètement la zone annexée aux avantages de l'éclairage au gaz, veut jouir, dès aujourd'hui, pour cette zone, du bénéfice d'une canalisation plus étendue, à laquelle elle n'a droit, par les traités ci-dessus énoncés, qu'à compter du 1er janvier 1873;

2° Que, de plus, elle veut avoir le droit de faire poser, dans l'intérêt de la viabilité, une double canalisation dans toutes les voies à canaliser ayant 14 mètres de largeur et au-dessus, et dans les voies à asphalter, quelle que soit leur largeur;

3° Que la Compagnie, de son côté, estime qu'il y a opportunité et convenance à avancer l'époque du partage des bénéfices avec la Ville, fixée à l'année 1872, par les traités sus-énoncés, et, par suite, à liquider, dans la nouvelle détermination de ce partage, les sommes qui pourraient lui être dues par la Ville, ou que la Compagnie pourrait lui devoir, avant toute attribution de bénéfices au profit de la Ville;

4° Qu'en outre, des contestations sont encore pendantes, devant la justice, sur l'interprétation des conventions actuelles; que les parties sont d'accord pour mettre fin à ces contestations;

5° Qu'il en résulte la nécessité de modifier certaines dispositions des traités des 23 juillet 1855 et 25 janvier 1861;

6° Que les modifications arrêtées entre les parties ont pris place dans les divers articles du présent acte auxquels elles se réfèrent;

7° Enfin, que les parties reprennent et résument définitivement, dans la rédaction suivante, toutes les conventions qui les lient et continueront à les lier.

CHAPITRE Ier. — DISPOSITIONS PRÉLIMINAIRES.

ARTICLE PREMIER. — La concession faite à la Compagnie parisienne d'éclairage et de chauffage par le gaz, par les deux traités passés avec la ville de Paris les 23 juillet 1855 et 25 janvier 1861, du droit exclusif de conserver et d'établir des tuyaux, pour la conduite du gaz d'éclairage et de chauffage sous les voies publiques, conformément aux arrêtés de M. le préfet de la Seine, continue de subsister aux clauses, charges et conditions ci-après.

ART. 2. — Cette concession, dont la durée est fixée par le traité du 23 juillet 1855 à cinquante années, qui ont commencé le 1er janvier 1856, finira le 31 décembre 1905.

ART. 3. — La Ville se réserve le droit de faire déplacer, et même enlever, aux frais des concessionnaires et sans aucune indemnité, les tuyaux de conduite, toutes les fois qu'elle jugera que l'intérêt public l'exige.

La Compagnie sera avertie de ces déplacements deux jours à l'avance au moins, sauf les cas de force majeure qui ne permettraient pas d'observer ce délai.

Les avaries causées aux conduites de gaz par les ouvriers des entrepreneurs de la Ville seront réparées aux frais de ces derniers, mais sans garantie de la Ville. La constatation de ces dégradations sera faite par les agents du service municipal.

ART. 4. — Pendant toute la durée de la concession, l'administration aura également le droit d'autoriser des essais d'éclairage et de chauffage, par tous les systèmes qui pourront se produire, dans une limite de 1,000 mètres de longueur de voie publique, par chaque essai, sans que l'exercice de ce droit puisse donner lieu à aucune indemnité en faveur des concessionnaires.

ART. 5. — Le droit de location des parties du sous-sol de la voie publique occupées par les tuyaux de la Compagnie, établi par l'arrêté de M. le préfet de la Seine, en date du 30 octobre 1844, est fixé, à titre d'abonnement, à la somme de 200,000 francs, pour chacune des cinquante années de la concession, et cela indépendamment de la redevance de 2 centimes stipulée à l'article 8 ci-après.

Cet abonnement sera porté à 250,000 francs lorsque la consommation par mètre courant de conduite, dans la zone annexée, sera reconnue égale à celle qui existait dans l'ancien Paris au 1er janvier 1869, qui est de 148 mètres cubes par mètre courant de conduite.

Il sera tenu, à cet effet, une comptabilité pour les consommateurs de l'ancien Paris et pour ceux de la zone annexée.

ART. 6. — La Compagnie ne pourra demander d'augmenter son capital en actions au delà de 84 millions de francs qu'après avis du préfet de la Seine et du conseil municipal.

A dater du 1er janvier 1869, la ville de Paris a droit, par anticipation de l'époque fixée par les traités ci-dessus rappelés, mais après les prélèvements dont il va être parlé, à la moitié des bénéfices réalisés par la Compagnie.

Le compte de ces bénéfices sera réglé conformément aux statuts de la Société.

Avant tout partage de bénéfices, il sera prélevé :

1° Les sommes nécessaires pour annuités d'amortissement des actions et obligations émises ou à émettre ;

2° La retenue actuellement fixée pour la réserve par les statuts ;

3° Une somme, pour dividende et intérêt des actions, fixée à 12,400,000 francs, jusqu'en 1887 inclusivement, et à 11,200,000 francs du 1er janvier 1888 jusqu'à la fin de la concession.

Dans le cas où les bénéfices d'une année seraient inférieurs au prélèvement attribué à la Compagnie, elle supporterait le déficit et ne pourrait en exiger le rappel sur les bénéfices des exercices suivants.

A la fin de la concession, et par l'effet même de l'action complète de l'amortissement des actions et obligations, le produit de l'actif mobilier et immobilier de la Compagnie et le montant de la réserve statutaire de 2 millions de francs feront partie des bénéfices à partager.

Il est entendu que les sommes payées par la Compagnie antérieurement à l'année 1869, pour l'amortissement de ses obligations, ainsi que le prélèvement opéré pour la constitution de la réserve, ne peuvent donner lieu à aucune répétition contre la ville de Paris, à l'époque du partage.

La ville de Paris demeure complètement quitte et libérée des sommes à sa charge pour l'éclairage de la zone annexée, les articles 4, 5 et 6 du traité du 25 janvier 1861 étant annulés à dater du 1er janvier 1869.

ART. 7. — Toute entreprise accessoire, actuellement exploitée par la Compagnie, de même que les entreprises nouvelles qui devront être autorisées par le préfet de la Seine, seront l'objet d'une comptabilité distincte, et leurs résultats annuels se confondront avec les résultats de l'entreprise principale.

Il en sera de même des fournitures de gaz qui seront faites en dehors de l'enceinte fortifiée, et qui ne pourront être augmentées, en dehors des traités actuels, sans autorisation du préfet de la Seine.

ART. 8. — Les usines à gaz et les usines annexes de la Compagnie qui se trouvent comprises dans les limites de Paris, et notamment celles qui servent au traitement des goudrons, des eaux ammoniacales et produits chimiques, des cokes et de la briqueterie, ou les entreprises nouvelles qui y seront établies, avec l'autorisation du préfet de la Seine, seront considérées comme entrepôt réel, pendant toute la durée de la concession, c'est-à-dire qu'elles se trouveront dans le même cas que si elles étaient situées en dehors des limites de l'octroi, en tout ce qui concerne les objets ci-après spécifiés,

En conséquence, il est convenu :

1° Que l'entrepôt dont il s'agit se rapporte aux approvisionnements de charbon de terre, de cannel-coal, de schistes bitumineux ou de toute matière servant à la fabrication du gaz, ainsi qu'aux goudrons introduits dans les usines, et enfin aux produits et sous-produits soumis aux taxes d'octroi ou qui le seraient à l'avenir, qui pourraient provenir des matières ci-dessus transformées par la distillation, ou de toute autre manière.

2° Que, par suite de leur admission successive en entrepôt, ces divers produits, composés de houille, coke, goudrons, brais, naphtaline, huiles lourdes ou essentielles, essence de houille, produits ammoniacaux de toute nature, et généralement tous les dérivés et sous-produits extraits desdits objets, n'auront à supporter l'application des taxes d'octroi que pour les quantités livrées dans Paris à la consommation locale.

3° Que la Compagnie versera à la Caisse municipale une redevance de 0 fr. 02 par mètre cube de gaz consommé dans Paris. Sauf les réductions qui interviendraient sur les taxes qui frappent les huiles employées à l'éclairage, cette redevance ne pourra subir de modification, quels que soient les changements apportés aux taxes d'octroi, et même dans le cas de suppression des octrois.

En tout cas, la Compagnie sera affranchie du payement de tout droit d'octroi sur toutes les parties des matières désignées dans le paragraphe deuxième qui précède, employées ou consommées comme combustibles, n'importe à quel usage, ou comme matières premières pour la fabrication d'autres sous-produits, soit dans les usines à gaz, soit dans les établissements annexes de la Compagnie, celle-ci conservant, d'ailleurs, le droit de transfert desdits objets, d'une usine à l'autre, à l'état d'entrepôt de sortie de Paris en passe-debout, et de livraisons aux entrepositaires sous régime d'entrepôt ; et il ne pourra rien être réclamé à la Compagie pendant toute la durée de la concession, et sous quelque forme que ce soit, pour toutes les parties de matières ainsi employées.

4° Que tous les comptes à régler avec l'Administration de l'octroi, pour les années 1867-68-69, le seront conformément aux stipulations du présent traité.

5° Que, pour assurer l'exécution de ce qui précède et pour exercer, dans les usines de la Compagnie, ainsi admises comme entrepôts réels, la surveillance légalement imposée aux établissements de cette nature, il sera placé, dans chaque usine, un poste d'octroi composé de tel nombre d'employés que l'Administration jugera nécessaire.

La Compagnie fournira, pour l'établissement de chacun de ces postes, le local qui sera reconnu indispensable ; mais elle restera étrangère à toute dépense du chef du personnel de ces postes.

6° Les quantités de gaz consommées dans Paris donnant lieu à la redevance ci-dessus stipulée seront constatées ainsi qu'il suit :

Les recettes afférentes à l'éclairage public, divisées par 15 centimes, donnent le volume de gaz consommé dans Paris par cet éclairage ; celles de l'éclairage particulier au compteur, divisées par 30 centimes, et celles de l'éclairage à l'heure, divisées par la moyenne de vente d'un mètre cube de gaz, donnent le volume de gaz consommé par les particuliers.

Le décompte de cette redevance sera réglé chaque mois par le directeur de la voie publique, et devra être acquitté par la Compagnie dans le courant du mois suivant.

ART. 9. — Il ne pourra être fabriqué de gaz, dans les usines établies ou à établir dans Paris, que pour la consommation de Paris et des communes suburbaines dans lesquelles le gaz est actuellement installé, en vertu de traités approuvés par l'autorité compétente.

La Compagnie ne pourra établir d'usines à gaz dans l'intérieur des anciennes limites de Paris; mais pour assurer, en même temps, l'alimentation de la Ville, elle pourra conserver et établir les usines nécessaires à l'exploitation de l'éclairage et du chauffage par le gaz et au traitement des divers produits de la fabrication, soit dans la zone annexée, soit à l'extérieur des fortifications.

La Compagnie devra, toujours, conserver dans Paris des usines ayant une production suffisante pour alimenter l'éclairage public de la Ville et le tiers de l'éclairage particulier.

ART. 10. La société s'engage à fournir le gaz, pendant les cinquante années de la concession, dans toute l'étendue de la ville de Paris, tant pour l'éclairage public et particulier que pour le chauffage, aux conditions indiquées au chapitre suivant.

CHAPITRE II. — DISPOSITIONS COMMUNES A L'ÉCLAIRAGE PUBLIC ET PARTICULIER.

ART. 11. — L'éclairage sera fait par le gaz extrait de la houille.

Il ne pourra être employé d'autre gaz, sans le consentement formel et par écrit du préfet de la Seine, après délibération du conseil municipal.

Le gaz sera parfaitement épuré et son pouvoir éclairant devra être tel que, sous la pression de 2 à 3 millimètres d'eau, l'éclat d'une lampe Carcel brûlant 42 grammes d'huile de colza épurée à l'heure puisse être obtenu avec une consommation de 105 litres de gaz à l'heure, en moyenne.

La Compagnie sera tenue de fournir les appareils et les locaux nécessaires à la constatation du pouvoir éclairant et à la vérification de l'épuration, qui s'effectueront, chaque jour, de la manière suivante :

Les expérimentateurs prendront pour type du brûleur de gaz le bec Benghel, en porcelaine, à 30 trous, brûlant sous 2 à 3 millimètres d'eau de pression, avec un verre de 0m20 de haut et de 0m049 de diamètre en bas et 0m052 en haut. Ils en règleront la flamme pour avoir une lumière d'une valeur égale à celle de la lampe Carcel brûlant 42 grammes d'huile à l'heure, sous les conditions spécifiées dans l'instruction de MM. Dumas et Regnault, annexée au présent traité.

Les deux flammes ayant été maintenues bien exactement égales en intensité, pendant le temps nécessaire pour brûler 10 grammes d'huile, les expérimentateurs mesureront le gaz consommé, qui devra s'élever, en moyenne, à 25 litres, la consommation devant être, en moyenne, de 105 litres de gaz pour 42 grammes d'huile.

Les essais du pouvoir éclairant et de la bonne épuration du gaz se feront au moyen des appareils décrits et suivant le mode indiqué dans l'instruction de MM. Dumas et Regnault, en date du 12 décembre 1860, et qui est annexée au présent traité. Chaque appareil devra être reçu par les ingénieurs de la ville de Paris, et il ne sera mis en service qu'après avoir été vérifié, contradictoirement, par les agents de la Ville et ceux de la Compagnie.

Les appareils d'essai seront placés dans les bureaux de section de la Compagnie, ou à proximité desdits bureaux, dans une pièce dont les agents de la Ville auront seuls la clef; ceux de ces bureaux destinés aux essais seront choisis, d'accord avec la Compagnie, vers la région moyenne du réseau alimenté par l'usine à laquelle correspondra le bureau. Il y aura autant de bureaux d'essais qu'il conviendra à l'Administration municipale d'en établir, mais au moins un par chaque usine à gaz, et deux pour les usines importantes.

Les essais seront effectués de huit à onze heures du soir. Les expérimentateurs feront trois essais à une demi-heure d'intervalle, et ils en prendront la moyenne. Chaque jour la feuille de service, remise par le directeur de la voie publique de la ville de Paris aux essayeurs désignera les bureaux où les essais devront être effectués.

Le nombre des essais devra être le même pour chaque usine. Le chef de section, ou l'un des ingénieurs de la Compagnie, est autorisé à assister à l'essai et à prendre note des résultats; mais il n'intervient en rien dans la conduite de l'opération, dont l'essayeur reste seul maître et responsable.

Si la consommation du gaz qui, dans les essais, doit être égale à 25 litres, comme il est dit ci-dessus, dépassait 25 litres 50, il en serait donné immédiatement connaissance à M. le préfet de la Seine et à la Compagnie.

La moyenne des essais de chaque mois devra être égale à 25 litres en nombre rond.

Pour calculer cette moyenne, il sera attribué à chaque usine, au commencement de chaque année, un coefficient proportionnel à la fraction moyenne qui représente la part du service de l'usine dans l'éclairage public total.

Quand la moyenne d'un mois sera inférieure ou supérieure au type, il sera fait report, au mois suivant du même trimestre, de la compensation due par la Compagnie ou par la Ville; à la fin de chaque trimestre, le compte de la compensation proportionnelle entre toutes les usines sera arrêté, et, s'il y a déficit, la Compagnie payera à la Ville la valeur de la lumière manquante, en prenant pour base le prix de l'éclairage public, sous la déduction du droit d'octroi, et la moyenne de consommation mensuelle de l'éclairage de la voie publique correspondant à chaque mois du trimestre.

Pour une même année, la Compagnie solde le compte en déficit des deux premiers trimestres en payant la valeur de la lumière qui n'aura pas été fournie, ainsi qu'il vient d'être dit. Si les déficits se représentaient, pour un ou deux trimestres du second semestre de la même année, la Compagnie payerait, respectivement, pour chacun d'eux, deux fois la valeur de la lumière qui n'aurait pas été livrée.

Les dispositions des deux paragraphes qui précèdent ne s'appliquent qu'au cas prévu où la lumière en déficit ne dépassera pas 10 p. 100, ce qui correspond à une consommation de gaz qui, dans l'appareil d'essai, ne dépasse pas 27 litres 50 pour 10 grammes d'huile brûlée.

Dans ce cas, l'abonné n'aura droit à aucune réduction sur le prix du gaz qui lui aura été fourni.

Si ces chiffres sont dépassés, dans les essais de deux soirées consécutives, il sera procédé après un délai de cinq jours à des expériences contradictoires, en présence des agents de la Ville et de ceux de la Compagnie.

En cas de désaccord entre les agents des deux services, sur le résultat des expériences, il sera immédiatement fait appel à un ingénieur de l'Etat, tiers-expert désigné d'avance, à cet effet, par le Conseil de préfecture, au commencement de chaque année.

A partir du jour où le déficit, en dehors des tolérances de 10 p. 100, aura été dénoncé par la Ville à la Compagnie, s'il se reproduit pendant dix jours de suite, ou pendant quinze jours non continus dans un même mois, la Compagnie sera tenue de payer cinq fois la valeur de la lumière manquante, au prix de l'éclairage public, réduit comme il est dit ci-dessus.

Dans ce cas, l'abonné aura droit au remboursement du prix de la consommation excédant la tolérance de 10 p. 100. Ce remboursement sera effectué, pour chaque trimestre, par voie de déduction, sur la facture qui suivrait la publication du résultat des vérifications du pouvoir éclairant.

Si le déficit en dessous des tolérances ne s'est pas produit pendant dix jours de suite, ou pendant quinze jours en un mois, la Compagnie sera autorisée à en faire la compensation, comme si ce déficit avait lieu dans la limite de la tolérance.

La compensation sera admise, aussi, pour le cas de force majeure; mais, lorsque la Compagnie aura prévu ou constaté quelque cas de force majeure pouvant modifier le pouvoir éclairant du gaz, elle sera tenue de le notifier immédiatement à M. le préfet de la Seine.

La bonne épuration du gaz sera constatée avec des bandes de papier blanc, non collé, préalablement préparées en les plongeant dans une dissolution d'acétate neutre de plomb dans l'eau distillée contenant 1 gramme de sel pour 100 d'eau.

Ces bandes de papier resteront dans le courant de gaz pendant la durée de l'un des essais relatifs au pouvoir éclairant. Si elles ne brunissent pas l'épuration est bonne. Cet essai sera fait, d'ailleurs, conformément à l'instruction précitée de MM. Dumas et Regnault.

Le résultat des procès-verbaux de vérification du pouvoir éclairant du gaz, tant journalier que contradictoire, sera rendu public quatre fois par an, par le mode que déterminera M. le préfet de la Seine.

Art. 12. — Au commencement de chaque année, l'Administration remettra à la Compagnie un état d'indication approximatif des canalisations à faire, pendant cette année, dans toute l'étendue de la Ville; mais, dans cette période, celle-ci continuera les canalisations qui auraient été demandées antérieurement.

La Compagnie ne pourra être requise de commencer la canalisation que deux mois après la remise de cet état; les réquisitions devront être faites au moins cinq jours d'avance, à moins de cas de force majeure; auquel cas ce délai sera fixé par l'Administration.

Il ne pourra être exigé plus de 500 mètres de centralisation par jour.

L'Administration, après avoir entendu la Société, pourra prescrire, soit dans la direction des conduites, soit dans la dimension des tuyaux, toutes les modifications successives que lui paraîtra exiger la bonne exécution du service.

La Compagnie sera tenue de poser deux conduites sous les trottoirs, dans toutes les voies à canaliser ayant 14 mètres de largeur et au-dessus, et dans celles qui recevront une chaussée en asphalte comprimé, quelle que soit la largeur.

Afin de garantir des effets du gaz les arbres des promenades publiques, la Compagnie exécutera le drainage des conduites à établir sous les voies plantées et entourera les branchements de drains en terre cuite.

Le drainage des conduites consistera à garnir les deux côtés et le dessus de la conduite de pierres cassées, sur une épaisseur de 0m15 à 0m30, suivant le diamètre des conduites, et à couvrir cet empierrement d'une enveloppe s'opposant à l'infiltration des sables et des terres dans les interstices des pierres.

Le prix de réfection des chaussées et trottoirs à payer à la Ville, pour les conduites et branchements de toute nature à établir ou à réparer, est fixé à 3 francs par mètre carré.

Art. 13. — Pendant la durée de l'éclairage et pendant toute la durée du jour, dans les quartiers où l'état de la canalisation et le nombre des consommateurs le permettront, le gaz devra être tenu dans les conduites sous une pression de 0m020, afin qu'il arrive aux becs en quantité suffisante, même dans le cas où il aurait à traverser un compteur.

Les vérifications auxquelles pourrait donner lieu l'exécution de cette prescription seront faites, à la diligence du préfet, au moyen de manomètres qui seront posés à demeure sur tous les points indiqués par l'Administration et aux frais de la Société.

Art. 14. — Pour assurer les services public et particulier dont elle est chargée, la Société aura, constamment, en magasin ou en cours de transport, un approvisionnement d'un mois en matières premières destinées à la fabrication du gaz.

Cet approvisionnement pourra être réduit à quinze jours, avec l'autorisation du préfet de la Seine, sur la demande de la Compagnie.

Tous les mois, l'effectif de l'approvisionnement sera déterminé par le préfet de la Seine, en proportion de la quantité de gaz que la Société aura à fabriquer.

A cet effet, la Société fournira, chaque mois, à l'Administration, les états de ses approvisionnements et des quantités de gaz qu'elle aura fabriquées dans le mois précédent.

Ces approvisionnements et les quantités de gaz fabriquées seront vérifiées toutes les fois que l'Administration l'exigera et par les moyens qu'elle jugera convenable.

CHAPITRE III. — ECLAIRAGE PUBLIC.

ART. 15. — L'éclairage public comprend :

Toutes les voies publiques existantes et celles qui pourront être créées, les bureaux de voitures, les urinoirs et les kiosques ;

Les galeries et cours du Palais-Royal livrées au public ;

Les rues et passages particuliers livrés, journellement, à la circulation des voitures et des piétons ;

Les fournitures du gaz des illuminations au compte de la Ville en totalité ou en partie ;

L'Hôtel de Ville, la préfecture de police, les mairies, les commissariats et les postes de police, les corps de garde, les casernes municipales, les bureaux des employés, les théâtres appartenant à la Ville, les établissements scolaires, les marchés, les halles, les abattoirs, les parcs et squares et les promenades appartenant à la Ville, situés dans l'enceinte des fortifications ou hors Paris, lorsque les abords seront, déjà, canalisés par la Compagnie et que l'éclairage des appareils n'exigera que les branchements ; les édifices consacrés au culte, les établissements de l'Assistance publique et, généralement, toutes les propriétés de la Ville et tous les établissements municipaux dans l'enceinte de la Ville qui seront désignés comme tels à la Compagnie par le préfet de la Seine, pendant la durée du présent traité.

La Compagnie ne pourra refuser d'éclairer, aux prix et conditions de l'éclairage public, les divers établissements énumérés aux paragraphes précédents, même lorsque les frais de cet éclairage seront supportés en tout ou en partie par des particuliers ; seulement, l'éclairage sera réglé et payé à la Compagnie par la Ville, sauf à l'administration municipale à en recouvrer le montant sur qui de droit.

Il est bien entendu que l'éclairage public ne comprend pas l'éclairage des logements et boutiques loués à des particuliers dans les propriétés de la Ville.

L'éclairage public comprend, en outre, les établissements départementaux et les établissements militaires situés dans Paris, qui seront désignés comme tels à la Compagnie par le préfet de la Seine.

ART. 16. — Il y aura trois séries de becs :

La 1re série consommant 100 litres à l'heure ;
La 2e série consommant 140 litres à l'heure ;
La 3e série consommant 200 litres à l'heure.
Le prix est fixé par heure :
Pour les becs de la 1re série, à 0 fr. 015 ;
Pour les becs de la 2e série, à 0 fr. 021 ;
Pour les becs de la 3e série, à 0 fr. 030.

Lorsque le gaz sera livré au compteur, il sera payé à raison de 0 fr. 15 le mètre cube.

L'Administration reste libre de donner aux ouvertures des becs telle largeur qu'elle jugera nécessaire, sans, toutefois, qu'il en résulte une augmentation de consommation du gaz ; les dimensions en largeur et en hauteur des flammes seront déterminées par le préfet de la Seine, conformément aux expériences contradictoires entre les ingénieurs de la ville de Paris et ceux de la Compagnie.

ART. 17. — Lorsque l'Administration voudra employer des becs d'une dimension supérieure au bec le plus fort ou intermédiaire entre les becs ci-dessus désignés, la Société s'engage à les fournir à des prix fixés proportionnellement à ceux qui viennent d'être établis.

ART. 18. — Les modèles des brûleurs employés seront déterminés par le préfet de la Seine, qui seul aura le droit de les faire changer, sans, toutefois, qu'il en résulte une augmentation dans la consommation du gaz.

ART. 19. — L'éclairage public est divisé en éclairage permanent et en éclairage variable.

L'éclairage permanent fonctionne du soir au matin sans interruption.

L'éclairage variable est subordonné aux besoins des localités.

La nature de l'éclairage sera fixée par le préfet de la Seine, qui aura toujours le droit de la modifier.

ART. 20. — Les heures d'allumage et d'extinction des becs permanents seront déterminées par un tableau dressé, au commencement de chaque année, par le préfet de la Seine, et imprimé aux frais de l'Administration.

Les heures d'allumage et d'extinction des becs variables seront fixées par des décisions particulières du préfet de la Seine.

ART. 21. — L'allumage sera fait en 40 minutes au plus, c'est-à-dire qu'il pourra commencer 20 minutes avant l'heure du tableau, et qu'il devra être terminé, au plus tard, 20 minutes après cette heure.

L'extinction sera faite en 20 minutes, au plus, c'est-à-dire qu'elle pourra commencer 10 minutes, au plus, avant l'heure du tableau, et sera terminée 10 minutes après cette heure.

ART. 22. — La Société soumettra, chaque trimestre, les itinéraires des allumeurs à l'Administration, qui pourra prescrire, au besoin, des changements auxquels la Société sera tenue de se conformer.

Lorsque ces itinéraires auront été arrêtés par le préfet de la Seine, la Société ne pourra pas les modifier sans le consentement de l'Administration.

ART. 23. — Lorsqu'il surviendra des brouillards ou des événements imprévus, la durée de l'éclairage pourra recevoir telle extension que les circonstances rendront nécessaire.

La société exécutera d'urgence tous les ordres qui lui seront donnés à cet égard par le préfet de la Seine, et elle ne pourra exiger que le prix du gaz consommé par suite de la prolongation de l'éclairage ou de l'augmentation du nombre des becs.

ART. 24. — La Société fournira jusqu'à concurrence de 20 allumeurs, pour accompagner les inspecteurs de l'administration, dans leurs rondes, soit de nuit, soit de jour.

Ces allumeurs devront être munis d'une lanterne allumée, de clefs de robinets et de tous autres objets nécessaires au service des rondes, et même d'échelles, s'ils en sont requis.

Une plaque ou médaille sera remise par l'Administration, aux frais de la Société, à tous les allumeurs, ouvriers et autres employés du service actif, afin qu'ils puissent être reconnus dans leur service.

Cette plaque aura un numéro d'ordre et sera toujours portée d'une manière ostensible, même pendant le service de jour.

La Société fera déposer, dans les lieux qui lui seront indiqués par l'Administration, le nombre d'échelles, clefs de robinets et autres objets que l'Administration jugera nécessaires au service des rondes.

Art. 25. — La Société fournira, chaque mois, un état indicatif des noms et demeures des personnes employées au service actif.

Cet état, ainsi que les itinéraires exigés par l'article 22, devra être transmis à l'Administration le premier de chaque mois.

Art. 26. — Le préfet de la Seine aura le droit d'ordonner le renvoi, soit définitif, soit temporaire, des allumeurs et de tous les autres employés du service actif, toutes les fois que ces employés donneront lieu, à l'occasion du service, ou pour toute autre cause, à des plaintes qu'il jugera fondées.

Art. 27. — Les lanternes, ainsi que les candélabres et les consoles qui doivent les supporter, seront fournies, par l'Administration, à la Société, qui les mettra en place et les fera peindre d'après les tons de couleur indiqués par le préfet de la Seine.

La Société fournira et établira tous les tuyaux d'embranchements, tubes intérieurs, robinets, brûleurs et tous les accessoires qui constituent l'ensemble d'un appareil à gaz.

Art. 28. — Tous les travaux exécutés et toutes les fournitures livrées par la Compagnie, en vertu de l'article précédent, se feront, à prix de règlement, sur les bases d'un bordereau de prix arrêté, chaque année, par le préfet et accepté par la Compagnie. Les comptes, réglés chaque mois par les ingénieurs de l'éclairage public et approuvés par le préfet, seront soldés dans la forme en usage pour les entrepreneurs du service municipal de Paris.

Art. 29. — La Société sera tenue de placer les appareils qui lui seront demandés et de mettre en service de nouveaux becs dans le délai fixé par le préfet de la Seine, après qu'elle aura été entendue.

Art. 30. — La Société entretiendra en bon état tout le matériel qui sera établi par elle.

Elle fera réparer, immédiatement, les fuites qui se manifesteront dans les tuyaux, robinets et autres accessoires.

Elle fera remplacer immédiatement, et au plus tard sur le premier avis qui lui en sera donné par l'Administration, les verres brisés et tous les objets hors de service.

Les verres fêlés et altérés devront être remplacés par la Société à la première réquisition qui lui en sera faite.

La Société sera responsable, sauf le cas de force majeure, de tous les accidents et dégradations qui pourront arriver à ce matériel; elle sera même responsable des vols dont ce matériel pourrait être l'objet, lors même qu'elle justifierait que tous les moyens possibles ont été employés pour les prévenir.

Les procès-verbaux qui seront dressés, à ce sujet, par les fonctionnaires et agents de l'Administration, serviront, s'il y a lieu, de titre à la Société pour réclamer les frais de remplacement, contre les auteurs ou fauteurs de dommages, sans que l'Administration puisse jamais être recherchée.

La Société fera, chaque jour, nettoyer complètement les lanternes.

Ce nettoiement devra toujours être terminé une heure, au moins, avant l'allumage.

Elle fera laver, du 25 au 30 de chaque mois, les candélabres dans toute leur hauteur, et laver et cirer les appareils bronzés de manière à les tenir toujours en état de propreté.

Art. 31. — Les numéros des lanternes et les signes distinctifs du service seront inscrits sur une plaque dont le modèle sera déterminé par le préfet de la Seine.

La Société entretiendra les peintures et renouvellera au besoin les plaques, qui devront toujours être en bon état; les inscriptions seront toujours lisibles.

Art. 32. — La Société renouvellera, lorsqu'elle en sera requise par le préfet de la Seine, la peinture des candélabres et des consoles suivant les tons de couleur qui lui seront indiqués.

Art. 33. — Tous les frais résultant de l'exécution des art. 24, 30, 31 et 32, seront à la charge de la Société.

L'Administration lui payera, pour toute indemnité, 4 centimes par jour et par appareil du modèle ordinaire en place.

Le prix de 4 centimes se décompose de la manière suivante :

	fr.
1° Allumage et extinction. Lorsque dans la même lanterne il y aura plusieurs becs, il sera alloué 1 centime par chaque bec, en sus du premier, pour allumage, extinction et entretien.	0.0300
2° Nettoyage et entretien de propreté des lanternes.	0.0032
3° Remplacement des verres cassés, entretien et renouvellement des peintures des appareils, consoles et candélabres.	0.0068
Total égal	0.0400

Pour les appareils de nouveau modèle en fonte bronzé, le chiffre ci-dessus sera augmenté de 2 centimes 1/2 non compris l'entretien du cuivrage.

L'Administration reste libre de prendre à sa charge tout ou partie de l'entretien des appareils, pour une portion ou pour la totalité de l'éclairage public; dans ce cas, le prix de 4 centimes subira les réductions résultant de la décomposition qui précède, et la Compagnie ne pourra être chargée, de nouveau, de l'entretien des appareils repris par la Ville que d'un commun accord.

Art. 34. — La Compagnie exécutera toutes les suppressions et tous les déplacements d'appareils dans les délais qui lui seront prescrits par le préfet de la Seine.

Les frais de ces suppressions et déplacements seront avancés par la Société et remboursés par l'Administration, sur le règlement qui en sera fait, d'après le mode indiqué par l'article 28.

Les objets supprimés seront déposés dans les magasins de l'Administration.

Art. 35. — Faute par la Société de se conformer aux dispositions des articles 27, 30, 31, 32 et 34, et aux réquisitions qui lui seront faites à ce sujet, il pourra y être pourvu d'office, et à ses frais, par les soins de l'Administration, le tout indépendamment des retenues fixées par l'article 37.

CHAPITRE IV. — RETENUES.

Art. 36. — La Société s'engage à exécuter ponctuellement ses obligations, sous peine de dommages-intérêts.

Dans les cas ci-après déterminés, les dommages-intérêts seront supportés sous forme de retenue, et imputés sur les sommes revenant, chaque mois, à la Société.

Art. 37. — Ces retenues seront fixées ainsi qu'il suit :

1° Pour chaque bec dont la flamme n'aurait pas la dimension prescrite, il sera fait une retenue de 0 fr. 40 (art. 16). Cette retenue sera réduite de moitié lorsque la défectuosité des becs aura été rectifiée dans la première heure du service, et qu'il en aura été justifié ;

2° Pour chaque brûleur qui ne serait pas du modèle déterminé par le préfet de la Seine, la retenue sera de 15 francs (art. 18) ;

3° Lorsque l'allumage n'aura été fait dans aucune des parties de la Ville dont le service est confié à la Société, aux heures prescrites par le tableau d'éclairage, et conformément à l'article 20, la retenue sera, pour chaque demi-heure de retard, de 2 francs par bec. Elle sera de 1 franc par bec, et par demi-heure, si le retard a lieu pour deux ou pour un plus grand nombre de becs établis à la suite les uns des autres.

Lorsque le retard apporté dans l'allumage n'aura lieu que pour des becs isolés, la retenue sera, pour chaque bec, et par demi-heure, de 50 centimes.

La retenue sera de 1 franc pour tout bec non allumé pour cause d'engorgement; elle sera de 50 centimes pour tout bec qui s'éteindra dans le service, pour la même cause, sans pouvoir être rallumé.

En outre, la Société ne sera responsable des extinctions prématurées et des flammes faibles que pour les appareils qu'elle aura établis ou acceptés.

Les mêmes retenues auront lieu, et dans les mêmes proportions, pour chaque demi-heure d'extinction prématurée.

Cependant, elles seront réduites de moitié toutes les fois que les becs éteints prématurément auront été rallumés, et qu'il en aura été justifié ;

4° La retenue sera de 1 franc pour chaque allumeur qui ne suivrait pas l'itinéraire déterminé (art. 22) ;

5° Si, dans les cas prévus par l'article 23, la Société ne se conformait pas aux ordres d'urgence qui lui seront donnés, elle supporterait,

pour chaque bec qui ne serait pas mis en service aux heures prescrites, une retenue du double du prix de service de ce bec pendant toute la nuit ;

6° Il sera fait une retenue de 3 fr. 50 pour chaque allumeur qui n'aurait pas été mis à la disposition des agents de l'Administration, ainsi que le prescrit l'article 24.

Si les allumeurs n'étaient pas munis des objets désignés audit article, ils seraient considérés comme non fournis, et la retenue serait appliquée; elle serait, également, appliquée si les allumeurs n'avaient pas de plaque, ou s'ils ne la portaient pas ostensiblement ;

7° Par chaque jour de retard dans l'envoi des itinéraires et des états du personnel actif, la retenue sera de 5 francs (art. 25) ;

8° Elle sera de 5 francs par chaque employé qui ferait le service après que son exclusion aurait été prononcée, conformément à l'article 26;

9° La Société supportera une retenue de 5 francs par appareil et par chaque jour de retard non justifié qu'éprouverait la mise en service des appareils, passé le délai qui aura été fixé pour le placement de ces appareils, conformément à l'article 29;

10° La Société supportera une retenue de 1 franc par jour pour chaque appareil ayant des verres cassés, ou dans les tuyaux desquels se seraient manifestées des fuites qui n'auraient pas été réparées après avertissement donné à la Société (art. 30);

11° La retenue sera également de 1 franc par jour pour les cas ci-après :

Pour chaque lanterne qui ne serait pas nettoyée aux heures fixées par l'article 30;

Pour chaque plaque manquant, ou en mauvais état, ou dont l'inscription effacée, illisible ou incomplète, n'aura pas été repeinte, après avertissement préalable, ainsi que le prescrit l'article 31;

Pour chaque candélabre ou console dont la peinture ne serait pas renouvelée, après avertissement préalable, conformément à l'article 32;

12° Pour chaque jour et chaque usine où le gaz ne serait pas parfaitement épuré, comme il est dit à l'article 11, la Compagnie supportera une retenue de 25 francs;

13° Lorsque la Société sera mise en demeure d'exécuter tout ou partie des dispositions contenues dans l'article 12, elle supportera une retenue de 50 francs par jour et par cent mètres courants de conduites ou d'embranchements non placés aux époques portées audit article, ou non établis conformément à ses dispositions.

Art. 38. — Toutes ces retenues seront prononcées par M. le préfet de la Seine, d'après les procès-verbaux des employés de l'Administration et pour chaque contravention constatée.

La Société pourra, chaque jour, les dimanches et fêtes exceptés, faire prendre connaissance, et même copie, des procès-verbaux.

Les procès-verbaux constatant l'insuffisance de la flamme des becs devront énoncer, autant que possible, l'importance du déficit.

Art. 39. — Le montant des sommes revenant à la Société, pour le prix de son service d'éclairage, sera fixé, soit sur le nombre d'heures pendant lesquelles aura brûlé chaque bec, soit sur les quantités de gaz livrées au compteur; à ces sommes on ajoutera les frais d'entretien d'appareils alloués par l'article 23.

Le montant de ces sommes, réglé et arrêté par le directeur de la voie publique, sera payé par douzièmes, de mois en mois, déduction faite des retenues pour infraction aux dispositions du présent cahier des charges et des frais d'exécution d'office.

ART. 40. — Les sommes dues à la Société pour travaux d'établissement, de suppression et de déplacement d'appareils, et pour tous autres travaux donnant lieu à présentation de mémoires, lui seront payées dans le mois qui suivra le règlement définitif desdits mémoires, opéré dans la forme prescrite par l'article 28.

Ce règlement sera fait, au plus tard, trois mois après la présentation des mémoires.

CHAPITRE V. — ECLAIRAGE PARTICULIER.

ART. 41. — La Société sera tenue de fournir le gaz, à Paris, dans les localités où il existera des conduites, à tout consommateur qui aura contracté un abonnement de trois mois, au moins, et qui se sera, d'ailleurs, conformé aux dispositions des règlements concernant la pose des appareils.

Les polices en vertu desquelles sont souscrits les abonnements devront être conformes à un modèle approuvé par l'Administration.

Les abonnements au bec et à l'heure pourront être faits pour tous les jours sans exception, ou en exceptant les dimanches et fêtes.

Aucun abonnement ne pourra être refusé, mais la Société sera en droit d'exiger que le payement s'en fasse par mois et d'avance.

L'abonné prendra livraison du gaz au moyen d'un branchement sur la conduite principale. Ce branchement, les travaux et fournitures relatifs à l'appareil extérieur et intérieur, sont à la charge de l'abonné.

Le tuyau d'embranchement et le robinet extérieur destiné à mettre le gaz en communication avec les appareils intérieurs seront fournis, posés et entretenus par la Compagnie aux frais de l'abonné, aux prix fixés par la police d'abonnement.

ART. 42. — Le gaz sera fourni, soit au compteur, soit au bec et à l'heure, à la volonté des abonnés.

Un modèle de chaque système de compteur, accepté par la Compagnie et approuvé par l'Administration, sera déposé à la préfecture de la Seine.

Les compteurs seront à la charge des abonnés, qui auront la faculté de les prendre parmi les systèmes acceptés et autorisés, comme il est dit au paragraphe précédent, sauf les droits des fabricants brevetés.

Ils ne pourront être mis en service qu'après avoir été vérifiés et poinçonnés par l'Administration.

Ils seront soumis, quant à leur exactitude et à la régularité de leur marche, à toutes les vérifications que l'Administration pourra prescrire, sans préjudice de celles que les abonnés ou la Société voudraient faire effectuer par les voies de droit.

La pose et le plombage des compteurs seront faits par la Compagnie, de même que la fourniture et le scellement de la plate-forme, aux prix fixés sur la police d'abonnement approuvée par l'Administration.

Les abonnés au compteur auront la libre disposition du gaz comme bon leur semblera, soit à l'intérieur, soit à l'extérieur de leur domicile, sans que, dans le cas où le nombre de becs éclairés dépasserait celui indiqué sur le compteur, il puisse résulter aucune action contre la Société, à raison de la faiblesse de l'éclairage.

ART. 43. — Le prix du mètre cube de gaz, vendu au compteur, est fixé à 0 fr. 30 pour les cinquante années de la concession, sauf le cas de réduction prévu par les articles 8 et 48.

La Compagnie aura le droit d'abaisser ce prix en faveur d'une industrie déterminée, en accordant la même réduction à tous les industriels exerçant la même industrie.

Elle sera tenue de fournir en location des compteurs d'un système de son choix à tous ceux de ses abonnés qui lui en demanderont et qui contracteront un abonnement d'une année au prix indiqué sur la police d'abonnement approuvée par l'Administration.

ART. 44. — Les prix de vente du gaz, livré à l'heure au moyen des becs cylindriques à double courant d'air, dits d'Argent, seront débattus, de gré à gré, entre la société et les abonnés.

La Société devra, pour tous les consommateurs qui le demanderont, convertir immédiatement les abonnements à l'heure en abonnements au compteur.

ART. 45. — Pendant toute la durée de la concession, le prix de tout autre bec que celui qui est déterminé dans l'article précédent, ou d'un éclairage qui aurait lieu hors des heures de service, sera débattu, de gré à gré, entre la Société et les abonnés.

Il en sera de même pour les becs cylindriques percés de vingt trous qui seraient placés à l'extérieur.

ART. 46. — Les abonnés ne pourront exiger d'éclairage, soit au compteur, soit au bec, que pendant le temps où les conduites de la Société seront en charge pour le service ordinaire; les conditions des livraisons de gaz qui devraient avoir lieu en dehors de ce temps seront réglées, de gré à gré, entre la Société et ses abonnés, sauf le cas prévu par l'article 13.

CHAPITRE VI. — CHAUFFAGE.

ART. 47. — En ce qui concerne l'application du gaz au chauffage, la Société se conformera à toutes les dispositions qui lui seront prescrites par l'Administration municipale, sans toutefois que celle-ci puisse lui imposer des prix autres que ceux qui sont fixés pour le gaz d'éclairage dans les articles 16 et 43.

CHAPITRE VII. — PROCÉDÉS ÉTRANGERS AU SYSTÈME ACTUEL DE FABRICATION; MODE D'ÉCLAIRAGE AUTRE QUE LE GAZ.

ART. 48. — Si par suite du progrès de la science, l'Administration, de l'avis du conseil municipal, jugeait convenable d'imposer à la Société l'emploi de procédés étrangers au système actuel de fabrication du gaz, celle-ci serait tenue de se conformer aux prescriptions de l'Administration.

Dans le cas où l'emploi de ces nouveaux procédés aurait pour résultat un abaissement notable dans le prix de revient du gaz, la Société serait obligée de faire profiter l'éclairage public et particulier de cet abaissement de prix, dans les proportions déterminées par l'autorité administrative, toujours de l'avis du conseil municipal.

Il en serait de même pour le cas où, sans attendre l'intervention administrative, la Société aurait pris l'initiative de l'application de procédés nouveaux.

Ces stipulations ne seront applicables que par périodes de cinq ans, et après le rapport de la commission dont il sera parlé au paragraphe suivant.

Dans les derniers mois de chaque période, tous les procédés étrangers au système actuel de fabrication, qui seront jugés de nature à constituer un progrès, seront examinés par une commission qui sera désignée par le ministre de l'intérieur et qui, après avoir entendu les délégués de la Compagnie, indiquera ceux des perfectionnements ou celles des inventions qui lui paraîtront pouvoir recevoir une application industrielle et manufacturière.

En cas de découverte d'un mode d'éclairage autre que l'éclairage par le gaz, l'Administration se réserve le droit de concéder toute autorisation nécessaire pour l'établissement du nouveau système d'éclairage, sans être tenue à aucune indemnité envers la Société actuelle.

CHAPITRE VIII. — DISPOSITIONS GÉNÉRALES.

ART. 49. — Si, pendant le cours des cinquante années de la concession, la Société, par un motif quelconque, venait à cesser son exploitation ou était hors d'état de la continuer, elle serait déchue de plein droit du bénéfice du présent traité.

Dans ce cas, l'Administration serait mise immédiatement en possession provisoire du matériel d'exploitation et pourvoirait au service par tel moyen qu'elle jugerait convenable.

ART. 50. — La présente concession pourra être retirée à la Société, si elle ne se conforme pas aux dispositions des articles 11 (§ 1er), 12, 13, 41, 43, 44, 47 et 48, et, dans ce cas, l'Administration sera chagée de pourvoir aux services public et particulier, et elle entrera dans l'exercice des droits qui lui sont dévolus par l'article précédent.

ART. 51. — A l'expiration de ladite concession, la ville de Paris deviendra propriétaire, de plein droit, et entrera de suite en possession des tuyaux, robinets, siphons, regards, valves et généralement de tout le matériel qui existera, alors, sous les voies publiques.

ART. 52. — L'Administration emploiera les moyens qu'elle jugera convenables pour garantir l'observation exacte de tous les articles du traité dont le mode de contrôle ou de vérification n'est pas réglé.

ART. 53. — Comme conséquence du présent traité, les litiges et difficultés qui existaient, entre la ville de Paris et la Compagnie du gaz, sont définitivement éteints et amortis.

Les parties reconnaissent n'avoir aucune demande ni réclamation à se faire, pour quelque cause que ce soit, et notamment en ce qui concerne les retenues à l'occasion du pouvoir éclairant antérieurement à 1861.

Les frais des procès pendants seront supportés par les parties contractantes, chacune pour ce qui la concerne.

Conditions de l'abonnement de la fourniture du gaz au compteur.

ARTICLE PREMIER. — La Compagnie fournit le gaz à Paris, et dans les localités où il existe des conduites, à tout consommateur qui aura contracté un abonnement de trois mois au moins, et qui se sera d'ailleurs conformé aux dispositions des règlements concernant la pose des appareils, ainsi qu'aux stipulations de la présente police.

Toutefois, la Compagnie ne délivre le gaz que lorsque l'abonné a justifié de l'autorisation de la préfecture de la Seine de faire usage des conduits et appareils intérieurs.

ART. 2. — La Compagnie conduit le gaz devant la demeure du consommateur, qui en prend livraison au moyen d'un branchement sur la conduite principale. Cet embranchement, les travaux et fournitures relatifs à l'appareil intérieur et extérieur sont à la charge de l'abonné.

Les appareils intérieurs seront construits par des entrepreneurs choisis par l'abonné ; dans aucun cas, la Compagnie ne pourra être rendue responsable de ces appareils, dont la conservation et l'entretien sont à la charge de l'abonné.

Le tuyau d'embranchement est posé et entretenu par la Compagnie, aux frais de l'abonné.

L'abonné, au moment de la signature de la police, est tenu de verser le montant estimatif de la valeur du branchement. Il pourra en faire régler la dépense, par architecte, dans la forme ordinaire et dans un délai de trois mois, à partir de l'achèvement des travaux. Passé ce délai, la somme restera acquise à la Compagnie.

L'entretien du branchement comprend, en outre de tous les travaux nécessités par la réparation des fuites et des avaries, le remplacement, en cas de besoin, et les modifications de toute nature résultant des travaux de la voie qui nécessiteront des changements ou des réparations aux conduites et aux branchements. La Compagnie sera chargée de cet entretien moyennant 0 fr. 10 par mois [1].

---

[1] Pour obtenir un bon éclairage, on doit donner, dans les conditions ordinaires, les diamètres ci-après aux tuyaux distributeurs du gaz.

Branchement et tuyau intérieur jusqu'au plafond.

		m
Pour un compteur de 3 à 10 becs inclusivement...		0.027
— 10 à 20 —	...	0.034
— 20 à 30 —	...	0.040
— 30 à 50 —	...	0.054

Distribution intérieure à partir du tuyau du plafond.

Tuyau de distribution de 31 à 50 becs............		0.054
— 21 à 30	....	0.040
— 11 à 20	....	0.034
— 6 à 10	....	0.027
— 2 à 5	....	0.0203
— 1	....	0.0135

La consommation du bec, pris pour mesure de la

Lorsqu'on exécute dans les rues des travaux d'égouts, de pavage, de trottoirs ou de pose de conduite d'eau, les consommateurs au-devant desquels ces travaux s'exécutent feront bien de s'assurer que les branchements qui leur fournissent le gaz ne sont point endommagés ni déplacés par ces travaux, et, dans le cas où ils le seraient, d'en donner connaissance à la Compagnie d'éclairage et à l'Administration.

Le robinet extérieur, destiné à mettre le gaz en communication avec les appareils intérieurs, sera également fourni et posé par la Compagnie aux frais de l'abonné. La Compagnie restera chargée de l'entretien et du remplacement, en cas de besoin, dudit robinet et de sa porte, moyennant 0 fr. 50 par mois.

Le graissage du robinet aura lieu une fois par mois au moins.

La Compagnie aura seule en sa possession la clef de la porte recouvrant ce robinet.

A l'expiration de l'abonnement, le tuyau extérieur d'embranchement sera coupé aux frais de la Compagnie.

ART. 3. — Le gaz sera livré au compteur.

En conséquence, l'abonné fera établir chez lui, et à ses frais, un compteur de son choix, et de l'un des systèmes approuvés par l'Administration.

La pose et le plombage du compteur seront faits par la Compagnie, de même que la fourniture et le scellement de la plate-forme, et aux prix suivants, savoir :

Pour un compteur $\begin{cases} \text{de } 3 \text{ à } 30 \text{ becs.} & 7 \text{ fr. } 50 \\ \text{de } 50 \text{ à } 80\ldots\ldots & 11 \quad 50 \\ \text{de } 100 \text{ à } 150\ldots\ldots & 17 \quad » \\ \text{au-dessus}\ldots\ldots\ldots & 26 \quad » \end{cases}$

Le compteur sera proportionné à la consommation maxima de gaz de l'abonné, tant pour l'éclairage que pour le chauffage et tous autres usages.

A l'entrée du compteur, il sera placé un robinet de sûreté, et à la sortie un robinet à trois eaux, afin de permettre l'essai de la canalisation intérieure avant l'autorisation d'en faire usage.

Il sera soumis, quant à son exactitude et à la régularité de sa marche, à toutes les vérifications que l'Administration jugera utile de prescrire, sans préjudice de celles que l'abonné ou la Compagnie voudraient faire effectuer par les voies de droit. Il ne pourra être mis en service qu'après avoir été vérifié et poinçonné par l'Administration.

Le mécanisme des aiguilles, avant d'être employé, aura dû être soumis également à un poinçonnage spécial pour constater l'exactitude de sa construction et le soudage des aiguilles sur leur axe.

capacité du compteur, est évaluée à 120 litres par heure.

Les dimensions ci-dessus devront être proportionnellement augmentées lorsqu'il s'agira d'une consommation représentant plus de 50 becs ; elles devront être également modifiées, selon les circonstances, lorsque les lieux à alimenter seront éloignés de la conduite principale de plus de 20 mètres, et lorsque les brûleurs seront placés dans des caves ou autres emplacements situés en contre-bas du sol de la voie publique.

L'entretien du compteur pourra être fait par la Compagnie, aux prix mensuels indiqués par le tableau suivant, pour les abonnés qui le demanderaient ; mais dans ce cas ils devront faire agréer leur compteur par la Compagnie.

CALIBRE du compteur.	PRIX MENSUEL d'entretien.	CALIBRE du compteur.	PRIX MENSUEL d'entretien.
3 becs.	0 fr. 50 c.	60 becs.	1 fr. 40 c.
5 —	0 70	80 —	1 50
10 —	0 90	100 —	1 60
20 —	1 10	150 —	1 70
30 —	1 20	200 —	1 80
50 —	1 30	300 —	1 90

Le compteur sera posé et maintenu, par des vis ou scellements, sur une plate-forme fixe parfaitement horizontale ; ses raccords sur les tuyaux d'arrivée et de sortie du gaz seront plombés, avec l'empreinte du cachet de la Compagnie. Toute rupture des scellements et des cachets, par le fait de l'abonné ou de ses agents, pourra donner lieu à une action en dommages-intérêts et à toutes poursuites de droit.

Il est formellement interdit à l'abonné d'apporter aucune modification ou détérioration dans les organes du compteur et de ses accessoires, et dans sa position, sans le concours d'un agent de la Compagnie.

L'abonné devra laisser un libre accès aux agents de la Compagnie dans l'endroit où sera posé le compteur. Tout refus à cet égard sera poursuivi par les voies de droit. L'emplacement du compteur devra être d'un accès facile et choisi de manière que le chiffre des consommations puisse être exactement relevé.

ART. 4. — La Compagnie sera tenue de fournir en location des compteurs d'un système de son choix, et approuvé par l'Administration, à tous ceux de ses abonnés qui lui en demanderont.

Le prix mensuel de location, fixé par le tableau ci-après, sera exigible en même temps que le prix du gaz.

CALIBRE du compteur.	PRIX MENSUEL de location et d'entretien.	CALIBRE du compteur.	PRIX MENSUEL de location et d'entretien.
3 becs.	1 fr. 25 c.	60 becs.	5 fr.
5 —	1 50	80 —	6
10 —	1 75	100 —	7
20 —	2 25	150 —	9
30 —	2 75	200 —	12
50 —	3 50	300 —	16

Moyennant cette rétribution, la Compagnie restera chargée de la pose, de l'entretien et des réparations du compteur. Toutefois, elle ne garantit dans aucun cas les effets de la gelée[1].

ART. 5. — L'abonné aura la libre disposition du gaz qui aura passé par le compteur ; il pourra

[1] On se prémunit contre la gelée en enveloppant le compteur et en y versant un demi-litre d'esprit par bec de capacité.

le distribuer comme bon lui semblera, soit à l'intérieur, soit à l'extérieur de son domicile, sous la réserve des prescriptions de l'article 1er; mais, dans le cas où la consommation que peut alimenter le compteur avec une pression de 20 millimètres d'eau serait augmentée, il ne pourra résulter aucune action contre la Compagnie à raison de la faiblesse de l'éclairage.

Tout acte qui aurait pour but d'obtenir le gaz sans le concours de la Compagnie et en dehors des quantités passant par le compteur sera poursuivi par toutes les voies de droit.

ART. 6. — L'abonné ne pourra exiger le gaz que pendant le temps où les conduites de la Compagnie seront en charge pour le service ordinaire. La mise en charge aura lieu 50 minutes avant l'heure de l'éclairage public.

Les conditions de livraison de gaz qui pourraient avoir lieu en dehors de ce temps seront réglées de gré à gré entre l'abonné et la Compagnie. Toutefois, pendant la durée de l'éclairage et pendant toute la durée du jour dans les localités désignées par le préfet de la Seine, le gaz sera livré aux consommateurs au prix du tarif, conformément à l'article 13 du cahier des charges.

ART. 7. — A partir du 1er janvier 1856, le prix du gaz livré au compteur est fixé à 30 centimes le mètre cube.

ART. 8. — Le prix de l'abonnement est payable par mois et d'avance au domicile où le gaz est livré; en conséquence, il sera payé par l'abonné à la Compagnie une somme de 7 francs par brûleur existant sur ces appareils, comme représentant par approximation le prix du gaz consommé par un bec brûlant pendant un mois à des extinctions diverses.

La somme payée d'avance sera remboursée par la Compagnie à l'abonné, à l'expiration de l'abonnement, sous déduction de la valeur du gaz fourni par elle et autres frais qui n'auraient pas été soldés.

Le payement des fournitures aura lieu sur présentation de la facture, après le relevé des consommations faites en présence de l'abonné et consigné par la Compagnie sur un livret qui restera entre les mains de l'abonné. A défaut de payement dans les cinq jours qui suivront la présentation de la facture, la Compagnie pourra refuser de continuer la fourniture du gaz, sous toutes réserves de poursuivre, par les voies de droit, l'exécution des présentes conventions.

L'abonné renonce à opposer à la demande de payement toute réclamation sur la quotité des consommations constatées; en conséquence, le montant des factures sera toujours acquitté à présentation, sauf à la Compagnie à tenir compte à l'abonné sur les payements ultérieurs de toute différence qui aurait eu lieu à son préjudice, si mieux n'aime l'abonné recevoir en espèces le montant des réclamations qui seraient reconnues fondées.

ART. 9. — Dans le cas où quelque accident de force majeure obligerait la Compagnie à interrompre momentanément la fourniture de gaz, la Compagnie ne sera tenue à aucune indemnité autre que le remboursement du prix du gaz payé d'avance et qui n'aurait pas été fourni.

Les dispositions relatives à l'épuration et au pouvoir éclairant du gaz inscrites dans l'article 10 du nouveau cahier des charges, au point de vue de la surveillance exercée dans un intérêt général, par l'autorité administrative, ne pourront donner lieu, au profit de l'abonné, à aucuns dommages-intérêts autres que le remboursement mentionné ci-après:

Tant que le pouvoir éclairant du gaz restera dans les limites de la tolérance de 10 p. 100 mentionnée audit article, l'abonné n'aura droit à aucune réduction sur le prix du gaz qui lui aura été fourni.

S'il arrivait que le pouvoir éclairant fût inférieur à ce minimum, le prix de la consommation excédant la tolérance lui serait remboursé par la Compagnie.

Ce remboursement serait effectué, pour chaque trimestre, par voie de déduction, sur la facture qui suivrait la publication du résultat des vérifications du pouvoir éclairant.

Les constatations faites et publiées par l'Administration municipale feront seules, et de condition expresse, la loi des parties.

Arrêté préfectoral 17 janvier 1878.

ARTICLE PREMIER. — L'emploi des appareils d'éclairage au gaz, dits à tiges hydrauliques, est désormais interdit d'une manière générale.

Toutefois, leur usage pourra être autorisé, à titre exceptionnel, et sur la production d'une demande spéciale, dans les théâtres et autres établissement publics dans lesquels un service journalier de surveillance pourra être organisé.

ART. 2. — Les Compagnies d'éclairage et de chauffage par le gaz ne pourront livrer du gaz, pour l'alimentation des appareils dits à tiges hydrauliques, que sur la présentation qui leur sera faite de l'autorisation prescrite.

ART. 3. — L'inspecteur général des ponts et chaussées, directeur des travaux, est chargé...

Arrêté préfectoral du 11 juin 1879.

ARTICLE PREMIER. — Il sera désormais perçu une taxe de neuf centimes par bec de capacité, pour tout compteur soumis au domicile du fabricant à la vérification des agents du service de l'éclairage de la ville de Paris, que l'appareil soit neuf ou vieux, accepté ou refusé, à destination de Paris ou de toute autre localité.

Toutefois, les fabricants de compteurs à gaz conservent la faculté de présenter leurs appareils au laboratoire municipal. Dans ce cas, la vérification et le poinçonnage des appareils seront faits gratuitement, mais sous la réserve de la justification de leur emploi dans Paris.

ART. 2. — Les décisions des 16 octobre 1855 et 7 février 1856 relativement à la rétribution due pour le poinçonnage des compteurs à gaz sont et demeurent rapportées.

ART. 3. — Sont maintenus dans toutes celles de leurs dispositions qui ne sont pas contraires au présent arrêté les anciens règlements relatifs aux compteurs et notamment l'arrêté du 26 avril 1866.

ART. 4. — L'inspecteur général...

GAZOMÈTRES pour l'usage particulier, non attenants aux usines de fabrication.

Etablissements dangereux de 3e classe : odeur, danger d'incendie [1].

Ces gazomètres construits, du reste, suivant les prescriptions du décret du 9 février 1867 [2], doivent être établis dans une cour bien aérée non couverte et placés au-dessus d'une fosse parfaitement étanche [3].

GÉLATINE alimentaire et gélatine provenant de peaux blanches et de peaux fraîches non tannées (Fabrication de la).

Etablissement insalubre de 3e classe : odeur [4].

Les ateliers doivent être bien ventilés ; le sol en être imperméable avec pente convenable pour l'écoulement des liquides à l'égout.

Les chaudières et cuves à macération seront surmontées de hottes conduisant les vapeurs et buées à la cheminée.

La cheminée sera élevée au moins à la hauteur des cheminées voisines dans un rayon de 50 mètres.

L'étuve sera en matériaux incombustibles avec porte en fer.

Les bois seront peints à l'huile ou recouverts de plâtre [5].

GÉNÉRATEURS à vapeur.

L'établissement des générateurs à vapeur est soumis à des règles spéciales édictées par le décret du 30 avril 1880 [6].

GENIÈVRE. — V. *Distilleries.*

GLACE. — V. *Réfrigération.*

GLACE. — C. civ., art. 525.

Le Code civil [7] spécifie que « les glaces d'un appartement sont censées mises à perpétuelle demeure, lorsque le parquet sur lequel elles sont attachées fait corps avec la boiserie ». L'usage de mettre des glaces dans les appartements étant beaucoup plus répandu, tandis que celui de décorer les pièces au moyen de boiseries n'existe, pour ainsi dire, plus, les expressions du Code ne se trouvent plus en rapport avec les usages.

Le manuel de la Société centrale des architectes, résumant la jurisprudence la plus récente, indique [8], avec beaucoup plus de raison, que « les glaces posées, soit sur les cheminées, soit en répétition, et en principe, celles établies suivant un mode de décoration adopté pour le local dans lequel elles se trouvent, doivent, par présomption et jusqu'à preuve contraire, être considérées comme faisant partie du fond, bien qu'elles ne soient pas toujours placées dans un cadre fixé au mur ou dans un parquet tenant à une boiserie ».

Le locataire est responsable des glaces qui garnissent les locaux qui lui sont loués : il doit donc les remplacer si elles sont cassées, à moins qu'elles ne le soient par l'effet du tassement de l'immeuble, par le jeu du parquet qui les supporte, ou par le gonflement du bois ou des plâtres. Il doit une indemnité, variable suivant l'importance du dégât, si elles sont rayées ; mais il n'est pas responsable des dégradations qui se produisent au tain, à moins qu'il ne soit prouvé que ces dégradations sont de son fait.

Lors de sa sortie, le locataire doit rendre les glaces nettoyées, ainsi qu'il les a reçues. Pour les cadres des glaces, V. *Dorure.*

Il arrive, assez fréquemment, que les locataires remplacent par des glaces la vitrerie de leurs magasins : dans ce cas le propriétaire n'est pas tenu au remplacement de ces glaces si elles viennent à être brisées par cas fortuit ou force majeure [1].

GLACES (Etamage des). — V. *Étamage.*

GLACES et neiges. Ord. pol. du 15 déc. 1851 [2].

La taxe de balayage établie à Paris n'exonère pas les propriétaires et locataires des obligations qui leur sont imposées par les règlements de police en cas de neige [3].

ANNEXE

Ordonnance de police 14 *décembre* 1851.

ARTICLE PREMIER. — Dans les temps de glaces les propriétaires ou locataires seront tenus de faire casser les glaces au devant de leurs maisons, boutiques, cours, jardins et autres emplacements jusqu'au milieu de la rue ; ils mettront les glaces en tas, savoir : dans les rues à chaussée bombée, le long des ruisseaux, du côté de la chaussée ; dans les rues à chaussée fendue, le long des trottoirs. Ils feront également balayer et relever les neiges lorsqu'ils y seront invités par les commissaires de police et les autres agents de l'administration.

ART. 2. — Ils feront, en outre, gratter et nettoyer les trottoirs ou parties de voie publique correspondantes, de manière à prévenir les accidents et assurer la circulation. Ils feront, chaque jour, dégager les gargouilles établies sur ces trottoirs des glaces ou tous autres objets qui pourraient gêner l'écoulement des eaux.

---

[1] Décr., 31 déc. 1866. — [2] V. *Gaz.* — [3] Bunel, p. 310.

[4] Décr., 31 déc. 1866. — [5] Bunel, p. 311.

[6] V. *Chaudière.*

[7] Art. 525. — [8] Manuel, t. Ier, p. 525.

[1] Seine, 28 déc. 1872.

[2] Annexe. — [3] Ord. pol., 14 déc. 1851, annexe.

ART. 3. — En cas de verglas, ils jetteront au devant de leurs habitations et jusque sur les chaussées des cendres, du sable ou du mâchefer.

ART. 4. — Dans les rues à chaussée bombée, chaque propriétaire ou locataire doit tenir libre le cours du ruisseau au-devant de sa maison, sur une largeur de 0m 50 au moins, et faciliter l'écoulement des eaux. Dans les rues à chaussée fendue il y pourvoira conjointement avec le propriétaire ou le locataire qui lui fait face.

ART. 5. — Il est défendu de déposer des neiges et glaces sur les tampons et auprès des grilles et des bouches d'égouts. Il est également défendu de pousser dans les égouts les glaces et neiges congelées qui, au lieu de fondre, interceptent l'écoulement des eaux.

ART. 6. — Il est interdit de déposer dans les rues aucunes neiges et glaces provenant des cours ou de l'intérieur des habitations.

ART. 7. — Les propriétaires et chefs d'établissements soit publics, soit particuliers, qui emploient beaucoup d'eau, ne doivent pas laisser couler sur la voie publique les eaux de ces établissements pendant les gelées. La même interdiction est faite aux concessionnaires des eaux de la Ville. Les contrevenants seront tenus de faire briser et enlever les glaces formées par les eaux jusqu'aux bouches d'égouts les plus voisines : faute par eux d'opérer ce bris et cet enlèvement, il y sera procédé d'office à leurs frais, sans préjudice des peines encourues.

ART. 8. — Il est expressément défendu de former des glissades sur les boulevards, les places et autres portions de la voie publique.

ART. 9. — Les concierges, portiers ou gardiens des établissements publics sont personnellement responsables de l'exécution des dispositions ci-dessus en ce qui concerne ces établissements.

ART. 10. — Il n'est pas dérogé aux dispositions de l'ordonnance concernant le balayage et la propreté de la voie publique. Ces dispositions continueront de recevoir leur exécution, notamment celles qui interdisent les dépôts de gravois et décombres.

GLYCÉRINE (Distillation de la). — Établissement insalubre de 3e classe : odeur [1].

Pour les prescriptions administratives, V. ci-dessous *Glycérine (Extraction de la)*.

GLYCÉRINE (Extraction de la) des eaux de savonnerie ou de stéarinerie.

Établissement insalubre de 2e classe : odeur [2].

Les ateliers seront ventilés au moyen de lanternons à lames de persiennes, et le sol en sera imperméable.

Les cuves à concentration seront surmontées de larges hottes [3].

GONDS. — C. civ., art. 1754.

L'entretien des gonds est à la charge du locataire [1] : il doit donc resceller ceux qui sont descellés, consolider ceux dont les vis ne tiennent plus, et remplacer ceux qui sont cassés, à moins que ce ne soit par vétusté.

GOUDRONS (Usines spéciales pour l'élaboration des) d'origines diverses.

Établissements insalubres de 1re classe : odeur, danger d'incendie [2].

Les magasins et ateliers de distillation et de condensation doivent être construits en matériaux incombustibles et charpente en fer, bien ventilés, éclairés par la lumière du jour ou par des lampes placées extérieurement derrière un verre dormant.

Ces magasins et ateliers seront éloignés les uns des autres ; le sol en sera imperméable et disposé en cuvette, pour diriger les liquides dans une citerne étanche.

Les foyers des alambics ou des chaudières seront placés en dehors des ateliers de distillation et disposés de manière à permettre d'étouffer instantanément tout commencement d'incendie.

La cheminée sera élevée de 20 à 30 mètres suivant les localités.

Les eaux ne seront écoulées à l'égout qu'après avoir été neutralisées [3].

GOUDRONS (Traitement des) dans les usines à gaz où ils se produisent.

Établissements insalubres de 2e classe : odeur, danger d'incendie [4].

V. *Décret du 9 février 1861*.

GOUDRONS et matières bitumineuses fluides (Dépôts de).

Établissements insalubres de 2e classe : odeur, danger d'incendie [6].

Les magasins servant de dépôts seront en matériaux incombustibles, bien ventilés par des trémies d'aération et éclairés par la lumière du jour : le sol en sera imperméable et disposé en cuvette, pour conduire les liquides dans une citerne étanche [7].

GOUDRONS et brais végétaux d'origines diverses (Élaboration des).

Établissements insalubres de 1re classe : odeur, danger d'incendie [8].

Mêmes prescriptions administratives que ci-dessus.

GOUTTIÈRE. — Ord. pol. des 13 juill. 1764, 1er sept. 1779 [9], 17 nov. 1802 [10]. Instr. préf. pol. du 18 juin 1824 [11]. Ord. pol. des

---

[1] Décr., 20 juin 1883.
[2] Décr., 20 juin 1883. — [3] Bunel, p. 312.

[1] C. civ., 1754.
[2] Décr., 31 déc. 1886. — [3] Bunel, p. 313.
[4] Décr., 31 déc. 1866. — [5] *Gaz, annexe.*
[6] Décr., 31 déc. 1866. — [7] Bunel, p. 315.
[8] Décr., 31 déc. 1866.
[9] V. *Cheminée.* — [10] Annexe. — [11] V. *Saillie.*

30 nov. 1831[1] et 25 juill. 1862[2]. Décr. du 23 juill. 1884[3].

Pour les bâtiments bordant la voie publique, les eaux pluviales doivent être recueillies dans des gouttières ou chéneaux placés sous l'égout du toit, et conduisant ces eaux jusqu'au pavé de la rue, au moyen d'un tuyau de descente appliqué le long du mur de face avec 0m 16 de saillie au plus[4].

Les gouttières saillantes sont interdites[5].

ANNEXE

Ordonnance de police du 17 novembre 1802.

ARTICLE PREMIER. — Il est défendu d'établir dans Paris aucunes gouttières en saillie sur la voie publique, à peine de confiscation des gouttières, et d'amende contre les propriétaires et leurs entrepreneurs (art. 1er de l'Ord. du 13 juill. 1764; art. 18, titre 1, de la Loi du 22 juill. 1791).

ART. 2. — Les gouttières saillantes déjà établies seront supprimées lorsqu'on fera reconstruire, en tout ou partie, les murs de face ou les toitures des bâtiments, où elles existent, sous les peines portées en l'article précédent (art. 2 de la même Ord.).

ART. 3. — Dans le cas où les propriétaires de maisons voudraient remplacer les gouttières saillantes par des conduites ou des tuyaux de descente adaptés aux murs de face, ils seront tenus de se pourvoir d'une permission du préfet de police (art. 3 de la même Ord.).

ART. 4. — Il sera envers les contrevenants aux dispositions ci-dessus telles mesures administratives qu'il appartiendra, sans préjudice des poursuites devant les tribunaux.

ART. 5. — La présente ordonnance sera imprimée...

GRAISSES à feu nu (Fonte des). — Etablissements insalubres de 1re classe : odeur, danger d'incendie[6].

Les ateliers seront en matériaux incombustibles, ou tout au moins sans bois apparents, et les foyers placés au dehors. Les chaulières seront munies de couvercles et surmontées de hottes dirigeant les gaz et les vapeurs sous les foyers pour les brûler après leur avoir fait traverser un condenseur. La cheminée aura de 20 à 30 mètres d'élévation suivant la localité[7].

GRAISSES pour voitures (Fabrication des). — Etablissements insalubres de 1re classe : odeur, danger d'incendie[8].

Les prescriptions administratives sont les mêmes que celles ci-dessus rapportées pour la fonte des graisses à feu nu.

GRAISSES de cuisine (Traitement des). — Etablissements insalubres de 1re classe : odeur[1].

Pour les prescriptions, V. *Graisses à feu nu (Fonte des)*.

GRAISSES et suifs (Refonte des). — Etablissements insalubres de 3e classe : odeur[2].

Pour les prescriptions administratives, V. *Chandelles*.

GRAVURE chimique sur verre, avec application de vernis aux hydrocarbures.

Etablissement insalubre de 2e classe : odeur, danger d'incendies[3].

Les ateliers seront bien ventilés, éclairés seulement par la lumière du jour, ou par des lampes placées à l'extérieur derrière un verre dormant. Les ouvertures sur la voie publique et sur les voisins seront également à verres dormants[4].

GRILLAGE des minerais sulfureux. — Etablissements insalubres de 1re classe : fumée, émanations nuisibles[5].

Le grillage à l'air libre n'est autorisé qu'exceptionnellement et à une très grande distance des habitations.

Le grillage se fait généralement dans des fonds fermés : les gaz qui s'en dégagent ne doivent être dirigés à la cheminée qu'après avoir été condensés en majeure partie.

La cheminée aura de 30 à 40 mètres[6].

GUANO (Dépôts de)[7] :

1° Quand l'approvisionnement excède 25,000 kilogrammes. — Etablissement insalubre de 1re classe : odeur.

Ces dépôts ne sont autorisés qu'à une grande distance des habitations, dans des magasins couverts, ventilés par des lanternons à lames de persiennes et des ouvertures placées à la partie inférieure[8].

2° Pour la vente au détail. — Etablissement insalubre de 3e classe : odeur.

Les magasins servant de dépôts doivent être complètement clos, bien ventilés par une haute cheminée d'appel, ou par des lanternons à lames de persiennes, et par des ouvertures placées à la partie inférieure. Le sol sera imperméable[9].

S'ils sont établis au droit d'un mur mitoyen, il devra être construit un contre-mur.

---

[1] V. *Chéneaux.* — [2] V. *Bâtim. en constr.* — [3] V. *Hauteur des bâtim.*
[4] Ord. pol., 1er sept. 1779, 18 juin 1824, 30 nov. 1831, 25 juill. 1862. Décr., 23 juill. 1884. — [5] Ord. pol., 17 nov. 1802.
[6] Décr., 31 déc. 1866. — [7] Bunel, p. 316.
[8] Décr., 31 déc. 1866.

[1] Décr., 31 janv. 1872.
[2] Décr., 31 janv. 1872.
[3] Décr., 12 mai 1886. — [4] Bunel, p. 319.
[5] Décr., 31 déc. 1866. — [6] Bunel, p. 319.
[7] Décr., 31 déc. 1866. — [8] Bunel, p. 320. — [9] Ibid.

H

HAIE. — V. *Arbres* (*Loi du* 26 *août* 1881).

HARENGS (Saurage des). — Etablissement insalubre de 3° classe : odeur[1].
Pour les prescriptions administratives, V. *Salaisons* (*Atelier pour les*).

HAUTEUR DES BATIMENTS. — Ord. pol. du 18 août 1667[2]. Déclaration du roi du 10 avril 1783[3]. Lettres patentes du 25 août 1784[4]. Arr. min. du 14 janv. 1797[5]. Ord. roy. du 1er nov. 1844. Décr. des 27 juill. 1859, 1er août 1864 et 18 janv. 1872[6]. Décis. de la commission de voirie du 30 nov. 1871[7]. Instr. du directeur des travaux de Paris des 12 déc. 1873[8] et 20 oct. 1874[9]. Décr. du 23 juill. 1884[10]. Note du directeur des travaux de Paris jointe au précédent décret[11].

De nombreux édits, décrets et ordonnances ont réglementé la hauteur à laquelle on peut élever les maisons à Paris.

Une ordonnance de police du 18 août 1667 interdisait d'élever les constructions à plus de 8 toises (15m 59) depuis le rez-de-chaussée jusqu'à l'entablement.

Une déclaration du roi du 10 avril 1783[12] fixe cette hauteur ainsi qu'il suit :

	Largeur des rues.	Hauteur des constructions.
Pour les maisons en pierre ou en moellons.....	9m 75	19m 50
Pour celles en pans de bois..	⎰9m 75 ⎱7m 80 à 9m 42	15m 59 11m 69

y compris les mansardes, attiques, toits, etc.

Les lettres patentes du 25 août 1784[13] faisant une distinction entre le bâtiment et la toiture modifient, comme suit, ces hauteurs :

Rues de :

9m 74[14] et au-dessus,	hauteur	17m 55
7m 80 à 9m 42	—	14m 62
au-dessous de 7m 80	—	11m 70

jusqu'au pied du comble dont l'élévation ne pouvait avoir plus de 3m 25 pour les bâtiments simples, et 4m 87 pour les bâtiments doubles en profondeur.

Ce sont ces lettres patentes qui ont régi, jusqu'à ces derniers temps, la hauteur des constructions à Paris.

[1] Décr., 31 déc. 1866.
[2] V. *Pan de bois*. — [3] V. *Alignement*. — [4] Annexe. — [5] V. *Rue*. — [6] Ces décrets et ordonnance sont abrogés par le décret du 23 juill. 1884. — [7] Annexe. — [8] Annexe. — [9] Annexe. — [10] Annexe. — [11] Annexe. — [12] V. *Alignement*. — [13] Annexe. — [14] Décis., 30 nov. 1871, annexe.

L'ordonnance du 1er novembre 1844, tout en maintenant ces hauteurs, établit que le profil du comble ne pourra dépasser une ligne droite partant de la saillie de la corniche et formant avec l'horizon un angle de 45°, sans toutefois que le comble puisse avoir plus de 4m 87 de hauteur.

Le décret du 27 juillet 1859 spécifiait seulement que le faîtage du comble ne pourrait excéder une hauteur égale à la moitié de la profondeur du bâtiment, y compris les saillies et corniches : il permettait également, sur les places ou rues de 15 mètres au moins de largeur, de remplacer la ligne à 45° par un quart de cercle, d'un rayon égal à la moitié de la profondeur du bâtiment, saillies comprises.

Le décret du 1er août 1864, en autorisant l'Administration à permettre, sur les voies de 20 mètres et plus de largeur, de construire à 20 mètres de hauteur, n'établissait pas un droit pour les particuliers, mais simplement une tolérance; ce droit a été reconnu par le décret du 18 juin 1872, sous la réserve qu'il serait ménagé dans ces immeubles une cour de 40 mètres de surface, dont le plus petit côté aurait 4 mètres. Ce décret, le premier qui ait fixé une dimension déterminée pour les grandes cours, mais seulement dans des cas spéciaux, a été remplacé par le décret du 23 juillet 1884.

Le décret de 1884 réglemente, non seulement la hauteur des bâtiments en façade sur les voies publiques, mais aussi celles des bâtiments en aile ou en façade sur les cours intérieures.

La hauteur des bâtiments est maintenant déterminée, dans tous les cas, par la largeur de l'espace libre, rue ou cour, qui se trouve au-devant des bâtiments, suivant les proportions ci-dessous :

Rue ou cour de :

Largeur.	Hauteur.
7m 80 et au-dessous	12m 00
7m 80 à 9m 74	15m 00
9m 74 à 20m 00	18m 00
20m 00 et au-dessus	20m 00

Les hauteurs ci-dessus sont mesurées, dans le cas de déclivité du terrain, au point le plus élevé du sol. A l'angle de deux rues de largeurs différentes, la hauteur permise sur la rue la plus large est continuée, sur la rue la moins large, dans toute l'épaisseur que le bâtiment a sur la rue la plus large.

Le comble, avec toutes ses saillies, doit

être compris dans un arc de cercle, dont le rayon est égal à la moitié de la largeur effective de la rue, sans, toutefois, pouvoir être supérieur à 8ᵐ 50 ni inférieur à 5 mètres. Le point de départ de cet arc est placé à l'alignement des murs de face, et le centre à la hauteur légale du bâtiment.

La largeur effective de l'espace libre doit toujours être prise pour base, dans le calcul de la hauteur à donner aux bâtiments, qu'il s'agisse d'une construction neuve dans toute la hauteur, ou simplement d'une surélévation sur un bâtiment déjà existant.

Les grandes cours doivent avoir au moins 30 mètres de superficie, avec une largeur moyenne qui ne peut être inférieure à 5 mètres. Cette superficie est portée à 40 mètres lorsque le bâtiment sur la rue dépasse seul la hauteur de 18 mètres, et à 60 mètres, avec une largeur moyenne minima de 6 mètres, quand le bâtiment sur la rue et les ailes dépassent la hauteur de 18 mètres.

Toute courette doit avoir une superficie d'au moins 4 mètres, avec une largeur minima de 1ᵐ 60 ; ces dimensions sont portées, respectivement, à 9 mètres et 1ᵐ 80 quand les courettes éclairent des cuisines.

Chaque étage doit avoir au moins 2ᵐ 60 d'élévation entre planchers, à l'exception du rez-de-chaussée, dont la hauteur minima est maintenant fixée à 2ᵐ 80.

Les souches de cheminées, ainsi que les murs contre lesquels elles s'appuyent, doivent être, au moins, à 1ᵐ 50 du parement extérieur du mur de face, et ne peuvent s'élever à plus de 0ᵐ 60 au-dessus de la hauteur légale du comble.

La face extérieure des lucarnes, qui devait être à 0ᵐ 30 en arrière du parement extérieur du mur de face, peut être placée à l'aplomb de ce parement[1]. Leur couronnement ne doit pas dépasser de plus de 50 centimètres le périmètre légal, mesurés suivant le rayon dudit périmètre. L'ensemble produit par les largeurs cumulées des faces des lucarnes ne doit pas excéder les deux tiers de la longueur de face du bâtiment.

ANNEXES

Lettres patentes du roi du 25 août 1784.

ARTICLE PREMIER. — Ordonnons qu'à l'avenir la hauteur des façades des maisons et bâtiments, en la ville et faubourgs de Paris, autre que celle des édifices publics, sera et demeurera fixée à raison de la largeur des différentes rues; savoir dans les rues de trente pieds de largeur et au-dessus, à cinquante-quatre pieds; dans les rues depuis vingt-quatre jus-

ques et y compris vingt-neuf pieds de largeur, à quarante-cinq pieds ; et dans toutes celles au-dessous de vingt-trois pieds de largeur, à trente-six pieds ; le tout mesuré du pavé des rues jusques et compris les corniches ou entablements, même les corniches des attiques, ainsi que la hauteur des étages en mansardes, qui tiendraient lieu desdits attiques. Voulons que les façades ci-dessus fixées ne puissent jamais être surmontées que d'un comble, lequel sera de dix pieds d'élévation du dessus des corniches ou entablement jusqu'à son faîte, pour les corps de logis simples en profondeur; de quinze pieds pour les corps de logis doubles : défendons d'y contrevenir sous les peines portées par notre déclaration du 10 avril 1783[1].

ART. 2. — Permettons à tous propriétaires de maisons et bâtiments situés à l'encoignure de deux rues d'inégale largeur, de les reconstruire en suivant, du côté de la rue la plus étroite, la hauteur fixée pour la rue la plus large ; et, ce, dans l'étendue seulement de la profondeur du bâtiment ayant face sur la plus grande rue, soit que ledit bâtiment soit simple ou double en profondeur, passé laquelle étendue, la partie restante de la maison ayant façade sur la rue, la moins large sera assujettie aux hauteurs fixées par l'article précédent.

ART. 3. — Ordonnons, au surplus, que notre déclaration du 10 avril 1783 sera exécutée selon sa forme et teneur, en ce qui n'y est pas dérogé.

Décision de la commission de voirie du 30 novembre 1871.

La commission de voirie, dans sa séance du 26 octobre 1871, a chargé une sous-commission composée de trois de ses membres d'examiner la question de hauteur à permettre pour les bâtiments à construire en bordure des voies de 9ᵐ 74 et de lui rendre compte.

M. de Royou, rapporteur de la sous-commission, donne lecture de son rapport, dans lequel il expose :

Qu'il résulte de l'examen des lettres patentes du 25 août 1784 et des décrets des 15 juillet 1848 et 27 juillet 1859 sur la hauteur des maisons de Paris, ainsi que de la discussion qui a eu lieu au Conseil d'Etat relativement à ce dernier décret, que la largeur de 9ᵐ 74 attribuée à un certain nombre de voies publiques existantes provient de ce que, dans la conversion en décimale de l'ancienne largeur de 30 pieds, opération qui a donné pour chiffre exact, 9ᵐ 745.182.930, on s'est arrêté à la seconde décimale sans la forcer.

Le rapporteur en conclut qu'il y a lieu, dès lors, d'accorder aux voies dont la largeur est cotée 9ᵐ 74 le bénéfice de la hauteur de 17ᵐ 55, comme pour les voies de 9ᵐ 75 et au-dessus, ainsi d'ailleurs que cela a été maintes fois accordé, soit sans discussion, soit après avoir préalablement consulté M. le préfet.

La commission adopte ces conclusions.

------

[1] Décr., 23 juill. 1884.

[1] V. *Alignement.*

Instructions du directeur des travaux de Paris du 12 décembre 1873.

Quelques divergences ayant été signalées dans les appréciations des commissaires voyers sur la hauteur à permettre lorsqu'il s'agit d'exhaussement de maisons retranchables, la commission supérieure de voirie, dans sa séance en date du 21 novembre dernier, a examiné la question et émis l'avis que la hauteur à autoriser, dans ce cas, devait toujours être la hauteur correspondante à la largeur effective de la voie au droit de l'immeuble à exhausser et non la largeur légale de cette voie.

En portant cet avis à la connaissance de MM. les ingénieurs en chef et commissaires voyers, le directeur soussigné invite tous les agents du service de la voirie de Paris à s'y conformer à l'avenir.

———

Instruction du directeur des travaux de Paris du 20 octobre 1874.

Le décret du 18 juin 1872 a fixé à 20 mètres, sous certaines conditions, la hauteur à laquelle on aurait le droit, désormais, d'élever les façades des bâtiments en bordure des voies de 20 mètres de largeur et au-dessus.

Des doutes se sont élevés sur le point à partir duquel ces 20 mètres doivent être mesurés.

Un certain nombre de commissaires voyers, interprétant l'expression, *hauteur maxima*, employée dans le décret, comme une hauteur qui ne devait pas être dépassée, en ont conclu qu'elle devait être mesurée au point le plus bas du sol au pied de la façade du bâtiment; d'autres ont pensé qu'il convenait de mesurer ces 20 mètres au milieu du développement de la façade, comme cela se fait pour les autres hauteurs légales de 17ᵐ 55, 14ᵐ 60 et 11ᵐ 70.

Sans doute, lorsque la hauteur de 20 mètres était une faveur que l'administration avait la faculté d'accorder, en vue d'obtenir des raccordements de lignes horizontales, par îlots de maisons construites en bordure des grandes voies, il y avait intérêt à mesurer cette hauteur à partir du point le plus bas de l'îlot, sans quoi, sur les voies déclives, l'excédent de hauteur résultant, à l'une des extrémités, du mesurage fait au milieu de l'îlot, eût été le plus souvent trop considérable.

Mais aujourd'hui que l'Administration a renoncé au système des raccordements et que la hauteur de 20 mètres est devenue une hauteur légale, il n'y a plus lieu d'adopter, pour la mesurer, un mode différent de celui qui est prescrit par le décret du 27 juillet 1859 pour les autres hauteurs réglementaires.

En conséquence, quelle que soit la hauteur réglementaire à laquelle pourra être élevée une construction, on devra toujours la mesurer au milieu du développement de la façade qui devra profiter de cette hauteur.

———

Décret du 23 juillet 1884.

TITRE PREMIER. — DE LA HAUTEUR DES MAISONS.

PREMIÈRE SECTION. — De la hauteur des bâtiments bordant les voies publiques.

ARTICLE PREMIER. — La hauteur des bâtiments bordant les voies publiques dans la ville de Paris est déterminée par la largeur légale de ces voies publiques pour les bâtiments alignés, et par la largeur effective pour les bâtiments retranchables.

Cette hauteur, mesurée du trottoir ou du revers pavé au pied de la façade du bâtiment, et prise au point le plus élevé du sol, ne peut excéder, y compris les entablements, attiques et toutes les constructions à plomb des murs de face, savoir :

Douze mètres (12 mètres) pour les voies publiques au-dessous de sept mètres quatre-vingts centimètres (7ᵐ 80) de largeur ;

Quinze mètres (15 mètres) pour les voies publiques de sept mètres quatre-vingts centimètres (7ᵐ 80) à neuf mètres soixante-quatorze centimètres (9ᵐ 74) de largeur ;

Dix-huit mètres (18 mètres) pour les voies publiques de neuf mètres soixante-quatorze centimètres (9ᵐ 74) à vingt mètres (20 mètres) de largeur ;

Vingt mètres (20 mètres) pour les voies publiques (places, carrefours, rues, quais, boulevards, etc.), de vingt mètres (20 mètres) de largeur et au-dessus.

Le mode de mesurage indiqué au paragraphe 2 du présent article ne sera applicable, pour les constructions en bordure des voies en pente, que pour les bâtiments dont la longueur n'excède pas 30 mètres ; au delà de cette longueur, les bâtiments seront abaissés suivant la déclivité du sol.

Si le constructeur établit plusieurs maisons distinctes, la hauteur sera mesurée séparément pour chacune de ces maisons, suivant les règles énoncées ci-dessus.

ART. 2. — Les bâtiments dont les façades seront construites partie à l'alignement, partie en arrière de l'alignement, soit par suite du retrait à n'importe quel niveau d'une partie du mur de face, soit à fruit ou de tout autre manière, devront être renfermés dans le même périmètre que les bâtiments construits entièrement à l'alignement.

ART. 3. — Tout bâtiment situé à l'angle des voies publiques d'inégale largeur peut être élevé sur les voies les plus étroites jusqu'à la hauteur fixée pour la plus large, sans que toutefois la longueur de la partie de la façade, ainsi élevée sur les voies les plus étroites, puisse excéder deux fois et demie la largeur légale de ces voies.

Cette disposition ne peut être invoquée que pour les bâtiments construits à l'alignement déterminé par ces voies publiques.

Si ces voies communiquent entre elles sont placées à des niveaux différents, la cote qui servira à déterminer la hauteur de la construction sera la moyenne des cotes prises au point le plus élevé sur chaque voie, à la condition qu'en aucun point la hauteur réelle de la façade ne dépasse pas de plus de 2 mètres la hauteur légale.

Art. 4. — Pour les bâtiments autres que ceux dont il est parlé en l'article précédent et qui occupent tout l'espace compris entre des voies d'inégales largeurs ou de niveaux différents, chacune des façades ne peut dépasser la hauteur fixée en raison de la largeur ou du niveau de la voie publique sur laquelle elle est située.

Toutefois, lorsque la plus grande distance entre les deux façades d'un même bâtiment n'excède pas 15 mètres, la façade bordant la voie publique la moins large ou du niveau le plus bas peut être élevée à la hauteur fixée pour la voie la plus large ou du niveau le plus élevé.

2e SECTION. — De la hauteur des bâtiments ne bordant pas la voie publique.

Art. 5. — Les bâtiments dont toute la façade est établie en retrait des voies publiques pourront être élevés, soit à la hauteur de quinze mètres (15 mètres), soit à celle de dix-huit (18 mètres), soit à celle de vingt mètres (20 mètres), mesurée du pied de la construction, à la condition que le retrait sur l'alignement, ajouté à la largeur de la voie, donnera au moins une largeur de 7m 80 dans le premier cas, de 9m 74 dans le second cas, et de 20 mètres dans le troisième cas.

Les bâtiments situés en retraite de l'alignement dans les voies publiques de 20 mètres ne pourront pas être élevés à une hauteur supérieure à 20 mètres.

Art. 6. — Les hauteurs des bâtiments établis en bordure des voies privées, des passages, impasses, cités et autres espaces intérieurs, seront déterminées d'après la largeur de ces voies ou espaces, conformément aux règles fixées à l'article premier, pour les bâtiments en bordure des voies publiques.

3e SECTION. — Du nombre et de la hauteur des étages.

Art. 7. — Dans les bâtiments, de quelque nature qu'ils soient, il ne pourra, en aucun cas, être toléré plus de sept étages au-dessus du rez-de-chaussée, entresol compris, tant dans la hauteur du mur de face que dans celle du comble, telles que ces hauteurs sont déterminées par les articles 1, 9, 10 et 11.

Art. 8. — Dans les bâtiments, de quelque nature qu'ils soient, la hauteur du rez-de-chaussée ne pourra jamais être inférieure à 2m 80 mesurés sous plafond. La hauteur des sous-sols et des autres étages ne devra pas être inférieure à 2m 60 mesurés sous le plafond. Pour les étages dans les combles, cette hauteur de 2m 60 s'applique à la partie la plus élevée du rampant.

TITRE II. — DES COMBLES AU-DESSUS DES FAÇADES.

Art. 9. — Pour les bâtiments construits en bordure des voies publiques, le profil du comble, tant sur les façades que sur les ailes, ne peut dépasser un arc de cercle dont le rayon sera égal à la moitié de la largeur légale ou effective de la voie publique, ainsi qu'il est dit à l'article premier, sans toutefois que ce rayon puisse être jamais supérieur à huit mètres cinquante centimètres (8m 50). Si la largeur des voies est inférieure à 10 mètres, le constructeur aura cependant droit à un rayon minimum de 5 mètres. Quelles que soient la forme et la hauteur du comble, toutes les saillies qu'il pourrait présenter devront être renfermées dans l'arc de cercle, considéré comme un gabarit dont on ne saurait sortir.

Le point de départ de l'arc de cercle sera placé à l'aplomb de l'alignement des murs de face et le centre à la hauteur légale du bâtiment telle qu'elle est déterminée par l'article premier.

Art. 10. — Les dispositions de l'article 9, sauf en ce qui concerne la détermination du rayon du comble, sont applicables :

1° Aux bâtiments construits en retrait des voies publiques, ainsi qu'il est dit à l'article 5 ;

2° Aux bâtiments situés en bordure des voies privées, des passages, impasses, cités et autres espaces intérieurs.

Dans ces cas, le rayon du comble sera calculé d'après la largeur moyenne de l'espace libre au droit de la façade du bâtiment et égal à la moitié de cette largeur, dans les conditions déterminées par l'article 9.

Toutefois, les cages d'escaliers pratiquées sur les cours pourront sortir du périmètre indiqué ci-dessus, de manière à pouvoir s'élever jusqu'au plafond du dernier étage desservi par lesdits escaliers.

Art. 11. — Pour les constructions situées à l'angle des voies publiques d'inégales largeurs, dont il est parlé à l'article 3, le comble pour le bâtiment en façade sur la voie publique la plus large sera déterminé d'après les bases indiquées à l'article 9, et pourra être retourné avec les mêmes dimensions sur toute la partie du bâtiment en façade sur la voie la plus étroite, dans les limites déterminées par l'article 3.

Art. 12. — Les murs de dossier et les tuyaux de cheminée ne pourront percer la ligne rampante du comble qu'à un mètre cinquante centimètres (1m 50) mesurés horizontalement du parement extérieur du mur de face à sa base, ni s'élever à plus de soixante centimètres (0m 60) au-dessus de la hauteur légale du sommet du comble.

Art. 13. — La face extérieure des lucarnes et œils-de-bœuf peut être placée à l'aplomb du parement extérieur du mur de face donnant sur la voie publique, mais jamais en saillie.

Le couronnement des lucarnes ou œils-de-bœuf établis soit au premier, soit au second rang, ne pourra faire saillie de plus de cinquante centimètres (0m 50) sur le périmètre légal, mesurés suivant le rayon dudit périmètre.

L'ensemble produit par les largeurs cumulées des faces des lucarnes d'un bâtiment ne pourra pas excéder les deux tiers de la longueur de face de ce bâtiment.

Art. 14. — Les constructeurs qui n'élèvent pas leurs bâtiments à toute la hauteur permise jouiront de la faculté d'établir les autres parties de leurs bâtiments suivant leur convenance, sans pouvoir toutefois sortir du périmètre légal, tel qu'il est déterminé, tant pour les façades que pour les combles, par les dispositions des

1re et 2e sections du titre Ier et du titre II.

Art. 15. — Les dispositions du présent titre sont applicables à tous les bâtiments situés ou non en bordure des voies publiques.

TITRE III. — DES COURS ET COURETTES.

Art. 16. — Dans les bâtiments, de quelque nature qu'ils soient, dont la hauteur ne dépasserait pas 18 mètres, les cours sur lesquelles prennent jour et air des pièces pouvant servir à l'habitation n'auront pas moins de 30 mètres de surface, avec une largeur moyenne qui ne pourra être inférieure à 5 mètres.

Art. 17. — Dans les bâtiments élevés sur la voie publique à une hauteur supérieure à 18 mètres, mais dont les ailes ne dépasseraient pas cette hauteur, les cours devront avoir une surface minima de 40 mètres, avec une largeur moyenne qui ne pourra être inférieure à 5 mètres.

Lorsque les ailes de ces bâtiments auront également une hauteur supérieure à 18 mètres, les cours n'auront pas moins de 60 mètres de surface, avec une largeur moyenne qui ne pourra être inférieure à 6 mètres.

Art. 18. — La cour de 40 mètres ne sera pas exigée pour les constructions établies sur des terrains prenant façade sur plusieurs voies et d'une dimension telle qu'il ne puisse y être élevé qu'un corps de bâtiment occupant tout l'espace compris entre ces voies.

Art. 19. — Toute courette qui servira à éclairer et aérer des cuisines devra avoir au moins neuf mètres (9 mètres) de surface, et la largeur moyenne ne pourra être inférieure à un mètre quatre-vingts centimètres (1m 80).

Art. 20. — Toute courette sur laquelle seront exclusivement éclairés et aérés des cabinets d'aisances, vestibules et couloirs, devra avoir au moins quatre mètres (4 mètres) de surface, avec une largeur qui ne pourra en aucun point être moindre de un mètre soixante centimètres (1m 60).

Art. 21. — Au dernier étage des corps de logis, on pourra tolérer que des pièces servant à l'habitation prennent jour et air sur les courettes, à la condition que lesdites courettes aient une surface de 5 mètres au moins.

Art. 22. — Il est interdit d'établir des combles vitrés dans les cours ou courettes au-dessus des parties sur lesquelles sont aérés et éclairés, soit des pièces servant à l'habitation, soit des cuisines, soit des cabinets d'aisances, à moins qu'ils ne soient munis d'un châssis ventilateur à faces verticales, dont le vide aura au moins le tiers de la surface de la cour ou courette et quarante centimètres (0m 40), au minimum, de hauteur, et qu'il ne soit établi à la partie inférieure des orifices prenant l'air dans les sous-sols ou caves et ayant au moins 8 décimètres carrés de surface.

Le châssis ventilateur ne sera pas exigé pour les cours et courettes sur lesquelles ne seront aérés ni éclairés, soit des pièces pouvant servir à l'habitation, soit des cuisines, soit des cabinets d'aisances, mais les courettes dont la partie inférieure ne sera pas en communication avec l'extérieur devront être ventilées.

Art. 23. — Lorsque plusieurs propriétaires auront pris, par acte notarié, l'engagement en-vers la ville de Paris de maintenir à perpétuité leurs cours communes, et que ces cours auront ensemble une fois et demie la surface réglementaire, les propriétaires pourront être autorisés à élever leurs constructions à la hauteur correspondant à ladite surface réglementaire.

En cas de réunion de plusieurs cours, la hauteur des clôtures ne pourra excéder cinq mètres (5 mètres).

Art. 24. — Dans aucun cas, les surfaces des courettes ne pourront être réunies pour former soit une courette, soit une cour d'une dimension réglementaire.

Art. 25. — Toutes les mesures des cours et courettes sont prises dans œuvre.

TITRE IV. — DISPOSITIONS DIVERSES.

Art. 26. — Les dispositions qui précèdent ne sont pas applicables aux édifices publics.

L'Administration pourra, pour les constructions privées ayant un caractère monumental ou pour des besoins d'art, de science ou d'industrie, autoriser des modifications aux dispositions relatives à la hauteur des bâtiments, après avis du conseil général des bâtiments civils et après l'approbation du ministre de l'intérieur.

Art. 27. — Les décrets des 27 juillet 1859 et 18 juin 1872 sont rapportés.

Art. 28. — Le ministre de l'intérieur est chargé de l'exécution du présent décret.

———

Circulaire relative à l'application du nouveau décret du 23 juillet 1884 fixant la hauteur des maisons dans Paris.

En transmettant à M. l'ingénieur en chef de la division cinquante exemplaires du décret du 23 juillet 1884 sur la hauteur des maisons dans Paris, le soussigné appelle son attention sur les dispositions de ce règlement, qui remplace, en les modifiant sensiblement, les décrets des 27 juillet 1859 et 18 juin 1872.

Les dispositions de ce nouveau règlement paraissent suffisamment claires par elles-mêmes pour n'avoir pas besoin d'explications particulières.

Toutefois, on signalera plus spécialement à M. l'ingénieur en chef les prescriptions relatives à la hauteur des façades, des ailes et des combles des bâtiments, ainsi qu'à la dimension des cours sur lesquelles prennent jour et air des pièces pouvant servir à l'habitation.

Aux termes du décret du 23 juillet 1884, la hauteur des façades (comprenant la face et la post-face) est déterminée, dans tous les cas, qu'il s'agisse de constructions élevées en bordure des voies publiques ou privées, ou dans des espaces intérieurs, c'est-à-dire dans des cours ou jardins, par la largeur des voies ou espaces situés au droit des façades principales.

Ainsi, la façade des bâtiments construits dans les cours qui pouvait, aux termes du décret du 27 juillet 1859, s'élever jusqu'à 17m 55, ne peut plus monter qu'à la hauteur correspondant à la largeur de ces cours, soit 12, 15, 18 ou 20 mètres, suivant que les cours auront une largeur de moins de 7^m,80 dans le premier cas, de 7^m 80 à 9^m 74 dans le deuxième cas, de 9^m 74 à 20 mètres dans le troisième cas, de 20 mètres et au-dessus dans le dernier cas.

Dans les bâtiments élevés en bordure des voies publiques ou privées, impasses ou cités, on doit toujours considérer comme façade principale celle qui est située en bordure des autres espaces intérieurs, c'est-à-dire des cours ou jardins ; on peut considérer comme étant façade principale celle qui est située en bordure de l'espace donnant droit à la plus grande hauteur. C'est ainsi qu'un bâtiment élevé entre deux cours, l'une de 20 mètres de largeur, l'autre de 5 mètres de largeur, pourrait monter à 20 mètres de hauteur et non pas à 12 mètres seulement, étant bien entendu que cette seconde cour de 5 mètres de largeur aurait une dimension de 40 mètres, dans le cas où elle servirait à aérer et à éclairer des pièces pouvant servir à l'habitation.

Quant aux ailes des bâtiments, leur hauteur est déterminée tout à la fois par la hauteur de ces bâtiments ou par la dimension des cours sur lesquelles prennent jour et air des pièces pouvant servir à l'habitation.

C'est ainsi que les cours de cette nature devront avoir une surface minima :

1° De 30 mètres avec une largeur moyenne de 5 mètres pour les bâtiments dont la façade et les ailes ne dépasseraient pas 18 mètres ;

2° De 40 mètres avec une largeur moyenne de 5 mètres pour les bâtiments dont la façade serait supérieure à 18 mètres, mais dont les ailes ne dépasseraient pas cette hauteur ;

3° De 60 mètres avec une largeur moyenne de 6 mètres pour les bâtiments dont la façade et les ailes dépasseraient la hauteur de 18 mètres.

Ces mêmes cours de 30 à 40 mètres de surface sont également exigées par la post-face des bâtiments qui renfermeraient des pièces pouvant servir à l'habitation. Ces cours devront avoir une dimension de 30 ou 40 mètres, suivant que la post-face des bâtiments n'atteindra pas 18 mètres ou dépassera cette hauteur.

Enfin, le faîtage du comble n'est plus déterminé par la profondeur du bâtiment : il est proportionné désormais à la largeur de la voie publique ou de l'espace libre au droit de la construction, et le rayon de l'arc de cercle, qui peut remplacer dans tous les cas la ligne inclinée à 45 degrés, est égale à la moitié de la largeur de la voie publique ou de l'espace libre au droit de la construction, sans pouvoir jamais être supérieur à 8^m 50.

M. l'ingénieur en chef est prié d'inviter MM. les commissaires voyers à se conformer strictement, dans l'examen des affaires de construction, aux dispositions du décret du 23 juillet 1884, dont l'application, tout en donnant certains avantages aux constructeurs, permettra d'assurer d'une manière plus efficace la salubrité des habitations.

HENRI-MARTIN (Avenue). — Les propriétés en bordure de l'avenue Henri-Mar-

tin [1] doivent avoir sur cette avenue un jardin d'agrément d'au moins 10 mètres de profondeur, clos par une grille en fer d'un modèle déterminé. On ne peut y exercer aucun commerce ni aucune industrie. Les pignons latéraux, à découvert, doivent participer à la décoration générale de l'édifice [2].

ANNEXE

Extrait de la décision du jury du 14 juillet 1860.

Conclusions pour M. le préfet de la Seine représentant la ville de Paris.

Elles tendent à ce qu'il plaise à M. le magistrat directeur du jury donner acte à M. le préfet de la Seine, ès-noms, de ce qu'il déclare que les propriétaires qui conserveront partie de leur propriété seront soumis pour les portions qu'ils conserveront aux conditions ci-après : 1° aucune construction ne pourra jamais être élevée sur les terrains de l'avenue Henri-Martin, dans une zone de *dix mètres* en arrière de l'alignement, cette zone devra être établie de niveau avec l'avenue et être toujours cultivée en parterres d'agrément qui ne pourront, dans aucun cas et sous aucun prétexte, devenir un lieu de réunion publique ; 2° les terrains devront être clos à perpétuité dans toute l'étendue de leur façade sur l'avenue et en retour sur les voies y aboutissant, aux frais des propriétaires, dans les six mois qui suivront le jour où l'avenue sera livrée à la circulation, par des grilles en fer, sur socle bas, conformes au modèle arrêté par l'administration municipale pour tous les terrains en bordure sur les boulevards de ceinture du bois de Boulogne ; la séparation des propriétés contiguës ne pourra avoir lieu qu'au moyen de grilles semblables dans toute la largeur de la zone de servitude ci-dessus prescrite, desquelles grilles un plan est demeuré ci-annexé ; ces grilles ne pourront être obstruées par aucun volet ni aucune persienne et devront être entretenues toujours en bon état de propreté ; 3° les propriétaires riverains ne pourront élever sur les terrains en bordure, dont il est question, que des maisons d'habitation bourgeoise. En conséquence, aucun genre de commerce ou d'industrie ne pourra y être exercé. Ces propriétaires devront, avant de construire, demander le nivellement à observer par eux et obtenir la permission nécessaire, à la charge de payer les droits de voirie. La façade principale des constructions devra être parallèle à l'avenue Henri-Martin ; les parties latérales des maisons qui ne se relieraient pas entre elles devront recevoir une décoration analogue à la décoration générale de l'édifice, sans obligation d'ouverture sur lesdites parties latérales. Enfin, les maisons contiguës devront être raccordées de manière à ne présenter aucune portion de mur à découvert.

[1] Ancienne avenue du Trocadéro, dans la partie comprise entre la place du Trocadéro et la porte de la Muette.

[2] Extrait, Décis. jury, 14 juill. 1860, annexe.

HONGROIERIES. — Etablissement insalubre de 3e classe : odeur [1].

L'étuve doit être construite en matériaux incombustibles avec porte en fer : l'ouverture des foyers sera placée en dehors.

La chaudière à fondre le suif doit être munie d'un couvercle et surmontée d'une hotte conduisant les vapeurs à la cheminée, élevée de 20 à 25 mètres suivant les localités [2].

HONORAIRES. — V. *Architecte.*

HORLOGE. — Les horloges donnant l'heure peuvent avoir une saillie d'un mètre, mais à la condition d'être placées à plus de 3 mètres au-dessus du trottoir et de n'être accompagnées d'aucune enseigne [3].

HORLOGE PNEUMATIQUE.

ANNEXE

Traité du 10 décembre 1885.

CHAPITRE PREMIER. — AUTORISATION.

ARTICLE PREMIER. — La ville de Paris donne à la Compagnie générale des horloges et forces pneumatiques l'autorisation de conserver et établir sous la voie publique des tuyaux pour la conduite de l'air comprimé, en vue spécialement et exclusivement de la distribution pneumatique de l'heure, et sous les charges, clauses et conditions suivantes :

La présente concession n'implique, à quelque titre que ce soit, aucune espèce de privilège au profit de la Compagnie générale des horloges et forces pneumatiques, et la délivrance de toutes autres concessions analogues ne saurait donner lieu à aucune indemnité au profit de la Compagnie.

ART. 2. — La présente autorisation est donnée pour une période de cinquante années, qui a commencé le 1er juillet 1881 et qui prendra fin le 30 juin 1931.

Cas de retrait de l'autorisation.

ART. 3. — Si, au cours de la présente autorisation, la Compagnie venait à interrompre son service en totalité ou en partie, en ce qui concerne le service public, ou si elle ne se conformait pas aux dispositions des articles 10, 19, 23, 25, 29, 32, 39, 41 et 42 de la présente convention, l'autorisation pourrait lui être retirée par un arrêté du préfet de la Seine, huit jours après une mise en demeure restée sans effet.

Le retrait prononcé, il sera procédé suivant les dispositions des articles 5, 6 et 7 ci-après.

Réserve en cas de force majeure.

ART. 4. — Les dispositions de l'article précédent pourront n'être pas appliquées si la Compagnie justifie d'un cas de force majeure accepté par le préfet de la Seine, sur l'avis du conseil municipal.

Cessation de l'autorisation.

ART. 5. — L'autorisation ayant pris fin par retrait, par expiration ou par quelque cause que ce soit, la ville de Paris entrera de suite en possession de la canalisation, tuyaux, robinets, etc. et généralement de tout le matériel existant sous la voie publique et dans les établissements du service public, matériel qui devra lui être remis en parfait état.

ART. 6. — En ce qui concerne les machines, horloges et matériel d'exploitation des usines et stations centrales, la Ville aura la faculté de les reprendre à dire d'expert, sans toutefois y être tenue.

ART. 7. — La Ville ne pourra être tenue de reprendre aucune partie du matériel appartenant à la Compagnie chez les particuliers ou destiné au service privé.

Premier établissement.

ART. 8. — La Compagnie générale des horloges et forces pneumatiques établira, à ses frais, suivant la nécessité du développement de son exploitation :

1° Les usines destinées à la production de l'air comprimé ;

2° Les stations centrales analogues à celle créée, à titre d'essai, rue Sainte-Anne, 7, et donnant toutes les garanties d'un bon service ;

3° Une canalisation d'air comprimé à haute pression, assurant par diverses voies l'alimentation de chacune des stations centrales ;

4° Les réseaux de tuyauterie souterraine émanant de chaque station centrale, en vue de la distribution pneumatique de l'heure.

Direction des réseaux.

ART. 9. — La direction générale à donner aux réseaux de canalisation émanant de chaque station sera soumise à l'approbation de l'Administration de la ville de Paris.

Déplacements et enlèvements.

ART. 10. — La ville de Paris se réserve le droit de faire déplacer et même enlever, aux frais de la Compagnie et sans aucune indemnité, les conduites d'air comprimé, toutes les fois que l'intérêt public ou celui des services municipaux l'exigera.

La Compagnie sera avertie, au moins deux jours à l'avance, sauf en cas de force majeure, de ces déplacements et enlèvements, et ce n'est qu'en cas d'inexécution que la ville de Paris fera procéder d'office à ces travaux, aux frais de la Compagnie.

CHAPITRE II. — MODE D'ÉTABLISSEMENT.

Emplacement de la tuyauterie.

ART. 11. — Les usines destinées à la production de l'air comprimé devront être installées et maintenues à l'intérieur de Paris pendant toute la durée de la concession.

ART. 12. — Les conduites du service pneumatique devront en principe être placées en

---

[1] Décr., 31 déc. 1866. — [2] Bunel, p. 321.
[3] Décr., 22 juill. 1882, V. *Saillie.*

galerie sous la voie publique et leur établissement en tranchée ne sera admis que très exceptionnellement et à titre provisoire.

La Compagnie devra reporter en égout, aussitôt que l'extension de la canalisation le permettra, les conduites dont l'établissement en tranchée a été ou pourra être admis exceptionnellement.

Double conduite dans les grandes voies.

ART. 13. — Dans les grandes voies comportant deux égouts, la Compagnie sera tenue de poser une conduite dans chacun de ces égouts, les branchements ne devant en aucun cas traverser la chaussée.

Entrée des immeubles par le branchement.

ART. 14. — Dans toute rue pourvue d'un égout, la conduite secondaire desservant un abonné sera menée jusqu'à l'immeuble par le branchement particulier desservant ledit immeuble. Si elle ne peut pénétrer dans la propriété en traversant le mur pignon du branchement, elle sera déviée le long de la façade.

Entrées provisoires en tranchée.

ART. 15. — Si le branchement n'était pas encore construit, la Compagnie pourra, sur décision spéciale, poser temporairement une conduite en tranchée entre l'égout public et l'immeuble à desservir, suivant un tracé et des conditions à déterminer par l'Administration.

Entrée des stations centrales.

ART. 16. — Si la ville de Paris juge que le faisceau des conduites émanant d'une station centrale de la Compagnie ne peut trouver place dans l'égout, la Compagnie pourra établir à ses frais une galerie spéciale, dont le type, les dispositions et l'emplacement seront arrêtés par l'Administration municipale.

Mode, époque et durée du travail des tranchées et stations centrales.

ART. 17. — Le mode, l'époque et la durée des travaux à faire sur la voie publique seront fixés par l'Administration.

Prix de réfection de la voie publique.

ART. 18. — Les prix de réfection des chaussées et des trottoirs à payer à la Ville après exécution des travaux sont fixés à forfait, ainsi qu'il suit :

	Fr.
Par mètre superficiel de :	
chaussée pavée...............	5.00
— empierrée..........	3.00
— asphaltée	10.00
— en bois............	23.00
trottoir dallé ou bitumé.......	8.00
— en granit..........	5.00
Par morceau de bordure droite ou circulaire...........	1.00

Observation des règlements sur la police des voies souterraines.

ART. 19. — Les agents et entrepreneurs de la Compagnie appelés à circuler dans les égouts, soit pour les travaux, soit pour la surveillance et l'entretien, seront accrédités nominativement par elle auprès de M. le préfet de la Seine et devront se conformer strictement aux règlements édictés ou à édicter par l'Administration sur la police des voies souterraines.

La Compagnie sera responsable envers la Ville de ses agents et entrepreneurs.

Approbation des projets.

ART. 20. — Les conduites ne pourront être établies qu'en vertu d'un arrêté du préfet de la Seine, après examen des tracés et désignation de la direction et des emplacements par les ingénieurs du service municipal.

La Compagnie fournira à cet effet, à l'appui de chacune de ses demandes, les pièces suivantes en quadruple expédition :

1° Un plan du tracé, extrait du plan statistique des égouts à l'échelle de 1/5000;

2° Des coupes détaillées des égouts empruntés par le tracé et de toutes les installations qu'ils renferment : conduites d'eau, câbles télégraphiques et autres, tubes pneumatiques, etc., avec leurs emplacements exacts.

Approbation du réseau exécuté en vertu d'autorisations temporaires.

ART. 21. — Un arrêté spécial régularisera la situation du réseau exécuté en vertu d'autorisations temporaires, à la charge par la Compagnie d'y faire apporter les modifications qui seraient exigées par l'Administration municipale.

CHAPITRE III. — DROIT DE LOCATION ET DE CONTROLE.

Droits de location.

ART. 22. — Le droit annuel de location des parties du sous-sol de la voie publique, occupées par les conduites de la Compagnie, est fixé de la manière suivante :

	Fr.
Par kilomètre de conduite horizontale.	20.00
Par branchement du service privé jusqu'au jour où ces branchements atteindront le chiffre de :	
10,000 mètres....................	0.50
Quand ils dépasseront le chiffre de 10,000 mètres....................	0.55
— 11,000 —	0.60
— 12,000 —	0.65
— 13,000 —	0.70
— 14,000 —	0.75
— 15,000 —	0.80
— 16,000 —	0.85
— 17,000 —	0.90
— 18,000 —	0.95
— 19,000 —	1.00

Payement par trimestre.

ART. 23. — Ce droit est payé par trimestre et par avance, d'après les états qui seront dressés contradictoirement à cet effet dans la première quinzaine des mois de janvier, avril, juillet et octobre.

Il ne sera fait toutefois aucun rappel pour les conduites et branchements établis et mis en service dans le cours du trimestre précédent.

La Compagnie acquittera, chaque trimestre, la redevance ci-dessus déterminée dans le délai de huit jours à dater de l'avis qui lui sera notifié à cet effet par l'Administration municipale.

Contrôle. — Agents accrédités.

ART. 24. — La Compagnie devra fournir aux fonctionnaires et agents de la Ville, accrédités à cet effet auprès d'elle par le préfet de la Seine, toutes les indications nécessaires à la constatation régulière et constante des travaux et abonnements, et elle devra mettre à leur disposition tous les livres et pièces justificatives y relatives.

Frais de contrôle.

ART. 25. — Les frais de contrôle à exercer par la Ville sont à la charge de la Compagnie.

Ils sont réglés à forfait à la somme annuelle de 6,000 francs que la Compagnie versera à la Caisse municipale par avance, dans la première quinzaine de janvier de chaque année. La Compagnie n'aura droit en aucun cas au remboursement d'une partie quelconque de ce versement qui, en toute occurence, restera acquis en entier à la ville de Paris.

Conditions de desserte des cadrans publics.

ART. 26. — La ville de Paris aura le droit, sans prendre d'ailleurs aucun engagement à cet égard, de faire installer, desservir, entretenir et renouveler au besoin par la Compagnie les cadrans du service public et les sonneries reconnues utiles par l'Administration, aux conditions et prix prévus ci-après, pourvu, toutefois, que la canalisation soit arrivée sous la voie publique au droit de l'établissement ou de l'édicule à desservir.

La Compagnie devra, en faisant cette installation, étiqueter et numéroter les mouvements d'horlogerie existants lors de cette transformation, de manière à permettre leur rétablissement et leur mise en marche, si elle devenait nécessaire. Les appareils seront remis à l'Administration de la ville de Paris.

Conduites maîtresses supplémentaires.

ART. 27. — La Compagnie sera tenue d'ailleurs d'exécuter les conduites maîtresses dont la Ville lui demanderait l'établissement, en vue de lui faire desservir un ou plusieurs cadrans du service public. Dans ce cas, la Ville contribuera à la dépense réelle d'établissement de ces conduites dans une proportion à déterminer d'un commun accord entre les parties.

Définition du service public.

ART. 28. — Sont classés dans le service public :

Les horloges des bureaux des voitures de place et des kiosques, les candélabres-horloges que la Ville voudrait établir et dont l'espacement ne serait pas inférieur à 300 mètres, les horloges et les pendules de l'Hôtel de Ville, de la Préfecture de police, des mairies, des commissariats et des postes de police, des corps de garde, des casernes municipales, des théâtres municipaux, des établissements scolaires, des marchés, halles, abattoirs, parcs et squares, des établissements consacrés aux cultes, des établissements de l'Assistance publique et, gé-

néralement, toutes les horloges et pendules existant ou dont l'utilité serait reconnue dans les propriétés de la Ville et établissements municipaux compris dans l'enceinte de Paris et qui seront désignés comme tels à la Compagnie par le préfet de la Seine.

La Compagnie ne pourra refuser de desservir, aux prix et conditions du service public, les divers établissements ci-dessus énumérés, même lorsque les frais seront supportés en tout ou en partie par des particuliers.

Seulement, les dépenses seront réglées et payées à la Compagnie par la Ville, sauf à l'Administration municipale à en recouvrer le montant sur qui de droit.

Il est bien entendu que le service public ne comprend pas le service horaire des logements et boutiques loués à des particuliers dans les propriétés de la Ville.

Le service public peut comprendre, en outre, les établissements départementaux et les établissements militaires situés dans Paris, qui seront désignés comme tels à la Compagnie par le préfet de la Seine.

Travaux à la charge de la Compagnie.

ART. 29. — La Compagnie sera tenue d'établir, à ses frais, les branchements, robinets, canalisations intérieures, soufflets en pistons moteurs nécessaires à la marche des cadrans et sonneries du service public, qui lui seront désignés conformément aux dispositions de l'article précédent.

Les fournitures d'horlogerie proprement dites, les compteurs, aiguilles, cadrans et sonneries, les transformations de mouvements seront aussi à la charge de la Compagnie, mais en ce qui concerne seulement les horloges et pendules des types courants de cadrans de 30 centimètres de diamètre maximum, et de cadrans ordinaires de bureaux de voitures ou de kiosques.

Elle devra également installer à ses frais les cadrans, cadres, aiguilles et compteurs qui lui seraient fournis par l'Administration.

Les dispositions de cet article ne sont pas applicables aux grosses sonneries pour cadrans de 71 centimètres, ou plus, de diamètre.

Travaux à la charge de la Ville.

ART. 30. — Les consoles et candélabres supportant des horloges sur la voie publique seront fournis et mis en place par l'Administration.

Les cadres, cadrans et aiguilles des horloges et pendules ayant un caractère décoratif seront à la charge de la Ville.

Éclairage des cadrans par la Ville.

ART. 31. — L'éclairage des horloges transparentes sera organisé et assuré par la Ville de Paris, sans que la Compagnie ait à intervenir en quoi que ce soit.

Uniformité de l'heure.

ART. 32. — La Compagnie donnera uniformément, sur tous les cadrans du service public desservis par elle, l'heure du temps moyen au méridien de Paris, telle qu'elle est indiquée constamment par l'Observatoire national.

L'écart entre la minute du temps moyen et le moment où l'aiguille vient marquer cette minute devra toujours être inférieur à une demi-minute.

Desserte et entretien de cadrans publics.
Prix annuels.

ART. 33. — La Compagnie entretiendra en bon état et renouvellera, s'il y a lieu, tout le matériel installé par ses soins, et desservira dans les conditions de l'article 32 les cadrans du service public qui lui seront confiés, moyennant les prix d'abonnement annuel ci-dessous déterminés à forfait.

	Fr.
1° Grands cadrans de 71 centimètres à trois mètres de diamètre dits de clochers, par cadran et par année.....	57.50
2° Moyens cadrans de 31 à 70 centimètres de diamètre, installés sur consoles ou candélabres et horloges des bureaux de voitures de place comprenant deux cadrans (l'un intérieur, l'autre extérieur), par cadran ou par horloge de bureau de voitures de place et par année..................	14.50
3° Petits cadrans de 30 centimètres au plus de diamètre utile (œils de bœuf, pendules de bureaux, etc.), par cadran et par année.....................	5.50

Déplacement et suppression de cadrans.

ART. 34. — La Compagnie n'aura droit, en dehors des prix d'abonnement ci-dessus déterminés, au payement de travaux d'entretien que pour les déplacements ou suppressions de cadrans qui lui seraient demandés par la ville de Paris.

La suppression d'un ou de plusieurs cadrans entraîne la cessation du payement des abonnements correspondants, mais elle ne saurait donner droit à aucune indemnité en faveur de la Compagnie.

Règlements des travaux.

ART. 34 *bis*. — Tous les travaux exécutés ou fournitures faites au compte de la Ville, en vertu des articles qui précèdent, seront réglés trimestriellement et soldés à la Compagnie dans la forme usitée pour les entreprises du service municipal.

Contrôle et surveillance des cadrans par la Compagnie.

ART. 35. — La Compagnie organisera à ses frais, pour chaque station centrale qui desservirait un ou plusieurs cadrans publics, un service de contrôle et de surveillance journalier des cadrans ainsi que la permanence nécessaire à la réparation rapide de tout accident.

Retenues.

ART. 36. — Les indemnités d'abonnement prévues pour une année à l'article 33 seront réduites proportionnellement à la durée totale des suspensions de service régulièrement constatées, et sans préjudice des retenues suivantes applicables à tout cadran du service public :

	Fr.
Pour tout désaccord de 1 à 2 minutes.	0.25
Pour tout désaccord de 1 minute au moins, persistant plus de 12 heures.....	1.00
Pour arrêt complet et par jour.......	1.25

Ces retenues seront prononcées par le préfet de la Seine, d'après les procès-verbaux des agents de la Ville et pour chaque contravention constatée.

La Compagnie pourra toutefois être déchargée de ces retenues, si elle justifie d'un cas de force majeure accepté par l'Administration.

Suspension du service public. — Mesures provisoires.
Fin du service public.

ART. 37. — En cas de suspension du service public, la ville de Paris aura le droit de prendre immédiatement, aux frais de la Compagnie, les mesures que l'Administration jugera nécessaires pour en assurer provisoirement le rétablissement, en ce qui concerne ledit service seulement. Dans le cas où le service ne serait pas régulièrement fait et où l'Administration ne croirait pas devoir en assurer le rétablissement, ainsi qu'il vient d'être dit, et dans le cas où, à l'expiration du présent traité, elle ne continuerait pas le service pour quelque cause que ce soit, la Compagnie devra, si l'Administration l'exige, remettre en place et en bon état de service tous les mouvements d'horlogerie qui auront été déplacés par ses soins, et ce, à ses frais.

CHAPITRE IV.

Service privé. — Indépendance du service privé.

ART. 38. — La distribution de l'heure au service privé constituant l'opération commerciale de la Compagnie, opération à laquelle la ville de Paris ne prend aucune part, la Compagnie reste entièrement maîtresse de ses tarifs et conditions d'abonnement et de la gestion du service privé, en se conformant aux lois et règlements, ainsi qu'aux conditions de la présente convention.

Conservation de la tuyauterie sous la voie publique.

ART. 39. — Toutefois la Compagnie devra toujours conserver la propriété et l'entretien de toute canalisation souterraine établie sous la voie publique.

CHAPITRE V.

Conditions diverses. — Avaries par suite des travaux de la Ville.

ART. 40. — Les avaries causées aux conduites par les ouvriers des entrepreneurs de la Ville seront réparées aux frais de ces derniers, mais sans garantie de la part de la Ville.

La constatation de ces dégradations sera faite par les agents du service municipal.

Interdiction de céder.

ART. 41. — Il est interdit à la Compagnie de céder tout ou partie des droits et obligations résultant des présentes, ni des moyens de réaliser ces obligations et notamment du brevet de l'exploitation à Paris du système des horloges pneumatiques, sans l'autorisation expresse et par écrit du préfet de la Seine, après avis du conseil municipal de Paris.

Cautionnement.

ART. 42. — Comme garantie des obligations que lui impose la présente convention, la Compagnie constituera à la Caisse municipale un cautionnement de 20,000 francs, en rentes sur l'Etat ou en obligations de la ville de Paris, au cours moyen de la veille du dépôt; elle touchera les arrérages des valeurs par elle déposées.

En cas de non versement des sommes dues par la Compagnie, en vertu des dispositions des articles 10, 18, 23, 25, 36, 37 et 44 du présent traité, ledit cautionnement sera acquis de plein droit à la ville de Paris, jusqu'à due concurrence, huit jours après une mise en demeure restée sans effet, et la Société devra parfaire la différence et compléter son cautionnement sans aucun délai.

Compétence.

ART. 43. — Toute contestation relative à l'interprétation ou à l'exécution des clauses et conditions de la présente convention sera jugée administrativement.

Frais d'actes.

ART. 44. — Les frais de timbre, d'enregistrement et d'impression des présentes sont à la charge de la Compagnie.

HOUILLE (Agglomérés de). — V. *Agglomérés*.

HUILES épaisses ou dégras.
V. *Dégras*.

HUILERIES ou moulins à huile.
Etablissements insalubres de 3e classe : odeur, danger d'incendie[1].

Les ateliers seront bien ventilés, le sol en sera imperméable; les baies sur la voie publique et les propriétés voisines seront à châssis dormant; les foyers auront leur ouverture placée en dehors des ateliers.

Les tourteaux seront déposés dans un local construit en matériaux incombustibles, avec porte en fer.

La cheminée sera élevée à la hauteur des cheminées voisines dans un rayon de 100 mètres[2].

HUILES DE BERGUES (Fabrique d'). — V. *Dégras*.

HUILES (Epuration des).
Etablissement insalubre de 3e classe : odeur, danger d'incendie[3].

Les ateliers doivent être sans bois apparents; le sol en sera imperméable; les ouvertures des foyers seront placées en dehors des ateliers.

Les baies sur la voie publique et sur les propriétés voisines seront à châssis dormant.

Le magasin des tourteaux et résidus sera construit en matériaux incombustibles avec porte en fer, et éloigné des ateliers.

La cheminée sera élevée à la hauteur des cheminées voisines dans un rayon de 100 mètres[1].

HUILES essentielles ou essences de térébenthine, d'aspic et autres. — V. *Huiles de pétrole*.

HUILES et autres corps gras extraits des débris des matières animales (Extraction des).

Etablissement insalubre de 1re classe : odeur, danger d'incendie[2].

Les ateliers et magasins doivent être ventilés énergiquement, construits en matériaux incombustibles avec sol imperméable; les ouvertures des foyers seront placées au dehors. Les ateliers seront éloignés des magasins de dépôt.

Les chaudières et les cuves seront munies de couvercles et surmontées de hottes pour attirer les gaz et les vapeurs qui seront dirigés dans un condenseur, sous la grille des foyers, puis à la cheminée qui aura 30 mètres d'élévation[3].

HUILES extraites des schistes bitumineux. — V. *Huiles de pétrole*.

HUILES lourdes créosotées (Injection des bois à l'aide des).

Ateliers opérant en grand et d'une manière permanente :

Etablissements insalubres de 2e classe : odeur, danger d'incendie[4].

Les ateliers seront éloignés les uns des autres, construits en matériaux incombustibles, ventilés par de hautes cheminées d'aération, et éclairés seulement par la lumière du jour, ou par des lampes placées au dehors et séparées de l'intérieur par un verre dormant.

Les foyers des générateurs doivent être placés à une grande distance des ateliers et des dépôts de matières combustibles[5].

HUILES (Mélange à chaud ou cuisson des)[6].
1° En vases ouverts :
Etablissement insalubre de 1re classe : odeur, danger d'incendie.
2° En vase clos :

---

[1] Bunel, p. 330.
[2] Décr., 31 déc. 1866. — [3] Bunel, p. 331.
[4] Décr., 31 janv. 1872. — [5] Bunel, p. 323.
[6] Décr., 31 déc. 1866.

---

[1] Décr., 31 déc. 1866. — [2] Bunel, p. 329.
[3] Décr., 31 déc. 1866.

Etablissement insalubre de 2⁰ classe : odeur, danger d'incendie.

Pour les prescriptions administratives, V. *Encre d'imprimerie, Vernis gras, Bâches imperméables* [1].

HUILES oxydées par exposition à l'air (Fabrication et emploi d')[2].

1° Avec cuisson préalable :
Etablissement insalubre de 1ʳᵉ classe : odeur, danger d'incendie.

2° Sans cuisson :
Etablissement insalubre de 2⁰ classe : odeur, danger d'incendie.

Pour les prescriptions administratives, V. *Encre d'imprimerie, Vernis gras, Bâches imperméables* [3].

HUILES de pétrole, de schiste et de goudron, essences et autres hydrocarbures employés pour l'éclairage et le chauffage, la fabrication des couleurs et vernis, le dégraissage des étoffes et autres usages (Fabrication, distillation, travail en grand et dépôts d').

Ces établissements sont soumis à un régime spécial et réglementés par les décrets des 19 mai 1873, 12 juillet 1884, 21 mars 1885, 8 mars 1887 [4].

Il est interdit d'y faire travailler des enfants, à cause des dangers d'incendie que présente ce genre d'établissements [5].

ANNEXES

Décret du 19 mai 1873.

ARTICLE PREMIER. — Le pétrole et ses dérivés, les huiles de schiste et de goudron, les essences et autres hydrocarbures liquides pour l'éclairage et le chauffage, la fabrication des couleurs et vernis, le dégraissage des étoffes, ou tout autre emploi, sont distingués en deux catégories, suivant leur degré d'inflammabilité.

La première catégorie comprend les substances très inflammables, c'est-à-dire celles qui émettent, à une température inférieure à 35 degrés du thermomètre centigrade, des vapeurs susceptibles de prendre feu au contact d'une allumette enflammée.

La seconde catégorie comprend les substances moins inflammables, c'est-à-dire celles qui n'émettent de vapeurs susceptibles de prendre feu au contact d'une allumette enflammée qu'à une température égale ou supérieure à 35 degrés.

Un arrêté du ministre de l'agriculture et du commerce déterminera, sur l'avis du comité consultatif des arts et manufactures, le mode d'expérience par lequel sera constaté le degré d'inflammabilité des liquides à classer dans chaque catégorie.

ART. 2. — Les usines pour le traitement de ces substances, les entrepôts et magasins de vente en gros et les dépôts pour la vente au détail ne peuvent être établis et exploités que sous les conditions prescrites par le présent décret.

ART. 3. — Les usines pour la fabrication, la distillation et le travail en grand des substances désignées à l'article 1ᵉʳ demeurent rangées dans la première classe des établissements dangereux, insalubres ou incommodes, régis par le décret du 15 octobre 1810 et par l'ordonnance du 14 janvier 1815.

ART. 4. — Les entrepôts ou magasins des substances désignées à l'article 1ᵉʳ, dans lesquels ces substances ne doivent subir aucune autre manipulation qu'un simple lavage à l'eau froide et des transvasements, sont rangés dans la première, deuxième ou troisième classe des établissements dangereux, insalubres ou incommodes, suivant les quantités de liquides qu'ils sont destinés à contenir, savoir :

Dans la première classe, s'ils doivent contenir plus de 3,000 litres de liquide de la première catégorie ;

Dans la deuxième classe, s'ils doivent en contenir de 1,500 à 3,000 litres ;

Dans la troisième classe, s'ils doivent contenir plus de 300, mais pas plus de 1,500 litres.

Lorsque les entrepôts ou magasins doivent contenir des substances de la première et de la deuxième catégorie, 5 litres de celle-ci sont comptés pour un litre de la première.

Lorsque les entrepôts ou magasins contiennent, en outre, des approvisionnements de matières combustibles, et notamment des liquides inflammables, tels que l'alcool, l'éther, le sulfure de carbone, etc., non régis par le présent décret, ces substances seront comptées dans l'approvisionnement total des substances dangereuses et assimilées à celles de la première catégorie, suivant qu'elles émettent ou non, à la température de 35 degrés centigrades, des vapeurs susceptibles de prendre feu au contact d'une allumette enflammée.

ART. 5. — Les entrepôts ou magasins de la première et de la deuxième classe, qui renferment des substances de la première catégorie, soit exclusivement, soit jointes à des substances de la seconde catégorie, sont assujettis aux règles suivantes :

1° Le magasin sera établi dans une enceinte close par des murs en maçonnerie de 2ᵐ 50 de hauteur au moins, ayant sur la voie publique une seule entrée, qui doit être garnie d'une porte pleine, solidement ferrée et fermant à clef.

Cette porte d'entrée sera fermée depuis la chute du jour jusqu'au matin. La clef en sera déposée, durant cet intervalle, entre les mains de l'exploitant du magasin ou d'un gardien délégué par lui. Durant le jour, l'entrée et la sortie des ouvriers et charretiers seront surveillées par un préposé.

2° L'enceinte ne devra renfermer d'autre logement habité pendant la nuit que celui qui pourra être établi pour un porte-gardien et sa famille.

Cette habitation elle-même aura son entrée particulière et sera séparée du reste de l'en-

---

[1] Bunel, p. 333.
[2] Décr., 12 mai 1886. — [3] Bunel, p. 333.
[4] Annexes. — [5] Décr., 14 mai 1875.

ceinte par un mur de 1ᵐ20 de hauteur au moins, sans aucune ouverture.

3° La plus petite distance de l'enceinte aux maisons d'habitation ou bâtiments quelconques appartenant à des tiers ne pourra être de moins de 50 mètres pour les magasins de la première classe, et de 4 mètres pour ceux de la deuxième.

4° Les appareils fixes ou les réservoirs contenant les liquides auront leurs parois à une distance de 50 centimètres au moins de la face intérieure du mur d'enceinte, et seront disposés de manière à pouvoir être toujours facilement inspectés et surveillés.

5° Le sol du magasin sera dallé, carrelé ou bétonné, avec pentes et rigoles disposées de manière à amener les liquides, qui seraient répandus accidentellement, dans une ou plusieurs citernes étanches, ayant ensemble une capacité suffisante pour contenir la totalité des liquides emmagasinés, et maintenues toujours en état de service.

Si le sol du magasin est en contre-bas du sol environnant, ou s'il est protégé par un terrassement ou massif continu sans aucune ouverture, la cuvette ainsi formée tiendra lieu, jusqu'à concurrence de sa capacité, des citernes prescrites au paragraphe précédent.

6° Le magasin pourra être à couvert ou en plein air. S'il est enfermé dans un bâtiment ou hangar, ce bâtiment ou hangar sera construit en matériaux incombustibles, non surmonté d'étages, bien éclairé par la lumière du jour, et largement ventilé, avec des ouvertures ménagées dans la toiture.

7° Les liquides emmagasinés seront contenus soit dans des récipients en métal munis de couvercles mobiles, soit dans des fûts en bois cerclés de fer.

Le transvasement des liquides de la première catégorie, d'un récipient dans un autre situé à un niveau plus élevé, se fera toujours au moyen d'une pompe fixe et étanche.

Les fûts vides ainsi que les débris d'emballages seront placés hors du magasin.

8° Toutes les réceptions, manipulations et expéditions de liquides seront faites à la clarté du jour. Durant la nuit, l'entrée du magasin est absolument interdite.

Il est également interdit d'y allumer ou d'y apporter du feu, des lumières ou des allumettes, et d'y fumer. Cette interdiction sera écrite en caractères très apparents sur le parement extérieur du mur, du côté de la porte d'entrée.

9° Une quantité de sable ou de terre, proportionnée à l'importance des approvisionnements, sera conservée à proximité du magasin pour servir à éteindre un commencement d'incendie, s'il venait à se déclarer.

Les préfets peuvent imposer, en outre, les conditions qui seraient exigées dans des cas spéciaux, par l'intérêt de la sécurité publique. Dans ce cas les arrêtés d'autorisation doivent être soumis à l'approbation du ministre de l'agriculture et du commerce, qui statue sur l'avis du Comité consultatif des arts et manufactures.

ART. 6. — Les préfets peuvent autoriser des entrepôts ou magasins établis et exploités dans des conditions différentes de celles déterminées par l'article 5, lorsque ces conditions présentent des garanties non moins équivalentes pour la sécurité publique. Dans ce cas, les arrêtés d'autorisation, avant d'être délivrés aux demandeurs, doivent être soumis à l'approbation du ministre de l'agriculture et du commerce, qui statuera sur l'avis du Comité consultatif des arts et manufactures.

ART. 7. — Les conditions d'établissement des entrepôts ou magasins rangés dans la troisième classe sont réglées par les arrêtés d'autorisation.

Il en est de même des entrepôts ou magasins dans lesquels les liquides inflammables ne subissent ni transvasement ni manipulation d'aucune sorte, ou qui ne contiennent que des substances de la deuxième catégorie.

Les exploitants de ces entrepôts ou magasins devront, en outre, se conformer aux prescriptions indiquées dans les nᵒˢ 7, 8 et 9 de l'article 5 du présent décret.

ART. 8. — Les entrepôts ou magasins dont l'approvisionnement total ne dépasse pas 300 litres de liquides de la première catégorie, ou une quantité équivalente de liquides de l'une et de l'autre catégorie, peuvent être établis sans autorisation préalable.

Toutefois le propriétaire est tenu d'adresser au maire de la commune où est situé son établissement et au sous-préfet de l'arrondissement une déclaration contenant la désignation précise du local affecté au magasin. Ce magasin sera isolé de toute maison d'habitation ou de tout bâtiment voisin contenant des matières combustibles, parfaitement ventilé et constamment fermé à clef. Le sol sera creusé en forme de cuvette et entouré d'un bourrelet en terre ou en maçonnerie, pouvant retenir les liquides en cas de fuite.

Après cette déclaration, l'entrepositaire peut exploiter son magasin, à la charge d'observer les prescriptions indiquées dans les nᵒˢ 7, 8 et 9 de l'article 5 du présent décret.

ART. 9[1]. — Tout débitant de substances désignées à l'article 1ᵉʳ est tenu d'adresser au maire de la commune où est situé son établissement et au sous-préfet de l'arrondissement une déclaration contenant la désignation précise du local, des procédés de conservation et de livraison, des quantités de liquides inflammables auxquelles il entend limiter son approvisionnement, et de l'emplacement qui sera exclusivement affecté dans sa boutique aux récipients de ces liquides.

Après cette déclaration, le débitant peut exploiter son commerce à la charge par lui de se conformer aux prescriptions contenues dans les articles suivants.

ART. 10. — Les liquides de la première catégorie sont transportés et conservés chez le détaillant, sans aucun transvasement lors de la réception, dans des récipients en forte tôle de métal, étanches et munis de deux ouvertures au plus, fermées par des robinets ou bouchons hermétiques.

Ces récipients ont une capacité de 60 litres au plus; ils portent solidement fixée, et en ca-

---

[1] Les art. 9, 10 11, 12 et 13 sont modifiés par le décret du 21 mars 1885.

ractères très lisibles, l'inscription sur fond rouge : *Essence inflammable.*

Ils ne peuvent, en aucun cas, être déposés dans une cave; ils sont solidement établis et occupent un emplacement spécial, séparé de celui des autres marchandises, dans la boutique.

Un vase avec goulot, en forme d'entonnoir, est placé sous le robinet pour recevoir le liquide qui viendrait à s'en échapper.

Une quantité de sable ou de terre, proportionnée à l'importance du dépôt, sera conservée dans le local pour servir à éteindre un commencement d'incendie, s'il venait à se déclarer.

Les liquides de la première catégorie ne peuvent être livrés aux consommateurs que dans des burettes ou bidons en métal étanches, munis d'un ou deux orifices, avec robinets ou bouchons hermétiques, et portant l'inscription très lisible : *Essence inflammable.* Le remplissage des bidons doit se faire directement sous le récipient, sans interposition d'entonnoir ou d'ajutage mobile, de façon qu'aucune goutte de liquide ne soit répandue au dehors.

Les liquides de la première catégorie ne peuvent être transvasés pour le débit qu'à la clarté du jour. La livraison au consommateur est interdite à la lumière artificielle, à moins que le détaillant ne conserve et ne débite les liquides dans les bidons ou burettes en métal, de manière à éviter tout transvasement au moment de la vente. Ces bidons, d'une capacité de 5 litres au plus, seront rangés dans des boîtes ou casiers à rebords, garnis intérieurement de feuilles de métal formant cuvette étanche.

ART. 11. — Les liquides de la seconde catégorie sont conservés chez le détaillant dans des récipients en métal étanches, soigneusement clos et solidement établis.

Ces récipients ont une capacité de 350 litres au plus; ils portent l'inscription sur fond blanc : *Huile minérale.*

ART. 12. — L'approvisionnement du débit ne devra jamais excéder 300 litres de liquides de la première catégorie ou une quantité équivalente de l'une et de l'autre catégorie.

Cinq litres de substances de la seconde catégorie sont considérés comme équivalents à un litre de substances de la première catégorie.

Les liquides inflammables non régis par le présent décret, qui se trouvent dans le local du débit, sont comptés dans l'approvisionnement total des substances dangereuses et assimilés à celles de la première catégorie, s'ils émettent, à la température de 35 degrés, des vapeurs susceptibles de prendre feu au contact d'une allumette enflammée.

ART. 13. — Dans le cas où le détaillant disposerait d'une cour ou de tout autre emplacement découvert, il pourra conserver les liquides dans les récipients, fûts en bois ou autres, ayant servi au transport.

Ces récipients seront placés dans un magasin isolé de toute maison d'habitation ou de tout bâtiment contenant des matières combustibles, parfaitement ventilé et constamment fermé à clef. Le sol sera creusé en forme de cuvette et entouré d'un bourrelet en terre ou en maçonnerie, pouvant retenir les liquides en cas de fuite.

Le détaillant sera d'ailleurs soumis aux prescriptions indiquées dans les trois derniers paragraphes de l'article 10, dans le dernier paragraphe de l'article 11 et dans l'article 12 du présent décret.

ART. 14 [1]. — Les dispositions précédentes, relatives aux dépôts pour la vente au détail, ne peuvent être suppléées par des dispositions équivalentes qu'en vertu d'une autorisation spéciale, délivrée par le préfet sur l'avis du conseil d'hygiène et de salubrité du département, et fixant les conditions imposées au débitant dans l'intérêt de la sécurité publique.

Il sera rendu compte au ministre de l'agriculture et du commerce des autorisations données en vertu du présent article.

ART. 15. — Les entrepôts ou magasins de vente en gros et les dépôts pour la vente au détail, qui ont été précédemment autorisés ou déclarés, conformément aux règlements en vigueur, peuvent être maintenus dans les conditions qui ont été fixées par ces règlements ou par les arrêtés spéciaux d'autorisation. L'exploitant ne peut y apporter aucune modification qu'à la charge de se conformer aux prescriptions du présent décret et, suivant les cas, d'obtenir une nouvelle autorisation ou de faire une déclaration nouvelle, comme il est dit aux articles ci-dessus.

ART. 16. — En cas d'inobservation des conditions d'installation fixées par le présent décret ou par les arrêtés spéciaux d'autorisation, les entrepôts ou magasins de vente en gros peuvent être fermés et la vente au détail peut être interdite, sans préjudice des peines encourues pour contravention aux règlements de police.

ART. 17. — Le transport des substances désignées à l'article 1er doit être fait exclusivement dans des vases en métal, étanches et hermétiquement clos, ou dans des fûts en bois également étanches et cerclés de fer.

ART. 18. — Les attributions conférées aux préfets, aux sous-préfets et aux maires par le présent décret sont exercées par le préfet de police dans l'étendue de son ressort.

ART. 19. — Le décret du 27 janvier 1872, relatif aux huiles minérales et autres hydrocarbures, est rapporté.

Décret du 12-22 juillet 1884.

ARTICLE PREMIER. — L'article 14 du décret du 19 mai 1873 est modifié de la manière suivante :

ART. 14. — Les dispositions précédentes relatives aux dépôts pour la vente au détail ne peuvent être suppléées par des dispositions équivalentes qu'en vertu d'une autorisation spéciale délivrée par le préfet, sur l'avis du conseil d'hygiène et de salubrité du département, et fixant les conditions imposées au débitant dans l'intérêt de la sécurité publique.

En ce qui touche spécialement les récipients fixes, dans lesquels certains détaillants logeraient les liquides de la première catégorie, l'usage n'en peut être autorisé par les préfets qu'aux conditions suivantes :

---

[1] Modifié par Décr., 12 juill. 1884.

Le détaillant justifiera qu'il a la disposition d'une cour ou de tout autre espace en plein air assez vaste pour que les opérations du dépotage puissent y être exécutées sans danger ;

Les récipients fixes, dont la capacité totale ne devra pas excéder 300 litres, seront faits de tôle forte, étamés à l'intérieur et absolument étanches ;

Ils ne pourront être établis que dans un local distinct de la boutique du détaillant, parfaitement aéré, convenablement éclairé par la lumière du jour. Ils devront être placés sur un châssis métallique, à la hauteur de un mètre au moins au-dessus du sol et à cinquante centimètres au moins des murs du local, de telle sorte que la surveillance de chaque récipient demeure facile. Au-dessous, sera disposée une caisse métallique destinée à recevoir les égouttures.

Chaque récipient portera en caractères très lisibles sur fonds rouge les mots : *Essence inflammable*, ainsi que l'indication de sa capacité. Il sera muni, à la partie supérieure, d'un tuyau de sûreté s'ouvrant à l'extérieur.

Il est rigoureusement interdit de fumer, d'allumer ou d'apporter du feu, des lumières ou des allumettes dans le local où se trouvent les récipients fixes.

Il est interdit également d'y procéder au dépotage des fûts ou bidons et au remplissage des récipients.

Ces opérations devront avoir lieu dehors, au moyen d'une pompe fixe et étanche établie en plein air, reliée aux récipients par une canalisation métallique continue et directement soudée à leurs parois. Une canalisation semblable conduira à l'appareil ou robinet de débit sous lequel doit avoir lieu directement l'emplissage des bidons ou burettes des consommateurs.

Les extrémités de l'une et de l'autre canalisation seront établies à distance convenable de tout appareil d'éclairage et de tout foyer.

Les opérations de dépotage et de remplissage du récipient, ainsi que le transvasement des essences pour le débit, ne pourront avoir lieu qu'à la clarté du jour.

Les livraisons aux consommateurs ne pourront avoir lieu à la lumière artificielle que dans les conditions indiquées au dernier paragraphe de l'art. 10 du décret du 19 mai 1873.

L'Administration, dans le cas où elle croira devoir autoriser l'usage des récipients fixes, se réserve le droit de prescrire, en outre, toutes autres conditions qui seraient reconnues nécessaires pour sauvegarder la sécurité publique.

Il sera rendu compte au ministre du commerce des autorisations données en vertu du présent article.

Décret du 21 mars 1885.

ARTICLE PREMIER. — Les articles 9, 10, 11, 12 et 13 du décret du 19 mai 1873 sont remplacés par les dispositions suivantes :

ART. 9. — Tout débitant de substances désignées à l'article 1er du décret du 19 mai 1873 est tenu d'adresser au maire de la commune et au sous-préfet de l'arrondissement une déclaration contenant :

1° La désignation précise du local constituant le débit et de l'emplacement qui sera affecté dans sa boutique aux récipients des liquides inflammables ;

2° Les procédés de conservation et de livraison desdits liquides ;

3° La nature précise des divers liquides conservés dans le débit ;

4° Les quantités de chacun de ces liquides auxquels il entend limiter son approvisionnement.

Dans le cas où le débit passerait en d'autres mains, la déclaration doit être renouvelée par le nouveau débitant.

Après cette déclaration, le débitant peut exploiter son commerce, à la charge par lui de se conformer aux prescriptions contenues dans les articles suivants.

ART. 10. — Les liquides de la première catégorie sont transportés et conservés chez le détaillant, sans aucun transvasement, lors de la réception, dans des récipients portatifs, étanches, en forte tôle de fer étamé, ayant leurs fonds solidement assemblés avec le corps cylindrique au moyen de cornières extérieures, munis de deux ouvertures au plus, fermés par des robinets ou des bouchons hermétiques.

Ces récipients ont une capacité de soixante litres au plus. Ils portent, solidement fixée, en caractères très lisibles l'inscription sur fond rouge : *Essence inflammable*.

Ils ne peuvent, en aucun cas, être déposés dans une cave, ils doivent être installés dans un point bien éclairé par la lumière du jour.

Ils sont solidement établis sur des supports en fonte ou en fer, dans des conditions telles que leur fonds puisse être inspecté, et dans un emplacement spécial, séparé des autres marchandises.

Il est établi au-dessous des robinets ou appareils de débit des cuvettes en tôle étamée, destinées à recevoir les liquides qui viendraient à s'échapper pendant la livraison. Une cuvette ne reçoit qu'une seule catégorie de liquide. Ce liquide ne doit pas y séjourner ; mais il est au fur et à mesure recueilli automatiquement dans un bidon étanche.

Les parois et la base des emplacements où se trouvent placés les récipients doivent, au voisinage immédiat de ces récipients, être protégées contre les infiltrations de liquides par une couverture en métal tel que fer étamé, étain ou plomb, ou par tout autre revêtement imperméable.

En vue d'éteindre un commencement d'incendie, chaque détaillant est tenu de conserver hors de la portée des égouttures, et cependant à proximité des récipients, en un lieu d'abord facile, autant de kilogrammes de sable, en sacs de 10 kilogrammes chacun, que les récipients affectés aux liquides de la première catégorie pourront recevoir de litres, sans que le poids total de sable ainsi conservé puisse être inférieur à 100 kilogrammes.

Les liquides de la première catégorie ne peuvent être livrés aux consommateurs que dans des vases étanches. Le remplissage de ces vases doit se faire soit directement sous le récipient, sans interposition d'entonnoir ou d'ajutage mobile, soit par l'intermédiaire de vases distributeurs fixes adaptés au récipient.

Ces vases distributeurs, ainsi que les tuyaux, ajutages et robinets, qui les joignent au récipient, sont étanches et construits en métal étamé ou en étain. Ils pourront être en verre, à la condition qu'ils seront étanches et protégés contre les chocs par des armatures métalliques.

Un même vase distributeur ne peut être affecté au débit de liquides différents.

Les liquides de la première catégorie ne peuvent être transvasés qu'à la clarté du jour.

La livraison au consommateur est interdite à la lumière artificielle, à moins que le détaillant ne conserve et ne débite les liquides dans des bidons ou burettes en métal, de manière à éviter tout transvasement au moment de la vente. Ces bidons, d'une capacité de 5 litres au plus, seront rangés dans des boîtes ou casiers à rebords, garnis intérieurement de feuilles de tôle étamée formant cuvette étanche.

ART. 11. — Les liquides de la seconde catégorie sont conservés chez le détaillant dans des récipients étanches en tôle étamée, soigneusement clos et solidement établis.

Ces récipients ont une capacité de 350 litres au plus. Ils portent l'inscription sur fond blanc : *Huile minérale.*

ART. 12. — L'approvisionnement du débit ne doit jamais excéder 300 litres[1] de liquides de la première catégorie ou une quantité équivalente de l'une et de l'autre catégorie.

Cinq litres de substances de la seconde catégorie sont considérés comme équivalents à 1 litre de substances de la première catégorie.

ART. 13. — Les liquides inflammables non régis par le présent décret, qui peuvent se trouver dans le local du débit, sont comptés dans l'approvisionnement total des substances dangereuses et assimilés à celles de la première catégorie, s'ils émettent à la température de 35 degrés des vapeurs susceptibles de prendre feu au contact d'une allumette enflammée.

L'essence de térébenthine est comptée comme substance de première catégorie.

ART. 2. — Le ministre du commerce...

Décret du 5-8 mars 1887.

ARTICLE PREMIER. — Par dérogation aux dispositions des articles 10, paragraphe 2, et 12, paragraphe 1er, du décret du 19 mai 1873 concernant les huiles et essences minérales et autres hydrocarbures, ledit décret modifié par celui du 21 mars 1885, l'approvisionnement des débits d'essence de térébenthine peut être porté à six cents litres, lorsque dans ces débits le commerce des essences de pétrole ne vient pas s'adjoindre au commerce des essences de térébenthine.

La capacité des fûts dans lesquels l'essence de térébenthine est emmagasinée dans ces débits peut être élevée de soixante à cent cinquante litres.

ART. 2. — Le ministre du commerce...

---

[1] Cette capacité peut être portée, dans certains cas, à 600 litres. V. Décr., 8 mars 1887, annexe.

HUILES de pied de bœuf (Fabrication d')[1].

1° Avec emploi de matières en putréfaction :

Etablissement insalubre de 1re classe : odeur.

2° Quand les matières employées ne sont pas putréfiées :

Etablissement insalubre de 2e classe : odeur.

Les ateliers doivent être surmontés de lanternons à lames de persiennes, les bois apparents peints à l'huile ou recouverts de plâtre : le sol en sera imperméable.

Les chaudières et cuves à macération seront surmontées de hottes conduisant les vapeurs et les buées dans une cheminée élevée de 5 mètres au-dessus des cheminées voisines dans un rayon de 100 mètres[2].

HUILES de poisson (Fabriques d').

Etablissements insalubres de 1re classe : odeur, danger d'incendie[3].

Les ateliers et magasins seront bien ventilés, construits en matériaux incombustibles; le sol en sera imperméable.

Les ouvertures des foyers seront placées en dehors des ateliers : les chaudières seront munies de couvercles et surmontées de hottes conduisant les vapeurs et les buées dans la cheminée élevée de 20 à 30 mètres suivant les cas.

Les ateliers de fabrication doivent être éloignés des magasins et dépôts[4].

HUILES de résine (Fabrication des).

Etablissement insalubre de 1re classe : odeur, danger d'incendie[5].

Les ateliers et magasins doivent être construits en matériaux incombustibles, avec charpente de fer, bien ventilés et éclairés seulement par la lumière du jour, ou par des lampes disposées à l'extérieur derrière un verre dormant : l'ouverture des foyers sera placée en dehors des ateliers.

Les ateliers de fabrication doivent être éloignés des magasins de dépôt.

La cheminée aura de 20 à 30 mètres suivant les cas[6].

HUILES de ressence (Fabrication des).

Etablissement insalubre de 2e classe : odeur et altération des eaux[7].

Le magasin servant de dépôt pour les tourteaux d'olive doit être éloigné des autres magasins, construit en matériaux incombustibles et bien ventilé par une haute cheminée d'aération.

[1] Décr., 31 déc. 1866. — [2] Bunel, p. 325.
[3] Décr., 31 déc. 1866. — [4] Bunel, p. 327.
[5] Décr., 31 déc. 1866. — [6] Bunel, p. 328.
[7] Décr., 31 janv. 1872.

Les chaudières doivent être surmontées de hottes conduisant les vapeurs et les buées dans une cheminée élevée de 5 mètres au-dessus des cheminées voisines.

Tous les ateliers en général doivent être bien ventilés, sans bois apparents, et le sol en être imperméable[1].

HUILES ROUSSES (Fabrication des) par

extraction des cretons et des débris de graisse à haute température.

Établissement insalubre de 1re classe : odeur, danger d'incendie[1].

Pour les prescriptions administratives, V. *Acide stéarique par distillation*, et *Extraction des corps gras des débris de matières animales*[2].

I

IMMONDICES. — Ord. du 30 janv. 1350[2]. Édit de nov. 1539[3]. Ord. du 22 sept. 1600[4]. Édit de déc. 1607[5]. Édit de sept. 1608[6]. Édit de déc. 1672[7]. Ord. pol. du 1er sept. 1853[8]. Ord. pol. du 25 juill. 1862[9]. Arr. préf. du 24 nov. 1883[10].

Il est interdit de jeter dans les rues aucunes immondices[11].

L'arrêté préfectoral du 24 novembre 1883[12], qui exige que les résidus de ménage soient déposés dans des récipients, et qui règle l'enlèvement de ces résidus, n'a fait en réalité que remettre en vigueur l'édit de septembre 1608.

Le soin de veiller à l'exécution de ces règlements rentre dans les attributions des agents voyers[13].

ANNEXES

Édit de septembre 1608.

Henri...

ARTICLE PREMIER. — Nous défendons à toutes personnes de quelque état, qualité et condition qu'ils soient, demeurans en nostredite ville et fauxbourgs de Paris, de jeter ou faire jeter en la ruë aucunes ordures, immondices, charrées, paille, gravois, terreaux, fumiers, râclures de cheminées, ne autres ordures que ce soit, sur peine de six livres d'amende payables sans desport, savoir, la moitié aux entrepreneurs du nettoyement desdites ruës, et l'autre moitié au dénonciateur, et seront les maîtres des maisons devant lesquelles lesdites ordures auront été trouvées, contraints au payement de ladite amende, encores que fussent leurs valets ou chambrières, ou autres, qui y eussent jetté lesdites ordures, les maîtres et maîtresses demeurans responsables du fait desdits valets ou chambrières.

ART. 2. — Enjoignons à tous chefs d'hôtels, propriétaires et locataires des maisons de nostredite ville et fauxbourgs de Paris, sur les mêmes peines que dessus, de faire retenir dans leurs logis lesdites ordures dans des paniers ou mannequins, et icelles faire porter et jetter dans des tombereaux, qui passeront tous les jours par les rues pour les recevoir et emporter hors ladite ville, ès lieux désignés pour cet effet.

ART. 3. — Pareillement enjoignons auxdits chefs d'hôtels, propriétaires et locataires desdites maisons, de faire balier deux fois le jour devant leursdites maisons, chacun en son regard, jusques au ruisseau, sçavoir le matin et le soir : faire amonceler près de la muraille de leursdites maisons lesdites balieures, pour être emportées hors la ville par les conducteurs des tombereaux, sans que les bourgeois soient tenus charger ou lever lesdites bouës ; lesquels conducteurs chargeront lesdites bouës et immondices ensemble celles qu'ils trouveront ès huis et portes estant dedans mannequins, seaux, paniers ou autres vaisseaux : et à l'instant que lesdits propriétaires desdites maisons, ou locataires demeurans en icelles, auront fait balier, seront tenus faire jetter deux seaux d'eau nette sur ledit pavé, comme aussy faire semblable, lorsqu'ils feront vuider urines, eaux grasses, croupies et laveures d'écuelles dans le ruisseau ou bien quand ils les feront écouler par les égouts de leursdites maisons aboutissans ès ruës, et ce sur les mesmes peines que dessus.

ART. 4. — Est aussi enjoint à tous laboureurs, vignerons, jardiniers et toutes autres personnes, que lorsqu'ils feront charger du fumier sur charriots et charrettes, ou emporter sur bêtes de sommes, hors la ville ou ailleurs, de n'en laisser tomber par les ruës, sur les mesmes peines que dessus.

ART. 5. — Enjoignons aussi à tous maîtres maçons, entrepreneurs de bâtiments, tailleurs de pierre, couvreurs, charpentiers, et toutes autres personnes, de faire emporter hors la ville vingt-quatre heures après qu'ils auront fait abattre quelque maison, les démolitions d'icelle, terre, gravois, éclats et tailleures de pierre de taille, tuiles et tuilleaux, provenant des couvertures desdites maisons et ra-

---

[1] Bunel, p. 322.
[2] V. *Rue*. — [3] V. *Fosse*. — [4] V. *Alignement*. — [5] V. *Voyer*. — [6] Annexe. — [7] V. *Préfet de la Seine*. — [8] V. *Fosse*. — [9] V. *Bâtim. en constr.* — [10] Annexe. — [11] Édit. sept. 1608, annexe. Ord. pol., 25 juill. 1862, V. *Bâtim. en constr.* — [12] Annexe. — [13] Édits, déc. 1607, déc. 1672, V. *Voyer* et *Préfet de la Seine*.

[1] Décr., 31 déc. 1866. — [2] Bunel, p. 333.

doub d'icelles, étant sur le pavé de ladite ville et fauxbourgs; lesquelles démolitions et autres vuidanges ci-dessus, ils feront emporter dans des tombereaux bien clos d'ais, afin qu'il n'en puisse tomber par les rües, sous peine de dix livres parisis d'amende, payables comme dessus; et sera loisible auxdits entrepreneurs du nettoyement des rües, les vingt-quatre heures passées, faire emporter hors ladite ville, aux dépens desdits maîtres maçons, charpentiers, couvreurs ou propriétaires de maisons, lesdites démolitions, terres, gravois, tailleures de pierres, tuilleaux et autres vuidanges, qui seront contraints par corps au payement du travail qui sera fait par les entrepreneurs pour lesdites vuidanges, lequel sera arbitré par les commissaires députés pour juger les différends du nettoyement desdites rües.

Art. 6. — Défendons à tous bouchers de jetter aucun excrément de bête dans la rüe, ny faire écouler par l'égout de leurs maisons ou bien porter au ruisseau sang de bœuf ou autres bêtes, eaux où ils ayent lavé chair et tripailles; leur enjoignant les faire transporter hors ladite ville, et lieux accoutumés, de les emporter en tels vaisseaux qu'ils verront bon être, lesquels toutes fois seront bien clos et tenans eau, afin qu'il n'en puisse rien tomber par les rües, sur peine de dix livres parisis d'amende, payables comme dessus.

Art. 7. — Defendons aussi sur les mêmes peines à toutes personnes de jetter ou faire vuider par les fenestres de leurs maisons, tant de jour que de nuict, urines, excrémens, ni autres eaux quelconques; leur enjoignant faire porter au ruisseau de la rüe lesdites eaux et urines, et à l'instant y faire jetter un seau d'eau nette, comme il est déclaré au deuxième article du présent règlement.

Art. 8. — Défendons aux maistres fify et des basses œuvres, de ne laisser épandre par les rües nulles ordures ou excrémens, en vuidant les bases fosses et retraits, sur les mêmes peines de dix livres parisis, payables comme dessus.

Art. 9. — Voulons aussi et nous plaict que ces présentes ordonnances soient publiées tous les mois de l'an, par tous les carrefours de ladite ville et fauxbourgs de Paris, à son de trompe et cri public, et néanmoins qu'elles soient attachées en un tableau, écrites en parchemin et en grosses lettres en tous les seize quartiers ladite ville et fauxbourgs, et lieux les plus éminens et apparens d'icelle, afin qu'elles soient connues et entendues par un chacun, et qu'il ne soit loisible d'ôter lesdits tableaux, sur peine de punition corporelle.

Arrêté préfectoral du 24 novembre 1883.

ARTICLE PREMIER. — Il est complètement interdit de projeter sur la voie publique, à n'importe quelle heure du jour ou de la nuit, les résidus quelconques de ménage ou les produits de balayage provenant de l'intérieur des propriétés privées ou des établissements publics.

Art. 2. — A partir du 15 janvier 1884, le propriétaire de tout immeuble habité sera tenu de faire déposer chaque matin, soit extérieurement sur le trottoir, le long de la façade, soit intérieurement, près de la porte d'entrée, en un point parfaitement visible et accessible, un ou plusieurs récipients communs de capacité suffisante pour contenir les résidus de ménage de tous les locataires ou habitants.

Le dépôt de ces récipients devra être effectué avant le passage du tombereau d'enlèvement des ordures ménagères, enlèvement qui doit commencer à 6 heures 1/2 du matin pour être terminé à 8 heures 1/2 en été (c'est-à-dire du 1er avril en 30 septembre), et commencer à 7 heures pour être terminé à 9 heures en hiver (c'est-à-dire du 1er octobre au 31 mars).

Les récipients doivent être remisés à l'intérieur de l'immeuble un quart d'heure au plus après le passage du tombereau d'enlèvement.

Le concierge, s'il en existe un dans l'immeuble, sera personnellement tenu d'assurer cette double manœuvre, sans préjudice de la responsabilité civile du propriétaire.

Art. 3. — Les récipients communs, quels qu'en soient le mode de construction et la forme, devront satisfaire aux conditions suivantes:

Chaque récipient aura une capacité de 40 litres au minimum et de 120 litres au maximum. Il ne pèsera pas à vide plus de 15 kilogrammes; s'il est de forme circulaire il n'aura pas plus de 0m 55 de diamètre; s'il est de forme rectangulaire ou elliptique, il n'aura pas plus de 0m 50 de largeur, ni de 0m 80 de longueur. En aucun cas, la hauteur ne dépassera pas la plus petite des deux dimensions horizontales.

Les récipients seront munis de deux anses ou poignées à leur partie supérieure. Ils devront être peints ou galvanisés et porter sur une de leurs faces latérales l'indication du nom de la rue et du numéro de l'immeuble, en caractères apparents. Ils devront être constamment maintenus en bon état d'entretien et de propreté, tant intérieurement qu'extérieurement, de manière à ne répandre aucune mauvaise odeur à vide.

Art. 4. — Sous réserve des exceptions prévues ci-après aux articles 5 et 6, il est interdit aux habitants de verser leurs résidus de ménage ailleurs que dans les récipients communs affectés à l'immeuble. Ils ne devront effectuer ce versement que le matin avant le passage du tombereau d'enlèvement. Si le récipient commun vient à faire défaut ou se trouve accidentellement insuffisant, ils devront, soit laisser leurs récipients particuliers à la place ou auprès du récipient commun, soit attendre le passage du tombereau pour y verser directement le contenu de ces récipients particuliers.

Art. 5. — Il est interdit de verser dans les récipients communs les détritus qui font partie de l'une des deux catégories suivantes et que les particuliers sont tenus de faire enlever à leurs frais, savoir:

1° Les terres, gravois, décombres et débris de toute nature provenant de l'exécution de travaux quelconques ou de l'entretien des cours et jardins;

2° Les résidus et déchets de toute nature provenant de l'exercice de commerces ou industries quelconques.

Sont seules exceptées de cette interdiction les ordures ménagères proprement dites des établissements de consommation.

Art. 6. — Il est également interdit de verser dans les récipients communs les objets suivants dont l'Administration assure l'enlèvement, mais qui doivent être déposés dans des récipients spéciaux, à côté des récipients communs, savoir :

1° Les débris de vaisselle, verre, poterie, etc., provenant des ménages;

2° Les coquilles d'huitres.

Art. 7. — Il est interdit aux chiffonniers de vider les récipients sur la voie publique ou de faire tomber à l'extérieur une partie quelconque de leur contenu, pour y chercher ce qui peut convenir à leur industrie.

Art. 8. — Toutes les prescriptions du présent arrêté sont applicables aux immeubles situés dans des voies non classées, ou dans des cours, passages, impasses et autres espaces intérieurs ayant le caractère de propriétés privées. Dans ces différents cas, les récipients communs devront être déposés au débouché de ces voies privées ou espaces intérieurs sur la voie publique.

Art. 9. — Les contraventions aux dispositions qui précèdent seront constatées par des procès-verbaux et poursuivies conformément aux lois. Les procès-verbaux pour infractions concernant le dépôt et le remisage des récipients communs seront dressés à la fois contre le concierge et le propriétaire de l'immeuble, ou seulement contre le concierge ou le gardien, s'il s'agit d'un immeuble appartenant à l'État, au département et à la commune.

Art. 10. — Sont abrogés les arrêtés des 11 septembre 1870, 14 juin 1871 et 4 juin 1875.

Art. 11. — M. le directeur des travaux est chargé, etc.

IMPRESSION sur étoffes. — V. *Toiles peintes.*

INCENDIE. — Ord. pol. des 26 janv. 1672[1], 28 avril 1719[2], 12 janv. 1729[3], 10 févr. 1735[4]. Décr. du 16 août 1790. Loi du 1er déc. 1798[5]. Arr. du 1er juill. 1800[6]. Ord. pol. 15 sept. 1875[7]. Arr. préf. du 30 avril 1879[8]. C. civ., art. 1733 et 1734. C. pén., art. 471 et 475.

L'administration s'est, depuis fort longtemps, préoccupée des incendies assez fréquents à Paris, et des mesures à prescrire pour les éviter.

Une ordonnance de police du 26 janv. 1672[9] interdit de placer les tuyaux de cheminée à moins de 16 centimètres de toute pièce de bois.

Une autre du 28 avril 1719[1] exige que les tuyaux aient 8 centimètres d'épaisseur.

Une troisième, en date du 12 janvier 1729[2], prescrit aux propriétaires et locataires de faire ramoner leurs cheminées, sous peine de 200 francs d'amende.

Ces prescriptions sont réitérées dans l'ordonnance de police du 18 févr. 1735[3], qui résume toutes les ordonnances antérieures : on y remarque, en outre, l'injonction d'entretenir les puits en bon état, de manière qu'il y ait toujours au moins 0m 60 d'eau.

Diverses autres ordonnances de police ont été publiées à des époques plus récentes, notamment celles de mars 1828, novembre 1843, décembre 1852, édictant les mêmes mesures : elles ont été abrogées par l'ordonnance de police du 15 septembre 1875[4].

Cette ordonnance, rappelant toutes les dispositions précédentes, interdit en outre de faire desservir plusieurs foyers par le même tuyau de fumée.

On peut installer des bouches d'incendie soit à l'intérieur soit à l'extérieur de sa propriété, suivant des conditions spéciales déterminées par l'arrêté préfectoral du 30 avril 1879[5].

Pour les instructions relatives aux salles de réunion, V. *Salles de spectacle.*

La loi du 1er décembre 1798[6] met à la charge des communes les frais occasionnés par l'extinction des incendies : les municipalités doivent donc prendre les mesures nécessaires pour éviter ou prévenir les incendies[7]; à Paris, ces mesures sont prises par le préfet de police[8]. Il en résulte que si le feu prend dans une cheminée, il y a contravention, et que par suite l'article 471 du Code pénal est applicable contre l'auteur de ce feu.

Le locataire répond de l'incendie qui a eu lieu dans les locaux qui lui sont loués, à moins qu'il ne prouve que l'incendie est arrivé par cas fortuit ou force majeure, ou par vice de construction, ou que le feu a été communiqué par la maison voisine[9].

S'il y a plusieurs locataires, ils sont tous solidairement responsables, à l'exception de ceux qui prouvent que l'incendie n'a pas commencé chez eux[10].

Celui qui est responsable des suites d'un incendie est aussi passible de toutes les pertes occasionnées par les mesures que la police a prises pour arrêter le feu[11].

Le locataire, en s'assurant contre son risque locatif, reporte sur la Compagnie qui l'a assuré la responsabilité qu'il encourt.

---

[1] V. *Cheminée.* — [2] V. *Cheminée.* — [3] Annexe. — [4] Annexe. — [5] V. *Pavage.* — [6] V. *Préfet de la Seine.* — [7] Annexe. — [8] Annexe. — [9] V. *Cheminée.*

[1] V. *Cheminée.* — [2] Annexe. — [3] Annexe. — [4] Annexe. — [5] V. *Pavage.* — [6] V. *Décr.*, 16 août 1790. — [8] V. *Préfet de la Seine.* — [9] C. civ., 1733. — [10] C. civ., 1734. — [11] Pau, 6 juill. 1825.

Le propriétaire doit, non seulement assurer son immeuble, mais il doit encore s'assurer contre le recours de ses locataires.

C'est à tort que certains propriétaires se chargent de faire exécuter le ramonage des cheminées par leur entrepreneur, car ils encourent toutes les responsabilités dans le cas où le feu serait occasionné par un défaut ou une imperfection du ramonage.

Le propriétaire qui veut obtenir la réparation du dommage causé à son immeuble par un incendie qui s'est déclaré dans une maison voisine doit prouver, non seulement que l'incendie a commencé chez ce voisin, mais encore que le sinistre a été occasionné par sa faute. Cette faute peut résulter d'un ensemble de circonstances laissées à l'appréciation du juge [1]. Deux preuves sont donc à faire dans ce cas :

1° Que le feu a été communiqué par la maison voisine ;

2° Qu'il existe des faits de négligence ou d'imprévoyance constituant la faute d'où résulte la responsabilité du voisin, tels qu'un défaut de surveillance [2], des constructions édifiées dans des conditions défectueuses, une inobservation des précautions prescrites par les simples règles de la prudence [3], etc.

L'indemnité s'établit d'après la valeur des objets avariés ou détruits, estimés suivant l'état dans lequel ils se trouvent être au jour du sinistre. Ainsi, un propriétaire, dont l'immeuble aurait été entièrement détruit, ne pourrait contraindre l'auteur de l'incendie à reconstruire cet immeuble, ou à lui remettre la somme nécessaire pour opérer cette reconstruction ; il n'aurait droit qu'à la valeur de cette reconstruction, défalcation faite des dégradations et de l'usure que l'immeuble incendié a pu subir, depuis l'époque de sa création jusqu'au jour où il a été incendié.

Le propriétaire doit être indemnisé, s'il y a lieu, de la perte des loyers pendant le temps nécessaire à la remise en état et à la relocation [4].

ANNEXES

Ordonnance de police du 12 janvier 1729.

Sur ce qui Nous a esté remontré par le procureur du Roy ; que la plupart des habitants de cette Ville négligeoient souvent de faire ramoner les cheminées de leurs maisons ; que cette négligence avoit quelquefois occasionné des incendies considérables, ce qui estoit d'autant plus à craindre en cette saison, que les secours que l'on pourroit tirer pour ces sortes d'accidents tant de la rivière que des fontaines publiques, semblent être interdits par la continuation de la gelée et par la difficulté qu'il y auroit à faire usage des pompes et à porter l'eau dans les endroits incendiez : Et comme ce manque d'exactitude de la part des propriétaires et locataires des maisons peut devenir infiniment préjudiciable à la seureté publique, requeroit qu'il fût par Nous pourveu sur un article si essentiel.

Nous, faisant droit sur le requisitoire du procureur du Roy, ordonnons que les arrêts, sentences et règlemens de police concernant les incendies seront executez selon leur forme et teneur, et en conséquence enjoignons à tous propriétaires, locataires et sous-locataires de maisons, de faire exactement ramoner les cheminées des appartements et autres lieux par eux loüez, sous-loüez ou occupez, et ce à peine de deux cens livres d'amende, et de demeurer responsables des dommages et préjudices qui pourroient resulter du feu arrivé dans lesdites cheminées faute de les avoir fait ramoner. Mandons aux commissaires du Chastelet et enjoignons à tous autres officiers de police, de tenir exactement la main à l'exécution de nostre presente ordonnance, et en cas de contravention à icelle, d'en dresser des procès-verbaux, et de nous en donner avis, pour y estre par nous pourveu. Et sera nostre presente ordonnance lüe, publiée et affichée dans les lieux ordinaires et accoustumez, à ce que nul n'en ignore. Ce fut fait et donné par Nous René Hérault, Chevalier Seigneur de Fontaine-Labbé, Conseiller du Roy en ses Conseils d'Etat et Privé, Conseiller d'honneur en son Grand Conseil, Maistre des Requestes ordinaires de son Hostel, et Lieutenant general de la police de la Ville, Prevosté et Vicomté de Paris, le douzième jour de janvier mil sep cent vingt neuf.

Ordonnance de police du 10 février 1735.

ARTICLE PREMIER. — Faisons très expresses inhibitions et défenses, conformément à nos ordonnances du 16 juin 1672 et 11 avril 1669, à tous maîtres-maçons, charpentiers, compagnons et manœuvres, de faire à l'avenir aucuns manteaux et tuyaux de cheminées adossés contre des cloisons de maçonnerie et charpenterie, de poser des âtres de cheminées sur les solives des planchers, et de placer des bois dans les tuyaux, lesquels ils construiront de manière que les enchevêtrures et les solives soient à la distance de trois pieds (0^m97) des gros murs, en sorte que les passages desdites cheminées aient environ dix ou douze pouces (0^m27 à 0^m32) de largueur et trois pieds (0^m97) de long ; et ce, non compris les six pouces (0^m16) de charge de plâtre qui seront contre lesdits bois, de chaque côté, le tout revenant à quatre pieds (1^m30) d'ouverture au moins entre lesdits bois, dont les recouvrements de plâtre sur les solives, chevêtres et autres bois, seront de six pouces (0^m16), en sorte qu'il n'en puisse arriver aucun incendie, le tout à peine de

[1] Cass., 9 juill. 1876. — [2] Seine, 9 août 1870. Paris, 7 juin 1875. — [3] Seine, 28 févr. 1872. — [4] Troplong, Louage, t. II, n° 390. Manuel, t. Ier, p. 322-323.

mille livres d'amende, d'être déchus de la maîtrise pour les maîtres, et de tous dépens, dommages-intérêts envers les propriétaires des maisons. Pourront même les compagnons et ouvriers, travaillant à la journée, ou autrement, être emprisonnés, en cas de contravention.

ART. 2. — Défendons, suivant et conformément aux mêmes ordonnances, à tous propriétaires, de souffrir qu'il soit fait, en leurs maisons, aucun mal-façon de la qualité ci-dessus énoncée, à peine de pareille amende, et d'être tenus de faire abattre, à leurs frais et dépens, tous les tuyaux, âtres et manteaux de cheminées qui ne se trouveront pas conformes à ce qui est prescrit au précédent article.

ART. 3. — Ordonnons que notre ordonnance du 12 janvier 1729 sera exécutée; et, en conséquence, enjoignons à tous propriétaires, locataires ou sous-locataires de maisons, de faire exactement ramoner les cheminées des appartements et autres lieux par eux loués, sous-loués ou occupés, à peine de deux cents livres d'amende, pour ceux qui se trouveront habiter lesdites maisons ou chambres, dans les cheminées desquelles le feu aura pris, faute d'avoir été ramonées quand même il ne s'en fût suivi aucun accident.

ART. 4. — Faisons défenses à tous bourgeois et habitants de cette Ville, de quelque qualité et condition qu'ils soient, de tirer ou faire tirer à l'avenir aucun coup de fusil dans les cheminées, en cas d'incendie, chargé à balles ou de gros plomb, et ce, sous telle peine qu'il appartiendra, conformément à notre ordonnance du 21 juin 1726.

ART. 5. — Seront nos sentences des 16 mai 1727 et 6 mai 1729 exécutées; et, en conséquence, faisons défenses à tous bourgeois et habitants de cette ville; aux voituriers, loueurs de carrosses, marchands, loueurs de chevaux, aux charretiers, cochers, palefreniers et valets d'écurie, d'entrer dans les greniers et magasins où il y a du foin, de la paille, du charbon et d'autres matières combustibles, et dans les écuries, avec aucunes lumières, si lesdites lumières ne sont renfermées dans des lanternes bien et dûment closes et fermées, en sorte qu'il ne puisse arriver aucun accident. Leur faisons aussi défenses d'entrer dans lesdits magasins, greniers, écuries, avec des pipes remplies de tabac allumé et d'y fumer, le tout sous peine de deux cents livres d'amende pour chacune desdites contraventions, même de plus grande peine en cas de récidive.

ART. 6. — Faisons très-expresses inhibitions et défenses, conformément à nos ordonnances des 8 novembre 1720, 12 mai 1727, 28 mai et 16 novembre 1728, à tous marchands pailleux, d'entrer dans leurs granges, greniers et autres endroits, où ils serrent leur paille, pendant la nuit, avec lumières, si elles ne sont renfermées dans des lanternes, à peine de trois cents livres d'amende pour la première contravention, et de punition exemplaire, en cas de récidive; leur défendons, sous les mêmes peines, de travailler ou de faire travailler lesdits greniers, granges et autres lieux, pendant la nuit et avant le jour, en aucune saison, ni de travailler avec aucune lumière, pour quelque cause, et

sous quelque prétexte que ce puisse être.

ART. 7. — Ordonnons que notre ordonnance du 15 décembre 1730 sera exécutée; en conséquence, faisons défenses à tous gagne-deniers, charretiers, et autres personnes fréquentant dans les halles, d'y allumer des feux, à peine de cent livres d'amende, d'interdiction aux gagne-deniers, pour toujours, de la halle et de leur travail: pourront même être emprisonnés, en cas de contravention. Défendons aux fruitiers, tendeuses de sac, ramasseuses, et à toutes personnes fréquentant dans la halle au blé, d'y apporter des chaudrons à feu, s'ils ne sont couverts de grillages de fer, à peine de cent livres d'amende, d'interdiction de la halle, même de plus grande en cas de récidive, de laquelle amende les pères et mères demeureront civilement responsables pour leurs enfants, et pareillement les maîtres et maîtresses de leurs garçons, servantes et domestiques.

ART. 8. — Défendons très expressément à tous gagne-deniers et autres personnes, de quelque qualité et condition qu'elles soient, de fumer dans la halle au blé de cette Ville, sous les peines prescrites par notre sentence du 16 mai 1727.

ART. 9. — Disons que les arrêts du Parlement, sentences et règlements qui ont été faits pour prévenir l'incendie des bateaux de foin, seront exécutés selon leur forme et teneur.

ART. 10. — Sera notre sentence du 18 novembre 1729 exécutée; et, en conséquence, faisons défenses à tous marchands et marchandes faisant commerce de paille d'en laisser séjourner au devant de leurs portes, tant le jour que la nuit, à peine de cent livres d'amende et de confiscation; leur enjoignons de resserrer lesdites pailles en lieux clos et sûrs, pour qu'il n'en puisse arriver aucun accident.

ART. 11. — Disons que notre ordonnance du 6 février 1733 sera exécutée; en conséquence, faisons très expresses inhibitions et défenses à tous marchands, bourgeois et autres habitants de cette Ville et faubourgs, et notamment, à ceux qui logent rue de la Tannerie, et aux environs de la place de Grève, de faire aucun magasin de charbon et poussière de charbon, à l'avenir, dans leurs maisons, sous quelque prétexte que ce puisse être, à peine de cinquante livres d'amende contre les contrevenants, et de confiscation dudit charbon.

ART. 12. — Faisons défenses aux menuisiers, layetiers, bahutiers, tourneurs et boisseliers, de travailler la nuit sans avoir leurs lumières enfermées dans des lanternes, à peine de cent livres d'amende.

ART. 13. — Ordonnons que l'arrêt du 30 avril 1729, portant règlement pour le débit de la poudre à canon, fusées et autres artifices, sera exécuté selon sa forme et teneur; et, en conséquence, faisons défenses à tous marchands merciers, quincailliers, bimblotiers et autres de faire aucun commerce ni débit de poudre à canon, soit fine, soit commune, fusées volantes et autres artifices, dans l'étendue et l'intérieur des limites et des faubourgs de cette ville. Faisons pareillement défenses à tous propriétaires, engagistes, ou principaux locataires des maisons, boutiques ou échoppes, de louer leurs dites maisons, boutiques ou échoppes, pour faire un pareil commerce. Faisons, en outre, défenses aux artificiers d'essayer leurs artifices dans les environs de la Ville et faubourgs, ni dans les promenades publiques, mais seulement dans les lieux écartés et par nous indiqués ; le tout, sous les peines portées dans ledit arrêt.

ART. 14. — Enjoignons aux boulangers et pâtissiers de cette Ville et faubourgs, d'avoir des éteignoirs de fer ou de cuivre pour éteindre leur braise ; leur faisons défenses de s'en servir d'autres, de faire sécher leur bois dans leurs fours, et de faire construire des soupentes au-dessus desdits fours, à peine de cinq cents livres d'amende. Ordonnons que, dans un mois du jour de la publication de la présente ordonnance, ceux qui ont actuellement des soupentes au-dessus desdits fours seront tenus de les faire démolir, sous les mêmes peines que dessus ; à l'effet de quoi les commissaires au Châtelet feront des visites chez les boulangers chacun dans leur quartier, une fois le mois au moins.

ART. 15. — Ordonnons que nos sentences et ordonnances des 1er juillet 1729, 10 juin, 30 août 1730 et 13 juillet 1734, seront exécutées ; et, en conséquence, faisons très expresses, et itératives défenses à tous particuliers, de quelque qualité et condition qu'ils soient, de ne tirer aucuns pétards ou fusées, boîtes, pommeaux d'épée ou saucissons, pistolets, mousquetons, ou autres armes à feu, dans les rues, dans les cours ou jardins, et par les fenêtres de leurs maisons, pour quelque cause et occasion que ce soit ; et, nommément, les jours de la Fête-Dieu, de la veille et fête de saint Jean-Baptiste, et jours de réjouissances publiques, de se servir de fusées, boîtes, et autres armes à feu pour tirer au blanc, ni autrement, même dans les cours et jardins des faubourgs, à peine de quatre cents livres d'amende ; de laquelle amende les pères et mères seront civilement tenus responsables pour leurs enfants, et les maîtres et chefs de maison pour leurs domestiques et serviteurs, apprentis et compagnons ; pourront même les contrevenants être emprisonnés sur-le-champ.

ART. 16. — Enjoignons expressément, conformément aux susdites ordonnances, à tous propriétaires et locataires de maisons, lorsqu'on allume feux, pour les réjouissances publiques, de fermer leurs boutiques, de faire fermer et boucher exactement les fenêtres, lucarnes, œils-de-bœuf, et, généralement, toutes les ouvertures des greniers des maisons à eux appartenantes, ou par eux occupées, soit que lesdits greniers soient vides ou remplis ; comme aussi de fermer les fenêtres et portes des ouvertures des chambres, remises, hangars et écuries, de même que les soupiraux et ouvertures des caves, cours et autres endroits dans lesquels il y aurait de la paille, du foin, du bois, des tonneaux, du suif et autres matières combustibles à peine de deux cents livres d'amende contre les contrevenants. Ordonnons, en outre, aux marchands épiciers pendant ledit temps, de tenir les portes et soupiraux de leurs caves et magasins exactement fermés, et, aux

chandeliers et grainiers, de retirer les bottes de foin et de paille qu'ils ont coutume d'étaler en dehors de leurs boutiques, sous les mêmes peines de deux cents livres d'amende.

ART. 17. — Enjoignons pareillement, à tous propriétaires de maisons où il y a des puits, de les maintenir en bon état, en sorte qu'il y ait au moins vingt-deux pouces (0m 60) d'eau ; de les nettoyer, curer, et même creuser, lorsque ladite quantité d'eau viendra à diminuer. Enjoignons aussi auxdits propriétaires, ou principaux locataires, de les entretenir de bonnes et suffisantes poulies, et d'avoir soin à ce qu'elles soient exactement et journellement garnies de cordes, et d'avoir en icelles un ou plusieurs seaux qui puissent servir au besoin, le tout, sous les peines portées par les ordonnances et règlements, et, notamment, par nos ordonnances des 20 janvier 1727 et 15 mai 1734.

ART. 18. — En cas d'incendie, seront tenus les bourgeois et habitants, chez lesquels le feu aura pris, de faire ouverture de leurs maisons aux commissaires du Châtelet, aux officiers du guet, et autres officiers de police, qui se présenteront pour leur prêter secours ; et, en cas de refus, seront les portes enfoncées et brisées, sur les ordres des commissaires du quartier qui seront tenus de dresser procès-verbal du refus d'ouvrir les maisons desdits propriétaires ou locataires. Enjoignons pareillement à tous les habitants de la rue où sera l'incendie, et mêmes à ceux des rues adjacentes, de tenir la porte de leur maison ouverte, et de puiser de l'eau dans leurs puits, pour le service des pompes publiques et des ouvriers employés audit incendie, à peine de cinq cents livres d'amende, contre ceux qui refuseront de prêter secours ou de faire ouverture de leurs maisons.

ART. 19. — Disons que notre sentence du 29 janvier 1726 sera exécutée ; et, en conséquence, que les marchands épiciers-ciriers, les plus prochains de l'incendie, seront tenus d'avoir leurs boutiques ouvertes, et de fournir, en payant, sous les ordres des commissaires au Châtelet, tous les flambeaux nécessaires pour éclairer audit incendie, à peine de deux cents livres d'amende.

ART. 20. — Ordonnons que tous les maîtres-maçons, charpentiers, couvreurs, plombiers et autres ouvriers et artisans, seront tenus, au premier avis qui leur sera donné de quelque incendie, et sur la réquisition des commissaires et autres officiers de police, de se transporter, à l'instant de l'avertissement, sur les lieux où sera l'incendie, d'y faire transporter leurs compagnons, ouvriers et apprentis, avec les ustensiles nécessaires pour aider à éteindre le feu, le plus promptement qu'il sera possible ; à peine de cinq cents livres d'amende contre chacun desdits maîtres, compagnons, ouvriers et apprentis. Ordonnons, en outre, que les jurés des communautés des maîtres-maçons, charpentiers, couvreurs et plombiers, seront tenus de faire imprimer, par chacune année, une liste contenant les noms et demeures des maîtres de la communauté, et d'en délivrer des exemplaires aux commissaires au Châtelet, au sieur commandant du guet, et autres officiers de police ; lesquelles listes lesdits jurés seront tenus la faire imprimer par distinction de chacun quartier; le tout, conformement aux arrêts et réglements de police, et, notamment, à nos sentences des 7 mars 1670, 10 juillet 1706 et 29 janvier 1726.

ART. 21. — Disons que l'ordonnance du 23 février 1716 sera exécutée selon sa forme et teneur; et, en conséquence, que l'inspecteur des pompes sera tenu de faire poser régulièrement, au coin des rues, des affiches, de six mois en six mois, des lieux où les pompes sont déposées, des noms et demeures des gardiens desdites pompes, lesquels gardiens ne pourront loger qu'aux environs des pompes qu'ils doivent servir.

Ordonnance de police 15 *septembre* 1875.

Vu : 1° les lois des 16-24 août 1790 et 19-22 juillet 1791;

2° L'arrêté du Gouvernement du 12 messidor an VIII (1er juillet 1800);

3° L'ordonnance du 25 mars 1828 concernant les magasins de détaillants de fourrages; les ordonnances de police des 24 novembre 1843 et 11 décembre 1852, concernant les incendies;

4° La délibération du conseil d'hygiène publique et de salubrité du département de la Seine, en date du 9 avril 1875, et l'instruction qui lui fait suite concernant les tuyaux de fumée;

5° Les articles 471 et 475 du Code pénal;

Considérant qu'il importe de rappeler aux habitants de Paris les obligations qui leur sont imposées par les règlements, soit pour prévenir les incendies, soit pour concourir à les éteindre; qu'il importe aussi de faire concorder ces obligations avec celles prescrites par l'arrêté du préfet de la Seine, en date du 8 août 1874, concernant la construction des tuyaux de cheminées dans Paris;

Considérant que non seulement il y a un intérêt général à prévenir les dangers d'incendie, mais encore que la santé publique peut être compromise par le mauvais état et le défaut d'entretien des tuyaux de fumée qui traversent des habitations;

Considérant, enfin, qu'il importe d'apporter à l'ordonnance de police ci-dessus visée du 11 décembre 1852 les modifications dont l'expérience a fait reconnaître l'utilité;

Ordonnons ce qui suit :

TITRE Ier. — DISPOSITION COMMUNE AUX FOYERS DE CHAUFFAGE ET AUX CONDUITS DE FUMÉE.

ARTICLE PREMIER. — Toutes les cheminées et tous les autres foyers ou appareils de chauffage fixes ou mobiles, ainsi que leurs conduits ou tuyaux de fumée, doivent être établis de manière à éviter les dangers de feu et à pouvoir être visités, nettoyés facilement et entretenus en bon état.

TITRE II. — ÉTABLISSEMENT DES CHEMINÉES OU AUTRES FOYERS FIXES ET DES POÊLES OU AUTRES FOYERS MOBILES.

ART. 2. — Il est interdit d'adosser les foyers de cheminées, les poêles, les fourneaux et autres appareils de chauffage à des pans de bois ou à des cloisons contenant du bois.

On doit toujours laisser, entre le parement extérieur du mur entourant ces foyers et lesdits pans de bois ou cloisons, un isolement ou une charge de plâtre d'au moins seize centimètres.

Les foyers industriels et ceux d'une importance majeure doivent avoir des isolements ou charges de plâtre proportionnés à la chaleur produite et suffisants pour éviter tout danger de feu (voir art. 1er),

ART. 3. — Les foyers de cheminées et de tous appareils fixes de chauffage, sur plancher en charpente de bois, doivent avoir, au-dessous, des trémies en matériaux incombustibles.

La longueur des trémies sera au moins égale à la largeur des cheminées, y compris la moitié de l'épaisseur des jambages; leur largeur sera d'un mètre au moins, à partir du fond du foyer jusqu'au chevêtre.

Cette prescription s'applique également aux autres appareils de chauffage.

ART. 4. — Les fourneaux potagers doivent être disposés de telle sorte que les cendres qui en proviennent soient retenues par des cendriers fixes construits en matériaux incombustibles et ne puissent tomber sur les planchers.

Ces fourneaux doivent être surmontés d'une hotte, si le conduit de fumée n'aboutit pas au foyer.

ART. 5. — Les poêles mobiles et autres appareils de chauffage également mobiles doivent être posés sur une plate-forme en matériaux incombustibles dépassant d'au moins *vingt centimètres* la face de l'ouverture du foyer. Ils devront, de plus, être élevés sur pieds de telle sorte que, au-dessus de la plate-forme, il y ait un vide de *huit centimètres* au moins.

TITRE III. — ÉTABLISSEMENT, ENTRETIEN ET RAMONAGE DES CONDUITS DE FUMÉE, FIXES OU MOBILES.

§ 1er. — Établissement des conduits de fumée.

ART. 6. — Les conduits de fumée faisant partie de la construction et traversant les habitations doivent être construits conformément aux lois, ordonnances et arrêtés en vigueur.

Toute face intérieure de ces tuyaux doit être à 0m 16 au moins des bois de charpente.

Quant aux conduits de fumée mobiles, en métal ou autres, existant dans le local où est le foyer et aux conduits de fumée montant extérieurement, ils doivent être établis de façon à éviter tout danger de feu, ainsi qu'il est dit en l'article 1er. Ils doivent être, dans tout leur parcours, à *seize centimètres* au moins de tout bois de charpente, de menuiserie et autres.

Les conduits de chaleur des calorifères et autres foyers sont soumis aux mêmes conditions d'isolement que les conduits de fumée.

ART. 7. — Tout conduit de fumée traversant les étages supérieurs ou les habitations doit avoir une section horizontale ou capacité suffisante pour l'importance du foyer qu'il dessert.

Tout conduit de fumée de foyer industriel doit, autant que possible, être à l'extérieur; mais dans le cas contraire et si le tuyau traverse les habitations, il doit avoir des dimensions telles ou être construit de telle sorte que la chaleur produite ne puisse le détériorer ou être la cause d'une incommodité grave et de nature à altérer la santé dans les habitations.

Les conduits de fumée des fourneaux en fonte des restaurateurs, traiteurs, rôtisseurs, charcutiers, et ceux des fours des boulangers, pâtissiers, et des autres grands fours, ceux des forges, des moufles, des calorifères chauffant plusieurs pièces, doivent, notamment, être établis dans ces conditions particulières.

ART. 8. — Tout conduit de fumée doit, à moins d'autorisation spéciale, desservir un seul foyer, et monter dans toute la hauteur du bâtiment sans ouverture d'aucune sorte dans tout son parcours.

En conséquence, il est formellement interdit de pratiquer des ouvertures dans un conduit de fumée traversant un étage, pour y faire arriver de la fumée, des vapeurs ou des gaz, ou même de l'air.

§ 2. — Entretien des conduits de fumée.

ART. 9. — Les conduits de fumée fixes ou mobiles doivent être entretenus en bon état.

A cet effet, les conduits de fumée fixes en maçonnerie doivent toujours être apparents sur une de leurs faces au moins, ou disposés de façon à pouvoir être facilement visités ou sondés.

Tout conduit de fumée brisé ou crevassé doit être de suite réparé ou refait au besoin.

Après un feu de cheminée, le conduit de fumée où le feu se sera déclaré devra être visité dans tout son parcours par un architecte ou un constructeur et sera, au besoin, réparé ou refait.

Les tuyaux mobiles doivent toujours être apparents dans toutes leurs parties.

§ 3. — Ramonage.

ART. 10. — Il est enjoint aux propriétaires et locataires de faire nettoyer ou ramoner les cheminées et tous tuyaux conducteurs de fumée assez fréquemment pour prévenir les dangers de feu.

Les conduits et tuyaux de cheminées ou de foyers ordinaires dans lesquels on fait habituellement du feu doivent être nettoyés ou ramonés deux fois au moins pendant l'hiver.

Les conduits et tuyaux de tous foyers qui sont allumés tous les jours doivent être nettoyés et ramonés tous les deux mois au moins.

Les conduits et tuyaux des grands fourneaux de restaurateurs, des fours de boulangers, pâtissiers, ou autres foyers industriels semblables doivent être nettoyés ou ramonés tous les mois au moins.

ART. 11. — Il est défendu de faire usage du feu pour nettoyer les cheminées, les poêles, les conduits et tuyaux de fumée, quels qu'ils soient.

Le nettoyage des cheminées ne se fera par un ramoneur que si ces cheminées et leur tuyau ont partout un passage d'au moins *soixante centimètres* sur *vingt-cinq*.

Le nettoyage des cheminées et tuyaux ayant une dimension moindre se fera, soit à la corde avec hérisson ou écouvillon, soit par tout autre instrument bien confectionné ou tout autre mode accepté par l'Administration.

ART. 12. — Il nous sera donné avis des vices de construction des cheminées, poêles, fourneaux et calorifères qui pourraient occasionner un incendie.

Il nous sera aussi donné avis du mauvais état, de l'insuffisance ou du défaut de ramonage de tout conduit de fumée qui pourrait, par suite, faire craindre soit un feu de cheminée, soit une incommodité grave et pouvant occasionner l'altération de la santé des habitants.

TITRE IV. — COUVERTURES EN CHAUME, JONC, ETC.

ART. 13. — Aucune couverture en chaume, jonc, ou autre matière inflammable ne pourra être conservée ou établie sans notre autorisation.

TITRE V. — FOURS, FORGES, FOYERS D'USINES A FEU, FOURS DE BOULANGERS ET DE PATISSIERS, ATELIERS DE CHARBONS, CARROSSIERS, MENUISIERS, ETC.

ART. 14. — Les fours, les forges et les foyers d'usines à feu, non compris dans la nomenclature des établissements classés, lesquels sont soumis à des règlements spéciaux, ne pourront être établis dans l'intérieur de Paris, sans une déclaration préalable à la préfecture de police.

Le sol, le plafond et les parois des locaux où ils seront construits ne pourront être en bois apparent.

ART. 15. — L'exploitation des fournils et fours de boulangers et de pâtissiers est soumise aux prescriptions suivantes :

1° Les fournils devront être indépendants des locations et habitations voisines et en être séparés par des murs en moellons ou en briques d'une épaisseur suffisante.

Les locaux où ils seront installés seront d'un accès facile;

2° Les fours seront isolés de toute construction et leurs tuyaux disposés ou construits comme il est dit en l'article 7;

3° Le bois de provision devra toujours être disposé en dehors du fournil, dans un lieu où il ne puisse présenter aucun danger d'incendie;

4° Le bois destiné à la consommation du jour ne pourra, soit avant, soit après sa dessiccation, être laissé dans les fournils que s'il est placé dans une resserre en matériaux incombustibles fermant hermétiquement par une porte en fer.

Les arcades situées sous les fours ne pourront être affectées à cet usage qu'autant qu'elles seront fermées également par une porte en fer, à demeure, posée en retraite à dix centimètres de la face du four;

5° Les escaliers desservant les fournils seront en matériaux incombustibles;

6° Les soupentes et resserres et toutes autres constructions établies dans les fournils, ainsi que les supports de pannetons, les étouffoirs et coffres à braise, seront aussi en matériaux incombustibles;

7° Les pétrins et les couches à pain seront revêtus extérieurement de tôle, quand ils se trouveront placés à moins de deux mètres de la bouche du four. Dans le même cas, les glissoirs à farine seront construits en métal, avec fourreau en peau;

8° Les tuyaux à gaz, dans les fournils, devront être en fer ou en cuivre et non en plomb.

Art. 16. — Les forges doivent être construites suivant les lois et coutumes. Elles doivent, de plus, être sous une hotte. Leur tuyau doit être disposé et construit comme il est dit à l'article 7.

Les charrons, carrossiers, menuisiers et autres ouvriers qui travaillent le bois et le fer, sont tenus, s'ils exercent les deux professions dans la même maison, d'y avoir deux ateliers entièrement séparés par un mur, à moins que, entre la forge et l'endroit où l'on travaille ou dépose des bois, il y ait une distance de dix mètres au moins.

Art. 17. — Dans tous les ateliers où il y aura des fourneaux dits sorbonnes, ces fourneaux seront établis sous des hottes en matériaux incombustibles.

L'âtre sera entouré d'un mur en briques de vingt-cinq centimètres de hauteur au-dessus du foyer, et ce foyer sera disposé de manière à être clos, pendant l'absence des ouvriers, par une fermeture en tôle.

Dans ces ateliers, ainsi que dans ceux qui sont mentionnés à l'article précédent, les copeaux seront enlevés chaque soir.

Titre VI. — Entrepôts, magasins et débits de matières combustibles ou inflammables, théâtres, salles de spectacle, établissements et lieux publics ou particuliers.

Art. 18. — Les magasins et entrepôts de charbons de terre, houille et autres combustibles minéraux, les débits de bois de chauffage, de charbon et de tous autres combustibles, les magasins de marchands de paille et de fourrages en gros ne pourront être formés dans Paris sans notre autorisation.

On ne pourra entrer avec de la lumière dans les magasins de fourrages en gros.

Art. 19. — Tous magasins des détaillants de paille et de fourrages ne peuvent être ouverts qu'après une déclaration à la préfecture de police. Ils ne devront être établis ni dans des boutiques, ni dans des soupentes y attenant. Il n'y aura dans ces magasins ni bois de construction apparent, ni foyer, ni tuyau de cheminée. On ne pourra y entrer avec de la lumière.

Art. 20. — Il est interdit d'entrer avec de la lumière dans les établissements, magasins, caves et autres lieux renfermant des spiritueux et, en général, des matières dégageant des gaz ou des vapeurs inflammables, à moins que cette lumière ne soit renfermée dans une lampe de sûreté dite de Davy.

Les caves et les magasins renfermant des spiritueux ou des matières dégageant des gaz ou des vapeurs inflammables devront être suffisamment ventilés, au moyen d'une ouverture ménagée à la partie inférieure de la porte d'entrée et d'une autre ouverture opposée à la première. Cette seconde ouverture sera pratiquée dans la partie supérieure de la cave ou du magasin.

Il est défendu d'entrer dans les écuries et dans les étables avec de la lumière non renfermée dans une lanterne.

Art. 21. — Il est défendu de rechercher les fuites de gaz avec du feu ou de la lumière.

Art. 22. — La vente des matières d'artifice, le tir des armes à feu et des feux d'artifice, la conservation, le transport et la vente des capsules et des allumettes fulminantes auront lieu conformément aux règlements spéciaux relatifs à ces matières.

Art. 23. — Les lieux publics de réunion, tels que les théâtres, les salles de bal, les cafés-concerts, etc., ne pourront, à moins d'une autorisation spéciale, être chauffés autrement que par des bouches à air chaud, et être éclairés autrement que par le gaz ou par des lampes à l'huile, mais non à l'huile minérale.

Art. 24. — Il est expressément défendu de brûler de la paille sur aucune partie de la voie publique, dans l'intérieur des abattoirs, des halles et marchés, dans les cours, les jardins et terrains particuliers, et d'y mettre en feu aucun amas de matières combustibles.

Art. 25. — Il est interdit de fumer dans les salles de spectacle, sous les abris des halles, dans les marchés et, en général, dans l'intérieur de tous les monuments et édifices publics placés sous notre surveillance.

Il est également défendu de fumer dans les magasins et autres endroits renfermant des spiritueux, ainsi que des matières combustibles, inflammables ou fulminantes.

Art. 26. — Il n'est point dérogé, par la présente ordonnance, aux dispositions relatives aux dangers d'incendie qui se trouvent contenues dans les règlements spéciaux concernant les halles et marchés, les abattoirs, les ports et berges, les salles de spectacle, etc.

Les établissements classés et les locaux contenant des produits spécialement réglementés restent soumis aux conditions particulières que leur imposent les règlements en vigueur.

Titre VII. — Extinction des incendies.

Art. 27. — Aussitôt qu'un feu de cheminée ou un incendie se manifestera, il en sera donné avis au plus prochain poste de sapeurs-pompiers et au commissaire de police du quartier.

Art. 28. — Il est enjoint à toute personne chez qui le feu se manifesterait d'ouvrir les portes de son domicile à la première réquisition des sapeurs-pompiers et de tous agents de l'autorité.

Art. 29. — Les propriétaires ou locataires des lieux voisins du point incendié seront obligés de livrer, au besoin, passage aux sapeurs-pompiers et aux agents de l'autorité appelés à porter des secours.

Art. 30. — Les habitants de la rue où se manifestera l'incendie et ceux des rues adjacentes tiendront les portes de leurs maisons ouvertes et laisseront puiser de l'eau à leurs puits, pompes et robinets de concession, pour le service de l'incendie.

Art. 31. — En cas de refus de la part des propriétaires et des locataires de déférer aux prescriptions des trois articles précédents, les portes seront ouvertes à la diligence du commissaire de police et, à son défaut, de tout commandant de détachement de sapeurs-pompiers.

ART. 32. — Il est enjoint aux propriétaires et principaux locataires des maisons où il y a des puits, des pompes et autres appareils hydrauliques, de les entretenir en bon état de service. Les puits devront être constamment garnis de cordes, de poulies et de seaux.

ART. 33. — Les propriétaires, gardiens ou détenteurs de seaux, pompes, échelles, etc., qui se trouveront soit dans les édifices publics, soit chez les particuliers, seront tenus de déférer aux demandes du commandant de détachement des sapeurs-pompiers et des commissaires de police qui les requerront de mettre ces objets à leur disposition.

ART. 34. — Les porteurs d'eau à tonneaux rempliront leurs tonneaux, chaque soir, avant de les remiser, et les tiendront pleins toute la nuit.

Au premier avis d'un incendie, ils y conduiront leurs tonneaux pleins d'eau.

ART. 35. — Les gardiens des pompes et réservoirs publics seront tenus de fournir l'eau nécessaire pour l'extinction des incendies.

ART. 36. — Toute personne requise pour porter secours en cas d'incendie, et qui s'y serait refusée, sera poursuivie ainsi qu'il est dit en l'article 475 du Code pénal.

ART. 37. — Les maçons, charpentiers, fumistes, couvreurs, plombiers et autres ouvriers seront tenus, à la première réquisition, de se rendre au lieu de l'incendie, avec leurs outils ou agrès, mais ils ne travailleront que d'après les ordres du commandant de détachement des sapeurs-pompiers; faute par eux de déférer à cette réquisition, ils seront poursuivis devant les tribunaux conformément audit article 475.

ART. 38. — Tous propriétaires de chevaux seront tenus, au besoin, de les fournir pour le service des incendies, et le prix du travail de ces chevaux sera payé sur mémoires certifiés par le commissaire de police ou par le colonel des sapeurs-pompiers.

ART. 39. — Il est enjoint à tous marchands voisins de l'incendie de fournir, sur la réquisition du commissaire de police ou du commandant de détachement de sapeurs-pompiers, les flambeaux et terrines nécessaires pour éclairer les travailleurs, ainsi que le combustible destiné au service des pompes à vapeur.

Le prix des fournitures faites sera payé sur des mémoires certifiés ainsi qu'il est dit à l'article précédent.

TITRE VIII. — DISPOSITIONS GÉNÉRALES.

ART. 40. — Les ordonnances de police des 24 novembre 1843 et 11 décembre 1852, concernant les incendies, ainsi que celle du 25 mars 1828, concernant les magasins de détaillants de fourrages, sont rapportées.

ART. 41. — Les contraventions à la présente ordonnance seront constatées par des procès-verbaux qui nous seront transmis pour être déférés, s'il y a lieu, aux tribunaux compétents.

Il sera pris, en outre, suivant les circonstances, telles mesures d'urgence qu'exigera la sûreté publique.

ART. 42. — La présente ordonnance sera publiée et affichée.....

———

Instruction jointe à l'ordonnance de police du 15 septembre 1875.

Le poste de sapeurs-pompiers qui aura eu connaissance d'un incendie, ou d'un feu de cheminée, se rendra immédiatement sur le lieu avec la pompe.

Le chef du poste en fera, au besoin, donner immédiatement avis à la caserne de sapeurs-pompiers la plus rapprochée. Dans tous les cas, il fera prévenir le commissaire de police du quartier qui se transportera aussi sur le lieu de l'incendie.

Si l'incendie présente un caractère alarmant, le commissaire de police fera prévenir le préfet de police, le général commandant la place et le colonel de la garde républicaine, ainsi que le colonel du régiment de sapeurs-pompiers qui dirigera sur le théâtre de l'incendie tous les moyens de secours nécessaires.

Le commissaire de police fera transporter en nombre suffisant les seaux à incendie qui se trouveront dans les dépôts publics, et, au besoin, ceux des établissements particuliers.

Il prendra, de concert avec le commandant de détachement de sapeurs-pompiers, les dispositions convenables pour éclairer les travailleurs.

Le commandant de détachement de sapeurs-pompiers prendra la direction des moyens de secours.

Le commissaire de police s'occupera plus spécialement des diverses mesures à prendre dans l'intérêt de l'ordre, de la conservation des propriétés et de la sûreté publique.

Il veillera aussi à ce que les diverses fournitures, et particulièrement celle de l'eau, soient exactement constatées.

Si plusieurs commissaires de police sont présents à l'incendie, ils se partageront le service, mais la direction principale appartiendra toujours au commissaire du quartier.

Les commissaires de police requerront, au besoin, la force armée.

Les troupes appelées sur le théâtre de l'incendie ne doivent être généralement employées qu'au maintien du bon ordre, à former les chaînes ou à manœuvrer les balanciers des pompes, la direction des secours et de toutes mesures prises pour combattre les incendies devant être laissée au corps des sapeurs-pompiers.

Afin d'éviter les accidents et pour ne pas porter le feu dans les parties de bâtiments qu'il n'a pas encore atteintes, le public qui se rend sur le théâtre de l'incendie ne doit, en aucune façon, ouvrir les portes, les croisées et autres issues des lieux incendiés, et surtout ne rien démolir avant l'arrivée des sapeurs-pompiers, à moins que ce ne soit pour sauver des personnes en danger. Ce sauvetage doit se faire, autant que possible, par les escaliers.

Le déménagement des gros meubles et des gros effets ne doit avoir lieu qu'à l'arrivée des sapeurs-pompiers, qui jugent si ce déménagement est nécessaire.

C'est ainsi qu'on pourra reconnaître, à l'état des lieux, comment le feu a pris, empêcher les vols et les dégradations, et maîtriser le feu plus facilement, en évitant les encombrements dans les escaliers et autour du point incendié.

Le commissaire de police, le colonel du régiment de sapeurs-pompiers, et tous autres agents de l'autorité, nous signaleront les personnes qui se seront fait remarquer dans les incendies.

Les commissaires de police dresseront procès-verbal des incendies et des circonstances qui les auront accompagnés.

Ils rechercheront les causes des incendies et les indiqueront, ainsi que le montant approximatif des pertes occasionnées; ils feront aussi connaître si l'incendié est assuré, et pour quelle somme.

Arrêté préfectoral du 30 avril 1879.

ARTICLE PREMIER. — La délibération du conseil municipal de Paris, en date du 29 mars 1879, susvisée, est approuvée.

Les propriétaires et locataires des maisons de Paris pourront être autorisés, sous la réserve des droits des tiers, à placer à leurs frais, risques et périls, dans le sol de la voie publique, des tuyaux de branchements d'eau, en fonte ou en plomb, d'un diamètre choisi et déterminé par eux, qui devront se raccorder avec les conduites publiques des eaux de la Ville, pour rejoindre ensuite et alimenter des bouches d'incendie établies à l'intérieur ou à l'extérieur des maisons.

ART. 2. — Ces autorisations sont subordonnées aux conditions suivantes, que le permissionnaire devra s'engager à remplir :

1° Aucun branchement de secours contre l'incendie ne pourra être établi que dans les locaux où l'alimentation journalière, soit de la propriété, soit des industries, soit des habitants, aura été préalablement assurée par une concession d'eau, soumise aux tarifs et conditions de l'arrêté réglementaire du 30 novembre 1860.

Le branchement et la canalisation intérieure de secours contre l'incendie seront complètement isolés du branchement et de la canalisation intérieure du service ordinaire ;

2° La ville de Paris ne sera tenue à aucune obligation envers le permissionnaire, en ce qui concerne soit la quantité, soit la pression, soit même le fonctionnement de l'eau contenue dans la conduite publique sur laquelle le branchement sera autorisé ;

3° Lorsque les appareils de prise d'eau seront placés à l'intérieur de la propriété, le robinet destiné à la manœuvre du branchement sera placé dans un regard établi dans le sol de la voie publique, et fermé par une clef qui sera remise au permissionnaire. Il devra être revêtu de cachets, lesquels ne pourront être brisés que dans le cas d'incendie ;

4° En dehors du cas ci-dessus établi et de l'exception prévue à l'art. 3 ci-après, toute rupture de ces cachets constatée, soit par les agents du service des eaux de la ville de Paris, soit par les agents assermentés de la Compagnie générale des eaux, entraînera pour le permissionnaire l'obligation de payer une amende de 1,000 francs à titre de dommages-intérêts.

Si ces cachets étaient rompus par cas de force majeure, ou par une cause étrangère à la volonté du permissionnaire, celui-ci devrait en aviser immédiatement la Compagnie générale des eaux. Il en sera référé sans retard à l'Administration qui pourra, sur l'avis de l'ingénieur en chef des eaux, autoriser l'apposition de nouveaux cachets, sans pénalité ;

5° La Compagnie générale des eaux, régisseur intéressé de la ville de Paris pour les eaux livrées aux particuliers, aura un droit de contrôle sur les appareils dont il s'agit.

Elle dressera, s'il y a lieu, procès-verbal de toutes les contraventions, sans préjudice des dommages-intérêts qu'elle croirait devoir réclamer pour le dommage que ces contraventions auraient pu lui causer ;

6° Les travaux nécessaires à l'établissement dans le sol de la voie publique du branchement autorisé seront exécutés et réparés par les entrepreneurs de la ville de Paris, aux frais et sous la responsabilité du permissionnaire, et aux conditions du devis et de la série de prix de l'adjudication du 8 janvier 1877 ;

7° Ces autorisations, absolument temporaires, concernant les eaux publiques, inaliénables et imprescriptibles, seront révocables à la volonté de l'Administration, par arrêté préfectoral, et ne pourront être transportées à aucune autre personne ou compagnie sans le consentement de l'Administration ;

8° Les frais de timbre et d'enregistrement de l'arrêté d'autorisation et de l'engagement du permissionnaire seront supportés par celui-ci.

ART. 3. — Sur la demande qu'en fera le permissionnaire, par lettre, au directeur de la Compagnie générale des eaux, un agent sera mis à sa disposition pour assister à l'ouverture du robinet cacheté, permettre toute expérience, vérification et constatation de l'état des appareils et rétablir les cachets après l'opération.

ART. 4. — Le robinet extérieur cacheté ne sera obligatoire ni pour les théâtres, ni pour les cafés-concerts soumis au contrôle régulier des pompiers, et dont la liste est arrêtée par M. le préfet de police.

ART. 5. — Les théâtres seuls seront exceptés de l'abonnement imposé par le paragraphe 1er de l'article 2 du présent arrêté; mais cet abonnement sera obligatoire pour tous autres établissements, notamment pour les cafés-concerts de quelque catégorie qu'ils soient.

ART. 6. — L'ingénieur général des ponts et chaussées...

INGRES (Avenue).

Les propriétés en bordure des avenues Ingres, Prudhon, Raphaël et des boulevards Suchet et Lannes, sont soumises à certaines clauses particulières insérées dans le contrat de vente des terrains [1] et relatives à la zone dans laquelle on ne peut construire, ainsi qu'à la nature de la construction et de l'habitation des édifices qui y sont élevés.

---

[1] Extrait, contrat de vente, 1856, annexe.

ANNEXE

Extrait du contrat de vente des terrains des avenues Prudhon, Raphaël et Ingres.
(1856).

ARTICLE 5. — CONDITIONS SPÉCIALES.

§ 1er. — Droit d'issues et de jours, chaussée, égout, écoulement des eaux, trottoirs et éclairage.

Le terrain présentement mis en vente aura, sur les boulevards de la Muette (*avenue Prudhon*) et du Ranelagh (*avenue Raphaël*), les mêmes droits de jour et d'issue que sur la route départementale n° 2 (*avenue Ingres*). Quant à la route stratégique (*boulevards Suchet et Lannes*) il se conformera, pour les jours et issues à y prendre, aux lois et règlements sur la matière. Ledit adjudicataire supportera, au droit de sa façade, les frais de mise en état de viabilité des chaussées et de plus, s'il y a lieu, les frais de pose des trottoirs, ainsi que ceux de premier établissement d'égout et d'appareils d'éclairage. Il devra pourvoir à l'absorption des eaux pluviales et ménagères sur son propre terrain, de manière à ce qu'il n'en coule aucune sur les voies publiques jusqu'à l'établissement d'égouts publics, au droit des constructions qui seront édifiées sur le terrain dont il s'agit.

§ 2. — Zone de servitudes et de clôtures.

Aucune construction ne pourra jamais être élevée sur le terrain mis en vente dans une zone de dix mètres en arrière de l'alignement des boulevards de la Muette (*avenue Prudhon*) et du Ranelagh (*avenue Raphaël*) et de la route départementale n° 2 (*avenue Ingres*), et dans une zone de cinq mètres en arrière de l'alignement de la route stratégique (*boulevards Lannes et Suchet*). Cette zone devra être cultivée en parterres d'agrément qui ne pourront, dans aucun cas et sous aucun prétexte, devenir des lieux de réunions publiques. Ledit terrain devra être clos, à perpétuité, aux frais de l'adjudicataire, dans le délai d'un an à compter du jour où il aura la jouissance de la totalité dudit terrain, par une grille en fer, sur socle en pierre dans toute l'étendue de ses façades sur les boulevards de la Muette (*avenue Prudhon*) et du Ranelagh (*avenue Raphaël*), la route départementale n° 2 (*avenue Ingres*) et la route stratégique (*boulevards Lannes et Suchet*). Cette même grille devra être établie, dans toute la largeur des zones de servitudes ci-dessus prescrites, pour servir de clôture tant entre le terrain réservé par la ville de Paris et celui présentement mis en vente, qu'entre toutes les subdivisions qui pourront être faites par la suite de ce dernier terrain. Ces grilles ne pourront être obstruées par aucun volet ni aucune persienne et devront toujours être entretenues en bon état de propreté. Un exemplaire du modèle obligatoire de ladite grille dûment timbré au droit de deux francs, et qui sera enregistré en même temps que les présentes, est demeuré ci-annexé, après que M. le Préfet l'a eu certifié véritable et signé, et après

que dessus il a été fait mention du tout par les notaires.

§ 3. — Obligation de bâtir, interdictions de profession et autres.

L'adjudicataire ne pourra élever sur le terrain mis en vente que des maisons d'habitation bourgeoise; en conséquence aucun genre de commerce ou d'industrie ne pourra y être exercé. Ces constructions devront, dans un délai de deux années, à partir du jour de l'entrée en jouissance complète, présenter une superficie de six cents mètres carrés au moins. Les propriétaires devront, avant de construire, demander le nivellement et obtenir les permissions ordinaires, à la charge de payer les droits de voirie. Les façades principales des constructions devront être parallèles à la voie publique; les parties latérales des maisons qui ne se relieraient pas entre elles devront recevoir une décoration analogue à celle générale de l'édifice, sans obligation d'ouvertures sur lesdites parties latérales. Enfin, aucune des faces de ces constructions ne devra présenter de mur pignon.

INSCRIPTION des rues. — Ord. pol. des 30 juill. 1729[1] et 1er sept. 1779[2]. Décr. du 23 mai 1806[3]. Ord. pol. du 9 juin 1824[4]. Décis. préf. pol. du 15 févr. 1850[5].

Les plaques indicatrices des rues sont posées et entretenues aux frais des propriétaires des immeubles situés à l'angle ou en face des rues[6]. Ces plaques doivent être du modèle adopté par l'Administration.

Il est interdit de les poser ou de les déposer sans en avoir, au préalable, fait la déclaration au commissaire de police; il est également interdit de les masquer[7] et à plus forte raison de les dégrader[8].

ANNEXES

Ordonnance de police du 30 juillet 1729.

Sur ce qui nous a esté remontré par le procureur du Roy; que quoyque les plaques de tôles que nous avons fait poser aux entrées et aux sorties de toutes les rues de cette ville, soient d'une très grande commodité pour le public et sur-tout pour les estrangers; cependant il nous informé que plusieurs bourgeois et habitans qui font restablir et reconstruire les façades des maisons sur lesquelles ces plaques sont apposées, n'ont pas l'attention de les y faire remettre; et qu'il y en a d'autres qui affectent de les changer ou de les effacer, et mesme quelquefois de les oster. Et comme il est nécessaire d'assujettir les propriétaires au rétablissement et à la conservation de ces plaques, lorsque les lettres en seront effacées ou

[1] Annexe. — [2] V. *Cheminée*. — [3] Annexe. — [4] Annexe. — [5] V. *Saillie*. — [6] Ord. pol., 1er sept. 1779, V. *Cheminée*. Décr., 23 mai 1806, annexe. — [7] Décis. pol., 15 févr. 1850, V. *Saillie*. — [8] Ord. pol., 30 juill. 1729, annexe. Ord. pol., 9 juin 1824, annexe.

qu'elles auront esté enlevées, soit par les réparations et reconstructions des façades des maisons ou autrement, il est obligé de requérir qu'il soit incessamment pourvu. Sur quoy nous, faisons droit sur le réquisitoire du procureur du Roy, faisons défenses à toutes personnes de quelque qualité et condition qu'elles soient, de faire enlever, de changer ni d'effacer les écriteaux qui sont posez aux coins des rues de cette Ville et faubourgs, à peine de cent livres d'amende pour chaque contravention, et autres plus grandes peines en cas de récidive.

Ordonnons qu'à l'avenir les propriétaires des maisons où les plaques sont attachées seront tenus, lorsqu'ils feront quelque restablissement ou reconstruction aux façades desdites maisons, ou que les plaques seront trop usées, effacées ou enlevées, de faire mettre en leur place des tables de pierre de liais d'un pouce et demi d'époisseur et de grandeur suffisante pour y faire graver les mesmes noms des rues et les mesmes numéros qui estoient sur les plaques, en lettres de la hauteur de deux pouces et demi, et de largeur proportionnée; observer une rainure formant un cadre au pourtour de ladite pierre à trois pouces de l'areste qui sera marqué en noir, ainsi que lesdites lettres et numéros, pour les distinguer plus facilement, le tout avec les mesmes proportions qui ont esté gardées dans la première position, à la réserve que les tables seront plus grandes que n'estoient les plaques et que lesdites tables seront attachées sur les pans de bois avec de fortes pattes chantournées qui feront le parpin du pan de bois attachées par derrière sur les poteaux, et seront encastrées dans l'épaisseur du plâtre, suivant la charge que l'on donnera audit pan de bois; et en cas que lesdites façades ou encoignures soient construites en moellons, pierres de Saint-Leu ou lambourdes, les tables seront encastrées de leur épaisseur dans ledit mur, tenues avec des pattes de fer scellées en plastre; et si lesdites façades ou encoignures sont construites en pierre d'Arcueil, les propriétaires seront tenus de poser une pierre d'Arcueil pleine à l'endroit où doit estre transcrit le nom de la rue et le numéro, d'observer qu'elle soit de grandeur suffisante pour éviter l'incrustement que l'on serait obligé de faire en faisant le ravallement d'y faire graver les lettres, le numéro et le cadre marqué en noir en la manière qu'il est cy-dessus expliqué.

Seront en outre tenus lesdits propriétaires desdites maisons de donner avis au commissaire du quartier, lorsqu'ils feront apposer lesdites tables ou qu'ils feront graver lesdites encoignures, afin qu'il soit en estat de connoistre s'ils se sont conformez à ce qui est prescrit par nostre présente ordonnance, le tout sous les mesmes peines de cent livres d'amende.

Décret du 23 mai 1806.

ARTICLE PREMIER. — Il sera procédé, dans le délai de trois mois, à la réinscription des noms actuels des rues, places, quais, halles et marchés de la ville de Paris, d'après les ordres et instructions de notre ministre de l'intérieur.

ART. 2. — Les nouvelles inscriptions seront exécutées à l'huile, et pour la première fois à la charge de la commune de Paris; cette dépense sera supportée par le fonds de 300,000 fr. alloué à la ville de Paris, en 1806, pour dépenses imprévues.

ART. 3. — Ces inscriptions seront en caractères d'une grosseur moyenne entre celle des anciennes inscriptions des rues et celle des numéros actuels des maisons; les couleurs en seront les mêmes que celles de ces nouveaux numéros et indiqueront comme eux la direction de chaque rue.

ART. 4. — Les anciennes inscriptions gravées sur pierre et qui se trouvent en bon état pourront néanmoins être conservées, en donnant au fond et aux caractères les couleurs indiquées par l'article précédent.

ART. 5. — Il ne sera placé ou réparé d'inscriptions que sur une face de chaque angle de rue; mais elles seront établies de manière à ce que le passant, en arrivant dans une rue, aperçoive toujours à l'un des angles de celle qui lui fera face, ou dans laquelle il entrera, le nom que porte cette rue.

ART. 6. — Pour l'exécution de cette réinscription générale, il sera passé, par devant le préfet du département de la Seine, une adjudication au rabais, d'après un cahier de charges dressé par le préfet et approuvé par notre ministre de l'intérieur.

ART. 7. — L'entretien des inscriptions sera à la charge des propriétaires des maisons sur lesquelles elles seront placées. Les propriétaires pourront, en conséquence, les faire exécuter à leurs frais, d'une manière plus durable, soit en tôle vernissée, soit en faïence, ou en terre à poêle émaillée, en se conformant cependant aux autres dispositions du présent décret sur la couleur et la dimension desdites inscriptions.

Extrait de l'ordonnance de police du 9 juin 1824.

ARTICLE PREMIER. — L'ordonnance du roi du 24 décembre dernier portant règlement sur les saillies, auvents et constructions semblables à permettre dans la ville de Paris, sera imprimée et affichée [1].

ART. 2. — Il est défendu à tous propriétaires, locataires, entrepreneurs et autres, d'établir, ni de faire établir aucun objet en saillie sur la voie publique, sans en avoir obtenu la permission du préfet de police, pour ce qui concerne la petite voirie.

ART. 3. — Les permissions seront délivrées sur les demandes des parties intéressées, après que les droits de petite voirie auront été acquittés.

L'espèce, le nombre et les dimensions des objets à établir devront, autant que faire se pourra, être indiqués dans les demandes. On sera tenu d'y joindre les plans qui seront jugés nécessaires.

------

[1] Cette ord. est abrogée et remplacée par le décr. du 22 juill. 1882.

ART. 4. — Il est défendu d'excéder les limites et les dimensions fixées par les permissions, et d'établir d'autres objets que ceux qui y seront spécifiés.

Il est enjoint, en outre, de remplir exactement les conditions particulières qui seront exprimées dans les permissions.

ART. 5. — Les emplacements affectés à l'affiche des lois et actes de l'autorité publique ne devront être couverts par aucune espèce de saillie.

ART. 6. — Il est défendu de dégrader ni masquer les inscriptions indicatives des rues et les numéros des maisons.

Dans le cas où l'exécution des ouvrages nécessiterait momentanément la dépose des inscriptions des rues, il ne pourra y être procédé qu'avec l'autorisation de M. le préfet de police.

Les numéros des maisons qui auront été effacés ou dégradés à l'occasion des mêmes ouvrages seront rétablis, en se conformant aux règlements sur la matière.

ART. 7. — Il est également défendu de dégrader ni déplacer les tentures et boîtes des réverbères de l'illumination publique, ni de rien entreprendre qui puisse empêcher où gêner le service de l'allumage.

Si l'établissement des saillies nécessitait le déplacement desdites tentures ou boîtes, ce déplacement ne pourra être fait que par l'entrepreneur général de l'illumination et d'après l'autorisation du préfet de police.

ART. 8. — Toute saillie qui ne reposerait pas sur le sol sera fixée et retenue de manière à prévenir toute espèce d'accident.

ART. 9. — Il sera procédé à la vérification et au récolement des saillies par les commissaires de police des quartiers respectifs, ou par l'architecte commissaire et les architectes inspecteurs de la petite voirie, qui dresseront à ce sujet des procès-verbaux ou rapports qu'ils nous transmettront.

ART. 10. — Toute saillie établie en vertu d'une autorisation ne pourra être renouvelée ni réparée, sans la permission du préfet de police, en ce qui concerne la petite voirie.

Les permissions seront délivrées, ainsi qu'il est dit à l'art. 3 de la présente ordonnance, et à la charge de se conformer aux dispositions des art. 4, 5, 6, 7 et 8, ce qui sera constaté de la manière prescrite en l'art. 9.

ART. 11. — Les propriétaires seront tenus de faire enlever toutes les saillies actuellement existantes qui masquent les inscriptions des rues et les numéros des maisons.

Le remplacement de ces saillies sur d'autres points ne pourra avoir lieu sans une autorisation de la préfecture de police.

ART. 12. — Toute saillie, actuellement existante et non autorisée, sera supprimée, si mieux n'aiment les propriétaires ou locataires se

pourvoir de la permission nécessaire pour la conserver.

Les permissions ne seront accordées que suivant les formalités, et aux mêmes charges et conditions que celles indiquées aux art. 2 à 9 ci-dessus.

ART. 13. — Il est défendu de repeindre ni faire repeindre aucune saillie, sans déclaration préalable au commissaire de police du quartier. A défaut de déclaration, les saillies repeintes seront considérées comme saillies nouvelles, s'il n'y a preuve contraire, et, comme telles, sujettes au droit.

ART. 14. — Les perches dont l'établissement sera autorisé seront supprimées sans délai, dans le cas où les impétrants changeraient de domicile ou renonceraient à la profession qui exigeait l'usage de cette saillie.

Il est défendu de déposer sur les perches des linges, étoffes et autres matières tellement mouillées que les eaux puissent tomber dans la rue.

ART. 15. — A l'avenir, les lanternes ou transparents ne pourront être suspendus à des potences au moyen de cordes et poulies ; ils seront accrochés aux potences par des anneaux et crochets en fer, ou supportés par des tringles en fer contenues dans des coulisses et arrêtées avec serrure ou cadenas.

Les transparents actuellement munis de cordes et poulies seront établis conformément aux dispositions ci-dessus, lorsqu'ils seront renouvelés.

ART. 16. — Les transparents ne seront mis en place que le soir, et seront retirés aux heures où ils cessent d'éclairer.

ART. 17. — Il est défendu de suspendre, pendant le jour, aux cordes des transparents, des pierres, plombs ou autres matières pouvant, par leur chute, blesser les passants.

ART. 18. — Les bannes ne seront mises en place qu'au moment où le soleil donnera sur les boutiques qu'elles sont destinées à abriter. Elles seront ôtées aussitôt que les boutiques ne seront plus exposées aux rayons du soleil.

Néanmoins les bannes placées au-devant des boutiques sur les quais, places et boulevards intérieurs, pourront être conservées dans le cours de la journée, s'il est reconnu qu'elles ne gênent point la circulation.

INSCRIPTIONS.

Le locataire qui, pour les besoins de son commerce ou de son industrie, a fait peindre ou placer des inscriptions ou des enseignes, doit les enlever lorsqu'il quitte, et rétablir les lieux dans leur état primitif[1].
V. *Ecriteaux.*

[1] Le Bègue, p. 67.

J - K

JALOUSIE. — Décr. des 28 juill. 1874[1] et 22 juill. 1882[2].

Les jalousies, y compris leur pavillon, ne peuvent former une saillie de plus de 0m16[3].

Les jalousies, placées aux fenêtres du mur de face sur rue, sont soumises à un droit de voirie de 20 francs[4].

L'entretien des jalousies est à la charge du locataire[5] : il doit remplacer les rubans et les cordes quand ils sont usés, remplacer les feuilles brisées; en un mot, les rendre telles qu'il les a reçues, excepté pour la peinture, dont il n'est pas tenu.

JAMBES DE PIERRE. — Décis. de la commission de voirie de Paris du 13 juin 1872[6]. Décr. du 22 juill. 1882[7].

Tout poitrail ou poutre, ayant plus de deux mètres de portée, doit être supporté, au droit des murs mitoyens, par un piédroit, un dosseret ou une chaîne en pierre. Il existe toutefois un jugement[8] décidant que, dans l'intérieur des constructions, les jambes sous poitrails peuvent être en briques.

Dans les piédroits, dosserets et chaînes, les assises doivent être alternativement longues et courtes, formant parpaings afin de se liaisonner avec la maçonnerie du mur : la largeur des plus courtes doit être au moins égale à celle du poitrail, sans toutefois descendre au-dessous de 0m50 pour les jambes étrières, et de 0m40 pour les jambes intérieures; les longues doivent avoir au moins 0m11 d'empatement de chaque côté des courtes.

Les poutres ou poitrails des différents étages sont généralement aplomb les uns des autres; mais, lorsque cet aplomb n'existe pas, il faut sous chaque poutre ou poitrail une jambe de pierre spéciale, montant de fond; il en faut également sous les pannes, mais non sous les liernes dans lesquelles deux travées de solives s'assemblent[9].

On appelle *jambe boutisse* une pile servant à former liaison entre les murs de face de deux maisons voisines et le mur séparatif desdites maisons; mais cette pile n'est obligatoirement en pierre de taille que lorsqu'elle reçoit, d'un côté seulement ou des deux côtés à la fois, une poutre ou un poitrail ayant plus de deux mètres de portée; à Paris, on peut exiger qu'elle soit en pierre quand la construction à édifier a plus d'un étage au-dessus du rez-de-chaussée[1].

Lorsque de chaque côté de la tête du mur séparant deux propriétés, il y a une ouverture de plus de deux mètres, la pile supportant les poitrails s'appelle *jambe étrière*.

La jambe étrière est toujours en pierre dure et porte sur un libage, également en pierre dure, placé un peu au-dessous du niveau de la voie publique. Aucun règlement n'oblige à établir, en pierre, la fondation d'une jambe étrière, au-dessous du libage; mais la jambe étrière doit s'élever, en pierre, jusque sous le poitrail ou jusqu'à la naissance de l'arc, s'il s'agit d'une baie clavée.

Chaque assise doit être d'un seul morceau, évidé pour former écoinçon de chaque côté; l'épaisseur doit être égale à celle du mur séparatif, et chaque écoinçon doit avoir au moins 0m11 de saillie.

Les assises sont alternativement longues et courtes : les longues ont, du parement extérieur du mur de face à l'extrémité de la queue, un mètre quarante-cinq centimètres, les courtes un mètre trente centimètres. Ces dimensions, recommandées par la Société centrale des architectes, n'ont rien d'absolu, et l'on peut, sans inconvénient, les réduire réciproquement à un mètre trente et un mètre quinze.

La jambe étrière ne peut faire saillie sur l'alignement, sauf dans la hauteur du soubassement, auquel il est permis de donner une saillie de 0m04 sur une hauteur de un mètre au-dessus du trottoir[2].

Il n'est pas nécessaire pour les jambes boutisses que toutes les assises jettent des harpes dans le mur séparatif; il suffit que ces harpes existent de deux en deux assises.

Aucun bandeau, ni aucune mouluration ou décoration ne doit régner sur la jambe boutisse dans la largeur du mur séparatif : cet espace est généralement occupé par les tuyaux de descente des eaux pluviales.

Chacun des voisins a le droit de faire abattre les écoinçons qui ont été laissés de son côté en construisant le mur.

---

[1] V. *Voirie (Droits de).* — [2] V. *Saillie.* — [3] Décr., 22 juill. 1882, V. *Saillie.* — [4] Décr., 28 juill. 1874, V. *Voirie (Droits de).* — [5] Agnel, n° 594. Cahier des juges de paix, 1852.
[6] Annexe. — [7] V. *Saillie.* — [8] Tribunal correctionnel de la Seine, 22 août 1862. — [9] Desgodets, p. 319.

[1] Décis. voirie, 13 juin 1872, annexe. — [2] Décr., 22 juill. 1882, V. *Saillie.*

ANNEXE

Décision de la commission de voirie de Paris du 13 juin 1872.

A l'occasion d'une demande faite par M. Levesque pour être autorisé à exhausser sa maison, sise à Paris, rue de l'Ouest n° 103, la Commission, considérant que l'article 4 du décret du 26 mars 1852 confère au préfet de la Seine le droit de faire toutes les prescriptions utiles au point de vue de la sûreté publique, décide, qu'en principe, on pourra exiger l'établissement de jambes étrières en pierre toutes les fois que la construction à édifier, ou à exhausser, devra avoir plus d'un étage sur rez-de-chaussée.

JARDIN. — Lorsqu'un jardin est compris dans la location d'une maison ou d'un appartement, le locataire de cette maison ou de cet appartement doit entretenir le jardin en bon état, c'est-à-dire que les allées doivent être sablées, les parterres labourés, les bordures dressées, les gazons fauchés, les arbres et arbustes en même nombre et de même espèce qu'ils étaient au commencement de la location, et s'il en meurt quelques-uns il doit les remplacer[1].

A l'égard des vases, pots à fleurs, bancs, etc., qui servent à l'ornementation des jardins, Goupy fait une distinction entre les dégradations provenant du fait du locataire, dont celui-ci doit la réparation, et celles pouvant provenir de l'intempérie de l'air et de la vétusté, qui sont à la charge du propriétaire[2].

Le cahier des juges de paix de 1852 ajoute:

« Les treillages placés le long des murs et des autres parties du jardin, en telle forme qu'ils puissent être, telles que palissades, berceaux, portiques, sont à la charge du propriétaire, à moins qu'il ne prouve que ces objets ont été cassés ou détériorés par le fait du locataire ou par violence.

« Si le vent avait jeté bas ou rompu des portiques, du treillage, le propriétaire serait censé ne pas avoir pris les précautions nécessaires pour la solidité de ces portiques.

« Les échalas de manque sont à la charge du locataire, à moins que le reste du treillage ne fasse voir qu'ils manquent par vétusté. »

Un jardin maraîcher doit être rendu en bon état de culture, c'est-à-dire fraîchement labouré et dressé, les pierres et ordures enlevées ou enterrées[3].

JEU. — C. civ., art. 1754.

Le locataire, étant tenu au menu entretien de la chose louée[1], doit donner les jeux nécessaires aux portes et aux fenêtres; mais, en tant seulement que ces jeux sont de peu d'importance, et n'exigent pas la présence simultanée du menuisier et du serrurier, auquel cas ils seraient à la charge du propriétaire[2].

JOUR DE SOUFFRANCE. — C. civ., art. 676 et 677.

Celui qui construit le mur séparatif entre sa propriété et celle de son voisin peut y pratiquer des jours, dits jours de souffrance, dont le caractère et les dispositions sont déterminés par le Code[3]. Ils doivent être à verre dormant, garnis d'un treillis de fer dont les mailles ont un décimètre au plus d'ouverture; la partie inférieure de ces jours doit être placée à vingt-six décimètres (2^m 60) au-dessus du sol, pour le rez-de-chaussée, et à dix-neuf décimètres (1^m 90) au-dessus du plancher, pour les autres étages; dans un escalier, la hauteur se mesure à partir de la marche la plus élevée se trouvant à l'aplomb de l'arête d'ébrasement[4].

Aucune loi, ni aucun règlement, ne fixe de dimensions à la hauteur et à la largeur de ces jours.

Le droit d'établir des jours de souffrance n'étant qu'une simple tolérance, on ne peut acquérir, par prescription, le droit de les conserver; au contraire, le voisin peut, à tout moment, acquérir la mitoyenneté du mur et boucher les jours de souffrance, sans pour cela être obligé de construire sur son propre terrain.

Les frais nécessités par la suppression de ces jours sont supportés par les copropriétaires du mur.

Des jours étroits, garnis de barreaux de fer, bien que placés en contre-bas de la hauteur légale, même non munis de grillages en fer, et à verres non dormants, peuvent, néanmoins, être considérés comme jours de souffrance[5].

La suppression de jours de souffrance, qui aurait pour effet de priver le locataire de la jouissance d'une partie des lieux loués, pourrait, suivant l'importance du préjudice éprouvé, donner lieu soit à une diminution du loyer, soit même à la résiliation du bail[6].

JUTE (Teillage du). — V. *Teillage.*

KIRSCH. — V. *Distilleries.*

[1] Desgodets et Goupy, p. 476. Lepage, t. II, p. 58. Agnel, n° 595. — [2] Agnel, n° 597. — [3] Le Bègue, p. 69.

[1] C. civ., 1754. — [2] Le Bègue, p. 69. [3] C. civ., 676 et 677. — [4] Colmar, 2 mai 1855. — [5] Pau, 20 nov. 1865. — [6] Agnel, n° 268.

L

LAINE. — V. *Battage.*

LAITERIES EN GRAND DANS LES VILLES.
— Etablissements insalubres de 2ᵉ classe :
odeur[1].

Le sol doit être imperméable, dallé ou
cimenté, et les eaux s'écouler souterrainement à l'égout.

Les murs doivent être revêtus de marbre
ou de plaques de faïence, ou enduits en ciment, les bois apparents peints à l'huile[2].
V. également *Vacherie.*

LANNES (Boulevard). — **V.** *Avenue
Ingres.*

LANTERNE. — Décis. préf. pol. du 15 sept.
1850[3]. Ord. pol. du 25 juill. 1862[4]. Décr. du
22 juill. 1882[5].

Les lanternes mobiles ne peuvent être
suspendues à des poteaux au moyen de cordes
et de poulies[6] : elles peuvent avoir 0ᵐ 50 de
saillie et doivent être placées à 2ᵐ 60 au
moins au-dessus du trottoir[7].

Les lanternes fixes à bras ou à consoles
peuvent avoir 1ᵐ 50 de saillie, mais elles
doivent être placées à plus de trois mètres
au-dessus du trottoir. De plus grandes saillies peuvent être autorisées; la limite
extrême fixée est celle de 0ᵐ 50 en arrière
de la bordure du trottoir[8].

Dans les rues d'au moins douze mètres de
largeur, il est permis de mettre des lanternes pour éclairer les devantures des boutiques, à la condition qu'elles ne descendent
pas à plus de 2ᵐ 20 au-dessus du trottoir,
qu'elles ne soient placées qu'au moment de
l'allumage, et qu'elles soient enlevées aussitôt après l'extinction[9].

LARD (Atelier à fumer le). — Etablissement insalubre de 3ᵉ classe : odeur et
fumée[10].

Les fumoirs seront en matériaux incombustibles avec porte en fer.

La cheminée sera élevée à 3 mètres audessus des cheminées voisines dans un rayon
de 50 mètres[11].

LAVAGE DES COCONS. — V. *Cocons.*

LAVAGE ET SÉCHAGE DES ÉPONGES. —
V. *Eponges.*

LAVOIR PUBLIC. — V. *Bains.*

LAVOIRS A HOUILLE. — Etablissements
insalubres de 3ᵉ classe : altération des
eaux[1].

Les eaux de lavage doivent être reçues
dans des bassins de décantation, et au
besoin filtrées[2].

LAVOIRS A LAINE. — Etablissements insalubres de 3ᵉ classe : altération des eaux[3].

Les ateliers seront ventilés énergiquement
avec carneaux à la partie inférieure des murs;
le sol en sera imperméable et aura une
pente de 2 centimètres par mètre ; les baies
sur la voie publique seront à châssis dormant.

Si le lavage se fait à chaud, les cuves
seront surmontées de hottes entraînant les
buées au dehors.

L'étuve sera construite en matériaux incombustibles avec porte en fer ; l'ouverture
des foyers des appareils de chauffage sera
placée au dehors ; les bouches de chaleur et
les conduites d'air chaud seront garnies de
toiles métalliques[4].

LAVOIRS A MINERAIS en communication
avec des cours d'eau. — Etablissements insalubres de 2ᵉ classe : altération des eaux[5].

Les eaux de lavage doivent être reçues
dans une série de bassins de décantation,
filtrées, et n'être écoulées que parfaitement
claires et limpides[6].

LESSIVES ALCALINES DES PAPETERIES
(Incinération des). — Etablissement insalubre de 2ᵉ classe : fumée, odeur et émanations nuisibles[7].

Pour les prescriptions administratives,
V. *Cendres gravelées* et *Potasse.*

LIES DE VIN (Incinération des)[8].

1° Avec dégagement de la fumée au
dehors :

---

[1] Décr., 31 déc. 1866. — [2] Bunel, p. 334.
[3] V. *Saillie.* — [4] V. *Bâtim. en constr.* — [5] V.
Saillie. — [6] Ord. pol., 25 juill. 1862, V. *Bâtim. en
constr.* — [7] Décr., 22 juill. 1882, V. *Saillie.* —
[8] Ibid. — [9] Ibid. Décis. pol., 15 févr. 1850, V.
Saillie.
[10] Décr., 31 déc. 1866. — [11] Bunel, p. 335.

[1] Décr., 31 déc. 1866. — [2] Bunel, p. 335.
[3] Décr., 31 déc. 1866. — [4] Bunel, p. 336.
[5] Décr., 31 janv. 1872. — [6] Bunel, p. 337.
[7] Décr., 9 mai 1878.
[8] Décr., 9 mai 1878.

Etablissement insalubre de 1ʳᵉ classe : odeur.

2° Avec combustion ou condensation des fumées :
Etablissement insalubre de 2ᵉ classe : odeur.

LIES DE VIN (Séchage des). — Etablissement insalubre de 2ᵉ classe : odeur[1].
Pour les prescriptions administratives relatives aux établissements opérant l'incinération ou le séchage des lies de vin, V. *Cendres gravelées* et *Potasse*.

LIGNITES (Incinération des). — Etablissement insalubre de 1ʳᵉ classe : fumée, émanations nuisibles[2].
Pour les prescriptions administratives, V. *Grillage des minerais*.

LIN (Teillage en grand du). — V. *Teillage*.

LIN (Rouissage du). — V. *Rouissage*.

LIQUEURS ALCOOLIQUES. — V. *Distilleries*.

LIQUIDES POUR L'ÉCLAIRAGE (Dépôts de), au moyen de l'alcool et des huiles essentielles. — Etablissements dangereux de 2ᵉ classe : danger d'incendie et d'explosion[3].
V. *Huiles de pétrole*.
Il est interdit d'employer des enfants dans ces dépôts, en raison des dangers d'incendie[4].

LITHARGE (Fabrique de). — Etablissement insalubre de 3ᵉ classe : poussière nuisible[5].
Pour les prescriptions administratives, V. *Minium*.
Le travail des enfants est interdit dans ces établissements, en raison des dangers d'empoisonnement[6].

LOCATAIRE PRINCIPAL. — C. civ., art. 1735.

Lorsque le locataire cède à un autre ou à d'autres tout ou partie de la maison qui lui a été louée, on le désigne sous le nom de principal locataire, et ceux auxquels il loue s'appellent sous-locataires[7].
Le principal locataire reste toujours garant envers le propriétaire du prix du loyer[1]; il est tenu des dégradations et de pertes qui arrivent par le fait de ses sous-locataires[2].

En cas de résiliation du bail principal, le propriétaire est tenu d'entretenir les sous-locations existantes, dont il lui a été donné connaissance, pour tout le temps qu'il leur reste à courir[3].
Vis-à-vis de ses sous-locataires, le principal locataire est soumis aux mêmes obligations et exerce les mêmes droits que le propriétaire vis-à-vis de son locataire direct[4].

LOCATION. — Lois des 12 déc. 1798[5], 21 avril 1832[6], 25 mai 1835[7]. Avis du préfet de la Seine du 28 févr. 1852[8]. Lois des 23 mars 1855[9], 23 août 1871[10], 19 févr. 1872[11] et 15 juill. 1880[12]. C. civ., art. 534, 535, 595, 1122, 1429, 1715 à 1743, 2102 et 2905. C. pén., art. 312. C. proc. civ., art. 684 et 685.

Les locations se font soit suivant l'usage des lieux, ou verbalement, soit pour une période déterminée, ou par bail.
Pour les locaux loués suivant l'usage des lieux, c'est-à-dire par périodes résiliables tous les trois mois, on se contente d'un simple engagement signé, généralement, sur un registre *ad hoc*. Mais, pour être opposable en justice, cet engagement devrait être sur papier timbré et enregistré.
Si la location n'a pas encore reçu aucune exécution et que l'une des parties la nie, la preuve ne peut être reçue par témoins, quelque modique que soit le prix de la location, et bien que l'on allègue qu'il y a eu des arrhes données. Le serment, seulement, peut être déféré à celui qui nie la location[13].
Si la location a reçu un commencement d'exécution, et qu'il y ait contestation sur le prix, à défaut de preuve écrite, le propriétaire est cru sur son serment, à moins que le locataire ne demande une estimation par experts. Les frais d'expertise sont supportés par le locataire si le prix fixé par les experts est supérieur à celui qu'il a déclaré[14].
A Paris on traite et on conclut, en général, des conditions de la location avec le concierge, auquel on donne une pièce de monnaie, dite *denier à Dieu*, qui devient le signe de l'engagement. On a vingt-quatre heures pour rompre cet engagement, soit en reprenant, soit en rendant le denier à Dieu[15], à la condition toutefois que la location n'ait pas été passée par écrit[16].

---

[1] Décr., 9 mai 1878.
[2] Décr., 31 déc. 1866.
[3] Décr., 31 déc. 1866. — [4] Décr., 14 mai 1875.
[5] Décr., 31 déc. 1866. — [6] Décr., 14 mai 1875.
[7] Agnel, n° 536.

[1] Agnel, nᵒˢ 534 et 537. — [2] C. civ., 1735. — [3] Douai, 11 juin 1844. — [4] Agnel, n° 541.
[5] Annexe. — [6] V. *Contributions directes.* — [7] Annexe. — [8] Annexe. — [9] Annexe. — [10] Annexe. — [11] Annexe. — [12] V. *Contributions directes.* — [13] C. civ., 1715. — [14] C. civ., 1716. — [15] Agnel, n° 102. — [16] Ibid.

A Paris, également, la location des marais, jardins potagers ou fleuristes, *intra muros*, est faite pour une année entière, qui commence à courir de la Saint-Rémy (1er octobre) bien que les termes de payement soient les mêmes que ceux pour les appartements[1]. De plus, pour ce genre de location, on doit observer un délai de six mois pour les congés qui doivent, par conséquent, être donnés avant le premier avril[2].

Les usages de Paris reconnaissent trois délais divers à observer pour les congés : ces délais se règlent sur la nature des lieux loués, le taux de la location et la profession des locataires[3].

Pour les maisons entières, corps de logis entiers, magasins ou boutiques situés dans un rez-de-chaussée ouvrant sur rue, passage public ou cour marchande ayant libre accès au public, c'est-à-dire ayant une porte cochère allant de ladite cour à la rue[4], les congés doivent être donnés six mois à l'avance, soit, au plus tard, le trente et un décembre pour le premier juillet, le trente avril pour le premier octobre, etc.

Les autres locaux sont soumis aux délais de trois mois ou de six semaines, suivant le taux du loyer.

Ainsi, l'usage ne permet pas un délai de six mois pour les congés réciproques des logements situés au premier étage, servant à l'usage de magasins de vente, non plus que des magasins et boutiques bien qu'au rez-de-chaussée, si ces magasins ou boutiques n'ouvrent que sur une cour privée et non sur rue, passage public ou cour marchande ayant libre accès au public[5].

L'usage veut aussi un délai de six mois pour les congés aux maîtres de pension, aux maîtres d'externat, aux commissaires de police, aux percepteurs des contributions directes et aux autres personnes exerçant des fonctions ou professions les obligeant à loger dans un quartier déterminé. Mais ces mêmes personnes peuvent donner congé, en observant seulement le délai qui s'applique au taux de leur loyer[6].

Le même délai de six mois est exigé pour les maisons entières avec jardin, quand la maison est l'objet principal de la location ; si, au contraire, le jardin en est la partie essentielle, la location est faite pour une année, comme il est dit ci-dessus, et le congé ne peut être donné qu'avant le 1er avril. Si la location ne comprend, avec le jardin, qu'une partie de la maison, et que cette partie de maison soit l'objet principal de la location, les délais sont subordonnés au prix de la location[1].

Un autre usage spécial aux chantiers de bois à brûler, et ne s'appliquant qu'à cette sorte de chantier, exige une année de délai pour les congés qui, en outre, doivent être donnés à l'époque de Pâques pour l'époque correspondante de l'année suivante[2].

En dehors des exceptions ci-dessus, les délais à observer sont de trois mois.

Pour les loyers de 400 francs et au-dessous, le délai peut être réduit à six semaines, c'est-à-dire donné au demi-terme, 14 février, 15 mai, 15 août, 15 novembre, pour le terme suivant; mais les congés ne peuvent être donnés au terme pour le demi-terme[3].

Dans cette somme de 400 francs doivent être compris, en outre du prix réel du loyer, toutes les charges qui auraient pu y être ajoutées, telles que l'eau, le gaz, etc., à l'exception toutefois de l'impôt des portes et fenêtres, qui est une charge personnelle[4].

L'usage, répandu dans certaines localités, d'enlever les portes et fenêtres d'un logement, lorsque le locataire congédié ne veut pas vider les lieux, est une voie de fait arbitraire et non consacrée par l'usage à Paris[5].

Le bail cessant de plein droit à l'expiration du dernier terme fixé, il n'est pas nécessaire de donner congé[6].

Si, à l'expiration du bail écrit, le preneur reste, sans opposition de la part du bailleur, la location continue, par tacite reconduction, aux mêmes conditions, sauf pour la durée qui devient celle d'usage pour les locations verbales[7].

Mais s'il y a eu un congé de donné, le locataire ne peut invoquer la tacite reconduction[8].

Si le congé n'a pas été accepté par écrit, il doit être signifié par huissier, car, donné verbalement, comme il ne peut être prouvé par témoins, le locataire, de mauvaise foi, pourrait rester dans les lieux par tacite reconduction, et le bailleur ne pourrait l'expulser qu'après un nouveau congé donné dans les délais légaux.

Dans le cas de faillite, les droits respectifs des parties sont établis par la loi du 19 février 1872[9] qui modifie les articles 450 et 550 du Code de commerce.

L'entrée en jouissance a lieu le quinze, à midi, pour les locations au-dessus de 400 francs, et le huit, à midi, pour les locations de 400 francs et au-dessous.

---

[1] Cahier des juges de paix, 1852. — [2] Ibid. — [3] Ibid. — [4] Paris, 22 juill. 1842. Seine, 30 août 1859. [5] Cahier des juges de paix. — [6] Ibid.

[1] Ibid. — [2] Ibid. — [3] Ibid. — [4] Ibid. — [5] Ibid — [6] C. civ., 1737. — [7] C. civ., 1738. — [8] C. civ. 1739. — [9] Annexe.

Bien que l'entrée n'ait lieu que le 15 ou le 8, la location part toujours du premier, et le locataire a le droit, dès le premier, d'entrer dans les lieux s'ils sont vacants[1].

Pour les appartements et logements garnis, V. *Appartement meublé*.

On appelle bail l'acte par lequel le bailleur et le preneur spécifient les conditions convenues entre eux pour la location des locaux devant être occupés par le preneur.

Les baux se font, soit par devant notaire, notamment, quand il s'agit d'une principale location ou d'un établissement industriel ou commercial, soit sous signatures privées ; ces baux doivent être faits sur papier timbré et enregistrés[2] dans les trois mois de leur date.

L'enregistrement est à la charge du locataire ; il peut être fait pour une période de trois années seulement, même si le bail a une durée plus longue[3].

A défaut d'enregistrement dans les délais, le bailleur et le preneur sont tenus, personnellement et sans recours, d'un droit en sus du droit simple, lequel ne peut être inférieur à 50 francs, soit 62 fr. 50, décimes compris[4].

Le bailleur peut, néanmoins, éviter le payement du droit en sus en déposant l'acte au bureau d'enregistrement, avant le délai de quatre mois à partir de la date de cet acte[5].

Le taux de l'enregistrement est déterminé par l'article premier de la loi du 16 juin 1824, ainsi conçu : « Les baux à ferme ou à loyer des biens meubles ou immeubles, lorsque la durée sera limitée, ne seront désormais soumis qu'au droit de 20 centimes pour 100 francs, sur le prix cumulé de toutes les années. » Ce droit, successivement augmenté par les lois des 23 août 1871 et 30 décembre 1873, s'élève actuellement à vingt-cinq centimes pour cent francs (double décime compris)[6].

Le montant sur lequel s'applique le droit d'enregistrement comprend, non seulement la redevance payable par le locataire, mais aussi toutes les charges qui lui sont imposées[7].

Généralement, dans le libellé du bail, on fixe à ces charges une valeur, en sus du prix de la location, l'enregistrement devant accepter cette évaluation.

Les baux de plus de dix-huit années de durée doivent, en outre, être transcrits au bureau des hypothèques, moyennant un droit fixe de un franc, plus le salaire du conservateur[8].

Lors de la cession d'un fonds de commerce, le prix de la cession du droit au bail est soumis à un droit fixe de 2 francs pour 100 francs[1].

Dans le cas de saisie ou de vente immobilière, les créanciers ou l'adjudicataire peuvent obtenir la résiliation des baux qui n'avaient pas de date certaine avant le commandement[2].

Pour les locations verbales, la déclaration doit être faite dans les trois mois de l'entrée en jouissance, au bureau de l'enregistrement ou au percepteur des contributions directes dans les communes où il n'existe pas de bureau d'enregistrement[3], sur les mêmes peines que ci-dessus pour les baux. Tous les ans, dans le courant du mois de janvier, le propriétaire dresse, sur des formules imprimées, l'état de toutes les locations verbales, et acquitte les droits.

Le mari qui administre les biens de sa femme ne peut faire de baux de plus de neuf ans : plus longs, ils ne seraient, en cas de dissolution du mariage, considérés que comme faits par périodes de neuf années, et la femme ou ses héritiers ne seraient tenus que pour la période de neuf ans commencée[4].

L'usufruitier ne peut également signer de baux de plus de neuf ans[5].

Par exception, les communes, hospices et tous autres établissements publics peuvent affermer leurs *biens ruraux* pour dix-huit années[6].

Le bailleur est tenu de :

1° Délivrer la chose louée[7] ;

La location d'un appartement ne comprend pas la jouissance de la façade à l'extérieur, il est donc nécessaire pour pouvoir y placer des écriteaux, enseignes ou tableaux, d'en obtenir la permission du bailleur. Ce consentement n'exonère pas le preneur de la réparation des dégradations qu'il a pu commettre, soit en posant, soit en enlevant ces écriteaux, enseignes ou tableaux. De plus, à moins de stipulations contraires, le locataire n'a droit, sur cette façade, qu'à la hauteur comprise entre le niveau du plancher et le plafond de son étage[8].

2° Livrer la chose louée en bon état de réparations de toute espèce, et l'entretenir en état de servir à l'usage pour lequel elle a été louée, sauf ce qui concerne les réparations locatives[9] ;

Il doit tenir son locataire clos et couvert.

Si la chose louée vient à être détruite en

---

[1] Ibid. — [2] Loi, 12 déc. 1798, annexe. — [3] Loi, 23 août 1871, annexe. — [4] Ibid. — [5] Ibid. — [6] Léon Say, *Dictionnaire des finances*, Baux. — [7] Loi, 12 déc. 1798. — [8] Loi, 23 mars 1855, annexe.

[1] Loi, 28 févr. 1872, annexe. — [2] C. proc. civ., 684. — [3] Loi, 23 août 1871, annexe. — [4] C. civ., 1429. — [5] C. civ., 595. — [6] Loi, 25 mai 1835, annexe. — [7] C. civ., 1719. — [8] Manuel, t. Ier, p. 309. — [9] C. civ., 1720.

entier, par cas fortuit, le bail est résilié de plein droit sans indemnité; si la destruction n'est que partielle, le preneur peut demander, soit une réduction sur le prix du loyer, soit la résiliation du bail, sans indemnité[1].

Lorsque le locataire déclare prendre les lieux loués dans l'état où ils se trouvent, il ne peut réclamer la réparation des dégradations qui étaient visibles lorsqu'il a fait la location, à moins que ces dégradations ne mettent en péril la chose louée[2].

3° En faire jouir paisiblement le preneur pendant la durée de la location[3];

Il n'est pas, néanmoins, tenu de garantir le preneur du trouble que des tiers apportent, par des voies de fait, à sa jouissance sans prétendre d'ailleurs aucun droit sur la chose louée[4], mais il deviendrait garant dans le cas où les tiers prétendraient un droit sur la chose louée[5].

Le propriétaire qui a loué une partie de la maison à une industrie ou à un commerce ne peut, s'il ne s'est réservé ce droit, louer, dans la même maison, à une personne exerçant la même industrie ou le même commerce.

Quelques tribunaux[6] veulent même que le propriétaire de deux maisons contiguës, ayant loué l'une d'elles pour l'exercice d'une industrie déterminée, ne puisse, même en l'absence de clause prohibitive, louer l'autre maison pour l'établissement d'une industrie similaire.

Le propriétaire doit garantir son locataire du préjudice que peuvent lui causer les travaux de voirie, exécutés par l'administration; sauf, à lui, à exercer son recours contre cette dernière[7].

Il ne peut changer la forme de la chose louée[8], ni même l'état des lieux qui entourent ladite chose, de telle sorte qu'il en résulte un changement dans l'aspect des lieux, tel notamment qu'une diminution de jour et d'air[9].

La résiliation du bail pourrait être prononcée, mais sans indemnité, si un des voisins exécutait, dans sa propriété, des travaux qui eussent pour effet de rendre les lieux impropres à l'usage pour lequel ils ont été loués[10].

4° Garantir le locataire des vices de la chose louée qui en empêchent l'usage[11];

Un vice caché peut entraîner la résiliation du bail, s'il a pour effet de rendre les lieux impropres à l'usage pour lequel ils ont été loués[1].

5° Acquitter les contributions foncières, l'impôt des portes et fenêtres et la taxe du balayage, sauf, pour ces deux derniers, à se faire rembourser, par ses locataires, de la part leur incombant.

Le bailleur est, en outre, responsable, lors du déménagement de ses locataires, de la contribution mobilière et de celle des patentes due par eux, à moins que, un mois avant le déménagement ou l'enlèvement des meubles, il n'en ait fait la déclaration au percepteur; ce délai n'est que de trois jours en cas de déménagement furtif[2]. Pour la contribution des patentes le bailleur est responsable seulement du douzième échu et du douzième courant.

Ainsi qu'on l'a vu plus haut le bailleur est responsable de l'enregistrement des baux et locations verbales.

Le preneur, de son côté, est tenu de :

1° Garnir les lieux loués de meubles suffisants ou donner des sûretés capables de répondre du loyer;

Cette obligation doit être, dans son exécution, en rapport avec la location faite et avec la profession du locataire[3].

Par ces mots, meubles meublants, mobilier ou effets mobiliers, dont on se sert généralement dans la rédaction des baux, il faut entendre[4] les meubles destinés à l'usage et à l'ornement des appartements, comme des tapisseries, lits, sièges, glaces, pendules, tables, porcelaines, etc.; quand aux tableaux, porcelaines et statues, le Code fait une distinction entre ceux qui font partie du mobilier d'un appartement, ils rentrent alors dans les meubles meublants, et ceux qui forment des collections pouvant être dans des galeries ou des pièces particulières.

2° User de la chose louée en bon père de famille et suivant la destination, convenue ou présumée[5];

Si le preneur fait, de la chose louée, un usage contraire à sa destination, ou qu'il puisse résulter de cet usage un préjudice pour le bailleur, ce dernier peut faire résilier le bail[6].

Ainsi, un appartement, loué pour être habité bourgeoisement, ne peut être transformé en magasin; une maison, louée pour y exercer une industrie, ne peut être transformée pour y exercer une autre industrie[7].

L'introduction d'une machine à vapeur dans un atelier est un changement à l'état

---

[1] C. civ., 1722. — [2] Manuel, t. Ier, p. 310. — [3] C. civ., 1719. — [4] C. civ., 1725. — [5] C. civ., 1726, 1727. — [6] C. de Paris, 5 nov. 1859, 8 juill. 1861. C. de Bordeaux, 2 août 1860. — [7] C. de Paris, 19 févr. 1844, 7 févr. 1868. — [8] C. civ., 1723. — [9] Manuel, t. Ier, p. 313. — [10] Manuel, t. Ier, p. 312. — [11] C. civ., 1721.

[1] Manuel, t. Ier, p. 312. — [2] Loi, 21 avril 1832. Avis préf. Seine, 28 févr. 1852. Loi, 15 juill. 1880, annexes. — [3] Agnel, ibid. — [4] C. civ., 534, 535, — [5] C. civ., 1728. — [6] C. civ., 1729. — [7] Agnel, ibid.

des lieux; le bailleur **peut** le faire cesser en demandant la suppression de cette machine[1].

Mais, par contre, le bailleur ne pourrait contraindre le locataire d'une boutique à se servir du système de fermeture établi, si ce dernier veut le remplacer par un autre[2].

Le preneur peut faire certains changements légers, pourvu qu'ils ne nuisent en aucune façon à la propriété, que la chose louée, en elle-même et dans son ensemble, reste toujours employée à l'usage pour lequel elle a été louée, et à charge de rétablir les lieux dans leur état primitif à la fin de la location[3].

Ainsi, le preneur peut introduire, dans les lieux loués, le gaz comme moyen d'éclairage et de chauffage, pourvu que l'installation soit faite de telle manière qu'il n'en puisse résulter aucun danger ni inconvénient[4].

Mais, le bailleur n'est pas obligé d'accepter les améliorations faites par son locataire[5]. Par exemple, le locataire d'une maison entière ne pourrait, contre le gré du propriétaire, la démolir pour en construire une neuve à la place, quelle que soit la plus-value qu'il donnerait à l'immeuble.

C'est en vertu de cette obligation d'user en bon père de famille, que le locataire est tenu des dégradations et pertes arrivées par le fait des personnes de sa maison ou de ses sous-locataires[6], à moins qu'il ne prouve qu'il n'y a ni de sa faute, ni de la leur.

3° Les rendre à la fin de sa location en bon état de réparations locatives[7];

(V. *Réparations locatives*.)

4° Payer le prix de loyer aux termes convenus[8] et rembourser l'impôt des portes et fenêtres ainsi que la taxe du balayage, s'il y a lieu;

Aux quittances de loyer s'applique l'article 1248 du Code civil: « Les frais de payement sont à la charge du débiteur »; il suit de là que si le locataire veut une quittance notariée, il doit en supporter les frais, et qu'il est tenu de payer le timbre de 0 fr. 10 qui, aux termes de l'article 18 de la loi du 23 août 1871, doit être apposé sur toute quittance supérieure à dix francs[9].

La créance du propriétaire est une créance privilégiée, c'est-à-dire préférée aux autres créances, même hypothécaires[10].

Le privilège du propriétaire s'exerce également pour le recouvrement du montant des réparations locatives[11], et pour le remboursement de l'impôt des portes et fenêtres[1].

En cas de déménagement furtif, le propriétaire peut, pendant quinze jours, revendiquer les meubles dans le local où ils ont été transportés[2].

Sur le produit de la vente des meubles on prélève d'abord les impositions dues par le locataire, ainsi que les frais faits pour parvenir à la vente, puis les loyers dus au propriétaire, et enfin les autres créances dans leur ordre de privilège; par exemple les frais de scellés et d'inventaire après le décès du locataire, le salaire des gens de service, les frais de justice faits par l'administration de la faillite du locataire, etc.[3].

Dans le cas de poursuites intentées contre le propriétaire et sur une simple opposition dressée à la requête du poursuivant ou de tout autre créancier, le locataire ne peut se libérer du prix de sa location qu'en exécution de mandements de collocation, ou par le versement de son loyer à la Caisse des dépôts et consignations. S'il n'a pas été signifié d'opposition, les payements faits au propriétaire poursuivi sont considérés comme valables[4].

5° Laisser visiter les lieux par les personnes qui se présentent pour louer;

L'exercice du droit du propriétaire de mettre écriteau et de faire voir les lieux correspond, quant à sa durée, à la durée même des divers délais à observer pour les congés.

Pour les congés de six ou trois mois, le propriétaire peut mettre écriteau, et faire voir les lieux, à partir du premier jour des deux termes ou du terme précédant celui pour lequel le congé a été donné, et, cela, tant qu'il n'a pas définitivement trouvé de locataire en remplacement du locataire sortant. Mais ce droit ne peut être plus étendu alors même que le locataire donnerait congé à un délai plus long que ceux adoptés par l'usage. Le propriétaire ne peut donc mettre écriteau qu'à partir de six mois, trois mois, ou de six semaines, suivant chaque nature de location[5].

A moins d'interdiction expresse, le preneur a le droit de sous-louer tout ou partie de la location[6]. Lorsque cette faculté de sous-louer ne lui a pas été interdite, le locataire peut mettre écriteau, sans avoir besoin d'en demander la permission à son bailleur[7].

Le preneur a le droit, sauf stipulation contraire, de sous-louer ou céder son bail; mais il reste, pendant toute la durée du

[1] Lyon, 26 janv. 1847, 6 janv. 1852. — [2] Paris, 7 févr. 1859. — [3] Troplong, n° 310. Lepage, 2° partie, p. 186. — [4] Seine, 21 déc. 1843, 28 déc. 1861, 2 mars 1862. — [5] Troplong, n° 312.— [6] C. civ., 1732, 1735. — [7] C. civ., 1734. — [8] C. civ., 1728. — [9] V. *Loyer* et Loi du 23 août 1871, annexe. — [10] C. civ., 2102, 2905. — [11] Agnel, ibid.

[1] Paris, 25 avril 1846. — [2] Agnel, n° 471. — [3] Agnel, ibid. — [4] C. proc. civ., 685. V. également *Loyer*. — [5] Cahier des juges de paix, *ibid.* — [6] C. civ., 1717. — [7] Cahier, ibid.

bail, responsable du payement des loyers et des dégradations qui peuvent avoir été faites aux lieux loués[1].

L'interdiction de sous-louer entraîne la défense de céder le bail ; mais cette prohibition ne s'étend, dans aucun cas, au commerçant qui vend son fonds de commerce, la cession du droit au bail n'étant qu'un accessoire de cette vente[2].

Le locataire qui a reçu ou donné congé doit laisser la clef à partir du premier jour du délai, ou montrer lui-même son logement aux personnes qui se présentent pour louer. Si le locataire ne veut pas laisser sa clef, ni rester indéfiniment chez lui dans l'attente des nouveaux locataires, l'usage est de fixer et régler, suivant les circonstances, des heures, tous les jours, même les jours fériés, pour que les personnes qui se présentent soient admises[3]. A Paris, l'usage est de laisser visiter de dix heures du matin à cinq heures du soir[4].

Lorsque le locataire a quitté les lieux avant le terme, et qu'il n'y a laissé ni meubles, ni effets, ni marchandises quelconques, il doit laisser la clef pour faciliter la visite des personnes qui se présentent, sauf, s'il le juge nécessaire, à prendre les mesures convenables pour garantir son droit aux lieux jusqu'à l'expiration du terme de la jouissance[5].

Le refus, de la part du locataire, de laisser sa clef ou de faire voir l'appartement pourrait donner lieu à des dommages-intérêts, en raison du préjudice qu'il aurait pu causer au propriétaire, en empêchant la location. Le propriétaire, à cet effet, fera constater le refus de laisser visiter par le ministère d'un huissier, bien que le témoignage du concierge, ou des personnes qui se sont présentées, puisse suffire[6].

6° Souffrir les réparations urgentes[7].

Du moment que des réparations ne peuvent être différées jusqu'à la fin de sa location, le locataire doit les subir, quelque gêne qu'il en éprouve, même serait-il privé d'une partie de la chose louée, sous réserve toutefois que les travaux n'auront pas une durée de plus de quarante jours.

Le bail se résout par la perte de la chose louée[8], que l'immeuble périsse par vétusté[9] ou par cas fortuit. Mais si le preneur reste dans les lieux, avec une diminution de loyer proportionnée au retranchement qu'il subit, il ne peut exiger que le bailleur lui remette le surplus des lieux en état[1].

Le bail n'est pas résilié par le décès de l'une des parties[2], ni par la vente de l'immeuble[3], ni par la faillite du preneur : la faillite peut ouvrir une action en résiliation, seulement en faveur du propriétaire, en cas de non-payement des loyers[4].

La résiliation peut être demandée par le bailleur contre le preneur :

I. — Si le preneur ne paye pas le prix stipulé par le bail, aux époques déterminées ;

II. — S'il contrevient à la défense, insérée dans le bail, de sous-louer ou de céder son bail, clause qui est toujours de rigueur[5];

III. — S'il ne garnit pas les lieux loués de meubles suffisants pour répondre des loyers, à moins qu'il ne donne caution[6];

IV. — S'il n'use pas des lieux loués en bon père de famille, et suivant la destination qui leur a été donnée, ou celle présumée par les circonstances[7];

V. — S'il n'observe pas les clauses particulières du bail;

VI. — S'il est en état de faillite ou de déconfiture, à moins qu'il ne donne caution suffisante[8];

VII. — Pour cause d'immoralité[9].

Le preneur peut la demander contre le bailleur :

I. — Si le bailleur ne délivre pas la chose louée[10];

II. — S'il n'entretient pas les lieux loués en état de servir à l'usage pour lequel ils sont destinés[11];

III. — Si par l'effet de quelque vice caché, les lieux ne peuvent servir à l'usage pour lequel ils ont été loués, ou celui présumé par les circonstances[12];

IV. — Si le locataire ne peut pas jouir paisiblement des lieux loués[13];

V. — Si les réparations urgentes, que le propriétaire fait exécuter, rendent inhabitable ce qui est nécessaire au logement du locataire et de sa famille[14];

VI. — Si les lieux loués étant détruits en partie, ce qui ne l'a pas été ne suffit pas pour l'usage que le locataire veut en faire;

VII. — Si la maison, dans laquelle les lieux loués se trouvent situés, menace ruine: pourtant la démolition d'une maison quand elle est ordonnée par l'autorité compétente, pour cause de péril imminent, est un cas de

---

[1] Agnel, ibid. — [2] Cass., 12 mai 1817. Seine, 24 juin 1843, 6 déc. 1843, 2 août 1844. — [3] Cahier, ibid. — [4] Agnel, ibid. — [5] Cahier, ibid. — [6] Seine, 13 mars 1860. — [7] C. civ., 1724. — [8] C. civ., 1722, 1741. — [9] Seine, 14 juill. 1840.

[1] Paris, 24 nov. 1858, Cass., 17 août 1859. — [2] C. civ., 1122, 1742. — [3] C. civ., 1743. — [4] Loi, 19 févr. 1872. — [5] C. civ., 1717. Agnel, p. 229. — [6] Agnel, p. 138. — [7] Agnel, p. 144. — [8] Agnel, p. 481. — [9] Seine, 26 août 1840. Agnel, p. 490. — [10] Agnel, p. 51. — [11] Agnel, p. 71. — [12] Agnel, p. 129. — [13] Agnel, p. 81. — [14] C. civ., 1724. Agnel, p. 76.

force majeure, en présence duquel les locataires ne sont·pas fondés à réclamer une indemnité au propriétaire [1] ;

VIII. — Si le portier a injurié ou outragé le locataire, et que le propriétaire ne veuille pas le renvoyer de la maison [2].

ANNEXES

Loi du 22 frimaire au VII (12 déc. 1798).

TITRE PREMIER. — DE L'ENREGISTREMENT, DES DROITS ET DE LEUR APPLICATION.

ARTICLE PREMIER. — Les droits d'enregistrement seront perçus d'après les bases et suivant les règles déterminées par la présente loi.

ART. 2. — Les droits d'enregistrement sont fixes ou proportionnels, suivant la nature des actes et mutations qui y sont assujettis.

ART. 3. — Le droit fixe s'applique aux actes soit civils, soit judiciaires ou extrajudiciaires qui ne contiennent ni obligation, ni libération, ni condamnation, ni collocation ou liquidation de sommes et valeurs, ni transmission de propriété, d'usufruit ou de jouissance de biens meubles ou immeubles.

Il est perçu aux taux réglés par l'art. 68 de la présente.

ART. 4. — Le droit proportionnel est établi pour les obligations, libérations, condamnations, collocations ou liquidations de sommes et valeurs, et pour toute transmission de propriété, d'usufruit ou de jouissance de biens meubles et immeubles, soit entre vifs, soit par décès.

Les quotités sont fixées par l'article 69 ci-après.

Il est assis sur les valeurs.

ART. 5. — Il n'y a point de fractions de centième dans la liquidation du droit proportionnel. Lorsqu'une fraction de somme ne produit pas un centime de droit, le centime est perçu au profit de la République [3].

ART. 6. — Cependant le moindre droit à percevoir sur un acte donnant lieu au droit proportionnel, et sur une mutation de biens par décès, sera du montant de la quotité sous laquelle chaque acte ou mutation se trouve classé dans les articles 68 et 69, sauf les exceptions y mentionnées [4].

ART. 7. — Les actes civils et extrajudiciaires sont enregistrés sur les minutes, brevets ou originaux.

Les actes judiciaires reçoivent cette formalité soit sur les minutes, soit sur les expéditions, suivant les distinctions ci-après :

Ceux qui doivent être enregistrés sur les minutes sont les procès-verbaux d'apposition, de reconnaissance et de levée de scellés, et ceux de nomination de tuteurs et curateurs; les avis de parents, les émancipations, les actes de notoriété, les déclarations en matière civile, les adoptions ; tous actes contenant autorisation,

acceptation, abstention, renonciation ou répudiation ;· les nominations d'experts et arbitres, les oppositions à la levée des scellés par comparution personnelle, les cautionnements de personnes à représenter à justice, ceux de sommes déterminées ou non déterminées, les ordonnances et mandements d'assigner les opposants à scellés ; tous procès-verbaux généralement quelconques des bureaux de paix, portant conciliation ou non conciliation, défaut ou congé, remise ou ajournement ; tous actes d'acquiescement, de dépôt et consignation, d'exclusion de tribunaux, d'affirmation de voyage, d'enchère et surenchère, de reprise d'instance, de communication de pièces avec ou sans déplacement, d'affirmation ou vérification de créances, d'opposition à délivrance de titres ou jugements, de procès-verbaux et rapports, de dépôt de bilan et de décharges ; les certificats de toute nature et ordonnances sur requêtes ; les jugements portant transmission d'immeubles, et ceux par lesquels il est prononcé des condamnations sur des conventions sujettes à l'enregistrement, sans énonciation de titres enregistrés.

Tous autres actes et jugements, soit préparatoires ou d'instruction, soit définitifs, ne sont soumis à l'enregistrement que sur les expéditions.

Ceux des actes de l'état civil qui sont assujettis à l'enregistrement par la présente ne seront également enregistrés que sur les expéditions.

Les jugements de la police ordinaire, des tribunaux de police correctionnelle et des tribunaux criminels, ne sont de même soumis à l'enregistrement que sur les expéditions, lorsqu'il y a partie civile, et seulement pour les expéditions requises par elle ou autres intéressés [1].

ART. 8. — Il n'est dû aucun droit d'enregistrement pour les extraits, copies ou expéditions des actes qui doivent être enregistrés sur les minutes ou originaux.

Quant à ceux des actes judiciaires qui ne sont assujettis à l'enregistrement que sur les expéditions, chaque expédition doit être enregistrée ; savoir : la première, pour le droit proportionnel, s'il y a lieu, ou pour le droit fixe, si le jugement n'est pas passible du droit proportionnel, et chacune des autres pour le droit fixe.

ART. 9. — Lorsqu'un acte translatif de propriété ou d'usufruit comprend des meubles et immeubles, le droit d'enregistrement est perçu sur la totalité du prix, au taux réglé pour les immeubles, à moins qu'il ne soit stipulé un prix particulier pour les objets mobiliers, et qu'ils ne soient désignés et estimés; article par article, dans le contrat.

ART. 10. — Dans le cas de transmission de biens, la quittance donnée ou l'obligation consentie par le même acte, pour tout ou partie du prix entre les contractants, ne peut être sujette à un droit particulier d'enregistrement.

ART. 11. — Mais lorsque, dans un acte quelconque, soit civil, soit judiciaire ou extra-judiciaire, il y a plusieurs dispositions indépendantes ou ne dérivant pas nécessairement les unes des autres, il est dû, pour chacune d'elles

---

[1] Cass., 31 déc. 1878. — [2] Agnel, p. 543. — [3] La loi du 27 vent. an IX, art. 2, établit le fractionnement par 20 francs. — [4] Même loi, art. 3, il sera perçu 0 fr. 25 même si le droit proportionnel n'atteint pas ce chiffre.

[1] Cet article a été modifié par les lois des 28 avril 1816, art. 38, et 15 mai 1818, art. 78.

et selon son espèce, un droit particulier. La quotité en est déterminée par l'article de la présente dans lequel la disposition se trouve classée, ou auquel elle se rapporte.

ART. 12. — La mutation d'un immeuble en propriété ou en usufruit sera suffisamment établie, pour la demande du droit d'enregistrement et la poursuite du payement contre le nouveau possesseur, soit par l'inscription de son nom au rôle de la contribution foncière, et des payements par lui faits d'après ce rôle, soit par des baux par lui passés, ou enfin par des transactions ou autres actes constatant sa propriété ou son usufruit.

ART. 13. — La jouissance à titre de ferme, ou de location, ou d'engagement, d'un immeuble, sera aussi suffisamment établie, pour la demande et la poursuite du payement des droits des baux ou engagements non enregistrés, par les actes qui la feront connaître, ou par des payements de contributions imposées aux fermiers, locataires et détenteurs temporaires.

TITRE II. — DES VALEURS SUR LESQUELLES
LE DROIT PROPORTIONNEL EST ASSIS
ET DE L'EXPERTISE.

ART. 14. — La valeur de la propriété, de l'usufruit et de la jouissance des biens meubles, est déterminée, pour la liquidation et le payement du droit proportionnel, ainsi qu'il suit, savoir :

1° Pour les baux et locations, par le prix annuel exprimé, en y ajoutant les charges imposées au preneur ;

2° Pour les créances à terme, leurs cessions et transports, et autres actes obligatoires, par le capital exprimé dans l'acte et qui en fait l'objet ;

3° Pour les quittances et tous actes de libération, par le total des sommes ou capitaux dont le débiteur se trouve libéré ;

4° Pour les marchés et traités, par le prix exprimé ou l'évaluation qui sera faite des objets qui en seront susceptibles ;

5° Pour les ventes et autres transmissions à titre onéreux, par le prix exprimé et le capital des charges qui peuvent ajouter au prix ;

6° Pour les créations de rentes, soit perpétuelles, soit viagères, ou de pensions, aussi à titre onéreux, par le capital constitué et aliéné ;

7° Pour les cessions ou transports desdites rentes ou pensions, et pour leur amortissement ou rachat, par le capital constitué, quel que soit le prix stipulé pour le transport ou l'amortissement ;

8° Pour les transmissions entre vifs, à titre gratuit, et celles qui s'opèrent par décès, par la déclaration estimative des parties, sans distraction des charges ;

9° Pour les rentes et pensions créées sans expression de capital, leurs transports et amortissements, à raison d'un capital formé de vingt fois la rente perpétuelle, et de dix fois la rente viagère ou la pension, et quel que soit le prix stipulé pour le transport ou l'amortissement. — Il ne sera fait aucune distinction entre les rentes viagères et pensions créées sur une tête et celles créées sur plusieurs têtes, quant à l'évaluation. — Les rentes et pensions stipulées

payables en nature seront évaluées aux mêmes capitaux, estimation préalablement faite des objets d'après les dernières mercuriales du canton de la situation des biens, à la date de l'acte s'il s'agit d'une rente créée pour aliénation d'immeubles, ou, dans tout autre cas, d'après les dernières mercuriales du canton où l'acte aura été passé. — Il sera rapporté à l'appui de l'acte un extrait certifié des mercuriales. — S'il est question d'objets dont les prix ne puissent être réglés par les mercuriales, les parties en feront une déclaration estimative ;

10° Pour les actes et jugements portant condamnation, collocation, liquidation ou transmission, par le capital des sommes, et les intérêts et dépens liquidés ;

11° L'usufruit, transmis à titre gratuit, s'élève à la moitié de la valeur entière de l'objet.

ART. 15. — La valeur de la propriété, de l'usufruit et de la jouissance des immeubles, est déterminée, pour la liquidation et le payement du droit proportionnel, savoir :

1° Pour les baux à ferme ou à loyer, les sous-baux, cessions et subrogations de baux, par le prix annuel exprimé, en y ajoutant les charges imposées au preneur. — Si le bail est stipulé payable en nature, il en sera fait une évaluation d'après les dernières mercuriales du canton de la situation des biens, à la date de l'acte, à l'appui duquel il sera rapporté un extrait certifié des mercuriales. — Il en sera de même des baux à portion de fruits, pour la part revenant au bailleur, dont la quotité sera préalablement déclarée, et sur la valeur de laquelle le droit d'enregistrement sera perçu. — S'il s'agit d'objets dont la valeur ne puisse être constatée par les mercuriales, les parties en feront une déclaration estimative ;

2° Pour les baux à rentes perpétuelles et ceux dont la durée est illimitée, par un capital formé de vingt fois la rente ou le prix annuel, et les charges aussi annuelles, en y ajoutant également les autres charges en capital, et les deniers d'entrée s'il en est stipulé. — Les objets en nature s'évaluent comme ci-dessus ;

3° Pour les baux à vie, sans distinction de ceux faits sur une ou plusieurs têtes, par un capital formé de dix fois le prix et les charges annuelles, en y ajoutant de même le montant des deniers d'entrée et les autres charges, s'il s'en trouve d'exprimées. — Les objets en nature s'évaluent comme ci-dessus ;

4° Pour les échanges, par une évaluation qui doit être faite en capital, d'après le revenu annuel multiplié par vingt, sans distraction des charges ;

5° Pour les engagements, par les prix et sommes pour lesquels ils sont faits ;

6° Pour les ventes, adjudications, cessions, rétrocessions, licitations, et tous autres actes civils ou judiciaires portant translation de propriété ou d'usufruit, à titre onéreux, par le prix exprimé, en y ajoutant toutes les charges en capital, ou par une estimation d'experts, dans les cas autorisés par la présente. — Si l'usufruit est réservé par le vendeur, il sera évalué à la moitié de tout ce qui forme le prix du contrat, et le droit sera perçu sur le total ; mais il ne sera dû aucun droit pour la réunion de l'usufruit à la propriété; cependant, si elle s'opère par un acte de cession, et que le prix soit supérieur à l'évaluation qui en aura été faite pour régler le droit de la translation de propriété, il est dû un droit, par supplément, sur ce qui se trouve excéder cette évaluation. Dans le cas contraire, l'acte de cession est enregistré pour le droit fixe;

7° Pour les transmissions de propriété entre vifs, à titre gratuit, et celles qui s'effectuent par décès, par l'évaluation qui sera faite et portée à vingt fois le produit des biens, ou le prix des baux courants, sans distraction des charges. — Il ne sera rien dû pour la réunion de l'usufruit à la propriété, lorsque le droit d'enregistrement aura été acquitté sur la valeur entière de la propriété;

8° Pour les transmissions d'usufruit seulement, soit entre-vifs à titre gratuit, soit par décès, par l'évaluation qui en sera portée à dix fois le produit des biens, ou le prix des baux courants, aussi sans distraction des charges. — Lorsque l'usufruitier qui aura acquitté le droit d'enregistrement pour son usufruit acquerra la nue-propriété, il payera le droit d'enregistrement sur sa valeur, sans qu'il y ait lieu de joindre celle de l'usufruit.

Art. 16. — Si les sommes et valeurs ne sont pas déterminées dans un acte ou un jugement donnant lieu au droit proportionnel, les parties seront tenues d'y suppléer, avant l'enregistrement, par une déclaration estimative certifiée et signée au pied de l'acte.

Art. 17. — Si le prix énoncé dans un acte translatif de propriété ou d'usufruit de biens immeubles, à titre onéreux, paraît inférieur à leur valeur vénale à l'époque de l'aliénation, par comparaison avec les fonds voisins de même nature, la régie pourra requérir une expertise, pourvu qu'elle en fasse la demande dans l'année, à compter du jour de l'enregistrement du contrat.

Art. 18. — La demande en expertise sera faite au tribunal civil du département dans l'étendue duquel les biens sont situés, par une pétition portant nomination de l'expert de la nation. — L'expertise sera ordonnée dans la décade de la demande. — En cas de refus par la partie de nommer son expert, sur la sommation qui lui aura été faite d'y satisfaire dans les trois jours, il lui en sera nommé un d'office par le tribunal. — Les experts, en cas de partage, appelleront un tiers expert; s'ils ne peuvent en convenir, le juge de paix du canton de la situation des biens y pourvoira. — Le procès-verbal d'expertise sera rapporté, au plus tard, dans le mois qui suivra la remise qui aura été faite aux experts de l'ordonnance du tribunal, ou dans le mois après l'appel d'un tiers expert. — Les frais de l'expertise seront à la charge de l'acquéreur, mais seulement lorsque l'estimation excédera d'un huitième au moins le prix énoncé au contrat. — L'acquéreur sera tenu, dans tous les cas, d'acquitter le droit sur le supplément d'estimation, s'il y a une plus-value constatée par le rapport des experts.

Art. 19. — Il y aura également lieu à requérir l'expertise des revenus des immeubles transmis en propriété ou usufruit, à tout autre titre qu'à titre onéreux, lorsque l'insuffisance dans l'évaluation ne pourra être établie par actes qui puissent faire connaître le véritable revenu des biens.

TITRE III. — DES DÉLAIS POUR L'ENREGISTREMENT DES ACTES ET DÉCLARATIONS.

Art. 20. — Les délais pour faire enregistrer les actes publics sont, savoir :

De quatre jours, pour ceux des huissiers et autres ayant pouvoir de faire des exploits et procès-verbaux;

De dix jours, pour ceux des notaires qui résident dans la commune où le bureau d'enregistrement est établi;

De quinze jours, pour ceux qui n'y résident pas;

De vingt jours, pour les actes judiciaires soumis à l'enregistrement sur les minutes, et pour ceux dont il ne reste pas de minutes au greffe ou qui se délivrent en brevet;

De vingt jours aussi, pour les actes des administrations centrales et municipales assujettis à la formalité de l'enregistrement.

Art. 21. — Les testaments déposés chez les notaires, ou par eux reçus, seront enregistrés dans les trois mois du décès des testateurs, à la diligence des héritiers, donataires, légataires ou exécuteurs testamentaires.

Art. 22. — Les actes qui, à l'avenir, seront faits sous signature privée, et qui porteront transmission de propriété ou d'usufruit de biens immeubles, et les baux à ferme ou à loyer, sous-baux, cessions et subrogations de baux, et les engagements aussi sous signature privée, de biens de même nature, seront enregistrés dans les trois mois de leur date. — Pour ceux des actes de ces espèces qui sont passés en étranger, ou dans les îles ou colonies françaises où l'enregistrement n'aurait pas encore été établi, le délai sera de six mois, s'ils sont faits en Europe; d'une année si c'est en Amérique, et de deux années, si c'est en Asie ou en Afrique.

Art. 23. — Il n'y a point de délai de rigueur pour l'enregistrement de tous autres actes que ceux mentionnés dans l'article précédent, qui seront faits sous signature privée, ou passés en pays étranger, et dans les îles et colonies françaises où l'enregistrement n'aurait pas encore été établi; mais il ne pourra en être fait usage, soit par acte public, soit en justice, ou devant toute autre autorité constituée, qu'ils n'aient été préalablement enregistrés.

Art. 24. — Les délais pour l'enregistrement des déclarations que les héritiers, donataires ou légataires auront à passer des biens à eux échus ou transmis par décès sont, savoir :

De six mois, à compter du jour du décès, lorsque celui dont on recueille la succession est décédé en France ;

De huit mois s'il est décédé dans toute autre partie de l'Europe ;

D'une année s'il est mort en Amérique ;

Et de deux années, si c'est en Afrique ou en Asie.

Le délai de six mois ne courra que du jour de la mise en possession pour la succession d'un absent, celle d'un condamné si ses biens sont séquestrés, celle qui aurait été séquestrée pour tout autre cause, celle d'un défenseur de la patrie s'il est mort en activité de service hors de son département, ou enfin celle qui serait recueillie par indivis avec la nation.

Si, avant les derniers six mois des délais fixés par les déclarations des successions de personnes décédées hors de France, les héritiers prennent possession des biens, il ne restera d'autre délai à courir, pour passer déclaration, que celui de six mois, à compter du jour de la prise de possession.

Art. 25. — Dans les délais fixés par les articles précédents pour l'enregistrement des actes et des déclarations, le jour de la date de l'acte ou celui de l'ouverture de la succession ne sera point compté.

Si le dernier jour du délai se trouve être un décadi ou un jour de fête nationale, ou s'il tombe dans les jours complémentaires, ces jours-là ne seront point comptés non plus.

TITRE IV. — DES BUREAUX OU LES ACTES ET MUTATIONS DOIVENT ÊTRE ENREGISTRÉS.

Art. 26. — Les notaires ne pourront faire enregistrer leurs actes qu'aux bureaux dans l'arrondissement duquel ils résident.

Les huissiers et tous autres ayant pouvoir de faire des exploits, procès-verbaux ou rapports, feront enregistrer leurs actes, soit au bureau de leur résidence, soit au bureau des lieux où ils les auront faits.

Les greffiers et secrétaires des administrations centrales et municipales feront enregistrer les actes qu'ils sont tenus de soumettre à cette formalité aux bureaux dans l'arrondissement desquels ils exercent leurs fonctions.

Les actes sous signature privée, et ceux passés en pays étranger, pourront être enregistrés dans tous les bureaux indistinctement.

Art. 27. — Les mutations de propriété ou d'usufruit par décès seront enregistrées au bureau de la situation des biens.

Les héritiers donataires ou légataires, leurs tuteurs ou curateurs, seront tenus d'en passer déclaration détaillée ou de la signer sur le registre.

S'il s'agit d'une mutation, au même titre, de biens meubles, la déclaration en sera faite au bureau dans l'arrondissement duquel ils se seront trouvés au décès de l'auteur de la succession.

Les rentes et autres biens meubles, sans assiette déterminée lors du décès, seront déclarés au bureau du domicile du décédé.

Les héritiers, légataires ou donataires rapporteront, à l'appui de leurs déclarations de biens meubles, un inventaire ou état estimatif, article par article, par eux certifié s'il n'a pas été fait par un officier public; cet inventaire sera déposé et annexé à la déclaration, qui sera reçue et signée sur le registre du receveur de l'enregistrement.

TITRE V. — DU PAYEMENT DES DROITS, ET DE CEUX QUI DOIVENT LES ACQUITTER.

Art. 28. — Les droits des actes et ceux des mutations par décès seront payés avant l'enregistrement, aux taux et quotités réglés par la présente.

Nul ne pourra en atténuer ni différer le payement, sous le prétexte de contestation sur la quotité, ni pour quelque motif que ce soit, sauf à se pourvoir en restitution, s'il y a lieu.

Art. 29. — Les droits des actes à enregistrer seront acquittés, savoir : par les notaires, pour les actes passés devant eux;

Par les huissiers et autres ayant pouvoir de faire des exploits et procès-verbaux, pour ceux de leur ministère;

Par les greffiers, pour les actes et jugements (sauf le cas prévu par l'article 37 ci-après), qui doivent être enregistrés sur les minutes, au terme de l'article 7 de la présente et ceux passés et reçus aux greffes, et pour les extraits, copies et expéditions qu'ils délivrent des jugements qui ne sont pas soumis à l'enregistrement sur les minutes;

Par les secrétaires des administrations centrales et municipales, pour les actes de ces administrations qui sont soumis à la formalité de l'enregistrement, sauf aussi le cas prévu à l'article 37;

Par les parties, pour les actes sous signature privée, et ceux passés en pays étranger, qu'elles auront à faire enregistrer; pour les ordonnances sur requêtes ou mémoires, et les certificats qui leur sont immédiatement délivrés par les juges; et pour les actes et décisions qu'elles obtiennent des arbitres, si ceux-ci ne les ont pas fait enregistrer;

Et par les héritiers, légataires ou donataires, leurs tuteurs et curateurs, et les exécuteurs testamentaires, pour les testaments et autres actes de libéralité à cause de mort.

Art. 30. — Les officiers publics qui, aux termes des dispositions précédentes, auraient fait, pour les parties, l'avance des droits d'enregistrement, pourront prendre exécutoire du juge de paix de leur canton, pour leur remboursement.

L'opposition qui serait formée contre cet exécutoire, ainsi que toutes les contestations qui s'élèveraient à cet égard, seront jugées conformément aux dispositions portées à l'article 65 de la présente, relatif aux instances poursuivies au nom de la nation.

Art. 31. — Les droits des actes civils et judiciaires important obligation, libération ou translation de propriété, ou d'usufruit de meubles ou immeubles, seront supportés par les débiteurs et nouveaux possesseurs, et ceux de tous les autres seront le seront par les parties auxquelles les actes profiteront, lorsque, dans ces divers cas, il n'aura pas été stipulé de stipulations contraires dans les actes.

Art. 32. — Les droits des déclarations de mutations par décès seront payés par les héritiers, donataires ou légataires.

Les cohéritiers seront solidaires.

La nation aura action sur les revenus des biens à déclarer, en quelques mains qu'ils se trouvent, pour le payement des droits dont il faudrait poursuivre le recouvrement.

TITRE VI. — DES PEINES POUR DÉFAUT D'ENREGISTRE-
MENT DES ACTES ET DÉCLARATIONS DANS LES DÉLAIS,
ET DE CELLES PORTÉES RELATIVEMENT AUX OMIS-
SIONS, AUX FAUSSES ESTIMATIONS ET AUX CONTRE-
LETTRES.

ART. 33. — Les notaires qui n'auront pas fait enregistrer leurs actes dans les délais prescrits payeront personnellement, à titre d'amende et pour chaque contravention, une somme de 50 francs, s'il s'agit d'un acte sujet au droit fixe, ou une somme égale au montant du droit, s'il s'agit d'un acte sujet au droit proportionnel, sans que, dans ce dernier cas, la peine puisse être au-dessous de 50 francs.

Ils seront tenus, en outre du payement des droits, sauf leur recours contre les parties pour ces droits seulement.

ART. 34. — La peine contre un huissier ou autre ayant pouvoir de faire des exploits ou procès-verbaux est, pour un exploit ou procès-verbal non présenté à l'enregistrement dans le délai, d'une somme de 25 francs, et de plus une somme équivalente au montant du droit de l'acte non enregistré. L'exploit ou procès-verbal non enregistré dans le délai est déclaré nul, et le contrevenant responsable de cette nullité envers la partie.

Ces dispositions, relativement aux exploits et procès-verbaux, ne s'étendent pas aux procès-verbaux de vente de meubles et autres objets mobiliers, ni à tout acte du ministère des huissiers sujet au droit proportionnel. La peine pour ceux-ci sera d'une somme égale au montant du droit, sans qu'elle puisse être au-dessous de 50 francs. Le contrevenant payera en outre le droit dû pour l'acte, sauf son recours contre la partie pour ce droit seulement.

ART. 35. — Les greffiers qui auront négligé de soumettre à l'enregistrement, dans le délai fixé, les actes qu'ils sont tenus de présenter à cette formalité, payeront personnellement à titre d'amende et pour chaque contravention une somme égale au montant du droit.

Ils acquitteront en même temps le droit, sauf leur recours, pour ce droit seulement, contre la partie.

ART. 36. — Les dispositions de l'article précédent s'appliquent également aux secrétaires des administrations centrales et municipales, pour chacun des actes qu'il leur est prescrit de faire enregistrer, s'ils ne les ont pas soumis à l'enregistrement dans le délai.

ART. 37. — Il est néanmoins fait exception aux dispositions des deux articles précédents, quant aux jugements rendus à l'audience, qui doivent être enregistrés sur les minutes, et aux actes d'adjudication passés en séance publique des administrations, lorsque les parties n'auront pas consigné aux mains des greffiers et des secrétaires, dans le délai prescrit pour l'enregistrement, le montant des droits fixés par la loi. Dans ce cas, le recouvrement en sera poursuivi contre les parties par les receveurs, et elles supporteront en outre la peine du droit en sus.

Pour cet effet, les greffiers et les secrétaires fourniront aux receveurs de l'enregistrement, dans la décade qui suivra l'expiration du délai, des extraits par eux certifiés des actes et jugements dont les droits ne leur auront pas été remis par les parties, à peine d'une amende de 10 francs pour chaque décade de retard, et pour chaque acte et jugement, et d'être en outre personnellement contraints au payement des doubles droits.

ART. 38. — Les actes sous signature privée, et ceux passés en pays étrangers, dénommés dans l'article 22, qui n'auront pas été enregistrés dans les délais déterminés, seront soumis au double droit d'enregistrement.

Il en sera de même pour les testaments non enregistrés dans le délai.

ART. 39. — Les héritiers, donataires ou légataires qui n'auront pas fait, dans les délais prescrits, les déclarations des biens à eux transmis par décès, payeront, à titre d'amende, un demi-droit en sus du droit qui sera dû pour la mutation.

La peine, pour les omissions qui seront reconnues avoir été faites dans les déclarations, sera d'un droit en sus de celui qui se trouvera dû pour les objets omis : il en sera de même pour les insuffisances constatées dans les estimations des biens déclarés.

Si l'insuffisance est établie par un rapport d'experts, les contrevenants payeront en outre les frais de l'expertise.

Les tuteurs et curateurs supporteront personnellement les peines ci-dessus, lorsqu'ils auront négligé de passer la déclaration dans les délais, ou qu'ils auront fait des omissions ou des estimations insuffisantes.

Toute contre-lettre faite sous signature privée qui aurait pour objet une augmentation du prix stipulé dans un acte public ou dans un acte sous signature privée, précédemment enregistré, est déclarée nulle et de nul effet.

Néanmoins, lorsque l'existence en sera constatée, il y aura lieu d'exiger, à titre d'amende, une somme triple du droit qui aurait eu lieu, sur les sommes et valeurs ainsi stipulées.

TITRE VII. — DES OBLIGATIONS DES NOTAIRES,
HUISSIERS, GREFFIERS, JUGES, ARBITRES, ETC.

ART. 47. — Il est défendu aux juges et arbitres de rendre aucun jugement, et aux administrations centrales et municipales de prendre aucun arrêté, en faveur de particuliers, sur des actes non enregistrés, à peine d'être personnellement responsables des droits.

ART. 48. — Toutes les fois qu'une condamnation sera rendue ou qu'un arrêté sera pris sur un acte enregistré, le jugement, la sentence arbitrale ou l'arrêté en fera mention, et énoncera le montant du droit payé, la date du payement et le nom du bureau où il aura été acquitté : en cas d'omission, le receveur exigera le droit, si l'acte n'a pas été enregistré dans son bureau, sauf restitution, dans le délai prescrit, s'il est ensuite justifié de l'enregistrement de l'acte sur lequel le jugement aura été prononcé ou l'arrêté pris.

ART. 57. — La quittance de l'enregistrement sera mise sur l'acte enregistré, ou sur l'extrait de la déclaration du nouveau possesseur.

Le receveur y exprimera en toutes lettres la date de l'enregistrement, le folio du registre, le numéro et la somme des droits perçus.

Lorsque l'acte renfermera plusieurs dispositions opérant chacune un droit particulier, le receveur les indiquera sommairement dans sa quittance, et y énoncera distinctement la quotité de chaque droit perçu, à peine d'une amende de 10 francs pour chaque omission.

ART. 58. — Les receveurs de l'enregistrement ne pourront délivrer d'extraits de leurs registres que sur une ordonnance du juge de paix, lorque ces extraits ne seront pas demandés par quelqu'une des parties contractantes ou leurs ayants cause.

Il leur sera payé 1 franc pour recherche de chaque année indiquée, et 50 centimes par chaque extrait, outre le papier timbré : ils ne pourront rien exiger au delà.

ART. 59. — Aucune autorité publique, ni la régie, ni ses préposés ne peuvent accorder de remise ou modération des droits établis par la présente et des peines encourues, ni en suspendre ou faire suspendre le recouvrement, sans en devenir personnellement responsables.

TITRE VIII. — DES DROITS ACQUIS ET DES PRESCRIPTIONS.

ART. 60. — Tout droit d'enregistrement perçu régulièrement en conformité de la présente ne pourra être restitué, quels que soient les événements ultérieurs, sauf les cas prévus par la présente.

ART. 61. — Il y a prescription pour la demande des droits, savoir :

1° Deux années, à compter du jour de l'enregistrement, s'il s'agit d'un droit non perçu sur une disposition particulière dans un acte, ou d'un supplément de perception insuffisamment faite, ou d'une fausse évaluation dans une déclaration, et pour la constater par voie d'expertise.

Les parties sont également non recevables, après le même délai, pour toute demande en restitution des droits perçus.

2° Après trois années, aussi à compter du jour de l'enregistrement, s'il s'agit d'une omission de biens dans une déclaration faite après décès.

3° Après cinq années, à compter du jour du décès, pour les successions non déclarées.

Les prescriptions ci-dessus sont suspendues par des demandes signifiées et enregistrées avant l'expiration des délais; mais elles seront acquises irrévocablement, si les poursuites commencées sont interrompues pendant une année, sans qu'il y ait d'instance devant les juges compétents, quand même le premier délai pour la prescription ne serait pas expiré.

ART. 62. — La date des actes sous signature privée ne pourra cependant être opposée à la République pour prescription des droits et peines encourues, à moins que ces actes n'aient acquis une date certaine par le décès de l'une des parties ou autrement.

Loi du 25 mai 1835.

ARTICLE UNIQUE. — Les communes, hospices et tous autres établissements publics pourront affermer leurs biens ruraux pour dix-huit années, sans autres formalités que celles prescrites pour les baux de neuf années.

Avis du préfet de la Seine du 28 février 1852.

Le préfet de la Seine désirant éviter aux propriétaires et principaux locataires des maisons de Paris le désagrément des poursuites en garantie relatives aux contributions de leurs locataires ou sous-locataires, croit devoir leur rappeler les obligations que la loi leur impose à cet égard.

I. — La contribution mobilière est due par le contribuable nominativement désigné au rôle; cependant, le propriétaire et le principal locataire sont garants du recouvrement, sauf leur recours :

1° Si un mois avant l'époque du déménagement ou de l'enlèvement des meubles, ils n'ont pas eu soin de déclarer le déménagement au percepteur, et s'ils ne justifient pas d'une reconnaissance par écrit de cette déclaration;

2° Lorsque, dans le cas de déménagement furtif, ils ont négligé de faire constater ce déménagement *dans les trois jours*, soit par le commissaire de police du quartier, soit par le juge de paix ou le maire de l'arrondissement;

3° Et enfin, quand les contribuables imposés sont logés chez eux en garni. Dans ce dernier cas, les propriétaires et principaux locataires demeurent responsables, nonobstant toute déclaration de leur part (art. 22 et 23 de la loi du 21 avril 1832).

II. — La contribution des patentes est due également par le contribuable nominativement imposé; néanmoins, le propriétaire et principal locataire demeurent responsables du dernier douzième échu et du douzième courant des taxes dues par le patenté :

1° Si un mois avant le terme fixé par le bail ou les conventions particulières pour le déménagement de leurs locataires, ils n'ont pas donné avis de ce déménagement au percepteur;

2° Lorsque, dans le cas de déménagement furtif, ils ont négligé de donner avis de ce déménagement au percepteur dans les trois jours (art. 25 de la loi du 25 avril 1844).

III. — Les propriétaires et principaux locataires ne sont point dispensés des formalités prescrites par la loi, lors même que le déménagement devrait avoir lieu avant l'époque de la mise en recouvrement des rôles de la contribution mobilière et des patentes.

IV. — Dans le cas où le percepteur refuserait de recevoir la déclaration qui lui serait faite, un mois ou plus avant l'époque du déménagement, le propriétaire ou principal locataire a la faculté de porter cette déclaration devant le maire ou le juge de paix de son arrondissement, et d'en prendre acte, ou de la faire notifier par huissier au percepteur refusant.

V. — Le propriétaire ou principal locataire qui se croirait fondé à réclamer pour raison des poursuites en garantie exercées contre lui, se pourvoira près le préfet du département de la Seine. A cet effet, il présentera une pétition et joindra à l'appui la contrainte administrative qui lui aura été adressée, ainsi que la reconnaissance de la déclaration du déménagement ordinaire ou le certificat du déménagement furtif. Cette pétition, écrite sur papier timbré pour toute taxe de 30 francs et au-dessus, sera déposée au secrétariat de la Préfecture, dans les dix jours de la réception de la contrainte.

VI. — Le propriétaire ou principal locataire qui, à la réception du présent avis, reconnaîtrait que quelques-uns des contribuables y désignés ne demeuraient plus dans sa maison au terme de janvier de l'année courante, remettra, dans le mois, au receveur-percepteur, les avertissements concernant lesdits contribuables, dont le nouveau domicile sera indiqué autant que possible. A défaut des avertissements, il y aura lieu de déposer au bureau du receveur un état nominatif certifié des locataires déménagés, il sera délivré récipissé des pièces déposées.

VII. — Lorsqu'une taxe de patente sera mise en recouvrement, dans le cours de l'année, en vertu d'un rôle supplémentaire, ou bien lorsqu'un nom aura été substitué à un autre sur le rôle mobilier ou des patentes, le propriétaire ou principal locataire de la maison habitée par le contribuable ainsi imposé sera tenu de remplir à l'égard de ce dernier toutes les formalités prescrites par le présent avis, qui lui sera transmis à cet effet par le percepteur.

Extrait de la loi du 23 mars 1855.

ARTICLE PREMIER. — Sont transcrits au bureau des hypothèques de la situation des lieux :

1° Tout acte entre vifs, translatif de propriété immobilière ou de droits réels susceptibles d'hypothèque ;

2° Tout acte portant renonciation à ces mêmes droits ;

3° Tout jugement qui déclare l'existence d'une convention verbale de la nature ci-dessus exprimée ;

4° Tout jugement d'adjudication, autre que celui rendu sur licitation au profit d'un cohéritier ou d'un copartageant.

ART. 2. — Sont également transcrits :

1° Tout acte constitutif d'antichrèse, de servitude, d'usage et d'habitation ;

2° Tout acte portant renonciation à ces mêmes droits ;

3° Tout jugement qui en déclare l'existence en vertu d'une convention verbale ;

4° Les baux d'une durée de plus de dix-huit années ;

5° Tout acte ou jugement constatant, même pour bail de moindre durée, quittance ou cession d'une somme équivalente à trois années de loyers ou fermages non échus.

ART. 3. — Jusqu'à la transcription, les droits résultant des actes et jugements énoncés aux articles précédents ne peuvent être opposés aux tiers qui ont des droits sur l'immeuble et qui les ont conservés en se conformant aux lois.

Les baux qui n'ont pas été transcrits ne peuvent jamais leur être opposés pour une période de plus de dix-huit ans.

ART. 4. — Tout jugement prononçant la résolution, nullité ou rescision d'un acte transcrit,

doit, dans le mois à dater du jour où il a acquis l'autorité de la chose jugée, être mentionné en marge de la transcription faite sur le registre.

L'avoué qui a obtenu ce jugement est tenu, sous peine de 100 francs d'amende, de faire opérer cette mention, en remettant un bordereau rédigé et signé par lui au conservateur, qui lui en donne récépissé.

ART. 5. — Le conservateur, lorsqu'il en est requis, délivre, sous sa responsabilité, l'état spécial ou général des transcriptions et mentions prescrites par les articles précédents.

ART. 6. — A partir de la transcription, les créanciers privilégiés ou ayant hypothèque, aux termes des art. 2123, 2127 et 2128 du Code civil, ne peuvent prendre utilement inscription sur le précédent propriétaire.

Néanmoins, le vendeur ou le copartageant peuvent utilement inscrire les privilèges à eux conférés par les art. 2108 et 2109 du Code civil, dans les quarante-cinq jours de l'acte de vente ou de partage, nonobstant toute transcription d'actes faits dans ce délai.

Les articles 834 et 835 du Code de procédure civile sont abrogés.

ART. 7. — L'action résolutoire établie par l'art. 1654 du Code civil ne peut être exercée, après l'extinction du privilège du vendeur, au préjudice des tiers qui ont acquis des droits sur l'immeuble du chef de l'acquéreur, et qui se sont conformés aux lois pour les conserver.

ART. 8. — Si la veuve, le mineur devenu majeur, l'interdit relevé de l'interdiction, leurs héritiers ou ayants cause, n'ont pas pris inscription dans l'année qui suit la dissolution du mariage ou la cessation de la tutelle, leur hypothèque ne date, à l'égard des tiers, que du jour des inscriptions prises ultérieurement.

ART. 9. — Dans le cas où les femmes peuvent céder leur hypothèque légale ou y renoncer, cette cession ou cette renonciation doit être faite par acte authentique, et les cessionnaires n'en sont saisis à l'égard des tiers que par l'inscription de cette hypothèque prise à leur profit, ou par la mention de la subrogation en marge de l'inscription préexistante.

Les dates des inscriptions ou mentions déterminent l'ordre dans lequel ceux qui ont obtenu des cessions ou renonciations exercent les droits hypothécaires de la femme.

ART. 10. — La présente loi est exécutoire à partir du 1er janvier 1856.

Extrait de la loi du 23 août 1871.

ART. 11. — Lorsqu'il n'existe pas de conventions écrites constatant une mutation de jouissance de biens immeubles, il y est suppléé par des déclarations détaillées et estimatives, dans les trois mois de l'entrée en jouissance.

Si la location est faite suivant l'usage des lieux, la déclaration en contiendra la mention.

Les droits d'enregistrement deviendront exigibles dans les vingt jours qui suivront l'échéance de chaque terme, et la perception en sera continuée jusqu'à ce qu'il ait été déclaré que le bail a cessé ou qu'il a été résilié.

En cas de déclaration insuffisante, il sera fait

application des dispositions des art. 19 et 39 de la loi du 22 frimaire an VII [1].

La déclaration doit être faite par le preneur, ou, à son défaut, par le bailleur, ainsi qu'il est dit à l'art. 14 ci-après.

Ne sont pas assujetties à la déclaration les locations verbales ne dépassant pas trois ans, et dont le prix annuel n'excède pas 100 fr. — Toutefois, si le même bailleur a consenti plusieurs locations verbales de cette catégorie, mais dont le prix cumulé excède 100 fr. annuellement, il sera tenu d'en faire la déclaration et d'acquitter personnellement et sans recours les droits d'enregistrement.

Si le prix de la location verbale est supérieur à 100 fr., sans excéder 300 fr. annuellement, le bailleur sera également tenu d'en faire la déclaration et d'acquitter les droits exigibles, sauf son recours contre le preneur qui sera dispensé, dans ce cas, de la formalité de la déclaration.

Le droit sera exigible lors de l'enregistrement ou de la déclaration. Toutefois, si le bail est de plus de trois ans et si les parties le requièrent, le montant du droit pourra être fractionné en autant de payements égaux qu'il y aura de périodes triennales dans la durée du bail. Le payement des droits afférents à la première période sera seul acquitté lors de l'enregistrement ou de la déclaration, et celui des périodes subséquentes aura lieu dans le premier mois de l'année qui commencera chaque période.

La dernière disposition du n° 2 du § 3 de l'art. 69 de la loi du 22 frimaire an VII, relative aux baux de trois, six ou neuf années, est abrogée.

Les dispositions du présent article ne seront exécutoires qu'à partir du 1er octobre prochain.

Art. 12. — Toute dissimulation dans le prix d'une vente et dans la soulte d'un échange ou d'un partage sera punie d'une amende égale au quart de la somme dissimulée, et payée solidairement par les parties, sauf à la répartir entre elles par égale part.

Art. 13. — La dissimulation peut être établie par tous les genres de preuves admises par le droit commun. Toutefois, l'administration ne peut déférer le serment décisoire, et elle ne peut user de la preuve testimoniale que pendant dix ans, à partir de l'enregistrement de l'acte.

L'exploit d'ajournement est donné, soit devant le juge du domicile de l'un des défendeurs, soit devant celui de la situation des biens, au choix de l'Administration.

La cause est portée, suivant l'importance de la réclamation, devant la justice de paix ou devant le tribunal civil. Elle est instruite et jugée comme en matière sommaire ; elle est sujette à appel, s'il y a lieu. Le ministère des avoués n'est pas obligatoire, mais les parties qui ne seraient pas domiciliées dans le lieu où siège la justice de paix ou le tribunal seront tenues d'y faire élection de domicile, à défaut de quoi, toutes significations seront valablement faites au greffe.

Le notaire qui reçoit un acte de vente, d'échange ou de partage, est tenu de donner

[1] Loi du 12 déc. 1798, annexe.

lecture aux parties des dispositions du présent article et de celles de l'art. 12 ci-dessus. Mention expresse de cette lecture sera faite dans l'acte, à peine d'une amende de 10 fr.

Art. 14. — A défaut d'enregistrement ou de déclaration dans les délais fixés par les lois des 22 frimaire an VII, 27 ventôse an IX, et par l'art. 11 de la présente loi, l'ancien et le nouveau possesseur, le bailleur et le preneur, sont tenus personnellement et sans recours, nonobstant toute stipulation contraire, d'un droit en sus, lequel ne peut être inférieur à 50 fr.

L'ancien possesseur et le bailleur peuvent s'affranchir du droit en sus qui leur est personnellement imposé, ainsi que du versement immédiat des droits simples, en déposant dans un bureau d'enregistrement l'acte constatant la mutation ou, à défaut d'acte, en faisant les déclarations prescrites par l'art. 4 de la loi du 27 ventôse an IX, et par l'art. 11 de la présente loi.

Outre les délais fixés pour l'enregistrement des actes ou déclarations, un délai d'un mois est accordé à l'ancien possesseur et au bailleur pour faire le dépôt ou les déclarations autorisées par le paragraphe qui précède.

Les dispositions du présent article ne sont pas applicables au preneur dans les cas prévus par les § 5 et 6 de l'art. 11 ci-dessus.

Art. 15. — Lorsque, dans les cas prévus par la loi du 22 frim. an VII et par l'art. 11 de la présente loi, il y a lieu à expertise, et que le prix exprimé ou la valeur déclarée n'excède pas 2,000 fr., cette expertise est faite par un seul expert nommé par toutes les parties, ou, en cas de désaccord, par le président du tribunal et sur simple requête.

Art. 16. — Les tribunaux devant lesquels sont produits des actes non enregistrés doivent, soit sur les réquisitions du ministère public, soit même d'office, ordonner le dépôt au greffe de ces actes, pour être immédiatement soumis à la formalité de l'enregistrement.

Il est donné acte au ministère public de ses réquisitions.

Art. 17. — Il est accordé un délai de trois mois, à compter de la promulgation de la présente loi, pour faire enregistrer, sans droits en sus ni amendes, tous les actes sous signatures privées qui, en contravention aux lois sur l'enregistrement, n'auraient pas été soumis à cette formalité.

Le droit ne sera perçu pour les baux ainsi présentés à l'enregistrement que pour le temps restant à courir au jour de la promulgation de la présente loi.

Le même délai de faveur est accordé pour faire la déclaration des biens transmis, soit par décès, soit entre vifs, lorsqu'il n'existera pas de conventions écrites.

Les nouveaux possesseurs qui auraient fait des omissions ou des estimations insuffisantes dans leurs actes ou déclarations, sont admis à les réparer sans être soumis à aucune peine, pourvu qu'ils acquittent les droits simples et les frais dans le délai de trois mois.

Les dispositions du § 1 du présent article sont également applicables aux contraventions aux lois sur le timbre de dimension encourues à raison des actes sous signatures privées qui n'auraient pas été régulièrement timbrés.

Le bénéfice résultant du présent article ne peut être réclamé que pour les contraventions existant au jour de la promulgation de la présente loi.

ART. 18. — A partir du 1er décembre 1871, sont soumis à un droit de timbre de 10 centimes :

1° Les quittances ou acquits donnés au pied des factures et mémoires, les quittances pures et simples, reçus ou décharges de sommes, titres, valeurs ou objets, et généralement tous les titres, de quelque nature qu'ils soient, signés ou non signés, qui emporteraient libération, reçu ou décharge ;

2° Les chèques, tels qu'ils sont définis par la loi du 14 juin 1865, dont l'art. 7 est et demeure abrogé ;

Le droit est dû pour chaque acte, reçu, décharge ou quittance ; il peut être acquitté par l'apposition d'un timbre mobile, à l'exception toutefois du droit sur les chèques, lesquels ne peuvent être remis à celui qui doit en faire usage sans qu'ils aient été préalablement revêtus de l'empreinte du timbre à l'extraordinaire.

Le droit de timbre de 10 centimes n'est applicable qu'aux actes faits sous signatures privées et ne contenant pas de dispositions autres que celles spécifiées au présent article.

ART. 19. — Une remise de 2 p. 100 sur le timbre est accordée, à titre de déchet, à ceux qui feront timbrer préalablement leurs formules de quittances, reçus ou décharges.

ART. 20. — Sont seuls exceptés du droit de timbre de 10 centimes :

1° Les acquits inscrits sur les chèques, ainsi que sur les lettres de change, billets à ordre et autres effets de commerce assujettis au droit proportionnel ;

2° Les quittances de 10 francs et au-dessous, quand il ne s'agit pas d'un acompte ou d'une quittance finale sur une plus forte somme.

3° Les quittances énumérées en l'article 16 de la loi du 18 brumaire an VII, à l'exception de celles relatives aux traitements et émoluments des fonctionnaires, officiers des armées de terre et de mer, et employés salariés par l'Etat, les départements, les communes et tous établissements publics ;

4° Les quittances délivrées par les comptables des deniers publics, celles des douanes, des contributions indirectes et des postes, qui restent soumises à la législation qui leur est spéciale.

Toutes autres dispositions contraires sont abrogées.

ART. 21. — Les avertissements donnés aux termes de la loi du 2 mai 1855, avant toute citation, devront être rédigés par le greffier du juge de paix, sur papier au timbre de dimension de 0 fr. 50.

ART. 22. — Les sociétés, compagnies, assureurs, entrepreneurs de transports et tous autres assujettis aux vérifications des agents de l'enregistrement par les lois en vigueur, sont tenus de représenter auxdits agents leurs livres, registres, titres, pièces de recette, de dépense et de comptabilité, afin qu'ils s'assurent de l'exécution des lois sur le timbre.

Tout refus de communication sera constaté par procès-verbal et puni d'une amende de 100 francs à 1,000 francs.

ART. 23. — Toute contravention aux dispositions de l'art. 18 sera punie d'une amende de 50 francs. L'amende sera due par chaque acte écrit, quittance, reçu ou décharge, pour lequel le droit de timbre n'aurait pas été acquitté.

Le droit de timbre est à la charge du débiteur ; néanmoins, le créancier qui a donné quittance, reçu ou décharge en contravention aux dispositions de l'art. 18, est tenu personnellement et sans recours, nonobstant toute stipulation contraire, du montant des droits, frais et amendes.

La contravention sera suffisamment établie par la représentation des pièces non timbrées et annexées aux procès-verbaux que les employés de l'enregistrement, les officiers de police judiciaire, les agents de la force publique, les préposés des douanes, des contributions indirectes et ceux des octrois, sont autorisés à dresser, conformément aux art. 31 et 32 de la loi du 13 brumaire an VII. Il leur est attribué un quart des amendes recouvrées.

Les instances seront instruites et jugées selon les formes prescrites par l'art. 76 de la loi du 28 avril 1816.

ART. 24. — Un règlement d'administration publique déterminera la forme et les conditions d'emploi des timbres mobiles créés en exécution de la présente loi. Toute infraction aux dispositions de ce règlement sera punie d'une amende de 20 francs.

Sont applicables à ces timbres les dispositions de l'art. 21 de la loi du 11 juin 1859[1].

Sont considérés comme non timbrés :

1° Les actes, pièces ou écrits sur lesquels le timbre mobile aurait été apposé sans l'accomplissement des conditions prescrites par le règlement d'administration publique, ou sur lesquels aurait été apposé un timbre ayant déjà servi ;

2° Les actes, pièces ou écrits sur lesquels le timbre mobile aurait été apposé en dehors des cas prévus par l'art. 18.

Loi du 19 février 1872.

ARTICLE PREMIER. — Les art. 450 et 550 du Code de commerce sont modifiés et remplacés par les dispositions suivantes :

ART. 450. — Les syndics auront, pour les baux des immeubles affectés à l'industrie et au commerce du failli, y compris les locaux dépendant de ces immeubles et servant à l'habitation du failli et de sa famille, huit jours, à partir de l'expiration du délai accordé par l'art. 492 du Code de commerce aux créanciers, pendant lesquels ils pourront notifier au propriétaire

---

[1] Ceux qui auront sciemment employé, vendu ou tenté de vendre des timbres mobiles ayant déjà servi seront poursuivis devant le tribunal correctionnel et punis d'une amende de 50 à 1,000 francs. En cas de récidive, la peine sera d'un emprisonnement de cinq jours à un mois, et l'amende sera doublée. Il pourra être fait application de l'art. 463 du C. pén.

leur intention de continuer le bail, à la charge de satisfaire à toutes les obligations du locataire.

Cette notification ne pourra avoir lieu qu'avec l'autorisation du juge commissaire et le failli entendu.

Jusqu'à l'expiration de ces huit jours, toutes voies d'exécution sur les effets mobiliers servant à l'exploitation du commerce ou de l'industrie du failli, et toutes actions en résiliation de bail, seront suspendues, sans préjudice de toutes mesures conservatrices et du droit qui serait acquis au propriétaire de reprendre possession des lieux loués.

Dans ce cas, la suspension des voies d'exécution établie au présent article le sera de plein droit.

Le bailleur devra, dans les quinze jours qui suivront la notification qui lui serait faite par les syndics, former la demande en résiliation.

Faute par lui de l'avoir formée dans ledit délai, il sera réputé avoir renoncé à se prévaloir des causes de résiliation déjà existantes à son profit.

ART. 550. — L'art. 2102 du Code civil est ainsi modifié quant à la faillite : Si le bail est résilié, le propriétaire d'immeubles affectés à l'industrie ou au commerce du failli aura privilège pour les deux dernières années de location échues, pour l'année courante, pour tout ce qui concerne l'exécution du bail et les dommages-intérêts qui pourront être alloués par les tribunaux.

Au cas de non-résiliation, le bailleur, une fois payé de tous les loyers échus, ne pourra exiger le payement des loyers en cours ou à échoir, si les sûretés qui lui ont été données lors du contrat sont maintenues, ou si celles qui lui ont été fournies depuis la faillite sont jugées suffisantes.

Lorsqu'il y aura vente et enlèvement de meubles garnissant les lieux loués, le bailleur pourra exercer son privilège comme au cas de résiliation ci-dessus, et en outre pour une année à échoir à partir de l'expiration de l'année courante, que le bail ait ou non une date certaine.

Les syndics pourront continuer ou céder le bail pour tout le temps restant à courir, à la charge par eux ou leurs concessionnaires de maintenir dans l'immeuble un gage suffisant, et d'exécuter, au fur et à mesure des échéances, toutes les obligations résultant du droit et de la convention, mais sans que la destination des lieux puisse être changée.

Dans le cas où le bail contiendrait interdiction de céder le bail ou de sous-louer, les créanciers ne pourront faire leur profit de la location que pour le temps en raison duquel le bailleur aurait touché ses loyers par anticipation et toujours sans que la destination soit changée.

Le privilège et le droit de revendication établis par le n° 4 de l'art. 2102 du Code civil au profit du vendeur d'effets mobiliers ne peuvent être exercés contre la faillite.

ART. 2. — La présente loi ne s'appliquera pas aux baux qui, avant sa promulgation, auront acquis date certaine.

Toutefois le propriétaire qui, en vertu desdits baux, a privilège pour tout ce qui est échu et pour tout ce qui est à échoir, ne pourra exiger par anticipation les loyers à échoir, s'il lui est donné des sûretés suffisantes pour en garantir le payement.

LOGEMENTS INSALUBRES. — Arr. du gouvernement des 10 août 1848[1] et 18 déc. 1848[2]. Arr. min. du 15 févr. 1849[3]. Circ. min. du 3 avril 1849[4]. Loi du 13 avril 1850[5]. Décr. du 15 déc. 1851[6]. Instr. du Cons. d'hygiène du 11 nov. 1853[7]. Ord. pol. du 23 nov. 1853[8]. Loi du 25 mai 1864[9]. Avis du C. d'Ét. du 9 juin 1870[10]. Déc. du 1er oct. 1884[11]. C. pén., art. 68 et 70, 1722 et 1724.

Les mesures concernant l'hygiène et la santé en général sont prescrites par le Comité consultatif d'hygiène publique, créé au ministère du commerce par l'arrêt gouvernemental du 10 août 1848[12], en remplacement du Conseil supérieur de santé institué par l'ordonnance royale du 7 août 1822. L'arrêté de 1848 a été modifié à diverses reprises et, en dernier lieu, par le décret du 1er octobre 1884[13] qui abroge les décrets précédents.

Au-dessous du Comité consultatif d'hygiène publique viennent les comités d'hygiène publique et de salubrité établis, dans chaque chef-lieu de département et chaque chef-lieu d'arrondissement, par l'arrêté gouvernemental du 18 décembre 1848[14], complété par l'arrêté ministériel du 15 février 1849[15], et la circulaire ministérielle du 3 avril 1849[16].

Le département de la Seine est régi par le décret spécial du 15 décembre 1851[17].

En ce qui concerne plus spécialement les habitations, l'ordonnance de police du 20 novembre 1848, abrogée par celle du 23 novembre 1853[18], en réglemente ce que l'on pourrait appeler la salubrité extérieure ; quant à la salubrité intérieure, elle est assurée par les commissions des logements insalubres instituées par la loi du 13 avril 1850[19], complétée par la loi du 25 mai 1864[20].

La Commission des logements insalubres ne peut visiter les logements, présumés insalubres, qu'à la suite d'une plainte formulée par écrit et signée. Elle n'est pas obligée de se mettre en rapport avec le propriétaire[21], qui ne peut se refuser à laisser visiter sa maison ; en cas de résistance de sa part, après une injonction faite par l'Administration, la Commission a le droit de

[1] Annexe. — [2] Annexe. — [3] Annexe. — [4] Annexe. — [5] Annexe. — [6] Annexe. — [7] Annexe. — [8] Annexe. — [9] Annexe. — [10] Annexe. — [11] Annexe. — [12] Annexe. — [13] Annexe. — [14] Annexe. — [15] Annexe. — [16] Annexe. — [17] Annexe. — [18] Annexe. — [19] Annexe. — [20] Annexe. — [21] Cons. préf. Seine, 8 août 1866.

procéder à cette visite avec l'assistance d'un officier de police administrative ou judiciaire (maire, adjoint ou commissaire de police).

Le rapport de la Commission est déposé au secrétariat de la mairie, notification en est faite aux intéressés qui doivent produire leurs observations dans le mois de la notification.

Les notifications doivent être remises à personne, ou à domicile, ou à serviteur de la partie intéressée[1], faute de quoi la notification serait nulle et la procédure devrait être recommencée[2].

S'il y a plusieurs propriétaires ou intéressés, il doit y avoir autant de notifications qu'il y a de propriétaires ou d'intéressés.

Après le délai d'un mois, le rapport et les observations sont soumis au Conseil municipal qui prescrit les mesures et les travaux nécessaires[3], et qui peut même interdire *provisoirement* l'habitation des locaux insalubres, mais l'interdiction *définitive* ne peut être prononcée que par le Conseil de préfecture[4].

Le Conseil de préfecture statue :

1° Sur les recours formés par les intéressés contre les décisions du Conseil municipal ;

2° Sur les demandes de l'Administration à fin d'interdiction absolue, à titre d'habitation, des locaux non susceptibles d'être assainis.

Dans les deux cas, on peut se pourvoir devant le Conseil d'État contre les décisions du Conseil de préfecture.

Par logement, on doit entendre, non seulement l'habitation elle-même, mais aussi tous ses accessoires et dépendances : tels que corridors, couloirs, escaliers, cabinets d'aisances communs, cours, allées, passages, impasses, ruelles, étables, écuries, etc.[5], et même les voies non classées dont l'entretien est à la charge des propriétaires riverains[6], à la condition, toutefois, que ces voies privées ne soient pas accessibles de jour et de nuit au public[7]; car, dans ce cas, c'est à l'autorité municipale à prescrire toutes les mesures de salubrité reconnues nécessaires.

La Commission ne peut demander des travaux si les locaux, signalés comme insalubres, sont habités par le propriétaire, l'usufruitier ou l'usager[8], et qu'aucune partie n'en est louée ou occupée par leurs serviteurs, concierges ou employés[1].

Elle ne peut demander l'exécution des travaux d'assainissement que dans les locaux où l'insalubrité est constatée : par exemple, si l'insalubrité provient d'une habitation voisine, sans que pour cela cette dernière soit elle-même insalubre, la Commission ne pourrait exiger des travaux dans cette habitation afin de faire cesser l'insalubrité des locaux voisins.

Le locataire, troublé dans sa jouissance par l'insalubrité des locaux qui lui sont loués, peut obtenir une diminution du prix du loyer et même la résiliation du bail, en vertu des articles 1722 et 1724 du Code civil, mais il ne peut faire exécuter lui-même, aux frais du propriétaire, les travaux ordonnés par le Conseil municipal.

Certaines précautions peuvent être prises pour prévenir l'insalubrité des logements : les mesures à prendre dans ce but sont relatées dans l'instruction du Conseil d'hygiène du 11 novembre 1853[2].

ANNEXES

Arrêté du gouvernement du 10 août 1848.

ARTICLE PREMIER. — Il est établi près du ministère de l'agriculture et du commerce un comité consultatif d'hygiène publique. Ce comité est chargé de l'étude et de l'examen de toutes les questions qui lui sont renvoyées par le ministre, en ce qui concerne : les quarantaines et les services qui s'y rattachent; les mesures à prendre pour prévenir et combattre les épidémies, et pour améliorer les conditions sanitaires des populations manufacturières et agricoles ; la propagation de la vaccine ; l'amélioration des établissements thermaux et les moyens d'en rendre l'usage de plus en plus accessible aux malades pauvres ou peu aisés; les titres des candidats aux places de médecins inspecteurs des eaux minérales; l'institution et l'organisation des conseils et des commissions de salubrité ; la police médicale et pharmaceutique ; la salubrité des ateliers. Le comité d'hygiène publique indique au ministre de l'agriculture et du commerce les questions à soumettre à l'académie nationale de médecine.

ART. 2. — Le comité consultatif d'hygiène publique est composé de sept membres, dont quatre docteurs en médecine et d'un secrétaire ayant voix consultative. Ils sont nommés par le ministre de l'agriculture et du commerce. En cas de vacance, la nomination sera faite sur une liste de trois candidats, présentée par le comité.

ART. 3. — Les membres du comité se réuniront, une fois au moins par semaine, sous la présidence de l'un d'eux, désigné par le ministre. Ils auront droit à des jetons de présence,

---

[1] C. pén. civ., 68 et 70. — [2] Cons. préf. Seine, 27 juill. 1864, 30 juin 1869, 18 juin 1873. — [3] Avis, C. d'Et., 9 juin 1870, annexe. — [4] Loi, 13 avril 1850. — [5] Cons. préf. Seine, 6 déc. 1865. Cass., 27 févr. 1886. — [6] Rouen, 11 févr. 1869. C. d'Et., 9 juin 1870. — [7] Cons. préf. Seine, 28 janv. 1874. C. d'Et., 25 juill. 1873. — [8] C. d'Et., 29 déc. 1858.

[1] C. d'Et., 27 juill. 1859, 3 déc. 1864. — [2] Annexe.

d'une valeur de quinze francs. Pourront assister, avec voix délibérative, aux séances du comité, pour l'examen des questions relatives aux mesures à prendre contre les maladies pestilentielles :

1° Le chef de la direction commerciale au département des affaires étrangères ;

2° Un des membres du conseil de santé de la guerre;

3° L'inspecteur général du service de santé de la marine ;

4° Un des menbres du conseil d'administration des douanes ;

5° Le chef de service de l'administration des postes chargé de la direction des paquebots.

ART. 4. — Dans tous les cas, le chef de la division du commerce intérieur, et le chef du bureau de la police sanitaire et industrielle, sont autorisés à assister aux délibérations du comité.

ART. 5. — Le conseil supérieur de santé, institué par l'art. 55 de l'ordonnance du 7 août 1822, est supprimé.

ART. 6. — Le ministre de l'agriculture et du commerce est chargé...

Arrêté du gouvernement du 18 *décembre* 1848.

ARTICLE PREMIER. — Dans chaque arrondissement il y aura un conseil d'hygiène publique et de salubrité.

Le nombre des membres de ce conseil sera de sept au moins et de quinze au plus.

Un tableau dressé par le ministre de l'agriculture et du commerce réglera le nombre des membres et le mode de composition de chaque conseil.

ART. 2. — Les membres du conseil d'hygiène d'arrondissement seront nommés pour quatre ans par le préfet, et renouvelés par moitié tous les deux ans.

ART. 3. — Des commissions d'hygiène publique pourront être instituées dans les chefs-lieux de canton, par un arrêté spécial du préfet, après avoir consulté le conseil d'arrondissement.

ART. 4. — Il y aura au chef-lieu de la préfecture un conseil d'hygiène publique et de salubrité du département.

Les membres de ce conseil seront nommés pour quatre ans, par le préfet, et renouvelés par moitié tous les deux ans.

Un tableau dressé par le ministre de l'agriculture et du commerce réglera le nombre des membres et le mode de composition de chaque conseil.

Ce nombre sera de sept au moins et de quinze au plus.

Il réunira les attributions des conseils d'hygiène d'arrondissement aux attributions particulières qui sont énumérées à l'art. 12.

ART. 5. — Les conseils d'hygiène seront présidés par le préfet ou le sous-préfet, et les commissions de canton, par le maire du chef-lieu.

Chaque conseil élira un vice-président et un secrétaire qui seront renouvelés tous les deux ans.

ART. 6. — Les conseils d'hygiène et les commissions se réuniront au moins une fois tout

les trois mois, et chaque fois qu'ils seront convoqués par l'autorité.

ART. 7. — Les membres des commissions d'hygiène de canton pourront être appelés aux séances des conseils d'hygiène d'arrondissement ; ils ont voix consultative.

ART. 8. — Tout membre des conseils ou des commissions de canton qui, sans motifs d'excuses approuvés par le préfet, aura manqué de se rendre à trois convocations consécutives, sera considéré comme démissionnaire.

ART. 9. — Les conseils d'hygiène d'arrondissement sont chargés de l'examen des questions relatives à l'hygiène publique de l'arrondissement qui leur sont renvoyées par le préfet ou le sous-préfet. Ils peuvent être spécialement consultés sur les objets suivants :

1° L'assainissement des localités et des habitations ;

2° Les mesures à prendre pour prévenir et combattre les maladies endémiques, épidémiques et transmissibles ;

3° Les épizooties et les maladies des animaux ;

4° La propagation de la vaccine ;

5° L'organisation et la distribution des secours médicaux aux malades indigents ;

6° Les moyens d'améliorer les conditions sanitaires des populations industrielles et agricoles ;

7° La salubrité des ateliers, écoles, hôpitaux, maisons d'aliénés, établissements de bienfaisance, casernes, arsenaux, prisons, dépôts de mendicité, asiles, etc. ;

8° Les questions relatives aux enfants trouvés ;

9° La qualité des aliments, boissons, condiments et médicaments livrés au commerce ;

10° L'amélioration des établissements d'eaux minérales appartenant à l'Etat, aux départements, aux communes et aux particuliers, et les moyens d'en rendre l'usage accessible aux malades pauvres ;

11° Les demandes en autorisation, translation ou révocation des établissements dangereux, insalubres ou incommodes;

12° Les grands travaux d'utilité publique ; construction d'édifices, écoles, prisons, casernes, ports, canaux, réservoirs, fontaines, halles; établissement des marchés, routoirs, égouts, cimetières ; la voirie, etc., sous le rapport de l'hygiène publique.

ART. 10. — Les conseils d'hygiène publique d'arrondissement réuniront et coordonneront les documents relatifs à la mortalité et à ses causes, à la topographie et à la statistique de l'arrondissement, en ce qui touche à la salubrité publique.

Ils adresseront régulièrement ces pièces au préfet qui en transmettra une copie au ministre de l'agriculture et du commerce.

ART. 11. — Les travaux des conseils d'arrondissement seront envoyés au préfet.

ART. 12. — Le conseil d'hygiène publique et de salubrité du département aura pour mission de donner son avis :

1° Sur toutes les questions d'hygiène publique qui lui seront renvoyées par le préfet;

2° Sur les questions communes à plusieurs arrondissements ou relatives au département tout entier.

Il sera chargé de centraliser et coordonner, sur le renvoi du préfet, les travaux des conseils d'arrondissement.

Il fera, chaque année, au préfet un rapport général sur les travaux des conseils d'arrondissement.

Ce rapport sera immédiatement transmis par le préfet, avec les pièces à l'appui, au ministre de l'agriculture et du commerce.

ART. 13. — La ville de Paris sera l'objet de dispositions spéciales.

ART. 14. — Le ministre de l'agriculture et du commerce est chargé...

Arrêté ministériel du 15 février 1849.

ARTICLE PREMIER. — Le nombre des membres des conseils d'hygiène et de salubrité, tant de département que d'arrondissement, sera fixé conformément au tableau annexé au présent arrêté.

ART. 2. — Le nombre des médecins, pharmaciens ou chimistes et vétérinaires est fixé, pour chaque conseil, dans la proportion suivante :

NOMBRE des membres.	MÉDECINS (docteurs en médecine, chirurgiens et officiers de santé).	PHARMACIENS ou chimistes.	VÉTÉRINAIRES
10	4	2	1
12	5	3	1
15	6	4	2

Les autres membres sont pris, soit parmi les notables agriculteurs, commerçants ou industriels, soit parmi les hommes qui, à raison de leurs fonctions ou de leurs travaux habituels, sont appelés à s'occuper des questions d'hygiène.

ART. 3. — L'ingénieur des mines, l'ingénieur des ponts et chaussées, l'officier du génie chargé du casernement ou, à son défaut, l'intendant ou le sous-intendant militaire, l'architecte du département, les chefs de division ou de bureau de la préfecture dans les attributions desquels se trouveront la salubrité, la voirie et les hôpitaux pourront, dans le cas où ils ne feraient pas partie du conseil d'hygiène publique et de salubrité de leur résidence, être appelés à assister aux délibérations de ce conseil avec voix consultative.

ART. 4. — Dans les cantons où il n'aura pas été établi de commission d'hygiène publique, des correspondants pourront être nommés par le préfet sur la proposition du conseil d'arrondissement.

ART. 5. — Les préfets des départements sont chargés, chacun dans ce qui le concerne, de l'exécution du présent arrêté.

Circulaire ministérielle du 3 avril 1849, Relative à l'organisation des conseils d'hygiène publique et de salubrité.

Monsieur le préfet, vous trouverez ci-joints :

1° Un exemplaire de l'arrêté rendu le 18 décembre 1848, par le chef du pouvoir exécutif, et portant création de conseils d'hygiène publique et de salubrité dans tous les arrondissements de la République ;

2° Un exemplaire de l'arrêté que j'ai pris le 15 février dernier, pour déterminer le nombre des membres et le mode de composition de chaque conseil.

J'ai cru devoir joindre à l'arrêté du 18 décembre le rapport qui en explique l'esprit, afin de vous mettre à même de concourir, par vos actes et vos instructions, à la création d'institutions éminemment utiles.

Veuillez, je vous prie, procéder, dans le plus bref délai possible, à l'organisation de ces conseils, et m'adresser le procès-verbal de leur installation, avec la liste des membres dont ils seront composés.

Aussitôt que les conseils seront en activité, il conviendra de les consulter sur l'opportunité d'instituer les commissions cantonales que l'article 3 de l'arrêté du 18 décembre vous autorise à créer, et dans les cantons où l'on n'établira pas de commissions, il sera bon que les conseils aient un ou plusieurs correspondants pour les tenir au courant de l'état hygiénique du canton.

Vous ne négligerez pas, monsieur le préfet, d'user de la prérogative que vous réserve l'article 5, de présider le conseil établi au chef-lieu de préfecture. Je désire que MM. les sous-préfets profitent de la même disposition pour s'associer aux travaux des conseils de leur arrondissement.

Vous veillerez à ce que, conformément à l'article 6, les conseils se réunissent au moins une fois tous les trois mois ; et je ne doute pas qu'il n'y ait lieu de les réunir plus fréquemment, si l'on a soin de les consulter, toutes les fois que l'occasion s'en présentera, sur les divers objets énumérés dans l'article 9. En ce qui concerne, je vous recommande expressément de ne pas négliger de le faire, et j'écris à mes collègues pour leur demander de vous adresser des instructions dans le même sens à l'égard des affaires qui ressortissent à leurs départements.

Vous aurez aussi à prescrire les dispositions nécessaires pour que les conseils d'hygiène puissent accomplir la mission que leur confie l'article 10, de réunir et coordonner les documents relatifs à la mortalité et à ses causes, à la topographie et à la statistique, en ce qui touche la salubrité publique. Dès que les conseils seront installés, il conviendra d'appeler leur attention sur cet article, et de provoquer leur avis sur les mesures à prendre pour leur en faciliter l'exécution. Je désire d'ailleurs que chaque conseil place au premier rang de ses devoirs le soin de dresser, le plus promptement possible, un tableau fidèle de la situation hygiénique de sa circonscription, et de rechercher les moyens de combattre et de détruire les différentes causes d'insalubrité dont il aura reconnu l'existence.

Enfin, aux termes de l'article 12, c'est au conseil institué au chef-lieu de préfecture qu'il appartiendra de centraliser, par votre entremise, les travaux des autres conseils du département, et de les résumer, chaque année, dans un rapport général destiné à être transmis à mon ministère, et vous aurez à assurer l'accomplissement de cette disposition.

Il me reste à vous entretenir d'un point sur lequel l'arrêté du 18 décembre ne pouvait pas statuer. Je veux parler des dépenses auxquelles ces conseils donneront lieu, et des moyens d'y pourvoir. Mais, d'après les informations parvenues à mon ministère, en réponse aux questions posées par la circulaire ministérielle du 4 septembre 1848, j'ai lieu de croire que presque partout les conseils généraux consentiront sans difficulté à subvenir aux frais, d'ailleurs peu considérables, qu'entraînera le service des conseils d'hygiène, qui trouveront, soit dans les préfectures et les sous-préfectures, soit dans les hôtels de ville et les mairies, le local nécessaire à la tenue de leurs séances.

Loi du 13 avril 1850.

ARTICLE PREMIER. — Dans toute commune où le conseil municipal l'aura déclaré nécessaire par une délibération spéciale, il nommera une commission chargée de rechercher et indiquer les mesures indispensables d'assainissement des logements et dépendances insalubres mis en location ou occupés par d'autres que le propriétaire, l'usufruitier ou l'usager. Sont réputés insalubres les logements qui se trouvent dans des conditions de nature à porter atteinte à la vie ou à la santé des habitants.

Art. 2. — La commission se composera de neuf membres au plus, et de cinq au moins. En feront nécessairement partie un médecin et un architecte ou tout autre homme de l'art, ainsi qu'un membre du bureau de bienfaisance et du conseil des prud'hommes, si ces institutions existent dans la commune. La présidence appartient au maire ou à l'adjoint. Le médecin et l'architecte pourront être choisis hors de la commune. La commission se renouvelle tous les deux ans par tiers ; les membres sortants sont indéfiniment rééligibles. — Dans les communes dont la population dépasse 50,000 âmes, le conseil municipal pourra, soit nommer plusieurs commissions, soit porter jusqu'à vingt le nombre des membres de la commission existante. — A Paris le nombre des membres pourra être porté jusqu'à trente.

Art. 3. — La commission visitera les lieux signalés comme insalubres. Elle déterminera l'état d'insalubrité et en indiquera les causes, ainsi que les moyens d'y remédier. Elle désignera les logements qui ne seraient pas susceptibles d'assainissement.

Art. 4. — Les rapports de la commission seront déposés au secrétariat de la mairie, et les parties intéressées mises en demeure d'en prendre communication et de produire leurs observations dans le délai d'un mois.

Art. 5. — A l'expiration de ce délai, les rapports et observations seront soumis au conseil municipal, qui déterminera :

1° Les travaux d'assainissement et les lieux où ils devront être entièrement ou partiellement exécutés, ainsi que les délais de leur achèvement ;

2° Les habitations qui ne sont pas susceptibles d'assainissement.

Art. 6. — Un recours est ouvert aux intéressés contre ces décisions devant le conseil de préfecture, dans le délai d'un mois à dater de la notification de l'arrêté municipal. Ce recours est suspensif.

Art. 7. — En vertu de la décision du conseil municipal ou de celle du conseil de préfecture, en cas de recours, s'il a été reconnu que les causes d'insalubrité sont indépendantes du fait du propriétaire ou de l'usufruitier, l'autorité municipale lui enjoindra, par mesure d'ordre et de police, d'exécuter les travaux jugés nécessaires.

Art. 8. — Les ouvertures pratiquées pour l'exécution des travaux d'assainissement seront exemptées, pendant trois ans, de la contribution des portes et fenêtres.

Art. 9. — En cas d'inexécution, dans les délais déterminés, des travaux jugés nécessaires, et si le logement continue d'être occupé par un tiers, le propriétaire ou l'usufruitier sera passible d'une amende de seize francs à cent francs. Si les travaux n'ont pas été exécutés dans l'année qui aura suivi la condamnation, et si le logement a continué d'être occupé par un tiers, le propriétaire ou l'usufruitier sera passible d'une amende égale à la valeur des travaux, et pouvant être portée au double.

Art. 10. — S'il est reconnu que le logement n'est pas susceptible d'assainissement et que les causes d'insalubrité sont dépendantes de la maison elle-même, l'autorité municipale pourra, dans le délai qu'elle fixe'a, en interdire provisoirement la location à titre d'habitation. L'interdiction absolue ne pourra être prononcée que par le conseil de préfecture, et dans ce cas, il y aura recours de la décision devant le conseil d'État. Le propriétaire ou l'usufruitier qui aura contrevenu à l'interdiction prononcée sera condamné à une amende égale au double de la valeur locative du logement interdit.

Art. 11. — Lorsque par suite de l'exécution de la présente loi, il y aura lieu de résiliation des baux, cette résiliation n'emportera en faveur du locataire aucuns dommages-intérêts.

Art. 12. — L'article 463 du Code pénal sera applicable à toutes les contraventions ci-dessus indiquées.

Art. 13. — Lorsque l'insalubrité est le résultat de causes extérieures et permanentes, la commune pourra acquérir, suivant les formes et l'accomplissement des formalités prescrites par la loi du 3 mai 1841, la totalité des propriétés comprises dans le périmètre des travaux. Les portions de ces propriétés qui, après l'assainissement opéré, resteraient au dehors des alignements arrêtés par les nouvelles constructions, pourront être vendues aux enchères publiques, sans que, dans ce cas, les anciens propriétaires ou leurs ayants droit puissent demander l'application des articles 60 et 61 de la loi du 3 mai 1841.

ART. 14. — Les amendes prononcées en vertu de la présente loi seront attribuées en entier au bureau ou établissement de bienfaisance de la localité où sont situées les habitations à raison desquelles ces amendes auront été encourues.

Décret du 15 décembre 1851.

ARTICLE PREMIER. — Le Conseil de salubrité établi par la préfecture de police conserve son organisation actuelle; il prendra le titre de *Conseil d'hygiène et de salubrité du département de la Seine.*

La nomination des membres du Conseil d'hygiène publique et de salubrité continuera d'être faite par le préfet de police et d'être soumise à l'approbation du ministre de l'agriculture et du commerce.

ART. 2. — Il sera chargé, en cette qualité, et dans tout le ressort de la préfecture de police, des attributions déterminées par les articles 9, 10 et 12 de l'arrêté du 18 décembre 1848.

ART. 3. — Il sera établi, dans chacun des arrondissements de la ville de Paris et dans chacun des arrondissements de Sceaux et de Saint-Denis, une Commission d'hygiène et de salubrité, composée de neuf membres et présidée, à Paris, par le maire de l'arrondissement, et, dans chacun des arrondissements ruraux, par le sous-préfet.

Les membres de ces commissions seront nommés par le préfet de police, sur une liste de trois candidats présentés, pour chaque place, par le maire de l'arrondissement, à Paris, par les sous-préfets de Sceaux et de Saint-Denis dans les arrondissements ruraux.

Les candidats seront choisis parmi les habitants notables de l'arrondissement.

Dans chaque commission, il y aura toujours deux médecins, un pharmacien, un vétérinaire reçu dans les écoles spéciales, un architecte, un ingénieur; s'il n'y a pas de candidats de ces trois dernières professions, les choix devront porter de préférence sur les mécaniciens, directeurs d'usines et de manufactures.

Les membres des commissions d'hygiène publique du département de la Seine seront nommés pour six ans, et renouvelés par tiers tous les deux ans.

Les membres sortants pourront être réélus.

Il sera établi pour les trois communes de Saint-Cloud, Sèvres et Meudon, annexées au ressort de la préfecture de police, par l'arrêté du 3 brumaire an IX, une commission centrale d'hygiène et de salubrité, qui sera présidée par le plus âgé des maires de ces communes, et dont le siège sera au lieu de la résidence du président.

Toutes les dispositions qui précèdent seront, du reste, applicables à cette commission.

ART. 4. — La commission dont il est question au dernier paragraphe de l'article précédent et chacune des commissions d'hygiène d'arrondissement éliront un vice-président et un secrétaire qui seront renouvelés tous les deux ans.

Le préfet de police pourra, lorsqu'il le jugera utile, déléguer un des membres du Conseil d'hygiène du département auprès de chacune desdites commissions, pour prendre part à ses délibérations avec voix consultative.

ART. 5. — Les commissions d'hygiène publique et de salubrité se réuniront, au moins une fois par mois, à la mairie ou au chef-lieu de la sous-préfecture, ou, pour ce qui concerne la commission centrale des communes de Saint-Cloud, Sèvres et Meudon, à la mairie de la résidence de son président, et elles seront convoquées extraordinairement toutes les fois que l'exigeront les besoins du service.

ART. 6. — Les commissions d'hygiène recueillent toutes les informations qui peuvent intéresser la santé publique dans l'étendue de leur circonscription.

Elles appellent l'attention du préfet de police sur les causes d'insalubrité qui peuvent exister dans leurs arrondissements respectifs, et elles donnent leur avis sur les moyens de les faire disparaître.

Elles peuvent être consultées, d'après l'avis du Conseil d'hygiène publique et de salubrité du département, sur les mesures et dans les cas déterminés par l'article 9 de l'arrêté du gouvernement du 18 décembre 1848.

Elles concourent à l'exécution de la loi du 13 avril 1850, relative à l'assainissement des logements insalubres, soit en provoquant, lorsqu'il y a lieu, dans les arrondissements ruraux, la nomination des commissions spéciales qui peuvent être créées par les conseils municipaux, en vertu de l'article premier de ladite loi, soit en signalant aux commissions déjà instituées les logements dont elles auraient reconnu l'insalubrité.

En cas de maladies épidémiques, elles seront appelées à prendre part à l'exécution des mesures extraordinaires qui pourraient être ordonnées pour combattre les maladies, ou pour procurer de prompts secours aux personnes qui en seraient atteintes.

ART. 7. — Les commissions d'hygiène publique et de salubrité réuniront les documents relatifs à la mortalité et à ses causes, à la topographie et à la statistique de l'arrondissement, en ce qui concerne la salubrité.

Ces documents seront transmis au préfet de police et communiqués au Conseil d'hygiène publique, qui est chargé de les coordonner, de les faire compléter, s'il y a lieu, et de les résumer dans des rapports dont la forme et le mode de publication seront ultérieurement déterminés.

ART. 8. — Le Conseil d'hygiène et de salubrité du département de la Seine fera, chaque année, sur l'ensemble de ses travaux et sur l'ensemble des travaux des commissions d'arrondissement, un rapport général qui sera transmis par le préfet de police au ministre de l'agriculture et du commerce.

Instructions concernant les moyens d'assurer la salubrité des habitations.

Séance du 11 novembre 1853.

La salubrité d'une habitation dépend en grande partie de la pureté de l'air qu'on y respire.

Tout ce qui vicie l'air doit donc exercer une influence fâcheuse sur la santé des habitants.

L'insalubrité d'une habitation peut être locale ou générale : locale, quand elle existe seulement dans le logement de la famille ; générale, lorsqu'elle a sa source dans la maison tout entière.

Dans ces diverses conditions, locales ou générales, l'air peut être vicié au point de faire naître des maladies graves et meurtrières. S'il est moins altéré, il minera sourdement la constitution, il causera l'étiolement et des maladies scrofuleuses.

Enfin, l'expérience a démontré que c'est dans les habitations dont l'air est insalubre que naissent et sévissent avec le plus d'intensité certaines épidémies dont les ravages s'étendent ensuite sur des cités entières.

Notons ici que l'insalubrité peut exister aussi bien dans certaines parties des habitations les plus brillantes que dans les plus humbles demeures ; comme aussi ces dernières peuvent offrir les meilleures conditions de salubrité.

Moyens d'assurer la salubrité des logements.

AÉRATION. — L'air d'un logement doit être renouvelé tous les jours le matin, les lits étant ouverts ; ce n'est pas seulement par l'ouverture des portes et fenêtres que l'on peut opérer le renouvellement de l'air d'un logement ; les cheminées y contribuent efficacement aussi ; les cheminées sont même indispensables dans les maisons simples en profondeur et qui n'ont qu'un seul côté : les chambres où l'on couche devraient toutes en être pourvues. *On ne saurait trop proscrire la mauvaise habitude de boucher les cheminées, afin de conserver plus de chaleur dans les chambres.*

Le nombre des lits doit être, autant que possible, proportionné à l'espace du local, de sorte que, dans chaque chambre, il y ait au moins 14 mètres cubes d'air par individu, indépendamment de la ventilation.

MODE DE CHAUFFAGE. — Les combustibles destinés au chauffage et à la cuisson des aliments ne doivent être brûlés que dans des cheminées, poêles et fourneaux qui ont une communication directe avec l'air extérieur, même lorsque le combustible ne donne pas de fumée. Le coke, la braise et les diverses sortes de charbons qui se trouvent dans ce dernier cas, sont considérés à tort, par beaucoup de personnes, comme pouvant être impunément brûlés à découvert dans une chambre habitée. C'est là un des préjugés les plus fâcheux ; il donne lieu tous les jours aux accidents les plus graves, quelquefois même il devient cause de mort. Aussi doit-on proscrire l'usage des braseros, des poêles et des calorifères portatifs de tout genre qui n'ont pas de tuyaux d'échappement au dehors. Les gaz qui sont produits pendant la combustion de ces moyens de chauffage, et qui se répandent dans l'appartement, sont beaucoup plus nuisibles que la fumée de bois.

On ne saurait trop s'élever aussi contre la pratique dangereuse de fermer complètement la clef d'un poêle ou la trappe intérieure d'une cheminée qui contient encore de la braise allumée. C'est là une des causes d'asphyxie les plus communes. On conserve, il est vrai, la chaleur dans la chambre, mais c'est aux dépens de la santé et quelquefois de la vie.

SOINS DE PROPRETÉ. — Il ne faut jamais laisser séjourner longtemps les urines, les eaux de vaisselle et les eaux ménagères dans un logement. Il faut balayer fréquemment les pièces habitées, laver une fois par semaine les pièces carrelées et qui ne sont pas frottées, les ressuyer aussitôt pour en enlever l'humidité. Le lavage, qui entraîne à sa suite un état permanent d'humidité, est plus nuisible qu'avantageux : il ne doit donc pas être opéré trop souvent.

Lorsque les murs d'une chambre sont peints à l'huile, il faut les laver de temps en temps, pour en enlever les couches de matières organiques qui s'y déposent et qui s'y accumulent à la longue.

Dans le cas de la peinture à la chaux, il convient d'en opérer tous les ans le grattage et d'appliquer une nouvelle couche de peinture.

Tout papier de tenture que l'on renouvelle doit être arraché complètement, le mur doit être gratté et les trous rebouchés avant de coller le nouveau papier.

Les cabinets particuliers d'aisances doivent être parfaitement ventilés et, autant que possible, à fermeture au moyen de soupapes hydrauliques.

Moyens d'assurer la salubrité des maisons.

Indépendamment du mode de construction d'une maison, quel que soit l'espace qu'elle occupe, et quelle que soit la dimension des cours et des logements, cette maison peut devenir insalubre :

1° Par l'existence de lieux d'aisances communs mal tenus ;

2° Par le défaut d'écoulement des eaux ménagères, le défaut d'enlèvement d'immondices et de fumiers, le mauvais état des ruisseaux ou caniveaux ;

3° Par la malpropreté ou la mauvaise tenue du bâtiment.

CABINETS D'AISANCES COMMUNS. — Il n'est guère de cause plus grave d'insalubrité ; un seul cabinet d'aisances mal ventilé, ou tenu malproprement, suffit pour infecter une maison tout entière. On évite, autant qu'il est possible, cet inconvénient, en pratiquant à l'un des murs du cabinet une fenêtre suffisamment large pour opérer une ventilation directe et pour éclairer, en tenant, en outre, les dalles et le siège dans un état constant de propreté à l'aide de lavages fréquents. On doit renouveler aussi le lavage du sol et celui des murs, qui doivent être peints à l'huile et au blanc de zinc ; chacun de ces cabinets doit être clos au moyen d'une porte ; enfin, il faut, autant que possible, éviter les angles dans la construction desdits cabinets.

EAUX MÉNAGÈRES. — Les cuvettes destinées au déversement des eaux ménagères doivent être garnies de hausses ou disposées de telle sorte que les eaux projetées à l'intérieur ne puissent jaillir au dehors. Il faut bien se garder de refouler à travers les ouvertures de la grille qui se trouve au fond des cuvettes les fragments solides dont l'accumulation ne tarderait pas à produire l'engorgement des tuyaux.

On doit placer une grille à la jonction du tuyau avec la cuvette, afin d'empêcher l'obstruction par des matières solides.

Il ne faut jamais vider les eaux ménagères dans les tuyaux de descente pendant les gelées.

Lorsque l'orifice d'un des tuyaux aboutit à une pierre d'évier placée dans une chambre ou dans une cuisine, on doit le tenir parfaitement fermé au moyen d'un tampon ou d'un siphon.

Il y a toujours avantage à diriger les eaux pluviales dans les tuyaux de descente des eaux ménagères, de manière à les laver.

Lorsque ces tuyaux exhalent une mauvaise odeur, il faut les laver avec de l'eau contenant au moins un pour cent d'eau de javelle.

Une des pratiques les plus fâcheuses dans les usages domestiques, et contre laquelle on ne saurait trop s'élever, c'est celle de déverser les urines dans les plombs d'écoulement des eaux ménagères.

Les ruisseaux des cours et des caniveaux destinés au passage des eaux ménagères doivent être exécutés en pavés, en pierre ou en fonte ; les joints doivent être faits avec soin et les pentes régulières, de manière à empêcher toute stagnation d'eau et à rendre facile le lavage de ces ruisseaux et caniveaux.

Les immondices des cours doivent être enlevées tous les jours ; les fumiers ne doivent pas être conservés plus de huit jours en hiver et de quatre jours en été.

Propreté du bâtiment. — Balayage.

Il faut balayer fréquemment les escaliers, les corridors, cours et passages ; gratter les dépôts de terre ou d'immondices qui résistent à l'action du balai.

Il est utile de peindre à l'huile les murs des maisons, façades, couloirs, escaliers ; cette peinture empêche les murs de se pénétrer de matières organiques, mais il faut avoir soin d'en opérer le lavage une fois l'an.

LAVAGE DU SOL. — Les parties carrelées, pavées ou dallées, doivent être lavées souvent quand il s'agit d'escaliers ou de sol de corridors ; il faut les ressuyer aussitôt après le lavage pour éviter un excès d'humidité toujours nuisible.

L'eau suffit le plus ordinairement à ces lavages, mais dans le cas d'infection ou de malpropreté de date ancienne, il faut ajouter à l'eau un pour cent d'eau de javelle ou de chlorure d'oxyde de sodium. — L'emploi du chlorure de chaux (hypochlorite) aurait l'inconvénient de laisser à la longue un sel hygroscopique (chlorure de calcium) qui entretiendrait une humidité constante contraire à la salubrité.

C'est en pratiquant ces soins si simples, d'une exécution si facile et si peu dispendieuse, que l'on tend à la conservation de la santé, en même temps que l'on s'oppose au progrès des épidémies qui peuvent frapper d'un moment à l'autre toute une population.

Extrait de l'Ordonnance de police du 23 novembre 1853.

ARTICLE PREMIER. — Les maisons doivent être tenues, tant à l'intérieur qu'à l'extérieur, dans un état constant de propreté.

ART. 2. — Les maisons doivent être pourvues de tuyaux et cuvettes, en nombre suffisant pour l'écoulement et la conduite des eaux ménagères. Ces tuyaux et cuvettes seront constamment en bon état ; ils seront lavés et nettoyés assez fréquemment pour ne jamais donner d'odeur.

ART. 3. — Les eaux ménagères devront avoir un écoulement constant et facile jusqu'à la voie publique, de manière qu'elles ne puissent séjourner dans les cours, ni dans les allées ; les gargouilles, caniveaux, ruisseaux, destinés à l'écoulement de ces eaux seront lavés plusieurs fois par jour et entretenus avec soin. Dans le cas où la disposition du terrain ne permettrait pas de donner un écoulement aux eaux sur la rue ou dans un égout, elles seront reçues dans des puisards, pour la construction desquels on se conformera aux dispositions de l'ordonnance de police du 20 juillet 1838.

ART. 4. — Les cabinets d'aisances seront disposés et ventilés de manière à ne pas donner d'odeur. Le sol devra être imperméable et tenu dans un état constant de propreté.

Les tuyaux de chute seront maintenus en bon état et ne devront donner lieu à aucune fuite.

ART. 5. — Il est défendu de jeter ou de déposer dans les cours, allées et passages, aucune matière pouvant entretenir l'humidité ou donner de mauvaises odeurs. — Partout où les fumiers ne pourront être conservés dans des trous couverts ou sur des points où ils ne compromettraient pas la salubrité, l'enlèvement en sera opéré chaque jour avec les précautions prescrites par les règlements. — Le sol des écuries devra être rendu imperméable dans la partie qui reçoit les urines ; les écuries devront être tenues avec la plus grande propreté ; les ruisseaux destinés à l'écoulement des urines seront lavés plusieurs fois par jour.

ART. 6. — Indépendamment des dispositions prescrites par les articles qui précèdent, il sera pris à l'égard des habitations, et notamment de celles qui sont louées en garni, telles autres mesures spéciales, qui seraient jugées nécessaires dans l'intérêt de la salubrité et de la santé publiques. — Il est d'ailleurs expressément recommandé de se conformer à l'instruction du conseil de salubrité annexée à la présente ordonnance[1].

Loi du 25 mai 1864
Modifiant l'article 2 de la loi du 13 avril 1850.

ARTICLE UNIQUE. — Sont substituées au dernier paragraphe de l'article 2 de la loi du 13 avril 1850 les dispositions suivantes :

Dans les communes dont la population dépasse cinquante mille âmes, le conseil municipal pourra, soit nommer plusieurs commissions,

---

[1] Instr. du 11 nov. 1853.

soit porter jusqu'à vingt le nombre des membres de la commission existante.

A Paris, le nombre des membres pourra être porté jusqu'à trente.

———

Avis du Conseil d'Etat (sections réunies) du 9 juin 1870.

Les sections réunies de l'Intérieur, de l'Instruction publique, des Cultes, des Lettres, Sciences et Beaux-Arts, et de l'Agriculture, du Commerce et des Travaux publics, qui, sur le renvoi ordonné par M. le ministre de l'Intérieur, ont pris connaissance d'une dépêche en date du 18 décembre 1869 de ce Ministre, et ayant pour objet de demander à ces sections réunies leur avis sur le conflit élevé entre le préfet de la Seine, comme représentant du conseil municipal de Paris, et le préfet de police, relativement à l'interprétation de la loi du 13 avril 1850 sur les logements insalubres;

Vu la dépêche ci-dessus indiquée du ministre de l'Intérieur;

Vu la sommation en date du 8 novembre 1866 du commissaire de police du quartier des Grandes-Carrières, à Paris, agissant en vertu des instructions du préfet de police et signifiée au sieur Marchand, propriétaire de la villa Saint-Michel, sise avenue de Saint-Ouen, aux fins que ce propriétaire eût, dans le délai de quinze jours, à faire réparer le sol de la rue dépendant de cette villa, à donner aux eaux pluviales et ménagères un écoulement régulier, le sol de cette rue étant dégradé à divers endroits; les parties non pavées du ruisseau présentant des enfoncements où les eaux séjournaient, ce qui donnait lieu à des émanations infectes et compromettait la salubrité;

Vu un certificat en date du 12 février 1867, émané du commissaire ci-dessus désigné et constatant qu'un délai de six mois avait été accordé par le préfet de police au sieur Marchand pour l'exécution de ces travaux;

Vu les diverses dépêches échangées entre le préfet de la Seine et le préfet de police, desquelles il résulte que le premier magistrat a revendiqué pour le Conseil municipal et la Commission des logements insalubres, instituée par la loi du 13 avril 1850, le droit de déterminer et de prescrire les travaux en question;

Vu notamment la dépêche du préfet de la Seine, en date du 18 mars 1868, déférant au ministre de l'intérieur le conflit dont il s'agit, et énonçant que le Conseil municipal de Paris, sur le rapport de la Commission des logements insalubres, avait, par la délibération du 5 mai 1865, prescrit au sieur Marchand d'exécuter les mêmes travaux;

Vu les avis du Comité consultatif d'hygiène publique et du ministre de l'Agriculture, du Commerce et des Travaux publics, mentionnés dans une dépêche du 24 septembre 1868;

Vu l'avis en date du 26 octobre 1868 du ministre de l'Intérieur;

Vu les mémoires et documents produits par le préfet de la Seine et le préfet de police, ainsi que toutes les pièces du dossier;

Vu les lois des 14 novembre 1789, 16-24 août 1790 et 19-22 juillet 1791; l'arrêté du 12 messidor an VIII; les lois des 18 juillet 1837, 13 avril 1850 et 5 mai 1855; le décret du 10 octobre 1859, et la loi du 24 juillet 1867;

Considérant que les commissions spéciales instituées en vertu de la loi du 13 avril 1850 sont autorisées, d'après ladite loi, à s'introduire dans les maisons et les locaux accessoires habités par des locataires et signalés comme insalubres, à l'effet d'y rechercher et constater les causes de cette insalubrité et les moyens d'y remédier;

Que, sur le rapport de ces commissions, les conseils municipaux sont appelés à prescrire, et ordonner, moyennant certaines formes protectrices du droit de propriété, les mesures et les travaux reconnus nécessaires pour mettre un terme à l'état d'insalubrité des habitations, et même à interdire toute location si l'assainissement des lieux est déclaré impossible;

Considérant que la loi de 1850, en conférant aux conseils municipaux une pareille attribution tendant à maintenir la salubrité des logements et à préserver la santé et la vie de leurs locataires, n'a pas entendu modifier ou atténuer les pouvoirs des magistrats de police en matière de salubrité publique, tels que ces pouvoirs sont réglés par les lois de 1789, 1790 et 1791 sur la police municipale, et, en ce qui concerne Paris, par l'arrêté du 12 messidor an VIII;

Que ces divers pouvoirs conférés, soit aux conseils municipaux par la loi de 1850, soit aux magistrats de police en matière de salubrité de la Cité peuvent bien concourir au même but, celui de la conservation de la santé publique, et s'exercer simultanément dans les mêmes lieux; mais qu'ils sont parfaitement distincts et ne sauraient être confondus, leur objet spécial étant différent, et les moyens d'exécution employés pour chacune de ces autorités n'étant pas identiques;

Considérant qu'à Paris, où il existe une Commission des logements insalubres et un préfet de police, leurs attributions respectives doivent, suivant les lois et règlements susvisés, être exercés en ce sens:

1° Que le Conseil municipal est appelé, sur le rapport de la Commission, à prescrire toutes les mesures et les travaux pour l'entier assainissement des logements et de leurs dépendances, reconnus insalubres, tels, par exemple, que ceux tendant à modifier la disposition défectueuse des lieux loués et habités, à leur donner l'air, la lumière, l'espace nécessaires; à assécher les murs ou le sol; à procurer aux eaux ménagères et pluviales un libre écoulement, etc., etc.;

2° Que le préfet de police doit prescrire, dans les lieux publics et même dans les locaux privés, toutes les mesures qui intéressent d'une manière générale la salubrité publique, et notamment ce qui concerne les encombrements, les amas d'immondices et de substances malsaines, les exhalaisons dangereuses, l'abandon d'animaux morts, la visite de ceux atteints de mal contagieux, celle des échaudoirs, fondoirs, des salles de dissection, l'accumulation des eaux croupissantes, et, en général, tous les objets énumérés en l'article 23 de l'arrêté du 12 messidor an VIII, et, dans les cas urgents, tels que ceux d'épidémie ou de calamité publique, toutes autres mesures qu'exigerait l'intérêt de la santé publique ;

Considérant que le décret du 10 octobre 1859, dont les dispositions sont limitatives, n'a transféré au préfet de la Seine aucune des attributions du préfet de police relatives à la salubrité publique, telles qu'elles sont spécifiées ci-dessus ;

En ce qui concerne plus spécialement le conflit élevé entre le préfet de la Seine, comme représentant du Conseil municipal de Paris, et le préfet de police, à propos de l'assainissement de la rue dépendant de la villa Saint-Michel ;

Considérant que, d'après la discussion qui a précédé l'adoption de la loi de 1850 sur les logements insalubres, on doit entendre par ce mot *dépendances*, mentionné dans l'article premier de cette loi, tous les lieux et dépendances quelconques annexés aux locaux habités et dont l'usage est ou particulier ou commun aux locataires, tels que les cours, passages, allées et ruelles ;

Qu'à ce titre la rue de la villa Saint-Michel est incontestablement une dépendance de cet immeuble et constitue une voie privée ; que cette circonstance que l'accès en est permis au public n'en change pas le caractère, la rue étant grillée à ses deux extrémités, et le propriétaire pouvant à son gré, à chaque instant, interdire cet accès ;

Considérant que les travaux d'assainissement prescrits au sieur Marchand par le Conseil municipal, en vertu de la loi de 1850, consistaient en ouvrages à effectuer sur le sol de la chaussée et dans les ruisseaux qui la bordent, par suite du mauvais état et de la dégradation des lieux ;

Que ces ouvrages, inhérents à l'immeuble et prescrits dans l'intérêt de la salubrité des logements dont cette rue est une dépendance, entraient évidemment, d'après les principes énoncés ci-dessus, dans la catégorie de ceux réservés à la surveillance de la Commission des logements insalubres ; qu'ils n'intéressaient pas la salubrité du quartier, et ne présentaient aucun caractère d'urgence, ainsi que le préfet de police l'a reconnu en accordant un délai de six mois pour les exécuter ;

Que, dès lors, à aucun titre, le préfet de police n'avait qualité, soit pour les prescrire soit pour autoriser le propriétaire à en différer pendant un certain délai l'exécution,

Sont d'avis :

Qu'il y a lieu de vider le conflit dont s'agit et de déterminer à l'avenir les attributions du Conseil municipal de Paris et du préfet de police en matière de logements insalubres dans le sens des observations qui précèdent.

Décret du 30 *septembre-*1er *octobre* 1884.

ARTICLE PREMIER. — Le comité consultatif d'hygiène publique de France, institué près du ministre du commerce, est chargé de l'étude et de l'examen de toutes les questions qui lui sont renvoyées par le ministre, spécialement en ce qui concerne :

La police sanitaire maritime, les quarantaines et les services qui s'y rattachent ;

Les mesures à prendre pour prévenir et combattre les épidémies et pour améliorer les conditions sanitaires des populations manufacturières et agricoles ;

La propagation de la vaccine ;

Le régime des établissements d'eaux minérales et le moyen d'en rendre l'usage accessible aux malades pauvres ou peu aisés ;

Les titres des candidats aux places de médecins-inspecteurs des eaux minérales ;

L'institution et l'organisation des conseils et des commissions de salubrité ;

La police médicale et pharmaceutique ;

La salubrité des logements, manufactures, usines et ateliers ;

Le régime des eaux au point de vue de la salubrité.

Le comité indique au ministre les questions à soumettre à l'Académie de médecine.

Il est publié chaque année un recueil des travaux du comité et des actes de l'administration sanitaire.

ART. 2. — Le comité consultatif d'hygiène publique est composé de vingt-trois membres.

Sont de droit membres du comité :

1° Le directeur des affaires commerciales et consulaires au ministère des affaires étrangères ;

2° Le président du conseil de santé militaire ;

3° L'inspecteur général président du conseil supérieur de santé de la marine ;

4° Le directeur général des douanes ;

5° Le directeur de l'administration générale de l'assistance publique ;

6° Le directeur du commerce intérieur au ministère du commerce ;

7° L'inspecteur général des services sanitaires ;

8° L'inspecteur général des écoles vétérinaires ;

9° L'architecte inspecteur des services extérieurs du ministère du commerce.

Le ministre nomme les autres membres dont huit au moins sont pris parmi les docteurs en médecine.

En cas de vacance parmi les membres nommés par le ministre, la nomination est faite sur une liste de trois candidats présentée par le comité.

ART. 3. — Le président et le vice-président, choisis parmi les membres du comité sont nommés par le ministre.

ART. 4. — Un secrétaire, ayant voix délibérative, est attaché au comité. Il est nommé par le ministre.

Un secrétaire-adjoint peut, si les besoins du service l'exigent, être attaché au comité. Il est également nommé par le ministre ; ses fonctions sont gratuites.

Le chef du bureau de la police sanitaire et industrielle assiste, avec voix consultative, à toutes les séances du comité et de ses commissions.

ART. 5. — Le ministre peut autoriser à assister aux séances du comité, avec voix consultative et à titre temporaire, soit les fonctionnaires dépendant ou non de son administration, soit les docteurs en médecine ou toutes autres personnes dont la présence serait reconnue nécessaire pour les travaux du comité.

ART. 6. — Des auditeurs peuvent être attachés au comité avec voix consultative. Ils sont nommés par le ministre sur les propositions du comité et pour une période de trois ans toujours renouvelable. Leurs fonctions sont gratuites.

ART. 7. — Le ministre peut nommer membres honoraires du comité les personnes qui en ont fait partie.

ART. 8. — Le comité se réunit en séance au moins une fois par semaine.

Il se subdivise, pour l'étude préparatoire des affaires, en commissions dont le nombre et la composition sont arrêtés par le président. Ces commissions se réunissent sur la convocation du président.

ART. 9. — Il est institué près du ministère du commerce un comité de direction des services de l'hygiène, composé du président du comité consultatif d'hygiène publique, de l'inspecteur général des services sanitaires et du directeur du commerce intérieur.

Le chef du bureau de la police sanitaire et industrielle assiste, avec voix consultative, aux séances de ce comité.

ART. 10. — Les membres du comité consultatif d'hygiène publique et du comité de direction des services de l'hygiène ont droit, pour chaque séance à laquelle ils assistent, à un jeton d'une valeur de 15 francs.

Le secrétaire du comité consultatif d'hygiène publique ne reçoit pas de jetons de présence : il touche une indemnité annuelle qui est fixée par arrêté du ministre.

ART. 11. — Sont rapportés les décrets susvisés des 23 octobre 1856, 5 novembre 1869, 15 février 1879, 7 et 14 octobre 1879, 4 mars 1881 et 8 mars 1884.

LOQUETEAU. — Le menu entretien des loqueteaux est essentiellement locatif : le locataire doit donc le graissage du loqueteau et le remplacement du tirage, de l'anneau et des vis s'ils viennent à manquer[1].

LOUVOIS (Place). — L'emplacement de la place Louvois était anciennement occupé par la salle de l'Opéra : la loi du 15 juillet 1822, en ordonnant la démolition de cette salle, s'exprime en ces termes :

« ART. 3. — Seront pareillement mis en vente, pour le prix en être versé dans les caisses du Trésor, les matériaux provenant de la démolition de l'ancienne salle de l'Opéra, située rue de Richelieu.

« L'emplacement de cet édifice demeurera consacré à une place publique, sans qu'il puisse, à l'avenir, lui être donné une autre destination. »

LOUVRE (Place et rue du). — Le décret du 15 novembre 1853, relatif au percement de la rue du Louvre, impose cette obligation que « les maisons à élever en regard de la colonnade du Louvre, sur la place du Louvre et en retour sur celle de Saint-Germain-l'Auxerrois, seront construites suivant une décoration uniforme ».

LOYER. — C. civ., art. 779, 803, 813, 1155, 1260, 2260, 2277. C. comm., art. 443. C. proc. civ., art. 587, 592, 593, 819 à 829. V. également *Location*.

Le payement du prix fixé pour une location doit être fait de la manière réglée par les parties[1], aux époques déterminées par la convention, et, à défaut de stipulation, aux époques en usage. A Paris, l'usage divise l'année en quatre termes égaux, 1er janvier, 1er avril, 1er juillet et 1er octobre, le payement des loyers se fait le 8 desdits mois pour les loyers de 400 fr. et au-dessous, toutes charges comprises, excepté l'impôt des portes et fenêtres, et le 15 pour les loyers au-dessus de 400 francs.

En cas de décès du propriétaire, le payement doit être fait aux héritiers ou au curateur, si la succession est déclarée vacante ; en cas de faillite du bailleur le payement est fait au syndic[2].

S'il a été formé des oppositions entre les mains des locataires, ces derniers ne doivent pas payer au propriétaire, sous peine de s'exposer à payer de nouveau. Ces oppositions doivent être remises directement aux locataires, et non au concierge de la maison, qui est incapable de les représenter quand les intérêts des locataires et du propriétaire sont opposés[3].

Lorsque le locataire ne veut pas payer ses loyers au propriétaire soit par suite de contestations, soit à cause de l'absence ou du décès du propriétaire, il doit faire, par le ministère d'un huissier, des offres réelles de la totalité des loyers échus, plus une somme suffisante pour les réparations locatives, en cas de déménagement, et, sur le refus du propriétaire, les déposer à la Caisse des dépôts et consignations. Si les offres réelles sont valables, les frais desdites et de la consignation sont à la charge du propriétaire[4], dans le cas contraire ils sont supportés par le locataire.

Si le locataire vient à disparaître sans avoir payé les loyers échus, le propriétaire ne peut, de son autorité privée, faire ouvrir les lieux loués, il doit s'y faire autoriser par le juge de paix, pour les loyers au-des-

---

[1] Le Bègue, p. 69.

[1] V. *Location*. — [2] C. civ., 779, 803, 813. C. comm., 443. — [3] Seine, 11 août 1837. — [4] C. civ., 1260.

sous de 400 francs, ou par le président du tribunal civil, pour les loyers au-dessus de 400 francs.

Les loyers échus et non payés produisent intérêts du jour de la demande formée en justice[1].

Les loyers se prescrivent par cinq ans[2], et la prescription court, terme par terme, à partir de chaque échéance[3].

A défaut de clause spéciale, la résiliation du bail, pour non payement des loyers, doit être demandée en justice, et le juge peut accorder un délai au locataire ; l'usage est de prononcer la résiliation lorsque deux termes ne sont pas payés.

Le bailleur doit faire sommation au preneur de payer le terme échu, car cette sommation est le seul moyen régulier de constater le défaut de payement, et c'est seulement après qu'elle est restée infructueuse que le bailleur peut faire prononcer la résiliation du bail.

Un jour après commandement de payer, signifié par huissier, le bailleur peut faire saisir-gager, par huissier, les meubles et effets qui se trouvent dans les lieux loués[4]. Il peut faire saisir-gager, sans commandement préalable, quand il y a urgence, en vertu d'une autorisation du juge de paix, pour les loyers de 400 francs et au-dessous, ou du président du tribunal, pour les loyers au-dessus de 400 francs[5].

Dans le cas d'un bail notarié, la saisie-gagerie est inutile, attendu que l'on peut procéder de suite à la saisie-exécution ; c'est-à-dire qu'un jour après le commandement de payer, signifié par huissier et resté infructueux, on peut faire saisir-exécuter les meubles et effets du locataire, et procéder à la vente desdits huit jours après la signification de la saisie.

Ne peuvent être saisis le coucher des saisis, ceux de leurs enfants et les habits dont ils sont vêtus et couverts[6].

La saisie-gagerie faite, le bailleur doit assigner le preneur en validité de ladite saisie.

La saisie déclarée valable par jugement, le bailleur fait signifier ce jugement avec nouveau commandement de payer.

Puis, en cas de non payement, on procède à la saisie-exécution des meubles et effets, et huit jours après la signification de cette saisie il est procédé à la vente desdits meubles et effets.

Lorsque les meubles et effets ont été déplacés à l'insu du propriétaire et se trouvent en la possession de tiers, soit par suite de vente, soit autrement, le bailleur, pour conserver son privilège, doit faire la revendication de ces meubles et effets dans les quinze jours à compter du jour du déplacement. Cette revendication est faite au moyen d'une requête présentée au juge de paix ou au président du tribunal, suivant le montant du loyer ; elle doit contenir la désignation sommaire des objets revendiqués et l'énonciation des causes de la saisie-revendication.

Si celui chez qui se trouvent les objets revendiqués s'oppose à la saisie-revendication, il doit être sursis jusqu'au prononcé du juge de paix ou du président du tribunal, suivant le taux du loyer, sauf à constituer un gardien, s'il y a lieu[1].

La perquisition, pour arriver à la saisie-revendication, ne peut avoir lieu qu'en présence du juge de paix, du commissaire de police, du maire ou de son adjoint[2].

Le bailleur, pour agir en saisie-revendication, doit être bien sûr de l'endroit où se trouvent les effets revendiqués, car si la perquisition était sans résultat, celui chez lequel elle a été faite pourrait obtenir contre lui des dommages et intérêts[3].

En cas de location principale, le propriétaire a sur les sous-locataires les mêmes droits que sur son locataire principal, mais jusqu'à concurrence de la sous-location seulement[4].

Le propriétaire peut également former saisie-arrêt entre les mains des personnes devant de l'argent à son locataire.

LUCARNE. — V. *Hauteur des bâtiments.*

M

MACHINE A COUDRE. — L'usage d'une machine à coudre est permis dans une maison même louée bourgeoisement, à la condition qu'elle soit montée sur des coussinets d'épaisseur et de matière suffisantes (caoutchouc ou liège) pour en rendre le bruit tolérable, et qu'elle ne fonctionne que le jour[5].

[1] C. civ., 1155.— [2] C. civ., 2277. [3] C. civ., 2260.— [4] C. pén. civ., 819. — [5] Ibid. — [6] C. proc. civ., 592 et 593.

[1] C. proc. civ., 826, 827, 828, 829. — [2] C. proc. civ., 587. — [3] Agnel, n° 494. — [4] C. proc. civ., 820. [5] Paris, 21 janv. 1862.

MACHINE A VAPEUR. — V. *Chaudière et générateur à vapeur.*

Comme précautions à prendre pour obvier aux trépidations et au bruit des machines à vapeur, il est généralement ordonné :

1° D'établir un fossé isolant les fondations de la machine à vapeur des murs du bâtiment dans lequel elle est établie ;

2° De faire reposer la machine sur un massif en béton de bitume ;

3° De ne brûler que du coke ou de la houille de Cardiff, afin d'empêcher la fumée et la vapeur d'eau.

Lorsqu'une machine à vapeur fait partie d'une location, l'entretien en est à la charge du locataire jusqu'au moment où, complètement usée, elle doit être changée : le remplacement incombe alors au propriétaire.

MACHINES ET WAGONS (Ateliers de construction de).

Établissements insalubres de 2e classe : bruit et fumée[1].

Les ateliers doivent être ventilés au moyen de lanternons à lames de persiennes, et les baies sur la voie publique ou les propriétés voisines fermées par des châssis dormants.

Les forges seront recouvertes par des hottes.

Les cheminées seront élevées à 5 mètres au-dessus des cheminées voisines dans un rayon de 100 mètres, et munies de chicanes en fonte pour empêcher la dispersion des flammèches.

Les étuves seront en matériaux incombustibles avec porte en fer.

Les machines-outils devront être éloignées des murs mitoyens de manière à ne pas incommoder les voisins[2].

MAGDEBOURG (Rue de). V. *Billy (Quai de).*

MAISON. V. les *différents articles relatifs aux objets qui s'y rapportent.*

MAISON A PLUSIEURS. — C. civ., art. 551 et suivants.

La propriété du sol emporte la propriété du dessus et du dessous[3].

L'ancienne coutume de Paris s'exprimait, à ce sujet, en ces termes :

ART. LXXXI.

« Item en ladicte ville et faulxbourgs a celluy a qui appartient le rez-de-chaussée appartient le dessus et le dessoubz du rez-de-chaussée s'il n'y a titre au contraire. »

ART. LXXXIII.

« Par la dicte coutume quiconques a le sol appelle l'estage du rez-de-chaussée d'aucun héritage il peult et doilt avoir le dessus et le dessoubz de son sol et peult édiffier par dessus et par dessoubz et y faire puis aisément et autres choses licites s'il n'y a lettres ou titres au contraire. »

Néanmoins, il arrive quelquefois que les étages appartiennent à des propriétaires différents.

Dans ce cas, chaque propriétaire contribue dans l'entretien de l'immeuble pour la quote part spécifiée par son titre. Si les titres sont muets à ce sujet, les charges doivent se répartir conformément aux dispositions de l'article 664 du Code civil :

« Les gros murs et le toit sont à la charge de tous les propriétaires, chacun en proportion de la valeur de l'étage qui lui appartient. »

Chacun des propriétaires peut faire aux gros murs, dans la partie qui lui appartient, tous les travaux qu'il juge utiles, à la seule condition de ne pas nuire à la solidité de l'édifice. Notamment, le propriétaire du rez-de-chaussée peut, en prenant les précautions nécessaires, remplacer un mur plein par un poitrail[1].

Bien que le Code ne cite, comme charge commune à tous les propriétaires, que les gros murs et le toit, il y a lieu d'ajouter les puits, pompes, fosses d'aisances, allées, cours, portes cochères ou d'entrée, en un mot tous les objets dont l'usage est commun[2], ainsi que le faux plancher qui couvre l'étage le plus élevé, s'il n'existe pas de grenier appartenant divisément à l'un des propriétaires[3].

« Le propriétaire de chaque étage fait le plancher sur lequel il marche. »

Mais les enduits en plâtre, ou autre matière, dont est revêtu le dessous du plancher, sont à la charge du propriétaire de l'étage couvert par ce plancher, à moins qu'il ne puisse prouver que la dégradation provient du fait du propriétaire de l'étage supérieur ou des personnes qui l'occupent[4].

Lorsqu'il y a lieu de reconstruire le plancher, le niveau se prend au point le plus élevé de l'arasement sur lequel reposent les solives de ce plancher[5].

Quant à la voûte même de la cave, les auteurs sont très partagés ; les uns la considérant comme faisant partie des gros murs, en mettent la réparation à la charge de tous les propriétaires ; d'autres, l'assimi-

[1] Décr., 31 déc. 1866. — [2] Buncl, p. 341.
[3] C. civ., 551 et suivants.

[1] Grenoble, 15 juin 1832. — [2] Desgodets, art. 205, n° 16. — [3] Lepage, t. Ier, p. 111. — [4] Lepage, t. Ier, p. 110. — [5] Manuel, t. Ier, p. 220.

MALTERIES. — MARCHÉ.

lant aux planchers, veulent qu'elle soit entretenue par celui qui marche dessus ; d'autres, enfin, mettent les voûtes à la charge de celui auquel les caves appartiennent.

Il semble plus rationnel de faire varier la responsabilité suivant les cas, et, en s'appuyant sur ce qui vient d'être dit pour les planchers, d'établir ces distinctions générales :

1° Les jointoiements, pouvant être assimilés aux enduits des planchers, doivent être entretenus par le propriétaire des caves ;

2° Les tassements provenant de la voûte elle-même seront réparés par le propriétaire du rez-de-chaussée ;

3° Les tassements ou déchirures provenant d'un mouvement ou affaissement général des gros murs seront à la charge de tous les propriétaires.

« Le propriétaire du premier étage fait l'escalier qui y conduit ; le propriétaire du second étage fait, à partir du premier, l'escalier qui conduit chez lui et ainsi de suite. »

Lepage[1] ajoute, pour plus de clarté, que l'escalier descendant du rez-de-chaussée à la cave, et celui montant de l'étage le plus élevé au grenier, sont à la charge de ceux auxquels appartiennent la cave et le grenier.

Le propriétaire de l'étage supérieur ne peut surélever le bâtiment sans le consentement des propriétaires des étages inférieurs, attendu qu'il en résulte une surcharge des murs inférieurs, et par suite une aggravation de servitude[2].

Aucun des propriétaires ne peut faire une réparation à la charge de tous sans avoir obtenu l'assentiment des autres propriétaires, ou sans s'y être fait autoriser par justice.

MALTERIES. — Établissement insalubre de 3° classe ; altération des eaux[3].

Pour les prescriptions administratives, V. *Brasseries*.

MANGEOIRE. — Les trous faits dans la maçonnerie des mangeoires doivent être réparés aux frais du locataire[4].

Lorsque le devant d'une mangeoire est rongé par les chevaux, le propriétaire est en droit d'exiger du locataire qu'il fasse remettre à neuf cette mangeoire. Goupy fait observer que l'on peut parer à l'inconvénient des chevaux qui ont le défaut de ronger le bois, en recouvrant de tôle le devant de la mangeoire, mais que c'est au locataire à exiger que cette précaution soit prise ou à la prendre lui-même[1].

Le locataire est également responsable des rouleaux et des anneaux fixés à la mangeoire.

MANUTENTION (Rue de la). V. *Billy (Quai de)*.

MARCHE. — Édit déc. 1607[2]. Ord. pol. du 25 juill. 1862[3].

Il est interdit d'établir des marches en saillie sur la voie publique[4] : cette interdiction remonte à l'édit de décembre 1607[5].

MARCHÉ. — C. civ., art. 1134 à 1148, 1184, 1742, 1793 à 1796.

Le devis est un état détaillé des ouvrages de toute nature dont doit se composer une construction.

Le marché contient les clauses et conditions générales suivant lesquelles le propriétaire et l'entrepreneur choisi s'engagent, chacun de son côté, l'un à exécuter les travaux conformément aux plans et devis, l'autre à solder ces travaux de telle ou telle manière.

Les devis et le marché réunis forment ce que l'on appelle le cahier des charges.

Le marché par *série de prix* est un marché d'après lequel les travaux seront réglés moyennant les prix fixés par cette série, pour chaque nature d'ouvrage ou pour chaque objet, avec ou sans rabais.

Le marché à *prix fait* ou *à forfait* est celui par lequel on convient que la construction sera livrée entièrement terminée, clefs en mains, pour un prix définitivement fixé à l'avance.

Dans le marché de *maximum*, il est convenu que la construction sera faite avec série de prix, et payée suivant la quantité des travaux exécutés, mais que l'ensemble de ces travaux ne pourra dépasser une certaine somme déterminée dans le marché.

Dans les travaux traités à forfait, l'entrepreneur ne peut demander une augmentation sur le prix fixé, sous le prétexte de l'enchérissement de la main-d'œuvre ou des matériaux depuis la signature du forfait, ni même en raison d'augmentations faites au plan primitif, à moins que ces changements n'aient été acceptés, par écrit, par le propriétaire, et que le prix n'en ait été fixé[6].

---

[1] Lepage, t. Ier, p. 111. — [2] Demolombe, t. XI, n° 437. — [3] Décr., 12 mai 1886. — [4] Agnel, n° 584.

[1] Ibid. — [2] V. *Voyer*. — [3] V. *Bâtim. en constr.* — [4] Ord. pol., 25 juill. 1862, V. *Bâtim. en constr.* — [5] V. *Voyer*. — [6] C. civ., 1793. Frémy-Ligneville, t. Ier, n°s 24, 33.

Cette obligation de faire autoriser, par écrit, tout changement ou toute augmentation est de rigueur absolue, s'agirait-il même de l'addition d'un étage ou d'une aile au bâtiment[1].

En cas de contestation la preuve testimoniale n'est pas admise, mais par contre, toute pièce écrite ou figurée émanant de la main même du propriétaire, établissant son adhésion aux travaux supplémentaires exécutés, est une preuve contre ce dernier.

Pour que l'article 1793 du Code civil ait son plein et entier effet, il est nécessaire que le marché soit un forfait pur et simple, et qu'il ne renferme aucune restriction, comme celle, notamment, par laquelle un propriétaire se réserverait la faculté d'apporter aux plans les modifications qu'il jugerait convenables[2].

S'il se rencontre des travaux exceptionnels, nécessaires à la solidité de la construction, qui ne soient pas prévus au forfait, l'entrepreneur doit interrompre ses travaux jusqu'à ce qu'il ait été autorisé par écrit, par le propriétaire, à les exécuter. Néanmoins, si ces travaux présentaient un tel degré d'urgence, qu'il y eût danger pour le surplus de l'immeuble à ne pas les exécuter, l'entrepreneur doit les commencer, en donner avis au propriétaire, et se faire autoriser par justice à les continuer si le propriétaire néglige de répondre[3].

L'article 1793 du Code civil exige encore que le prix soit convenu avec le propriétaire ; mais cette clause n'a pas la même rigueur que la précédente. Si la valeur des travaux supplémentaires n'a pas été fixée au moment de l'autorisation, elle doit être établie, par analogie, d'après les prix indiqués au traité principal[4].

Si les changements faits par l'entrepreneur ont eu pour effet de diminuer la solidité ou l'élégance de l'édifice, l'entrepreneur peut être condamné à démolir pour reconstruire conformément aux plans et devis, avec dommages-intérêts envers le propriétaire, ou seulement à des dommages-intérêts si le propriétaire accepte l'édifice tel qu'il est construit.

Le propriétaire peut résilier un marché à forfait ; en dédommageant, toutefois, l'entrepreneur de ses dépenses, de ses travaux et de tout ce qu'il aurait pu gagner dans l'entreprise[5].

Ce droit de l'entrepreneur à une indemnité, étant la conséquence de l'article 1382 du Code civil, qui oblige, quiconque cause un préjudice à autrui, à le réparer, est applicable dans tous les cas où un propriétaire rompt un marché, que ce marché soit sur série de prix tout aussi bien que s'il est à forfait[1].

L'entrepreneur ne peut résilier un marché à forfait : il doit l'exécuter tel qu'il a été stipulé, sous peine de dommages-intérêts[2], à moins qu'il n'y ait empêchement légitime ou cas de force majeure[3].

Le marché est résilié par le décès de l'entrepreneur[4]. Le propriétaire paye alors les travaux faits ainsi que les matériaux préparés, en tant qu'ils peuvent être utilisés, et le prix s'en détermine d'après celui stipulé pour la totalité de l'entreprise[5].

Le décès du propriétaire ne dissout pas le marché[6], les héritiers sont tenus, vis-à-vis de l'entrepreneur, des conditions du marché, à moins qu'ils ne le résilient moyennant indemnité comme il est dit ci-dessus.

La faillite de l'entrepreneur ne résilie pas le marché : le propriétaire a le droit d'en demander la résiliation, avec dommages-intérêts, en vertu des articles 1142 et 1184 du Code civil, mais il peut aussi, en s'appuyant sur les articles 1144 et 1184 du même code, exiger que les travaux soient continués à la charge de la faillite. Les syndics ne peuvent demander de laisser à la tête des travaux le failli qui a perdu la solvabilité, la confiance et la garantie qui étaient une des causes déterminantes du marché ; ils ne peuvent non plus demander à les continuer eux-mêmes, ni imposer au propriétaire un autre entrepreneur. Le propriétaire doit donc faire constater par un expert, nommé par le tribunal, l'état et la suspension des travaux ; il traitera ensuite avec un autre entrepreneur pour terminer les travaux. Les sommes dues au failli serviront, s'il y a lieu, à compenser l'augmentation de prix qui pourrait être demandée par le nouvel entrepreneur, ainsi que les dommages-intérêts qui pourraient être alloués au propriétaire. Si ces sommes sont insuffisantes, le propriétaire devient créancier de la faillite, mais au titre ordinaire, c'est-à-dire au marc le franc[7].

Lorsqu'une clause pénale a été formellement stipulée, entraînant l'obligation pour l'entrepreneur de payer une somme déterminée de dommages-intérêts pour chaque jour de retard, après le délai fixé pour la livraison, cette clause doit être maintenue et appliquée par les tribunaux, comme étant l'expression de la libre volonté des parties[8].

---

[1] Manuel, t. Ier, p. 356. Frémy-Ligneville, t. Ier, no 45. — — [2] C. civ., 1134, 1135, 1142. — [3] C. civ., 1148. Frémy-Ligneville, t. Ier, no 48. — [4] C. civ., 1795. Frémy-Ligneville, t. Ier, no 50. — [5] C. civ., 1796. Frémy-Ligneville, t. Ier, no 58. — [6] C. civ., 1742. Frémy-Ligneville, t. Ier, no 46. — [7] Frémy-Ligneville, t. Ier, no 62. — [8] Paris, 24 nov. 1881.

---

[1] Manuel, t. Ier, p. 355. — [2] Cass., 6 mars 1860, 16 janv. 1882. — [3] Cass., 10 janv. 1856. — [4] Manuel, t. Ier, p. 355. — [5] C. civ., 1794.

MARCS OU CHARRÉES DE SOUDE (Exploitation des), en vue d'en extraire le soufre, soit libre, soit combiné.

Etablissement insalubre de 1re classe : odeur, émanations nuisibles[1].

MAROQUINERIES. — Etablissements insalubres de 3e classe : odeur[2].

Les ateliers doivent être bien ventilés, et le sol en être imperméable ; les ouvertures sur la voie publique et les propriétés voisines seront à châssis dormant.

Les cuves à teinture seront munies de couvercles et surmontées de hottes.

Le séchoir sera en matériaux incombustibles, avec porte en fer, et l'ouverture du foyer placée en dehors.

La cheminée sera élevée à la hauteur des cheminées voisines dans un rayon de 100 mètres[3].

MASSICOT (Fabrication du). — Etablissement insalubre de 3e classe : émanations nuisibles[4].

Pour les prescriptions administratives, V. *Minium*.

Il est défendu d'employer des enfants à cause des dangers d'empoisonnement[5].

MATIÈRES COLORANTES (Fabrication des), au moyen de l'aniline et de la nitrobenzine.

Etablissement insalubre de 3e classe : émanations nuisibles[6].

Les ateliers et magasins seront en matériaux incombustibles, bien ventilés au moyen de lanternons ou de cheminées d'aération, éclairés seulement par la lumière du jour ou par des lampes placées à l'extérieur derrière un verre dormant ; le sol en sera imperméable, et les ouvertures des foyers seront au dehors.

Les cuves seront surmontées de hottes communiquant soit avec la cheminée, soit avec des tuyaux dépassant la hauteur des maisons voisines dans un rayon de 200 mètres.

Les séchoirs seront en matériaux incombustibles, avec portes en fer, et foyers extérieurs.

Les fosses de dépôt seront complètement étanches[7].

Il est interdit d'employer des enfants dans ces établissements, à cause des émanations nuisibles et des dangers d'explosion[8].

MATIÈRES CORROSIVES.— C. civ., art. 674.

Il est interdit d'établir contre un mur mitoyen un dépôt de matières corrosives, sans avoir, au préalable, construit un contre-mur ayant trente-trois centimètres d'épaisseur, un mètre de fondation, et couvrant, en largeur et hauteur, au moins l'emplacement occupé par le dépôt.

MATIÈRES INSALUBRES. — Les matières insalubres ne peuvent êtres transportées que dans des vases clos ou des voitures fermées ; certaines même ne doivent être transportées que de nuit[1].

ANNEXE

Ordonnance de police du 1er septembre 1853.

TITRE PREMIER. — BALAYAGE DE LA VOIE PUBLIQUE ET NETTOIEMENT DES TROTTOIRS, DES RUISSEAUX, DES DEVANTURES DE BOUTIQUES ET DES ABORDS DES BATIMENTS EN CONSTRUCTION, ATELIERS OU CHANTIERS DES TRAVAUX.

ARTICLE PREMIER. — Les propriétaires ou locataires sont tenus de faire balayer complètement, chaque jour, sauf les cas prévus pour l'article 3 ci-après, la voie publique au-devant de leurs maisons, boutiques, cours, jardins et autres emplacements.

Le balayage sera fait jusqu'au ruisseau dans les rues à chaussée fendue.

Dans les rues à chaussée bombée et sur les quais, le balayage sera fait jusqu'au milieu de la chaussée.

Le balayage sera également fait sur les contre-allées des boulevards jusqu'aux ruisseaux des chaussées.

Les boues et immondices seront mises en tas ; ces tas devront être placés de la manière suivante, suivant les localités, savoir :

Dans les rues sans trottoirs, entre les bornes ; dans les rues à trottoirs, le long des ruisseaux du côté de la chaussée, si la rue est à chaussée bombée, et le long des trottoirs, si la rue est à chaussée fendue ; sur les boulevards, au bord des trottoirs du côté de la chaussée.

Dans tous les cas, les tas devront être placés à une distance d'au moins deux mètres des grilles ou bouches d'égouts.

Nul ne pourra pousser les boues et immondices devant les propriétés de ses voisins.

ART. 2. — Le balayage sera fait entre cinq heures et six heures du matin, depuis le 1er avril jusqu'au 30 septembre, et entre six heures et sept heures du matin, du 1er octobre au 31 mars.

En cas d'inexécution, le balayage sera fait d'office, aux frais des contrevenants.

Sauf les cas prévus par les articles 7, 13 et 20 ci-après, il est interdit à toute personne étrangère à l'administration municipale de balayer ou de faire balayer la voie publique, en dehors des heures ci-dessus fixées.

ART. 3. — Lorsque des travaux de pavage auront été exécutés, le balayage quotidien,

---

[1] Décr., 20 juin 1883.
[2] Décr., 31 déc. 1866. — [3] Bunel, p. 342.
[4] Décr., 31 déc. 1866. — [5] Décr., 14 mai 1875.
[6] Décr., 9 mai 1878. — [7] Bunel, p. 343. —
[8] Décr., 22 sept. 1879.

[1] Ord. pol., 1er sept. 1853, annexe.

prescrit par l'art. 1er, sera suspendu sur les parties de la voie publique où ces travaux auront été opérés.

En ce qui concerne le pavage neuf et les relevés à bout, c'est-à-dire les pavages entièrement refaits, le balayage ne sera repris que 15 jours après l'achèvement des travaux, lorsque les entrepreneurs de la Ville auront relevé et enlevé les résidus du sable répandu pour la consolidation du pavé, et que les agents de l'Administration auront averti les propriétaires et locataires que le balayage devra être repris.

En ce qui concerne les pavés en recherche ou réparations partielles, le balayage sera repris dès l'avis donné par les agents de l'administration.

Les sables balayés et relevés avant les 15 jours de l'achèvement des travaux, ou avant les avis donnés par les agents de l'administration, seront répandus de nouveau aux frais des contrevenants.

ART. 4. — En outre du balayage prescrit par l'art. 1er, les propriétaires ou locataires seront tenus de faire gratter, laver et balayer chaque jour les trottoirs existant au-devant de leurs propriétés, ainsi que les bordures desdits trottoirs, aux heures fixées par l'art. 2.

Cette disposition est applicable aux dalles établies dans les contre-allées des boulevards ; les propriétaires ou locataires seront tenus de les faire gratter, laver et balayer chaque jour ; les boues et ordures provenant de ce balayage seront mises en tas, ainsi qu'il est prescrit par l'art. 1er.

L'eau du lavage des trottoirs et des dalles devra être balayée et coulée au ruisseau.

Les propriétaires ou locataires devront également faire nettoyer intérieurement et dégager les gargouilles, placées sous les trottoirs des rues et sous les dallages des boulevards, de toutes ordures et objets quelconques qui pourraient les obstruer. Ce nettoiement doit être fait, chaque jour, aux heures prescrites pour le balayage.

ART. 5. — Les devantures de boutiques ne pourront être lavées après les heures fixées pour le balayage, et l'eau du lavage devra être balayée et coulée au ruisseau.

ART. 6. — Dans les rues à chaussée bombée, chaque propriétaire ou locataire doit tenir libre le cours du ruisseau au-devant de sa maison ; dans les rues à chaussée fendue, il y pourvoira conjointement avec le propriétaire ou locataire qui lui fait face.

Les ruisseaux sous trottoirs, dits en encorbellement, devront être dégagés des boues et des ordures et tenus toujours libres et en état de propreté.

ART. 7. — Il est prescrit, aux entrepreneurs de travaux exécutés sur la voie publique ou dans des propriétés qui l'avoisinent, de tenir la voie publique en état constant de propreté, aux abords de leurs ateliers ou chantiers, et sur tous les points qui auraient été salis par suite de leurs travaux ; il leur est également prescrit d'assurer aux ruisseaux un libre écoulement.

En cas d'inexécution, le nettoiement de ces points de la voie publique sera opéré d'*office* et aux frais des entrepreneurs.

TITRE II. — ENTRETIEN DES RUES OU PARTIES DES RUES NON PAVÉES.

ART. 8. — Il est enjoint à tout propriétaire ou locataire de maisons ou de terrains situés le long des rues ou parties de rues non pavées, de faire combler, chacun au droit de soi, les excavations, enfoncements et ornières, et d'entretenir le sol en bon état ; de conserver et de rétablir les pentes nécessaires pour procurer aux eaux un écoulement facile, et de faire, en un mot, toutes les dispositions convenables pour que la liberté, la sûreté de la circulation et la salubrité ne soient pas compromises.

ART. 9. — Les concierges, portiers ou gardiens des établissements publics et maisons domaniales, sont personnellement responsables de l'exécution des dispositions ci-dessus, en ce qui concerne le balayage de la voie publique, le nettoiement des trottoirs, des ruisseaux, des devantures de boutiques, ainsi que de l'entretien des rues ou parties de rues non pavées, au-devant des établissements et maisons auxquels ils sont attachés.

TITRE III. — DÉPÔTS ET PROJECTIONS SUR LA VOIE PUBLIQUE, DANS LA RIVIÈRE ET DANS LES ÉGOUTS.

ART. 10. — Il est expressément défendu de déposer dans les rues, sur les places, quais, ports, berges, et en général sur aucunes parties de la voie publique, des menus gravois, des décombres, du mâchefer, des pailles, des coquilles d'huîtres, des cendres, des résidus de fabrication, de jardin, de commerce, de fruiterie et autres résidus analogues. Ces objets devront être portés directement aux voitures du nettoiement et remis aux desservants de ces voitures, lors de leur passage.

Il en sera de même des bouteilles cassées, des morceaux de verre, de poterie, de faïence, et de tous autres objets pouvant occasionner des accidents.

ART. 11. — Les ordures et résidus de ménage pourront être déposés, de cinq à six heures du matin, depuis le 1er avril jusqu'au 30 septembre, et de six à sept heures du matin, du 1er octobre au 31 mars, sur les points de la voie publique désignés en l'article 1er pour la mise en tas des produits du balayage.

En dehors des heures ci-dessus, ces dépôts sont formellement interdits.

Lorsque nous le jugerons nécessaire, la tolérance résultant du premier paragraphe du présent article pourra être retirée ou suspendue soit généralement, soit partiellement, en vertu d'ordonnances spéciales.

Cette tolérance ne sera, dans aucun cas, applicable à des résidus passés à l'état de putréfaction et répandant une mauvaise odeur.

ART. 12. — Il est interdit de déposer, sur aucune partie de la voie publique, des pierres, terres, sables, gravois et autres matériaux.

Dans le cas où des réparations à faire dans l'intérieur des maisons nécessiteraient le dépôt momentané des terres, sables, gravois et autres matériaux sur la voie publique, ce dépôt ne pourra avoir lieu que sous l'autorisation préalable du commissaire de police de la section.

La quantité des objets déposés ne devra jamais excéder le chargement d'un tombereau, et leur enlèvement complet devra toujours être effectué avant la nuit. Si, par suite de force majeure, cet enlèvement n'avait pu être opéré complètement, les terres, sables, gravois ou autres matériaux devront être suffisamment éclairés pendant la nuit.

Sont formellement exceptés de la tolérance les terres, moellons ou autres objets provenant des fosses d'aisances; ces débris devront être immédiatement emportés, sans pouvoir jamais être déposés sur la voie publique.

En cas d'inexécution, il sera procédé d'*office*, et aux frais des contrevenants, soit à l'éclairage soit à l'enlèvement des dépôts.

Art. 13. — Il est interdit aux marchands ambulants de jeter sur la voie publique des débris de légumes et de fruits ou tous autres résidus.

Les étalagistes, ou tous autres individus autorisés à s'établir sur la voie publique pour y exercer une industrie, doivent tenir constamment propre l'emplacement qu'ils occupent ainsi que les abords de cet emplacement.

Art. 14. — Il est défendu de secouer, sur la voie publique, des tapis et autres objets pouvant salir ou incommoder les passants, et généralement d'y rien jeter des habitations.

Art. 15. — Il est défendu de jeter des pailles ou des ordures ménagères à la rivière, sur les berges, sur les parapets, cordons ou corniches des ponts.

Art. 16. — Il est défendu de jeter des eaux sur la voie publique; ces eaux doivent être portées au ruisseau pour y être versées, de manière à ne pas incommoder les passants.

Il est également défendu d'y jeter et faire couler des urines et des eaux infectes.

Art. 17. — Il est expressément défendu de jeter dans les égouts des urines, des boues et immondices solides, des matières fécales et généralement tout corps ou matière pouvant obstruer ou infecter lesdits égouts. Il est également interdit de laisser écouler dans les égouts des eaux acides qui ne seraient pas préalablement neutralisées, de manière à prévenir la détérioration des égouts.

Titre IV. — Urinoirs publics.

Art. 18. — Dans les voies publiques où des urinoirs sont établis, il est interdit d'uriner ailleurs que dans ces urinoirs. Quant aux voies publiques où il n'existera pas d'urinoirs, il est interdit d'uriner sur les trottoirs, contre les monuments publics et contre les devantures de boutiques (Ord. du 23 février 1850).

Les personnes qui auront été autorisées à établir des urinoirs sur la voie publique devront les entretenir en bon état, en faire opérer le nettoiement et le lavage assez fréquemment pour qu'ils soient constamment propres et qu'il ne s'n exhale aucune mauvaise odeur.

En cas d'inexécution, il sera pourvu d'office, et aux frais des contrevenants, à la réparation, au nettoiement et au lavage de ces urinoirs.

Titre V. — Transport, chargement et déchargement des objets qui seraient de nature à salir la voie publique ou a incommoder les passants.

Art. 19. — Ceux qui transporteront des plâtres, des terres, sables, décombres, gravois, mâchefer, fumier-litière et autres objets quelconques qui seraient de nature à salir la voie publique ou à incommoder les passants, devront charger leurs voitures de manière que rien ne s'en échappe et ne puisse se répandre sur la voie publique.

En ce qui concerne le transport des terres, sables, décombres, gravois et mâchefer, les parois des voitures devront dépasser de 0m15 au moins, toute la partie supérieure du chargement.

Les voitures servant au transport des plâtres, même lorsqu'elles ne seront pas chargées, ne pourront circuler sur la voie publique sans être pourvues d'un about, devant et derrière, et sans être recouvertes d'une bâche.

Le déchargement des plâtres devra toujours être opéré avec précaution, et de manière à ne pas salir la voie publique ni incommoder les passants.

Cette dernière disposition est applicable au déchargement des farines.

Les remises et autres locaux, sous lesquels on battra du plâtre, devront être séparés de la voie publique par une clôture qui empêche la poussière de s'y répandre et d'incommoder les passants.

Le nettoiement des rues salies par suite de contraventions au présent article sera opéré d'office et aux frais des contrevenants.

Art. 20. — Lorsqu'un chargement ou déchargement de marchandises ou de tous autres objets quelconques aura été opéré sur la voie publique, dans le cours de la journée, et dans les cas où ces opérations sont permises par les règlements, l'emplacement devra être balayé et les produits du balayage enlevés immédiatement.

En cas d'inexécution, il y sera pourvu d'office et aux frais des contrevenants.

Titre VI. — Transport des matières insalubres.

Art. 21. — Les résidus des fabriques de gaz, ceux d'amidonnerie, ceux de féculerie passés à l'état putride, ceux des boyauderies et des triperies; les eaux provenant de la cuisson des os pour en retirer la graisse; celles qui proviennent des fabriques de peignes et d'objets de corne macérée; les eaux grasses destinées aux fondeurs de suif et aux nourrisseurs de porcs; les résidus provenant des fabriques de colle-forte et d'huile de pieds de bœuf; le sang provenant des abattoirs; les urines provenant des urinoirs publics et particuliers; les vases et eaux extraites des puisards et des puits infectés; les eaux de cuisson de têtes et de pieds de mouton; les eaux de charcuterie et de triperie; les raclures de peaux infectes; les résidus provenant de la fonte des suifs, soit liquides, soit solides, soit mi-solides, et en général toutes les matières qui pourraient compromettre la salubrité, ne pourront à l'avenir être transportées dans Paris que dans des tonneaux hermétiquement fermés et lutés.

Toutefois, les résidus des féculeries qui ne seront pas passés à l'état putride pourront être transportés dans des voitures parfaitement étanches, et les débris frais des abattoirs, des boyauderies et des triperies, dans des voitures garnies en tôle ou en zinc, étanches également, mais, de plus, couvertes. Pourront aussi être transportées de cette dernière manière les matières énoncées dans le paragraphe premier du présent article, lorsqu'il sera reconnu qu'il y a impossibilité de les transporter dans des tonneaux, mais seulement alors pendant la nuit, jusqu'à huit heures du matin.

ART. 22. — Le noir animal ayant servi à la décoloration des sirops et au raffinage des sucres, les os gras et les chiffons non lavés et humides, ne pourront être transportés que dans des voitures bien closes.

ART. 23. — Les tonneaux servant au transport des peaux en vert et des engrais secs de diverses natures devront être clos et couverts.

DISPOSITIONS GÉNÉRALES.

ART. 24. — Les contraventions aux injonctions ou défenses faites par la présente ordonnance seront constatées par des procès-verbaux ou rapports qui nous seront adressés. Les contrevenants seront traduits, s'il y a lieu, devant les tribunaux, pour être punis conformément aux lois et règlements.

ART. 25. — L'ordonnance du 5 novembre 1846 est rapportée.

ART. 26. — La présente ordonnance sera publiée, etc.

MÈCHES DE SURETÉ POUR MINEURS (Fabrication des)[1].

1° Quand la quantité manipulée ou conservée dépasse 100 kilogr. de poudre ordinaire :

Etablissement dangereux de 1re classe : danger d'incendie ou d'explosion.

2° Quand la quantité manipulée ou conservée est inférieure à 100 kil. de poudre ordinaire :

Etablissement dangereux de 2e classe : danger d'incendie ou d'explosion.

Pour les prescriptions administratives, V. Artifices (Fabrique d').

MÉGISSERIES. — Etablissements insalubres de 3e classe : odeur[2].

Les ateliers seront bien ventilés et le sol en sera imperméable.

Les cuves et plains seront en maçonnerie enduite en ciment et parfaitement étanche.

Les cuves à fermentation seront à fermeture hermétique.

L'étuve sera en matériaux incombustibles avec porte en fer.

Les eaux s'écouleront souterrainement à l'égout[1].

MÉNAGERIE. — Etablissement dangereux de 1re classe : danger des animaux[2].

Il est interdit d'employer des enfants quand la ménagerie renferme des bêtes féroces ou venimeuses[3].

MÉTAUX (Ateliers de) pour construction de machines et appareils. — V. Machines et Wagons.

MEUBLES. — V. Location.

MINIUM (Fabrication du). — Etablissement insalubre de 3e classe : émanations nuisibles[4].

Les ateliers doivent être ventilés énergiquement.

Entre les fours et la cheminée, il sera établi une ou deux chambres de condensation avec cheminée traînante, pour recueillir le plomb entraîné.

Au-dessus des portes de travail des fours, il sera établi une hotte d'aspiration en communication avec la cheminée.

A la sortie des ateliers, il sera placé des robinets d'eau, à raison d'un robinet pour trois ouvriers[5].

Il est interdit d'employer des enfants à cause des dangers d'empoisonnement[6].

MIROIRS MÉTALLIQUES (Fabriques de) et autres ateliers employant des moutons[7].

1° Où on emploie des marteaux ne pesant pas plus de 25 kil. et n'ayant que 1 mètre au plus de longueur de chute :

Etablissements incommodes de 3e classe : bruit et ébranlement.

2° Où on emploie des marteaux ne pesant pas plus de 25 kil. et ayant plus d'un mètre de longueur de chute :

Etablissements incommodes de 2e classe : bruit et ébranlement.

3° Où on emploie des marteaux d'un poids supérieur à 25 kil., quelle que soit la longueur de la chute :

Etablissements incommodes de 2e classe : bruit et ébranlement.

Pour les prescriptions administratives, V. Boutonniers.

MITOYENNETÉ. — V. Mur mitoyen.

MONCEAU (Parc). — Les conditions, aux-

---

[1] Décr., 12 mai 1886.
[2] Décr., 31 déc. 1866.

[1] Bunel, p. 345.
[2] Décr., 31 déc. 1866. — [3] Décr., 14 mai 1875.
[4] Décr., 31 déc. 1866. — [5] Bunel, p. 339. —
[6] Décr., 14 mai 1875.
[7] Décr., 9 mai 1878.

quelles sont soumises les propriétés en façade sur le parc Monceau et sur les voies y conduisant sont contenues dans le contrat de vente du 14 janvier 1861 et le contrat d'échange du 8 avril 1867 ci-joints.

ANNEXES

AVENUES VAN DYCK, RUYSDAEL ET VELASQUEZ.

Extrait du contrat de vente
par la ville de Paris au sieur Pereire
du 14 janvier 1861.

Le jardin aura sur la rue de Courcelles une sortie en façade de la nouvelle avenue Hoche venant de la place de l'Etoile (*avenue Van Dyck*), une sortie sur la place formée par la rencontre des rues de Monceau, de Lisbonne, de Messine (*avenue Ruysdaël*), une sortie sur le boulevard Malesherbes (*avenue Velasquez*), une sortie sur le boulevard de Courcelles, à droite et à gauche de la rotonde, le tout conformément au plan ci-annexé.

M. Pereire se soumet, en outre, aux clauses et conditions suivantes qu'il s'oblige d'exécuter et d'accomplir, sans aucune réclamation contre la ville de Paris :

1° Ceux des terrains présentement vendus, ayant façade sur le nouveau jardin, seront clos sur ledit jardin et les voies de sortie par des grilles uniformes qui seront établies conformément au modèle qui aura été arrêté par M. le préfet de la Seine; elles ne pourront être obstruées par aucun volet et aucune persienne et devront toujours être entretenues en bon état de propreté;

2° Aucune construction ne pourra jamais être élevée sur lesdits terrains en bordure sur le nouveau jardin, dans une zone de quinze mètres [1] au moins en arrière de la grille de clôture sur les parties formant amorce des rues.

Cette zone devra être raccordée de niveau avec le jardin et les sorties formant amorces des rues, et être toujours cultivée en parterres d'agrément, qui ne pourront, dans aucun cas et sous aucun prétexte, devenir des lieux de réunions publiques;

3° Les maisons à construire en façade sur ledit jardin public ne pourront servir qu'à l'usage d'habitation bourgeoise et il ne pourra y être créé aucun genre de commerce ou d'industrie, ni y être placé aucune enseigne ou indication quelconque.

Cette interdiction ne s'applique pas aux constructions qui seraient élevées sur les terrains indiqués par les lettres A, C, G, ou aux corps de bâtiments distincts qui seraient élevés sur la rue; mais, dans aucun cas, ces constructions et corps de bâtiments ne pourront recevoir d'enseignes ou d'indications pouvant être vues du jardin public;

4° Dans le cas où des maisons auraient des hauteurs inégales, les constructeurs des maisons les plus élevées ne pourront faire monter les murs pignons plus haut que les murs de face, et ils devront retourner sur ces murs pignons les décorations de la façade; les toitures seront établies en conséquence;

5° Si des maisons ayant façade sur le jardin sont construites soit isolément, soit en dehors de l'alignement des maisons voisines, elles seront soumises à la condition qui précède, et, en outre, il devra exister entre les murs latéraux de ces maisons et ceux des maisons voisines une distance d'au moins quatre mètres, sans aucune construction.

Aucune des faces de ces constructions ne devra présenter un mur pignon;

6° Chaque propriété aura droit de sortie sur le jardin, mais à pied seulement;

7° La fermeture des grilles de clôture des propriétés devra se faire à la même heure que celle des grilles de clôture du jardin public, et l'ouverture ne pourra en avoir lieu à aucune autre heure, sous aucun prétexte.

Un règlement de l'Administration pourvoira à l'exécution de cette clause.

ART. 12. — Indépendamment de ces obligations spéciales, les propriétaires devront se conformer à toutes les conditions imposées par les règlements de voirie, et ils devront, d'ailleurs, soumettre leurs plans de construction à la Ville et se conformer aux alignements et nivellements qui leur seront indiqués par l'Administration.

Extrait du contrat d'échange
entre la ville de Paris et le sieur Pereire
du 8 avril 1867.

CHAPITRE PREMIER. — DISPOSITIONS GÉNÉRALES.

Les parties rappellent que par le contrat sus-énoncé, reçu par Mes Fould et Mocquard, notaires soussignés, le 14 janvier 1861, M. Pereire a acquis de la ville de Paris sept portions de terrain provenant de l'ancien parc de Monceau et, entre autres, quatre îlots de terrain contournant le nouveau parc dans toute l'étendue opposée au boulevard de Courcelles, et séparés l'un d'avec l'autre par trois allées ou voies de sortie dudit parc, l'une sur le boulevard Malesherbes, une autre sur l'avenue de Messine et la troisième sur l'avenue Hoche.

Il a été stipulé sous le n° 2 des conditions particulières dudit contrat, qu'aucune construction ne pourra jamais être élevée sur les terrains situés en bordure du parc Monceau, dans une zone de quinze mètres au moins, en arrière de la grille de clôture sur le parc, et de cinq mètres le long des allées de sortie.

Ceci expliqué, les parties conviennent de ce qui suit :

Nouvelles grilles de fermeture à l'entrée du parc.

Les grilles actuelles fermant les trois allées de sortie du parc Monceau sur le boulevard Malesherbes, l'avenue de Messine et l'avenue Hoche resteront, à partir du 15 août prochain, ouvertes jour et nuit, pour permettre l'accès en tout temps, à pied ou en voiture, aux maisons

---

[1] Cette zone a été réduite à dix mètres pour les terrains situés entre l'avenue de Messine et le boulevard de Courcelles (Contrat du 8 avril 1867).

qui seront édifiées en bordure sur lesdites allées de sortie.

Une seconde grille de clôture sera établie dans chacune de ces trois allées, à l'entrée même du parc, pour en maintenir la fermeture pendant la nuit, suivant les règlements de l'Administration.

Nonobstant l'établissement de cette seconde grille, lesdites trois allées ne cesseront pas de faire partie du parc.

Réduction de la zone de servitude sur le parc.

La servitude *non œdificandi* (de ne pas bâtir) qui grève tous les terrains de M. Pereire, situés en bordure du parc Monceau, sur une longueur de quinze mètres, à partir de la grille de clôture du parc, aux termes du contrat de vente énoncé ci-dessus, est et demeure réduite, à compter de ce jour, à une zone de dix mètres, mais seulement en ce qui concerne les terrains situés entre les allées de sortie sur l'avenue de Messine et le boulevard de Courcelles, et dépendant des deux îlots limités actuellement, du côté opposé au parc, par les rues de Courcelles et de Lisbonne, mais dont l'un doit être divisé en quatre portions par deux rues nouvelles à ouvrir.

En conséquence, les parties desdits terrains qui sont indiquées au plan dont il est ci-dessus parlé par les lettres A, C, G, etc., et des hachures rouges, sont affranchies de la servitude stipulée au contrat de vente précité et pourront être couvertes de constructions.

Façades et hauteurs des constructions en bordure sur le parc.

Les constructions qui seront élevées sur les terrains qui viennent d'être dégrevés en partie de la servitude de non-bâtir devront toutes avoir leur façade principale tournée vers le parc Monceau.

Et celles qui seront élevées sur lesdits terrains en bordure de la zone de servitude de dix mètres auront au plus trois étages carrés au-dessus du rez-de-chaussée, sans pouvoir, dans aucun cas, dépasser une hauteur totale de seize mètres au-dessus du sol.

Il n'est, au surplus, apporté aucune dérogation aux clauses et conditions particulières contenues dans le contrat de vente sus-énoncé par la ville de Paris au profit de M. Pereire, lesquelles sont, au contraire, maintenues dans tout leur effet, sauf la réduction à dix mètres pour les terrains sus-indiqués de la zone de servitude du parc.

CHAPITRE DEUXIÈME. — CONCERNANT LES DEUX RUES NOUVELLES (*rue Murillo et rue Rembrandt*).

§ 1er. — Grille de clôture et zone de servitude sur la première rue (*rue Rembrandt*). Grilles de fermeture à l'entrée du parc.

M. Pereire devra clore, à ses frais, et d'ici au 15 août 1868, tous les terrains situés en bordure et de chaque côté de la rue nouvelle à ouvrir entre le parc Monceau et le point de rencontre des rues de Courcelles et de Monceau (*rue Rembrandt*) par des grilles conformes au modèle adopté pour les terrains ayant façade sur le parc. Ces grilles ne pourront être obs-

truées par des volets ou persiennes et devront toujours être entretenues en bon état de propreté.

Aucune construction ne pourra jamais être élevée sur lesdits terrains, de chaque côté de la rue nouvelle, dans une zone de quatre mètres en arrière de l'alignement de cette rue.

Cette zone devra être raccordée de niveau avec ladite rue, et être toujours cultivée en parterres d'agrément, qui ne pourront jamais servir sous aucun prétexte de lieux de réunions publiques.

Il est, en outre, entendu que les maisons à construire en façade sur la rue nouvelle dont il s'agit seront exclusivement affectées à l'usage d'habitation bourgeoise, et qu'il ne pourra y être exercé aucun genre de commerce ou d'industrie, ni y être placé aucune enseigne ou indication quelconque, et ce depuis le parc Monceau jusqu'à la rue de Lisbonne.

Enfin, ladite rue nouvelle sera fermée à l'entrée du parc Monceau par une grille. L'ouverture et la fermeture de cette grille auront lieu aux mêmes heures que pour les autres grilles du parc.

MONTMORENCY (Boulevard de).— Extrait du procès-verbal d'adjudication du 26 juillet 1856.

ANNEXE

Extrait du procès-verbal d'adjudication du 26 juillet 1856.

ARTICLE 5. — Clôture, construction de grilles, zone de servitude.

Chacun des adjudicataires sera tenu de clore, à ses frais et à perpétuité, le terrain à lui adjugé sur la nouvelle route latérale du chemin de fer, par une grille en fer dont le modèle devra être agréé par l'Administration municipale. Cette clôture devra être exécutée dans le délai d'un an du jour de l'adjudication.

Il est interdit à toujours à l'adjudicataire ou à ses ayants droit d'élever aucune construction sur ledit terrain dans une zone de trois mètres en arrière de la grille. Le terrain ainsi réservé entre la grille et les constructions devra être occupé par des parterres d'agrément.

Les lots de terrain vendus seront séparés entre eux par un mur de clôture construit à frais communs entre les propriétaires contigus sur la ligne mitoyenne séparative desdits lots, mais seulement pour la partie située en dehors de la zone de servitude ci-dessus indiquée, dans la largeur de laquelle la séparation sera établie au moyen d'une grille également mitoyenne construite à frais communs et semblable à celle dont il vient d'être parlé. En sorte que l'adjudicataire du lot n° 4 sera tenu de rembourser à M. Guérin, acquéreur du lot n° 3, la moitié des frais du mur de clôture mitoyen qu'il fait construire en ce moment, et l'adjudicataire du lot n° 10 devra s'entendre avec Mme Durand, acquéreur du lot n° 11, pour la construction du mur mitoyen à élever entre ces deux lots.

MONUMENTS HISTORIQUES. — Arrêté,

29 sept. 1887. Loi du 30 mars 1887[1]. Décr. du 3 janv. 1889[2].

La Commission des monuments historiques, instituée par l'arrêté du 29 septembre 1837, au ministère de l'instruction publique et des beaux-arts, est chargée de la conservation des monuments présentant un intérêt national au point de vue de l'histoire ou de l'art : elle rédige la liste des monuments historiques, répartit le crédit affecté, chaque année, à la conservation de ces monuments, et propose au ministre les architectes chargés de leur restauration.

En outre de la Commission, il y a des correspondants départementaux accrédités auprès des préfets et un inspecteur général chargé de la surveillance des travaux en cours.

Les demandes de subvention doivent être accompagnées d'un mémoire descriptif, de plans, de dessins, et d'un devis des travaux à exécuter.

Les droits de l'administration et les formalités à remplir pour arriver au classement d'un monument sont déterminés par la loi du 30 mars 1887, et les deux décrets du 3 janvier 1889.

ANNEXES

Loi des 30-31 mars 1887.

TITRE PREMIER.

CHAPITRE PREMIER. — Immeubles et monuments historiques ou mégalithiques.

ARTICLE PREMIER. — Les immeubles par nature ou par destination dont la conservation peut avoir, au point de vue de l'histoire ou de l'art, un intérêt national, seront classés en totalité ou en partie par les soins du ministre de l'instruction publique et des beaux-arts.

ART. 2. — L'immeuble appartenant à l'État sera classé par arrêté du ministre de l'instruction publique et des beaux-arts, en cas d'accord avec le ministre dans les attributions duquel l'immeuble sera placé. Dans le cas contraire, le classement sera prononcé par un décret rendu en la forme des règlements d'administration publique.

L'immeuble appartenant à un département, à une fabrique ou à tout autre établissement public, sera classé par arrêté du ministre de l'instruction publique et des beaux-arts, s'il y a consentement de l'établissement propriétaire et avis conforme du ministre sous l'autorité duquel l'établissement est placé. En cas de désaccord, le classement sera prononcé par un décret rendu en la forme des règlements d'administration publique.

ART. 3. — L'immeuble appartenant à un particulier sera classé par arrêté du ministre de l'instruction publique et des beaux-arts, mais

ne pourra l'être qu'avec le consentement du propriétaire. L'arrêté déterminera les conditions du classement.

S'il y a contestation sur l'interprétation et sur l'exécution de cet acte, il sera statué par le ministre de l'instruction publique et des beaux-arts, sauf recours au conseil d'État statuant au contentieux.

ART. 4. — L'immeuble classé ne pourra être détruit, même en partie, ni être l'objet d'un travail de restauration, de réparation ou de modification quelconque, si le ministre de l'instruction publique et des beaux-arts n'y a donné son consentement.

L'expropriation pour cause d'utilité publique d'un immeuble classé ne pourra être poursuivie qu'après que le ministre de l'instruction publique et des beaux-arts aura été appelé à présenter ses observations.

Les servitudes d'alignement et autres qui pourraient causer la dégradation des monuments ne sont pas applicables aux immeubles classés.

Les effets du classement suivront l'immeuble classé, en quelques mains qu'il passe.

ART. 5. — Le ministre de l'instruction publique et des beaux-arts pourra, en se conformant aux prescriptions de la loi du 3 mai 1841, poursuivre l'expropriation des monuments classés ou qui seraient de sa part l'objet d'une proposition de classement refusée par le particulier propriétaire.

Il pourra, dans les mêmes conditions, poursuivre l'expropriation des monuments mégalithiques ainsi que celle des terrains sur lesquels ces monuments sont placés.

ART. 6. — Le déclassement, total ou partiel, pourra être demandé par le ministre dans les attributions duquel se trouve l'immeuble classé, par le département, la commune, la fabrique, l'établissement public et le particulier propriétaire de l'immeuble.

Le déclassement aura lieu dans les mêmes formes et sous les mêmes distinctions que le classement.

Toutefois, en cas d'aliénation consentie à un particulier de l'immeuble classé appartenant à un département, à une commune, à une fabrique ou à tout autre établissement public, le déclassement ne pourra avoir lieu que conformément au paragraphe 2 de l'article 2.

ART. 7. — Les dispositions de la présente loi sont applicables aux monuments historiques régulièrement classés avant sa promulgation.

Toutefois, lorsque l'État n'aura fait aucune dépense pour un monument appartenant à un particulier, ce monument sera déclassé de droit dans le délai de six mois après la réclamation que le propriétaire pourra adresser au ministre de l'instruction publique et des beaux-arts, pendant l'année qui suivra la promulgation de la présente loi.

CHAPITRE II. — Objets mobiliers.

ART. 8. — Il sera fait, par les soins du ministre de l'instruction publique et des beaux-arts, un classement des objets mobiliers appartenant à l'État, aux départements, aux communes, aux fabriques et autres établissements

[1] Annexe. — [2] Annexes.

publics, dont la conservation présente, au point de vue de l'histoire ou de l'art, un intérêt national.

ART. 9. — Le classement deviendra définitif si le département, les communes, les fabriques et autres établissements publics n'ont pas réclamé, dans le délai de six mois, à dater de la notification qui leur en sera faite. En cas de réclamation, il sera statué par décret rendu en la forme des règlements d'administration publique.

Le déclassement, s'il y a lieu, sera prononcé par le ministre de l'instruction publique et des beaux-arts. En cas de contestation, il sera statué comme il vient d'être dit ci-dessus.

Un exemplaire de la liste des objets classés sera déposé au ministère de l'instruction publique et des beaux-arts et à la préfecture de chaque département, où le public pourra en prendre connaissance sans déplacement.

ART. 10. — Les objets classés et appartenant à l'Etat sont inaliénables et imprescriptibles.

ART. 11. — Les objets classés appartenant aux départements, aux communes, aux fabriques ou autres établissements publics ne pourront être restaurés, réparés, ni aliénés par vente, don ou échange, qu'avec l'autorisation du ministre de l'instruction publique et des beaux-arts.

ART. 12. — Les travaux, de quelque nature qu'ils soient, exécutés en violation des articles qui précèdent, donneront lieu au profit de l'Etat à une action en dommages-intérêts contre ceux qui les auraient ordonnés ou fait exécuter.

Les infractions seront constatées et les actions intentées et suivies devant les tribunaux civils et correctionnels, à la diligence du ministre de l'instruction publique et des beaux-arts ou des parties intéressées.

ART. 13. — L'aliénation faite en violation de l'article 11 sera nulle, et la nullité en sera poursuivie par le propriétaire vendeur ou par le ministre de l'instruction publique et des beaux-arts, sans préjudice des dommages-intérêts qui pourraient être réclamés contre les parties contractantes et contre l'officier public qui aura prêté son concours à l'acte d'aliénation.

Les objets classés qui auraient été aliénés irrégulièrement, perdus ou volés, pourront être revendiqués pendant trois ans, conformément aux dispositions des articles 2279 et 2280 du Code civil. La revendication pourra être exercée par les propriétaires et, à leur défaut, par le ministre de l'instruction publique et des beaux-arts.

CHAPITRE III. — Fouilles.

ART. 14. — Lorsque, par suite de fouilles, de travaux ou d'un fait quelconque, on aura découvert des monuments, des ruines, des inscriptions ou des objets pouvant intéresser l'archéologie, l'histoire ou l'art, sur des terrains appartenant à l'Etat, à un département, à une commune, à une fabrique ou autre établissement public, le maire de la commune devra assurer la conservation provisoire des objets découverts, et aviser immédiatement le préfet du département des mesures qui auront été prises.

Le préfet en référera, dans le plus bref délai, au ministre de l'instruction publique et des beaux-arts, qui statuera sur les mesures définitives à prendre.

Si la découverte a eu lieu sur le terrain d'un particulier, le maire en avisera le préfet. Sur le rapport du préfet, et après avis de la Commission des monuments historiques, le ministre de l'instruction publique et des beaux-arts pourra poursuivre l'expropriation dudit terrain en tout ou en partie pour cause d'utilité publique, suivant les formes de la loi du 3 mai 1841.

ART. 15. — Les décisions prises par le ministre de l'instruction publique et des beaux-arts, en exécution de la présente loi, seront rendues après avis de la commission des monuments historiques.

CHAPITRE IV. — Dispositions spéciales à l'Algérie et aux pays de protectorat.

ART. 16. — La présente loi est applicable à l'Algérie.

Dans cette partie de la France, la propriété des objets d'art ou d'archéologie, édifices, mosaïques, bas-reliefs, statues, médailles, vases, colonnes, inscriptions, qui pourraient exister sur et dans le sol des immeubles appartenant à l'Etat ou concédés par lui à des établissements publics ou à des particuliers, sur et dans des terrains militaires, est réservée à l'Etat.

ART. 17. — Les mêmes dispositions seront étendues à tous les pays placés sous le protectorat de la France et dans lesquels il n'existe pas déjà une législation spéciale.

Disposition transitoire.

ART. 18. — Un règlement d'administration publique déterminera les détails d'application de la présente loi.

Décret du 3 janvier 1889.

ARTICLE PREMIER. — Le classement, en totalité ou en partie, des immeubles par nature ou par destination dont la conservation peut avoir, au point de vue de l'histoire ou de l'art, un intérêt national, est prononcé par arrêté spécial du ministre de l'instruction publique et des beaux-arts.

L'arrêté détermine les parties de l'immeuble auxquelles le classement s'applique. Il vise l'avis de la Commission des monuments historiques et, s'il y a lieu, ceux du ministre intéressé et des représentants légaux de l'établissement public propriétaire.

ART. 2. — Si l'immeuble appartient à l'Etat, l'initiative du classement est prise soit par le ministre dans les attributions duquel cet immeuble se trouve placé, soit par le ministre de l'instruction publique et des beaux-arts.

En cas de désaccord, le ministre de l'instruction publique et des beaux-arts transmet au Conseil d'Etat, avec les observations de son collègue, le projet de décret prévu par l'art. 2 de la loi du 30 mars 1887 et l'avis de la Commission des monuments historiques.

ART. 3. — Les demandes de classement des immeubles appartenant à des établissements publics sont formées :

1° Si l'immeuble appartient à un département, par le préfet avec l'autorisation du Conseil général;

2° S'il appartient à une commune, par le maire avec l'autorisation du Conseil municipal;

3° S'il appartient à une fabrique, par le trésorier du Conseil de fabrique avec l'autorisation de ce Conseil;

4° S'il appartient à tout autre établissement public, par les représentants légaux de l'établissement.

A défaut de ces demandes, le consentement du département, de la commune, de la fabrique ou de l'établissement public est provoqué, sur l'initiative du ministre de l'instruction publique et des beaux-arts, par le ministre sous l'autorité duquel l'établissement est placé.

Dans le cas où l'immeuble a fait l'objet d'une affectation, l'affectataire doit être consulté.

ART. 4. — Si l'établissement public n'a pas donné son consentement, ou si l'avis du ministre sous l'autorité duquel l'immeuble est placé n'est pas favorable, le ministre de l'instruction publique et des beaux-arts transmet au Conseil d'Etat, avec le projet de décret et l'avis de la Commission des monuments historiques, les observations des administrations ou établissements intéressés et celles de son collègue.

ART. 5. — Le classement de l'immeuble appartenant à un particulier ne peut être prononcé qu'après que le propriétaire en a adressé la demande au ministre de l'instruction publique et des beaux-arts, ou qu'il a donné son consentement par écrit.

L'arrêté qui prononce le classement en détermine les conditions et mentionne l'acceptation de ces conditions par le propriétaire.

ART. 6. — Toutes demandes de classement adressées au ministre doivent être accompagnées, entre autres pièces, des documents graphiques représentant l'ensemble ou les détails intéressants du monument dont le classement est demandé et, autant que possible, des photographies de ce monument.

ART. 7. — Lorsque l'accord s'établit entre le ministre de l'instruction publique et des beaux-arts et l'établissement ou le particulier propriétaire de l'immeuble, l'arrêté du ministre doit intervenir dans les six mois, à dater du jour de cet accord.

A défaut d'arrêté dans ce délai, le projet de classement est considéré comme abandonné.

ART. 8. — Le classement d'un immeuble n'implique pas nécessairement la participation de l'Etat aux travaux de restauration et de réparation.

Dans le cas où une partie de ces dépenses est mise à sa charge, l'importance de son concours est fixée en tenant compte de l'intérêt de l'édifice, de son état actuel et des sacrifices consentis par le département, la commune, l'établissement public ou le particulier propriétaire du monument.

ART. 9. — Le classement d'un immeuble et l'exécution par l'Etat de travaux de réparation ou de restauration n'impliquent pas la participation de l'Etat dans les charges des travaux d'entretien proprement dits.

ART. 10. — Tous projets de travaux concernant un monument classé sont adressés ou communiqués au ministre de l'instruction publique et des beaux-arts.

Si le projet comporte une demande d'allocation sur le crédit affecté aux monuments historiques, il est accompagné de pièces établissant : 1° la situation financière du département, de la commune ou de l'établissement public qui sollicite la subvention; 2° le montant des sacrifices consentis soit par l'établissement, soit par le particulier propriétaire, et celui des allocations de toute nature qui pourraient concourir à la dépense.

ART. 11. — Sont compris parmi les travaux dont les projets doivent être soumis à l'approbation du ministre : les peintures murales, la restauration des peintures anciennes, l'exécution de vitraux neufs et la restauration de vitraux anciens, les travaux qui ont pour objet d'agrandir, dégager, isoler et protéger un monument classé, et aussi les travaux tels qu'installation de chauffage, d'éclairage, de distribution d'eau et autres qui pourraient soit modifier une partie quelconque du monument, soit en compromettre la conservation.

Est également comprise parmi ces travaux la construction de bâtiments annexes à élever contre un monument classé.

Aucun objet mobilier ne peut être placé à perpétuelle demeure dans un monument classé sans l'autorisation du ministre de l'instruction publique et des beaux-arts.

ART. 12. — Les immeubles qui seraient l'objet d'une proposition de classement en cours d'instruction ne pourront être détruits, restaurés ou réparés sans le consentement du ministre de l'instruction publique et des beaux-arts, jusqu'à ce que la décision ministérielle soit intervenue, si ce n'est après un délai de trois mois à dater du jour où la proposition aura été régulièrement portée à la connaissance de l'établissement public ou du particulier propriétaire.

ART. 13. — Si, après le classement d'un monument appartenant à un particulier et en dehors des conditions prévues par l'article 8 de la loi, l'État accorde une subvention pour la construction ou la restauration de ce monument, l'arrêté ministériel qui alloue la subvention détermine les conditions particulières qui peuvent être imposées au propriétaire, et mentionne le consentement écrit de celui-ci.

ART. 14. — Sont considérés comme régulièrement classés avant la promulgation de la loi :

1° Les monuments classés avec le consentement de ceux auxquels ils appartiennent ou du ministre dans les attributions desquels ils se trouvaient placés;

2° Les monuments qui auraient été classés d'office par le ministère de l'instruction publique et des beaux-arts et dont le classement, après avoir été porté à la connaissance des intéressés, n'aura été l'objet d'aucune protestation dans le délai de trois mois;

3° Les monuments classés pour lesquels l'État aurait fait une dépense quelconque sur le crédit affecté aux monuments historiques.

ART. 15. — Le délai d'un an, accordé aux particuliers par l'article 7 de la loi pour réclamer le déclassement des monuments pour lesquels l'État n'a fait aucune dépense, ne commence à courir qu'à dater de la notification faite au propriétaire, si elle est postérieure à la promulgation de la loi.

Six mois après la réclamation, le monument est déclassé de droit, sans qu'aucune formalité soit nécessaire.

ART. 16. — Les articles 6, 8 et 10 du présent règlement sont applicables aux objets mobiliers appartenant à l'État, aux départements, aux communes, aux fabriques et autres établissements publics, dont la conservation présente, au point de vue de l'histoire et de l'art, un intérêt national.

ART. 17. — Le classement des objets mobiliers prescrit par l'article 8 de la loi est fait par le ministre de l'instruction publique et des beaux-arts, soit d'office, soit sur la demande du ministre dans les attributions duquel est placé le service auquel ces objets sont affectés, soit sur celle des représentants légaux de l'établissement propriétaire.

ART. 18. — Le classement de ces objets est notifié : si les objets classés appartiennent à l'État, au ministre dans les attributions duquel est placé le service auquel ils sont affectés ; s'ils appartiennent à un établissement public, aux représentants légaux de cet établissement et au ministre dans les attributions duquel il est placé.

En ce qui concerne les départements et les communes, le délai de six mois dans lequel la réclamation peut être faite ne court que du dernier jour de la session ordinaire ou extraordinaire dans laquelle cette notification aura été portée à la connaissance du Conseil général ou du Conseil municipal.

ART. 19. — A défaut de réclamation de la part de l'établissement public, le ministre dans les attributions duquel cet établissement est placé peut réclamer d'office contre le classement ou le déclassement.

Dans tous les cas où il doit être statué par décret rendu en la forme des règlements d'administration publique, le ministre de l'instruction publique et des beaux-arts transmet au Conseil d'État, avec l'arrêté attaqué et l'avis de la Commission des monuments historiques sur la réclamation, les observations du ministre intéressé et, s'il y a lieu, celles de l'établissement public.

ART. 20. — L'action civile ouverte au profit de l'État par l'article 12 de la loi devant les tribunaux civils, ou devant les tribunaux correctionnels si l'infraction est accompagnée d'un délit de droit commun, contre les personnes qui auront contrevenu aux dispositions des articles 4 et 10 de ladite loi, ainsi qu'à celle qui appartient au propriétaire, est, en ce qui concerne les établissements publics, intentée et suivie à la diligence, soit du ministre de l'instruction publique et des beaux-arts, soit des représentants légaux de l'établissement.

ART. 21. — L'organisation de la Commission des monuments historiques et le mode de nomi-

nation de ses membres sont réglés par décret [1].

ART. 22. — Le ministre de l'instruction publique et des beaux-arts...

Décret du 3 janvier 1889.

ARTICLE PREMIER. — La Commission des monuments historiques, instituée près le ministère de l'instruction publique et des beaux-arts, a pour mission d'établir la liste des monuments et objets ayant un intérêt historique et artistique, de désigner ceux qu'il convient de restaurer, d'examiner les projets présentés pour la restauration, de proposer au ministre la répartition des crédits ouverts pour la conservation des monuments classés.

ART. 2. — Le ministre de l'instruction publique et des beaux-arts est président de la commission des monuments historiques.

Le directeur des beaux-arts est premier vice-président de droit.

Un deuxième vice-président est désigné par le ministre.

En l'absence du président et des vice-présidents, le doyen d'âge des membres présents remplit les fonctions de président.

ART. 3. — La Commission des monuments historiques est composée de membres de droit et de membres à la nomination du ministre de l'instruction publique et des beaux-arts.

ART. 4. — Sont membres de droit :

Le directeur des beaux-arts ;
Le directeur des bâtiments civils et palais nationaux ;
Le directeur des cultes ;
Le directeur des musées nationaux ;
Le préfet de la Seine ;
Le préfet de police ;
Les inspecteurs généraux des monuments historiques ;
Le contrôleur des travaux des monuments historiques ;
Le directeur du musée des Thermes et de l'hôtel de Cluny ;
Le conservateur du musée de sculpture comparée.

ART. 5. — Les membres à la nomination du ministre de l'instruction publique et des beaux-arts sont nommés par arrêté ministériel.

Lorsqu'une vacance se produit, la commission est invitée à présenter au ministre une liste de trois candidats.

ART. 6. — La Commission peut constituer des sous-commissions chargées de préparer l'étude des questions qui lui sont soumises et de lui en faire un rapport.

ART. 7. — Le chef et le sous-chef des monuments historiques remplissent les fonctions de secrétaire et de secrétaire-adjoint de la Commission.

MORUES (Sécheries des). — Etablissements insalubres de 2e classe : odeur [1].

---

[1] Ce décret, rendu à la même date du 3 janv. 1889, est rapporté à la suite du présent décret.
[2] Décr., 31 déc. 1866.

Ces établissements ne sont autorisés qu'à 50 mètres des habitations.

Le sol des ateliers sera imperméable et les eaux s'écouleront souterrainement à l'égout ou seront recueillies dans une citerne étanche.

Si le magasin à sel est adossé à un mur mitoyen, il devra être établi un contre-mur[1].

MOULINS à broyer le plâtre, la chaux, les cailloux et les pouzzolanes. Etablissements insalubres de 3ᵉ classe : poussière[2].

Ces établissements ne sont autorisés qu'à une certaine distance des lieux habités.

Les ateliers doivent être ventilés énergiquement, et les ouvertures sur la voie publique et les propriétés voisines à châssis dormant[3].

Le travail des enfants est interdit dans les locaux où les poussières provenant des opérations se dégagent librement[4].

MOULINS A HUILE. — V. *Huileries.*

MOUTONS (Ateliers employant des). — V. *Miroirs métalliques.*

MUREXIDE (Fabrication de la) en vases clos par la réaction de l'acide azotique et de l'acide urique du guano. — Etablissement insalubre de 2ᵉ classe : émanations nuisibles[5].

Les ateliers doivent être ventilés énergiquement.

Les cuves seront placées sous des hottes entraînant, par un appel forcé, les vapeurs et les buées dans un condenseur, puis dans la cheminée, élevée de 20 à 30 mètres suivant les cas[6].

Il est interdit d'employer des enfants à cause des vapeurs délétères dégagées[7].

MUR. — Les murs, au point de vue de la législation qui les régit, peuvent être divisés en :

Gros murs;

Murs de soutènement et contre-murs;

Murs de face;

Murs de clôture simple ou forcée;

Murs séparatifs non contigus à l'héritage du voisin;

Murs contigus à l'héritage du voisin;

Murs mitoyens.

La destruction volontaire d'un mur, faite avec une intention malveillante, est punie

de peines criminelles, par application de l'article 437 du Code pénal, quand il s'agit d'une construction urbaine, et de peines correctionnelles, par application de l'article 456 du Code pénal, quand il s'agit d'un mur de clôture dans les champs.

MUR (Gros). — C. civ., art. 606.

On appelle gros murs les murs de face et de derrière des bâtiments, les murs latéraux avec leurs pignons, les murs de refend intérieurs, les murs de clôture, de séparation ou de soutènement; c'est-à-dire, les murs en maçonnerie, les pans de bois, les pans de fer, et par extension tout ce qui porte charge, les piles, colonnes, poteaux, etc.[1].

Les réparations aux gros murs sont à la charge du propriétaire[2].

MUR DE SOUTÈNEMENT. — Le mur de soutènement est une sorte de contre-mur qui soutient une terrasse, une chaussée, et, plus généralement, qui soutient tout terrain plus élevé que celui qui l'avoisine, ou un bâtiment établi sur un terrain qui se trouve dans ces conditions.

Le mur de soutènement est, sauf preuve contraire, réputé appartenir à celui dont il soutient les terres ou les bâtiments[3], attendu que le propriétaire du terrain supérieur doit faire les travaux nécessaires pour soutenir la poussée de ses terres, quand il s'agit de la pente naturelle du sol, ou d'un remblai fait par le propriétaire du sol supérieur. Mais si c'est, au contraire, le propriétaire du sol inférieur qui, par un déblai, a amené la différence des niveaux, les travaux nécessaires, pour soutenir les terres de son voisin, tels qu'un mur de soutènement ou un contre-mur, sont à la charge du propriétaire du sol inférieur, y compris le terrain nécessaire pour asseoir le contre-mur[4].

Pour les autres contre-murs, V. *Chaudière à vapeur, Cheminée, Etable, Forge, Fosse, Four, Matières corrosives, Puits,* etc.

MUR DE FACE. — Ord. du prévôt de Paris du 22 sept. 1600[5]. Edit de déc. 1607[6]. Jugements du maître général des bâtiments des 29 oct. 1685[7] et 1ᵉʳ juill. 1712[8]. Ord. pol. du 28 avril 1719[9]. Ord. du bureau des finances du 6 sept. 1774[10]. Arr. préf. du 22 août 1809[11]. Avis du C. d'Et. du 21 août 1839[12]. Décr. du 26 mars 1852[13]. Instr. préf. du 31 mars 1862[14].

---

[1] Bunel, p. 347. C. civ., 674.
[2] Décr., 31 déc. 1866. — [3] Bunel, p. 348. — [4] Décr., 14 mai 1874.
[5] Décr., 31 déc. 1866. — [6] Bunel, p. 349. — [7] Décr., 14 mai 1875.

[1] Manuel, t. Iᵉʳ, p. 139. — [2] C. civ., 606.
[3] Frémy-Ligneville, t. II, nᵒ 506. — [4] V. *Mur de clôture.*
[5] V. *Alignement.* — [6] V. *Voyer.* — [7] Annexe. — [8] Annexe. — [9] V. *Cheminée.* — [10] Annexe. — [11] V. *Bâtim. en constr.* — [12] Annexe. — [13] V. *Expropriation.* — [14] V. *Bâtir (Autor. de).*

Ord. pol. du 25 juill. 1862[1]. Note du service du plan de Paris du 16 mars 1870[2]. Décr. du 23 juill. 1884[3]. V. également *Alignement*.

Les murs de face sont ceux qui sont au devant des bâtiments sur la rue ou sur la cour.

Aucun mur de face sur une rue, une route, une voie publique ou privée ne peut être construit, réparé, reconstruit ou même démoli sans une autorisation préalable[4].

Avant d'autoriser la réparation d'un mur de face, l'administration peut exiger le dépouillement des plâtres qui recouvrent ce mur, afin de vérifier son état intérieur : le refus de la part du propriétaire de se soumettre à cette mesure suffit pour motiver le refus de sa demande[5]. Le dépouillement des plâtres est aux risques et périls du propriétaire.

L'Administration n'a pas le droit de prohiber les réparations confortatives des constructions qui se trouvent en retraite sur l'alignement[6].

Lorsqu'il procède à la réparation d'un mur de face, l'entrepreneur doit faire stationner, devant ce mur, un ou deux ouvriers âgés de plus de dix-huit ans, munis d'une règle de 2 mètres de longueur, pour avertir et éloigner les passants[7].

La solidité des bâtiments intéressant la sécurité publique, l'autorité administrative ou municipale a le droit de surveiller le mode de construction de ces murs[8].

Le mode de construction de ces murs est réglé par les jugements ou règlements du maître général des bâtiments de Paris des 29 octobre 1685[9], 1er juillet 1712[10], et 28 avril 1719[11], règlements qui sont toujours en vigueur, et enfin par les décrets des 26 mars 1852[12] et 23 juillet 1884[13].

Les pans de bois sont interdits, à Paris, comme murs de face, sur rue, même en retraite sur ledit mur[14].

Quant à la hauteur de ces murs de face sur rue ou sur cour, ces points sont traités à l'article *Hauteur des bâtiments*.

L'autorité administrative ou municipale peut, par mesure de sécurité, ordonner la démolition d'un mur de face menaçant ruine[15].

Les murs de face sur rue doivent être grattés, repeints ou badigeonnés au moins une fois tous les dix ans[1].

Si, lorsqu'un arrêté préfectoral a prescrit le nettoiement des façades dans un arrondissement, une maison ne compte pas dix ans d'existence, ou si le travail de nettoiement a été fait depuis moins de dix ans, cette façade n'est pas soumise aux injonctions de l'arrêté préfectoral, et l'on peut attendre, pour procéder à ce nettoiement, que les dix ans soient écoulés, et même, si l'état de la façade le permet, attendre la nouvelle période décennale[2].

Depuis un certain nombre d'années, à la suite de protestations motivées par les détériorations nombreuses causées, aux façades en pierre, par le grattage, et par le lavage à l'eau chaude ou à l'eau froide, l'Administration admet, pour les façades en pierre, un simple brossage à la brosse de chiendent, suffisant pour enlever avec les poussières tous les germes malsains, mais n'ayant pas l'inconvénient de détériorer les pierres, d'altérer les profils, et de dégrader les sculptures.

Lorsque, par suite du percement d'une rue, un mur mitoyen devient mur de face sur cette rue, le propriétaire du mur a le droit de percer des ouvertures dans ce mur.

L'Administration ne peut exiger que les façades soient construites suivant une ordonnance d'architecture déterminée, à moins que, lors de la vente du terrain, il n'ait été pris, par l'acquéreur, un engagement spécial à cet effet[3].

Dans les façades non à l'alignement, il est permis d'ouvrir ou d'agrandir des baies, mais à la condition que les nouveaux supports et points d'appui n'offrent pas une résistance plus grande que ceux qu'ils remplacent[4].

Il peut être également permis d'exhausser ces façades[5].

Mais il est interdit de remplacer, au rez-de-chaussée, les pierres cassées ou écornées même par accident ou par malveillance[6].

ANNEXES

Extrait du jugement du Maître général des bâtiments, du 29 octobre 1685.

Tous les murs en fondation depuis le bon et solide fond jusqu'au rez-de-chaussée des rues ou cours, seront construits avec moellons et libages de bonne qualité bien ébouzinés; les lits et joints piqués et élevés d'arrase et liaison jusqu'au rez-de-chaussée, lesquels murs en

[1] V. *Bâtim. en constr.* — [2] Annexe. — [3] V. *Haut. des bâtim.* — [4] Ord., 22 sept. 1600, V. *Alignement*. Edit de déc. 1607, V. *Voyer*. Ord., 6 sept. 1774, annexe. — [5] Décis. min., 13 octobre 1846, 25 nov. 1861. — [6] Avis, C. d'Et., 21 août 1839, annexe. — [7] Ord. pol., 25 juill. 1862, V. *Bâtim. en constr.* — [8] Arr. du 22 août 1809, V. *Bâtim. en constr.* — [9] Annexe. — [10] Annexe. — [11] V. *Cheminée*. — [12] V. *Expropriation*. — [13] V. *Hauteur des bâtim.* — [14] V. *Pan de bois*. — [15] V. *Bâtim. menaçant ruine*.

[1] Décr., 26 mars 1852, V. *Expropriation*. — [2] Note, 16 mars 1870, annexe. — [3] Instr., 31 mars 1862, V. *Bâtir (Autor. de)*. — [4] Ibid. — [5] Ibid. — [6] Ibid.

fondation seront maçonnés avec chaux et sable, et d'épaisseur suffisante pour l'élévation qu'il y aura dessus, observant d'y mettre des parpains et boutisses le plus qu'il se pourra.

Il est pareillement ordonné que le mortier soit fait et composé de bon sable graveleux, dans lequel mortier il entrera les deux tiers de sable, et l'autre tiers de chaux éteinte.

Les murs qui seront élevés au-dessus du rez-de-chaussée, avec moellons et mortier de chaux et sable, seront de pareille qualité que ceux des fondations ci-dessus, en y observant les retraites ou empattemens au rez-de-chaussée ainsi qu'il est d'usage.

Ainsi le mur de fondation qui aura deux pieds (0ᵐ65) d'épaisseur portera au rez-de-chaussée un mur de dix-huit pouces (0ᵐ49), lequel sera posé au milieu de l'épaisseur du premier, de manière à laisser déborder celui-ci de trois pouces (0ᵐ098) de chaque côté. Il ne sera fait ni construit de gros murs en fondation maçonnés en plâtre.

Quant aux murs que l'on construira avec moellons et plâtre au-dessus du rez-de-chaussée, on observera de même de piquer et tailler les moellons par assises et liaisons, ainsi qu'aux murs faits avec moellons et mortiers de chaux et sable, vulgairement appelés de *limozinerie*, dont le plâtre que l'on emploiera à la construction desdits murs sera passé au crible ou panier. Défense d'en user autrement à l'avenir, à peine d'amende contre les ouvriers contrevenants, et de démolition de leurs ouvrages.

Et pour plus grande solidité auxdits murs élevés en plâtre au-dessus du rez-de-chaussée, on posera au-dessus dudit rez-de-chaussée une ou deux assises de pierre de bonne qualité, et principalement aux murs de pignon.

Règlement du Maître général des bâtiments du 1ᵉʳ juillet 1712.

Vu la déclaration du 17 mai 1695 et arrêts du Parlement, etc., Ordonnons qu'à l'avenir, dans la construction de tous les bâtiments, les entrepreneurs, ouvriers et autres qui se trouveront employés, seront tenus, à l'égard de la maçonnerie qui se fera sur les pans de bois, outre la latte qui doit s'y mettre de quatre pouces en quatre pouces (0ᵐ11), suivant les règlements, d'y mettre des clous de charrettes, de bateaux et chevilles de fer en quantité et enfoncées suffisamment, pour soutenir les entablements, plinthes, corps, avant-corps et autres saillies.

Pour les murs de face des bâtiments qui se construiront avec moellons et plâtre, ou mortier de chaux et sable, outre les moellons en saillie dans lesdites plinthes et entablements, aussi, suivant les règlements, ils seront pareillement tenus d'y mettre des fautons de fer aussi en quantité suffisante pour soutenir lesdites plinthes et entablements, corps, avant-corps et autres saillies.

Et quant aux bâtiments qui se construiront en pierre de taille, les entablements porteront le parpaing du mur, outre la saillie; et, au cas que la saillie de l'entablement soit si grande qu'elle puisse emporter la bascule du derrière,

ils seront tenus d'y mettre des crampons de fer au-dessous.

Le tout à peine contre chacun des contrevenants, entrepreneurs, abusants et mésusants de l'art de maçonnerie, de demeurer garants et responsables, en leurs propres et privés noms, des dommages et intérêts des parties, sans préjudice de plus grandes peines, s'il y échet, et de rétablir à leurs frais et dépens, et sans répétition contre les propriétaires, les bâtiments où se trouveront lesdites mal-façons.

Ordonnance du bureau des finances du 6 septembre 1774.

Entre le procureur du roi, demandeur aux fins de l'exploit du 3 de ce mois, etc... Ordonnons que notre ordonnance du 30 avril 1772 sera exécutée selon sa forme et teneur; en conséquence, faisons défense à tous propriétaires, maçons, charpentiers et ouvriers, de faire aucunes réparations aux murs de face des maisons sises dans les traverses des villes, bourgs et villages, sans en avoir obtenu les permissions et alignements, conformément à ladite ordonnance, à peine de démolition des ouvrages, de 300 livres d'amende, et d'emprisonnement des ouvriers; et pour la contravention commise par le défaillant, le condamnons par modération, pour cette fois seulement, et sans tirer à conséquence, en 20 livres d'amende, lui faisons défense de récidiver, et ordonnons que notre présente ordonnance sera imprimée, lue, publiée et affichée partout où besoin sera, et notamment au bourg de Louvres et villages circonvoisins, à la diligence des syndics des paroisses, et exécutée selon sa forme et teneur, sauf l'appel au Conseil.

Avis du Conseil d'Etat du 21 août 1839.

Le Conseil d'Etat, qui sur le renvoi ordonné par le ministre de l'intérieur, a pris connaissance d'un rapport sur la question de savoir :

Si l'Administration a le droit de prohiber les réparations confortatives des constructions qui se trouvent en retraite d'un alignement régulièrement arrêté, afin d'obliger le propriétaire à s'avancer jusqu'à cet alignement;

Vu l'édit de décembre 1607,
L'ordonnance du 29 mars 1754,
L'arrêt du Conseil du 27 février 1765,
La loi des 10-22 juillet 1791 (art. 29),
La loi du 16 septembre 1807;

Considérant que l'approbation d'un plan d'alignement attribue à la voie publique la jouissance immédiate des terrains libres qui doivent en faire partie, et le droit de jouir des terrains couverts de constructions à l'époque de leur démolition volontaire ou forcée pour cause de vétusté;

Que la défense de réparer lesdites constructions est la conséquence de cette attribution;

Que cette défense a pour objet d'empêcher que l'on ne prolonge indéfiniment la durée des constructions faisant saillie sur le sol attribué à la nouvelle voie publique, et qui gênent la circulation;

Considérant que les mêmes motifs n'existent pas pour appliquer la même défense aux constructions qui se trouvent en retraite sur l'alignement;

Qu'en effet, ces dernières constructions ne sont pas situées sur un terrain à la jouissance duquel aucun droit ait été attribué à la voie publique par le plan d'alignement; qu'elles ne gênent en aucune façon la circulation et qu'aucun intérêt de viabilité ne s'oppose à leur conservation;

Considérant, dès lors, que la défense de réparer les maisons qui sont en retraite sur l'alignement ne serait qu'un moyen indirect de contraindre les propriétaires, sous peine de la ruine de leurs maisons, à acquérir le terrain qui se trouve entre elles et la limite de l'alignement si ce terrain appartient à l'ancienne voie publique, ou à le clore sur la même limite si ce terrain leur appartient;

Mais que, dans le premier cas, où le terrain dépend de l'ancienne voie publique, la loi du 16 septembre 1807 a prévu le refus fait par le propriétaire de la faculté qu'elle lui donne de s'avancer, en payant la valeur du terrain, et qu'elle a réglé d'une manière spéciale le moyen que pourrait employer l'Administration pour obvier à ce refus;

Que son article 53 autorise, en pareille circonstance, l'Administration à déposséder le propriétaire de l'ensemble de sa propriété, sans qu'il puisse lui être tenu compte de la plus-value résultant de l'amélioration de la voie publique;

Que la loi s'étant bornée à indiquer ce moyen d'obvier au refus fait par le propriétaire de s'avancer jusqu'à la limite de la nouvelle voie publique, l'Administration n'est autorisée à en employer aucun autre;

Considérant que, dans le second cas, où le terrain en retraite de l'alignement appartient au propriétaire, la défense de réparer n'aurait aucun objet, puisque l'Administration peut toujours, par voie de police municipale, lui ordonner de le clore sur la voie publique, et que cette clôture suffit pour l'exécution du plan d'alignement;

Est d'avis:

Que l'Administration n'a pas le droit de prohiber les réparations confortatives des constructions qui se trouvent en retraite sur l'alignement.

Note du chef du service du plan de Paris du 16 mars 1870.

Le Conseil d'Etat a rendu, le 31 décembre 1869, un arrêt aux termes duquel l'article 5 du décret du 26 mars 1852, relatif à la mise en bon état de propreté des façades des maisons, « doit être entendu en ce sens que l'autorité municipale ne peut obliger les propriétaires des maisons riveraines des rues de la capitale à gratter, repeindre ou badigeonner les façades de ces maisons qu'une fois tous les dix ans ».

En conséquence, si, lorsqu'un arrêté préfec-

toral a prescrit le nettoiement des façades des maisons dans un arrondissement, un propriétaire déclare et prouve, par pièces régulières, que sa maison ne compte pas dix ans d'existence, ou que la façade de son immeuble a été grattée, repeinte ou badigeonnée depuis moins de dix ans, toute poursuite devra être suspendue; mais M. le commissaire voyer devra tenir note de l'époque où expirera la période décennale, afin qu'à ce moment il propose à l'Administration, si la façade de la propriété est trop sale, d'enjoindre au propriétaire l'exécution du travail de mise en bon état de propreté.

Dans le cas où la façade de l'immeuble pourrait être tolérée dans cet état, on attendrait pour faire injonction que l'époque du nettoyage décennal fût de nouveau arrivée à terme.

MUR DE CLOTURE. — Ord. pol. du 10 juill. 1871[1]. Coutume de Paris, art. 209. C. civ., art. 544, 606, 647, 663, 682, 683, 684[2]. Extrait du cahier des juges de paix de Paris (1852)[3].

Le mur de clôture est celui qui entoure une propriété et la sépare soit de la voie publique, soit d'une autre propriété.

La clôture peut être facultative ou forcée. La clôture est facultative dans les campagnes. Elle est forcée dans les villes et faubourgs[4].

La question de savoir ce que l'on entend par villes et faubourgs a une certaine importance, au point de cette obligation de clôture; pourtant la jurisprudence n'est pas fixée sur ce point: certaines circulaires ministérielles[5] attribuent le titre de ville à des agglomérations de 2,000 habitants et au-dessus. Mais ces circulaires ne peuvent avoir un sens limitatif, attendu qu'il existe des villes entourées de murs ou même de remparts qui n'ont pas ce nombre d'habitants et auxquelles pourtant on ne saurait refuser le titre de ville.

En terme plus général, et en dehors de celles qui sont entourées de murs ou de remparts, on doit donner le nom de ville ou de faubourg à toute agglomération de maisons où les propriétés sont proches et où les terrains ne sont plus, vu la valeur du sol, en état de grande culture ou de culture maraîchère; c'est du reste ce qui semble résulter de la lettre même de l'article 663 qui dit « murs séparant leurs maisons, cours et jardins ».

Là où elle n'est pas forcée, la hauteur et la nature de cette clôture peut être fixée d'un commun accord entre les voisins[6], qui peu-

[1] Annexe. — [2] Ces trois derniers articles ont été modifiés par la loi du 26 août 1881, V. *Arbre.* — [3] Annexe. — [4] C. civ. 663. Coutume de Paris, 209. — [5] 17 août 1812, 7 avril 1818, 30 mai 1831. — [6] C. civ., 663. Demolombe, t. XI, n° 377. Frémy-Ligneville, t. II, n° 570. Cahier des juges de paix, annexe.

vent convenir que cette clôture aura telle ou telle hauteur, telle ou telle épaisseur, qu'elle sera une simple haie vive, un fossé, une grille, un treillage ou tel autre genre de clôture; qu'il sera employé tels ou tels matériaux. Il y a là une création de servitude, à laquelle il ne peut être dérogé, même en cas de démolition, à moins d'une nouvelle convention contraire à la précédente.

A défaut de convention et lorsque la clôture est forcée, elle doit consister en un mur dont la hauteur est fixée par le Code civil[1] qui n'a fait, en cela, que reproduire l'ancienne coutume de Paris[2] : cette hauteur, est de 3^m 20 (dix pieds) compris chaperon, dans les villes de 50,000 âmes et au-dessus, et de 2^m 60 (huit pieds) dans les autres.

Lorsque les sols *naturels* de leurs deux propriétés ne sont pas au même niveau, le propriétaire du sol inférieur n'est tenu qu'à la hauteur légale prise de son côté, le surplus de la hauteur incombe au propriétaire du sol supérieur qui doit, en plus, une indemnité de surcharge pour ce surplus de hauteur.

Lorsqu'il est nécessaire de faire un contre-mur pour soutenir les terres du sol supérieur, ce contre-mur est aux frais exclusif du propriétaire du sol supérieur, qui doit en outre fournir le terrain nécessaire à l'établissement de ce contre-mur[3].

Lorsque la différence de niveau entre les deux sols est accidentelle, c'est-à-dire provient de déblais ou de remblais exécutés par l'un des propriétaires, c'est au propriétaire qui a causé cette inégalité des sols à faire, à ses frais, le mur de soutènement; ce mur lui appartient exclusivement et il ne lui est rien dû pour la surcharge du mur de clôture élevé au-dessus et qui doit être monté jusqu'à la hauteur légale prise au niveau du sol supérieur[4].

Dans les endroits où la clôture n'est pas forcée, c'est-à-dire en dehors des villes et faubourgs, celui qui veut se clore doit prendre, sur son propre fonds, tout le terrain nécessaire à la clôture : cette faculté de se clore est édictée par l'article 647 du Code civil qui pose en même temps à ce droit une restriction, basée sur le droit de passage que peut réclamer tout propriétaire dont les fonds sont enclavés[5], et qui n'a aucune issue directe sur la voie publique. Il arrive en effet quelquefois, à la campagne surtout, que le propriétaire de plusieurs morceaux de terre contigus, mais enclavant un autre morceau qui n'a pu être acquis, veut enclore

ces terrains pour y construire une maison et en faire une propriété d'agrément. Il est incontestable que ce propriétaire a le droit de se clore et de jouir de sa propriété comment il lui plaît[1] ; et le propriétaire du fonds enclavé ne peut s'opposer à la clôture et aux constructions projetées. Mais par contre le passage est dû au propriétaire du fonds enclavé[2] toutes les fois qu'il le réclamera : ce passage doit, régulièrement, être pris du côté où le trajet est le plus court, du fonds enclavé à la voie publique[3]; néanmoins il doit être fixé dans l'endroit le moins dommageable à celui sur le fond duquel il est accordé[4].

Dans les villes et faubourgs, la clôture étant forcée, le mur de clôture doit être établi sur la ligne séparative des deux héritages, de manière que chaque propriétaire fournisse le terrain nécessaire à la moitié de l'épaisseur du mur[5].

La clôture étant forcée, non seulement les deux propriétaires mitoyens doivent contribuer à la construction du mur, mais ils doivent aussi contribuer à son entretien[6] et à sa reconstruction en cas de chute pour cause de vétusté.

Si l'un des mitoyens a construit le mur seul et à ses frais, il est en droit de contraindre son voisin à acquérir la mitoyenneté dans la hauteur prescrite par la loi[7]. Cette question est très controversée et la jurisprudence est établie dans ce sens que le copropriétaire qui voudrait s'exonérer de l'obligation de construire le mur pourrait le faire en abandonnant le terrain nécessaire à la plantation de ce mur[8].

Il pourrait également s'exonérer de l'entretien du mur en faisant l'abandon de la mitoyenneté de ce mur, y compris le terrain sur lequel repose la moitié du mur dont il fait l'abandon[9].

Le Code ne statuant pas sur l'épaisseur à donner aux murs de clôture, on doit s'en référer à ce sujet aux usages locaux.

A Paris la clôture doit être en bons moellons[10] et non en moellons de plâtre, la fondation descendant jusqu'au bon sol, les moellons bien ébousinés, les lits et joints piqués et élevés d'arase, avec moellons formant parpaings placés de distance en distance.

En fondation le mur doit être hourdé en mortier de chaux hydraulique : en élévation, il peut être hourdé en plâtre[11].

---

[1] C. civ., 663. — [2] Art. 209. V. Cahier des juges de paix, annexe. — [3] Manuel, t. Ier, p. 214. — [4] V. *Mur de soutènement*. Cahier des juges de paix. Manuel, t. Ier, p. 215. — [5] C. civ., 682.

[1] C. civ., 544. — [2] C. civ., 682, V. *Arbre*. — [3] C. civ., 683, Ibid. — [4] C. civ., 684, Ibid. — [5] Cahier des juges de paix, annexe. — [6] C. civ., 606. — [7] Manuel, t. Ier, p. 206. — [8] C. de Paris, 28 nov. 1861. Cass., 29 sept. 1819, 5 mars 1828, 3 déc. 1862. — [9] V. *Abandon*. — [10] Cahier des juges de paix, annexe. — [11] Ibid.

L'épaisseur est de 0ᵐ 65 pour le mur en fondation et de 0ᵐ 49 pour le mur en élévation[1].

Quand l'un des voisins désire que le mur soit construit avec des dimensions plus fortes que celles en usage ou avec des matériaux plus rares et plus chers, il peut le faire à charge de supporter seul l'excédent de la dépense de la construction ainsi faite, et en prenant de son côté le terrain nécessaire s'il y a excédent d'épaisseur.

A Paris, si deux héritages sont séparés par une clôture en planches, ou un pan de bois, l'un des voisins peut contraindre l'autre à contribuer à la construction d'un mur en maçonnerie à la place de cette clôture, et à fournir le terrain nécessaire pour l'établissement de ce mur par moitié sur chacun des deux héritages[2].

A Paris, également, les terrains non bâtis doivent être clos sur la rue, soit par des murs en maçonnerie, soit par de simples barrières en charpente et planches jointes[3].

Tout propriétaire joignant un mur de clôture non mitoyen ne peut y toucher en aucune manière, mais il peut en acquérir la mitoyenneté en payant la moitié de la valeur de ce mur et du terrain qu'il couvre[4].

Tout copropriétaire d'un mur de clôture mitoyen peut l'exhausser s'il est suffisant pour l'usage auquel il le destine, ou le reconstruire s'il est insuffisant pour cet usage[5].

ANNEXES

Extrait du cahier des juges de paix de Paris (1852).

L'article 209 de la coutume de Paris disposait dans les mêmes termes que l'article 663 du Code civil, il portait que *chacun peut contraindre son voisin y ville et faubourg de la prévôté de Paris à contribuer pour faire clôture faisant séparation de leurs maisons, cours et jardins, situés y dites ville et faubourgs jusqu'à la hauteur de dix pieds du rez-de-chaussée, compris le chaperon*.

Cependant cette obligation de se clore jusqu'à une certaine hauteur est purement de droit privé ; l'usage a consacré que, lorsque deux voisins sont d'accord, il leur est libre de faire les murs de clôture mitoyens qui séparent leurs héritages plus ou moins hauts, qu'il n'est ordonné par la coutume, pour plus de sûreté, ou pour conserver plus d'air et de jour.

Si l'on veut mettre sur ce mur des chardons ou grilles de fer, et qu'ils soient mis à frais communs, ils y doivent être mis et scellés sur le milieu de l'épaisseur ; si c'est aux dépens d'un seul, il les doit faire mettre plus près du parement du mur de son côté.

Ces murs doivent être construits en bon moellons et non de plâtre.

Ils sont construits à frais communs et sur terrain commun.

Cependant, si par une inégalité de terrain due purement à la nature, le fonds supérieur forme une espèce de terrasse, le mur qui soutient ces terres en est considéré comme une dépendance, et en conséquence appartient au propriétaire du fonds supérieur ; la partie du mur au-dessus, qui doit avoir la hauteur légale, mesurée du terrain supérieur, est construite à frais communs, et demeure mitoyenne, tandis que celle inférieure reste au compte du possesseur du fonds le plus élevé, sans aucune indemnité de surcharge.

Il en est autrement si l'inégalité des terrains provient du fait de l'un des deux voisins, soit parce qu'il aurait abaissé en creusant des caves ou souterrains : dans l'un ou l'autre cas, c'est à celui qui a causé l'inégalité des terrains à faire à ses frais le contre-mur de terrassement ou de soutènement et de le monter jusqu'au niveau du terrain le plus élevé. Ce mur de soutènement lui appartient exclusivement, il doit l'entretenir et il ne lui est rien dû pour la surcharge du mur mitoyen qui est élevé au-dessus jusqu'à la hauteur légale.

Lorsqu'on construit un mur mitoyen dans Paris et ses faubourgs, pour la première fois et pour séparer deux héritages qui ne l'ont pas encore été, l'usage est de donner 28 pouces d'épaisseur au mur, pris par moitié sur chacun des deux héritages, et si l'un des voisins a besoin qu'il soit plus épais, il est tenu de fournir sur son fonds l'excédent de largeur pour l'asseoir, et l'excédent de dépense qu'occasionne cet excédent d'épaisseur.

Mais quand on construit un mur à la place d'un ancien mur caduc, mauvais ou démoli, l'un des voisins ne peut pas contraindre l'autre à le faire plus épais qu'il n'était.

La partie en fondation des murs de clôture mitoyens, depuis la base ou le sol de fond jusqu'au rez-de-chaussée, doit être construite en moellons et libages de bonne qualité, bien ébousinés, les lits et joints piqués et élevés d'arrase, et liaisons en parpaings et boutisses, avec bon mortier d'un tiers chaux et deux tiers bon sable graveleux ; le plâtre est interdit pour ces parties de mur.

Ceux au-dessus doivent être élevés en retraite de 3 pouces (8 centimètres) de chaque côté ; ainsi le mur en élévation ayant 0ᵐ 49 (18 pouces) par le bas, le mur de fondation doit avoir 0ᵐ 65 (2 pieds) d'épaisseur : les murs en élévation sont hourdés de plâtre passé au panier.

L'épaisseur des murs de clôture la plus usitée est de 0ᵐ 49, mais il n'y a pas d'usage constant là-dessus, elle n'est pas invariablement fixée, elle est arbitraire. Les uns donnent une épaisseur de 18, les autres de 15 pouces et même moins : c'est pourquoi un propriétaire ne peut pas contraindre son voisin de donner 18 pouces à un mur de clôture, il faut qu'ils en conviennent et s'accordent là-dessus.

Il n'y a pas plus de raison à contraindre son voisin à faire un mur de clôture de 10 pouces

---

[1] Ibid. — [2] Ibid. — [3] Ord. pol., 10 juill. 1871, annexe. — [4] V. *Mur contigu*. — [5] V. *Mur mitoyen*.

d'épaisseur, que pour ne le pouvoir contraindre à faire un ancien mur de maison de plus forte épaisseur qu'il avait été avant d'être démoli.

Si deux héritages situés dans Paris et ses faubourgs se trouvent séparés par une clôture en planches, charpente et maçonnerie, l'un des voisins peut contraindre l'autre à contribuer à la construction d'un mur à la place de la cloison et à fournir le fond pour l'épaisseur du mur, chacun par moitié de son côté également. Cet usage est basé sur la sûreté publique qui le requiert.

_____

Ordonnance de police du 10 juillet 1871.

ARTICLE PREMIER. — Les propriétaires des terrains non bâtis bordant soit les rues, places, quais, etc., classés au nombre des voies publiques, soit les rues, ruelles et passages ouverts au public sur des propriétés particulières, seront tenus de clore leurs terrains par des murs en maçonnerie ou par de simples barrières en charpentes et planches jointes, à la condition que ces barrières aient une hauteur et une solidité suffisantes pour défendre l'accès des terrains au-devant desquels elles seront établies.

ART. 2. — La clôture des terrains vagues pourra être ajournée si l'Administration reconnaît que ces terrains peuvent rester ouverts sans compromettre la sûreté publique ou la salubrité.

ART. 3. — Les clôtures, de quelque manière qu'elles soient établies, seront constamment entretenues en bon état, pour défendre utilement l'accès des terrains, et les portes qui pourront être pratiquées dans ces clôtures devront ouvrir en dedans et être fermées au moyen de serrures ou cadenas.

ART. 4. — Il est défendu, sous les peines portées par la loi (Code pénal, art. 456), de détruire ou dégrader les clôtures établies en vertu de la présente ordonnance.

ART. 5. — La présente ordonnance sera imprimée...

MUR NON CONTIGU. — C. civ., art. 661.

Un mur est dit non contigu, ou joignant avec moyen l'héritage voisin, lorsqu'il est séparé de cet héritage par un espace quelconque appartenant soit au propriétaire du mur, soit au domaine public ou communal, soit par indivis aux deux propriétaires voisins.

Un cours d'eau, séparant deux héritages, est un obstacle à ce que le mur construit sur l'un de ces héritages, au bord de l'eau, puisse être rendu mitoyen par la volonté du propriétaire de l'héritage opposé [1].

Un mur non contigu séparé de la propriété limitrophe par un espace quelconque, appartenant soit au propriétaire du mur, soit par indivis aux deux propriétaires

voisins, soit au domaine public, ne peut jamais devenir mitoyen, quelque minime que soit la largeur de ce terrain laissé libre [1], et sans que l'on puisse objecter l'utilité plus ou moins grande que le propriétaire du mur non contigu peut tirer de ce terrain.

Cette jurisprudence, basée sur le respect dû à la propriété, peut avoir comme conséquence fâcheuse de favoriser le propriétaire qui, par malice, voudrait nuire à son voisin; puisqu'elle lui permet de ne laisser, entre les deux murs, qu'un espace excessivement minime, ce qui est évidemment nuisible au point de vue de la salubrité.

La plupart des auteurs [2] ont cherché le moyen d'empêcher qu'un mur puisse être construit dans ces conditions, en s'appuyant sur ce qu'il peut y avoir un but de malice ou même de fraude de la part du constructeur du mur : quelques tribunaux [3] ont également essayé de prévenir cette fraude ou cette malice, en donnant une plus grande extension à l'article 661 du Code civil, et en considérant que cet article doit être entendu dans un sens raisonnable [4]. Si l'espace de terrain laissé entre le mur séparatif et le nouveau mur est tellement minime que ce terrain ne puisse être d'aucune utilité pour le voisin, qui n'a pas cru devoir s'en servir pour y élever son mur, on ne peut prétendre, disent ces tribunaux, que ce mur ne joint pas la propriété voisine, et, par suite, nier au voisin le droit d'acquérir la mitoyenneté du mur, et la bande de terrain laissé libre.

Comme on l'a vu plus haut, cette manière de voir n'a pas été admise par la Cour de cassation qui, maintenant sa jurisprudence première, laisse à chaque propriétaire la liberté de construire aussi près qu'il lui convient du mur séparatif.

Le propriétaire du mur non contigu peut faire sur ce mur telles entreprises qu'il lui plaît : il peut, notamment, y percer des ouvertures, en observant toutefois les distances légales relatives aux vues _droites_ ou _obliques_ [5].

MUR CONTIGU. — Le mur contigu est celui qui, élevé sur l'extrémité du terrain de celui qui l'a fait construire, joint, immédiatement et sans aucun intermédiaire, la propriété limitrophe [6].

À moins de stipulation particulière, celui

_____

[1] C. Perrin, nᵒˢ 2788 et 1468.

[1] Cass., 26 mars 1862. C. de Bordeaux, 3 janv. 1888. — [2] Lepage, t. Iᵉʳ, p. 395. Demolombe, t. XI, nᵒ 354; Pardessus, t. Iᵉʳ, nᵒ 354. — [3] C. de Bourges, 9 déc. 1837. C. de Bourges, 9 déc. 1837. — [4] C. civ., 661. — [5] V. ces mots.

[6] C. Perrin, nᵒ 2807.

qui a construit un mur, sur l'extrémité de son terrain, peut y faire tous les ouvrages qui ne sont pas contraires aux règlements et aux lois du voisinage[1].

Il est interdit de construire à proximité des places fortes, des édifices publics, des bois et des forêts, sans une autorisation préalable ; et à moins de cent mètres des nouveaux cimetières[2]. Pour les autres règlements, V. *Alignement, Hauteur des maisons, Fosse d'aisances, Puits, Matières corrosives, Cheminée, Étable,* etc.

Le mur contigu ne doit avoir aucune saillie du côté du voisin[3], l'acquisition du mur emportant le droit d'exiger la suppression des ouvrages établis en dehors de la mitoyenneté. Il ne peut non plus être établi, sur ce mur, un ouvrage, tel que gouttière ou chéneau, qui puisse empêcher son exhaussement[4].

Le constructeur du mur contigu peut y établir des jours à fer maillé et à verre dormant[5], dits jours de souffrance, et qui étant simplement tolérés, ne peuvent jamais créer une servitude donnant droit de vue et empêchant l'acquisition de la mitoyenneté par le voisin ; acquisition qu'il peut, même, faire simplement dans le but de boucher ces jours de souffrance. A *fortiori*, le voisin a le droit d'acquérir la mitoyenneté pour boucher des jours ayant un caractère autre que celui de jours de souffrance ; mais, dans ce cas, il faut qu'il n'y ait pas, relativement à ces jours, la prescription trentenaire, qui établirait une servitude, c'est-à-dire un droit de vue directe[6].

Dans les lieux où la clôture est forcée, le voisin doit, sans indemnité, le passage absolument nécessaire pour pourvoir aux réparations du mur contigu : dans les lieux où la clôture n'est pas forcée, il a droit, dans ce cas, à une juste indemnité.

Tant qu'il n'en a pas acquis la mitoyenneté, le voisin d'un mur contigu ne peut s'en servir à quelque titre que ce soit ; il ne peut l'utiliser comme mur de fond de ses bâtiments, alors même qu'il n'y enfoncerait, ni adosserait aucun ouvrage : il ne peut y appuyer ni constructions, ni treillages, ni espaliers, ni même des objets mobiles tels que des bois, des fers emmagasinés, des pierres, des terres, du sable, du fumier, des pailles, etc.[7] ; il peut néanmoins peindre le parement de ce mur qui se trouve de son côté.

Ce voisin peut se dispenser d'acquérir la mitoyenneté, en faisant construire un autre mur sur son propre terrain, à la condition qu'il ne soit fait dans le mur contigu aucun liaisonnement, et que ce nouveau mur soit suffisant pour l'usage auquel il est destiné ; par exemple, qu'il ne soit pas tel qu'il s'écroulerait si l'ancien contigu venait à être démoli[1].

Celui qui construit un mur contigu à une autre propriété doit prévoir que ce mur peut devenir mitoyen, et, par suite, il doit l'établir conforme aux lois, règlements, usages, et aux règles de l'art.

Le voisin d'un mur contigu peut, en effet, à tout moment, et pour quelque motif que ce soit, acquérir la mitoyenneté de tout ou partie de ce mur, moyennant le payement de la moitié de la valeur du mur qu'il veut rendre mitoyenne, et s'il y a lieu, la valeur du terrain sur lequel repose la moitié du mur qu'il acquiert[2].

Cette faculté d'acquérir peut être invoquée par l'usufruitier, l'usager ou l'emphytéote, aussi bien que par le propriétaire[3]. Mais, par contre, le constructeur du mur n'a d'action directe, pour le règlement de la mitoyenneté, que contre le propriétaire, quitte à ce dernier à se retourner contre l'usufruitier ou le locataire.

La faculté d'acquisition n'existe pas lorsqu'il s'agit d'un mur qui sert aux fortifications d'une ville, ou qui fait partie d'édifices publics placés hors du commerce[4], tels que les murs d'une église[5], d'une chapelle[6], les murs de soutènement d'une place publique[7], d'un arsenal[8] ; un hôtel de préfecture[9] et un presbytère, notamment, ne sont pas classés dans ce genre d'édifices publics.

Le propriétaire d'un mur contigu peut s'opposer à ce que le voisin touche à ce mur, avant que la valeur de la mitoyenneté ait été fixée, et que le prix en ait été payé[10].

Le propriétaire d'un mur contigu ne peut le démolir, dès le moment où son voisin lui a fait connaître, par un acte, sa volonté de le rendre mitoyen[11].

Le voisin qui acquiert la mitoyenneté d'un mur contigu doit prendre le mur dans l'état où il se trouve, même s'il est dans un tel

---

[1] C. civ., 552. — [2] V. *Bois et forêts, Cimetière, Place de guerre.* — [3] Toullier, t. III, n° 537. — [4] Cass., 1er juill. 1861. — [5] Coutume de Paris, 200. — [6] Cass., 25 janv. 1869. — [7] Frémy-Ligneville, t. II, n° 519. Demolombe, t. XI, n° 421. C. de Paris, 30 janv. 1811, 4 févr. 1870.

[1] Cass., 20 juin 1859. — [2] C. civ., 661. Coutume de Paris, 194. Toullier, t. III, n°s 193, 196, 198. Lepage, t. Ier, p. 82. Frémy-Ligneville, t. II, n°s 547 et 550. Demolombe, t. XI, n°s 352 et 357. — [3] Demolombe, t. XI, n° 353. — [4] Pardessus, t. Ier, n° 43. Frémy-Ligneville, t. II, n° 548. Demolombe, t. XI, n° 356. — [5] Cass., 5 déc. 1838. — [6] C. de Toulouse, 13 mai 1831. — [7] C. de Bordeaux, 5 avril 1870. — [8] C. de Bordeaux, 5 avril 1865. — [9] C. de Paris, 18 févr. 1854. — [10] Frémy-Ligneville, t. II, n° 555. Demolombe, t. XI, n° 367. — [11] Frémy-Ligneville, t. II, 552.

état de vétusté qu'il ne puisse subsister sans être reconstruit; il le paie suivant sa valeur, quelque modique qu'elle soit, et peut ensuite contraindre le propriétaire du mur, devenu mitoyen, à le reconstruire à frais communs, sous réserve de la faculté d'abandon que possède ce dernier[1]. Si le mur est suffisant pour l'usage qu'en fait le propriétaire primitif, les frais de reconstruction incombent entièrement à l'acquéreur[2].

La cession de la mitoyenneté étant une vente, on doit prendre en considération l'état du mur, sa solidité, et les matériaux avec lesquels il a été construit; si donc le mur était en pierres de taille, le compte de mitoyenneté devra être établi d'après la valeur d'un mur en pierres de taille[3].

Dans le cas d'acquisition d'une partie seulement du mur, il n'est dû aucune indemnité pour la charge de la partie non acquise, le prix de l'acquisition devant être calculé et réglé en ayant égard à ladite charge[4]. Mais cette indemnité serait due dans le cas d'exhaussement de la partie non acquise, et pour la partie exhaussée seulement.

On ne pourrait acquérir la partie supérieure d'un mur, sans être propriétaire, ou acquérir la partie qui se trouve au-dessous jusqu'aux basses fondations[5].

Néanmoins, celui qui achète la mitoyenneté d'un mur n'est tenu de payer que les fondations d'un mur ordinaire, c'est-à-dire, allant jusqu'au bon sol. Par conséquent, s'il y a des caves du côté du voisin, et que l'acquéreur n'ait pas besoin de caves, ce dernier ne devra payer que les fondations ordinaires, suivant la nature du sol; quitte à payer le surplus, dans le cas où il voudrait établir des caves de son côté[6].

Pour les jambes étrières des murs de face, V. *Jambe étrière*.

Quant aux autres piles, dosserets et chaînes en pierre, intercalées dans le mur, le voisin acquéreur ne les paie qu'autant qu'il s'en sert.

Le voisin qui veut adosser des tuyaux de cheminée contre un mur non mitoyen doit en acquérir la mitoyenneté, dans toute la largeur occupée par ces tuyaux, augmentée d'un pied d'aile (0m 32) de chaque côté. Si les tuyaux sont inclinés, il doit payer le mur en calculant la distance entre deux lignes verticales partant, l'une de l'extrémité inférieure, l'autre de l'extrémité supérieure opposée desdits tuyaux, en y ajoutant les deux pieds d'aile[1].

Il en est de même pour les échelons scellés dans le mur.

Le mur contigu peut être grevé de diverses servitudes, soit par suite de la destination du père de famille auquel appartenaient anciennement les deux propriétés réunies à nouveau, et qui aurait créé ces servitudes, soit par la prescription trentenaire.

Le riverain qui veut obtenir la mitoyenneté d'un mur ne peut l'acquérir que tel qu'il est, avec ses servitudes actives ou passives[2].

Le vendeur de la mitoyenneté n'est pas responsable des vices cachés du mur, attendu que le prix de la mitoyenneté a dû être fixé après un examen scrupuleux de la construction de ce mur, que le compte est réputé bien et dûment réglé, et qu'aucun événement ultérieur n'y peut rien changer[3].

Dans le cas de vente d'un immeuble par suite d'expropriation *judiciaire*, le nouveau propriétaire acquéreur est redevable des mitoyennetés non soldées au moment de la vente, quand bien même il n'aurait pas été fait mention de cette clause dans le cahier des charges dressé pour l'adjudication[4].

L'acquéreur de la mitoyenneté doit payer tous les frais d'actes et d'expertise, mais non les honoraires de l'architecte qui a construit le mur[5].

Dans le cas d'acquisition amiable, il y a intérêt à établir le compte de mitoyenneté sur papier timbré, attendu que l'on peut être amené à le produire en justice, et que, dans ce cas, s'il était sur papier libre, on serait passible d'une amende de cinq francs, en plus du droit de timbre de dimension.

Pour créer un droit vis-à-vis des acquéreurs ultérieurs de la propriété voisine, le compte de mitoyenneté doit être non seulement enregistré, mais transcrit au bureau des hypothèques[6].

MUR MITOYEN. — C. civ., art. 653 à 675, 703, 704, 2219, 2220, 2229, 2242 à 2247, 2260 à 2262.

Un mur séparant deux propriétés est mitoyen quand il est établi sur la ligne séparative des deux propriétés et qu'il appartient par moitié aux deux propriétaires voisins[7].

Un mur peut être mitoyen dès l'origine,

[1] Lepage, t. Ier, p. 82. Demolombe, t. XI, no 364. — [2] V. *Mur mitoyen*. — [3] C. d'Aix, 22 nov. 1886. — [4] Lepage, t. Ier, p. 86. — [5] Lepage, t. Ier, p. 82. Demolombe, t. XI, no 363. — [6] Frémy-Ligneville, t. II, no 561. Demolombe, t. XI, no 363.

[1] Manuel, t. Ier, p. 47. Lepage, t. Ier, p. 86. Frémy-Ligneville, t. II, no 558. — [2] Cass., 13 janv. 1879. — [3] Frémy-Ligneville, t. II, no 543. Cass., 17 févr. 1864. — [4] Seine, mars 1879. — [5] Seine, 23 déc. 1873. Masselin, p. 164. — [6] Loi, 23 mars 1855. Seine, 31 déc. 1884, 6 janv. 1885.

[7] Toullier, t. Ier, no 183. Demolombe, t. XI, no 308.

par exemple, s'il a été construit à frais communs; il peut l'être également ou le devenir :

1° Par la volonté du père de famille qui divisant ses propriétés décide que les murs qui les séparent seront mitoyens;

2° Par acquisition (V. *Mur contigu*);

3° Par titre ou par preuves résultant de signes apparents;

4° Par prescription, si, pendant plus de trente ans, le propriétaire voisin a fait, sans interruption et sans protestation de la part de l'autre propriétaire, des actes apparents de copropriété.

Un mur séparant deux bâtiments contigus, s'il n'y a titre ou preuve contraire, est présumé mitoyen jusqu'à l'héberge du bâtiment le moins élevé[1], si les bâtiments n'ont pas la même hauteur : il en est de même pour tout mur séparatif entre cour et jardin, et même entre deux enclos[2].

Dans le cas où les bâtiments ayant la même hauteur, le même mur séparatif s'élève au-dessus du toit de l'un et de l'autre bâtiment, cette surélévation doit être présumée mitoyenne[3].

Dans les villes et faubourgs, la clôture y étant forcée, la mitoyenneté est présumée jusqu'à la hauteur légale de la clôture[4]; pourtant la jurisprudence semblerait s'établir dans le sens contraire.

Dans les campagnes, où la clôture n'est pas forcée, et dans le cas où il y aurait des bâtiments de chaque côté du mur, la présomption de non mitoyenneté pourrait être établie, si l'on prouvait, la preuve testimoniale est admise, qu'à l'époque de l'édification du mur séparatif, il n'existait de construction que d'un seul côté de ce mur[5].

S'il n'y a de bâtiment que d'un côté du mur, sans vestiges aucuns d'anciens bâtiments de l'autre côté, le mur est réputé appartenir au propriétaire du bâtiment[6], sur toute la hauteur du mur, dans les campagnes, et seulement au-dessus de la hauteur de clôture, dans les villes et faubourgs, où cette clôture est forcée; encore bien que le voisin offrît de prouver qu'il a établi, contre ce mur, certains ouvrages, tels que des appuis d'espaliers ou des conduits d'eaux pluviales, et même qu'un escalier a été autrefois attaché à ce mur[7].

S'il existe des vestiges d'anciennes constructions, il y a présomption de mitoyenneté dans les limites tracées par les héberges de ces anciennes constructions.

Des constructions aboutissant au mur séparatif de deux propriétés, sans y pénétrer, ni s'y appuyer, n'impliquent pas un droit de mitoyenneté sur ce mur[1].

La preuve de mitoyenneté ou de non mitoyenneté peut résulter, soit d'un titre, comme il est dit plus haut, soit de signes ou de marques spécialement déterminées par le législateur, soit enfin d'une possession d'une durée suffisante pour prescrire.

Il y a titre quand la mitoyenneté est établie dans un compte ad hoc ou qu'elle est spécifiée dans un acte de vente ou de partage.

Souvent les contrats de vente de deux propriétés, ayant appartenu à la même personne, portent que le mur qui les sépare est mitoyen, sans autre explication; dans ce cas le mur doit être considéré comme mitoyen dans toute sa hauteur[2].

Si l'un des voisins prouve, avec ses titres de propriété, que le mur a été, en entier, construit sur son propre sol, il y a présomption légale de non mitoyenneté.

Les signes ou marques de mitoyenneté ou de non mitoyenneté, spécialement déterminés par le Code, sont le chaperon, les filets et les corbeaux[3].

Lorsque le chaperon forme un plan incliné de chaque côté de l'axe, le mur est présumé mitoyen. Il en est autrement quand le chaperon n'est incliné que d'un seul côté, tandis que de l'autre côté le sommet du mur est droit et aplomb du parement; dans ce cas le mur est censé appartenir exclusivement à celui du côté duquel se trouve la pente[4].

Les filets, larmiers, corniches, cordons, plinthes, bordures, etc., lorsqu'ils sont placés de chaque côté du mur, sont des signes de mitoyenneté[5]; s'ils ne sont placés que d'un seul côté du mur, ce mur est supposé appartenir exclusivement au propriétaire du côté duquel ils se trouvent[6].

Les corbeaux en pierre, placés dans le mur de distance en distance, en bâtissant ce mur, doivent faire considérer comme propriétaire exclusif celui des propriétaires dont ils regardent l'héritage[7]; mais un seul corbeau ne suffirait pas pour établir

---

[1] C. civ., 653. Duranton, t. V, p. 306. Pardessus, t. II, n° 160. Demolombe, t. XI, n° 317; Frémy-Ligneville, t. II, n° 499. — [2] C. civ., 653. — [3] Masselin, n° 6. — [4] Pothier, Pardessus, Toullier, Delvincourt, Merlin, Solon. — [5] Masselin, n° 11. Bourges, 21 déc. 1836. Cass., 10 juill. 1865. — [6] Pardessus, t. Ier, n° 159. Toullier, t. III, n°s 186 et 187. Delvincourt, t. Ier, p. 167. Duranton, t. V, n° 303. — [7] Masselin, n° 10. C. de Rennes, 9 juillet 1821. C. de Pau, 18 août 1834. Cass., 4 juin 1845.

[1] Cass., 20 juin 1859. — [2] C. Bordeaux, 1er févr. 1839. Cass., 9 mars 1840. — [3] C. civ., 654. Coutume de Paris, 214, ainsi conçu : « Filets doivent être faicts accompagnez de pierrez, pour cognoistre que le mur est moitoyen, ou à un seul. » — [4] Pardessus, t. I, n° 162. Toullier, t. III, n° 190. — [5] Toullier, t. III, n° 190. Duranton, t. V, n° 312. — [6] C. civ., 654. — [7] C. civ., 654.

cette présomption [1]. Les anciennes coutumes, à propos du mur sur lequel il existe des corbeaux en pierre, mis d'un seul côté en bâtissant le mur, disent, en effet, que si ce mur avait été mitoyen, il est présumable que l'autre voisin aurait voulu également se préparer d'avance le moyen d'appuyer aussi un bâtiment contre le mur [2].

Les corbeaux et les filets doivent donc avoir été établis en bâtissant le mur, pour être une preuve de la non mitoyenneté; établis après coup, ils seraient au contraire une preuve de la mitoyenneté [3].

Si les corbeaux n'étaient pas en pierre, mais simplement en bois ou en plâtre, ils devraient être considérés comme n'existant pas [4].

Les harpes laissées en attente ne peuvent être assimilées à des corbeaux en pierre [5].

Il y a présomption de mitoyenneté pour les parties du mur au droit desquelles sont adossés des tuyaux de cheminée, dans toute la partie occupée par ces tuyaux, augmentée d'un pied d'aile (0m32) de chaque côté.

Des échellons, scellés dans un mur séparant deux héritages d'inégale hauteur, constituent une présomption de mitoyenneté au droit de la partie du mur occupée par ces échelons, augmentée également d'un pied d'aile de chaque côté.

Par contre la présomption de mitoyenneté, dans le cas d'un mur de soutènement, cesse lorsqu'il résulte de l'état des lieux qu'un des voisins a eu intérêt à établir ce mur de soutènement, même s'il s'agit d'un mur de rempart aliéné par l'État [6].

La présomption de mitoyenneté cesse encore, à l'égard de deux bâtiments adossés l'un à l'autre, quand l'un des voisins prouve que son bâtiment a été construit avant l'autre, et à une époque où le mur ne pouvait être considéré que comme sa propriété exclusive, pourvu toutefois. qu'il n'y ait pas plus de trente ans depuis le moment où l'autre voisin est venu y adosser son bâtiment [7].

La mitoyenneté peut être prouvée par la prescription trentenaire, c'est-à-dire par la possession *non interrompue*, pendant trente ans [8], notamment lorsque, pendant trente années consécutives, l'un des propriétaires

limitrophes a fait sur le mur des actes apparents de propriété, sans que le propriétaire de ce mur y ait fait la moindre opposition.

La prescription peut être interrompue soit naturellement soit civilement [1].

L'interruption civile est formée par une citation en justice, ou un commandement à celui que l'on veut empêcher de prescrire, même si cette citation est faite devant un tribunal incompétent : mais si l'assignation est nulle par défaut de forme, si le demandeur se désiste de sa demande, s'il laisse périmer l'instance, ou si sa demande est rejetée, la prescription n'est pas interrompue [2].

La prescription se compte par jours et non par heures [3].

La prescription trentenaire peut également être invoquée en faveur de la propriété exclusive du mur.

Celui qui invoque la prescription a seulement à justifier les causes qui peuvent déterminer la présomption légale qu'il invoque.

Entre autres actes apparents, les quittances de payement, pour des travaux quelconques d'entretien de ce mur, ne sont pas considérées comme présomption légale de mitoyenneté [4].

Des jours ouverts dans le mur séparatif sont des preuves de non mitoyenneté ; mais il faut distinguer avec soin entre les ouvertures libres. et les jours de souffrance [5], car ces derniers, comme les autres objets de pure tolérance, tels que l'établissement d'une plate-bande, d'espaliers, de crochets fixés dans le mur pour soutenir des arbres, etc., ne peuvent prescrire en faveur de la mitoyenneté.

Tout mur mitoyen est considéré comme ayant été établi par moitié sur l'une et l'autre des deux propriétés, mesure prise au niveau du sol du rez-de-chaussée. Aussi quand ce niveau a été modifié, soit par des déblais soit par des remblais, on doit se reporter au niveau primitif.

La loi ne fixe aucune épaisseur pour les murs mitoyens.

A moins de conventions spéciales on doit, pour la construction des murs mitoyens, se conformer aux usages des lieux et aux règles de la bonne construction.

Les fondations doivent être descendues jusqu'au bon sol, en établissant des puits remplis de béton avec arceaux en maçonnerie, si le bon sol est à une trop grande profondeur [6].

---

[1] Pardessus, t. Ier, no 164. Frémy-Ligneville, t. II, no 508. — [2] Masselin, no 13. — [3] Pardessus, t. Ier, no 163. Demolombe, t. XI, no 338. — [4] Coutume de Paris, no 214. Toullier, t. III, no 189. Frémy-Ligneville, t. II, nos 503 et 504. Demolombe, t. XI, no 336. — [5] Masselin, no 13. C. de Rennes, 9 juill. 1821. — [6] Masselin, no 12. C. d'Orléans, 19 janv. 1849. C. de Bordeaux, 18 mai 1858. — [7] Frémy-Ligneville, t. II, no 499. Demolombe, t. XI, no 321. C. de Bourges, 21 déc. 1836. — [8] C. civ., 2219, 2220, 2229, 2260, 2261, 2262.

[1] C. civ., 2242. — [2] C. civ., 2244, 2245, 2246, 2247. — [3] C. civ., 2260. — [4] C. de Caen, 7 août 1848. Masselin, no 19. — [5] V. *Jour de souffrance.* — [6] Masselin, no 107.

A Paris l'usage est de donner, aux murs mitoyens, une épaisseur de 0m65 dans la hauteur de l'étage des caves, jusqu'à dix centimètres en contre-bas du sol du rez-de-chaussée ; au-dessus, et dans tout le surplus de la hauteur, l'épaisseur est de 0m50 tout ravalé, soit 0m47 entre lignes[1].

On emploie généralement la meulière hourdée en mortier de chaux hydraulique, ce qui est un excellent moyen d'assainissement pour les rez-de-chaussée, dans lesquels les causes d'humidité sont assez nombreuses. Il est bon de monter en meulière jusqu'au-dessus du deuxième étage, le surplus peut être en moellon dur. Le dernier étage est souvent en moellons tendres et plâtre : ce genre de construction, fait évidemment dans un but d'économie, ne devrait pas être accepté, car le bâtiment mitoyen peut ne pas avoir la même élévation que le mur, qui se trouve alors exposé à toutes les intempéries, et se dégrade assez vite. Il est également préférable de recouvrir en zinc le mur mitoyen, plutôt qu'en plâtre ou avec des dalles de pierre ; ces dernières étant le plus souvent en pierre tendre et se détériorant rapidement ainsi que les glacis en plâtre.

Il existe pour les murs mitoyens certaines restrictions au droit de propriété défini par l'article 544 du Code civil, qui stipule que la propriété est le droit de jouir et disposer des choses de la manière la plus absolue.

Aucun des copropriétaires d'un mur mitoyen ne doit faire de son côté aucun ouvrage qui puisse nuire à la solidité du mur : il peut l'embellir à sa fantaisie, mais il ne peut faire d'entreprises sérieuses sur le mur, sans le consentement préalable de son copropriétaire, ou sans y avoir été autorisé par justice[2].

On peut appliquer contre le mur mitoyen des objets mobiliers tels que des planches ou barres de fer, lorsque ces objets sont installés pour le service ou l'ordre intérieur d'un magasin ou d'un chantier[3], des treillages, des boiseries, tapisseries, escaliers mobiles, berceaux, statues, des hangars portés sur poteaux ou formés de cloisons, une voûte construite de manière qu'elle restât entière si on démolissait le mur, et tous autres objets qui ne sauraient porter aucune atteinte à ce mur ; à plus forte raison on peut le peindre.

Par contre on ne peut pratiquer dans le mur mitoyen aucun enfoncement ou armoire[4], ni établir aucune saillie, corniche, gouttière, tuyau de poêle et autres avances du côté du voisin[1] : les saillies de cette nature qui existeraient ne pourraient pas donner lieu à un droit de prescription, quelle que soit l'époque à laquelle elles auraient été établies[2].

On ne peut y pratiquer aucune ouverture, de quelque manière que ce soit, même un jour de souffrance[3], à moins d'y être autorisé par son copropriétaire. Cette prohibition n'existe pas quand, par suite d'une expropriation, le mur anciennement mitoyen se trouve en bordure sur la voie publique.

L'Administration n'a aucun titre à la propriété ou jouissance des murs latéraux mis à découvert par le reculement d'une façade : la mitoyenneté de ces murs, qui existait entre les deux maisons contiguës, subsiste, après comme avant la mise à l'alignement, au profit de celui des deux immeubles sur lequel a été opéré le retranchement[4].

On ne peut non plus adosser au mur mitoyen des fumiers, des bois, etc...

On peut sceller des poutres dans toute l'épaisseur du mur, sous réserve du droit pour le propriétaire voisin de les faire recouper jusqu'à la ligne mitoyenne[5]. La coutume de Paris exigeait qu'il y eût sous ces poutres jambes parpaignes ou corbeaux en pierre de taille[6].

Le Code civil se servant du mot *solives* : il faut entendre, par ce mot, les pièces de bois principales, telles que les solives d'enchevêtrure et les chevêtres, et non les solives dites de remplissage, ces dernières produisant dans le mur des vides trop nombreux et nuisibles à la solidité. Les solives d'un plancher en fer peuvent pourtant être scellées dans le mur mitoyen, vu leur écartement et leur incorruptibilité[7].

La faculté de placer des poutres en bois dans toute l'épaisseur du mur ne s'applique pas aux poutres en fer, qui ne pourraient être réduites à l'ébauchoir. Ces poutres en fer ne peuvent donc être encastrées au delà de la moitié du mur mitoyen[8].

Le poitrail qui ferme une baie de deux mètres et plus d'ouverture doit, en outre, porter sur une pile ou dosseret formant saillie[9].

De plus, la faculté de placer des poutres ou solives dans l'épaisseur n'existe que pour celui qui construit le mur ; celui qui bâtit contre un mur mitoyen ne peut y pratiquer des tranchées pour y encastrer ces pièces[10].

---

[1] Masselin, n° 109. — [2] C. civ., 662. Coutume de Paris, 199. Toullier, t. III, n° 286. Frémy-Ligneville, t. II, n° 513.— [3] Metz, 25 avril 1863.— [4] C. civ., 662.

[1] Coutume de Paris, 196. Frémy-Ligneville, t. II, n° 544. — [2] Cass., 1er juill. 1861, 26 juin 1867. — [3] C. civ., 675. — [4] C. de Paris, 27 déc. 1869. — [5] C. civ., 657. C. de Riom, 14 juin 1858. — [6] Coutume de Paris, 88, 89, 90, 207, 208. — [7] Manuel, t. Ier, p. 183. — [8] Manuel, t. Ier, p. 182. — [9] Manuel, t. Ier, p. 183. — [10] Manuel, t. Ier, p. 184.

On peut, en construisant, loger des tuyaux de cheminée dans l'épaisseur du mur mitoyen, alors surtout que l'on en réserve un nombre égal à l'usage du voisin.

Chacun des copropriétaires est tenu de veiller à la conservation du mur mitoyen et n'y doit rien faire de contraire aux lois du voisinage et à la sûreté publique; chacun doit contribuer à son entretien, sauf le cas de l'abandon, réparer seul et à ses dépens les dégradations provenant de son fait ou du fait des personnes dont il est responsable et, en outre, indemniser, dans ce cas, le voisin du dommage que ces dégradations auraient pu lui occasionner.

Il est de principe absolu que celui qui exerce dans sa maison une industrie pouvant nuire à son voisin peut être obligé d'exécuter tous les travaux nécessaires pour faire disparaître le préjudice. Par exemple, un propriétaire, qui exerce dans sa maison le commerce des grains, peut être obligé de faire les travaux nécessaires pour empêcher le passage, au travers du mur, des animaux ou insectes attirés par les grains[1].

Celui qui, en surchargeant un mur de terrasse ou autre, dont, par convention, l'entretien incombait au voisin, a causé la ruine de ce mur, est tenu de faire faire, lui-même, les réparations du mur, et peut même être condamné à des dommages-intérêts[2].

L'article 674 du Code civil exige, lorsque l'on établit près d'un mur mitoyen ou non un puits, une fosse, une cheminée, une forge, un four, une étable, un magasin de sel ou matières corrosives, qu'on laisse la distance prescrite par les règlements et les usages, et que l'on fasse les ouvrages prescrits par ces usages et règlements, pour éviter de nuire au voisin. On doit ajouter à cette nomenclature les chaudières à vapeur[3].

Lorsque le mur mitoyen présente en son état des infractions aux lois ou aux règlements qui régissent la construction, le copropriétaire, qui veut y appuyer un ouvrage, peut exiger l'exécution des travaux nécessaires pour faire cesser ces infractions. Il a le même droit lorsque les lois ou règlements sont postérieurs à la construction du mur, mais alors les travaux sont à sa charge[4]. Une exception doit pourtant être faite, ainsi qu'on le verra plus loin, pour les chaudières à vapeur.

La coutume de Paris[5], à laquelle on doit se reporter pour les distances à observer, spécifie que l'on ne peut faire de fossé à moins de six pieds (2 m.) du mur mitoyen.

Pour les fosses d'aisances et les puits[1], il doit y avoir un contre-mur d'un pied (0m 33) d'épaisseur; s'il y a un puits de chaque côté, la distance doit être de trois pieds (1 m.) compris les épaisseurs des murs de part et d'autre; enfin s'il y a un puits d'un côté et une fosse de l'autre, la distance doit être de quatre pieds (1m 30). Pour les cheminées et âtres la distance doit être d'un demi-pied (0m 16) d'épaisseur[2]. Pour les forges, fours et fourneaux, il doit y avoir un vide d'un demi-pied (0m 16) entre le mur mitoyen et le mur desdits fours fourneaux et forges, lequel doit avoir un pied (0m 33) d'épaisseur[3]. Pour les étables le contre-mur aura huit pouces (0m 22) d'épaisseur, et s'élèvera jusqu'à la hauteur de la mangeoire[4]. Pour les magasins de sel ou autres matières corrosives, le contre-mur doit avoir un pied (0m 33) d'épaisseur, trois pieds (1 m.) de fondation, et couvrir en hauteur et en largeur toute la partie du mur à garantir. Lepage fait observer, en outre, que malgré ces précautions le constructeur du magasin de sel ou autres matières corrosives est tenu de réparer le dommage que le voisin pourrait éprouver de l'établissement de ce magasin[5]. Les chaudières à vapeur sont divisées en trois catégories par le décret du 30 avril 1880[6] : les chaudières de la première catégorie doivent être établies en dehors, et à trois mètres quatre-vingt-dix centimètres (3m 90) de toute habitation; cette distance peut être réduite à un mètre cinquante centimètres (1m 50) quand la chaudière est enterrée, et que sa partie supérieure se trouve à un mètre (1 m.) en contre-bas du sol de l'habitation la plus voisine; pour les chaudières de la deuxième catégorie, le foyer doit être à un mètre (1 m.) au moins de la maison voisine; enfin pour celles de la troisième catégorie, la distance, entre le foyer et la maison voisine; est de cinquante centimètres (0m 50). Par une disposition tout à fait spéciale, ce décret spécifie que, si une maison voisine vient à être construite après l'établissement de la chaudière, celui qui fait usage de cette chaudière doit la rétablir conforme aux prescriptions ci-dessus.

Le décret du 24 janvier 1865[7] exigeait seulement, pour la première catégorie des chaudières, une distance de 3 mètres, ou un mur de défense de un mètre d'épaisseur, distinct du parement du fourneau de la chaudière et du mur de la maison voisine, laissant entre chacun d'eux un vide de trente centimètres de largeur au moins, et ayant,

---

[1] C. Perrin, n° 2936. — [2] C. Perrin, n° 2934. — [3] Décr., 30 avril 1880, V. Chaudière à vapeur. — [4] Manuel, t. Ier, p. 180. — [5] Coutume de Paris, 217.

[1] Coutume de Paris, 191. — [2] Coutume de Paris, 189. — [3] Coutume de Paris, 190. — [4] Coutume de Paris, 188. — [5] Lepage, t. Ier, p. 161. — [6] V. Chaudière à vapeur. — [7] Abrogé par décr., 30 avril 1880.

comme hauteur, un mètre de plus que la partie la plus élevée du corps de la chaudière. Quand la distance était de plus de trois mètres, la hauteur était augmentée proportionnellement à la distance, sans toutefois que cette hauteur pût excéder deux mètres : la situation et la longueur du mur de défense devaient être combinés de manière à couvrir toutes les parties de la maison voisine qui se trouvaient au-dessous du mur de défense et à moins de dix mètres d'un point quelconque de la chaudière. La distance du foyer, pour la deuxième et pour la troisième catégorie, était la même que celle portée au décret de 1880.

Chaque propriétaire peut contraindre son copropriétaire à réparer le mur mitoyen, et même à le reconstruire à frais communs[1], sauf la faculté de l'abandon pour ce copropriétaire.

Les réparations d'un mur mitoyen ne doivent être faites, à frais communs entre les propriétaires, qu'autant qu'elles sont nécessaires des deux côtés, ou dans la totalité du mur[2].

Celui qui réparerait le mur, sans le consentement de son voisin ou sans contrat régulier, supporterait seul le montant des dépenses, quand bien même il offrirait de prouver, par témoins, qu'il y avait nécessité de faire le travail[3].

Une commune copropriétaire d'un mur est soumise aux mêmes obligations qu'un simple particulier[4].

Dans le cas de réparation, ou de reconstruction en commun du mur mitoyen, les frais sont supportés par tous les cointéressés, chacun en proportion de son droit[5] : le passage des ouvriers, l'approche et le dépôt des matériaux sont supportés en commun ; le déplacement des meubles est à la charge de celui auquel appartient l'immeuble dans lequel ils se trouvent ; les étaiements et autres ouvrages de soutènement, les piles, dosserets et corbeaux en pierre sont à la charge de chacun au droit de son bâtiment ; il en est de même pour les enduits, peintures, sculptures et autres embellissements qui auraient pu être endommagés, et dont la perte est supportée par celui auquel ils appartiennent.

Lors de la réparation ou de la reconstruction du mur mitoyen, il ne doit être apporté aucune modification aux conditions et aux obligations particulières que ce mur doit remplir[6]. Ainsi il doit être reconstruit avec la même épaisseur. Il n'y a d'exception que

dans le cas où le mur présenterait des infractions aux règlements en vigueur.

L'existence d'un pan de bois, comme mur séparatif, bien qu'étant un mauvais mode de construction et un danger d'incendie, ne peut donner, à l'un des propriétaires, le droit d'en exiger la démolition, s'il est en bon état : mais chacun des copropriétaires peut le démolir à ses frais, et le remplacer par un mur en maçonnerie.

Un mur mitoyen est jugé condamnable quand il surplombe de plus de la moitié de son épaisseur, ou qu'il est corrompu : dans ce cas la reconstruction ou la réparation doit être faite à frais communs.

Le mur est corrompu, lorsque les matériaux qui le constituent se décomposent et s'écrasent par vétusté, se désagrègent et se séparent sous l'action de l'humidité, du salpêtre et autres dissolvants, ou sont calcinés par le feu, assez profondément pour que l'épaisseur de la partie restée saine soit réduite de manière à compromettre la solidité de la construction[1].

Lorsque le mur séparatif de deux propriétés suffit à l'autre propriétaire, les frais de démolition et de reconstruction sont à la charge exclusive du propriétaire dont les nouvelles constructions nécessitent la reconstruction du mur mitoyen[2].

Est réputé suffisant[3] un mur fatigué, lézardé, d'un état peu satisfaisant, présentant des déchirements avec tassements déjà anciens, mais semblant s'être arrêtés et n'indiquant aucun danger imminent tant que l'immeuble voisin ne sera pas démoli.

Un des copropriétaires peut démolir et reconstruire le mur mitoyen, si ce mur n'est pas suffisant pour les constructions qu'il a l'intention d'édifier ; ceci est de règle absolue, et tous les frais de démolition et de reconstruction sont à sa charge.

C'est à celui qui démolit à payer les étaiements nécessaires et les réparations des dégradations commises, telles que les trous de scellement et autres.

La perte et la détérioration des ornements de peinture, de sculpture, etc., sont à la charge de celui à qui ils appartiennent.

Le locataire est tenu de subir la gêne que lui cause la reconstruction du mur mitoyen, à la condition, toutefois, que le constructeur prendra, pour lui causer le moins de préjudice possible, toutes les précautions utiles telles que l'établissement de cloisons en planches recouvertes de papier de tenture, etc., et que les travaux ne dureront pas plus de quarante jours.

La suppression de jours de souffrance

---

[1] C. civ., 663. — [2] C. de Grenoble, 20 juill. 1822. Manuel, t. Ier, n° 43. — [3] C. de Bourges, 14 janv. 1834. — [4] Cass., 17 mars 1836. Frémy-Ligneville, t. II, n° 520. — [5] C. civ., 665. — [6] C. civ., 655.

[1] Manuel, t. Ier, p. 171. — [2] C. de Paris, 8 août 1873. — [3] C. de Paris, 29 nov. 1877.

éclairant les pièces habitables peut donner lieu pour le locataire à demander et obtenir la résiliation du bail[1].

Lorsque, lors de la démolition d'un des bâtiments, le nouvel alignement est en retraite sur l'ancien, et que le mur mitoyen peut être conservé par le copropriétaire non démolisseur, comme lui étant suffisant, le propriétaire démolisseur doit non seulement le bouchement des trous de scellement, mais il doit en outre consolider les parties de mur qu'il a pu ébranler, fournir et poser tous les étaiements nécessaires pendant la démolition[2]. Ces étaiements peuvent être placés, en cas d'urgence, par l'un ou l'autre des copropriétaires, en attendant la décision du juge, et même sans le consentement des voisins pour empêcher la chute du mur.

Le propriétaire démolisseur qui est obligé de reculer sa façade, et de laisser en avant une partie du mur mitoyen, n'est pas responsable de l'état de cette partie de mur, quelque soit cet état ; il y a là un cas de force majeure[3], bien qu'aucune réparation confortative ne puisse y être faite, et quoiqu'il s'agisse d'un mur mitoyen mis à jour et affaibli par la démolition de la maison à laquelle il était adossé[4].

Le propriétaire qui a reculé sa maison à l'alignement conserve la copropriété du mur mitoyen avec la propriété voisine, et a le droit d'interdire à la ville la location de ce mur pour y apposer des affiches[5].

On ne doit jamais démolir un mur mitoyen sans avoir nettement établi le droit du voisin, et sans avoir pris certaines précautions nécessaires pour le gêner le moins possible, lui ou ses locataires.

En conséquence, on doit :

1° Dresser un état des lieux, côté du voisin, pour pouvoir remettre le tout en état à la fin des travaux.

2° Établir des étaiements pour soutenir les planchers du voisin, le plus près possible du mur, clouer des planches jointives sur lesdits étaiements, et coller du papier gris sur ces planches ;

3° Lors de la démolition faire enlever les matériaux et gravois, afin qu'il n'en soit pas fait usage lors de la reconstruction ;

4° Si la fosse du voisin est adossée au mur à démolir, la faire vider, et installer un service de tinettes.

Ainsi qu'on l'a vu plus haut, le mur mitoyen est supposé, s'il n'y a preuve contraire, placé moitié sur l'une, moitié sur l'autre des deux propriétés, et l'axe doit en être pris au niveau du sol du rez-de-chaussée. Jean Vincent Bullet, qui a publié en 1691 des commentaires de la coutume de Paris, dit au chapitre *Manière de donner les alignements des murs mitoyens entre particuliers, propriétaires de maisons, suivant l'usage, et comment chacun doit y contribuer pour sa part et portion :* « Il faut que la ligne du milieu de ces murs soit exactement aplomb, afin qu'ils ne soient pas plus inclinés d'un côté que de l'autre, et que si l'on veut faire quelques diminutions de leur épaisseur, aux étages supérieurs, cette diminution soit prise également de chaque côté. »

Quand, pour ses besoins, le propriétaire reconstructeur trouve l'ancienne épaisseur du mur insuffisante, la surépaisseur doit être prise complètement de son côté[1].

Lorsque l'on reconstruit un mur mitoyen, les servitudes, actives et passives, se continuent, sans qu'elles puissent être ni diminuées ni aggravées[2].

Les travaux doivent être exécutés avec la plus grande activité, et de manière à gêner le moins possible les voisins.

Celui qui reconstruit ou répare est tenu de rétablir les locaux dans leur état primitif, mais il n'est pas tenu de réparer ou remplacer les objets qui périssent par vétusté : la réparation ou le remplacement de ces objets incombe à celui auquel ils appartiennent[3].

Il doit également avertir le voisin et le prévenir du jour où les travaux commenceront, sous peine de dommages-intérêts, afin que le voisin puisse se garantir de tout dommage.

Lorsque la reconstruction du mur mitoyen fait naître, au profit de tiers, un droit à indemnité pour privation de jouissance, l'obligation de payer cette indemnité incombe respectivement à chacun des copropriétaires, en ce qui concerne spécialement leur propriété, alors même que l'un d'eux ne contribuerait en rien aux dépenses occasionnées par les travaux[4]. Mais si cette indemnité est motivée par un retard apporté dans l'exécution des travaux, par une négligence, par un dégât matériel, ou par tout autre faute imputable au propriétaire qui reconstruit, que ce soit de son fait ou du fait des ouvriers qu'il emploie, l'indemnité doit être supportée par lui.

Il ne doit pas être fait de reprise à mi-épaisseur ; les chaînes de pierres, dosserets et corbeaux, que tout propriétaire a le droit d'établir pour les besoins de sa construction,

---

[1] V. *Jour de souffrance.* — [2] C. de Paris, 29 nov. 1877. — [3] Frémy-Ligneville t. Ier, n° 282. — [4] Cass., 11 mai 1865. — [5] Cass., 8 nov. 1871.

[1] Coutume de Paris, 175. C. civ., 659. — [2] C. civ., 665, 703, 704. Pardessus, t. II, n° 295. Frémy-Ligneville, t. II, n° 530. Demolombe, t. XI, n° 420. — [3] Manuel, t. Ier, p. 181. — [4] Manuel, t. Ier, p. 176.

doivent avoir toute l'épaisseur du mur, et de plus former parpaings. Mais il est permis de faire les arrachements nécessaires pour liaisonner les murs de la nouvelle construction avec le mur mitoyen[1].

Les ancres qui formeraient saillie en dehors du mur seront déposées et encastrées dans le mur aux frais de celui auquel elles appartiennent[2].

Lorsque le bâtiment que l'on construit est couvert à double pente, dont l'une déverse ses eaux du côté du mur mitoyen, il doit être établi contre le mur mitoyen un chéneau avec revêtement de hauteur suffisante pour éviter tout inconvénient et toute détérioration chez le voisin[3].

Tout copropriétaire d'un mur mitoyen a le droit de le surélever, s'il n'y a servitude contraire[4], encore bien que l'exhaussement ne soit pour lui d'aucune utilité[5] : il n'a donc pas besoin du consentement de ses copropriétaires[6].

Les frais de l'exhaussement, lorsque le mur est suffisant pour sa destination actuelle[7], sont, en entier, à la charge de celui qui surélève le mur; il doit, en outre, payer à son copropriétaire une indemnité pour la charge que cet exhaussement fait supporter au mur[8].

L'indemnité de surcharge fixée par la coutume de Paris[9] au sixième de la valeur de l'exhaussement n'est pas déterminée par le Code.

Cette indemnité doit varier du sixième au douzième, sans qu'elle puisse jamais égaler la valeur du mur chargé[10].

L'indemnité de surchage est due, même quand celui qui fait exhausser le mur, le fait en même temps reprendre en sousœuvre pour augmenter la profondeur des fondations[11].

Elle n'est pas due quand le mur a été reconstruit en entier aux frais de celui qui exhausse[12]. Mais si, par la suite, un nouvel exhaussement est ajouté au premier, par le même propriétaire, l'indemnité est due pour ce nouvel exhaussement[13].

De même, si le mur qui a été exhaussé tombe par vétusté, et qu'après sa reconstruction le propriétaire, qui l'a déjà exhaussé, veuille l'exhausser à nouveau, ce propriétaire devra à nouveau l'indemnité de surcharge[14].

La hauteur de l'exhaussement ne peut être limitée que par les lois, décrets et règlements qui régissent la construction.

Celui qui veut exhausser doit s'assurer que le mur est en état de supporter l'exhaussement projeté, faute de quoi il serait responsable du dommage que la surcharge pourrait occasionner[1], et devrait une indemnité calculée en raison du temps que le mur aurait pu encore durer sans cette surchage[2].

Si le mur mitoyen, suffisant pour le voisin, n'est pas en état de supporter l'exhaussement, celui qui veut l'exhausser doit le faire reconstruire, entièrement à ses frais, et l'excédent d'épaisseur, si cette épaisseur est modifiée, doit être prise de son côté[3].

L'exhaussement peut être de moindre épaisseur que le mur qu'on surélève, mais la différence d'épaisseur doit être laissée égale de chaque côté, de façon que l'axe du mur soit toujours conservé[4].

Celui qui exhausse est tenu de rétablir chez le voisin les constructions et ouvrages que l'exhaussement a dérangés ou détruits, excepté, comme il est dit plus haut, pour les peintures, sculptures, tapisseries et autres ornements[5].

Tous les copropriétaires ont intérêt à ne laisser exhausser qu'un mur d'une solidité suffisante : ils peuvent donc demander que celui qui veut exhausser un mur insuffisant, le fasse reconstruire à ses frais[6].

Celui qui a fait l'exhaussement doit l'entretenir en bon état, et au besoin le reconstruire, s'il est tellement mauvais qu'on en puisse craindre des accidents[7].

Le voisin qui n'a pas contribué à l'exhaussement ne peut rien faire sur cet exhaussement, comme il est dit pour les murs non mitoyens[8], mais il peut en acquérir la mitoyenneté en payant la moitié de la dépense qu'il a coûtée, et la valeur de la moitié du sol fourni pour l'excédant d'épaisseur, s'il y a lieu[9].

Ce droit d'acquisition peut s'exercer sur la totalité ou sur une partie seulement de l'exhaussement.

La dépense de l'exhaussement comprend la valeur réelle de l'exhaussement, plus tous les frais accessoires qu'il a entraînés, tels que ceux causés par les raccords et la remise en état des bâtiments adossés. Ainsi, quand, par suite de l'exhaussement, le mur a dû être démoli et reconstruit, celui qui

---

[1] Manuel, t. Ier, p. 181. — [2] Manuel, t. Ier, p. 182. — [3] Manuel, t. Ier, p. 184. — [4] C. civ., 658. Coutume de Paris, 82. — [5] Cass., 16 août 1864. — [6] Cass., 18 août 1866. — [7] Seine, 31 janv. 1866. — [8] Coutume de Paris, 195. — [9] Coutume de Paris, 179. — [10] Manuel, t. Ier, p. 187. — [11] Ibid. — [12] Manuel, t. Ier, p. 191. — [13] Ibid. — [14] Lepage, t. Ier, p. 13. Frémy-Ligneville, t. II, n° 542. Demolombe, t. XI, n° 401.

[1] C. de Bordeaux, 21 avril 1864, qui a rendu responsable l'architecte ayant dirigé les travaux. — [2] Lepage, t. Ier, p. 76. — [3] C. civ., 659. — [4] Lepage, t. Ier, p. 71. Frémy-Ligneville, t. II, n° 541. Demolombe, t. XI, n° 403. — [5] Demolombe, t. XI, nos 405 et 406. — [6] Manuel t. Ier, p. 190. — [7] Frémy-Ligneville, t. II, n° 545. — [8] Lepage, t. Ier, p. 68. — [9] C. civ., 668.

veut acquérir tout ou partie de l'exhaussement doit payer, outre la moitié de la valeur de l'exhaussement, la moitié de la démolition et de la reconstruction du mur mitoyen, déduction faite de la valeur des matériaux que l'auteur de l'exhaussement a retirés du mur démoli [1].

L'indemnité de surchage doit être remboursée à l'auteur de l'exhaussement, proportionnellement à la partie acquise ; mais les indemnités qui ont pu être données à des tiers occupants ne sont pas remboursées [2].

Les tuyaux placés dans l'épaisseur du mur doivent être prolongés dans la hauteur de l'exhaussement et dans les mêmes dimensions, par celui qui fait l'exhaussement.

Les tuyaux adossés au mur mitoyen sont prolongés aux frais de celui auquel ils appartiennent, lequel doit en outre acquérir la mitoyenneté de la partie occupée par ces tuyaux suivant les règles de l'article 661 du Code civil.

De même que tout copropriétaire peut surélever le mur mitoyen, il a également le droit, pour y établir des caves, ou pour tout autre motif, de le faire descendre à une profondeur plus grande que celle qui existe, ou que l'on a coutume de faire [1].

Celui qui reprend en sous-œuvre le mur mitoyen, pour en augmenter la profondeur, doit supporter seul les frais de chevalements, d'étaiements et de raccords, à moins que le mur ne soit pas construit sur le bon sol, auquel cas, ce mur devrait être considéré comme mauvais pour les deux propriétaires, et repris à frais communs jusqu'au bon sol.

Le copropriétaire d'un mur mitoyen peut se soustraire à l'obligation de l'entretenir, pourvu que le mur mitoyen ne soutienne pas son bâtiment, en faisant l'abandon de la mitoyenneté ; et il peut toujours, par une nouvelle acquisition, rentrer en possession de la mitoyenneté [2].

N

NITRATE DE MÉTHYLE (Fabrique de).

Établissement dangereux de 1 classe : danger d'incendie [3].

Il est interdit d'employer des enfants à cause des dangers d'explosion [4].

NITRATES MÉTALLIQUES obtenus par l'action directe des acides (Fabrication des) [5].

1° Si les vapeurs ne sont pas condensées : Établissement insalubre de 1re classe : vapeurs nuisibles.

2° Si les vapeurs sont condensées : Établissement insalubre de 2 classe : vapeurs accidentelles.

Les établissements de 1re classe ne sont autorisés qu'à une grande distance des habitations ; les gaz doivent être dirigés dans une cheminée ayant au moins 30 mètres d'élévation : les ateliers seront ventilés énergiquement, sans baie ouvrante sur la voie publique ni sur les propriétés voisines ; enfin les appareils doivent être munis de hottes conduisant les gaz et vapeurs à la cheminée [6].

Il est interdit d'employer des enfants à cause des vapeurs délétères dégagées [7].

NITRO-BENZINE, ANILINE et matières dérivant de la benzine (Fabrication de la).

Établissement insalubre de 2° classe : odeur, émanations nuisibles, danger d'incendie [3].

Les ateliers doivent être surmontés de lanternons à lames de persiennes, construits en matériaux incombustibles, avec portes en fer, et éclairés seulement par la lumière du jour ; le sol en sera imperméable ; les baies sur la voie publique et les propriétés voisines seront à châssis dormant.

L'ouverture des foyers sera placée en dehors des ateliers.

Les cuves à réaction et celles de lavage seront surmontées de hottes conduisant les vapeurs et le gaz soit à un condenseur, soit à la cheminée.

Les ateliers seront isolés et éloignés des magasins servant de dépôt aux matières premières ou aux matières fabriquées [4].

V. Huiles de pétrole.

Il est interdit d'employer des enfants en raison des vapeurs délétères dégagées [5].

NIVELLEMENT. — Arr. cons. du 22 mai

---

[1] Manuel t. Ier, p. 193. — [2] Manuel, t. Ier, p. 194. [3] Décr., 9 mai 1878. — [4] Décr., 22 sept. 1879. [5] Décr., 20 juin 1883. — [6] Bunel, p. 350. — [7] Décr., 14 mai 1875.

[1] Frémy-Ligneville, t. II, n° 565. Demolombe, t. XI, n° 409. — [2] V. Abandon. [3] Décr., 31 déc. 1866. — [4] Bunel, p. 351. — [5] Décr., 14 mai, 1875.

1725[1]. Arr. préf. du 14 juill. 1847[2]. Décr. du 26 mars 1852[3]. Arr. préf. du 31 mai 1856[4]. Décr. du 27 déc. 1858[5].

Le nivellement d'une voie publique est l'inclinaison donnée à la surface du sol dans le sens de sa longueur et de sa largeur.

Les nivellements, qui se rattachaient à un plan horizontal passant à 50 mètres au-dessus du niveau légal des eaux du bassin de la Villette[6], sont rapportés maintenant au niveau de la mer[7].

Tout constructeur doit demander, avant de commencer ses travaux, l'alignement et le nivellement de la voie publique au devant de son terrain[8].

La demande de nivellement est distincte de celle qui est faite pour l'alignement[9].

Tout projet de percement, élargissement ou redressement des rues doit comprendre un projet de nivellement de ces rues[10] soumis, comme le projet d'alignement, à une enquête préalable, à l'examen et à la décision de l'autorité compétente.

L'existence d'un plan de nivellement, régulièrement approuvé, est donc indispensable[11].

L'indication d'un nivellement projeté, mais non approuvé, n'oblige pas à en tenir compte; elle n'aurait pas non plus comme effet de contraindre le permissionnaire à subir, sans indemnité, le nivellement projeté lorsqu'il viendrait à être exécuté; toute réserve insérée dans une autorisation de voirie, en vue d'obtenir ce résultat, serait nulle et non avenue[12].

Si le nivellement donné n'est pas conforme au plan régulièrement approuvé, l'Administration est responsable du préjudice causé au riverain par cette erreur[13].

Lorsque le nivellement général de la voie publique n'est pas réalisable au moment où la demande des cotes de niveau est faite, l'Administration doit assurer des accès provisoires à l'immeuble pour lequel cette demande a été faite, faute de quoi le constructeur est fondé à réclamer la faculté de prendre les cotes actuelles du pavé[14].

L'Administration a toujours le droit, en se conformant aux formalités d'enquête et de compétence voulues, de modifier le relief, c'est-à-dire le nivellement des voies publiques, et les riverains sont obligés de se conformer à ce nivellement, sans pouvoir prétendre conserver leurs seuils aux anciennes cotes ainsi que les accès s'y rapportant[1].

Il n'existe pas de loi spéciale reconnaissant le droit à indemnité pour le préjudice causé par l'exécution d'un nivellement nouveau; ce droit est fondé sur les règles de la responsabilité civile édictées par les articles 1382 et suivants du Code civil. En thèse générale, la jurisprudence[2] reconnaît que la modification onéreuse des moyens d'accès à un immeuble donne ouverture à une indemnité; la diminution du nombre ou de la facilité de ces accès peut également donner lieu à une indemnité[3]; néanmoins, la jurisprudence n'a rien de parfaitement fixe, et les jugements tiennent plutôt compte de chaque fait particulier; c'est ainsi qu'il a été jugé, dans le cas de l'abaissement d'une rue, que, bien que cette rue ne fût plus accessible que par l'une de ses extrémités, il n'y avait pas lieu à indemnité, tandis qu'au contraire des indemnités étaient allouées[4], lorsque le trottoir était raccordé par des marches au sol de la chaussée.

ANNEXES

Arrêt du Conseil du 22 mai 1725.

Sa Majesté, étant en son conseil, a fait défense à tous propriétaires de maison de la ville et faubourgs de Paris, architectes et maçons, de poser aucun seuil de porte plus bas ni plus haut que le niveau de pente du pavé des rues; ordonne que ceux qui bâtiront des maisons dans les rues nouvelles qui ne sont point encore pavées, soient tenus, avant de poser les seuils des portes, de se retirer par devers les officiers que Sa Majesté a commis pour régler les pentes du pavé des rues, lesquels leur marqueront le niveau de pente qu'il doivent observer; et en cas de contravention, veut Sa Majesté que les propriétaires des maisons, les architectes et maçons, qui auront posé des seuils plus haut ou plus bas que le niveau de pente du pavé des rues où lesdites maisons seront situées, ou qui auront posé des seuils à des maisons bâties dans des rues nouvelles qui ne seront point pavées, sans avoir pris le niveau de pente desdits officiers, soient condamnés chacun en 50 livres d'amende, et à rétablir les seuils suivant qu'il sera ordonné par le bureau des finances.

Arrêté préfectoral du 14 juillet 1847.

ARTICLE PREMIER. — Les nivellements pour tous les travaux publics et privés dépendant de la préfecture du département de la Seine seront

---

[1] Annexe. — [2] Annexe. — [3] V. *Expropriation.* — [4] Annexe. — [5] V. *Expropriation.* — [6] Arr. préf., 14 juill. 1847, annexe. — [7] Arr. préf., 31 mai 1856, annexe. — [8] Arrêt, 22 mai 1725, annexe. — [9] Décr., 26 mars 1852, V. *Expropriation.* — [10] Décr., 27 déc. 1858, V. *Expropriation.* — [11] C. d'Et., 18 déc. 1862, 16 févr. 1870. — [12] C. d'Et., 23 juill. 1869, 31 déc. 1869. — [13] C. d'Et., 24 juin 1881. — [14] C. d'Et., 19 déc. 1867.

[1] C. d'Et., 13 août 1862. — [2] C. d'Et., 19 mars 1845, 3 nov. 1853, 28 déc. 1854, 10 mai 1860. — [3] C. d'Et., 27 juin 1865. — [4] C. d'Et., 7 juin 1859.

rattachés à un plan fixe horizontal qui passerait à 50 mètres au-dessus du niveau légal des eaux du bassin de la Villette, et dont un repère à zéro sera établi sur l'une des tours de l'église Notre-Dame.

Les cotes de nivellement exprimeront la distance ou ordonnée de chaque point considéré à ce plan fixe horizontal.

ART. 2. — Il sera placé à tous les carrefours, aux angles des rues, sur les soubassements des monuments, sur les murs des quais et sur les autres points que nous aurons déterminés, des repères en fonte, aux armes de la Ville, indiquant les ordonnées de comparaison.

La vérification des nivellements sera rapportée à ces repères [1].

ART. 3. — Les projets du premier pavage des rues anciennes ou nouvelles devront toujours être accompagnés de plans et profils du nivellement, avec cotes indiquant les ordonnées du sol actuel et celles du sol futur.

Il en sera de même des projets de remaniement de pavages anciens pour l'amélioration des pentes.

Les nivellements pour les constructions particulières seront déterminés conformément à ces projets dûment approuvés.

ART. 4. — Les propriétaires, les architectes et les entrepreneurs qui voudront bâtir dans des rues non pavées devront, avant de poser les seuils des portes et sous peine d'une amende de 50 francs, prononcée par les lettres patentes de 1725 ci-dessus visées, nous demander l'indication du nivellement de la voie publique.

ART. 5. — Ceux qui bâtiront dans des rues pavées, mais dont les pentes mal réglées seraient susceptibles d'améliorations, sont invités à nous demander pareillement ce nivellement, et à disposer leurs constructions nouvelles en vue de ces améliorations ultérieures.

ART. 6. — Le présent règlement sera publié, dans Paris, par voie d'affiches et d'insertion dans le Recueil des Actes administratifs. Il sera imprimé à la suite des arrêtés qui détermineront les nivellements particuliers.

Arrêté préfectoral du 31 mai 1856.

ARTICLE PREMIER. — A l'avenir les nivellements pour tous les travaux publics et privés dépendant de la préfecture de la Seine seront rapportés au niveau moyen de la mer; en conséquence, les cotes de nivellement exprimeront la distance en ordonnée de chaque point considéré à ce niveau pris pour zéro.

La vérification des cotes sera rapportée à des repères en fonte, aux armes de la Ville, placés aux carrefours, aux angles des rues, sur les soubassements des monuments, sur les murs des quais, et sur les autres points jugés nécessaires; ces repères indiqueront les ordonnées de com-

paraison, savoir : la cote relative au niveau de la mer, et deux autres cotes se rapportant, l'une au zéro du pont de la Tournelle, l'autre au plan de comparaison passant à 50 mètres au-dessus du niveau légal des eaux du bassin de la Villette [1].

ART. 2. — Les projets de premier pavage des rues anciennes ou nouvelles devront toujours être accompagnés de plans et profils de nivellement, avec cotes indiquant les ordonnées du sol actuel et celles du sol futur.

Il en sera de même des projets de remaniement de pavages anciens pour l'amélioration des pentes. Les nivellements pour les constructions particulières seront déterminés conformément à ces projets dûment approuvés.

ART. 3. — Les propriétaires, les architectes et les entrepreneurs qui voudront bâtir dans les rues non pavées devront, avant de poser les seuils des portes, et sous peine d'une amende de 50 francs prononcée par les lettres patentes de 1725 ci-dessus visées, demander l'indication du nivellement de la voie publique.

ART. 4. — Ceux qui bâtiront dans des rues pavées, mais dont les pentes, mal réglées, seraient susceptibles d'améliorations, sont invités à demander pareillement le nivellement et à disposer leurs constructions nouvelles en vue de ces améliorations ultérieures.

ART. 5. — Le présent règlement sera publié dans Paris par voie d'affiches et d'insertions dans le Recueil des Actes administratifs. Il sera imprimé à la suite des arrêtés qui détermineront les nivellements particuliers.

NOIR des raffineries et des sucreries (Revivification du).

Etablissement insalubre de 2° classe; émanations nuisibles : odeur [2].

Les ateliers seront bien ventilés ; le sol en sera imperméable.

Les cuves à fermentation seront surmontées de hottes conduisant les gaz à la cheminée, élevée de 20 à 30 mètres suivant les cas.

Les étuves et séchoirs seront en matériaux incombustibles avec portes en fer [3].

NOIR de fumée (Fabrication du) par la distillation de la houille, des goudrons, bitumes, etc.

Etablissement insalubre de 2° classe : fumée, odeur [4].

Les magasins et chambres doivent être en matériaux incombustibles avec portes en fer.

La cheminée sera élevée à 5 mètres au-dessus des cheminées voisines dans un rayon de 100 mètres, et munie de toiles métal-

---

[1] Le zéro de l'échelle du pont de la Tournelle (basses eaux de 1719) est à 74m24 au-dessous du plan d'emprunt du nivellement de Paris. Le niveau moyen de la mer est à 26m25 au-dessous de ce zéro, en sorte que l'ordonnée du niveau moyen de la mer, rapportée au plan du nivellement de Paris, est de 100m49.

[1] Le zéro de l'échelle du pont de la Tournelle (basses eaux de 1719) est à 26m25 au-dessus du niveau moyen de la mer. L'ordonnée de l'ancien plan du nivellement de Paris passe à 75m24 au-dessus de ce zéro, et par conséquent à 101m49 au-dessus du niveau de la mer.

[2] Décr., 31 déc. 1866. — [3] Bunel, p. 353.

[4] Décr., 31 déc. 1866.

liques pour empêcher la dispersion du noir de fumée au dehors[1].

NOIR d'ivoire et noir animal (Distillation des os ou fabrication du)[2].

1° Lorsqu'on n'y brûle pas les gaz :
Etablissement insalubre de 1re classe : odeur.

2° Lorsque les gaz sont brûlés :
Etablissement insalubre de 2e classe : odeur.

Les établissements de 1re classe ne sont autorisés qu'à une grande distance des habitations, et la cheminée doit avoir de 30 à 40 mètres d'élévation ; pour les établissements de 2e classe, cette hauteur est réduite à 20 ou 30 mètres.

Les ateliers doivent être ventilés énergiquement, et le sol en être imperméable[3].

NOIR minéral (Fabrication du) par le broyage des résidus de la distillation des schistes bitumineux.

Etablissement insalubre de 3e classe : odeur et poussière[4].

Les ateliers seront bien ventilés, sans baie ouvrante sur la voie publique ou sur les propriétés voisines.

La cheminée s'élèvera à 5 mètres au-dessus des cheminées voisines dans un rayon de 50 mètres[5].

Il est interdit de faire travailler des enfants dans les locaux où les poussières se dégagent librement[6].

NUMÉROTAGE des maisons. — Décr. du 4 févr. 1805[7]. Ord. roy. du 23 avril 1823[8]. Ord. pol. du 9 juin 1824[9]. Arr. du 8 juin 1847[10].

Les frais de premier numérotage général, ou de changement dans le numérotage général des maisons sont supportés par la ville ; l'entretien est à la charge des propriétaires[11].

Les numéros sont sur plaques en faïence émaillée, avec chiffres blancs sur fond bleu[12].

Il est interdit de dégrader ou de masquer les numéros des maisons[13].

Les dispositions qui précèdent, bien que spéciales à Paris, sont applicables à toutes les villes où cela sera jugé nécessaire[14].

ANNEXES

Décret du 4 février 1805.

ARTICLE PREMIER. — Il sera procédé, dans le délai de trois mois, au numérotage des maisons

[1] Bunel, p. 354.
[2] Décr., 31 déc. 1866. — [3] Bunel, p. 355.
[4] Décr., 31 déc. 1866. — [5] Bunel, p. 356. — [6] Décr., 14 mai 1875.
[7] Annexe. — [8] Annexe. — [9] V. *Inscription des rues.* — [10] Annexe. — [11] Décr., 4 févr. 1805, annexe. — [12] Arr., 8 juin 1847, annexe. — [13] Ord. pol., 9 juin 1824, V. *Inscription des rues.* — [14] Ord. roy., 23 avril 1823, annexe.

de Paris, d'après les ordres et instructions du ministre de l'intérieur.

ART. 2. — Le numérotage sera établi par une même suite de numéros pour la même rue, lors même qu'elle dépendrait de plusieurs arrondissements communaux, et par un seul numéro qui sera placé sur la porte principale de l'habitation. Ce numéro pourra être répété sur les autres portes de la même maison, lorsqu'elles s'ouvriront sur la même rue que la porte principale ; dans le cas où elles s'ouvriraient sur une rue différente, elles prendront le numéro de la série appartenant à cette rue.

ART. 3. — Les rues dites des *faubourgs*, quoique formant continuation à une rue du même nom, prendront une nouvelle suite de numéros.

ART. 4. — La série des numéros sera formée des nombres pairs pour le côté droit de la rue, et des nombres impairs pour le côté gauche.

ART. 5. — Le côté droit d'une rue sera déterminé, dans les rues perpendiculaires ou obliques au cours de la Seine, par la droite du passant se dirigeant vers la rivière, et dans celles parallèles, par la droite du passant marchant dans le sens du cours de la rivière.

ART. 6. — Dans les îles, le grand canal de la rivière coulant au Nord déterminera seul la position des rues.

ART. 7. — Le premier numéro de la série, soit pair, soit impair, commencera, dans les rues perpendiculaires ou obliques au cours de la Seine, à l'entrée de la rue prise au point le plus rapproché de la rivière, et dans les rues parallèles, à l'entrée prise en remontant le cours de la rivière ; de manière que, dans les premières, les nombres croissent en s'éloignant de la rivière, et dans les secondes, en la descendant.

ART. 8. — Dans les rues perpendiculaires ou obliques au cours de la rivière, le numérotage sera exécuté en noir sur un fond d'ocre ; dans les rues parallèles, il le sera en rouge sur le même fond.

ART. 9. — Le numérotage sera exécuté à l'huile, et pour la première fois, à la charge de la commune de Paris.

ART. 10. — A cet effet, il sera passé, par devant le préfet du département de la Seine, une adjudication au rabais de l'entreprise du numérotage, exécuté à l'huile, à tant par numéro, de grandeur, de forme et couleur déterminées par le cahier des charges.

ART. 11. — L'entretien du numérotage est à la charge des propriétaires ; ils pourront, en conséquence, le faire exécuter à leurs frais d'une manière plus durable, soit en tôle vernissée, soit en faïence ou terre à poêle émaillée, en se conformant cependant aux autres dispositions du présent décret, sur la couleur des numéros et la hauteur à laquelle ils doivent être placés.

ART. 12. — Le ministre de l'intérieur est chargé de l'exécution du présent décret.

———

Ordonnance royale du 23 avril 1823.

Louis,

Sur le rapport de notre ministre-secrétaire d'Etat au département de l'Intérieur, relatif à des questions élevées par diverses administrations locales sur les moyens de pourvoir aux frais de numérotage des maisons dans les villes et les communes où cette opération est jugée nécessaire;

Vu le décret du 15 pluviôse an XIII (4 février 1805) sur le numérotage des maisons de Paris, et les observations du préfet de la Seine sur son mode d'exécution ;

Considérant que le numérotage des maisons dans les villes et les communes du royaume est à la fois un moyen d'ordre et de police, et un avantage personnel pour tous les habitants;

Que, s'il est juste que le premier établissement des numéros soit payé sur les fonds communaux, ainsi que leur renouvellement, lorsqu'il y a lieu d'en changer la série, il n'est pas moins convenable que l'entretien et la restauration des numéros demeurent à la charge des propriétaires, soit à raison de l'avantage qu'ils en tirent par la facilité des relations, soit parce que la dégradation des numéros n'est qu'une suite de la dégradation de la propriété ou des changements qu'elle subit par le fait du propriétaire ;

Notre Conseil d'Etat entendu ;

Nous avons ordonné et ordonnons ce qui suit :

ARTICLE PREMIER. — Les dispositions des articles 9 et 11 du décret du 4 février 1805, relatif au numérotage dans la ville de Paris, sont déclarées applicables à toutes les villes et communes du royaume où la même opération sera jugée nécessaire.

ART. 2. — Notre ministre-secrétaire d'Etat au département de l'intérieur est chargé de l'exécution de la présente ordonnance.

Arrêté du 8 juin 1847.

ARTICLE PREMIER. — A partir du 1er juillet prochain, il sera procédé à la régularisation et au renouvellement du numérotage de toutes les propriétés en bordure sur la voie publique dans la ville de Paris.

ART. 2. — Cette opération, qui sera faite aux frais de la Ville, aura lieu au moyen de plaques en porcelaine émaillée, avec des chiffres blancs sur fond bleu.

Chacune de ces plaques sera incrustée avec scellement dans les façades des propriétés, ainsi que dans les murs de clôture, et attachée par des crampons en bronze.

ART. 3. — Des arrêts spéciaux prescriront successivement l'exécution des travaux relatifs au numérotage de chacune des voies publiques.

ART. 4. — MM. les propriétaires et locataires sont invités à faciliter aux agents de l'Administration et aux entrepreneurs du numérotage les moyens d'exécuter les travaux dont il s'agit.

O

OBJETS MOBILIERS. — V. Location et Appartement meublé.

OBJET SSCELLÉS au mur. — C. civ., art. 525.

L'article 525 du Code civil dit que les objets mobiliers scellés en plâtre, ou à chaux, ou à ciment, et qui ne peuvent être détachés sans être fracturés et détériorés, ou sans briser ou détériorer la partie du fonds à laquelle ils sont attachés, sont censés avoir été attachés au fonds à perpétuelle demeure.

Il s'ensuit que, sauf preuve contraire, les objets scellés sont supposés appartenir au propriétaire.

Mais, les objets lui appartenant et qu'il a fait sceller, le locataire a le droit de les enlever à charge de faire les bouchements et reprises de mur nécessités par le descellement, attendu qu'aucun article du code, ni aucune loi ne concède ces objets au propriétaire [1].

OCCUPATION TEMPORAIRE. — V. Extraction de matériaux.

[1] Le Bègue, p. 73.

OCTROI. — La plupart des matériaux servant à la construction sont soumis, à leur entrée dans Paris, au payement de droits, suivant un tarif relaté ci-après.

ANNEXE

Tarif des droits d'octroi de Paris
(décimes compris).

	Francs.
Anthracite, houille de toute espèce, lignite, tourbe, coke, les 100 kil.....	0.72
La tourbe à l'état brut ne paie que le demi-droit.	
Ardoises de grande dimension (de 451 à 700 centimètres de superficie), le mille.................	6.00
Ardoises de petite dimension (jusqu'à 450 centimètres de superficie), le mille.	3.60
Les ardoises ayant une superficie supérieure à 700 centimètres sont soumises au droit proportionnel.	
Argile, terre glaise, sables de rivière et sables fins, gras ou maigres, blancs ou de couleur, le mètre cube.......	1.00
Les sables verts pour moulage et les sables de mine ne servant qu'au pa-	

vage et à l'entretien des voies publiques sont exempts de droit.

Asphalte, bitume, brai de toute sorte, goudrons naturels ou artificiels non imposables comme essences ou comme goudrons liquides, et résidus non imposables comme essences provenant de la houille, du gaz et de toutes autres matières organiques, les 100 kilogr. 0.72

Avoine, les 100 kilogr. 1.50

Blanc de céruse et autres couleurs en pâte broyées ou préparées à l'huile, l'hectolitre. 11.40

Bois de déchirage :
1° Bateau en chêne, par bateau. . . . 28.80
2° Bateau en sapin, par bateau. . . . 14.40
Tout bateau faisant exception par la dimension à la toue ordinaire payera le droit par mètre carré :
1° Bois de déchirage en chêne, le mètre carré. 0.216
2° Bois de déchirage en sapin, le mètre carré. 0.12

Bois de chêne, châtaignier, orme, frêne, charme, noyer, merisier, acacia, érable, prunier, pommier et autres d'essence dure, en grumes ou équarris, débités en sciage ou en fente, façonnés ou non, le stère. 11.28

Bois de sapin, platane, bouleau, aune, tilleul, saule, marronnier et autres d'essence tendre en grumes ou équarris, débités en sciage ou en fente, façonnés ou non, le stère. 9.00

Les bois de démolition, ou ayant vers, acquittent les mêmes droits que les bois neufs, sous déduction des défectuosités qu'ils présenteront.

Lorsque ces bois seront reconnus ne pouvoir être employés comme bois de travail, ils seront imposés comme bois de chauffage suivant leur nature.

Les perches ayant moins de 0m16 de circonférence moyenne acquittent le droit comme menuise, le stère. 1.80

La menuise est le bois rond coupé à la longueur de 1m13 et ayant moins de 0m16 de circonférence.

De 0m16 à 0m38 de circonférence, les perches payent comme bois à brûler :
Essence dure, le stère. 3.00
Essence tendre, le stère. 2.22

Au-dessus de 0m38, elles acquittent comme bois à ouvrer suivant leur essence.

Pour les bois à ouvrer il est fait déduction de l'écorce.

Briques pleines, les 100 kilogr. 0.30
Briques creuses, tuiles, les 100 kilogr. 0.36
Carreaux de terre cuite, les 100 kilogr. 0.60
Les briques, tuiles et carreaux cassés ne payent que le demi-droit.

Les briques, tuiles, carreaux, pots, non cuits, acquittent le droit entier.

Carreaux et panneaux de faïence, les 100 kilogr. 2.70

Les carreaux de ciment sont imposés comme ciment pour leur poids intégral.

Les carreaux de plâtre acquittent comme plâtre : le droit est calculé d'après leur volume total.

Charbon de bois, charbon artificiel et toute composition pouvant remplacer le charbon de bois, l'hectolitre. . . 0.60
Charbon de terre, les 100 kilogr. . . . 0.30
Chaux de toute espèce, les 100 kilogr. 1.20
La chaux éteinte en pâte, la pierre à chaux et le poussier de cette pierre ne payent que le demi-droit.

Ciments de toute provenance, les 100 kilogr. 1.20

Cire blanche, spermacéti raffiné et pressé et cire jaune, les 100 kilogr. . . 42.00
Les filés de cire jaune ne sont soumis qu'au demi-droit.

Cotrets de bois dur, menuise de bois dur et bois blanc, cotrets de menuise et fagots de toute espèce, le stère. . . 1.80

Essences autres que les essences minérales, liquides de toutes sortes pouvant être employés comme essence, et tous produits liquides résultant de la distillation des goudrons assimilables à l'essence, l'hectolitre. 10.20

Fers tors et à croix, fers à moulures et à vitrage, fers creux, les 100 kilogr. 3.60

Foin, sainfoin, luzernes et fourrages secs, les 100 bottes de 5 kilogr. 6.00

Fontes de toute nature, les 100 kilogr. 2.40

Goudrons liquides à l'état brut et liquides provenant de la distillation des goudrons non assimilables à l'essence, les 100 kilogr. 0.72

Huiles de lin et autres provenant de substances animales ou végétales (non compris l'impôt spécial perçu par l'État), l'hectolitre. 32.79

Huiles et essences minérales, l'hectolitre. 21.60

Les mastics sont imposés d'après la quantité d'huile qu'ils contiennent.

Lattes et treillages, les 100 bottes. 11.28

La botte de lattes se compose de 50 lattes de 1m30 de longueur et de 0m05 de largeur, la botte de treillages contient 70 mètres de longueur de treillage : au-dessous de ces dimensions et nombres le droit est proportionnel.

Marbres et granits, le mètre cube. 30.00
Mitres, les 100 kilogr. 0.60
Moellons de toute espèce et meulière de toute dimension, le mètre cube. . . 1.20
Orge, les 100 kilogr. 1.92
Paille, les 100 bottes de 5 kilogr. . . 2.40
Pierres de taille, dalles et carreaux de pierre de toute espèce, le mètre cube 4.20

La pierre dite granit de Cherbourg est, pour la perception, assimilée à la pierre de taille.

Plâtre, l'hectolitre. 0 42

La pierre à plâtre et le poussier de cette pierre payent à raison des sept dixièmes de leur volume.

Poitrails, solives, pièces pour com-

Francs.

bles, marches d'escalier et autres pièces en fer ou en fonte façonnées pour entrer dans les constructions :

1° En fer, les 100 kilogr. 3.60
2° En fonte, les 100 kilogr. 2.40

En cas de mélange de fer et de fonte qui ne permettrait pas les vérifications par nature de métal, le tout sera imposé comme fer.

Pots creux, mitres, tuyaux et poterie de toute espèce employée dans la construction et le jardinage, les 100 kilogr. 0.60

Sable (V. *Argile*).

Tuiles de dimension ordinaire, le mille. 8.40

Vernis de toute espèce autres que ceux à l'alcool, l'hectolitre. 21.60

Alcool pur contenu dans les préparations dites alcools dénaturés (non compris l'impôt perçu par l'État), l'hectolitre. 9.00

Le liquide employé à la dénaturalisation paye en outre la taxe qui lui est afférente, comme s'il était présenté en nature.

OIGNONS (Dessiccation des) dans les villes. — Etablissement insalubre de 3ᵉ classe : odeur [1].

Les ateliers doivent être sans baie ouvrante sur la voie publique ou sur les propriétés voisines.

La cheminée doit s'élever à 5 mètres au-dessus des cheminées voisines dans un rayon de 50 mètres [2].

OLIVES (Confiserie des). — Etablissement insalubre de 3ᵉ classe : altération des eaux [3].

Les ateliers doivent être bien ventilés et le sol en être imperméable [4].

OLIVES (Tourteaux d'). — V. *Tourteaux*.

OPÉRA (Abords de l'). — Les façades des propriétés de la place de l'Opéra et des rues qui entourent l'Opéra doivent être établies suivant une architecture uniforme, dont les dessins, arrêtés par l'Administration, ont été joints aux contrats de vente des terrains [5].

ANNEXE

Extrait du décret du 29 septembre 1860.

ARTICLE PREMIER. — Est déclarée d'utilité publique la construction d'une nouvelle salle d'opéra avec toutes ses dépendances, sur un emplacement sis entre le boulevard des Capucines, la rue de la Chaussée d'Antin, la rue Neuve-des-Mathurins et le passage Sandrié, qui est teinté en rose et liseré de bleu sur le plan annexé au présent décret.

ART. 2. — Le dégagement du périmètre de l'édifice projeté aura lieu au moyen de l'exécution, tant du décret du 14 novembre 1858, relatif à la rue de Rouen (*rue Auber*), que des nouvelles dispositions (tracées en bleu au plan) ci-après détaillées, qui sont également déclarées d'utilité publique :

6° L'assujettissement des constructions à édifier sur ces terrains à des façades obligatoires conformes au dessin coté soumis à l'enquête.

ORDURES. — V. *Immondices*.

ORSEILLE (Fabrication de l') [1].
1° En vases ouverts :
Etablissement insalubre de 1ʳᵉ classe : odeur.
2° A vases clos, et employant de l'ammoniaque à l'exclusion de l'urine :
Etablissement insalubre de 3ᵉ classe : odeur.

Les établissements de 1ʳᵉ classe ne sont autorisés qu'à une grande distance des habitations.

Les urines doivent être recueillies dans des fosses étanches, fermées hermétiquement et munies d'un ventilateur en communication avec les foyers pour brûler les gaz qui s'échappent.

Les cuves à fermentation seront recouvertes par des hottes envoyant les gaz à un condenseur puis à la cheminée, élevée de 20 à 30 mètres [2].

OS (Torréfaction des) pour engrais [3] :
1° Lorsque les gaz ne sont pas brûlés :
Etablissement insalubre de 1ʳᵃ classe : odeur et danger d'incendie.
2° Lorsque les gaz sont brûlés :
Etablissement insalubre de 2ᵉ classe : odeur et danger d'incendie.

Pour les prescriptions administratives, V. *Superphosphate* et *Suif*.

OS D'ANIMAUX (Calcination des). — V. *Carbonisation des matières animales*.

OS FRAIS (Dépôts d') en grand. — Etablissements insalubres de 1ʳᵉ classe : odeur, émanations nuisibles [4].

Ces dépôts ne sont autorisés qu'en dehors des villes et à grande distance des habitations.

Les magasins doivent être ventilés par des cheminées d'appel, sans bois apparents, et le sol doit en être imperméable [5].

---

[1] Décr., 31 déc. 1866. — [2] Bunel, p. 357.
[3] Décr., 31 déc. 1866. — [4] Bunel, p. 358.
[5] Décr., 28 sept. 1860, annexe.

[1] Décr., 31 déc. 1866. — [2] Bunel, p. 348.
[3] Décr., 31 déc. 1866.
[4] Décr., 31 déc. 1866. — [5] Bunel, p. 360.

OS SECS (Dépôts d') en grand. — Etablissements insalubres de 3ᵉ classe : odeur[1].

Les magasins doivent être ventilés au moyen de cheminées d'appel ayant au moins 0ᵐ40 de côté et s'élevant à la hauteur des cheminées voisines : les baies sur la voie publique et les propriétés voisines seront à châssis dormants : le sol sera imperméable et tous les bois seront revêtus de plâtre[2]

OUATES (Fabrication des). — Etablissement insalubre de 3ᵉ classe : poussière et danger d'incendie[3].

Les ateliers doivent être bien ventilés ; sans baie ouvrante sur la voie publique ni sur les propriétés voisines ; les châssis garnis de toiles métalliques ; les lampes d'éclairage placées à l'extérieur derrière un verre dormant.

Les séchoirs seront en matériaux incombustibles, avec porte en fer, et chauffés par la vapeur[1].

Les cuves à teinture seront munies de couvercles et surmontées de hottes.

Il est interdit de faire travailler des enfants dans les locaux où les poussières se dégagent librement[2].

P - Q

PALAIS-ROYAL. — Ord. pol. du 16 août 1819[4]. Contrat d'échange du 4 oct. 1853[5]. Arr. préf. du 23 juin 1886[6].

La saillie des devantures des boutiques, donnant sur les galeries du Palais-Royal, ne doit pas dépasser l'arrière-corps des pilastres[7].

Les maisons en façade sur la place du Palais-Royal doivent être contruites sur le même modèle que celles en façade sur la rue de Rivoli[8].

Les stores, placés sous les arcades de la place du Palais-Royal, doivent être du modèle adopté par l'Administration[9].

ANNEXES

Ordonnance de police du 16 août 1819.

ARTICLE PREMIER. — A l'avenir et à compter du jour de la publication de la présente ordonnance, il est défendu d'établir, sous les péristyles et galeries de pierre, au pourtour du jardin du Palais-Royal, aucune devanture de boutique en saillie sur l'arrière-corps des pilastres.

ART. 2. — Les devantures de boutiques excédant l'arrière-corps des pilastres seront retranchées et réduites à l'alignement prescrit, lorsqu'il sera fait une réparation quelconque aux dites devantures, ou lorsqu'il y aura changement de locataires.

Dans aucun cas, elles ne pourront subsister au delà de neuf années, à dater de la promulgation de la présente ordonnance.

ART. 3. — Dans un mois, à dater de la promulgation, seront retirés tous étalages, tableaux, montres, enseignes et autres saillies mobiles excédant les devantures de boutiques, et qui gênent la circulation ou peuvent occasionner des accidents.

Seront également supprimés et enlevés, dans le même délai, tous objets quelconques appliqués contre les murs de face des galeries opposées aux boutiques et présentant les mêmes inconvénients.

ART. 4. — Les propriétaires, principaux locataires et sous-locataires des boutiques situées dans les galeries de bois, dans la galerie vitrée et dans tous les passages de deux mètres et demi de largeur pratiqués aux abords du Palais, du Théâtre-Français et du jardin, ne pourront, en aucun cas, établir d'une manière fixe ni même mobile des devantures et fermetures, étalages, enseignes, montres, tableaux ou autres objets faisant saillie de plus de 0ᵐ16 en avant du corps de bâtiment dans lequel sont formées lesdites boutiques.

Il est défendu d'établir aucune devanture de boutique saillante, de former aucun étalage fixe ou mobile hors des boutiques situées dans ceux desdits passages qui ont moins de deux mètres et demi de largeur.

ART. 5. — Les devantures de boutiques actuellement existantes dans les lieux indiqués au premier paragraphe de l'article précédent, et faisant saillie de plus de 0ᵐ16, seront retranchées et réduites à cette saillie, lorsqu'il sera fait une réparation quelconque auxdites devantures ou lorsqu'il y aura changement de locataires.

Les devantures de boutiques actuellement existantes dans les passages indiqués dans le deuxième paragraphe du même article, seront retranchées et réduites au niveau des murs de face, sans aucune saillie, lorsqu'il sera fait une réparation quelconque auxdites devantures ou

---

[1] Décr., 31 janv. 1872. — [2] Bunel, p. 360.
[3] Décr., 31 déc. 1866.
[4] Annexe. — [5] Annexe. — [6] V. *Rivoli (Rue de).*
[7] — Ord. pol., 16 août 1819, annexe. — [8] Echange, 4 oct. 1853, annexe. — [9] Arr. préf., 23 juin 1886, V. *Rivoli (Rue de).*

---

[1] Bunel, p. 361. — [2] Décr., 14 mai 1875.

lorsqu'il y aura changement de locataires.

Dans aucun cas, les unes ni les autres ne pourront subsister au delà de neuf années, à dater de la promulgation de la présente ordonnance.

ART. 6. — Dans un mois, à dater également de la même promulgation, seront retirés tous étalages, enseignes, tableaux, montres et autres saillies mobiles quelconques, excédant de plus de 0m16 le corps du bâtiment ou les devantures actuellement existantes dans les galeries et passages de deux mètres et demi de largeur et au-dessus.

Les mêmes objets, établis en saillie dans les galeries et passages au-dessous de deux mètres et demi de largeur, seront supprimés et enlevés dans le même délai, quelle qu'en soit la saillie.

ART. 7. — Il est expressément défendu aux principaux locataires et sous-locataires des boutiques situées dans les galeries de bois de faire ou souffrir du feu dans lesdites boutiques, en quelque saison que ce soit, et d'y placer ou souffrir poêle, fourneau ou foyer d'aucune espèce.

ART. 8. — Il est défendu de faire sous les galeries et péristyles au pourtour du jardin, sous les galeries de bois et vitrée et dans les passages aux abords du Palais-Royal, du Théâtre-Français et du jardin, aucun dépôt de marchandises, d'y faire travailler, si ce n'est aux réparations des bâtiments, d'y placer des tables, chaises ou tous autres objets qui pourraient gêner la circulation.

ART. 9. — Il est défendu de déposer sur les croisées, terrasses, entablements donnant sur les jardins, galeries ou passages, des caisses, pots à fleurs, vases et autres objets pouvant nuire par leur chute.

ART. 10. — Les propriétaires, principaux locataires et sous-locataires des maisons et boutiques existantes sous les galeries et passages ci-dessus indiqués, seront tenus de balayer ou de faire balayer tous les jours, chacun au droit de soi et aux heures prescrites par les règlements, le sol desdites galeries et passages, et de porter ou faire porter dans les rues adjacentes les ordures provenant du balayage.

ART. 11. — Les propriétaires de ces maisons seront également tenus, chacun pour ce qui le concerne, de faire réparer avec soin les enfoncements et autres dégradations qui surviendront au sol desdites galeries et passages, à l'effet de prévenir les accidents.

ART. 12. — Les contraventions, etc.

Extrait du contrat d'échange passé le 4 octobre 1853 entre la ville Paris et la société Moreau-Chaslon.

M. Moreau-Chaslon s'oblige à l'exécution des charges, clauses et conditions qui suivent :

1° Il devra démolir... et reconstruire de nouveaux bâtiments avec arcades, servant au passage public, tant sur la rue de Rivoli que sur la place du Palais-Royal et suivant le système d'architecture des maisons de la rue de Rivoli, en se conformant aux alignements qui lui seront délivrés sur ces voies publiques.

2° Il lui est interdit d'établir des échoppes en bois ou des constructions légères, même à titre provisoire, en bordure sur la voie publique..... Il sera, en outre, tenu de se conformer à toutes les autres conditions générales que l'Administration jugera nécessaire d'imposer pour les constructions nouvelles dans cette localité.

PAN DE BOIS. — Ord. du prévôt de Paris du 22 sept. 1600[1]. Edit de déc. 1607[2]. Ord. du bureau des finances du 18 août 1667[3]. Ord. des trésoriers de France du 4 févr. 1683[4]. Règlement du 1er juill. 1712[5]. Ord. pol. du 18 avril 1719[6]. Instr. min. du 3 juill. 1846.

Il est interdit d'établir des pans de bois comme murs de face sur la rue[7] : ceux existants doivent être recouverts de lattes et de plâtre, tant à l'intérieur qu'à l'extérieur[8].

L'autorisation de construire, en façade, des pans de bois lattés et enduits en plâtre est accordée, exceptionnellement, dans les deux cas suivants[9] :

1° Lorsqu'il s'agit de construire sur un terrain ayant moins de huit mètres de profondeur moyenne, et à la condition que le mur soit en maçonnerie dans toute la hauteur du rez-de-chaussée ;

2° Lorsque le propriétaire veut, en se renfermant dans la hauteur permise par les règlements, terminer la maison par une construction légère, en attique, édifiée au-dessus de l'entablement, soit aplomb, soit en retraite du mur de face.

ANNEXE

Extrait de l'ordonnance du bureau des finances de Paris du 18 août 1667.

Fait défenses aux propriétaires de faire faire aucune pointe de pignon, forme ronde ni carrée.

Enjoint aux propriétaires de faire couvrir, à l'avenir, des pans de bois de lattes, clous et plâtre, tant en dedans qu'en dehors, en telle manière qu'ils soient en état de résister au feu, le tout à peine de 150 livres d'amende.

PAPIERS (Fabrication de).

Établissement dangereux de 3e classe : danger d'incendie[10].

Les bois entrant dans la construction doivent être revêtus de plâtre ou de mortier.

Le sol des ateliers sera imperméable.

Les séchoirs doivent être construits en

---

[1] V. *Alignement.* — [2] V. *Voyer.* — [3] Annexe. — [4] V. *Pavage.* — [5] V. *Mur de face.* — [6] V. *Cheminée.* — [7] Ord., 22 sept. 1600, V. *Alignement.* Edit, déc. 1607, V. *Voyer.* Ord., 18 août 1667, annexe. Ord., 4 févr. 1683, V. *Pavage.* Règlement, 1er juill. 1712, V. *Mur de face.* Ord. pol., 28 avril 1719, V. *Cheminée.* Instr. min., 3 juill. 1846. — [8] Ord., 18 août 1667. — [9] Liger, p. 23.

[10] Décr., 31 déc. 1866.

matériaux incombustibles avec porte en fer[1].

Il est interdit d'employer des enfants au triage et à la préparation des chiffons[2].

PAPIERS DE TENTURE.

Le locataire est responsable des taches et déchirures faites aux papiers de tenture, quelle que soit la durée de la location. Quant aux détériorations qui se produisent par l'usage ordinaire que l'on en fait, il y a lieu de tenir compte de la durée de la location et de la nature du papier : le nouveau système de fabrication à la mécanique donne des papiers qui, relativement à ceux fabriqués à la main, sont d'un prix beaucoup moins élevé, mais, par contre, d'une solidité beaucoup moins grande; aussi l'usage, en justice, est-il de n'exiger aucune indemnité du locataire après six années de location, pour détériorations aux papiers de tenture; jusqu'à ce laps de temps de six années, le locataire doit une indemnité proportionnée à la durée de l'occupation et à l'importance des détériorations commises par la pose des clous, par le frottement au droit des lits, etc...

La réparation des taches et déchirures se résout le plus généralement par une indemnité en rapport avec les dégats commis.

Le preneur fait quelquefois, pour sa convenance particulière, poser un papier qui ne convient pas à la destination habituelle de la pièce, ou dont l'originalité ne saurait être acceptée par le locataire entrant; dans ce cas, il doit le remplacement total de ce papier, ou simplement une indemnité suivant la plus ou moins longue durée de la location.

Le locataire qui a fait remplacer le papier à ses frais, doit le faire coller derrière les glaces lui appartenant, et le rendre sans taches ni déchirures.

PARCHEMINERIES.

Établissements insalubres de 2ᵉ classe : odeur[3].

Les prescriptions administratives sont les mêmes que celles rapportées aux mots *Chamoiserie* et *Corroierie*.

PARQUET.

L'enlèvement des taches de graisse ou d'encre est dû par le locataire : cet enlèvement s'effectue soit par un simple frottage à la paille de fer, soit par un rabotage, ce qui entraîne un raccord de teinte à la partie rabotée, l'encaustiquage et frottage, et une indemnité pour la dépréciation que le rabotage a fait subir à ce parquet;

cette indemnité doit être calculée de manière qu'elle ne soit que la juste rétribution du dommage causé, et non une occasion de lucre pour le propriétaire.

Les trous de clous occasionnés par la pose des tapis au pourtour des pièces ne donnent pas lieu au remplacement des frises, mais seulement à une indemnité proportionnée à leur importance. La frise d'encadrement du foyer, étant en évidence, doit être remplacée quand, par suite du nombre des trous, elle n'est plus acceptable par un autre locataire. Si au lieu d'occuper toute la pièce, le tapis n'en couvrait qu'une partie, il serait dû, suivant l'importance de la dégradation, soit une indemnité, soit le remplacement des frises. On se sert assez généralement, maintenant, de vis au lieu de clous : il n'est dû, dans ce cas, que le bouchement du trou de vis, plus une très faible indemnité pour la dépréciation causée aux frises.

Lorsque quelques panneaux ou frises d'un parquet sont cassés ou enfoncés avec violence, le locataire en est responsable, mais il ne répond pas d'un parquet détérioré dans de grandes parties, ou dont les lambourdes sont pourries[1].

PASSAGE. — C. civ., art. 682, 683, 684.

Le droit de passage sur l'héritage d'autrui est une servitude qui ne peut exister sans titre, à moins qu'il n'y ait enclave.

Lorsqu'un fonds est enclavé, le propriétaire de ce fonds peut réclamer le passage sur ceux de ses voisins, à la charge d'une indemnité proportionnée au préjudice qu'il peut occasionner[2].

Le passage doit être pris du côté où le trajet est le plus court du fonds à la voie publique[3], et dans l'endroit le moins dommageable pour celui sur le fonds duquel le passage est accordé[4].

La servitude du passage momentané est due par les riverains des routes, chemins et canaux, pour l'ouverture, l'entretien et le curage.

Le passage, suivant qu'il est spécifié pour un homme, une bête de somme ou une voiture, comprend une largeur de :

pour un homme........... 0ᵐ 70
— une bête de somme.... 1 33
— une voiture 2ᵐ 60

Nous ne nous étendrons pas plus sur cette servitude qui ne concerne que les propriétés rurales, et même, sauf de rares exceptions, que celles qui ne sont pas closes.

Il arrive quelquefois, par suite de la division d'un héritage, que le bâtiment sur la

[1] Bunel, p. 362. — [2] Décr., 14 mai 1875. [3] Décr., 31 déc. 1866.

[1] Agnel, nº 570. [2] C. civ., 682. — [3] C. civ., 683. — [4] C. civ., 684.

rue et celui sur la cour n'appartiennent pas au même propriétaire : dans ce cas, à défaut de clause spéciale stipulée dans l'acte de partage, le propriétaire du bâtiment sur la rue doit laisser au propriétaire du bâtiment sur la cour et à ses locataires, s'il y en a, le libre accès à la rue ; s'il reconstruit son immeuble, il doit rétablir cet accès dans les mêmes dimensions de hauteur et de largeur.

Celui qui jouit du droit de passage est tenu, sauf stipulation contraire, de participer dans les frais d'entretien de la partie de maison par laquelle le passage est exercé, mais en ce qui concerne le sol seulement ; quant aux murs il ne doit que la réparation des dégradations qui lui sont imputables.

PASSAGE PUBLIC. — Ord. pol. du 21 mars 1888[2].

Sont considérés comme passages publics :

1° Les cours communiquant par leurs deux extrémités à la voie publique, et où tout le monde peut circuler librement, même s'il y a, aux deux extrémités, des grilles fermées la nuit.

2° Les cours formant cul-de-sac, si ces cours sont ouvertes au public qui peut y circuler librement.

Les passages publics doivent être entretenus en bon état, éclairés pendant la nuit, etc.[2].

ANNEXE

Ordonnance de police du 21 mars 1888.

ARTICLE PREMIER. — Les propriétaires du sol et les propriétaires riverains des passages, rues, impasses ou autres voies privées ouvertes au public sur des propriétés particulières, devront en entretenir constamment le sol en bon état.

Ils seront tenus de conserver ou d'établir les ruisseaux et les pentes nécessaires pour procurer aux eaux un écoulement facile et régulier.

Le sol et les ruisseaux devront être balayés et lavés chaque jour et tenus en constant état de propreté.

ART. 2. — Partout où l'Administration le jugera nécessaire, il sera établi au devant des propriétés riveraines des trottoirs d'une largeur suffisante pour permettre aux piétons de trouver un refuge contre les voitures.

ART. 3. — Les passages, rues, impasses ou autres voies privées ouvertes au public sur des propriétés particulières, devront être éclairés d'une façon suffisante. Les appareils devront être allumés dès la chute du jour et l'éclairage en sera maintenu pendant toute la durée de la nuit.

ART. 4. — Il est enjoint aux propriétaires des maisons et terrains bordant les rues ou autres voies privées de faire enlever, chacun au-devant

de sa propriété, les dépôts de fumier, de gravois, ordures et immondices, et de prendre toutes les dispositions convenables pour que la liberté et la sûreté de la circulation, aussi bien que la salubrité ne soient pas compromises.

ART. 5. — Les voies privées qui seraient impraticables pour les voitures seront barrées aux extrémités, de manière à prévenir tous accidents.

ART. 6. — Il est défendu aux propriétaires ou locataires, de quelque profession qu'ils soient, de gêner ou embarrasser les voies privées, soit par des dépôts de marchandises, soit par des ateliers de travail autres que ceux nécessaires à la réparation des bâtiments en bordure.

Il est également défendu d'y placer des bancs, chaises, tréteaux, comptoirs et tous autres objets de quelque nature que ce soit qui pourraient gêner la circulation.

ART. 7. — Les terrains non bâtis, les jardins, les cours et tous autres espaces vides bordant les voies privées, devront être clos par des murs en maçonnerie ou par de simples barrières en charpente et planches jointives de hauteur et de solidité suffisantes pour en défendre l'accès.

ART. 8. — Les voies privées qui ne rempliraient pas toutes les conditions prescrites par la présente ordonnance seront interdites à la circulation publique, de jour comme de nuit, par des grilles ou barrières placées aux extrémités et tenues constamment fermées à clef.

ART. 9. — Les voies privées munies de portes ou de grilles à leurs extrémités et qui rempliront d'ailleurs toutes les conditions nécessaires au point de vue de la viabilité et de l'écoulement des eaux, seront fermées à clef le soir, dès la chute du jour, ou au moment où cessera l'éclairage desdites voies.

ART. 10. — Toutes les prescriptions relatives à la salubrité, à la liberté, à la commodité ou à la sûreté de la circulation et applicables aux voies publiques, sont également applicables aux voies ouvertes au public sur des propriétés particulières.

ART. 11. — L'ordonnance de police du 20 août 1811 est abrogée.

ART. 12. — La présente ordonnance sera imprimée...

PATE à papier (Préparation de la) au moyen de la paille et autres matières combustibles.

Etablissement insalubre de 3e classe : altération des eaux[1].

Les ouvertures des ateliers sur la voie publique et sur les propriétés voisines doivent être à verres dormants : le sol des ateliers doit être imperméable[2].

Les magasins renfermant les matières premières seront construits en matériaux incombustibles, bien ventilés, isolés, éloignés des générateurs et des ateliers, et éclairés seulement par la lumière du jour.

Les chaudières à cuisson seront surmontées de hottes entraînant les buées au dehors.

---

[1] Annexe. — [2] Ord. pol., 21 mars 1888, annexe.

[1] Décr., 31 déc. 1866. — [2] Bunel, p. 362.

Les eaux de lavage et de collage seront décantées et filtrées avant leur écoulement à l'égout ou à la rivière.

Les séchoirs seront en matériaux incombustibles avec porte en fer.

La cheminée sera élevée de 20 à 30 mètres, suivant les localités.

PATENTE. — V. *Contributions directes.*

PAVAGE. — Ord. roy. du 5 avril 1399[1]. Lettres patentes du 14 juin 1510[2]. Ord. du prévôt de Paris du 22 sept. 1600[3]. Edit de déc. 1607[4]. Ord. des trésoriers de France du 4 févr. 1683[5]. Ord. du bureau des finances des 27 juin 1760[6] et 2 août 1774[7]. Lettres patentes du 30 déc. 1785[8]. Loi du 1er déc. 1798[9]. Avis du Cons. d'Et. du 25 mars 1807[10]. Décr. du 16 déc. 1811[11]. Ord. pol. du 9 juin 1824[12]. Loi du 7 juin 1845[13]. Décr. du 26 mars 1852[14]. Ord. pol. du 25 juill. 1862[15]. Décr. du 23 mai 1863[16]. Note de la direction de la voirie du 25 nov. 1872[17]. Arr. préf. du 7 déc. 1874[18]. Loi du 5 avril 1884[19]. Ord. pol. du 21 mars 1888[20].

L'Etat supporte les frais de pavage sur les routes nationales[21], le département ceux sur les routes départementales[22]. L'Etat et les départements ne doivent, à partir de l'axe de la route, que la largeur de pavé nécessaire à la circulation; le surplus, et même les revers des chaussées étaient laissés autrefois à l'entretien des riverains; aujourd'hui, il est d'usage de traiter avec les communes, dont les routes traversent le territoire, pour qu'elles concourent à la dépense d'établissement ou de réfection du pavage dans toute la largeur de la voie, sauf à elles à exiger ou obtenir, suivant les cas, la participation des riverains.

La première ordonnance connue est celle de Philippe Auguste (1185), qui ordonne au prévôt de Paris de paver avec de fortes et dures pierres toutes les rues et voies de la cité.

Les frais de premier établissement sont à la charge des riverains[23], qui ont un délai de dix ans pour le remboursement de ces frais[24].

Il en est de même pour les rues empierrées[25].

Chaque propriétaire contribue pour moitié dans la dépense de la largeur totale de la voie, en proportion de la longueur de la façade de son immeuble.

Cette obligation s'étend aux élargissements successifs, de quelque côté qu'ils aient lieu[1].

Quelque soit la largeur de la rue, les propriétaires ne sont pas tenus à une largeur de plus de douze mètres[2].

A l'encoignure de deux rues, le propriétaire doit payer la zone circonscrite par les côtés de l'angle opposé par le sommet à celui de son immeuble et les axes des rues qui bordent cet immeuble[3].

L'entretien du pavé a été à la charge des riverains[4] jusqu'à l'arrêt du Conseil du 31 décembre 1609, qui décide que l'entretien du pavé sera payé par le Trésor et surveillé par les trésoriers de France. L'ancienne Administration ayant été réformée après 1789, l'entretien du pavé est surveillé par le maire, chargé de la voirie et soldé par la commune; il n'est fait d'exception que pour les localités où cet entretien est à la charge des riverains, d'après un usage établi[5], et dans les villes où les revenus ordinaires ne suffisent pas à l'établissement, restauration ou entretien du pavé; dans ce dernier cas, les préfets peuvent en autoriser la dépense à la charge des propriétaires[6].

Dans les passages et voies privées, le pavage doit être entretenu en bon état par les propriétaires riverains[7].

L'Administration peut substituer au pavage, proprement dit, un autre système de revêtement du sol, à la condition qu'il n'en résulte pas d'aggravation de dépense pour les riverains[8].

Dans les communes où l'entretien est à la charge des riverains, les frais de cet entretien, fait par les communes, peuvent être recouvrés au moyen d'une taxe. Cette taxe, constituant le remboursement d'une dépense faite, et non une participation dans une dépense à faire, ne peut être mise en recouvrement qu'après l'exécution des travaux. La répartition en est faite par le conseil municipal[9], et l'Administration peut en poursuivre le remboursement contre le détenteur actuel de la propriété, quitte à lui à exercer son recours contre celui qui était propriétaire au moment des travaux[10]; il en est de même pour le recouvrement des frais de premier établissement.

Les réclamations contre les taxes de

---

[1] Annexe. — [2] V. *Expropriation.* — [3] V. *Alignement.* — [4] V. *Voyer.* — [5] Annexe. — [6] Annexe. — [7] Annexe. — [8] Annexe. — [9] Annexe. — [10] Annexe. — [11] V. *Route.* — [12] V. *Inscription des rues.* — [13] V. *Trottoir.* — [14] V. *Expropriation.* — [15] V. *Bâtim. en constr.* — [16] Annexe. — [17] Annexe. — [18] Annexe. — [19] V. *Voirie.* — [20] V. *Passage public.* — [21] Loi, 1er déc. 1798, annexe. — [22] Décr., 16 déc. 1811, V. *Route.* — [23] Edit, déc. 1607, V. *Voyer.* Loi, 7 juin 1845, V. *Trottoir.* C. d'Et., 6 janv. 1882. — [24] Décr., 23 mai 1863, annexe. Instr., 12 mars 1866. — [25] Décr., 26 mars 1852, V. *Expropriation.*

[1] C. d'Et., 5 mars 1875. — [2] Note, 25 nov. 1852, annexe. — [3] C. d'Et., 21 juill. 1870. — [4] Ord., 5 avril 1399, annexe. Lettres patentes, 14 juin 1510, V. *Expropriation.* Ord., 22 sept. 1600, V. *Alignement.* — [5] Avis. C. d'Et., 25 mars 1807, annexe. — [6] Ibid. — [7] Ord. pol., 21 mars 1888, V. *Passage public.* — [8] C. d'Et., 20 déc. 1855, 19 mars 1865, 22 août 1868. — [9] Loi, 5 avril 1884, V. *Voirie.* — [10] Paris, 23 janv. 1882.

pavage doivent, comme celles relatives aux contributions directes, être présentées dans les trois mois qui suivent la publication du rôle[1]. Elles ne sauraient être fondées sur la qualité des matériaux employés, leurs dimensions, ni sur le prix des travaux, l'Administration étant seule juge pour déterminer et accepter la qualité ainsi que les dimensions des matériaux et les prix des travaux étant fixées par des marchés sur adjudication[2].

Dans les frais de premier établissement, ne doivent pas être comprises les dépenses nécessitées par l'ouverture et la construction de la chaussée sur laquelle doit être fait le pavage[3], non plus que les remaniements et terrassements exécutés sur des emplacements déjà reçus à l'entretien.

S'il existe des matériaux de pavage, bordures, etc., établis et entretenus par les propriétaires, ces derniers sont mis en demeure, par écrit, de les enlever dans un délai déterminé, faute de quoi ces matériaux sont enlevés d'office, transportés au dépôt de l'Administration, et ne sont rendus aux ayants droit qu'après remboursement des frais d'enlèvement et de transport[4].

Si les matériaux sont susceptibles de remploi, la valeur en doit être portée au prix des matériaux neufs de même nature, sous déduction des frais de retaille et de déchet.

La modification de la pente, ayant pour but de régulariser la forme du sol et d'adoucir la raideur des rampes, ne constitue pas une mesure prise dans l'intérêt du sol, et, par suite, les dépenses occasionnées par le déplacement du pavage n'incombent pas aux riverains, même dans les villes où l'entretien est à leur charge[5].

A Paris, le tarif de la taxe du pavage établie, conformément au décret du 26 novembre 1851, a été rapporté; on prend actuellement pour base de la taxe le prix de revient dûment constaté des travaux, après enquête, en la forme usitée pour les travaux d'ensemble[6].

Les entrepreneurs, adjudicataires des travaux de la Ville, ont seuls le droit d'exécuter les travaux de pavage sur la voie publique[7] : ces entrepreneurs sont soumis à certaines obligations relativement à l'exécution des travaux et à l'approvisionnement des matériaux[8].

Les pavés des grandes cours, des remises et des écuries ne sont à la charge des locataires que s'il s'en trouve quelques-uns hors de place, mais non quand ils sont cassés, ébranlés ou écrasés, attendu que le propriétaire, en louant les lieux, doit s'attendre à ces dégradations causées par les voitures qu'ils sont destinés à supporter, et par les chevaux qui battent continuellement du pied[1].

L'entretien des pavés ébranlés n'est pas à la charge du locataire, parce que les cours sont exposées aux intempéries, causes naturelles de la destruction des ciments[2].

Dans les petites cours, cuisines et autres lieux où il n'entre pas de voiture, et dans lesquels on ne reçoit pas de grosses charges, le locataire est tenu de remplacer les pavés cassés ou manquants, à moins qu'il n'y ait vétusté ou mauvaise qualité[3].

ANNEXES

Ordonnance du 5 avril 1399 mettant à la charge des propriétaires l'entretien du pavé. Cette ordonnance a été renouvelée le 20 janvier 1402.

Charles, etc.

De la partie de nostre Procureur Général pour nous, nous a esté exposé en complaignant, que jaçoit ce que de raison, par Ordonnances Royaulx, et autrement par usaige très ancien, un chacun manant et habitant, et aïant maison en nostredicte ville de Paris, de quelconque estat que il soit, noble ou non noble, et tant personne d'église comme autre, soit tenu de tenir net et bon le pavement de devant son hostel, et avecques ce faire faire, soustenir et réparer à ses frais et despens, les chaussées et pavemens estans et accoustumez estre devant son huis et mancion, excepté en l'ancienne croisée de Paris, en laquelle nous sommes tenus faire faire icelles chaussiées; néantmoins les Religieux, Prieur et Couvent de Saint-Martin Deschamps à Paris, soubz ombre de ce qu'il est débat en nostre Cour de parlement entre nostre dit Procureur d'une part, et eulx d'autre part, pour raison des chaussiées que ils sont tenuz de faire faire et soutenir à leurs despens, audevant et selon les murs de leur Hostel et Eglise à Paris; mesmement ès lieux où d'ancienneté a accoustumé d'avoir chaussiée; auquel Procès les Parties très-long-temps a, ont esté et sont appointés en faiz contraires et en enquestes, sans ce que depuis ait esté aucunement procédé en y cellui; prétendans yceulx Religieux eulx estre francs, quictes et exemps de devoir faire ou faire faire ycelles chaussiées; et aussi les Religieux de l'Hospital du Temple, nos très-chiers et très-amez Cousin et Tante, le Roy et la Reyne de Cecile, et plusieurs Gens d'Eglise, Escoliers et autres, tous sous ombre d'aucune justice qu'ilz se dient avoir à Paris, comme au-

[1] C. d'Et., 31 août 1863. — [2] C. d'Et., 15 avril 1843. — [3] C. d'Et., 14 avril 1853. — [4] C. d'Et., 9 mars 1853. — [5] C. d'Et., 24 févr. 1866. — [6] Arr. préf., 7 déc. 1874, annexe. — [7] Ord. pol., 4 févr. 1683, annexe. Ord., 27 juin 1760, annexe. Ord., 2 août 1774, annexe. Lettres patentes, 30 déc. 1785, annexe. Ord., 9 juin 1824. V. *Inscription des rues.* — [8] Ord. pol., 25 juill. 1862. V. *Bâtim. en constr.*

[1] Agnel, n° 571. — [2] Agnel, n° 572. — [3] Ibid.

trement, indeuement sont aussi reffusans, et plus que de raison delayans et en demeure de vouloir faire ou faire faire au long des murs, et au devant de leurs Hostelz, domiciles et Eglises, les chaussiées d'ancienneté accoustumées y estre faictes; par faultes desquelz pavemens ainsi estre faitz, nostre dicte ville demeure très-orde par le moïen des ordures, fiens, boës, gravoys, infeccions, corrupcions et autres putrefaccions, très préjudiciables aux Créatures humaines, qui, tant des Boucheries desdictes Eglises comme autrement, sont et demeurent conglutinées et assemblées pardevant et ou circuit des murs d'icelles Eglises, et au-devant desditz Hostelz, Eglises et Maisons.

Pourquoy requise sur ce nostre provision, voulant obvier aux inconvéniens dessusditz, à la turpitude et dédécoracion qui par ce moïen se pourroient ensuir, ou préjudice de la chose publique, en nostredicte ville, Vous mandons, commandons et estroictement enjoignons, en commettant, que ausdits Religieux, tant de Saint Martin comme du Temple, et autres quelzconques, et aussi à nozdits Cousin et Tante, ou à leurs Gens et Procureurs, et à tous autres, dont de par nostredit Procureur vous serez requis, vous tantost et sans délay, ces Lettres veües, faictes commandement de par nous, à et sur certaines et grosses paines à appliquer à Nous:

Que incontinent et sanz demeure, ilz facent faire les chaussiées et pavemens de au-devant et au-tour de leurs Maisons, Eglises, Murs et Clostures, en les contraignant à ce par la prise et explectation de leur temporel, et autrement par toutes voies deües et raisonnables; et en cas de délay, refus, contredit ou opposition, lesdites chaussiées et pavemens refaiz et reparez par manière de provision, nonobstant lesdits procès et appointemens, et autres procès qui pour ce estoient encommenciez ou meuz, sans préjudice toutes voïes d'iceulx en diffinitive, par nostre main comme Souveraine, des deniers des fruis des temporelz d'iceulz opposans, refusans et delayans, se ilz sont Gens d'Eglise, Escoliers, ou autres personnes villégiéez, et des autres, des deniers de leurs biens, lesquelz nous voulons que ce estre pris, vendus et exploitez: donnez ou faictes donner et assignez jour certain et competent par devant vous ou Chastellet de nostredicte Ville de Paris, pour dire les causes de leurs oppositions, reffus ou délay, respondre sur ce à nostredit Procureur, et faire en oultre selon raison, en faisant aux parties bon et brief accomplissement de justice.

Et quant à nosdits Cousin et Tante, et autres, s'aucuns en y avoit, qui feussent privillégiez de non plaidier par devant vous, adjournez-les, ou faictes adjourner à certain et competent jour en nostre présent Parlement, nonobstant qu'il sciée, et que les parties ne soient du païs dont on plaidera lors, pour procéder et aler avant en leurs causes d'oppositions, reffus et délays, respondre à notre Procureur Général, et faire en oultre selon raison; et neantmoins faictes cependant par nostre main comme Souveraine, par manière de provision, à leurs propres fraiz et despens, refaire et tenir en 'estat et nette-ment, les dictes chaussiées et pavemens, en les contraignant à ce par la manière dessus devisée, nonobstant leursdictes oppositions, sans préjudice d'icelles en diffinitive, et quelzconques appellacions et Lettres Subreptices, impétrées ou à impétrer au contraire, en certifiant sur ce nostre Cour de parlement souffisamment.

Ordonnance des trésoriers de France du 4 février 1683.

Sur ce qui nous a été démontré par le procureur du Roy, que quelques soins que nous ayions pris de faire observer les Edits, Déclarations, Arrests et Règlements sur le fait de la Voirie, et nos ordonnances rendues en conséquence, notamment celle du 26 octobre 1666 générale sur le même fait, confirmée par arrest du Conseil du 19 novembre audit an, intervenu sur la contestation des Officiers du Chastelet qui prétendaient ledit droit de Voirie; et que, par plusieurs de nos ordonnances depuis rendues de temps en temps, nous ayions renouvellé les défenses portées par icelle, pour réprimer les entreprises de plusieurs particuliers, propriétaires et locataires de maisons, maçons, charpentiers et autres, sur les rues, places et voyes publiques au préjudice desdits Edits, Arrests et règlements, et de nosdites Ordonnances publiées et affichées où besoin a esté: néanmoins quelques particuliers ne délaissent d'y contrevenir journellement. A quoy requeroit estre pourvu. Faisant droit sur ledit Réquisitoire du Procureur du Roy: vu lesdits Edits, Arrests et règlements sur le fait de la Voirie, et nos Ordonnances rendues en conséquence, notamment celles du 25 janvier 1658, paragraphe 21 et dernier, juin 1665, et celle du 26 octobre 1666, ensemble ledit Arrest confirmatif d'icelle du 19 novembre audit an, et plusieurs autres nos Ordonnances rendues depuis sur ledit fait.

Nous avons ordonné, conformément à icelles, que tous propriétaires et locataires de maisons, marchands, artisans et autres, de quelque qualité et condition qu'ils soient dans cette Ville et fauxbourgs, seront tenus, huitaine après la publication de la présente Ordonnance, de faire réformer les pas de porte, seuils de porte, marches, bornes et autres avances, estant le long et au-devant de leurs maisons et boutiques, en sorte qu'ils n'excédent huit poulces (0ᵐ 22) de saillie du corps du mur.

Que les établis qui sont au-devant desdites boutiques excédans de deux pouces seront pareillement ostez; les auvens réduits à la hauteur de dix à douze pieds (3ᵐ 25 à 3ᵐ 90) à prendre du rez-de-chaussée, et à la largeur de deux pieds et demi (0ᵐ 80) de châssis; les enseignes seront à la hauteur de quinze pieds (4ᵐ 87) et toutes sur une mesme ligne.

Les marchands et artisans seront tenus de retirer dans ledit temps leurs serpillières, montres, comptoirs et bancs, au niveau des jambes estrières de leurs boutiques: à faute de quoy faire dans ledit temps de huitaine, et iceluy passé, seront lesdits auvens abattus et démolis, ensemble les serpillières, montres, estallages, grilles, bornes et autres avances, de quelque nature qu'elles soient, ostées et arrachées aux frais et dépens des délinquants, pour raison de quoy sera déclaré exécutoire, et outre condamnez chacun en vingt livres d'amende.

Défenses sont faites, sous les mesmes peines, de faire relever le pavé des devantures des maisons plus haut que l'ancien pavé de la rue ; et, au cas qu'il y soit contrevenu, enjoignons aux entrepreneurs du pavé de cette Ville de faire incessamment baisser lesdites devantures, et les réduire à l'alignement des devantures desdites maisons voisines, dont ils seront payez aux dépens des propriétaires ou locataires à raison de trois livres la toise (1m 95), sur lesquels sera délivré exécutoire ; et outre seront condamnez en vingt livres d'amende.

Faisons pareillement défenses à tous maçons, charpentiers et autres ouvriers, de mettre des estayes dans les rues et places publiques sans nostre permission, auquel cas leur enjoignons de faire rétablir et réparer les trous et dégradations dudit pavé procédant de l'apposition desdites estayes, par l'entrepreneur du pavé du quartier, à peine d'y estre mis ouvriers à leurs frais et dépens, et de vingt livres d'amende.

Comme aussi faisons défenses à toutes personnes, de quelque condition et qualité qu'elles soient, de faire mettre aucuns poteaux, pieux, bûches au travers lesdites rues, ni d'en rétressir le passage pour quelque cause et occasion que ce soit, ni faire faire aucunes tranchées ni ouvertures de pavé qu'après en avoir pris permission de Nous, et qu'à la charge de les faire rétablir par les entrepreneurs du pavé de cette Ville, à peine de pareille amende.

Comme aussi faisons très expresses inhibitions et défenses, sur les mesmes peines, aux marchands de fer, épiciers, cabarretiers et tous autres, de laisser leurs tonnes, tonneaux, muids et emballages èsdites rues ; et à tous particuliers d'avoir aux fenestres de leurs maisons, jardins et préaux faisans saillies sur rue.

Faisons pareillement défenses à tous particuliers, propriétaires, maçons, charpentiers et autres, de faire ni faire faire aucuns ouvrages qui puissent conserver ou conforter les saillies, traverses et avances sur rues, voyes et places publiques, rétablir aucunes maisons ni murs de clôture faisans ply ou coude, à peine de démolition et de vingt livres d'amende, tant contre lesdits propriétaires qu'ouvriers ; comme pareillement de construire aucuns nouveaux bâtiments, murs de clôture et autres édifices sur lesdites rues, places et voyes publiques, ni rétablir aucunes encogneures, élever ni construire aucuns pans de bois qu'après en avoir pris la permission et allignements de Nous, aussi à peine de démolition et de pareille amende : leur enjoignons de faire incessamment ôter et enlever les décombres desdits bâtiments, avec défenses à eux d'empêcher le passage et la voye publique par les matériaux destinés pour lesdits bâtiments ou autres, en quelque sorte et manière que ce soit : leur permettons néanmoins d'en mettre sur l'un des revers desdites rues, et à trois pieds de distance du ruisseau, sans pouvoir outre-passer, le tout à peine de

vingt livres d'amende : et seront lesdits matériaux acquis et confisqués, et portés au chantier du Roy, et lesdits décombres enlevés à leur frais et dépens.

Faisons aussi défenses à tous particuliers, propriétaires ou locataires de maisons, menuisiers, charpentiers et autres ouvriers, de faire ni faire faire aucuns balcons, auvens en cintre ou forme ronde, travaux de maréchal audevant de leurs maisons et boutiques, qu'après en avoir pris notre permission, en conséquence du consentement des deux propriétaires voisins, ou iceux préalablement ouïs, aussi à peine de démolition, confiscation des matériaux, et de pareille amende de vingt livres.

Ordonnance du bureau des finances du 27 juin 1760.

ARTICLE PREMIER. — L'entrepreneur de l'entretien du pavé continuera de jouir du *droit exclusif* de faire seul les raccordements de pavé, de bornes, de seuils et de devantures de maisons, de travailler au rétablissement des trous causés par les étais dans les rues de Paris, à l'occasion des réparations à faire aux maisons, ou pour des reposoirs ou échafauds, et de rétablir les tranchées des fontaines, qui ne pourront être faites que de notre ordre et permission.

ART. 2. — Conformément au rapport contenant devis et détail estimatif déposé au greffe de ce bureau, le prix des fournitures et tuyaux à faire pour les particuliers par ledit entrepreneur est fixé ainsi qu'il suit :

Pour chaque pavé neuf, cinq sols ;

Pour chaque toise de pavé neuf, compris soixante-quatre pavés neufs à fournir par l'entrepreneur, mais non les terrasses, que les propriétaires feront faire par tels ouvriers que bon leur semblera, dix-sept livres dix-huit sols ;

Pour chaque toise de relevé à bout de pavé, y compris six pavés neufs fournis par l'entrepreneur, quatre livres douze sols ;

Pour chaque toise courante de tranchée de fontaine, de trois pieds de large sur deux pieds de profondeur, y compris les terrasses et trois pavés neufs, quatre livres dix-huit sols ;

Pour un raccordement de seuil de porte cochère du côté de la rue seulement, y compris quatre pavés neufs, quatre livres, etc.

ART. 3. — L'entrepreneur ne pourra fournir, en chaque nature d'ouvrage, ni plus ni moins de pavés neufs que la quantité prescrite et de l'échantillon qui est fixé par son bail.

ART. 4. — En payant par les propriétaires à l'entrepreneur le pavé neuf, le pavé de rebut appartiendra auxdits propriétaires, ou sera enlevé par l'entrepreneur, au choix des premiers, sans que pour ce ils puissent rien exiger de l'entrepreneur.

Extrait de l'Ordonnance du bureau des finances du 2 août 1774.

ART. 7. — Défendons à toutes personnes de quelque rang et qualité qu'elles puissent être de faire ou faire faire aucune tranchée ou ouverture quelconque, soit dans le pavé de Paris et de ses faubourgs, soit dans le pavé ou dans les accotements, revers, glacis des routes royales, traverses des villes et villages, et sur tous chemins entretenus par ordre de Sa Majesté, pour quelque cause que ce puisse être, telles que visites et réparation des tuyaux de fontaines, regards, conduites d'eaux, apposition d'étais, raccordement de seuils et bornes ou autres quelconques, sans en avoir pris la permission des sieurs Trésoriers de France et commissaires du pavé de Paris et des Ponts et Chaussées, à peine de cent livres d'amende tant contre les particuliers qui auroient fait faire lesdites fouilles que contre les plombiers, fontainiers, maçons et charpentiers qui y auroient travaillé sans avoir pris lesdites permissions; au payement desquelles amendes ils seront contraints même par corps, conformément aux ordonnances des 31 mai 1666, 25 février 1669 et 29 mars 1754, et ne pourront lesdites fouilles, tranchées et raccordements de pavés être comblés et rétablis que par les entrepreneurs du pavé de Paris et des Ponts et Chaussées, et ce, aux dépens des particuliers pour qui lesdites fouilles et raccordements de pavés auront été faites.

Extrait des lettres patentes du
30 décembre 1785.

ART. 22. — Il ne sera fait, à peine de 50 livres d'amende, aucune tranchée de fontaines, que par ordre et permission du bureau des finances, et les tranchées ne pourront être réparées par autres que par l'adjudicataire et suivant qu'il lui sera indiqué par la commission et l'inspecteur général; et s'il arrivait que, par la rupture des tuyaux, le pavé cédât et fût enfoncé, et qu'il s'y fit des flâches par le retardement des particuliers à le réparer, l'adjudicataire sera tenu de relever ledit pavé, et, après un simple avertissement donné auxdits particuliers, de faire rétablir les tuyaux desdites fontaines, et il sera travaillé à leurs dépens, dont il lui sera délivré exécutoire... sur son mémoire, arrêté par l'inspecteur général, pour être payé desdites réparations par préférence à tous créanciers; mais s'il arrivait qu'après le rétablissement desdites tranchées, il se formât des flâches par la mauvaise construction du pavé, l'adjudicataire sera tenu de les relever à ses frais dans toute leur étendue, sans pouvoir prétendre qu'il lui en soit tenu compte.

ART. 23. — Il ne sera fait aucun raccordement de pavé, bornes, seuils, devantures de maisons par autre que l'adjudicataire, ainsi qu'il lui sera indiqué par l'inspecteur général, le tout à peine de 30 livres d'amende contre les contrevenants; il ne sera fait de même, à peine de 30 livres d'amende, aucun ouvrage de rétablissement de trous causés par les étaies qui seront posées dans les rues de Paris et de ses faubourgs, à l'occasion des réparations à faire aux maisons, ou pour faire des reposoirs et échafauds, si ce n'est par ledit adjudicataire, qui sera obligé de les faire dans les 24 heures que lesdites étaies,

reposoirs et échafauds auront été ôtés, suivant les ordres qui lui en seront donnés par le commissaire et l'inspecteur général.

Extrait de la loi du 1er décembre 1798
(11 frimaire an VII).

TITRE PREMIER.

§ 2. — Recettes et dépenses communales, quant aux communes faisant partie d'un canton.

ART. 4. — Les dépenses communales, quant aux communes faisant partie d'un canton, sont celles :

1° De l'entretien du pavé, pour les parties qui ne sont pas grandes routes;

2° De la voirie et des chemins vicinaux dans l'étendue de la commune;

3° De l'entretien de l'horloge, des fontaines, halles et autres édifices publics, si la commune en possède;

4° De l'entretien des fossés, aqueducs et ponts à un usage et d'une utilité particuliers à la commune, et qui, de leur nature, ne font pas partie des objets compris dans les dépenses générales des travaux publics;

5° Des frais de réverbères, lanternes, de ceux relatifs aux incendies, de ceux de l'enlèvement des boues et autres objets de sûreté, propreté et salubrité.

ART. 7. — Les recettes municipales, quant aux communes faisant partie d'un canton, se composent :

3° Du produit de la location des places dans les halles, les marchés et chantiers, sur les rivières, les ports et les promenades publiques, lorsque les administrations auront reconnu que cette location peut avoir lieu sans gêner la voie publique, la navigation, la circulation et la liberté du commerce;

4° Enfin, de la quantité de centimes additionnels aux contributions foncière et personnelle, qu'il sera jugé nécessaire d'établir pour compléter les fonds des dépenses communales, lesquels ne pourront, dans aucun cas, excéder le maximum qui sera déterminé chaque année après la fixation du principal de l'une et l'autre contribution.

Avis du Conseil d'État du 25 mars 1807.

Le Conseil d'État qui, d'après le renvoi ordonné par Sa Majesté l'empereur et roi, a entendu le rapport de la section de l'intérieur sur celui du ministre de ce département en date du 21 janvier dernier, par lequel le ministre demande qu'il soit statué sur la question de savoir « si dans toutes les communes le pavé des rues non grandes routes doit être mis à la charge des propriétaires des maisons qui les bordent, lorsque l'usage l'a ainsi établi, et si l'article 4 de la loi du 11 frimaire an VII n'y apporte pas d'obstacle »; — Estime que la loi du 11 frimaire an VII, en distinguant la partie du pavé des villes à la charge de l'État de celle à la charge des villes, n'a point entendu régler de quelle manière cette dépense serait acquittée dans chaque ville, et qu'on doit continuer à suivre à ce sujet l'usage établi pour chaque localité, jusqu'à ce qu'il ait été statué par un règlement général sur cette partie de la police publique; — En conséquence, que, dans les villes où les revenus ordinaires ne suffiraient pas à l'établissement, restauration ou entretien du pavé, les préfets peuvent en autoriser la dépense à la charge des propriétaires, ainsi qu'il s'est pratiqué avant la loi du 11 frimaire an VII.

Extrait du décret du 23 mai 1863.

Vu la loi du 16 juin 1859, qui a annexé à la ville de Paris les communes ou portions de commune suburbaines comprises dans l'enceinte des fortifications;

Les plans des voies existant sur les territoires annexés;

Les pièces de l'enquête;

La délibération du conseil municipal de Paris, en date du 6 février 1862;

La proposition du sénateur préfet de la Seine;

La loi du 11 frimaire an VII et l'avis du Conseil d'Etat, approuvé le 25 mars 1807, portant que les préfets peuvent mettre les frais d'établissement de pavage à la charge des propriétaires riverains, conformément à l'usage suivi dans chaque localité antérieurement à la loi du 11 frimaire an VII;

Les anciens règlements relatifs au pavage des rues de Paris et notamment les lettres patentes du 30 décembre 1785, portant que le premier pavé des rues doit être fait aux dépens des particuliers propriétaires des terrains et maisons bordant lesdites rues, chacun en droit soi, à raison de la longueur de la face de leurs héritages sur lesdites rues;

Décrétons, etc.

Extrait de la note de la direction de la voirie du 25 novembre 1872.

§ 1. — Rues.

A chaque extrémité de la propriété, tracer la bissectrice de l'angle formé en ce point par les alignements, afin d'obtenir les limites latérales de la surface correspondant à chaque portion de façade (les murs mitoyens des propriétés en saillie ne sont jamais considérés comme façades). La limite longitudinale est donnée par l'axe ou ligne milieu de la rue.

Aux abords des places et carrefours, chaque rue est limitée par la bissectrice du premier angle que l'on rencontre en allant vers le carrefour commun et par la perpendiculaire abaissée sur le côté opposé de la rue, à partir du point de rencontre de ladite bissectrice avec la ligne milieu de la rue. Si cette perpendiculaire tombe au delà du premier angle du côté opposé de la rue, c'est la bissectrice de cet angle qui complète la limite avec la bissectrice opposée.

§ 2. — Places et Carrefours.

Les limites latérales sont données aux extrémités par les lignes qui terminent les rues,

ainsi qu'il vient d'être dit ci-dessus, et dans les points intermédiaires par des perpendiculaires ou bissectrices menées à égale distance des deux façades comme dans le cours des rues.

Les limites longitudinales sont les lignes tracées parallèlement aux façades à une distance de la façade égale à la demi-largeur de la voie la plus large aboutissant à la place ou au carrefour. Si le carrefour ou la place a une largeur moindre que celle ci-dessus déterminée, ces limites sont données pour les lignes menées à égale distance de deux façades et formant par conséquent la bissectrice de l'angle de ces deux façades. On peut aussi, lorsque les lignes tracées parallèlement à 12 mètres de plusieurs façades d'un carrefour se rencontrent et laissent entre elles un triangle ou un quadrilatère commun à deux façades, partager la surface ainsi formée entre les deux façades en divisant, soit le triangle par une ligne abaissée du sommet sur le milieu du côté opposé, soit le quadrilatère par une diagonale réunissant les deux angles opposés.

§ 3.

Lorsqu'il s'agit du premier pavage, non de toute la largeur de la rue ou de la chaussée, mais seulement d'une portion de terrain annexée à la voie publique (improprement appelé terrain retranché), il est d'usage, en ce qui concerne les rues, de faire payer la moitié du pavage par chacun des riverains opposés.

A l'égard des places et carrefours ayant plus de 24 mètres de largeur, les propriétés sont considérées comme n'ayant plus de vis à vis, et chacun doit payer la totalité du pavage appartenant à sa propriété.

Mais quand les carrefours ou places ont moins de 24 mètres, il faut chercher la portion des façades correspondant à la partie du sol retranché de la propriété et réunie à la voie publique.

Extrait de l'arrêté préfectoral du 7 décembre 1874.

ARTICLE PREMIER. — La délibération ci-dessus visée est approuvée :

En conséquence est rapporté, à partir du 1er janvier 1875, le tarif de la taxe de pavage établi dans la ville de Paris, conformément au décret du 26 novembre 1851.

A dater de la même époque, il sera procédé au recouvrement des taxes de viabilité, en prenant pour base le prix de revient dûment constaté des travaux à la charge des propriétaires riverains, et après enquête, en la forme déjà usitée, pour les projets d'ensemble.

PEAUX de lièvre et de lapin. — V. Secrétage.

PEAUX de mouton (Séchage de).

Etablissement insalubre de 3e classe : odeur et poussière[1].

Les ouvertures des ateliers sur la voie

---

[1] Décr., 31 déc. 1866.

publique et sur les voisins doivent être à verre dormant.

L'atelier dans lequel se fait le séchage doit être en bois apparents, bien ventilé et avec sol imperméable.

Le battage des peaux doit se faire mécaniquement en vases clos, et les poussières doivent être entraînées, par un ventilateur, dans une chambre à poussière ou sous le foyer de la machine[1].

PEAUX fraîches. — V. *Cuirs verts.*

PEAUX (Planage et séchage des). — Etablissement insalubre de 2e classe : odeur[2].

Le sol des ateliers sera imperméable, les cours seront pavées, et les ruisseaux munis de grilles pour retenir les débris.

Les plains seront en matériaux imperméables, et parfaitement étanches.

Les eaux de lavage et le jus des plains seront décantés avant leur écoulement.

Le séchoir sera en matériaux incombustibles avec porte en fer et foyer extérieur[3].

PEAUX salées et non séchées (Dépôts de). — Etablissements insalubres de 3e classe : odeurs[4].

Pour les prescriptions administratives, V. *Cuirs verts.*

PEAUX sèches (Dépôts de) conservées à l'aide de produits odorants. — Etablissements insalubres de 3e classe : odeur[5].

Les magasins doivent être ventilés énergiquement par des cheminées d'aération dont le tirage sera activé par des becs de gaz[6].

PEAUX, étoffes et déchets de laine (Dégraissage des) par les huiles de pétrole ou autres hydrocarbures. — Etablissements insalubres de 1re classe : odeur et danger d'incendie[7].

Les prescriptions ci-dessous sont contenues dans l'arrêt du Conseil d'Etat du 14 décembre 1877, autorisant un atelier de ce genre[8].

L'atelier où se fait le dégraissage des étoffes sera construit en matériaux incombustibles : il sera clos de toutes parts.

Les cylindres barbotteurs où les étoffes sont mises en contact avec la benzine, de même que les bassins où se fait le rinçage et les essoreuses, seront placés sous deux hottes communiquant chacune avec une cheminée d'au moins 15 mètres d'élévation.

Le brossage des étoffes à la benzine, pour enlever les dernières taches, se fera également sous une hotte surmontée d'une cheminée ayant aussi au moins 15 mètres d'élévation.

Le séchoir, qui sera construit au-dessus des ateliers, sera séparé d'eux par un plancher en fer; il se terminera supérieurement en forme de hotte, communiquant avec deux cheminées d'appel atteignant une hauteur d'au moins 15 mètres au-dessus du sol.

Le magasin qui contiendra la benzine aura le sol en cuvette.

L'atelier où se fera la distillation de la benzine chargée de matières grasses aura le sol en cuvette; il sera construit en matériaux incombustibles.

Il y aura au moins un demi-mètre cube de sable dans l'atelier de dégraissage, dans le magasin où l'on conservera la benzine, et à proximité de l'alambic où l'on distillera le liquide.

La fusion des corps gras obtenus dans le dégraissage se fera au bain-marie, dans un local construit en matériaux incombustibles avec foyers extérieurs.

Il est interdit d'employer des enfants, à cause des dangers de brûlure[1].

PEAUX (Lustrage et apprêtage des). — Etablissement insalubre de 3e classe : odeur et poussière[2].

Les baies des ateliers sur la voie publique et sur les propriétés voisines doivent être sans parties ouvrantes, les autres seront garnies de toiles métalliques : les ateliers doivent être ventilés par des cheminées d'aération d'au moins 0m 40 de côté.

Les chaudières à teinture seront surmontées de hottes.

L'étuve sera en matériaux incombustibles avec porte en fer.

La cheminée sera élevée à la hauteur des souches des cheminées voisines dans un rayon de 50 mètres[3].

PEINTURES. — Le locataire n'est pas responsable des peintures défraîchies par le temps[4], mais il doit les entretenir en bon état de propreté, c'est-à-dire les lessiver si elles sont salies; il doit également faire des raccords aux endroits abîmés par des chocs ou le frottement des meubles. La réfection d'un plafond noirci par la fumée d'une lampe est à la charge du locataire.

Ce qui précède ne veut pas dire que le

---

[1] Bunel, p. 369.
[2] Décr., 31 janv. 1872. — [3] Bunel, p. 368.
[4] Décr., 12 mai 1886.
[5] Décr., 12 mai 1886. — [6] Bunel, p. 369.
[7] Décr., 7 mai 1878. — [8] Bunel, p. 366.

[1] Décr., 22 sept. 1879.
[2] Décr., 7 mai 1878. — [3] Bunel, p. 367.
[4] Le Bègue, p. 76.

locataire doit, en quittant les lieux, lessiver les peintures, ni même les épousseter, mais seulement qu'il doit la réparation des dégradations qu'il a commises, soit en salissant, soit en détériorant les peintures.

Les peintures extérieures, soumises à l'action du vent, du soleil et de la pluie, ne sont pas à la charge du locataire [1], à moins qu'il n'y ait certaines dégradations qui lui soient imputables.

PERCHE. — Ord. du 22 sept. 1600 [2]. Instr. préf. pol. du 18 juin 1824 [3].

L'établissement de perches et étendoirs pour blanchisseurs, teinturiers, etc., peut être autorisé, mais seulement dans les rues écartées et peu fréquentées [4]. L'usage de ces étendoirs n'est guère plus usité à Paris.

PERCHLORURE de fer par dissolution du peroxyde de fer (Fabrication du). — Etablissement insalubre de 3° classe : émanations nuisibles [5].

Les appareils seront surmontés d'une hotte ; la cheminée sera élevée à la hauteur des souches des cheminées voisines dans un rayon de 100 mètres [6].

PERRON. — Le locataire est tenu de réparer les dégradations qu'il commet aux perrons : s'il en a seul la jouissance, il est également tenu du menu entretien dont l'inexécution serait une cause de destruction ; mais si le perron mal fondé se détache de la construction, c'est au bailleur qu'en incombe la réparation [7].

PERSIENNE. — Ord. pol. du 25 juill. 1862 [8].

Les volets et les persiennes, développant sur la voie publique, doivent, lorsqu'ils sont ouverts, être maintenus par des arrêts ; ces arrêts et les crochets, placés au rez-de-chaussée, doivent être disposés de manière à ne pouvoir blesser les passants [9].

Le locataire est tenu, non seulement de la réparation des dégâts qu'il commet aux persiennes, mais aussi du menu entretien de leurs ferrures et fermetures, loqueteau, poignée, fléau, tirage, etc. [10].

PÉTROLE. — V. *Huiles de pétrole*, etc.

PHOSPHATE de chaux (Ateliers pour l'ex-

traction et le lavage du). — Etablissements insalubres de 3° classe : altération des eaux [1].

Pour les prescriptions administratives, V. *Lavoirs à minerais*.

PHOSPHORE (Fabrication de). — Etablissement dangereux de 1re classe : danger d'incendie [2].

Les ateliers seront construits en matériaux incombustibles, bien ventilés, et le sol en sera imperméable.

Le délayage de la poudre d'os se fera avec l'acide sulfurique sous des hottes entraînant les gaz et les vapeurs à la cheminée.

Les chaudières à concentration seront également sous des hottes en communication avec une cheminée d'appel.

La cheminée aura de 20 à 30 mètres suivant les cas.

Les eaux devront être neutralisées avant leur écoulement à l'égout [3].

Il est interdit de faire travailler des enfants dans ces établissements, en raison des vapeurs délétères qui se dégagent [4].

PIERRE à laver. — V. *Evier*.

PILERIES mécaniques des drogues. — Etablissements insalubres de 3° classe : bruit et poussière [5].

Les ateliers doivent être ventilés énergiquement au moyen de cheminées d'aération ayant au moins 0m 50 de côté : le sol en sera imperméable.

On devra prendre toutes les précautions nécessaires pour ne pas incommoder les voisins par le bruit des appareils, tels que les blutoirs, meules et pilons.

Il sera installé des ventilateurs mécaniques entraînant les poussières sous les foyers des machines ou dans des chambres à poussière [6].

Il est interdit d'employer des enfants, à cause des poussières nuisibles et parfois vénéneuses dégagées [7].

PIPES à fumer (Fabrication des) [8].

1° Avec fours non fumivores :

Etablissement insalubre de 2° classe : fumée.

2° Avec fours fumivores :

Etablissement insalubre de 3° classe : fumée accidentelle.

Pour les prescriptions administratives, V. *Faïence.*

[1] Le Bègue, p. 76.
[2] V. *Alignement.* — [3] V. *Saillie.* — [4] Instr. pol., 18 juin 1824, V. *Saillie.*
[5] Décr., 31 déc. 1866. — [6] Bunel, p. 370.
[7] Le Bègue, p. 77.
[8] V. *Bâtim. en constr.* — [9] Ord. pol., 25 juill. 1862, V. *Bâtim. en constr.* — [10] Le Bègue, p. 77. Cahier des juges de paix, 1852.

[1] Décr., 7 mai 1878.
[2] Décr., 31 déc. 1866. — [3] Bunel, p. 371. — [4] Décr., 14 mai 1875.
[5] Décr., 31 déc. 1866. — [6] Bunel, p. 372. — [7] Décr., 14 mai 1875.
[8] Décr., 31 déc. 1866.

Le travail des enfants est interdit dans les locaux où les poussières se dégagent librement[1].

PLACE DE GUERRE.—Décr. du 10 juill. 1791[2]. Lois des 17 juill. 1819[3], 30 mars 1831[4], 3 avril 1841[5], 7 avril 1851[6]. Décr. du 10 août 1853[7]. Lois des 22 juin 1854[8] et 27 mars 1874[9].

Les propriétés riveraines des places de guerre et des fortifications, de toute espèce, sont soumises à des servitudes réglées par les lois des 10 juillet 1791, 17 juillet 1819, 30 mars 1831, 7 avril 1851 complétées par les décrets des 10 août 1853 et 22 juin 1854[10].

Les fortifications de Paris sont régies par les lois des 3 avril 1841 et 27 mars 1874[11].

En outre des fortifications proprement dites, le terrain militaire comprend :

1° A l'intérieur, un espace libre, appelé *rue de rempart*, qui ne peut avoir moins de 8 mètres de largeur;

2° A l'extérieur, un espace, également libre, qui varie de 30 à 60 mètres.

Au delà du terrain militaire s'étend le *rayon de défense* plus ou moins étendu suivant l'importance de la place. Ce rayon se divise en trois zones : la première de 250 mètres, la seconde de 487 mètres, la troisième de 974 mètres; pour les postes militaires, ces zones ne sont respectivement que de 250, 487 et 584 mètres; ces distances sont mesurées sur les capitales des bastions.

Les servitudes varient suivant les zones.

Dans la *première zone*, il ne peut être bâti aucune maison, ni aucune clôture autrement qu'en haies sèches ou en planches à claire-voie, sans maçonnerie aucune. Les constructions, existant lors du classement, ne peuvent être ni surélevées sans autorisation[12], ni rétablies si elles viennent à être démolies pour quelque cause que ce soit.

Dans la *deuxième*, il est permis d'établir des constructions en bois et en terre.

Dans la *troisième* zone, on peut élever toute espèce de construction.

En cas d'urgence les expropriations sont réglées, non par la loi du 3 mai 1841, mais par celle du 30 mars 1831[13].

ANNEXES

Extrait du décret du 8-10 juillet 1791.

ARTICLE PREMIER. — Les places de guerre et postes militaires seront partagés en trois classes, suivant leur degré d'importance, et conformé-

ment au tableau qui sera réglé et annexé au présent décret.

ART. 15. — Dans toutes les places de guerre et postes militaires, le terrain compris entre le talus du rempart et une ligne tracée du côté de la place, à quatre toises (8 mètres) du pied dudit talus, et parallèlement à lui, ainsi que celui renfermé dans la capacité des redans, bastions, vides ou autres ouvrages qui forment l'enceinte, sera considéré comme terrain militaire national, et fera rue le long des courtines des gorges, et des bastions ou redans. Dans les postes militaires qui n'ont point de remparts, mais un simple mur de clôture, la ligne destinée à limiter intérieurement le terrain militaire national sera tracée à cinq toises (9m 95) du parement intérieur du parapet ou mur de clôture, et fera également rue.

ART. 16. — Si, dans quelques places de guerre et postes militaires, l'espace compris entre le pied talus du rempart ou le parement intérieur du mur de clôture et les maisons ou autres établissements des particuliers, était plus considérable que celui prescrit par l'article précédent, il ne serait rien changé aux dimensions actuelles du terrain national.

ART. 17. — Les agents militaires veillent à ce qu'aucune usurpation n'étende à l'avenir les propriétés particulières au delà des limites assignées au terrain national, et cependant toutes personnes qui jouissent actuellement de maisons, bâtiments ou clôtures qui débordent ces limites, continueront d'en jouir sans être inquiétées ; mais, dans le cas de démolition desdites maisons, bâtiments ou clôtures, que cette démolition soit volontaire, accidentelle ou nécessitée par les cas de guerre et autres circonstances, les particuliers seront tenus, dans la restauration de leurs maisons, bâtiments et clôtures, de ne point outrepasser les limites fixées au terrain national par l'article 15 ci-dessus.

ART. 18. — Les particuliers qui, par les dispositions de l'article 17 ci-dessus, perdront une partie du terrain qu'ils possèdent, en seront indemnisés par le trésor public, s'ils fournissent le titre légitime de leur possession ; l'assemblée nationale n'entendant d'ailleurs déroger en rien aux autres considérations en vertu desquelles ils seront entrés en jouissance de leur propriété.

ART. 19. — Les dispositions des articles 15, 16, 17 et 18 ci-dessus seront susceptibles d'être modifiées dans les places où quelques portions de vieilles enceintes non bastionnées font partie des fortifications; dans ce cas, les corps administratifs et les agents militaires se concerteront sur l'étendue à donner au terrain militaire national, et le résultat de leurs conventions, approuvé par le ministre de la guerre, deviendra provisoirement obligatoire pour les particuliers, lesquels demeureront réservés aux indemnités qui pourront leur être dues, et qui seront réglées à l'amiable, s'il se peut, par les départements, sur l'avis des districts, et, en cas de désaccord, par le tribunal du lieu.

ART. 20. — Les terrains militaires nationaux et extérieurs aux places et postes seront limités par des bornes, toutes les fois qu'ils ne se trouveront pas l'être déjà par des limites naturelles

[1] Décr., 14 mai 1875.
[2] Annexe. — [3] Annexe. — [4] Annexe. — [5] Annexe. — [6] Annexe. — [7] Annexe. — [8] Annexe. — [9] Annexe. — [10] Annexes. — [11] Annexes. — [12] C. d'Et., 24 déc. 1844. — [13] Annexe.

telles que chemins, rivières ou canaux, etc.

Dans le cas où le terrain militaire national ne s'étendrait pas à la distance de 20 toises (38ᵐ 98) de la crête des parapets des chemins couverts, les bornes qui devront en fixer l'étendue seront portées à cette distance de 20 toises (38ᵐ 98), et les particuliers légitimes possesseurs seront indemnisés, aux frais du trésor public, de la perte du terrain qu'ils pourront éprouver à cette opération.

ART. 21. — Dans les postes sans chemins couverts, les bornes qui fixeront l'étendue du terrain militaire national seront éloignées du parement extérieur de la clôture de 15 à 20 toises (29ᵐ 24 à 38ᵐ 98), suivant que cela sera jugé nécessaire.

ART. 22. — Tous terrains dépendant des fortifications qui, sans nuire à leur conservation, seront susceptibles d'être cultivés, ne le seront jamais qu'en nature d'herbages, sans labour quelconque et sans être paturés, à moins d'une autorisation du ministre de la guerre.

ART. 23. — Le ministre de la guerre désignera ceux desdits terrains qui seront susceptibles d'être cultivés, et dont le produit pourra être récolté sans inconvénients; il indiquera pareillement ceux des fossés, canaux, flaques ou étangs qui seront susceptibles d'être pêchés. Il adressera les états de ces divers objets aux commissaires des guerres, qui, conjointement avec les corps administratifs, et de la manière qu'il est prescrit aux articles 5, 6, 7, 8, 9, et 10 du titre 6, les affermeront à l'enchère en présence des agents militaires qui auront été chargés par le ministre de prescrire les conditions relatives à la conservation des fortifications.

ART. 24. — Les fermiers de toutes les propriétés nationales dépendant du département de la guerre seront responsables de toutes les dégradations qui seront reconnues provenir de la faute d'eux ou de leurs agents. Et lorsque le service des fortifications obligera de détériorer, par des dépôts de matériaux, ou des emplacements d'ateliers, ou de tout autre manière, les productions de quelques parties de terrains qui leur seront affermées, l'indemnité à laquelle ils auront droit de prétendre sera estimée par des experts, et il leur sera fait, sur le prix de leurs baux, une déduction égale au dommage estimé.

ART. 25. — Toutes dégradations faites aux fortifications ou à leurs dépendances, telles que portes, passages d'entrée des villes, barrières, pont-levis, ponts dormants, etc., seront dénoncées par les agents militaires aux officiers civils chargés de la police, lesquels seront tenus de faire droit, suivant les circonstances et les caractères du délit.

ART. 26. — Nulle personne ne pourra planter des arbres dans le terrain des fortifications, émonder, extirper ou faire abattre ceux qui s'y trouvent plantés, sans une autorisation du ministre de la guerre : ceux desdits arbres qu'il désignera comme inutiles au service militaire seront vendus à l'enchère, conformément à ce qui est prescrit à l'art. 23 ci-dessus pour l'affermage des terrains.

ART. 27. — Tous les produits provenant des propriétés nationales dépendant du département de la guerre seront perçus par les corps administratifs et versés par eux au trésor public, ainsi que cela sera réglé par les lois concernant l'organisation des finances.

ART. 28. — Pour assurer la conservation des fortifications et la récolte des fruits des terrains affermés, il est défendu à toutes personnes, sauf aux agents militaires et leurs employés nécessaires, de parcourir les diverses parties desdites fortifications, spécialement leurs parapets et banquettes; n'exceptant de cette disposition que le seul terre-plein du rempart du corps de place, et les parties d'esplanade qui ne sont pas en valeur, dont la libre circulation sera permise à tous les habitants, depuis le soleil levé jusqu'à l'heure fixée pour la retraite des citoyens, et laissant aux officiers municipaux, de concert avec l'autorité militaire, le droit de restreindre cette disposition toutes les fois que les circontances l'exigeront.

ART. 29. — Il ne sera fait aucun chemin, levée ou chaussée, ni creusé aucun fossé dans l'étendue de 500 toises (974ᵐ 52) autour des places, et 300 toises (584ᵐ 71) autour des postes militaires, sans que leur alignement et leur position aient été concertés avec l'autorité militaire.

ART. 30. — Il ne sera, à l'avenir, bâti ni construit aucune maison ni clôture de maçonnerie autour des places de première et de seconde classe, même dans leurs avenues et faubourgs, plus près qu'à 250 toises (487ᵐ 26) de la crête des parapets des chemins couverts les plus avancés ; en cas de contravention, ces ouvrages seront démolis aux frais des propriétaires contrevenants. Pourra, néanmoins, le ministre de la guerre, déroger à cette disposition, pour permettre la construction de moulins et autres semblables usines, à une distance moindre que celle prohibée par le présent article, à la condition que lesdites usines ne seront composées que d'un rez-de-chaussée, et à charge par les propriétaires de ne recevoir aucune indemnité pour démolition en cas de guerre.

ART. 31. — Autour des places de première et de deuxième classe, il sera permis d'élever des bâtiments et clôtures en bois et en terre, sans y employer de pierres ni de briques, même de chaux ni de plâtre, autrement qu'en crépissage, mais seulement à la distance de 100 toises (194ᵐ 90) de la crête du parapet du chemin couvert le plus avancé, et avec la condition de les démolir, sans indemnité, à la réquisition de l'autorité militaire, dans le cas où la place, légalement déclarée en état de guerre, serait menacée d'une hostilité.

ART. 32. — Autour des places de troisième classe et des postes militaires de toutes les classes, il sera permis d'élever des bâtiments et clôtures de construction quelconque, au delà de la distance de 100 toises (194ᵐ 90) des parapets des chemins couverts les plus avancés, ou des murs de clôture des postes, lorsqu'il n'y aura pas de chemins couverts.

Le cas arrivant où ces places et postes seraient déclarés dans l'*état de guerre*, les démolitions qui seraient jugées nécessaires, à la distance de 250 toises (487ᵐ 26), et au-dessus, de la crête des parapets des chemins couverts et des murs de clôture, n'entraîneront aucune indemnité pour les propriétaires.

Art. 33. — Les indemnités prévues par les art. 30, 31 et 32, seront dues néanmoins aux particuliers, si, lors de la construction de leurs maisons, bâtiments et clôtures, ils étaient éloignés des crêtes des parapets des chemins couverts les plus avancés, de la distance prescrite par les ordonnances.

Art. 34. — Les décombres provenant des bâtisses et autres travaux civils et militaires ne pourront être déposés à une distance moindre de 500 toises (974^m 51) de la crête des parapets des chemins couverts les plus avancés des places de guerre, si ce n'est dans les lieux indiqués par les agents de l'autorité militaire; exceptant de cette disposition ceux des détriments qui pourraient servir d'engrais aux terres, pour les dépôts desquels les particuliers n'éprouveront aucune gêne, pourvu qu'ils évitent de les entasser.

Art. 35. — Les écluses dépendant des fortifications, soit dedans, soit dehors des places de guerre de toutes les classes, ne pourront être manœuvrées que par les ordres de l'autorité militaire, laquelle, dans l'état de paix, sera tenue de se concerter avec les municipalités ou les directeurs des corps administratifs, pour diriger les effets desdites écluses de la manière la plus utile au bien public.

Art. 36. — Lorsqu'une place sera en état de guerre, les inondations qui servent à sa défense ne pourront être tendues ou mises à sec sans un ordre exprès du roi; il en sera de même pour les démolitions des bâtiments ou clôtures qu'il deviendrait nécessaire de détruire pour la défense desdites places; et, en général, cette disposition sera suivie pour toutes les opérations qui pourraient porter préjudice aux propriétés et jouissances particulières.

Art. 37. — Dans les cas d'urgente nécessité, qui ne permettrait pas d'attendre les ordres du roi, le commandant des troupes assemblera le conseil de guerre à l'effet de délibérer sur l'état de la place et de la défense de ses environs, et d'autoriser la prompte exécution des dispositions nécessaires à sa défense.

Art. 38. — Dans les cas prévus par les art. 35, 36 et 37 ci-dessus, les particuliers dont les propriétés auront été endommagées seront indemnisés aux frais du trésor public, sauf pour les maisons, bâtiments et clôtures existant à une distance moindre de 250 toises (487^m 26) de la crête des parapets des chemins couverts.

Art. 39. — Dans les places et postes de troisième classe, où il y a des municipalités, il ne sera fourni aucuns fonds par le trésor public, pour l'entretien des ponts, portes et barrières, ces diverses dépenses devant être à la charge des municipalités, si elles désirent conserver lesdits ponts, portes et barrières.

Art. 40. — Les municipalités des places et postes de troisième classe pourront, si elles le jugent convenable, supprimer les ponts sur les fossés, et leur substituer des levées en terre, avec des ponceaux, pour la circulation des eaux dont lesdits fossés peuvent être remplis, à la charge à elles de déposer dans les magasins militaires les matériaux susceptibles de service, tels que les plombs, les fers et les bois sains provenant de la démolition desdits ponts, et à charge encore de ne pas dégrader les piles et culées de maçonnerie sur lesquelles ces ponts seront portés.

Art. 41. — Il est défendu à tout particulier, autre que les agents militaires désignés à cet effet par le ministre de la guerre, d'exécuter aucune opération de topographie sur le terrain, à 500 toises (974^m 52) d'une place de guerre, sans l'aveu de l'autorité militaire. Cette faculté ne pourra être refusée lorsqu'il ne s'agira que d'opérations relatives à l'arpentement des propriétés.

Les contrevenants à cet article seront arrêtés et jugés conformément aux lois qui seront décrétées sur cet objet dans le Code des délits militaires.

Loi du 17-25 *juillet* 1819.

Article premier. — Lorsque le roi aura ordonné, soit des constructions nouvelles de places de guerre ou postes militaires, soit la suppression ou démolition de ceux actuellement existant, soit des changements dans le classement ou dans l'étendue desdites places ou postes, les effets qui résulteraient de ces mesures, dans l'application des servitudes imposées à la propriété en faveur de la défense par la loi du 10 juillet 1791, ne pourront avoir lieu qu'en vertu d'une ordonnance du roi publiée dans les communes intéressées, et d'après les formes prescrites par la loi du 8 mars 1810.

Art. 2. — Le terrain militaire appartenant à l'État, tel qu'il a été défini par la loi du 10 juillet 1791, sera limité par des bornes plantées contradictoirement avec les propriétaires des terrains limitrophes. Ces bornes seront rattachées à des points fixes, et rapportées sur un plan spécial de circonscription, dont une expédition sera déposée à la sous-préfecture, afin que chacun puisse en prendre connaissance.

L'opération de ce bornage sera exécutée aux frais du gouvernement.

Art. 3. — La tolérance spécifiée par l'article 30 du titre 1er de la loi du 10 juillet 1791, en faveur des moulins et usines, pourra, lorsqu'il n'en résultera aucun inconvénient pour la défense, s'étendre à toute espèce de bâtiments ou clôtures situées hors des places ou postes, ou sur l'esplanade des citadelles; le tout sous les conditions qui seront déterminées par le roi, relativement à la nature des matériaux et à la dimension des constructions.

Les terrains auxquels la présente exception pourra être appliquée seront limités par des bornes, et rapportés sur le plan spécial de circonscription mentionné à l'article 2 et homologué par une ordonnance du roi. Il ne sera accordé aucune permission quelconque ni avant la confection de ce plan, ni hors de ces limites, quand il aura été dressé.

Art. 4. — La distance, fixée à 100 toises par les articles 31 et 32 du titre 1er de la loi du 10 juillet 1791, sera portée à 250 mètres, sans néanmoins que la prohibition qui en résulte puisse s'étendre aux constructions existantes, lesquelles pourront être entretenues dans leur état actuel. Pourront aussi, entre ladite limite et celle du terrain militaire, être établies librement des clôtures en haies sèches ou en planches à claire voie, sans pan de bois ni maçonnerie.

Art. 5. — Les ouvrages détachés auront sur leur pourtour, suivant leur degré d'importance et les localités, des rayons égaux, soit aux rayons de l'enceinte des places et des ouvrages qui en dépendent immédiatement, soit à ceux des simples postes militaires.

Seront considérés comme ouvrages détachés les ouvrages de fortifications qui se trouveraient à plus de 250 mètres des chemins couverts de la place à laquelle ils appartiennent.

Art. 6. — Les distances fixées par la loi du 10 juillet 1791 et par la présente loi, pour l'exercice des servitudes imposées à la propriété en faveur de la défense, seront mesurées à partir des lignes déterminées par lesdites lois, sur les capitales de l'enceinte et des dehors. Leurs points extrêmes seront marqués par des bornes, qui réunies de proche en proche par des lignes droites, serviront de limites extérieures au terrain soumis auxdites servitudes.

Les procès-verbaux de bornage seront dressés par les ingénieurs civils et militaires, en présence des maires ou adjoints des communes intéressées, et ces fonctionnaires pourront y faire inscrire leurs avis ou observations.

Art. 7. — Autour des places et postes qui n'ont ni chemin couvert, ni mur de clôture, les distances susdites seront mesurées à partir de la crête intérieure de leur parapet.

Art. 8. — Les bornes plantées en exécution des articles précédents seront, comme celles du terrain militaire appartenant à l'État, rattachées à des points fixes, et rapportées sur le plan de circonscription mentionné en l'article 2.

Les bâtiments, clôtures et autres constructions existant en dehors des limites déterminées ci-dessus, ainsi que toutes les bâtisses et constructions qui seront faites en vertu des exceptions ci-dessus déterminées, seront aussi rapportées avec un numéro d'ordre sur ledit plan de circonscription.

Ce plan sera accompagné d'un état descriptif des dimensions et de la nature desdites constructions, d'après la vérification qui en sera faite en présence des propriétaires et du maire de la commune, dûment requis à cet effet.

Art. 9. — Les distances et dimensions fixées par le plan et par l'état descriptif ci-dessus mentionnés seront notifiées à chaque partie intéressée, par l'intermédiaire des gardes des fortifications, dûment assermentés.

Si dans les trois mois de ladite notification, les propriétaires intéressés réclament contre l'application des limites légales, il sera statué à cet égard, sauf tout recours de droit, comme en matière de grande voirie, d'après une vérification faite sur les lieux par les ingénieurs civils et militaires.

Les propriétaires intéressés y seront présents ou dûment appelés, et pourront s'y faire assister par un arpenteur. Leurs avis et observations seront consignés au procès-verbal.

Art. 10. — Les travaux ou constructions qui pourront devenir, en vertu de la présente loi ou de celle du 10 juillet 1791, l'objet d'une tolérance spéciale, ne seront entrepris qu'après que les particuliers ou les communes auront pris l'engagement de remplir les conditions qui leur seront prescrites.

Cette soumission ne sera assujettie qu'au droit fixe de 1 franc, et son effet subsistera indéfiniment sans qu'il soit besoin de la renouveler.

Art. 11. — Les contraventions à la présente loi seront constatées par les procès-verbaux des gardes des fortifications et réprimées conformément à la loi du 19 mai 1802 (29 floréal an X) relative aux contraventions en matière de grande voirie.

Art. 12. — Dans le cas où, nonobstant la notification faite par les gardes des fortifications des procès-verbaux de contravention, les contrevenants ne rétabliraient pas l'ancien état des lieux dans le délai qui leur sera fixé, l'autorité militaire transmettra lesdits procès-verbaux au préfet du département; elle y joindra, avec un fragment du plan dont il est fait mention dans l'article 2 de la présente loi, un extrait de l'état descriptif et un mémoire sommaire de discussion, pour être sur le tout statué en conseil de préfecture, sauf les vérifications qui pourront être jugées nécessaires.

Toutefois, si, après la notification faite en vertu du présent article, les contrevenants poursuivaient leur infraction, le conseil de préfecture ordonnerait sur-le-champ la suspension des travaux.

Art. 13. — Outre la démolition de l'œuvre nouvelle, aux frais des contrevenants, ils encourront, selon les cas, les peines applicables aux contraventions analogues en matière de grande voirie.

Art. 14. — Tout jugement de condamnation rendu en exécution des deux articles précédents fixera le délai dans lequel le contrevenant sera tenu de démolir, enlever les décombres, et rétablir à ses frais l'ancien état des lieux.

Il sera notifié à la partie intéressée par les gardes des fortifications, avec sommation d'exécuter; faute de quoi il y sera procédé d'office.

A défaut d'exécution après l'expiration des délais, la démolition aura lieu, à la diligence de l'autorité militaire, en présence du maire ou de son adjoint, requis à cet effet.

Les démolitions, déblais et remblais seront effectués et la dépense constatée dans les formes établies pour les travaux des fortifications; le compte de ces dépenses sera transmis par le directeur des fortifications au préfet du département, qui en fera poursuivre le recouvrement conformément à la loi du 19 mai 1802.

Art. 15. — Les indemnités prévues par les articles 18, 19, 20, 24, 33 et 38 de la loi du 10 juillet 1791 seront fixées dans les formes prescrites par la loi du 8 mars 1810 et préalablement acquittées, conformément à l'article 10 de la charte constitutionnelle.

Art. 16. — Les dispositions des lois existantes auxquelles il n'est pas formellement dérogé par la présente loi continueront d'avoir leur plein et entier effet.

Loi du 30 mars 1831.

ARTICLE PREMIER. — Lorsqu'il y aura lieu d'occuper tout ou partie d'une ou plusieurs propriétés particulières pour y faire des travaux de fortification dont l'urgence ne permettra pas d'accomplir les formalités de la loi du 8 mars 1810, il sera procédé de la manière suivante.

ART. 2. — L'ordonnance royale qui autorisera les travaux et déclarera l'utilité publique déclarera en même temps qu'il y a urgence.

ART. 3. — Dans les vingt-quatre heures de la réception de l'ordonnance du roi, le préfet du département où les travaux de fortification devront être exécutés transmettra ampliation de ladite ordonnance au procureur du roi près le tribunal de l'arrondissement où seront situées les propriétés qu'il s'agira d'occuper, et au maire de la commune de leur situation.

Sur le vu de cette ordonnance, le procureur du roi requerra de suite, et le tribunal ordonnera immédiatement, que l'un des juges se transportera sur les lieux avec un expert que le tribunal nommera d'office.

Le maire fera sans délai publier l'ordonnance royale par affiche, tant à la principale porte de l'église du lieu qu'à celle de la maison commune, et par tous les moyens possibles. Les publications et affiches seront justifiées par ce magistrat.

ART. 4. — Dans les vingt-quatre heures, le juge-commissaire rendra, pour fixer le jour et l'heure de sa descente sur les lieux, une ordonnance qui sera signifiée, à la requête du procureur du roi, au maire de la commune où le transport devra s'effectuer, et à l'expert nommé par le tribunal.

Le transport s'effectuera dans les dix jours de cette ordonnance, et seulement huit jours après la signification dont il vient d'être parlé.

Le maire, sur les indications qui lui seront données par l'agent militaire chargé de la direction des travaux, convoquera, au moins cinq jours à l'avance, pour le jour et l'heure indiqués par le juge-commissaire :

1° Les propriétaires intéressés, et, s'ils ne résident pas sur les lieux, leurs agents, mandataires ou ayants cause ;

2° Les usufruitiers, ou autres personnes intéressées, telles que fermiers, locataires ou occupants, à quelque titre que ce soit.

Les personnes ainsi convoquées pourront se faire assister par un expert ou arpenteur.

ART. 5. — Un agent de l'administration des domaines et un expert, ingénieur, architecte ou arpenteur, désignés l'un et l'autre par le préfet, se transporteront sur les lieux au jour et à l'heure indiqués pour se réunir au juge-commissaire, au maire ou à l'adjoint, à l'agent militaire et à l'expert désigné par le tribunal.

Le juge-commissaire recevra le serment préalable des experts sur les lieux, et il en sera fait mention au procès-verbal.

L'agent militaire déterminera, en présence de tous, par des pieux et piquets, le périmètre du terrain dont l'exécution des travaux nécessitera l'occupation.

ART. 6. — Cette opération achevée, l'expert désigné par le préfet procédera immédiatement et sans interruption, de concert avec l'agent de l'administration des domaines, à la levée du plan parcellaire, pour indiquer dans le plan général de circonscription les limites et la superficie des propriétés particulières.

ART. 7. — L'expert nommé par le tribunal dressera un procès-verbal qui comprendra :

1° La désignation des lieux, des cultures, bâtiments et autres accessoires des fonds : cet état descriptif devra être assez détaillé pour servir de base à l'appréciation de la valeur foncière, et, en cas de besoin, de la valeur locative, ainsi que des dommages et intérêts résultant des changements ou dégâts qui pourront avoir lieu ultérieurement ;

2° L'estimation de la valeur foncière et locative de chaque parcelle de ces dépendances, ainsi que de l'indemnité qui pourra être due pour frais de déménagement, pertes de récoltes, détérioration d'objets mobiliers, ou tous autres dommages.

Ces diverses opérations auront lieu contradictoirement avec l'agent de l'administration des domaines et l'expert nommé par le préfet, avec les parties intéressées si elles sont présentes, ou avec l'expert qu'elles auront désigné. Si elles sont absentes et qu'elles n'aient point nommé d'expert, ou si elles n'ont point le libre exercice de leurs droits, un expert sera désigné d'office par le juge-commissaire pour les représenter.

ART. 8. — L'expert nommé par le tribunal devra, dans son procès-verbal:

1° Indiquer la nature et la contenance de chaque propriété, la nature des constructions, l'usage auquel elles sont destinées, les motifs des évaluations diverses, et le temps qu'il paraît nécessaire d'accorder aux occupants pour évacuer les lieux ;

2° Transcrire l'avis de chacun des autres experts, et les observations et réquisitions, telles qu'elles lui seront faites, de l'agent militaire, du maire, de l'agent du domaine, et des parties intéressées ou de leurs représentants. Chacun signera ses dires, ou mention sera faite de la cause qui l'en empêche.

ART. 9. — Lorsque les propriétaires, ayant le libre exercice de leurs droits, consentiront à la cession qui leur sera demandée et aux conditions qui leur seront offertes par l'administration, il sera passé entre eux et le préfet un acte de vente qui sera rédigé dans la forme des actes d'administration et dont la minute restera déposée aux archives de la préfecture.

ART. 10. — Dans le cas contraire, sur le vu de la minute du procès-verbal dressé par l'expert, et de celui du juge-commissaire qui aura assisté à toutes les opérations, le tribunal, dans une audience tenue aussitôt après le retour de ce magistrat, déterminera, en procédant comme en matière sommaire, sans retard et sans frais :

1° L'indemnité de déménagement à payer aux détenteurs avant l'occupation ;

2° L'indemnité approximative et provisionnelle de dépossession qui devra être consignée, sauf règlement ultérieur et définitif, préalablement à la prise de possession.

Le même jugement autorisera le préfet à se mettre en possession, à la charge :

1° De payer sans délai l'indemnité de déménagement, soit au propriétaire, soit au locataire ;

2° De signifier avec le jugement l'acte de consignation de l'indemnité provisionnelle de dépossession.

Ledit jugement déterminera le délai dans lequel, à compter de l'accomplissement de ces formalités, les détenteurs seront tenus d'abandonner les lieux.

Ce délai ne pourra excéder cinq jours pour les propriétés non bâties, et dix jours pour les propriétés bâties.

Le jugement est exécutoire nonobstant appel ou opposition.

ART. 11. — L'acceptation de l'indemnité approximative et provisionnelle de dépossession ne fera aucun préjudice à la fixation de l'indemnité définitive.

Si l'indemnité provisionnelle n'excède pas cent francs, le payement en sera effectué sans production d'un certificat d'affranchissement d'hypothèques et sans formalité de purge hypothécaire.

Si l'indemnité excède cette somme, le gouvernement fera, dans les trois mois de la date du jugement dont il est parlé dans l'article précédent, transcrire ledit jugement, et purgera les hypothèques légales. A l'expiration de ce délai, l'indemnité provisionnelle sera exigible de plein droit, lors même que les formalités ci-dessus n'auraient pas été remplies, à moins qu'il n'y ait des inscriptions ou des saisies-arrêts ou oppositions ; dans ce cas, il sera procédé selon les règles ordinaires et sans préjudice de l'article 26 de la loi du 8 mars 1810 [1].

ART. 12. — Aussitôt après la prise de possession, le tribunal procédera au règlement définitif de l'indemnité de dépossession, dans les formes prescrites par les articles 16 et suivants de la loi du 8 mars 1810 [2]. Si l'indemnité définitive excède l'indemnité provisionnelle, cet excédent sera payé conformément à l'article précédent.

ART. 13. — L'occupation temporaire prescrite par l'ordonnance royale ne pourra avoir lieu que pour des propriétés non bâties.

L'indemnité annuelle représentative de la valeur locative de ces propriétés et du dommage résultant du fait de la dépossession, sera réglée à l'amiable ou par autorité de justice, et payée par moitié de six mois en six mois, au propriétaire et au fermier, le cas échéant.

Lors de la remise des terrains qui n'auront été occupés que temporairement, l'indemnité due pour les détériorations causées par les travaux, ou par la différence entre l'état des lieux au moment de la remise et l'état constaté par le procès-verbal descriptif, sera payée sur règlement amiable ou judiciaire, soit au propriétaire, soit au fermier ou exploitant, et selon leurs droits respectifs.

ART. 14. — Si, dans le cours de la troisième année d'occupation provisoire, le propriétaire ou son ayant droit n'est pas remis en possession, ce propriétaire pourra exiger et l'État sera tenu de payer l'indemnité pour la cession de l'immeuble, qui deviendra dès lors propriété publique.

L'indemnité foncière sera réglée, non sur l'état de la propriété à cette époque, mais sur son état au moment de l'occupation, tel qu'il aura été constaté par le procès-verbal descriptif.

Tout dommage causé au fermier ou exploitant par cette dépossession définitive lui sera payé après règlement amiable ou judiciaire.

ART. 15. — Dans tous les cas où l'occupation provisoire ou définitive donnerait lieu à des travaux pour lesquels un crédit n'aurait pas été ouvert au budget de l'État, la dépense restera soumise à l'exécution de l'article 152 de la loi du 25 mars 1817.

Extrait de la loi du 3 avril 1841
relative aux fortifications de Paris.

ART. 7. — La ville de Paris ne pourra être classée parmi les places de guerre du royaume qu'en vertu d'une loi spéciale.

ART. 8. — La première zone des servitudes militaires, telle qu'elle est réglée par la loi du 17 juillet 1819, sera seule appliquée à l'enceinte continue et aux forts extérieurs. Cette zone unique, de deux cent cinquante mètres, sera mesurée sur les capitales des bastions, et à partir de la crête de leurs glacis.

ART. 9. — Les limites actuelles de l'octroi de la ville de Paris ne pourront être changées qu'en vertu d'une loi spéciale.

Loi du 7-11 avril 1851.

ARTICLE PREMIER. — La zone frontière dans l'étendue de laquelle ne peuvent s'exécuter les travaux spécifiés par l'article 6 de la loi du 19 janvier 1791 et par le décret du 22 décembre 1812, qu'autant que ces projets ont été soumis à l'examen préalable d'une commission mixte des travaux publics, sera déterminée par un règlement d'administration publique, accompagné d'un plan délimitatif désignant les départements, arrondissements, communes et parties de communes compris dans ladite zone.

ART. 2. — Cette zone comprendra des portions de territoire réservées, dans lesquelles les lois, décrets et règlements relatifs aux travaux mixtes continueront d'être appliqués aux chemins vicinaux de toutes classes; mais ces chemins pourront à l'avenir s'exécuter librement dans tout le reste de la frontière.

ART. 3. — Le règlement d'administration publique déterminant l'étendue de la zone frontière et des portions de territoire réservées sera rendu dans le délai d'un an, à partir du jour de la promulgation de la présente loi.

Ce règlement réunira, en les coordonnant et les modifiant au besoin, les dispositions relatives aux travaux mixtes de l'État, des départements et des communes, dans l'étendue de la zone frontière et dans le rayon des enceintes fortifiées.

ART. 4. — La zone frontière établie conformément aux dispositions de l'article 1 et les portions de territoire réservées en vertu de

---

[1] Abrogée par la loi du 3 mai 1841. — [2] Loi du 3 mai 1841, V. *Expropriation.*

l'article 2, pourront être réduites par un décret du pouvoir exécutif; mais une fois réduites, elles ne pourront être étendues que dans les formes prescrites par l'article 1, et sur l'avis d'une commission de défense.

ART. 5. — A l'avenir, la commission mixte des travaux publics sera composée ainsi qu'il suit :

....

ART. 6. — Les contraventions aux lois et ordonnances sur les travaux mixtes seront constatées par des procès-verbaux dressés par les gardes du génie.

ART. 7. — Dans le cas où, nonobstant la notification faite par les gardes du génie des procès-verbaux de contravention, les contrevenants ne rétabliraient pas l'ancien état des lieux dans le délai qui leur sera fixé, l'autorité militaire transmettra les procès-verbaux au préfet du département. Le conseil de préfecture statuera, après les vérifications qui pourront être nécessaires.

Toutefois si, après la notification faite en vertu du présent article, les contrevenants poursuivent leur infraction, le conseil de préfecture ordonnera sur-le-champ la suppression des travaux, et l'autorité militaire sera chargée d'assurer cette suspension.

ART. 8. — Tout jugement de condamnation rendu en exécution de l'article précédent fixera le délai dans lequel le contrevenant sera tenu de rétablir à ses frais l'ancien état des lieux.

Il sera notifié à la partie intéressée par les gardes du génie, avec la sommation d'exécuter, faute de quoi il y sera procédé d'office.

A défaut d'exécution après l'expiration des délais, les travaux seront faits par l'autorité militaire.

Le compte des dépenses sera transmis par le directeur des fortifications au préfet du département, qui l'arrêtera et en fera poursuivre le recouvrement, conformément à la loi du 19 mai 1802.

ART. 9. — Les actions pour contravention à la présente loi ne pourront être exercées après l'expiration de l'année qui suivra la date du procès-verbal de réception des travaux. Ce délai passé, elles seront éteintes.

ART. 10. — Les dispositions contraires à la présente loi sont abrogées.

Extrait du décret du 10 *août* 1853.

TITRE III. — SERVITUDES RELATIVES AU TERRAIN MILITAIRE FORMANT LA ZONE DES FORTIFICATIONS, ET BORNAGE DE CE TERRAIN.

ART. 22. — La zone des fortifications, tant des places et des postes que des ouvrages, s'étend depuis la limite intérieure de la rue militaire ou du rempart jusqu'aux lignes qui terminent les glacis, et comprend, s'il y a lieu, les terrains extérieurs annexes de la fortification, tels que les esplanades, avant-fossés, et autres ayant une destination défensive.

Elle est inaliénable et imprescriptible, et les constructions particulières y sont prohibées.

ART. 23. — La rue militaire est établie pour assurer intérieurement une libre communication le long des remparts, parapets ou murs de clôture des ouvrages de fortification. Les habitants en ont l'usage, en se conformant aux règlements concernant la police de la place et la voirie urbaine.

Elle est limitée à l'intérieur :

En arrière des courtines, par une ligne tracée parallèlement au pied du talus ou du mur de soutènement du rempart, ou bien du talus de banquette, s'il n'y a qu'un simple parapet, à la distance de sept mètres soixante et dix-neuf centimètres de ce pied de talus ou de mur; et, s'il n'existe qu'une clôture ou un parapet sans banquette, par une parallèle au pied intérieur de cette clôture ou de ce parapet, à la distance de neuf mètres soixante et quatorze centimètres ;

En arrière des bastions et des redans, par une ligne distante de sept mètres soixante et seize centimètres de la gorge de l'ouvrage.

Sur les points où l'intervalle compris entre les lignes précitées et les propriétés particulières bordant la voie publique a une largeur plus grande que celle que prescrit la disposition qui précède, il n'est rien changé aux dimensions actuelles de la rue du rempart.

La rue militaire, telle qu'elle est définie ci-dessus, ne peut être réduite que par un décret rendu sur le rapport du ministre de la guerre.

Les autorités civiles peuvent lui faire assigner des limites plus étendues par voie d'alignement, dans l'intérêt de la circulation, en se conformant aux prescriptions de la loi du 16 septembre 1807 et du décret du 26 mars 1852.

ART. 24. — Toute personne qui possède actuellement des maisons, bâtisses ou clôtures débordant la limite intérieure de la rue militaire, continue d'en jouir sans être inquiétée, en se conformant aux dispositions des articles 11 et 12 ci-dessus ; mais, dans le cas de démolition desdites maisons, bâtisses ou clôtures, pour une cause quelconque, elle est tenue de se reculer sur l'alignement fixé.

Lorsque la construction n'est comprise qu'en partie dans la limite intérieure de la zone des fortifications, la restriction ci-dessus ne portera que sur les portions qui empiètent sur l'alignement de la rue du rempart.

Au fur et à mesure que les emplacements ainsi occupés par des particuliers cessent d'être bâtis ou clos, ils sont réunis de plein droit à la fortification, sans qu'il soit besoin d'un décret déclaratif d'utilité publique, et les particuliers sont indemnisés de la valeur du sol, s'ils justifient qu'ils en sont possesseurs à titre légitime.

TITRE VI. — DÉPOSSESSIONS, DÉMOLITIONS ET INDEMNITÉS.

ART. 35. — La construction des fortifications et les mesures prises pour la défense des places de guerre et des postes militaires peuvent donner lieu à des indemnités pour cause de dépossession, de privation de jouissance et de destruction ou de démolition, dans le cas et suivant les conditions mentionnées dans les articles suivants.

ART. 36. — Il y a lieu à allouer des indemnités de dépossession lorsque les constructions nouvelles de places ou postes de guerre, ou des changements ou augmentations à ceux qui existent, mettent le gouvernement dans le cas d'exiger la cession à l'État de propriétés privées par la voie d'expropriation pour cause d'utilité publique.

L'indemnité est réglée dans les formes établies par la loi du 3 mai 1841.

ART. 37. — Il y a lieu à indemnité pour privation de jouissance, pendant l'état de paix, toutes les fois que, par suite de l'exécution de travaux de fortification ou de défense, d'extraction de matériaux, ou pour toute autre cause, l'autorité militaire occupe ou fait occuper temporairement une propriété privée, de manière à y porter dommage ou à en diminuer le produit. Cette occupation ne peut avoir lieu que dans les circonstances et dans les formes déterminées par les lois des 16 septembre 1807, 30 mars 1831 et 3 mai 1841, et l'indemnité est réglée en conformité des prescriptions de ces mêmes lois.

L'état de paix a lieu toutes les fois que la place ou le poste n'est point constitué en état de guerre ou de siège par un décret, par une loi ou par l'effet des circonstances prévues aux articles 38 et 39.

ART. 38. — Lorsqu'une place ou un poste est déclaré en état de guerre, les inondations et les occupations de terrains nécessaires à sa défense ne peuvent avoir lieu qu'en vertu d'un décret, ou, dans le cas d'urgence, des ordres du gouverneur ou du commandant de place, sur l'avis du conseil de défense, après avoir fait constater, autant que possible, l'état des lieux par des procès-verbaux des gardes du génie ou des autorités locales. Il y a urgence dès que les troupes ennemies se rapprochent à moins de trois journées de marche de la place ou du poste.

L'indemnité pour les dommages causés par l'exécution de ces mesures de défense est réglée aussitôt que l'occupation a cessé.

Les dispositions qui précèdent sont applicables, dans les mêmes circonstances, à la détérioration, à la destruction ou à la démolition des maisons, clôtures ou autres constructions situées sur le terrain militaire ou dans les zones de servitudes. Seulement, il n'est pas dressé d'état de lieux, et il n'est alloué d'indemnité qu'aux particuliers ayant préalablement justifié, sur titres, que ces constructions existaient, dans leur nature et leurs dimensions actuelles, avant que le sol sur lequel elles se trouvaient fût soumis aux servitudes militaires.

L'indemnité, pour les démolitions faites dans les zones de servitudes, ne se règle que sur la valeur des bâtisses, sans y comprendre l'estimation du sol qui n'est point acquis par l'État. Si cependant il s'agit d'un terrain couvert par des constructions ou affecté à leur exploitation, l'indemnité peut exceptionnellement porter sur la valeur du sol, et alors l'État en devient propriétaire.

L'état de guerre est déclaré par une loi ou par un décret, toutes les fois que les circonstances obligent à donner à la police militaire plus de force et d'action que pendant l'état de paix.

Il résulte, en outre, de l'une des circonstances suivantes :

1° En temps de guerre, lorsque la place ou le poste est en première ligne ou sur la côte, à moins de cinq journées de marche des places, camps ou positions occupés par l'ennemi ;

2° En tout temps, quand on fait des travaux qui ouvrent une place ou un poste situé sur la côte ou en première ligne ;

3° Lorsque des rassemblements sont formés dans un rayon de cinq jours de marche sans l'autorisation des magistrats.

ART. 39. — Toute occupation, toute privation de jouissance, toute démolition, destruction et autre dommage résultant d'un fait de guerre ou d'une mesure de défense prise, soit par l'autorité militaire pendant l'état de siège, soit par un corps d'armée ou un détachement en face de l'ennemi, n'ouvre aucun droit à indemnité.

L'état de siège d'une place ou d'un poste est déclaré par une loi ou par un décret.

Il résulte aussi de l'une des circonstances suivantes :

L'investissement de la place ou du poste par des troupes ennemies qui interceptent les communications du dehors au dedans, et du dedans au dehors, à la distance de trois mille cinq cents mètres des fortifications ;

Une attaque de vive force ou par surprise ;

Une sédition intérieure ;

Enfin des rassemblements formés dans le rayon d'investissement sans l'autorisation des magistrats.

Dans le cas d'une attaque régulière, l'état de siège ne cesse qu'après que les travaux de l'ennemi ont été détruits et les brèches réparées ou mises en état de défense.

Loi du 22 juin 1854.

ARTICLE PREMIER. — A l'avenir, il ne pourra être élevé, à une distance moindre de vingt-cinq mètres des murs d'enceinte des magasins à poudre de la guerre et de la marine, aucune construction de nature quelconque, autre que des murs de clôture.

Sont prohibés, dans la même étendue, l'établissement des conduits de becs de gaz, des clôtures en bois et des haies sèches, les emmagasinements et dépôts de bois, fourrages ou matières combustibles, et les plantations d'arbres de haute tige.

ART. 2. — Sont également prohibés, jusqu'à une distance de cinquante mètres des mêmes murs d'enceinte, les usines et établissements pourvus de foyers avec ou sans cheminées d'appel.

ART. 3. — La suppression des constructions, clôtures en bois, plantations d'arbres, dépôts de matières combustibles ou autres actuellement existants dans les limites ci-dessus, pourra être ordonnée, moyennant indemnité, lorsqu'ils seront de nature à compromettre la sécurité ou la conservation des magasins à poudre.

Dans le cas où cette suppression s'appliquera

à des constructions ou aux établissements mentionnés dans l'article 2, il sera procédé à l'expropriation, conformément aux dispositions de la loi du 3 mai 1841.

Dans les autres cas, l'indemnité sera réglée conformément à la loi du 16 septembre 1807.

ART. 4. — Les contraventions à la présente loi seront constatées, poursuivies et réprimées, conformément à la loi du 17 juillet 1819, et suivant les formes établies au titre VII du règlement d'administration publique du 10 août 1853 concernant les servitudes imposées à la propriété autour des fortifications.

À cet effet, les gardes d'artillerie, chargés de dresser les procès-verbaux, seront assimilés aux gardes du génie et dûment assermentés.

Loi du 27 mars 1874.

ARTICLE PREMIER. — Il sera construit de nouveaux ouvrages extérieurs autour de Paris, sur les emplacements indiqués par la commission de défense. Ces travaux sont déclarés d'utilité publique et d'urgence.

ART. 2. — Ces ouvrages de fortification seront classés dans la première série des places de guerre. Toutefois, la première zone des servitudes défensives, telle qu'elle est définie par le décret du 10 août 1853, leur sera seule applicable. Cette zone unique de 250 mètres sera mesurée sur les capitales, à partir de la crête des glacis.

PLAFOND. — Le locataire doit le bouchement des trous laissés par les clous ou les pitons qu'il a posés au plafond, avec raccord de peinture, si le raccord est possible, ou la peinture entière du plafond, si le raccord n'est pas possible, comme dans les plafonds à la colle [1].

PLANTES marines. — V. *Combustion des plantes marines.*

PLAQUE DE FONTE. — V. *Contre-cœurs.*

PLATINE (Fabrique de). — Établissement insalubre de 2e classe : émanations nuisibles [2].

Les appareils seront placés sous des hottes en communication avec une cheminée d'appel élevée de 5 mètres au-dessus des cheminées voisines dans un rayon de 100 mètres [3].

PLATRE (Fours à) [4].

1° Permanents :
Établissements insalubres de 2e classe : fumée et poussière.

2° Ne travaillant pas plus d'un mois :

Établissements insalubres de 3e classe : fumée et poussière.

Pour les prescriptions administratives, V. *Fours à chaux* et *Moulins à plâtre.*

Il est interdit de faire travailler des enfants dans les locaux où les poussières provenant du broyage, du blutage, etc., se dégagent [1].

PLOMB (Fonte et laminage du). — V. *Fonte,* etc.

POÊLES. — Instr. préf. pol. du 18 juin 1824 [2]. Instr. du Conseil d'hygiène du 11 nov. 1853 [3]. Ord. pol. des 23 nov. 1853 [4] et 15 sept. 1875 [5].

Les poêles doivent avoir une communication directe avec l'air extérieur [6], et être à 0^m16 de distance de toute pièce de bois [7].

Leurs tuyaux ne peuvent déboucher sur la voie publique [8].

Les poêles mobiles doivent être placés sur une plateforme en matériaux incombustibles dépassant d'au moins 0^m20 la face de l'ouverture du foyer, et être élevés sur pieds, de manière qu'il y ait au-dessus de la plateforme un vide d'au moins 0^m08 [9].

On ne doit pas fermer la clef d'un poêle qui contient encore de la braise allumée [10].

Le locataire est, comme pour les cheminées, responsable de l'âtre, des contrecœurs et des dégradations qu'il commet, telles que les épaufrures aux faïences ou à la tablette en marbre. Il doit également l'entretien de la porte, du chauffe-assiettes et de sa porte, des bouches de chaleur, du cendrier, etc. L'entretien du tuyau, mais non de la colonne, est à la charge du propriétaire [11].

POÊLIERS fournalistes, poêles et fourneaux en faïence et en terre cuite. — V. *Faïence.*

POILS de lièvre et de lapin. — V. *Secrétage.*

POISSONS salés (Dépôts de).

Établissements insalubres de 2e classe : odeur incommode [12].

Les magasins seront ventilés au moyen de cheminées d'aération, le sol en sera imperméable avec pente convenable pour l'écoulement des liquides à l'égout.

Il sera établi un contre-mur, ou tout au moins un enduit en ciment, au droit du mur mitoyen [13].

---

[1] Le Bègue, p. 77.
[2] Décr., 20 juin 1883. — [3] Bunel, p. 374.
[4] Décr., 31 déc. 1866.

[1] Décr., 14 mai 1875.
[2] V. *Saillie.* — [3] V. *Log. insal.* — [4] Ibid. —
[5] V. *Incendie.* — [6] Ord. pol., 23 nov. 1853, V. *Log. insal.* — [7] Ord. pol., 15 sept. 1875, V. *Incendie.* —
[8] Instr., 18 juin 1824, V. *Saillie.* — [9] Ord. pol., 15 sept. 1875, V. *Incendie.* — [10] Instr., 11 nov. 1853, V. *Log. insal.* — [11] Le Bègue, p. 78.
[12] Décr., 31 déc. 1866. — [13] Bunel, p. 375.

POITRAIL. — V. *Mur mitoyen.*

POMPE. — Dans les pompes l'entretien
et la réparation du piston, de la tringle,
du balancier, ainsi que du support et de
l'arrêt de ce balancier sont à la charge
du principal locataire, ou du propriétaire,
si plusieurs locataires ont la jouissance
de la pompe [1]; ces derniers sont responsables des dégradations qu'ils commettent,
mais c'est au bailleur à rechercher et à
poursuivre l'auteur de ces dégradations.

PORCELAINE (Fabrication de) [2].
1° Avec fours non fumivores :
Etablissement insalubre de 2° classe :
fumée.
2° Avec fours fumivores :
Etablissement insalubre de 3° classe :
fumée accidentelle.
[1] Pour les prescriptions administratives,
V. *Faïence.*
Il est interdit de faire travailler des enfants dans les locaux où les poussières provenant du broyage, du blutage, etc., se
dégagent [3].

PORCHERIES comprenant plus de six
animaux adultes [4].
1° Lorsqu'elles ne sont point l'accessoire
d'un établissement agricole:
Etablissement insalubre de 2° classe :
odeur et bruit.
2° Lorsque, dépendant d'un établissement
agricole, elles seront situées dans des agglomérations urbaines de 5,000 âmes et au-
dessus.
Etablissement insalubre de 2° classe :
odeur et bruit.
Ces établissements ne sont autorisés qu'à
une assez grande distance des habitations
et qu'autant qu'il y a une concession d'eau
abondante, avec écoulement à l'égout.
Le sol des cours et des toits à porcs sera
imperméable, avec pentes et ruisseaux.
Les toits à porcs seront en maçonnerie
enduite en ciment et bien ventilés [5].
La meilleure exposition est l'exposition
au midi.
Les dimensions à observer dans l'établissement des porcheries sont [6] :

	Mètres.
Truie portière (superf. par tête) de	4.00 à 5.00
Cochon (superf. par tête) de	2.00 à 3.00
Verrat — .	3.00 à 4.00
Porc à l'engrais (superf. par tête) de	2.50 à 3.00

[1] Agnel, n° 593.
[2] Décr., 31 déc. 1866. — [3] Décr., 14 mai 1875.
[4] Décr., 12 mai 1886. — [5] Bunel, p. 376. —
[6] G. Heuzé, *Année agricole,* 1863.

	Mètres.
Couloir de service (largeur).	1.30
Longueur de l'auge (par tête).	0.75 à 1.00
Profondeur — — .	0.30
Largeur — — .	0.30 à 0.40
Hauteur des planchers	2.00 à 2.50

PORTE. — Ord. pol. des 8 nov. 1780 [1],
21 mai 1784 [2], 20 déc. 1856 [3] et 25 juill. 1862 [4].

Les portes d'entrée des maisons, sur la
voie publique, doivent être fermées à partir
de huit heures en hiver et de dix heures du
soir en été [5].
Dans la banlieue de Paris toute propriété
doit être tenue fermée à partir de neuf
heures du soir en hiver et à partir de onze
heures du soir en été [6].
Il est défendu de faire développer les
portes sur la voie publique [7].
Le locataire, qui a fait percer dans une
porte un trou de chatière, doit faire remettre la planche entière où le trou a été pratiqué.
Pour les serrures ou verroux de sûreté
posés aux portes palières, le locataire ne
doit qu'une pièce en menuiserie, un raccord
de peinture et une indemnité de dépréciation.
Il en est de même pour les portes coupées pour le passage des tapis [8].
Le preneur a l'entretien des portes battantes recouvertes en étoffes; il doit les
rendre sans taches ni déchirures [9].
Quand il y a un principal locataire, ou
qu'il s'agit d'une maison louée en totalité,
l'entretien des *portes cochères* ou d'*allées,*
y compris le cordon et la sonnette d'annonce, est à la charge du principal locataire.
Aux portes sous tenture, le preneur doit
non seulement le remplacement du papier
s'il est taché ou déchiré, mais il doit aussi
l'entretien des bandes en zinc qui masquent
les joints [10].

ANNEXES

*Extrait de l'ordonnance de police
du 8 novembre 1780.*

ART. 15. — Enjoignons à tous propriétaires et
principaux locataires des maisons de cette ville
et faubourgs, de quelque état et condition
qu'ils soient, de tenir les portes de leurs maisons fermées pendant la nuit, leur défendons
de les laisser ouvertes après huit heures du
soir, depuis le 1er novembre jusqu'au dernier

[1] Annexe. — [2] Annexe. — [3] Annexe. — [4] V. *Bâtim.
en constr.* — [5] Ord. pol., 8 nov. 1780, 21 mai 1784,
annexes. Cass., 2 févr. 1837. — [6] Ord. pol., 28 déc.
1856, annexe. — [7] Ord. pol., 25 juill. 1862, V. *Bâtim.
en constr.* — [8] Le Bègue, p. 79. — [9] Le Bègue,
p. 80. — [10] Ibid.

mars, et après dix heures, depuis ledit jour dernier mars jusqu'au 1er novembre, à peine de 100 livres d'amende contre chacun des contrevenants, et sous plus grande peine en cas de récidive.

Extrait de l'ordonnance de police du 21 mai 1784.

ART. 8. — Seront tenus tous les habitants de cette ville et faubourgs, de quelque état et condition qu'ils soient, de fermer ou faire fermer les portes de leurs maisons à l'entrée de la nuit, le tout sous les peines d'amende et autres portées contre les contrevenants aux dispositions des ordonnances ci-dessus renouvelées.

Ordonnance du police de 20 décembre 1856.

ARTICLE PREMIER. — Il est expressément défendu à tous propriétaires et locataires, dans la banlieue de Paris et les communes rurales du ressort de la préfecture de police, de laisser les portes de leurs maisons, cours ou allées, ouvertes pendant la nuit. Elles devront être, en conséquence, tenues fermées, à partir de neuf heures du soir, du 1er novembre au 1er avril, et à partir de onze heures, du 1er avril au 1er novembre.

ART. 2. — Sont exceptés seulement de l'obligation ci-dessus les établissements publics dont les heures de fermeture sont réglées par une ordonnance spéciale.

ART. 3. — Les contraventions à la présente ordonnance seront poursuivies, conformément aux lois, devant les tribunaux de police compétents.

ART. 4. — La présente ordonnance, etc.....

PORTES ET FENÊTRES. — V. *Contributions directes.*

POTASSE (Fabrication de) par calcination des résidus de mélasse.

Établissement insalubre de 2e classe : fumée et odeur [1].

Les ateliers seront ventilés énergiquement au moyen de larges trémies d'aération.

Les gaz et les vapeurs seront dirigés sous un foyer incandescent.

Les magasins de dépôt de la potasse, au sortir des fours, seront en matériaux incombustibles avec portes de fer.

La cheminée aura de 20 à 30 mètres d'élévation suivant les cas [2].

POTASSE. — V. *Chromate de potasse.*

POTERIES DE TERRE (Fabrication de) avec fours non fumivores.

Établissement insalubre de 3e classe : fumée [3].

[1] Décr., 31 déc. 1866. — [2] Bunel, p. 377.
[3] Décr., 31 déc. 1866.

Les prescriptions administratives sont les mêmes que celles rapportées au mot *Briqueteries.*

Il est interdit de faire travailler des enfants dans les locaux où les poussières provenant du broyage, du blutage, etc., se dégagent [1].

POUDRES et matières fulminantes (Fabrication de).

Établissement dangereux de 1re classe : danger d'explosion et d'incendie [2].

V. *Fulminate de mercure,* pour les prescriptions administratives.

Il est interdit d'y employer des enfants, en raison des dangers d'explosion et d'incendie [3].

POUDRETTE (Fabrication de) et autres engrais au moyen de matières animales.

Établissement insalubre de 1re classe : odeur et altération des eaux [4].

Les bassins servant à la décantation doivent être parfaitement étanches et placés sous des hangars clos surmontés de hautes cheminées d'aération.

La cheminée de la fabrique d'ammoniaque sera élevée de 30 à 40 mètres suivant les localités.

L'établissement doit être clos de murs et entouré d'arbres [5].

POUDRETTE (Dépôts de). — V. *Engrais.*

POULAILLER. — Les différentes dimensions à donner de préférence dans l'installation d'un poulailler sont [6] :

	Mètres.
Longueur du perchoir (par volatile) de.........	0.25 à 0.35
Largeur du nid........	0.25 à 0.30
Longueur.........	0.15 à 0.20
Hauteur du bord.......	0.40 à 0.50
— sous plancher...	2.50 à 3.00
Distance entre les perchoirs.............	0.50 à 0.60

POULIE. — Les poulies, cordes et mains de fer des puits, les poulies des greniers, les chapes des poulies, rentrent dans la catégorie des réparations locatives, quand il n'y a qu'un seul locataire, ou qu'il s'agit d'un principal locataire ; au contraire, s'il y a plusieurs locataires dans la maison, l'entretien en incombe au propriétaire, à moins qu'il ne puisse découvrir l'auteur de la dégradation [7].

[1] Décr., 14 mai 1875.
[2] Décr., 31 déc. 1866. — [3] Décr., 14 mai 1875.
[4] Décr., 1 déc. 1866. — [5] Bunel, p. 379.
[6] G. Heuzé, *Année agricole,* 1863.
[7] Agnel, n° 592.

POUTRE. — V. *Mur mitoyen.*

POUZZOLANE artificiel (Fours à).
Etablissement insalubre de 3ᵉ classe :
fumée [1].
Pour les prescriptions administratives,
V. *Briqueteries, Fours à chaux et à plâtre.*
Il est interdit de faire travailler des
enfants dans les locaux où les poussières
provenant du broyage, du blutage, etc., se
dégagent [2].

PRÉFET DE LA SEINE ET PRÉFET DE POLICE.
— Ord. du prévôt de Paris du 22 sept. 1600 [3].
Lettres patentes du 31 janv. 1638 [4]. Edit de juin
1700 [5]. Arr. des consuls du 1ᵉʳ juill. 1800 [6].
Décr. des 10 oct. 1859 [7] et 13 avr. 1861 [8].

A Paris, jusqu'en 1789, le prévôt des marchands, ses lieutenants et les échevins, avaient
la direction des expropriations, de la construction et de l'entretien des places, remparts,
quais, égouts, ponts, berges, ports, fontaines
et aqueducs, plus, mais en partie seulement, la police de la navigation sur la
Seine [9].
Le voyer de Paris était soumis au prévôt
des marchands [10]. Successivement supprimée, puis rétablie, cette charge de voyer
de Paris fut définitivement éteinte au profit
des trésoriers de France [11].
A partir de ce moment toutes les rues
de Paris se trouvèrent assimilées aux routes
et soumises à la même juridiction, c'est-à-
dire, à ce que l'on appelle maintenant le
régime de la grande voirie.
Lors de la grande réforme apportée,
dans le régime administratif, par les lois
des 22 décembre 1789 et 11 septembre 1790,
la grande voirie fut attribuée aux préfets [12]
et la petite voirie aux maires. Paris fut régi
par une législation spéciale ; cette situation
existe encore aujourd'hui.
Les pouvoirs du prévôt des marchands
ont été partagés entre le préfet de la Seine,
auquel est confié la grande voirie, et le
préfet de police qui a la petite voirie [13].
Mais une distinction parfaitement nette
est très difficile à établir entre la grande
et la petite voirie, aussi les conflits, assez
fréquents entre les deux préfectures, n'ont-
ils pris à peu près fin qu'à la suite du décret
du 10 octobre 1859 [14], déterminant d'une façon précise les attributions de chacune
de ces deux préfectures.

[1] Décr., 31 déc. 1866. — [2] Décr., 14 mai 1875.
[3] V. *Alignement.* — [4] V. *Voyer.* — [5] Annexe. —
[6] Annexe. — [7] Annexe. — [8] Annexe. — [9] Edit, juin
1700, annexe. — [10] Ord. pol., 22 sept. 1600, V. *Alignement.* — [11] Lettres patentes, 31 janv. 1638, V.
Voyer. — [12] Les attributions des préfets sont définitivement réglées par le décr. du 13 avril 1861, annexe. — [13] Arrêt, 1ᵉʳ juill. 1800, annexe. — [14] Annexe.

Ordonnance de juin 1700.

Louis, etc. :
ARTICLE PREMIER. — Que le lieutenant général ou prévôt de Paris pour la police, et les
prévôt des marchands et échevins exercent
chacun en droit soi, la juridiction qui leur est
attribuée par les ordonnances sur le commerce
des blés et autres grains, et les fassent exécuter
à cet égard, ensemble les règlements de
police, ainsi qu'ils ont fait bien et dûment
jusqu'à cette heure. C'est à savoir, que le lieutenant général de la police connoisse dans
l'étendue de la prévôté et vicomté de Paris, et
même dans les huit lieues aux environs de la
ville, de tout ce qui regarde la vente, livraison
et voiture des grains que l'on y amène par
terre, quand même ils auraient été chargés
sur la rivière, pourvu qu'ils en aient été déchargés par la suite sur la terre, à quelque distance que ce puisse être de ladite ville ; comme
aussi de toutes les contraventions qui pourroient
être faites auxdites ordonnances et règlements,
quand même on prétendroit que les grains
auroient été destinés pour cette ville, et qu'ils
devroient y être amenés par eau, et ce jusqu'à
ce qu'ils soient arrivés au lieu où l'on doit les
charger sur les rivières qui y affluent, et que
les prévôt des marchands et échevins connoissent de leur part de la vente et livraison desdits
grains, lorsqu'elles se feront dans le lieu où
ils doivent être embarqués sur lesdites
rivières, et pareillement de la voiture qui s'en
fera par icelles ; et si dans les procès qui seront
portés devant eux pour raison de ventes et
livraisons ainsi faites, et des voitures desdits
grains, ils trouvent qu'il y ait eu quelque contravention aux ordonnances et règlemens de
police, ils en prendront connoissance et pourront ordonner, sur la réquisition qui sera faite
d'office par notre procureur et de la ville, tout
ce qu'ils estimeront nécessaire pour l'exécution
de nos ordonnances et règlemens.
ART. 2. — Que les prévôt des marchands et
échevins reçoivent en la manière accoutumée
les déclarations de tous les vins qui arrivent en
notredite ville de Paris ; qu'ils prennent connoissance de tout ce qui regarde la vente et le
commerce de ceux qui doivent y être conduits,
dedans et depuis le lieu où l'on les charge sur
les rivières, ensemble de leurs voitures par
icelles, et incidemment aux procès qui seront
intentés pour ce sujet, des contraventions qui
pourroient avoir été faites à nos ordonnances
et règlemens de police, lorsqu'ils seront dans
les lieux où l'on les charge, et tant qu'ils
seront dans les bateaux, sur les ports et sur
l'étape de cette ville ; et que le lieutenant
général de police ait toute juridiction, police et
connoissance sur la vente et commerce qui se
fait desdits vins, lorsque l'on les amène par
terre en cette ville, et des contraventions qui
peuvent être faites aux ordonnances et règlemens de police, même ceux qui y ont été
amenés par les rivières aussitôt qu'ils seront
transportés des bateaux sur lesquels ils ont été
amenés des ports et étapes de cette ville, dans

les maisons et caves des marchands de vin, et sans que les officiers de la ville puissent y faire aucune visite, ni en prendre depuis aucune connoissance sous prétexte de mesures, ou sous quelqu'autre que ce puisse être.

ART. 3. — Que les prévôt des marchands et échevins connoissent de la voiture qui se fait par eau des bois merrain et de charronnage, et qu'ils règlent les ports de cette ville où ils devront être amenés et déchargés; et que le lieutenant général de la police connoisse de tout ce qui regarde l'ordre qui doit être observé entre les charrons et autres personnes qui peuvent employer lesdits bois de merrain et de charronnage que l'on amène en notre ville de Paris. Et pour prévenir les contestations qui peuvent arriver au sujet de la décharge desdits bois à terre, voulons que le voiturier qui les aura amenés ou celui à qui ils appartiendront soient tenus de faire signifier au bureau des maîtres charrous, par un huissier ou sergent du Châtelet, l'arrivage desdits bois, afin que les jurés en fassent la visite et le lotissement dans les trois jours qui suivront celui de la signification; et à faute par eux de faire la visite et le lotissement dans ledit temps, permettons aux voituriers ou à celui à qui lesdits bois appartiendront de les faire descendre à terre sans en demander la permission à aucun juge, et d'en disposer, après néanmoins que la visite aura été faite.

ART. 4. — Que les prévôt des marchands et échevins connoissent de tout ce qui regarde les conduites des eaux et entretien des fontaines publiques, et que le lieutenant général de police connoisse de l'ordre qui doit être observé entre les porteurs d'eau pour l'y puiser et pour la distribuer à ceux qui en ont besoin, ensemble de toutes les contraventions qu'ils pourroient faire aux règlements de police, et qu'il puisse pareillement leur faire défenses d'en puiser en certain temps, et en certains endroits de la rivière, lorsqu'il le jugera à propos.

ART. 5. — Que les prévôt des marchands et échevins prennent connoissance et aient juridiction sur les quais pour empêcher que l'on n'y mette aucunes choses qui puissent empêcher la navigation sur la rivière, et pour en faire ôter celles qui y auront été mises, et pareillement celles qui pourroient causer le dépérissement des quais, de l'entretien desquels ils sont chargés et sans qu'ils puissent y faire construire à l'avenir aucunes échoppes, ni aucuns autres bâtimens de quelque nature que ce puisse être, sans en avoir obtenu notre permission. Voulons, au surplus, que le lieutenant général de police exerce sur lesdits quais toute la juridiction qui lui est attribuée dans le reste de notredite ville, et qu'il puisse même y faire porter les neiges lorsqu'il le jugera absolument nécessaire pour le nettoiement de la ville, et pour la liberté du passage dans les rues.

ART. 6. — Ordonnons que la publication des traités de paix sera faite en présence de nos officiers au Châtelet et des prévôt des marchands et échevins, suivant les ordres que nous leur en donnerons, et en la forme en laquelle elle a été faite à l'occasion des derniers traités de paix qui ont été conclus à Riswik.

ART. 7. — Lorsque l'on fera des échafauds pour des cérémonies ou des spectacles que l'on donne au sujet des fêtes et réjouissances publiques, les officiers tant du Châtelet que de l'hôtel de Ville exécuteront les ordres particuliers qu'il nous plaira leur donner sur ce sujet, et lorsqu'ils n'en auront point reçu de notre part, voulons que le lieutenant général de police ait l'inspection sur les échafauds, et donne les ordres qu'il jugera nécessaires pour la solidité de ceux qui seront faits dans les rues, et même sur les quais, et pour empêcher que les passages nécessaires dans la ville n'en soient embarrassés ni empêchés, et que les prévôt des marchands et échevins prennent le même soin, et aient la même connoissance sur ceux qui pourroient être faits sur le bord et dans le lit de la rivière, et dans la place de Grève.

ART. 8. — Lorsqu'il arrivera un débordement d'eau qui donnera sujet de craindre que les ponts sur lesquels il y a des maisons bâties ne soient emportés, et que l'on ne puisse passer sûrement sur lesdits ponts, voulons que le lieutenant général de police et les prévôt des marchands et échevins, donnent conjointement, concurremment et par prévention, tous les ordres nécessaires pour faire déloger ceux qui demeurent sur lesdits ponts, et pour en fermer les passages, et qu'en cas de diversité de sentimens, ils se retirent sur le champ vers notre cour de parlement, pour y être pourvu; et en cas qu'elle ne soit pas assemblée, par devers celui qui préside, pour être réglé par son avis.

ART. 9. — Les teinturiers dégraisseurs et autres ouvriers qui sont obligés de se servir de l'eau de la rivière pour leurs ouvrages, se pourvoiront par devers les prévôt des marchands et échevins, afin de leur accorder la permission d'avoir des bateaux, s'ils en ont besoin, et de marquer les lieux où ils pourront les placer sans incommodité de ladite ville, et sans empêcher le cours de la navigation, et lorsqu'ils n'auront pas besoin d'avoir des bateaux, ils se pourvoiront seulement par devers le lieutenant général de police.

ART. 10. — Le lieutenant général de police connoîtra, à l'exclusion des prévôt des marchands et échevins, de ce qui regarde la vente et le débit des huîtres, soit qu'elles soient amenées en cette ville par eau ou par terre, et sans préjudice de la juridiction des commissaires du parlement sur le fait de la marée.

ART. 11. — Le lieutenant général de police aura connoissance de tout ce qui regarde l'ordre et la police concernant la vente et le commerce du poisson d'eau douce que l'on amène en notredite ville, et à cet effet les marchands de poissons qui y demeurent, auront soin de le visiter exactement aussitôt qu'il y sera arrivé, et en feront rapport audit lieutenant général de police, lequel ordonnera sur lesdits rapports, ou autrement, tout ce qu'il estimera convenable à l'ordre et à la police publique touchant ladite marchandise; et lorsque les marchands forains et autres vendront du poisson sur les boutiques et réservoirs aux femmes qui vendent au détail, ou à telles autres personnes que ce puisse être, le lieutenant général de police connoîtra seul de tout ce qui regarde à cet égard l'ordre, la police et l'exécution de nos ordonnances et réglemens; et les prévôt des marchands et échevins connoîtront de ce qui touche la vente et livraison dudit poisson, qui est destiné pour notredite ville de Paris dans les lieux où l'on le met sur les rivières navigables qui y affluent, ensemble de la voiture que l'on y fait dudit poisson depuis lesdits lieux, et des contestations qui peuvent arriver pour raison d'icelles, et pareillement de celles qui naîtront entre lesdits marchands et les personnes qui achètent ledit poisson en détail ou sur la rivière, et même des contraventions qui pourroient avoir été faites aux ordonnances et réglemens de police, et qui viendraient à leurs connoissances incidemment aux susdits procès.

Art. 12. — Enjoignons, au surplus, auxdits lieutenant général de police et prévôt des marchands et échevins, d'éviter autant qu'il leur sera possible toutes sortes de conflits de juridiction, de régler s'il se peut à l'amiable, et par des conférences entre eux, ceux qui seroient formés, et de les faire enfin régler au parlement le plus sommairement qu'il se pourra, sans qu'ils puissent rendre des ordonnances ni faire de part et d'autres aucuns réglemens au sujet desdites contestations, ni sous aucun prétexte que ce puisse être.

Si donnons, etc.

Extrait de l'Arrêté des Consuls du 1ᵉʳ juillet 1800.

SECTION PREMIÈRE.

ARTICLE PREMIER. — Le préfet de police exercera ses fonctions, ainsi qu'elles sont déterminées ci-après, sous l'autorité immédiate des ministres; il correspondra directement avec eux pour les objets qui dépendent de leurs départements respectifs.

ART. 2. — Le préfet de police pourra publier de nouveau les lois et réglements de police, et rendre les ordonnances tendant à en assurer l'exécution.

SECTION III. — POLICE MUNICIPALE.

Petite voirie.

ART. 21. — Le préfet de police sera chargé de tout ce qui a rapport à la petite voirie, sauf le recours au ministre de l'intérieur contre ses décisions.

Il aura, à cet effet, sous ses ordres, un commissaire chargé de surveiller, permettre ou défendre :

L'ouverture des boutiques, étaux de boucherie et de charcuterie;

L'établissement des auvents ou constructions de même genre qui prennent sur la voie publique;

L'établissement des échoppes ou étalages mobiles;

D'ordonner la démolition ou réparation des bâtiments menaçant ruine.

Liberté et sûreté de la voie publique.

ART. 22. — Le préfet de police procurera la liberté et sûreté de la voie publique et sera chargé à cet effet :

D'empêcher que personne n'y commette de dégradation;

De la faire éclairer;

De faire surveiller le balayage auquel les habitants sont tenus devant leurs maisons, et de le faire faire aux frais de la ville dans les places et la circonférence des jardins et édifices publics;

De faire sabler, s'il survient du verglas, et de déblayer au dégel, les ponts et lieux glissants des rues;

D'empêcher qu'on expose rien sur les toits ou fenêtres, qui puisse blesser les passants en tombant.

Il fera observer les réglements sur l'établissement des conduites pour les eaux de la pluie et les gouttières.

Il empêchera qu'on y laisse vaguer des furieux, des insensés, des animaux malfaisants ou dangereux;

Qu'on ne blesse les citoyens par la marche trop rapide des chevaux ou des voitures;

Qu'on obstrue la libre circulation, en arrêtant ou déchargeant des voitures et marchandises devant les maisons, dans les rues étroites, ou de tout autre manière.

Le préfet de police fera effectuer l'enlèvement des boues, matières malsaines, neiges, glaces, décombres, vases sur les bords de la rivière après les crues des eaux.

Il fera faire les arrosements dans la ville, dans les lieux et dans la saison convenables.

Salubrité de la cité.

ART. 23. — Il assurera la salubrité de la ville :

En prenant des mesures pour prévenir et arrêter les épidémies, les épizooties, les maladies contagieuses;

En faisant observer les règlements de police sur les inhumations;

En faisant enfouir les cadavres d'animaux morts, surveiller les fosses vétérinaires, la construction, entretien et vidange des fosses d'aisances;

En faisant arrêter, visiter les animaux suspects de mal contagieux, et mettre à mort ceux qui en seront atteints;

En surveillant les échaudoirs, fondoirs, salles de dissection, et la basse-geôle;

En empêchant d'établir dans l'intérieur de Paris des ateliers, manufactures, laboratoires ou maisons de santé, qui doivent être hors de l'enceinte des villes, selon les lois et règlements;

En empêchant qu'on ne jette ou dépose dans les rues aucune substance malsaine;

En faisant saisir ou détruire dans les halles, marchés ou boutiques, chez les bouchers, boulangers, marchands de vins, brasseurs, limonadiers, épiciers, droguistes, apothicaires, ou tous autres, les comestibles ou médicaments gâtés, corrompus ou nuisibles.

SECTION IV. — DES AGENTS QUI SONT SUBORDONNÉS AU PRÉFET DE POLICE; DE CEUX QU'IL PEUT REQUÉRIR OU EMPLOYER.

ART. 35. — Le préfet de police aura sous ses ordres :

Les commissaires de police ;
Les officiers de paix ;
Les commissaires de police de la Bourse ;
Le commissaire chargé de la petite voirie ;
Les commissaires et inspecteurs des halles et marchés ;
Les inspecteurs des ports.

Décret du 10 octobre 1859.

ARTICLE PREMIER. — A l'avenir les attributions du préfet de la Seine comprendront, en outre de celles qui lui sont dès à présent conférées par les lois et règlements, et sous les réserves exprimées par les articles 2, 3, 4 ci-après :

1 La petite voirie, telle qu'elle est définie par l'article 21 de l'arrêté du 12 messidor an VIII ;

2° L'éclairage, le balayage, l'arrosage de la voie publique, l'enlèvement des boues, neiges et glaces ;

3° Le curage des égouts et des fosses d'aisances ;

4° Les permissions pour établissements sur la rivière, les canaux et les ports ;

5° Les traités et tarifs concernant les voitures publiques et la concession des lieux de stationnement de ces voitures, et de celles qui servent à l'approvisionnement des halles et marchés ;

6° Les tarifs, l'assiette et la perception des droits municipaux de toute sorte dans les halles et marchés ;

7° La boulangerie et les approvisionnements ;

8° L'entretien des édifices communaux de toute nature ;

9° Les baux, marchés et adjudications relatifs aux services administratifs de la ville de Paris.

Toutefois, lorsque ces baux intéresseront la circulation, l'entretien, l'éclairage de la voie publique et la salubrité, ils devront, avant d'être présentés au conseil municipal, être soumis à l'appréciation du préfet de police, et en cas de dissentiment, transmis avec ses observations au ministre de l'intérieur, qui prononcera.

ART. 2. — Le préfet de police exercera, à l'égard des matières énumérées en l'article précédent, le droit qui lui est conféré par l'article 34 de l'arrêté du 12 messidor an VIII.

Si les indications et réquisitions du préfet de police ne sont pas suivies d'effet, il pourra en référer au ministre compétent.

Dans le même cas, si le préfet de police fait opposition à l'exécution de travaux pouvant gêner la circulation, ils ne pourront être commencés ou continués qu'en vertu de l'autorisation du ministre compétent.

ART. 3. — Le préfet de la Seine ne pourra proposer au conseil municipal la concession d'aucun emplacement d'échoppe ou d'étalage, fixe ou mobile, ni d'aucun lieu de stationnement de voitures sur la voie publique, et il ne pourra délivrer d'autorisation concernant les établissements sur la rivière, les canaux et leurs dépendances, qu'après avoir pris l'avis du préfet de police. En cas d'opposition de ce magistrat, il ne sera passé outre qu'en vertu d'une décision du ministre compétent.

ART. 4. — Dans les circonstances motivant la concession de permissions d'étalage sur la voie publique d'une durée moindre de quinze jours, ces permissions pourront être accordées exceptionnellement par le préfet de police, après avoir pris l'avis du préfet de la Seine.

ART. 5. — La taxe du pain sera établie par le préfet de la Seine, d'après les déclarations reçues et enregistrées à la caisse de la boulangerie, en exécution du décret organique du 27 décembre 1853. Le préfet de police la fera observer, conformément à l'article 27 de l'arrêté du 12 messidor an VIII, et assurera en outre la fidélité du débit du pain.

Le taux des différences en plus ou en moins mentionnées en l'article 5 du décret du 27 décembre 1853 sera déterminé par le conseil municipal sur la proposition du préfet de la Seine. Il devra être approuvé par le ministre de l'agriculture, du commerce et des travaux publics.

ART. 6. — Les dispositions des décrets, arrêtés et ordonnances contraires au présent décret sont et demeurent abrogées.

Extrait du décret du 13 avril 1861.

ARTICLE PREMIER. — Les préfets statueront désormais sur les affaires départementales et communales qui exigeaient jusqu'à ce jour la décision du ministre de l'intérieur et dont la nomenclature suit, par addition au tableau A annexé au décret du 25 mars 1852 :

1° Approbation des conditions des souscriptions à ouvrir et des traités de gré à gré à passer pour la réalisation des emprunts des villes qui n'ont pas cent mille francs de recettes ordinaires ;

2° Fixation de la durée des enquêtes qui doivent avoir lieu, en vertu de l'ordonnance du 18 février 1834, pour les travaux de construction de chemins vicinaux d'intérêt commun et de grande communication, ou de ponts à péage situés sur ces voies publiques, quand ils n'intéressent que les communes d'un même département ;

3° Règlement des indemnités pour dommages résultant d'extraction de matériaux destinés à la construction des chemins vicinaux de grande communication ;

4° Règlement des frais d'expertise mis à la charge de l'administration, notamment en matière de subventions spéciales pour dégradations extraordinaires causées aux chemins vicinaux de grande communication ;

5° Secours aux agents des chemins vicinaux de grande communication ;

6° Gratification aux mêmes agents ;

7° Affectation du fonds départemental à des achats d'instruments ou à des dépenses d'impressions spéciales pour les chemins vicinaux de grande communication ;...

ART. 2. — Les préfets statueront aussi, sans l'autorisation du ministre de l'agriculture, du commerce et des travaux publics, mais sur l'avis ou la proposition des ingénieurs en chef, en ce qui concerne les numéros 1, 2, 3, 4 et 5 sur les divers objets dont suit la nomenclature, par addition aux tableaux B et D annexés au décret du 25 mars 1852 :

1° Approbation des adjudications autorisées par le ministre pour travaux imputables sur les fonds du Trésor ou des départements, dans tous les cas où les soumissions ne renferment aucune clause extra-conditionnelle, et où il n'aurait été présenté aucune réclamation ou protestation ;

2° Approbation des prix supplémentaires pour des parties d'ouvrages non prévues aux devis, dans les cas où il ne doit résulter de l'exécution de ces ouvrages aucune augmentation dans la dépense ;

3° Fixation de la durée des enquêtes à ouvrir dans les formes déterminées par l'ordonnance du 18 février 1834, lorsque ces enquêtes auront été autorisées en principe par le ministre et sauf le cas où les enquêtes doivent être ouvertes dans plusieurs départements sur un même projet ;

4° Etablissement de prises d'eau pour fontaines publiques dans les cours d'eau non navigables sous la réserve des droits des tiers ;

5° Répartition, entre l'industrie et l'agriculture, des eaux des cours d'eau non navigables ni flottables de la manière prescrite par les anciens règlements ou les usages locaux ;

6° Règlement des frais de visites annuelles des pharmacies, payables sur les fonds départementaux ;

7° Autorisations de fabriques d'eaux minérales artificielles ;

8° Autorisations de dépôts d'eau minérale naturelle ou artificielle.

ART. 3. — Les préfets statueront également, sans l'autorisation du ministre des finances, sur les objets ci-après, par addition à la nomenclature du tableau C du décret du 25 mars 1852 :

1° Approbation des adjudications pour la mise en ferme des bacs ;

2° Règlement, dans le cas où il n'est pas dérogé au tarif municipal, des remises allouées aux percepteurs receveurs des associations de desséchement.

ART. 6. — Les sous-préfets statueront désormais, soit directement, soit par délégation des préfets, sur les affaires qui, jusqu'à ce jour, exigeaient la décision préfectorale et dont la nomenclature suit :...

13° Approbation des travaux ordinaires et de simple entretien des bâtiments communaux, dont la dépense n'excède pas mille francs, et dans la limite des crédits ouverts au budget.

PRINCES (Passage des). — Le passage des Princes, anciennement passage Mirès, a été ouvert en 1860 sous certaines conditions insérées dans l'arrêté préfectoral du 3 septembre 1860, relaté ci-après.

ANNEXE

Extrait de l'arrêté préfectoral du 3 septembre 1860.

ARTICLE PREMIER. — M. Mirès et M. le duc d'Albuféra sont autorisés à ouvrir au public, à titre de passage, une voie de communication ayant issue d'un côté, boulevard des Italiens, au droit des n° 7 et 9, et de l'autre, rue de Richelieu n° 107.

ART. 2. — Cette autorisation est accordée aux conditions suivantes :

1° Les constructions projetées en bordure sur le passage dont il s'agit seront édifiées en fer, fonte et autres matériaux incombustibles, conformément aux plans annexés à la demande ;

2° Elles donneront lieu, dans toute la longueur développée du passage, à l'application des droits de grande et de petite voirie ;

3° Il sera établi aux extrémités dudit passage des grilles qui seront ouvertes le matin et fermées le soir ;

4° Ce passage sera dallé et constamment tenu en état de viabilité et de propreté ;

5° Les dispositions nécessaires seront prises pour assurer le facile écoulement des eaux pluviales et ménagères jusqu'aux galeries d'égout des rues auxquelles le passage aboutit ;

6° Un éclairage convenable sera établi chaque soir dans le passage jusqu'au moment de la fermeture des grilles ;

7° Les bâtiments en bordure auront un numérotage régulier.

Enfin, les pétitionnaires ou leurs ayants droit se conformeront à toutes les autres conditions qui pourront leur être ultérieurement imposées dans l'intérêt public.

ART. 3. — Les propriétaires et locataires dudit passage auront, en outre, à se soumettre aux ordonnances et règlements du ressort de l'administration de la police, au point de vue de la sûreté générale et de la circulation.

PRINCIPALE LOCATION. — V. *Location.*

PRIVILÈGE. — C. civ., art. 2103.

Les architectes, entrepreneurs et ouvriers ont un privilège sur les immeubles à la construction desquels ils ont coopéré [1].

Pour pouvoir exercer ce privilège, il est nécessaire, préalablement à tout travail, de faire dresser, par un expert nommé d'office par le tribunal, l'état des lieux. Le privilège de constructeur ne portant que sur les ouvrages qui vont être édifiés, l'état de l'immeuble, à ce moment, doit être déterminé d'une manière très précise.

Si, par le marché, le propriétaire a promis le privilège, l'entrepreneur peut demander que l'état des lieux soit dressé, et que les ouvrages, qui sont l'objet de son marché, soient énoncés au procès-verbal [2].

[1] C. civ., 2103. — [2] Lepage, t. II, p. 90.

Le rapport de l'expert déposé au greffe, l'intéressé en doit prendre copie et le faire inscrire au bureau des hypothèques de l'arrondissement, dans lequel est située la construction.

L'état des lieux peut, également, être dressé au cours des travaux; mais alors le privilège ne porte que sur les travaux postérieurs au procès-verbal[1].

Dans les six mois au plus de leur terminaison, les travaux doivent être reçus par un expert nommé d'office par le tribunal.

L'expert énonce, sommairement, les différentes sortes d'ouvrages qui ont été exécutés; déclare s'ils sont suivant les règles de l'art et conformes aux conventions; en fait l'estimation, soit d'après les prix prévus au marché, soit d'après le règlement des mémoires s'il n'y a pas eu de prix fixé; il dépose son rapport au greffe, où il en est pris une copie qui est inscrite au même bureau de l'enregistrement que le premier procès-verbal.

Le privilège date de l'époque où le procès-verbal de la première visite a été inscrit[2].

PROTOCHLORURE d'étain ou sel d'étain (Fabrication du).

Établissement insalubre de 2ᵉ classe : émanations nuisibles[3].

Les ateliers doivent être bien ventilés et le sol en être imperméable.

Les chaudières seront surmontées de hottes conduisant les gaz à un gazomètre ou sous les foyers[4].

PRUDHON (Avenue). — V. *Ingres* (*Avenue*).

PRUSSIATE DE POTASSE. — V. *Cyanure de potassium.*

PUISARD. — Ord. pol. du 20 juill. 1838[5]. Circ. min. du 23 juill. 1882[6]. C. civ., art. 1756. V. également *Curage, Fosse et Puits.*

Aucun puisard ni aucun puits d'absorption ne peuvent être établis, à Paris, sans une autorisation préalable du Préfet de police[7].

Les puisards doivent être couverts en maçonnerie, fermés par une cuvette à siphon, et entretenus dans un état tel qu'ils ne puissent compromettre la sûreté ou la salubrité publique[8] : ils ne doivent pas recevoir des eaux impures, sauf dans des cas exceptionnels[9].

L'ancienne coutume de Paris[10] exige une distance de deux mètres entre les puisards et les propriétés voisines; mais quelle que soit la distance observée, le propriétaire du puisard doit prendre les précautions nécessaires pour que l'odeur ou les infiltrations ne puissent incommoder les voisins.

Le curage des puisards incombe au propriétaire[1].

PUITS. — Sentence pol. du 18 mars 1701[2]. Ord. pol. des 20 janv. 1727[3], 2 déc. 1727[4], 10 févr. 1735[5]. Décr. du 7 mars 1808[6]. Ord. pol. des 13 août 1810[7], 20 févr. 1812[8], 8 mars 1815[9], 20 juill. 1838[10]. Instr. jointe à l'ord. précédente[11]. Ord. pol. du 15 sept. 1875[12]. Circ. min. du 23 juill. 1882[13]. C. civ., art. 674 et 1756.

Tout propriétaire peut creuser un puits sur son fonds; il n'est pas responsable de la diminution qui pourrait en résulter dans le débit des sources, fontaines ou puits des voisins[14]; il n'est tenu qu'à observer les distances prescrites par les lois, règlements et usages locaux[15].

Aucun puits ne peut être creusé à moins de cent mètres des cimetières : ceux existant, avant la création du cimetière, à une distance moindre, peuvent être comblés en vertu d'un arrêté du préfet, après expertise contradictoire[16].

Pour les puits creusés au droit d'une propriété voisine, la distance à observer est déterminée par l'article 191 de l'ancienne coutume de Paris, ainsi conçu :

« Qui veut faire aisances de privez ou puits contre un mur moytoien, il doit faire contre-mur d'un pied (0ᵐ 33) d'épaisseur. Et où il y a de chacun costé un puits, ou bien puits d'un costé et aisances de l'autre, suffit qu'il y ait quatre piedz (1ᵐ 30) de maçonnerie d'espaisseur entre deux, comprenant les espoisseurs des murs d'une part et d'autre. Mais entre deux puits suffisent trois piedz (0ᵐ 97) pour le moins. »

Les puits doivent être entourés de murs ayant 0ᵐ 97 de hauteur[17], ou tout au moins des défenses suffisantes pour empêcher les accidents[18].

A Paris, on ne peut creuser de puits sans une autorisation préalable : cette autorisation préalable est également nécessaire quand il s'agit de le réparer; on doit, en outre, dans ce cas, prendre les mêmes pré-

---

[1] Paris, 6 mars 1834, 25 nov. 1843, 20 août 1867. — [2] Lepage, p. 89.
[3] Décr., 31 déc. 1866. — [4] Bunel, p. 381.
[5] V. *Puits.* — [6] V. *Puits.* — [7] Ord. pol., 1838, V. *Puits.* — [8] Ibid. — [9] Circ. min., 23 juill. 1882, V. *Puits.* — [10] Art. 217.

[1] C. civ., 1756.
[2] Annexe. — [3] Annexe. — [4] Annexe. — [5] V. *Incendie.* — [6] V. *Cimetière.* — [7] Annexe. — [8] V. *Curage.* — [9] V. *Curage.* — [10] Annexe. — [11] Annexe. — [12] V. *Incendie.* — [13] Annexe. — [14] Cass., 29 nov. 1830, 26 juill. 1836. — [15] C. civ., 674. — [16] Décr., 7 mars 1808, V. *Cimetière.* — [17] Ord. pol., 2 déc. 1727, annexe. — [18] Sentence de pol., 18 mars 1701, annexe. Ord. pol., 13 août 1810, annexe. Ord. pol., 20 févr. 1812, V. *Curage.*

cautions que celles spécifiées pour le curage [1].

Ils doivent être entretenus en bon état [2], et curés aussi souvent que besoin est [3], en prenant certaines précautions [4] pour éviter l'asphyxie des ouvriers. Il doit toujours y avoir au fond, au moins, 0ᵐ 60 de hauteur d'eau [5].

Quant à la quantité d'eau que doit fournir l'entrepreneur qui construit un puits, Desgodets estime qu'il doit au moins deux pieds (0ᵐ 65) d'eau, dans les plus basses eaux. Goupy, annotateur de Desgodets, dit de son côté que, lorsqu'on creuse un puits, on examine en quel état sont les eaux, si elles sont hautes ou basses : si elles sont hautes, on enfonce le puits le plus que l'on peut ; si elles sont basses, il suffit de donner à ce puits trois pieds (0ᵐ 97) de profondeur d'eau. Lorsqu'un entrepreneur, ajoute Goupy, s'est ainsi comporté, il ne peut plus être tenu du manque d'eau.

Lorsqu'il existe un puits dans la maison, le locataire a le droit d'y puiser l'eau nécessaire à ses besoins ; le propriétaire doit entretenir ce puits en bon état ; le curage en est, sauf clause contraire, à la charge du propriétaire [6].

La reconstruction des murs d'un puits et le remplacement du rouet sont des travaux de grosse réparation, à la charge du propriétaire ; la réfection de ce mur, à partir d'un mètre en contrebas du sol, celle de la margelle et celle de tous les accessoires, tels que poulies, cordes, etc., sont des réparations d'entretien, à la charge de l'usufruitier [7] ou du locataire.

ANNEXES

Sentence de police du 18 mars 1701.

Avons enjoint à tous bourgeois, jardiniers et autres propriétaires ou locataires de jardins et marais sis en cette ville et faubourgs et lieux adjacents, de faire mettre incontinent autour des puits, fosses ou tonneaux qui seront dans l'étendue desdits marais et jardins, des défenses de pierres et pieux ou des palissades, à peine de deux cents livres d'amende contre chacun des contrevenants ou refusants, et de punition exemplaire s'il y échoit.

Ordonnance de police du 20 janvier 1727.

Ordonnons que les arrêts et règlements, et nos ordonnances de police des 29 janvier et

---

[1] Ord. pol., 8 mars 1815, V. *Curage.* Ord. pol., 20 juill. 1838, annexe. — [2] Ord. pol., 13 août 1810. Ord. pol., 15 sept. 1875, V. *Incendie.* — [3] Ord., 8 mars 1815. — [4] Instr. jointe à l'ord. du 20 juill. 1838, annexe. — [5] Ord. pol., 10 févr. 1735, V. *Incendie.* — [6] C. civ., 1756. — [7] Manuel, t. Iᵉʳ, p. 140.

---

21 juin 1726, seront exécutés selon leur forme et teneur : et en y augmentant, enjoignons à tous propriétaires ou principaux locataires des maisons où il y a des puits, de les entretenir de bonnes suffisantes poulies, et d'avoir soin qu'elles soient exactement et journellement garnies de cordes. Enjoignons pareillement auxdits propriétaires et principaux locataires des maisons d'avoir en icelles un ou plusieurs seaux qui puissent servir au besoin et le cas de feu arrivant ; le tout à peine de cent livres d'amende contre les propriétaires ou principaux locataires qui auraient négligé de se conformer aux présentes dispositions.

Ordonnance de police du 2 décembre 1727.

Ordonnons que dans un mois pour toute préfixion et délai, à compter de la date de notre présente ordonnance, que tous les puits situés dans les marais et jardins des environs de cette ville et dans l'étendue de la banlieue, de quelque manière qu'ils puissent être construits, seront fermés par des enceintes de bauge, à trois pieds de distance desdits puits, ou de telle autre moins éloignée que les jardiniers aviseront bon être.

Disons que lesdites enceintes auront trois pieds de hauteur et deux pieds d'épaisseur, et que la construction en sera faite au frais et dépens desdits locataires, sans qu'ils puissent en aucun temps, et sous quelque prétexte que ce soit, en répéter le remboursement sur les propriétaires, s'il n'est stipulé au contraire par les baux.

Disons néanmoins, que dans le cas où les propriétaires desdits jardins ou marais, dont les puits seraient construits de pierre et à perpétuelle demeure, jugeraient à propos et pour plus grande convenance faire construire pareillement lesdites enceintes de pierre, que lesdites enceintes seront d'œuvre de maçonnerie, à la même hauteur de trois pieds, et à semblable distance que dessus desdits puits, à l'exception, toutefois, que l'épaisseur pourra n'en être que d'un pied seulement, et que la construction en sera faite aux frais et dépens des propriétaires des terrains où lesdits puits construits en pierre seront situés.

Ordonnons que dans les deux cas exprimés ci-dessus, lesdites enceintes seront faites et achevées dans le délai d'un mois, à peine de deux cents livres d'amende contre chacun des contrevenants, et de demeurer en outre civilement responsables de tous dommages-intérêts qui pourraient avoir lieu, tant par leur contravention que par leur retardement à satisfaire aux dispositions de notre présente ordonnance.

Ordonnance de police du 13 août 1810.

ARTICLE PREMIER. — Il est enjoint aux propriétaires ou principaux locataires des maisons où il y a des puits, de les maintenir en bon état.

Il leur est pareillement enjoint d'entretenir leurs puits de cordes, poulies et seaux, de manière qu'on puisse s'en servir en cas d'incendie.

Le tout à peine de cent francs d'amende (Ord. pol. des 20 janv. 1727, 15 mai 1734 et 15 nov. 1781).

Art. 2. — Les puits, quel que soit leur genre de construction, seront entourés de mardelles, pieux ou palissades, pour prévenir les accidents.

Le tout à peine de deux cents francs d'amende (Règlement de police des 18 nov. 1701 et 4 sept. 1716).

Art. 3. — Les maires, dans les communes rurales, et les commissaires de police, à Paris, s'assureront, par de fréquentes visites, si les dispositions prescrites par les articles précédents sont exactement observées.

Les contraventions seront constatées par des procès-verbaux qui nous seront adressés pour y être donné telle suite qu'il appartiendra.

La présente ordonnance sera imprimée, publiée et affichée, etc.

Ordonnance de police du 20 juillet 1838.

Article premier. — Aucun puits, soit ordinaire, soit d'absorption, ne sera percé, aucune opération d'approfondissement, de sondage et autre, ne sera entreprise, aucun puisard ni égout particulier ne sera établi sans une déclaration préalable faite par écrit, à Paris, à la préfecture de police, et dans la mairie, dans les communes rurales; cette déclaration indiquera l'endroit où l'on a le projet de faire les travaux.

Art. 2. — Il ne pourra être procédé à aucun curage de puits, puisard et égout particulier, sans une déclaration préalable qui sera faite par écrit, quarante-huit heures à l'avance, à Paris, à la préfecture de police, et dans les communes rurales, à la mairie; les mesures nécessaires dans l'intérêt de la salubrité publique et de la sûreté des ouvriers seront prescrites par suite de cette déclaration.

Art. 3. — Nul ne pourra exercer la profession de cureur de puits, puisards et égouts particuliers, sans être pourvu d'une permission du préfet de police; cette permission ne sera délivrée qu'après qu'il aura été justifié de la possession du matériel nécessaire au curage.

Art. 4. — Les ouvriers ne pourront descendre dans les puits, puisards, et égouts particuliers pour quelque cause que ce soit, sans être ceints d'un bridage, à la partie supérieure duquel un anneau est fixé.

En ce qui concerne les puits et puisards, une corde sera attachée à cet anneau, pendant tout le temps que les ouvriers travailleront dans l'intérieur, et l'extrémité de cette corde sera tenue par d'autres ouvriers en nombre suffisant placés à l'extérieur, afin de pouvoir, au besoin, retirer ceux qui sont dans l'intérieur et les secourir.

Les ouvriers employés dans l'intérieur des égouts particuliers ne seront pas attachés, mais des ouvriers en nombre suffisant et pourvus de cordes se tiendront extérieurement auprès de l'ouverture la plus rapprochée de la partie de l'égout où travaillent ceux de l'intérieur, afin de pouvoir, au besoin, les attacher pour les retirer et les secourir.

Les ouvriers qui resteront à l'extérieur des puits, puisards et égouts particuliers devront aussi avoir la ceinture avec l'anneau.

Art. 5. — Les puits, puisards, égouts particuliers, abandonnés; ou qui, sans être abandonnés, seraient soupçonnés de méphitisme, ne seront curés qu'avec les précautions prescrites par l'instruction annexée à la présente ordonnance.

On prendra les mêmes précautions lorsque les travaux auront été suspendus pendant vingt-quatre heures.

Art. 6. — Si, nonobstant les précautions indiquées par l'instruction, un ouvrier est frappé du plomb, c'est-à-dire s'il est asphyxié, des secours lui seront immédiatement portés ainsi qu'il est dit dans l'instruction ci-annexée et les travaux seront suspendus.

Il est en outre enjoint aux propriétaires, principaux locataires et entrepreneurs de faire sur-le-champ la déclaration de cet accident, à Paris, au commissaire de police du quartier, et dans les communes rurales, au maire.

Art. 7. — Les matières extraites des puits, puisards et égouts particuliers, qui auront été reconnues méphitisés, devront être versées immédiatement dans des tonneaux hermétiquement fermés et lutés à l'instant même, et de là, sans pouvoir être déposées sur la voie publique, portées directement à la voirie ou autres lieux autorisés par l'administration.

Le curage des puits, puisards et égouts particuliers devra toujours être fait intégralement et sans interruption, à moins d'accident; généralement, le travail devra être opéré de telle sorte qu'aucun déversement de matières ou d'eaux infectes n'ait lieu dans les habitations ni sur la voie publique.

Après le curage des puits, puisards et égouts particuliers, qui auront été reconnus méphitisés, les ustensiles devront être lavés, et le produit du lavage versé dans les appareils, pour être emporté aux lieux indiqués ci-dessus.

Art. 8. — Les dispositions des articles 2, 4, 5 et 6 sont applicables à la réparation des puits, puisards et égouts particuliers.

Dans les cas prévus par l'article 6, la démolition ou réparation ne pourra être reprise qu'avec les précautions qui seront prescrites par l'autorité locale sur l'avis des gens de l'art.

Art. 9. — Les ouvriers qui trouveraient dans les puits, puisards et égouts particuliers des objets de valeur ou pouvant faire soupçonner un délit, en feront la déclaration, à Paris, au commissaire de police du quartier, et dans les communes rurales, au maire.

Il leur sera donné une récompense, s'il y a lieu.

Art. 10. — L'ouverture des puits, quel que soit leur genre de construction, sera défendue dans tout son pourtour par un garde-fou en maçonnerie ou en fer, d'une hauteur de 0m 70 au moins.

Les puits situés dans les marais pourront être seulement défendus par une enceinte formée par un mur de terre solidement établi; ce mur aura au moins un mètre de hauteur et sera à un mètre au moins de distance du puits.

Art. 11. — Il est enjoint aux propriétaires ou principaux locataires des maisons où il y a des puits, de les entretenir en état de salubrité, de les garnir de cordes, poulies et seaux, et d'avoir soin que les pompes et autres machines hydrauliques qui y seraient établies soient constamment maintenues en bon état, de manière que les puits, pompes et machines puissent servir en cas d'incendie, ainsi que pour l'arrosement de la voie publique.

Art. 12. — Il est défendu de faire écouler dans les ruisseaux les eaux infectes extraites des puits; ces eaux seront portées aux lieux autorisés par l'administration dans des tonnes de vidanges fermées avec cadenas, ou dans des tonneaux hermétiquement fermés et lutés, tels qu'ils sont adoptés pour les fosses d'aisances.

Art. 13. — Les puisards devront être couverts en maçonnerie et fermés par une cuvette à siphon.

L'ouverture d'extraction des puisards, correspondante à une cheminée de 1m 50 au plus de hauteur, ne pourra avoir moins de 1 mètre en longueur sur 0m 65 de largeur; lorsque cette ouverture correspondra à une cheminée excédant 1m 50 de hauteur, les dimensions ci-dessus spécifiées seront augmentées de manière que l'une de ces dimensions soit égale aux deux tiers de la hauteur de la cheminée.

La disposition de l'art. 12, concernant l'écoulement des eaux, est applicable aux puisards.

Art. 14. — Aucun puisard, aucun puits d'absorption ne sera établi sans une autorisation spéciale, qui sera accordée, s'il y a lieu, par la suite de la déclaration prescrite par l'art. 1er.

La profondeur du puits d'absorption sera déterminée dans la permission qui sera délivrée, s'il y a lieu.

Toutes les dispositions relatives aux puisards proprement dits seront applicables aux puisards pratiqués au-dessus ou aux approches des puits d'absorption.

Art. 15. — Il est enjoint aux propriétaires et principaux locataires des maisons où il existe des puisards et des égouts particuliers, de les entretenir dans un état tel qu'ils ne puissent compromettre la sûreté et la salubrité publiques.

Il est expressément défendu de jeter dans les égouts particuliers des boues et immondices solides, des eaux vannes, des matières fécales et généralement tous corps ou matières pouvant obstruer et infecter lesdits égouts.

Art. 16. — Les contraventions à la présente ordonnance seront constatées par des procès-verbaux ou rapports qui nous seront transmis pour être déférés aux tribunaux compétents.

Art. 17. — La présente ordonnance sera imprimée...

Instruction jointe à l'ordonnance du 20 juillet 1838.

§ 1er. — Puits et puisards.

Lorsqu'il est nécessaire de curer un puits ou d'y descendre pour y faire quelques réparations, le premier soin que l'on doit avoir est de s'assurer de l'état de l'air qu'il renferme. Cet air peut être vicié par différentes causes et donner lieu à des accidents très graves; il faut donc commencer par descendre une lanterne allumée jusqu'à la surface de l'eau; si elle ne s'éteint pas, on la retire, et par le moyen d'un poids attaché à son fond; on agite fortement l'eau jusqu'à son fond; on redescend la lumière. Si, à cette seconde épreuve, la lumière ne s'éteint pas, les ouvriers peuvent commencer leurs travaux, en se munissant par précaution d'un petit appareil désinfectant de Guyton-Morveau. Il est important que les ouvriers soient revêtus d'un bridage.

Si la lumière s'éteint, on remarquera la profondeur à laquelle elle cesse de brûler. On ne descendra point dans le puits, parce qu'on y serait asphyxié. Le gaz ou air méphytique, qui ne permet ni la combustion ni la respiration, peut être du gaz azote, du gaz acide carbonique, du gaz oxyde de carbone, de l'hydrogène sulfuré. Dans l'incertitude où l'on est sur sa nature, il faut, quel qu'il soit, renouveler l'air du puits, et, pour cela, le moyen le plus prompt et le plus certain est un ventilateur.

Pour l'établir, il faut, avec des planches, du plâtre et de la glaise, boucher hermétiquement l'ouverture du puits, au milieu de cette espèce de couvercle pratiquer un trou de un décimètre environ de large, sur lequel on placera un fourneau ou réchaud de terre, qui ne pourra recevoir d'air que celui du puits; on ajoutera près de la margelle un tuyau de plomb ou fer-blanc, qui descendra dans le puits jusqu'à un décimètre de la surface de l'eau. Cet appareil une fois établi, on remplira le fourneau de braise ou de charbon allumé, et on le couvrira d'un dôme de terre cuite ou de tôle surmonté d'un bout de tuyau de poêle, afin de donner au fourneau la propriété d'attirer beaucoup d'air. Quand le fourneau a été en activité pendant une heure ou deux, suivant la profondeur du puits, on enlève et on descend le puits la lanterne. Si elle s'éteint encore à peu de distance de la surface de l'eau c'est que le gaz méphytique s'y renouvelle.

Alors il faut mettre le puits à sec, attendre quelques jours, l'épuiser de nouveau, et recommencer l'application du fourneau ventilateur, ou, si l'on ne peut établir cet appareil, y substituer un ou deux soufflets de forge que l'on adaptera au tuyau prolongé jusqu'à la surface de l'eau. Ces soufflets, mis en action pendant un quart d'heure ou deux, déplaceront l'air vicié du puits. Enfin, on redescendra la lanterne, et, si elle s'éteint, il faut renoncer à l'usage du puits et le condamner.

Si, par un essai préliminaire fait par un homme de l'art, on a reconnu la nature du gaz délétère que l'on veut détruire, on peut employer les réactifs suivants:

Pour neutraliser l'*acide carbonique*, on verse dans le puits avec des arrosoirs plusieurs seaux de lait de chaux, et l'on agite ensuite l'eau fortement.

Pour détruire le *gaz hydrogène sulfuré ou carboné*, on fait descendre au fond du puits, par le moyen d'une corde, un vase ouvert, contenant un mélange de manganèse et de muriate de soude arrosé d'acide sulfurique concentré, marquant 66°, acide connu sous le nom de vitriol.

On pourra aussi jeter dans le puits de l'eau dans laquelle on aura délayé du chlorure de chaux, cette dernière opération est même plus facile que l'autre, et les effets n'en sont pas moins certains.

Dans tous les cas, si le puits exhalait une odeur d'œufs pourris, et alors même que la chandelle ne s'éteindrait pas, il faudrait, avant d'y descendre, y jeter plusieurs seaux d'eau chlorurée.

Lorsque le gaz est de l'*azote*, il faut avoir recours à la ventilation, et en vérifier l'effet par l'épreuve de la lanterne allumée.

Lorsque les gaz déplacés par le ventilateur ou par le fourneau d'aspiration sont remplacés par des gaz qui ne permettent pas à la lumière de brûler, on doit alors faire agir continuellement le ventilateur de manière à ce que les ouvriers soient constamment sous un courant d'air qui vient du dehors, et à ce que les gaz, qui ne peuvent servir d'aliment à la combustion et à la respiration soient sans cesse jetés au dehors par le ventilateur.

§ 2. — Égouts particuliers.

On ne doit pénétrer dans un égout que lorsqu'une lampe peut y brûler, que la flamme de cette lampe ne diminue pas de volume, et que la clarté ne diminue pas d'intensité d'une manière marquée.

On emploiera, lorsque la lampe ne brûle pas bien, soit la ventilation forcée, à l'aide du feu, soit cette ventilation produite par un tarare, en ayant soin, si l'égout a plusieurs regards, de faire des barrages pour que l'air tiré du dehors passe sur l'ouvrier et entraîne les gaz qui se dégagent, par suite du travail auquel il se livre.

Si l'égout est assez long et que les matières accumulées soient en assez grande quantité, il faut opérer le curage de façon que, sans changer de place, les égoutiers puissent se passer les seaux de mains en mains et qu'ils ne soient pas forcés de passer sur les boues liquides, ce qui, donnant lieu à de l'agitation, facilite le dégagement des gaz méphytiques.

Il faudra toujours que les ouvriers partent de la partie la plus basse de l'égout; qu'ils attaquent la masse devant eux, prenant la partie supérieure de cette masse, puis la partie inférieure, qu'ils ne montent jamais sur cette masse.

Si l'égout présente quelque danger, il ne faut employer que des hommes en bonne santé, et ne pas permettre à ceux qui seraient affaiblis ou qui relèveraient de maladie de s'occuper de ce travail.

L'entrée de ces égouts devra être interdite à tout ouvrier en état d'ivresse.

Secours à donner aux ouvriers asphyxiés par les émanations des puits, puisards et égouts particuliers.

Si un ouvrier est atteint d'asphyxie, il faut :

1° Le sortir le plus promptement possible du lieu où il a été asphyxié, l'exposer au grand air, et envoyer de suite chercher un médecin;

2° Le déshabiller aussi vite que possible, si ses vêtements sont mouillés, les fendre pour aller plus vite, avec des ciseaux ou avec un couteau, en ayant soin toutefois de ne pas blesser le corps; pendant cette opération, on doit veiller à ce que la tête soit plus élevée que le corps;

3° Le placer assis sur un fauteuil, une chaise ou un banc; un aide placé derrière lui soutiendra la tête, on lui jettera de l'eau froide chlorurée sur le corps, et principalement au visage; cette opération devra être continuée longtemps et de manière à déterminer un saisissement capable de ramener le mouvement de la respiration;

4° De temps à autre on s'arrêtera pour tâcher de provoquer la respiration, en comprimant à plusieurs reprises la poitrine de tous côtés en même temps que le bas-ventre de bas en haut;

5° Si l'asphyxié commençait à donner quelques signes de vie, il ne faudrait pas discontinuer les affusions d'eau froide, seulement il faudrait avoir soin, dès qu'il ferait quelques efforts pour respirer, de ne pas lui jeter d'eau de manière qu'il en pût entrer dans la bouche;

6° S'il faisait quelques efforts pour vomir, il faudrait lui chatouiller l'arrière-bouche avec la barbe d'une plume;

7° On doit pratiquer des frictions sèches ou avec du vinaigre sur les membres et sur tout le corps;

8° Dès qu'il pourra avaler, on lui fera boire de l'eau vinaigrée;

9° Lorsque la vie sera rétablie, il faudra, après avoir bien essuyé le corps, le coucher dans un lit bassiné et donner un lavement avec de l'eau dégourdie, dans laquelle on aura ajouté, pour chaque lavement, deux cuillerées à bouche de vinaigre.

C'est au médecin à juger s'il y a lieu de donner un vomitif; c'est à lui aussi à choisir les moyens de traitement qui pourraient devenir utiles après que l'asphyxié aurait recouvré la vie.

Circulaire ministérielle du 23 juillet 1882.

Monsieur le préfet, les puisards ou puits absorbants présentent, pour la salubrité publique, de graves inconvénients sur lesquels l'attention de mon administration a été appelée à diverses reprises, et tout récemment par une délibération du Conseil d'hygiène publique et de salubrité du département de la Seine.

En vue de parer à ces inconvénients, ce conseil a émis les deux vœux suivants :

« 1° *En ce qui concerne les demandes en autorisation d'établissements classés, ou la surveillance de ces établissements*, que des instructions émanant de l'administration centrale appellent d'une manière pressante l'attention des conseils d'hygiène et de salubrité, ainsi que celle des autorités départementales et locales, sur les dangers que peuvent présenter les puisards, afin que les questions relatives à l'écoulement des eaux résiduaires soient toujours l'objet d'un examen spécial et approfondi s'appuyant sur les principes suivants :

« (*a*). — Les puisards ou puits absorbants ne devront être tolérés pour recevoir des eaux impures que dans des cas exceptionnels, tels que celui où les usines, complétement isolées, sont à de très grandes distances des habitations, tels encore que celui où, à raison des conditions d'établissement de ces puits ou puisards, les eaux à évacuer sont conduites directement par une colonne étanche à des couches perméables tout à fait distinctes et bien séparées par des terrains imperméables, de celles qui renferment des nappes aquifères auxquelles sont empruntées les eaux servant à l'usage domestique dans la localité.

« (b). — Une clause spéciale sera toujours inscrite dans les autorisations pour réserver expressément à l'Administration le droit de supprimer des puisards tolérés, si des inconvénients, réels et non prévus d'abord, venaient y être reconnus *a posteriori*. »

« 2° *En ce qui concerne les industries non classées et les propriétés de toute nature*, qu'un règlement d'administration publique soumette à une déclaration préalable, soit la création ou l'emploi de puits et puisards absorbants, soit l'amoncellement sur le sol, l'enfouissement de matières susceptibles de donner lieu à des infiltrations, et réserve expressément la faculté d'interdiction, laquelle ne devra être prononcée qu'après l'accomplissement de formalités d'enquête déterminées, comprenant les avis des conseils d'hygiène et de salubrité locaux, et sauf les recours qui seront spécifiés. »

Le Comité consultatif d'hygiène publique de France, saisi de l'examen de ces vœux, y a donné en principe son adhésion. Je les ai moi-même approuvés pour la première partie, c'est-à-dire pour ce qui concerne les établissements classés. Je vous prie, en conséquence, de vous y conformer dans les autorisations que vous avez à délivrer pour la formation d'établissements classés comme insalubres, et d'inviter MM. les sous-préfets à s y conformer pour ceux desdits établissements qu'il leur appartient d'autoriser.

Quant à la réglementation demandée pour les puisards dans les industries non classées et dans les propriétés de toute nature, ainsi que pour l'amoncellement sur le sol ou l'enfouissement des matières susceptibles de donner lieu à des infiltrations, c'est là une mesure dont l'application pourrait rencontrer de graves difficultés, notamment dans les campagnes, et qui ne saurait, dès lors, être adoptée qu'après une étude très sérieuse poursuivie auprès des autorités locales. Je vous prie de vouloir bien faire procéder à cette étude par les conseils d'hygiène et par les commissions cantonales d'hygiène de votre département. Vous aurez à m'adresser leurs rapports avec vos appréciations personnelles.

PULPES DE BETTERAVES. — V. *Betterave.*

PULPES DE POMMES DE TERRE. — V. *Fécules.*

PYRAMIDES (Rue des). — Les propriétés en bordure sur la rue des Pyramides sont soumises, par l'ordonnance royale du 12 février 1846, confirmant l'arrêté du 17 vendémiaire an X, aux mêmes obligations que les maisons en façade sur la rue de Rivoli[1].

ANNEXE

Extrait de l'ordonnance royale du 12 février 1846.

ART. 2. — Quant aux alignements de la rue des Pyramides (*partie comprise entre la place de Rivoli et la rue Saint-Honoré*) qui se trouvent figurés sur un deuxième plan ci-annexé, ils sont confirmés tels qu'ils ont été fixés par l'arrêté des consuls en date du 17 vendémiaire an X, et demeurent exécutoires, en ce qui touche le mode des constructions riveraines, suivant les clauses et conditions stipulées dans les contrats de vente des terrains domaniaux qui ont servi à l'ouverture de ladite rue.

Q

QUITTANCE. — Lois des 23 mars 1855[1] et 23 août 1871[2]. C. civ., art. 1248.

Sur toute quittance au-dessus de dix francs, tout reçu sans désignation de somme, tout reçu d'acompte ou pour solde, du moment qu'il s'agit d'une créance supérieure à 10 francs, bien que ces acomptes ou ce solde soient inférieurs à 10 francs, toute décharge, etc., il doit être apposé un timbre mobile de 0 fr. 10 oblitéré par celui qui donne quittance, reçu ou décharge[3].

On peut faire timbrer ses reçus ou quittances par la régie du timbre, qui fait une remise de 2 p. 100.

Les frais de payement étant à la charge du débiteur[2], ce dernier doit rembourser au créancier le prix du timbre[3]. De même que si le débiteur veut une quittance notariée, les frais de cette quittance sont entièrement à sa charge.

Celui qui a donné et celui qui a reçu une quittance sans timbre sont passibles, personnellement, et nonobstant toute stipulation contraire, d'une amende de 50 francs.

Toute quittance concernant trois années de loyer, payées d'avance, doit être enregistrée pour être opposable en justice[4].

[1] V. *Location.* — [2] V. *Location.* — [3] Loi, 23 août 1871, V. *Location.*

[1] Arr., 9 oct. 1802, V. *Rivoli (Rue de).* Ord. roy., 12 févr. 1846, annexe.
[2] C. civ., 1248. — [3] Loi, 23 août 1871. — [4] Loi 23 mars 1855, V. *Location.*

R

RAFFINERIES et fabriques de sucre. Etablissements insalubres de 2º classe : fumée, odeur [1].

Les ateliers doivent être bien ventilés et dallés avec joints en ciment.

Les eaux de lavage doivent se rendre dans un aqueduc muni de deux grilles à barreaux verticaux, espacés de 1 centimètre pour la première, et de 3 millimètres pour la seconde : elles sont reçues ensuite dans un bassin de 1 mètre de profondeur et d'une superficie proportionnée à l'importance de l'établissement, puis deux bassins formant déversoir.

Les citernes à mélasse et les chaudières seront surmontées de hottes communiquant avec des cheminées d'appel, s'élevant au-dessus des toits de l'usine.

La cheminée de l'usine aura de 30 à 40 mètres suivant les localités [2].

RAGUINOT (Passage). — L'ouverture du passage Raguinot a été autorisée sous certaines conditions, relatées dans l'arrêté préfectoral du 6 mars 1862.

ANNEXE

Arrêté préfectoral du 6 mars 1862.

ARTICLE PREMIER. — Le sieur Raguinot est autorisé à ouvrir au public, à titre de passage, une voie de communication de quatre mètres de largeur, ayant issue d'un côté, rue de Châlons, et, de l'autre côté, avenue de Vincennes (*Avenue Dumesnil*).

ART. 2. — Cette autorisation est accordée aux conditions suivantes :

1º Il sera réservé, au centre de ce passage, l'emplacement nécessaire pour établir une petite place régulière, de douze mètres sur douze mètres, avec pans coupés de deux mètres aux angles, conformément au plan proposé par le pétitionnaire;

2º Les bâtiments en bordure ne dépasseront pas une hauteur de onze mètres soixante-dix centimètres; ils seront soumis aux règlements qui régissent les voies publiques. A cet effet, aucune construction ou saillie ne pourra être faite sans autorisation préalable, délivrée dans la forme ordinaire et assujettie aux droits de voirie fixés par le décret du 27 octobre 1808;

3º Il sera établi, aux extrémités du passage, des grilles qui seront ouvertes le matin et fermées le soir;

4º Ce passage sera pavé, bordé de trottoirs,

[1] Décr., 31 déc. 1866. — [2] Bunel, p. 383.

et constamment entretenu en bon état de propreté et de viabilité;

5º Les dispositions nécessaires seront prises pour assurer le lavage du sol et l'écoulement des eaux pluviales et ménagères jusqu'aux ruisseaux des voies auxquelles le passage aboutit; aussitôt que ces rues seront pourvues d'égouts, des dispositions seront prises, conformément aux indications de l'administration, pour l'écoulement des eaux dans les égouts;

6º Un éclairage convenable sera établi chaque soir dans le passage, jusqu'au moment de la fermeture des grilles;

7º Les bâtiments en bordure seront pourvus d'un numérotage régulier;

8º Le pétitionnaire et ses ayants droit se conformeront à toutes les autres prescriptions contenues dans les règlements ci-dessus visés, ou qui pourront être ultérieurement imposées dans l'intérêt public.

ART. 3. — Les habitants du passage seront tenus d'observer, en ce qui concerne l'ordre et la sûreté publique générale, les règlements et ordonnances de police.

ART. 4. — Les contraventions au présent arrêté seront constatées par les commissaires voyers et autres agents du service municipal, pour être déférées aux tribunaux compétents.

RAMONAGE. — Ord. pol. des 26 janv. 1672[1], 12 janv. 1729 [2], 10 févr. 1375[3], 15 sept. 1875[4].

Les propriétaires, locataires et sous-locataires sont responsables du ramonage des tuyaux de fumée [5].

Les tuyaux des boulangers, restaurateurs ou autres industriels semblables doivent être ramonés au moins une fois tous les mois [6].

Le ramonage et le nettoyage des tuyaux de fumée est une charge locative, aussi le locataire est-il responsable de tous les dégâts causés par le feu qui a pris dans une cheminée, qu'il aurait négligé de faire ramoner, ou qui l'aurait été d'une manière insuffisante; à moins qu'il ne se trouvât dans le corps du tuyau quelque vice de construction, auquel cas la responsabilité incomberait au propriétaire [7]. Cette responsabilité incombe également au propriétaire qui se charge de faire les ramonages dans son immeuble [8].

RAPHAEL (Avenue). — V. *Ingres* (*Avenue*).

[1] V. *Cheminée*. — [2] V. *Incendie*. — [3] Ibid. — [4] Ibid. — [5] Ord. pol., 12 janv. 1729 et 10 févr. 1735, V. *Incendie*. — [6] Ord. pol., 15 sept. 1875, V. *Incendie*. — [7] Agnel, nº 585. Cass., 24 avril 1840. — [8] V. *Incendie*.

RATELIER. — Les rateliers avec leurs roulons sont entretenus par le locataire, qui doit remplacer les roulons manquants[1].

REDRESSEMENT de compte. — V. *Règlement.*

RÉFRIGÉRATION (Appareils de)[2].
1° Par l'acide sulfureux :
Établissements insalubres de 2° classe : émanations nuisibles.
2° Par l'ammoniaque :
Établissements insalubres de 3° classe : odeur.
3° Par l'éther ou autres liquides volatiles et combustibles :
Établissements dangereux de 3° classe : dangers d'incendie et d'explosion.

Dans les deux premiers cas les ateliers doivent être ventilés énergiquement au moyen de lanternons à lames de persiennes, et la cheminée avoir de 20 à 30 mètres d'élévation suivant les cas.

Les ateliers, dans lesquels la fabrication se fait par l'éther, doivent être construits en matériaux légers, couverts en ardoise ou en zinc de petite dimension, et n'être élevés que d'un rez-de-chaussée[3].

Pour les magasins ou dépôts des liquides employés, voir le décret du 19 mai 1873 (*Huiles de pétrole*).

Il est interdit d'employer des enfants dans les ateliers où se dégage l'acide sulfureux[4].

RÈGLEMENT de compte. — C. civ., art. 2502, 2508. C. proc. civ., art. 541.

Un règlement de compte accepté par les parties, propriétaire et entrepreneur, vaut réception définitive des travaux et fixation de leur valeur ; il y a là une sorte de transaction, et, comme toute transaction a l'autorité de la chose jugée, le règlement de compte ne peut être attaqué ultérieurement pour cause d'erreur de droit, ou pour cause de lésion[5] ; il ne peut l'être que s'il y a erreur de calcul[6].

Un compte arrêté entre les parties ne peut donc être revisé[7], mais s'il y a des erreurs, omissions, faux ou doubles emplois, ce compte peut être redressé.

La différence entre la revision et le redressement est ainsi définie par la Cour de cassation[8] :

« Il y a lieu à redressement lorsque les parties n'ont pas été mises, par les éléments du compte, à portée de discuter l'exactitude des divers articles dont il se compose. Elles ne peuvent revenir sur ce qui a été arrêté qu'au cas où les articles, sur lesquels porte la critique, renferment des erreurs de calcul, ou qu'elle se trouve appuyée sur des documents inconnus à l'époque de l'arrêté de compte.

« S'il n'en était pas ainsi, ce serait une véritable revision de compte, dissimulée sous l'apparence d'une demande en rectification d'erreurs, omissions, faux ou doubles emplois. »

Ainsi la phrase insérée généralement dans les arrêtés de compte, sauf erreurs ou omissions, ne peut donner ouverture qu'à un redressement et non à une révision de compte.

Quand les comptes ne sont arrêtés que provisoirement, la revision peut toujours être demandée.

REMBRANDT (Rue). — V. *Monceau* (*Parc*).

RÉPARATIONS. — C. civ., art. 605, 606, 607, 1719 et suivants.

Les réparations peuvent être divisées en grosses réparations, réparations d'entretien et réparations locatives.

Les *grosses réparations* sont à la charge du propriétaire[1], à moins qu'elles ne soient occasionnées par un défaut d'entretien de la part de l'usufruitier.

On entend par grosses réparations celles des gros murs, des voûtes, le rétablissement des poutres et des couvertures entières, celui des digues et des murs de soutènement et de clôture également en entier[3].

Les gros murs sont : les murs en maçonnerie, les pans de bois, les pans de fer, et par extension tout ce qui porte charge, comme les piles, colonnes, poteaux, etc.[3].

Quelque minime que soit la partie de voûte à reconstruire, ce travail est toujours compris dans les grosses réparations[4].

Par rétablissement des poutres, on entend le remplacement des poitrails, poutres ou poutrelles, en bois ou en fer, portant murs ou planchers.

Dans les planchers en bois, sont considérées comme poutres les solives d'enchevêtrure et les chevêtres, mais non les solives de remplissage.

Dans les planchers en fer, les solives scellées aux deux extrémités, les filets ou solives formant enchevêtrures et les chevêtres sont assimilés aux poutres.

---

[1] Agnel, n° 584.
[2] Décr., 12 mai 1886.—[3] Bunel, p. 185.—[4] Décr., 22 sept. 1879.
[5] C. civ., 2502. — [6] C. civ., 2508. — [7] C. proc. civ., 541. Cass., 26 nov. 1855. — [8] Cass., 2 mars 1831.

[1] C. civ., 605.—[2] C. civ., 606. — [3] Manuel, t. I⁰ʳ, p. 139. — [4] Ibid, p. 140.

Dans les combles, les pièces principales sont assimilées aux poutres; les chevrons le sont aux solives[1].

Le rétablissement des couvertures entières comprend la réfection d'un pan de couverture[2], ou d'une partie notable du comble occasionnée par le fléchissement des bois, le remaniement à bout de la totalité ou de la majeure partie de ce comble[3].

Par rétablissement en entier des digues, murs de soutènement et de clôture, on entend la reconstruction d'une partie importante du mur, complètement détruite depuis la base jusqu'au sommet[4].

Rentrent également dans les grosses réparations :

La réfection des murs, voûte et radier des fosses d'aisances;

La réfection du mur d'un puits, jusqu'à la hauteur de un mètre en contre-bas du sol, et le remplacement du rouet;

Les tuyaux de cheminées encastrés dans l'épaisseur des murs, et les souches de cheminées hors comble, mais non les tuyaux adossés[5].

Sont encore à la charge du propriétaire les travaux imposés par l'administration, quand ce ne sont pas des travaux d'entretien, ou qu'ils ne sont pas la conséquence de ceux exécutés par l'usufruitier. Doit donc être supporté par le propriétaire l'établissement de trottoirs, de branchements d'égout, de conduites d'eaux pluviales, d'eaux vannes ou ménagères, de tuyaux de ventilation, etc.[6]

Ni le propriétaire, ni l'usufruitier ne sont tenus de rebâtir ce qui est tombé par vétusté ou a été détruit par cas fortuit[7].

On appelle cas fortuit un événement qui ne saurait être évité, soit parce qu'il naît de causes dont l'homme ne peut conjurer les effets, soit parce que, produit du hasard, on ne peut ni le prévoir, ni l'empêcher. Parmi les cas fortuits, il faut ranger la grêle, le feu du ciel, les tremblements de terre, les ravages de la guerre, les explosions, les incendies, etc.[8]

Lorsque le propriétaire exécute une grosse réparation, il ne peut laisser de côté les travaux accessoires qui en sont la conséquence, sous le prétexte que ce sont des travaux d'entretien à la charge de l'usufruitier.

Le propriétaire n'est pas tenu, vis-à-vis de l'usufruitier, au délai de quarante jours, mais il doit faire exécuter les travaux avec la plus grande célérité[9].

Si le propriétaire néglige ou refuse de faire les grosses réparations, l'usufruitier est en droit, après avoir fait constater l'urgence des travaux et le refus du propriétaire, de les exécuter lui-même. Dans ce cas, lors de l'extinction de l'usufruit, il doit être tenu compte à l'usufruitier des sommes réellement dépensées par lui[1].

Les réparations d'*entretien* sont à la charge de l'usufruitier[2].

Toutes celles qui ne sont pas comprises dans les grosses réparations sont des réparations d'entretien[3].

Rentrent dans cette catégorie :

Pour les gros murs, le bouchement des crevasses, la réfection des enduits en plâtre, l'entretien du jointoiement, et même quelques reprises en recherche, du moment qu'elles présentent peu d'importance, le remplacement du lattis et des bois de remplissage dans les pans de bois[4];

Pour les voûtes, l'entretien du jointoiement;

Pour les planchers en bois, le remplacement des solives de remplissage[5];

Pour les planchers en fer, le remplacement des solives assemblées ou non au moyen d'équerres et de boulons, celui des entretoises et des fentons[6];

Pour les combles, le remplacement des chevrons[7];

Pour les couvertures, la réfection des plâtres et solins, l'entretien des gouttières, des chéneaux, noues, arétiers, faîtages, des terrassons en zinc ou en plomb, etc., le remplacement des tuiles et ardoises manquantes, la réfection même de la couverture quand une partie seulement est dégradée[8];

Pour les digues, murs de soutènement ou de clôture, la reprise des brèches, la réfection des jointoiements, des crépis ou des enduits, le rétablissement du chaperon[9];

Pour les fosses d'aisances, la réfection des enduits, le remplacement du châssis, du tampon, des tuyaux de chute ou de ventilation[10];

Pour les puits, la réfection du mur, depuis l'orifice jusqu'à un mètre en contre-bas du sol, et le remplacement de tous les accessoires[11].

Doivent encore être comprises dans les réparations d'entretien les cloisons de distribution, les tuyaux de cheminées adossés[12], ainsi que le nettoyage des façades[13].

Au point de vue des réparations, le bail-

[1] Ibid., p. 141. — [2] Ibid., p. 142. — [3] Le Bègue, p. 105. — [4] Manuel, t. Ier, p. 139. — [5] Le Bègue, p. 100. — [6] Manuel, t. Ier, p. 144. — [7] C. civ., 607. — [8] Manuel, t. Ier, p. 143. — [9] Le Bègue, p. 94.

[1] Manuel, t. Ier, p. 138. — [2] C. civ., 605. — [3] C. civ., 606. — [4] Le Bègue, p. 99 et 100. — [5] Manuel, t. Ier, p. 141. — [6] Ibid. — [7] Ibid. — [8] Le Bègue, 105 et 106. — [9] Manuel, t. Ier, p. 140. — [10] Ibid. — [11] Ibid. — [12] Le Bègue, p. 99 et 100. — [13] Manuel, t. Ier, p. 142.

leur est tenu, vis-à-vis de son locataire, d'entretenir la chose louée en état de servir à l'usage pour lequel elle a été louée[1], d'y faire toutes les réparations, autres que les réparations locatives, qui peuvent être nécessaires[2], et de le garantir de tous les vices ou défauts de la chose louée, quand même il ne les aurait connus que postérieurement à la signature du bail[3].

Le propriétaire doit, en outre, tenir son locataire clos et couvert.

Le locataire, de son côté, est tenu de supporter les réparations qui ne peuvent être différées jusqu'à la fin de sa location, à la condition, toutefois, que les travaux en dureront pas plus de quarante jours[4].

Si les réparations à faire le privent de ce qui est nécessaire à son logement et à celui de sa famille, le locataire peut obtenir, suivant les cas, soit une diminution dans le prix du loyer, soit même la résiliation de son bail[5].

Si le propriétaire refuse de faire les réparations réclamées par son locataire, ce dernier doit assigner son propriétaire; le tribunal ordonne la visite des lieux, puis, s'il y a lieu, condamne le propriétaire à exécuter les travaux dans un délai déterminé; ce délai écoulé, le locataire est autorisé à les faire faire lui-même, et à en retenir le montant sur les loyers qu'il doit; le locataire peut même obtenir des dommages-intérêts, si le retard apporté dans l'exécution des travaux lui a causé un préjudice[6]. Mais, pour que le locataire soit autorisé à exécuter lui-même les réparations, il faut qu'elles soient indispensables à l'usage de la chose louée.

RÉPARATIONS LOCATIVES. — C. civ., art. 1731, 1754, 1755.

On considère comme réparations locatives toutes celles qui ont coutume de provenir du fait ou de la faute des locataires ou des personnes qu'ils emploient, et ne proviennent pas de la vétusté ou de la mauvaise qualité des parties dégradées, ou de force majeure dont le locataire n'a pu empêcher les effets, ou enfin de la faute du propriétaire[7].

Le locataire doit non seulement la réparation des dégradations commises par lui, sa famille et les personnes qu'il emploie, mais il doit aussi ce que l'on appelle le menu entretien de la chose louée.

Le Code[8] détermine le menu entretien

à la charge du locataire, mais l'énumération qu'il en fait n'est pas limitative, ce n'est qu'une énonciation générale qui se trouve complétée par l'usage et la jurisprudence.

On trouvera à chaque article y relatif, les obligations respectives du bailleur et du preneur.

Le bailleur ne peut exiger l'exécution des réparations locatives pendant la durée du bail, à moins qu'elles ne présentent un caractère d'urgence tel, que leur non-exécution puisse être une cause de détérioration importante pour l'immeuble. Mais, le bailleur a le droit, à tout moment, de faire constater les dégradations, en vue des réclamations qu'il aura à formuler à l'expiration du bail[1].

Le propriétaire n'est pas tenu d'accepter les changements ou les améliorations faites par le locataire : il peut, soit en payer la valeur actuelle au locataire, soit en exiger l'enlèvement; dans ce dernier cas, le locataire doit réparer toutes les dégradations causées par l'enlèvement.

Par contre, le locataire ne peut être contraint de laisser les installations qu'il a faites, même si le propriétaire offre de lui en solder le prix.

Le locataire doit faire les réparations à sa charge avant la fin de sa location; sa location terminée, il n'a plus le droit de les exécuter lui-même. Les réparations sont alors estimées[2]; c'est, du reste, ce qui arrive le plus généralement, attendu que certaines réparations ne peuvent être exécutées et se résolvent en une indemnité pour dépréciation, notamment les indemnités dues pour trous de clous dans les parquets, papiers tachés, etc.

Dans cette estimation, il doit être tenu compte de la durée de la location et de l'usage pour lequel les locaux ont été loués. En effet, étant supposé les mêmes dégradations, l'indemnité due ne saurait, après neuf années de location, être la même que si la location n'avait duré qu'un an : elle ne saurait, non plus, être la même pour une location industrielle ou commerciale que pour une location bourgeoise.

A défaut d'état des lieux, le locataire est présumé avoir reçu les lieux en bon état de réparations locatives[3], à moins qu'il ne puisse fournir la preuve du contraire.

RÉSERVE DOMANIALE. — On appelle réserve domaniale une clause, insérée dans le contrat de vente de propriétés appartenant soit à l'État, soit aux départements, soit aux communes, et ayant trait à l'alignement et au percement des rues.

[1] C. civ., 1719. — [2] C. civ., 1720. — [3] C. civ., 1721. — [4] C. civ., 1724. — [5] Agnel, n° 195. — [6] Pothier, n° 108.
[7] Cahier des juges de paix, 1852. — [8] C. civ., 1754 et 1755.

[1] Manuel, t. Ier, p. 321. — [2] Ibid. — [3] C. civ., 1731.

Cette clause a pour but d'obliger le propriétaire à livrer, sans. aucune indemnité, le terrain retranché par voie d'alignement.

La servitude, qui grève les propriétés frappées de cette clause, a été établie surtout lors de la vente des biens nationaux.

L'arrêté de l'administration départementale de la Seine, en date du 23 novembre 1791, s'exprime en ces termes :

« Le directoire, pour prévenir les contestations qui peuvent résulter du défaut de précision des lois actuelles concernant la Voyerie, Arrête, qu'à compter du jour de la notification du présent arrêté, la municipalité de Paris commise à la vente des biens nationaux situés dans ladite ville, insérera dans le titre de vente la condition spéciale, pour l'acquéreur, de se soumettre, lors des constructions et reconstructions, aux alignements de Voyerie qui seront donnés par qui il appartiendra. »

Lorsqu'il a été satisfait à cette clause, une première fois, dans quelque minime proportion que ce soit, le propriétaire ne peut être contraint à céder de nouveau, sans indemnité, du terrain pour l'ouverture ou l'élargissement de la voie publique[1].

Toutefois, si la propriété se trouvait sur une rue, au-dessous du minimum de dix mètres prescrit par la déclaration du 10 avril 1783, elle resterait encore grevée de cette servitude, quand bien même il y aurait été satisfait, une première fois, lors du percement de la rue[2].

Les clauses insérées dans les contrats de vente ne sont pas toutes les mêmes; elles ont été classées en six catégories par le conseil municipal de Paris[3], savoir :

1° Clauses obligeant les acquéreurs à livrer, sans indemnité et à la première réquisition, le terrain nécessaire à l'exécution des rues dont les alignements sont approuvés par ordonnance royale.

2 Clauses semblables aux précédentes grevant des propriétés riveraines de rues dont les alignements ne sont pas encore approuvés par le chef de l'Etat.

3° Clauses qui obligent les acquéreurs à livrer, sans indemnité, le terrain nécessaire à l'élargissement des rues, au moment seulement de la reconstruction ou de la confortation.

4° Clauses semblables aux précédentes, mais ne précisant pas l'époque de l'exécution.

5° Clauses qui obligent les acquéreurs à supporter, sans indemnité, le percement de nouvelles rues au milieu de leurs propriétés.

6° Clauses qui obligent les acquéreurs à livrer, sans indemnité, le terrain nécessaire à l'élargissement ou au percement des rues, lorsque ces élargissements ou percements sont exécutés.

RÉSERVOIR. — Le locataire est tenu au menu entretien des réservoirs compris dans sa location : il est, en outre, responsable des dégâts qui pourraient se produire au dégel s'il laissait geler l'eau contenue dans ces réservoirs[1].

RÉSINES, GALIPOTS et **ARCANSONS** (Travail en grand pour la fonte et l'épuration des)[2].

Établissement insalubre de 1re classe : odeur et danger d'incendie.

Les ateliers doivent être construits en matériaux incombustibles et éclairés seulement par la lumière du jour : l'ouverture des foyers sera placée en dehors.

L'atelier de distillation, ainsi que le dépôt des pailles, bois et autres combustibles seront éloignés à 30 mètres de toute autre construction.

Le bec à gemme sera également à 30 mètres des fourneaux et du magasin aux essences; ce dernier sera en matériaux incombustibles avec porte en fer[3].

RESPONSABILITÉ. — V. *Architecte* et *Entrepreneur.*

REVISION de compte. — V. *Règlement.*

RIVAGES de la mer. — Les rivages de la mer sont considérés comme des dépendances du domaine public[4].

Ils sont délimités par l'ordonnance d'août 1681[5] qui interdit, en outre, d'y élever aucun ouvrage pouvant nuire à la navigation.

ANNEXE

Extrait de l'ordonnance de la marine d'août 1681.

LIVRE IV.

TITRE VII. — DU RIVAGE DE LA MER.

ARTICLE PREMIER. — Sera réputé bord et rivage de la mer, tout ce qu'elle couvre et découvre pendant les nouvelles et pleines lunes, et jusques où le grand flot de mars se peut étendre sur les grèves.

ART. 2. — Faisons défenses à toutes personnes de bâtir sur les rivages de la mer, d'y planter aucuns pieux, ni faire aucuns ouvrages qui puissent porter préjudice à la navigation, à

[1] C. d'Et., 27 juill. 1850, 21 juill. 1853, 24 févr. 1859. — [2] Cass., 28 déc. 1825. — [3] Délibération, 3 déc. 1841.

[1] Le Bègue, p. 83. [2] Décr., 31 déc. 1866. — [3] Bunel, p. 385. [4] . — [5] Annexe.

peine de démolition des ouvrages, de confiscation des matériaux, et d'amende arbitraire.

RIVIÈRE. — Edit d'août 1669[1]. Arr. cons. du 10 août 1694[2]. Loi du 4 mai 1803[3]. Loi du 16 sept. 1807[4]. Ord. pol. du 25 oct. 1840[5]. C. civ., art. 538, 644, 650.

Au point de vue des obligations imposées aux riverains, il y a une distinction à faire, suivant que les rivières sont navigables, ou seulement flottables, et qu'elles ne sont ni navigables, ni flottables.

Les rivières navigables et flottables font partie du domaine public[6]; il en est de même de leurs bras morts, même dans le cas où ils ne seraient ni navigables ni flottables[7].

Le caractère de navigabilité d'une rivière doit être déclaré par un décret du chef de l'Etat[8].

A l'autorité administrative, seule, appartient le droit de déterminer les limites des rivières navigables ou flottables[9].

Le curage des rivières de cette nature, ainsi que l'entretien et la réparation de tous les ouvrages qui s'y rapportent, sont à la charge de l'Etat[10]. Néanmoins, des règlements d'administration publique peuvent imposer une redevance à ceux qui en tirent avantage, tels que les usiniers et les propriétaires de moulins[11].

Il est interdit :

1° De faire aucun ouvrage ou dépôt qui puisse entraver la navigation ;

2° D'établir aucune construction, mur de clôture, haie ou plantation d'arbres, à moins de 10 mètres du bord, du côté sur lequel est placé le chemin de halage, et à moins de 3m 33 du côté où ce chemin n'existe pas[12] ;

3° De tirer du sable ou autres matériaux à moins de 11m 69 du bord[13] ;

4° D'y faire, sans autorisation, aucune tranchée, prise ou rigole[14].

Toutes les questions contentieuses relatives à la propriété, l'entretien, l'usage, etc., des rivières navigables ou flottables sont du ressort des tribunaux administratifs.

Pour les rivières ni navigables ni flottables, les riverains ont le droit de se servir des eaux qui longent ou traversent leurs propriétés[15], pendant tout leur parcours au droit ou au travers desdites propriétés, à charge de les rendre, à leur sortie, à leur cours ordinaire.

Quant à la propriété du lit, à moins de titre contraire, elle n'appartient à personne[1], c'est-à-dire que l'usage en est commun à tous, et la jouissance déterminée par des règlements de police.

Chaque propriétaire peut y faire des saignées pour l'irrigation de son fonds, mais il ne peut en détourner le cours[2].

En général, des règlements administratifs ou des usages locaux fixent la manière dont il sera fait usage de l'eau, et dont les frais d'entretien et de curage seront répartis.

La réglementation des rivières ni navigables ni flottables appartient aux préfets, qui ont également le droit d'en prescrire l'élargissement, mais à la condition que cet élargissement n'entraîne pas l'expropriation des propriétés riveraines[3].

Les rivières seulement flottables à bûches perdues sont assimilées aux rivières ni navigables ni flottables.

Les riverains de ces rivières sont tenus, en outre, de fournir passage à ceux qui sont chargés de la conduite du bois[4].

ANNEXES

Arrêt du Conseil du 10 août 1694.

Le roi s'étant fait représenter son édit du mois de décembre 1693, par lequel Sa Majesté a confirmé tous les détenteurs, propriétaires ou possesseurs des biens et des droits sur les rivières navigables, dans la propriété et possession desdits biens et droits, en payant par eux les sommes pour lesquelles ils seraient compris dans les rôles qui seraient arrêtés en son conseil ; et Sa Majesté ayant été instruite que plusieurs des détenteurs refusaient de payer lesdites taxes, parce qu'encore que leurs îles, moulins et autres biens et droits, soient sur des bras et courants desdites rivières navigables, cependant lesdits bras et courants n'étant point navigables ou n'étant navigables que par écluses ou par artifice, ils soutiennent n'être point dans le cas dudit édit; quoique toutes ces distinctions soient inutiles, parce que l'eau desdits bras dérivant d'une rivière navigable, laquelle appartient au roi, depuis le lieu où elle est navigable de son fond, il n'est permis à personne de s'en servir pour établir des droits, ou pour bâtir des moulins ou autres édifices sans la permission de Sa Majesté, parce que c'est une chose de son domaine, ainsi qu'il paroit, non seulement par les déclarations de Sa Majesté des mois d'avril 1668 et 1683, mais encore par l'ordonnance des eaux et forêts du mois d'août 1669[5], titre de la *Police et Conservation des forêts, eaux et rivières*, aux termes desquelles Sa Majesté pourroit les priver desdits biens et droits; et Sa Majesté désirant expliquer ses intentions pour ce regard et traiter favorablement lesdits détenteurs, pro-

---

[1] V. *Bois et forêts.* — [2] Annexe. — [3] Annexe. — [4] V. *Expropriation.* — [5] Annexe. — [6] C. civ., 538. — [7] Arrêt cons., 10 août 1694, annexe. — [8] Cass., 21 avril 1834. — [9] C. d'Et., 4 mars 1843, 31 mars 1847. — [10] Loi, 4 mai 1803, annexe. — [11] C. d'Et., 25 nov. 1831.— [12] Edit, août 1669, V. *Bois et forêts.* — [13] Ibid. — [14] Ord. pol., 25 oct. 1840, annexe. — [15] C. civ., 644.

---

[1] C. Perrin, n° 3586. — [2] C. civ., 644.—[3] C. d'Et., 15 mars 1855. — [4] C. civ., 560. — [5] V. *Bois et forêts.*

propriétaires ou possesseurs; Sa Majesté en son conseil, interprétant en tant que besoin serait, ledit édit du mois de décembre dernier, a ordonné et ordonne que les détenteurs desdits biens et droits sur les bras et courants qui dérivent des rivières navigables, soit que lesdits bras et courants soient navigables ou non, seront confirmés dans lesdits biens et droits, en payant les sommes pour lesquelles ils sont ou seront compris dans les rôles arrêtés en son conseil, aux termes et en exécution dudit édit, qui sera exécuté selon sa forme et teneur.

Loi du 4 mai 1803 (14 floréal an XI).

ARTICLE PREMIER. — Il sera pourvu au curage des canaux et rivières non navigables, et à l'entretien des digues et ouvrages d'art qui y correspondent, de la manière prescrite par les anciens règlements, ou d'après les usages locaux.

ART. 2. — Lorsque l'application des règlements ou l'exécution du mode consacré par l'usage éprouvera des difficultés, ou lorsque des changements survenus exigeront des dispositions nouvelles, il y sera pourvu par le gouvernement dans un règlement d'administration publique, rendu sur la proposition du préfet du département, de manière que la quotité de la contribution de chaque imposé soit toujours relative au degré d'intérêt qu'il aura aux travaux qui devront s'effectuer.

ART. 3. — Les rôles de répartition des sommes nécessaires au payement des travaux d'entretien, répartition ou reconstitution, seront dressés sous la surveillance du préfet, rendus exécutoires par lui, et le recouvrement s'en opérera de la même manière que celui des contributions publiques.

ART. 4. — Toutes les contestations relatives au recouvrement de ces rôles, aux réclamations des individus imposés et à la confection des travaux seront portées devant le conseil de préfecture, sauf le recours au gouvernement, qui décidera en Conseil d'Etat.

Extrait de l'ordonnance de police du 25 octobre 1840.

TITRE III. — DISPOSITIONS GÉNÉRALES.

ART. 206. — Il ne pourra être commencé aucun travail public ou particulier dans le lit des rivières et canaux, ni sur les ports, quais ou berges sans notre autorisation spéciale.

ART. 207. — Il est défendu d'établir des moulins, bâtardeaux, écluses, gords, pertuis, murs, plants d'arbres, amas de pierres, de terre, de fascines ni aucun autre empêchement au cours de l'eau dans les rivières ou canaux, sans y être spécialement autorisé.

ART. 208. — Il est défendu de détourner l'eau des rivières et canaux, ou d'en affaiblir et altérer le cours par tranchées ou fossés ou par quelque autre moyen que ce soit.

ART. 209. — Il est défendu de jeter dans les rivières et canaux, ou déposer sur leurs bords, des gravois, pierres, bois, immondices, pailles ou fumiers, ainsi que tout autre objet qui pourrait embarrasser les berges ou altérer le lit desdites rivières et canaux, sans autorisation de notre part.

ART. 210. — Il est enjoint à tous riverains, mariniers ou autres de faire enlever les pierres, bois, pieux, débris de bateau et autres empêchements étant de leur fait et à leur charge, dans le lit des rivières et canaux ou sur leurs bords.

Les marchands, les voituriers par eau ou tous autres dont les bateaux couleraient bas, seront tenus, aussitôt après l'événement, de faire placer sur ces bateaux une balise surmontée d'un drapeau rouge.

Ils devront ensuite faire procéder sans le moindre retard au relevage des bateaux et au repêchage des marchandises, des agrès et de tous autres objets qui seraient restés au fond de l'eau.

ART. 211. — Il est enjoint aux propriétaires d'héritages aboutissant aux rivières navigables de laisser, le long de leurs bords, 7m 796 pour trait des chevaux de halage.

Il est défendu de planter des arbres ou des haies, de creuser des fossés ou d'établir des clôtures à une distance moindre de 9m 745 des bords desdites rivières.

RIVOLI (Rue de). — Arr. des consuls des 21 avril et 9 oct. 1802. Contrat de vente du 23 avril 1803. Ord. pol. du 15 oct. 1823. Arr. préf. du 23 juin 1886[1].

Les maisons en bordure des rues de Rivoli, Castiglione, des Pyramides[2] et de la place de Rivoli doivent être conformes, comme architecture, au type adopté par l'administration pour ces rues et place[3].

Il est interdit d'y louer des boutiques à des ouvriers travaillant au marteau, à des bouchers, charcutiers, boulangers, pâtissiers ou autres artisans faisant usage de four[4]. Il est également interdit de placer des enseignes sur les piliers des arcades[5].

Les stores placés au-devant des boutiques doivent être d'un modèle uniforme[6].

ANNEXES.

Extrait de l'arrêté des Consuls du 1er floréal an X (21 avril 1802).

Les terrains appartenant à la République, situés dans le cul-de-sac du Manège... etc., seront mis en vente.

Le plan annexé au présent arrêté sera suivi et exécuté dans toutes ses parties et servira de base pour dresser le cahier des charges.

Conditions insérées dans les contrats d'acquisition.

ARTICLE PREMIER......
Bâtir les façades en pierre d'après les plans et

[1] Annexes. — [2] V. *Pyramides* (Rue des). — [3] Arr., 21 avril 1802, 9 oct. 1802, annexes. — [4] Cont. de vente, 22 avril 1803, annexes. — [5] *Ibid.* Ord. pol., 15 oct. 1823, annexe. — [6] Arr. préf., 23 juin 1886.

dessins des architectes du palais, approuvés par le gouvernement.

2° Daller en pierre dure le sol de la galerie ;

. . . .

4 Les maisons ou boutiques ne pourront être occupées par des artisans et des ouvriers travaillant du marteau ;

5° Interdiction aux bouchers, charcutiers et autres artisans dont le travail nécessite l'usage d'un four ;

6° Il ne sera mis aucune peinture, écriteau ou enseigne indicative de la profession de celui qui occupera, sur les façades ou portiques des arcades qui décoreront le devant des maisons sur ladite rue projetée.

———

Extrait de l'arrêté des Consuls du 17 vendémiaire an X (9 octobre 1802).

ARTICLE PREMIER. — Il sera percé une rue dans l'alignement de la place Vendôme (*rue Castiglione*) sur les terrains des Feuillants et du Manège jusqu'à la terrasse des Tuileries.

ART. 2. — Les maisons et les terrains avoisinants, mis à la disposition du gouvernement par la loi du 3 nivôse an VIII, seront vendus, par adjudication, par la Régie des domaines, avec charge aux acquéreurs de bâtir sur les plans et façades donnés par l'architecte du gouvernement.

ART. 3. — Les bâtiments du pavillon Médicis, les écuries dites de Monseigneur et les maisons des pages, seront vendus pour être détruits.

Il sera formé une place (*place de Rivoli*) en face l'entrée du jardin et une rue (*rue des Pyramides*) qui aboutira à celle Saint-Honoré.

Les terrains entourant cette place et ceux bordant la rue seront vendus, avec charge par les acquéreurs de bâtir sur les plans et façades donnés par l'architecte du gouvernement.

ART. 4. — Il sera percé une rue (*rue de Rivoli, depuis la rue du Louvre jusqu'à la rue Saint-Florentin*) dans toute la longueur du passage du Manège jusqu'à celle Saint-Florentin.

Les bâtiments qui se trouvent dans ces alignements seront vendus aux mêmes conditions que ci-dessus.

———

Extrait du contrat de vente faite par l'Etat au citoyen Delpont le 3 floréal an XI (23 avril 1803).

Conditions particulières.

1° L'adjudicataire de ce premier lot, quand il bâtira, sera tenu de pratiquer une galerie de neuf arcades ouverte au rez-de-chaussée, de 3ᵐ,24 de largeur ; elle sera surmontée de trois étages carrés avec comble au-dessus recouvert en ardoises et ce sur la rue en prolongation de celle de la place Vendôme.

2° La face sera construite en pierre dure jusqu'à la naissance des arcades, le surplus y compris l'entablement sera en pierre tendre.

3° Le sol de la galerie sera dallé en pierre dure, l'adjudicataire sera tenu de le laisser libre et public dans tous les temps de l'année et à perpétuité, il ne pourra sous aucun prétexte

que ce soit en interrompre la libre circulation ni ériger des planchers à hauteur des entresols.

4° Il sera pareillement tenu de paver à ses frais la moitié de la largeur de la rue et dans la longueur dudit lot, conformément au règlement fait à ce sujet.

5° Dans le cas où il serait établi des boutiques sous la galerie de la rue en prolongation de celle de la place Vendôme, elles ne pourront être occupées par des artisans et ouvriers travaillant du marteau.

6° Elles ne pourront non plus être occupées par des bouchers, charcutiers, pâtissiers, boulangers, ni autres artisans dont l'état nécessite l'usage de four.

7° Il ne pourra mettre aucune peinture, écriteau ou enseigne indicative de la profession de celui qui occupera, sur les façades ou portiques qui décoreront le devant de la maison.

8° Il sera tenu en outre de se conformer, au surplus, dans l'exécution stricte des lois relatives aux constructions.

9° Les constructions seront commencées dans l'espace de quatre mois à compter du jour de l'adjudication et achevées dans l'espace de trois années, savoir : la première année, les façades seront élevées jusqu'au sol du rez-de-chaussée, la deuxième année jusque et y compris le premier étage et le surplus dans la troisième année, le tout conformément aux plans, coupes et élévations arrêtées par le gouvernement.

10° Le percement de la rue en prolongation de celle de la place Vendôme sera effectué dans l'espace de six mois à dater du jour de l'adjudication.

11° Aussitôt que le percement de ladite rue sera effectué, l'adjudicataire sera tenu de clore son terrain avec barrières en planches à 1ᵐ50 de l'alignement et de faire les remblais et déblais des terres, afin de dresser des pentes égales, ladite rue pour être pavée, comme il est dit à l'article 4, par l'entrepreneur du pavé de Paris, et ce dans l'espace des dix-huit mois qui suivront l'adjudication.

12° Ledit acquéreur du lot sera obligé de se conformer aux alignements arrêtés par le ministre de l'intérieur sur la rue Saint-Honoré.

13°. Il sera obligé de conserver la fontaine publique, son réservoir et accessoires, tel que le tout se poursuit et comporte : néanmoins il pourra jouir du dessus de cet établissement.

Les murs seront mitoyens ; il conservera l'entrée actuelle ou en donnera une autre de pareille dimension, sans être commune à sa propriété.

Ledit adjudicataire ne pourra prétendre en aucune manière aux matériaux provenant du bâtiment des Feuillants qui se trouve à gauche du passage des Tuileries, quoiqu'une partie du sol doive lui appartenir et faire partie de son acquisition, le tout conformément au plan ci-annexé.

14° Il sera en outre tenu de se conformer aux lois des bâtiments concernant les eaux provenant des combles, de boucher à frais communs et en plein mur toutes les baies et issues qui se trouveront entre lui, le 2ᵉ lot et le 19ᵉ lot.

Faute par l'adjudicataire, outre le payement du prix aux époques déterminées, de se conformer en tous points aux dispositions des articles additionnels 6, 7 et 8 du cahier des charges qui sont de rigueur et ne pourront dans aucun cas être réputées comminatoires, il sera déchu de son adjudication, l'emplacement présentement mis en vente sera revendu.

Pour la sûreté des matériaux à provenir des bâtiments à démolir, l'adjudicataire sera tenu de fournir dans la huitaine de son adjudication caution bonne et solvable du prix desdits matériaux, laquelle, après avoir été discutée par le directeur des domaines, sera acceptée par le Préfet, s'il y a lieu. Il ne pourra commencer la démolition qu'après l'acceptation de la caution ; faute par ledit adjudicataire d'avoir fourni ladite caution, dans le délai ci-dessus fixé, comme dans le cas où la caution offerte n'aurait pas été acceptée, il sera procédé à la démolition sur l'autorisation du Préfet et à la poursuite du Directeur des domaines, les matériaux qui en proviendront seront vendus dans la forme ordinaire au plus offrant et dernier enchérisseur, le prix en sera appliqué au payement des frais de démolition, l'adjudicataire n'aura droit qu'à l'excédent.

Extrait de l'ordonnance de police du 15 octobre 1823.

Considérant que les galeries des rues de Castiglione et de Rivoli sont un passage livré au public ;

Que cette destination est établie par les termes exprès des contrats de vente des terrains sur lesquels on a construit les maisons riveraines desdites rues ;

Qu'en conséquence les propriétaires de ces maisons sont de droit assujettis aux lois et règlements relatifs à la sûreté et à la liberté de la voie publique ; qu'indépendamment de ces lois et règlements, ils sont assujettis par leurs contrats à des conditions particulières qui tendent au même but ;

Que notamment il leur est interdit de mettre aucune peinture, écriteau ou enseigne sur les façades et portiques des maisons et qu'ils sont tenus de laisser libre et publique, dans tous les temps de l'année et à perpétuité, la galerie sans pouvoir, sous aucun prétexte, interrompre la libre circulation, ni ériger de plancher à la hauteur de ceux de l'entresol, etc...

Vu la loi des 16-24 août 1790, titre XI, § 1er.

Ordonnons ce qui suit :

ARTICLE PREMIER. — Il est défendu d'établir sous les galeries des rues de Castiglione et de Rivoli des devantures de boutiques, tableaux, montres, enseignes, étalages ou autres objets en saillie du nu des murs de face intérieurs desdites galeries et d'appliquer contre les murs de face des galeries opposées aux boutiques aucun objet quelconque pouvant gêner ou restreindre la liberté de la circulation ou occasionner des accidents.

Il est pareillement défendu d'établir aucun objet en saillie du nu des murs de face extérieurs donnant immédiatement sur les rues de Castiglione et de Rivoli.

ART. 2. — Dans les huit jours à compter de la promulgation de la présente ordonnance, seront supprimés et enlevés toute espèce d'objets en saillie établis contrairement aux dispositions de l'article précédent.

ART. 3. — Il est défendu de faire sous les galeries dont il s'agit, aucun dépôt de marchandises, d'y faire travailler, si ce n'est aux réparations des bâtiments, d'y placer des tables, chaises ou tous autres objets qui pourraient gêner la circulation.

ART. 4. — Les propriétaires de ces maisons seront également tenus, chacun pour ce qui le concerne, de faire réparer avec soin les enfoncements ou autres dégradations qui surviendront au sol des galeries, à l'effet de prévenir les accidents...

Arrêté préfectoral du 23 juin 1886.

Vu la délibération du conseil municipal de la Ville de Paris, en date du 17 mai 1886, portant approbation du modèle de store destiné à remplacer les bannes existantes sous les arcades des rues de Rivoli, de Castiglione, des Pyramides, des places de Rivoli et du Palais-Royal ;

Vu le rapport du commissaire-voyer du 1er arrondissement, en date du 28 août 1885, ensemble l'avis de l'ingénieur en chef de la 1re division ;

Vu le dessin indiquant le modèle de store approuvé par la délibération susvisée ;

Vu les pièces de l'enquête ouverte à la mairie du 1er arrondissement ;

Arrête :

ARTICLE PREMIER. — Les bannes existantes sous les arcades des rues de Rivoli, de Castiglione, des Pyramides, des places de Rivoli et du Palais-Royal seront supprimées.

ART. 2. — Les propriétaires ou locataires de locaux situés sous les arcades des rues et places précitées seront autorisés, sur leur demande, à y installer des stores du modèle adopté par l'administration, visé à l'enquête et annexé au présent arrêté.

ART. 3. — Le directeur des travaux de Paris est chargé de l'exécution du présent arrêté, dont ampliation sera adressée à l'ingénieur en chef de la 1re division et au commissaire-voyer du 1er arrondissement.

ROBINET. — Le locataire doit graisser et entretenir, tant qu'ils peuvent être réparés, les robinets d'eau et de gaz compris dans sa location ; il doit en outre les préserver de la gelée[1].

ROGUES (Dépôts de salaisons liquides connues sous le nom de).

Etablissements insalubres de 2e classe : odeur[2].

Pour les prescriptions administratives, V. *Salaisons*.

ROUGE de Prusse et d'Angleterre. —

[1] Le Bègue, p. 84.
[2] Décr., 31 déc. 1866.

Etablissement insalubre de 1re classe: émanations nuisibles[1].

Les ateliers doivent être ventilés énergiquement, et l'on doit se servir de fours à réverbère.

Au sortir des fours les gaz traverseront un appareil condensateur.

Les eaux seront neutralisées avant leur écoulement au dehors.

Toutes les ouvertures, portes, joints des meules et blutoirs, seront garnies de languettes de feutre ou de cuir[2].

Il est interdit d'employer des enfants dans ces usines, à cause des émanations nuisibles qui se dégagent[3].

ROUISSAGE en grand du chanvre et du lin.

Etablissement insalubre de 1re classe : émanations nuisibles et altération des eaux[4].

Le rouissage qui se fait dans une eau courante n'est autorisé qu'à 100 mètres au moins des habitations[5].

ROUISSAGE en grand du chanvre et du lin, par l'action des acides, de l'eau chaude et de la vapeur.

Etablissement insalubre de 2e classe : émanations nuisibles et altération des eaux[6].

Les ateliers doivent être ventilés énergiquement, au moyen de hautes cheminées d'appel.

Les eaux doivent être conduites dans une série de bassins de décantation et n'être écoulées au dehors qu'après avoir été filtrées.

L'étuve doit être en matériaux incombustibles avec porte en fer[7].

ROUTE. — Edit d'août 1669[8]. Ord. des trésoriers de France du 17 déc. 1686[9]. Arr. du Cons. des 26 mai 1705[10], 3 mai 1720[11] et 6 févr. 1776[12]. Décr. des 15 août 1790[13] et 6 déc. 1793[14]. Loi du 16 sept. 1807[15]. Décr. du 16 déc. 1811[16], Lois des 12 mai 1825[17], 20 mars 1835[18], 24 mai 1842[19], 4 mai 1864[20].

Sous l'ancienne législation, les routes étaient divisées en quatre classes[21] :

1° Celles qui traversaient la totalité du royaume, ou qui conduisaient de la capitale dans les principales villes, ports et entrepôts de commerce.

2° Celles qui servaient de communication entre les provinces, ou les principales villes du royaume, ou qui conduisaient de Paris à des villes considérables, mais moins importantes que celles ci-dessus désignées;

3° Celles destinées à la communication des villes principales d'une même province ou de provinces voisines;

4° Enfin, les chemins particuliers, destinés à la communication des petites villes ou bourgs.

Cette classification a été modifiée par le décret du 16 décembre 1811[1], qui sert encore de règle sur ce point.

Ce décret établit deux divisions principales, les routes nationales et les routes départementales.

Les routes nationales, comprenant les deux premières classes anciennes, sont subdivisées en trois classes :

Première classe : les routes de la capitale aux frontières et aux villes maritimes d'une grande importance;

Deuxième classe : les routes qui ont la même direction, mais une moindre importance;

Troisième classe : les routes qui, assurant des communications importantes, ne partent point de la capitale pour aboutir aux frontières.

Les routes départementales sont les grandes routes qui formaient la troisième classe de l'ancienne législation.

A l'ancienne quatrième classe, correspondent les chemins vicinaux[2].

La largeur des routes n'avait rien de fixe sous l'ancienne monarchie. Jusqu'à l'arrêt du Conseil du 3 mai 1720[3], elle était déterminée par les coutumes ou règlements locaux, ce qui la faisait varier d'une province à l'autre et de seize à soixante pieds[4]. L'édit d'août de 1669[5] porte cette largeur à 72 pieds, mais seulement dans la traverse des forêts. L'arrêt du conseil du 2 février 1720 fixe à soixante pieds (19m49) la largeur des chemins royaux, et à trente-quatre pieds (11m00) celle des autres routes. Ces dimensions ont été encore modifiées par l'arrêt du Conseil du 6 février 1776, précité, qui la fixe, sauf pour la traversée des forêts maintenue à soixante pieds (23m39), savoir :

    42 pieds (13m64) pour la 1re classe
    36   —   (11m69)   —   2e   —
    30   —   (9m75)   —   3e   —
    24   —   (7m80)   —   4e   —

Cette largeur ne comprenait ni les fossés, dont ces routes étaient bordées[6], ni les empattements du talus.

Dans la traverse des villes, la largeur de la voie excède parfois celle de la route; dans ce cas, l'excédent de largeur ne fait

---

[1] Décr., 31 déc. 1866. — [2] Bunel, p. 386.
[3] Décr., 14 mai 1875.
[4] Décr., 31 déc. 1866. — [5] Bunel, p. 387.
[6] Décr., 31 déc. 1866. — [7] Bunel, p. 388.
[8] V. *Bois et forêts.* — [9] Annexe. — [10] Annexe. —
[11] Annexe. — [12] Annexe. — [13] Annexe. — [14] Annexe.
— [15] V. *Expropriation.* — [16] Annexe. — [17] Annexe.
— [18] Annexe. — [19] Annexe. — [20] Annexe. —
[21] Arr. du Cons., 6 févr. 1776, annexe.

[1] Annexe. — [2] V. *Chemins vicinaux.* — [3] Annexe.
— [4] Ord., 17 déc. 1686, annexe. — [5] V. *Bois et forêts.* — [6] Arr. Cons., 26 mai 1705, annexe.

pas partie de la grande route, mais bien du domaine municipal [1].

L'ouverture des nouvelles routes, ou le redressement des anciennes ne peut avoir lieu que suivant les formes tracées par les lois sur l'expropriation pour cause d'utilité publique, c'est-à-dire qu'ils doivent être ordonnés et autorisés par décret du chef de l'Etat; à l'exception, toutefois, des travaux qui exigent des engagements ou des subsides du Trésor public, pour lesquels le crédit doit être accordé et l'engagement ratifié par une loi [2].

Quand il s'agit d'une route départementale, le décret autorisant les travaux doit être précédé d'une délibération du Conseil général, qui elle-même doit être précédée d'une enquête administrative [3].

Le déclassement des routes est réglé par la loi du 24 mai 1842 [4].

La construction et l'entretien des grandes routes qui se faisaient anciennement au moyen de corvées, est maintenant faite, et la dépense supportée, par l'Etat, dont les entrepreneurs ont le droit d'extraire des propriétés voisines les matériaux nécessaires [5].

Les riverains peuvent être obligés à planter des arbres le long des routes [6]; la propriété de ces arbres leur appartient [7], mais ils ne peuvent les élaguer ni les abattre sans une autorisation [8].

Le sol des routes est imprescriptible : les rues et places qui, dans la traverse des villes, bourgs ou villages, forment le prolongement des routes nationales ou départementales, font partie de ces routes et sont soumises au même régime [9].

Les riverains ne peuvent construire ou réparer les ouvrages en bordure de ces routes sans une autorisation préalable. Lorsqu'il existe un plan d'alignement régulièrement approuvé, les alignements sont donnés par le sous-préfet [10].

Les riverains ne peuvent, en outre, faire d'ouvrages qui puissent nuire à la solidité des routes [11].

ANNEXES.

Ordonnance des Trésoriers de France.
17 *Décembre* 1686.

Les Présidens, Trésoriers-Généraux de France, Grands-Voyers en la Généralité de Paris : Vu

les Procès-Verbaux des Chevauchées par Nous faites dans l'étenduë de cette Généralité, par lesquels il paroit que la plûpart des Chemins, tant ceux qui conduisent de Province en Province et de Ville en Ville, que ceux qui menent des Bourgs et des Villages aux Villes, sont réduits maintenant à si peu de largeur, que dans beaucoup d'endroits il est impossible à deux voitures opposées d'y passer ensemble, quoique selon la disposition de plusieurs Coûtumes du Royaume, les Grands Chemins allant de Ville en Ville doivent avoir soixante piedz (19[m]49), et ceux traversant des Bourgs et des Villages aux Villes, trente piedz (9[m]745); qu'ainsi au lieu par les Propriétaires des terres voisines de tous lesdits Chemins, de leur laisser leur largeur naturelle, telle qu'elle est désignée dans les Baux du Pavé des Grands Chemins faits par-devant Nous, ou qu'elle a été prescrite par les Coûtumes locales, ou que les deux extrémités qui terminent lesdits Chemins semblent la marquer, par toute leur longueur, et de les entretenir en très-bon état, soit en y répandant du sable ou des cailloux pour en remplir les ornières et les trous, comme l'ordonnent beaucoup desdites Coûtumes, soit en relevant les fossés pour y faire écouler les eaux, ils les labourent, et avec leurs charuës, ils y élèvent des terres et des buttes de terre qui rendent lesdits Chemins rudes et difficiles; et pour s'assurer la joüissance desdits Chemins usurpés, ils y mettent des hayes, et y plantent des arbres comme une espèce de bornes, d'où ils puissent plus hardiment supposer un titre d'une propriété incontestable; ou bien il les foüillent pour en prendre les bonnes terres qu'ils jettent dans les Vignes, desquelles ils retirent les pierres qu'ils entassent dans lesdits Chemins; et par ces foüilles ils y forment des mares d'eau, qui par les bourbiers qu'elles font aux terres contiguës, nécessitent les passans à s'écarter, pour se chercher des chemins commodes, et très souvent au milieu des terres ensemencées. Que dans les lieux où l'on a fait des Chaussées pavées, les Riverains qui doivent conserver de chaque côté d'icelles une largeur de dix-huit pieds (5[m]85), qui est celle portée par lesdits Baux, ont creusé jusques aux bordures, ce qui en a renversé quelques-unes, et constitué Sa Majesté en de nouvelles dépenses; Que certains Particuliers Cariers ont aussi foüillé sous lesdits Chemins; tellement que tous lesdits Chemins qui doivent être droits, spacieux, sûrs, praticables et entretenus en beaucoup d'endroits par les Seigneurs Peagers, ou par les habitans des Paroisses prochaines, suivant non-seulement la disposition de plusieurs Coûtumes du Royaume, mais encore suivant l'ancienne Jurisprudence du droit commun et des Arrêts, et qui doivent être bornés dans toute leur longueur par des fossés pour l'écoulement desdites eaux, sont presque tous obliques, remplis de trous, de fondris et de tas de pierres, et conséquemment très-perilleux; ce qui préjudicie notablement au Commerce, par ce qu'étant étroits il n'y a qu'une charriere et une seule voye, à travers de laquelle toutes les voitures de différentes espèce et largeur étant obligées de passer, il s'y fait nécessairement de grands trous où les

---

[1] C. d'Et., 23 août 1836, 28 nov. 1861.— [2] Sénat.-Cons., 25 déc. 1852.— [3] Décr., 16 déc. 1811, annexe. Loi, 20 mars 1835, annexe. — [4] Annexe. — [5] Lois, 6 déc. 1793, 13 mai 1825, annexes. — [6] Décr., 16 déc. 1811.— [7] Décr., 15 août 1790, annexe.— [8] V. *Arbres.* — [9] C. d'Et., 8 sept. 1824.— [10] Loi, 4 mai 1864, annexe.— [11] V. *Carrières. Extraction des matériaux.*

eaux pluviales se ramassant et s'y arrêtant faute de pente, l'on est souvent forcé pour s'en tirer, de doubler les attelages ; d'ailleurs lorsqu'il se rencontre deux ou trois chemins qui se croisent, les voiageurs incertains du véritable chemin et de celui qu'ils doivent prendre, à cause qu'ils ont une largeur égale, quoique l'un soit le grand chemin, et les autres de traverse, s'égarent souvent, et s'engagent dans celui qu'ils devroient éviter, ce qui est un desordre et un abus dont il importe au Public que nous arrêtions le cours, et que conformément à l'Article 356 de l'Ordonnance de Blois, nous contraignions les usurpateurs desdits Chemins de leur restituer leur largeur ancienne, naturelle et convenable. A quoi étant nécessaire de pourvoir : Nous, en vertu du pouvoir à Nous donné par Sa Majesté pour l'élargissement des voyes et Chemins publics, et pour la Jurisdiction pleine et entière sur iceux par les Edits des mois de Décembre 1607, Février 1626, Avril 1627, Mai 1635, et Arrêts rendus en conséquence : Ordonnons que dans tous les Chemins allant de Province en Province, et de Ville en Ville, il sera laissé une largeur de quarante-cinq pieds (14m61), qui est celle dont ladite Ordonnance de Blois a ordonné la restitution ; et que dans les Chemins allant des Bourgs et des Villages aux Villes, il y sera laissé une largeur de trente pieds (9m75) au moins, qui est la largeur désignée par la plus grande partie des Coûtumes, sans toutefois qu'où dans lesdits Grands Chemins et autres il se trouve une plus grande largeur, elle puisse être aucunement rétrécie. A l'effet de quoi dans quinzaine du jour de la publication de notre présente Ordonnance, les Propriétaires des terres voisines, adjacentes et contiguës auxdits Chemins, Laboureurs, Vignerons et autres, seront tenus, à peine de cent livres d'amende, de se retirer chacun en droit soi, pour laisser auxdits Chemins lesdites largeurs de quarante-cinq pieds pour les Grands Chemins et de trente pieds pour ceux de traverse ; ce faisant, Ordonnons que toutes les hayes, ronces, épines et arbres qui se trouveront dans lesdits espaces, seront arrachés et coupés. Faisons défenses à toutes personnes d'en mettre et planter, sinon à six pieds (1m95) près du bord desdits Chemins ; et à tous Vignerons de rejetter et d'entasser aucunes pierres dans lesdits Chemins, de les fouiller et couper ; et auxdits Laboureurs de plus les labourer. Ordonnons aux Laboureurs, Vignerons et autres, d'applanir toutes les buttes de pierres et buttes de terres qui seront au-devant de leurs terres et vignes ; comme aussi de faire le long desdites terres et vignes, des fossés pour l'écoulement des eaux, lesquels ils releveront exactement tous les ans au premier Octobre, sous pareille peine de cent livres d'amende. Ordonnons aux Procureurs du Roi de chacune des Elections de cette Généralité, de faire faire par les Huissiers préposés pour le Recouvrement des deniers de la Taille, un état de tous les Chemins, grands et de traverse, qui n'ont pas lesdites largeurs, et des noms des Particuliers qui les ont usurpés, et de nous l'envoyer dans deux mois de cejourd'hui. Et afin que personne n'en prétende cause d'ignorance, sera la présente Ordonnance affi-

chée dans toutes les Villes et principaux Bourgs de cette Généralité, même publiée aux Prônes des Messes Paroissiales desdites Villes, Bourgs et Villages situés sur lesdits grands Chemins, dont il sera certifié auxdits Procureurs du Roi, par les Curés desdites Paroisses, et à Nous par lesdits Procureurs du Roi, dans deux mois de cejourd'hui.

Arrêt du Conseil du 26 mai 1705.

Le Roy ayant été informé, tant par les Trésoriers de France commis dans la Généralité de Paris pour avoir le soin des ouvrages des Ponts et Chaussées de ladite Généralité, que par les sieurs Commissaires départis dans les autres Généralitez, que lorsqu'en exécution des ordres de Sa Majesté ils ont fait faire de nouveaux ouvrages de pavé dans les Grands Chemins, ou qu'ils font repaver ceux qui ont été ci-devant faits, les Entrepreneurs desdits ouvrages sont tous les jours troublés par les Propriétaires des héritages riverains desdits Chemins, lorsque pour redresser les Chemins lesdits Entrepreneurs se mettent en état de passer dessus les terres : ce qui fait qu'il y a quantité de Chemins, qui, au lieu d'être d'un droit alignement, comme ils auroient dû être, ont été faits avec des sinuosités fort préjudiciables aux intérêts de Sa Majesté, par la plus grande dépense qu'il faut faire pour les construire et pour les entretenir, et à la commodité publique, en ce que les chemins en sont beaucoup plus longs : à quoi étant nécessaire de pourvoir ; ouï le rapport du sieur Chamillart, Conseiller ordinaire au Conseil Royal, Controlleur Général des Finances, Sa Majesté en son Conseil, a ordonné et ordonne que les ouvrages de pavé qui se feront de nouveau par ses ordres, et les anciens qui seront relevés, seront conduits du plus droit alignement que faire se pourra, suivant qu'il sera ordonné par les Trésoriers de France à ce commis dans la Généralité de Paris, et par les sieurs Commissaires départis dans les autres Généralitez ; auquel effet ils les feront passer sans aucune distinction au travers des terres des Particuliers, auxquels pour le dédommagement sera laissé le terrain des anciens Chemins qui seront abandonnés : et en cas que le terrain desdits anciens Chemins ne se trouvât pas contigu aux héritages des Particuliers sur lesquels les nouveaux Chemins passeront, ou que la portion de leur héritage qui resteroit fût trop peu considérable pour pouvoir être exploité séparément, veut Sa Majesté que les Particuliers dont les héritages seront contigus, tant aux anciens Chemins qui auront été abandonnés, qu'aux portions des héritages qui se trouveront coupés par les nouveaux Chemins, soient tenus du dédommagement de ceux sur lesquels les nouveaux Chemins passeront, suivant l'estimation qui sera faite par lesdits Commissaires de la valeur du terrain qui leur sera abandonné ; lequel dédommagement se fera en deniers, lorsque le prix desdites portions d'héritages n'excédera pas deux cents livres ; et lorsqu'il excédera ladite somme, il leur sera donné en échange par lesdits Propriétaires, des héritages de pareille valeur, suivant l'évaluation qui en sera faite par lesdits Commissaires, lesquels échanges seront exempts de tous droits de lots et ventes, tant envers Sa Majesté, qu'envers les Seigneurs Particuliers.

Ordonne en outre, Sa Majesté, qu'il sera fait des fossés de quatre pieds (1m 30) de largeur sur deux pieds (0m 65) de profondeur, à l'extrémité des terre qui sont de chaque côté du pavé, de quelque largeur qu'ils se trouvent à présent dans les grandes Routes de Paris dans les Provinces, dont l'entretenement est employé dans l'État des Ponts et Chaussées; et lorsqu'il n'y aura pas de Chemins de terre déterminés, il en sera fait à trois toises (5m 85) de distance du pavé de chaque côté dans lesdites grandes Routes, et à douze pieds (3m 90) dans les Routes moins considérables, et ce tant pour l'écoulement des eaux, que pour conserver la largeur des chemins et les héritages riverains : lesquels fossés seront entretenus par les Riverains chacun au droit soy. Et pour la sûreté des grands Chemins, Sa Majesté fait défenses à tous Particuliers de planter à l'avenir des arbres, sinon sur leurs héritages, et à trois pieds (0m 97) de distance des fossés séparant le chemin de leurs héritages, le tout à peine de dix livres d'amende contre les contrevenans.

Enjoint Sa Majesté auxdits Commissaires départis et auxdits Trésoriers de France, chacun dans leur département, de tenir la main à l'exécution dudit arrêt et de rendre toutes les Ordonnances nécessaires, lesquelles seront exécutées nonobstant oppositions ou appellations quelconques; et en cas d'appel, Sa Majesté s'en réserve à Elle et à son Conseil la connoissance; et sera le présent arrêt lû et publié au Prône des Paroisses, à ce que personne n'en ignore.

Extrait de l'Arrêt du Conseil du 3 mai 1720.

ARTICLE PREMIER. — L'article 3 du titre des chemins royaux, de l'ordonnance des eaux et forêts du mois d'août 1669, sera exécuté selon sa forme et teneur; en conséquence, tous les bois, épines et broussailles qui se trouveront dans l'espace des soixante pieds ès grands chemins servants au passage des coches, carrosses publics, messagers, voituriers de ville et autre, tant des forêts de S. M. que de celles des ecclésiastiques, communautés, seigneurs et particuliers, seront essartés et coupés aux frais de S. M. tant dans les forêts de son domaine que des ecclésiastiques, communautés, seigneurs et particuliers, si mieux n'aiment lesdits ecclésiastiques, communautés, seigneurs et particuliers faire eux-mêmes lesdits essartements à leurs frais.

ART. 2. — Veut S. M. que la même disposition ait lieu pour les grands chemins royaux hors les forêts, lesquels seront élargis jusqu'à soixante pieds, et bordés hors ledit espace, de fossés dont la largeur sera au moins de six pieds dans le haut, de trois pieds dans le bas et la profondeur de trois pieds, en observant les pentes nécessaires pour l'écoulement des eaux desdits fossés.

ART. 3. — Veut pareillement S. M. que les autres grands chemins servant de passage aux coches, carrosses, messagers, voituriers et rouliers de ville à autre, aient au moins trente-six pieds de largeur entre les fossés, lesquels fossés auront les largeur et profondeur marquées au précédent article, et seront tous lesdits fossés faits aux dépens de S. M., ensemble l'essartement des haies, comblement d'anciens fossés et redressement du terrain, qui se trouveront à faire dans les largeurs de soixante et trente pieds desdits chemins, si mieux n'aiment lesdits propriétaires les faire à leurs frais.

ART. 4. — Ordonne S. M. que les nouveaux fossés seront entretenus et curés par les propriétaires des terres y aboutissantes, toutes et quantes fois qu'il sera jugé nécessaire par les inspecteurs et ingénieurs des ponts et chaussées, sur les procès-verbaux desquels les intendants des provinces et généralités ordonneront ledit curage, et seront tenus lesdits propriétaires de faire jeter sur leurs héritages ce qui proviendra dudit curage.

ART. 5. — Excepte S. M. de la présente disposition les chemins qui se trouveront entre des montagnes, et dont la situation ne permet pas qu'ils soient élargis, desquels chemins seront dressés procès-verbaux par lesdits sieurs intendants, pour, iceux et leurs avis envoyés au conseil, être par S. M. ordonné ce qu'il appartiendra.

ART. 6. — Tous les propriétaires d'héritages tenants et aboutissants aux grands chemins et branches d'iceux, seront tenus de les planter d'ormes, hêtres, chataigniers, arbres fruitiers ou autres arbres suivant la nature du terrain, à la distance de trente pieds l'un de l'autre, et à une toise au moins du bord extérieur des fossés desdits grands chemins, et de les armer d'épines, et ce depuis le mois de novembre prochain, jusqu'au mois de mars inclusivement, et où aucuns desdits arbres périraient, ils seront tenus d'en replanter d'autres dans l'année.

ART. 7. — Faute par lesdits propriétaires de planter lesdits arbres, pourront les seigneurs auxquels appartient le droit de voirie sur lesdits chemins, en planter à leurs frais dans l'étendue de leurs voiries, et en ce cas les arbres par eux plantés et les fruits d'iceux appartiendront auxdits seigneurs voyers.

ART. 8. — Défendons *à toutes personnes* de rompre, couper ou abattre lesdits arbres, à peine pour la première fois de soixante livres d'amende, applicable au tiers au propriétaire, l'autre à l'hôpital le plus prochain du lieu où le délit aura été commis, et l'autre tiers au dénonciateur; et pour la récidive à peine du fouet.

Arrêt du Conseil du 6 février 1776.

ARTICLE PREMIER. — Toutes les routes construites à l'avenir, par ordre du roi, pour servir de communication entre les provinces et les villes ou bourgs, seront distinguées entre quatre classes ou ordres différents.

La première classe comprendra les grandes routes qui traversent la totalité du royaume, ou qui conduisent de la capitale dans les principales villes, ports ou entrepôts de commerce ;

La seconde, les routes par lesquelles les provinces et les principales villes du royaume communiquent entre elles, ou qui conduisent de Paris à des villes considérables, mais moins importantes que celles ci-dessus désignées ;

La troisième, celles qui ont pour objet la communication entre les villes principales d'une même province, ou de provinces voisines ;

Enfin, les chemins particuliers, destinés à la communication des petites villes ou bourgs, seront rangés dans la quatrième.

ART. 2. — Les grandes routes de premier ordre seront désormais ouvertes sur la largeur de 42 pieds (13ᵐ 64) ; les routes de second ordre seront fixées à la largeur de 36 pieds (11ᵐ 80) ; celles du troisième ordre à 30 pieds (9ᵐ 75). Et à l'égard des chemins particuliers, leur largeur sera de 24 pieds (7ᵐ 80).

ART. 3. — Ne seront pas compris dans les largeurs spécifiées, les fossés ni les empattements des talus ou glacis.

ART. 4. — Sa Majesté se réserve et à son conseil de déterminer, sur le compte qui lui sera rendu de l'importance des différentes routes, dans quelle classe chacune de ces routes doit être rangée, et quelle doit en être la largeur en conséquence des règles ci-dessus prescrites.

ART. 5. — Entend, néanmoins, Sa Majesté, que l'article 3 du titre des chemins royaux de l'ordonnance des eaux et forêts, qui, pour la sûreté des voyageurs, a prescrit une ouverture de 60 pieds (19ᵐ 50) pour les chemins dirigés à travers les bois, continue d'être exécuté selon a teneur.

ART. 6. — Entend pareillement, Sa Majesté, que dans les pays de montagnes, et dans les endroits où la conservation des chemins présente des difficultés extraordinaires et entraine des dépenses très-fortes, la largeur des chemins puisse être moindre que celle ci-dessus prescrite, en prenant d'ailleurs toutes les précautions nécessaires pour prévenir tous les accidents ; et sera, dans ce cas, ladite largeur fixée d'après le compte rendu au conseil par les sieurs intendants, de ce que les circonstances locales pourront exiger.

ART. 7. — La grande affluence des voitures aux abords de la capitale et de quelques autres villes d'un grand commerce, pouvant occasionner divers embarras ou accidents, qu'il seroit difficile de prévenir si l'on ne donnoit aux routes que la largeur ci-dessus fixée, de 42 pieds (13ᵐ64), Sa Majesté se réserve d'augmenter cette largeur aux abords desdites villes, par des arrêts particuliers, après en avoir fait constater la nécessité, sans néanmoins que ladite largeur puisse être, en aucun cas, portée au-delà de 60 pieds (19ᵐ 50).

ART. 8. — Seront lesdites routes bordées de fossés, dans les cas seulement où lesdits fossés auront été jugés nécessaires, pour les garantir de l'empiètement des riverains, ou pour écouler les eaux ; et les motifs qui doivent déterminer à en ordonner l'ouverture seront énoncés dans les projets des différentes parties de route envoyés au conseil pour être approuvés.

ART. 9. — Les bords des routes seront plantés d'arbres propres au terrain, dans les cas où ladite plantation sera jugée convenable, eu égard à la situation et disposition des différentes routes, et il sera pareillement fait mention dans les projets envoyés au conseil, pour chaque partie de route, des motifs qui doivent déterminer à ordonner que lesdites plantations aient ou n'aient pas lieu.

ART. 10. — Il ne sera fait, quant à présent, aucun changement aux routes précédemment construites et terminées, encore que la largeur en excédât celle ci-dessus fixée ; suspendant, à cet égard, Sa Majesté, l'effet du présent arrêt, sauf à pourvoir par la suite, et d'après le compte qu'elle s'en fera rendre, aux réductions qu'elle pourra juger convenable d'ordonner.

ART. 11. — Sera au surplus l'arrêt du 3 mai 1720 exécuté selon sa forme et teneur, en tout ce à quoi il n'a point été dérogé par le présent arrêt.

Extrait du décret du 15 août 1790.

ARTICLE PREMIER. — Le régime féodal et la justice seigneuriale étant abolis, nul ne pourra dorénavant, à l'un ou à l'autre de ces deux titres, prétendre aucun droit de propriété ni de voirie sur les chemins publics, rues et places de villages, bourgs ou villes.

ART. 2. — En conséquence, le droit de planter des arbres, ou de s'approprier des arbres crus sur les chemins publics, rues et places des villages, bourgs ou villes, dans les lieux où il était attribué aux ci-devant seigneurs par les coutumes, statuts ou usages, est aboli.

ART. 3. — Dans les lieux énoncés dans l'article précédent, les arbres existant naturellement sur les chemins publics, rues ou places des villages, bourgs ou villes, continueront d'être à la disposition des ci-devant seigneurs qui en ont été jusqu'à présent réputés propriétaires, sans préjudice des droits des particuliers qui auraient fait des plantations vis-à-vis de leurs propriétés et n'en auraient pas été légalement dépossédés par les ci-devants seigneurs.

ART. 4. — Pourront néanmoins les arbres existant sur les rues ou chemins publics, être rachetés par les propriétaires riverains, chacun vis-à-vis de sa propriété, sur le pied de leur valeur actuelle, d'après l'estimation qui en sera faite par des experts nommés par les parties, sinon d'office par le juge, sans qu'en aucun cas cette estimation puisse être inférieure au coût de la plantation des arbres.

ART. 5. — Pourront pareillement être rachetés par les communautés d'habitants, et de la manière ci-dessus prescrite, les arbres existant sur les places publiques des villes, bourgs ou villages.

ART. 6. — Les ci-devant seigneurs pourront, en tout temps, abattre ou vendre les arbres dont le rachat ne leur a pas été offert, après en avoir averti par affiches, deux mois à l'avance, les propriétaires riverains et les communautés d'habitants, qui pourront respectivement, et chacun vis-à-vis de sa propriété ou les places publiques, les racheter dans ledit délai.

Décret du 6 décembre 1793
(16 *frimaire an II*).

ARTICLE PREMIER. — Tous les travaux publics seront faits et entretenus aux frais de la République, à compter du 1er nivôse; en conséquence, tous les grands chemins, ponts et levées seront faits et entretenus par le trésor public; les chemins vicinaux continueront d'être aux frais des administrés, sauf les cas où ils deviendraient nécessaires au service public.

ART. 2. — Tous les employés à appointements sur ces différents travaux seront salariés en totalité par le trésor public, à compter du 1er nivôse.

ART. 3. — Toutes les troupes de libre disposition pourront être employées au service des travaux publics.

ART. 4. — Il sera mis à la disposition du ministre de l'intérieur jusqu'à concurrence de la somme de 25 millions, pour être employée en réparation des routes et ponts de la République; sur cette somme il fera verser provisoirement celle de 100,000 livres dans les caisses de chaque département; le surplus sera réparti entre les départements en raison de leurs besoins respectifs, sur le rapport qui en sera fait par le comité des ponts et chaussées.

ART. 5. — Tout ce qui sera dû aux entrepreneurs des travaux publics au 1er nivôse prochain leur sera payé sur la liquidation faite par les directoires de district, visée par ceux de département, sur les mémoires arrêtés par les ingénieurs en chef.

ART. 6. — Au 15 germinal prochain, tous les travaux nécessaires pour rendre les routes et ponts praticables seront achevés.

ART. 7. — Dans les deux décades qui suivront la publication du présent décret, les ingénieurs en chef enverront au conseil exécutif provisoire l'état estimatif par aperçu des réparations à faire aux routes et ponts de leur arrondissement; ils y joindront l'état des réparations qui y ont été faites depuis un an, et des sommes qui y ont été employées : ces états seront divisés par district. — Le conseil exécutif les enverra à la Convention nationale, avec l'avis de la commission centrale des ponts et chaussées, le 20 nivôse prochain.

ART. 8. — Les adjudications des matériaux pour les routes, et des ouvrages d'art pour les ponts, seront faites le décadi qui suivra celui de la publication, par les directoires de district, en présence de l'ingénieur ordinaire de la partie de l'ouvrage qui sera l'objet de l'adjudication.

ART. 9. — Les adjudicataires donneront une caution solvable et certifiée.

ART. 10. — Ils commenceront les approvisionnements et les travaux dans la décade qui suivra leur adjudication; ils les feront vérifier tous les mois par les ingénieurs ordinaires.

ART. 11. — Ils seront payés par les receveurs des districts, au fur et à mesure des ouvrages et des fournitures, d'après les états de situation dressés par les ingénieurs ordinaires, sur le certificat de l'ingénieur en chef et le mandat du département.

ART. 12. — Les ingénieurs en chef feront de fréquentes tournées sur les routes et les ateliers pour accélérer les travaux.

ART. 13. — Les administrations de district rendront compte, au 1er de chaque mois, du progrès des réparations et de l'état des routes, à celles de département, qui surveilleront l'ensemble des travaux, et prononceront définitivement sur toutes les difficultés, d'après l'avis des districts.

ART. 14. — Les représentants du peuple près les armées et dans les départements inspecteront tous les travaux des routes et ponts qu'ils auront occasion de parcourir.

ART. 15. — Les ingénieurs ne pourront se distraire ni être distraits de leurs travaux, excepté pour les objets relatifs au service des armées.

ART. 16. — Chaque administration de département rendra compte au conseil exécutif, et justifiera l'emploi des fonds qu'elle aura reçus ou imposés, et employés jusqu'au 1er nivôse ; elles rétabliront, dans les caisses d'où ils ont été tirés, les fonds mis à leur disposition par les représentants du peuple.

ART. 17. — En conséquence, les dispositions du décret du 22 février dernier sont rapportées. Le conseil exécutif n'accordera plus de fonds faisant partie des 20 millions attribués, à cette époque, aux réparations de routes et ponts.

ART. 18. — Le conseil exécutif rendra compte à la Convention et justifiera l'emploi de ces 20 millions au 20 nivôse, ainsi que de toutes les opérations successives qu'il aura suivies relativement à l'exécution du présent décret.

Décret du 16 *décembre* 1811.

TITRE PREMIER. — CLASSIFICATION DES ROUTES.

ARTICLE PREMIER. — Toutes les routes de notre empire seront divisées en routes impériales et routes départementales.

ART. 2. — Les routes impériales sont de trois classes, conformément aux tableaux 1, 2 et 3, joints au présent décret.

ART. 3. — Les routes départementales sont toutes les grandes routes non comprises auxdits tableaux, et connues jusqu'à ce jour sous la dénomination de routes de troisième classe.

ART. 4. — Toutes les fois qu'une route nouvelle sera ouverte, le décret qui en ordonnera la construction indiquera la classe à laquelle elle appartiendra, et il sera pourvu aux frais de son exécution et de son entretien suivant les distinctions établies ci-après.

TITRE II. — DES DÉPENSES DES ROUTES.

ART. 5. — Les routes impériales de première et de seconde classe seront entièrement construites, reconstruites et entretenues aux frais de notre trésor impérial.

ART. 6. — Les frais de construction, de reconstruction et d'entretien des routes impériales de troisième classe seront supportés concurremment par notre trésor et par les départements qu'elles traverseront.

ART. 7. — La construction, la reconstruction et l'entretien des routes départementales demeurent à la charge des départements, arrondissements et communes qui seront reconnus participer plus particulièrement à leur usage.

Titre III. — De la manière de pourvoir a
l'entretien des routes impériales.

Art. 8. — Le fonds ordinaire que fournit
annuellement notre trésor pour les routes sera,
pour chaque année, de 20 millions, lesquels
seront répartis ainsi qu'il suit : 1° pour l'entretien des routes de première classe, 8 millions ; 2° pour l'entretien des routes de deuxième
classe, 6 millions; 3° enfin, pour la part à supporter par le trésor dans l'entretien des routes
de troisième classe, 6 millions.

Art. 9. — Notre ministre de l'intérieur fera
connaître, chaque année, aux conseils généraux de départements, la somme pour laquelle
chacun d'eux aura été compris dans la répartition qu'il aura faite des 6 millions portés au
dernier paragraphe de l'article précédent, et
celle qui serait nécessaire dans chaque département pour le complément de l'entretien de
ces routes de troisième classe, afin que les
conseils généraux puissent voter tout ou partie
dudit complément, aux termes de l'art. 6 du
présent décret.

Art. 10. — Les routes de première et de
deuxième classes n'étant pas encore toutes parvenues à l'état d'entretien, la portion des sommes indiquées à l'art. 8 qui, chaque année,
ne sera point employée audit entretien, sera
affectée à la construction des lacunes, ou aux
réparations extraordinaires des parties dégradées desdites routes.

Titre IV. — Des moyens de pourvoir aux réparations extraordinaires et a la construction
des lacunes ou parties de routes impériales
a ouvrir ou a terminer.

Art. 11. — Indépendamment des routes pour
la construction desquelles il est accordé des
fonds spéciaux, les constructions et reconstructions de routes impériales seront faites au
moyen d'une somme annuelle de 5 millions
fournie sur les fonds du trésor, additionnelle-
ment aux sommes qui seront affectées à ces
constructions et reconstructions, conformément
à l'art. 10 du présent décret.

Art. 12. — Ces fonds seront appliqués de
préférence à nos routes impériales de première
classe, et ensuite à celles de seconde, jusqu'à ce
qu'elles soient toutes portées à l'état de simple
entretien.

Titre V. — Des routes départementales.

Section première. — Dispositions pour la formation d'un
état général des routes départementales.

Art. 13. — Dans leur session de 1812, les
conseils généraux indiqueront : 1° celles des
routes départementales désignées en l'art. 3
qu'ils jugeraient devoir être supprimées ou
rangées dans la classe des chemins vicinaux,
ou ceux des chemins vicinaux qu'ils jugeraient
devoir être élevés au rang des routes départementales ; 2° celles des routes départementales
qu'il serait le plus pressant de réparer ;
3° la situation des travaux qui sont ordonnés et
continueront à être exécutés dans leurs départements, sur les routes départementales, en
vertu des lois précédentes, en y joignant le
tableau des impositions extraordinaires créées
par lesdites lois, et de la portion pour laquelle
la loi a spécifié que notre trésor impérial con-
courrait auxdits travaux ; 4° leurs vues sur la
plantation de leurs routes départementales,
dans la forme du rapport ordonné au titre 8,
section 2, art. 91, du présent, pour nos routes
impériales.

Art. 14. — Le travail des conseils généraux,
prescrit par l'article précédent, sera revêtu de
l'avis du préfet et des observations de l'ingénieur, et transmis à notre ministre de l'intérieur par l'intermédiaire de notre directeur
général des ponts et chaussées.

Art. 15. — Au 1er septembre prochain, notre
directeur général remettra à notre ministre de
l'intérieur un rapport tendant à nous faire connaître l'état au vrai des routes départementales,
en distinguant : 1° celles qui n'ont besoin que
d'un simple entretien pour être viables en
toute saison; 2° celles qui exigeraient des réparations extraordinaires; 3° les lacunes qu'elles
présentent ; 4° l'estimation par aperçu des dépenses nécessaires pour les mettre toutes à
l'état de simple entretien.

Sect. 2. — De la répartition des dépenses.

Art. 16. — Il sera statué sur la construction,
la reconstruction, la plantation et l'entretien
des routes départementales, par des règlements
d'administration publique rendus pour chacune
desdites routes.

Art. 17. — Ces décrets prononceront : 1° sur
l'époque à laquelle la route devra être achevée,
plantée, s'il y a lieu, comme il sera dit ci-après,
titre 8, et mise à l'état de simple entretien ;
2° sur la somme nécessaire à cet effet ; 3° sur
celle qu'exigera l'entretien annuel ; 4° sur la
part contributive dans lesdites sommes, à supporter par les départements, arrondissements
et communes intéressés à l'exécution de la
route ; 5° sur les offres faites par des propriétaires ou des associations de propriétaires,
ou des communes, pour contribuer à la construction, à la reconstruction ou à l'entretien
de cette route.

Art. 18. — Toute demande pour l'ouverture,
la reconstruction ou l'entretien des routes départementales, formée par des arrondissements,
des communes, des particuliers ou des associations de particuliers, sera présentée à la plus
prochaine session du conseil général du département, lequel délibérera : 1° sur l'utilité des
travaux demandés ; 2° sur la part que devront
supporter respectivement, dans les dépenses,
les départements, les arrondissements ou les
communes, en proportion de leur intérêt dans
les travaux proposés ; 3° sur les offres faites
par des particuliers ou associations de particuliers ou communes, et sur les conditions auxquelles ces offres seraient faites.

Art. 19. — La délibération du conseil général
sera communiquée aux conseils d'arrondissement, aux conseils municipaux, aux particuliers
ou associations de particuliers, dont il est parlé
au paragraphe 5 de l'art. 17, lesquels seront
tenus de fournir leurs observations dans un
délai qui leur sera fixé par le préfet.

Art. 20. — Lorsqu'une proposition pour

l'ouverture, la reconstruction ou l'entretien d'une route départementale, intéressera plusieurs départements, notre ministre de l'intérieur fera communiquer cette proposition aux conseils généraux de tous les départements intéressés, et il sera procédé dans chacun desdits départements, ainsi qu'il est dit aux art. 18 et 19 ci-dessus.

ART. 21. — Les délibérations définitives des conseils généraux seront, avec l'avis du préfet et les observations de l'ingénieur en chef du département, adressées, par l'intermédiaire de notre directeur général des ponts et chaussées, à notre ministre de l'intérieur, d'après le rapport duquel il sera statué par nous, suivant qu'il appartiendra.

ART. 22. — Dans le cas où le conseil général d'un département n'aurait reçu aucune demande pour l'établissement, la réparation ou l'entretien de ces routes départementales, et jugerait cependant nécessaire qu'il fût rendu des décrets pour assurer l'existence de tout ou partie de ces routes, il pourra prendre une délibération dans la forme indiquée à l'art. 18, sur laquelle sera faite l'instruction préalable prescrite par l'article 19, pour être ensuite statué par nous, ainsi qu'il appartiendra.

ART. 23. — La réunion des conseils généraux et d'arrondissement, pour délibérer sur les objets spécifiés aux sections présente et suivante, sera spécialement autorisée par notre ministre de l'intérieur; la durée et l'objet de chacune de ces sessions extraordinaires seront déterminés par l'arrêté de convocation du ministre et il ne pourra y être traité d'aucun autre objet.

SECT. 3. — De l'exécution et la surveillance des travaux.

ART. 24. — Les travaux de construction, de reconstruction et d'entretien des routes départementales seront projetés, les devis seront faits, discutés et approuvés dans les formes et règles suivies pour les routes impériales, et les travaux seront exécutés par les ingénieurs des ponts et chaussées.

ART. 25. — Il sera exercé une surveillance spéciale sur les travaux des routes départementales dans l'intérêt des départements, arrondissements, communes, particuliers et associations de particuliers qui auraient contribué à fournir les fonds nécessaires; à cet effet, le préfet nommera parmi les membres des conseils de département, arrondissement et commune, et parmi les particuliers et associations de particuliers, une commission, dont il désignera le président et le secrétaire; à laquelle il sera donné communication préalable du cahier des charges et qui assistera aux adjudications ainsi qu'à la réception des matériaux et des travaux, et donnera ses observations sur le tout.

ART. 26. — Les fonds provenant des contributions extraordinaires, cotisations ou donations de capitaux ou de rentes, établies ou acceptées par suite de nos décrets sur les routes départementales, seront déposés dans la caisse du receveur général du département, pour être employés, comme fonds spécial, sur les mandats du préfet et d'après les ordonnances de notre ministre de l'intérieur.

ART. 27. — Le compte de l'emploi de ces fonds sera présenté chaque année à la commission formée en vertu de l'article 25. Elle donnera son avis sur ledit compte, lequel sera soumis, pour la partie qui le concernera, à chaque conseil général intéressé, qui le vérifiera, et y joindra ses observations; le tout sera transmis par le préfet à notre directeur général des ponts et chaussées, et soumis à toutes les formes établies pour la comptabilité des travaux.

TITRE VI.

SECTION PREMIÈRE. — DES ADJUDICATIONS.

§ 1. — Règles générales des adjudications.

ART. 28. — A l'avenir, et à mesure de l'expiration des baux d'entretien des routes actuellement existants, ou en cas de résiliation desdits baux, l'entretien des routes pavées et non pavées sera divisé en deux parties, qui seront adjugées séparément, savoir : 1° la fourniture des matériaux, qui sera donnée à l'entreprise; 2° leur emploi et les autres travaux de l'entretien, qui seront adjugés à des cantonniers. — Il ne pourra être dérogé au mode d'entretien établi par le présent article qu'en vertu d'un règlement d'administration publique, fixant le mode qui y sera substitué, et rendu, pour chaque localité où l'exception serait reconnue nécessaire, sur la proposition de notre directeur général des ponts et chaussées, et le rapport de notre ministre de l'intérieur.

ART. 29. — Aucun individu, s'il n'est maître de poste, ne peut réunir l'adjudication de la fourniture des matériaux et l'adjudication d'aucuns travaux d'entretien.

ART. 30. — Ces deux espèces d'adjudication seront faites dans les formes usitées jusqu'à ce jour, sur soumissions cachetées et d'après un cahier des charges arrêté par notre directeur général des ponts et chaussées. Le cahier des charges des baux d'entretien énoncera toutes les obligations prescrites aux cantonniers par le présent décret, indépendamment des clauses locales motivées par la nature des matériaux et du terrain.

ART. 31. — Les baux d'adjudication de la fourniture des pavés et autres matériaux continueront d'être soumis à l'approbation de notre directeur général des ponts et chaussées. Les baux d'adjudication de l'emploi des matériaux et autres travaux de l'entretien des routes seront aussi transmis à notre directeur général des ponts et chaussées pour être par lui approuvés; néanmoins ils recevront immédiatement leur exécution provisoire.

ART. 32. — Dans les baux des adjudications de l'entretien des routes ne sera pas comprise la portion des ouvrages de terrasse applicable aux réparations, curement et entretien des fossés des routes, laquelle portion sera exécutée ainsi qu'il est dit au titre 8, section 3, art 109, du présent.

§ 2. — Des adjudications de matériaux.

ART. 33. — Les baux pour la fourniture des pavés seront de six ans au moins : ceux pour l'extraction, le transport et le cassage des matériaux destinés à la réparation des routes non pavées, ne pourront être moindres d'une année ni excéder trois années.

Art. 34. — Ces baux stipuleront une amende payable au profit de l'État, du tiers de la valeur des pavés ou autres matériaux qui auraient dû être approvisionnés, et qui ne seraient déposés, à l'époque fixée, sur la route : et ce indépendamment du remplacement, aux frais de l'entrepreneur, de tous les matériaux non fournis.

Art. 35. — Avant de délivrer aucun mandat de payement aux adjudicataires des matériaux, le préfet pourra faire vérifier, par tous les moyens qu'il jugera convenables, la réalité des quantités de matériaux annoncées comme fournies, d'après le certificat délivré à l'entrepreneur par l'ngénieur en chef.

§ 3. — Des adjudications de l'emploi des matériaux et autres travaux d'entretien.

Art. 36. — Les adjudications à des cantonniers, de l'emploi des matériaux et autres travaux de l'entretien des routes, seront faites pour le terme de trois années.

Art. 37. — Pour l'exécution de l'article 28, il sera fait, par département, une division des routes de notre empire, tant impériales que départementales, en cantons, dont l'étendue pourra être inégale, et sera réglée par la nature du sol et la facilité ou la difficulté des travaux.

Art. 38. — Les limites des cantons de route seront, autant qu'il sera possible, adaptées à celles des relais des postes aux chevaux de notre empire : chaque relais de poste pourra comprendre toutefois plusieurs cantons de route, suivant la nature du sol et les convenances du travail.

Art. 39. — Le tableau des cantons de route de chaque département, dressé par l'ingénieur en chef, et revêtu des observations des sous-préfets et des préfets, sera, sur le rapport de notre directeur général des ponts et chaussées, arrêté définitivement par notre ministre de l'intérieur, avant le 1er septembre 1812.

Art. 40. — Tout individu habitant dans une commune dont le territoire est traversé par un canton de route, ou en est limitrophe, pourra présenter la soumission pour le travail de l'entretien dudit canton de route. — Aucun individu, s'il n'est maître de poste, ne peut soumissionner plus d'un canton de route. Un maître de poste peut soumissionner plusieurs cantons de route, pourvu qu'ils soient desservis par son relais.

Art. 41. — Tout maître de poste qui, aux termes de l'article précédent, présentera sa soumission pour se rendre adjudicataire de l'entretien du canton ou des cantons de route compris dans l'étendue de ses relais, pourra, par exception spéciale aux dispositions de l'article 29, réunir la qualité d'adjudicataire de la fourniture des matériaux et celle de cantonnier.

Art. 42. — Tout maître de poste cessant, pour quelque cause que ce soit, son service de maître de poste, cessera, par le fait, d'être adjudicataire de l'entretien des routes ou de la fourniture des matériaux, à commencer du mois qui suivra son remplacement, s'il n'est admis, sur sa demande, à continuer son entreprise pendant le reste de la durée de son bail.

Art. 43. — Tout défaut d'accomplissement, dûment constaté, de la part du cantonnier, de l'une des obligations qui lui auront été imposées par le cahier des charges, entraînera la résiliation de son bail. Les baux réserveront en outre à l'administration la faculté de faire exécuter, aux frais du cantonnier, les réparations qu'il aurait négligé de faire.

Art. 44. — Les adjudications des cantons de route seront faites par les sous-préfets, sur le vu des soumissions définitives, en présence de l'ingénieur ordinaire de l'arrondissement et de l'ingénieur en chef, si celui-ci juge à propos de s'y trouver. — Le sous-préfet prononcera l'adjudication, après avoir pris l'avis des ingénieurs, et entendu, s'il est besoin, les soumissionnaires. — Les procès-verbaux seront envoyés au préfet, qui les transmettra, avec son avis et ses observations, à notre directeur général des ponts et chaussées.

Art. 45. — La résiliation sera prononcée par le préfet, et approuvée par notre ministre de l'intérieur, sur l'avis de notre directeur général des ponts et chaussées.

Art. 46. — Toutes les plaintes ou déclarations contre les adjudications ou résiliations des baux de l'entretien des cantons de route seront adressées à notre directeur général des ponts et chaussées, pour y être prononcé, sur son rapport, par notre ministre de l'intérieur.

Sect. 2. — Des cantonniers.

Art. 47. — Les cantonniers exécuteront leurs travaux sous la direction des ingénieurs et conducteurs des ponts et chaussées; ils seront chargés : — Pour les chaussées pavées : 1° de relever et remplacer chaque pavé enfoncé ou cassé; 2° de maintenir et reposer les pierres ou pavés de bordure; 3° de balayer les boues amoncelées dans les flaques et les bas-fonds; 4° de combler les ornières qui peuvent se faire entre les chaussées et les accotements; 5° d'entretenir les accotements unis et praticables en toutes saisons; — Pour les chaussées d'empierrement : 1° d'employer les matériaux approvisionnés sur les routes; 2° de donner l'écoulement aux eaux pluviales ou autres; 3° de combler les ornières à mesure qu'elles se forment; 4° de rabattre les bourrelets des chaussées, régaler toutes les aspérités qu'elles présentent, et recouvrir en gravier ou pierrailles les flaques, creux ou sentiers qui s'y formeraient; 5° d'entretenir les accotements, de manière qu'ils soient unis et praticables en toutes saisons; 6° de conserver les alignements et la forme des tas d'approvisionnements, de manière que la vérification des ingénieurs puisse toujours en être sûre et facile.

Art. 48. — Tout cantonnier sera tenu d'exécuter, jour par jour, les réparations, et d'employer à cet effet le nombre d'ouvriers nécessaire. Lorsque l'adjudicataire sera un maître de poste, il sera tenu d'indiquer et de faire admettre un maître ouvrier pour recevoir et faire exécuter tous les ordres des ingénieurs et conducteurs des ponts et chaussées. — Il n'en restera pas moins personnellement obligé pour l'exécution de toutes les clauses de son bail.

Art. 49. — Les cantonniers feront connaître chaque jour au conducteur des ponts et chaussées et au maire de la commune, les abus et délits qui seraient commis dans l'étendue de leurs cantons, tels que fraude dans l'approvisionnement des matériaux, dégradations commises sur la route, ou tout autre délit de grande voirie quelconque.

Art. 50. — Les maires seront tenus de dresser sur-le-champ un rapport des plaintes dont il est fait mention au précédent article, et d'adresser sans retard ledit rapport au sous-préfet, qui fera à l'instant vérifier les faits par l'ingénieur de l'arrondissement. Si les plaintes désignent nominativement quelque individu comme auteur de la contravention, le maire en dressera procès-verbal, ou veillera à ce qu'il soit dressé par le commissaire de police, ou par l'adjoint qui en remplit les fonctions.

Art. 51. — Les cantonniers seront toujours présents ou appelés à la réception qui sera faite, par les ingénieurs, des pavés ou matériaux approvisionnés par les adjudicataires; ils devront présenter, lors de cette réception, leurs observations aux ingénieurs sur la nature de ces matériaux.

Art. 52. — Lorsque la fourniture des matériaux et l'exécution des travaux se trouveront réunies dans l'adjudication consentie à un maître de poste, les maires assisteront à la réception des matériaux, et feront, sur leur nature, les observations que l'article précédent autorise les cantonniers à présenter.

Art. 53. — Les maires ou cantonniers qui auront fait des observations sur la fourniture des matériaux, pourront les transmettre, s'ils le jugent convenable, et dans les vingt-quatre heures, au sous-préfet.

Art. 54. — Tout cantonnier qui, aux époques et dans les formes indiquées dans les articles 51 et 53 ci-dessus, n'aurait pas présenté ses observations sur la nature des matériaux qui lui seraient fournis, ne sera plus admis à se prévaloir de la mauvaise qualité des matériaux, pour excuser le mauvais état de son canton de route.

Art. 55. — Les cantonniers prêteront aide et assistance aux voituriers et voyageurs, et ils donneront avis au maire et à la gendarmerie, de tout ce qui pourrait intéresser la sûreté et la tranquillité publiques. — Les maires seront tenus de faire au sous-préfet de l'arrondissement le rapport des déclarations du cantonnier : la gendarmerie en devra dresser procès-verbal sur-le-champ, et sans déplacer, en la présence du cantonnier déclarant.

Art. 56. — Le travail de l'entretien des routes sera payé aux cantonniers chaque mois, au chef-lieu d'arrondissement, à raison du douzième du prix d'une année de bail, sauf la retenue d'un douzième, qui aura lieu sur chaque payement pour la garantie de la bonne exécution des travaux subséquents; et il sera tenu compte de cette retenue lors de l'expiration du bail.

Titre VII. — De la surveillance de l'entretien des routes.

Section première. — De la surveillance de l'administration.

Art. 57. — Les préfets, sous-préfet et maires sont chargés d'exercer une surveillance spéciale sur le bon état des routes de leurs départements, arrondissements et communes.

§ 1. — De la surveillance des maires.

Art. 58. — La surveillance des maires sur l'état des routes de leur commune et sur le service des cantonniers qui y seront placés, s'exercera par une inspection des travaux qu'ils pourront faire aussi fréquemment qu'ils le trouveront convenable, en se faisant accompagner par les cantonniers toutes les fois qu'ils le jugeront nécessaire.

Art. 59. — Les maires ne pourront néanmoins interdire ni ordonner aucun travail auxdits cantonniers; mais ils rendront compte au sous-préfet de leur arrondissement, au moins chaque quinzaine et sur-le-champ s'il y a urgence, des résultats de leur inspection.

§ 2. — De la surveillance des sous-préfets.

Art. 60. — Les sous-préfets feront quatre fois chaque année l'inspection des routes impériales de leur arrondissement, ils devront, en outre, se transporter sur tous les points de route dont l'état sera l'objet d'une contradiction entre les rapports des maires et ceux des ingénieurs.

Art. 61. — Dans tous les cas énoncés à l'article ci-dessus, les sous-préfets pourront prescrire aux ingénieurs ordinaires de se rendre sur les parties de route qu'ils leur indiqueront, et se faire en outre assister, dans leurs visites, par les maires et les cantonniers.

Art. 62. — Après chacune de leurs tournées, les sous-préfets adresseront aux préfets un compte sommaire et exact, canton par canton, de la situation des routes de leur arrondissement.

§ 3. — De la surveillance des préfets.

Art. 63. — Les préfets, dans leur tournée annuelle, inspecteront toutes les routes impériales de leur département; ils devront, en outre, se transporter sur tous les points de route dont l'état sera l'objet d'une contradiction entre les rapports des sous-préfets et ceux des ingénieurs.

Art. 64. — Les auditeurs sous-préfets de chefs-lieux, et les auditeurs attachés aux préfets pourront être par eux nommés commissaires pour l'inspection ou la visite de la totalité ou de partie des routes du département.

Art. 65. — Les préfets pourront se faire assister des ingénieurs en chef dans les formes établies et dans les cas prévus pour les sous-préfets et les ingénieurs ordinaires par l'article 61 du présent décret, et se faire, en outre, accompagner, dans leurs visites, par les sous-préfets et les ingénieurs ordinaires.

§ 4. — Dispositions générales.

Art. 66. — Dans leurs tournées et dans les visites spéciales qu'ils feront des routes, les préfets et sous-préfets appelleront devant eux les maîtres de postes, et entendront leurs dires sur la conduite journalière et l'état des travaux de l'entretien des cantons de route compris dans leurs relais respectifs; et ces dires seront toujours mentionnés dans les comptes de tournée des sous-préfets.

Art. 67. — Pour obtenir leurs mandats de payement, les cantonniers enverront chaque mois au préfet, par l'intermédiaire des sous-préfets, indépendamment du certificat du consentement au payement du douzième délivré par les ingénieurs, un certificat des maires et des maîtres de poste de leurs cantons de route, constatant le bon état desdites routes.

ART. 68. — Lors même qu'un cantonnier sera porteur des certificats mentionnés au précédent article, le préfet, s'il a reçu quelque plainte, ou acquis des notions sur le mauvais état de son canton de route, pourra faire ou en ordonner la visite, et suspendre, jusqu'au résultat de ladite visite, la délivrance du mandat de payement.

ART. 69. — Le préfet pourra également ordonner une vérification extraordinaire du canton de route d'un cantonnier qui le réclamerait et qui aurait éprouvé le refus de l'un des certificats mentionnés à l'article 67.

SECT. 2. — Du service des ingénieurs.

ART. 70. — Les ingénieurs en chef et ordinaires sont spécialement chargés de diriger par eux-mêmes, et par les conducteurs sous leurs ordres, l'exécution et l'emploi des matériaux et autres travaux de l'entretien des routes par les cantonniers.

ART. 71. — Ils se tiendront continuellement assurés que les cantonniers remplissent leurs obligations, et particulièrement celles proscrites par l'article 48, d'exécuter jour par jour les réparations dans leur canton de route.

ART. 72. — Dans tous les cas où des réparations n'auraient pas été faites par des cantonniers, les ingénieurs ordinaires, sur le rapport des conducteurs, demanderont l'autorisation de faire exécuter ces réparations aux frais des cantonniers; il sera statué sur cette demande dans les vingt-quatre heures par les sous-préfets, qui rendront compte de leurs décisions aux préfets.

ART. 73. — Lorsqu'il y aura lieu à provoquer la résiliation du bail d'un cantonnier, l'ingénieur en chef en fera la demande aux préfets, par un rapport détaillé auquel seront joints toutes les pièces et documents nécessaires pour que ladite résiliation soit prononcée conformément aux articles 43 et 45 du présent décret.

ART. 74. — A l'avenir, les ingénieurs en chef des ponts et chaussées ne seront tenus qu'à une seule tournée générale, par année, de toutes les routes du département auquel ils seront attachés.

ART. 75. — Ils seront, de plus, tenus de se transporter, à la demande du préfet, seuls ou avec lui, sur tous les points des routes où il aura jugé leur présence nécessaire.

ART. 76. — Les ingénieurs ordinaires feront quatre fois par année la tournée des routes de leur arrondissement.

ART. 77. — Ils devront aussi se transporter, à la demande du sous-préfet, seuls ou avec lui, sur tous les points des routes où il jugera leur présence nécessaire.

ART. 78. — Les ingénieurs en chef, dans leurs tournées ou visites, seront accompagnés de l'ingénieur ordinaire de l'arrondissement et du conducteur surveillant des cantons de route dans lesquels ils se trouveront; ils constateront l'état de la route; ils s'assureront des causes de dégradations qu'elle leur présenterait, et si l'approvisionnement de matériaux voulu par le cahier des charges a été effectué par les entrepreneurs aux époques fixées; ils entendront les plaintes des cantonniers.

ART. 79. — Les ingénieurs en chef adresseront le compte de chacune de leurs tournées ou visites, à notre directeur général, par l'intermédiaire des préfets.

ART. 80. — Les ingénieurs ordinaires devront se transporter, sur-le-champ, partout où la route aurait éprouvé quelque dégradation notable ou nouvelle, et où le service réclamerait leur présence, sous un rapport quelconque; en dresser procès-verbal, et en envoyer copie à l'ingénieur en chef et au sous-préfet.

ART. 81. — A l'époque fixée pour l'approvisionnement des matériaux, les ingénieurs ordinaires procéderont, en présence des entrepreneurs et des cantonniers, à leur réception. — Ils dresseront, de cette réception, un procès-verbal, dans lequel ils seront tenus de consigner les observations des maires ou des cantonniers, et les motifs de la décision qu'ils auront prise en suite de ces observations. — Ce procès-verbal sera adressé par eux à l'ingénieur en chef, qui en donnera connaissance au préfet.

ART. 82. — Au vu de ce procès-verbal, le préfet, en conseil de préfecture, prononcera, s'il y a lieu, contre les entrepreneurs, les amendes portées en l'article 34 du présent décret.

ART. 83. — Tout ingénieur ordinaire qui se dispenserait de l'une de ces tournées, ou se ferait remplacer dans les fonctions qui lui sont attribuées par le présent décret, encourra les peines de discipline portées en l'article 18 de notre décret de fructidor an 12.

ART. 84. — Après chacune de leurs tournées, les ingénieurs ordinaires adresseront à l'ingénieur en chef un tableau sommaire et exact de la situation des routes dans leur arrondissement, et l'ingénieur en chef formera un tableau général des tableaux qui lui auront été adressés par les ingénieurs ordinaires, pour être par lui remis au préfet; le préfet l'adressera, avec observations résultant de ses tournées ou visites, et des comptes de tournées ou visites des sous-préfets, à notre directeur général, lequel devra ainsi avoir, quatre fois par an, sous les yeux, la situation au vrai de toutes les routes de notre empire. — Cette situation sera remise, à chaque époque, à notre ministre de l'intérieur, qui nous en rendra compte.

ART. 85. — Avant qu'il soit accordé aucun avancement à un ingénieur ordinaire des ponts et chaussées, notre ministre de l'intérieur se fera rendre compte des résultats de la correspondance du préfet avec notre directeur général relativement au service de l'ingénieur, et notamment en ce qui concerne la direction et la surveillance des travaux de l'entretien des routes.

TITRE VIII. — DE LA PLANTATION DES ROUTES.

SECTION PREMIÈRE. — Plantations anciennes.

ART. 86. — Tous les arbres plantés avant la publication du présent décret, sur les routes impériales, en dedans des fossés et sur le terrain de la route, sont reconnus appartenir à l'Etat, excepté ceux qui auront été plantés en vertu de la loi du 9 ventôse an 13 (28 février 1805).

Art. 87. — Tous les arbres plantés, jusqu'à la publication du présent décret, le long desdites routes, et sur le terrain des propriétés communales et particulières, sont reconnus appartenir aux communes ou particuliers propriétaires du terrain.

Sect. 2. — Plantations nouvelles.

Art. 88. — Toutes les routes impériales non plantées, et qui sont susceptibles de l'être sans inconvénient, seront plantées par les particuliers ou communes propriétaires riverains de ces routes, dans la traversée de leurs propriétés respectives.

Art. 89. — Ces particuliers ou ces communes demeureront propriétaires des arbres qu'ils auront plantés.

Art. 90. — Les plantations seront faites au moins à la distance d'un mètre du bord extérieur des fossés, et suivant l'essence des arbres.

Art. 91. — Dans chaque département, l'ingénieur en chef remettra au préfet, avant le 1er juillet 1812, un rapport tendant à fixer celles des routes impériales du département non plantées, et susceptibles de l'être sans inconvénient, l'alignement des plantations à faire, route par route et commune par commune, et le délai nécessaire pour l'effectuer; il y joindra son avis sur l'essence des arbres qu'il conviendrait de choisir pour chaque localité; pour le tout devenir l'objet d'un arrêté du préfet, qui sera soumis à l'approbation de notre ministre de l'intérieur, par l'intermédiaire de notre directeur général.

Art. 92. — Les arbres seront reçus par les ingénieurs des ponts et chaussées, qui surveilleront toutes les opérations et s'assureront que les propriétaires se sont conformés en tout aux dispositions de l'arrêté du préfet.

Art. 93. — Tous les arbres morts ou manquants seront remplacés, dans les trois derniers mois de chaque année, par le planteur, sur la simple réquisition de l'ingénieur en chef.

Art. 94. — Lorsque les plantations s'effectueront au compte et par les soins des communes propriétaires, les maires surveilleront, de concert avec les ingénieurs, toutes les opérations. — L'entreprise en sera donnée au rabais et à la chaleur des enchères, par voie d'adjudication publique, et moyennant une autorisation formelle du préfet de déroger à cette disposition. — L'adjudicataire garantira pendant trois ans la plantation, et restera chargé tant de son entretien que du remplacement des arbres morts ou manquants pendant ce temps; la garantie de trois années sera prolongée d'autant pour les arbres remplacés.

Art. 95. — A l'expiration du délai fixé en exécution de l'article 91 pour l'achèvement de la plantation dans chaque département, les préfets feront constater, par les ingénieurs, si des particuliers ou communes propriétaires n'ont pas effectué les plantations auxquelles le présent décret les oblige, ou ne se sont pas conformés aux dispositions prescrites pour les alignements et pour l'essence, la qualité, l'âge des arbres à fournir. — Le préfet ordonnera, au vu dudit rapport de l'ingénieur en chef, l'adjudication des plantations non effectuées ou mal exécutées par les particuliers ou les communes propriétaires. Le prix de l'adjudication sera avancé sur les fonds des travaux des routes.

Art. 96. — Les dispositions de l'article précédent sont applicables à tous particuliers ou communes propriétaires qui n'auraient pas remplacé leurs arbres morts ou manquants aux termes de l'article 93 du présent décret.

Art. 97. — Tous particuliers ou communes au lieu et place desquels il aura été effectué des plantations en vertu des deux articles précédents, seront condamnés à l'amende de 1 franc par pied d'arbre que l'administration aura planté à leur défaut; et ce, indépendamment du remboursement de tous les frais de plantation.

Art. 98. — Le produit desdits frais et amendes sera versé, comme fonds spécial, à notre trésor impérial, et affecté au service des ponts et chaussées.

Sect. 3. — Dispositions générales.

Art. 99. — Les arbres plantés sur le terrain de la route et appartenant à l'Etat, ceux plantés sur les terres riveraines, soit par les communes, soit par les particuliers, en exécution du présent décret ou antérieurement, ne pourront être coupés ou arrachés qu'avec l'autorisation du directeur général des ponts et chaussées accordée sur la demande du préfet, laquelle sera formée seulement lorsque le dépérissement des arbres aura été constaté par les ingénieurs, et toujours à la charge du remplacement immédiat.

Art. 100. — La vente des arbres appartenant à l'Etat et de ceux appartenant aux communes sera faite par voie d'adjudication publique; le prix de ceux appartenant à l'Etat versé comme fonds spécial à notre trésor impérial, et affecté au service des ponts et chaussées; le prix des arbres appartenant aux communes sera versé dans leurs caisses respectives.

Art. 101. — Tout propriétaire qui sera reconnu avoir coupé sans autorisation, arraché ou fait périr les arbres plantés sur son terrain, sera condamné à une amende égale à la triple valeur de l'arbre détruit.

Art. 102. — L'élagage de tous les arbres plantés sur les routes, conformément aux dispositions du présent titre, sera exécuté toutes les fois qu'il en sera besoin, sous la direction des ingénieurs des ponts et chaussées, en vertu d'un arrêté du préfet, qui sera pris sur le rapport des ingénieurs en chef, et qui contiendra les instructions nécessaires sur la manière dont l'élagage devra être fait. — Les ingénieurs et conducteurs des ponts et chaussées seront chargés de surveiller et d'assurer l'exécution desdites instructions.

Art. 103. — Les travaux de l'élagage des arbres appartenant à l'Etat ou aux communes seront exécutés au rabais et par adjudication publique.

Art. 104. — La vente des branches élaguées,

des arbres chablis et de ceux qui seraient en partie déracinés, sera faite par voie d'adjudication publique : le prix des bois appartenant à l'État sera versé comme fonds spécial à notre trésor impérial, et affecté au service des ponts et chaussées ; le prix des bois appartenant aux communes sera versé dans leurs caisses respectives.

Art. 105. — Les particuliers ne pourront procéder à l'élagage des arbres qui leur appartiendraient sur les grandes routes, qu'aux époques et suivant les indications contenues dans l'arrêté du préfet, et toujours sous la surveillance des agents des ponts et chaussées, sous peine de poursuites comme coupables de dommages causés aux plantations des routes.

Art. 106. — La conservation des plantations des routes est confiée à la surveillance et à la garde spéciale des cantonniers, gardes-champêtres, gendarmes, agents et commissaires de police, et des maires, chargés par les lois de veiller à l'exécution des règlements de grande voirie.

Art. 107. — Un tiers des amendes qui seront prononcées pour peine des dégâts et dommages causés aux plantations des grandes routes, appartiendra aux agents qui auront constaté le dommage ; un deuxième tiers appartiendra à la commune du lieu des plantations, et l'autre tiers sera versé comme fonds spécial à notre trésor impérial, et affecté au service des ponts et chaussées.

Art. 108. — Toutes condamnations, aux termes des art. 97, 101 et 103 du présent décret, seront poursuivies et prononcées, et les amendes recouvrées, comme en matière de grande voirie.

Art. 109. — Les travaux d'entretien, de curement et de réparation des fossés des grandes routes, seront exécutés par les propriétaires riverains, d'après les indications et alignements qui seront donnés par les agents des ponts et chaussées.

Art. 110. — Tous les travaux de curement et d'entretien de fossés, qui n'auraient pas été exécutés par des propriétaires ou locataires riverains aux époques indiquées, le seront, à leurs frais, par les soins des agents des ponts et chaussées, et payés sur des états approuvés et rendus exécutoires par les préfets.

Art. 111. — Toute contestation qui s'élèverait entre les ingénieurs et les particuliers sur l'exécution des deux articles précédents sera jugée par le préfet.

Titre IX. — Répression des délits de grande voirie.

Art. 112. — A dater de la publication du présent décret, les cantonniers, gendarmes, gardes champêtres, conducteurs des ponts et chaussées, et autres agents appelés à la surveillance de la police des routes, pourront affirmer leurs procès-verbaux de contraventions ou de délits devant le maire ou l'adjoint du lieu.

Art. 113. — Ces procès-verbaux seront adressés au sous-préfet, qui ordonnera sur le champ, aux termes des articles 3 et 4 de la loi du 39 floréal an 10 (18 mai 1802), la réparation des délits par les délinquants, ou à leur charge, s'il s'agit de dégradations, dépôts de fumiers, immondices ou autres substances, et en rendra compte au préfet en lui adressant les procès-verbaux.

Art. 114. — Il sera statué sans délai, par les conseils de préfecture, tant sur les oppositions qui auraient été formées par les délinquants que sur les amendes encourues par eux, nonobstant la réparation du dommage. — Seront, en outre, renvoyés à la connaissance des tribunaux, les violences, vols de matériaux, voies de faits, ou réparations des dommages réclamés par des particuliers.

Art. 115. — Un tiers des amendes de grande voirie appartiendra à l'agent qui aura constaté le délit, le deuxième tiers, à la commune du lieu du délit, et le troisième tiers sera versé comme fonds spécial à notre trésor impérial, et affecté au service des ponts et chaussées.

Art. 116. — La rentrée des amendes prononcées par les conseils de préfecture en matière de grande voirie sera poursuivie à la diligence du receveur général du département, et dans la forme établie pour la rentrée des contributions publiques.

Art. 117. — Toutes dispositions contraires au présent décret sont abrogées.

Loi du 12 mai 1825.

Article premier. — Seront reconnus appartenir aux particuliers les arbres actuellement existants sur le sol des routes royales et départementales, et que ces particuliers justifieraient avoir légitimement acquis à titre onéreux ou avoir plantés à leurs frais, en exécution des anciens règlements.

Toutefois ces arbres ne pourront être abattus que lorsqu'ils donneront des signes de dépérissement, et sur une permission de l'administration.

La permission sera également nécessaire pour en opérer l'élagage.

Les contestations qui pourront s'élever entre l'administration et les particuliers, relativement à la propriété des arbres plantés sur le sol des routes, seront portées devant les tribunaux ordinaires.

Les droits de l'État y seront défendus à la diligence de l'administration des domaines.

Art. 2. — A dater du 1er janvier 1827, le curage et l'entretien des fossés qui font partie des routes royales et départementales seront opérés par les soins de l'administration publique et sur les fonds affectés au maintien de la viabilité desdites routes.

Loi du 20 mars 1835.

Article premier. — A l'avenir, aucune route ne pourra être classée au nombre des routes départementales sans que le vote du conseil général ait été précédé de l'enquête prescrite par l'art. 3 de la loi du 6 juillet 1833.

Cette enquête sera faite par l'administration, ou d'office, ou sur la demande du conseil général.

Art. 2. — Les votes émis jusqu'à la promulgation de la présente loi, quoiqu'ils n'aient pas été précédés de la susdite enquête, pourront être approuvés par ordonnance du roi, suivant les formes prescrites par le décret du 16 décembre 1811.

ART. 3. — Les dispositions qui précèdent auront lieu sans préjudice des mesures d'administration prescrites par le titre 2 de la loi du 6 juillet 1833[1] et relatives à l'expropriation.

Loi du 24 mai 1842.

ARTICLE PREMIER. — Les portions de routes royales délaissées par suite de changement de tracé ou d'ouverture d'une nouvelle route pourront, sur la demande ou avec l'assentiment des conseils généraux des départements ou des conseils municipaux des communes intéressées, être classées par ordonnances royales, soit parmi les routes départementales, soit parmi les chemins vicinaux de grande communication, soit parmi les simples chemins vicinaux.

ART. 2. — Au cas où ce classement ne serait pas ordonné, les terrains délaissés seront remis à l'administration des domaines, laquelle est autorisée à les aliéner. — Néanmoins il sera réservé, s'il y a lieu, eu égard à la situation des propriétés riveraines, et par arrêté du préfet en conseil de préfecture, un chemin d'exploitation dont la largeur ne pourra excéder 5 mètres.

ART. 3. — Les propriétaires seront mis en demeure d'acquérir, chacun en droit soi, dans les formes tracées par l'art. 61 de la loi du 3 mai 1841, les parcelles attenantes à leurs propriétés. — A l'expiration du délai fixé par l'article précité, il pourra être procédé à l'aliénation des terrains, selon les règles qui régissent les aliénations du domaine de l'Etat, ou par application de l'article 4 de la loi du 20 mai 1836.

ART. 4. — Lorsque les portions de routes royales délaissées auront été classées parmi les routes départementales ou les chemins vicinaux, les parcelles de terrain qui ne feraient pas partie de la nouvelle voie de communication ne pourront être aliénées qu'à la charge, par le département ou la commune, de se conformer aux dispositions du premier paragraphe de l'article précédent.

Loi du 4-11 mai 1864.

ARTICLE PREMIER. — Sur les routes impériales et départementales, partout où il existe un plan d'alignement régulièrement approuvé, le sous-préfet délivre les alignements conformément à ce plan.

ART. 2. — Le même droit appartient au sous-préfet en ce qui concerne les chemins vicinaux de grande communication, partout où il existe un plan régulièrement approuvé.

RUE. — Ord. du 30 janv. 1350[2]. Ord. du prévôt de Paris du 22 sept. 1600[3]. Edits de décembre 1607[4] et septembre 1608[5]. Ord. des

trésoriers de France du 4 févr. 1683[1]. Ord. du bureau des finances des 1er avril 1697[2] et 4 sept. 1778[3]. Déclarat. du roi du 10 avril 1783[4]. Arr. min. du 14 janv. 1797[5]. Loi du 16 sept. 1807[6]. Décr. du 26 mars 1852[7]. Ord. pol. des 1er sept. 1853[8], 25 juill. 1862[9], 10 juill. 1871[10] et 21 mars 1888[11]. C. civ., art. 538. C. pén., art. 471.

Les rues font partie du domaine public et le sol en est inaliénable[12] : le Code civil n'a fait, en cela, que reproduire l'article 2 du paragraphe 1er de la loi du 1er décembre 1790 : « Les chemins publics, les rues et places des villes et, en général, toutes les portions du territoire national qui ne sont pas susceptibles d'une propriété privée, sont considérés comme des dépendances du domaine public », et l'article 5, section 1re, de la loi du 10 juin 1793 : « Seront.... exceptés du partage, les places, promenades, voies publiques et édifices à l'usage des communautés... et, en général, toutes les portions du territoire qui, n'étant pas susceptibles de propriété privée, sont considérées comme une dépendance du domaine public. »

Il ne peut être ouvert, par des particuliers, aucune rue nouvelle sans une autorisation[13]; quant aux rues ouvertes par les communes, V. *Alignement* et *Expropriation*.

Lorsqu'on perce une rue sur une propriété particulière, pour que l'administration la reçoive et la prenne à l'entretien, il faut qu'elle soit livrée gratuitement et en parfait état de viabilité. L'administration procède ensuite à une enquête, ayant pour but de constater que la rue a une utilité collective suffisante, pour justifier la dépense annuelle que nécessitera l'entretien de cette rue.

Les rues de Paris sont soumises au régime de la grande voirie[14].

Les riverains ont droit de vue et de sortie sur les rues et places faisant partie du domaine public: ils peuvent y écouler leurs eaux[15].

Les riverains doivent supporter les frais de premier pavage[16], et sont tenus de balayer ou faire balayer, chacun au droit de sa propriété[17]; il leur est interdit d'encombrer les rues et de rien faire qui puisse gêner la circulation[18], d'y rien jeter ni d'y secouer des tapis par les fenêtres[19] sous peine d'être passibles des peines édictées par

----

[1] V. *Pavage.* — [2] V. *Saillie.* — [3] V. *Cave.* — [4] V. *Alignement.* — [5] Annexe. — [6] V. *Expropriation.* — [7] Ibid. — [8] V. *Matières insal.* — [9] V. *Bâtim. en constr.* — [10] V. *Mur de clôture.* — [11] V. *Passage public.* — [12] C. civ., 538. — [13] Décl., 10 avril 1783. V. *Alignement.* — [14] Décr., 26 mars 1852, V. *Expro, priation.* — [15] V. *Eaux* et *Egouts.* — [16] V. *Pavage.* — [17] V. *Balayage.* — [18] Edit, 22 sept. 1600, V. *Alignement.* Edit, déc. 1607, V. *Foyer.* Edit, sept. 1608, V. *Immondices.* — [19] Ord. pol., 1er sept. 1853, V. *Matières insal.*

----

[1] Remplacée par la loi du 3 mai 1841.
[2] Annexe. — [3] V. *Alignement.* — [4] V. *Voyer.* — [5] V. *Immondices.*

l'article 471 du Code pénal; une des plus anciennes si ce n'est la plus ancienne ordonnance rendue à ce sujet est celle de janvier 1350[1].

On ne peut construire en bordure d'une rue, place ou voie publique quelconque, qu'après en avoir demandé et obtenu l'autorisation[2], ainsi que l'alignement[3] et le nivellement[4] de ces rues, et en se conformant aux règlements relatifs aux saillies et à la hauteur des maisons[5].

Il est interdit de construire des caves sous la voie publique[6].

Tout travail concernant le sol de la voie publique, tel que les conduites d'eau et de gaz, les égouts, les raccords de pavage[7], etc., doit être fait par les entrepreneurs de la ville.

Les rues de Paris qui, sous l'ancienne législation[8], étaient divisées en cinq classes, ne seront plus réparties qu'en quatre, savoir :

1re classe, grandes rues circulaires et rayonnantes de 30 à 40 mètres de largeur;

2e classe, rues artérielles de 20 à 24 mètres de largeur;

3e classe, rues transversales de 15 à 20 mètres de largeur;

4e classe, rues de lotissement de 10 à 13 mètres de largeur.

Les rues ne peuvent avoir moins de 10 mètres de largeur[9].

Les terrains non bâtis doivent être clos, soit par des murs en maçonnerie, soit par des palissades en planches[10].

Dans les rues non reçues à l'entretien par la ville, les riverains doivent faire combler les excavations qui se produisent au devant de leurs propriétés[11] : celles de ces rues qui deviendraient impraticables, doivent être barrées, jusqu'à ce que la réparation en soit effectuée[12].

ANNEXES.

Extrait de l'ordonnance du 30 janvier 1350 (concernant la police du royaume).

Titre LX. — Les gravoirs, les terres, etc., seront d'abord portez sur la voirie du roy, et sur le champ transportez aux lieux accoustumez.

Art. 247. — Quiconque fera maçonner, ou faire aucuns édifices en la ville de Paris, parquoy il luy sera mestier de mettre aucuns terreaux, pierres, merrein, gravoirs ou autres choses sur la voirie du Roy nostre Sire, faire le pourra, par si et en telle manière, que si-tost comme il

commencera à mettre lesdits terreaux, pierres, merrein, gravoirs et autres choses sur ladite voirie, il ait les tombereaux, hotteurs et porteurs tout prests pour porter lesdits gravoirs, pierres, merrein, ou autres choses aux lieux accoustumez, en la manière, et selon qu'ils seront ostez, et mis hors dudit hostel dont ils sont issus. Et quiconque sera trouvé faisant le contraire, il sera tenu de payer au Roy nostre Sire dix sols d'amende.

Titre LXII. — Pendant l'hyver personne ne doit ballayer devant sa porte, jusques a ce que la pluye soit passée.

Art. 249. — Pour quelconques *pluyes*, ou autres choses descendant des cieux, nuls ne soient si hardis de *curer, ballayer, ou nettoyer devant son huys*, jusques à ce que *la pluye soit passée*; mais laissera-t-on *l'eau avoir son cours*, si comme elle peut avoir de raison : mais *l'eau passée*, quiconque voudra bouter, ballayer, ou nettoyer devant son huys, faire le pourra et devra, par tel si, que tantost ladite cureure, ou nettoyeure sera ostée, et portée aux lieux accoustumez. Et qui sera trouvé faisant le contraire, il sera tenu en ladite amende.

Titre LXIII. — Des boueurs.

Art. 250. — Nuls qui portent boué, ou menent terreaux, gravoirs, ou autres choses, de nuict, ou de jour, ne soient si hardis de les laisser choir, espandre, ne mettre en ruës, mais les portent et meinent entierement aux lieux accoustumez. Et au cas où aucuns seront trouvez faisant le contraire, ils seront arrestez, et contraincts à les oster à leurs despens, et seront tenus de payer amende au Roy nostre Sire.

Titre LXIV. — Du restablissement des chaussées.

Art. 251. — Chacuns en droit soy facent refaire les *chaussées*, quand elles ne seront *suffisantes*, tantost et sans delay, en la maniere, et selon ce qu'il est accoustumé à faire d'ancienneté des rues, *dont le prevost des marchands est tenu de faire*.

———

Arrêté du ministre de l'intérieur du 14 janvier 1797 (25 nivôse an V).

Article premier. — Toutes les anciennes et nouvelles rues de Paris seront désormais divisées en cinq classes, et leur largeur sera, dans tous les cas, subordonnée à leur importance sous le rapport du commerce et de la circulation publique.

Art. 2. — La première classe sera désignée sous la dénomination de *grandes routes;* elle comprendra toutes les rues qui conduisent d'une extrémité de Paris à l'autre, en la traversant. Leur largeur demeurera fixée à *quatorze mètres*, équivalant à quarante-trois pieds un pouce des anciennes mesures.

Art. 3. — La deuxième classe sera désignée sous le nom de *traverses intérieures;* elle comprendra toutes les rues qui conduiront d'une grande route à une autre ou d'une place publique à une autre place, halle ou marché. Leur largeur demeurera fixée à *douze mètres*, répon-

---

[1] Annexe. — [2] V. *Bâtir* (*Autor. de*). — [3] V. *Alignement*. — [4] V. *Nivellement*. — [5] V. ces mots. — [6] Ord., 4 sept. 1778, V. *Cave*. — [7] V. ces différents mots. — [8] Arr. min., 14 janv. 1797, annexe. — [9] Ibid. — [10] Ord. pol., 10 juill. 1871, V. *Mur de clôture*. — [11] Ord. pol., 1er sept. 1853, V. *Matières insal*. — [12] Ord. pol., 25 juill. 1862, V. *Bâtim. en constr*. Ord. pol., 21 mars 1888, V. *Passage public*.

dant à trente-six pieds onze pouces des anciennes mesures.

ART. 4. — La troisième classe sera désignée sous la dénomination de *communications intermédiaires;* elle comprendra toutes les rues qui s'embrancheront sur celles de première ou de seconde classe, pour aboutir à celles des classes inférieures. Leur largeur demeurera fixée à *dix mètres,* équivalant à trente pieds neuf pouces des anciennes mesures, et cette largeur de 10 mètres sera, conformément aux dispositions de la déclaration du 10 avril 1783, le *minimum* pour toutes les nouvelles rues qui pourront être ouvertes par la suite, à l'exception de celles qui formeraient le prolongement d'anciennes rues d'une classe supérieure, et dont elles auraient alors les mêmes dimensions.

ART. 5. — La quatrième classe sera désignée sous le nom de *communications transversales;* elle comprendra toutes les rues qui s'embrancheront sur celles de troisième classe et qui seront peu fréquentées par les voitures. Leur largeur demeurera fixée à *huit mètres,* répondant à vingt-quatre pieds sept pouces des anciennes mesures.

ART. 6. — Enfin, la cinquième classe sera désignée sous le nom de *petites communications;* elle comprendra toutes les petites rues, ruelles et passages publics actuellement existants. Leur largeur demeurera fixée à *six mètres,* répondant à dix-huit pieds six pouces des anciennes mesures.

ART. 7. — Si les largeurs actuelles de quelques-unes des rues comprises dans la classification précédente ou parties d'icelles excédaient celles qui viennent d'être déterminées, il ne pourra y être fait aucune réduction; et, dans ce cas, les maisons qui s'y trouvent seraient reconstruites sur les anciens vestiges ou sur des alignements qui en approcheraient le plus; mais s'il s'agissait d'un changement de direction, dont l'exécution aurait été approuvée par le gouvernement, les terrains vagues restants, d'après les nouveaux alignements, seraient alors concédés de préférence aux propriétaires riverains, chacun en droit soi, à la charge d'y bâtir ou de se clore dans le délai prescrit par les règlements de police.

ART. 8. — Les nouvelles rues à ouvrir aux abords des palais nouveaux, des monuments publics et des principales entrées de Paris, ne seront assujetties à aucune des dimensions de la classification précédente. La largeur de celles-ci pourra être plus considérable, et elle sera, dans tous les cas, subordonnée et à l'importance et à la destination des monuments qui en seront l'objet.

ART. 9. — Tous les redressements et élargissements qui devront successivement s'opérer dans les anciennes rues de Paris seront incessamment tracés par le conseil des bâtiments civils, sur les plans qui ont été levés à cet effet, et toutes les maisons de cette commune y seront invariablement assujetties, au fur et à mesure de leur reconstruction.

ART. 10. — Dans le cas où ces redressements et élargissements occasionneraient des changements trop considérables dans certaines rues, et que, pour les opérer, il faudrait former des

renfoncements de plus de trois mètres, tandis que les maisons voisines pourraient encore subsister longtemps, les nouveaux alignements pourront être provisoirement réduits à des dimensions moindres que celles fixées pour chaque classe de rues; mais dans ce cas, les alignements provisoires seront toujours parallèles aux alignements définitifs, et les uns et les autres seront également tracés sur les mêmes plans, pour y avoir recours à l'époque d'une seconde reconstruction où ces derniers seront définitivement exécutés.

ART. 11. — Toutes les maisons qui seront reconstruites à l'avenir dans Paris, les monuments publics exceptés, ne pourront, sous aucun prétexte, excéder les hauteurs qui vont être ci-après déterminées.

ART. 12. — Dans les rues de 12 à 14 mètres de large, les maisons auront *dix-huit mètres* de hauteur produisant cinquante-cinq pieds quatre pouces des anciennes mesures, et cette élévation sera le maximum pour toutes les situations.

ART. 13. — Dans les rues de 10 mètres de large, la hauteur des édifices sera réduite à *seize mètres,* équivalant à quarante-neuf pieds trois pouces des anciennes mesures.

ART. 14. — Dans les rues de 8 mètres de largeur, la hauteur des édifices sera de *quatorze mètres,* produisant quarante-trois pieds un pouce des anciennes mesures.

ART. 15. — Enfin, dans les rues de 6 mètres de large, la hauteur des édifices sera réduite à *douze mètres,* équivalant à trente-six pieds onze pouces des anciennes mesures.

ART. 16. — Les édifices à construire dans les rues dont les largeurs se trouveront intermédiaires entre celles ci-dessus désignées, auront les hauteurs déterminées par les différentes classes de rues auxquelles elles appartiendront.

ART. 17. — Les hauteurs susdites seront toujours mesurées depuis le sol du pavé des rues, jusques et compris les cimaises des entablements ou corniches supérieures.

ART. 18. — La pente des combles qui seront construits au-dessus des corniches supérieures ne pourra excéder un pied de hauteur par pied de base, en partant du nu des murs de face; et quelle que soit l'épaisseur des bâtiments, la hauteur de leur faîtage ne pourra excéder *dix mètres* au-dessus des mêmes corniches.

ART. 19. — Au-dessus des différentes hauteurs qui viennent d'être déterminées pour lesdites corniches supérieures, il ne pourra être élevé ni attique ni mansarde à l'aplomb du nu des murs de face. Ces constructions ne pourront être autorisées qu'en se retirant sur l'épaisseur des bâtiments, d'une largeur égale à la hauteur desdits attiques ou mansardes.

ART. 20. — Lorsqu'une maison formera l'encoignure de deux rues de différentes largeurs, la hauteur du corps de logis ayant face sur la rue la plus large sera continuée dans la partie en retour sur toute son épaisseur seulement; mais le surplus de la façade de la même maison sur la rue la plus étroite n'aura que la hauteur fixée pour la classe de la rue où elle sera construite.

RUYSDAEL (Avenue). — V. *Monceau (Parc).*

S

SABOTS (Ateliers à enfumer les) par la combustion de la corne ou d'autres matières animales, dans les villes.

Etablissements insalubres de 1re classe : odeur et fumée[1].

Les ateliers doivent être en matériaux incombustibles, ou tout au moins sans bois apparents, et bien ventilés par de hautes cheminées d'aération.

Les gaz et fumées seront brûlés.

La cheminée aura de 25 à 30 mètres suivant les cas[2].

SAILLIE. — Edit du 16 juin 1554[3]. Ord. du prévôt de Paris du 22 sept. 1600[4]. Edit de déc. 1607[5]. Ord. des trésoriers de France du 4 févr. 1683[6]. Ord. roy. du 16 juin 1693[7]. Ord. du bureau des finances des 1er avril 1697[8] et 10 déc. 1784[9]. Ord. pol. des 18 juin 1804[10], 1er avril 1818[11], 9 juin 1824[12]. Instr. du préf. pol. du 18 juin 1824[13]. Décis. du préf. de pol. du 15 févr. 1850[14]. Instr. préf. du 31 mars 1862[15]. Circ. préf. du 9 sept. 1862[16]. Décr. du 28 juill. 1874[17]. Décr. du 22 juill. 1882[18]. Conditions des permissions de voirie relatives aux saillies[19]

On nomme saillie tout ouvrage placé en dehors du plan vertical passant par la ligne servant d'alignement à la construction sur la voie publique.

Toute saillie, en dehors de ce plan vertical, est interdite par l'édit du 16 juin 1554[20] l'ordonnance du 22 septembre 1600[21], l'édit de décembre 1607[22], et l'ordonnance royale du 16 juin 1693[23].

Les saillies sur la voie publique sont donc seulement tolérées. Elles ne peuvent être établies sans une autorisation[24], et l'administration peut toujours en ordonner la suppression[25], mais, pour que cette suppression puisse être exigée, il est nécessaire que le classement de la rue, parmi les voies publiques, soit antérieur à l'établissement des saillies[26].

Un nombre assez considérable d'ordonnances ont été rendues au sujet de la saillie permise pour les différents objets ou orne

ments, notamment les ordonnances du bureau des finances et des trésoriers de France des 4 février 1683[1], 1er avril 1697[2], 10 décembre 1784[3], les ordonnances de police du 18 juin 1804[4], du 1er avril 1818[5], du 15 février 1850[6], et l'ordonnance royale du 24 décembre 1823, remplacée par le décret du 22 juillet 1882[7]. A consulter aussi les conditions générales des permissions de saillies sur la voie publique[8], et l'instruction préfectorale du 31 mars 1862[9].

Les saillies en plâtre, quelle que soit leur nature, bandeau, corniche, console, etc., ne peuvent excéder la dimension de 0m,16[10].

Les différentes saillies autorisées sont soumises à des droits de voirie[11].

Toutes les contestations relatives aux saillies sont du ressort des tribunaux administratifs.

ANNEXES.

Arrêt de règlement du parlement de Paris du 16 juin 1554.

La cour à plein informée que la pluspart des habitans de cette ville, artisans et autres, contre les prohibitions et défenses cy devant sur ce faites, mettent ordinairement et avancent sur ruë hors leurs ouvroirs et boutiques leurs selles et pilles, taudis, escoffrets, bancs, chevalets, escabelles, tronches et autres avances et entreprises, qui empeschent et incommodent grandement les ruës et passages par icelles, dont adviennent de jour en autre plusieurs inconvéniens :

Pour à ce pourvoir, a ordonné et ordonne que défenses seraient faites à son de trompe et cry public par les carrefours de ceste ville, à tous manans et habitans d'icelle et des fauxbourgs, de quelque estat, qualité et condition qu'ils soient qu'ils n'ayent d'oresnavant à mettre aucune desdites selles et pilles, taudis, escoffrets, bancs, chevalets, escabelles, tronches et autres avances sur ruë, et hors leurs ouvroirs et boutiques, et de pendre à icelles aucunes toiles, serpillères, perches ou monstres à marchandise, n'autres choses quelconques, dont la liberté du passage commun puisse estre aucunement empeschée : ains leur enjoint ladite cour retirer lesdites avances dedans leurs-dits ouvroirs et boutiques incontinent et dedans le jour de la publication de ces présentes, et à l'advenir sur peine de cent sols parisis d'amende,

---

[1] Décr., 31 déc. 1866. — [2] Bunel, p. 389.
[3] Annexe. — [4] V. *Alignement.* — [5] V. *Voyer.* —
[6] V. *Pavage.* — [7] V. *Voyer.* — [8] Annexe. — [9] V. *Enseigne.* — [10] Annexe. — [11] V. *Caisse.* — [12] V. *Inscript. des rues.* — [13] Annexe. — [14] Annexe. — [15] V. *Bâtir (Autor. de).* — [16] Annexe. — [17] V. *Voirie (Droits de).* — [18] Annexe. — [19] Annexe. — [20] Annexe. — [21] V. *Alignement.* — [22] V. *Voyer.* — [23] V. *Voyer.* — [24] Instr., 18 juin 1824, annexe. — [25] Cass., 11 sept. 1807, 26 août 1859, 22 août 1862. — [26] C. d'Et., 18 juill. 1855.

---

[1] V. *Pavage.* — [2] Annexe. — [3] V. *Enseigne.* — [4] Annexe. — [5] V. *Caisse.* — [6] V. *Enseigne.* — [7] Annexe. — [8] Annexe. — [9] V. *Bâtir (Autor. de).* — [10] Circ. préf., 9 sept. 1862, annexe. — [11] V. *Voirie (Droits de).*

sur chacun qui sera trouvé contrevenir à ce que dessus, et pour chacune faute : laquelle sera levée sur le champ et sans deport, et appliquée aux fortifications de ceste dite ville.

Et à ceste fin enjoint ladite cour au prévost de Paris ou ses lieutenans, examinateurs et commissaires du Chastelet de Paris, et sergens d'iceluy, d'avoir l'œil, et tenir la main à l'expédition de ce présent arrest et ordonnance, et procéder contre ceux qui se trouveront faire les avances et entreprises susdites : nonobstant oppositions ou appellations quelconques.

Ordonnance du bureau des finances du 1er avril 1697.

Sur ce qui nous a esté remontré par le procureur du roy, que quelques soins que nous ayons pris pour faire observer les esdits, déclarations, arrests et réglemens sur le fait de la voirie, et nos ordonnances rendues en conséquence, notamment celle du 26 octobre 1666, générale sur le même fait, confirmée par arrest du conseil d'Etat de Sa Majesté, du 19 novembre audit an, intervenu sur la contestation des officiers du Chastelet, qui prétendoient ledit droit de voirie; et que par plusieurs de nos ordonnances depuis rendues, notamment par celle du 4 février 1683, nous ayons renouvelé les défenses portées par icelles, pour réprimer les entreprises de plusieurs particuliers, propriétaires et locataires de maisons, maîtres maçons, charpentiers et autres, sur les rues, places et voies publiques, au préjudice desdits esdits, arrests et règlemens, et nosdites ordonnances, publiées et affichées où besoin a esté; néanmoins quelques particuliers, sous prétexte d'ignorer lesdites défenses, ne délaissent d'y contrevenir journellement. A quoi requéroit être pourvu par une nouvelle ordonnance, qui seroit à cette fin publiée et affichée ès lieux et endroits ordinaires et accoutumés; faisant droit sur le réquisitoire du procureur du roy, vu lesdits esdits, arrests et règlemens, et nos ordonnances rendues en conséquence, nous avons ordonné conformément à icelles, que tous propriétaires et locataires de maisons, marchands, artisans et autres, de quelque qualité et condition qu'ils soient, de cette ville et faubourgs, seront tenus, dans huitaine du jour de la publication de notre présente ordonnance, de faire réformer les pas de pierre, seuils de porte, marches, bornes et autres avances étant le long et au devant de leurs maisons et boutiques excédant huit pouces (0m,216) de saillie du corps du mur, à peine d'y être mis ouvriers à leurs dépens et de vingt livres d'amende; comme aussi que les établis qui sont au devant desdites boutiques, excédant deux pouces, seront pareillement réformés; les auvents réduits à la hauteur de dix à douze pieds, à prendre du rez-de-chaussée, et à la largeur de deux pieds et demy de châssis, sur les mêmes peines. Tous marchands et artisans seront tenus de retirer, dans ledit temps, leurs serpillières, étalages, montres, comptoirs et bancs au niveau des jambes étrières de leurs boutiques; à faute de quoi faire, seront, lesdites serpillières, montres, étalages, grilles, bancs et

autres avances, de quelque nature qu'elles soient, ostées et arrachées aux frais et dépens des délinquans; pour raison de quoi, il sera délivré exécutoire, et outre, condamnés chacun en vingt livres d'amende. Faisons défenses, sur les mêmes peines, de faire relever le pavé des devantures des maisons, plus haut que l'ancien pavé de la rue, et, en cas qu'il y soit contrevenu, enjoignons aux entrepreneurs du pavé de cette ville de faire assigner les contrevenans par devant nous, pour voir dire que lesdites devantures seront baissées et réduites à l'alignement du pavé des autres maisons voisines, à leurs frais et dépens, par lesdits entrepreneurs, à raison de trois livres la toise, pour raison de quoi sera délivré exécutoire, et outre, condamné à vingt livres d'amende.

Faisons pareillement défenses, sur les mêmes peines, à tous maçons, charpentiers et autres ouvriers, de mettre ou faire mettre des étrécillons, étaies et chevallemens dans les rues, places et voies publiques, sans notre permission, auquel cas leur enjoignons de faire rétablir et réparer les trous des dégradations du pavé, procédant de l'apposition desdits étaies et chevallemens, par l'entrepreneur du pavé du quartier, à peine d'y estre mis ouvriers à leurs frais et dépens, et de dix livres d'amende. Comme aussi faisons défenses à toutes personnes, de quelque qualité et condition qu'elles soient, de faire mettre aucuns poteaux, pieux et bûches au travers desdites rues, dans le pavé d'icelles, d'y faire faire aucunes barrières, ni d'en rétrécir le passage, pour quelque cause et occasion que ce soit, ni faire faire aucunes tranchées et ouvertures de pavé, qu'après en avoir pris la permission de nous, et qu'à la charge de les faire rétablir par les entrepreneurs du pavé de cette ville, aussi à peine de vingt livres d'amende.

Enjoignons à tous rôtisseurs, qui vendent à la main, lesquels ont des âtres faisant saillie sur la voie publique, de les mettre incessamment au même alignement des jambes étrières de leurs maisons, sur les mêmes peines. Faisons défenses aux boulangers et pâtissiers de fendre ou de faire fendre leurs bois sur le pavé desdites rues, ains sur des billots de bois, conformément aux ordonnances, à peine de vingt livres d'amende. Comme aussi à tous charrons, embatteurs de roues, sculpteurs, menuisiers et charpentiers, et tous autres, de tenir au-devant de leurs boutiques et maisons, aucunes pièces de bois, marbre et pierre, trains de carosses, chariots et charrettes dans lesdites rues, ains de les retirer dans leurs boutiques et cours, à peine de confiscation et de vingt livres d'amende; et auxdits embatteurs de roues, de faire aucuns trous dans ledit pavé, sur peine de pareille amende. Faisons pareillement défenses à toutes fruitières, harengères, regrattières, revendeuses et toutes autres, d'étaler aucunes marchandises sur le passage et voie publique, aussi à peine de confiscation et de dix livres d'amende. Comme aussi aux marchands de fer, épiciers, cabaretiers, et tous autres, de laisser leur tonnes, tonneaux, muids et emballage ès dites rues; et pareillement à toutes personnes, de quelque qualité et condition qu'elles soient, de laisser sur la voie publique, au-devant de leurs maisons, aucuns décombres, terreaux, ni fumiers, sur les mêmes peines ; et à tous particuliers, d'avoir aux fenêtres de leurs maisons, aucuns jardins et préaux, caisses ou pots à fleurs, et autres choses faisant saillie sur les rues et voies publiques ; le tout à peine de confiscation et de vingt livres d'amende. Comme pareillement aux boucurs et vidangeurs de terre et·gravois, de décharger leurs tombereaux sur la voie publique, ains les voiturer et conduire ès lieux destinés pour lesdites décharges, aussi à peine de vingt livres d'amende payables sans déport.

Faisons pareillement défenses à tous particuliers, propriétaires, maçons, charpentiers et autres, de faire ni faire faire aucuns ouvrages qui puissent conserver ou conforter les saillies, traverses et avances sur rue, voie et place publique, construire aucun nouveau bâtiment, murs de clôture et autres édifices, élever ni construire aucun pan de bois, ni même rétablir aucune maison, mur de clôture, jambe d'encoignure ou étrière, sur les rues et voies publiques, sans au préalable en avoir pris la permission et alignement de nous, à peine de démolition et de vingt livres d'amende. Leur enjoignons de faire incessamment oster et enlever les décombres desdits bâtiments, avec défenses à eux d'empêcher le passage et voie publique, par les matériaux destinés pour lesdits bâtiments ou autres, en quelque sorte et manière que ce soit sur les mêmes peines ; leurs permettons néanmoins d'en mettre sur l'un des revers desdites rues, et à trois pieds de distance du ruisseau, avec défenses d'outrepasser, aussi à peine de vingt livres d'amende, et d'être lesdits matériaux acquis et confisqués et portés au chantier du roy, et les décombres enlevés à leurs frais et dépens, pour raison de quoi il sera délivré exécutoire.

Faisons aussi défenses à tous particuliers, propriétaires ou locataires de maisons, menuisiers, charpentiers et autres ouvriers, de faire ni faire faire aucuns balcons, avant-corps, travail ou auvent à maréchal, ni auvent cintré ou forme ronde au-devant de leurs maisons et boutiques, qu'après en avoir pris notre permission, en conséquence des consentemens des deux propriétaires voisins, ou iceux préalablement ouïs où il échet, aussi à peine de démolition, confiscation des matériaux et de pareille amende de vingt livres ; et s'il convient mettre des consoles sous lesdits auvents cintrés, elles ne pourront descendre plus bas qu'à dix pieds (3m,25) de rez-de-chaussée à peine de démolition.

Et sera notre présente ordonnance lue, publiée et affichée où besoin est, à ce que nul n'en prétende cause d'ignorance, et exécutée nonobstant opposition ou appellation quelconque et sans préjudice d'icelle.

Ordonnance de police du 18 juin 1804.

ARTICLE PREMIER. — Tous auvents, appentis, plafonds, baraques et échoppes construits sans autorisation sur les boulevards intérieurs de Paris, depuis le 3 floréal an VIII, seront supprimés sans délai.

ART. 2. — Les propriétaires ou locataires de maisons qui ont outrepassé les dimensions de leurs permissions seront tenus de se réduire et de s'y conformer aussi sans délai.

ART. 3. — Avant le 1er vendémiaire an XIV, les baraques, appentis et échoppes, construits hors l'alignement des maisons et bâtiments du boulevard, seront démolis.

ART. 4. — Dans le même délai, les auvents qui ont plus de 0m,81 seront réduits.

Néanmoins il devra être observé, entre les auvents et les arbres, une distance de 0m,32.

Il est défendu d'en réparer ou d'en établir aucun sans une permission du préfet de police.

ART. 5. — Les autres objets, tels que tableaux servant d'enseignes, devantures de boutiques, étalages des marchands en boutiques et autres de ce genre, seront autorisés suivant les saillies d'usage.

ART. 6. — Faute par les propriétaires ou locataires de faire les suppressions ou réductions ordonnées par les articles ci-dessus, et dans les délais déterminés, il y sera mis d'office des ouvriers à leurs frais par l'architecte de la préfecture de police.

ART. 7. — La présente ordonnance sera imprimée,.....

Instruction du préfet de police du 18 juin 1824.

Messieurs, l'autorité de la police réclamait depuis longtemps l'intervention de l'autorité supérieure pour faire cesser, par une mesure générale, le désordre qui s'est introduit dans l'établissement des saillies.

Le roi, prenant en considération les motifs d'intérêt public exposés à l'appui de la réclamation, a rendu, le 24 décembre dernier, une ordonnance dont je vous transmets des exemplaires. Elle est suivie d'une ordonnance de police contenant les dispositions qui m'ont paru nécessaires pour l'exécution de ce nouveau règlement.

On est dans l'usage d'établir, réparer et renouveler les saillies, sans attendre la délivrance des permissions ; souvent même on ne la demande pas.

C'est un abus qu'il importe de réprimer sur-le-champ dans l'intérêt du bon ordre, d'une part, pour que les particuliers puissent connaître et observer les conditions imposées, et, d'une autre, dans celui de la Ville, pour assurer les droits de perception de la petite voirie. Vous y parviendrez en arrêtant les travaux et en dressant les procès-verbaux de contravention.

Mais il ne suffit pas d'empêcher que l'on établisse des saillies sans être muni de permission ; il faut s'assurer que les conditions imposées par les permissions sont fidèlement remplies, en procédant au récolement et à la vérification des ouvrages.

Je ne puis trop vous recommander d'apporter le plus grand soin à cette opération, et de me transmettre exactement les procès-verbaux que vous devrez en dresser. Vous sentirez que, sans cela, il serait impossible de poursuivre et de réprimer les abus, et que l'ordonnance du roi deviendrait illusoire.

S'il se présentait des circonstances où les vérifications vous parussent exiger le secours d'un homme de l'art, vous voudrez bien m'en informer : je donnerai des ordres en conséquence aux architectes de mon administration.

Il est défendu par l'art. 13 de l'ordonnance de police de repeindre les saillies, sans en avoir fait la déclaration aux commissaires de police des quartiers respectifs. Le but de cette disposition étant d'empêcher que l'on ne cache, au moyen de la peinture, des réparations faites sans permission, il sera nécessaire qu'après avoir reçu les déclarations, vous reconnaissiez immédiatement l'état des objets que l'on se propose de repeindre.

Après avoir donné des instructions générales au sujet de la surveillance et des soins qu'exigent l'établissement et la réparation de toutes les saillies, j'appellerai votre attention sur plusieurs saillies qui, pour divers motifs, ont été l'objet de dispositions spéciales.

Ces saillies sont les décrottoirs, les étalages de viandes, les bannes, les perches, les échoppes et les tuyaux de poêle et de cheminée.

Décrottoirs. — Les décrottoirs sont fort dangereux : ils n'ont jamais été autorisés et ils ne peuvent l'être. Aussi, l'ordonnance de police, article 13, en prescrit-elle la suppression dans le délai de huit jours.

Vous vérifierez, à l'expiration de ce délai, si l'on a satisfait à cette disposition. Dans le cas où vous trouveriez des particuliers qui n'auraient pas obéi, vous les sommerez de le faire, dans un délai de trois jours, et vous aurez soin de m'adresser les procès-verbaux de non-exécution avec les originaux des sommations.

Étalages de viandes. — Les étalages de viandes sont formellement interdits par le quatrième paragraphe de l'article 14 de l'ordonnance royale, et la suppression en est prescrite dans le délai d'un mois par l'article 19 de l'ordonnance de police.

Vous suivrez à l'égard des particuliers qui, au mépris des dispositions ci-dessus, conserveraient leurs étalages et les objets qui y sont relatifs, la marche ci-dessus indiquée contre ceux qui n'auraient pas supprimé les décrottoirs.

Bannes. — Il existe un très grand nombre de bannes, les unes établies sans permission, mais presque toutes sans les précautions convenables, ce qui les rend incommodes et dangereuses.

Celles qui ne sont pas autorisées devant être supprimées sur-le-champ, vous voudrez bien en faire la recherche, et sommer ceux qui ne pourraient point vous justifier d'autorisation de les supprimer ou de se pourvoir de permission.

Quant à celles autorisées, bien qu'elles puissent ne pas être entièrement établies suivant les dispositions de l'article 17 de l'ordonnance royale, vous les laisserez exister dans leur état actuel, jusqu'à la fin de l'année, à moins qu'elles ne présentent des inconvénients graves pour la liberté et la sûreté de la circulation ; car alors vous devrez sommer de les supprimer ou de les établir de manière à faire cesser les inconvénients.

Dans le cas où, pour les unes et les autres, on n'aurait point déféré aux sommations, vous le constaterez par des procès-verbaux que vous me transmettrez avec les originaux des sommations.

Perches. — L'établissement des perches pouvait être autorisé, aux termes du décret du 27 octobre 1808; cependant, il n'a été délivré de permission pour aucune. L'autorité de la police les a seulement tolérées, en attendant que l'autorité supérieure prit des mesures, soit pour proscrire entièrement cette espèce de saillie, soit pour restreindre la faculté d'en faire usage.

L'ordonnance royale ayant déterminé par l'article 18 à quelles conditions les perches pouvaient être permises, il est d'autant plus important de faire jouir le public des avantages de cette disposition, que les perches, indépendamment du hideux spectacle qu'elles présentent par les objets qui y sont suspendus, compromettent la sûreté de la circulation.

Je vous invite, en conséquence, et conformément à l'art. 12 de l'ordonnance de police, à faire sommation à ceux qui ont des perches ou des cerceaux de les supprimer dans le délai d'un mois.

Vous voudrez bien me faire parvenir, avec les originaux des sommations, les procès-verbaux constatant que l'on n'a pas satisfait.

Gouttières. — Il est enjoint, par l'article 23 de l'ordonnance royale, de supprimer, dans le délai d'une année, les gouttières en saillie sur la voie publique.

Ce délai n'étant pas très long pour procéder à l'exécution d'une mesure qui exige l'emploi d'une classe d'ouvriers dont le nombre n'est pas considérable, je n'ai rien à vous prescrire afin de presser cette exécution.

Je me bornerai à vous demander l'état des monuments et édifices publics qui ont des gouttières, afin que je puisse en requérir la suppression des administrations de qui dépendent ces constructions.

Échoppes. — Il existe peu d'échoppes établies en vertu d'une permission de petite voirie, conformément au décret du 27 octobre 1808. La plupart ont été construites, soit par tolérance de l'autorité, soit sans aucune espèce d'autorisation, ou en abusant de permissions délivrées pour étalages mobiles.

Avant de rétablir l'ordre en cette partie, je vous prie de vérifier dans vos quartiers respectifs quelles sont les échoppes existantes, de vous informer par qui elles sont occupées, à qui elles appartiennent, si on a un loyer, quel en est le prix et à qui on le paye. Vous dresserez un état contenant, outre ces renseignements, la demeure des propriétaires et locataires de ces échoppes.

Cuvettes. — Je n'ai autre chose à vous recommander, pour l'établissement des cuvettes, que de veiller à ce que, conformément à l'art. 20 de l'ordonnance royale, il n'en soit point établi dans les constructions nouvelles, et à ce que celles existantes ne soient point réparées sans permission.

Tuyaux de poêle et cheminée. — Les tuyaux de poêle et cheminée en saillie, étant défendus à l'avenir pour les maisons de construction nouvelle, vous veillerez, ainsi que pour les cuvettes, à ce que l'on se conforme à la disposition du premier paragraphe de l'article 15 de l'ordonnance royale.

Quant à ceux actuellement existants, si l'on ne peut vous représenter les permissions en vertu desquelles ils ont été établis, vous ferez sommation de les supprimer dans le délai de trois mois, si mieux on n'aime à se pourvoir de l'autorisation nécessaire pour les conserver, et vous en justifier.

A l'expiration de ce délai, vous me transmettrez, avec les originaux des sommations, les procès-verbaux de non-exécution.

---

*Décision du préfet de police
du 15 février 1850.*

Bannes ou stores. — 1° L'élévation minimum des bannes ou stores reste fixée à trois mètres au-dessus du sol ; toutefois, ces objets pourront être tolérés à deux mètres cinquante centimètres lorsqu'il aura été reconnu que les localités ne permettent pas de leur donner plus d'élévation.

2° Les bannes ou stores ne peuvent être garnis de joues, à moins d'une permission spéciale, qui ne sera accordée qu'autant qu'il n'en résulterait aucun inconvénient pour la circulation.

3° Il ne sera pas perçu de droits pour les réparations partielles qui seront faites au coutil des bannes ou stores.

4° Le renouvellement total du coutil des bannes ou stores donnera lieu à la perception du droit fixé par le tarif pour la pose de ces objets.

5° Il est interdit d'établir des bannes ou stores en saillie des murs de face, au-dessus du rez-de-chaussée.

Barres de fer ou de cuivre sur les devantures. — Il pourra être établi, sur les devantures de boutique, des barres de fer ou de cuivre destinées à en garantir le vitrage, à la condition que ces barres ne dépasseront pas de plus de trois centimètres la saillie des devantures.

Barrières et barres destinées à masquer des renfoncements. — Il ne sera pas perçu de droits de petite voirie pour les barrières, les barres en fer ou en bois, et les autres objets de même nature, dont l'établissement pourra être autorisé dans un intérêt de salubrité et de sûreté publique pour défendre l'accès des renfoncements et des angles rentrants.

Boîtes à journaux ou à lettres. — 1° Il pourra être permis d'établir en saillie sur les murs de face, des boîtes à journaux ou à lettres à l'usage des particuliers.

2° Ces objets ne seront autorisés que lorsqu'il aura été reconnu qu'ils ne présenteront aucun inconvénient pour la sûreté et la commodité de la circulation.

3° Leur saillie maximum est fixée à seize centimètres.

4° L'ouverture de ces boîtes devra être masquée par une planchette mobile, ou par tout autre moyen qui ne permette pas au public de se tromper sur leur destination.

5° Lesdites boîtes sont assimilées pour la perception des droits, aux tableaux servant d'enseignes.

Bornes. — La suppression des bornes existant près des extrémités des trottoirs ne sera exigée que lorsque ces bornes présenteront des inconvénients réels pour la circulation.

Chambranles de portes et fenêtres. — 1° Il pourra être permis d'établir des chambranles autour des baies de portes d'allées et autour des baies de fenêtres.

2° La saillie maximum de ces objets est fixée à seize centimètres pour les chambranles des portes d'allées et à six centimètres pour les chambranles des fenêtres.

3° Les chambranles sont assimilés pour la perception des droits, aux tableaux servant d'enseignes.

Châssis glissant derrière les parements de décoration. — Les châssis glissant derrière les parements de décoration pourront être autorisés pourvu que ces parements n'aient pas plus de six centimètres de saillie.

Corniches. — 1° Il est dû un droit distinct pour les corniches des devantures de boutiques.

2° Les corniches ne sont soumises qu'à un droit, bien qu'elles se prolongent au-dessus d'une ou plusieurs portes.

Cuvette pour les eaux ménagères. — Les cuvettes établies depuis de longues années au-devant d'anciennes maisons, et qui ont plus de seize centimètres de saillie, pourront être tolérées, surtout si ces excédants de saillie ne sont pas trop considérables.

Devantures de boutiques. — 1° La hauteur maximum des devantures de boutiques est fixée à cinq mètres.

2° Cette hauteur ne pourra être dépassée que dans des cas exceptionnels, et en vertu d'une autorisation spéciale délivrée par le préfet de police.

3° Il est dû un droit distinct pour les devantures, non compris le socle et la corniche.

4° Les devantures peuvent embrasser, sans donner lieu à une augmentation de droit, soit une porte d'allée, soit une porte charretière.

5° Les changements intérieurs qui ont pour effet d'augmenter le nombre des boutiques ne donnent pas lieu à la perception des droits de devantures.

6° Lorsqu'il sera fait des réparations aux devantures de boutiques, il ne sera perçu que le droit fixé par le tarif pour les objets auxquels correspondront les parties séparées, d'après l'avis de l'architecte commissaire de la petite voirie.

Echoppes. — Le droit fixé par le tarif pour les échoppes ne se paye que lors de l'établissement de l'échoppe. Tant qu'elle existe, il n'y a pas lieu à perception nouvelle pour mutation sauf au nouvel occupant à obtenir l'agrément de l'administration.

Enseignes. — 1° Les enseignes formées de bandes de toile ou d'étoffe portant des inscriptions sont formellement interdites.

2° Lorsqu'il n'existera aucune partie de mur au rez-de-chaussée, il pourra être permis de placer des enseignes, tableaux, écussons, attributs soit sur les objets de petite voirie, n'ayant pas seize centimètres de saillie, s'il s'en trouve; soit, dans le cas contraire, sur les objets ayant cette saillie. Dans le premier cas lesdites enseignes pourront avoir l'épaisseur que les particuliers jugeront convenable, pourvu qu'elles n'exèdent pas seize centimètres de saillie à partir du nu du mur. Dans l'autre cas, elles ne pourront être qu'en métal laminé, et devront être posées à plat sur les saillies auxquelles elles seront appliquées.

3° Les enseignes des coiffeurs et perruquiers, formées de simulacre de plats à barbe seront tolérées sur les devantures, à la condition que ces enseignes seront constamment repliées et fixées contre lesdites devantures.

4° Les teinturiers-dégraisseurs pourront placer sur la devanture de leur boutique leurs enseignes, composées de bande de serge, à la condition que ces enseignes seront bien appliquées contre la devanture.

5° Les paillassons servant d'enseigne pour la vente des huitres, seront appliqués contre les murs. A défaut de murs nus, ils pourront être appliqués contre les devantures ou grilles de boutiques.

Ces objets sont exempts des droits de petite voirie et peuvent être posés sans permission.

6° Les inscriptions soit en peinture, soit en relief sur les frises ou lambrequins des marquises ou auvents sont tolérées et exemptes des droits de petite voirie.

7° Il est permis d'appliquer des enseignes en lettres découpées aux balustrades des balcons, pourvu que les lettres soient solidement attachées et qu'elles n'excèdent point la saillie de l'aire du balcon.

Ces enseignes sont exemptes des droits de petite voirie et peuvent être posées sans permission.

8° Les écriteaux indiquant les maisons, appartements, chambres, magasins et autres objets à vendre ou à louer, doivent être attachés et appliqués contre le mur, de manière à ne pas excéder la saillie fixée pour les enseignes.

9° Les écriteaux indicatifs d'appartements non meublés à louer, de maisons ou terrains à vendre, etc., sont exempts des droits de petite voirie et peuvent être posés sans permission.

10° Il est interdit aux marchands de vin, agents de remplacement militaire et autres de placer des drapeaux comme enseigne au-devant de leurs établissements.

Etalages. — 1° Sont expressément défendus tous étalages mobiles au dessus du rez-de-chaussée, à l'exception des guirlandes d'étoffes désignées en l'article 14 de l'ordonnance du 24 décembre 1823.

2° Il est défendu de former des étalages mobiles sur des devantures de boutiques et autres objets de petite voirie placés au rez-de-chaussée, quand même ils n'auraient point toute la saillie accordée par les règlements.

3° Il est défendu de former en saillie sur la voie publique aucun étalage de viande, gibier, volaille, poisson et autres marchandises dont le contact pourrait salir les vêtements des passants.

Fenêtres ouvrant en dehors. — Les fenêtres ouvrant en dehors pourront être autorisées lorsque des circonstances particulières rendront nécessaires des fenêtres ainsi disposées.

Garde-manger. — Il est défendu d'établir des garde-manger en saillie sur l'alignement.

Inscriptions des rues. — 1° Il est défendu de masquer par des objets de petite voirie les inscriptions indicatives des rues, ainsi que les emplacements destinés à en recevoir, sauf à obtenir une autorisation du préfet de la Seine.

2° Les propriétaires sont tenus de faire enlever toutes les saillies existantes qui masquent des inscriptions de rues ou des emplacements destinés à en recevoir, à moins d'une dispense du préfet de la Seine.

3° Le remplacement de ces saillies sur d'autres points ne pourra avoir lieu sans une autorisation de la préfecture de police.

Jets de pompes. — Il est interdit d'établir des jets et balanciers de pompes sur la voie publique.

Lanternes. — 1° Il pourra être permis d'établir pour l'éclairage des propriétés privées, des lanternes fixes ayant une saillie supérieure à la saillie maximum fixée par l'ordonnance royale du 24 décembre 1823, mais sous diverses conditions, et notamment à la charge de tenir éclairées, pendant toute la nuit, toutes les lanternes qu'il s'agira d'établir, ou seulement le nombre qui sera jugé convenable par l'administration.

2° Les lanternes ou transparents ne pourront rester en place pendant le jour, à moins qu'étant repliés contre le mur, ils n'excèdent point la saillie de seize centimètres.

3° Si cette condition ne peut être remplie, ils ne seront mis en place qu'au moment de l'allumage, et ils seront retirés aux heures où ils cesseront d'éclairer.

4° Les potences servant à les supporter devront constamment être repliées pendant le jour.

5° Les lanternes et transparents devront toujours être élevés à deux mètres cinquante centimètres au moins au-dessus du sol.

6° Il pourra être établi des lanternes dites réflecteurs pour l'éclairage des boutiques.

7° Ces lanternes ne seront posées qu'au moment même de l'allumage, et seront retirées au moment de leur extinction.

8° Elles ne devront jamais être à moins de deux mètres d'élévation au dessus du pavé ou du dallage des trottoirs[1].

9° Il est interdit aux débitants de tabac de fixer à l'extérieur de leurs boutiques des petites lanternes destinées à fournir du feu aux fumeurs.

Marches. — La suppression des marches existant sur les trottoirs ne sera exigée que lorsque ces marches présenteront des inconvénients réels pour la circulation.

Moulures en forme de cadres. — 1° Il pourra être permis de poser des moulures en forme de cadres, destinées à entourer des inscriptions peintes sur les murs.

2° La saillie maximun de ces moulures est fixée à six centimètres.

---

[1] Cette hauteur a été portée à 2m 20 par le décret du 22 juillet 1882.

3° Les moulures en forme de cadres sont assimilées pour la perception des droits aux tableaux servant d'enseignes.

Parements de décoration. — 1° La saillie maximum des parements de décoration est fixée à six centimètres.

2° Il ne pourra être établi des parements de décoration qu'au-devant des entresols, c'est-à-dire des locaux situés entre le rez-de-chaussée et le premier étage.

Pavillons de jalousie. — 1° Il pourra être établi des pavillons de jalousie, formés d'une planche dont chaque extrémité sera appliquée sur le mur. Ces pavillons ne devront avoir d'autre saillie que l'épaisseur de la planche.

2° Les pavillons de jalousie sont assimilés, pour la perception des droits, aux tableaux servant d'enseignes.

3° Les pavillons en forme de petit auvent sont prohibés.

Planches de repos. — Il est défendu à tous marchands de vin et autres d'établir en saillie sur la voie publique des planches de repos destinées à supporter les fardeaux des personnes qui entrent dans leurs établissements.

Socles. — 1° La saillie des socles ne devra, dans aucun cas, excéder de plus de deux centimètres celles des devantures.

2° Il est dû un droit distinct pour les socles.

3° Les socles des devantures ne sont soumis qu'à un droit, bien qu'ils se prolongent au-devant d'une ou de plusieurs portes.

Tuyaux de descente. — Il ne sera pas perçu de droits 1° pour la réparation des tuyaux de descente déjà autorisés, lorsqu'elle ne s'étendra pas à la moitié au moins de leur longueur.

2° Pour le prolongement, quel qu'il soit, des tuyaux de descente déjà autorisés, dans le cas de surélévation des bâtiments dont ils dépendent.

Note de la direction de la voirie de Paris du 9 septembre 1862.

Les saillies décoratives en plâtre telles que soffites, clefs, frises, consoles, corbeaux, etc., ont été jusqu'à ce jour, nonobstant les dispositions de l'ordonnance du 24 décembre 1823, considérées comme n'étant pas assujetties à la limite de 0m16 imposée aux saillies en plâtre par ladite ordonnance.

L'expérience a démontré que ces saillies, généralement formées de plâtre creux et imparfaitement scellées, présentent un danger réel.

En conséquence, MM. les commissaires-voyers sont invités à exiger désormais que la limite de 0m16 soit appliquée à toutes les saillies en plâtre, quelle que soit leur nature.

Décret du 22 juillet 1882 portant règlement sur les saillies sur la voie publique de la ville de Paris.

Le Président de la République française,

Décrète :

TITRE PREMIER. — DISPOSITIONS GÉNÉRALES.

ARTICLE PREMIER. — A l'avenir, il ne pourra être établi, sur les murs de face des constructions alignées ou non alignées de la Ville de Paris, aucune saillie sur la voie publique autre que celle autorisée par le présent décret.

ART. 2. — Pour les constructions alignées, les jambes étrières ou boutisses au droit des murs séparatifs devront toujours être sur l'alignement et ne pourront recevoir sur toute la hauteur du rez-de-chaussée, à compter du niveau du trottoir, aucune saillie inhérente au gros œuvre du mur de face.

ART. 3. — Toute saillie sera comptée à partir de l'alignement pour les constructions alignées, et à partir du nu du mur de face pour les constructions non alignées et joignant la voie publique.

ART. 4. — Les saillies dont les dimensions sont variables suivant la largeur des voies seront déterminées d'après la largeur légale de la voie publique pour les constructions alignées ou en retraite de l'alignement, et d'après leur largeur effective pour les constructions en saillie sur l'alignement.

ART. 5. — Les saillies autorisées ne pourront excéder les dimensions fixées au tableau annexé au présent décret, et devront satisfaire aux conditions qui y sont déterminées.

Ces dimensions pourront être restreintes pour les constructions en saillie sur l'alignement.

ART. 6. — L'administration pourra autoriser, après avis du conseil général des bâtiments civils et avec approbation du ministre de l'intérieur, des saillies exceptionnelles pour les constructions ayant un caractère monumental.

TITRE II. — SAILLIES AUTORISÉES
A TITRE PROVISOIRE AU-DEVANT DES CONSTRUCTIONS.

Barrières provisoires, étais, échafauds.

ART. 7. — La saillie des barrières provisoires, étais, échafauds, engins et appareils servant à monter et à descendre les matériaux sera fixée, dans chaque cas particulier, suivant les localités et les circonstances, de manière à ne pas gêner la circulation.

Les constructeurs devront en outre se soumettre, sauf en ce qui concerne la pose des étais, aux prescriptions du préfet de police.

Constructions provisoires, échoppes.

ART. 8. — Il pourra être permis de masquer par des constructions provisoires ou des appentis les renfoncements n'ayant pas plus de 8 mètres de longueur et ayant au moins 1 mètre de profondeur.

Ces constructions provisoires ne devront, dans aucun cas, excéder la hauteur du rez-de-chaussée, et elles seront supprimées dès qu'une des constructions attenantes subira retranchement.

Il pourra de même être permis de masquer par des constructions provisoires en forme de pan coupé les angles de toute espèce de renfoncement, mais sous la même condition que ci-dessus, pour leur établissement et leur suppression.

Le préfet de police sera consulté sur ces demandes.

TITRE III. — DISPOSITIONS SPÉCIALES ET TRANSITOIRES.

Entablements, corniches.

ART. 9. — Les entablements et corniches existant actuellement et dépassant les saillies fixées à l'article 9, ne pourront être réparés, même en partie, et ils devront, dans leurs portions mauvaises, être reconstruits sans excéder la saillie règlementaire.

Marches, perrons, bancs.

ART. 10. — Il est interdit d'établir, de remplacer ou de réparer des marches, bancs, pas, perrons, entrées de cave ou tous ouvrages en saillie sur les alignements et placés sur le sol de la voie publique.

Néanmoins, il pourra être fait exception à cette règle pour ceux de ces ouvrages qui seraient la conséquence de changements apportés au niveau de la voie.

En outre, les marches, pas, perrons et entrées de cave, qui appartiendraient à des immeubles atteints par l'alignement au moment de la promulgation du présent règlement et qui feraient eux-mêmes saillie sur l'alignement pourront être entretenus et, au besoin, reconstruits tels qu'ils existaient jusqu'à l'époque où seront réédifiés les bâtiments dont ils dépendent.

Bornes.

ART. 11. — Il est interdit d'établir des bornes en saillie sur les murs de face ou de clôture, et celles qui existent actuellement devront être enlevées partout où un trottoir sera construit.

Conduits de fumée.

ART. 12.— Aucun conduit de fumée ne pourra être appliqué sur le parement extérieur du mur de face ni déboucher sur la voie publique.

Cuvettes.

ART. 13. — Aucune cuvette pour l'écoulemen des eaux ménagères ou industrielles ne pourra être établie en saillie sur la voie publique.

Constructions en encorbellement.

ART. 14. — Aucune construction en encorbellement sur la voie publique ne sera permise.

ART. 15. — Les objets énumérés dans les articles 12, 13 et 14, qui existent actuellement, ne pourront être réparés et devront être supprimés dès qu'ils seront en mauvais état.

Contrevents, persiennes.

ART. 16. — Les contrevents et persiennes existant actuellement au rez-de-chaussée et se développant à l'extérieur pourront être conservés, mais ils ne pourront être remplacés.

ART. 17. — L'ordonnance royale du 24 décembre 1823 est rapportée.

ART. 18. — Le ministre de l'intérieur est chargé de l'exécution du présent décret.

DIMENSIONS ET CONDITIONS DES SAILLIES.

NUMÉROS des articles.	DÉSIGNATION DE OBJETS.	SAILLIES AUTORISÉES	
		Jusqu'à 2m60 au-dessus du trottoir.	A plus de 2m60 au-dessus du trottoir.
	OBJETS INHÉRENTS AU GROS ŒUVRE DES BATIMENTS		
	§ 1er. — *Socles et objets de décoration.*		
1	Socles ou soubassements des maisons et murs...............	0.04	»
	Les socles ou soubassements pourront faire ressaut avec la même saillie de 0m 04 au droit des pilastres, colonnes, chaînes, chambranles et pieds-droits.		
	La hauteur des socles et soubassements, mesurée au milieu de la façade, ne devra pas excéder 1m 20 au-dessus du trottoir.		
2	Pilastres, colonnes, chaînes, chambranles, pieds-droits, appuis de croisées et barres d'appui.		
	Dans les voies ayant moins de 12 mètres de largeur........	0.04	0.06
	Dans les voies de 12 mètres de largeur et au-dessus........	0.10	0.15
	Les bases des pilastres, colonnes, chaînes, chambranles, pieds-droits, etc., ne pourront dépasser les saillies autorisées pour les ressauts du socle; par conséquent, les saillies totales ne pourront excéder :		
	Dans les voies ayant moins de 12 mètres de largeur.. 0.08		
	Dans les voies de 12 mètres de largeur et au-dessus.. 0.14		
	La largeur de chaque pilastre, colonne, chaîne en refend ou bossage, chambranle, pied-droit, ne devra pas excéder.. 1m 20		
	Leur largeur cumulée ne pourra excéder le tiers de la largeur		

NUMÉROS des articles.	DÉSIGNATION DES OBJETS.	SAILLIES AUTORISÉES	
		Jusqu'à 2ᵐ60 au-dessus du trottoir.	A plus de 2ᵐ60 au-dessus du trottoir.
3	totale de la façade et, pour chaque trumeau ou partie pleine, le parement devra être aligné sur un quart au moins de sa largeur totale. L'appareil continu formé par des refends ou bossages ne devra faire aucune saillie sur l'alignement. Lorsque les pilastres, colonnes, etc., auront une épaisseur plus considérable que les saillies permises, l'excédent sera en arrière de l'alignement de la propriété et le nu du mur de face formera arrière-corps à l'égard de cet alignement. Dans ce cas, la retraite du mur formant arrière-corps ne pourra être établie à moins de 0ᵐ80 de hauteur au-dessus du trottoir. Bandeaux, corniches, entablements, attiques, consoles, clefs, chapiteaux et autres objets de décoration analogues.		
	Dans les voies ayant moins de 7ᵐ80 de largeur............	0.04	0.25
	Dans les voies de 7ᵐ80 à 12 mètres de largeur...........	0.04	0.50
	Dans les voies de 12 mètres de largeur et au-dessus........	0.10	0.50
	Les bandeaux, corniches, clefs, chapiteaux et autres objets de décorations analogues ayant plus de 0ᵐ16 de saillie ne pourront être qu'en pierre, en bois ou en métal. La saillie des corniches ou entablements en maçonnerie de plâtre ne pourra, en aucun cas, excéder 0ᵐ25. La saillie des corniches ou entablements en pierre de taille, en bois ou en métal sur façade en pierre, moellons ou briques, ne pourra excéder l'épaisseur du mur à son sommet, excepté dans les voies de 20 mètres de largeur et au-dessus, et sous les conditions suivantes : 1° le mur n'aura pas à son sommet plus de 0ᵐ45 d'épaisseur; 2° la saillie de l'entablement ne dépassera pas 0ᵐ65; 3° les assises en pierre composant l'entablement auront, en arrière du parement extérieur du mur, une longueur au moins égale à leur saillie.		

DÉSIGNATION DES OBJETS.	SAILLIES AUTORISÉES		
	A 2ᵐ60 au moins au-dessus du trottoir.	A 4ᵐ00 au moins au-dessus du trottoir.	A 5ᵐ75 au moins au-dessus du trottoir.
§ 2. — *Balcons et accessoires.* Les hauteurs de 2ᵐ60, 4 mètres, 5ᵐ75 fixées ci-contre, seront mesurées pour les balcons jusqu'au parement inférieur de l'aire de ces balcons.			
4 Grands balcons (aires et garde-corps compris) Dans les voies de 7ᵐ80 à 9ᵐ75 de largeur....	»	»	0.50
Dans les voies de 9ᵐ75 de largeur et au-dessus.	»	0.50	0.80
Les consoles et autres supports de grands balcons de 0ᵐ80 de saillie pourront avoir cette même saillie, mais seulement dans une hauteur de 0ᵐ80 en contrebas du parement inférieur de l'aire.			
5 Petits balcons dans les voies de toute largeur....	0.22	»	»
Il pourra être établi, sur les grands et les petits balcons, des constructions légères qui ne dépasseront pas la saillie de ces balcons, à la condition que ces constructions présenteront toutes les garanties désirables de solidité.			
6 Herses, chardons, artichauts et autres objets analogues destinés à servir de défense sur les balcons, corniches et entablements.			
En sus de la saillie permise pour lesdits objets.	»	0.25	»
Les parties de ces objets excédant la saillie de leurs supports ne pourront être qu'en fer forgé, sans partie pleine.			

NUMÉROS des articles.	DÉSIGNATIONS DES OBJETS.	SAILLIES AUTORISÉES.		
		Jusqu'à 2m 60 au-dessus du trottoir.	De 2m 60 à 3m 00 au-dessus du trottoir.	A plus de 3m 00 au-dessus du trottoir.
	OBJETS NE FAISANT PAS PARTIE INTÉGRANTE DE LA CONSTRUCTION			
7	Seuils ou socles de devanture de boutique....... La hauteur des seuils ou socles de devanture, mesurée, en cas de déclivité de la voie, au point le plus haut du trottoir, ne devra pas excéder 0m 22. En cas de suppression de la devanture, le seuil ou socle devra être également enlevé. Lorsque, entre deux boutiques consécutives dont la distance n'excèdera pas 2 mètres, il existera une baie de porte, les seuils ou socles de ces devantures pourront être prolongés au-devant de l'intervalle, mais à la condition d'être enlevés dans le cas où l'une des devantures serait supprimée.	0.20	»	»
8	Devantures de boutiques entre le socle et le tableau, tous ornements compris............ Les devantures de boutiques ne pourront pas s'élever au-dessus de l'entresol.	0.16	0.16	0.16
9	Tableaux de devanture sans corniche...........	0.16	0.16	0.16
10	Ornements pouvant être appliqués sur lesdits tableaux et y compris la saillie des tableaux...	0.16	0.50	0.30
11	Corniches de devanture de boutique en bois ou en métal..............................	0.16	0.50	0.30
12	Grilles de boutiques........................ Les grilles de boutiques ne pourront pas s'élever au-dessus du rez-de-chaussée.	0.16	0.16	0.16
13	Volets ou contrevents pour fermeture de boutiques.	0.16	0.16	0.16
14	Pilastres, colonnes, chambranles, caissons isolés en applique............................. Ces objets ne seront permis qu'au rez-de-chaussée et à l'étage immédiatement au-dessus.	0.16	0.16	0.16
15	Parements de décoration..................... Les parements de décoration ne seront permis qu'au rez-de-chaussée et à l'étage immédiatement au-dessus.	0.06	0.06	0.06
16	Moulures formant cadres....................	0.06	0.06	0.06
17	Enseignes, tableaux-enseignes, attributs, écussons, grands tableaux (frises courantes portant enseignes)............................ Les enseignes, les tableaux-enseignes et les grands tableaux ne devront, en aucun cas, être suspendus ni appliqués, soit aux balcons, soit aux marquises. Il pourra néanmoins être appliqué sur les garde-corps des balcons, sans pouvoir en dépasser la hauteur, des attributs et des lettres dont l'épaisseur n'excèdera pas 0m 10.	0.16	0.30	0.50
18	Montres et vitrines........................ Les montres et vitrines ne seront permises que dans la hauteur du rez-de-chaussée et de l'entresol. Pour ceux de ces objets qui seraient appliqués sur une devanture de boutique, leur saillie, cumulée avec celle de la devanture pourra, dans la hauteur de 2m 60, atteindre 0m 20.	0.16	0.16	0.16
19	Horloges................................. La saillie de 1 mètre n'est accordée qu'aux horloges donnant l'heure ; ces horloges ne devront être accompagnées d'aucune espèce d'enseigne.	»	»	1.00

NUMÉROS des articles.	DÉSIGNATIONS DES OBJETS.	SAILLIES AUTORISÉES.		
		Jusqu'à 2ᵐ60 au-dessus du trottoir.	De 2ᵐ60 à 3ᵐ00 au-dessus du trottoir.	A plus de 3ᵐ00 au-dessus du trottoir.
20	Étalages sur les façades........................ Aucun étalage ne sera permis au-dessus de l'entresol. Tous étalages de viande, volailles, abats ou autres objets, de nature à salir ou à incommoder les passants, sont formellement interdits.	0.16	0.16	0.16
21	Baldaquins, marquises et transparents (supports compris)................................. La hauteur de ces objets, non compris les supports, n'excèdera pas 1 mètre. Aucune partie des supports, consoles ou accessoires, ne devra être établie à moins de 3 mètres au-dessus du trottoir. Aucun de ces objets ne pourra être autorisé sur les façades au droit desquelles il n'y a pas de trottoir; ils ne pourront recevoir de garde-corps, ni être utilisés comme balcons. Leur saillie devra, dans tous les cas, être limitée à 0ᵐ50 en arrière de l'arête de la bordure du trottoir. L'administration pourra autoriser l'établissement de grandes marquises excédant la saillie de 0ᵐ80 au-devant des édifices publics, théâtres, salles de réunion, de concert, de bal, ainsi qu'au-devant des établissements particuliers, hôtels, maisons d'habitation. Elle restera libre d'apprécier, dans chaque cas, la saillie qui pourra être permise suivant la largeur des voies et des trottoirs et les besoins de la circulation.	»	»	0.80
22	Bannes { Le trottoir ayant moins de 5 mètres de largeur...............................	»	1.50	1.50
	Le trottoir ayant de 5 à 8 mètres de largeur................................	»	2.00	2.00
	Le trottoir ayant 8 mètres de largeur et au-dessus...........................	»	3.00	3.00
	Les bannes ne seront permises qu'au rez-de-chaussée. Les branches, supports, coulisseaux, en un mot toutes les parties accessoires des bannes ne pourront descendre à moins de 2ᵐ50 au-dessus du trottoir; la saillie des bannes devra être limitée, dans les tous cas, à 0ᵐ50 en arrière de la bordure du trottoir. Les bannes ne pourront être garnies de joues, à moins d'une permission spéciale qui ne sera accordée qu'autant qu'il n'en résulterait aucun inconvénient pour la circulation ou pour les voisins, et qui sera d'ailleurs toujours révocable. Les bannes devront être essentiellement mobiles et ne pourront en aucun cas, être établies à demeure.			
23	Stores { développés { à l'étage immédiatement au-dessus du rez-de-chaussée..............	»	»	1.50
	aux étages supérieurs....	»	»	0.80
	Pavillon de stores.....	»	»	0.16
	Les stores ne pourront régner au droit de plusieurs baies que dans le cas où ils seraient posés au-dessus de grands balcons et à la condition de ne pas dépasser la longueur desdits grands balcons. Il pourra être posé des stores au-devant de l'étage d'attique, à la condition que leur saillie n'excèdera pas celle du grand balcon d'entablement et que les appareils sur lesquels ils seront établis ne seront pas construits et fixés de manière à constituer une sorte d'étage dépassant la hauteur légale.			

NUMÉROS des articles.	DÉSIGNATION DES OBJETS.	SAILLIES AUTORISÉES		
		Jusqu'à 2ᵐ60 au-dessus du trottoir.	De 2ᵐ60 à 3ᵐ00 au-dessus du trottoir.	A plus de 3ᵐ00 au-dessus du trottoir.
24	Grilles et croisées { Dans les voies ayant moins de 12 mètres de largeur.. / Dans les voies ayant 12 mètres de largeur et au-dessus...	0.04 / 0.10	0.04 / 0.10	0.10 / 0.10
25	Persiennes, volets et contrevents de croisées.....	»	»	0.10
	Dans la hauteur de 3 mètres au-dessus du trottoir, les persiennes, volets ou contrevents devront être placés sans saillie dans l'épaisseur des tableaux, des baies et ouvrir à l'intérieur. Tout développement à l'extérieur est interdit. Dans la hauteur des étages, tous châssis vitrés, toutes croisées simples ou doubles devront de même ouvrir à l'intérieur; il est interdit de les développer extérieurement, hormis le cas où ils se trouveraient au-dessus d'un grand balcon.			
26	Jalousies................................	»	0.16	0.16
27	Abat-jour et réflecteurs....................	»	0.50	0.50
28	Lanternes fixes à bras ou à consoles...........	»	»	1.50
29	Lanternes mobiles, transparents en forme d'applique, vitrines lumineuses..................	»	0.50	0.50
30	Rampes d'illumination....................	»	»	0.50
	Les lanternes ou tous autres appareils d'éclairage ou d'illumination autorisés à n'importe quelle saillie devront toujours être placés à 0ᵐ50 au moins en arrière de l'arête de la bordure du trottoir. Dans les rues de 12 mètres de largeur et au-dessus, les lanternes mobiles, dites réflecteurs, servant à l'éclairage des devantures de boutiques, pourront descendre jusqu'à 2ᵐ20 au-dessus du trottoir, mais à la condition qu'elles ne seront posées qu'au moment de leur allumage et retirées au moment de leur extinction.			
31	Tuyaux de descente................................	0.16	0.16	0.16
32	Cuvettes de dégorgement des eaux pluviales sous l'entablement...............................	»	»	0.35

CONDITIONS GÉNÉRALES JOINTES AUX PERMISSIONS DE SAILLIES SUR LA VOIE PUBLIQUE.

ARTICLE PREMIER. — Les objets indiqués d'autre part seront établis dans le délai d'une année au plus, à partir de ce jour, et la présente permission devra être renouvelée dans le cas où il n'en aurait pas été fait usage avant l'expiration dudit délai.

Ces objets ne pourront excéder les dimensions fixées par la permission, notamment en ce qui concerne la saillie, qui sera mesurée à partir du nu du mur, au-dessus des assises de retraite.

ART. 2. — Les objets autorisés ne devront, dans aucun cas, être posés de manière à nuire au service de l'éclairage public, ou à masquer soit les inscriptions indicatives des voies publiques ou la place destinée à ces inscriptions, soit les numéros des maisons, soit, enfin, les emplacements affectés à l'affichage des lois et des actes de l'autorité.

ART. 3. — Les dégradations faites au trottoir ou au pavé, à l'occasion des ouvrages autorisés, sont réparées, aux frais de l'impétrant, par les entrepreneurs des travaux de la voie publique, sous la surveillance des ingénieurs du service municipal. En conséquence, deux jours avant de commencer les travaux, le permissionnaire devra en donner avis à l'ingénieur de la section et à l'architecte-commissaire-voyer de l'arrondissement et justifier au commissaire de police du quartier de l'accomplissement de cette formalité.

ART. 4. — Aussitôt après leur exécution, les ouvrages autorisés seront vérifiés par le commissaire-voyer de l'arrondissement.

Il ne pourra être établi, sans une nouvelle permission, aucun autre objet en saillie, aucun dépôt ou étalage sur la voie publique, au delà des maisons et boutiques.

ART. 5. — La présente permission, accordée sous réserve des droits des tiers, est essentiellement révocable, et ne saurait, par conséquent, constituer aucun droit définitif en faveur du permissionnaire, qui devra, au contraire, supprimer ou modifier les objets autorisés à la première réquisition de l'administration, et ne pourra prétendre, dans aucun cas, ni à une indemnité, ni au remboursement des droits payés.

Art. 6. — En exécution de la loi du 13 brumaire an VII (3 novembre 1798), et de la décision du ministre des finances, en date du 14 février 1809, l'impétrant supportera les frais de timbre de l'extrait qui lui sera remis.

SALAISON et préparation des viandes. — Etablissement insalubre de 3e classe : odeur[1].

Les ateliers doivent être ventilés au moyen de cheminées d'aération ayant au moins 0m40 de côté ; le sol en sera imperméable et les murs peints à l'huile.

Au droit des murs mitoyens il y aura un contre-mur, ou tout au moins un enduit en ciment.

La cheminée du fumoir s'élèvera à 3 mètres au-dessus des cheminées voisines, dans un rayon de 50 mètres[2].

SALAISONS (Ateliers pour les, et le saurage des poissons).
Etablissements insalubres de 2e classe : odeur[3].

Les hangars et ateliers doivent être ventilés énergiquement, le sol de ces ateliers ainsi que celui des cours et hangars, doit être imperméable, avec pentes et ruisseaux pour l'écoulement des eaux à l'égout.

Les ateliers dans lesquels se fait le saurage doivent être surmontés d'une cheminée d'aération élevée à la hauteur des cheminées voisines dans un rayon de 100 mètres[4].

SALAISONS (Dépôts de) dans les villes.
Etablissements insalubres de 3e classe : odeur[5].
Pour les prescriptions administratives, V. Dépôts de poissons et salaisons.

SALLE DE SPECTACLE. — Arr. du 21 mars 1798[6]. Arr. préf. du 18 févr. 1862[7]. Décr. du 6 janv. 1864[8]. Ord. pol. des 15 sept. 1875[9], 16 juin 1879[10], 16 mai 1881[11], 21 févr. 1887[12], 17 avril 1888[13].

Il est interdit de construire ou d'exploiter une salle de spectacle sans une autorisation préalable de la préfecture de police[14]. Aucune modification ne peut être apportée à sa construction ou à son aménagement sans une nouvelle autorisation.

Chaque demande doit être accompagnée de plans détaillés et de coupes[1]. Ces plans sont examinés, tant au point de vue de la commodité de la circulation et de la sortie, qu'au point de vue de la nature des matériaux employés.

Le dépôt des décors doit être fait dans un magasin séparé de la salle de spectacle[2].

Les directeurs de théâtre et autres établissements publics faisant usage des compteurs de plus de 100 becs doivent mettre le gaz en charge une heure avant l'allumage[3].

Cette obligation est presque sans intérêt maintenant que la commission des théâtres, instituée par l'ordonnance de police du 12 novembre 1887, exige l'installation de l'éclairage par l'électricité.

L'emploi des lampes à l'huile minérale est interdit[4].

L'installation de la lumière électrique est réglementée par les ordonnances de police du 21 février 1887 et 17 avril 1888[5].

Le service des sapeurs-pompiers, dans ces établissements, est régi par l'ordonnance de police du 16 juin 1879[6].

ANNEXES.

Arrêté du 21 *mars* 1798.
(1er *germinal an* 7).

Article premier. — Le dépôt des machines et décorations pour les théâtres dans toutes les communes de la République où il en existe, est fait dans un magasin séparé de la salle de spectacle.

Art. 2. — Les directeurs et entrepreneurs seront tenus de disposer dans la salle un réservoir toujours plein d'eau, et au moins une pompe continuellement en état d'être employée.

Art. 3. — Ils sont obligés de solder, en tout temps, des pompiers exercés de manière qu'il s'en trouve toujours en nombre suffisant pour le service au besoin.

Art. 4. — Un pompier doit être constamment en sentinelle dans l'intérieur de la salle.

Art. 5. — Un poste de garde doit être placé à chaque théâtre, de manière qu'un factionnaire, relevé toutes les heures, puisse continuellement veiller avec un pompier, hors le temps des représentations.

Art. 6. — A la fin du spectacle, le concierge, accompagné d'un chien de ronde, doit visiter toutes les parties de la salle, s'assurer que personne n'est resté dans l'intérieur, et qu'il ne subsiste aucun indice qui puisse faire craindre un incendie.

Art. 7. — Cette visite, après le spectacle, se fait en présence de l'autorité municipale ou

---

[1] Décr., 31 déc. 1866. — [2] Bunel, p. 389.
[3] Décr., 31 déc. 1866. — [4] Bunel, p. 391.
[5] Décr., 31 déc, 1866.
[6] Annexe. — [7] V. *Gaz.* — [8] Annexe. — [9] V. *Incendie.* — [10] Annexe. — [11] Annexe. — [12] Annexe. — [13] Annexe. — [14] Décr., 6 janv. 1864, annexe. Ord. pol., 16 mai 1881, annexe.

[1] Ibid. — [2] Arr., 21 mars 1798, annexe. Ord. pol., 16 mai 1881, — [3] Arr. préf., 18 févr. 1862, V. *Gaz.* — [4] Ord. pol., 15 sept. 1875, V. *Incendie.* — [5] Annexes. — [6] Annexe.

d'un commissaire de police, qui la constate sur un registre tenu à cet effet par le concierge.

ART. 8. — Les dépôts de machines et décorations, la surveillance et le service, sont établis, de concert avec l'autorité municipale, ou celle exerçant la police.

ART. 9. — A défaut d'exécution de ces mesures, pendant un seul jour, le théâtre doit être fermé.

Extrait du décret du 6 janvier 1864.

ARTICLE PREMIER. — Tout individu peut faire construire et exploiter un théâtre, à la charge de faire une déclaration au ministère de notre maison et des beaux-arts, et à la préfecture de police, pour Paris, à la préfecture dans les départements.

Les théâtres qui paraîtront plus particulièrement dignes d'encouragements pourront être subventionnés soit par l'État soit par les communes.

ART. 2. — Les entrepreneurs de théâtres devront se conformer aux ordonnances, décrets et règlements pour tout ce qui concerne l'ordre, la sécurité et la salubrité publics.

Continueront d'être exécutées les lois existantes sur la police et la fermeture des théâtres, ainsi que sur la redevance établie au profit des pauvres et des hospices.

ART. 3. — Toute œuvre dramatique, avant d'être représentée, devra, aux termes du décret du 30 décembre 1852, être examinée et autorisée par le ministre de notre maison et des beaux-arts pour les théâtres de Paris, par les préfets pour les théâtres des départements.

Cette autorisation pourra toujours être retirée pour des motifs d'ordre public.

ART. 4. — Les ouvrages dramatiques de tous les genres, y compris les pièces entrées dans le domaine public, pourront être représentés sur tous les théâtres.

ART. 5. — Les théâtres d'acteurs enfants continuent d'être interdits.

ART. 6. — Les spectacles de curiosité, de marionnettes, les cafés dits *cafés chantants*, *cafés-concerts* et autres établissements du même genre restent soumis aux règlements présentement en vigueur...

Ordonnance de police du 16 juin 1879.

Consigne générale pour les sapeurs-pompiers de service dans les théâtres.

ARTICLE PREMIER. — Les postes de grand'garde ne portent pas de secours à l'extérieur; en cas d'incendie à proximité d'un théâtre, les sapeurs doivent utiliser tous les moyens de secours pour protéger l'établissement confié à leur garde.

Les chefs de poste ne doivent recevoir aucun étranger, pas même de parents, dans leur corps de garde, et ils ne peuvent s'écarter de leur poste, sous aucun prétexte, sans encourir les peines portées par le Code de justice militaire.

ART. 2. — A l'arrivée de la garde montante, les caporaux relèvent les factionnaires, ensuite ils vérifient ensemble si tous les objets du matériel portés sur l'inventaire déposé dans le poste, sont placés où ils doivent être, s'ils sont en bon état. Ils prennent note des objets manquants ou détériorés, des réparations demandées par le corps, de celles exécutées pendant les vingt-quatre heures, pour en rendre compte à qui de droit.

ART. 3. — Immédiatement après le départ de la garde descendante, le chef de poste doit faire connaître aux hommes de service, les pompes, les établissements, les réservoirs, les robinets de barrage du gaz et des eaux; en un mot, tous les secours qui sont à leur disposition et le parti qu'on peut en tirer. Il leur montre l'emplacement des compteurs et l'itinéraire des rondes. Il leur apprend comment les pompes et les diverses colonnes sont alimentées, et le moyen de rendre foulantes les pompes aspirantes; il leur fait aussi connaître l'emplacement des bouches d'eau et bornes-fontaines qui environnent le théâtre, et s'assure en même temps qu'elles sont en charge. L'hiver, lorsque les bouches d'eau sont barrées, il est défendu de toucher aux carrés qui doivent rester ouverts; on doit seulement veiller avec le plus grand soin à ce que les tampons soient toujours libres, de manière à pouvoir être enlevés immédiatement avec le crochet. Il montre les diverses issues, les portes de retraite, et les portes de fer destinées à isoler, en cas de feu, les différentes parties de la scène et de la salle; enfin, il ne doit rien omettre pour que les sapeurs placés sous ses ordres soient en état de le seconder en cas d'incendie.

ART. 4. — Lorsque le caporal s'absente de son poste pour faire cette visite, il doit en prévenir le factionnaire.

ART. 5. — Lorsqu'une répétition devra avoir lieu dans le jour avec lumières, le caporal de grand'garde fera prévenir le commissaire de police du quartier, s'il y a plus de dix becs ou lampes allumées à la rampe et aux portants.

En attendant sa décision sur la nécessité d'un détachement de service, il fera placer un factionnaire de supplément pendant le temps de la répétition, et occuper les postes des colonnes en pression et en charge. Si cette répétition doit avoir lieu avec le luminaire complet, c'est-à-dire, avec portants, herses, rampes, lustres ou pièces d'artifice, et que le directeur veuille commencer avant l'arrivée du commissaire, il protestera près du directeur contre cette contravention et la signalera dans son rapport, sans jamais, sous aucun prétexte, entrer en discussion avec l'administration.

Toutes les fois que les herses, portants ou becs devront être allumés, il sera fait exclusivement usage d'un allumoir dont la flamme sera défendue par une enveloppe métallique. D'ailleurs, à moins d'empêchement matériel, les herses devront toujours être descendues à 2 mètres au minimum au-dessous de toute espèce de tenture ou de décors.

ART. 6. — Tous les matins, à huit heures, l'eau des seaux sera renouvelée, les demi-garnitures des colonnes en pression ou en charge repliées, les matelas battus, le poste balayé et nettoyé.

Les mercredis et samedis, les couvertures seront secouées et battues, les vitres nettoyées.

ART. 7. — Les détachements de service dans les théâtres pour la représentation, doivent toujours être arrivés au moins un quart d'heure avant l'ouverture des bureaux de recette.

ART. 8. — Avant l'ouverture des bureaux, le caporal de grand'garde, sur l'ordre du sous-officier commandant, conduit les factionnaires à tous les établissements, leur donne la consigne, fait humecter les éponges, examine lui-même, si, à chaque poste, le boisseau est en bon état, la clef bien tournée, les demi-garnitures bien placées; il fait sonner aux établissements d'ascension, et rend ensuite compte au chef du détachement du résultat de sa visite. Le sous-officier envoie en même temps le caporal de représentation s'assurer si les bouches d'eau et les bornes-fontaines sont en charge, ou si le carré est bien tourné lorsqu'elles sont barrées; il se rend ensuite à la cave pour entendre fonctionner la correspondance des sonnettes, et attend le retour de ce caporal pour lui donner la consigne.

ART. 9. — Quand les postes sont pris, le sous-officier monte aux réservoirs supérieurs, fait sonner du poste le plus rapproché pour faire manœuvrer, afin de s'assurer que les pompes fonctionnent bien, et fait remplir les réservoirs s'il y a lieu; puis il fait sonner de nouveau pour faire cesser la manœuvre. En outre, partout où le réservoir est alimenté par une colonne en pression, le sous-officier s'assure que le robinet flotteur fonctionne bien. Il visite tous les établissements, fait essayer les pompes parisiennes ou suisses, répéter les consignes aux factionnaires et redescend ensuite à la cave pour s'assurer si tout est en bon état.

ART. 10. — Le chef de détachement doit avoir un emplacement fixe et réservé à l'avant-scène, d'où il puisse surveiller le jeu des acteurs près de la rampe, une grande partie de la rampe elle-même, et une partie de la salle.

Pendant la représentation, le chef de détachement visite plusieurs fois tous les postes, et lorsqu'il envoie toucher le montant de la quittance du service, il ne quitte pas la scène d'où il exerce une surveillance générale.

ART. 11. — Le spectacle terminé, le sous-officier, accompagné du caporal de grand'garde, fait une ronde dans les dessous de la salle afin de s'assurer que toutes les lumières sont éteintes, et qu'il n'y a aucun danger d'incendie. Il exige que tous les châssis ou feuilles de décorations soient enlevés de dessus les faux châssis ou les mâts, et que les rideaux de fond ne soient pas développés.

Le caporal de représentation va relever les factionnaires et ne les ramène sur la scène qu'après l'extinction des lumières, après avoir fait développer les demi-garnitures des colonnes en pression et en charge et s'être assuré qu'il n'y a aucun danger d'incendie. Les demi-garnitures des colonnes d'ascension ne sont habituellement développées qu'en cas de feu.

Dans les théâtres où il n'y a pas de grand'garde, le caporal de représentation laisse un sapeur en faction sur la scène, pendant qu'il fait sa ronde.

Après l'extinction des lumières de la scène et de la salle, le rideau de fer baissé, le détachement de représentation se retire.

ART. 12. — Après le départ du détachement, le chef de poste de grand'garde, assisté du concierge, fait la ronde générale. Cette ronde comporte la visite des locaux suivants :

Salle et dépendances, scène, dessous, cintres, grils; loges d'artistes, des comparses, des figurants, du coiffeur, des lampistes, des machinistes; magasins de décors, d'accessoires, ateliers, bureaux de l'administration.

ART. 13. — Pendant la nuit, toutes les armoires seront ouvertes; pendant le jour les demi-garnitures seront repliées et les armoires fermées, à l'exception d'une des armoires des colonnes en pression ou en charge sur la scène et de celle où se trouve la sonnette d'alarme.

ART. 14. — Pendant le jour et la nuit, le temps de la représentation excepté, une sentinelle en tenue de feu est placée sur la scène.

Elle a à sa disposition une clef de toutes les armoires; une hache, un seau et une éponge à main sont déposés près de la lampe de nuit.

Après le spectacle, le compteur des rondes doit être placé près du factionnaire.

ART. 15. — Dans les théâtres où il y a un caporal et quatre sapeurs de grand'garde, il y a deux factionnaires pendant la nuit, l'un sur la scène, l'autre toujours en circulation dans toutes les parties du bâtiment; le caporal ne fait que des rondes; en outre il pose et relève les factionnaires.

La première ronde avec le compteur sera faite par le caporal, les autres seront faites par le factionnaire en circulation, aux heures indiquées dans la consigne.

ART. 16. — Dans les théâtres où la grand'garde est composée d'un caporal et de trois sapeurs, le caporal, avant de commencer sa ronde avec le concierge, place le factionnaire sur la scène pour deux heures; il fait lui-même des rondes avec le compteur, aux heures prescrites et suivant l'itinéraire tracé.

ART. 17. — Dans les théâtres où la grand'garde n'est composée que d'un caporal et deux sapeurs, le caporal, après la ronde terminée avec le concierge, prend la faction pendant deux heures; il fait la première ronde au compteur, à l'heure prescrite d'après la consigne; les autres sont faites par les sapeurs.

ART. 18. — Les sous-officiers et caporaux de service dans les théâtres devront, pour s'assurer si les colonnes en pression et en charge fonctionnent bien, démonter les demi-garnitures avant de tourner la branche du boisseau afin qu'il ne coule pas d'eau dedans. A cet effet, ils prendront un seau vide, et le placeront devant la sortie.

Factionnaires placés aux établissements.

ART. 19. — Pendant le spectacle, et particulièrement pendant les changements de décorations, les factionnaires s'occupent de surveiller les portants de lumières, les herses, les robinets de gaz et les pièces d'artifice.

Si une fuite de gaz venait à se déclarer, et si le factionnaire n'avait pas à sa portée un robinet de barrage ou du blanc de céruse pour la boucher, il aplatirait le tuyau, s'il est en plomb, avec l'extrémité du manche de la hache. Les factionnaires ne doivent laisser déposer devant les armoires, ni décorations ni autres accessoires.

Ils empêcheront de fumer, de circuler avec du feu sans qu'il soit couvert, et avec des lumières autres que des lampes qui ne seraient pas renfermées dans une lanterne. S'ils éprouvaient quelques difficultés pour l'exécution de ces dispositions, ils en préviendraient immédiatement le chef de détachement, qui en référerait au commissaire de police.

Si le feu se manifeste sans gravité à portée du factionnaire, il se sert pour l'éteindre de son seau et de son éponge à main. Si ces moyens sont insuffisants, il attaque le feu avec la lance.

Art. 20. — Pour se servir de la colonne en pression, le factionnaire développe les demi-garnitures en évitant les plis et les coudes, vient tourner la branche du boisseau, puis dirige l'eau sur le feu.

Le feu éteint, il ferme le boisseau et ne démonte sa demi-garniture que sur l'ordre verbal du chef de détachement.

Art. 21. — Si le coup de sonnette partait de l'établissement supérieur à celui qu'il occupe, il s'y rendrait rapidement et se porterait de suite à la colonne en pression ou à la pompe suisse, ou enfin à la colonne en charge.

Art. 22. — Pour se servir de la pompe suisse, on ouvre et on fixe les branches du balancier; on appelle les travailleurs, on tourne le robinet et on développe les demi-garnitures en se dirigeant sur le feu.

Art. 23. — Pour se servir d'une pompe parisienne, on place un travailleur à la manivelle du volant, et on lui indique de quel côté il doit tourner; on ouvre le robinet et on développe les demi-garnitures en se dirigeant sur le feu.

Art. 24. — Pour se servir d'une colonne en charge, le factionnaire développe les demi-garnitures, tourne doucement la branche du boisseau, et se porte vivement à la lance.

Art. 25. — Pendant les grands froids, si la surface de l'eau dans les réservoirs était gelée, on ferait casser la glace.

Art. 26. — Si le feu se déclare dans une partie quelconque du théâtre ou des cintres, les demi-garnitures de tous les établissements devront être développées et disposées à fonctionner au besoin; mais on ne se servira que de l'établissement à portée du feu.

Caporal de représentation à la cave.

Art. 27. — Le caporal de représentation, chef de poste à la cave, après s'être assuré que les bouches d'eau et bornes-fontaines sont en charge, fait placer les hommes à chaque extrémité du balancier et leur donne un numéro d'ordre. Pour l'essai des pompes, il fait manœuvrer au dernier coup de sonnette et cesser au second.

Il rend compte au chef de détachement de l'état du matériel et des détériorations ou accidents qui auraient pu survenir aux pompes pendant la manœuvre. Il vide ensuite les colonnes d'ascension à hauteur de la scène à peu près. Après le jeu, ces colonnes sont vidées entièrement.

Art. 28. — Si, pendant le jeu, on sonne à la cave, le caporal fait manœuvrer sans interruption la pompe dont la sonnette aurait été entendue, et ne ferait cesser cette fois la manœuvre que sur l'ordre verbal du chef de détachement.

Sentinelles de jour et de nuit.

Art. 29. — Si le feu se manifeste dans quelque partie de la scène ou de la salle, le factionnaire sonne de suite l'alarme pour avertir les sapeurs de grand'garde.

En attendant leur arrivée, il emploie tous les secours qui sont à sa disposition.

Art. 30. — Pendant le jour et la nuit (le temps de la représentation excepté), dès que la sonnette d'alarme se fait entendre, le caporal, suivi de toute sa garde, se transporte vivement autour de la sentinelle, reconnaît le feu, et si cela est nécessaire, le fait attaquer avec le jet provenant des colonnes en pression ou en charge.

Il avertit les employés logés dans l'intérieur du théâtre, fait prévenir immédiatement la caserne du corps le plus rapprochée, les postes environnants, le commissaire de police du quartier et réunit le plus de monde possible pour faire manœuvrer les pompes, en attendant l'arrivée des secours extérieurs.

Art. 31. — Le caporal de grand'garde ne devra jamais détacher aucun de ses hommes pour aller en ordonnance. Les avertissements seront toujours faits par le télégraphe du poste le plus rapproché.

Art. 32. — Les caporaux et sapeurs de grand'garde dans un théâtre sont prévenus qu'ils ne doivent, sous aucun prétexte, faire isolément des rondes dans les loges de la salle, le parterre et l'orchestre, ni de visites dans les loges d'artistes ou autres locaux habituellement fermés. Dans le cas où, par une circonstance quelconque, ils pourraient penser que leur présence est nécessaire, soit dans l'intérieur de la salle, soit dans les loges d'artistes, les factionnaires avertiront le chef de poste, lequel se rendra près du concierge pour le requérir de l'accompagner dans sa tournée.

Art. 33. — Dès qu'une dégradation quelconque se manifestera dans un théâtre, le chef de poste préviendra de suite l'inspecteur du matériel, afin que la réparation soit exécutée immédiatement, si cela est possible, et il en rendra compte à l'officier de ronde à son passage dans la soirée.

Art. 34. — Tant que les postes de cave ne sont pas occupés par les sapeurs de service, les fenêtres doivent, autant que possible, rester ouvertes, afin d'en renouveler l'air.

Art. 35. — Toutes les fois que des travaux s'exécuteront dans un théâtre, les chefs de poste devront en rendre compte; en outre, ils le feront surveiller les ouvriers et plus particulièrement ceux qui seront obligés de faire usage du feu.

Ordonnance de police du 16 mai 1881.

TITRE PREMIER. — DU THÉÂTRE.

CHAPITRE PREMIER. — FORMALITÉS PRÉLIMINAIRES
A LA CONSTRUCTION.

ARTICLE PREMIER. — Toute personne, voulant faire construire ou exploiter un théâtre, est tenue d'en faire la déclaration préalable au ministère de l'instruction publique et des beaux-arts, ainsi qu'à la préfecture de police.

Il sera joint, à l'appui de la déclaration faite à la préfecture de police, les plans détaillés en triple exemplaire, avec coupes et élévations à l'échelle de 0,02 par mètre, ainsi que l'indication du nombre de places par étage et par espèce.

ART. 2. — Avant le commencement des travaux, l'administration fera notifier au déclarant s'il y a ou non des modifications à introduire dans l'exécution des plans déposés.

ART. 3. — Après la réception du théâtre prévue par l'article 63, aucun changement ne pourra être apporté dans sa construction ou son aménagement sans l'accomplissement des mêmes formalités.

CHAPITRE II. — DE LA CONSTRUCTION ET DE
L'AMÉNAGEMENT EN GÉNÉRAL.

ART. 4. — Un théâtre comprend :

1° La salle de spectacle et ses abords (vestibules, escaliers, foyers, buvettes, etc.);

2° La scène avec ses dessous et ses parties supérieures;

3° Le ou les bâtiments dans lesquels sont disposés les loges d'artistes et les bureaux de l'administration.

Grosse construction.

ART. 5. — Le théâtre pourra être isolé ou adossé.

En cas d'isolement, il sera laissé, sur tous les côtés qui ne seront pas bordés par la voie publique, un espace libre ou chemin de ronde, qui pourra n'être que de 3 mètres de largeur, si les maisons voisines n'ont pas de jour sur ledit chemin. Dans le cas contraire, la largeur sera augmentée en raison de l'importance et des dispositions de l'édifice.

En cas d'adossement d'une partie quelconque du théâtre, il sera construit un contre-mur en briques de 0m,25 au minimum d'épaisseur pour préserver les murs mitoyens.

ART. 6. — Aucune porte de communication ne pourra exister entre les propriétés voisines et le chemin de ronde, en cas d'isolement, ou avec l'intérieur de quelque partie que ce soit du théâtre en cas d'adossement.

ART. 7. — Les trois parties du théâtre seront séparées par de gros murs en maçonnerie, et entièrement construites et distribuées en matériaux incombustibles.

La salle et les bâtiments d'administration devront avoir sur l'extérieur des issues distinctes.

ART. 8. — Les combles et la calotte de la salle seront construits en fer et hourdés en maçonnerie.

Aucune installation ne sera faite sous les combles sans autorisation de l'administration.

Salle.

ART. 9. — Le gros mur d'avant-scène ne pourra être percé que par :

1° L'ouverture de la scène, qui sera fermée par un rideau mobile en fil de fer composé de mailles n'ayant pas plus de 0m,03 de largeur. Ce rideau sera soutenu par des cordages combustibles. Des contre-poids suspendus à des câbles métalliques devront modérer la vitesse de son mouvement descendant [1].

2° Les baies nécessaires au service de secours, baies dont la place sera désignée par la Commission des théâtres et qui seront fermées par des portes en fer, dont une clef sera remise au commissaire de police de service et une autre aux sapeurs-pompiers.

Une troisième clef sera déposée du côté de la scène, près des portes, dans une boîte fermée par un verre dormant avec une inscription indicatrice.

ART. 10. — Les décorations fixes dans les parties supérieures de l'ouverture d'avant-scène doivent toujours être incombustibles, ainsi que les rideaux fermant la scène.

ART. 11. — Toute toile décorative devra adhérer exactement à la surface qu'elle recouvre et particulièrement à celle de la calotte de la salle.

L'espace au-dessus de cette calotte devra rester toujours libre, sans aucune installation autre que les appareils nécessaires à la manœuvre du lustre.

Lustre.

ART. 12. — Le lustre sera maintenu par une armature de fer et manœuvré à l'aide d'un treuil à pédales. Sa course sera modérée par un contre-poids, et il sera suspendu par deux câbles métalliques ayant chacun la même force de résistance à la rupture, calculée d'après le poids total de l'appareil.

Un tissu métallique à mailles suffisamment serrées garantira les spectateurs de la chute des verres et des cristaux.

Scène.

ART. 13. — Le gros mur lointain de la scène et les murs latéraux présenteront une surface uniforme sans aucune partie en retraite de leur alignement ou de leur aplomb.

Ils ne seront percés que par les ouvertures indispensables à la circulation des artistes. Ces ouvertures seront garnies de portes en fer battantes de manière à être constamment fermées.

Toutefois, dans le cas où ces murs donneraient sur des cours d'isolement, il sera établi, à la hauteur de chaque pont de service, un balcon extérieur avec garde corps et échelle fixe en fer pour la circulation des pompiers.

Dans le cas contraire, les combles des bâtiments contigus appartenant au théâtre seront disposés de façon qu'un balcon de secours puisse être établi dans les mêmes conditions.

[1] On exige, maintenant, pour fermer l'ouverture de la scène un rideau plein, en fer, descendant automatiquement en cas d'incendie.

Les baies d'accès des balcons de secours seront garnies de portes en fer fermées seulement par un battant de loquet et s'ouvrant du dedans au dehors.

ART. 14. — Le couloir du souffleur et des musiciens, formé de murs ou cloisons incombustibles, sera plafonné, carrelé, dallé ou cimenté.

ART. 15. — Il ne pourra être établi sur la scène aucune loge, sans l'assentiment de la Commission des théâtres.

ART. 16. — Tous les décors seront rendus ininflammables au moyen d'une préparation spéciale.

Avant leur mise en service, ils seront essayés au point de vue de l'ininflammabilité devant la Commission des théâtres ou devant un de ses membres délégué à cet effet.

Ces essais seront renouvelés tous les six mois au moins, et ils seront constatés chaque fois par l'apposition d'un cachet sur différents points.

Loges des artistes et bâtiments d'administration.

ART. 17. — Les portes des loges d'artistes, des foyers et même celles des bureaux d'administration seront munies d'un guichet disposé de manière à faciliter l'inspection des pompiers pendant la ronde réglementaire.

Si ces pièces sont parquetées, les frises du parquet seront scellées sur le plancher.

ART. 18. — Les murs pourront être décorés de papier collé ou de tentures en étoffes parfaitement adhérentes à leur surface.

Les portes-manteaux, les rideaux et les portières seront fixés à 0m,70 au moins du plan vertical dans lequel se trouveront placés les becs de gaz.

Ateliers et magasins.

ART. 19. — Aucun atelier ou magasin quelconque ne pourra être établi dans les parties des théâtres constituant la salle, la scène et leurs dépendances.

Il n'en pourra être installé dans l'autre partie qu'avec une autorisation spéciale de l'administration.

ART. 20. — Le magasin de décorations et accessoires doit être établi hors de l'enceinte du théâtre.

Il ne pourra être conservé dans cette enceinte que les décorations et les accessoires indispensables au courant des représentations. Le lieu de dépôt devra être séparé du reste des bâtiments par un gros mur en maçonnerie et des portes en fer.

ART. 21. — Aucune fabrique, aucun magasin d'artifices, aucun dépôt de substances explosibles quelconques ne pourra exister dans le théâtre.

Escaliers et dégagements.

ART. 22. — Les escaliers en général, aussi bien ceux desservant les loges d'artistes et les bureaux de l'administration, que ceux destinés à la circulation du public seront, à moins d'être appareillés en pierre, établis de telle façon que les marches soient formées d'un hourdis plein en maçonnerie maintenu par une armature en fer; le dessus des marches seulement pourra être en bois.

Les escaliers destinés à la circulation du public seront toujours droits.

ART. 23. — La largeur des escaliers destinés au public et leurs paliers sera, au minimum, de 1m50. A partir de l'étage le plus élevé, cette largeur sera augmentée à chaque révolution en proportion du nombre de personnes qui doivent y circuler à l'heure de la sortie, si mieux n'aiment les constructeurs donner à l'escalier, dans toute sa hauteur, la largeur de la révolution du premier étage au rez-de-chaussée.

ART. 24. — Les paliers des escaliers destinés au public ne pourront être munis de portes qu'avec l'autorisation spéciale de l'administration.

ART. 25. — Il devra y avoir au moins deux escaliers spécialement destinés au service de la salle, et indépendants l'un de l'autre. Ces escaliers desserviront chaque étage et donneront issue à l'extérieur.

ART. 26. — La largeur des corridors de dégagement, celles des portes de sortie, soit des couloirs de la salle au vestibule, soit du vestibule au dehors, sera proportionnelle à l'importance du théâtre.

ART. 27. — La largeur totale des ouvertures communiquant du couloir au vestibule de sortie ne sera jamais inférieure à 6 mètres pour les théâtres contenant 1,000 places et au-dessous.

L'ouverture du vestibule sur l'extérieur satisfera à la même condition; si elle est divisée en plusieurs portes séparées par des trumeaux, leur nombre ne pourra être inférieur à trois, et chacune d'elles devra avoir au minimum 2m50 de largeur.

Les portes correspondant du vestibule aux cafés, couloirs ou dépendances ayant sortie au-dehors ne seront pas comptées dans le calcul de ces ouvertures.

ART. 28. — Lorsque la salle contiendra plus de 1,000 places, ces ouvertures devront avoir la largeur réglementaire augmentée de 0m60 par 100 places.

ART. 29. — La salle sera circonscrite à chaque étage par un couloir d'une largeur uniforme, dont le minimum sera de 2m50.

ART. 30. — Les portes ouvrant de la salle sur ce couloir seront ferrées de façon qu'elles se développent complètement sur le parement extérieur de la cloison et dans la direction des débouchés de sortie.

Les portes intérieures du rez-de-chaussée se développeront de la salle au vestibule.

ART. 31. — Toutes les portes donnant sur l'extérieur devront rester ouvertes pendant toute la durée de la représentation. Elles pourront être munies de tambours.

ART. 32. — Ces tambours devront avoir leurs ouvertures de côté toujours battantes, et représentant ensemble la même largeur que la baie abritée par le tambour.

La face de ces tambours sera percée par une porte à deux vantaux ayant également la même largeur totale, et qui ne sera jamais fermée par une serrure à clef.

ART. 33. — Toutes les places établies sur le parquet du rez-de-chaussée de la salle et celles des amphithéâtres seront desservies par deux chemins latéraux de circulation ayant au mi-

mimum 1 mètre de largeur, à moins qu'elles ne soient partagées en leur milieu par un chemin unique de 1m30 aboutissant au couloir de sortie.

L'ensemble des portes de communication des places du rez-de-chaussée au couloir circonscrivant la salle présentera, au minimum, la largeur totale de 6 mètres. Ces portes devront être établies le plus près possible du vestibule de sortie.

ART. 34. — Les rangs des fauteuils, stalles ou banquettes seront espacés de 0m,50 mesurés du devant du siège au dossier qui lui fait face. La même distance sera observée entre les banquettes.

Le siège des fauteuils ou stalles devra pouvoir être relevé contre le dossier.

CHAPITRE III. — CHAUFFAGE, VENTILATION ET ECLAIRAGE.

Chauffage.

ART. 35. — Aucune des parties du théâtre ne peut être chauffée que par des bouches de chaleur dont le foyer sera dans les caves.

Les conduits de chaleur seront établis en poteries dont les parois, y compris l'enduit, auront une épaisseur de 0m06.

ART. 36. — Les bouches établies sur la scène s'élèveront de 0m30 au-dessus du plancher et seront entourées d'un grillage métallique placé à 0m30 de leur surface extérieure.

Les orifices des bouches de chaleur établies dans les autres parties du théâtre seront éloignées de 0m16 de tous bois de menuiserie, tels que parquets, plinthes, lambris, etc.

Ventilation.

ART. 37. — Les salles de spectacle doivent être convenablement ventilées, au moyen de dispositions qui seront soumises à l'approbation de la Commission des théâtres.

Eclairage.

ART. 38. — Si le gaz est employé pour l'éclairage, il y aura un compteur pour chaque partie du théâtre.

Les tuyaux ayant plus de 0m010 de diamètre seront en fer.

ART. 39. — Si le théâtre est éclairé à la lumière électrique, et qu'il soit fait usage de machines à vapeur, ces machines devront être installées hors du théâtre, à moins de dispositions particulières spécialement autorisées, après avis de la Commission des théâtres.

Les fils de communication devront être isolés par une enveloppe de gutta-percha, et placés, sur tout leur parcours, dans un conduit incombustible.

Les appareils d'éclairage devront être disposés de façon à empêcher la projection de charbons incandescents[1].

ART. 40. — L'emploi du gaz portatif, des huiles minérales, des essences et des hydrocarbures est formellement interdit.

ART. 41. — Des lampes brûlant à l'huile, munies de manchons de verres et allumées depuis l'entrée du public jusqu'à sa sortie, seront placées, en nombre suffisant, dans toutes les parties qui lui seront ouvertes, pour prévenir une complète obscurité en cas d'extinction subite du gaz ou de la lumière électrique.

Les appareils, linges et chiffons servant à l'entretien de ces lampes seront enfermés dans une boîte métallique.

Eclairage de la scène.

ART. 42. — Les herses seront entourées par un grillage assez éloigné du feu pour garantir du contact tout objet flottant.

ART. 43. — Les prises de gaz et les herses seront établies dans le même plan vertical, afin de garantir de tout accident le boyau d'alimentation.

ART. 44. — Les herses devront être suspendues par trois fils métalliques au moins.

Le boyau qui les alimente sera toujours soutenu à une élévation supérieure à celle des plus hauts châssis, par un appareil approprié.

ART. 45. — Les herses seront toujours manœuvrées verticalement; elles ne pourront être allumées qu'en présence des sapeurs-pompiers, qui détermineront la hauteur à laquelle l'allumage peut être fait sans danger.

La lumière d'allumage sera défendue par une enveloppe en toile métallique et montée sur une tige rigide.

ART. 46. — La rampe d'avant-scène sera établie à flamme renversée.

Les lumières des rampes de terrain seront munies d'une enveloppe en fils métalliques à mailles serrées formant corbeille au-dessus des becs.

ART. 47. — Les lumières des portants seront garanties jusqu'à hauteur d'homme par des grillages à mailles serrées, et la partie supérieure desdits portants sera couronnée par un fumivore de dimension suffisante.

Eclairage des loges des artistes.

ART. 48. — Les loges et foyers d'artistes éclairés au gaz auront des becs fixes à l'exclusion de toute genouillère; les becs seront entourés d'un manchon de verre ou d'une toile métallique.

Les appareils d'éclairage portatifs sont interdits dans cette partie du théâtre.

ART. 49. — Les couloirs d'accès et les escaliers seront éclairés par des appliques vitrées et garnies de manchons grillagés.

CHAPITRE IV. — SECOURS CONTRE L'INCENDIE.

Conduites d'eau.

ART. 50. — Il y aura dans chaque théâtre une canalisation d'eau en pression suffisante pour défendre aussi bien les parties hautes que les parties basses.

Cette canalisation devra être alimentée par deux prises sur deux conduites de la ville, indépendantes l'une de l'autre, et présentant les meilleures garanties comme pression et volume.

Les diamètres des tuyaux et la nature du métal employé seront déterminés, après examen, par la Commission des théâtres.

Ces tuyaux seront munis de robinets de bar-

[1] Cet article a été abrogé et remplacé par l'ord. de pol. du 17 avril 1888.

rage en nombre suffisant pour parer au danger qu'entraînerait leur rupture.

Réservoirs d'eau.

ART. 51. — En outre, dans l'une des parties les plus élevées du mur d'avant-scène ou du mur lointain, et sous les combles, il sera placé un ou des réservoirs d'eau mis en communication avec la canalisation d'eau en pression.

La capacité de ces réservoirs sera déterminée par l'importance du théâtre.

Pompes.

ART. 52. — Enfin, sauf exception que la Commission des théâtres appréciera, une ou plusieurs pompes devront être installées au rez-de-chaussée ou dans la cave, dans un local voûté séparé des parties avoisinantes par des murs en maçonnerie et ayant une issue directe sur l'extérieur. Ces pompes seront pourvues de moyens d'alimentation spéciaux.

ART. 53. — Il y aura séparation absolue entre la canalisation des eaux de secours contre l'incendie et celle du service particulier du théâtre.

ART. 54. — Une bouche d'incendie de 0m100 devra être installée à l'extérieur, au droit de chacune des entrées, à une distance qui sera fixée par la Commission des théâtres.

Echelles fixes.

ART. 55. — Si l'édifice est isolé des propriétés voisines ou s'il possède des cours intérieures pouvant faciliter le sauvetage en cas d'incendie, les façades latérales et celles donnant sur ces cours seront garnies d'échelles fixes en fer établies au droit des fenêtres ou des ouvertures percées à cet effet.

Des échelles semblables seront établies sur les façades, sauf les exceptions déterminées par la Commission des théâtres.

Communications télégraphiques.

ART. 56. — Des communications à l'aide de fils télégraphiques seront établies entre chacun des théâtres et la caserne des sapeurs-pompiers la plus voisine.

CHAPITRE V. — LOCAUX ACCESSOIRES.

ART. 57. — Tout théâtre devra contenir :
1° Un bureau pour les officiers de police ;
2° Un cabinet pour le médecin de service ;
3° Un corps de garde pour la garde de service ;
4° Un poste pour les sapeurs-pompiers, à proximité immédiate des planches de scène.

Vestiaire.

ART. 58. — Le vestiaire sera installé de façon à ne pas gêner la circulation.

Fumoir.

ART. 59. — Lorsqu'il sera établi un fumoir, son installation et son aménagement devront être approuvés par la Commission des théâtres.

Cabinets d'aisances.

ART. 60. — Des cabinets d'aisances et des urinoirs seront établis en nombre et dans des conditions de convenance et de salubrité que la Commission des théâtres appréciera.

Locations.

ART. 61. — Il est interdit de louer une boutique ou un magasin dépendant du théâtre, à tout commerçant ou industriel dont la profession présente des dangers d'incendie.

Les tuyaux de fumée desdites boutiques et magasins ne pourront traverser aucune partie du théâtre ni de ses dépendances, qu'après une autorisation spéciale et sur l'avis de la Commission des théâtres.

Logements.

ART. 62. — Nul ne pourra être logé dans aucune partie du théâtre, à l'exception du concierge et du garçon de caisse.

TITRE II. — MESURES D'ORDRE ET DE POLICE.

CHAPITRE PREMIER. — COMMISSIONS DES THÉÂTRES.

Commission.

ART. 63. — L'ouverture d'un théâtre ne peut avoir lieu qu'après réception par la Commission supérieure des théâtres.

ART. 64 [1]. — La Commission supérieure des théâtres dont il est parlé dans les articles ci-dessus, est composée, sous la présidence du secrétaire général de la Préfecture de Police :

Du chef du cabinet ;
Du chef de la police municipale ;
Du chef du bureau des théâtres ;
Du chef du laboratoire de chimie de la préfecture de police ;
Du colonel des sapeurs-pompiers ;
Du capitaine ingénieur des sapeurs-pompiers ;
De l'architecte en chef de la préfecture de police ;
De l'architecte de la circonscription de service ;
Du commissaire de police du quartier et de l'officier de paix de l'arrondissement.

Sous-commission.

ART. 65. — A des époques rapprochées, une sous-commission visitera chaque théâtre.

Elle sera composée :
De l'architecte de la circonscription ;
De l'officier des sapeurs-pompiers délégué ;
Du commissaire de police du quartier ;
Et de l'officier de paix de l'arrondissement.

ART. 66. — A l'issue de chaque visite, il sera dressé procès-verbal par les soins du commissaire de police, qui le transmettra à l'administration à telles fins que de droit.

ART. 67. — Les membres des commissions et autres représentants de l'autorité devront être mis à même d'exercer à toute heure, dans chaque théâtre, la surveillance qu'ils jugeront utile.

CHAPITRE II. — DU PERSONNEL CHARGÉ D'ASSURER LA POLICE.

Commissaire et garde de police.

ART. 68. — Un commissaire de police est chargé de la surveillance générale pendant la représentation.

[1] Cette composition de la Commission a été modifiée par l'ord. de pol. du 12 nov. 1887.

Une place convenable lui sera assignée dans l'intérieur de la salle.

ART. 69. — La garde de police assurera spécialement le maintien de l'ordre et la libre circulation au dehors du théâtre.

Elle ne pénétrera dans l'intérieur de la salle que dans le cas où la sûreté publique serait compromise, ou sur la réquisition du commissaire de police de service.

Toutefois, des agents ou des gardes pourront être placés dans l'intérieur du théâtre, au foyer ou sur certains points désignés, en vue de tenir la main à l'exécution de consignes spéciales.

ART. 70. — Tout individu arrêté, soit à la porte du théâtre, soit à l'intérieur de la salle, doit être conduit, immédiatement, devant le commissaire de police de service.

Sapeurs-pompiers.

ART. 71. — La surveillance exercée par le service des sapeurs-pompiers sera permanente. Elle s'effectuera conformément aux consignes approuvées par le préfet de police.

Des cadrans-compteurs, destinés à constater les rondes faites pendant la nuit, et des boutons d'appel de sonnerie électrique correspondant aux postes seront placés dans l'intérieur du théâtre sur les points que désignera le colonel du régiment des sapeurs-pompiers.

CHAPITRE III. — SERVICE MÉDICAL.

ART. 72. — Dans chaque théâtre il y aura un service médical qui sera composé d'un nombre de médecins en rapport avec l'importance de l'établissement.

ART. 73. — Le directeur devra donner connaissance à la préfecture de police de la façon dont le service médical sera assuré et réglé.

ART. 74. — Ce service devra être distribué de manière à ce qu'il y ait constamment un médecin présent dans le théâtre, depuis le commencement jusqu'à la fin de la représentation.

ART. 75. — Il y aura aussi, à chaque répétition générale des pièces à spectacle, un médecin de service.

ART. 76. — Une boîte de secours sera placée dans le bureau du médecin.

CHAPITRE IV. — DE L'ANNONCE DU SPECTACLE ET DE LA LOCATION.

Affiches.

ART. 77. — Il est expressément défendu aux directeurs de faire annoncer sur leurs affiches la première représentation d'un ouvrage sans avoir justifié au commissariat de police du quartier que les formalités préalables ont été remplies près le ministère des beaux-arts.

ART. 78. — Les changements survenus dans le spectacle du jour ne pourront être annoncés que par des bandes de papier blanc appliquées sur les affiches du jour, avant l'ouverture de la salle.

ART. 79. — Le tarif du prix des places, pour chaque représentation, devra toujours être indiqué très ostensiblement sur les affiches, en même temps que la composition des spectacles annoncés.

Location.

ART. 80. — Un exemplaire du tarif sera apposé sur les bureaux de la location des théâtres.

Une fois annoncé, le tarif de chaque représentation ne pourra être modifié.

ART. 81. — Les directeurs ne doivent émettre aucun billet indiquant plusieurs catégories de place, au choix des spectateurs. Ceux-ci ne peuvent s'installer qu'aux places portées sur leurs billets.

ART. 82. — Ne peuvent être louées à l'avance que les loges et les places couvertes en fauteuils ou en stalles et numérotées. La location doit cesser avant l'heure de l'introduction du public dans la salle.

ART. 83. — Une feuille de location indiquera toutes les places louées.

Il est défendu de mettre l'étiquette « loué » sur une place non portée sur cette feuille.

ART. 84. — Les directeurs devront faire remettre au commissaire de police de service, avant l'introduction du public, un double de la feuille de location.

CHAPITRE IV. — DE LA POLICE DES REPRÉSENTATIONS.

Police extérieure. — Entrée du public.

ART. 85. — La salle devra être livrée au public et la représentation commencera aux heures indiquées par l'affiche.

Les bureaux de distribution des billets devront être ouverts au moins une demi-heure avant le lever du rideau.

ART. 86. — Il est défendu d'introduire des spectateurs dans la salle avant l'ouverture des bureaux.

Aucun spectateur n'entrera que par les portes ouvertes au public.

Les files d'attente des spectateurs seront établies de manière à ne pas gêner la circulation.

ART. 87. — La vente et l'offre de vente de billets ou contre-marques et le racolage ayant ce trafic pour objet sont interdits sur la voie publique.

ART. 88. — Il ne peut y avoir pour le service public, à l'entrée des théâtres, que des commissionnaires permissionnés par la préfecture de police et porteurs de leurs plaques numérotées.

Police intérieure. — Sortie du public.

ART. 89. — Pendant le spectacle, les portes de communication de la salle à la scène devront être fermées.

ART. 90. — Il est défendu de fumer dans l'intérieur du théâtre, si ce n'est dans les fumoirs établis conformément à l'article 59.

ART. 91. — Il est défendu de troubler la représentation ou d'empêcher les spectateurs de voir ou d'entendre le spectacle annoncé, de quelque manière que ce soit.

ART. 92. — Toutes les fois, que dans une représentation, il devra être fait usage d'armes à feu, la mise en scène sera réglée de façon que le tir ne s'effectue pas dans la direction de la salle.

Quand la représentation d'une pièce comportera un simulacre d'incendie ou le tir de pièces d'artifices, la préfecture de police devra être prévenue à l'avance, afin que les précautions nécessaires puissent être prescrites aux sapeurs-pompiers.

Les pièces d'artifices ou la poudre apportées du dehors au commencement de chaque représentation devront être immédiatement remises à la garde des sapeurs-pompiers.

ART. 93. — Les objets perdus par le public et trouvés dans l'intérieur des salles de spectacle par les ouvreuses ou employés du théâtre, qui n'auront pu, pendant la représentation, être remis au commissaire de police de service, devront être déposés le lendemain au bureau du commissariat du quartier où est situé le théâtre.

ART. 94. — Il est défendu de placer des sièges dans les passages ménagés pour la circulation.

ART. 95. — Dans les vestibules, les bureaux de contrôle seront autant que possible placés en dehors de la circulation du public.

Si, en raison des dispositions de l'édifice, ils gênaient la sortie, ils devraient être mobiles et déplacés après l'entrée du public.

ART. 96. — Il est expressément défendu aux directeurs de faire cesser l'éclairage dans l'intérieur de la salle ou de ses dépendances avant l'entière évacuation du public.

ART. 97. — L'heure de clôture des représentations théâtrales est fixée à minuit et demi en tout temps sauf autorisation spéciale.

Voitures.

ART. 98. — Aux abords des théâtres, la circulation des voitures et leur stationnement sont réglés par des consignes spéciales auxquelles les cochers sont tenus de se conformer.

CHAPITRE VI. — DISPOSITIONS SPÉCIALES AUX MATINÉES LYRIQUES ET DRAMATIQUES.

ART. 99. — Lorsqu'une matinée lyrique ou dramatique devra être donnée dans un théâtre, le directeur de ce théâtre ou l'organisateur de la matinée devra en aviser la préfecture de police trois jours au moins à l'avance, afin que les mesures d'ordre et de sûreté habituelles puissent être prises.

ART. 100. — Dans le cas où le service d'ordre et de sûreté se serait rendu au théâtre à l'occasion d'une matinée théâtrale qui, bien qu'annoncée à l'avance, n'aurait pas eu lieu, ce service devra être rétribué comme d'usage.

TITRE III. — DES CAFÉS-CONCERTS ET AUTRES SPECTACLES PUBLICS.

ART. 101. — Les cafés-concerts et autres spectacles publics soumis à notre autorisation préalable ont un décor unique et fixe, et une scène sans machinations, sans dessus ni dessous.

ART. 102. — Les dispositions établies pour les théâtres en ce qui concerne les loges d'artistes, la circulation intérieure et la sortie du public, sont applicables aux cafés-concerts et autres spectacles publics.

ART. 103. — Suivant l'importance de ces établissements, un fil télégraphique devra les rattacher à la plus prochaine caserne de pompiers et un service d'incendie pourra être prescrit.

ART. 104. — Il est interdit d'employer des appareils d'éclairage mobiles.

ART. 105. — L'autorisation d'établir un café-concert ou tout autre établissement analogue ne sera donnée qu'après examen et avis de la Commission supérieure des théâtres. Ces établissements seront astreints aux visites régulières des sous-commissions de surveillance ou de leurs délégués.

ART. 106. — Toute personne qui voudra ouvrir un établissement de ce genre devra joindre à sa demande les plans et coupes à l'échelle de 0m02 par mètre en triple expédition, ainsi que l'indication du nombre des places.

TITRE IV. — DISPOSITIONS GÉNÉRALES.

ART. 107. — Les prescriptions de la présente ordonnance sont immédiatement applicables dans les théâtres, cafés-concerts et établissements analogues actuellement existants, sauf en ce qui concerne la grosse construction et la disposition générale de la salle. Dans ces derniers cas, il en sera fait application dès que la nature des réparations à faire dans un théâtre le permettra.

ART. 108. — Sont rapportées l'ordonnance du 1er juillet 1864 et toutes les dispositions des autres ordonnances qui seraient contraires à la présente.

ART. 109. — La présente ordonnance sera imprimée, publiée et affichée à Paris et dans les communes du ressort de la préfecture de police.

Ordonnance de police du 21 février 1887.

CHAPITRE PREMIER. — FORMALITÉS PRÉLIMINAIRES.

ARTICLE PREMIER. — Toute personne voulant installer la lumière électrique dans un théâtre, café-concert ou autre lieu public soumis à notre autorisation, est tenu d'en faire la déclaration à la préfecture de police.

Il sera joint à l'appui de la demande :

1° Un plan détaillé, en triple exemplaire, indiquant l'emplacement des générateurs, des machines à vapeur, à gaz ou à air, des machines dynamo-électriques, des piles, des accumulateurs, et le tracé des conducteurs ;

2° Une note explicative sur les machines motrices, leur force en chevaux-vapeur, sur les machines dynamo-électriques et sur les lampes à air ou à incandescence, leur nombre et leur pouvoir éclairant;

3° Un échantillon de chacun des fils ou câbles employés pour cet éclairage (3 mètres au moins).

ART. 2. — Les travaux ne pourront être commencés qu'après que l'administration aura fait notifier au déclarant s'il y a ou non des modifications à introduire dans l'exécution des plans et projets déposés.

ART. 3. — La mise en usage de l'éclairage électrique ne pourra avoir lieu qu'après avis favorable de la Commission supérieure des théâtres, devant laquelle un éclairage d'essai sera préalablement fait [1].

---

[1] Cette Commission a été formée par l'ord. de pol., 12 nov. 1887.

Art. 4. — Après réception des appareils, aucune modification ne pourra être apportée à l'installation, sans l'accomplissement des mêmes formalités.

CHAPITRE II. — CHAUDIÈRES, MACHINES ET CONDUITS DE FUMÉE.

Art. 5. — Les machines à vapeur, les machines à gaz ou les machines à air actionnant les machines dynamo-électriques, et les foyers des machines à vapeur, ne pourront être placés dans les parties du local accessibles au public ou aux artistes.

Art. 6. — Les foyers des chaudières à vapeur et le combustible destiné à leur alimentation devront être placés dans des locaux distincts construits en matériaux complètement incombustibles, avec portes en fer, et séparés des autres dépendances de l'établissement par des murs en maçonnerie ainsi que par des voûtes ou des planchers en fer, hourdés de briques, d'épaisseur suffisante.

Ces locaux seront convenablement ventilés, soit naturellement par des prises d'air débouchant hors des voies publiques, ou par des courettes suffisamment isolées des dépendances de l'établissement, soit par des moyens mécaniques, de telle sorte que la température ambiante ne dépasse jamais quarante degrés.

Art. 7. — On se conformera, pour l'installation des chaudières à vapeur, aux règlements d'administration publique en vigueur.

Art. 8. — Les conduits de fumée seront en briques d'une épaisseur et d'une section suffisantes pour l'importance des foyers qu'ils desservent. Ils seront toujours montés à 5 mètres en contre-haut des souches des cheminées voisines dans un rayon de 200 mètres.

Ces conduits de fumée devront être placés à l'extérieur des bâtiments, dans les cours ou courettes, à moins de dispositions particulières spécialement autorisées, après avis de la Commission supérieure des théâtres.

CHAPITRE III. — PILES, ACCUMULATEURS ET MACHINES DYNAMO-ÉLECTRIQUES.

Art. 9. — Les piles électriques, les accumulateurs, seront installés dans un local spécial, bien ventilé, et, dans le cas d'émission de vapeurs nuisibles, placés sous des hottes avec des cheminées d'appel entraînant les gaz et les vapeurs au-dessus des toits. Les acides et autres produits chimiques destinés à leur entretien seront enfermés sous clef et ne devront jamais rester à la disposition du personnel de l'établissement.

Art. 10. — Les machines dynamo-électriques seront placées dans un endroit sec, ne contenant aucune matière facilement inflammable. Elles seront montées sur un massif isolant et entourées d'une plate-forme tenue dans un état de propreté suffisant pour éviter tout accident aux personnes chargées du service de la surveillance.

Le service sera fait par des surveillants et des ouvriers expérimentés. Les précautions à prendre en vue de la sécurité seront inscrites sur un tableau affiché en vue des ouvriers.

CHAPITRE IV. — CABLES ET FILS CONDUCTEURS.

Art. 11. — Tous les conducteurs, dans la chambre des machines, seront solidement supportés, convenablement arrangés pour la surveillance, marqués et numérotés.

Art. 12. — Les commutateurs employés pour diriger le courant seront construits de manière que, dans une position quelconque, il ne puisse se produire d'arc permanent ni d'échauffement dangereux; leur support sera en ardoise, calcaire ou tout autre matière incombustible.

Art. 13. — Le tableau qui portera les aiguilles et commutateurs sera muni d'un voltmètre et d'un ampère-mètre par circuit, et, s'il y a lieu, de rhéostats régulateurs.

Art. 14. — On disposera, en connexion sur les deux branches avec le conducteur principal, des fusées de sûreté faites d'un métal aisément fusible, et qui fondront si le courant vient à atteindre une force trop considérable.

Tous les passages d'un fil fort à un fil faible seront protégés par l'emploi de deux fusées de sûreté qui, dans tous les cas, ne devront laisser passer que la quantité d'ampères pour lesquels les fils des circuits ont été calculés. Ces coupe-circuits seront établis de manière à être parfaitement à l'abri de toute humidité.

Art. 15. — Chaque partie du circuit sera calculée pour que le diamètre des fils employés soit bien proportionné au courant qui devra le traverser. L'intensité du courant ne devra pas dépasser deux ampères par millimètre carré de section.

Art. 16. — La force électro-motrice maxima des courants alternatifs ne pourra dépasser 120 volts. Pour les courants continus, la différence de potentiel ne devra pas dépasser 300 volts aux bornes des machines ou à l'entrée du théâtre si la source d'électricité est extérieure.

Art. 17. — Lorsque la source d'électricité viendra du dehors, les deux câbles conducteurs seront pourvus d'une aiguille de dérivation, qui permettra d'interrompre automatiquement l'entrée des courants supérieurs à 300 volts, ainsi que d'un volt-mètre et d'un ampère-mètre. Ces appareils seront placés aussi près que possible de l'ouverture par laquelle les câbles pénètrent dans l'établissement.

Art. 18. — On n'emploiera que des circuits métalliques complets, l'emploi des conduites d'eau et de gaz et des parties métalliques de la construction, pour compléter le circuit, est interdit.

Art. 19. — Les fils seront recouverts d'une matière isolante et l'isolement des conducteurs atteindra 300 mégohms par kilomètre.

Art. 20. — Tous les fils et câbles seront solidement fixés et constamment maintenus séparés les uns des autres à 10 millimètres au moins pour les lumières à incandescence et à 20 millimètres, pour les lumières à arc. L'espace entre les fils et les pièces métalliques de la construction sera de 60 millimètres, à moins que le câble ne soit placé sous plomb.

Art. 21. — Quand les fils conducteurs reposeront sur des supports isolés ou traverseront des planchers, piliers, murs ou cloisons, ou quand ils se croiseront, ils devront être protégés par une seconde enveloppe de métal autre que le plomb.

Art. 22. — Tous les fils qui seraient à la portée de la main du public ou du personnel de l'établissement seront placés sous des moulures en bois facilement reconnaissables.

Art. 23. — Si la source d'électricité est en dehors de l'établissement, l'électricité ne pourra y être introduite que par une seule ouverture.

Chapitre V. — LAMPES.

Art. 24. — Les lumières nues sont prohibées.

Art. 25. — Les lumières à arc seront protégées par des globes fermés à la partie inférieure et surmontés d'une cheminée avec grille pour arrêter les étincelles et les particules de carbone incandescent.

Art. 26. — Toutes les parties des lampes susceptibles d'être touchées avec la main seront isolées du courant.

Les globes et les enveloppes en verre seront entourés d'un grillage métallique, si leurs fragments peuvent être projetés sur le public ou le personnel du théâtre.

Art. 27. — Les câbles de suspension de lampe seront incombustibles et indépendants des fils conducteurs, lesdits fils ne pouvant, dans aucun cas, servir de suspension aux lampes.

Chapitre VI. — ECLAIRAGE DE SECOURS.

Art. 28. — Si l'établissement était primitivement éclairé au gaz, et si ce mode d'éclairage est conservé pour les cas d'extinction subite de la lumière électrique, la canalisation sera toujours maintenue en parfait état et, tous les mois, à la visite mensuelle, en présence de la sous-commission, il sera fait un essai de l'éclairage au gaz.

Des manomètres destinés à vérifier l'état de la canalisation, seront placés sur les points désignés par la commission.

Art. 29. — Dans les parties de l'établissement où le gaz ne serait plus en usage, l'ancienne canalisation ne pourra rester en communication avec les parties conservées, et les tuyaux seront coupés, afin que le gaz ne puisse y être introduit.

Art. 30. — Dans tous les cas, l'éclairage au moyen de lampes à l'huile, prévu par l'article 41 de l'ordonnance du 16 mai 1881, sera maintenu.

Art. 31. — Par exception, et après avis de la Commission supérieure des théâtres, les lampes à l'huile pourront être remplacées par des lampes à incandescence, chacune d'elles étant spécialement alimentée par une pile ou par une batterie d'accumulateurs. Dans ce cas, les lampes de secours devront avoir une coloration différente pour les distinguer des autres lampes.

Art. 32. — Les théâtres, cafés-concerts et autres lieux publics déjà éclairés à la lumière électrique, dont l'installation ne serait pas conforme aux prescriptions de la présente ordonnance, devront y satisfaire dans un délai de six mois.

Art. 33. — Sont rapportés : l'article 39 de l'ordonnance du 16 mai 1881 et toutes les dispositions des autres ordonnances qui seraient contraires à la présente.

Art. 34. — La présente ordonnance sera imprimée...

———

Ordonnance de police du 17 avril 1888.

Chapitre premier. — Formalités préliminaires.

Article premier. — Toute personne voulant installer la lumière électrique dans un théâtre, café-concert ou autre lieu public soumis à notre autorisation, est tenu d'en faire la déclaration à la préfecture de police.

Il sera joint à l'appui de la demande.

1° Un plan détaillé, en triple exemplaire, indiquant l'emplacement des générateurs, des machines à vapeur, à gaz ou à air, des machines dynamo-électriques, des piles, des accumulateurs, et le tracé des conducteurs.

2° Une note explicative sur les machines motrices, leur force en chevaux-vapeur, sur les machines dynamo-électriques et sur les lampes à arc ou à incandescence, leur nombre et leur pouvoir éclairant;

3° Un échantillon de chacun des conducteurs, avec une note détaillée sur la distribution des circuits, la nature et le diamètre des conducteurs et le courant qui doit les traverser.

Art. 2. — Les travaux ne pourront être commencés qu'après que l'administration aura fait notifier au déclarant s'il y a ou non des modifications à introduire dans l'exécution des plans et projets déposés.

Art. 3. — La mise en usage de l'éclairage électrique ne pourra avoir lieu qu'après avis favorable de la Commission supérieure des théâtres et après qu'un éclairage d'essai aura été fait devant la commission technique.

Art. 4. — Après réception des appareils, aucune modification ne pourra être apportée à l'installation, sans l'accomplissement des mêmes formalités.

Chapitre II. — Chaudières, machines et conduits de fumée.

Art. 5. — Les machines à vapeur, les machines à gaz ou les machines à air actionnant les machines dynamo-électriques, et les foyers des machines à vapeur, ne pourront être placés dans les parties du local accessibles au public ou aux artistes.

Les machines seront installées de manière à offrir toute sécurité contre les accidents.

Art. 6. — Les foyers des chaudières à vapeur et le combustible destiné à leur alimentation devront être placés dans des locaux distincts construits en matériaux complètement incombustibles, avec portes en fer, et séparés des autres dépendances de l'établissement par des murs en maçonnerie, ainsi que par des voûtes ou des planchers en fer, hourdés en briques, d'épaisseur suffisante.

Ces locaux seront bien aménagés, ils seront convenablement ventilés, soit naturellement par des prises d'air débouchant hors des voies publiques, ou par des courettes suffisamment isolées des dépendances de l'établissement, soit par des moyens mécaniques.

Art. 7. — On se conformera, pour l'installation des chaudières à vapeur, aux réglements d'administration publique en vigueur.

Art. 8. — Les conduits de fumée seront en briques d'une épaisseur et d'une section suffisante pour l'importance des foyers qu'ils desservent. Ils seront toujours montés à 5 mètres en contre-haut des souches des cheminées voisines.

Ces conduits de fumée devront être placés à l'extérieur des bâtiments, dans les cours ou courettes, à moins de dispositions particulières spécialement autorisées, après avis de la Commission supérieure des théâtres.

En aucun cas, ces cheminées ne devront produire de fumées épaisses ou incommodes ; on emploiera soit des appareils fumivores efficaces, soit des combustibles maigres.

CHAPITRE III. — Piles, accumulateurs et machines dynamo-électriques.

Art. 9. — Les piles électriques, les accumulateurs, seront installés dans un local spécial bien ventilé et, dans le cas d'émission de vapeurs nuisibles, placés sous des hottes avec cheminées d'appel entraînant les gaz et les vapeurs au-dessus des toits. Les acides et autres produits chimiques destinés à leur entretien seront enfermés dans un local spécial et ne devront jamais rester à la disposition du personnel étranger à ce service.

Art. 10. — Les machines dynamo-électriques seront placées dans un endroit sec, ne contenant aucune matière facilement inflammable et à l'abri des poussières. Elles seront convenablement isolées et toujours tenues en état de propreté.

L'installation devra offrir toute garantie de sécurité ; des dispositions spéciales seront prises dans le cas de l'emploi de courants alternatifs.

Le service sera fait par des surveillants et des ouvriers expérimentés. Les précautions de prudence seront inscrites sur un tableau placardé d'une manière très apparente dans la salle des machines.

CHAPITRE IV. — Câbles et fils conducteurs.

Art. 11. — Tous les conducteurs, dans la chambre des machines, seront solidement supportés, bien en vue, marqués et numérotés.

Art. 12. — Les commutateurs employés pour diriger les courants seront construits avec soin et montés sur des supports en matière isolante et incombustible.

Art. 13. — Un volt-mètre et un ampère-mètre par machine seront installés à poste fixe pour contrôler les courants.

Art. 14. — On disposera un coupe-circuit sur chaque câble à son départ du tableau distributeur. Chaque embranchement principal ou secondaire sera également protégé par un coupe-circuit.

Ces coupe-circuits seront étalonnés et ne devront laisser passer au maximun qu'un courant triple de la valeur normale.

Art. 15. — Dans chacune des parties du circuit, le diamètre des conducteurs devra être en rapport avec l'intensité du courant, de telle sorte qu'il ne puisse se produire, en aucun point, un échauffement dangereux pour l'isolement des conducteurs ou des objets voisins.

Art. 16. — Pour les courants continus, la différence de potentiel ne devra pas dépasser 300 volts aux bornes des machines ou à l'entrée du théâtre, si la source d'électricité est extérieure.

Avec les courants alternatifs, on mettra au plus quatre arcs en série ou un nombre de lampes à incandescence correspondant à la même tension électrique.

En dehors de ces limites, une autorisation particulière devra être accordée par délibération spéciale de la Commission supérieure des théâtres.

Art. 17. — L'emploi des conduites d'eau ou de gaz et des parties métalliques de la construction comme conducteurs est rigoureusement interdit.

Art. 18. — Les fils et câbles seront recouverts d'une matière offrant toute garantie au point de vue de l'isolement ; en tous temps la perte des circuits par défaut d'isolement devra être inférieure au millième du courant qui les parcourt.

Art. 19. — Sauf au voisinage des lampes, tous les fils et câbles seront solidement fixés et constamment maintenus séparés les uns des autres à 0,010 au moins pour les lumières à incandescence, et à 0,020 pour les lumières à arc. L'espace entre les fils et les pièces métalliques de la construction sera de 0,060, à moins que le câble ne soit placé sous plomb.

Art. 20. — Quand les conducteurs traversent des planchers, piliers, murs ou cloisons, ou quand ils se croisent, ils doivent être protégés par une seconde enveloppe en matière dure et incombustible. Dans les locaux exposés à l'humidité ou dans la traversée des murs, on devra prendre des dispositions spéciales pour protéger les conducteurs.

Art. 21. — Tous les fils qui seraient à la portée de la main du public ou du personnel étranger au service seront placés sous des moulures facilement reconnaissables.

CHAPITRE V. — Lampes.

Art. 22. — Les lumières nues sont prohibées.

Art. 23. — Les lumières à arc seront protégées par des globes de verre ou des lanternes ; elles seront munies d'une grille pour arrêter les étincelles et les bris de verre.

Art. 24. — Les lampes à incandescence dont l'intensité dépassera cinq carcels devront également être protégées par un grillage.

Art. 25. — Les câbles de suspension des lampes seront incombustibles et indépendants des fils conducteurs, lesdits fils ne pouvant, dans aucun cas, servir de suspension aux lampes.

CHAPITRE VI. — Eclairage de secours.

Art. 26. — Si l'éclairage de secours est fourni par la lumière électrique, il devra être assuré par au moins deux batteries indépendantes d'accumulateurs ou d'éléments de piles. Dans ce cas, les batteries et les câbles ou fils amenant le courant aux lampes de secours seront toujours placés à l'extérieur de la cage de la scène ; de plus, ces batteries devront toujours être chargées en dehors de la durée des représentations. Pendant la durée des représentations, les batteries seront complètement isolées des machines.

Les commutateurs servant à réunir les batteries des accumulateurs aux machines devront être placés dans des endroits apparents et d'un accès facile, et seront pourvus d'un tableau indiquant clairement la disposition adoptée pour isoler les batteries des machines pendant la durée des représentations.

Les batteries d'accumulateurs ou de piles alimenteront chacune une des colonnes montantes placées aux côtés cour et jardin; les dérivations faites sur ces colonnes montantes se croiseront complètement à chaque étage, de manière qu'à chaque étage les lampes de secours voisines l'une de l'autre soient alimentées alternativement, l'une par la batterie du côté cour, l'autre par celle du côté jardin.

A chaque direction de sortie, il sera installé une lampe de secours munie d'un signe spécial qui, pour les installations à venir, consistera en un feu double ou deux lampes conjuguées. De plus, toutes les lampes de secours devront, en général, porter un autre signe particulier permettant au service qui en sera chargé, d'exercer facilement une surveillance efficace sur l'éclairage de secours de tous les théâtres.

Les lampes de secours devront toujours avoir chacune une intensité au moins égale à celle d'un carcel.

CHAPITRE VII. — Dispositions générales.

ART. 27. — A partir du jour où l'installation de l'éclairage électrique d'une salle de spectacle aura été reçue par la Commission supérieure, toute communication avec la canalisation extérieure du gaz sera supprimée.

ART. 28. — Les théâtres, cafés-concerts et autres lieux publics déjà éclairés à la lumière électrique, dont l'installation ne serait pas conforme aux prescriptions de la présente ordonnance, devront y satisfaire dans un délai de six mois.

ART. 29. — Sont rapportés : l'article 39 de l'ordonnance du 16 mai 1881 et toutes les dispositions de l'ordonnance du 21 février 1887 et autres ordonnances qui seraient contraires à la présente.

ART. 30. — La présente ordonnance sera imprimée, distribuée et affichée à Paris et dans toutes les communes du ressort de la préfecture de police.

Sont chargés d'en assurer l'exécution, chacun en ce qui le concerne, le chef de la police municipale, le chef du Laboratoire municipal, les commissaires de police et autres préposés de la préfecture de police.

Le colonel des sapeurs-pompiers est requis de concourir à son exécution.

SALUBRITÉ. — V. *Logements insalubres.*

SANG[1] :

1° Ateliers pour la séparation de la fibrine, de l'albumine, etc. ;

2° (Dépôt de) pour la fabrication du bleu de Prusse et autres industries;

3° (Fabrique de poudre de) pour la clarification des vins.

Etablissements insalubres de 1re classe : odeur.

Les ateliers et les hangars servant de dépôts doivent être ventilés par des cheminées d'aération; le sol ainsi que celui des cours doit être imperméable, avec pentes et ruisseaux pour l'écoulement rapide des eaux, qui seront désinfectées.

Les étuves seront en matériaux incombustibles avec porte en fer. La cheminée aura de 20 à 30 mètres suivant les cas[1].

SARDINES (Fabriques de conserves de), dans les villes.

Etablissements insalubres de 2e classe : odeur[2].

Les ateliers seront bien ventilés, sans bois apparents : le sol en sera imperméable.

Les chaudières seront munies de couvercles et surmontées de hottes en communication avec la cheminée.

L'ouverture des foyers sera placée en dehors de l'atelier[3].

SAUCISSONS (Fabrication en grand de).

Etablissement insalubre de 2e classe : odeur[4].

L'atelier sera ventilé au moyen de cheminées d'aération : le sol en sera imperméable.

Les chaudières seront munies de couvercles et surmontées de hottes entraînant les fumées au-dessus des toits.

Le fumoir sera en matériaux incombustibles avec porte en fer[5].

SAURAGE des harengs. — V. *Harengs.*

SAVONNERIES.

Etablissements insalubres de 3e classe : odeur[6].

Les ateliers seront bien ventilés et sans châssis ouvrants sur la voie publique ou les propriétés voisines.

Le sol des ateliers et celui des cours sera imperméable avec pentes et ruisseaux pour l'écoulement des eaux.

Les chaudières seront surmontées de hottes conduisant les vapeurs et buées à la cheminée, élevée de 5 mètres au-dessus des cheminées voisines dans un rayon de 50 mètres.

Lorsque l'atelier d'évaporation ou le ma-

---

[1] Décr., 31 déc. 1886.

[1] Bunel, p. 392.
[2] Décr., 31 déc. 1866. — [3] Bunel, p. 394.
[4] Décr., 31 déc. 1866. — [5] Bunel, p. 395.
[6] Décr., 31 déc. 1866.

gasin aux sels se trouve contre un mur mitoyen, il doit être établi un contre-mur, ou tout au moins un enduit en ciment[1].

SCHISTES bitumineux. — V. *Huiles de pétrole, de schiste,* etc.

SCIERIES mécaniques et établissements où l'on travaille le bois à l'aide de machines à vapeur ou à feu.

Etablissements dangereux de 3e classe : danger d'incendie[2].

Ces établissements doivent être clos de murs de 2m60 ou 3m20 de hauteur, suivant les localités.

Dans les constructions mitoyennes les parties dépassant la hauteur des murs doivent être sans bois apparents, et l'administration peut même prescrire un mur en maçonnerie dans toute la hauteur de l'atelier.

La machine, sa chaudière et ses accessoires seront entièrement séparés de l'atelier et du dépôt des bois.

Les forges seront renfermées dans un compartiment spécial, dont la cloison sera en maçonnerie sur 1m30, au moins, de hauteur.

La cheminée sera élevée à la hauteur des souches des cheminées voisines dans un rayon de 50 mètres.

Les tuyaux en tôle seront placés à 0m50, au moins, de toute pièce de bois.

Les piles de bois ne seront montées qu'à la distance de 2 mètres au moins de tout mur mitoyen[3].

SECHAGE des éponges. — V. *Eponges.*

SECHERIES de morues. — V. *Morues.*

SECRETAGE des peaux ou poils de lièvre et lapin.

Etablissement insalubre de 2e classe : odeur[4].

Les ateliers et magasins seront ventilés au moyen de deux tuyaux ayant au moins 0m40 de côté et s'élevant à la hauteur des cheminées voisines.

Les ouvertures seront garnies de toiles métalliques.

L'étuve sera en matériaux incombustibles, avec porte en fer, et cheminée d'aération élevée à la hauteur des cheminées voisines dans un rayon de 50 mètres[5].

Il est interdit d'employer des enfants, à cause des émanations délétères et des poussières dégagées[6].

SEL AMMONIAC et **SULFATE D'AMMO-NIAQUE** (Fabrication des) par l'emploi des matières animales[1].

1° Comme établissement principal.

Etablissement insalubre de 1re classe : odeur, émanations nuisibles.

2° Comme annexe d'un dépôt d'engrais provenant de vidanges ou de débris d'animaux précédemment autorisé.

Etablissement insalubre de 2e classe : odeur, émanations nuisibles.

Les ateliers doivent être ventilés au moyen de lanternons à lames de persiennes.

Les urines seront reçues dans des citernes parfaitement étanches.

Les cuves à cristallisation seront surmontées de hottes recueillant les gaz et les vapeurs qui seront dirigés sous les foyers.

La cheminée aura de 30 à 40 mètres suivant les localités.

L'usine doit être entourée d'une double rangée d'arbres à haute tige[2].

SEL AMMONIAC extrait des eaux d'épuration du gaz (Fabrication spéciale de).

Etablissement insalubre de 2e classe : odeur[3].

Mêmes prescriptions administratives que ci-dessus.

SEL DE SOUDE (Fabrication du) avec le sulfate de soude.

Etablissement insalubre de 3e classe : fumée, émanations nuisibles[4].

Les ateliers doivent être ventilés énergiquement.

Tous les gaz de la fabrication seront dirigés dans la cheminée, qui aura de 30 à 40 mètres d'élévation suivant les cas[5].

Il est interdit d'employer des enfants, à cause des vapeurs corrosives dégagées[6].

SEL D'ETAIN. — V. *Protochlorure d'étain.*

SERRE. — Le locataire est tenu au menu entretien de toutes les fermetures et au remplacement des vitres cassées, à moins qu'elles ne l'aient été par la grêle[7].

SERRURE. — C.-civ., art. 1754.

Les serrures sont au nombre des réparations à la charge du locataire, d'après l'énumération qui en est faite par l'article 1754 du Code civil. Le locataire doit donc les huiler et les réparer, tant qu'elles sont réparables, de telle sorte qu'elles soient en

---

[1] Bunel, p. 395.
[2] Décr., 26 févr. 1881. — [3] Bunel, p. 397.
[4] Décr., 26 févr. 1881. — [5] Bunel, p. 400. — [6] Décr., 14 mai 1875.

[1] Décr., 7 mai 1878. — [2] Bunel, p. 402.
[3] Décr., 31 déc. 1866.
[4] Décr., 31 déc. 1866. — [5] Bunel, p. 403. — [6] Décr., 14 mai 1875.
[7] Le Bègue, p. 84.

état de bien fermer et ouvrir, lorsqu'il quitte les lieux[1] : quand elles ne peuvent plus être réparées, pour cause de vétusté et non par suite d'accident, c'est au propriétaire qu'il appartient de pourvoir à leur remplacement[2].

SERRURERIE (Ateliers de). — V. *Chaudronnerie*.

SERVITUDE. — C. civ., art. 637 à 710. Cout. Paris, art. 215 et 216.

Une servitude est une charge imposée sur un héritage pour l'usage et l'utilité d'un héritage appartenant à un autre propriétaire[3]; elle n'établit aucune prééminence d'un héritage sur l'autre[4].

Une servitude est une chose incorporelle, qui grève la propriété dans quelques mains qu'elle se trouve.

Si l'héritage pour lequel la servitude a été établie vient à être divisé, la servitude reste due pour chaque portion, sans néanmoins que la condition du fonds assujetti soit aggravée. Ainsi, s'il s'agit d'un droit de passage, tous les copropriétaires seront obligés de l'exercer par le même endroit[5].

En outre, si l'héritage en faveur duquel la servitude est établie, appartient à plusieurs par indivis, la jouissance de l'un empêche la prescription à l'égard de tous[6].

Dans tous les cas, que la servitude soit ou non susceptible de division, le propriétaire du fonds grevé ne peut rien faire qui puisse nuire à l'exercice de la servitude[7]; néanmoins, il pourrait offrir de transporter la servitude sur un autre fonds lui appartenant, et même sur le fonds d'un tiers qui y serait consentant, pourvu que cette translation n'occasionnât aucun préjudice au propriétaire du fonds dominant[8].

D'un autre côté, le propriétaire du fonds auquel elle profite ne doit rien faire qui soit de nature à l'aggraver[9]; notamment, un propriétaire ayant le droit de puiser de l'eau dans un puits, situé sur un autre fonds, n'aurait pas le droit d'y établir une pompe. Mais il a le droit de faire tous les ouvrages nécessaires pour en user et pour le conserver[10]; ces ouvrages sont exécutés à ses frais, à moins qu'il n'y ait titre contraire[11].

On appelle servitudes *actives* celles qui profitent au fonds, et *passives* celles qui grèvent le fonds qui y est assujetti.

Toute servitude dérive ou de la situation naturelle des lieux, ou d'obligations imposées par la loi, ou de conventions intervenues entre les propriétaires[1].

En outre de cette classification en servitudes *naturelles*[2], *légales* et *conventionnelles*, le code distingue :

1° Les servitudes *urbaines*, établies pour l'usage des bâtiments, qu'ils soient situés à la ville ou à la campagne[3];

2° Les servitudes *rurales*, établies pour l'usage des fonds de terre[4];

3° Les servitudes *continues*, celles dont l'usage est ou peut être continuel sans avoir besoin du fait actuel de l'homme ; tels que les conduites d'eau[5], les égouts[6], les vues[7] et autres de cette espèce[8];

4° Les servitudes *discontinues*, celles qui ont besoin du fait actuel de l'homme pour être exercées, comme les droits de passage, puisage, pacage et autres semblables[9];

5° Les servitudes *apparentes*, celles qui s'annoncent par des ouvrages extérieurs, tels qu'une porte, une fenêtre, un aqueduc[10];

6° Les servitudes *non apparentes*, celles qui n'ont pas de signe extérieur de leur existence, comme la prohibition de bâtir sur un fonds, ou de ne bâtir qu'à une hauteur déterminée[11].

Les servitudes légales ont pour objet l'utilité publique ou communale ou l'utilité des particuliers[12]. Les premières sont déterminées par des lois ou des règlements particuliers[13]; elles sont relatives notamment aux rivières, aux chemins, aux routes et autres ouvrages publics et communaux, aux places de guerre, etc.[14]. Les secondes, imposées aux propriétaires, l'un à l'égard de l'autre, indépendamment de toute convention[15], sont[16], les unes réglées par les lois sur la police rurale, les autres relatives au mur et au fossé mitoyens, aux contre-murs, aux vues, à l'égout des toits, au droit de passage[17].

Toute personne, jouissant de ses droits, peut établir sur ses propriétés, ou en faveur de ses propriétés, telles servitudes que bon lui semble, pourvu néanmoins que les servitudes établies ne soient imposées ni à une personne, ni en faveur d'une personne, mais seulement à un fonds ou pour un fonds, et pourvu encore que ces servitudes n'aient rien de contraire à l'ordre public[18].

La servitude peut avoir pour but, non seulement l'usage et l'utilité d'un fonds,

---

[1] Cahier des juges de paix, 1852. — [2] Le Bègue, p. 84.
[3] C. civ., 637. — [4] C. civ., 638. — [5] C. civ., 700. — [6] C. civ., 709. — [7] C. civ., 701. — [8] Dalloz, Serv., nº 1180. — [9] C. civ., 702. — [10] C. civ., 697. — [11] C. civ., 698.

[1] C. civ., 639. — [2] V. *Eaux, Bornage*. — [3] C. civ., 687. — [4] Ibid. — [5] V. *Eaux pluviales*. — [6] V. *Égout*. — [7] V. *Vue*. — [8] C. civ., 688. — [9] Ibid. — [10] C. civ., 689. — [11] Ibid. — [12] C. civ., 649. — [13] C. civ., 650. — [14] V. ces mots. — [15] C. civ., 651. — [16] C. civ., 652. — [17] V. ces mots. — [18] C. civ., 686.

mais aussi le simple agrément de ce fonds.

La contiguïté des deux héritages n'est pas nécessaire pour l'établissement de servitudes les grevant, soit réciproquement, soit l'un aux dépens de l'autre [1].

Les servitudes s'établissent :

1° Par titre ;

2° Par destination du père de famille ;

3° Par prescription ;

4° Par leur qualité d'accessoire indispensable à l'objet d'une convention.

Les servitudes *continues non apparentes,* et les servitudes *discontinues* apparentes ou non apparentes, ne peuvent s'établir que par titres. La possession même immémoriale ne suffit pas pour les établir, à l'exception, toutefois, de celles acquises par la possession, avant la promulgation du code, dans les pays où elles pouvaient s'acquérir de cette manière [2].

Les titres constitutifs de servitude doivent définir nettement cette servitude ; l'ancienne coutume de Paris [3] s'exprime, à ce sujet, en ces termes :

« Quand un père de famille met hors ses mains partie de sa maison, il doit spécialement déclarer quelles servitudes il retient sur l'héritage qu'il met hors ses mains, ou quelles il constitue sur le sien : et les faut nommément et spécialement déclarer, tant pour l'endroit, grandeur, hauteur, mesure, qu'espèce de servitude. Autrement toutes constitutions générales de servitudes, sans les déclarer comme dessus, ne valent. »

Pour être opposables à des tiers, ces titres doivent être transcrits [4].

On appelle destination du père de famille, la disposition qu'un propriétaire a prise dans sa propriété, ou dans ses propriétés, pour sa commodité ou même pour sa fantaisie.

Cette destination vaut titre à l'égard des servitudes continues et apparentes [5]. Mais pour que cette destination soit établie, il faut [6] que les deux fonds actuellement divisés aient réellement appartenu au même propriétaire, et que ce soit par lui que les choses ont été mises dans l'état duquel résulte la servitude.

Dans ces conditions, la servitude étant continue et apparente, il n'est pas nécessaire que le contrat en fasse mention ; même en cas d'oubli ou d'omission, la servitude continue d'exister activement ou passivement en faveur du fonds aliéné ou sur le fonds aliéné [7].

Mais à l'égard des servitudes *discontinues,* apparentes ou non, et des servitudes *continues non apparentes,* la destination du père de famille doit être établie par un titre [1] antérieur à la division des deux fonds ; un titre reconnaissant la servitude, émanant du propriétaire même du fonds asservi, pourrait suffire [2].

Seules, les servitudes *continues et apparentes* s'acquièrent, à défaut de titre, par une possession non interrompue de trente années [3]. Ce laps de temps se compte à partir du jour où les ouvrages, qui rendent la servitude apparente, ont été achevés et où la servitude a pu commencer à s'exercer.

Le mode de la servitude peut se prescrire comme la servitude même, et de la même manière [4].

Les servitudes peuvent tirer leur origine de leur qualité d'accessoire indispensable à l'objet d'une convention ; en effet, quand on établit une servitude, on est censé accorder tout ce qui est nécessaire pour en user [5] ; ainsi, le droit de puiser de l'eau à la fontaine d'autrui, emporte nécessairement le droit de passage pour arriver à cette fontaine.

Les servitudes s'éteignent :

1° Par le changement ou la destruction de la chose ;

2° Par le non-usage ou la prescription ;

3° Par la confusion ;

4° Par l'abandon ;

5° Par le rachat ; la remise volontaire ; la résolution du droit de celui qui a stipulé la servitude ou de celui qui l'a consentie ; l'échéance du terme, quand la servitude a été établie pour un temps déterminé seulement ; la cessation de la nécessité.

Les servitudes cessent donc lorsque les choses se trouvent en tel état qu'on ne peut plus en user [6]. Mais il faut que ce changement d'état se soit opéré naturellement, et ne puisse pas être imputé au propriétaire du fonds assujetti [7].

Si les choses sont rétablies de manière que l'on puisse user à nouveau de la servitude, cette servitude revit, à moins qu'il ne se soit écoulé, depuis le changement ou la destruction, un temps assez long, c'est-à-dire trente années, auquel cas il y a prescription [8].

La prescription peut ainsi être invoquée quand il n'a pas été fait usage de la servitude pendant plus de trente ans [9]. Ce laps de temps court du jour où l'on a cessé d'en jouir, lorsqu'il s'agit de servitudes discontinues, ou du jour où il a été fait un acte con-

---

[1] Dalloz, prescript., n° 63. Cass., 26 nov. 1861. — [2] C. civ., 691. — [3] Art. 215. — [4] Loi, 23 mars 1855, V. *Location.* — [5] C. civ., 692. — [6] C. civ., 693. — [7] C. civ., 694.

[1] Cout. de Paris, 216. C. civ., 691. — [2] C. civ., 695. — [3] C. civ., 690. — [4] C. civ., 698. — [5] C. civ., 696. — [6] C. civ., 703. — [7] Cass., 16 avril 1838. — [8] C. civ., 704, 707. — [9] C. civ., 706.

traire à la servitude, lorsqu'il s'agit de servitudes continues [1].

La confusion est la réunion dans la même main du fonds dominant et fonds servant [2]. S'il y a, à nouveau, division des fonds, les servitudes pour pouvoir revivre doivent remplir les conditions spécifiées plus haut.

Le propriétaire du fonds assujetti peut, enfin, s'affranchir des charges qui lui sont imposées, en abandonnant le fonds assujetti au propriétaire du fonds auquel la servitude est due [3].

SINAPISMES (Fabrication des) à l'aide des hydrocarbures [4] :

1° Sans distillation.

Etablissement insalubre de 2ᵉ classe : odeur.

2° Avec distillation.

Etablissement insalubre de 1ʳᵉ classe : odeur et danger d'incendie.

Les ateliers, magasins et étuves seront construits en matériaux incombustibles ; la porte de l'étuve sera en fer.

Les étuves seront chauffées par un calorifère à air chaud, placé extérieurement, et dont la cheminée dépassera de 5 mètres le toit de l'atelier le plus élevé.

Les bâtiments où se font la lixiviation de la farine, la dissolution du caoutchouc et la distillation, doivent être isolés [5].

Pour le dépôt des matières premières, voir les décrets des 19 mai 1873, 12 juillet 1884 et 21 mars 1885 [6].

Il est interdit de faire travailler des enfants dans ces établissements, quelle qu'en soit la classe, à cause des dangers de brûlures [7].

SIROPS de fécule et glucose (Fabrication des).

Etablissement insalubre de 3ᵉ classe : odeur [8].

Les ateliers seront bien ventilés, et le sol en sera imperméable.

Les cuves et chaudières seront surmontées de hottes entraînant les gaz et les buées dans une cheminée élevée de 5 mètres au-dessus des souches des cheminées voisines [9].

SOIE. — V. *Chapeaux* et *Filature*.

SOIES DE PORC (Préparation des) [10] :

1° Par fermentation.

Etablissement insalubre de 1ʳᵉ classe : odeur.

2° Sans fermentation. — V. *Crins et soies de porc*.

Les ateliers doivent être ventilés au moyen de lanternons à lames de persiennes, sans bois apparents, ou tout au moins peints à l'huile.

Les cuves doivent être surmontées de hottes en communication avec la cheminée, élevée de 5 mètres au-dessus des cheminées voisines dans un rayon de 100 mètres.

L'étuve doit être en matériaux incombustibles, avec porte en fer et foyer extérieur [1].

Il est interdit d'employer des enfants dans les locaux où les poussières du battage se dégagent librement [2].

SONNERIE. — V. *Sonnette*.

SONNETTE. — D'après l'usage, la sonnette d'annonce, dont le tirage est placé à l'extérieur des lieux loués, est posée par le propriétaire [3] ; les sonnettes d'intérieur sont à la charge du locataire.

L'entretien de tous les mouvements, fils, etc., est à la charge du locataire [4].

Les sonnettes ou sonneries, et tous leurs accessoires, sont meubles du moment qu'elles ont été posées par le locataire [5] ; ce dernier peut donc les enlever, à sa sortie des lieux, sauf à réparer toutes les dégradations occasionnées par la pose ou la dépose desdites sonnettes et de leurs mouvements ; aussi, pour éviter ces réparations, le locataire sortant s'entend-il généralement avec son successeur pour lui céder son installation moyennant indemnité, ou même la laisse-t-il à titre gratuit avec l'assentiment du propriétaire.

SORBONNE. — Ord. pol. du 15 sept. 1875 [6].

Les sorbonnes doivent être établies sous des hottes en matériaux incombustibles ; l'âtre doit être entouré d'un mur en briques dépassant de 0ᵐ25 le dessus du foyer, qui, lui-même, doit être disposé de manière à pouvoir être fermé par une fermeture en tôle, pendant l'absence des ouvriers.

SOUDE. — V. *Sulfate de soude*.

SOUDES BRUTES (Dépôt de résidus provenant du lessivage des).

Etablissement insalubre de 1ʳᵉ classe : odeur, émanations nuisibles [7].

Ces dépôts ne sont autorisés qu'à une très grande distance des habitations [8].

---

[1] C. civ., 707. — [2] C. civ., 705. — [3] C. civ., 699. V. *Abandon*.
[4] Décr., 7 mai 1878. — [5] Bunel, p. 404. — [6] V. *Huiles de pétrole*. — [7] Décr., 22 sept. 1879.
[8] Décr., 31 déc. 1866. — [9] Bunel, p. 405.
[10] Décr., 31 déc. 1866.

[1] Bunel, p. 406. — [2] Décr., 14 mai 1875.
[3] Seine, 16 janv. 1858. — [4] Agnel, n° 594.
[5] Manuel, t. Iᵉʳ, p. 523.
[6] V. *Incendie*.
[7] Décr., 7 mai 1878. — [8] Bunel, p. 407.

SOUDES BRUTES DE VARECH (Fabrication des) dans des établissements permanents.
Établissement insalubre de 1re classe : odeur et fumée[1].
Pour les prescription administratives, V. *Combustion des plantes marines.*

SOUFRE (Fusion ou distillation du).
Établissement insalubre de 2e classe : émanations nuisibles et danger d'incendie[2].
Les ateliers seront ventilés énergiquement, construits en matériaux incombustibles et séparés des magasins.
Les chaudières de fusion seront placées sous de larges hottes, et le foyer aura son ouverture placée en dehors des ateliers.
Au-dessus de l'ouverture de charge des fours, il sera établi un manteau en communication avec la cheminée, laquelle sera élevée de 30 à 40 mètres, suivant les cas[3].

SOUFRE (Lustrage au) des imitations de chapeaux de paille.
Établissement insalubre de 3e classe : poussières nuisibles[4].
Les ateliers doivent être très bien ventilés, sans châssis ouvrants sur la voie publique et les propriétés voisines ; les autres ouvertures seront garnies de toiles métalliques.
L'étuve sera construite en matériaux incombustibles[5].

SOUFRE (Pulvérisation et blutage du).
Établissement insalubre de 3e classe : poussière, danger d'incendie[6].
Les ateliers seront bien ventilés, construits en matériaux incombustibles, sans châssis ouvrants sur la voie publique ou les propriétés voisines, et éclairés par la lumière du jour, ou par des lampes placées extérieurement derrière un verre dormant[7].
Il est interdit de faire travailler des enfants dans les locaux où les poussières du broyage, du blutage, etc., se dégagent librement[8].

STALLE D'ÉCURIE. — Les barres ou cloisons servant à séparer les chevaux entre eux sont entretenues par le locataire, à moins qu'elles ne soient détruites par vétusté ou force majeure[9] ; il doit également l'entretien des ferrures qui y sont fixées et le remplacement des cordes et des chaînes[10].

STORE. — V. *Banne.*

Les stores placés en saillie sur la voie publique, soit au rez-de-chaussée, soit aux étages, sont soumis aux lois et règlements qui régissent la voirie[1].
Sauf preuve contraire, les stores sont présumés appartenir au locataire, qui doit les enlever à la fin de sa location, et réparer toutes les dégradations qui en sont la conséquence.
Si, au contraire, les stores appartiennent au propriétaire, ils sont considérés comme objets mobiliers, et, comme tels, doivent être rendus en même état que lorsqu'ils ont été livrés[2].

SUCHET (Boulevard). — V. *Ingres (Avenue).*

SUCRE. — V. *Raffineries et fabriques de sucre.*

SUIF BRUN (Fabrication du). — Établissement insalubre de 1re classe : odeur, danger d'incendie[3].
Pour les prescriptions administratives, V. *Suif en branches.*

SUIF EN BRANCHES (Fonderie de)[4] :
1° A feu nu.
Établissement insalubre de 1re classe : odeur, danger d'incendie.
2° Au bain-marie ou à la vapeur.
Établissement insalubre de 2e classe : odeur.
Les ateliers seront ventilés au moyen de lanternons à lames de persiennes ou de hautes cheminées d'aération ; ils seront construits en matériaux incombustibles, sans bois apparents, et l'ouverture des foyers sera placée en dehors.
Les chaudières seront munies de couvercles et surmontées de hottes en communication avec la cheminée, élevée de 20 à 30 mètres, suivant les cas[5].

SUIF D'OS (Fabrication du).
Établissement insalubre de 1re classe : odeur, altération des eaux, danger d'incendie[6].
Les ateliers seront ventilés par de hautes cheminées d'aération, construits en matériaux incombustibles, ou tout au moins sans bois apparents, et l'ouverture des foyers sera placée en dehors.
Le sol des ateliers et des cours doit être imperméable.

---

[1] Décr., 31 déc. 1866.
[2] Décr., 31 déc. 1866. — [3] Bunel, p. 408.
[4] Décr., 20 juin 1883. — [5] Bunel, p. 410.
[6] Décr., 31 déc. 1866. — [7] Bunel, p. 409. —
[8] Décr., 14 mai 1875.
[9] Cahier des juges de paix, 1852. — [10] Le Bègue, p. 85.

---

[1] V. *Banne.* — [2] Le Bègue, p. 85 et 72.
[3] Décr., 31 déc. 1866.
[4] Décr., 31 déc. 1866. — [5] Bunel, p. 411.
[6] Décr., 31 déc. 1866.

Les chaudières seront munies de couvercles et surmontées de hottes avec cheminée d'appel.

La cheminée de l'usine sera élevée de 30 à 40 mètres, suivant les localités[1].

SULFATE D'AMMONIAQUE. — V. *Sel ammoniac.*

SULFATE DE BARYTE. — V. *Baryte.*

SULFATE DE CUIVRE (Fabrication du). — Au moyen du grillage des pyrites.

Établissement insalubre de 1re classe : émanations nuisibles et fumée[2].

Pour les prescriptions administratives, V. *Grillage des minerais sulfureux.*

SULFATE DE FER, D'ALUMINE ET ALUN (Fabrication par le lavage des terres pyriteuses et alumineuses grillées du).

Établissement insalubre de 3e classe : fumée et altération des eaux[3].

Les ateliers seront ventilés au moyen de lanternons à lames de persiennes, ou de hautes trémies d'aération.

Les eaux seront décantées et filtrées avant leur écoulement au dehors.

Les chaudières seront surmontées de hottes, en communication avec la cheminée élevée de 20 à 30 mètres suivant les localités[4].

SULFATE DE MERCURE (Fabrication du)[5].

1° Quand les vapeurs ne sont pas absorbées.

Établissement insalubre de 1re classe : émanations nuisibles.

2° Quand les vapeurs sont absorbées.

Établissement insalubre de 2e classe : émanations nuisibles, mais moindres.

On devra opérer sous une large hotte munie d'un rideau vitré.

L'atelier sera bien ventilé.

Les gaz et vapeurs seront dirigés dans une cheminée élevée de 20 à 30 mètres, suivant les cas[6].

Il est interdit d'employer des enfants, à cause des vapeurs corrosives dégagées[7].

SULFATE DE PEROXYDE DE FER (Fabrication du). — Par le sulfate de protoxyde de fer et l'acide nitrique (nitro-sulfate de fer).

Établissement insalubre de 2e classe : émanations nuisibles[8].

Les ateliers doivent être bien ventilés, et le sol en être imperméable.

Les cuves et les chaudières seront surmontées de hottes entraînant les gaz et les vapeurs à la cheminée, élevée de 20 à 30 mètres ; les gaz devront au préalable traverser une série de cinquante bonbonnes remplies d'eau[1].

Il est interdit d'employer des enfants en raison des vapeurs délétères dégagées[2].

SULFATE DE PROTOXYDE DE FER ou couperose verte par l'action de l'acide sulfurique sur la ferraille (Fabrication en grand du).

Établissement insalubre de 3e classe : fumée, émanations nuisibles[3].

Les ateliers seront bien ventilés.

Les gaz seront brûlés.

Les chaudières seront surmontées de hottes en communication avec la cheminée, élevée de 20 à 30 mètres suivant les cas[4].

Le travail des enfants y est interdit, à cause des vapeurs irritantes et des dangers de brûlures[5].

SULFATE DE SOUDE (Fabrication du)[6].

1° Par la décomposition du sel marin par l'acide sulfurique, sans condensation de l'acide chlorhydrique.

Établissement insalubre de 1re classe : émanations nuisibles.

2° Avec condensation complète de l'acide chlorhydrique.

Établissement insalubre de 2e classe : émanations nuisibles.

Pour les prescriptions administratives, V. *Acide chlorhydrique.*

Il est interdit d'employer des enfants, en raison des dégagements corrosifs[7].

SULFURE D'ARSENIC (Fabrication du).

A la condition que les vapeurs seront condensées.

Établissement insalubre de 2e classe : odeur, émanations nuisibles[8].

Il est interdit d'y faire travailler des enfants à cause des dangers d'empoisonnement[9].

SULFURE DE CARBONE (Fabrication du).

Établissement insalubre de 1re classe : odeur, danger d'incendie[10].

Les ateliers seront construits en matériaux incombustibles avec combles en fer, ventilés énergiquement, et éclairés seulement par la lumière du jour.

---

[1] Bunel, p. 412.
[2] Décr., 31 déc. 1866.
[3] Décr., 31 déc. 1866. — [4] Bunel, p. 417.
[5] Décr., 31 déc. 1866. — [6] Bunel, p. 414. —
[7] Décr., 14 mai 1875.
[8] Décr., 31 déc. 1866.

[1] Bunel, p. 414. — [2] Décr., 14 mai 1875.
[3] Décr., 31 déc. 1866. — [4] Bunel, p. 416. —
[5] Décr., 14 mai 1875.
[6] Décr., 31 déc. 1866. — [7] Décr., 14 mai 1875.
[8] Décr., 7 mai 1878. — [9] Décr., 22 sept. 1879.
[10] Décr., 31 déc. 1866.

L'atelier de fabrication sera éloigné de 20 à 30 mètres des autres ateliers; il en sera de même pour les chaudières de rectification.

Le sol de l'atelier de condensation sera en cuvette dirigeant les liquides dans une citerne étanche[1].

Il est interdit d'y faire travailler des enfants, à cause des vapeurs délétères dégagées et des dangers d'incendie[2].

SULFURE DE CARBONE (Manufactures dans lesquelles on emploie en grand le).

Etablissements dangereux de 1re classe : danger d'incendie[3].

Mêmes prescriptions administratives que ci-dessus.

Même interdiction pour le travail des enfants[4].

SULFURE DE CARBONE (Dépôts de). — Ces dépôts sont soumis au même régime que les *huiles de pétrole*[5].

Même interdiction pour le travail des enfants[6].

SULFURE DE SODIUM (Fabrication du).

Etablissement insalubre de 2e classe : odeur[7].

Les ateliers doivent être bien ventilés.

Les cuves et chaudières doivent être surmontées de hottes en communication avec la cheminée élevée de 30 mètres au moins[1].

Il est interdit d'employer des enfants à cause des émanations nuisibles dégagées[2].

SULFURES MÉTALLIQUES. — V. *Grillage des minerais sulfureux*.

SUPERPHOSPHATE DE CHAUX OU DE POTASSE (Fabrication du).

Etablissement insalubre de 2e classe : émanations nuisibles[3].

Les ateliers doivent être ventilés au moyen de lanternons à lames de persiennes, sans châssis ouvrants sur la voie publique et les propriétés voisines.

La cheminée doit avoir de 20 à 30 mètres d'élévation suivant les cas[4].

Il est interdit de faire travailler des enfants dans les locaux où les poussières des opérations, ou les vapeurs provenant du traitement par les acides, se dégagent[5].

SURCHAGE. — V. *Mur mitoyen*.

SURPLOMB. — V. *Bâtiment menaçant ruine* et *Mur mitoyen*.

T

TABAC (Incinération des côtes de).

Etablissement insalubre de 1re classe : odeur et fumée[8].

Ces établissements ne sont autorisés qu'à une grande distance des habitations.

L'incinération se fait dans des fours à réverbères.

La cheminée doit avoir de 30 à 40 mètres d'élévation[9].

TABACS (Manufactures de).

Etablissements insalubres de 2e classe : odeur et poussières[10].

Ces établissements ne sont exploités que par l'Etat.

TABATIÈRES EN CARTON (Fabrication des).

Etablissement insalubre de 3e classe : odeur, danger d'incendie[6].

Les ateliers seront bien ventilés, sans châssis ouvrants sur la voie publique et les propriétés voisines.

L'étuve sera en matériaux incombustibles avec porte en fer.

Les vapeurs et les buées seront entraînées au dehors par un tuyau élevé de 3 mètres au-dessus des cheminées voisines dans un rayon de 50 mètres[7].

TABLEAU SAILLANT. — V. *Enseigne*.

TACITE RECONDUCTION. — V. *Location*.

TAFFETAS ET TOILES VERNIS OU CIRÉS (Fabrication de).

Etablissement insalubre de 1re classe : odeur, danger d'incendie[8].

---

[1] Bunel, p. 418. — [2] Décr., 14 mai 1875.
[3] Décr., 31 déc. 1866. — [4] Décr., 14 mai 1875.
[5] Décr., 31 déc. 1866. V. *Huiles de pétrole.* —
[6] Décr., 14 mai 1875.
[7] Décr., 7 mai 1878.
[8] Décr., 31 déc. 1866. — [9] Bunel, p. 423.
[10] Décr., 31 déc. 1866.

---

[1] Bunel, p. 421. — [2] Décr., 22 sept. 1879.
[3] Décr., 31 janv. 1872. — [4] Bunel, p. 421. —
[5] Décr., 14 mai 1875.
[6] Décr., 31 déc. 1866. — [7] Bunel, p. 423.
[8] Décr., 31 déc. 1866.

Les ateliers seront bien ventilés au moyen de lanternons à lames de persiennes, éclairés seulement par la lumière du jour, et construits ainsi que les étuves en matériaux incombustibles.

La cheminée aura de 20 à 30 mètres d'élévation[1].

Le travail des enfants y est interdit, à cause des dangers d'incendie[2].

TAMPON. — V. *Fosse d'aisances.*

TAN (Moulins à).

Établissements insalubres de 3e classe : odeur et poussière[3].

Les ateliers seront ventilés énergiquement, sans châssis ouvrants sur la voie publique et du côté des propriétés voisines dans un rayon de 100 mètres.

Les meules, moulins et ventilateurs, devront être éloignés des murs mitoyens, et installés de manière à ne pouvoir incommoder les voisins[4].

Le travail des enfants est interdit dans les locaux où les poussières se dégagent librement[5].

TANNÉE HUMIDE (Incinération de la).

Établissement insalubre de 2e classe : fumée et odeur[6].

Les ateliers doivent être bien ventilés, sans châssis ouvrants sur la voie publique ou les propriétés voisines : la cheminée des fours doit avoir de 20 à 30 mètres d'élévation suivant les cas[7].

TANNERIES.

Établissements insalubres de 2e classe : odeur[8].

Le sol des ateliers et des cours doit être imperméable, avec pentes et ruisseaux pour l'écoulement des eaux, qui seront décantées.

Les fosses et les plains seront en matériaux imperméables[9].

Il est interdit de faire travailler les enfants dans des locaux où les poussières se dégagent librement[10].

TAPIS.

Il est interdit de secouer des tapis sur la voie publique[11].

Les tapis sont meubles : quand ils font partie de la location, comme dans le cas d'un immeuble loué en totalité ou à un principal locataire, le locataire est tenu de les rendre en bon état d'entretien et de conservation[1]. S'ils sont placés en dehors de la location, dans les escaliers par exemple, et par suite à l'usage de tous les locataires, l'entretien incombe au bailleur.

TAPIS (Battage en grand des). — V. *Battage.*

TARGETTE.

Les targettes, comme toutes les ferrures et les fermetures, sont entretenues par le locataire[2], qui doit les rendre, à la fin du bail, en bon état de fonctionnement.

TEILLAGE du lin, du chanvre et du jute en grand.

Établissement insalubre de 2e classe : poussière et bruit[3].

Les ateliers seront ventilés au moyen d'une hotte pyramidale, ayant 1m 50 de section à la base, et s'élevant à 3 mètres au-dessus des toits, dans un rayon de 50 mètres, ainsi qu'au moyen de carneaux, de 0m 30 de hauteur, sur 0m 20 de largeur, placés à la partie inférieure des murs.

Les appareils d'éclairage seront placés à l'extérieur derrière des verres dormants[4].

Le travail des enfants est interdit dans les locaux où les poussières se dégagent librement[5].

TEINTURERIES DE PEAUX.

Établissements insalubres de 3e classe : odeur[6].

Le sol des ateliers et des cours sera imperméable, avec pentes et ruisseaux pour l'écoulement des eaux qui seront décantées avant leur projection dans l'égout.

Les chaudières seront munies de couvercles et surmontées de hottes entraînant les buées à une cheminée d'appel ou à la cheminée de l'usine, laquelle s'élèvera à 3 mètres au-dessus des cheminées voisines dans un rayon de 100 mètres.

Les étuves et les soufroirs seront en matériaux incombustibles avec porte en fer[7].

Il est interdit de faire travailler des enfants dans les locaux où l'on emploie des matières toxiques[8].

TEINTURIERS.

Établissements insalubres de 3e classe : odeur, altération des eaux[9].

---

1 Bunel, p. 424. — 2 Décr., 14 mai 1875.
3 Décr., 31 déc. 1866. — 4 Bunel, p. 425. —
5 Décr., 14 mai 1875.
6 Décr., 7 mai 1878. — 7 Bunel, p. 426.
8 Décr., 31 déc. 1866. — 9 Bunel, p. 427. —
10 Décr., 14 mai 1875.
11 Ord. pol., 1er sept. 1853, V. *Matières insal.*

1 Le Bègue, p. 86.
2 C. civ., 1754.
3 Décr., 31 déc. 1866. — 4 Bunel, p. 428. —
5 Décr., 14 mai 1875.
6 Décr., 31 déc. 1866. — 7 Bunel, p. 429. —
8 Décr., 14 mai 1875.
9 Décr., 31 déc. 1866.

Mêmes prescriptions que ci-dessus pour les *Teintureries de peaux*.

TÉLÉGRAPHE. — Décr. du 29 déc. 1851 [1]. Arr. préf. du 7 sept. 1854 [2]. Loi du 28 juill. 1885 [3].

Aucune ligne télégraphique ne peut être établie ou employée à la transmission des correspondances, sans une autorisation du gouvernement [4].

Il est interdit de dégrader les appareils télégraphiques, et de faire un ouvrage quelconque qui puisse compromettre le service de la télégraphie [5].

Les conditions relatives aux travaux d'installation des lignes télégraphiques ou téléphoniques, ainsi que le droit, pour l'État, de placer des supports et des conduits sur les propriétés particulières, sont déterminées par la loi du 28 juillet 1885 [6].

ANNEXES.

Décret du 27 décembre 1851.

TITRE PREMIER. — ETABLISSEMENT ET USAGE DES LIGNES DE TÉLÉGRAPHIE.

ARTICLE PREMIER. — Aucune ligne télégraphique ne peut être établie ou employée à la transmission des correspondances que par le gouvernement ou avec son autorisation.

Quiconque transmettra sans autorisation des signaux d'un lieu à un autre, soit à l'aide de machines télégraphiques, soit par tout autre moyen, sera puni d'un emprisonnement d'un mois à un an et d'une amende de 1,000 à 10,000 francs.

En cas de condamnation, le gouvernement pourra ordonner la destruction des appareils et machines télégraphiques.

TITRE II. — DES CONTRAVENTIONS, DÉLITS ET CRIMES RELATIFS AUX LIGNES TÉLÉGRAPHIQUES.

ART. 2. — Quiconque aura, par imprudence ou involontairement, commis un fait matériel pouvant compromettre le service de la télégraphie électrique ;

Quiconque aura dégradé ou détérioré de quelque manière que ce soit les appareils des lignes de télégraphie électrique ou les machines des télégraphes aériens, sera puni d'une amende de 16 à 300 francs.

La contravention sera poursuivie et jugée comme en matière de grande voirie.

ART. 3. — Quiconque, par la rupture des fils, par la dégradation des appareils, ou par tout autre moyen, aura volontairement causé l'interruption de la correspondance télégraphique électrique ou aérienne, sera puni d'un emprisonnement de trois mois à deux ans et d'une amende de 100 à 1,000 francs.

ART. 4. — Seront punis de la détention et d'une amende de 1,000 à 5,000 francs, sans préjudice des peines que pourront entraîner leur complicité avec l'insurrection, les individus qui, dans un mouvement insurrectionnel, auront détruit ou rendu impropre au service un ou plusieurs fils d'une ligne de télégraphie électrique; ceux qui auront brisé ou détruit un ou plusieurs télégraphes, ou qui auront envahi, à l'aide de violences ou de menaces, un ou plusieurs postes télégraphiques, ou qui auront intercepté par tout autre moyen, avec violences et menaces, les communications ou la correspondance télégraphique entre les divers dépositaires de l'autorité publique, ou qui s'opposeront avec violences ou menaces au rétablissement d'une ligne télégraphique.

ART. 5. — Toute attaque, toute résistance avec voie de fait envers les inspecteurs et les agents de surveillance des lignes télégraphiques électriques ou aériennes, dans l'exercice de leurs fonctions, sera punie des peines appliquées à la rébellion, suivant les distinctions établies au Code pénal.

TITRE III. — DES CONTRAVENTIONS PAR LES CONCESSIONNAIRES OU FERMIERS DE CHEMINS DE FER ET DE CANAUX.

ART. 6. — Lorsque, sur la ligne d'un chemin de fer, ou d'un canal concédé ou affermé par l'État, l'interruption du service télégraphique aura été occasionnée par l'inexécution soit des clauses du cahier des charges et des décisions rendues en exécution de ces clauses, soit des obligations imposées aux concessionnaires ou fermiers, ou par l'inobservation des règlements ou arrêtés, procès-verbal de la contravention sera dressé par les inspecteurs du télégraphe, par les surveillants des lignes télégraphiques, ou par les commissaires et sous-commissaires préposés à la surveillance des chemins de fer.

ART. 7. — Les procès-verbaux, dans les quinze jours de leur date, seront notifiés administrativement au domicile élu par le concessionnaire ou le fermier, à la diligence du préfet, et transmis, dans le même délai, au conseil de préfecture du lieu de la contravention.

ART. 8. — Les contraventions prévues en l'article 6 seront punies d'une amende de 300 à 3,000 francs.

TITRE IV. — DISPOSITION PARTICULIÈRE CONCERNANT LES TÉLÉGRAPHES AÉRIENS.

ART. 9. — Lorsque, sur une ligne de télégraphie aérienne déjà établie, la transmission des signaux sera empêchée ou gênée, soit par des arbres, soit par l'interposition d'un objet quelconque placé à demeure, mais susceptible d'être déplacé, un arrêté du préfet prescrira les mesures nécessaires pour faire disparaître l'obstacle, à la charge de payer l'indemnité qui sera fixée par le juge de paix.

Cette indemnité sera consignée préalablement à l'exécution de l'arrêté du préfet.

Si l'objet est mobile et n'est point placé à demeure, un arrêté du maire suffira pour en ordonner l'enlèvement.

[1] Annexe. — [2] Annexe. — [3] Annexe. — [4] Décr., 27 déc. 1851, annexe. — [5] Ibid. Arr. préf., 7 sept. 1854, annexe. — [6] Annexe.

TITRE V. — DISPOSITIONS GÉNÉRALES.

ART. 10. — Les crimes, délits ou contraventions prévus dans la présente loi pourront être constatés par les procès-verbaux dressés concurremment par les officiers de police judiciaire, les commissaires et sous-commissaires préposés à la surveillance des chemins de fer, les inspecteurs des lignes télégraphiques, les agents de surveillance nommés ou agréés par l'administration et dûment assermentés.

Ces procès-verbaux feront foi jusqu'à preuve contraire.

ART. 11. — Les procès-verbaux dressés en vertu de l'article précédent seront visés pour timbre et enregistrés en débet.

Ceux qui auront été dressés par des agents de surveillance assermentés devront être affirmés dans les trois jours à peine de nullité, devant le juge de paix ou le maire, soit du lieu du délit ou de la contravention, soit de la résidence de l'agent.

ART. 12. — L'administration pourra prendre immédiatement faire toutes les mesures provisoires nécessaires pour faire cesser les dommages résultant des crimes, délits et contraventions, et le recouvrement des frais qu'entraînera l'exécution de ces mesures sera poursuivi administrativement, le tout ainsi qu'il est procédé en matière de grande voirie.

ART. 13. — L'article 463 du Code pénal est applicable aux condamnations qui seront prononcées en exécution de la présente loi.

Arrêté préfectoral du 7 septembre 1854 [1].

ARTICLE PREMIER. — Les agents chargés de l'établissement ou de l'entretien des lignes télégraphiques sont autorisés à attacher aux maisons particulières et aux édifices publics, tant de Paris que des autres communes du département, les consoles servant au soutien des fils employés à la transmission des dépêches, et à placer sur le sol des voies de communication les poteaux ayant la même destination.

ART. 2. — A cet effet, les propriétaires de ces maisons sont tenus de permettre auxdits agents l'entrée de leurs propriétés et de leur laisser arracher ou élaguer les arbres qui gêneraient le passage des lignes, et exécuter tous les ouvrages nécessaires à leur établissement et à leur entretien.

ART. 3. — Les mêmes agents se concerteront avec les administrateurs et fonctionnaires auxquels est confiée la conservation des monuments et des voies de communication pour la pose des appareils qu'il y aura lieu d'y placer.

ART. 4. — Dans le cas où les travaux occasionneraient quelque dommage, les indemnités qui pourront être réclamées seront réglées par le conseil de préfecture, suivant les formes prescrites par la loi du 16 septembre 1807.

ART. 5. — Il est défendu, sous les peines portées par la loi du 27 décembre 1851, de dégrader ou détériorer, de quelque manière

---

[1] Arr. pris en exécution des lois du 16 sept. 1851 et 27 déc. 1851.

que ce soit, les fils, consoles, poteaux, et en général tous les ouvrages qui dépendent des lignes télégraphiques.

Loi du 28 juillet 1885.

ARTICLE PREMIER. — Les opérations relatives à l'établissement et à l'entretien des lignes télégraphiques ou téléphoniques appartiennent à l'État, et destinées à l'échange des correspondances, seront effectuées dans les conditions ci-après.

ART. 2. — L'État a le droit d'exécuter, sur le sol ou sous le sol des chemins publics et de leurs dépendances, tous les travaux nécessaires à la construction et à l'entretien des lignes télégraphiques ou téléphoniques.

Les fils télégraphiques ou téléphoniques autres que ceux des lignes d'intérêt général ne pourront être établis dans les égouts appartenant aux communes qu'après avis des conseils municipaux et moyennant une redevance, si les conseils municipaux l'exigent.

Un décret rendu en forme de règlement d'administration publique déterminera le taux de cette redevance.

ART. 3. — L'État a pareillement le droit d'établir des supports, soit à l'extérieur des murs ou façades donnant sur la voie publique, soit même sur les toits et terrasses des bâtiments, à la condition qu'on y puisse accéder par l'extérieur.

Il a enfin également le droit d'établir des conduits ou supports sur le sol ou sous le sol des propriétés non bâties qui ne sont pas fermées de murs ou autre clôture équivalente.

ART. 4. — Dans tous les cas qui viennent d'être prévus, l'établissement des conduits et supports n'entraîne aucune dépossession.

La pose d'appuis sur les murs des façades ou sur le toit des bâtiments ne peut faire obstacle au droit du propriétaire de démolir, réparer ou surélever.

La pose de conduits dans un terrain ouvert ne fait pas non plus obstacle au droit du propriétaire de se clore.

Mais le propriétaire devra, un mois avant d'entreprendre les travaux de démolition, réparation, surélévation ou clôture, prévenir l'administration par lettre chargée adressée au directeur des postes et des télégraphes du département.

ART. 5. — Lorsque, pour l'étude des projets d'établissement de lignes, l'introduction des agents de l'administration dans les propriétés privées sera nécessaire, elle sera autorisée par un arrêté préfectoral.

ART. 6. — Avant toute exécution, un tracé de la ligne projetée indiquant les propriétés privées où il doit être placé des supports ou des conduits, sera déposé pendant trois jours à la mairie de la commune où ces propriétés sont situées.

Ce délai de trois jours courra à dater de l'avertissement qui sera donné aux parties intéressées de prendre communication du tracé déposé à la mairie.

Cet avertissement sera affiché à la porte de

la maison commune et inséré dans l'un des journaux publiés dans l'arrondissement.

Art. 7. — Le maire ouvrira un procès-verbal pour recevoir les observations ou réclamations. A l'expiration du délai, il transmettra ce procès-verbal au préfet, qui arrêtera le tracé définitif et autorisera toutes les opérations que comporteront l'établissement, l'entretien et la surveillance de la ligne.

Art. 8. — L'arrêté préfectoral déterminera les travaux à effectuer. Il sera notifié individuellement aux intéressés. Les travaux pourront commencer trois jours après cette notification.

Ce délai ne s'applique pas aux travaux d'entretien.

Si les travaux ne sont pas commencés dans les quinze jours de l'avertissement, celui-ci devra être renouvelé.

Lorsque, pour des raisons d'ordre et de sécurité publique, il y aura urgence à établir ou rétablir une ligne télégraphique, le préfet, par un arrêté motivé, pourra prescrire l'exécution immédiate des travaux.

Art. 9. — Les notifications et avertissements prévus ci-dessus pourront être donnés au locataire, fermier, gardien ou régisseur de la propriété.

Art. 10. — Lorsque des supports ou attaches seront placés à l'extérieur des murs et façades ou sur des toits ou terrasses, ou encore lorsque ces supports et conduits seront posés dans les terrains non clos, il ne sera dû au propriétaire d'autre indemnité que celle du préjudice résultant des travaux de construction de la ligne ou de son entretien.

Cette indemnité, à défaut d'arrangement amiable, sera réglée par le conseil de préfecture, sauf recours au Conseil d'Etat.

Si le conseil de préfecture croit devoir ordonner une expertise, il y sera procédé par un seul expert, qui sera désigné d'office par le conseil, à défaut par les parties de l'avoir nommé d'accord dans le délai qui leur aura été imparti. L'expert nommé d'office ne pourra être un agent de l'administration.

Art. 11. — L'arrêté préfectoral, autorisant l'établissement et l'entretien des lignes télégraphiques ou téléphoniques, sera périmé de plein droit s'il n'est pas suivi d'un commencement d'exécution dans les six mois de sa date ou dans les trois mois de sa notification.

Art. 12. — Les actions en indemnité prévues par l'art. 10 ci-dessus seront prescrites par le laps de deux ans à dater du jour où les travaux auront pris fin.

Art. 13. — Dans le cas où il serait nécessaire d'exécuter, pour l'établissement des lignes, des travaux de nature à entraîner une dépossession définitive, il ne pourrait, à défaut d'entente entre l'administration et les propriétaires, être procédé que conformément aux lois des 3 mai 1841 et 27 juillet 1870.

Toutefois, l'indemnité, le cas échéant, serait réglée dans la forme prévue par l'art. 16 de la loi du 21 mai 1836.

Art. 14. — La présente loi est applicable à l'Algérie et aux colonies régies par le sénatus-consulte du 3 mai 1854.

Art. 15. — Toutes dispositions antérieures sont abrogées en ce qu'elles ont de contraire à la présente loi.

TÉLÉPHONE. — Arr. préf. du 9 juill. 1881 [1]. Décr. du 28 juill. 1885 [2]. Arr. min. du 30 août 1889 [3].

Par traité du 9 juillet 1881 [4], la Ville de Paris a concédé à une société le droit d'établir un réseau téléphonique.

Puis, l'Etat, ayant établi lui-même des lignes téléphoniques, a accordé aux abonnés des réseaux exploités par l'industrie privée la faculté de se servir des cabines téléphoniques publiques, moyennant un abonnement réduit [5]. Par un autre décret du 28 juillet 1885 [6], les cercles et établissements publics, tels que restaurants, cafés, etc., abonnés au téléphone, sont autorisés à mettre le téléphone à la disposition de leurs membres ou clients, moyennant un abonnement double.

Pour l'installation des lignes téléphoniques, V. *Télégraphe.*

Depuis le 1er septembre 1889 l'administration a pris possession des installations établies par la compagnie des téléphones [7].

ANNEXES.

Arrêté préfectoral du 9 juillet 1881.

Article premier. — La délibération du conseil municipal de Paris, en date du 21 juin 1881, susvisée est approuvée.

En conséquence, la ville de Paris est autorisée à passer avec la Société générale des téléphones la convention suivante :

Entre les soussignés :

M. Ferdinand Hérold, sénateur, chevalier de la Légion d'honneur, préfet du département de la Seine, stipulant au nom de la ville de Paris, en vertu d'une délibération du conseil municipal de Paris, en date du 21 juin 1881, approuvée par arrêté préfectoral,

D'une part ;

Et 1° M. Jametel, banquier, demeurant à Paris, rue Vivienne n° 51 ;

2° M. Turgan, publiciste, demeurant à Paris, rue du Colisée, n° 2, président et vice-président du conseil d'administration de la Société générale des téléphones, société anonyme, formée suivant acte passé devant Mes Dufour et Lavoignat, son collègue, notaires à Paris, les 2 février, 16 et 17 août 1880, et dont le siège est à Paris, rue Neuve-des-Petits-Champs, n° 66,

Agissant collectivement au nom de ladite société, en vertu d'une délibération du conseil d'administration, en date du 9 mars 1881, conformément aux statuts,

[1] Annexe. — [2] Annexe. — [3] Annexe. — [4] Arr. préf., 9 juill. 1881, annexe. — [5] Décr., 28 juill. 1885, annexe. — [6] Annexe. — [7] Arr. min., 30 août 1889, annexe.

D'autre part;

Vu l'arrêté de M. le ministre des postes et des télégraphes, en date du 26 juin 1879, dont copie est ci-annexée, réglementant les conditions auxquelles l'État astreint la concession de l'exploitation des réseaux téléphoniques dans Paris et dans certaines villes;

Étant établi que les seules autorisations d'exploitation accordées à ce jour par l'État, conformément aux dispositions de l'arrêté ministériel susvisé, savoir :

Suivant décision ministérielle du 27 juin 1879, à M. Hébrard;

Suivant décision ministérielle du 12 juillet 1879, à M. Foucher de Careil;

Suivant décision ministérielle du 8 septembre 1879, à MM. Berthon et Cie, décisions dont les copies sont ci-annexées;

Se trouvent réunies entre les mains de ladite Société générale des téléphones, en vertu des décisions ministérielles des 21 août et 23 septembre 1879, 2, 21 et 23 avril et 10 décembre 1880, dont copies sont également ci-annexées;

Il a été dit et convenu ce qui suit :

CHAPITRE PREMIER. — CONCESSION.

ARTICLE PREMIER. — La ville de Paris concède à la Société générale des téléphones, le droit de conserver, tant au-dessus qu'au-dessous de la voie publique, les réseaux qu'elle a été autorisée à y établir, à titre précaire et provisoire, tels qu'ils seront déterminés contradictoirement au 1er avril 1881, suivant plans et états à annexer aux présentes, et de faire établir par le service des lignes télégraphiques de l'État les nouveaux réseaux nécessaires au développement de son exploitation, sous les clauses, charges et conditions suivantes :

Durée.

ART. 2. — La présente convention aura son effet à partir du 1er juillet 1881 et prendra fin le 8 septembre 1884, avec la dernière autorisation d'exploitation délivrée pour cinq ans, à la date du 8 septembre 1879, par M. le ministre des postes et des télégraphes; elle pourra être renouvelée, en même temps que cette autorisation de l'État, sur des bases à déterminer entre la Ville et la Société.

Cas de nullité ou de retrait.

ART. 3. — La présente concession deviendrait nulle et non avenue, ou elle serait retirée, par le fait même des mesures que prendrait à cet effet M. le ministre des postes et télégraphes, en ce qui concerne l'autorisation d'exploitation délivrée par l'État, par application des dispositions du paragraphe 10 de son arrêté du 26 juin 1879, ci-dessus visé.

La présente convention pourra également être retirée à la Société, et ce, par un arrêté de M. le préfet de la Seine, huit jours après une mise en demeure restée sans effet :

1° Si le service des lignes télégraphiques de l'État cessait d'être chargé de l'exécution et de l'entretien des réseaux téléphoniques de la Société;

2° Si la Société ne se conformait pas aux dispositions des articles 7, 15, 16, 21, 22, 23, 24, 26 et 28 de la présente convention.

Comme conséquence du retrait de l'autorisation, la ville se réserve le droit de couper les câbles téléphoniques, à l'entrée de chacun des bureaux de la Société, sans être tenue de ce fait à aucune indemnité.

Interdiction de céder.

ART. 4. — La Société générale des téléphones ne pourra transférer à d'autres tout ou partie des droits et obligations résultant pour elle de la présente convention, sans l'autorisation expresse et par écrit de M. le préfet de la Seine, après avis préalable du conseil municipal.

Déplacements et enlèvements.

ART. 5. — La ville de Paris se réserve le droit de faire déplacer et même enlever les câbles téléphoniques, aux frais de la Société et sans aucune indemnité, toutes les fois que l'intérêt public ou les services municipaux l'exigeront.

La Société sera avertie, ainsi que le service des lignes télégraphiques de l'État, deux jours au moins à l'avance, sauf dans le cas de force majeure, d'avoir à effectuer ces déplacements ou enlèvements, et ce n'est qu'en cas d'inexécution que la ville de Paris fera procéder d'office à ce travail, aux frais de la Société qui la garantit en outre de tout recours de la part de l'État.

Les dispositions du présent article sont applicables, en cas de retrait de la concession par la ville de Paris, à la coupure des câbles en égouts, à l'entrée de chaque bureau de la Société. Toutefois la durée du délai sera, dans ce cas, portée de deux jours à huit jours.

Réserve d'autres concessions.

ART. 6. — La présente convention n'implique, à quelque titre que ce soit, aucune espèce de privilège au profit de la Société des téléphones et la délivrance de toutes autres concessions analogues ne saurait donner lieu à aucune indemnité au profit de la Société. Toutefois, la ville de Paris s'engage à réserver à ladite Société, à l'exclusion de tout autre concessionnaire et tant que la présente convention sera en vigueur, les emplacements en égout qui lui auront été concédés.

CHAPITRE II. — MODE D'ÉTABLISSEMENT DU RÉSEAU. — EMPLACEMENTS DES LIGNES SOUS LA VOIE PUBLIQUE.

ART. 7. — Le réseau téléphonique souterrain devra, en principe, être placé en galerie, sous la voie publique, et l'établissement des lignes en tranchée ne sera autorisé qu'exceptionnellement et à titre provisoire.

La Société devra, en conséquence, reporter en égout, aussitôt que l'extension de la canalisation le permettra, les lignes ou portions de lignes dont l'établissement en tranchée a été ou pourra être ainsi autorisé.

Lignes souterraines. — Mode d'établissement.

ART. 8. — Les lignes souterraines ne pourront être établies qu'en vertu d'un arrêté de

M. le préfet de la Seine, après examen des tracés et désignation des emplacements des câbles par les ingénieurs du service municipal.

La Société fournira, à cet effet, à l'appui de chacune de ses demandes, les pièces suivantes, en quadruple expédition :

1° Un plan du tracé, extrait du plan statistique des égouts, à l'échelle de 1/5,000°;

2° Des coupes détaillées des égouts empruntés par le tracé et de toutes les installations qu'ils renferment : conduites d'eau, câbles télégraphiques et autres, tubes pneumatiques, etc., avec leurs emplacements exacts.

Lignes souterraines. — Régularisation des autorisations provisoires.

ART. 9. — Un arrêté spécial régularisera la situation des lignes souterraines exécutées en vertu d'autorisations provisoires et dont il est fait mention à l'article 1ᵉʳ, à la charge par la Société d'y faire apporter les modifications qui seraient exigées par l'administration municipale.

Lignes souterraines. — Entrées des postes.

ART. 10. — Dans toute rue pourvue d'un égout, les fils desservant un abonné seront conduits jusqu'à l'immeuble par le branchement particulier desservant ledit immeuble. S'ils ne peuvent pénétrer dans la propriété en traversant le mur pignon de branchement, ils seront déviés dans un fourreau métallique placé sous le trottoir le long de la façade de la propriété.

Lignes souterraines. — Galeries pour entrées des bureaux.

ART. 11. — Si la ville de Paris juge que le faisceau des câbles émanant d'un bureau de la Société ne peut trouver place dans l'égout, la Société pourra être autorisée à établir, à ses frais, une galerie spéciale, dont le type, les dispositions et l'emplacement seront arrêtés par l'administration municipale.

L'époque et la durée du travail seront fixés par l'administration. — Passage de la ligne souterraine à la ligne aérienne.

ART. 12. — Pour le passage de la ligne souterraine à la ligne aérienne ou réciproquement, la Société devra se pourvoir de l'autorisation des propriétaires, à l'effet de conduire la ligne souterraine par les branchements particuliers jusqu'aux immeubles, le long desquels elle s'élèvera pour se raccorder avec la traversée aérienne.

Lignes aériennes. — Mode d'établissement.

ART. 13. — Les lignes aériennes ne seront en général autorisées qu'à titre exceptionnel et sur les points où la canalisation souterraine fera défaut.

Un arrêté de M. le préfet de la Seine déterminera, dans chaque cas particulier, les conditions de l'autorisation, et notamment la hauteur des fils au-dessus de la voie publique, après examen par les ingénieurs du service municipal.

La Société produira, à cet effet, à l'appui de chacune de ses demandes, les pièces suivantes :

1° Un plan du tracé, à l'échelle de 1/5,000°

avec indication des points d'appui et désignation des immeubles intéressés (en quadruple expédition);

2° Les autorisations des propriétaires de ces immeubles (en simple communication).

Lignes aériennes. — Régularisation des autorisations provisoires.

ART. 14. — Un arrêté spécial régularisera la situation des lignes aériennes exécutées en vertu d'autorisations provisoires dont il fait mention à l'article 1ᵉʳ, en ce qui concerne les communications de cette nature qu'il y aura lieu d'autoriser définitivement en vertu des articles précédents.

Lignes aériennes. — Délai de remplacement des lignes non autorisées définitivement.

ART. 15. — Un délai de trois années, à partir du 1ᵉʳ avril 1881, sera accordé à la Société pour substituer progressivement des lignes souterraines aux lignes aériennes existantes que la ville de Paris n'autorisera pas définitivement.

Réfection des chaussées et trottoirs.

ART. 16. — Les prix de réfection des chaussées et trottoirs à payer à la Ville de Paris après exécution des travaux, seront fixés ainsi qu'il suit :

Par mètre superficiel de :

Chaussée pavée............	5	francs.
— empierrée........	3	»
— asphaltée.........	10	»
Trottoir dallé en bitume.....	8	»
— granit......	5	»
Par morceau de bordure droite ou circulaire.............	1	»

CHAPITRE III. — DROIT DE LOCATION ET CONTROLE.

Lignes souterraines.

ART. 17. — Le droit annuel de location des parties du sous-sol de la voie publique occupées soit en égout, soit en tranchée, par les câbles téléphoniques de la Société, est fixé de la manière suivante, d'après le développement kilométrique des lignes (fil simple ou double) en service reliant d'une manière quelconque les abonnés et les divers bureaux de la Société :

Les premiers 500 kilomètres.	20 fr. par kil.
Les 500 kilomètres suivants..	30 —
— — ..	40 —
Les kilomètres suivants.....	50 —

Lignes aériennes.

ART. 18. — Le droit de passage des lignes aériennes au-dessus des voies publiques est fixé à 10 francs par ligne et par an, quelle qu'en soit la longueur. Le droit n'est pas exigible pour les raccordements en lignes aériennes qui ne franchiraient aucune voie publique.

Droits de location. — Paiement par trimestre.

ART. 19. — Ces droits de location ou de passage seront payés par trimestre et par avance. Il ne sera fait toutefois aucun rappel pour les lignes établies et mises en service dans le cours du trimestre précédent.

Droits de location. — Établissement du
chiffre de la redevance.

Art. 20. — Pour établir le chiffre de redevance
à payer chaque trimestre par la Société, il sera
dressé contradictoirement, dans la première
quinzaine de chacun des mois de janvier, avril,
juillet et octobre, des états des lignes en service
au premier de chacun de ces mois ; ces états
comprendront :

1° Pour chaque abonné desservi, la longueur
parcourue, sous la voie publique ou en égout,
en suivant le fil (simple ou double) qui le relie
au bureau de la Société;

2° Les longueurs, sous la voie publique ou
en égout, des communications établies par fil
simple ou double, entre les différents bureaux
de la Société; ces communications étant considérées comme toutes en service et donnant
toutes lieu à redevance, quel que soit leur
nombre entre deux mêmes bureaux ;

3° Les longueurs, sous la voie publique ou
en égout, des communications établies par fil
simple ou double, entre les postes téléphoniques des abonnés, sans passer par les bureaux
de la Société;

4° Le nombre des lignes ou portions de
lignes aériennes franchissant la voie publique.

Droits de location. — Délai de paiement.

Art. 21. — La Société s'acquittera chaque trimestre de la redevance déterminée ci-dessus dans
le délai de huit jours à dater de l'avis qui lui
aura été notifié, à cet effet, par l'administration
municipale.

Contrôle. — Agents accrédités.

Art. 22. — La Société devra fournir aux
fonctionnaires ou agents de la ville accrédités
à cet effet auprès d'elle par M. le préfet
de la Seine, toutes les indications nécessaires à la constatation régulière et constante
des abonnements, ainsi qu'à l'établissement
de la redevance, et elle devra mettre à leur disposition tous livres et pièces justificatives y
relatives.

Frais à la charge de la Société.

Art. 23. — Les frais de contrôle à exercer
par la Ville sont à la charge de la Société. Ils
sont réglés à forfait à la somme annuelle de
cinq mille francs que la Société versera
à la caisse municipale, par avance, dans la
première quinzaine de janvier de chaque année.

La Société n'aura droit, en aucun cas, à remboursement d'une partie quelconque de cette
redevance qui, en toute occurrence, restera
acquise en entier à la ville de Paris.

Chapitre iv. — Conditions diverses. — Observation
des règlements de police des voies souterraines.

Art. 24. — L'exécution des lignes devant être
exclusivement confiée au service des lignes
télégraphiques de l'État, les agents de la Société
n'ont pas à pénétrer dans les égouts.

Si, par dérogation à cette règle générale, il
y a lieu d'autoriser certains agents de la Société
à circuler dans la canalisation souterraine, ces
agents devront être agréés nominativement

auprès de M. le préfet de la Seine et se conformer
strictement à tous les règlements édictés ou à
édicter par l'administration municipale sur la
police des voies souterraines.

Réparations des avaries par suite des
travaux de la Ville.

Art. 25. — Les avaries causées aux câbles
téléphoniques par les ouvriers des entrepreneurs de la Ville seront réparées aux frais de
ces derniers, mais sans garantie de la Ville.

La constatation de ces dégradations sera
faite par les agents du service municipal.

Cautionnement.

Art. 26. — Pour garantie des obligations que
lui impose la présente convention, la Société
constituera à la caisse municipale un cautionnement de 20,000 francs, soit en obligations de
la Ville de Paris, soit en rentes sur l'État, au
cours moyen de la veille du dépôt. Elle en touchera les arrérages.

En cas de non-versement des sommes dues
par la Société en vertu des dispositions des articles 5, 16, 21, 23 et 28 de la présente convention,
ledit cautionnement sera acquis de plein droit
à la ville, jusqu'à due concurrence, huit jours
après une mise en demeure restée sans effet, et
la Société devra parfaire la différence et
recompléter son cautionnement sans aucun
délai.

Compétence.

Art. 27. — Toute contestation relative à
l'interprétation ou à l'exécution des clauses
et conditions des présentes sera jugée administrativement.

Frais d'actes et autres.

Art. 28. — Les frais de timbre, d'enregistrement et d'impression des présentes sont à
la charge de la Société.

Art. deux. — Les droits de location et redevances à percevoir, à partir du 1ᵉʳ juillet 1881,
sur la Société générale des téléphones, en vertu
de la convention précitée, seront inscrits en
recette au chapitre 21, article 7, du budget communal de l'exercice 1881, pour l'année 1881,
et aux chapitres et articles à ouvrir aux
budgets des exercices suivants pour les années
1882, 1883 et 1884.

Art. trois. — Les frais de contrôle à exercer
par la ville de Paris, à partir du 1ᵉʳ juillet 1881,
mis à la charge de la Société générale des téléphones et réglés à forfait à la somme annuelle
de cinq mille francs, seront portés en recette
au chapitre 17, article 17, et en dépense au chapitre 12, article 10, de l'exercice 1881.

Art. quatre. — Le cautionnement de vingt mille
francs stipulé en l'article 26 sera versé à la
caisse municipale et inscrit en recette aux fonds
hors budget, paragraphe 2, n° 2.

Art. cinq. — L'inspecteur général....

———

Décret du 28 juillet-19 août 1885.

Article premier. — Les cercles et les établissements publics, tels que cafés, restaurants,
hôtels, etc., abonnés aux réseaux téléphoniques

concédés à l'industrie privée, sont autorisés à mettre le téléphone à la disposition de leurs membres ou clients, moyennant le paiement d'un abonnement double de celui qui est fixé par le tarif applicable aux abonnés ordinaires.

Le deuxième abonnement perçu par le permissionnaire revient intégralement à l'Etat.

ART. 2. — Le ministre...

1.ª Décret du 28 juillet-19 août 1885.

ARTICLE PREMIER. — Les abonnés aux réseaux téléphoniques exploités par l'industrie privée peuvent obtenir la faculté de correspondre par l'intermédiaire des cabines téléphoniques publiques, dans les limites de chaque réseau urbain, moyennant le paiement préalable d'une taxe perçue pour chaque communication en vertu du décret du 31 décembre 1884.

ART. 2. — L'abonnement, applicable à la correspondance par cabine téléphonique, est fixé à 40 fr. par an à Paris et 30 fr. dans les départements.

ART. 3. — Les conditions dans lesquelles cet abonnement est perçu, et, en général, toutes les dispositions relatives à l'exécution du service des cabines téléphoniques, sont déterminées par arrêtés du ministre des postes et télégraphes.

Arrêté ministériel du 30 août 1889.

Vu la loi du 16 juillet 1889 qui autorise le gouvernement à emprunter à la Caisse des dépôts et consignations les sommes nécessaires pour effectuer le rachat des réseaux exploités par la Société générale des téléphones; Arrête :

ARTICLE PREMIER. — Le directeur, ingénieur de la région de Paris ou son délégué, est commis à l'effet de prendre possession, le 1ᵉʳ septembre prochain, du matériel de l'entreprise de la Société des téléphones, affecté à l'exploitation téléphonique en occupant la partie des bureaux centraux où ils sont installés à Paris, et ce avec l'assistance du commissaire de police et de la la force armée, si besoin est.

Art. 2. — Le directeur général des postes et télégraphes...

TÉRÉBENTHINE (Distillation et travail en grand de la). — V. Huiles de pétrole, de schiste, etc.

TERRES ÉMAILLÉES (Fabrication de)[1].
1º Avec fours non fumivores.
Etablissement insalubre de 2ᵉ classe : fumée.
2º Avec fours fumivores.
Etablissement insalubre de 3ᵉ classe : fumée accidentelle.
Pour les prescriptions administratives, V. Fours à faïence.

Le travail des enfants est interdit dans les locaux où l'on emploie des matières toxiques[1].

TERRES PYRITEUSES ET ALUMINEUSES (Grillage des).
Etablissement insalubre de 1ʳᵉ classe : fumée, émanations nuisibles[2].
Pour les prescriptions administratives, V. Grillage des minerais sulfureux.

THÉÂTRE. — V. Salle de spectacle.

TINETTE.
L'enlèvement des tinettes placées dans un chantier de construction, doit être payé par tous les entrepreneurs ayant des ouvriers sur le chantier, au prorata de l'importance de leurs travaux.

TISSUS D'OR ET D'ARGENT (Brûlerie en grand des). — V. Galons.

TOILES (Blanchiment des). — V. Blanchiment.

TOILES CIRÉES. — V. Taffetas et toiles vernis.

TOILES GRASSES pour emballage, tissus, cordes goudronnées, papiers goudronnés, cartons et tuyaux bitumés (Fabrique des)[3].
1º Travail à chaud.
Etablissement insalubre de 2ᵉ classe : odeur, danger d'incendie.
2º Travail à froid.
Etablissement insalubre de 3ᵉ classe : odeur, danger d'incendie.
Pour les prescriptions administratives, V. Feutre goudronné.

TOILES PEINTES (Fabrique de).
Etablissement insalubre de 3ᵉ classe : odeur[4].
Le séchoir doit être construit en matériaux incombustibles, avec porte en fer.
Les chaudières seront surmontées de hottes.
La cheminée s'élèvera à la hauteur des souches des cheminées voisines dans un rayon de 100 mètres[5].
Il est interdit de faire travailler des enfants dans les locaux où l'on emploie des matières toxiques[6].

TOIT. — L'interdiction de faire, sans autorisation, des travaux aux façades des bâ-

---

[1] Décr., 31 déc. 1866.

[1] Décr., 14 mai 1875.
[2] Décr., 31 déc. 1866.
[3] Décr., 31 déc. 1866.
[4] Décr., 31 déc. 1866. — [5] Bunel, p. 432. —
[6] Décr., 14 mai 1875.

timents en bordure des voies publiques, ne s'étend pas aux toits qui couvrent ces bâtiments. On peut donc les réparer sans demander de permission de voirie, mais on doit placer un ouvrier dans la rue, pour écarter les passants pendant le temps des travaux[1]. — V. *Maison à plusieurs* et *Réparations*.

TOLES ET MÉTAUX VERNIS.

Etablissements insalubres de 3ᵉ classe : odeur, danger d'incendie[2].

L'étuve sera en matériaux incombustibles avec porte en fer et cheminée d'évaporation, élevée à trois mètres au-dessus des cheminées voisines dans un rayon de 50 mètres[3].

Le travail des enfants est interdit dans les locaux où l'on emploie des matières toxiques[4].

TONNELLERIE en grand opérant sur des fûts imprégnés de matières grasses et putrescibles.

Etablissement insalubre de 2ᵉ classe : bruit, odeur et fumée[5].

Les ateliers seront ventilés énergiquement, au moyen de cheminées d'aération s'élevant à 3 mètres au-dessus des cheminées voisines[6].

TORCHES RÉSINEUSES (Fabrication de).

Etablissement insalubre de 2ᵉ classe : odeur et danger de feu[7].

L'atelier dans lequel se fait la fusion doit être éloigné des autres ateliers, bien ventilé, construit en matériaux incombustibles ou, tout au moins, sans bois apparents.

La cheminée s'élèvera à 3 mètres au-dessus des cheminées voisines dans un rayon de 100 mètres[8].

TOURBE (Carbonisation de la)[9].

1° A vases ouverts.

Etablissement insalubre de 1ʳᵉ classe : odeur et fumée.

2° En vases clos.

Etablissement insalubre de 1ʳᵉ classe : odeur.

Ces établissements ne sont autorisés qu'à une assez grande distance des habitations.

La cheminée doit avoir de 30 à 40 mètres suivant les localités[10].

TOUR D'ÉCHELLE.

Le tour d'échelle est le droit que peut avoir le propriétaire d'un mur ou d'un bâtiment d'introduire, sur le terrain du voisin, des ouvriers avec leurs outils, leurs matériaux, et leurs échafaudages, pour faire à ce mur ou à ce bâtiment les réparations nécessaires.

Ce droit constitue donc une servitude ; et cette servitude, étant discontinue et non apparente, ne peut être établie que par un titre[1] qui doit en déterminer nettement l'étendue ; à défaut d'indication précise, la largeur du tour d'échelle est de un mètre à partir du parement extérieur du mur à rez-de-chaussée[2].

Dans les endroits où la clôture est forcée, le tour d'échelle est dû même par le voisin qui n'a pas contribué à la construction du mur[3].

TOUR DU CHAT. — V. *Forge*.

TOURTEAUX D'OLIVES (Traitement des) par le sulfure de carbone.

Etablissement dangereux de 1ʳᵉ classe : danger d'incendie[4].

Pour les prescriptions administratives, V. *Sulfure de carbone* (Manufactures dans lesquelles on emploie en grand le).

TRAVAUX PUBLICS. — Décr. du 8 mars 1855[5]. Arr. préf. du 7 juill. 1857[6]. Instr. préf. du 1ᵉʳ sept. 1857[7]. Loi du 27 juill. 1870[8]. V. *Adjudication, Bâtiments civils, Route*, etc.

Les travaux publics sont ceux qui ont un caractère d'utilité publique et sont payés, soit par l'État, soit par les départements, soit par les communes.

Les travaux, dont la dépense doit être supportée en tout ou partie par l'Etat, ne peuvent être mis à exécution qu'en vertu d'une loi, ou d'un crédit inscrit au budget et spécialement affecté à ces travaux[9].

Les travaux publics doivent être donnés par la voie de l'adjudication[10].

Ainsi, l'administration ne pourrait s'entendre avec un entrepreneur, pour exécuter les travaux, faire des avances de fonds pour le paiement des sommes dues à des tiers, etc. ; ce serait là un emprunt détourné, interdit par l'ordonnance royale du 31 mai 1838. Exception est faite en matière de concession de péage sur les ponts[11].

Les travaux publics exécutés dans le département de la Seine, par les soins ou sous l'autorité du préfet de la Seine, sont passibles d'une retenue de un pour cent, pré-

---

[1] Ord. pol., 25 juill. 1862, V. *Bâtim. en constr.* — [2] Décr., 31 déc. 1866. — [3] Bunel, p. 433. — [4] Décr., 14 mai 1875.
[5] Décr., 31 déc. 1866. — [6] Bunel, p. 434. — [7] Décr., 31 déc. 1866. — [8] Bunel, p. 435. — [9] Décr., 31 déc. 1836. — [10] Bunel, p. 435.

[1] V. *Servitude.* — [2] Lepage, t. Iᵉʳ, nᵒˢ 246 et 253. — [3] Pardessus, nᵒˢ 227, 228. — [4] Décr., 31 déc. 1866. — [5] V. *Vincennes (Asile de).* — [6] V. *Vincennes.* — [7] V. *Vincennes.* — [8] Annexe. — [9] Loi, 27 juill. 1870, annexe. — [10] V. *Adjudication, Bâtim. civils, Routes.* — [11] Loi, 4 mai 1802.

levée au profit des asiles de Vincennes et du Vésinet [1].

Les travaux publics peuvent causer un préjudice aux riverains et donner, pour ces derniers, ouverture à une indemnité. Mais pour qu'il y ait lieu à indemnité, il faut que le dommage soit direct et matériel [2].

Le dommage est direct lorsque, par lui-même, il porte atteinte à des droits acquis, et matériel quand il consiste dans l'exécution d'un travail qui affecte la jouissance légitime et actuelle d'un immeuble [3].

Par suite, des travaux d'utilité publique, ayant pour effet de priver un immeuble de la faculté de recevoir des voitures à l'intérieur, ou qui l'exposeraient à s'écrouler, ou qui le priveraient du jour et de l'air indispensables à l'habitation, donneraient lieu à indemnité pour le propriétaire de cet immeuble.

L'administration a le droit de compenser l'indemnité due pour le dommage causé, avec la plus-value acquise à l'immeuble par les avantages que les travaux lui procureront, tels que des débouchés nouveaux, ou de plus grandes facilités de communication [4].

L'exécution de ces travaux n'est pas, comme dans le cas d'expropriation, subordonnée au paiement préalable de l'indemnité [5].

Le préjudice peut être causé, non seulement aux propriétaires, mais aussi aux locataires des maisons atteintes; et ces derniers peuvent également réclamer une indemnité [6]; il peuvent même actionner l'administration sans le consentement de leur propriétaire [7].

On doit également rembourser aux propriétaires les pertes proprement dites, qu'ils ont subies par le mode d'exécution des travaux, et les dépenses qu'ils ont été obligés de faire pour atténuer, par des mesures de précaution, les détériorations qu'auraient pu essuyer leurs immeubles [8].

La demande en règlement des indemnités dues, à raison du dommage provenant de travaux publics, doit être introduite par les particuliers et non par l'administration [9].

ANNEXE.

Loi du 27 juillet 1870.

ARTICLE PREMIER. — Tous grands travaux publics, routes impériales, canaux, chemins de fer, canalisation des rivières, bassins et docks, entrepris par l'État ou par des compagnies particulières, avec ou sans péage, avec ou sans subside du Trésor, avec ou sans aliénation du domaine public, ne pourront être autorisés que par une loi rendue après enquête administrative.

Un décret impérial, rendu en la forme des règlements d'administration publique et également précédé d'une enquête, pourra autoriser l'exécution des canaux et chemins de fer d'embranchement de moins de vingt kilomètres de longueur, des lacunes et rectifications de routes impériales, des ponts et de tous autres travaux de moindre importance.

En aucun cas, les travaux dont la dépense doit être supportée en tout ou en partie par le Trésor ne pourront être mis en exécution qu'en vertu de la loi qui crée les voies ou moyens ou d'un crédit préalablement inscrit à un chapitre du budget.

ART. 2. — Il n'est rien innové, quant à présent, en ce qui touche l'autorisation et la déclaration d'utilité publique des travaux publics à la charge des départements et des communes.

TRÉFILERIE.

Établissement insalubre de 3e classe : bruit et fumée [1].

Les machines et bancs à tirer doivent être disposés de manière à ne pas incommoder les voisins par le bruit.

La cheminée doit avoir de 20 à 30 mètres d'élévation suivant les localités [2].

TREILLAGE.

Les treillages placés le long des murs ou autres parties du jardin, tels que palissades, berceaux, portiques, etc., sont à la charge du propriétaire, à moins qu'il ne prouve que ces objets ont été cassés ou détériorés par le locataire [3].

TRIPERIES annexes des abattoirs.

Établissements insalubres de 1re classe : odeur et altération des eaux [4].

V. *Abattoirs.*

TRIPERIES (Débits de).

Ces établissements sont soumis à certaines conditions d'installation relatées dans l'ordonnance de police du 21 avril 1865 et l'instruction jointe à cette ordonnance [5].

ANNEXES.

Ordonnance de police du 21 avril 1865.

ARTICLE PREMIER. — Les ordonnances de police des 28 mai 1812, 11 janvier 1813 et 21 du même mois, concernant le commerce de triperie à Paris, sont et demeurent abrogées.

---

[1] V. *Vincennes.* — [2] C. d'Et., 20 févr. 1840. — [3] Des Cilleuls, p. 124. — [4] C. d'Et., 13 avril 1870, 8 déc. 1876, 15 févr. 1884. — [5] C. d'Et., 23 juill. 1857. — [6] Paris, 15 juill. 1857, 24 nov. 1858. — [7] C. d'Et., 7 févr. 1856, 7 janv. 1858. — [8] C. d'Et., 18 févr. 1854. — [9] C. d'Et., 15 déc. 1865.

[1] Décr., 31 déc. 1866. — [2] Bunel, p. 436.
[3] Agnel, n° 596.
[4] Décr., 31 déc. 1866.
[5] Annexes.

Art. 2. — Tout individu qui voudra exploiter à Paris un débit de triperie devra en faire préalablement la déclaration à notre préfecture, et indiquer le lieu où il se proposera d'établir son étal ;

A défaut d'opposition formée par la préfecture de police dans un délai de vingt jours, l'étal pourra être ouvert ;

L'opposition ne pourra être basée que sur l'inexécution des conditions déterminées par l'article 3 ci-après.

Art. 3. — L'exploitation d'un débit de triperie à Paris sera subordonnée aux conditions suivantes :

1° Le local devra être suffisamment aéré et ventilé ;

2° Le sol sera établi en pente et en surélévation de la voie publique ; il sera entièrement dallé ou carrelé avec jointoiement en ciment romain ;

3° Les murs seront revêtus de matériaux ou d'enduits imperméables jusqu'à hauteur des crochets de suspension ;

4° Il ne pourra y avoir dans l'étal ni âtre, ni cheminée, ni fourneaux ;

5° Aucune chambre à coucher ne devra se trouver en communication directe, soit avec l'étal, soit avec ses dépendances ;

6° Les tables ou comptoirs seront recouverts de plaques en marbre ou en pierre de Château-Landon ;

7° A défaut de puits ou d'une concession d'eau pour le service de l'étal, il y sera suppléé par un réservoir de la contenance d'un demi-mètre cube, au minimum, qui devra être rempli tous les jours.

Art. 4. — Il n'est en rien dérogé, par la présente ordonnance, aux règlements concernant les ateliers de préparation et de cuisson des tripes, classés parmi les établissements insalubres et incommodes.

Art. 5. — Les commissaires de police, le chef de la seconde division et les architectes de notre préfecture sont chargés, chacun en ce qui le concerne, de l'exécution de la présente ordonnance qui sera imprimée, publiée et affichée.

Instruction concernant l'installation des établissements affectés à la vente des marchandises fraîches.

Boucherie, charcuterie, triperie.

Des boutiques. — Les boutiques affectées à la vente des marchandises fraîches ou préparées, devront être appropriées convenablement à cette destination.

L'intervalle entre le sol et le plancher sera au moins de trois mètres.

Le sol sera entièrement recouvert de dalles ou de carreaux ; le plancher haut sera plafonné.

Pour renouveler l'air dans la boutique pendant la nuit, il sera pratiqué immédiatement sous le plafond, du côté de la rue, une ouverture de deux décimètres en carré (environ six pouces en carré) ; une autre ouverture de même dimension sera pratiquée au bas de la porte d'entrée ou du mur de face ; ces deux ouvertures seront grillées.

Des cuisines et laboratoires. — Les cuisines et les laboratoires devront être de dimensions telles que les diverses préparations de charcuterie y puissent être faites avec propreté et salubrité.

Les cuisines et les laboratoires auront au moins trois mètres d'élévation ; ils seront plafonnés. Le sol et les parois, jusqu'à la hauteur d'un mètre cinquante centimètres, seront convenablement revêtus de matériaux imperméables, pour faciliter les lavages et prévenir toute adhérence ou infiltration de matières animales. Les pentes du sol seront réglées de manière que les eaux de lavage puissent s'écouler rapidement jusqu'à l'égout le plus voisin.

Un courant d'air sera établi dans les cuisines et laboratoires ; les uns et les autres devront être suffisamment éclairés par la lumière du jour.

Des fourneaux et chaudières. — Les fourneaux et chaudières devront toujours être disposés de telle sorte qu'aucune émanation ne puisse se répandre dans l'établissement ou au dehors.

Les chaudières destinées à la cuisson des grosses pièces de charcuterie et à la fonte des graisses, devront être engagées dans des fourneaux en maçonnerie.

Réservoirs à défaut de puits ou de concession d'eau. — A défaut de puits ou de concession d'eau pour le service de l'établissement il y sera suppléé par un réservoir de la contenance d'un demi-mètre cube, qui devra être rempli tous les jours.

Il ne pourra être établi de soupentes dans les boutiques, les cuisines et les laboratoires qui, sous aucun prétexte, ne pourront servir de chambres à coucher.

Des caves et autres lieux destinés aux salaisons. — Les caves destinées aux salaisons devront être d'une dimension proportionnée aux besoins de l'établissement, elles devront être saines et bien aérées, ne point renfermer de pierres d'extraction pour la vidange des fosses d'aisances, ni être traversées par des tuyaux aboutissant à ces mêmes fosses.

Les caves devront avoir au moins deux mètres soixante-sept centimètres d'élévation sous clef ; il y sera pratiqué, s'il n'en existe pas, des ouvertures de capacité suffisante pour y entretenir une ventilation continuelle.

Le sol des caves sera convenablement revêtu, pour faciliter les lavages et prévenir toute adhérence ou infiltration de matières animales.

Les pentes du sol des caves seront disposées de manière à faciliter l'écoulement des eaux de lavage dans les cuvettes destinées à les recevoir.

Si, à défaut de caves, le local destiné aux salaisons est situé au rez-de-chaussée, le sol sera disposé de manière à ce que les eaux de lavage puissent être dirigées vers l'égout le plus voisin.

TROCADÉRO (Avenue et place du).

ANNEXES.

Extrait de la convention du 6 décembre 1866 passée entre l'Etat et la Ville de Paris.

Entre le ministre des finances agissant au nom de l'Etat et le préfet de la Seine agissant au nom de la ville de Paris;

Il a été convenu ce qui suit :

ARTICLE PREMIER. — La ville de Paris s'engage à exécuter à ses frais, risques et périls, les travaux de construction de la nouvelle place et de ses dépendances, tels qu'ils sont indiqués par un tracé bleu sur le plan ci-annexé, et consistant notamment, sur le plateau, en une place circulaire de deux cent cinquante mètres de diamètre et, au-dessous, dans tout l'espace compris entre les avenues Franklin et du Trocadéro et le quai de Billy, en un vaste amphithéâtre d'une largeur de cinq cents mètres, égale à celle du Champ de Mars. Dans ces travaux sont compris tous ceux de viabilité, de voirie et d'embellissement (établissement de chaussées, pavage, trottoirs, égouts, conduites d'eau, appareil d'éclairage, plantations, jardinage, décorations de toute sorte).

ART. 2. — La Ville s'engage à céder à l'Etat, en toute propriété, et à livrer dans le mois de la date de la présente convention, franc et quitte de tous frais de viabilité (trottoirs, égouts, éclairage, etc.) et de tous droits d'hypothèques et privilèges, l'îlot coté R au plan susvisé, d'une contenance d'environ huit mille cinq cents mètres carrés, limité par les avenues du Trocadéro et d'Iéna, la rue de Magdebourg et la place d'Iéna; sur lequel îlot la Ville s'oblige à reconstruire, à ses frais, l'établissement des phares et le dépôt des machines de l'Ecole des ponts et chaussées, actuellement installés sur le terrain domanial dont il sera ci-après parlé.

Elle prend en outre à sa charge :

1° L'installation provisoire des services déplacés, jusqu'à la reconstruction des bâtiments qui leur sont destinés;

Et 2° leur translation définitive dans ces nouveaux bâtiments.

Ces divers ouvrages et travaux seront exécutés d'après les indications contenues dans les procès-verbaux de conférences, dressés le 20 novembre courant, entre les services intéressés.

Il est stipulé :

1° Que sur tous les points où ne seront pas élevés des bâtiments en façade, ledit terrain R sera fermé par une grille;

2° Que les plantations et les constructions qui pourraient être faites dans la portion de ce terrain comprise entre le côté Est de l'amphithéâtre, et une ligne L M du plan, ne dépasseront pas la hauteur maxima de douze mètres, sauf une tourelle de trois mètres de diamètre [1];

3° Que la même hauteur ne pourra être excédée par les constructions et plantations qui seraient faites sur les terrains appartenant

déjà à la ville de Paris ou qu'elle achètera ultérieurement, et compris entre le quai de Billy, le côté Est de l'amphithéâtre, l'avenue d'Iéna et la ligne L M prolongée [1];

4° Qu'il ne sera fait, tant sur la place que sur l'amphithéâtre, aucun travail de construction et de plantation de nature à gêner le champ visuel nécessaire aux expériences de photométrie de l'établissement des phares;

5° Que les matériaux de démolition provenant des établissements existants et qui ne seraient pas réemployés, resteront la propriété du domaine.

———

Extrait de la Convention du 27 octobre 1868 passée entre l'Etat et la Ville de Paris.

A (*le préfet de la Seine*), par ces présentes, au nom de la ville de Paris,

Vendu et cédé à l'Etat, ce qui est accepté par lui et en son nom...

Une zone de terrain située à Paris, rue de la Manutention, ci-devant Basse-Saint-Pierre-des Chaillot (XVI° arrondissement, quartier de Bassins), tenant du nord à l'avenue du Trocadéro, du midi à la Manutention des vivres militaires, appartenant à l'Etat, de l'est à un terrain récemment acquis de la ville de Paris par la société Leteissier, Delaunay et Cie, de l'ouest à la rue sus-dénommée.

CLAUSES ET CONDITIONS.

§ 1er. — Mur de soutènement.

Il est d'abord expliqué, à l'aide d'une figure établie par M. Alphand, ingénieur en chef des ponts et chaussées, directeur de la voie publique et des promenades de la ville de Paris et auteur du projet de l'avenue du Trocadéro, laquelle figure reconnue exacte est ci-annexée, que la zone de terrain présentement vendue se trouve en contre-bas de l'avenue du Trocadéro, dont le sol est maintenu comme l'indique le profil en long tracé sur ladite figure, par un mur de soutènement avec arcades, lequel, construit par la Ville et à ses frais, sera entretenu par elle aussi à perpétuité et formera, de ce côté, la clôture dudit terrain.

L'Etat devra souffrir l'existence du mur, de ses pieds-droits saillants et des voûtes de support et des plates-bandes de fleurs qui occupent en totalité une zone de trois mètres sur le terrain, ainsi que le démontre également le profil en travers pareillement ci-annexé, dressé par le même ingénieur.

Il devra aussi permettre, sans indemnité, toutes les fois qu'il s'agira de réparations, l'entrée des ouvriers qui en seront chargés, l'établissement des échafaudages et l'approche des matériaux nécessaires à ces travaux.

§ 2. — Servitude non œdificandi.

ARTICLE PREMIER. — L'Etat ne pourra élever, sur la zone et dans toute son étendue, aucune construction ni clôtures autres que des grilles

———

[1] Cette servitude de hauteur a été abandonnée par l'Etat et la ville de Paris (V. la lettre du ministre des travaux publics du 22 mars 1883, et l'arr. préf. du 14 juin 1883).

[1] Cette servitude a été modifiée par les lettres et arrêté préf. de 1883.

de division, en tout semblables à celles imposées pour les façades qui sont au niveau de l'avenue.

Toutefois, la naissance des voûtes du mur de soutènement se trouvant sur le point dont il s'agit, c'est-à-dire tout le long du terrain ci-dessus vendu, à plus de 3 mètres au-dessus du sol, le mur actuellement construit entre la Manutention et le terrain de la société Leteissier, Delaunay et Cie, lequel n'excède pas, d'ailleurs, la hauteur de 3 mètres, maximum fixé par l'administration municipale, est regardé par celle-ci comme suffisant, sauf, bien entendu, à l'État et au propriétaire voisin de le remplacer, si bon leur semble, par une grille de la condition prescrite.

ART. 2. — Le terrain dont il s'agit devra être exclusivement occupé par un parterre d'agrément ou par une cour sablée.

ART. 3. — En tout cas, le niveau actuel du sol ne pourra être modifié, et il ne devra être fait le long du mur de soutènement aucune plantation de nature à le détériorer.

Extrait de la Loi du 18 mars 1869.

ARTICLE PREMIER. — Est approuvée la convention passée le 6 décembre 1866 entre le ministre des finances, agissant au nom de l'État, et le préfet de la Seine, agissant au nom de la ville de Paris, ladite convention annexée à la présente loi, et portant :

1° Allocation à la ville de Paris d'une subvention de trois millions de francs pour la création de la place du Trocadéro et dépendances ;

2° Cession réciproque de terrains sis à Paris, au lieu dit le Trocadéro ;

3° Engagement par la ville de Paris de renoncer à l'appel formé par elle contre un jugement du Tribunal de la Seine, en date du 16 août 1865.

Lettre du Ministre des Travaux publics au Préfet de la Seine en date du 22 mars 1883.

Monsieur le préfet,

Vous m'avez fait part, le 29 janvier dernier, de votre intention d'appeler le conseil municipal à délibérer sur la question de savoir s'il n'y a pas lieu de renoncer à la servitude dont a été frappée une bande de terrain longeant la place du Trocadéro, par suite du traité passé en 1866 entre la ville de Paris et l'État, servitude qui consiste à interdire des constructions de plus de douze mètres de hauteur, sauf une tourelle de trois mètres de diamètre.

Vous m'avez demandé de faire examiner au préalable cette question en ce qui concerne les terrains appartenant à l'État et occupés par le service des phares à balises.

Vous pensez, Monsieur le Préfet, que cette servitude est devenue inutile depuis les modifications apportées à la nature même des lieux par l'édification du palais du Trocadéro.

Cette servitude, à laquelle l'État avait dû se soumettre lors de la construction du dépôt des phares, avait pour but de conserver pour les promeneurs de l'amphithéâtre la perspective de la vallée de la Seine du côté de Paris ; elle n'a point été établie dans l'intérêt du service des phares. L'horizon visuel nécessaire aux expériences de ce service comprend principalement le plateau de Châtillon et accessoirement les hauteurs entre Fleury et Clamart ou le sommet des Hautes-Bruyères, près de Villejuif.

Cet horizon se trouve tout entier dans l'angle qui correspond à la promenade du Trocadéro, d'une part, et se termine de l'autre avant le côté de la promenade où se trouve la zone de terrain frappée de servitude, de sorte que la suppression de cette servitude ne peut en rien nuire aux intérêts du service des phares.

Il est d'ailleurs incontestable que cette suppression ne pourra qu'accroître la valeur du terrain sur lequel est installé le dépôt des phares.

Quant à la conservation de l'horizon visuel à ménager pour le service des phares, elle est assurée par une autre clause du même traité ainsi conçue :

« Il ne sera fait, tant sur la place que sur l'amphithéâtre, aucun travail de constructions ni plantations de nature à gêner le champ visuel nécessaire aux expériences de photométrie. »

J'ai l'honneur de vous informer, monsieur le préfet, qu'après avoir consulté sur cette question le conseil général des ponts et chaussées, j'ai reconnu que l'État, au point de vue du service central des phares, n'a aucun intérêt au maintien de la servitude établie par le traité de 1866 sur les terrains qui bordent, au nord-est, la promenade du Trocadéro.

Extrait de l'Arrêté préfectoral du 14 juin 1883.

La délibération susvisée du conseil municipal est approuvée.

En conséquence, la ville de Paris est autorisée à renoncer à la servitude qui, aux termes de la convention passée le 6 décembre 1866 entre l'État et la ville de Paris, relativement à la place du Trocadéro, interdit d'élever des constructions de plus de douze mètres de hauteur sur une zone de terrains situés au nord-est de ladite place, et limitée au plan par une ligne L, M, N, O.

TROTTOIR. — Loi du 7 juin 1845[1]. Arr. préf. des 15 avril 1846[2] et 4 juin 1852[3]. Ord. pol. du 25 juillet 1862[4]. Instr. préf. du 12 mars 1866[5]. Ord. pol. du 21 mars 1888[6].

Les riverains ne participent à la construction des trottoirs qu'au cas où il s'agit de travaux de premier établissement ; en conséquence, le propriétaire, au droit de l'immeuble duquel existait un revers de pavé, n'est pas tenu de contribuer à la construction d'un trottoir[7].

De même, si les ordres de l'administration entraînent une modification dans le système de construction de trottoirs entretenus

---

[1] Annexe. — [2] Annexe. — [3] Annexe. — [4] V. *Bâtim. en constr.* — [5] V. *Boulevard.* — [6] V. *Passage public.* — [7] C. d'Ét., 6 janv. 1882.

par les particuliers, les frais de cette modification doivent être supportés par la Ville[1].

Pour être obligatoire, il faut que l'établissement des trottoirs ait été déclaré d'utilité
publique par un décret rendu après enquête[2].

La dépense est répartie entre les particuliers et la Ville. qui contribue dans la
dépense, suivant une proportion de [3]

un tiers..... pour les trottoirs en granit,
un sixième..   —   bitume,
un quart....   —   pavé.

L'arrêté préfectoral du 15 avril 1846[4]
fixe la largeur à donner aux trottoirs, ainsi
que la manière dont les travaux doivent
être exécutés.

Contrairement à l'article 18 de cet arrêté,
qui laissait pendant trois ans les trottoirs
en bitume à la charge des propriétaires, ces
trottoirs sont reçus, maintenant, à l'entretien
de la Ville, aussitôt leur construction[5].

Sur les anciens boulevards, l'entretien
du dallage des contre-allées est à la charge
des riverains sur une largeur de 4 mètres[6].

Il est défendu de construire aucun trottoir sans une autorisation, et l'entrepreneur
doit, dans l'exécution de ses travaux, se
conformer aux prescriptions de l'ordonnance
de police du 25 juillet 1862[7].

L'administration peut exiger l'établissement de trottoirs dans les passages ou voies
privées[8].

Lorsqu'une cour pourvue d'un trottoir
fait partie d'une location, le preneur est
responsable des dégradations qui peuvent
y être commises par les voitures[9].

ANNEXES.

Loi du 7 juin 1845.

ARTICLE PREMIER. — Dans les rues et places
dont les plans d'alignement ont été arrêtés par
ordonnances royales, et où, sur la demande des
conseils municipaux, l'établissement de trottoirs
sera reconnu d'utilité publique, la dépense de
construction des trottoirs sera répartie entre les
communes et les propriétaires riverains, dans
les proportions et après l'accomplissement des
formalités déterminées par les articles suivants.

ART. 2. — La délibération du conseil municipal qui provoquera la déclaration d'utilité
publique désignera en même temps les rues et
places où les trottoirs seront établis, arrêtera
le devis des travaux, selon les matériaux entre
lesquels les propriétaires auront été autorisés à
faire un choix, et répartira la dépense entre la
commune et les propriétaires. La portion à la
charge de la commune ne pourra être inférieure
à la moitié de la dépense totale.

[1] C. d'Et., 7 avril 1841. — [2] Loi, 7 juin 1845, annexe. — [3] Arr. préf., 1846, annexe. — [4] Annexe. —
[5] Arr. préf., 4 juin 1852, annexe. — [6] Instr., 12 mars
1866. V. *Boulevard*. — [7] V. *Bâtim. en constr.* —
[8] Ord. pol., 21 mars 1888, V. *Passage public.* —
[9] Le Bègue, p. 87.

Il sera procédé à une enquête *de commodo
et incommodo*.

Une ordonnance du Roi statuera définitivement, tant sur l'utilité publique que sur les
autres objets compris dans la délibération du
conseil municipal.

ART. 3. — La portion de la dépense à la
charge des propriétaires sera recouvrée dans
la forme déterminée par l'article 28 de la loi
de finances du 25 juin 1841,

ART. 4. — Il n'est pas dérogé aux usages en
vertu desquels les frais de construction des
trottoirs seraient à la charge des propriétaires
riverains, soit en totalité, soit dans une proportion supérieure à la moitié de la dépense
totale.

———

Arrêté préfectoral du 15 avril 1846

Dispositions générales.

ARTICLE PREMIER. — Les trottoirs des rues
centrales et commerçantes de Paris continueront d'être établis entièrement en granit,
bordure et dallage.

L'administration se réserve d'autoriser exceptionnellement, dans les autres rues, des dallages
en bitume, en pavés ou en d'autres matières,
et des bordures en pierre calcaire dure, comme
celle de Château-Landon.

ART. 2. — Les trottoirs, de quelque nature
qu'ils soient, seront exécutés conformément
aux conditions des devis et des adjudications des
travaux semblables de la ville de Paris.

Ceux qui seront établis par des entrepreneurs du choix des propriétaires ne passeront à
l'entretien de l'administration que s'ils sont
conformes à ces conditions, et après qu'ils
auront été reçus sur les certificats des ingénieurs.

La prime allouée, s'il y a lieu, ne sera due
et payée qu'après cette réception.

ART. 3. — Sauf les exceptions autorisées
spécialement, la largeur des trottoirs sera,
d'après celle des rues, conforme aux indications
du tableau suivant :

LARGEUR des rues.	LARGEUR des chaussées.	LARGEUR de chaque trottoir.	LARGEUR des rues.	LARGEUR des chaussées.	LARGEUR de chaque trottoir.
m. c.	m. c.	m. c.	m. c.	m. c.	m. c.
3 50	2 »	0 75	11 70	7 10	2 30
4 »	2 50	0 75	12 »	7 20	2 40
4 50	3 »	0 75	12 50	7 50	2 50
5 »	3 50	0 75	13 »	7 80	2 60
5 50	4 »	0 75	13 50	8 10	2 70
6 »	4 40	0 80	14 »	8 40	2 80
6 50	4 50	1 »	14 50	8 70	2 90
7 »	4 60	1 20	15 »	9 »	3 »
7 50	4 80	1 35	15 50	9 30	3 10
7 80	5 »	1 40	16 »	9 60	3 20
8 »	5 »	1 50	16 50	9 90	3 30
8 50	5 50	1 50	17 »	10 20	3 40
9 »	6 »	1 50	17 50	10 50	3 50
9 50	6 40	1 55	18 »	10 80	3 60
9 70	6 50	1 60	18 50	11 10	3 70
10 »	6 60	1 70	19 »	11 40	3 80
10 50	6 80	1 85	19 50	11 70	3 90
11 »	7 »	2 »	20 »	12 »	4 »
11 50	7 10	2 20	et au-dess.	minimum.	minimum.

ART. 4. — La bordure des trottoirs sera élevée de 0ᵐ17 au-dessus du pavé; la pente en travers du dallage sera de 0ᵐ04 par mètre, à moins que le projet n'en indique une autre.

Devant les portes cochères, la bordure sur 2 mètres de longueur n'aura que 0ᵐ04, de saillie au-dessus du ruisseau. Aux extrémités de cette bordure, régneront deux rampants inclinés, de 0ᵐ05 par mètre, au milieu desquels déboucheront les gargouilles obliques de la porte cochère. Les bordures, devant ces portes, ne seront jamais entaillées.

L'intervalle compris entre les portes cochères et la bordure sera rempli par un pavage smillé appareillé en quinconce et posé sur mortier hydraulique, avec des joints de 0ᵐ005, de largeur au plus.

ART. 5. — Les eaux ménagères et pluviales prendront leur écoulement sous le dallage, au moyen de gargouilles de fonte, dans la partie supérieure desquelles sera pratiquée une rainure, pour en faciliter le nettoiement, et scellées avec solidité sur un massif de maçonnerie de 0ᵐ15 de hauteur sur 0ᵐ28 de largeur, avec mortier hydraulique.

A droite et à gauche des portes cochères, les gargouilles pourront être disposées en S, ou, si elles sont droites, être placées obliquement. Ces gargouilles, des modèles actuellement en usage, devront être ajustées avec les tuyaux de descente prescrits par les ordonnances de police.

ART. 6. — Il ne sera posé ou conservé ni bornes, ni bornillons, ni autres corps saillants, soit dans l'épaisseur, soit à l'extérieur du trottoir. Les bornes enlevées resteront aux propriétaires.

ART. 7. — Les pavés existants sur l'emplacement du trottoir, que le pavage ait été reçu ou non à l'entretien de l'administration, sauf ceux qui seront nécessaires au raccordement définitif et aux portes cochères, seront transportés immédiatement après leur arrachement, au dépôt de l'administration, qui en disposera.

Ce transport sera fait aux frais et par les soins du propriétaire ou de son entrepreneur, lesquels seront responsables de la totalité de ces matériaux, et comme tels tenus de justifier de leur entrée en totalité audit dépôt. La valeur de tout pavé manquant sera calculée à raison de 300 francs le millier, et le montant en sera retenu sur la prime.

A mesure qu'on avancera la bordure, le pavé arraché en dehors de son alignement sera bloqué avec soin par le constructeur du trottoir, en attendant le raccordement définitif. Le raccordement sera exécuté par l'entrepreneur public, conformément aux règlements de voirie, sur l'ordre de l'ingénieur, et aussitôt que la bordure du trottoir sera posée.

ART. 8. — Les travaux ne pourront être commencés qu'après que les agents du pavé de Paris auront reconnu la quantité et la qualité des pavés à arracher, et qu'ils auront tracé les alignements et les points de repère de hauteur, auxquels le constructeur devra se conformer. Ces travaux seront surveillés par les mêmes agents, et poussés sans interruption de manière à être terminés dans un délai de dix jours au

plus, si la superficie du trottoir ne dépasse point 100 mètres. Ce délai sera augmenté d'un jour par 50 mètres carrés de trottoir à construire en sus de la surface précitée. Le propriétaire ou son entrepreneur devront avertir à l'avance, et par écrit, l'ingénieur qui devra surveiller les travaux, de l'époque à laquelle ils commenceront.

ART. 9. — Les matériaux destinés à la reconstruction du trottoir ne pourront être mis en œuvre qu'après qu'ils auront été examinés, acceptés et marqués par les agents du service; ceux qu'ils auraient rebutés seront empreints d'une marque différente indélébile, et seront enlevés sur-le-champ de l'atelier. Les ordonnances de police concernant l'enlèvement des matériaux encombrant indûment la voie publique seront applicables aux rebuts qui séjourneraient sur l'atelier.

Tous les frais de cette construction, y compris l'éclairage et les autres dépenses accessoires, seront à la charge du propriétaire, sauf la prime.

Le trottoir devra être rigoureusement exécuté conformément aux conditions du présent arrêté, sous peine du retrait de la prime et des condamnations de droit, pour contravention aux règlements de voirie.

ART. 10. — Aussitôt après l'achèvement du trottoir, l'ingénieur procédera à l'examen des ouvrages, en présence du propriétaire ou de son entrepreneur, dûment appelés, et il en dressera un procès-verbal qui sera transmis à l'administration en double expédition par l'ingénieur en chef directeur.

ART. 11. — Dans le cas où ce procès-verbal constatera que toutes les conditions ont été remplies, l'administration prendra l'entretien du trottoir à sa charge, et ordonnancera au profit du propriétaire la portion de prime à lui accordée.

Si le procès-verbal constate au contraire des malfaçons, il sera notifié au propriétaire, qui aura deux mois pour les faire disparaître. Ce délai expiré, si le trottoir n'est point recevable, il en sera dressé un nouveau procès-verbal, et l'ingénieur pourra, sans aucune formalité, faire effectuer les fournitures et les travaux nécessaires pour mettre le trottoir en état de réception. La dépense de cette mise en état sera imputée sur la prime.

ART. 12. — La prime accordée à titre d'encouragement, s'il y a lieu, sera payée intégralement, sauf les retenues que les infractions pourraient motiver, après la réception du trottoir, si son exécution a eu lieu en même temps que le relevé à bout de la rue. Dans le cas où le trottoir sera construit hors du temps du relevé à bout, la prime sera payée au propriétaire, déduction faite des derniers raccordements du pavé par l'entrepreneur public. Ces frais seront payés à celui-ci sur états trimestriels dressés par les ingénieurs. Les primes seront basées sur les estimations faites par les ingénieurs d'après le prix des adjudications publiques.

ART. 13. — Les propriétaires pourront demander l'exécution de leur trottoir par l'entrepreneur des travaux de la Ville, au prix de son adjudication. Dans ce cas, lesdits propriétaires devront verser à la caisse municipale le montant de la dépense à leur charge avant l'exécution des travaux, et déduction faite de la prime.

ART. 14. — Toute autorisation pour la construction d'un trottoir n'est valable que pour deux ans à partir de sa date. Les travaux ne pourront être exécutés que pendant la saison fixée pour les travaux publics, du 1er avril au 15 novembre de chaque année.

ART. 15. — Les granits devront satisfaire pour leur dimension, leur qualité, leur provenance, leur taille et leur mise en œuvre, à toutes les conditions du cahier des charges de l'adjudication générale des travaux de cette espèce.

ART. 16. — La prime qui pourra être accordée pour les trottoirs tout en granit sera du tiers de l'évaluation des ingénieurs ; elle sera payée immédiatement après l'exécution.

ART. 17. — Le dallage en bitume sera généralement fondé sur une couche de béton de 0m 10 d'épaisseur. Toutefois, les projets spéciaux pourront comprendre toutes autres fondations, comme carrelage, terre à four, gravier, etc. L'épaisseur de l'enduit en mastic bitumineux sera de 0m 015 au moins. L'exécution de ces travaux sera d'ailleurs assujettie aux conditions du devis de l'adjudication générale.

ART. 18. — La prime qui continuera d'être accordée pour les trottoirs en bitume sera du sixième de l'estimation des ingénieurs. La portion revenant au propriétaire restera pendant trois ans entre les mains de l'administration pour garantie de la bonne exécution des travaux en bitume. Elle ne sera due et payée qu'après cette épreuve et la réception du trottoir. Jusqu'à cette réception, le propriétaire de la maison sera obligé d'entretenir le trottoir en bon état ; faute par lui d'y pourvoir, l'administration y pourvoira d'office, et pourra même ordonner au besoin l'enlèvement dudit trottoir et le rétablissement des lieux dans leur état primitif ; le tout aux frais, risques et périls dudit propriétaire.

ART. 19. — L'administration autorisera la construction de trottoirs en pavés avec bordures en granit ou en pierre calcaire dure, dans les rues excentriques qu'elle se réserve de déterminer. Les bordures en pierre calcaire dure devront, pour leur dimension, pour leur qualité, leur provenance, leur taille et leur mise en œuvre, satisfaire aux conditions du devis de l'entreprise en vigueur pour cette nature de matériaux. Aux angles des rues, il sera établi des bordures en granit dites circulaires.

ART. 20. — L'aire du trottoir sera remplie par un pavage appareillé en quinconce smillé à la surface avec des joints de 0m 005 au plus.

Les pavés seront posés à bain de mortier hydraulique de 0m 03 d'épaisseur, étendu sur une couche double de 0m 05. Leurs joints seront garnis de mortier. Ces pavés seront d'un échantillon parfaitement égal ; ils auront des joints bien d'équerre et bien droits. Le grès devra être de bonne qualité pour tous les pavés.

Lesdits pavés seront pris sur place ou fournis par l'entrepreneur, qui pourra, au prix coûtant, les tirer des dépôts de l'administration. Dans l'un et l'autre cas, l'entrepreneur sera chargé de la taille des pavés à employer.

ART. 21. — La prime qui pourra être accordée pour la construction de ces trottoirs sera du quart de l'estimation des dépenses faites par l'ingénieur. Elle sera payée après la réception, qui pourra avoir lieu immédiatement.

ART. 22. — Les trottoirs avec ruisseaux refouillés dans les bordures ne pourront être établis qu'à la condition que les propriétaires assureront pour eux et leurs successeurs le paiement des frais de balayage par cantonniers spéciaux, suivant les prescriptions de M. le préfet de police, et sur les rôles qui seront arrêtés par ce magistrat. Le recouvrement aura lieu au besoin dans les formes prescrites par l'art. 44 de la loi du 18 juillet 1837.

ART. 23. — Pour obtenir l'autorisation de cette espèce de trottoir, les propriétaires devront s'engager par un acte reçu administrativement devant le préfet de la Seine et le secrétaire général, d'assurer le paiement des frais de balayage ci-dessus indiqués. Ils devront transmettre à leurs successeurs ladite obligation.

La prime qui sera accordée pour ces constructions sera celle des trottoirs en granit. S'il existe des anciens trottoirs, on aura égard, dans l'estimation, à la valeur des matériaux qui rentreraient au dépôt de la Ville. Ces travaux seront d'ailleurs exécutés conformément aux prescriptions du devis général.

ART. 24. — L'ingénieur en chef directeur du pavé de Paris est chargé de l'exécution du présent arrêté, qui sera imprimé à la suite des autorisations de trottoirs.

Arrêté préfectoral du 4 juin 1852.

ARTICLE PREMIER. — Les trottoirs en bitume construits par les particuliers pourront, à l'avenir, être reçus aussitôt après leur construction à l'entretien de la Ville.

Cette réception aura lieu dans la forme et dans les délais prescrits par les articles 10 et 11 de l'arrêté réglementaire du 15 avril 1846.

ART. 2. — Ampliation du présent arrêté sera adressée...

TROUS.

Le locataire ne peut fixer ses rideaux, ciels de lit, tableaux, etc., sans pratiquer des trous dans les plafonds et dans les murs. Troplong estime qu'il ne fait en cela qu'user de la chose louée suivant sa destination, et met la réparation à la charge du bailleur ; mais cette règle, réfutée par la plupart des auteurs, doit avoir une limite ; il est, en effet, évident que si les clous ou patères, posés ou arrachés maladroitement, ont fait des trous plus grands qu'il n'était nécessaire, le locataire doit être responsable du dégât qu'il a commis.

L'usage est de réclamer au locataire une indemnité calculée d'après la durée de l'occupation et l'importance des dégradations[1].

TROUS A FUMIER.

Le locataire doit l'entretien des ferrures et fermetures des trous à fumier, jusqu'à ce qu'elles périssent par vétusté, auquel cas le remplacement est à la charge du propriétaire[2].

TUERIES D'ANIMAUX.

Etablissements insalubres de 2ᵉ classe : danger des animaux et odeur[3].

V. *Abattoir.*

TUILERIES avec fours non fumivores.

Etablissements insalubres de 3ᵉ classe : fumée[4].

Pour les prescriptions administratives, V. *Briqueterie.*

TUILES MÉTALLIQUES (Trempage au goudron des).

Etablissement insalubre de 2ᵉ classe : émanations nuisibles, danger d'incendie[5].

Les ateliers où l'on fait la fusion du goudron et l'imprégnation des tuiles, ainsi que le magasin au goudron, doivent être en matériaux incombustibles, ventilés au moyen de lanternons à lames de persiennes, éclairés seulement par la lumière du jour, et les ouvertures des foyers placées au dehors.

Les chaudières doivent être munies de couvercles et surmontées de hottes.

La cheminée doit avoir de 20 à 30 mètres d'élévation[1].

TUYAUX de descente.

L'entretien des tuyaux de descente des eaux pluviales ou ménagères et des cabinets d'aisances est à la charge du propriétaire.

En cas d'engorgement, la réparation est à la charge du locataire, quand il est possible de constater qu'il a jeté des matières solides dans les tuyaux, et que l'engorgement a été causé, par conséquent, par sa faute. Il en est de même, en cas de gelée, s'il est possible de prouver que le locataire a jeté de l'eau dans les tuyaux malgré la défense du propriétaire[2].

TUYAUX de drainage (Fabrique de).

Etablissement insalubre de 3ᵉ classe : fumée[3].

Pour les prescriptions administratives, V. *Briqueterie.*

TUYAUX de fumée. — V. *Cheminée.*

U

URATE (Fabrique d'). — V. *Engrais préparés.*

URINOIR. — Arr. préf. du 26 mars 1850[6]. Ord. pol. du 1ᵉʳ sept. 1853[7].

Les personnes qui ont été autorisées à établir des urinoirs sur la voie publique doivent les entretenir en bon état, et en faire opérer le nettoiement et le lavage assez fréquemment pour qu'ils soient constamment propres, et qu'il ne s'en exhale aucune mauvaise odeur. En cas d'inexécution, il est pourvu d'office, et aux frais des contrevenants, à la réparation, au nettoiement et au lavage de ces urinoirs[8].

L'autorité municipale peut, dans l'intérêt de la salubrité, astreindre les limonadiers, traiteurs et cafetiers à établir, dans leurs locaux, et même sur la voie publique, des urinoirs à l'usage de leur clientèle[4].

Le sol de ces urinoirs doit être imperméable, avec pentes suffisantes pour assurer l'écoulement des liquides ; les revêtements doivent également être en matériaux imperméables, tels qu'ardoise, lave émaillée, etc. Il doit y avoir un écoulement d'eau continuel.

L'administration ne peut en établir contre une propriété particulière sans l'autorisation du propriétaire[5].

ANNEXE.

Arrêté préfectoral du 26 mars 1850.

ARTICLE PREMIER. — Des urinoirs contre les murs des établissements publics ou des maisons particulières ne pourront être établis

---

[1] Le Bègue, p. 87.
[2] Le Bègue, p. 87.
[3] Décr., 31 déc. 1866.
[4] Décr., 31 déc. 1866.
[5] Décr., 7 mai 1878.
[6] Annexe. — [7] V. *Matières insal.* — [8] Ord. pol., 1ᵉʳ sept. 1853, V. *Matières insal.*

[1] Bunel, p. 439.
[2] Agnel, nº 598.
[3] Décr., 7 mai 1878.
[4] Cass., 12 oct. 1850. — [5] Arr. préf., 26 mars 1850, annexe.

qu'après l'autorisation des administrations spéciales pour les premiers, et le consentement par écrit des propriétaires pour les maisons.

ART. 2. — A moins de dispositions particulières, dont les ingénieurs nous soumettront les projets, les urinoirs seront formés de laves émaillées appliquées contre les murs et formant dans les encoignures le même angle que ceux-ci.

La cuvette sera établie à ciel ouvert et sans grille, au moyen d'une simple dépression qui ramène les liquides dans la gargouille.

Une rainure d'un demi-centimètre de profondeur à 0ᵐ 50 au moins de l'angle sera creusée pour ramener pareillement les eaux qui sortiraient de la cuvette.

Les gargouilles en fonte des urinoirs devront être posées un peu au-dessous des dalles voisines, et avoir dans les bords de leur rainure des entailles pour recevoir les eaux latérales et éviter leur écoulement sur l'aire des trottoirs.

ART. 3. — Les gargouilles particulières des maisons seront fondues et posées avec les mêmes dispositions.

Au bas des tuyaux de descente des chéneaux, la pente de l'aire, sur environ 20 centimètres de chaque côté, sera légèrement inclinée vers la gargouille pour y ramener les eaux.

ART. 6. — Les anciens travaux qui n'auront pas les dispositions ci-dessus indiquées les recevront successivement au fur et à mesure des reconstructions.

ART. 5. — Les ingénieurs du service municipal sont chargés de l'exécution du présent arrêté...

USUFRUITIER. — C. civ., art. 578 à 614, 1429 et 1430.

L'usufruitier a le droit de jouir des choses dont il a l'usufruit, comme le propriétaire lui-même, mais à charge d'en conserver la substance[1].

L'usufruit est établi par la loi, ou par la volonté de l'homme[2], sur toute espèce de biens meubles et immeubles[3].

L'usufruitier a le droit de jouir des fruits civils que peut produire l'objet dont il a l'usufruit[4]. On entend par fruits civils les loyers des maisons et le prix des baux à ferme[5].

L'usufruitier peut louer tout ou partie de l'immeuble dont il a l'usufruit[6], mais les baux ne peuvent avoir une durée de plus de neuf ans, ni être renouvelés plus de deux ans avant leur expiration[7].

L'usufruit jouit aussi des droits de servitude et, en général, de tous les droits dont le propriétaire peut jouir, et comme le propriétaire en jouirait lui-même[8].

Le propriétaire ne peut rien faire, de quelque manière que ce soit, qui puisse nuire aux droits de l'usufruitier[1].

L'usufruitier doit jouir en bon père de famille[2].

Il prend les choses dans l'état où elles se trouvent; mais il ne peut entrer en jouissance qu'après avoir fait dresser, en présence du propriétaire, ou lui dûment appelé, un état de l'immeuble dont il a l'usufruit[3].

Il ne peut, sans le consentement du propriétaire, surélever le bâtiment, changer les appartements et autres dépendances de la maison, les défigurer, augmenter ou diminuer, modifier l'usage auquel l'immeuble a été destiné, diminuer ou agrandir les croisées[4].

Il peut néanmoins faire toutes les améliorations nécessaires, utiles, ou même n'ayant que son seul agrément comme but, pourvu que ce soit sans empirer ni changer l'état des lieux ancien. Mais il ne peut être réclamé, à la cessation de l'usufruit, aucune indemnité pour ces améliorations, quand bien même la valeur de la chose en serait augmentée[5]. La Cour de cassation[6] a même compris sous cette désignation, améliorations, des constructions élevées par l'usufruitier.

Il peut, cependant, lui ou ses héritiers enlever les glaces, tableaux et autres ornements qu'il aurait fait placer, mais à la charge de rétablir les lieux dans leur état primitif[7].

Il est responsable des dégradations et abus provenant de son fait ou de sa négligence[8]. Il n'est tenu qu'aux réparations d'entretien; à moins que les grosses réparations[9] ne soient devenues nécessaires par suite d'un défaut d'entretien; auquel cas les grosses réparations deviendraient à sa charge[10].

Ni le propriétaire, ni l'usufruitier, ne sont tenus de rebâtir ce qui est tombé de vétusté, ou ce qui a été détruit par cas fortuit[11].

L'usufruitier est tenu, pendant la jouissance, de toutes les charges annuelles, telles que les contributions et autres qui, dans l'usage, sont censées charges des fruits[12].

Quant aux charges qui peuvent être imposées à la propriété pendant la durée de

---

[1] C. civ., 599. — [2] C. civ., 601. — [3] C. civ., 600, — [4] Dalloz, Usufr., n° 240. — [5] C. civ., 599. — [6] Cass., 23 mars 1825. — [7] C. civ., 599. — [8] C. civ., 614. — [9] V. *Réparations*. — [10] C. civ., 605, 606. — [11] C. civ., 607. — [12] C. civ., 608. V. également *Réparations*.

---

[1] C. civ., 578. — [2] C. civ., 579. — [3] C. civ., 581. — [4] C. civ., 582. — [5] C. civ., 584. — [6] C. civ., 595. — [7] C. civ., 1429, 1430. — [8] C. civ., 597.

l'usufruit, le propriétaire doit les payer, et l'usufruitier lui tient compte des intérêts. Si, au contraire, les sommes nécessaires sont avancées par l'usufruitier, il doit en être remboursé à la fin de l'usufruit[1].

L'usufruitier est responsable des travaux ordonnés par la commission des logements insalubres.

Le propriétaire peut vendre ou hypothéquer sa propriété ; mais cette vente ou cette hypothèque ne peut s'exercer que sur la nue-propriété pendant toute la durée de l'usufruit.

V - W

VACHERIES dans les villes de plus de 5,000 habitants. — Ord. pol. du 12 juin 1802[2]. Instr. jointe à la précédente ord[3]. Décr. du 31 déc. 1866.

Établissements insalubres de 3e classe : odeur et écoulement des urines[4].

Elles ne peuvent être établies sans une autorisation du préfet de police[5].

L'instruction jointe à l'ordonnance de 1802[6] détermine les conditions à observer dans la construction et l'aménagement des vacheries[7].

ANNEXES.

Ordonnance de police du 12 juin 1802 (23 prairial an X), concernant les établissements de vacheries dans Paris.

Le préfet de police, etc.
Ordonne ce qui suit :
ARTICLE PREMIER. — Il ne peut exister dans Paris aucune vacherie sans une permission du préfet de police.
ART. 2. — Tous nourrisseurs de vaches, à Paris, sont tenus de se pourvoir devant le préfet de police, dans le mois, à compter du jour de la publication de la présente ordonnance.
ART. 3. — A l'avenir, nul ne pourra établir de vacheries dans Paris sans en avoir préalablement obtenu la permission.
ART. 4. — Il sera pris envers les contrevenants aux dispositions ci-dessus telles mesures de police administrative qu'il appartiendra, sans préjudice des poursuites à exercer contre eux devant les tribunaux, conformément aux lois et aux règlements qui leur sont applicables.
ART. 5. — La présente ordonnance sera imprimée, etc.

———

Instruction pour l'exécution de l'ordonnance de police du 12 juin 1802 (23 prairial an X).

D'après l'ordonnance du 23 prairial an X, aucune vacherie ne peut exister dans Paris sans une permission spéciale du conseiller d'Etat, préfet de police; mais il ne suffit pas d'en faire la demande pour l'obtenir ; il faut que l'établissement qu'on désire conserver ou former réunisse les conditions requises.

Il est très important, sous tous les rapports, que les vacheries soient convenablement placées et bien disposées. L'exécution rigoureuse de ces mesures devient encore plus pressante dans Paris. Si les nourrisseurs de vaches avaient été forcés de s'y conformer, il ne s'élèverait pas des plaintes multipliées contre leurs établissements.

Il est une autre précaution à prendre, qui n'est pas moins essentielle; la salubrité veut que les vacheries soient tenues avec le plus grand soin; s'il en était autrement, il en résulterait des maladies qui pourraient atteindre les personnes comme les animaux.

En général les bâtiments des vacheries existantes dans Paris n'ont été ni construits ni disposés pour cet usage; ils ne présentent aucune commodité pour la distribution des fourrages et l'enlèvement des fumiers ; les étables sont basses et si resserrées que l'air y pénètre difficilement, ce qui les rend humides et malsaines.

La plupart de ces établissements se trouvent dans les quartiers les plus peuplés et les moins aérés, dans des rues étroites et dont les maisons sont fort élevées.

Il est hors de doute que, dans les circonstances actuelles, des considérations majeures réclament pour les habitants de Paris la conservation des ressources journalières que les vacheries leur procurent. Mais cela ne doit point cependant empêcher de remédier aux inconvénients qu'elles entraînent. Pour obtenir ce résultat, il n'y a point d'autre parti à prendre que de reléguer, autant que possible, les vacheries dans les faubourgs, dans les rues peu fréquentées et bien percées. Comme, d'ailleurs, une pareille mesure ne peut recevoir son exécution que graduellement et d'après une connaissance exacte des localités, il est préalablement nécessaire de procéder au recensement général des vacheries qui existent dans la ville de Paris : ce recensement devra indiquer l'emplacement et l'état de chaque vacherie, la grandeur, la hauteur et l'exposition des étables; si elles ont ou non des ouvertures pour le renouvellement de l'air; s'il y a un puits et une cour pavée; si la rue est assez large, et si les urines des vaches y ont leur écoulement. En un

---

[1] C. civ., 609.
[2] Annexe. — [3] Annexe. — [4] Décr., 31 déc. 1866.
— [5] Ord. pol., 12 juin 1802, annexe. — [6] Annexe.
— [7] V. également *Etable, Mangeoire*, etc.

mot, ce recensement devra contenir toutes les observations auxquelles les localités pourront donner lieu.

Il convient d'ajouter que les vacheries susceptibles d'être conservées, et celles qui seront établies par la suite, ne pourront avoir moins de deux mètres et demi de hauteur (7 pieds 8 pouces et demi environ). Quant à la longueur et à la largeur, elles doivent être proportionnées au nombre de vaches. Par exemple, les étables destinées à recevoir quatre vaches auront au moins quatre mètres et demi de longueur (14 pieds 6 pouces environ) et ainsi progressivement.

Pour rendre les étables saines, il est nécessaire que le sol en soit plus élevé que celui de la cour, qu'il soit en pente, et qu'on pratique dans les étables de trois mètres jusqu'à huit une fenêtre assez grande, et à la hauteur d'un mètre environ, pour que l'air puisse se renouveler et circuler librement. Cette fenêtre doit être placée, autant que le local le permettra, du côté opposé à la porte d'entrée, afin d'établir un courant d'air. Si la vacherie est isolée, deux fenêtres placées aux extrémités et en face l'une de l'autre, donneront encore plus de salubrité.

Dans les étables de huit mètres et au-dessus, il sera indispensable d'ouvrir deux fenêtres, trois dans celles de quinze à vingt mètres, et même davantage, selon le besoin.

La sûreté publique et l'intérêt des propriétaires exigent également que l'on prenne des précautions relativement aux dépôts de fourrages établis près des vacheries; ces dépôts devront être séparés des étables par un mur en maçonnerie, s'ils se trouvent placés à côté, et par un plancher recouvert en carreaux, s'ils sont au-dessus. Il ne devra y avoir au même étage aucun ménage ayant âtre, cheminée, poêle ou fourneau.

VAN-DYCK (Avenue). — V. *Monceau (Parc).*

VARECH. — V. *Soude de Varech.*

VÉLASQUEZ (Avenue). — V. *Monceau (Parc).*

VENDOME (Place). — Lettres patentes du 7 avril 1699.

Les façades des immeubles en bordure de la place Vendôme doivent être du modèle uniforme arrêté par l'administration[1].

ANNEXE.

Extrait des lettres patentes du 7 avril 1699.

Louis, etc.

Voulons et ordonnons que lesdits Prévost des marchants et Eschevins soient tenus, suivant leurs offres, de faire construire incessamment sur les emplacemens par nous à eux délaissez, et dont il leur sera passé contrat par nos commissaires à ce députez, les édifices nécessaires pour former la nouvelle place que nous avons

résolue avec les rues d'entrée et d'issue, le tout suivant les plans et élévation qui ont esté levez et dressez par nos ordres, et attachez sous le contre scel des présentes, après avoir esté paraphez par le surintendant de nos bâtimens et ledit Prévost des marchants...

Enjoignons de tenir la main à ce que tant ledit hostel des Mousquetaires et bâtimens en dépendans, que les édifices qui doivent composer la façade de ladite nouvelle place, soient construits solidement et en conformité desdits plans par nous arrestez; auquel effet il pourra commettre tel personne qu'il avisera, pour en avoir la conduite et direction sous ses ordres.

VENTILATEUR.

Toute fosse doit être munie d'un ventilateur[1].

Pour assurer le bon fonctionnement du ventilateur, il est préférable de placer les ouvertures des cabinets au nord et le ventilateur au midi, aussi près que possible des foyers des cuisines, ou le long des corps de cheminée. A Lille on a essayé de faire déboucher directement l'orifice du ventilateur dans la cheminée de la cuisine même, et l'expérience a donné de bons résultats[2].

VERDET ou vert-de-gris (Fabrication du) au moyen de l'acide pyroligneux.

Etablissement insalubre de 3e classe : odeur[3].

Les chaudières doivent être recouvertes de hottes entraînant les gaz et les buées dans une cheminée très élevée.

Les eaux doivent être décantées et décolorées avant leur écoulement au dehors[4].

VERNIS. — V. *Argenture des glaces.*

VERNIS gras (Fabrique de).

Etablissement de 1re classe : odeur et danger d'incendie[5].

L'atelier de fabrication sera construit en matériaux incombustibles, éclairé seulement par la lumière du jour, et isolé du magasin des matières premières et des produits fabriqués; le sol sera disposé en cuvette.

Les chaudières, munies de couvercles, seront surmontées de hottes mobiles.

La cheminée aura de 20 à 30 mètres d'élévation suivant les localités[6].

Voir également les prescriptions du décret du 19 mai 1873, *Huiles de pétrole.*

VERNIS à l'esprit-de-vin (Fabrique de).

Etablissement insalubre de 2e classe : odeur et danger d'incendie[7].

---

[1] V. *Fosse.* — [2] Jourdan, p. 92.
[3] Décr., 7 mai 1878. — [4] Bunel, p. 442.
[5] Décr., 31 déc. 1866. — [6] Bunel, p. 442.
[7] Décr., 31 déc. 1866.

[1] Lettres pat., 7 avril 1699.

Mêmes prescriptions administratives que ci-dessus.

Il est interdit d'y employer des enfants à cause des dangers d'incendie [1].

VERNIS (Ateliers où l'on applique le) sur les cuirs feutres, taffetas, toiles, chapeaux. — V. *Ces mots.*

Le travail des enfants y est interdit en raison des dangers d'incendie.

VERRERIES, cristalleries et manufactures de glaces [2].

1° Avec four non fumivores.

Etablissements insalubres de 2° classe : fumée et danger d'incendie.

2° Avec fours fumivores.

Etablissements dangereux de 3° classe : danger d'incendie.

Au-dessus des fourneaux il sera établi de vastes hottes en tôle ou revêtues de plâtre et supportées par des colonnes en fonte.

Les ouvertures, par lesquelles s'échappe la fumée, doivent être placées à 20 mètres de hauteur.

Lorsqu'on se sert de fours fumivores, la cheminée doit avoir 15 à 20 mètres d'élévation, suivant les localités [3].

Le travail des enfants est interdit dans les locaux où se dégagent les poussières des opérations, ou dans lesquels il est fait usage de matières toxiques [4].

VERROUS.

L'entretien des verrous et de leur gâche est essentiellement à la charge du locataire ; les vis manquantes, les boutons cassés doivent être remplacés.

VÉSINET (Asile du). — V. *Vincennes* (*Asile de*).

VESSIES nettoyées et débarrassées de toute substance membraneuse (Atelier pour le gonflement et le séchage des).

Etablissement insalubre de 2° classe : odeur [5].

Les ateliers doivent être bien ventilés ; l'eau, qui doit y être en abondance, sera décantée avant son écoulement au dehors [6].

Il est interdit d'employer des enfants au soufflage, en raison des dangers d'affections pulmonaires [7].

VIANDES (Salaisons des). — V. *Salaisons.*

VICE CACHÉ. C. civ., art. 1648, 1649.

Sont réputés vices cachés les vices de construction non apparents au moment de la vente, et dont l'acquéreur n'a pu se rendre compte [1], même après un examen attentif [2].

On considère, entre autres, comme vices cachés :

1° L'établissement de poêles ou chaudières avec foyers assis sur des poutres ; l'adossement de cheminées à des pans de bois ; le passage de poutres à travers des cheminées [3] ;

2° La pourriture et décomposition des bois non apparents [4] ;

3° Les crevasses, déchirements, tassements dans les planchers, et par suite la mise des portes, croisées et cloisons, hors de niveau [5] ;

4° Les vices de construction d'un mur mitoyen cachés par des bâtiments adossés à ce mur [6] ;

5° L'existence d'un arrêté préfectoral portant, relativement à l'immeuble, une mesure non dénoncée par le vendeur à l'acquéreur [7].

La clause de garantie ordinaire, pour les causes apparentes, n'affranchit pas le vendeur de la garantie particulière, à raison des vices cachés [8].

L'action résultant des vices cachés de la chose vendue doit être intentée dans un bref délai [9]. En principe, c'est du jour de l'entrée en jouissance que court le bref délai, et non du jour de la découverte du vice caché. La détermination du bref délai est soumise à l'appréciation souveraine des juges [10] ; c'est ainsi qu'il a été jugé que cette action était éteinte huit ans après la vente [11].

Cette action en garantie ne peut s'exercer quand l'immeuble a été vendu par autorité de justice [12], mais dans ce cas seulement. Cette exception ne s'applique pas, par conséquent, aux ventes, adjudications et licitations faites en la forme judiciaire entre parties majeures et maîtresses de leurs droits [13].

VICTOIRES (Place des). Arr. du Cons. du 27 nov. 1691.

Les maisons en bordure de la place des Victoires doivent être construites d'après un type architectural déterminé [14]. Ce type a été modifié récemment, lors du percement de la rue Étienne Marcel, dans la partie au-dessus de l'entablement.

---

[1] Décr., 14 mai 1875. — [2] Décr., 31 déc. 1866. — [3] Bunel, p. 444. — [4] Décr., 14 mai 1875. — [5] Décr., 7 mai 1878. — [6] Bunel, p. 446. — [7] Décr., 22 sept. 1879.

[1] Paris, 26 déc. 1860. — [2] Cass., 16 déc. 1856. — [3] Paris, 31 déc. 1863. — [4] Paris, 30 juill. 1867. — [5] Paris, 1er déc. 1860. — [6] Paris, 30 déc. 1864. — [7] Paris, 17 nov. 1855. — [8] Paris, 31 déc. 1863, 30 juill. 1867. — [9] C. civ., 1648. — [10] Cass., 30 nov. 1858. — [11] Paris, 28 mars 1867. — [12] C. civ., 1649. — [13] Seine, 27 avril 1888. — [14] Arr. du Cons., 27 nov. 1691, annexe.

ANNEXE.

Extrait de l'Arrêt du Conseil d'État du Roi du 27 novembre 1691.

Le roy estant en son conseil a ordonné et ordonne que ledit acte dudit jour, 16 du présent mois, sera exécuté, et qu'à cet effet il sera retranché de l'hostel dudit feu sieur duc de la Feuillade, ce qui se trouvera nécessaire pour donner un cercle parfait avec les maisons en symétrie de ladite place, conformément au plan dudit sieur Mansart, fait en ladite année 1685, et à celuy qui pourra estre par luy fait par rapport à l'estat où se trouve à présent ledit hostel.

VIDANGE. Edit de sept. 1608[1]. Ord. pol. des 24 août 1808[2], 5 juin 1834[3], 1er déc. 1853[4] et 29 nov. 1854[5]. Arr, préf. du 22 août 1867[6]. Ord. pol. du 11 nov. 1880[7]. Arr. préf. des.28 fév. 1882[8], 10 nov. 1886[9], 20 nov. 1887[10] et 19 juin 1888[11].

Nul ne peut faire la vidange des fosses d'aisances sans une autorisation du préfet de police[12].

Tout entrepreneur de vidanges est soumis à certaines obligations relatives à son matériel[13], aux heures pendant lesquelles la vidange doit être faite[14], et à la manière dont elle doit être effectuée[15].

L'écoulement des liquides et du tout à l'égout est réglé par les arrêtés préfectoraux des 10 novembre 1886, 20 novembre 1887 et 16 juin 1888[16].

Dans les maisons appartenant à plusieurs, sauf titre contraire, la vidange est à la charge de tous les propriétaires, en raison du nombre d'étages appartenant à chacun.

Lorsque la fosse est commune à plusieurs maisons chaque propriétaire contribue dans la même proportion aux frais de vidange, quelle que soit la manière dont il use de la fosse. Chaque propriétaire peut modifier le nombre de ses sièges et leur système, à la condition que cette modification n'occasionne pas une vidange plus fréquente, sans quoi il supporterait seul l'augmentation de dépense qui en résulterait. Il est d'usage que le propriétaire, chez lequel se trouve le trou d'extraction, ne contribue dans la dépense que pour moité de la somme payée par chacun des autres propriétaires; cette réduction vient en compensation de la charge qu'il supporte seul, en ayant la servitude de laisser faire la vidange par chez lui[17].

---

[1] V. *Immondices.* — [2] Annexe. — [3] Annexe. — [4] V. *Fosse.* — [5] Annexe. — [6] Annexe. — [7] Annexe. — [8] Annexe. — [9] V. *Egout.* — [10] Ibid. — [11] Ibid. — [12] Ord. pol., 24 août 1808, annexe. Ord. pol., 5 juin 1834, annexe. — [13] Ibid. — [14] Arr. préf., 22 août 1867, 28 févr. 1882, annexes. — [15] Ord. pol., 1er déc. 1853, V. *Fosse,* 29 nov. 1854, 11 nov. 1880, annexes. — [16] V. *Egout.* — [17] Manuel, t. Ier, p. 221.

ANNEXES.

Ordonnance de police du 24 août 1808.

ARTICLE PREMIER. — Nul ne peut être entrepreneur de vidanges sans une autorisation du préfet de police.

ART. 2. — Dans la huitaine de la publication de la présente ordonnance, les entrepreneurs de vidanges actuellement pourvus de permissions en feront le dépôt à la préfecture de police, pour être renouvelées.

ART. 3. — Les permissions ne seront renouvelées ou accordées qu'en justifiant par les entrepreneurs qu'ils sont pourvus de voitures, chevaux, tinettes, seaux, bridages et autres ustensiles nécessaires au service des vidanges.

ART. 4. — Chaque entrepreneur devra, en outre, être muni de l'appareil de ventilation appelé fourneau de Dalesme.

ART. 5. — Les voitures de vidanges, chargées ou non chargées, ne pourront circuler dans Paris, savoir :

A compter du 1er octobre jusqu'au 1er avril, avant dix heures du soir ni après huit heures du matin ;

Et à compter du 1er avril jusqu'au 1er octobre ; avant onze heures du soir et après six heures du matin.

ART. 6. — Le travail des ateliers, depuis le 1er octobre jusqu'au 1er avril, commencera à dix heures du soir et finira à sept heures du matin.

Et depuis le 1er avril jusqu'au 1er octobre, il commencera à onze heures du soir et finira à cinq heures du matin.

ART. 7. — Il sera placé une lanterne allumée à la porte de chaque maison où sera établi un atelier de vidanges.

ART. 8. — Il ne pourra être employé à chaque atelier moins de quatre ouvriers, dont un chef.

ART. 9. — Le travail de chaque fosse sera fait et continué à jours consécutifs et aux heures désignées par l'article 6.

Il ne pourra être interrompu que dans le cas prévu par l'article 40 ci-après.

ART. 10. — Les matières extraites des fosses ne pourront être transportées que dans des tinettes hermétiquement fermées.

ART. 11. — Les voitures de transport seront garnies de traverses assez solides pour empêcher la chute des tinettes.

Les nom et demeure de l'entrepreneur seront inscrits en gros caractères sur la traverse du devant.

ART. 12. — Les entrepreneurs ne pourront conduire et vider les tinettes ailleurs qu'à la voirie de Montfaucon.

ART. 13. — Il est défendu aux vidangeurs de laisser des matières entre les acculoirs et les bords ou parapets des bassins de la voirie.

ART. 14. — Les entrepreneurs feront laver, à la voirie, les tinettes aussitôt qu'elles auront été vidées.

ART. 15. — Hors le temps de service, les voitures et tinettes ne pourront être déposées ailleurs que dans les environs de la voirie et dans les endroits qui, au besoin, seront indiqués.

ART. 16. — Pendant le temps du service, elles

seront rangées au-devant des ateliers de vidange, de manière que la voie publique n'en soit pas embarrassée.

ART. 17. — Après le travail de chaque jour, et avant de quitter l'atelier, les vidangeurs seront tenus de laver les emplacements qu'ils auront occupés.

ART. 18. — Il leur est défendu de puiser de l'eau avec les seaux destinés aux vidanges.

ART. 19. — Les ouvriers vidangeurs seront tenus de se faire inscrire à la préfecture de police.

ART. 20. — Aucun entrepreneur ne pourra employer d'ouvriers vidangeurs, s'ils ne lui représentent le certificat de leur enregistrement.

ART. 21. — Il est défendu aux ouvriers vidangeurs de se présenter en état d'ivresse aux ateliers.

ART. 22. — Les ouvriers vidangeurs qui trouveront dans les fosses, soit des objets qui pourraient indiquer un délit, soit des effets quelconques, en feront, dans le jour, la déclaration chez un commissaire de police.

Il leur sera accordé, s'il y a lieu, une récompense.

ART. 23. — Il est défendu aux ouvriers vidangeurs de demander aux propriétaires ou locataires des maisons où ils seront occupés, de l'argent, de l'eau-de-vie, ni aucune autre chose à titre de gratification.

ART. 24. — Aucune fosse d'aisances ne pourra être ouverte que par un entrepreneur de vidanges, quels que soient les causes et motifs de l'ouverture.

ART. 25. — Lorsque l'ouverture d'une fosse aura un motif autre que celui de sa vidange, l'entrepreneur en donnera avis, dans le jour, à la préfecture de police.

ART. 26. — Tout entrepreneur chargé de la vidange d'une fosse sera tenu de faire, à la préfecture de police, la déclaration du jour de l'ouverture de la fosse.

ART. 27. — L'entrepreneur, ou l'un de ses chefs d'ateliers, sera présent à l'ouverture de la fosse.

ART. 28. — Lorsqu'il n'aura pu en trouver la clef, il ne pourra en faire rompre la voûte qu'en vertu d'une permission du préfet de police.

ART. 29. — La vidange d'une fosse ne pourra être commencée que douze heures au moins après son ouverture.

ART. 30. — Pendant ces douze heures, l'entrepreneur s'assurera, autant que possible, de l'état de la fosse et des tuyaux.

ART. 31. — Les propriétaires et locataires sont tenus de donner à l'entrepreneur toutes facilités pour le dégorgement des tuyaux et l'introduction de l'air dans la fosse pendant la vidange.

En cas de refus de leur part, il en fera sa déclaration à la préfecture de police.

ART. 32. — Il est défendu aux entrepreneurs de faire descendre des ouvriers dans une fosse dont les tuyaux ne seraient pas complètement dégorgés.

ART. 33. — L'entrepreneur, outre les seaux destinés au lavage, est tenu de fournir à chaque atelier, pour l'extraction des matières, au moins quatre seaux munis de leurs cordes et crochets.

ART. 34. — Les seaux seront passés dans des crochets fermés à ressort.

ART. 35. — Il est expressément défendu aux ouvriers de retirer, avant la fin de la vidange, les seaux qui seraient tombés dans les fosses.

ART. 36. — L'entrepreneur fournira chaque atelier d'au moins deux brigades.

ART. 37. — Il est défendu aux ouvriers de travailler à l'extraction des matières, même des eaux vannes, et de descendre dans les fosses, pour quelque cause que ce soit, sans être ceints du bridage.

ART. 38. — La corde du bridage sera tenue par un ouvrier placé à l'extérieur de la fosse.

Il est défendu à tout ouvrier de se refuser à ce service.

ART. 39. — Les entrepreneurs sont responsables des suites de toutes contraventions aux sept articles précédents.

ART. 40. — Lorsque, dans leur travail, des ouvriers auront été frappés du plomb, le chef d'atelier suspendra la vidange de la fosse.

ART. 41. — L'entrepreneur sera tenu de faire dans le jour, à la préfecture de police, sa déclaration de suspension de travail, et des causes qui l'ont déterminée.

ART. 42. — Il ne pourra reprendre le travail qu'avec les précautions et mesures qui lui seront indiquées, selon les circonstances.

ART. 43. — Aucune fosse ne pourra être allégée sans une autorisation du préfet de police.

ART. 44. — Il est défendu aux entrepreneurs de laisser des matières au fond des fosses, et de les masquer de quelque manière que ce soit.

ART. 45. — Tout entrepreneur ou maçon chargé de la réparation d'une fosse sera tenu d'en faire la déclaration à la préfecture de police.

ART. 46. — Il est défendu aux entrepreneurs ou maçons de faire ou faire faire par leurs ouvriers l'extraction des eaux vannes et matières qui se trouveraient dans les fosses.

Elle ne pourra être faite que par un entrepreneur de vidanges.

ART. 47. — Tout maçon chargé de la réparation d'une fosse, sera tenu, tant que durera l'extraction des pierres des parties à réparer, d'avoir à l'extérieur de la fosse autant d'ouvriers qu'il en emploiera dans l'intérieur.

ART. 48. — Chaque ouvrier travaillant à l'extraction des pierres d'une fosse à réparer sera ceint d'un bridage, dont l'attache sera tenue par un ouvrier placé à l'extérieur.

ART. 49. — Les entrepreneurs et maçons sont responsables des effets des contraventions aux trois articles précédents.

ART. 50. — Si des ouvriers maçons sont frappés du plomb pendant la démolition ou la réparation d'une fosse, elle sera suspendue, et déclaration en sera faite, dans le jour, à la préfecture de police.

ART. 51. — La démolition ou réparation ne pourra en être reprise qu'avec les précautions et mesures qui seront indiquées à l'entrepreneur.

ART. 52. — Tout propriétaire qui voudra combler ou déblayer une fosse d'aisances sera tenu d'en faire la déclaration à la préfecture de police.

ART. 53. — Toute fosse, avant d'être comblée, sera vidée et curée à fond.

ART. 54. — Aucune fosse, précédemment comblée, ne pourra être déblayée que par un entrepreneur de vidanges.

ART. 55. — L'entrepreneur apportera à cette opération les mêmes précautions qu'à la vidange.

ART. 56. — Les contraventions seront constatées par des procès-verbaux qui seront adressés au préfet de police.

ART. 57. — Il sera pris envers les contrevenants telles mesures de police administrative qu'il appartiendra, sans préjudice des poursuites à exercer contre eux devant les tribunaux.

ART. 58. — La présente ordonnance sera publiée...

Extrait de l'ordonnance de police du 5 juin 1834.

ARTICLE PREMIER. — Il est enjoint à tous propriétaires de maisons de faire procéder sans retard à la vidange des fosses d'aisances lorsqu'elles seront pleines.

ART. 2. — Nul ne pourra exercer la profession d'entrepreneur de vidanges dans Paris sans être pourvu d'une permission du préfet de police.

Cette permission ne sera délivrée qu'après qu'il aura été justifié par le demandeur :

1° Qu'il a les voitures, chevaux, tinettes, seaux et autres appareils nécessaires au service des vidanges ;

2° Qu'il est muni des appareils de désinfection qui auront été adoptés par l'administration ;

3° Qu'il a, pour déposer ses voitures, appareils et ustensiles pendant le temps où ils ne sont point employés aux opérations de la vidange, un emplacement convenable, situé dans une localité où l'administration aura reconnu que ce dépôt peut avoir lieu sans inconvénient.

ART. 3. — La vidange des fosses d'aisances ne pourra avoir lieu que pendant la nuit.

Les voitures employées à ce service, chargées ou non chargées, ne peuvent circuler dans Paris, savoir :

A compter du 1er octobre jusqu'au 31 mars, avant dix heures du soir, ni après huit heures du matin ;

Et à compter du 1er avril jusqu'au 30 septembre, avant onze heures du soir, ni après six heures du matin.

L'extraction des matières ne pourra commencer avant l'arrivée des voitures.

ART. 4. — Les voitures employées au transport des matières fécales devront être munies sur le devant d'une lanterne allumée pendant la nuit et porter devant et derrière un numéro d'ordre qui sera assigné à chacune d'elles par le directeur de la salubrité ; ce numéro, peint en jaune sur un fond noir, aura au moins 0m27 de hauteur sur 0m04 de largeur.

Ces voitures porteront, en outre, une plaque indiquant le nom et demeure du propriétaire.

ART. 5. — Les entrepreneurs faisant usage de tonnes seront tenus d'en fermer les bondes de déchargement au moyen d'une bande de fer transversale fixée à demeure à la tonne par l'une de ses extrémités et fermée à l'autre avec un cadenas fourni par l'administration. Les écrous et rondelles soutenant la ferrure seront rivés à l'intérieur des tonnes.

L'entonnoir de charge sera fermé de manière à prévenir toute éclaboussure.

L'entrée dans Paris sera interdite aux tonnes dont les bondes de déchargement ne seront point fermées de la manière prescrite par le présent article. Les cadenas apposés aux tonnes ne pourront être ouverts et fermés qu'à la voirie et que par l'employé de l'administration préposé à cet effet.

ART. 6. — Il sera placé une lanterne allumée en saillie sur la voie publique, à la porte de la maison où devra s'opérer une vidange, et ce, préalablement à tout travail ou à tout dépôt d'appareils sur la voie publique.

ART. 7. — On ne pourra ouvrir aucune fosse d'aisances sans prendre les précautions nécessaires pour prévenir les accidents, qui pourraient résulter du dégagement ou de l'inflammation des gaz qui y seraient renfermés.

Lorsque l'ouverture aura un motif autre que celui de la vidange, l'entrepreneur en donnera avis dans le jour à la préfecture de police.

ART. 8. — La vidange d'une fosse d'aisances ne pourra avoir lieu sans que préalablement il en ait été fait par écrit une déclaration au bureau du directeur de la salubrité, la veille ou le jour même de la vidange, avant midi.

Cette déclaration énoncera le nom de la rue et le numéro de la maison, les noms et demeures du propriétaire et de l'entrepreneur de vidanges, enfin le nombre des fosses à vider dans la même maison.

ART. 9. — Lorsque l'entrepreneur n'aura pas pu trouver l'ouverture d'une fosse, il ne pourra en faire rompre la voûte qu'en vertu d'une permission du préfet de police.

L'ouverture pratiquée devra avoir les dimensions prescrites par l'article 11 de l'ordonnance du roi du 24 septembre 1819.

ART. 10. — Les propriétaires et locataires ne devront pas s'opposer au dégorgement des tuyaux.

En cas de refus de leur part, la déclaration en sera faite par l'entrepreneur à la préfecture de police.

ART. 11. — L'entrepreneur fournira chaque atelier d'au moins deux bridages et d'un flacon de chlorure de chaux concentré, duquel il serait fait usage au besoin pour prévenir les dangers d'asphyxie.

ART. 12. — Il ne pourra être employé à chaque atelier moins de quatre ouvriers dont un chef.

ART. 13. — Il est défendu aux ouvriers de se présenter sur les ateliers en état d'ivresse. Il leur est également défendu de travailler à l'extraction des matières, même des eaux vannes, et de descendre dans les fosses, pour quelque cause que ce soit, sans être ceint d'un bridage.

La corde du bridage sera tenue par un ouvrier placé à l'extérieur de la fosse. Nul ouvrier ne pourra se refuser à ce service.

Il est défendu aux entrepreneurs et chefs d'atelier de conserver sur leurs travaux des ouvriers qui seraient en contravention aux dispositions ci-dessus.

ART. 14. — Pendant le temps du service, les vaisseaux, appareils et voitures seront placés dans l'intérieur des maisons, toutes les fois qu'il y aura un emplacement suffisant pour les recevoir. Dans le cas contraire, ils seront rangés et disposés au-devant des maisons où se feront les vidanges, de manière à nuire le moins possible à la liberté de la circulation.

ART. 15. — Lors de la vidange d'une fosse, les matières en provenant seront immédiatement déposées dans les récipients qui doivent servir à les transporter aux voiries. Ces vaisseaux seront, en conséquence, remplis auprès de l'ouverture des fosses, fermés, lutés et nettoyés ensuite avec soin à l'extérieur avant d'être portés aux voitures ; toutefois, les eaux vannes pourront être extraites au moyen d'une pompe.

ART. 16. — Après le travail de chaque nuit et avant de quitter l'atelier, les vidangeurs seront tenus de laver et de nettoyer les emplacements qu'ils auront occupés.

Il leur est défendu de puiser de l'eau avec les seaux employés aux vidanges.

ART. 17. — Le travail de la vidange de chaque fosse sera continué à nuits consécutives.

Lorsque des ouvriers auront été frappés du plomb (asphyxiés), le chef d'atelier suspendra la vidange, et l'entrepreneur sera tenu de faire dans le jour à la préfecture de police, sa déclaration de suspension de travail.

Il ne pourra reprendre le travail qu'avec les précautions et mesures qui lui seront indiquées selon les circonstances.

ART. 18. — Aucune fosse ne pourra être allégée sans une autorisation du préfet de police.

Il est défendu aux entrepreneurs de laisser des matières au fond des fosses et de les masquer de quelque manière que ce soit.

ART. 19. — Les fosses doivent être entièrement vidées, balayées et nettoyées.

Les ouvriers vidangeurs qui trouveront dans les fosses des effets quelconques et notamment des objets pouvant indiquer ou faire supposer quelque crime ou délit, en donneront avis à l'inspecteur de ronde lors de son passage et en feront dans le jour la déclaration chez un commissaire de police.

ART. 20. — Il est défendu de laisser dans les maisons, au-delà des heures fixées pour le travail, des vaisseaux ou appareils quelconques servant à la vidange des fosses d'aisances.

Ceux contenant des matières qui y seraient trouvés au-delà desdites heures seront, aux frais de l'entrepreneur, immédiatement enlevés d'office et transportés à la voirie.

ART. 21. — Néanmoins, toutes les fois que, dans l'impossibilité momentanée de se servir d'une fosse d'aisances, il sera reconnu nécessaire de placer dans la maison des tinettes ou tonneaux, le dépôt provisoire de ces vaisseaux sera, sur la demande écrite du propriétaire ou principal locataire, accordé à l'entrepreneur par le directeur de la salubrité.

Ces appareils devront être enlevés aussitôt qu'ils seront pleins ou que la cause qui aura nécessité leur placement aura cessé.

ART. 22. — Hors le temps du service, les tonnes, voitures, tinettes et tonneaux ne pourront être déposés ailleurs que dans des emplacements agréés à cet effet par l'administration.

ART. 23. — Le repérage d'une fosse sera déclaré de la même manière que la vidange. Il sera effectué d'après le même mode et en observant les mêmes mesures de précaution.

ART. 24. — Les eaux qui reviendraient dans toute fosse vidée et en cours de réparation devront être enlevées comme les matières de vidanges.

Toutefois, lorsque la nature de ces eaux le permettra, et en vertu de notre autorisation spéciale, elles pourront être versées au ruisseau de la rue pendant la nuit.

ART. 25. — Aucune fosse ne pourra être refermée après la vidange qu'en vertu d'une autorisation écrite qui sera délivrée selon le cas, et après les visites ou réparations nécessaires, par le directeur de la salubrité ou par l'architecte commissaire de la petite voirie.

Le propriétaire devra avoir sur place, jusqu'à ce qu'il ait reçu l'autorisation de fermer la fosse, une échelle de longueur convenable pour en faciliter la visite.

ART. 26. — Dans le cas où la fosse aurait été fermée en contravention à l'article précédent, le propriétaire sera tenu de la faire rouvrir et laisser ouverte aux jour et heure indiqués par la sommation qui lui sera adressée à cet effet, pour que la visite en puisse être faite par qui de droit.

ART. 27. — Aucune fosse précédemment comblée ne pourra être déblayée qu'en prenant pour cette opération les mêmes précautions que pour la vidange.

Service des fosses mobiles.

ART. 28. — Il ne pourra être établi dans Paris, en remplacement des fosses d'aisances en maçonnerie ou pour en tenir lieu, que des appareils approuvés par l'autorité compétente.

ART. 29. — Aucun appareil de fosse mobile ne pourra être placé dans toute fosse supprimée dans laquelle il reviendrait des eaux quelconques.

ART. 30. — Nul ne pourra exercer la profession d'entrepreneur de fosses mobiles dans Paris sans être pourvu d'une permission du préfet de police.

Cette permission ne sera délivrée qu'après qu'il aura été justifié par le demandeur :

1° Qu'il a les voitures, chevaux et appareils nécessaires au service des fosses mobiles ;

2° Qu'il a pour déposer ses voitures et appareils, lorsqu'ils ne sont point de service, un emplacement convenable agréé à cet effet par l'administration.

ART. 31. — Le transport des appareils de fosses mobiles ne pourra avoir lieu dans Paris, savoir :

A compter du 1er octobre jusqu'au 31 mars, avant sept heures du matin, ni après quatre heures de relevée ;

Et à compter du 1er avril jusqu'au 30 septembre, avant cinq heures du matin, ni après une heure de relevée.

ART. 32. — Aucun appareil de fosses mobiles

ne pourra être placé dans Paris, sans déclaration préalable à la préfecture de police par le propriétaire ou par l'entrepreneur. Il sera joint à cette déclaration un plan de la localité où l'appareil devra être posé, et l'indication des moyens de ventilation.

ART. 33. — Les appareils devront être établis sur un sol rendu imperméable jusqu'à un mètre au moins au pourtour des appareils, autant que les localités le permettront, et disposé en forme de cuvette.

ART. 34. — Tout appareil plein devra être enlevé et remplacé avant que les matières ne débordent.

Tout enlèvement d'appareil devra être précédé d'une déclaration qui sera faite la veille à la direction de la salubrité.

ART. 35. — Les appareils à enlever seront fermés sur place, lutés et nettoyés ensuite avec soin avant d'être portés aux voitures.

ART. 36. — Il est défendu de laisser dans les maisons d'autres appareils de fosses mobiles que ceux qui y sont de service.

Les appareils remplis de matières, remplacés et laissés dans les maisons, seront, aux frais de l'entrepreneur, immédiatement enlevés d'office et transportés à la voirie.

Il en sera de même de tout appareil en service dont les matières déborderont.

ART. 37. — Il est expressément défendu de faire écouler les matières contenues dans des appareils à l'aide de cannelles ou de toute autre manière.

ART. 38. — Les entrepreneurs de fosses mobiles seront tenus de remettre une fois par an ou plus souvent, si l'administration le juge nécessaire, au directeur de la salubrité, l'état général des appareils qu'ils desservent *intrà-muros*.

Dispositions transitoires.

ART. 39. — Dans le délai de six mois, tout entrepreneur de vidanges et de fosses mobiles, actuellement établi, devra présenter et faire agréer par l'administration un emplacement convenable pour déposer ses voitures, appareils et ustensiles hors le temps du service, conformément aux dispositions prescrites par l'article 22.

Dispositions générales.

ART. 40. — A Paris, l'entrée et la sortie des voitures servant au transport des matières fécales ne pourront avoir lieu, savoir : etc....

*Extrait de l'ordonnance de police
du 29 novembre 1854.*

ARTICLE PREMIER. — Il est expressément défendu de procéder à l'extraction et au transport des matières contenues dans les fosses d'aisances, avant que la désinfection en ait été complètement opérée.

Il devra être procédé à cette désinfection, autant que possible, dans la nuit qui précédera l'extraction des matières, et toujours dans les limites de temps fixées par les règlements pour la vidange des fosses, sauf les exceptions que nous jugerons convenable d'autoriser.

ART. 2. — Tout entrepreneur de vidanges devra nous faire connaître son procédé de désinfection, et ne pourra l'employer qu'après que ce procédé aura été approuvé par nous, sur l'avis du conseil de salubrité.

ART. 3. — Les matières liquides désinfectées provenant des fosses à proximité des égouts, ne pourront être écoulées dans ces égouts, lors de la vidange, qu'au moyen d'une conduite souterraine préalablement autorisée par M. le préfet de la Seine.

L'administration déterminera les conditions dans lesquelles cette conduite devra être établie pour prévenir tout écoulement qui ne serait point autorisé par la préfecture de police.

Ces dispositions seront obligatoires après la première vidange qui suivra la publication de la présente ordonnance.

Partout où il sera impossible d'établir une conduite souterraine, les matières liquides désinfectées pourront être écoulées au moyen d'un tuyau aboutissant à la bouche d'égout le plus voisin.

ART. 4. — Tout entrepreneur qui voudra faire écouler les liquides dans les égouts devra préalablement nous en faire la déclaration, en prenant l'engagement de payer à la Ville 1 fr. 25 par mètre cube de matières solides ou liquides extraites des fosses.

ART. 10. — L'ordonnance du 8 novembre 1851 est rapportée.

Arrêté préfectoral du 22 août 1867.

Réglementation du service des vidanges.

ARTICLE PREMIER. — A l'avenir la vidange des fosses fixes devra se faire, savoir :

Pendant l'hiver, c'est-à-dire du 1er octobre au 31 mars, entre 11 h. du soir et 7 h. 30 du matin ;

Pendant l'été, c'est-à-dire du 1er avril au 30 septembre, entre 11 h. du soir et 6 h. 30 du matin.

ART. 2. — Dans le périmètre des Halles centrales, lequel est limité par les rues du Louvre, Saint-Honoré, de Grenelle, Coquillière, du Jour, Montmartre, de Rambuteau, le boulevard Sébastopol, les quais de la Mégisserie et de l'Ecole, toutes les voies inclusivement, la vidange devra se faire en hiver et en été de 9 h. du soir à 3 h. du matin [1].

Aux abords des théâtres, dans un rayon de 100 mètres, la vidange ne sera commencée qu'après minuit 30.

ART. 3. — Les voitures d'équipe pourront être amenées devant la maison où la vidange doit avoir lieu, une heure avant les heures fixées ci-dessus ; les agrès pourront être préparés et mis en place ; mais aucune manipulation des matières ne pourra être commencée avant lesdites heures.

ART. 4. — Les voitures employées au transport des matières provenant des fosses fixes ne pourront, chargées ou non chargées, circuler dans Paris, savoir :

Pendant l'hiver, avant 10 h. du soir, ni après 9 h. du matin.

[1] Modifié par l'arr. préf. du 28 févr. 1882.

Pendant l'été, avant 10 h. du soir, ni après 8 h. du matin.

Les voitures d'équipe seront admises à circuler une heure plus tôt et une heure plus tard.

ART. 5. — Les voitures transportant des tonneaux de fosses mobiles, tinettes filtrantes, etc., pleines ou vides, pourront circuler en toutes saisons de 6 h. du matin à 6 h. du soir.

ART. 6. — L'enlèvement à domicile des tonneaux de fosses mobiles et des tinettes filtrantes, aura lieu en toutes saisons de 7 h. du matin à 5 h. du soir.

ART. 7. — Les conducteurs de voitures devront suivre les itinéraires qui leur seront indiqués par les agents du service des eaux et égouts, attachés au service de la vidange, qui s'en entendront préalablement avec ceux de la préfecture de police. Il leur est absolument interdit de traverser la place du Carrousel.

ART. 8. — Les voitures de vidange seront attelées de chevaux ayant une force suffisante pour circuler sur tous les points de Paris et dans l'intérieur du dépotoir. Tout stationnement de ces voitures, soit dans les rues, soit dans l'impasse et la cour du dépotoir, est rigoureusement interdit.

ART. 9. — Le dépotoir de la Villette est ouvert :

Pour le service des fosses fixes :

Pendant l'hiver, de 10 h. 10 du soir à 9 h. 10 du matin ;

Pendant l'été, de 10 h. 10 du soir à 8 h. 10 du matin.

Et pour le service des fosses mobiles et tinettes filtrantes :

Pendant l'hiver, de 8 h. du matin à 6 h. 10 du soir ;

Pendant l'été, de 7 h. 30 du matin à 6 h. 10 du soir.

ART. 10. — Les tonnes et les voitures qui se présenteraient au dépotoir en dehors de ces heures seront reçues en dépôt pour être vidées au commencement du service suivant, moyennant le payement d'un droit de magasinage fixé à 20 francs pour les grosses tonnes et les voitures chargées des tonneaux des fosses mobiles, et à 10 francs pour les voitures chargées de tinettes.

Ce droit sera perçu, sans préjudice des amendes qui pourront être prononcées en raison de la circulation tardive des voitures dans les rues de Paris.

ART. 11. — Les contraventions au présent arrêté seront constatées par des procès-verbaux ou rapports qui nous seront adressés pour être transmis aux tribunaux compétents.

ART. 12. — Le directeur des eaux et égouts est chargé...

Ordonnance de police du 11 novembre 1880.

ARTICLE PREMIER. — Dans le délai d'un mois à partir de la publication de la présente ordonnance, tous entrepreneurs de vidanges qui exercent leur industrie dans les communes rurales du ressort de la préfecture de police, seront tenus de procéder à la désinfection complète des matières dans les fosses, préalablement à toute opération de vidange.

ART. 2. — Les contraventions seront constatées par procès-verbaux ou rapports qui seront déférés aux tribunaux compétents, sans préjudice des mesures administratives qui pourront être prises suivant les circonstances.

ART. 3. — La présente ordonnance sera imprimée...

Arrêté préfectoral du 28 février 1882.

ARTICLE PREMIER. — La rue de la Grande-Truanderie sera dorénavant comprise parmi les rues composant le périmètre des Halles centrales. En conséquence l'article 2 de l'arrêté du 22 août 1867 est modifié comme suit :

« Dans le périmètre des Halles centrales, lequel est limité par les rues du Louvre, Saint-Honoré, Jean-Jacques-Rousseau (ancienne rue de Grenelle), Coquillière, du Jour, Montmartre, de Turbigo, aux Ours, le boulevard Sébastopol, les quais de la Mégisserie et de l'Ecole, toutes ces voies inclusivement, la vidange devra se faire, en hiver et en été de 9 heures du soir à 3 heures du matin. »

ART. 2. — L'inspecteur général des ponts et chaussées...

VINCENNES (Asile de).

Les asiles de Vincennes et du Vésinet, créés pour les ouvriers convalescents ou blessés au cours des travaux, sont alimentés, entre autres, par une retenue de 1 p. 100 sur le montant des travaux exécutés, dans Paris et le département de la Seine, par l'Etat, le département, les communes, et les administrations publiques telles que le Mont-de-Piété et l'Assistance publique.

Les industriels et les sociétés de secours mutuels peuvent souscrire des abonnements leur donnant le droit d'y faire entrer leurs ouvriers ou leurs sociétaires.

ANNEXES.

Arrêté préfectoral du 7 juillet 1857.

Le sénateur, préfet de la Seine,

Vu le décret du 8 mars 1855 ainsi conçu :

« ARTICLE PREMIER. — Il sera établi sur le domaine de la Couronne, à Vincennes et au Vésinet, deux asiles pour les ouvriers convalescents ou qui auront été mutilés dans le cours de leurs travaux.

« ART. 2. — Avant d'y être admis, l'ouvrier devra justifier qu'au moment de la maladie ou de la blessure motivant son admission, il travaillait soit à un chantier des travaux publics soumis au prélèvement établi par l'article 5 du présent décret, soit dans une usine dont le maître a souscrit avec l'asile un abonnement pour les ouvriers, ou qu'il appartient à une société de secours mutuels abonnée à l'asile.

« ART. 3. — Une commission administrative nommée par nous et présidée par notre ministre de l'intérieur préparera les règlements nécessaires, fixera la condition de l'admission temporaire ou viagère, déterminera les menus travaux auxquels les pensionnaires pourront être employés, pourvoira à toutes les nécessités de l'administration.

« ART. 4. — Pour l'ouvrier admissible ou admis à l'asile qui désirera rester dans sa famille, l'admission pourra être convertie en une subvention mensuelle ou annuelle dont le taux sera fixé par la commission.

« ART. 5. — A la dotation de l'asile sont affectés : 1º un prélèvement de un pour cent sur le montant des travaux publics adjugés dans la ville de Paris et la banlieue; 2º les abonnements pris par les chefs d'usine et les sociétés de secours mutuels suivant les conditions réglées par la commission administrative; 3º les subventions volontaires qui pourront être recueillies par la commission au profit de l'établissement »;

Vu la lettre en date du 12 février dernier contenant des instructions de S. Exc. le ministre de l'intérieur pour l'exécution du décret précité;

Vu une dépêche de S. Exc. le ministre de l'agriculture, du commerce et des travaux publics, en date du 1ᵉʳ mai présent mois, relative à l'application du décret précité aux travaux de son ministère exécutés sur les fonds de l'Etat;

Arrête :

ARTICLE PREMIER. — Il sera prélevé, au profit des asiles de Vincennes et de Vésinet, 1 p. 100 :

1º Sur chacun des à-comptes et sur le solde payés aux entrepreneurs pour les travaux qui seront exécutés par suite d'adjudications publiques ou d'acceptation de soumissions faites à partir de ce jour sous la direction, l'autorité ou la surveillance du préfet de la Seine, soit pour le compte de l'Etat et du département, soit pour le compte de la ville de Paris, des communes et des établissements hospitaliers du département;

2º Sur le montant des mémoires de dépenses des mêmes travaux, en ce qui touche les ouvrages exécutés à prix de règlement;

3º Sur les états de dépenses généraux ou partiels pour les travaux faits en régie.

ART. 2. — Pour l'exécution de cette disposition il sera inséré soit dans les cahiers des charges, soit dans les soumissions présentées par les entrepreneurs, une clause ainsi conçue : « Lors de la liquidation de chaque à-compte ou du solde dû à l'entrepreneur, il sera prélevé, sur le montant à payer, une somme égale à 1 p. 100 ».

ART. 3. — Toutes les propositions de crédits à présenter pour les ouvrages à exécuter à prix de règlement ou en régie, devront désormais comprendre les ressources nécessaires au prélèvement de 1 p. 100 dont il s'agit.

ART. 4. — Il sera statué par un arrêté spécial sur le mode d'encaissement et de versement des sommes à percevoir du prélèvement dont il s'agit.

ART. 5. — Ampliation du présent arrêté sera adressée, etc.

————

Instruction du 1ᵉʳ septembre 1857.

1º Désignation des travaux passibles du prélèvement.

Ce prélèvement porte sur les travaux de toute nature exécutés par les soins, ou sous l'autorité du préfet de la Seine, pour la formation d'établissements nouveaux, ou pour l'amélioration et l'entretien des établissements anciens; ces travaux intéressent nécessairement :

L'Etat;
Le département;
La ville de Paris;
L'administration de l'Assistance publique;
Le Mont-de-Piété;
L'hospice civil de Saint-Denis;
Les 80 communes et bureaux de bienfaisance du département.

Il s'exécutent ordinairement de quatre manières différentes, savoir :

Par adjudication publique;
Par marché de gré à gré, sur soumissions particulières;
A prix de règlement;
Par voie de régie administrative.

2º Dispositions à prendre pour assurer le prélèvement.

Autant que possible, il convient que le prélèvement stipulé en faveur des asiles impériaux soit opéré sur le montant, liquidé au profit des entrepreneurs, des travaux exécutés par eux.

A cet effet, et comme le prescrit l'arrêté du 1ᵉʳ juillet dernier, les cahiers des charges des adjudications passées pour travaux devront contenir la condition formelle que les entrepreneurs subiront un prélèvement de 1 p. 100 sur les prix par eux soumissionnés et ordonnancés à leur nom, par forme d'à-compte ou pour solde.

Les soumissions particulières servant de bases aux marchés passés de gré à gré devront exprimer la même condition, laquelle sera répétée dans les arrêtés approbatifs desdits marchés.

Les travaux exécutés à prix de règlement ne seront confiés qu'à des entrepreneurs qui auront consenti, par écrit, à subir le prélèvement en question sur le montant de leurs mémoires réglés.

En cas de refus d'un entrepreneur, un autre sera appelé; et s'il n'en existait pas qui voulussent consentir audit prélèvement, cette charge serait supportée par la commune ou l'établissement qui aurait ordonné les travaux.

Les travaux faits en régie sont payés, pour la plupart, directement aux ouvriers qui les exécutent, par l'intermédiaire d'un agent administratif; cet agent ne percevant aucun bénéfice sur les prix, le prélèvement sera fait, lors de l'ordonnancement, sur le crédit alloué au budget de la commune ou de l'établissement pour les dépenses desdits travaux.

3º Renseignements à adresser mensuellement à M. le ministre de l'intérieur.

Conformément aux instructions de M. le ministre de l'intérieur, il doit lui être adressé, chaque mois, un état des travaux adjugés et autorisés dans le cours du mois précédent.

En conséquence, les bureaux administratifs

de la préfecture, chacun en ce qui le concerne, transmettront à la division de comptabilité (bureau des budgets et comptes) l'état de tous les travaux adjugés et autorisés pour le compte du gouvernement, du département de la Seine et de la ville de Paris. Ils lui remettront également les mêmes tableaux qui leur parviendront, tant de la part de MM. les sous-préfets, pour les communes du département, que de celle des directeurs des établissements hospitaliers dénommés au § 1er de la présente instruction. Ces états, qui devront parvenir à la comptabilité du 1er au 5 de chaque mois, seront établis dans la forme du modèle A ci-après.

La division de comptabilité dressera immédiatement, au moyen de ces documents, le tableau général qui sera transmis au ministre de l'intérieur, le 10 de chaque mois au plus tard.

4° *Ordonnancement des dépenses passibles du prélèvement*

Tous les mandats qui seront expédiés, soit à titre d'à-compte, soit pour solde des travaux dont le prélèvement de 1 p. 100 sera à la charge des entrepreneurs, contiendront la mention suivante :

	Fr.
Somme liquidée (pour exemple)	6.000
Retenue de 1 p. 100 pour les asiles impériaux	60
Net à payer.	5.940

Pour les travaux faits par régie, les ingénieurs et architectes proposeront l'ordonnancement des dépenses au moyen de bordereaux spéciaux comprenant toutes celles qui seront passibles du prélèvement.

Dans ce cas et lorsque, pour une cause quelconque, le prélèvement devra être imputé sur le crédit du budget, il sera délivré, pour la même opération, deux mandats: l'un au nom de l'entrepreneur ou du régisseur, pour la somme à lui revenir; l'autre, au nom du comptable, pour la somme à prélever.

5° *Versement des sommes prélevées en faveur des asiles.*

Le produit des retenues sera versé à la caisse centrale du Trésor où, d'après les dispositions prises par M. le ministre des finances, un compte de correspondant sera ouvert au nom collectif des asiles impériaux.

En acquittant donc les mandats expédiés pour les travaux exécutés au compte de l'État ou du département de la Seine, le caissier payeur central du Trésor retiendra, conformément à l'énonciation mise sur les mandats, les sommes affectées auxdits asiles.

Il fera également recette, en même temps qu'il passera dépense, des mandats particuliers qui pourront être délivrés à son nom pour la même destination.

En ce qui regarde le prélèvement sur les travaux exécutés au compte de la ville de Paris, des établissements hospitaliers et des communes du département, chacun des comptables ouvrira, dans ses écritures, un compte spécial sous le titre de *Retenue au profit des asiles impériaux de Vincennes et du Vésinet (décret du 8 mars 1855).*

En ce qui concerne la comptabilité des communes, ce compte sera classé aux *services hors budget.*

Au moment du paiement de chaque mandat passible de la retenue, le comptable, après avoir fait dépense du mandat brut des travaux ordonnancés, se chargera en recette, au compte spécial dont il vient d'être parlé, du montant de la retenue opérée. La quittance ou le récépissé, constatant cette recette, sera joint au mandat.

Le comptable joindra de même cette quittance ou ce récépissé aux mandats spéciaux qui seront délivrés à son nom, pour les retenues imputables sur les fonds du budget.

Dans les cinq premiers jours de chaque mois, pour tout délai, chaque receveur versera, à la caisse centrale du Trésor, le montant des prélèvements opérés dans le cours du mois précédent. Ce versement sera accompagné d'un bordereau dressé dans la forme du modèle B ci-après. Un double de ce bordereau sera exactement adressé à la préfecture de la Seine (bureau des budgets et comptes).

VISIÈRES ET FEUTRES VERNIS (Fabrique de). — V. *Feutres et visières.*

VITRES. C. civ., art. 1754.

Le locataire est présumé avoir reçu les vitres en bon état, c'est-à-dire sans fêlure ni cassure. S'il y en a de cassées ou de fêlées, le locataire doit le faire constater, et il ne peut être tenu de les rendre en meilleur état qu'il ne les a trouvées[1].

En cas de grêle, explosion ou tout autre cas de force majeure, le remplacement est à la charge du propriétaire[2].

Pour les verrières ou vitraux, l'entretien des plombs est à la charge du propriétaire, parce que la présomption est pour l'usure; il faut donc que la dégradation soit prouvée contre le locataire, pour qu'il en soit responsable. Mais, le locataire doit l'entretien des verges de fer qui soutiennent les panneaux de plomb, à moins qu'elles n'aient été détruites par un vice de la matière, tel qu'une paille[3].

Le locataire est supposé avoir reçu les vitres et glaces nettoyées, il doit donc les rendre de même, à moins qu'il n'ait été constaté qu'elles ne l'étaient pas lors de son entrée en jouissance[4].

VOIE PRIVÉE. Décl. du roi du 10 avril 1783[5]. Loi du 16 août 1790. Instr. préf. du 31 mars 1862[6]. Ord. pol. du 21 mars 1888[7].

Les voies privées sont celles ouvertes par les particuliers, ou par des particuliers syndiqués entre eux, sur leurs propriétés.

Ces voies ne peuvent avoir moins de

---

[1] Agnel, n° 573. — [2] C. civ., 1574. — [3] Agnel, n° 574. — [4] Agnel, n° 576.
[5] V. *Alignement.* — [6] V. *Bâtir (Autor. de).* — [7] V. *Passage public.*

10 mètres de largeur si elles sont ouvertes au public, de jour et de nuit[1]. Celles de moins grande largeur ne sont pas reçues et prises à l'entretien par la ville.

Les voies privées sont, au point de vue de la salubrité, considérées comme des dépendances de l'habitation. La commission de salubrité peut donc, de ce chef, réclamer[2] :

1° Le nivellement du sol et l'établissement de ruisseaux pour l'écoulement des eaux ;

2° L'installation, au point haut, d'une borne fontaine destinée au nettoyage de la voie ;

3° L'établissement, sous la chaussée, d'un égout avec branchements particuliers au droit des différentes maisons ;

4° L'éclairage de ces voies ;

5° L'enlèvement journalier des ordures et immondices.

Mais il est nécessaire, pour que la commission de salubrité puisse intervenir, que les voies privées ne soient pas accessibles de jour et de nuit au public[3], car, dans ce cas, ce serait à l'autorité municipale à prescrire ces mesures de salubrité[4].

Les droits de voirie ne sont pas dus pour les constructions élevées dans les rues qui sont restées voies privées[5].

V. aussi, *Hauteur des bâtiments, Passage, Rue, Saillie.*

VOIE PUBLIQUE. — V. les différents mots qui s'y rapportent tels que, *Alignement, Expropriation, Pavage, Rue, Saillie, Voirie,* etc.

VOIRIE. — Ord. du prévôt de Paris du 22 sept. 1600[6]. Lois des 22 juill. 1791[7], 19 mai 1802[8], 23 mars 1842[9]. Règlement du 1er juin 1842[10]. Décr. du 26 mars 1852[11]. Loi du 5 avril 1884[12]. — V. *Alignement, Bâtiment en construction, Bâtiment menaçant ruine, Bâtir (Autorisation de), Hauteur des bâtiments, Saillie, Voyer,* etc.

On distingue la voirie en grande et en petite voirie.

La grande voirie comprend toutes les voies d'intérêt général, telles que les routes nationales, départementales et les rues qui en forment le prolongement, les fleuves, canaux, rivières navigables ou flottables, etc. A Paris, toutes les rues dépendent de la grande voirie[13].

La petite voirie comprend les communications d'intérêt local, telles que les che-

mins vicinaux et communaux, les rivières ni navigables ni flottables, etc., et tout ce qui a rapport à la sûreté et à la commodité de la voie publique.

La grande voirie est confiée aux préfets, la petite voirie aux maires[1]. A Paris, la petite voirie rentre dans les attributions du préfet de police.

Les permissions de voirie ne sont valables que pour un an[2], c'est-à-dire que les travaux doivent être commencés dans l'année qui suit l'obtention de la permission.

Les contraventions aux règlements de grande voirie sont de la compétence des conseils de préfecture, sauf recours au conseil d'État.

Les contraventions aux règlements de petite voirie sont de la compétence des tribunaux de police[3].

La loi du 23 mars 1842[4] permet aux juges, en tenant compte de l'importance des délits et des circonstances qui les accompagnent, de modérer les amendes établies par les règlements antérieurs à la loi du 22 juillet 1791.

ANNEXES.

Extrait de la loi du 19-22 juillet 1791.

ART. 5. — Dans les villes et dans les campagnes, les aubergistes, maîtres d'hôtels garnis et logeurs, seront tenus d'inscrire de suite, et sans aucun blanc, sur un registre en papier timbré et parafé par un officier municipal ou un commissaire de police, les noms, qualités, domicile habituel, dates d'entrée et de sortie de tous ceux qui coucheront chez eux, même une seule nuit, de représenter ce registre tous les quinze jours, et, en outre, toutes les fois qu'ils en seront requis, soit aux officiers municipaux, soit aux officiers de police, ou aux citoyens commis par la municipalité.

ART. 6. — Faute de se conformer aux dispositions du précédent article, ils seront condamnés à une amende.

ART. 15. — Ceux qui négligeront d'éclairer et de nettoyer les rues devant leurs maisons, dans les lieux où ce soin est laissé à la charge des citoyens ;

Ceux qui embarrasseront ou dégraderont les voies publiques ;

Ceux qui contreviendront à la défense de rien exposer sur les fenêtres ou au devant de leurs maisons sur la voie publique, de rien jeter qui puisse nuire ou endommager par sa chute, ou causer des exhalaisons nuisibles ;

Ceux qui laisseront divaguer des insensés ou furieux, ou des animaux malfaisants ou féroces ;

Seront, indépendamment des réparations ou indemnités envers les parties lésées, condamnés à une amende qui ne pourra être au-dessous

---

[1] Décl., 1er avril 1783. V. *Alignement.* — [2] Jourdan, p. 103. Ord. pol., 21 mars 1888, V. *Passage public.* — [3] C. d'Ét., 1873. — [4] Loi, 16 août 1790. — [5] Instr., 31 mars 1862, V. *Bâtir (Autor. de).*

[6] V. *Alignement.* — [7] Annexe. — [8] Annexe. — [9] Annexe. — [10] V. *Voyer.* — [11] V. *Expropriation.* — [12] Annexe. — [13] Décr., 26 mars 1852, V. *Expropriation.*

[1] Loi, 5 avril 1884, annexe. — [2] Règl., 1er juin 1842. V. *Voyer.* — [3] Loi, 22 juill. 1791 et 19 mai 1802, annexes. — [4] Annexe.

de 40 sous ni excéder 50 livres, et, si le fait est grave, à la détention de police municipale ; la peine sera double en cas de récidive.

ART. 18. — Le refus ou la négligence d'exécuter les règlements de voirie, ou d'obéir à la sommation de réparer ou de démolir les édifices menaçant ruine sur la voie publique, seront, outre les frais de la démolition ou de la réparation de ces édifices, punis d'une amende de la moitié de la contribution mobilière, laquelle amende ne pourra être au-dessous de six livres.

ART. 26. — Ceux qui ne payeront pas, dans les trois jours à dater de la signification du jugement, l'amende prononcée contre eux, y seront contraints par les voies de droit ; néanmoins, la contrainte par corps ne pourra entraîner qu'une détention d'un mois à l'égard de ceux qui sont insolvables.

ART. 27. — En cas de récidive, toutes les amendes établies par le présent décret seront doubles, et tous les jugements seront affichés aux dépens des condamnés.

ART. 29. — Les règlements actuellement existants sur le titre des matières d'or et d'argent, sur la vérification de la qualité des pierres fines ou fausses, la salubrité des comestibles et des médicaments, sur les objets de serrurerie, continueront d'être exécutés jusqu'à ce qu'il en ait été autrement ordonné. Il en sera de même de ceux qui établissent les dispositions de sûreté, tant pour l'achat et la vente des matières d'or et d'argent, des drogues, médicaments et poisons, que pour la présentation, le dépôt et adjudication des objets précieux dans les monts-de-piété, lombards ou autres maisons de ce genre.

Sont également confirmés provisoirement les règlements qui subsistent touchant la voirie, ainsi que ceux actuellement existants à l'égard de la construction des bâtiments, et relatifs à leur solidité et sûreté, sans que, de la présente disposition, il puisse résulter la conservation des attributions ci-devant faites sur cet objet à des tribunaux particuliers.

ART. 35. — Les personnes prévenues de contravention aux lois et règlements de police, soit qu'il y ait un procès-verbal ou non, seront citées devant le tribunal par les appariteurs ou par tous autres huissiers, à la requête du procureur de la commune ou des particuliers qui croiront avoir à se plaindre. Les parties pourront comparaître volontairement ou sur un simple avertissement, sans qu'il soit besoin de citation.

ART. 36. — Les citations seront données à trois jours ou à l'audience la plus prochaine.

ART. 37. — Les défauts seront signifiés par un huissier commis par le tribunal de police municipale : ils ne pourront être rabattus qu'autant que la personne citée comparaîtra dans la huitaine après la signification du jugement, et demandera à être entendue sans délai ; si elle ne comparaît pas, le jugement demeurera définitif et ne pourra être attaqué que par la voie d'appel.

ART. 38. — Les personnes citées comparaîtront par elles-mêmes ou par des fondés de procuration spéciale : il n'y aura point d'avoués aux tribunaux de police municipale.

ART. 39. — Les procès-verbaux, s'il y en a,

seront lus ; les témoins, s'il faut en appeler, seront entendus ; la défense sera proposée ; les conclusions seront données par le procureur de la commune ou son substitut ; le jugement préparatoire ou définitif sera rendu avec expression de motifs, dans la même audience, ou, au plus tard, dans la suivante.

ART. 40. — L'appel des jugements ne sera pas reçu s'il est interjeté après huit jours depuis la signification des jugements à la partie condamnée.

ART. 41. — La forme de procéder sur l'appel en matière de police sera la même qu'en première instance.

ART. 42. — Le tribunal de police sera composé de trois membres, etc.

Loi du 19 mai 1802 (29 floréal an X).

ARTICLE PREMIER. — Les contraventions en matière de grande voirie, telles qu'anticipations, dépôts de fumiers ou d'autres objets, et toutes espèces de détériorations commises sur les grandes routes, sur les arbres qui les bordent, sur les fossés, ouvrages d'art et matériaux destinés à leur entretien, sur les canaux, fleuves et rivières navigables, leurs chemins de halage, francs-bords, fossés et ouvrages d'art, seront constatées, réprimées et poursuivies par voie administrative.

ART. 2. — Les contraventions seront constatées concurremment par les maires ou adjoints, les ingénieurs des ponts et chaussées, leurs conducteurs, les agents de la navigation, les commissaires de police, et par la gendarmerie : à cet effet, ceux des fonctionnaires publics ci-dessus désignés qui n'ont pas prêté serment en justice, le prêteront devant le préfet.

ART. 3. — Les procès-verbaux sur les contraventions seront adressés au sous-préfet, qui ordonnera, par provision, et sauf le recours au préfet, ce que de droit, pour faire cesser les dommages.

ART. 4. — Il sera statué définitivement en conseil de préfecture ; les arrêtés seront exécutés sans visa ni mandement des tribunaux, nonobstant et sauf tout recours ; et les individus condamnés seront contraints par l'envoi de garnisaires et saisie de meubles, en vertu desdits arrêtés qui seront exécutoires et emporteront hypothèque.

Loi du 23 mars 1842 relative à la police de la grande voirie.

ARTICLE PREMIER. — A dater de la promulgation de la présente loi, les amendes fixées et établies pour les règlements de grande voirie, antérieurs à la loi des 19-22 juillet 1791, pourront être modérées, eu égard au degré d'importance ou aux circonstances des délits, jusqu'au vingtième desdites amendes, sans toutefois que ce minimum puisse descendre au-dessous de seize francs.

A dater de la même époque, les amendes dont le taux, d'après ces règlements, était laissé à l'arbitraire du juge, pourront varier entre un minimum de seize francs et un maximum de trois cents francs.

Art. 2. — Les piqueurs des ponts et chaussées et les cantonniers chefs, commissionnés et assermentés à cet effet, constateront tous les délits de grande voirie concurremment avec les fonctionnaires et agents dénommés dans les lois et décrets antérieurs sur la matière.

Extrait de la loi du 5 avril 1884.

Titre II.

Chapitre III. — Attributions des conseils municipaux.

Art. 61. — Le conseil municipal règle par ses délibérations les affaires de la commune.

Il donne son avis toutes les fois que cet avis est requis par les lois et règlements, ou qu'il est demandé par l'autorité supérieure.

Il réclame, s'il y a lieu, contre le contingent assigné à la commune dans l'établissement des impôts de répartition.

Il émet des vœux sur tous les objets d'intérêt local.

Il dresse chaque année une liste contenant un nombre double de celui des répartiteurs et des répartiteurs suppléants à nommer; et, sur cette liste, le sous-préfet nomme les cinq répartiteurs visés dans l'article 9 de la loi du 3 frimaire au VII et les cinq répartiteurs suppléants.

Art. 62. — Expédition de toute délibération est adressée, dans la huitaine, par le maire au sous-préfet, qui en constate la réception sur un registre et en délivre immédiatement récépissé.

Art. 63. — Sont nulles de plein droit :

1° Les délibérations du conseil municipal portant sur un objet étranger à ses attributions ou prises hors de sa réunion légale;

2° Les délibérations prises en violation d'une loi ou d'un règlement d'administration publique.

Art. 64. — Sont annulables les délibérations auxquelles auraient pris part des membres du conseil intéressés, soit en leur nom personnel, soit comme mandataires, à l'affaire qui en a fait l'objet.

Art. 65. — La nullité de droit est déclarée par le préfet en conseil de préfecture. Elle peut être prononcée par le préfet et proposée et opposée par les parties intéressées, à toute époque.

Art. 66. — L'annulation est prononcée par le préfet en conseil de préfecture.

Elle peut être provoquée d'office par le préfet, dans un délai de quinze jours à partir du dépôt du procès-verbal de la délibération à la sous-préfecture ou à la préfecture.

Elle peut aussi être demandée par toute personne intéressée et par tout contribuable de la commune.

Dans ce dernier cas, la demande en annulation doit être déposée, à peine de déchéance, à la sous-préfecture ou à la préfecture, dans un délai de quinze jours à partir de l'affichage à la porte de la mairie.

Il en est donné récépissé.

Le préfet statuera dans le délai d'un mois.

Passé le délai de quinze jours sans qu'aucune demande ait été produite, le préfet peut déclarer qu'il ne s'oppose pas à la délibération.

Art. 67. — Le conseil municipal et, en dehors du conseil, toute partie intéressée peut se pourvoir contre l'arrêté du préfet devant le conseil d'Etat. Le pourvoi est introduit et jugé dans les formes du recours pour excès de pouvoir.

Art. 68. — Ne sont exécutoires qu'après avoir été approuvées par l'autorité supérieure les délibérations portant sur les objets suivants :

1° Les conditions des baux dont la durée dépasse dix-huit années;

2° Les aliénations et échanges de propriétés communales;

3° Les acquisitions d'immeubles, les constructions nouvelles, les reconstructions entières ou partielles, les projets, plans et devis des grosses réparations et d'entretien, quand la dépense, totalisée avec les dépenses de même nature pendant l'exercice courant, dépasse les limites des ressources ordinaires et extraordinaires que les communes peuvent se créer sans autorisation spéciale;

4° Les transactions;

5° Le changement d'affectation d'une propriété communale déjà affectée à un service public;

6° La vaine pâture;

7° Le classement, déclassement, le redressement ou le prolongement, l'élargissement, la suppression, la dénomination des rues et places publiques, la création et la suppression des promenades, squares ou jardins publics, champs de foire, de tir ou de course, l'établissement des plans d'alignement et de nivellement des voies publiques municipales, les modifications à des plans d'alignement adoptés, le tarif des droits de voirie, le tarif des droits de stationnement et de location sur les dépendances de la grande voirie, et généralement les tarifs des droits divers à percevoir au profit des communes en vertu de l'article 133 de la présente loi;

8° L'acceptation des dons et legs faits à la commune lorsqu'il y a des charges ou conditions, ou lorsqu'ils donnent lieu à des réclamations des familles;

9° Le budget communal;

10° Les crédits supplémentaires;

11° Les contributions extraordinaires et les emprunts, sauf dans le cas prévu par l'article 141 de la présente loi;

12° Les octrois dans les cas prévus aux articles 137 et 138 de la présente loi;

13° L'établissement, la suppression ou les changements des foires et marchés autres que les simples marchés d'approvisionnement.

Les délibérations qui ne sont pas soumises à l'approbation préfectorale ne deviendront, néanmoins, exécutoires qu'un mois après le dépôt qui aura été fait à la préfecture ou à la sous-préfecture. Le préfet pourra, par un arrêté, abréger ce délai.

Art. 69. — Les délibérations des conseils municipaux sur les objets énoncés à l'article précédent sont exécutoires, sur l'approbation du préfet, sauf les cas où l'approbation par le ministre compétent, par le conseil général, par la commission départementale, par un décret ou par une loi, est prescrite par les lois et règlements.

Le préfet statue en conseil de préfecture dans les cas prévus aux numéros 1, 2, 4, 6 de l'article précédent.

Lorsque le préfet refuse son approbation ou qu'il n'a pas fait connaître la décision dans un délai d'un mois à partir de la date du récépissé, le conseil municipal peut se pourvoir devant le ministre de l'intérieur.

ART. 70. — Le conseil municipal est toujours appelé à donner son avis sur les objets suivants :

1° Les circonscriptions relatives aux cultes;

2° Les circonscriptions relatives à la distribution des secours publics;

3° Les projets d'alignement et de nivellement de grande voirie dans l'intérieur des villes, bourgs et villages;

4° La création des bureaux de bienfaisance;

5° Les budgets et les comptes des hospices, hôpitaux et autres établissements de charité et de bienfaisance, des fabriques et autres administrations préposées aux cultes dont les ministres sont salariés par l'Etat; les autorisations d'acquérir, d'aliéner, d'emprunter, d'échanger, de plaider et de transiger, demandées par les mêmes établissements; l'acceptation des dons et legs qui lui sont faits;

6° Enfin, tous les objets sur lesquels les conseils municipaux sont appelés par les lois et règlements à donner leur avis, et ceux sur lesquels ils seront consultés par le préfet.

Lorsque le conseil municipal, à ce régulièrement requis et convoqué, refuse ou néglige de donner son avis, il peut être passé outre.

ART. 71. — Le conseil municipal délibère sur les comptes d'administration qui lui sont annuellement présentés par le maire, conformément à l'article 151 de la présente loi.

Il entend, débat et arrête les comptes de deniers des receveurs, sauf règlement définitif, conformément à l'article 157 de la présente loi.

ART. 72. — Il est interdit à tout conseil municipal soit de publier des proclamations et des adresses, soit d'émettre des vœux politiques, soit, hors les cas prévus par la loi, de se mettre en communication avec un ou plusieurs conseils municipaux.

La nullité des actes et des délibérations prises en violation de cet article est prononcée dans les formes indiquées aux articles 63 et 65 de la présente loi.

TITRE III. — DES MAIRES ET DES ADJOINTS.

ART. 73. — Il y a dans chaque commune un maire et un ou plusieurs adjoints élus parmi les membres du conseil municipal.

Le nombre des adjoints est d'un dans les communes de 2.500 habitants et au-dessous, de deux dans celles de 2.501 à 10.000. Dans les communes d'une population supérieure, il y aura un adjoint de plus par chaque excédent de 25.000 habitants, sans que le nombre des adjoints puisse dépasser douze, sauf en ce qui concerne la ville de Lyon, où le nombre des adjoints sera porté à dix-sept.

La ville de Lyon continue à être divisée en six arrondissements municipaux. Le maire délègue spécialement deux de ses adjoints dans chacun de ces arrondissements. Ils sont chargés de la tenue des registres de l'état civil et des autres attributions déterminées par le règlement d'administration publique du 11 juin 1881, rendu en exécution de la loi du 21 avril 1881.

ART. 74. — Les fonctions de maires, adjoints, conseillers municipaux sont gratuites. Elles donnent seulement droit au remboursement des frais que nécessite l'exécution de mandats spéciaux. Les conseils municipaux peuvent voter, sur les ressources ordinaires de la commune, des indemnités aux maires pour frais de représentation.

ART. 75. — Lorsqu'un obstacle quelconque ou l'éloignement rend difficiles, dangereuses ou momentanément impossibles les communications entre le chef-lieu et une fraction de commune, un poste d'adjoint spécial peut être institué, sur la demande du conseil municipal, par un décret rendu en conseil d'Etat.

Cet adjoint, élu par le conseil, est pris parmi les conseillers, et, à défaut d'un conseiller résidant dans cette fraction de commune, ou, s'il est empêché, parmi les habitants de la fraction. Il remplit les fonctions d'officier de l'état civil, et il peut être chargé de l'exécution des lois et règlements de police dans cette partie de la commune. Il n'a pas d'autres attributions.

ART. 76. — Le conseil municipal élit le maire et les adjoints parmi ses membres, au scrutin secret et à la majorité absolue.

Si, après deux tours de scrutin, aucun candidat n'a obtenu la majorité absolue, il est procédé à un troisième tour de scrutin et l'élection a lieu à la majorité relative. En cas d'égalité de suffrages, le plus âgé est déclaré élu.

ART. 77. — La séance dans laquelle il est procédé à l'élection du maire est présidée par le plus âgé des membres du conseil municipal.

Pour toute élection du maire ou des adjoints, les membres du conseil municipal sont convoqués dans les formes et délais prévus par l'article 48; la convocation contiendra la mention spéciale de l'élection à laquelle il devra être procédé.

Avant cette convocation, il sera procédé aux élections qui pourraient être nécessaires pour compléter le conseil municipal. Si, après les élections complémentaires, de nouvelles vacances se produisent, le conseil municipal procédera néanmoins à l'élection du maire et des adjoints, à moins qu'il ne soit réduit aux trois quarts de ses membres. En ce cas, il y aura lieu de recourir à de nouvelles élections complémentaires. Il y sera procédé dans le délai d'un mois, à dater de la dernière vacance.

ART. 78. — Les nominations sont rendues publiques dans les vingt-quatre heures de leur date, par voie d'affiche, à la porte de la mairie. Elles sont, dans le même délai, notifiées au sous-préfet.

ART. 79. — L'élection du maire et des adjoints peut être arguée de nullité dans les conditions, formes et délais prescrits pour les réclamations contre les élections du conseil municipal. Le délai de cinq jours court à partir de vingt-quatre heures après l'élection.

Lorsque l'élection est annulée ou que, pour toute autre cause, les maires ou les adjoints ont cessé leurs fonctions, le conseil, s'il est au complet, est convoqué pour procéder au remplacement dans le délai de quinzaine.

S'il y a lieu de compléter le conseil, il sera procédé aux élections complémentaires dans la quinzaine de la vacance, et le nouveau maire sera élu dans la quinzaine qui suivra. Si, après les élections complémentaires, de nouvelles vacances se produisent, l'article 77 sera applicable.

ART. 80. — Ne peuvent être maires ou adjoints ni en exercer, même temporairement, les fonctions :

Les agents et employés des administrations financières, les trésoriers-payeurs généraux, les receveurs particuliers et les percepteurs, les agents des forêts, ceux des postes et télégraphes, ainsi que les gardes des établissements publics et des particuliers.

Les agents salariés du maire ne peuvent être adjoints.

ART. 81. — Les maires et adjoints sont nommés pour la même durée que le conseil municipal.

Ils continuent l'exercice de leurs fonctions, sauf les exceptions des articles 80, 86, 87 de la présente loi, jusqu'à l'installation de leurs successeurs.

Toutefois, en cas de renouvellement intégral, les fonctions de maire et d'adjoints sont, à partir de l'installation du nouveau conseil jusqu'à l'élection du maire, exercées par les conseillers municipaux dans l'ordre du tableau.

ART. 82. — Le maire est seul chargé de l'administration ; mais il peut, sous sa surveillance et sa responsabilité, déléguer par arrêté une partie de ses fonctions à un ou plusieurs de ses adjoints, et en l'absence ou en cas d'empêchement des adjoints, à des membres du conseil municipal.

Ces délégations subsistent tant qu'elles ne sont pas rapportées.

ART. 83. — Dans les cas où les intérêts du maire se trouvent en opposition avec ceux de la commune, le conseil municipal désigne un autre de ses membres pour représenter la commune, soit en justice, soit dans les contrats.

ART. 84. — En cas d'absence, de suspension, de révocation ou de tout autre empêchement, le maire est provisoirement remplacé, dans la plénitude de ses fonctions, par un adjoint, dans l'ordre des nominations, et, à défaut d'adjoints, par un conseiller municipal désigné par le conseil, sinon pris dans l'ordre du tableau.

ART. 85. — Dans le cas où le maire refuserait ou négligerait de faire un des actes qui lui sont prescrits par la loi, le préfet peut, après l'en avoir requis, y procéder d'office par lui-même ou par un délégué spécial.

ART. 86. — Les maires et adjoints peuvent être suspendus par arrêté du préfet pour un temps qui n'excédera pas un mois et qui peut être porté à trois mois par le ministre de l'intérieur.

Ils ne peuvent être révoqués que par un décret du Président de la République.

La révocation emporte de plein droit l'inéligibilité aux fonctions de maire et à celles d'adjoint pendant une année à dater de celle du décret de révocation, à moins qu'il ne soit procédé auparavant au renouvellement général des conseils municipaux.

Dans les colonies régies par la présente loi, la suspension peut être prononcée par arrêté du gouverneur pour une durée de trois mois. Cette durée ne peut être prolongée que par le ministre.

Le gouverneur rend compte immédiatement de sa décision au ministre de la marine et des colonies.

ART. 87. — Au cas prévu et réglé par l'art. 44, le président, et à son défaut, le vice-président de la délégation spéciale remplit les fonctions de maire.

Ses pouvoirs prennent fin dès l'installation du nouveau conseil.

ART. 88. — Le maire nomme à tous les emplois communaux pour lesquels les lois, décrets et ordonnances actuellement en vigueur ne fixent pas un droit spécial de nomination.

Il suspend et révoque les titulaires de ces emplois.

Il peut faire assermenter et commissionner les agents nommés par lui, mais à la condition qu'ils soient agréés par le préfet ou le sous-préfet.

ART. 89. — Lorsque le maire procède à une adjudication publique pour le compte de sa commune, il est assisté de deux membres désignés d'avance par le conseil, ou, à défaut de cette désignation, appelés dans l'ordre du tableau.

Le receveur municipal est appelé à toutes les adjudications. Toutes les difficultés qui peuvent s'élever sur les opérations préparatoires de l'adjudication sont résolues, séance tenante, par le maire et les deux assistants, à la majorité des voix, sauf le recours à qui de droit.

Il n'est pas dérogé aux prescriptions du décret du 17 mai 1809 relatives à la mise en ferme des octrois.

ART. 90. — Le maire est chargé, sous le contrôle du conseil municipal et la surveillance de l'administration supérieure :

1° De conserver et d'administrer les propriétés de la commune, et de faire, en conséquence, tous actes conservatoires de ses droits ;

2° De gérer les revenus, de surveiller les établissements communaux et la comptabilité communale ;

3° De préparer et proposer le budget et ordonnancer les dépenses ;

4° De diriger les travaux communaux ;

5° De pourvoir aux mesures relatives à la voirie municipale ;

6° De souscrire les marchés, de passer les baux des biens et les adjudications des travaux communaux dans les formes établies par les lois et règlements et par les articles 68 et 69 de la présente loi ;

7° De passer dans les mêmes formes les actes de vente, échange, partage, acceptation de dons ou legs, acquisition, transaction, lorsque ces actes ont été autorisés conformément à la présente loi ;

8° De représenter la commune en justice, soit en demandant, soit en défendant;

9° De prendre, de concert avec les propriétaires ou les détenteurs du droit de chasse dans les buissons, bois et forêts, toutes les mesures nécessaires à la destruction des animaux nuisibles désignés dans l'arrêté du préfet pris en vertu de l'article 9 de la loi du 3 mai 1844;

De faire, pendant le temps de neige, à défaut des détenteurs du droit de chasse, à ce dûment invités, détourner les loups et sangliers remis sur le territoire; de requérir, à l'effet de les détruire, les habitants avec armes et chiens propres à la chasse de ces animaux;

De surveiller et d'assurer l'exécution des mesures ci-dessus et d'en dresser procès-verbal;

10° Et, d'une manière générale, d'exécuter les décisions du conseil municipal.

ART. 91. — Le maire est chargé, sous la surveillance de l'administration supérieure, de la police municipale, de la police rurale et de l'exécution des actes de l'autorité supérieure qui y sont relatifs.

ART. 92. — Le maire est chargé, sous l'autorité de l'administration supérieure :

1° De la publication et de l'exécution des lois et règlements;

2° De l'exécution des mesures de sûreté générale;

3° Des fonctions spéciales qui lui sont attribuées par les lois.

ART. 93. — Le maire, ou, à son défaut, le sous-préfet, pourvoit d'urgence à ce que toute personne décédée soit ensevelie et inhumée décemment, sans distinction de culte ni de croyance.

ART. 94. — Le maire prend des arrêtés à l'effet :

1° D'ordonner les mesures locales sur les objets confiés par les lois à sa vigilance et à son autorité;

2° De publier de nouveau les lois et les règlements de police et de rappeler les citoyens à leur observation.

ART. 95. — Les arrêtés pris par les maires sont immédiatement adressés au sous-préfet, ou dans l'arrondissement du chef-lieu du département au préfet.

Le préfet peut les annuler ou en suspendre l'exécution.

Ceux de ces arrêtés qui portent règlement permanent ne sont exécutoires qu'un mois après la remise de l'ampliation constatée par les récépissés délivrés par le sous-préfet ou le préfet.

Néanmoins, en cas d'urgence, le préfet peut en autoriser l'exécution immédiate.

ART. 96. — Les arrêtés du maire ne sont obligatoires qu'après avoir été portés à la connaissance des intéressés, par voie de publication et d'affiches, toutes les fois qu'ils contiennent des dispositions générales, et, dans les autres cas, par voie de notification individuelle.

La publication est constatée par une déclaration certifiée par le maire.

La notification est établie par le récépissé de la partie intéressée, ou, à son défaut, par l'original de la notification conservé dans les archives de la mairie.

Les arrêtés, actes de publication et de notification seront inscrits à leur date sur le registre de la mairie.

ART. 97. — La police municipale a pour objet d'assurer le bon ordre, la sûreté et la salubrité publiques.

Elle comprend notamment :

1° Tout ce qui intéresse la sûreté et la commodité du passage dans les rues, quais, places et voies publiques, ce qui comprend le nettoiement, l'éclairage, l'enlèvement des encombrements, la démolition ou la réparation des édifices menaçant ruine, l'interdiction de rien exposer aux fenêtres ou aux parties des édifices qui puisse nuire par sa chute ou celle de rien jeter qui puisse endommager les passants ou causer des exhalaisons nuisibles;

2° Le soin de réprimer les atteintes à la tranquillité publique, telles que les rixes et disputes accompagnées d'ameutement dans les rues, le tumulte excité dans les lieux d'assemblée publique, les attroupements, les bruits et rassemblements nocturnes qui troublent le repos des habitants, et tous actes de nature à compromettre la tranquillité publique;

3° Le maintien du bon ordre dans les endroits où il se fait de grands rassemblements d'hommes, tels que les foires, marchés, réjouissances et cérémonies publiques, spectacles, jeux, cafés, églises et autres lieux publics;

4° Le mode de transport des personnes décédées, les inhumations et exhumations, le maintien du bon ordre et de la décence dans les cimetières, sans qu'il soit permis d'établir de distinctions particulières à raison des croyances ou du culte du défunt ou des circonstances qui ont accompagné sa mort;

5° L'inspection sur la fidélité du débit des denrées qui se vendent au poids ou à la mesure, et sur la salubrité des comestibles exposés en vente;

6° Le soin de prévenir, par des précautions convenables, et celui de faire cesser, par la distribution des secours nécessaires, les accidents et les fléaux calamiteux, tels que les incendies, les inondations, les maladies épidémiques ou contagieuses, les épizooties, en provoquant, s'il y a lieu, l'intervention de l'autorité supérieure;

7° Le soin de prendre provisoirement les mesures nécessaires contre les aliénés dont l'état pourrait compromettre la morale publique, la sécurité des personnes ou la conservation des propriétés;

8° Le soin d'obvier ou de remédier aux événements fâcheux qui pourraient être occasionnés par la divagation des animaux malfaisants ou féroces.

ART. 98. — Le maire a la police des routes nationales et départementales, et des voies de communication dans l'intérieur des agglomérations, mais seulement en ce qui touche à la circulation sur lesdites voies.

Il peut, moyennant le paiement des droits fixés par un tarif dûment établi, sous les réserves imposées par l'art. 7 de la loi du 11 frimaire an VII donner des permis de stationnement ou de dépôt temporaire sur la voie publique, sur les rivières, ports et quais fluviaux et autres lieux publics.

Les alignements individuels, les autorisations de bâtir, les autres permissions de voirie sont délivrés par l'autorité compétente, après que le maire aura donné son avis dans le cas où il ne lui appartient pas de les délivrer lui-même.

Les permissions de voirie à titre précaire ou essentiellement révocable sur les voies publiques qui sont placées dans les attributions du maire ayant pour objet, notamment, l'établissement dans le sol de la voie publique des canalisations destinées au passage ou à la conduite soit de l'eau, soit du gaz, peuvent, en cas de refus du maire, non justifié par l'intérêt général, être accordées par le préfet.

ART. 99. — Les pouvoirs qui appartiennent au maire, en vertu de l'art. 91, ne font pas obstacle au droit du préfet de prendre, pour toutes les communes du département ou plusieurs d'entre elles, et dans tous les cas où il n'y aurait pas été pourvu par les autorités municipales, toutes mesures relatives au maintien de la salubrité, de la sûreté et de la tranquillité publiques.

Ce droit ne pourra être exercé par le préfet à l'égard d'une seule commune qu'après une mise en demeure au maire restée sans résultats.

ART. 100. — Les cloches des églises sont spécialement affectées aux cérémonies du culte.

Néanmoins, elles pourront être employées dans les cas de péril commun qui exigent un prompt secours et dans les circonstances où cet emploi est prescrit par des dispositions de lois ou règlements, ou autorisé par les usages locaux.

Les sonneries religieuses, comme les sonneries civiles, feront l'objet d'un règlement concerté entre l'évêque et le préfet, ou entre le préfet et les consistoires, et arrêté, en cas de désaccord, par le ministre des cultes.

ART. 101. — Une clef du clocher sera déposée entre les mains des titulaires ecclésiastiques, une autre entre les mains du maire, qui ne pourra en faire usage que dans les circonstances prévues par les lois ou règlements.

Si l'entrée du clocher n'est pas indépendante de celle de l'église, une clef de la porte de l'église sera déposée entre les mains du maire.

ART. 102. — Toute commune peut avoir un ou plusieurs gardes champêtres. Les gardes champêtres sont nommés par le maire; ils doivent être agréés et commissionnés par le sous-préfet ou par le préfet dans l'arrondissement du chef-lieu. Le préfet ou le sous-préfet devra faire connaître son agrément ou son refus d'agréer dans le délai d'un mois. Ils doivent être assermentés. Ils peuvent être suspendus par le maire. La suspension ne pourra durer plus d'un mois; le préfet seul peut les révoquer.

En dehors de leurs fonctions relatives à la police rurale, les gardes champêtres sont chargés de rechercher, chacun dans le territoire pour lequel il est assermenté, les contraventions aux règlements et arrêtés de police municipale. Ils dressent des procès-verbaux pour constater ces contraventions.

ART. 103. — Dans les villes ayant plus de 40,000 habitants, l'organisation du personnel chargé du service de la police est réglée, sur l'avis du conseil municipal, par décret du président de la République.

Si un conseil municipal n'allouait pas les fonds exigés pour la dépense, ou n'allouait qu'une somme insuffisante, l'allocation nécessaire serait inscrite au budget, par décret du président de la République, le conseil d'État entendu.

Dans toutes les communes, les inspecteurs de police, les brigadiers et sous-brigadiers et les agents de police nommés par le maire doivent être agréés par le sous-préfet ou par le préfet. Ils peuvent être suspendus par le maire, mais le préfet seul peut les révoquer.

ART. 104. — Le préfet du Rhône exerce dans les communes de Lyon, Caluire et Cuire, — Oullins, Sainte-Foy, — Saint-Rambert, Villeurbanne, — Vaux-en-Velin, Bron, Venissieux et Pierre-Bénite, du département du Rhône, et dans celle de Sathonay, du département de l'Ain, les mêmes attributions que celles qu'exerce le préfet de police dans les communes suburbaines de la Seine.

ART. 105. — Dans les communes dénommées à l'art. 104, les maires restent investis de tous les pouvoirs de police conférés aux administrations municipales par les paragraphes 1, 4, 5, 6, 7 et 8 de l'art. 97.

Ils sont, en outre, chargés du maintien du bon ordre dans les foires, marchés, réjouissances et cérémonies publiques, spectacles, jeux, cafés, églises et autres lieux publics.

ART. 106. — Les communes sont civilement responsables des dégâts et dommages résultant des crimes ou délits commis à force ouverte ou par violence sur leur territoire par des attroupements ou rassemblements armés, ou non armés, soit envers les personnes, soit contre les propriétés publiques ou privées.

Les dommages-intérêts dont la commune est responsable sont répartis entre tous les habitants domiciliés dans ladite commune, en vertu d'un rôle spécial comprenant les quatre contributions directes.

ART. 107. — Si les attroupements ou rassemblements ont été formés d'habitants de plusieurs communes, chacune d'elles est responsable des dégâts et dommages causés, dans la proportion qui sera fixée par les tribunaux.

ART. 108. — Les dispositions des art. 106 et 107 ne sont pas applicables :

1° Lorsque la commune peut prouver que toutes les mesures qui étaient en son pouvoir ont été prises à l'effet de prévenir les attroupements ou rassemblements, et d'en faire connaître les auteurs;

2° Dans les communes où la municipalité n'a pas la disposition de la police locale ni de la force armée;

3° Lorsque les dommages causés résultent d'un fait de guerre.

ART. 109. — La commune déclarée responsable peut exercer son recours contre les auteurs et complices du désordre.

TITRE IV. — DE L'ADMINISTRATION DES COMMUNES.

CHAPITRE PREMIER. — Des biens, travaux et établissements communaux.

ART. 110. — La vente des biens mobiliers et immobiliers des communes, autres que ceux servant à un usage public, peut être autorisée, sur la demande de tout créancier porteur de titre exécutoire, par un décret du président de la République, qui détermine les formes de la vente.

ART. 111. — Les délibérations du conseil municipal ayant pour objet l'acceptation de dons et legs, lorsqu'il y a des charges ou conditions, sont exécutoires sur arrêté du préfet, pris en conseil de préfecture.

S'il y a réclamation des prétendants droit à la succession, quelles que soient la quotité et la nature de la donation ou du legs, l'autorisation ne peut être accordée que par décret rendu en conseil d'État.

Si la donation ou le legs ont été faits à un hameau ou quartier d'une commune qui n'est pas encore à l'état de section ayant la personnalité civile, les habitants du hameau ou quartier seront appelés à élire une commission syndicale, conformément à l'art. 122 ci-dessous. La commission syndicale délibérera sur l'acceptation de la libéralité, et, dans aucun cas, l'autorisation d'accepter ne pourra être accordée que par un décret rendu dans la forme des règlements d'administration publique.

ART. 112. — Lorsque la délibération porte refus de dons ou legs, le préfet peut, par un arrêté motivé, inviter le conseil municipal à revenir sur sa première délibération. Le refus n'est définitif que si, par une seconde délibération, le conseil municipal déclare y persister.

Si le don ou le legs a été fait à une section de commune, et que le conseil municipal soit d'avis de refuser la libéralité, il sera procédé comme il est dit au paragraphe 3 de l'article 111.

ART. 113. — Le maire peut toujours, à titre conservatoire, accepter les dons ou legs, et former, avant l'autorisation, toute demande en délivrance.

Le décret du président de la République, l'arrêté du préfet ou la délibération du conseil municipal, qui interviennent ultérieurement, ont effet du jour de cette acceptation.

ART. 114. — Aucune construction nouvelle ou reconstruction ne peut être faite que sur la production des plans et devis approuvés par le conseil municipal, sauf les exceptions prévues par des lois spéciales.

Les plans et devis sont, en outre, approuvés par le préfet dans les cas prévus par l'article 68, § 3.

ART. 115. — Les traités de gré à gré à passer dans les conditions prévues par l'ordonnance du 14 novembre 1837, et qui ont pour objet l'exécution par entreprise des travaux de nouvelles voies publiques et de tous autres travaux communaux, sont approuvés par le préfet ou par décret, dans le cas prévu par l'article 145, § 3.

Il en est de même des traités portant concession à titre exclusif, ou pour une durée de plus de trente années, des grands services municipaux, ainsi que des tarifs et traités relatifs aux pompes funèbres.

ART. 116. — Deux ou plusieurs conseils municipaux peuvent provoquer entre eux, par l'entremise de leurs présidents, et après en avoir averti les préfets, une entente sur les objets d'utilité communale compris dans leurs attributions et qui intéressent à la fois leurs communes respectives.

Ils peuvent faire des conventions à l'effet d'entreprendre ou de conserver à frais communs des ouvrages ou des institutions d'utilité commune.

ART. 117. — Les questions d'intérêt commun seront débattues dans des conférences où chaque conseil municipal sera représenté par une commission spéciale nommée à cet effet et composée de trois membres nommés au scrutin secret.

Les préfets et les sous-préfets des départements et arrondissements comprenant les communes intéressées pourront toujours assister à ces conférences.

Les décisions qui y seront prises ne seront exécutoires qu'après avoir été ratifiées par tous les conseils municipaux intéressés et sous les réserves énoncées au chapitre 3 du titre 4 de la présente loi.

ART. 118. — Si des questions autres que celles que prévoit l'article 116 étaient mises en discussion, le préfet du département où la conférence a lieu déclarerait la réunion dissoute.

Toute délibération prise après cette déclaration donnerait lieu à l'application des dispositions et pénalités énoncées à l'article 34 de la loi du 10 août 1871.

ART. 119. — Les délibérations des commissions administratives des hospices, hôpitaux et autres établissements charitables communaux concernant un emprunt sont exécutoires en vertu d'un arrêté du préfet, sur avis conforme du conseil municipal, lorsque la somme à emprunter ne dépasse pas le chiffre des revenus ordinaires de l'établissement et que le remboursement doit être effectué dans un délai de douze années.

Si la somme à emprunter dépasse ledit chiffre ou si le délai de remboursement excède douze années, l'emprunt ne peut être autorisé que par un décret du président de la République.

Le décret est rendu en conseil d'État si l'avis du conseil municipal est contraire, ou s'il s'agit d'un établissement ayant plus de 100.000 francs de revenu.

L'emprunt ne peut être autorisé que par une loi, lorsque la somme à emprunter dépasse 500.000 francs, ou lorsque ladite somme, réunie aux chiffres d'autres emprunts non encore remboursés, dépasse 500.000 francs.

ART. 120. — Les délibérations par lesquelles les commissions administratives chargées de la gestion des établissements publics ou communaux changeraient en totalité ou en partie l'affectation des locaux ou objets immobiliers ou mobiliers appartenant à ces établissements, dans l'intérêt d'un service public ou privé quelconque, ou mettraient à la disposition, soit d'un autre établissement public ou privé, soit d'un particulier, lesdits locaux et objets, ne sont exécutoires qu'après avis du conseil municipal, et en vertu d'un décret rendu sur la proposition du ministre de l'intérieur.

VOIRIE (Droits de). — Décr. du 27 oct. 1808[1]. Avis du Cons. d'Et. du 11 janv. 1848[2]. Instr. préf. du 31 mars 1862[3]. Décr. du 28 juill. 1874[4].

[1] Annexe. — [2] Annexe. — [3] V. *Bâtir* (*Autor. de*). — [4] Annexe.

L'origine des droits de voirie remonte à une époque fort ancienne; on trouve, notamment, une ordonnance du dauphin de France du 20 septembre 1357 qui réunit les droits de voirie aux revenus du domaine royal.

Supprimés en 1790, les droits de voirie furent rétablis en 1801; modifiés par le décret du 27 octobre 1808, ils sont actuellement, à Paris, taxés d'après le tarif annexé au décret du 28 juillet 1874 [1].

Ces droits ne sont pas dus pour les constructions élevées sur les points du territoire des communes où il n'y a pas agglomération d'habitations [2]; ils ne sont pas dus, non plus, pour les constructions élevées dans des rues ou passages restés propriétés privées [3].

ANNEXES.

Décret du 27 octobre 1808.

ARTICLE PREMIER. — A compter du 1er janvier prochain, les droits dus dans la ville de Paris, d'après les anciens règlements sur le fait de la voirie, pour les délivrances d'alignements, permissions de construire ou réparer, et autres permis de toute espèce, qui se requièrent en grande ou en petite voirie, seront perçus conformément au tarif joint au présent décret.

ART. 2. — La perception de ces droits sera faite à la préfecture du département, pour les objets de grande voirie, et à la préfecture de police, pour les objets de petite voirie, par le secrétaire général de chacune des administrations, à l'instant même qu'il délivrera les expéditions des permis accordés.

ART. 3. — Il sera tenu dans chacune des deux préfectures, 1° un registre à souche, où seront inscrites, sous une seule série de numéros pour le même exercice, les minutes desdits permis, et d'où se détacheront les expéditions à en délivrer; 2° un registre de recette où s'inscriront, jour par jour, les recouvrements opérés. Ces deux registres seront cotés et paraphés par les préfets, chacun pour ce qui concerne son administration.

ART. 4. — Le versement des sommes recouvrées s'effectuera de quinze jours en quinze jours, à la caisse du receveur municipal de la ville de Paris.

ART. 5. — Il sera, de plus, adressé audit receveur, dans les six premiers jours de chaque mois, et par chacun des préfets pour son administration, un bordereau indicatif des permis accordés dans le mois précédent, du montant des droits dus pour chacun, du recouvrement qui en a été fait ou qui reste à faire.

ART. 6. — A l'envoi du bordereau prescrit par l'article ci-dessus seront jointes les expéditions de permis qui se trouveraient n'avoir pas encore été retirées par les demandeurs, et dont les droits resteraient à acquitter. Le receveur de la ville en poursuivra le recouvrement dans les formes usitées en matière de contribution directe.

ART. 7. — Il ne sera rien perçu en sus des droits portés au tarif, ou pour autres causes que celles y énoncées, même sous prétexte de droit de quittance, frais de timbre ou autres, à peine de concussion.

ART. 8. — Notre ministre de l'intérieur est chargé de l'exécution du présent décret.

Avis du conseil d'Etat du 11 janvier 1848.
Concernant les droits de voirie.

Les membres du conseil d'Etat, comprenant le comité de l'intérieur et de l'instruction publique, qui, sur le renvoi ordonné par M. le ministre de l'intérieur, ont pris connaissance d'un rapport ayant pour objet de consulter le comité sur les questions soulevées par suite des difficultés intervenues entre l'administration du chemin de fer de Paris à Sceaux et le maire d'Arcueil (Seine), relativement à la perception des droits de voirie pour des ouvrages de construction de cette voie de fer sur le territoire de cette dernière commune, lesquelles questions ont été ainsi présentées :

1° Les droits de voirie sont-ils applicables aux constructions publiques qui seraient édifiées le long des routes et chemins, telles que bâtiments affectés au service du génie ou de l'artillerie, casernes, prisons, bâtiments d'éclusiers ou de gardes-magasins ou clôtures des gares de chemins de fer, etc. ?

2° Sont-ils applicables aux ouvrages d'art qui composent les chemins de fer, tels que ponts établis à la rencontre des autres voies publiques, parapets, murs de soutènement, clôtures en maçonnerie ou en treillage destinées à garantir la voie de fer ?

3° Sont-ils applicables sur des points plus ou moins éloignés de l'agglomération communale ?

4° Enfin, dans quelle forme les droits de voirie doivent-ils être recouvrés? Sera-ce dans la forme indiquée dans l'article 44 de la loi du 18 juillet 1837, ou suivant l'article 63 de la même loi ? En d'autres termes, quel sera le tribunal compétent pour juger les oppositions formées contre les exécutoires délivrés pour le recouvrement desdits droits?

Vu le tarif des droits de voirie approuvé par la commune d'Arcueil;

Vu les réclamations adressées par la compagnie du chemin de fer;

Vu la lettre du sous-préfet de Sceaux;

Vu l'avis du préfet de la Seine, en date du 3 mars 1847;

Vu la loi du 18 juillet 1837;

Vu la loi du 28 pluviôse an VIII;

Vu l'ordonnance du 30 janvier 1844;

Vu l'avis du comité de l'intérieur du 30 octobre 1838;

Considérant que les droits de voirie créés au profit des communes, et mis au nombre de leurs recettes ordinaires, doivent être considérés comme une conséquence de la permission de bâtir, et sont dus pour toutes les constructions élevées sur les rues ou places dépendant de la grande ou de la petite voirie;

----

[1] Annexe. — [2] Avis, C. d'Et., 14 janv. 1848, annexe. — [3] Instr., 31 mars 1862, V. Bâtir (Autor. de).

Qu'aucune disposition légale n'établit de distinction entre les bâtiments élevés par des particuliers et ceux affectés par l'Etat ou par des administrations particulières à des services publics, et qu'on ne comprendrait pas dès lors que les travaux relatifs à l'établissement des chemins de fer et des ouvrages d'art qui en dépendent ne fussent pas soumis à payer ces droits dès l'instant qu'ils affectent une portion des voies de communication de la commune;

Que les règles administratives ayant admis que les constructions élevées sur les points de la commune, éloignés de l'agglomération, ne devaient pas être assujetties au payement des droits de voirie, il convient de faire profiter les administrations des chemins de fer d'une exception qui existe déjà en faveur des particuliers;

Considérant, enfin, que les droits de voirie ne peuvent être rangés parmi les taxes particulières dues par les habitants ou propriétaires, qui doivent être réparties par délibération du conseil municipal et approuvées par le préfet, aux termes de l'article 44 de la loi du 18 juillet 1837; que conséquemment ils rentrent sous l'application de l'article 63 de cette même loi ;

Sont d'avis :

1° Qu'il n'y a pas lieu de percevoir de droits de voirie sur les points du territoire de la commune où il n'y a pas d'habitations agglomérées;

2° Que, dans ces limites, les droits de voirie sont applicables à toutes les constructions, quels que soient les propriétaires;

3° Que le recouvrement de ces droits doit être poursuivi dans les formes indiquées par l'article 63 de la loi du 18 juillet 1837.

Décret du 28 juillet 1874.

TARIF DES DROITS DE VOIRIE.

GRANDE VOIRIE.

Travaux neufs.

Construction d'un bâtiment. — Mesuré sur la longueur totale du rez-de-chaussée. — Au mètre linéaire....... 2 00

Construction d'un bâtiment. — Mesuré sur le produit de la hauteur moyenne de la façade par la longueur totale. — Au mètre superficiel................ 1 00

La taxe à percevoir au mètre superficiel pour la construction des bâtiments est réduite de moitié pour les façades ou portions de façades construites en moellons ou en pans de bois avec enduits en plâtre, sous la réserve du droit de l'Administration de refuser l'autorisation de construire des façades de cette nature qui présenteraient des dangers au point de vue des incendies ou de la sécurité publique.

Construction d'un mur de clôture ou d'une grille. — Au mètre linéaire..... 2 00

Construction d'une clôture en planches ou treillage, ou toute autre clôture légère. — Au mètre linéaire......... 0 50

Il est expliqué qu'il ne s'agit ici que des clôtures à demeure fixe, et non des clôtures dites *provisoires* servant à entourer momentanément une fouille, un atelier de construction, etc.

Baie. — Dans n'importe quelle partie du mur ou d'un bâtiment neuf ou surélevé et quelles que soient ses dimensions, aussi bien dans les étages d'attique ou en retraite qui se trouvent dans un plan vertical au-dessus de l'entablement, que dans les étages au-dessous de l'entablement. — Droit fixe........ 1 00

Balcon (Grand) dépassant 0ᵐ22 de saillie. — Au mètre linéaire......... 20 00

Mesuré sur la longueur des balcons non compris les retours.

Balcon (Petit) ne dépassant pas 0ᵐ22. — Au mètre linéaire............... 10 00

Barre d'appui. Garde-fou. — Au mètre linéaire.................... 5 00

Il s'agit ici des barres d'appui placées au droit des croisées avec une très faible saillie et complétées ensuite par un ouvrage en fonte ou en fer qui garnit le vide dans la partie inférieure.

Barrière provisoire. — Au mètre linéaire..................... 0 50

Mesuré non pas en raison du développement linéaire de la barrière, mais en raison de la longueur de face du terrain clos.

Barrière provisoire (par trimestre). — Au mètre superficiel............. 0 50

Ce droit s'applique à la superficie du sol de la voie publique temporairement occupé. Il est valable pour un trimestre et renouvelable; le trimestre considéré comme unité toujours exigible.

Travaux modifiant des constructions existantes.

Surélévation. — D'un bâtiment. — Au mètre superficiel................ 1 00

Mesurée sur le produit de la surélévation par la longueur totale de la partie surélevée.

Surélévation d'un mur de clôture. — Au mètre linéaire.................... 1 00

Chaperon. — Au mètre linéaire..... 1 00

Le dérasement d'un mur pour la conversion en mur bahut orné d'une grille donne lieu à la perception d'un droit complet d'alignement.

Conversion d'un mur de clôture en mur de face d'un bâtiment.

Voir construction d'un bâtiment neuf sauf la déduction du droit d'alignement déjà perçu.

Ravalement entier. — Droit fixe.... 20 00

Non compris le droit d'échafaud.

Ravalement partiel. — Droit fixe... 10 00

Ne sera considérée comme partie de ravalement donnant lieu à la taxe que celle qui atteindra un mètre superficiel.

Baie ouverte après coup ou agrandie :

1° Dans un bâtiment au rez-de-chaussée, de 2ᵐ00 et plus (Droit de poitrail non compris). — Droit fixe.......... 20 00

2° Dans un bâtiment, au rez-de-chaussée, de 0ᵐ80 à 2ᵐ00 (Droit de linteau ou fermeture non compris). — Droit fixe ..... fr. 10 00

3° Dans un bâtiment, au rez-de-chaussée, de 0ᵐ80 et au-dessous (Droit de linteau ou fermeture non compris). — Droit fixe 10 00

Au rez-de-chaussée, ne sont pas considérés comme baies les soupiraux de caves ni les ouvertures pratiquées dans les devantures sur remplissage en menuiserie. Toutefois les soupiraux servant à l'éclairage des sous-sols destinés à l'habitation, au commerce ou à l'industrie, seront taxés comme baies du rez-de-chaussée.

4° Dans un mur de clôture, Baies de portes charretières ou cochères. — Droit fixe 15 00

5° Dans un mur de clôture, Baie de porte bâtarde. — Droit fixe 10 00

Baie de moins de 0ᵐ80 (dans sa plus grande dimension). — Droit fixe 10 00

Poitrail, ou toute fermeture de baie, de 2 mètres et au-dessus (soit en bâtiment, soit en mur de clôture). — Droit fixe. 20 00

Linteau, ou toute fermeture de baie, plate-bande, arc en pierre, etc., de 0ᵐ,80 à 2 mètres (soit en bâtiment, soit en mur de clôture). — Droit fixe 10 00

Pied-droit, Dosseret (soit en bâtiment, soit en mur de clôture), à rez-de-chaussée, pour baie de 2 mètres et au-dessus. — Droit fixe 20 00

Dans les murs de clôture les poteaux en bois sont considérés comme dosserets.

Pied-droit, Dosseret, pour une baie de moins de 2 mètres. — Droit fixe .. 10 00

Ces droits ne seront dus que pour le cas où les pieds-droits ou dosserets seront véritablement construits dans une largeur excédant 0ᵐ16. Lorsque le constructeur, après avoir ouvert une baie, ne fera pas autre chose que d'en dresser les tableaux et de créer, par conséquent, des dosserets dans la maçonnerie ancienne, sans y rien ajouter, la taxe ne sera pas appliquée.

Reprise dans la face d'un bâtiment. — *Trumeau* construit au rez-de-chaussée. — *Bouchement* de baies. — Au mètre superficiel 3 00

Mesuré sur la superficie de l'ouvrage effectué.

Point d'appui intermédiaire, au rez-de-chaussée. — *Pile, Colonne, Poteau, Jambe-étrière* (pour chaque objet). — Droit fixe 20 00

Echafaud. — Au mètre linéaire 1 00

Mesuré sur la longueur de face de la partie du bâtiment échafaudé. Les échafauds volants ne sont pas taxés. Ne sont pas taxés non plus les échafauds placés à l'intérieur d'une barrière provisoire.

Entablement, Corniche. — Réfection entière. — Droit fixe 20 00

Entablement, Corniche. — Réfection partielle. — Droit fixe 10 00

Ces droits ne comprennent pas celui qui sera dû pour l'échafaud.

Etais. Comptés par chaque groupe d'étais, par chaque chevalement, par chaque ensemble de contre-fiches réunies par des moises. — Droit fixe ..... fr. 5 00

PETITE VOIRIE.

Saillies considérées comme fixes.

Appui de croisée, Tablette, le plus ordinairement en bois, posée au-dessus du soubassement d'une baie et ne dépassant pas 0ᵐ16 de saillie. — Droit fixe. 5 00

Barreaux ou Grilles au droit d'une croisée. — Droit fixe 10 00

Chardon ou Herse. — Droit fixe ... 5 00

Tuyau de descente. — Droit fixe 10 00

Croisée en saillie, Volet, Persienne. — Droit fixe 5 00

Un volet fermant une baie tout entière doit la totalité du droit; deux volets réunis pour clore une même baie, formant une paire, ne paieront qu'un seul droit.

Jalousie. — Droit fixe 20 00

Moulures en menuiserie formant cadre ou chambranle. — Droit fixe 5 00

Saillies considérées comme mobiles.

Abat-jour. — Appareil placé au-devant d'une baie pour modifier l'introduction de la lumière. — Droit fixe 10 00

Réflecteur. — Appareil disposé au-dessus des baies pour y faire affluer plus de lumière. — Droit fixe 10 00

Baldaquin, Marquise, Transparent. — Au mètre linéaire 4 00

Banne. — Au mètre linéaire 4 00

Sont considérés comme bannes et taxés comme tels, les stores qui embrassent plusieurs croisées ou qui s'étendent devant les larges baies ouvertes le plus souvent dans la hauteur des entre-sols.

Store en élévation, posé au droit d'une seule croisée et se développant en saillie. — Droit fixe 5 00

Borne. — Droit fixe 5 00

Grande marquise ayant plus de 0ᵐ80 de saillie. — Au mètre superficiel 5 00

Mesurée sur la projection horizontale. Ne sont pas considérées comme grandes marquises les grandes tentures en saillies disposées exceptionnellement, les jours de fêtes, devant les boutiques et portes cochères.

Devanture de boutique. — Distinction faite du seuil. — Au mètre linéaire. 5 00

Socle ou Seuil. — Parpaing recevant une devanture. — Au mètre linéaire... 2 00

Mesuré entre les deux points extrêmes de la saillie.

Tableau d'enseigne de boutique sous une corniche en bois ou en pierre. — Au mètre linéaire 2 00

Mesuré entre les deux points extrêmes de la saillie.

Devanture en réparation. — Toute réparation ou renouvellement de châssis, porte, tableau, caisson ou soubassement. — Au mètre superficiel 5 00

Parement de décoration. — Lambris appliqués sur les murs en élévation. — Au mètre linéaire............. ..... 5 00

Ces lambris sont appliqués le plus souvent au-dessus des devantures de boutique, et leur saillie est limitée, par les termes de l'ordonnance royale de 1823, à l'épaisseur du bois, et par l'usage à 0ᵐ06.

Étalage. — Au mètre superficiel.... 20 00

Il est bien entendu qu'il ne s'agit ici que des étalages placés *sur le mur* bordant la voie publique et ne dépassant pas 0ᵐ16 de saillie.

Montre ou vitrine. — Au mètre superficiel......................... 10 00

Enseigne. Tableau-Enseigne. Attribut. Écusson. — Au mètre superficiel. 5 00

Enseignes découpées. — Lettres appliquées sur les balcons. — Au mètre superficiel........................ 10 00

Comptées pour une enseigne complète, quel que soit le nombre de mots.

Grand tableau. — Frise courante portant enseigne. — Au mètre linéaire. 4 00

Marche. Seuil. — Au mètre superficiel 4 00

Pilastres. Caissons isolés en menuiserie. — Au mètre superficiel........ 5 00

Lanternes. — Au mètre superficiel.. 5 00

Sera considéré comme lanterne isolée, chaque appareil placé soit directement sur le nu d'un mur ou d'une devanture, soit sur une tringle courante et consistant en support, conduite ou tringle avec globe, verre ou réflecteur.

Rampe et appareil d'illumination, formant une saillie spéciale, composés de tubes droits ou recourbés et sur lesquels sont greffés de petits brûleurs avec ou sans globe. — Au mètre linéaire. 4 00

Mesurés sur la projection horizontale. Les rampes posées sur des objets en saillie, corniches, moulures, etc., et ne formant point par elles-mêmes une saillie spéciale ne devront aucun droit. Les appareils formant une enseigne, un attribut, un chiffre, etc., seront considérés comme des enseignes, des attributs, etc., et taxés comme tels.

Échoppe. — Construction mobile, non scellée, posée sur le sol de la voie publique. — Droit proportionnel à la surface occupée et à la valeur du terrain. La valeur du terrain est délibérée par le conseil municipal.

Nota. — Les *bâtiments en retraite* de la voie publique, sans en être séparés par aucune clôture, sont assujettis au paiement des mêmes droits de voirie que les bâtiments alignés.

Le propriétaire d'un bâtiment, mur de clôture, etc., en retraite de l'alignement, peut exécuter à la façade de son immeuble les mêmes travaux que si cet immeuble était aligné; il peut même l'exhausser d'un ou plusieurs étages, pourvu que la hauteur totale ne dépasse pas la hauteur réglementaire déterminée par la largeur légale de la rue, sans avoir égard à la largeur réelle au droit de la propriété.

Les *Bâtiments en saillie* sont assujettis au paiement des mêmes droits de voirie que ceux imposés aux bâtiments alignés.

VOIRIES. — V. *Boues et immondices.*

VOLAILLES (Engraissement des). — V. *Engraissement.*

VOSGES. (Place des).

Les bâtiments en façade sur la place des Vosges, anciennement place Royale, ont été construits suivant un type déterminé, imposé par les lettres patentes de juillet 1605, et qui ne peut être modifié.

ANNEXE.

Extrait des lettres patentes de juillet 1605.

Henry, etc...

Ayant délibéré pour la commodité et l'ornement de nostre bonne ville de Paris, d'y faire une grande place bastye des quatre cotez... Nous avons résolu en nostre conseil.... de destiner à cet effect le lieu à présent appelé le Marché aux Chevaulx, anciennement le parc des Tournelles, et que nous voullons estre doresnavant nommé la Place Royalle, et par leur advis avons faict marquer une place vis-à-vis du logis qui a esté basty depuis peu par les entreprencurs des manufactures, contenant soixante-douze thoises en carré (273ᵐ50) et avons baillé les places qui se sont trouvées nous appartenir autour dudict carré et celles pour lesquelles nous avons récompensé les particuliers à ceulx qui se sont présentez pour y bastir selon nostre desseing et pour cest effect leur avons délaissé lesdictes places comme il est porté par les contractz attachez soubz nostre contrescel, à la charge de païer par an pour chacune desdictes places, en la recepte de nostre domaine de Paris, ung escu d'or sol, et en oultre de bastir sur la face desdictes places chacun ung pavillon ayant la muraille de devant de pierre de taille et de brique, ouverte en arcades et des galleryes en dessoubs, avec des boutiques pour la commodité des marchandises, selon le plan et les ellévations qui en ont été figurées, tellement que les trois costez qui sont à faire pour le tour de ladicte place, devant ledict logis des manufactures, soient tous bastiz d'une mesme cimettrie pour la décoration de nostredicte ville, pour le plus grand ornement de laquelle nous avons désir faict les marchez pour faire bastir un pavillon à nos despens, à l'entrée de ladicte place, sur la rue que nous faisons percer pour y entrer par la rue Saint-Anthoine.

A ces causes avons par nostre présent édict perpétuel et irrévocable, dict, statué et ordonné, disons, statuons et ordonnons, voulons et nous plaist que lesdictes places par nous vendues, ceddées, quietées et transportées avec promesso de garantie, de tous troubles et empeschemens généralement quelzconque, contenue auxdictz contractz cy attachés, et les aultres que nous baillerons encore cy après audict lieu soient et demeurent à perpétuité aux personnes y dénommées par eulz, leurs hoirs et ayant cause, à la charge d'en païer, par chacun an, ledict escu d'or de cens portant lotz, vente, saisine et amende, quand le cas y escherra, selons les us et coustumes de nostre dicte bonne ville prévosté et vicomté de Paris, et oultre à la charge d'y faire des bastimens coutemez auxdits contractz, par lesquelz nous leur avons transporté, comme nous faisons par nostre présent édict, tous les droicts de propriéttez desdictes places, et sans que lesdicts pavillons estant sur la face de ladicte place Royalle puissent estre divisés et séparés entre cohéritiez ny aultres, voullant que pour la conservation des chambres respondantes sur ladicte place, lesquelles pourroient estre gastées par les partages et séparations, lesdicts cohéritiez ou aultres en jouissent par indivis et s'en donnent récompense.

VOYER. — Edit de mai 1599[1]. Ord. du 22 sept. 1600 . Edit de déc. 1607[3]. Lettres patentes du 30 janv. 1638[4]. Ord. roy. du 16 juin 1693[5]. Arr. du préf. de la Seine des 13 janv. 1801, et 28 sept. 1826 . Ord. pol. du 31 janv. 1830[7]. Règlement du 1er juin 1842[8]. Arr. préf. des 30 juin 1871, 15 avril 1878 et 16 févr. 1887[9].

Jusqu'en 1789, les voies publiques dépendaient les unes des seigneurs, les autres du roi ; ces dernières étaient sous la surveillance des trésoriers de France.

Par un édit de septembre 1599[10], Henri IV créa un office de grand voyer de France, ayant la superintendance sur tous les voyers établis ou qui pourraient l'être ultérieurement. L'édit de décembre 1607[11] étendit les attributions du grand voyer, mais Louis XIII lui retira, en 1621, toute surveillance sur les ponts et chaussées. Cette charge de grand voyer fut définitivement supprimée en février 1626, et ses attributions passèrent aux trésoriers de France, dont la juridiction, étendue par l'édit d'avril 1627, comprenait les pouvoirs administratifs et les pouvoirs judiciaires, ainsi que l'office de voyer particulier de Paris[12]. La voirie de Paris fut alors confiée à quatre conseillers commissaires généraux, dont les attributions furent déterminées par l'ordonnance royale du 16 juin 1693[13].

Ces différents offices, ainsi que les juridictions seigneuriales, ayant été supprimés par les lois des 22 décembre 1789 et 7 septembre 1790, les préfets furent chargés de la grande voirie et les maires de la petite voirie ; à Paris la petite voirie rentre dans les attributions du préfet de police[14].

Pour Paris, le service de la grande voirie est confié à des architectes, dits commissaires-voyers[1]. Leur organisation, modifiée par l'arrêté préfectoral du 28 septembre 1826[2], est régie, actuellement, par l'arrêté préfectoral du 16 février 1887[3]. Les attributions des commissaires-voyers sont déterminées par le règlement du 1er juin 1842[4] et les arrêtés préfectoraux des 30 juin 1871 et 15 avril 1878[5].

Le service de la petite voirie est confié à l'architecte de la préfecture de police, commissaire de la petite voirie, auquel sont adjoints un certain nombre d'architectes[6].

ANNEXES.

Edit. du 7 septembre 1599.

Henri, etc...

Nos prédécesseurs rois, considérant les entreprises et usurpations qui se font sur les voyes et ruës publiques des villes, au grand préjudice du public, et l'incommodité des passans : pour faire cesser de tels abus, avoient faict plusieurs édicts contenans le règlement qu'ils avoient connu estre nécessaire pour l'observation d'iceux, estably en notre ville de Paris, capitale de ce royaume, un voyer, ayant entr'autres choses, le pouvoir d'avoir l'œil ausdites voyes et passages, les conserver en leurs espaces, grandeurs et largeurs; visiter les bastimens estans sur les ruës et voyes; allligner les bastimens nouveaux et toutes autres fonctions qui en dépendent; chose grandement importante, et l'une des principales de la police : et depuis a esté créé en aucunes autres villes, des offices de voyers avec pareille authorité qui a faict cesser les usurpations dont usoient les communautés et particuliers, ès édifices et bastimens et allignemens des ruës, maisons et autres choses très-nécessaires. Et d'autant que par l'injure du temps, que par négligence des officiers et autres personnes préposées ausdites charges, lesdits règlemens ont esté du tout délaissez, et les mesmes abus qui s'y commettoient continuëz.

A quoy estant besoin de pourvoir pour l'importance de cette affaire et commodité du commerce, avons jugé estre à propos pour le bien de nosdits subjets, d'establir un estat du grand-voyer, ayant l'authorité et super-intendance sur tous les voyers establis, et qui le pourroient estre ci-après en toutes et chacunes les villes de nostredit royaume et pays de nostre obéissance pour la conservation de nos droicts et l'observation des réglemens establis pour le faict desdits voyers :

Ayons par cettuy nostre édict perpetuel et irrevocable, estably, crée et érigé, establissons, créons et érigeons ledit estat de grand-voyer de France pour y estre pourveu présentement et quand vacation escherra, par nous et nos successeurs, de personnes capables, dont la suffisance, dignité, expérience et intégrité requise en icelle charge, nous soient connuës et approu-

---

[1] Annexe. — [2] V. *Alignement.* — [3] Annexe. — [4] Annexe. — [5] Annexe. — [6] Annexes. — [7] Annexe. — [8] Annexe. — [9] Annexes. — [10] Annexe. — [11] Annexe. — [12] Let. pat., 31 janv. 1638, annexe. — [13] Annexe. — [14] V. *Préf. de la Seine* et *Préf. de pol.*

[1] Arr., 13 janv. 1801, annexe. — [2] Annexe. — [3] Annexe. — [4] Annexe. — [5] Annexe. — [6] Ord. pol., 31 janv. 1830, annexe.

vées, et en jouïr et user aux honneurs, autho-ritez, prérogatives, prééminences, franchises, libertez, pouvoirs, droits, profits et émolumens audit office appartenans, et aux gages lascations et droits qui seront spécifiez et déclarez par ses lettres de provisions, qui aura le droit de super-intendances sur tous nos voyers establis en toutes les villes de nostre obéissance, et lesquels seront tenus recognoistre ledit grand-voyer en ce qui dépend de leurs charge et fonctions, à condition que le grand-voyer ne pourra prétendre aucune juridiction contentieuse, et sans qu'en consé-quence de ladite création, il puisse estre fait à l'advenir aucunes nouvelles créations d'officiers, n'y levées de deniers sur nos subjets pour les droits qui seront attribuez audit estat et que celuy qui en sera pourvu, l'exercera en per-sonne, et en son absence les officiers ordinaires des lieux où il n'y aura point de voyers.

Edit de décembre 1607.

ARTICLE PREMIER. — Que la justice de la voyrie sera à l'avenir exercée, aussi et par les juges qu'elle avait accoutumé auparavant, sans toutefois préjudicier au droit d'icelle.

ART. 2. — Nous voulons que nostre grand voyer, ou autres par luy commis ayant la cog-noissance de ladite voyrie, tant des villes, faux-bourgs et grands chemins, vulgairement appe-lez chemins royaux, et que nos amez et féaux con-seillers, les gens de nostre chambre du trésor de Paris, cognoissent de tous différens qui in-terviendront pour leurs droits deuz et affectez à ladite voyrie, ausquels nous avons attribué et attribuons la cognoissance de tels différens qui y seront par eux jugez et terminez, nonobs-tant et sans préjudice de l'appel, jusqu'à la somme de dix livres parisis d'amende et au-dessous, et pour les sommes excédant dix livres parisis par provision, pour ce qui est de nostre domaine seulement et du prévost de Paris, pour ce qui regarde à la police comme les alligne-mens, périls éminents et autres cas semblables de la ville et fauxbourgs d'icelle, et par appel en notre dite cour de parlement; la moitié des-quelles amendes à nous réservée, sera mise entre les mains du receveur de notre domaine de ladite ville, et l'autre moitié appartenant audit grand voyer et sesdits commis, pour et au lieu des frais qu'il convient faire journelle-ment en l'exercice de sa charge, au payement desquelles les particuliers seront contraints en vertu des sentences ou extraits du greffe en la manière accoutumée.

ART. 3. — Voulons aussi et nous plaît que lorsque les rues et chemins seront encombrez ou incommodez, nostre dit grand-voyer ou ses commis enjoignent aux particuliers de faire oster lesdits empêchemens et, sur l'opposition ou différens qui en pourroient résulter, faire condamner lesdits particuliers qui n'auront obey à ses ordonnances, trois jours après la signifi-cation qui leur en sera faite; jusqu'à la somme de dix livres et au-dessous pour lesdites entre-prises par eux faites, et pour cet effet, les faire assigner à sa requeste par devant ledit

prévost de Paris, auquel nous donnons aussi pouvoir et juridiction.

ART. 4. — Deffendons à nostredit grand voyer ou ses commis de permettre qu'il soit fait aucunes saillies, avances et pans de bois aux bâtiments neufs, et mesme à ceux où il y en a à présent de contraindre les réédifier, n'y faire ouvrages qui les puissent conforter, conserver et soutenir, n'y faire aucun encorbellement en avance pour porter aucun mur, pan de bois ou autres choses en saillie, et porter à faux sur lesdites ruës, ainsi faire le tout continuer à plomb, depuis le rez-de-chaussée tout contre-ment, et pourvoir à ce que les ruës s'embel-lissent et élargissent au mieux que faire se pourra, et en baillant par luy les allignemens, redressera les murs où il y aura ply ou coude, et de tout sera tenu de donner par écrit son procez-verbal de luy signé ou de son greffier, portant l'allignement desdits édifices de deux toises en deux toises, à ce qu'il n'y soit contre-venu; pour lesquels allignemens nous lui avons ordonné soixante sols parisis pour mai-sons, payables par les particuliers qui feront faire lesdites édifications sur ladite voyrie; encore qu'il y eût plusieurs allignemens en icelle n'estant compté que pour un seul.

ART. 5. — Comme aussi nous déffendons à tous nosdits sujets de ladite ville, fauxbourgs, prevosté et vicomté de Paris, et autres villes de ce royaume, faire aucun édifice, pan de mur, jambes estrières, encoignures, caves ny cuval, forme rondes en saillies, sièges, barrières, con-trefenestre, huis de caves, bornes, pas, marches, sièges, montoirs à cheval, auvens, enseignes, establies, cages de menuiseries, châssis à verre et autres avances sur ladite voyrie, sans le congé de nostredit grand-voyer ou desdits commis. Pourquoy faire nous lui avons attribué et attribuons la somme de soixante sols tour-nois, et après la perfection d'iceux, seront tenus lesdits particuliers d'en avertir ledit grand-voyer ou son commis, afin qu'il recolle lesdits allignemens, et recognoissent si lesdits ouvriers ont travaillé suivant iceux, sans toutefois payer aucune chose pour ledit recollement et confron-tation, et où il se trouveroit qu'ils auroient con-trevenus auxdits allignemens, seront lesdits particuliers assignez par devant le prévost de Paris ou son lieutenant, pour voir ordonner que la besogne mal plantée sera abattue, et condamnez à telle amende que de raison, appli-cable comme dessus.

ART. 6. — Deffendons au commis de nostre-dict grand voyer, de prendre aucuns droits pour mettre les treillis de fer aux fenestres sur ruës, pourvu qu'ils n'excèdent les corps des murs qui seront tirez à plomb, et pour ceux qui sortiront hors des murs payeront la somme de 30 sols tournois.

ART. 7. — Faisons aussi deffenses à toutes personnes de faire et creuser aucunes caves sous les ruës, et pour le regard de ceux qui voudront faire degrez pour monter à leurs maisons, par le moyen desquels les ruës estré-cissent, faire sièges endites ruës, estail ou au-vent, clore ou fermer aucunes ruës, faire planter bornes au coin d'icelles, ôsentrées de maisons, poser enseignes nouvelles, ou faire le tout réparer, prennent congé dudit grand-voyer ou son commis. Pour lesquelles choses faites de neuf, et pour la permission première, nous luy avons attribué et attribuons la somme de 30 sols tournois pour la visitation d'icelles, et pour celles qu'il conviendra réparer et refaire, la somme de quinze sols tournois; et où aucuns voudroient faire telles entreprises sans lesdites permissions, les pourra faire condamner en ladite amende de dix livres, payable comme dessus, ou plus grande somme, si le cas y échet, et faire abattre lesdites entreprises ; le tout au cas que lesdites entreprises incommodent le public, et pour cet effet, sera tenu le commis dudit grand-voyer se transporter sur les lieux auparavant que de donner la permission ou congé de faire lesdites entreprises.

Art. 8. — Pareillement avons deffendu et deffendons à tous nosdits sujets de jeter dans les rües eaues ny ordures par les fenestres, de jour ny de nuit, faire préaux ny aucuns jardins en saillies, aux hautes fenestres, ny pareillement tenir fiens, terreaux, bois, ny autres choses dans les rües et voyes publiques, plus de vingt-quatre heures, et encore sans incommoder les passans, autrement lui avons permis et permettons les faire condamner en l'amende comme dessus, auquel voyer ou commis nous enjoignons se transporter pour toutes les rües, mesme par les maistresses, de quinze jours en quinze jours, afin de commander qu'elles soient délivrées et nettoyées, et que les passans ne puissent recevoir aucunes incommoditez.

Art. 9. — Deffendons aussi à tous personnes de faire des éviers plus haut que rez-de-chaussée, s'ils ne sont couverts jusqu'audit rez-de-chaussée, et mesme sans la permission de nostredit grand-voyer, ses lieutenans ou commis, pour laquelle permission luy sera payé trente sols indistinctement, tant pour ceux qui sont au rez-de-chaussée, que ceux qui ne se trouveront audit rez-de-chaussée.

Art. 10. — Ordonnons à nostredit grand-voyer ou son commis, de faire crier aux quatre festes annuelles de l'an de par nous et de par luy, à ce que les rües soient nettoyées, et outre qu'il ait à ordonner aux charretiers conduisant terreaux et gravois et autres immondices de les porter aux champs, aux lieux destinez aux voyries ordinaires, et au défaut de luy obéir, saisira les chevaux et harnois des contrevenans, pour en faire son rapport, sans qu'il puisse donner main-levée qu'il n'en soit ordonné.

Art. 11. — Enjoindra aux sculpteurs, charrons, marchands de bois et tous autres, de retirer et mettre à couvert, soit dans leurs maisons ou ailleurs, ce qu'ils tiennent d'ordinaire dans les rües, comme pierres, coches, charettes, charriots, troncs, pièces de bois et autres choses qui peuvent empescher ou incommoder ledit libre passage desdites rües, comme aussi aux teinturiers, foullons, frippiers et tous autres, de ne mettre seicher sur perches de bois, soit ès fenestres de leurs greniers ou autrement sur rües et voyes aucuns draps, toiles et autres choses qui peuvent incommoder et offusquer la veue desdites rües, sur les peines que dessus, et sur les contraventions qui se feront, lesdites deffenses estant faites par ledit sieur grand-

voyer ou ses commis, seront les contrevenans condamnez en l'amende comme dessus.

Art. 12. — Voulons et nous plaist que ledit grand voyer et ses commis ayent l'œil et connaissance du pavement desdites rues, voyes, quais et chemins, et où il se trouvera quelques pavez cassez, rompus ou enlevez, qu'ils les fassent refaire et rétablir promptement, mesme faire l'ouverture des maisons des refusans d'icelles, aux dépens des détempteurs desdites maisons, injonction prealablement faite auxdits détempteurs, et prendra garde que le pavé de neuf soit bien fait, et qu'il ne se trouve plus haut élevé que celuy de son voisin.

Art. 13. — Deffendons au commis de nostredit grand-voyer, de donner aucune permission de faire des marches dans les rues, mais seulement continuer les anciennes ès lieux où elles n'empeschent le passage.

Art. 14. — Ne pourra aussi nostredit grand-voyer, ou son commis donner mission d'auvenplus bas que dix pieds, à prendre du rez-det chaussée en amont, et pour ceux qu'il donnera, ensemble pour les enseignes, luy appartiendra pour les permissions nouvelles, trente sols tournois, et pour le changement des enseignes, réfection et changement d'auvent n'en prendra que quinze sols tournois.

Art. 15. — Et d'autant que la plus grande partie des abus qui se sont commis deladicte voyrie sont provesnus à cause des permissions que donnent les commis d'aucuns seigneurs hauts justiciers, tant laïcs qu'ecclésiastiques prétendans avoir droit de voyrie en nostredite ville, fauxbourgs, prévosté et vicomté de Paris, qui, n'ont tenu compte délivrant lesdites permissions de prendre exactement garde, si elles étaient conformes aux réglemens et ordonnances, faites sur le fait de ladite Voyrie. A cette cause, nous voulons et entendons qu'où il se trouvera que lesdits voyers particuliers ayant cy-devant donné ou donnent cy-après icelles permissions contre la teneur de nosdits édits et ordonnances, ledit sieur grand-voyer ses lieutenans ou commis, les feront appeler pour les faire condamner à réparer ce qui auroit esté mal fait, le tout sans préjudice desdits seigneurs, et autres prétendus droits de haute justice et voyrie en nostredite ville et fauxbourgs, lesquels nous voulons, après la vérification du présent réglement, être appelez à la diligence de nostre procureur général, auquel mendons ainsi le faire, pour eux ouïs, et les titres que produiront veus et examinez, leur être pourvu, ainsi que de raison.

Art. 16. — Entendons aussi que ledit grand-voyer et ses commis en la ville, prévosté et vicomté de Paris, jouissent bien et duement, comme les autres voyers ont cy-devant jouy, de tous les autres menus droits qui lui sont attribués par les titres de ladite voyrie, extrait de nostre chambre des comptes, trésor et chastelet de Paris, comme chandelles, gasteaux beurres, œufs, fromages, figues, raisins, bouquets, roses et plusieurs autres menus droits qui se cueillent et perçoivent par chacun an ès-jour et saisons accoutumées, de ceux et celles qui estallent et placent sur ladite voyrie, tant ès marchez, rues, voyes et places publiques de nostredicte ville, fauxbourgs, prévosté et vicomté

de Paris ; tous lesdits droits ordonnez être per-
ceus par plusieurs arrests, sentences et jugements donnez, tant par notredite cour de parlement, les conseillers de ladite justice de
notre trésor, que par nostre prévost de Paris.

ART. 17. — Voulons et nous plaist que ledit
grand-voyer ou commis, pourvoyant des places
vulgairement et anciennement appelées les
places ordonnées par le feu roy Saint-Louis, estre
aumosnées à pauvres femmes, veuves et filles
orphelines et à marier, sises tant ès halles de
Paris, rue au Feure, qu'ès environs, comme
aussi de toutes les autres places dépendantes de
ladite voyrie, sises tant ès dites halles, cimetières Saint-Jean, grand et petit Chastelet,
marché neuf, place Maubert, et autres lieux et
endroits de nostredicte ville et fauxbourgs de
Paris, pour en jouir comme cy-devant les voyers
en ont jouy bien et duement.

ART. 18. — Lesquels lieutenans et commis de
nostre grand-voyer pourront commettre en
chacune ville, un maçon ou autre personne capable, pour donner les allignemens sur rues,
dont le nom sera registré en la justice ordinaire,
le surplus des autres charges et fonctions, ledit
commis leur fera en personne. En quoy faisant
lui sera obéy, sans qu'il soit besoin de sergent
pour faire faire lesdites significations appartenant
à ladite charge, sauf, s'il employe autres gens
sous luy pour voir les contraventions, auquel
cas seront tenus les commis des lieutenans de
nostredict grand voyer de se servir des sergens
ordinaires.

Lettres patentes du 31 janvier 1638.

Louis, etc.

Par nos Lettres Patentes en forme d'Edit du
mois de mai 1635 vérifiées où besoin a été, et
pour les causes et considérations y contenues,
Nous avons entre choses réuni l'Office de Voyer
particulier de notre Ville, Prévôté et Vicomté
de Paris, aux Offices de Présidens Trésoriers
Généraux de France établis audit lieu, à la
charge néanmoins de remboursement des Titulaires ; et de plus nous avons attribué auxdits
Présidens Trésoriers Généraux de France les
mêmes fonctions, gages, droits, profits, revenus
et émolumens dont ont joui les Sieurs Duc de
Sully et Comte Dorval, qui ont été remboursez
de la Finance à laquelle ladite Charge, gages et
droits y attribuez ont été liquidez et évaluez en
notre Conseil : en conséquence duquel payement
ils auroient fournis leurs démissions pures et
simples, avec leurs Lettres de provisions et
autres pièces justificatives concernant ledit
Office, ne restant plus pour l'entière et parfaite
exécution du susdit Edit, qu'à faire jouir lesdits
Présidens Trésoriers-Généraux de France, Intendans, des fonctions, gages, droits, profits et
émolumens qui en dépendent, ensemble de la
juridiction et connoissance des différends qui
pourroient intervenir en conséquence d'icelle
Voirie, circonstances et dépendances ; ainsi qu'il
est plus amplement porté par notredit Edit et
et autres précédens.

Scavoir faisons qu'après avoir fait voir en
notre Conseil ledit Édit du mois d'Avril 1627, la
Déclaration sur icelui du 2 avril 1628, ledit
Edit du mois de Mai 1635, la Quittance du
remboursement fait audit Sieur Comte Dorval
dernier possesseur dudit Office de Voyer parti,
culier de la Ville, Prévôté et Vicomté de Paris-
ensemble la démission et autres Pièces concernant tant l'exercice de ladite Voyerie qu'attribution de deux mille livres de gages, ci attachez
sous le contrescel de notre Chancellerie, et
pour aucunement récompenser et dédommager
lesdits Présidens Trésoriers de France, de la
perte et diminution qu'ils peuvent souffrir en
leurs charges par la création desdits quatre
Offices dont leur corps se trouve augmenté par
notre susdit Edit du mois de Mai 1635, et autres
précédant, Avons conformément à nosdits Edits
et Déclarations, et en exécutant iceux réuni et
incorporé, réunissons et incorporons par ses
Présentes, signées de notre main, icelui Office
de Voyer particulier de ladite Ville, Prévôté et
Vicomté de Paris, gages et droits y attribuez,
aux Charges desdits Présidens Trésoriers-Généraux de France, et Intendans audit Bureau, pour
dorénavant l'exercer, en jouir et user, tant par
lesdits Présidens Tresoriers-Généraux de
France, à présent pourvus, que leurs successeurs à l'avenir, aux gages de deux mille livres
qui seront employées par chacun an dans l'état
de nos Finances, comme il a été ci-devant fait,
fonctions, droits, fruits, profits, revenus et
émolumens avec la Juridiction et connoissance
et connoissance de tous procès et différends qui
pourroient intervenir pour raison de ladite
Voyerie, circonstances et dépendances, laquelle
en tant que besoin est ou seroit, nous lui avons
attribué et attribuons par cesdites Présentes,
et icelle interdite et défendue à tous autres
Juges, avec défenses aux Parties de se pourvoir
ailleurs, que par devant nosdits Trésoriers de
France, à peine de nullité, cassation de procédures, mille livres d'amende, et tous dépens
dommages et intérêts, nonobstant tous Edits,
Privilèges, Déclarations, Ordonnances, Règlemens, et autres Lettres à ce contraires, auxquelles nous avons dérogé et dérogeons pour
ce regard, et sans que ci-après ni à l'avenir
ladite Charge puisse être séparée ni désunie
des Charges desdits Présidens Trésoriers-
Généraux de France pour quelque cause, et
soubs quelque prétexte que ce soit.

Si donnons en Mandement à nos amez et
et feaux Conseillers, les Gens tenans notre Cour
de Parlement, et Chambre de Nos Comptes à
Paris, que nostre présente Déclaration, ils
fassent lire, publier et registrer, et du contenu
en icelle, faire jouir et user nosdits Présidens
Trésoriers-Généraux Intendans audit Bureau, et
leurs successeurs auxdits Offices plainement,
paisiblement, et perpétuellement, faisant cesser
tous troubles et empêchemens à ce contraire.

Ordonnance royale du 16 juin 1693.

Louis, etc.

Nous avons par notre Edit du mois de Mars
dernier uni la Chambre du Trésor au Bureau
des Finances de la Généralité de Paris, et créé
entre autres officiers quatre de nos Conseillers

Commissaires Généraux de la voirie, pour chacun dans les quartiers de notredite Ville et Fauxbourgs de Paris qui leur seroient désignez, avoir l'inspection et faire leur rapport en notredit Bureau, de tout ce qui concernera la grande Voirie, être présens aux allignemens, et donner toutes les permissions necessaires pour l'apposition et réfection des Auvens, Enseignes, et autres dépendances de la petite Voirie : auquel effet ils jouiront des droits dont les Tresoriers de France avoient joui jusqu'alors, suivant le tarif qui en seroit arrêté en notre Conseil. A quoi voulant pourvoir, après nous être fait représenter l'Edit de l'année 1607 portant création de l'Office de Grand-Voyer, lequel a depuis été réuni au Corps desdits Trésoriers de France et tous les autres Edits, Déclarations et Arrêts de notre Conseil concernant le fait de ladite Voirie.

A ces Causes, et autres à ce Nous mouvans, et de notre certaine science, pleine puissance et autorité Royale, Nous avons par ces Presentes signées de notre main, dit et ordonné, disons et ordonnons, voulons et nous plait, que conformément à notre Edit de création desdits Commissaires Généraux de la Voirie, ils soient établis et fassent leurs fonctions en la Ville et fauxbourgs de Paris; auquel effet elle sera partagée entre eux en quatre quartiers, lesquels seront appellez les quartiers Saint-Honoré, Saint-Antoine, Saint-Victor et Saint-Germain, chacun borné et limité, sçavoir, ceux de Saint-Victor et Saint-Germain par la Riviére de Seine, y compris les Isles et les Ponts; et lesdits deux quartiers entr'eux par les Ponts-au-Change et Saint-Michel, et par les rües de la Harpe et d'Enfer : et à ceux des quartiers Saint-Honoré et Saint-Antoine appartiendra tout ce qui est depuis ladite rivière jusqu'aux extrémitez des Fauxbourgs, et seront separez entr'eux par la rüe et le Fauxbourg Saint-Denis et Saint-Lazare. Voulons néanmoins que lesdits Commissaires de la Voirie fassent bourse commune des droits à eux attribuez, à la reserve de ceux qui proviendront des Rapports pour allignemèns ou autres choses dependantes de la grande Voirie, dont la moitié des émolumens appartiendra à ceux qui les auront faites, et l'autre moitié sera rapportée à la bourse commune. Et pour conserver entre eux l'uniformité de leurs fonctions, et un partage égal de leurs droits, ils exerceront leurs Charges dans lesdits quatre quartiers, suivant qu'ils leur seront désignez par Nos Tresoriers de France; Et comme le produit de ladite bourse commune doit servir à la subsistance desdits Commissaires, voulons qu'il ne puisse être saisi pour quelque dette ou par quelque créancier que ce soit, sinon par ceux qui auront privilège spécial sur leurs Offices.

Feront lesdits Commissaires de la Voirie, à l'exclusion de tous les experts, et de toutes autres personnes, toutes les visites et rapports pour raison des changemens, ou translation des chemins, ouvertures ou retranchemens des rues, suppressions de ply ou coude, constructions de nouvelles clôtures, ou autres dépendances de la Voirie, qui seront ordonnées par nosdits Tresoriers de France, sur la réquisition des particuliers, ou à la requête de notre Procureur

audit Bureau, sans qu'en aucun cas nosdits Tresoriers en puissent commettre d'autres que lesdits Commissaires pour faire lesdits Rapports, même ceux qu'ils feront faire hors ladite Ville et Fauxbourgs, dans ladite Généralité quand ils en seront requis. Pour les salaires et vacations desquels Rapports, et qui seront ordonnez par nosdits Tresoriers de France, leur sera payé sept livres dix sols, sçavoir, six livres pour leur vacation, et une livre dix sols pour l'expédition, outre les droits ordinaires de la petite Voirie, qui leur seront payez suivant leur espèce, ainsi qu'ils seront désignez ci-après; et pour ceux qu'ils feront hors ladite Ville et Fauxbourgs, auront les deux tiers de vacations desdits Tresoriers de France, y compris l'expédition.

Seront tenus lesdits Commissaires de la Voirie de donner par chacune semaine à notre Procureur audit Bureau, un Etat des contraventions qu'eux ou leurs commis auront trouvé avoir été faites dans leurs quartiers aux Edits et Ordonnances de la Voirie des années 1607 et 1608, contenant le nom et la qualité des contrevenans; sur lesquels leur sera délivré par notredit Procureur un mémoire des assignations qui seront à donner à sa Requête, sans que les exploits qu'ils feront en conséquence, soient sujets au controlle : et lorsque sur lesdites assignations il sera ordonné un Rapport, il sera payé pour chacun la somme de quatre livres dix sols, sçavoir, trois livres pour la vacation et une livre dix sols pour l'expédition : Et afin que nosdits Commissaires puissent informer nosdits Tresoriers de France desdites contraventions sur lesquelles les contrevenans auront été assignez, ils auront entrée et séance au Bureau des Finances, sur un banc qui y sera mis à cet effet près celui de nos Avocats et Procureurs, et ce aux jours et heures d'audience seulement.

Voulons que conformément aux Edits, Arrêts et Réglemens de la Voirie, et de l'Edit du mois de Mars dernier, tous les allignemens soient donnés par nosdits Tresoriers de France, dont les opérations seront faites par nosdits Commissaires Généraux, pour lesquels nous leur avons attribué pour allignement de chacune maison la somme de six livres, sans que pour une jambe étrière commune entre deux maisons, ils puissent prendre ni percevoir qu'un seul droit d'allignement, à peine de concussion.

Faisons défenses à tous Particuliers, Maçons et Ouvriers de faire démolir, construire, ou réédifier aucuns édifices ou bâtimens, élever aucuns pans de bois, balcons ou auvens ceintrez, établir travaux de maréchaux, poser pieux en barrières, étayes ou étresillon, sans avoir pris les allignemens et permissions necessaires de nosdits Tresoriers de France, à peine contre les contrevenans de vingt livres d'amende. Pour lesquelles permissions d'appositions d'étayes, pieux, barrières, travaux de maréchaux, et auvens ceintrez, il sera payé auxdits commissaires de la Voirie cinq livres. Toutes permissions ou congez pour appositions d'auvens, de pas, bornes, marches, éviers, sièges, montoirs à cheval, seuils, et appuys de boutiques excédans le corps des murs, portes, huys de caves, fermetures de croisée ou de soupirail, qui ouvriront sur la rüe, enseignes, établis, cages, montres, étalages, comptoirs, plafonds, tableaux, bouchons, chassis à verre saillans, étaux, dos d'âne, rateliers, perches, barreaux, échoppes, abajour, auvens montans, contrevens ouvrant en dehors, et autres choses faisant avance sur la voye publique, seront accordées par nosdits Commissaires de la Voirie; pour chacune permission il leur sera payé quatre livres, ensemble pour les boutiques et échoppes posées de neuf des Savetiers, Revendeuses, Tripières, Bouquetières, Vendeuses de sel, de moruës, salines; et pour chacune desquelles boutiques et échoppes il leur sera payé pareil droit de 4 livres, quoi qu'il y en ait eu de posez auparavant. Et pour le rétablissement des choses ci-dessus exprimées par caducité ou autrement, ou changement d'icelles, il ne leur sera payé que demi droit de quarante sols, et pareil droit pour les petits auvens et pour les appuys saillans mis sur les croisées ou fenêtres.

Defendons pareillement à tous nosdits sujets de faire mettre ou poser les choses ci-dessus, qu'au préalable ils n'en ayent pris desdits Commissaires la permission, et payé les droits, à peine de dix livres d'amende. Ne seront toutefois les choses ci-dessus exprimées, soit qu'elles soient posées de neuf ou rétablies, sujettes auxdits droits, si elles n'excèdent le nu et corps des murs, ou pans de bois, sur lesquels elles seront attachées ou posées.

Joüiront nosdits Commissaires-Généraux de tous les droits utiles de la Voirie, profits et émolumens d'icelle dans toutes les rues, ponts, passages, quays, halles, marchez, et autres lieux publics de ladite ville et fauxbourgs de Paris, tels qu'en ont joüi ou dû joüir nosdits Trésoriers de France en conformité dudit Edit du mois de Décembre 1607 et Arrêt de notre Conseil du 6 septembre 1672, et en outre d'un minot de franc-salé, que nous attribuons à chacun par ces présentes.

Leur avons en outre attribué et attribuons l'exemption de logement de gens de guerre, tutelle et curatelle, ensemble le droit de committimus aux Requêtes de notre Palais, et leur permettons de commettre à l'exercice desdites charges; et seront leurs commis tenus de prêter le serment devant nosdits Trésoriers de France, après lequel ils exerceront lesdites charges par Commission, tout ainsi et en la même manière que pourroient faire nosdits Commissaires Généraux de la Voirie.

Faisons défenses auxdits Commissaires Généraux de la Voirie ou à leurs Commis de prendre et percevoir autres et plus grands droits que ceux ci-dessus énoncez, sous prétexte de visite, congé et autres causes que ce soit, à peine de concussion.

Si donnons en mandement à nos amez et feaux Conseillers les Gens tenans notre Cour de Parlement à Paris, que ces Présentes ils aient à faire lire, publier et enregistrer, et le contenu en icelles garder et observer de point en point selon leur forme et teneur, sans y contrevenir, ni souffrir qu'il y soit contrevenu en quelque sorte et manière que ce soit : Car tel est notre plaisir.

———

Extrait de l'arrêté du préfet de la Seine du 13 janvier 1801 (24 nivôse an IX).

Considérant que la grande voirie municipale n'a pas seulement pour objet l'embellissement, mais encore la sûreté de la cité, etc;

Le préfet du département de la Seine arrête ce qui suit :

Article premier. — La surveillance des bâtiments en construction est rétablie.

Art. 2. — Cette surveillance fera partie des attributions du bureau de grande voirie actuellement existant.

Art. 3. — En conséquence, ce bureau est composé à l'avenir :

De trois architectes-inspecteurs des constructions;

De quatre commissaires-voyers;

Et de quatre employés.

Art. 4. — Les architectes-inspecteurs et les commissaires-voyers seront nommés par le préfet.

Les employés seront à la nomination des commissaires-voyers.

Art. 5. — Le préfet nomme, etc.

Art. 6. — Le traitement, etc.

Art. 7. — La grande voirie continuera d'être exercée par les commissaires-voyers, de la même manière qu'elle l'est actuellement par les inspecteurs généraux de voirie.

Art. 8. — En conséquence, les commissaires-voyers correspondront directement avec le préfet du département pour tout ce qui concerne les diverses parties de la grande voirie, la surveillance des constructions sous le rapport de l'art exceptée.

Art. 9. — Néanmoins, dans le cas seulement de réclamations contre les rapports des commissaires-voyers, ces réclamations avec les rapports qui y auront donné lieu seront renvoyés par le préfet aux architectes-inspecteurs des constructions, pour avoir leur avis avant de prononcer.

Art. 10. — Indépendamment des rapports purement relatifs aux divers objets de grande voirie que les commissaires-voyers auront à adresser au préfet du département, ils lui indiqueront, par des avis particuliers, les dégradations du pavé de Paris, de quelques causes qu'elles proviennent.

Art. 11. — Quant à la surveillance des bâtiments en construction, elle sera exercée ainsi qu'il suit :

Art. 12. — Les commissaires-voyers visiteront journellement les constructions et les réparations qui s'exécutent dans toute l'étendue de la ville de Paris.

Art. 13. — S'ils jugent qu'il y a contravention aux règlements et ordonnances concernant les bâtiments, ils le constateront par un rapport qu'ils adresseront aux architectes-inspecteurs.

Art. 14. — Les architectes-inspecteurs se transporteront sur les lieux indiqués par le rapport, afin d'en vérifier l'exposé; ils seront libres de se faire accompagner dans leur visite par des constructeurs de leur choix.

Art. 15. — S'ils reconnaissent qu'il y a contravention aux règles de la solidité, ils suspendront provisoirement les travaux, marqueront d'un cordon, scellé aux deux extrémités du sceau de la préfecture, les parties à reconstruire ou à réparer, et rendront sur-le-champ compte du tout au préfet du département.

ART. 16. — Le préfet, après avoir pris l'avis de son conseil des bâtiments, prononcera définitivement.

ART. 17. — Lorsque la décision du préfet sera confirmative de l'opération des architectes-inspecteurs, cette décision sera transmise au tribunal chargé de la police correctionnelle, et les contrevenants y seront poursuivis pour être contraints aux reconstructions exigées par les règlements, et en outre condamnés aux amendes qu'ils auront encourues.

ART. 18 — Le jugement du tribunal, ayant été transmis officiellement au préfet du département, sera notifié aux parties intéressées, et les commissaires-voyers seront chargés d'en suivre l'exécution, sous la surveillance des architectes-inspecteurs, qui certifieront cette exécution au préfet du département.

ART. 19. — Il sera tenu à la préfecture un registre particulier des jugements des tribunaux rendus sur cette matière.

ART. 20. — Le montant des traitements fixés par l'article 6 du présent arrêté sera prélevé sur le produit du droit de voirie, dont la perception sera reprise à compter du 1er pluviôse prochain.

ART. 21. — Cette perception sera conforme au tarif annexé aux lettres patentes du 31 décembre 1781, dûment enregistrées, et sera faite, en ce qui concerne la grande voirie, par le receveur général du département de la Seine, selon le mode ci-après prescrit.

ART. 22. — Les citoyens qui auront à obtenir des permissions pour établir, réparer, déposer et reposer les objets dénommés au tarif ci-après cité, adresseront au préfet du département leur pétition sur papier revêtu du timbre de la République.

ART. 23. — Si leur demande est accordée, il leur en sera donné avis par la lettre officielle, portant énonciation de la quotité du droit qu'ils auront à payer, en conformité du tarif.

ART. 24. — Sur cet avis, ils se transporteront chez le receveur général du département, et payeront entre ses mains le montant du droit, dont il leur sera donné quittance au bas de ladite lettre.

ART. 25. — En rapportant cette quittance à la préfecture du département, ils recevront expédition de la permission qui leur aura été accordée, et au bas de cette expédition il sera fait mention de l'acquit du droit.

ART. 26. — Le premier de chaque mois, le receveur général enverra au préfet un état des recettes de cette nature, faites dans le mois précédent.

ART. 27. — Quant aux droits de petite voirie qui, faisant partie des revenus de la commune de Paris, sont, aussi bien que ceux de grande voirie, dépendants de l'administration communale, le préfet du département s'abstient d'en régler le mode de perception, attendu que ce mode doit s'accorder avec l'action de la police chargée de la délivrance des permissions donnant ouverture à ces droits; il prie en conséquence le ministre de l'intérieur de statuer lui-même à cet égard.

Le présent arrêté lui sera adressé à cet effet.

ART. 28. — Il sera imprimé avec le tarif des droits de voirie et affiché dans la commune de Paris.

----

*Arrêté du préfet de la Seine
du 28 septembre 1826.*

ARTICLE PREMIER. — A partir du 1er octobre prochain, le service extérieur de la grande voirie de Paris sera organisé ainsi qu'il suit :

Il y aura :

1° Deux inspecteurs généraux de la grande voirie, qui, dans aucun cas, ne peuvent être pris parmi les architectes;

2° Trois commisaires-voyers divisionnaires;

3° Huit commissaires-voyers d'arrondissement;

4° Huit sous-inspecteurs-voyers.

ART. 2. — Les commissaires-voyers d'arrondissement et les sous-inspecteurs-voyers conservent leurs attributions actuelles.

Les commissaires-voyers divisionnaires ont les mêmes attributions qu'ont eues jusqu'à ce jour les architectes-inspecteurs généraux.

Les commissaires-voyers divisionnaires et les commissaires-voyers d'arrondissement, ainsi que les sous-inspecteurs-voyers, doivent toujours déférer aux demandes qui leur sont adressées, par les inspecteurs généraux pour tout ce qui est relatif au service extérieur de la voirie.

ART. 3. — Les inspecteurs généraux sont attachés au service de la grande voirie, l'un pour la rive droite, l'autre pour la rive gauche de la Seine. Ils sont chargés de surveiller tout le service extérieur, d'assurer l'expédition prompte et uniforme des affaires, de transmettre nos ordres aux architectes, commissaires-voyers divisionnaires et commissaires-voyers d'arrondissement, ainsi qu'aux sous-inspecteurs-voyers, de nous rendre compte de l'exécution des décisions prises, de se transporter sur les lieux, partout où besoin est, de nous adresser les propositions que la salubrité, la sûreté et l'embellissement de la ville, sous le rapport de la voirie, peuvent leur suggérer, d'exercer en un mot une action générale sur l'ensemble du service, de manière à en accélérer la marche, à hâter la réalisation successive des alignements arrêtés, et à procurer le plus d'amélioration possible dans la voie publique, objet principal de leur institution.

ART. 4. — Ils sont, en outre, spécialement chargés du travail relatif tant à la révision générale des plans d'alignement de Paris déjà existants, qu'à la confection de ceux qui n'ont pas encore été dressés.

Le bureau de géomètres et de dessinateurs, établi à la préfecture, est temporairement placé, pour cette attribution, sous leur direction particulière, sans cesser de dépendre d'ailleurs du bureau de la voirie comme par le passé.

Au fur et à mesure de la confection et adoption définitive des plans d'alignement, les doubles en seront déposés au bureau central des plans d'alignements généraux, lequel reste sous la main directe de l'administration.

Les inspecteurs généraux peuvent constamment consulter lesdits doubles, mais sans déplacement hors de l'Hôtel de ville.

Les plans originaux sont placés aux archives et soigneusement conservés par le chef des géomètres et des dessinateurs.

ART. 5. — Les inspecteurs généraux donnent généralement leur avis sur les demandes qui intéressent l'amélioration de la voie publique, telles qu'alignements, percements de rues et boulevards, ouvertures de places publiques et promenades, formation de quartiers nouveaux, établissement de trottoirs, d'allées, etc., ainsi que sur les dépenses administratives que tous ces objets peuvent entraîner et comporter. Ils nous font également des rapports sur les projets que nous renvoyons particulièrement à leur étude.

ART. 6. — Sont transmises aux inspecteurs généraux pour être soumises à leurs observations ou à leur simple visa, s'il y a lieu à observation, savoir :

1° Toutes les déclarations de travaux projetés dans l'intérieur des propriétés particulières ;

2° Toutes les demandes tendant à obtenir permission de réparer les maisons et bâtiments sur la voie publique, et qui sont assujettis à plus de trente centimètres réduits de retranchement.

Quant aux demandes qui s'appliquent aux propriétés assujetties à moins de trente centimètres réduits de retranchement, ou aux propriétés définitivement alignées, les inspecteurs généraux en prennent connaissance à notre bureau de voirie sans déplacement.

ART. 7. — Le bureau des inspecteurs généraux est à l'Hôtel de ville. Ils sont tenus de venir au moins trois fois par semaine à jours fixes.

ART. 8. — Le travail de révision des plans d'alignement continuera d'être préparé comme par le passé, conformément à notre arrêté du 26 novembre 1824, par les deux architectes y dénommés auxquels se réuniront les deux inspecteurs généraux.

Leur travail sera ensuite arrêté, d'après leur rapport verbal, dans une commission composée du maire de l'arrondissement, des chefs de la troisième division de nos bureaux, du chef du bureau de la voirie, et d'un commissaire-voyer divisionnaire, ou d'un commissaire-voyer d'arrondissement spécialement désigné par nous à cet effet.

La commission, qui se réunira une fois par mois au moins à l'Hôtel de ville, sera toujours présidée par nous, et, en notre absence, par le secrétaire général.

Les pièces seront communiquées un ou deux jours au moins à l'avance au chef de la division par celui des architectes dénommés par notre arrêté du 26 novembre qui aura fait le travail à arrêter.

ART. 9. — Le bureau de consultation de la grande voirie reste organisé comme il est maintenant, sauf les modifications ci-après :

Le chef du bureau de la voirie et les inspecteurs généraux en font partie et y ont voix délibérative.

Le chef de la troisième division y assiste, quand il le juge nécessaire, et, dans ce cas, y a voix délibérative.

Le bureau est présidé par nous ou par le secrétaire général, et, à défaut, par le chef de division ou de bureaux et par chacun des inspecteurs généraux alternativement de quatre mois en quatre mois.

ART. 10. — Outre les attributions actuelles, le bureau de consultation donne en commun un avis sur toutes les affaires qui ont été renvoyées à l'examen des commissaires-voyers divisionnaires. A cet effet, chacun des commissaires-voyers divisionnaires rapporte les affaires qui lui sont renvoyées, après qu'elles ont déjà été examinées par le commissaire-voyer d'arrondissement.

Les rapports sont faits et signés seulement par le commissaire-voyer divisionnaire rapporteur, et les affaires sont mises en délibération devant le bureau de consultation, qui prononce à la majorité des voix.

Les inspecteurs généraux peuvent renvoyer devant le bureau de consultation toutes les affaires sur lesquelles ils jugent utile d'avoir son avis.

ART. 11. — Les inspecteurs généraux sont chargés, chacun en ce qui concerne son arrondissement, dans la limite des attributions qui lui sont conférées, des dispositions relatives à la voirie des cinquante toises autour de l'enceinte de Paris.

ART. 12. — Ils peuvent être également chargés par nous de diriger la confection des plans d'alignement des autres villes et communes du département de la Seine, nous réservant de leur donner une délégation spéciale à cet effet, lorsque nous le jugerons nécessaire au bien du service.

ART. 13. — Toutes dispositions contraires au présent arrêté seront provisoirement révoquées.

Ordonnance de police du 31 janvier 1830.

ARTICLE PREMIER. — Les fonctions d'architecte de la préfecture de police et de commissaire de la petite voirie continueront d'être exercées par un architecte qui aura le titre d'architecte-commissaire de la petite voirie.

Il y aura sous ses ordres :

Un architecte-commissaire-adjoint ;

Des architectes-inspecteurs de première et de deuxième classes ;

Des sous-inspecteurs ;

Un architecte-vérificateur ;

Un expéditionnaire.

ART. 2. — L'architecte-commissaire de la petite voirie fera lui-même, dans l'intérieur des prisons, les visites que nous jugerons nécessaires, celles des salles de spectacle, les visites contradictoires relatives au péril des bâtiments, et celles concernant tous établissements d'une importance majeure et non classés, pour lesquels on demanderait l'autorisation de la police, ou au sujet desquels elle serait spécialement consultée.

Il est également chargé de faire procéder lui-même à l'exécution administrative des décisions du conseil de préfecture et des ordonnances de police, concernant la démolition des bâtiments en péril. Il pourra toutefois se faire accompagner d'un architecte-inspecteur qui, après la mise en activité des ouvriers, fera continuer l'opération jusqu'à parfait achèvement, en se conformant aux instructions que l'architecte-commissaire de la petite voirie lui aura données.

ART. 3. — L'architecte-commissaire de la petite voirie répartira entre les architectes-inspecteurs les affaires qui lui seront renvoyées par les bureaux.

Il confiera : 1° à ceux de la première classe les affaires qui auront rapport aux constructions, au péril des bâtiments, au danger d'incendie, aux établissements classés et autres qui ne pourraient être formés sans notre autorisation, et généralement toutes celles qui ne présenteraient pas un intérêt assez grand pour qu'il s'en chargeât lui-même.

2° A ceux de deuxième classe les affaires relatives aux saillies, aux trottoirs, au pavé, aux conduites d'eau et de gaz et autres objets intéressant la liberté et la sûreté de la circulation.

Les mêmes architectes-inspecteurs de la deuxième classe seront chargés en outre de faire, aux lieu et place des commissaires de police, les vérifications et récolements des saillies autorisées.

ART. 4. — L'architecte-commissaire de la petite voirie chargera les sous-inspecteurs de la première visite des fosses d'aisances. Ils devront toujours être assistés d'un architecte-inspecteur de première ou deuxième classe, lequel, sur la déclaration du sous-inspecteur, fera son rapport sur l'état de la fosse et proposera les mesures nécessaires.

L'architecte-inspecteur qui aura fait rapport sur l'état de la fosse sera chargé de surveiller l'exécution des ouvrages, de recevoir les travaux, et de constater s'ils ont été faits conformément au règlement.

L'architecte-commissaire de la petite voirie prendra les mesures convenables pour que ce service se fasse avec exactitude et célérité.

ART. 5. — Dans toutes les visites que feront les architectes au sujet, soit des demandes pour obtenir des autorisations du préfet de police, soit des réclamations, ils seront tenus d'entendre les parties intéressées et d'en faire mention dans leurs rapports.

L'architecte-commissaire de la petite voirie rejettera les rapports qui lui seront remis sans que cette obligation ait été remplie, à moins qu'on ne lui fasse connaître et qu'il ne trouve valables les motifs pour lesquels on n'y aura pas satisfait, et qui devront être consignés dans les rapports.

ART. 6. — L'architecte-commissaire de la petite voirie fera enregistrer, jour par jour, les pièces qui lui seront adressées. Il en prendra connaissance et les remettra aux architectes-inspecteurs, en y joignant, s'il y a lieu, des instructions particulières.

ART. 7. — Les rapports ou réponses aux pièces communiquées seront faits séparément et signés par ceux qui les auront faits.

ART. 8. — L'architecte-commissaire de la petite voirie veillera à ce que les affaires qui lui sont renvoyées soient répondues dans les quinze jours qui suivront la réception des pièces.

Il nous transmettra, les 1er et 16 de chaque mois, un état nominatif des affaires en retard, des causes du retard et du nom des architectes qui en sont chargés.

Cet état sera certifié par lui.

ART. 9. — Les rapports sur les affaires urgentes nous seront remis sans retard.

ART. 10. — L'architecte-commissaire de la petite voirie réunira à son bureau tous les architectes-inspecteurs et sous-inspecteurs, les lundi, mercredi et vendredi de chaque semaine, à deux heures et demie.

Il tiendra une feuille de présence sur laquelle les architectes s'inscriront. Cette feuille sera visée par lui et transmise à trois heures précises au cabinet du secrétaire général.

ART. 11. — L'architecte-commissaire de la petite voirie prendra une connaissance exacte des rapports qui lui seront remis, examinera s'ils répondent aux demandes des particuliers, ou aux ordres et instructions de l'administration, si les conclusions sont conformes aux règlements, demandera les renseignements et explications qu'il croira nécessaires et nous les transmettra avec son avis.

ART. 12. — Chaque jour, à l'exception des dimanches et fêtes, il y aura en permanence à la préfecture de police un architecte-inspecteur de première classe pour les affaires imprévues qui paraîtraient exiger des mesures d'urgence.

Cet architecte se rendra à la préfecture à l'heure fixée pour l'ouverture des bureaux, et s'inscrira sur la feuille de présence du bureau des employés de la petite voirie.

L'architecte-commissaire de la petite voirie nous fera parvenir la liste des architectes qui devront être de service à tour de rôle.

L'architecte qui, pour cause d'empêchement légitime, ne pourra faire son service, en préviendra l'architecte-commissaire de la petite voirie, afin de le mettre à portée de le faire remplacer.

ART. 13. — L'expéditionnaire attaché au bureau de l'architecte-commissaire de la petite voirie sera subsidiairement à la disposition du chef du bureau de la petite voirie.

Il signera, chaque jour, la feuille de présence des employés de ce bureau.

ART. 14 — Les architectes-inspecteurs de première et deuxième classe seront répartis dans les divisions qui seront composées d'arrondissements municipaux.

ART. 15. — Le service, dans les communes rurales, sera fait par quatre architectes-inspecteurs de première classe, qui auront chacun un arrondissement distinct.

A cet effet, les communes de la rive droite seront divisées en deux arrondissements séparés entre eux par la route de Saint-Denis, et celles de la rive gauche formeront deux autres arrondissements séparés entre eux par la route d'Orléans.

Les communes traversées par l'une ou l'autre des deux routes feront partie des arrondissements à droite de chacune desdites routes.

ART. 16. — Les architectes-inspecteurs chargés du service dans les communes rurales remettront, le premier de chaque mois, à l'architecte-commissaire de la petite voirie, l'état des frais que leur auront occasionnés les visites qu'ils auront faites dans lesdites communes.

L'objet de chaque visite devra être mentionné dans cet état, qui sera certifié par l'architecte-commissaire de la petite voirie et transmis au chef de la quatrième division.

Il sera statué par nous sur le remboursement des frais, d'après le rapport que le chef de la quatrième division nous fera à ce sujet.

ART. 17. — L'architecte-commissaire-adjoint secondera l'architecte-commissaire de la petite voirie dans l'exercice de ses fonctions, et le remplacera en cas d'absence, de maladie ou autre empêchement.

ART. 18. — Le bureau de l'architecte-commissaire de la petite voirie fera partie de la quatrième division, et sera spécialement attaché au premier bureau de cette division, qui a la petite voirie dans ses attributions.

ART. 19. — L'arrêté du préfet de police du 1er octobre 1813, contenant règlement des fonctions de l'architecte-commissaire de la petite voirie, continuera d'être exécuté en ce qui n'est pas contraire aux dispositions ci-dessus.

Règlement sur le service de la grande voirie de Paris du 1er juin 1842.

SECTION PREMIÈRE. — TRAVAUX ORDINAIRES DE VOIRIE.

ARTICLE PREMIER. — Les demandes de permission pour construire, modifier, réparer ou surélever les bâtiments ou murs de clôture, devront toujours être accompagnées d'un plan géométral et d'une coupe, et signées par les propriétaires; toute demande qui ne remplira pas ces conditions sera renvoyée au pétitionnaire pour être complétée.

Ces demandes seront, comme par le passé, aussitôt après leur inscription sur le registre du bureau, renvoyées aux commissaires-voyers d'arrondissement, qui seront expressément tenus de faire leurs rapports dans le délai de huit jours au plus, à partir de la date de l'envoi.

ART. 2. — Dans le cas où ce délai serait dépassé, le commissaire-voyer indiquera dans son rapport les causes du retard.

ART. 3. — Les rapports des commissaires voyers sur les demandes sujettes à discussion seront, comme par le passé, renvoyées immédiatement aux commissaires-voyers divisionnaires. Ceux-ci devront donner leur avis à la première séance hebdomadaire du bureau de consultation de voirie, lorsque le rapport leur sera parvenu six jours avant cette séance, et dans tous les autres cas, à la séance suivante.

ART. 4. — Lorsque le bureau consultatif aura été d'avis de refuser la permission demandée, un projet d'arrêté de refus sera présenté dans les vingt-quatre heures, et notre décision, dans le cas où le refus serait prononcé par nous, sera notifié sans aucun retard à la partie intéressée.

Le commissaire-voyer donnera immédiatement avis de notre décision à son inspecteur, et tous deux exerceront la surveillance la plus active pour empêcher que les travaux ne soient exécutés. Ils devront également surveiller avec attention même les travaux autorisés, pour que rien ne se fasse au-delà de ce qui a été permis.

ART. 5. — Aucun ouvrage, de quelque nature qu'il soit, ne pourra être autorisé par les commissaires-voyers ou inspecteurs-voyers, sans qu'au préalable la permission n'en ait été délivrée par nous. Ces permissions, lorsqu'elles ne donnent lieu à aucune difficulté, devront être présentées à notre signature par le rapporteur de la voirie dans la huitaine à dater du jour du dépôt du rapport du commissaire-voyer d'arrondissement.

Les points de repère indiqués dans les rapports des commissaires-voyers seront vérifiés et arrêtés par un agent spécial, membre de la commission des alignements, lequel donnera son avis sur toutes les difficultés que pourrait présenter la rédaction desdites permissions; à son défaut, le géomètre en chef sera chargé de ce soin.

Les commissaires-voyers devront toujours joindre à leurs rapports sur les demandes d'alignement des croquis cotés, indiquant les anciens vestiges sur la voie publique, afin de faciliter ultérieurement le récolement du terrain retranché de la propriété ou qui y aura été réuni.

SECTION II. — TRAVAUX EN CONTRAVENTION.

ART. 6. — Les commissaires-voyers sont considérés, quant à la constatation des contraventions en matière de grande voirie, comme commissaires-voyers de toute la ville de Paris, sans distinction d'arrondissement. En conséquence, ils devront désormais dresser des procès-verbaux de toutes les contraventions qui se commettraient, non seulement dans l'arrondissement spécialement confié à leur surveillance, mais encore dans tous les autres arrondissements. Seulement, lorsqu'un commissaire-voyer signalera une contravention dans un arrondissement autre que le sien, il sera tenu d'adresser son procès-verbal en minute au commissaire-voyer de l'arrondissement où la contravention aura été commise, lequel demeurera spécialement chargé d'en suivre l'instruction. Un extrait du procès-verbal devra en même temps être envoyé à l'administration.

Outre cette constatation des contraventions, les commissaires-voyers devront visiter dans toute l'étendue de la ville de Paris, et dans l'intérêt, non seulement de l'alignement, mais encore dans celui de la sûreté et de la salubrité publiques, tous les travaux de construction ou de grosses réparations qui se font tant en dehors qu'en dedans des propriétés bordant la voie publique.

ART. 7. — Les procès-verbaux de contravention seront remis directement au bureau, où, après avoir été répertoriés, ils seront renvoyés sur-le-champ au bureau des archives chargé de les soumettre à la formalité de l'enregistrement.

ART. 8. — Les commissaires-voyers devront, le jour même où ils dresseront leur procès-verbal, requérir la suspension immédiate de tous travaux qui s'exécutent en contravention, et constater, s'il y a lieu, le refus des propriétaires ou entrepreneurs d'obtempérer à cette injonction.

ART. 9. — Lorsqu'une contravention importante, telle que la reconstruction d'une maison en avant de l'alignement, une surélévation extra-légale, la réfection d'une partie de mur de face retranchable, etc., aura été commise et achevée avant d'avoir été signalée, ou si elle est révélée à l'administration par toute autre voie que celle des agents de la voirie, le commissaire-voyer de l'arrondissement deviendra responsable du fait, et devra donner des explications positives sur les causes et les circonstances qui auront pu mettre sa surveillance en défaut. Si ces explications ne nous paraissent pas suffisantes, cet agent sera, suivant le cas, passible de l'une des pénalités portées dans les trois derniers paragraphes de l'article 24 ci-après.

ART. 10. — Les commissaires-voyers devront veiller à ce que les décisions du conseil de préfecture soient exécutées d'office ou autrement dans le délai de quinzaine au plus tard, à partir du jour où les expéditions desdites décisions leur auront été transmises. Aucune prorogation à ce délai ne pourra être accordée que par un arrêté pris par nous sur l'avis du commissaire-voyer de l'arrondissement et un rapport du bureau de la voirie.

ART. 11. — Les commissaires-voyers ne cesseront de poursuivre l'exécution des décisions du conseil de préfecture, que quand les parties leur fourniront la preuve, ou de leur opposition formée à des décisions rendues par défaut, ou de l'appel interjeté au conseil d'Etat contre des décisions contradictoires.

Dans ces deux cas, le commissaire-voyer en donnera avis à l'administration, en certifiant dans son rapport que la preuve d'opposition ou d'appel lui a été fournie.

ART. 12. — Il sera tenu par le bureau une note exacte de toutes les décisions renvoyées aux commissaires-voyers pour exécution. Cette note sera lue au bureau de consultation de la voirie, à l'ouverture de chaque séance hebdomadaire.

ART. 13. — Les commissaires-voyers seront tenus de répondre d'urgence, et, au plus tard, dans la quinzaine, à toutes les réclamations en défense ou en opposition qui leur seront communiquées à la fin d'avis en matière de contravention; tout retard extraordinaire non motivé sur des causes suffisantes sera porté à notre connaissance, et, suivant le cas, donnera lieu à l'une des pénalités portées en l'article 24.

ART. 14. — La responsabilité des commissaires-voyers ne cessera pas par le renvoi au bureau des pièces de l'affaire; en cas d'empêchement à l'exécution des décisions, ils devront, de leur côté, tenir note des affaires en suspens et les rappeler au bureau, pour hâter au besoin le supplément d'instruction auquel elles pourront donner lieu.

ART. 15. — A l'avenir, l'exécution des décisions du conseil de préfecture sera constatée à la fois par le commissaire-voyer d'arrondissement et par le commissaire-voyer divisionnaire qui aura concouru à l'instruction de l'affaire.

SECTION III. — DES INSPECTEURS-VOYERS.

ART. 16. — Les inspecteurs-voyers sont sous les ordres des commissaires-voyers, et sont tenus de leur prêter leur concours pour la prompte expédition des affaires, la répression efficace des contraventions, la recherche et la constatation des cas de négligence et d'irrégularité nuisibles aux intérêts de la voie publique, tels que l'interruption de travaux commencés et le maintien des barrières, étais, étrésillons, chevalements, après les délais fixés dans les permissions.

Lorsqu'en faisant leurs tournées, les inspecteurs-voyers remarqueront, même hors de leur arrondissement, soit par des approvisionnements de matériaux, soit par tout autre indice, des dispositions qui pourraient faire soupçonner l'intention d'une exécution clandestine de travaux, ils avertiront immédiatement le commissaire-voyer de l'arrondissement où ces observations auront été faites.

ART. 17. — Le droit de verbaliser dans tout Paris sur les contraventions de grande voirie est attribué aux inspecteurs-voyers comme aux commissaires-voyers, ils prêteront serment à cet effet. En conséquence, les dispositions des articles 6, 7, 8 et 9 du présent règlement leur sont applicables, et ils encourront la même responsabilité que les commissaires voyers, dans les cas prévus par l'article 9. Les procès-verbaux des inspecteurs-voyers devront être adressés en minute au commissaire-voyer de l'arrondissement où la contravention aura été commise, lequel commissaire-voyer, après avoir vérifié les faits, demeurera spécialement chargé d'en suivre l'instruction. Un extrait de chaque procès-verbal devra être envoyé à l'administration. Les inspecteurs-voyers assisteront à tour de rôle aux séances hebdomadaires du bureau consultatif de la voirie, savoir : ceux des 1er, 2e et 3e arrondissements à la première séance de chaque mois; ceux des 4e, 5e et 6e, à la deuxième; ceux des 7e, 8e et 9e, à la troisième; ceux des 10e, 11e et 12e, à la quatrième; ils y auront voix consultative.

ART. 18. — Indépendamment de l'inspection quotidienne à laquelle sont tenus les commissaires et les inspecteurs-voyers, ils devront faire, au moins une fois par semaine, une visite générale dans toute l'étendue de leur arrondissement, et, dans cette tournée périodique, ils devront donner une attention toute particulière à la recherche des travaux intérieurs et à la surveillance : 1° des maisons qui auraient été le sujet de poursuites pour contraventions quelconques; 2° de celles où des démolitions auraient été prescrites; 3° des maisons qui auraient été l'objet d'un refus administratif de permission.

ART. 19. — Pour être plus à portée d'exercer leur surveillance, les commissaires-voyers et les inspecteurs seront tenus de résider dans les arrondissements dont ils sont chargés; il leur est accordé un délai de six mois, à partir du 1er janvier 1843, pour se conformer à cette mesure.

DISPOSITIONS GÉNÉRALES.

ART. 20. — Les alignements donnés par les commissaires-voyers seront vérifiés par le géomètre de l'arrondissement. Cette vérification aura lieu lorsque les constructions seront arrivées à l'assise de retraite.

Pour l'exécution de la disposition qui précède, le commissaire-voyer nous adressera, au moins quarante-huit heures à l'avance, un avis dont il sera donné récépissé et indiquant le moment précis où le géomètre pourra procéder à son récolement d'alignement. A défaut par lui d'avoir donné cet avis dans le délai fixé, le commissaire-voyer sera responsable de l'erreur qui aurait pu être commise dans l'exécution de l'alignement.

Ce récolement sera opéré immédiatement, et le géomètre devra nous adresser, dans le délai de six jours au plus, son rapport ainsi que le calcul de la superficie du terrain abandonné à la voie publique par le propriétaire riverain, ou cédé par la ville à ce propriétaire.

Dans le cas où la vérification du géomètre signalerait une erreur dans l'alignement donné par le commissaire-voyer, il nous en sera rendu compte dans les vingt-quatre heures. Une contre-vérification sera immédiatement faite par le géomètre en chef, en présence du commissaire-voyer, du géomètre de l'arrondissement et d'un ou plusieurs membres de la commission administrative des alignements; le procès-verbal de cette contre-vérification nous sera adressé sans délai.

ART. 21. — Lorsque les constructions, soit des maisons nouvelles, soit des surélévations permises sur d'anciens bâtiments, seront parvenues à un degré d'avancement qui permettra d'en constater la hauteur légale, il sera procédé par le commissaire-voyer à cette constatation, dont le géomètre de l'arrondissement devra ensuite opérer le récolement. A cet effet, le commissaire-voyer nous adressera, au moins quarante-huit heures à l'avance, un avis dont il sera donné récépissé et indiquant le moment précis où le géomètre pourra procéder à son récolement de hauteur. Ce récolement devra être fait dans les vingt-quatre heures. Il constatera non seulement la hauteur du mur de face, mais aussi la hauteur et la forme du comble, lequel, au besoin, sera figuré par une coupe sur profil tracé sur le procès-verbal. Le géomètre devra nous adresser son rapport dans le délai de six jours.

En cas d'erreur ou de réclamation de la part du propriétaire ou du constructeur, il sera procédé en sa présence, et conformément aux dispositions de l'article qui précède, à une contre-vérification de hauteur, tant du mur de face que du comble. Le procès-verbal de cette opération nous sera adressé dans les vingt-quatre heures.

ART. 22. — Les permissions de voirie n'étant valables que pour un an, tout travail exécuté passé ce délai sera considéré comme fait en contravention et poursuivi comme tel.

Il sera en conséquence ouvert, au bureau de la voirie, un registre ou carnet d'échéances de péremption des permissions de voirie accordées par l'administration, avec indication de l'exécution ou de la non-exécution des travaux autorisés dans le délai d'une année.

A cet effet, les commissaires-voyers devront remettre au bureau de la voirie, du 1er au 5 de chaque mois, un état indicatif des permissions délivrées depuis plus d'un an et non suivies d'exécution. Pour faciliter les commissaires-voyers, les inspecteurs-voyers devront leur remettre, au commencement de chaque semaine, une note des permissions délivrées dans le courant de la semaine précédente.

ART. 23. — Les commissaires-voyers divisionnaires, les commissaires-voyers d'arrondissement, de même que les inspecteurs-voyers, ne pourront s'intéresser, soit directement, soit indirectement, dans des spéculations ayant pour objet des percements ou élargissements de rues, des terrains retranchés, ou enfin dès opérations quelconques qui auraient trait à l'amélioration de la voie publique.

Le seul fait d'une infraction à ces dispositions prohibitives sera considéré par l'administration comme une démission de l'emploi de la part de l'agent qui l'aura commise.

Les commissaires-voyers divisionnaires et d'arrondissement et les inspecteurs-voyers pourront continuer de se charger, ainsi qu'ils y ont été autorisés par l'article 6 de l'arrêté de l'un de nos prédécesseurs, en date du 26 février 1821, des travaux ci-après indiqués, mais à la condition de nous en informer préalablement, savoir :

1° Toute espèce de travaux de construction pour le compte du gouvernement ou d'une administration publique;

2° Pour le compte des particuliers, toutes constructions neuves ou réparations à des bâtiments alignés et n'excédant pas la hauteur légale;

3° Toute espèce de travaux à des bâtiments n'ayant pas ou ne devant pas avoir un jour façade sur la voie publique.

Les agents-voyers pourront aussi opérer comme experts dans toutes les affaires où la ville ne sera pas intéressée.

Tout agent de la voirie qui se chargera de la direction ou de l'exécution de travaux dans une maison non alignée, ou excédant la hauteur légale, sera passible de la pénalité portée au deuxième paragraphe du présent article.

ART. 24. — Lorsqu'un commissaire-voyer, dans l'instruction des affaires dont il est chargé, aura dépassé les délais prescrits au présent règlement, et qu'il sera établi que le retard provient de sa négligence, cet agent sera réprimandé à la première séance du bureau consultatif.

En cas de récidive, il subira sur ses appointements une retenue qui sera déterminée par nous, sur le rapport du bureau de la voirie.

Pour une troisième infraction, il pourra, sur le rapport qui nous en sera adressé, être privé de son emploi.

ART. 25. — Les commissaires-voyers divisionnaires, les commissaires-voyers d'arrondissement et les inspecteurs-voyers ne pourront s'absenter de Paris sans un congé délivré par nous sur la proposition du bureau.

En cas d'absence ou de congé, il sera pourvu à l'intérim; les appointements de l'absent pourront être attribués, pendant toute la durée du congé, à l'intérimaire.

Les agents chargés de ces intérims seront désignés par nous, sur le rapport du bureau de la voirie.

ART. 26. — A l'expiration de chaque trimestre, le bureau de la voirie mettra sous nos yeux un relevé indiquant :

1° Le mouvement des permissions de voirie;

2° Les arrêtés de refus de travaux;

3° Les contraventions constatées par les commissaires et inspecteurs-voyers ;

4° Les condamnations prononcées par le conseil de préfecture et celles confirmées par le conseil d'État;

5° L'exécution desdites condamnations.

ART. 27. — Le chef de la deuxième division et le chef du bureau de la voirie sont chargés de l'exécution du présent règlement, lequel sera imprimé pour être distribué à chacun des agents dudit service.

———

Extrait de l'arrêté préfectoral du 30 juin 1871.

ARTICLE PREMIER. — Les services de la voirie et des fosses sont réunis à celui de la voie publique.

ART. 2. — Les commissaires-voyers sont placés sous les ordres des ingénieurs en chef de la voie publique.

Chaque commissaire-voyer chargé d'un ou deux arrondissements municipaux a sous ses ordres un commissaire-voyer-adjoint. Il a dans ses attributions : les permissions de bâtir; les questions de périls; les fosses [1]; les estimations et les lotissements d'immeubles; la surveillance des bâtiments en construction, tant au point de vue de l'exécution du règlement qu'au point de vue de l'observation des règles de l'art; les logements insalubres et généralement tout ce qui est relatif aux bâtiments.

ART. 3. — Les autres attributions actuellement confiées aux commissaires-voyers (plaques indicatives et numérotage des voies publiques, clôture des terrains en bordure de la voie publique, charcuterie, boucherie, nettoyage des façades des maisons, saillies mobiles sur la voie publique, contraventions) sont conférées aux ingénieurs de section.

ART. 4. — .....

———

Extrait de l'arrêté préfectoral du 15 avril 1878.

ARTICLE PREMIER. — Les ingénieurs en chef de la voie publique sont chargés de la con-

———

[1] Depuis l'arr. préf. du 15 avril 1878, la construction seule des fosses neuves est restée dans les attributions des commissaires-voyers, la vidange et la réparation des fosses ont été confiées au service de l'assainissement.

struction des égouts et des branchements particuliers sous la voie publique.

ART. 2. — Les autres parties du service des eaux et des égouts sont partagées en deux divisions :

La première division, dite du service des eaux, est formée :

Des dérivations des eaux de sources existantes, ou à créer :

Des puits artésiens (de la place Hébert et de la butte aux Cailles ;

Des machines élévatoires, des réservoirs et des établissements hydrauliques de toute nature, à l'exception des établissements destinés à la distribution des eaux d'égout ;

De la pose et de l'entretien des conduites de la distribution générale et particulière de toutes les eaux de Paris;

De la régie intéressée des eaux de la Ville et du contrôle de la Compagnie générale des eaux ;

Elle comprend, en outre, le programme et le contrôle des projets d'égout au point de vue des pentes et des dimensions, etc., et la statistique des eaux et des égouts.

La deuxième division, dite service des canaux et de l'assainissement de Paris, comprend :

La construction des égouts publics en souterrain ou en dehors de la voie publique;

L'entretien et le curage de la Bièvre et des égouts;

Les vidanges, y compris les réparations à faire dans les fosses après la vidange, confiées aujourd'hui au service de la voie publique; les latrines publiques, les urinoirs d'angle et les puissards;

Le dépotoir de la Villette, la voirie de Bondy et les autres voiries existantes ou à créer;

Le contrôle de la pose des conduites de gaz;

L'exploitation, les travaux neufs et d'entretien des canaux de Saint-Denis, de l'Ourcq et Saint-Martin ;

L'utilisation des eaux d'égout au profit de l'agriculture, comprenant l'établissement de Gennevilliers et les autres établissements de cette nature existants ou à créer ;

L'étude des projets d'assainissement de Paris.

ART. 3. — ...

———

Arrêté préfectoral du 15 février 1887.

ARTICLE PREMIER. — A l'avenir, le personnel du service de la voirie de Paris, placé sous les ordres du directeur de la voie publique et des promenades, sera formé de vingt commissaires-voyers et de vingt commissaires-voyers adjoints.

ART. 2. — Chaque commissaire-voyer est chargé du service d'un arrondissement de Paris. Il est assisté d'un commissaire-voyer adjoint.

ART. 3. — Le titre de commissaire-voyer auxiliaire est supprimé. Les commissaires-voyers auxiliaires de 1re et de 2e classe actuellement en fonctions prendront le titre de commissaires-voyers adjoints de 5e et de 6e classe.

ART. 4. — Les appointements des commissaires-voyers et de commissaires-voyers adjoints sont fixés ainsi qu'il suit :

DÉSIGNATION	TRAITE-MENT.	FRAIS fixes.	TOTAL
Commissaire-voyer de 1re classe	7.000	1.000	8.000
— 2e —	6.500	1.000	7.500
— 3e —	6.000	1.000	7.000
— 4e —	5.000	1.000	6.000
Commissaire-voyer adjoint de 1re classe	4.000	500	4.500
— — 2e —	3.400	500	3.900
— — 3e —	3.100	500	3.600
— — 4e —	2.800	500	3.300
— — 5e —	2.200	500	2.700
— — 6e —	2.200	200	2.400

La période minima pour l'avancement d'une classe à l'autre est fixée à deux années dans le même grade de commissaire-voyer adjoint ; elle sera de trois années pour le grade de commissaire-voyer.

ART. 5. — Les commissaires-voyers et les commissaires-voyers adjoints doivent avoir leur domicile dans l'arrondissement dont le service leur est confié.

ART. 6. — Un bureau est affecté à chacun des commissaires-voyers dans la mairie de l'arrondissement dont il a le service et, dans le cas où cette disposition ne pourrait être réalisée, dans un édifice municipal situé, autant que possible, au centre de l'arrondissement. Le commissaire-voyer ou, à son défaut, le commissaire-voyer adjoint doit se tenir à la disposition du public dans son bureau, tous les jours, sauf les dimanches et jours fériés, de 1 heure à 4 heures.

ART. 7. — Le commissaire-voyer ou son adjoint doit visiter au moins une fois par mois, au point de vue des constructions qui y sont élevées, chacune des voies situées dans l'arrondissement dont le service lui est attribué et rendre compte de ses visites dans un rapport adressé au directeur du service de la voie publique.

ART. 8. — Pour les opérations de voirie importantes, les estimations et lotissements d'immeubles compris dans les projets d'expropriation pourront être confiés, en vertu de décisions spéciales du préfet, à un commissaire-voyer autre que celui de l'arrondissement où ces opérations devront être exécutées.

ART. 9. — Il est interdit aux commissaires-voyers d'exécuter des travaux particuliers dans l'arrondissement qui leur est affecté. Ils ne peuvent se charger de travaux particuliers dans d'autres localités sans avoir obtenu au préalable, pour chaque affaire, une autorisation écrite du préfet ou de son délégué.

ART. 10. — Les dispositions des arrêtés antérieurs sont maintenues en tout ce qu'elles n'ont pas de contraire à celles du présent arrêté.

ART. 11. — Le directeur des travaux...

VUE. C. civ., art. 677 à 680.

Tout propriétaire, dont le mur joint la voie publique, a le droit de percer, dans ce mur, telles ouvertures qu'il lui plaît, en se conformant aux règlements de police et de voirie.

Lorsque le mur de face d'un bâtiment est placé à l'alignement de la rue, les ouvertures ne sont pas astreintes, relativement à la propriété voisine, aux distances spécifiées pour les vues droites ou obliques ; il en est de même pour les balcons saillants, qui peuvent se prolonger jusqu'au parement intérieur du mur mitoyen [1].

Dans un mur, non mitoyen, joignant l'héritage du voisin, le propriétaire de ce mur peut percer des ouvertures à verre dormant et à fer maillé, sans l'autorisation de ce voisin, mais dans les conditions spécifiées par l'article 677 du code civil [2]. Si le mur est mitoyen, l'un des propriétaires ne peut percer d'ouverture d'aucune sorte, sans l'autorisation de l'autre propriétaire.

On nomme *vues droites,* celles pratiquées dans un mur faisant face à un héritage.

On ne peut avoir de vue droite, ni de balcon ou autre saillie semblable à moins qu'il n'y ait 1m 90 de distance entre le mur dans lequel on pratique ces vues et ledit héritage [3].

Les *vues obliques* sont celles pratiquées dans un mur faisant angle avec la ligne séparative des deux héritages.

On ne peut avoir de vue oblique à moins de 0m 60 de distance de l'héritage voisin [4].

La distance se compte du parement extérieur du mur où l'ouverture est pratiquée, ou de la ligne extérieure des balcons et autres saillies, à la ligne séparative des deux héritages [5].

Le code n'a fait que reproduire les termes de l'article 202 de l'ancienne coutume de Paris ainsi conçu : « Aucun ne peut faire veües droictes sur son voisin, ne sur places à luy appartenans, s'il n'y a six piedz de distance entre ladicte veüe et l'héritage du voisin, et ne peut avoir bées de costé, s'il n'y a deux piedz de distance. »

Il résulte de ce qui précède que, dans un mur construit à moins de 1m,90 de la ligne séparative de l'héritage voisin, le propriétaire du mur ne peut ouvrir de fenêtre, ni établir contre ce mur un balcon ou un autre ouvrage saillant, ce qui constituerait une vue droite ; si le mur fait un angle avec la ligne séparative, ces fenêtres, balcons ou ouvrages saillants, ne peuvent être établis qu'à 0m 60 du point où la ligne extérieure des fenêtres, balcons ou ouvrages saillants rencontre la ligne séparative des deux propriétés.

---

[1] Cass., 1er juill. 1861. — [2] V. *Jour de souffrance.* — [3] C. civ., 678. — [4] C. civ., 679. — C. civ., 680.

Il a été jugé[1] que les terrasses devaient être assimilées aux balcons, et qu'un toit plat desservi par un escalier constituait une terrasse.

Le droit de vue constitue une servitude, continue et apparente, qui peut, par conséquent, s'acquérir par titre, destina-

tion du père de famille et prescription[1].

Cette servitude acquise, le voisin ne peut faire aucun ouvrage qui puisse nuire à son exercice.

WAGONS ET MACHINES (Construction de). — V. *Machines.*

[1] Paris, 9 juill. 1853.

[1] V. *Servitude.*

FIN

TABLE CHRONOLOGIQUE

DES

LOIS, DÉCRETS, ORDONNANCES, Etc.

INSÉRÉS DANS LE DICTIONNAIRE.

FIN DE LA TABLE

ERRATA

Page 41, colonne 1, ligne 11, *au lieu de* jugement du 17 août 1883,   *lire* 17 août 1881.
— 43,   — 1, — 41,   —   jugement du 17 août 1887,   — 17 août 1881.
— 51,   — 2, — 2,   —   loi du 23 mars 1873,   — 26 mars 1873.
— 54,   — 2, — 57,   —   rapport du 11 septembre 1872,   — 6 septembre 1872.
— 67,   — 2, — 2,   —   déclaration du 13 juillet 1720,   — 18 juillet 1720.
— 100,   — 2, — 50,   —   déclaration du 23 sept. 1728,   — 28 septembre 1728.
— 101,   — 2, — 8,   —   23 septembre 1728   — 28 septembre 1728.
— 165,   — 1, — 13,   —   20 août 1871,   — 20 août 1881.
— 199,   — 2, — 31,   —   loi du 17 mars 1852,   — décr., 17 mars 1852.
— 230,   — 1, — 1,   —   fourniseurs,   — fournisseurs.
— 232,   — 1, — 63,   —   syndicataires,   — adjudicataires.
— 244,   — 1, — 21,   —   quantité,   — quotité.
— 264,   — 1, — 7,   —   19 juillet 1888,   — 19 juin 1888.
— 275,   — 2, — 46,   —   attacher aux talons,   — attacher aux balcons.
— 296,   — 1, — 50,   —   décr., 14 avril 1793,   — décr., 4 avril 1793.
— 358,   — 2, — 30,   —   ord. pol., 15 déc. 1851,   — ord. pol., 14 déc. 1851.
— 451,   — 2, — 52,   —   arrêté profectoral,   — arrêté préfectoral.
— 551,   — 1, — 23,   —   immédiatement faire,   — immédiatement.
— 590,   — 1, — 21,   —   30 janvier 1638,   — 31 janvier 1638.
— 590,   — 2, — 14,   —   7 septembre 1599,   — mai 1599.

3827. — Imprimeries réunies, B, rue Mignon, 2.

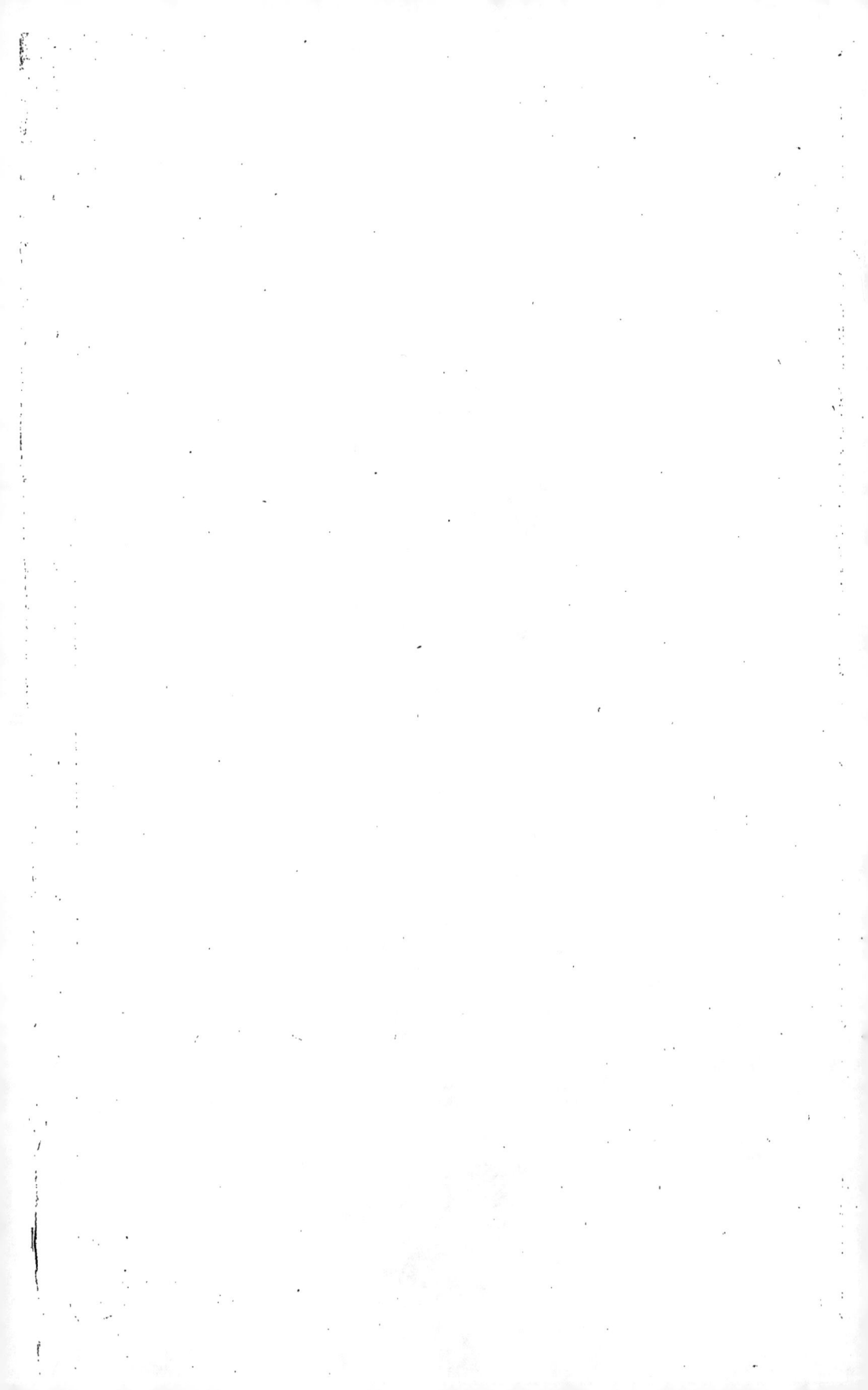

3827. — Imprimeries réunies, **B**, rue Mignon, 2.

www.ingramcontent.com/pod-product-compliance
Lightning Source LLC
Chambersburg PA
CBHW060844220326
41599CB00017B/2381